强国富民

中国城乡与区域发展之路

费孝通 著

华东师范大学出版社

图书在版编目（CIP）数据

强国富民：中国城乡与区域发展之路/费孝通著
．—上海：华东师范大学出版社，2020

ISBN 978-7-5760-0386-4

Ⅰ．①强⋯　Ⅱ．①费⋯　Ⅲ．①城乡建设－经济发展－中国－文集　②区域经济发展－中国－文集　Ⅳ．①F299.2-53　②F127-53

中国版本图书馆 CIP 数据核字（2020）第 077488 号

强国富民：中国城乡与区域发展之路

著　　者　费孝通
责任编辑　乔　健
特约编辑　邱承辉
责任校对　郭　华　时东明
封面设计　吕彦秋

出版发行　华东师范大学出版社
社　　址　上海市中山北路 3663 号　邮编 200062
网　　址　www.ecnupress.com.cn
电　　话　021-60821666　行政传真　021-62572105
客服电话　021-62865537
门市（邮购）电话　021-62869887
地　　址　上海市中山北路 3663 号华东师范大学校内先锋路口
网　　店　http://hdsdcbs.tmall.com

印 刷 者　三河市中晟雅豪印务有限公司
开　　本　710×1000　16 开
印　　张　48.75
字　　数　854 千字
版　　次　2021 年 1 月第 1 版
印　　次　2021 年 1 月第 1 次
书　　号　ISBN 978-7-5760-0386-4
定　　价　128.00 元（全两册）

出 版 人　王　焰

（如发现本版图书有印订质量问题，请寄回本社市场部调换或电话 021-62865537 联系）

目 录

强国富民

中国城乡与区域发展之路

中国城乡发展的道路——我一生的研究课题/ 003

农村、小城镇、区域发展
　——我的社区研究历程的再回顾/ 015

我们在农村建设事业中的经验/ 031

社会变迁研究中都市和乡村/ 037

中国乡村工业/ 044

人性和机器——中国手工业的前途/ 058

小康经济——敬答吴景超先生对《人性和机器》的批评/ 068

乡村·市镇·都会/ 079

论城·市·镇/ 084

农村工业化的道路/ 090

说草根工业/ 093

农业发展的新台阶/ 095

城乡协调发展/ 104

近年来中国农村发展的几个阶段/ 117

中国农村工业化和城市化问题/ 125

小城镇，大问题/ 135

小城镇，再探索/ 165

小城镇，苏北初探／179

小城镇，新开拓／203

镇长们的苦恼／224

乡镇企业的发展与企业家面临的任务／229

论中国小城镇的发展／233

家乡小城镇大发展的二十年／239

四年思路回顾／256

全国一盘棋——从沿海到边区的考察／282

区域经济浅谈／288

加快城市建设，推动区域经济发展／293

发展如蜕变，说城镇与区域经济／297

我的思路框架／312

关于建立长江三角洲经济开发区的初步设想／315

长江三角洲的发展前景／317

上海作为国际大都市的回顾与前瞻／321

期待巨龙腾飞时／330

珠江模式的再认识／333

区域经济发展的新思考——再访珠江三角洲／341

开发大西北／353

对民族地区发展的思考／358

经济全球化和中国"三级两跳"中对文化的思考／365

行行重行行

故里行／377

吴江行／393

再访震泽／405

吴江的昨天、今天、明天／409

淮阴行／414

盐滩行／421

重访徐州／426

温州行/ 433

重访温州/ 446

港行漫笔/ 459

长江三角洲之行/ 471

浦东讲话/ 482

再话浦东/ 486

闽东行/ 493

侨乡行/ 501

重访民权/ 507

信阳行/ 517

焦作行/ 525

豫中行/ 533

沂蒙行/ 544

淄博行/ 557

沧州行/ 562

邯郸行/ 570

天津献策/ 576

再话天津/ 580

海南行/ 584

南岭行/ 595

重访云南三村/ 601

凉山行/ 612

武陵行/ 622

毕节行/ 635

定西篇/ 641

甘南篇/ 654

临夏行/ 670

甘肃行/ 679

海东行/ 691

赤峰篇/ 696

包头篇／717

话说呼伦贝尔森林／729

阿拉善之行／738

包头行／746

三访赤峰／752

黑龙江行／764

中国城乡与区域发展之路

中国城乡发展的道路
——我一生的研究课题

20世纪70年代末80年代初,中国农村改革以农村家庭联产承包责任制为突破口迅速推向全国,接着促使部分地区乡镇企业异军突起,现在乡镇企业已经成为全国农村经济的一大支柱,在我国整个国民经济中也是一支不可忽视的重要力量,而被认为是"达到小康水平的必由之路"。中国城乡发展已找到一条有自己特色的道路,全国农民绝大多数已经脱贫,走向较高的生活水平。

近10多年来乡镇企业一直是我的一个重要的研究对象,并且有一个很长的背景,可说是我学术生涯中的一个主要部分,今天请允许我借此机会谈谈我这项研究的经过。

我最早到中国农村进行实地调查研究是在1936年。那是我从瑶山调查受伤以后,回家乡养病时,在吴江县庙港乡(今苏州市吴江区七都镇)开弦弓村开始的。我所以选择开弦弓村,是接受家姐费达生的建议,她在这村里帮助农民办了一个生丝精制运销合作社,那是我国农民自己办的最早的乡镇企业之一。它引起了我的研究兴趣。那时我住在合作社的工厂里,看到农民在机器上缫丝,就想到这不是现代工业进入了农村么?我心里十分激动。我在该村调查了一个多月,便启程赴英国留学,在去伦敦的船上,把开弦弓村调查的资料整理成篇,并为该村起了个学名叫"江村"。

我在伦敦政治经济学院人类学系攻读博士学位时,根据这项调查材料撰写了论文。在这期间我的导师马林诺斯基正在研究文化的变迁问题,他十分重视农业社会转向工业社会的过程。我在他的指导下以"江村"为具体实例,描述了现代文化进入传统农村文化的过程。他在这篇论文出版时写的序言中说:对社会的改革"如果要组织有效的行动并达到预期的目的,必须对社会制度的功能进行细致分析，而且要同它们意欲满足的需要结合起来分析，也要同它们的运转所依赖的其他制度联系起来分析，以达到对情况适当的阐述。这就是社会科学者的工作，所以社会科学应该在指导文化变迁中起指导的作用"。他认为有关蚕丝业的那章是最成功的一章，"它介绍了家庭企业如何有计划地变革成为合作工厂，以适应现代形势的需要。它证明，社会学需要研究社会工程的有关实际问题"。他对我在这些方面的鼓励对我后来的研究工作起了重要的指导作用。

人类学的发展到20世纪30年代，已碰到了研究文化变迁、变化接触的现象和现代文化的传播问题。我在留英之前，已经和燕京大学社会学系的一辈学生，在吴文藻先生的启发下，开始探索用实地观察的研究方法去认识中国社会，如杨庆堃的《邹平市集之研究》，徐雍舜的《河北农村社区的诉讼》，林耀华的《福州的族村》，廖泰初的《动变中的中国农村教育》，李有义的《山西的土地制度》，黄石的《河北农民的风俗》，郑安仑的《福建和海外地区移民的关系问题》等。所以马林诺斯基说，"中国社会学界已独立自发地组织起一场对文化变迁的应用人类学的真正问题进行学术上攻关的运动。这一学术攻关表达了我梦寐以求的愿望"。马氏所支持的用现在的语言来说就是"理论联系实际的研究为社会改革服务"。这个方针可以说一直贯彻在我一生的学术工作之中没有动摇过。

我们当时已经注意到中国农民在现代文化传播接触中，已无法维持原有的生活方式，出现了种种问题，主要的是农民的生活日益贫困。我在《江村经济》的结论里说："中国农村的基本问题，简单地说，就是农民的收入降低到不足以维持最低生活水平所需的程度。中国农村真正的问题是农民的饥饿问题。"而穷困的根源一是土地制度的不合理，其出路是改革土地制度。其次是人口的不断增长。要在土地有限的农村里维持这么多人口，一方面必须控制人口的继续增长，另一方面是要为充分利用农村里的劳动力从事各式各样的生产活动。可是当时的环境，一方面受到传统土地制度的束缚，另一方面又有外来势力和西方新技术的竞争，中国农民陷入极其贫困的境地。这种历史的现实促使我产生了尽力使中国农民脱贫致富的使命感，也为我后来一生"志在富民"扎下根子。

由于在实地观察江村时，看到了一个以合作为原则来发展小型工厂的实验，引起了我极大的兴趣。我认为这是个在发展农村经济上具有重要意义的实验。这就是当时我对乡镇企业最初的接触和理解，简单地说，我从开弦弓村实地调查中，明确地感觉到农村需要现代工业。可是我并没有注意到这个合作工厂的建立和存在，有其特殊的条件，就是它有家姐费达生所在女子蚕业学校技术推广部的支持，引进了科学技术和工厂管理，并帮助培养人才和组织生产。这是当时一般农村不可能都具有的条件。更重要的是我没有注意到当时在国民党统治下，在土地制度没有改变，在商品生产上国外有强大的竞争力，这些实验固然取得了成绩，但由于客观条件不具备，这个小小的实验改变不了整个地区的农村面貌。

1938年，我在伦敦政治经济学院毕业后，怀着继续研究中国农村的愿望，暑假即急忙回国。但是我的家乡已经被日本军队占领，江村的小型丝厂已被夷为平地。我只能进入抗战后方的昆明。在昆明云南大学吴文藻先生的支持下建立了一个小小的研究中心，继续进行云南省的内地农村调查。内地农村调查使我们进一步看到在一个人口众多、土地有限的国家里，要进一步提高农民的生活水平，重点应当放在发展乡村工业上。我在介绍云南农村调查的《Earthbound China》一书中，再一次更明确地提出了这个见解。现在回头来看，我的这项改变农民穷困的见解，尽管是从实际调查中得来的结论，但从整个局面来说，其实还是书生论政，纸上空谈。这也使得我抛弃了不问政治的态度，而投身于当时的民主运动。从此我的学术研究工作也和广义的政治分不开了。我当时提倡的"实用社会学或人类学"，其实也就是中国传统的学以致用、政学不分的。

到全国解放后，在20世纪50年代初的三年国民经济恢复时期，我国农村成功地实现土地改革和农业恢复的目标。第一个五年计划时期，又使农业得以顺利发展，并且引导农民走上合作化道路。但是那时没有发展农村小型工业的政策。由于苏联模式的影响，在"以粮为纲"的口号指导下，农村主要是去搞粮食来支持城市发展大工业。

1957年我重访江村，看到当时农业上有了发展，粮食增产了，我感到高兴，但是为那种忽视副业和没有恢复乡村工业的情况忧心忡忡。农民自己有了土地使用权，但手中无钱，市镇上商品交换日益萧条，小城镇也萎缩了。针对这种情况我认为农村里应当提倡恢复副业和发展小型工业。我在《重访江村》一文中这样说："农业显著地增产是不是提高了农民的收入呢？为什么农业增产了60%，而还有人感觉到日子没有以前好过呢？问题出在没有发展副业上。"同时，我重新提出了"乡土工业"问题，讲到村子里办小工厂的好处。但是这种主张与当时的政策相抵触，不但没有被接受，在反右时还受到了批判。

直到 70 年代，这种限制农村单纯搞粮食生产的政策受到了事实的挑战。这项严重的挑战来自人口的不断加速增长。单纯依靠种植粮食的低收入，使广大农民在那不断增长的人口面前无法维持他们已有的生活水平。解放时我国人口 5.4 亿，经过 32 年到 1980 年已接近 10 亿，增加了 81%，每年平均增长 19%，1978 年全国粮食产量比 1949 年固然增长了 169.2%，但按人口平均仅增长了 52%，经过解放以来 30 多年，到 1980 年中国谷类的个人平均配额仅有 580 斤。以这一个仅够糊口的粮食来维持农民全部的生活费是远远不够的，何况各地区的产量不平衡，绝大部分地区的农民所得低于平均数，因而贫困重又成了农村的主要问题。这种严重的处境曾在 60 年代发生了全国性的"困难年"，饿死的农民成千上万，接着是"文革"时期，全国经济到了崩溃的边缘。我在这 20 多年中由于我的言论和当时的政策相抵触，被划为"右派"，失去了继续实地研究工作的条件。

80 年代初，我的社会和政治地位恢复了，社会学也恢复了，于是又重新开始我的农村调查研究工作。1981 年我三访江村。那时江村个人全年平均收入已接近 300 元，位于全国的前列，大约是全国平均水平的三倍。而三年前，即 1978 年江村个人平均收入还只有 114 元，为什么在短短的三年里这个村子的农民会这样快地富裕起来？我看到家庭副业恢复了，集体小工厂办起来了。从农村经济新结构中农、副、工三方面来看，发展前途最大的显然是工业。

使我特别兴奋的是在这里看到了我几十年前所想象的目标已在现实中出现，而且为今后中国经济的特点显露了苗头。在人口这样众多的国家，多种多样的企业不应当集中在少数都市里，应当尽可能分散到广大的农村里去，我称之为"工业下乡"。工业下乡同样可以在国家经济结构中增加工业的比重，但是在人口分布上却不致过分集中，甚至可以不产生大量脱离农业生产的劳动者。在这个意义上，为具体实现工农结合，消除工农差距的社会开辟了道路。《三访江村》是我在英国的老师 R. Firth 为我去伦敦接受"赫胥黎奖章"作演讲出的题目，他建议我讲讲江村在半个世纪里的变化，这次演讲也决定了我其后 10 年的研究课题，即中国城乡发展的道路。

1982 年以后，我的研究领域逐步扩大，首先是从农村到集镇，提高了一个层次。由于我是从农村出发去研究集镇的，因而我的着眼点一开始并没有限于集镇本身，而首先把它看作是城乡的结合部，称之为小城镇，并提出了对小城镇"类别、层次、兴衰、分布、发展"的 10 字研究课目。我研究的地域也从家乡的一个村，扩大到包括七大镇、十几个小镇的吴江县。我把单枪匹马的个人研究改变为组织队伍的集体研究,打下了以后建设研究中心的基础。

80年代初期已是中国各地小城镇复兴的时刻,我注意到家乡吴江县各个集镇上的人口无不在迅速增加,追究过去,了解到它们都曾在50年代进入过一个衰落时期,人口下降,70年代后期陷入谷底,出现冷冷清清的局面。嗣后前前后后出现了生机,当我们1981年去调查时,这些集镇的面貌正在发生明显的变化,出现了欣欣向荣的势头。

这些集镇怎么会兴旺起来的呢?这个问题吸引了我,我注意到当时正在有如异军突起的发展着的乡镇企业,因为这些是公社和生产队所办的工业,所以一般都称作"社队工业"。集镇是社办工厂集中的地方。这时集镇上新办的工厂纷纷到农村里去吸引农民出来当工人,集镇的人口也就多起来了。工业带来了繁荣,集镇上新的建筑一座座盖了起来,面貌大变。农村里也由于生产大队或生产队办了工厂,收入增加了,农民生活改善了。

这里特别要提出的是人口问题。70年代中期中国人口压力越来越大,虽然提出了人口控制的号召,但已出生的人口已相当多。由于严格控制城乡人口迁移,用行政手段划清城乡户口,农村户口不能向城里迁移,于是农村中"隐藏"着大量的剩余劳动力。城乡户口的隔离迫使农民另找出路。

这条出路就是人口不走向城市集中而把工业拉进农村,使农村里的剩余的农业劳动力可以向自办的工业转移。通过农村工业化来改善农村经济状况,以提高农民生活,这应当说是中国农民逼上梁山,自己闯出来的一条生路。

正是那时客观上存在了发展农村工业的具体条件,一方面"文革"失败,政策改变了。公社制取消后,农民可以在粮食生产之外,生产其他的产品,副业、工业都产生了。另一方面在"文革"中一批大城市的技工和知识分子下乡,提供了兴办工业必需的知识和技术。在这些条件下,江苏省主要是苏南于1984年形成了兴办乡镇工业的高潮。

值得特别注意的是,由于这些乡镇工业办得好,因而富裕起来的乡村,农副业收入所占的比例不断降低,而在绝对数字上却相应地增长,增长速度也较工业不发达的乡村为快。这个事实应当大书特书,因为它向人们展示出我们中国在发展经济道路上的一种崭新的特点:中国社会的工业化是在农业繁荣的基础上发生、发展的,而且又促进了农业的繁荣和发展,走上现代化的道路。

这个特点的重要意义要和西方早年工业化历史相对照就容易看清楚了。欧洲工业化初期,在集中于都市里的机器工业兴起的同时,农村都濒于破产,农民失去土地,不得不背井离乡涌进城市,充当新兴工业的劳动后备军。西方国家现代工业的成长是以农村的萧条和崩溃为代价的。这是西方工业化的道路。在当前历史条件下，中国是决没有可能走这条道路的。不能想象上亿的农民，涌入城市来发展工业。中国要工业化只能走一条迥然不同的道路。农民在农业繁荣的基础上，以巨大的热情兴办集体所有制的乡镇工业。这种乡镇工业以巩固、促进和辅助农业经济为前提，农、副、工齐头并进，协调发展，开创了农村繁荣兴盛的新局面。这种工业化的道路，从具体历史发展来看，并不是从理论上推论出来的结果，而是农民群众在实际生活中自己的创造。

从实际出发进行研究来促进实际的发展是我行之有效的工作方针。工业下乡，发展乡镇企业都不是我的创造，而是中国历史上发生的事实。我作为一个研究工作者只是抓住这个历史事实进行分析、表达和传播，使人们能理解其在社会发展中的正面和反面的作用，从而通过对社会舆论的影响，对社会客观进程发生作用，从广义来说也可以包括在政治活动范畴之内。

在80年代农村经济大发展中，由于乡镇企业的兴起，在比较发达的地区，不论过去属于哪一种类型的乡镇都走了工业化的道路，几乎都成了以乡镇企业为基础的小城镇，但是各地条件不同，所走的具体路子各有特点。这个客观的历史事实使我产生了"模式"这个概念。模式是从发展的路子上说的，因为各地的乡镇所具备的地理、历史、社会、文化等条件不同，在向现代化经济发展的过程中采取了不同的路子；不同的发展路子，也就是不同的历史进程，就是我们所说的不同发展模式。

1984年我走出苏南，进入苏北调查，看到了两地发展上的差距，起初还以为是先后不同。1986年在温州考察时，才进一步明白地区间的区别可以出于客观条件不同而所走的路子也不同，因而提出"发展模式"的概念。模式是指"在一定地区，一定历史条件，具有特色的经济发展的路子"。这个概念使我们的研究工作推进了一步，要求我们从整体出发探索每个地区的背景、条件所形成的和其他地区相区别的发展上的特色，从而引导我们进入不同模式的比较。

这个概念有它的实用价值，它防止了全盘照搬的办法，所以我们提出了"因地制宜，不同模式"的观点。后来在1988年，我在两广调查时，对当地农村迅速向珠江模式靠拢的事实，发现我所提出的这个发展模式的概念多少带有一点静态的意味，没有照顾到条件本身是个变数；而且路子尽管不同，不能排斥相互交叉和学习。所以我在《四年思路回顾》一文中又提出了"随势应变，不失时机"的观点，在发展模式的概念中注入了动态的观点。

提出发展模式的概念是有利于采用比较研究的方法。但也必须防止偏重于各模式之"异",而忽视其所"同"。各种模式之所以能相互比较,是因为它们是在共同基础上出发,又向同一目的前进的,共同基础是我们传统的小农经济,同一目的是脱贫致富,振兴中华。概括起来看,乡镇企业的发展,必须具备劳动力、资金、原料、市场、技术和管理等条件,它们的来源可以不同,办法可以各异,但缺一不可。怎样把农村中潜在的巨大的剩余劳动力转化成生产力是我国农村经济发展共同的关键问题,但转化的办法有所不同。

对各种模式进行比较分析时,我们注意到内地和边区的农民即使有劳动力和启动资金,工厂还是办不起来的。乡镇企业必须有现代工业的制造技术和管理知识以及市场信息,而这些在农业传统里是得不到的,必须向工商业中心的城市中去引进,所以靠近城市的乡村比较容易发展乡镇工业。这说明了农民内发的要求还是要结合了外援才能办工业。这个事实使我们注意到城乡之间的关系,逐步走向城乡关系的研究。

80 年代初,我国在广东和福建建立了经济特区,试行具体的对外开放政策,进一步推动了广东珠江三角洲农村经济的发展,出现了新的发展模式,使我们意识到在中国农村发展中出现了外联和内发的不同性质。外联是指资金、经营、运销靠国外投入,不靠国外的是内发。这两种不同性质的模式又互相渗透,互相结合,90 年代初期在沿海各省成为发展方向的外向型企业。

乡镇企业的发育是一个很生动的过程。这是一个农村里商品经济的生长过程。自给自足的小农经济商品流动数量和范围极小,往往采取日中为市的赶集的方式。工业下乡后情况就基本上起了变化,工业品需要广阔的市场,从低级到高级,从小规模到大规模,从国内到国外。农业经济纳入了商品经济,农村的小细胞已成为世界总体的构成部分。乡镇企业的发展促进中国市场的发展,具有极深刻的历史意义。

我在这十几年里从农村体制改革后遍地开花的家庭企业和局限在乡村小天地里的小型社队工业,一直看到正在发展中的大城市的开发区,上亿农民不同程度地离农投工,广大乡镇已换上了小城市的面貌,农村生产力大大增加,人民生活普遍提高。我们这个小农经济的国家已出现了城乡一体化的宏伟前景。也许这勾画出了我国进入改革开放时期中走出的一条具有中国特色的现代化道路。我不能不有生逢盛世之感,在我的晚年竟能亲眼看到中华民族这样深刻和伟大的变化,说实话是我完全没有预想到的。

1991 年乡镇企业总产值突破了 1.1 万亿元,这 1 万亿元意味着在全国工业总产值中"三分天下有其一",从发展速度看,乡镇企业从 1984 年的 1000 多亿元到 1991 年的 1.1 万亿元仅用了 7 年,而我国从 1952 年的 1000 多亿元社会总产值达到 1983 年的 1 万亿元用了 31 年。在乡镇企业发达的江苏省它的产值已占全省工业总产值的一半以上了。

这 1 万亿元意味着乡镇企业在工业产值上已与国营企业平分秋色,而成为我国经济的"半壁江山",乡镇企业已不再是国营工业的补充和调剂,而是我国经济建设中的一支生力军。在近三年的治理整顿期间,乡镇企业在十分困难的情况下仍以每年 10% 以上的增长速度发展,远远超过了全国工业年平均增长的速度。江苏省苏州市等乡镇企业发达地区的年增长则在 30% 以上。

这 1 万亿元还意味着打破了我国历史上长期形成的"农村搞农业,城市搞工业"的经济结构,乡镇企业使农村走向城镇化,工农差距在缩小,城乡差别也在逐步消失。农民自觉自愿、兴高采烈,但也是千辛万苦的,在没有花国家一分钱的投资下,自我完成了从农民到工人的角色转换。约有 1 亿农业劳动力转移到了乡镇企业,相当于我国前 30 年城市工业吸收劳动力的总和。日本一位教授评价中国农民的这一伟大创举时说:"乡镇企业的迅速发展可以看成是在中国各地出现的一次静悄悄的产业革命,它使中国农村地区的经济社会生活发生迅速变化。""这是中国正在进行的使农村地区实现工业化的一种新尝试。乡镇企业的成功,对其他发展中国家来说,也具有重要的意义。"

现在比较发达地区的乡镇企业已向现代工业发展,从初期的"船小好调头"到"联舟抗风浪",已发生了历史性的变化,把眼光转向质量、品种、效益和开拓国际市场,发展合资企业上来,开辟高新技术产品,以便在国内外的市场竞争中保持后劲,永远立于不败之地。如江苏省的乡镇企业出现了联合兼并的势头,形成了 6000 多个较大的骨干企业,其产值和利税均占全省乡村集体工业的 55% 以上,其中 200 家企业达到国家规定的大中型企业标准,近百家涉足高科技领域。

由于同国营大中企业、高等院校及科研所的横向联合,给乡镇企业注入了新的活力,并发展了外向型经济,使众多乡镇企业有了发展的新天地。江苏省乡镇企业创办的"三资"企业累计上千家,其中以"嫁接型"企业为主。所谓嫁接型即把外资和技术甚至经营管理嫁接到原来的社队集体企业的基础上,这种嫁接形式的转变在广东省很多,被称之为"造船出海",不同于"三来一补"的"借船出海"。更可喜的是已出现了跨出国门外,到国外办厂的乡镇企业,显示出中国农民面向世界的伟大气魄。

引人注目的，1991年涌现出一批以乡镇企业为主体的，农业、商业、工业、建筑、运输、服务全面发展的乡（镇），人口在10万以下，产值接近或超过10亿元，其中江苏的盛泽镇突破了15亿元，还有产值达2亿元，而人口在1000上下的村。江苏省1984年有6个工农业产值超亿元的乡，8年后就发展到了550个，现在全国有了2093个，以巨大的经济实力成为我国农村向现代化迈进的中坚力量。这些亿元乡镇占全国乡镇总数的3.77%，人口总数占全国农村人口总数的6.5%，社会总产值占全国农村社会总产值的26.8%。乡镇企业产值占全国乡镇企业产值的28.86%。乡镇企业使2亿农村人口有了固定收入并过上安定的生活。

但就全国来看，农村经济发展是很不平衡的。我国的中、西部人口7.2亿，集中了全国63%的人口。其中农业人口5.77亿，占全国农业人口的64.4%。城市人口1.4亿，占全国城市人口的57.4%。中西部农业劳动力占全国农业劳动力76.2%，我国的劳动力大部分集中在中西部，而且基本上是以从事农业为主。

在我国经济发展中，宏观上形成了东（指经济较发达地区，它包括京、津、沪、辽、冀、鲁、苏、浙、闽、粤10省市）、中（指经济发展中地区，它包括黑、吉、晋、陕、豫、川、湘、鄂、皖、赣10省）、西（指经济欠发展地区，它包括蒙、宁、甘、青、藏、新、滇、贵、桂、琼10省区）在经济发展上的差距，而且差距相当大，这个差距不是差在资源上，而是在经济发展水平上，由于乡镇企业在地区上发展不平衡，各地区农民收入差距很大。东部的农民人均收入为812元，而中西部只有527元，东部是中西部的1.54倍。差距是显而易见的。

为了实现我国第二步战略目标，使全国人民生活水平达到小康，中西部地区能否从现有较低的发展水平跃上一个新台阶，有一个大的突破和大的发展，是一个决定的因素。

1984年我开始边区研究，在内蒙古和大西北进行社会调查，始终关注这一有关大局的东西差距问题，提出了"以东支西、以西资东、互惠互利、共同繁荣"的意见。"支"是指资金、技术上的支持，"资"是指原材料和能源的供应。

就边区本身来看，那里的现代工业基本上是靠外边的力量兴办起来的，有抗战时期从沿海地区迁入的现代工业，新中国成立后在苏联帮助下建立的重点企业，还有60年代为国防需要而兴建的许多三线企业。这些具有现代机器装备的大中型企业，依靠行政力量搬进或兴建在原以农、牧为主的经济不发达地区，形成一个个平地起家的大小新兴城市。它们和周围乡村在经济社会各方面很少联系，有点像海洋里的孤岛。

80年代大中型企业的体制改革使得孤岛上的企业要开门出来找出路了。正在这时四周的乡村也要求发展乡镇企业，双方走到一块来了，由大中型企业提供信息、技术和部分设备，乡村提供土地、劳动力和部分资金，合作办中小型乡镇企业，走"城乡一体"或"一厂两制"的路子。这是城市把工业扩散到农村，农民把工业引进乡村在中西部发展中的重要突破口。

我在看到沿海和边区的农村发展的差距时，对全国经济这盘棋的格局有了初步的综合印象，那就是经济水平由西向东梯阶形的上升和现代工业的由东向西的逐步延伸。进一步考察我看到这个经济梯阶正表现在作为工商业中心的城镇的规模和密度上的差别。在沿海分布着一系列工商业较发展的城市，而且都拥有经济水平较发达的腹地，特别是长江和珠江的三角洲已出现接近小康水平的地区。而在边区，正如上文中所说的那些孤岛式的新兴城市大多还停留在点上没有扩散成面。这幅画面促使我从着重在比较农村发展路子的"模式"研究，更上一层楼，联系上了经济区域的概念，注意到它们空间分布的格局。

1987年我在甘肃调查时，看到了在青海和甘肃接境的祁连山两麓居住着许多人数较少的民族，如裕固、土家、撒拉、保安、东乡等少数民族和人数较多的回族。它们正处在青藏高原和黄土高原之间，形成了一条夹在藏族和汉族之间的民族走廊。在经济上正是牧业和农业的接触和过渡地带。当时我从回族聚居的甘肃临夏，越过省界到青海的海东地区，这里正是明代以来茶马贸易业中心——河州的故地。我当时就意识到要发展这个地区的经济，大概只有利用它特有的历史传统，恢复它作为农牧贸易的集散地。所以提出了两地建立成一个经济协作区来发展农、牧两大区域之间的贸易。这个建议在我的研究工作中标志着进入区域发展研究的开始。在临夏和海东协作区基础上，1988年我又进一步提出建立包括青海、甘肃两省和宁夏、内蒙古两个民族自治区的黄河上游多民族经济开发区的建议。这个建议得到了四省、区和中央的支持，已经实行了4年，取得了一定的实效。

区域发展的概念丰富了我对中国城乡研究的内容。这个概念并不取代发展模式的概念，而是城乡协调概念的进一步发展。经济发展区域是城乡协作在空间的具体表现，可以各有其发展的模式。80年代后期，也许可以说我的研究工作又进入了一个新的层次。1988年在南岭山脉的考察中，我把开发这一片瑶族聚居的山区的希望寄托在珠江三角洲的经济扩散上，而提出了以香港为中心的三个环形带的区域格局。可以说在我研究工作的历程中，从"珠江模式"走上了研究珠江三角洲区域发展的方向，直到最近我在《珠江模式的再认识》中提出的港、珠经济一体的观点。

1991年我开始了以发展山区经济为重点的研究计划，首先走访了四川、云南两省接界的大小凉山，考察后我提出了采取"一点一线一面"的发展方针，即以攀枝花的工业中心为启动力，联合凉山自治州开发成昆路一线的丰富资源，开辟通向东南亚的南方丝绸之路，来推动西南云贵高原的全面发展。这也表明了我的研究着眼点正逐步从微观分析确立模式走上宏观思考区域规划的路子。当然这不是一种观点和方法的转变，而是我城乡研究本身的生长发育，逐步丰富的表现。这个方向也和中国经济和社会发展的历程更进一步地结合了起来，并更直接地发挥了以科学知识来支持社会发展的作用。

1990年结合我这几年在长江三角洲的调查研究为这地区进一步发展提出了建立长江三角洲经济开发区的建议。最近为了配合改革开放政策的进一步发展，我在前年建立长江三角洲开发区的建议基础上，更具体地提出了以上海为龙头，江、浙为两翼、长江为脊梁，以南丝绸之路和西出阳关的欧亚大陆桥为尾闾的宏观设想。

至此，综合过去一连串有关区域发展的建议，已逐步接近"全国一盘棋"的整体设想。

今天我在这里提出我们最近的研究方向，是想说明社会科学的研究工作说到底是研究者所接触到的社会变动的反映，我个人这一生的研究过程离开了中国这几十年的历史变化连我自己也是无法理解的。看来科学不可能也不应当脱离现实，也很难超越现实，所能要求于科学工作者的可能只是忠于现实，就是从现实出发，而不以主观愿望来歪曲现实。我也相信只有实事求是得来的知识，才能成为促进人们生活的知识。强调知识的实用性，我不认为是贬低了它的品质，而恰恰相反这正是科学知识可贵之处。

我30年代从事社会学和人类学以来，已经半个多世纪，除了由于政治原因停业了有20多年外，我并没有放弃过实地观察的研究机会。但是现在回顾一下，我所接触的问题还主要限于中国农民怎样解决他们基本物质需要的问题，通俗地说是解决农民的温饱问题，也可以概括说是人对资源的利用和分配的问题，人和人共同生存的问题。这些问题都属于人文生态的层次。这几年，也可能是因为我已进入了老年，越来越感觉到人的研究不能满足于这个层次了。所以在前年国外的朋友们在东京为庆祝我80岁生日而召开的讨论会上，我说当前人们已迫切需要一个共同认可和理解的价值体系，才能继续共同生存下去。并且预言21世纪由于这地球上人和人之间信息传递工具的迅速改进，互相反应的频率越来越高，集体活动的空间越来越小，原有的可以互不相干的秩序，已经过时。必须建立的新秩序不仅需要一个能保证人类继续生存下去的公正的生态格局，而且还需要一个所有人类均能遂生乐业，发扬人生价值的心态秩序。

说起了这个心态层次的人的研究，我不能不想到今天我们在此以举行这个学术讲座会的形式来纪念的潘光旦老师。我紧紧跟随他学习了有30多年，经常听他根据儒家的中庸之道反复阐发的"位育论"。位就是安其所，育就是遂其生。在全球性的大社会中要使人人能安其所、遂其生，就不仅是个共存的秩序而且也是个共荣的秩序。也就是说不仅是个生态秩序而且是个心态秩序。

当前世界的形势发展已使人们觉悟到生态秩序的日形紧张，但是很多人还没有觉悟到更为迫切的心态秩序的危机。人类历史发展到今天正应当有潘光旦先生这样的学者来广泛地宣讲他的"位育论"，而这样一位学者今天已成了我们共同缅怀的先哲了。我作为他的一个及门弟子，而没有能把他对建设人类心态秩序的课题阐述发挥，真心感到无穷的内疚。今天我只能把这根接力棒递给下一代的学者了。如果天假以年，在我这一生中还有一段生存的时间，还是极愿意在已有生态研究的基础上，更上一层次，为心态研究做一点破题和开路的工作。我想就用这个对自己今后的愿望来结束这次关于我过去近半个世纪对中国城乡研究经过的汇报吧。

1992年7月6日

农村、小城镇、区域发展
——我的社区研究历程的再回顾

我一生的学术工作是以农村调查开始的,其后进入小城镇研究,近年来又开始区域发展的探索,统称为一生社区研究的历程。流年似水,转眼已经60年了。当我进入85岁的时刻,似乎值得自己回头反省一下。由于我已在1985年发表过《社会调查自白》,1989年发表过《四年思路回顾》,这次反省只能说是再回顾了,但一个人的思想总是多少有一条前后连贯的思路,所以还得从头说起,其中有一点重复在所难免。

一

我这一生有个主题,就是"志在富民"。它是从我学术工作中产生的,我的学术工作也是围绕着这个主题展开的。

1935年偕我妻王同惠进入广西大瑶山调查瑶族农村,合写《花蓝瑶社会组织》。1936年在我家乡的一个农村里进行调查,后来写成《江村经济》一书。我在农村实地调查里从亲眼所见的事实产生了一种想法:中国农村的基本问题就是农民吃饭穿衣的问题,内忧外患使他们难以维持最低生活水平,陷入不足温饱的极端贫困境地。当时的历史现实,促使我产生了尽力使中国农民脱贫致富的使命感,也为我后来一生"志在富民"的追求扎下了根子。

20世纪40年代我曾在云南内地进行农村调查,与张之毅同志合写成《云南三村》。其后,我曾应《世纪评论》之约,连续写了十几篇讨论中国农村社会特点的文章。这些文章分期连载后,集为《乡土中国》一书。我还在《大公报》发表了一系列有关农村复兴的文章,后来被《观察》周刊社汇编成了

《乡土重建》单行本。我在这本书里提出了农民温饱的"小康水准"、"现代工业技术下乡"、"乡土工业"等问题和想法，都是围绕中国农民脱贫致富这个主题做的文章。

全国解放后，我1957年重访江村。看到当时农业有了发展，粮食增产，感到高兴。但是也看到副业被忽视了，乡村工业没有得到恢复，农民虽有土地可耕种，却只能搞粮食，手里没有钱花。市镇上的商品交换日益萧条，小城镇也萎缩了，这使我忧心忡忡。我在《重访江村》一文中建议恢复发展副业和乡土工业，在村子里办小型工厂，希望促进农民尽快富起来。

意外的政治运动打断了我这种发展农村经济的愿望。反右斗争中，我被划成"右派"，失去了继续进行学术研究的机会。从那时起直到"文革"结束，我这篇富民的文章做不下去了。

1966年到1976年的全国大动乱，严重地破坏了社会生产力，国民经济到了崩溃的边缘。直到拨乱反正后的1980年，农民的人均谷类配额仅约有580斤。以这样只够糊口的粮食来维持农民全部生活费用，显然远远不够。何况各地产量并不平衡，大部分地区的农民所得远低于这个平均数，他们依然没有摆脱贫困状态。这样的情状，加上周边一些国家经济起飞势头的映衬，使中国农民实现温饱、脱贫致富的问题变得更加迫切了。

1980年，我恢复了名誉和正常生活，从1952年就被取消的社会学也得到了恢复，我有条件拾起被迫中断20多年的"为中国农民能富起来做些什么事"的实践课题，重新开始农村调查。我急切地想实地看看我曾经十分熟悉的江村经过这20多年风雨后的样子。1981年，我三访江村，高兴地看到了江村当时全年人均收入已接近300元，位于全国前列。而在1978年，江村的人均年收入还只有114元。为什么这个村子的农民能在短短三年中这么快地富裕起来？事实就在眼前，家庭副业恢复了，集体小工厂办起来了。当地农村经济结构中出现了农、副、工互相结合的现实和进一步发展的趋势。

让我特别兴奋的一点，是在江村看到了我几十年前所想象的目标已经开始在现实生活中出现，而且今后中国经济的特点也显露了苗头。中国人口有10多亿，农村人口又占绝大多数，在这样的国情下，我认为多种多样的工业不宜集中在少数城市，而应当设法尽可能分散到广大农村里边去，我称之为"工业下乡"。工业下乡的意图，是使在国家经济结构中增加工业比重时人口不至于过分集中，甚至可以不产生大量脱离农村的劳动者，而在农工相辅、共同繁荣的基础上实现农村工业化，城乡一体化。这可能是中国的工业化进程不同于西方工业国家发展模式的一个基本区别,也是我看到的适合中国国情的可行道路。

江村的变化不是孤立的,家乡吴江县的各个集镇都表现出活跃的迹象,商品交换多了起来,城镇居民普遍增加。其中有名的吴江七大镇正在从先前冷冷清清的衰落景象里抬头挺胸,一股欣欣向荣的生机吸引着我。我看到了一种值得特别注意的变化,这就是由于乡镇工业办得好而富裕起来的乡村,农业收入所占的比例不断降低,绝对数字却在明显增长,增长速度也比工业不发达的乡村要快。这是一个值得大书特书的历史事实,它向世界展示出中国在发展经济道路上的一个崭新特点:中国社会的工业化是在农业的基础上发生和发展的,它又反过来促进了农业的进一步繁荣和发展,推动农业走上了现代化道路。

把这个特点和西方早期工业化的历史做一个简单对照,中国乡镇工业的意义可以看得更清楚。在欧洲工业化初期,新兴的机器工业集中到了都市,农村却濒于破产,农民不得不背井离乡,涌进城市,充当新兴工业的劳动后备军。西方工业化的发展是以农村的萧条和崩溃为代价的,这是西方工业化道路的一大特点。中国当然也要顺应历史潮流,实现工业化,但在当前的历史条件下,绝不可能走西方的工业化道路。我们不能想象上亿乃至数亿的农民涌入城市来发展工业,中国的工业化只能走适合自己特点的路子。农民在农业繁荣的基础上,利用来自土地的积累兴办乡镇工业。这种工业也以巩固、促进和辅助农业经济为前提,农副工齐头并进,协调发展。这条工业化道路已经切切实实地开始出现在我们面前。它不是从理论上推论出来的成果,而是中国农民在改革实践中的新创造。

在这个值得大书特书的变革中,由于乡镇企业的发展,在比较发达的地区,不论过去属于哪一类型的乡镇都先后开始走上了工业化道路,发生了以乡镇企业为基础的小城镇,而且生机勃勃,引人注目,令我感动。在社会发展现实的推动和启发下,我开始了调查研究小城镇的课题。

二

1982年以后,我的社区研究领域比三四十年代已经扩大。首先是从农村扩大到小城镇,提高了一个层次,把小城镇看成是城乡接合部,进行深入调查研究。研究的地域也从家乡的一个村扩大到吴江七大镇,又到整个吴江县,再扩大到苏南地区。到1984年，我走出苏南，进入苏北，对苏南、苏北进行了比较研究。很明显，我这一时期研究地域的扩大有意无意地是顺着行政区域的层级进行的。有意思的是，对于特定行政区域内的经济和社会现象的观察和研究，使我看到了超越行政区域的一种经济区域发展的事实，这就是说我的经济区域的概念在观察现实经济生活中开始发芽茁长了。

这要从"模式"这个概念的发生说起。

在对苏南、苏北的比较研究中，我看到苏北的乡村里工业化程度明显比苏南低，小城镇的兴起也比苏南慢。对于两地在发展上的差别，起初我以为是起步的先后不同。后来我意识到，地区间可以由于客观条件的不同而走上不同经济发展路子。在总结苏北调查的《小城镇，苏北初探》一文中，我把思想上酝酿的一个概念提了出来，这就是发展的"模式"。我具体提出了"苏南模式"这个名词。

模式这个概念是从发展方式上说的。因为各地所具备的地理、历史、社会、文化等条件不同，所以在向现代经济发展过程中采取了不同的路子，这是可以在实际中看到的。不同的发展路子就是我所提出的不同发展模式。"模式"这个新概念，来自于我们身边正在发生的客观历史事实。让这样的概念再回到正在成长的新事物中，用它来认识现实，也就能把问题说得更清楚一点。

比如，在对苏南模式所做的研究里边，我把位于江北的南通划到了苏南经济区，让它和苏州、无锡、常州并称，道理就在于南通有和苏、锡、常大体相同的经济发展背景和现实发展路子。苏、锡、常、通都位于长江下游，都是由于乡镇工业的兴起而进入工业化时期的。这几个地方乡镇工业的来历和发展机遇也类似。它们的前身是人民公社时期的社队工业，即公社和生产大队、生产队办的工业。公社和生产大队、生产队是集体经济的实体，它有权在社员的劳动所得中积累一部分资金，用来兴办集体公有的工业，叫社队工业。到80年代初江苏农村实行家庭联产承包责任制的时候，苏南的农民没有把社队企业分掉。在改制过程中，乡和村的人民政府替代先前的人民公社和生产队管理这份集体经济，通过工业保存下了集体经济实体，又借助上海经济技术的辐射和扩散，以乡镇企业为名而继续发展。苏、锡、常、通的乡镇企业发展模式是大体相同的，我称之为苏南模式。我从经济发展的模式出发把地处长江北岸的南通划进"苏南"的范围，从概念上说，我已把心目中的经济区域摆脱了一般的以江为界的地理区域。

1986 年，我到浙江温州考察。温州以它明显有别于苏南的发展方式进一步启发了我，使我对"发展模式"这个概念有了更深入一步的认识，明确了它的意义是指："在一定地区，一定历史条件下，具有特色的发展路子。"这里所说的"地区"，既可能是在某一行政区域范围内，也可能包括几个不同行政区划的地域范围。但是在这时候，我还没有提出"经济发展区域"的概念。

客观发生的历史事实使我产生了"模式"这个概念。新概念的形成反映着客观实际的变化，是实践的产物，同时又成为认识工具，帮助进一步认识新生事物和促进实践变革。发展模式的概念把我的研究工作推进了一步，要求我从整体出发，探索每个地区发展的背景、条件，和在此基础上形成的与其他地区相区别的发展特色，这就促使我进入不同发展模式的比较研究。

各种模式之所以能相互比较，是因为它们是在一个共同的基础上出发，又向同一目标发展的。共同基础是我们传统的小农经济，同一目标是脱贫致富，振兴民族经济。80 年代，各地农村先后进行了农业体制改革，实行了家庭联产承包责任制，农民因此得到了支配自己劳动的自主权。他们在承包的土地上经营农业之外，可以主动从事其他生产活动，以增加收入，这就大大调动了农民发展经济的积极性。他们千方百计、千辛万苦、千山万水地去开辟生财之道。

各地农民居住的地域不同，条件有别，所开辟的生财之道必定多种多样，因而形成了农村经济发展的不同模式。我在观察和研究这些不同的发展模式时，没有忘记它们只是解决增加农民收入这同一个问题的不同答案。对各种模式进行比较研究，也就是要说明它们有什么不同和为什么不同。具备了这种知识，各地农民都可以因地制宜地选择生财之道，争取早日脱贫致富。

如前所说的苏南发展的路子，是通过公社这个集体经济的积累，有足够的资金一步到位地把工业引进了农村，借着农村体制改革的机遇，快速地发展起乡镇企业，带动了经济的整体发展。但具备苏南这样条件的地区并不多。那些在公社的集体经济实体解散后再要办工业的地方，就得从其他渠道取得兴办工业的启动资金了。温州人想出了另外的办法。

温州原来也是个穷地方，人多地少，单靠农业连温饱都难以维持。当地农民就大批到外地去打零工，卖手艺，如木匠、裁缝、修鞋、弹棉花等。一时浙江人满天飞，远到边区的小镇上都有他们的足迹。这些人省吃俭用，把在外地挣得的钱寄回家乡积累起来，成了后来在温州一带发展家庭工厂的启动资金，然后通过广大的运销网络出售家庭作坊的产品，形成了"小商品，大市场"。

我把这个发展方式称作"温州模式"。

在河南民权县，我看到当地发展了庭院经济。他们有两条"龙"。一是果农专业户以农户为单位种葡萄，乡镇的集体企业榨汁发酵，县里的国营酒厂最终制成果酒。这条龙带动了两万户农民致富。另一条龙是纺织品抽纱，一根针，一根线，不用油，不用电，老人小孩都能干。初级成品分散在千家万户，县工艺品厂集中收去修整、漂白、包装出口。每个农民可以利用农余时间借助抽纱为自己每月增加收入八九十元。这种利用千家万户的劳动力，让他们不出院不出村就能增加收入、脱贫致富的路子，我叫它"民权模式"。这也就是后来我在河南信阳所看到的所谓"公司+农户"，这可能是适合中原农业地区经济发展的一条路子。

到苏北调查时，我又了解到了另一种生财之道。徐州的农民组成建筑队，到外地承包工程。大庆油田的厂房建筑，多年来几乎全是由苏北农村的建筑队承包的，依靠这种劳务输出挣回的钱，成了苏北农村工业化启动资金。后来我又在安阳听说林县也有"10万大军出太行"，北京有些大建筑工程就是他们干的。林县的建筑队已经在北京打出了名气。林县人说，他们80年代出太行，90年代富太行。类似徐州和林县这种专业性劳务输出的富民路子，也可以看做是一种模式。

在靠近福州的福清县，我还看到一种由侨胞投资兴办各种企业，甚至成片开发工业小区的发展方式。这些用现代设备和先进技术建立起来的企业，和国际市场密切相连，奠定了更为宽广的发展前途，为农村经济的发展开出了一条新路。我称之为"侨乡模式"。

模式这个概念的产生和发展，直接反映出我走出苏南以后观察范围的逐步扩大，比较方法的逐步深入。起初我是用小城镇的功能，如农贸中心、行政中心、工业中心等来区别不同"类型"。后来我看到乡镇企业的发展使许多过去不同类型的小城镇在主要功能上逐步趋于一致，于是我提出模式的概念作为比较研究的主要依据，但是在对各种模式的比较中，我并没有追问由每一种模式所覆盖的地区有多大，划出各种模式所占的区域，这是因为当时我还没有明确"区域发展"这个概念。

三

我的研究跨出了江苏省界之后，分成两个方向扩大范围。一路是沿海从江苏到浙江，经福建到广东的珠江三角洲，进而接触到广西的东部地区。另一路是进入边区，从黑龙江到内蒙古、宁夏、甘肃、青海、云南等地。在我行行重行行的实地调查过程里，越来越多的见闻和思索使我注意到经济发展具有地理上的区域基础。各区域不同的地理条件包括地形、资源、交通和所处区位等自然、人文和历史因素，均具有促进和制约其社会经济发展的作用，因而不同地区在经济发展上可以有不同的特点，具有相同地理条件也有可能形成一个在经济发展上具有一定共同性的经济区域。这些区域又可能由于某种经济联系而形成一个经济圈或地带。

1987年我在甘肃调查时，注意到在甘肃和青海交界的祁连山两麓居民除汉族外还有一些人数较少的少数民族，如裕固族、土族、撒拉族、保安族、东乡族等，还有人数较多的回族。它们处在青藏高原和黄土高原之间，形成了一道夹在藏族与汉族之间的民族走廊，在经济上，正是牧业和农业的接触和过渡地带。当时我从回族聚居的甘肃临夏越过省界到青海的海东地区，一查历史知道这一带正是明代以来茶马贸易中心河州的故地。对这一带的情况有了初步了解后我产生了一个想法：要发展这个地区的经济，大概只有利用它特有的历史传统，恢复它作为农牧贸易的基地，把临夏和海东联合起来，共同发展成为向青藏高原发展贸易的中心。我把这个想法同当时两省的领导讲了，得到了他们双方的赞同，我就向中央提出了两地建立一个经济协作区来发展农牧两大区域之间贸易的建议。这个建议在我的研究工作中标志着进入区域发展研究的开始。经济区域发展的概念丰富了我社区研究的内容。这使我意识到，80年代后期，以此为标志，我的研究工作又进入了一个新的层次。

在东南沿海和西北地区进行的实地调查，使我感觉到沿海和内地特别是边区发展不平衡的问题已经十分引人注目。从全国一盘棋和实现共同富裕的观点来看，有必要重视这个事关全局的东西差距。同时，我也想把在50年代被迫中断的民族研究工作在大西北的调查中继续下来。

中国的少数民族大部分聚居在中国西部地区，东部和西部的差距里包含着民族经济水平的差距。西部的发展离不开少数民族的发展，通过西部的经济开发和社会发展，可以使当地的少数民族进入现代文明，与汉族共享繁荣，这是一个具有重大意义的课题。

我在青海、甘肃两省和宁夏、内蒙古两个民族自治区做了实地考察后，看到从青海的龙羊峡到内蒙古的托克托河段的黄河上游沿岸地区，正处在西藏、新疆、宁夏、内蒙古四大民族自治区的中心，是西部的经济文化相对发达些的多民族聚居区。我认为它们可以走共同的发展路子，就是利用黄河水量充沛、落差巨大和沿河资源丰富的优势，可以水电为龙头，发展原材料工业和深加工工业，稳定发展农牧业。加快这里的开发，可以带动附近各民族自治地区的发展，改变少数民族地区经济落后的面貌，巩固民族团结，缩小东西部的差距。为此，我提出了"共同规划，有无相济，互利互惠，共同繁荣"的原则，并在1988年向中央提出了《关于"建立黄河上游多民族经济开发区"的建议》。建议得到中央和两省两区领导的支持。这个建议是从广大区域出发来设想怎样推进经济发展的路子，可以说是区域经济这一概念落到实处的例子。

回想起来，80年代中期我曾研究过珠江三角洲的发展。这地区借助邻近香港的地缘优势普遍发展"三来一补"企业，与香港形成前店后厂格局的特点。我称之为"珠江模式"。珠江三角洲的快速发展得益于香港经济的扩散。表现出经济区域的特点，启发我注意到珠江三角洲这个经济区域的发展当中存在着的中心与腹地的关系。在1988年考察南岭山脉时，我把开发这一片瑶族聚居区的希望寄托在珠江三角洲的经济扩散上，提出了以香港为中心的三个环形地带的经济区域格局。后来我又在《珠江模式的再认识》一文中提出港珠经济一体化的观点，开始考虑以香港为中心的华南经济区的整体发展，这说明我的经济区域概念又深化了一步。

1989年，我到黄河三角洲做实地考察，并参加了由民盟中央和山东省政府联合召开的"黄河三角洲经济技术和社会发展战略研讨会"。站在黄河三角洲广阔的土地上，我想到了世界各国著名河口的三角洲多数已发展成为现代经济区，我国的珠江三角洲和长江三角洲也都已成为国内的经济发达地区。想着这些，我似乎亲身感到脚下地层中正涌动着巨大的发展动力，也更清楚地意识到黄河三角洲是我国东部沿海地区一块亟待开发的宝地。同时又想起我提出过黄河上游多民族经济开发区的建设，接着再提出建立黄河三角洲开发区的问题，正好首尾呼应。

从经济区域发展的角度去考虑这块宝地的开发，我发现有一个基本的概念需要讨论，就是黄河三角洲的地域范围问题。过去说的黄河三角洲，实际上是黄河口的概念。三角洲应当是包括河口的一个经济区域，河口不等于三角洲这个经济区域。一个经济区域必须有口有腹。因之，在我看来，可以考虑把稍为靠里一点的潍坊、淄博划入黄河三角洲。历史上淄博是齐国的首都，是当时的政治、经济、文化中心，现在也是一座很有实力的城市。潍坊的实力也可以。有了有实力的中心城市，再加上两市的乡镇为腹地，黄河三角洲的开发就能更有力量。从地理上看，好像这两地离河口远了一点，但从区域发展要有中心城市带动来讲，是合乎实际的。看来在考虑黄河三角洲的开发时，把限于河口的眼界扩展到经济区域的眼界是有必要的。

1990年，我结合此前多次对长江三角洲所做的调查研究，继续思索这块地方的区域发展和上海的地位问题。浦东开放开发以后，我提出了上海走什么路子的问题，是搞深圳式的上海，还是建设香港式的上海？寻找这个答案，要顾及许多因素，我以为应充分注意区域发展的大局和长远利益对上海的要求。

当时在大陆建设几个香港的设想已经提出来了。这使我想起孙中山先生在本世纪初就提出在长江三角洲建设东方大港的方略，进而想起20世纪30年代，上海已成为东亚地区仅次于东京的第二大城市。包括58家外国银行分行在内的168家银行使上海成了亚洲的重要金融中心。当时占全国50%到80%的商品进口量和占全国60%的茶叶和猪鬃出口量又使上海成为我国外贸和商业中心。建国以后上海的经济地位虽已大不相同，但到90年代初期，我国走社会主义市场经济的总方向业已定论，上海在全国经济格局中的地位势所必然地要起变化。何况上海四周长江三角洲这个腹地的经济技术发展水平也比改革开放之前有了很大的提高。如果上海浦东仍想像深圳那样吸引外资，以建工厂为主，哪怕是兴建一些高技术产业，它的扩散和辐射能力都会受到很大的限制，并可能在市场、产业结构等方面与江、浙乃至沿海城市发生矛盾，即使上海能起到窗口作用，也无法起到龙头的作用。当中国已经进入全方位开放时期后，比起窗口来，似乎更需要龙头。

由此看来，上海的发展宜更上一层楼，在更高层次上从区域经济发展的观点出发，考虑成为长江流域的贸易、金融、信息、科技、运输中心。换句话说，使上海在经济上成为长江三角洲和沿江地带工农业商品总调度室或总服务站，成为一个具有广阔腹地的大陆香港，这也许是更可取的一条路子。以这个思路为底子，我于1990年提出了关于建立长江三角洲经济开发区的建议，后来又更具体地提出了以上海为龙头，江、浙为两翼，长江为脊梁，以"南方丝绸之路"和西出阳关的欧亚大陆桥为尾闾的宏观设想。

1991年，我开始了以发展山区经济为重点的研究计划，首先走访了四川、云南两省交界处的大小凉山。根据考察所得，我提出了"点—线—面"的发展方针，即以攀枝花工业中心为启动力，联合凉山自治州，开发成昆路一线的丰富资源，开辟通向东南亚的"南方丝绸之路"，推动西南云贵高原的全面发展。

到 1994 年，我在地矿部的支持帮助下，结合我先后在西北和西南贫困地区实地得来的资料，与中国地质科学院从事黄土研究和熔岩研究的专家们讨论了西北黄土高原和西南熔岩地区的扶贫开发问题，研究怎样配合国家"八七"扶贫攻坚计划的实施，加强对这两个区域的治理，尽快帮助这里的农民脱贫致富。在思路较成熟时，我向中央提出了关于西北黄土高原和西南熔岩地区扶贫开发的具体建议。

在这两套有关开发西南的设想里边，有我在长江三角洲开发设想中有关经济区域内容的延伸。但更重要的是表现出了研究取向上的相通之处，即以较小范围的区域发展联系上了更宏观的区域发展。经济区域这个概念就是这样逐步在接触实际中生长起来的。

四

中国大地上方兴未艾的区域间经济协作的现实，持续地推动着我对区域发展这课目的探索。在对东南沿海地区和西北、西南边区的发展情况有了较多了解并相继提出这些区域进一步发展的设想之后，我把重点放在过去了解较少的区域。一路是沿海岸线北移，经环渤海湾进入东北地区，考虑建立参与发展东北亚经济的基地问题，另一路是沿欧亚大陆桥由东向西进入中部地区，研究沿桥建立经济走廊的条件。

东北的情况，我在 80 年代中期开展边区研究的时候，曾对黑龙江省有局部的了解，并想提出从内地吸收移民开发北大荒，为今后参与发展东北亚的国际大会战时充实实力的设想，但时机未到，并没获得当地领导的共识。几年过去了，国际形势发生了巨大变化。1991 年，我有机会访问吉林省延边朝鲜族自治州，着重考察了珲春市和珲春的长岭子口岸、距图们江出海口不远的边界和图们江口岸等地。我了解到，地处延边东部的珲春市具有图们江通海航行的悠久历史，早在 1200 年前就是我国东北地区海上丝绸之路的枢纽。清末民初时，当地居民一直利用图们江航道出海捕鱼和通商。1907 年，清政府在珲春设立商埠，1909 年又设海关总管，珲春成为中国进出日本海的一个重要贸易城市。可是在 1938 年，日军由于日俄冲突而强行封锁了图们江口。从此，中国人民被迫中断沿图们江出海航行达 52 年。图们江口"金三角"地区的重要政治地位和经济价值，被历史淹没半个世纪之久，东北地区的广大腹地的发展也受到很大影响，实在可惜。

我由此想到了行使图们江出海权、开发利用图们江口地区的重要战略意义。简要地说，这是行使中国主权、维护中国在日本海利益的需要，是进入日本海、确立中国在东北亚的地位、建立参与东北亚经济发展的基地、迎接21世纪的需要。这一点，从宏观的经济区域发展的观点可以看得很分明。图们江口位于东北亚区的中心部位，从这里启航到朝鲜的罗津港、俄国的符拉迪沃斯托克（海参崴）港、韩国的釜山港和日本的新潟港，距离最近，也能缩短到加拿大温哥华和美国旧金山港的航程。这对促进中国外贸的发展十分有利。中国东北地区的外运港口，目前全部集中在辽东半岛，并已趋饱和状态。打通图们江出海口，不仅可以缓和东北地区的外运紧张状况，还可使全国外运港口和铁路运输布局得到改善。更为重要的是，在图们江口建设开放城市，并引导大连向"北方深圳"的样式发展，改善沿海地区对外开放的总格局。加上胶东半岛的烟台、威海这些据点，连成一体，形成中国与世界经济的又一个大的接轨站，依托东北广大腹地的建设，将使我们取得面向参与东北亚发展的广大空间。

从注意到参与东北亚的开发，我又看到了发展环渤海地区的重要性。环渤海地区是中国经济由东向西扩散、由南向北推移的纽带。我曾利用访问考察的机会陆续对环渤海湾的沿岸城市及其腹地做过实地调查，了解到环渤海地区具有独特的港群优势和广阔的腹地，有在国内密度最高的交通网络，有丰富的资源和强大的工业生产能力，在占全国5.1%的国土面积上创造着超过全国1/4的工业产值。在第二轮改革开放高潮中，加快发展环渤海地区的战略任务已被写进了中共十四大文件。同时，随着改革的深化，华北地区经济运行的市场机制开始启动，原来受到行政区划局限的生产要素正在市场经济力量的推动下突破行政区域界限，走向联合与协作，形成综合力量，促进经济区域的发展，这都为环渤海地区的崛起提供了有利条件。

为了切实加快环渤海地区发展，我在自己所做调查研究的基础上，建议民盟中央与环渤海地区的省市政府有关部门领导、研究人员以及民盟地方组织一起开会，专题研讨环渤海地区加快发展的自身优势、外部条件、制约因素和基本思路，并以此为框架向中央提出了加快发展这个地区经济的具体建议。

从1992年起，为了改变中部地区和沿海地区的发展差距，为了充实沿海发达地区的腹地，我把探索中部地区加快发展的路子作为重点研究题目，又接触到了新的情况，受到了新的启发，这使我能比以前更深一层地思索传统农业地区脱贫致富的路子和沿欧亚大陆桥地区的整体发展问题，提出了发展欧亚大陆桥经济走廊的设想。

改革开放以来的 10 多年里，东部沿海地区凭借其地缘优势，发展步子较快。到 90 年代初期，东部沿海地区的农民人均收入，要比中部地区农民人均收入高出大约一倍。在这样的差距下，中部地区的农民在想些什么，做些什么，我很想知道，也想在扶贫实践当中和农民一起寻找下一个 10 年里让中部地区尽快赶上来的办法。我到苏北、山东找，到湖南、湖北找，到河南、河北找，找来找去，找到了两个旨在促进区域发展的经济协作区，找到了能使农民切实增加收入的庭院经济，和以此为基础发展起来的当地称之为"公司+基地+农户"的路子。

我在苏北访问的时候，听说有一个淮海经济协作区，是苏、鲁、豫、皖接壤地区的 17 个地市自愿组成的区域经济协作组织。他们从 1986 年起正式开始联合，打破条块分割的局面，形成横跨四省的协作网络，使这个区域的国民生产总值、工业总产值、财政收入、外贸出口额的增长在成立协作区后的数年里边均高于全国平均水平。在作为东部沿海腹地的经济欠发达地区，这样的成绩是令人鼓舞的。

接下来，我在邯郸访问时又知道有一个中原经济协作区。包括晋、冀、鲁、豫四省的 15 个地市，自 1985 年起自动联合起来，进行地市间经济技术协作。这是个农业传统悠久，人口、市镇密集，轻重工业并举，城乡市场广阔的区域，地处大陆桥中段，战略地位重要。这里的 15 个地市根据发展经济的需要自发组织起来，开展跨省界的区域协作，这里的干部有意识地组织群众走出条块分割，联手发展，这是值得关注和倡导的新生事物。

淮海和中原两个区域经济协作组织引起了我浓厚的兴趣。这两个协作区包括的这一大片历史上以农业为主的地区，是否可以在从事农业和副业的个体农户的基础上积累起资金，走上工业化道路？对此，我不能说自己没有一点想法，但他们的现状怎样？他们已经做出了哪些探索？发生了什么样的效果？下一步怎么走更好一些？我所知道的还不多。同时我又看到中部地区能不能加快发展，不光是中部自己的事情，也是决定沿海地区能不能进一步加快发展的一个关键。如果中部作为沿海地区乡镇企业的市场不能快点发展起来，沿海地区的下一步发展就会受到很大制约。

我在访问过淮海经济区大部分地市之后，于 1993 年到商丘参加了淮海经济区第八届市长专员联席会议。又在对中原经济区作了一些了解后，于 1994 年到濮阳参加了中原经济技术协作区第九届会议，并借与会机会对信阳、安阳、濮阳、焦作四市进行实地调查。再结合我以前在湖南洞庭湖区、湖北孝感、河南民权、河北沧州、山东无棣等地看到的例子，我脑筋里的思路比较清楚了一些。看来，在农业传统悠久的中部地区，从农业到发展工业之间要有一个过渡。这个过渡可能就是发展庭院经济，为广大农民切实增加收入，早日脱贫致富，积累资金，自力发展乡镇企业。在增加农民收入的基础上，加快中部地区的整体发展，沿欧亚大陆桥建设一条沟通东西、平衡南北的经济走廊，需要尽早提上日程。

庭院经济，就是以个体农户为基础发展成为农林牧副渔任何一业的专业户、专业村。我在孝感看到了"一村一品"形式的庭院经济，以一家一户为基本单位，有的村养甲鱼，有的村养鸟，有的村编鸟笼，千家万户都富了起来。在民权看过的种葡萄，做抽纱，也是分散在千家万户。我到沧州、无棣去看，了解到当地的枣粮间作，也是大有可为。在麦地里间种枣树，发展果业，光是这一条，扩大规模，落到实处，一年就能创造几亿元财富。淄博临淄区有一个西单村，我在村里看到家家户户都有池塘，村里搞立体农业，生态农业。他们在屋顶上种水葫芦，用麦秆、玉米梗养牛，牛粪集中起来生产沼气，沼气渣用来养鱼，养鱼的水可以浇地种田做肥料，这样在庭院经济基础上搞起了多业并举、良性循环的集体经济。加上村办工业，1993年的产值已有十几亿，真是小农村做出了大文章。

庭院经济虽然还是在农业里边，却已不是传统的农业概念，而是跨到大农业的阶段上来了。大农业不是单搞粮棉油，而是农林牧副渔全面发展，这就使农民致富的路子多了起来。农民手里有了钱，要买消费品；生产的东西多了，要卖出去；钱更多一点的时候，需要投资，用钱滚动来得到更多的钱，这样，流通就出来了，工业就办起来了。乡镇企业一开始就是农民自己在计划经济之外干起来的，它的启动资金不是向国家要的，而是农民从土地里边积累起来的，是通过把劳动力在土地上变成生产力挣出来的。可以说，庭院经济是促进乡镇企业发展的一支强大力量。淮海、中原两个协作区有1.5亿人口，每人增加几百元收入，就是几百亿元的大市场。庭院经济看起来小，力量却很大，看着不如大中企业气派大，却是广大农民增加收入、脱贫致富的好门路，显示出的是另一种气派——富民的大气派。星星之火，可以燎原。燎原的力量不是来自好高骛远，而是来自脚踏实地，尊重实际，尊重群众的首创精神。发展市场经济的伟力存在于千千万万的群众之中。

中部地区的经济协作已经搞了将近10年，打下了基础，积累了经验，现在要上一个台阶了。有机遇，也有条件。沿海地区的发展搞了十几年，沿江地区的发展也已经提出了好几年，中国北部沿大陆桥经济走廊的发展还有待提上日程。大陆桥虽然早就有，可是还没有被当作经济走廊去发展。陇海线通车已久，沿线的腹地并没有得到大的发展。现在，情况已经大不一样，南中国的发展迅猛，形势逼人，要求北方有相应的发展。长江三角洲的经济辐射借助长江进入中部，在不长的时间里就可能实现。中部和北部的发展，要求沿大陆桥建设经济走廊，一方面发展潜力强大的沿桥腹地，一方面作为东部经济技术向西转移和扩散的通道，沟通东西。不仅如此，这个经济走廊正贯穿黄河中游的广大腹地，西接黄河上游多民族开发区，东联黄河三角洲开发区，它可以带动整个黄河流域的经济大发展。而且可使北方经济既能从连云港东出，又能沿桥经河西走廊西进，去开发从中亚细亚到阿拉伯的巨大市场。

淮海和中原两个协作区继续增强实力，连片发展，就是这条走廊的基础。加快这两地的经济区域发展，一边建设经济走廊，一边建起欧亚大陆桥的桥头堡，与全国各地形成承东启西、南呼北应的大格局，对于中国从本世纪末到下世纪初实现全国协调发展，人民共同富裕，应该是有益的。

至此，综合我一系列有关经济区域发展的设想，已接近了"全国一盘棋"的格局。写到这里，我似乎看到中国经济的两条龙——长江、大陆桥，还有两只虎——华南虎，东北虎，似乎看到了龙腾虎跃的局面，看到我们这个小农经济延续几千年的国家城乡一体现代工业化的前景。这是我一生梦寐以求的理想。

五

经济区域的研究是我近几年在实地调查和思考中提出的一个新课题，也可说是我的农村调查，小城镇研究的延伸。这个新课题至今还在探索的阶段，刚刚破题，许多方面尚需深入探索。

我在上面回顾了我自己逐步明确区域经济这个概念的过程。总的说来是我在西北少数民族地区看到地区间经济协作的需要，又在珠江三角洲看到香港这个经济中心所发生的作用，因而进一步产生发展围绕这中心的环形地带的设想。可以说是在我思想上开始对经济区域有了初步认识。以珠江三角洲的模式结合长江三角洲的现实，才使我觉得这里还缺少一个和香港相当水平的经济中心。因此想到提高上海的经济规格，希望它能成为长江三角洲的龙头，带动整个长江流域这条经济脊梁骨的发展,在长江流域形成一个经济高度发达的区域。这条思路又带着我看到华北和东北,以及横贯全国带动西北的欧亚大陆桥经济走廊,使我在这几年里做一系列发展区域经济的建议。这是我个人提出这课题的来龙去脉。

经济区域是在人们经济生活中形成的,本身有一个发展过程。我们可以设想在人类社会的原始时代,人们都是在自给自足的小群中生活。这种小群散居在广大的土地上,相互依存的地区性的经济联系很微薄。即使社会发展到了小农经济阶段,若干以亲属为基础形成的农户,聚居在一地形成了村落,进行类似的采集、农耕和副业的生产活动,互通有无的交易还是极有限的。社会分工的发展,使各村各户才有交换不同产品的需要,而发生了日出而集、日入而散、"日中为市"的临时市场,就是在我们内地至今还可以看到的赶场或赶集。又经过了一段历程,才发生作为农副产品集散和销售工业制造品中心的市镇,它们各自拥有为其服务对象的若干农村,在我家乡称作乡脚,即市镇的腹地。经济继续发展,有些市镇上升为城市,有些小城市上升为中、大城市,直到特大城市。各级城市都拥有它的腹地,形成城乡相互依存不同层次的经济区域。

我国改革开放以来,进入经济迅速发展的时期。农村的工业化和城市化,走上了城乡一体的道路。小城镇的兴建正进入高潮,中大城市都在发展和扩建。同时,社会主义市场经济的蓬勃成长,已使过去经济关系在不同程度上处于分割和疏隔的各层次行政区域,已日益感到协作和互补的需要而相互开放和联系了起来,而且已出现了超越行政界限的各种形式的协作和结合。我身处这个大势之中,从研究工作的实践里逐渐意识到区域发展研究的重要性。在这篇回顾中我试图具体地把这项课题在我思想中形成的过程,理出一条线索,也想藉此作为今后研究工作的导向。

由于这个研究课题牵涉的范围较广,问题众多,我自己明白对这课题的认识还不够全面,概念也不够明确,对这篇回顾中已经冒头的许多问题还没有深入系统地追索。例如:经济区域和行政区域怎样既相联系,又有区别?经济区域内部的结构,如中心、腹地、口岸、道路怎样组合,又怎样安排?各层次的经济区域怎样形成和发展,它们又怎样受到自然和人文,即地理和历史因素的促进和约束?这些都是还需要研究的问题,像这样的问题还有许多。

今后进一步研究这些新的课题,我还是将继续采取我过去的实事求是研究方法。一切要从已发生的事实为基础,观察和描述"已然"。用可以观察到的事实为资料，进行比较和分析，探索在事物发展中可能发生的情况，做出设想，然后通过思考，引发出"或然"。最后以实践去检验其正确与否，经过历史的对证，得出"果然"或"不然"的结论。

我在经济区域研究这个课题上，还在观察和描述"已然"的阶段，但也在思考"或然"的发展。我已注意到20世纪后期世界经济发展中不断出现跨国家的经济共同体的理论和现象。欧洲共同体把欧洲一些独立的国家在经济领域里进行密切协作和共同规划，初步踏进了全面统一的门槛。接着北美、中美各国也已分别在部分经济领域中实行了联合和协作。近年来有关亚太经济区域的结合也已提到日程上。这许多国际间的大趋势都指向这个世界由于科技的发展，经济上全人类已密切地相互依存，正在走向联合，但还没有形成一个平等、和平、合作、团结的全球性共同体。洲级经济区域概念的提出，也许是走向这个共同体的一个起步。

我在这个世界规模的大趋势的影响下，不能不联系我们自己的国情，思考社会主义市场经济的发展前景，因而注意到已经出现的形成我国国家规模的经济共同体的积极因素。在这种背景下，我提出这个区域发展的研究课题。这个研究课题，需要微观和宏观相结合，需要理论和实际相结合，需要人文和地理相结合，看来和小城镇研究相比是个更大的问题。我从农村的微观研究，进入小城镇的比较研究，经过60年的时间，提出了这个更大的课题。这个课题不仅要把全国的经济发展看成一盘棋，而且应联系着全球性经济发展的大趋势来思考，确是一篇不像是我这一生可以亲自写到底的大文章。这篇文章我算是破了题，但怎样做下去还需要认真探索，更需有志同道合的学人共同努力。我相信总有一天能看到我们国家作为一个具有实力的统一体，矫健地踏进全球一体的大社会。我也愿意为这篇大文章的写作付出我最后的一段生命。

回顾毕，情未已，墨有余，作短歌。歌曰：

> 老妻久病，终得永息。老夫忆旧，幽明难接。
> 往事如烟，忧患重积。颠簸万里，悲喜交集。
> 少怀初衷，今犹如昔。残枫经秋，星火不熄。

1995年1月1日

我们在农村建设事业中的经验

请先提出一个中国农村建设的困难问题。熟悉中国人口状态的人,都知道中国人有80%以上是农民,每个农民平均只有5亩上下的土地。每家平均5人,则中国的农场平均只有25亩。这种狭小的农场,使机械无法引入以增农村的收入。用人力工作的生产方法下,25亩土地,除养活5个人以外,实在没有多大余力来供给发展中国工业的资本和原料。加上了天灾人祸,中国的经济在现代的世界之中,只有向没落的路上走了。

中国农民太多已经为留心中国社会的人所共喻的了。但是有什么办法可以补救这种情形呢?若是中国有一天能赶上西洋,只要1/4的人就够供给全人口的食料,其余的3/4的人干什么呢?我们可以举一个事实来说明这问题的严重性。

去年太湖流域有一部分地方,天热雨少,大有发生旱荒的危险。本来农民在这种情形之下,是最忙碌的,一天到晚要踏水车灌田。普通的水车,除了养牛的人家外,都是由人工来转动的。三四个人一天不息地工作,并不能灌多少田。去年政府里因为注意了农村事业,所以预备了许多电力打水机,低价租给农民。以电力代人力,又便宜,又省力。任何经济学家都会赞成这种办法,而认为一定能增加农民幸福的。但事实却不然。在苏州附近有一个赌镇,据说去年暑期因打水机的应用,利市百倍。我们亲见农妇来哭诉她们的丈夫或儿子,因为有了机器,可以不必工作,上赌场里去把家产都荡尽了,弄得农村中六神不安。

这一件事明白告诉我们机械引用到农村中去,并不是一件简单而容易的事。社会决不是一个各部分不相联结的集合体。反之,一切制度、风俗以及生产方法等都是密切相关的,这种关系在中国因为经过了数千年悠久的历史,更是配合得微妙紧凑。派克教授(Robert E. Park)在他论中国一文中称中国是一个"完成了的文明"（a finished civilization）就是这个意思。所以要为中国社会任何一方面着手改变的时候，一定要兼顾到相关的各部和可能引起的结果，不然，徒然增加社会问题和人民的痛苦罢了。

或者有人说这种情形是由于中国都市工业的不发达。若是都市中开设了大工厂，这辈闲空的农民就可不到赌场中去，而吸收到工厂中去做生产事业了。或者甚至有人说，上述现象是农业革命和工业革命时所免不了的，等农村人口过剩的压力增加到相当程度，都市的工业自会发达。欧洲近代史的初叶不就给我们很好的证据么？但是我们觉得作这些说法的人，似乎应当考虑到现在世界经济的状况和中国所处的地位。我们幼稚的技术，微弱的资本，要和列强争一日之长，若没有可以凭借的特长，似乎是很难的。换一句话说，我们要追上欧洲的资本主义的社会组织似乎已太迟了。就以熟知的纺织业为例罢，欧战时，因世界竞争的力量薄弱，居然发达一时，但等到欧美能力恢复后就一蹶不振了。这是证明中国并不是没有发达资本主义经济制度的才能，而是没有机会。

在讨论中国乡村和城市的问题时，还有一点应当注意的，就是中国的都市实有两种不同的性质。第一种是旧式的"城市"，如苏州等是。这种城市的发生并不是由于工商的发达，而是在于一辈脱离土地工作，依收租为生的地主们安全的要求。从经济上论，这是一种消费的集团。第二种是新兴的都会，如上海等是，它们是西洋文明东渡的产物，是现代的，最重要的是工业和商业，所以可说是生产的集团。论中国都乡关系的，往往不分别此种差异，熟悉前者的，常认为两者在经济上是冲突的。消费者的增加，资本的耗费，自然对于农村有极坏的影响。熟悉后者的，则认为两者是相成的，因工业和农业本来互相赖以发达的。

以为发展都市可以吸收乡村过剩人口的，自然是指新兴的都会。但是新兴的都会在中国却有一种特别的性质，就是政治上、经济上，因租界的存在大都不能认为是中国的。除非承认外国经济及政治的侵略对于中国实际生活上是有利，而我们愿意享受这种利益的话，我们似乎不能认为上海式的都会的发达是一件可以引起自慰的事。这一点，在这里不能深论，希望有机会再作另文讨论。

要建设中国农村，势必引用新式生产方法，应用机械，而直接地把机械送到农村去时常会发生很多不良的社会结果。一方面都市的工业，受外国的资本主义经济势力的阻遏不能发达。新兴都会的发达，在族国主义的立场上论，又是和中国有害无利的事。至此我们还有什么办法呢？我们相信这个问题一定已经绞尽了多少人的脑汁了。我们觉得解决问题的最好的办法，还是做实际的试验。试验的结果，才是最佳的答案。所以在这里我们愿意将我们10年来在这些问题上工作的经验，贡献于国人，以作解决此种问题的参考。

在1923年时，我们在江苏省立女子蚕业学校（浒墅关）推广部担任推广改良太湖流域一带蚕丝事业时，有机会可以时常到农民中去讲演和劝导。我们讲的不是任何空洞的主义或是任何不可捉摸的传说，只是告诉他们如何可以增进他们蚕事收入的方法，如教他们把蚕室消毒，饲育的适当时间等。我们教他们的方法是经过科学的核准的，所以听我们的人，实际上就能获得利益。以科学的技术去取得农民的信仰并不是十分困难的事，因为科学知识的本身已给我们正确的保证。所以在1925年时受我们训练的各户所缫的丝，比土丝市价增加了1/4。1926年开弦弓村（属吴江县——今苏州市吴江区）就有70多个女子愿意上我们的学校受特别的技术训练。这年的改良丝价比土丝增高1/3。于是全村轰动，都愿意接受我们的指导了。

但是我们不久就觉得发展农村第一虽需要科学的生产技术，但单是技术是不够的。因为我们有一种成见，觉得一切科学上的发明，应当用来平均地增加一般人的幸福，不应当专为少数人谋利，甚至使多数人受苦。以养蚕制丝而言，我们愿意尽我们先得的科学知识用来促进农民一般的利益。但是要达到这目的，单靠技术的改进就感不足，而一定须有一个适当的社会制度了。

我们觉得人生中最使人鼓舞而能获到最大安慰的，也许就在为人服务后，人家对自己的感激。这种精神上的粮食使我们有勇气能为我们理想的新制度做10年的工作，我想的新制度的原则是很简单的，就是要使每个参加工作的人，都能得到最公平的报酬。同时在经济活动上，要能和资本主义经济制度的营业丝厂相竞争而不致失败。我们绝对认为社会工作的人不能一天不注意社会价值的问题。经济生活和其他的生活一般，不过是人类要达到一种目的而发生的活动方式。所以我们不能不时顾到"这一种目的"。这目的就是美满的人生，是社会的价值。同时在我们的经验深信一个为社会服务的人，至少一方面要有一种社会价值的鉴别力，一方面要有一种宗教性质的热忱。在我们这一种小小的事业中，我们几十个人能放弃安闲的小姐生活，在烈日暴风中奔波，而觉得乐在其中的，在我个人看来，除了一种宗教性质的热忱之外，是没有凭借的。素来没有宗教训练的中国人，使他不能在血液中散发出一种不为自己打算而为人服务的热忱，或是中国前途最大的一个障碍。

1926年时，我们因为技术上的方便，已实行稚蚕公育，就是在幼蚕时代，各家所饲育的蚕放在一起，大家轮流负责，一则可以省事，二则可以便于监督。到1928年因为木机所制的丝，切断太多，不能卖高价钱，所以在技术上已需要用汽力推动的缫丝机的设备。于是我们就在这个时期，规定生丝精制运销合作社的章程，先在开弦弓实行。合作社最重要的性质，就是一切生产器具俱由参加工作的农民所有；一切管理及行政的权力，由合作员掌握；一切利益由合作员公平分配。这计划制定之后，不数日，加入该社的农民，就有400余户。经济方面不足之数，由我们四处设法筹划，再由学校方面借一座引擎，按期付款，预期五年之内一切债务及机械俱由利益项下拨清。开弦弓生丝精制运销有限合作社就是这样在1929年成立的。

详细办法在这里不能详述，简单地说来，各合作员共同饲育稚蚕，长大后分开于各户，由指导到各户监督，结茧后共同烘茧，存藏于合作社内，先取价若干，俟制丝出售后，全价归回。合作员中选有训练者充当缫丝工人，由技术员指导，缫丝工人及职员和其他工厂一般，俱按期付工资。

普通没有到农村中去过实地工作的人，常以为农民是愚笨不可教的。但是从我们经验看来，农民是最善良而驯服的人，并且很聪明。像这种复杂的合作事业，现在一切都已由他们自己办理，我们除运销及技术上加以指导外，一切都归农民自己负责。该社成立已经四年，这四年并不是一帆风顺的安静年头。国际市场的停滞，丝业的衰落，直接给这小小的试验以巨大的威吓。但是在这四年的经历中却给我们发现了它特具的能力，使它可以竖立，并且可以解决在本文开篇时所提出问题的参考。我们可以先把它和营业丝厂比一比。

制丝业中最大问题是在原料。若一厂不能控制它所收原料的性质和品种，它的产品总不易得到圆满的结果。但是在营业丝厂，这种控制是极困难的。因为蚕户没有组织，就不易使他们养一样的种和受技术上的监督。虽则现在已有工厂用各种方法来达到这个目的，但决不像合作社的容易。合作社的稚蚕是公育的，同一品种的。饲育时受指导和监督，凡合作社员就有服从指导的义务，不然合作社就可有加以强制的权力。

第二点，是它费用的较轻，费用较轻是由于多方面的原因。在原料方面，我们不必有大注流动资本去购买；运输方面，需到制丝成了之后才往外运，分量很轻，费用颇少；设备方面，地价低，租息轻；人工方面，因生活程度低，劳动成本亦低。凡此种种都使成本减低。据他们三年的报告是：

1929年，每担成本1088元，出售最高价1200两，该年纯利总额10800元。

1930年，每担成本1444元，出售最高价1100两，该年虚亏3010元。

1931年，每担成本1253元，出售最高价1010两，该年虚亏4183元。

1930、1931两年的虚亏并不是赔本性质。因为每年要拨回开办时的债款和付清每股东应得的利息。这两年虽则因丝价的跌落，但是尚能于还债付息后，只差了几千元的数目。

第三点是这种组织的经济伸缩力。这是它最大的长处。它使在里面工作的人，不成为一个单纯的工人。她们依旧是儿子的母亲，丈夫的妻子，享受着各方面的社会生活。不使经济生活片面发展，成一座生产的工具，失却为人的资格。因为她们参加这种经济活动，并不需要她们全部生活的新调适；工厂就在那乡间，同伴就是本来的邻里，每天回家可以享受家庭的幸福。在另一方面这种经济制度亦因是获得它的伸缩性。譬如茧子已缫完，就可宣布停厂，工人就可在家里经营其他事务。不如城里工人一旦没有工做，就发生生活失调的痛苦。在工作忙的时候，工人们都很自愿地加工赶制，因为她们所具的态度和营业丝厂中的工人不同。她们的工作好像是为了自己，愈努力愈满足，所以绝不会发生罢工的风潮。态度上的转变，使许多都市中劳工问题不会发生，同时使这种组织成一富于伸缩性的机体。

第四点是它的生存价值大。富于伸缩性的机体遇到打击的时候，容易维持。最显明的一件事，就是一切营业丝厂非每年能获到利益，就不能维持，因为股东的目的，并不在给工人们工作的机会，而在股息的收入。资本主义愈发达的地方，资本向高利的流动率愈大。所以企业家一定要使他的工厂能维持一定高度的利率，不然立刻有倒闭的危险。但合作社则不然，它们的目的，大部分在维持工作的机会。只要每人能有工作做获得工资，虽则合作社的资产负债表上有虚亏的数目，亦是愿意极力维持的。易言之，合作社的维持是建筑在活动的每人生活实际的利益，而营业丝厂则建筑在股东的息上。两者相去自然很远，结果就是前者的生存价值大了。

我们把合作社和营业丝厂相比较，目的是在说明中国要和世界资本主义的经济制度相竞争时，这是可能的生路。我们的制度根本上是要使经济生活融合于整个生活之中，使我们能以生活程度的伸缩力求和资本主义的谋利主义相竞争。这实在就是苏俄现在实行的原则。他们用国家的力量来达到这个目的。我们政府的腐败，不易使人有什么希望，而我们所试验的制度的确亦是一条可以达到这目的的路，也许比较上更适合于缺乏国家观念，以家庭为基础的中国社会。

其次，我们要讨论的，就是如何引机械进入农村的问题。我们从丝业入手,一方面固然是由于我们特殊处境的原因,但是所以能不发生像抽水机一般的情形,是值得我们留意的。我们并不把机械直接去代替已吸收了多量人的事业,同时我们所吸收大半是女工。女子在村中本来是很忙的,她们的功能是琐杂的,所以本来缫土丝的妇女,因现在有了机械缫丝,不必再做这种工,并不会觉得无事可做而去胡闹。而且,在乡村中家庭的组织很重要,家庭的经济常是公共的。所以一家中若本来有两个缫土丝,现在只要有一个人去缫机械丝,在一家的总收入上并无出入。在二人的经济生活上就不会发生什么改变,只是一个人可以有空余来管理旁的事务罢了。在这种富于调剂力的办法中,机械才能慢慢地输入农村,成为农民生产的工具。我记得几年前燕大教授泰娄氏就在中国评论报上发生提倡农村小规模的副业。从副业入手,非但是增加农村收入的良法,亦是采用机械的平坦大道。

我们把这一些经验贡献于关心和参加农村运动的人,虽则这些办法只能适合于太湖流域的丝业,但我们希望同一原则可以应用于其他地方,其他性质的事业上。本来,我们深信一切办法只有从实地试验中来,人家的成绩只能作参考的材料罢了。农村运动最重大的条件,还是在从事此种运动的人能有服务的热忱和技术的训练。没有服务的热忱,不以事业的成功为人生中重大安慰者,很不容易到农村中去受种种生活上的困苦。没有技术的训练,就是到农村中去,亦是不容易获得农民的信仰,实际上,不会发生什么重大效果的。

1933 年 10 月 22 日

20 世纪 30 年代初,作者姐姐费达生在农村推广科学养蚕,办小工业,这使当时的作者深受鼓舞。为了宣传她们的这种实践和敬业精神,作者以姐姐的名义撰写了此文。

社会变迁研究中都市和乡村

近来在国内似乎有一个趋向,以为"中国问题"是一个乡村问题。若是所谓"中国问题"是指中国社会变迁而言,则在社会研究的观点上论,我们不敢附和这种见解。我们认为中国社会变迁中都市和乡村至少是有同样的重要性。若是离开了都市的研究,乡村的变迁是不容易了解的。所以我们愿意在此"乡村运动"的高潮中指出都市研究和乡村研究的关系,并且介绍一些研究的方针。虽则我们明知这个题目决不能在这狭小的篇幅中发挥详尽,但是若能在观点上、方法上有一些梗概的叙述,未始不是将来讨论、补充、修改的底子。在入题之前,我们愿先加一个短引,以解释社会变迁的性质。

一

让我们先想象一个"鸡犬相闻,老死不相往来"的世界,在这世界里零零散散地住着各个很小的人口群体,当然我们不能想象一个人与人之间绝无往来的世界,但我们可以假定那经营共同生活的群体,人数极少,各群之间没有往来。这些少数的人住在一起,因为要维持共同生活,自然不能不有一种大家能懂得的语言。各人所遭遇的经历既有很多相同,自然产生了共同的知识和记忆,形成共同的爱恶。大家要参加和完成共同的事业,于是有集合行为和共守的纪律。这样,这群体就成了一个社会,而且具有一群共同的行为形式。

一个新生下来的孩子,就生在这些已经存在的社会中,他学着已有的语言,以获得已有的知识,听取已有的记忆,养成已有的爱恶。在参加共同事业时受已有纪律的约束,已有的社会生活形式,这样就规定了他个人的生活方式。

若是群与群之间没有往来,没有接触,则它们社会生活的新方式,只有出于个人的发明。比如，由经验的累积而知识增加，因新事业的兴起而制度扩充。但是这些新发明多系"社会累积"而少"社会变迁"。社会累积是生活形式的增加，而社会变迁是破坏旧有形式代以新的形式。在孤立的群体中不易有社会变迁，原因是如此：个人的习惯有他的惰性，社会的习俗亦然。任何社会均有一种强制个人依遵社会标准而行为的倾向。若是一种新的行为方式和社会标准相抵触的，就会受到社会的裁制。所以要使全体人民通行一个和旧有形式抵触的行为方式，远不若引进一个以前本来没有的新方式为容易。

而且更重要的是我们的生活若不发生困难时，不会引起我们的注意。我们生活的大部分是不自觉的。很明显的若是我们日常生活都须经一番考虑然后取决实行，则我们决不能有这样繁复的生活了。不自觉的生活是谈不到改造的，一定要生活发生了困难，所谓"生活不下去了"才会发生问题，发生了问题才会引起注意、考虑，以至于改造。生活不下去就是旧有形式不能适用，不能适用的原因是出于环境的改变（至于环境的意义和生活的关系，在此不能深入讨论，只能留之他日）。但在这里我们要指明的就是在一个定居的群体，环境的改变很慢，生活上不易发生困难，其社会因之不容易有变迁。

生活方式原是对付环境而发生的，所以处在不同环境下的群体，他们所累积的生活形式自然有很多不同之处。所以我们所想象的世界中，非但散布着许多人口的群体，而且是隔离着各样的生活形式，各于各地持续在它们自己的群体中。

事实上，除了很远的上古时代，群与群之间完全没有往来的情形，是很少的。在群与群不断地接触中，个人就会同时见到各种生活形式，使他在比较中，对自己的生活方式发现问题。以前不自觉的，现在自觉了。以前不推考所以如此的，现在要寻求理由了。若是因种种原因，经过种种历程，他学了他群的形式而放弃了原有的形式，在他群体说来是社会持续的破坏，是社会变迁。

依上说来，社会变迁最重要的动力是各种不同生活形式的接触。生活形式自身是一个抽象的东西，一定要靠人口的流动才能接触。所以归根社会变迁还是起于人口流动，人口流动非但使各个人能见到不同的生活形式，而且使个人遭遇新环境，要求新应付。

派克教授曾说：

> 活动和移民非仅是偶然的事情而是每种社会变迁的原因，这一原理已早为研究文化与社会生活者所承认的了。泰嘉德（Tegart）引德国人类学

家威斯（Waitz）之言最切："无论其文化程度之高低，倘使其种族的人民不和外人接触，我们即可见它文化的停滞，智识的怠缓，动作的欠缺，使任何社会、政治情形几乎不能变迁。"威斯以中国为一显著的佳例。中国足以代表泰嘉德所谓"固定的、停止的、阻滞的、依习俗的过程"。这并不是说中国人头脑愚蠢，只是缺少后起的要素——商业、移民、战争——以打破文化的固定，令个人的见解从传统的思想中解放出来（"Sociology"见 Gee 著的 Research in the Social Sciences，第 15—16 页）。

我们可以结束以上的话，人是生活在群体中的。每群体因所处的环境不同，有它特殊的生活形式，个人的生活方式除了极少数是自创者外，其余都是由群体的形式中学来的，群与群因人口流动而接触，群与群的接触使个人看到不同的生活形式，使他们自觉其生活，使他们有选择的机会。更因人口流动使群体遇到新环境，需要新应付。于是旧有的形式破坏，新形式发生，这就是社会变迁。

二

人口流动和积聚，须有两个条件：第一是要一种生产方法，可以在经济上维持多量人口于狭小的土地上；第二是须有交通设备，使各地人口能够集中，一地的出产可以和他地交换生活的资料。所以一地人口数目是受这两个条件所决定的。因之，凡是生产方法不同，交通设备不同的地方，人口积聚的数量亦不同。一个经济组织中，区域分工的结果，人口分布就发生疏密不均的形式。所谓都市和乡村就是现代文明社会中人口分布的两种形式罢了。

都市因其工业的发达，分工的精细，交通设备的完密，能容纳多量的人口。都市人口虽多，但这些人并不都是生在都市中的，很多是由各地迁移来的，这一点可以从都市人口的增加率和生产率的比较中获得佐证。若是一个都市全靠自己生产孩童以增加人口，不久这都市就会消灭的，因为都市中的死亡率常比出生率高。

都市的人口既来自各地，而各地的人民所有的生活形式，因其所从出的社会群体不同，所以亦不一致。于是在都市中各种相异的生活形式不期而遇了。而且都市中分工精细，进入城市中的人，被送入了新的境地，新的职业。一方面他们因与他种生活形式相遇而破坏了他们原有的形式，一方面又因新群体的形成而获得新的形式。都市不应当视作一经济的、政治的，或地域上的单位，而是一个社会变迁的中心，一个人类行为改变形式的大熔炉。

在乡村中，因其经济以农业为中心，所以人口和土地的关系密切，不能自由流动。而且乡村中不易容纳外来的移民，所以人口比较安定。加以乡村中常能自足自给，商业不占重要地位，更没有往来于各种不同群体中的必要。据郑君兆良在邹平调查旅客数目的结果，乡村商业及行政中心的地点，其外来的旅客每年只占全人口25%。此数若加以居住日数的修改，为数一定更小。人口流动率低，就使一个社会发生变迁的机会少，而接近我们在上节中所想象的世界。

其实中国的乡村一词之中不知包括着多少不同的群体和不同的生活形式。所以若是我们要研究中国乡村，一定要先承认中国各地的乡村并不是同一的东西。我们应当如民族学家对付着不同的部落一般地对付我们的乡村。至于如何去叙述一个乡村的社会状态，本刊已发表了几篇文字，在此可以不再重复了。

若是都市和乡村间人口流动，只是一方面的，或是说，若人口只是从乡村向都市的流动，则乡村的社会变迁可以和都市不发生严重的关系。因为若是没有人从都市中流动到乡村中去，乡村中的人民就不会因都市中人民生活方式的改变而受到影响。但事实不然，都市和乡村间人口的流动常是双方的，虽则双方流动的速率不同，但由都市向乡村去的人亦是很多的。这些人在都市中学得了新的生活方式，来到乡村中，做乡村社会变迁的种子，所以乡村社会的变迁常策源于都市。我们要明了乡村社会的变迁，自然不能不从变迁的源头都市入手。事实上，要明了中国乡村变迁的原因和趋势，若把天津、上海、汉口、广州等都市提开不论，实是无从说起，只有从都市入手研究中国社会变迁，才起讫分明，不但可以解释现在乡村中所发生的现象而且可以推测将来所会发生的结果。

三

都市社区是许多小社区的组合体。这许多小区域自成一格，各具特性，实可以说是有其特别生活形式的群体，这些群体的形成是出于两种势力：一是移民旧有生活形式的持续，一是都市经济分工的隔离。

个人生活的改变不是突然的。人民由乡村进入都市大都是出于谋生的原因，很少是出于羡慕都市生活形式的。所以虽则身处于都市新环境中，还是依着旧有形式而生活。这辈出于一地的移民，因生活形式的相似，自然易于往来，而聚集同居，在城市中保持其群体的特性。

都市经济的分工极细，因职业的殊异，将人口加以新的分配，并且因各职业的专门性质，使同一职业的人产生其特有的生活形式，而成为一种群体。

这些不同的群体，又因都市中地价的高低，在地位上形成一种新的秩序。简单说来，都市中心区域，为百货商店聚集之区，地价最高。离都市中心越远，地价越低。人口聚集越盛，都市中心的地价亦越高，范围亦越大。所以在都市中心附近的一圈本来是住宅区域的，因地价压力，将原主逐出，预备这市中心扩大成为商业区。这一个过渡区域中常为种种游民暂住之所，形成一带贫民窟。贫民窟的区域之外地价仍高，不宜建筑私人住宅，所以成为巨大寄宿舍的区域。宿舍区域之外才是普通住宅区域。这许多区域，因其并非出于任何人的计划而是自然形成的秩序，所以称之为自然区域。

各自然区域间因其经济及社会地位的阻隔吸收各种不同职业和不同地方的移民，易言之，吸收着不同生活方式的群体，因之都市自然区域非但系一地位的秩序，而且亦是一文化的秩序，表现出各种不同生活形式的分布。

所以都市研究的第一步就在发现它的自然区域。我们的问题是：

根据人口的密度、生产率、死亡率、性比例、年龄、婚姻、职业、种族、籍贯等统计，能否将都市划分若干自然区域？各区域的生活形式是如何？有何特点？和其他区域有何不同？

这种自然区域虽有其地位的分布，但是根据人类生活形式而分划的。生活是动的，所以自然区域亦是动的，因之我们划分的自然区域只是在都市中各种生活形式交互作用的历程中照下一个横断面的相片罢了。所以要明了生活形式的交互作用，仍须进入自然区域去观察各区域间人口的流动，和他们生活方式变迁的历程。我们的问题是：

各自然区域间的人口流动如何？其人口在地位上的移动是否出于生活方式的变迁？

个人生活方式的改变出于各种生活形式的接触，所以在研究自然区域内容的变迁时，就得寻求社会接触的中心，这些接触的中心时常是在自然区域的边际。因为任何社会组织都有一种力求自存和排斥其他生活形式的力量。在一自然区域中，各个人奉行着同一的行为形式，各人均预知他人的行为和他人期望于自己的行为，这就是社会组织。大家不愿意他人有出于期望之外的行为，所以社会组织有它的裁制力。因之，都市人口虽形复杂，各种各色的生活形式虽随时随地均有接触的机会，但是个人能自由选择其生活方式的地方，则必须在自己群体的社会组织范围所不及或势力虚弱的地方，所以接触的中心常在自然区域的边际上。而且社会接触不等于身体接触，一定要有感情，态度行为，有意识的互相交通。所以这些接触常发生于共同生活或集合行为中。好像学校俱乐部、游戏场、跳舞场、咖啡馆、妓院等地方。所以我们的问题是：

> 各自然区域中的人口如何互相接触？这些地方在自然区域的何处？和自然区域的位置有什么关系？

生活方式的变迁是个人私人的历史。所以我们若要叙述生活方式如何变迁就不能不从个人的私人历史入手。易言之，若我们已发现跳舞场是社会接触的中心之一，于是就可在跳舞场中去观察个人的生活如何由甲形式变为乙形式。这是要一个人一个人地加以记录的。最好是由经过这一番变迁的人自述其历史。我们称这种方法为个例法。用"个例"二字来称这方法是因为一个人的生活方式是由他所处的群体所有的形式中蜕印来的，所以并不是他个别私有的，而是和他同生在一形式中的人所共有的。他个人在某环境中发生变化正是代表着他群体的形式在新环境中发生的变化。所以他个人是群体的一个例子，是一个同群各个人的代表。

已经改变生活方式的人，要脱离他原属的社会组织，加入或形成一新的社会组织，并不是一件轻而易举的事。经济上、感情上，均使个人不容易和原属的社会组织脱离关系，于是新生活方式和旧有群体生活形式间的冲突，在个人心理上造下了极不易解决的矛盾。这种矛盾常是犯罪、自杀、精神病等的来源。所以我们可以从而研究下列问题：

> 个人生活方式的变迁，在原有的社会组织中所引起的影响是什么？个人生活方式变迁之后，如何生活于原有的社会组织中，其心理上所发生的变化如何，其行为上产生的结果如何？都市中犯罪、自杀、精神病者的分配是否与自然区域之分配相同？何种区域中此种统计为最多？

四

　　都市和乡村间的人口流动是双向的，以前所论是限于由各乡的移民在都市中互相影响而发生生活改变的情形。现在我们可以用同一观点来研究由都市到乡村中的人口如何影响乡村的生活形式。

　　由都市到乡村来的人可分为两类，第一类是本乡的人到都市中住了一时后又回来的；第二类是别地的人由都市中到乡村中去经营其谋生的事业的，如经商及教育等。我们研究时最重要的问题是这些人分别在乡村中的地位，和乡村中人民对于他们的态度，而追踪其所引起乡村生活形式的改变。

　　目前中国，在社会研究上，最有意思的问题，就是农民对于乡村运动所抱的态度是怎样的。我们只看见要知识分子下乡去的宣传，要改革这样要改革那样的呼声，但是我们绝没有机会听见一个调查农民态度的忠实报告。好像邹平、定县已在乡村中引入了种种新的生活形式，我们很愿意知道这辈在改变生活形式中的农民对于这些新形式的认识是怎样的，在态度上，我们才能预测这种乡村运动的前途。

　　在我们看来乡村的变迁是由于都市中移民的回乡所引起的，较之所谓"社会试验"所引起的更为重要。因为前者是社会变迁的自然方式而后者是人工的方式。自然方式将继续不息地引起乡村的变迁，而这种变迁的趋向是我们研究社会的人所极应明了的，所以深愿研究乡村的人能注意及此。但是欲研究此种现象，若撇开了乡村变迁的都市背景，是无从着手的。

1933 年 11 月 15 日

中国乡村工业

1939年的暑假，之毅和我一同到禄村去做调查工作。我们睡在一间房里，晚上，隔着两层蚊帐，上下纵横地谈起来。年轻人总是善于做梦的。有一次他突然从床上坐起来，撩开了帐子，点了一支烟，很兴奋地和我说："我想到一个风景优美、与世隔绝的小天地里去住上一年。一家一家都混熟了。你不要来管我，好像忘了我一般。可是我有一天忽然回来了，写好了一本书。"这本是之毅的性格，默默的，装得好像很平庸，可是他在预备，在干，无声无息的，等待有那么一天，叫人对他刮目相视。床头的梦语，谁也不当正经话，说完也就过了。可是，隔不上几天，他要我一同去看张大舅，听他讲绿叶江的神话。似乎是在江的尽头，有一个桃花源似的去处。红红的山岩，像是给天火烧过。大江就在这山坳里滚滚地流，两岸长着几十里不断的翠竹，丛丛密密，把天都遮住了。就在这地方，有着无数的纸坊，家家都造纸。张大舅讲得出了神，"我和你们一同去，我认得这地方。你们调查好了，开个大工厂，我来帮你们办事。"张大舅的口才把我们都说动了。隔不上两个月，之毅和我两匹马就在高山险峰上盘旋着向这动人的易村出发了。

易村对于我们的引诱，当然不止是红的山，绿的竹。更具有魅力的是它所代表的那种农村经济的结构。在我们研究计划中，早就写下了要调查一个以手工业为基础的内地农村。一方面可以和太湖附近有手工业的江村作一比较，一方面可以和以农业为主的禄村作一比较。从各方面打听下来，易村正是我们理想的研究对象。因之，我们不辞劳苦地走访这个村子。实在的易村，并不和传说的易村那样家家户户造纸。可是，我们住定了一看，发现它比我们所预期的更有意思，因为它不但有造土纸的作坊工业，还有织篾器的家庭手工业。正可做一个比较研究。

我们不久就离开了易村，之毅准备了一下，单身匹马一个人再去。他就在这外人罕至的小山坳里默默地进行他的工作。易村的工作环境，实在比我们所有的工作地方都困苦。不但我们曾好几天除了花生外，没有任何其他可以下饭的东西，而且人地生疏，没有半点捷径。一切都得硬硬地打入这个陌生的社区中去。这自是一件极不容易的事。之毅初次加入我们的队伍，就派着这个苦差。他离开我时，我不免为他担心。那年年底，之毅饱受风尘地回来了，没有说半句怨言。他和我住在一起，一行一行地写下了这份报告。禄村小楼上的一句梦话，居然成了事实，至少也可算是我们这几年艰苦生活中的一点小小的安慰。

在这份报告中，之毅很仔细地解剖了易村的经济结构。更在整个结构中，点明乡村工业所占的位置。他好像是在显微镜下对一个标本做了一番极周到的观察，并且一一为我们描画了下来。可是我们的目的，却并不是如张大舅所说的一般，调查了可以去开一所造纸厂，我们对于易村本身可说并没有特别的兴趣。我们所发生兴趣的，还是乡村工业的本身，易村只是我们研究这个问题时的一个标本罢了。我读完了这本报告，很想借这个机会，根据之毅研究的结果，对于中国乡村工业问题说几句话，用以指明之毅这次研究对于我们了解中国乡村工业上所有的贡献。

一、工业和农业的界线

我常觉得一般人把工业的范围看得太狭，好像一定要有厂房，有机器，有大烟囱，才算是有工业。西洋现代工业固然是最新的工业，但不是工业的全部。把工业的范围看得太狭，很容易使我们抹煞了建国过程中一个重要的节目，就是怎样使我们原有的工业蜕变成现代工业。要我们能对付这个问题，自得先明了我们原有工业的性质。

本来农业和工业的区别就不是容易用一条清清楚楚的界线来划分的。理论上说来，农业是只限于在土地上培植作物的活动。至于把作物的自然形态改变成可以消费的物品，就得算作工业的活动。可是培植和制作，在事实上却不易严格区别的。比如有一次我们在田里看人家掼谷子，曾问一位朋友，"这算是农业活动么？"他坚决地说："那自然是，收获不算作农业算什么？"可是我问他，"碾谷子呢？"他踌躇了一下："必要时，算作工业活动也可以。"我不很明白掼谷和碾谷在性质上有多大分别。为什么把谷粒和稻穗分离的工作算是农业，而把米粒和糠秕分离的工作，就可以算作工业。本来，没有人会对这个分别看得这样严重，因为农业和工业其实并不是对立的两回事，而是相联的两个段落。农业靠土地的生产力给我们植物性的原料，工业是把这原料制造成可以消费的物品。

这样说来，我们可以说没有一个地方的人民是可以单靠农业而生活的了。至少，自从人们不能专以树上的鲜果、地上的菜蔬直接充饥以来，人们的生活多少得靠一部分工业来维持。田里的谷子成熟了，得攒下来，碾成米。米还得煮成饭才能吃。麦子得磨成粉，烤成面包。棉花得收集了，把纤维整理，纺成纱，织成布，裁了，缝了，才可以成为衣服。这些基本工业和日常生活关系太深，所以时常就在出产原料的农家经营的。这种农夫和工人不分的情形，是自给经济的特色。每一个自给单位——家族、村落，或是庄园，必须经营着一些基本工业，不论如何简单，用来满足他们生活上的需要。

中国农家在消费上具有很高的自给性。据我们在云南乡村中调查的结果，农家消费中的自给部分普通要占总数的70%左右。当然自给的农产品较多，不自给的部分大多是由都市工业所供给的日用品，但是衣食住各项基本用品中，自制的还是很多。

以我们曾调查过的禄村来说。它的经济是以农业为主，在村子里除了四家外，全是耕田的。他们每家所做的工作也差不多。以特殊工艺作副业的只占全村户数的10%。普通人家并不是不需要木器、竹器、陶器和棉织物，他们除了直接到村外去购买外，大部分是靠自己来制作的。我们邻居姓刘的那位朋友，家里的厨房和马槽是自己动手盖的；屋里的草垫、竹筐是自己编的；身上的衣服，是太太缝的。这种不求人的自给经济，把很多工业活动普遍地分散到每个农家。中国并不是没有工业，只是工业太分散，每个农民多少同时是个工人。

农家不但因为求生活的自给多少都做一些工业活动，而且他们所不自给的消费品，也大都是从别的农家中买来的。都市工业的不发达，使我们种种用品，好像衣着、陶器、木器等都在乡村中生产。凡是有特殊原料的乡村，总是附带着有制造该种原料的乡村工业。靠河边有竹林的地方，有造纸和织篾器的工业。有陶土的地方，就有瓷器的工业。宜于植桑养蚕的地方，有缫丝、织绸的工业。这种地域性专门工业的发展，并不一定引起工业和农业的分手，这类工业依旧分散在多数的农家。在家庭经济中，农业和工业互相依赖的程度反而更形密切。中国的传统工业，就是这样分散在乡村中。我们不能说中国没有工业。中国原有工业普遍地和广大地与农民发生密切的关系。

二、工业帮着农业来养活庞大的乡村人口

中国乡村中工业的发达并不是偶然的。在农村经济中工业是必要的部分，原因是在中国农业并不能单独养活乡村中的人口。之毅在本书中说得很清楚。在这个分析中，"至少我们可以明了乡村工业的一个特性，就是它是用来帮助农业维持我们庞大的乡村人口的。这在易村是十分显然的，若是没有手工业，易村就不易有这样多的人活着。"这是在显微镜下检查易村这标本的结论。这结论却很能适用于其他有手工业的乡村。

人多地少是中国乡村的普遍现象。乡村人口密度太高，农田分割得十分细碎。依普通的估计，每家平均所有土地已不到30华亩。在土质肥沃的地方，各人所能分得的地更少。多年前翁文灏先生曾说：中原区每人得6亩，扬子区每人得4亩7分，丘陵区及东南沿海区每人得11亩，四川盆地区每人得6亩半。若专就耕种的土地说，他曾引Baker的估计说：每个人可以分得耕地的数目是：直隶4亩，江苏2亩半，广东1亩半，所以平均每个人大约只得3亩田地。他接着又说，这3亩田地若种麦子，每亩只出6斗，3亩共有1石8斗，如何能使一个人免于饥饿。①在种稻的区域中，人口更密，每人可分得土地更少，平均不过2亩左右。最好的水田，每亩产米3石，而每个人每年要吃2石半。虽则从字面上看，种2亩水田的农夫，应当还有些剩余来作别项费用。但是农民中，尤其是水稻区，有80%左右是佃户。他们得贡献一半以上的产量给住在市镇上，时常不事生产的地主，每人所余也只够一饱了。我在江村调查时，当地人民异口同声地说：这地方的田要是丰收，也不过给人一些饭米罢了。这句话似乎是很确当的。

饭米固然是日常所必需的，但是单单吃饱并不是健全的生活。我们还要穿，还要住，病了要医药。人死了要埋葬，过时过节还得烧一些纸钱。这些费用在江村可以说其中有80%是在农业外筹来的。依之毅的调查，易村的情形也相似，全村只有11家单靠农田上的收入，在食用外还有剩余，其余42家却有亏空。估计全村食用，单靠农田上的供给，每年尚差谷子470石左右。这笔账就得以工业来填补了。

人多地少，农业不能维持生活而得求助于工业的，不只是江村和易村。广西的宾阳又是一例："宾阳乃广西省著名之手工艺区……该地因人稠地稀，土地生产力远不足以供养全县之人口，故人民除种田外，多从事一种手工艺，以

为副业。往往一村之内，全村居民均赖此为生，该村即以此种小工艺而著闻于当地。"②调查山西农村的李有义先生也说："上郭村的农民在耕田之外，都有一两种副业。特别是小农，他常要靠副业的收入补耕田收入的不足……这种主要的副业是纺织。"③农民因生活的压迫，不能不乞助于工业，而乡村工业却帮助了农业来维持中国这样庞大的乡村人口。

可是乡村里为什么要维持这样庞大的人口呢？这可以从两方面来说，一是在都市工业没有发达的社区里，除了乡村，人民并没有更好的去处。农业固然养活不了这样多的人口，可是单靠工业也养活不了。之毅在织篾器的一章中已算给我们看：在这些穷苦的农民，不论耕田或是织篾器，所得的其实都不过是一些糊口的工资，在劳动报酬十分低落的情形下，他们没有出卖劳力的机会时固然要死，即使有出卖的机会，也只能免于一死罢了。加以市场狭小，运输困难，手工业的利益不能高，出品不能多。他们不能离开土地，单独靠工业谋生。

另一方面是农业在现有的技术下，非拖住大批人口在乡村中不成。我在《禄村农田》里已分析过农业里的劳动是有季候性的。农田上的工作受植物生长的限制，每节农作都有很紧促的期限，早不得，迟亦不得。比如插秧，从立夏到芒种这一段时期最适宜，过了夏至，在禄村就不能插了。在这 30 天到 40 天之间，这节农作都得结束。人少了就忙不过来，所以劳力得老是养着以备急需时候之用。紧急的时候一过就闲了。所以乡村人口不能太大的减低，因之乡村中永有这种矛盾的存在：一方面要拖住大批的人口，一方面又不能在农业里利用他们所有的劳力，一方面又不能以农业里的收入来养活他们。

之毅在第三章里把农业里劳力过剩的情形，分析得很明白，所以他把易村织篾器的工业称作："在农闲基础上用来解决生计困难的工业。"这是个十分得当的定义。这表明乡村工业不是一个单独的问题，而是密切关联着农业技术和人民生计的复杂问题的一环。

三、乡村工业的两种形式

在农闲基础上用来解决生计困难的工业，固然是中国乡村工业的一种基本形式，但是在乡村中的工业，却并不止于这一种形式。之毅在本书中最重要的贡献，也许是在他利用易村的材料充分说明了乡村工业的另一种形式，那就是他所称的作坊工业。这种形式，以我国人说，在以前是常常忽略的，虽则一经之毅说明，我立刻想到母亲说到她幼年生活时，常常提起的油坊和米行来。这实是我们传统乡村工业中的一个重要形式。

织篾器所代表的家庭手工业，是发生在人多地少的乡村中，它是利用过剩的劳力。而造土纸所代表的作坊工业，是发生在土地贫瘠的乡村中，它是利用过剩的资本。之毅曾为此详细分析易村土地吸收资本的能力。易村农业本是先天不足。红页岩的冲积地已够贫乏，加上了肥料的缺乏，生产力自然更难增加，在这种情形下，所谓投资，其实是等于多加劳力。易村农业里所用劳力，实在已经极多，每单位土地上所用劳力总数已超过禄村；和 Buck 的估计相比，相差更多。④若是在易村土地再要加工，所增加的产额，已不够恢复所费劳力的消耗。这种土地实在已经到了经济学上所谓耕种边际了。

易村土地虽然贫瘠，可是因为土地权分配得不平均，一辈拥有较大农场的人家，还是能累积资金，这笔资金既然不容易吸收到土地里去，于是逼着他们去寻求利用这笔资金的门路，这样发生了造纸的作坊工业。

农业里所累积下的资金，变作乡村工业的资本，在和都市靠近的乡村中即不易发达。以江村为例，全村大部是佃户，因有田较多的地主已经全数迁入市镇。乡村的居民，每年要在地租上输出大部分资金到市镇上去。因之，乡村本身并没有剩余的大宗资本来本乡发展工业。作坊工业是发生在市镇中。更因大都会的兴起和洋货的畅销，市镇上的作坊，也入于式微的趋势。可是，内地的情形则不同，乡村离市镇和都会太远。交通不便，洋货的势力较弱，所以像易村这种只有 50 多户的小村子中，还能保有 9 个土纸作坊，固定资本竟超过 1.8 万元（以 1939 年市价折合），这很可说是内地乡村的特色。

织篾器所代表的那种家庭手工业并不能吸收资本。它的特点，就在不需要值钱的设备。所以之毅比较这两种形式的乡村工业时说："织篾器不需要很大的资本。一把砍刀值不了几块钱，而且可以用上十几年也不坏。竹料自己家里就可以长，所需不多，即使要向人买也不过几块钱。几天之内就可以把篾器织好，卖出去。所以我说织篾器这种工业中主要的成本是劳力。作坊工业不同，它需要相当的设备，所需资本也相当大。所谓作坊工业，我是指那种有一专门工作场所的工业。织篾器只要一方空场，下雨时在卧室里，在厨房里都可以工作。而造土纸就得有个专门为原料加工的池塘和碾房，专门舀纸的木棚，和专门烤纸的炕房。这些有专门设备的作坊工业，资本才成了一个重要的生产要素。"

作坊工业利用较进步的技术，利用人力以外的动力，大批地购进原料，更大批地生产商品，使它可以得到经营的利益。易村的土纸坊，投资的利息高至 6 分，比农业利息高上 5 倍。可是作坊工业既需资本，没有资本的贫民也就没有沾光的机会。得到这种高利的是工具的所有者，而不是生产劳动者。这是和家庭手工业的一个重要分别，也可以说是资本主义经济的起点。可是作坊工业在传统的运输和贸易机构中并不能一帆风顺地发展。它和农业的联系也很深，因为所用的原料常是当地的产物。这些产物因土地的限制不能尽量地扩充，因之也限制了这类工业扩充的可能性。太湖流域的土丝行、菜油行、轧米行都受着原料的限制不能发展成大工业。若是作坊工业可以算是我们传统经济中资本主义的萌芽，则这萌芽在运输困难和市场狭小的阻碍下被遏制了。易村的土纸作坊充分地显示了中国传统资本主义所以不能发达的原因。

作坊工业在乡村中发达起来，成了一个累积资金的机构。这笔资金既不能在工业里反复地再生产，最后依旧得向土地里钻。之毅在末章里说明了这两种工业对于农民生活上影响的差别。家庭手工业是救济他们的力量，使他们不致有劳力没处出卖的苦衷。但是作坊工业却刚刚相反，它成了一只攫取土地权的魔手，向着贫农伸去，这样促成了乡村中贫富的对立。

四、都市工业和乡村工业

易村是一个内地乡村。所谓内地不单是指它地理的位置，也指它经济的处境。内地是表示和现代工商业接触较浅的地方，可是现代工商业的势力一日千里地向内地侵入，内地的范围日渐缩小。当百年前，沿海诸省也属内地，可是到现在，西南诸省也快要抛脱内地的称号了。

内地经济基本上代表着和西洋接触前，我们中国传统经济的一般方式。沿海诸省近百年来所遭遇的变故，也正是内地诸省不久将来很可能的命运。所以在此，我们不妨转到沿海诸省乡村去看一看在那些地方乡村工业所发生的问题。

沿海诸省乡村工业的处境，我在《江村经济》中已经叙述过。简单地说来，就是都市工业的发达促成乡村工业的崩溃。从世界经济史上看，工业中心都市的兴起，是工业革命后的产物。工业从乡村集中到都市来，主要的原因，是工业所用动力的改变。利用体力来生产的手工业，集中到都市中去，是没有多大利益的。在人口集中的地方，地价高，生活费用高，生产成本因之也高。原料运输费用既大，工场管理上也多麻烦。集中的工场所以会发生，推究其源，是出于蒸汽力代替体力的结果。利用蒸汽力来作工业的动力，限制了工作场所的面积。我们要记得每一个轮子的转动，在蒸汽动力下，都不能脱离和动力机直接或间接相联的皮带。这根皮带决定了机器的位置和可能的距离。在手工业中是工具来就人力，在机器工业利用蒸汽动力的时代，是人力来就工具。因之，动力的改变，产生了都市，集中了劳工，把工业和农业的地缘拆散，工业脱离了乡村独立了起来。

都市工业和乡村工业在这个时代是大规模机器生产和小规模手工生产的分别。我在这里不必再去分析为什么大规模机器生产因成本低，技术精，出品良，把小规模手工生产压下去的原因。这已是普通的常识，也是可以目击的事实。当然，我并不是说一切手工业都立脚不住。我们所需要的用品中有些并不是机器所能做的。表现个性的艺术品就是一个例子。可是机器本身的日趋精巧，不能做的东西为数已日趋减少。手工业所守得住的壁垒实在是已经很可怜了。我们只要想一想：大规模的食品和服装工厂的发达，使那些和个人癖好密切相关的用品，也已经有趋于标准化的危险了。

我们现在所要讨论的问题，若是在机器工业和手工业间作一选择，或是在比较大规模生产和小规模生产的利弊，我想很少人能站在乡村工业方面说半句硬话。大规模的机器生产固然有它的缺点，可是这些缺点并不足以作为维持小规模手工业生产的理由。我们现在所要注意的是都市工业兴起后对于乡村经济的影响。这些影响若是有害于民生的，我们得用什么方法来加以补救，这是第一层。乡村工业本身是否必须以手工业为基础？我们能不能改变乡村工业的性质使它可以和都市工业并存？这是第二层。

从乡村工业到都市工业是世界经济史上的普遍现象。可是在中国却另外还有一种新的意义。因为中国本国的都市工业，在西洋先进工业的压力下无法发展。我们关税不能自主，领海及内河航行权已送给外国，加上了历年来厘金特税的缚束，国外输入的工业品在市场上到处占着优势。只要看历年洋货进口量的增加（1931年比1911年增加3倍）和入超的提高（1931年比1911年提高6倍），就能知道我们国家经济处境的危险。

国际贸易上的劣势有两方面是和我们乡村工业有关的。一方面是我们以前可以自给的日用品改用了洋货。比如，我们以前的布是由自己纺的纱自己织成的。可是到了清末光绪年间，机纺洋纱已开始代替了土纺的棉纱。接着手工业的织布机输入，促进了织布工业的发展，成为一种重要的乡村工业。河北高阳一带曾是华北织布业中心，在欧战期间，外国布匹入口减少，曾有一度兴盛的时期。可是"欧战停止后，外国棉布，又复畅进，夺去了高阳布一部分的销路"。⑤

另一方面是手工输出品的下跌，我们对外输出的货物，除了农业原料外，以手工业品为主。但是手工业品质不易改良，所以不易和国外机器出品相竞争。我们的输出，也因之日形跌落。以茶叶说，1911年输出148万担，到1931年只剩了65万担；以丝说，1930年比1928年减少了20%，1934年竟不到1920年的1/5。

在这些简单数字的背后，却包含着无数可悲可痛的故事。我已经说过农业和工业在乡村中的联系，是人的生活把它们结住的。工业固然可以撒手入城，甚至出国，可是一般农民的生活却怎样呢？若是都市的工业是在国内发展的，情形也许可以不同一些，因为新兴都市可以调剂乡村的经济需要。在中国不幸的是都市和乡村之间横着一道国界。整个的大趋势是中国经济的彻底农业化。我在上文业已指明农业中国等于是个饥饿中国。把工业集中到了国外，或外资统治下的"孤岛"上，是剥夺我们广大民众的生活凭借。手工业衰落的过程怎能不成为我们民族的一段伤心史。

我在江村就目睹这段伤心史的表现，这里用不着重述。我们见到农家因为收入的减少，不能不举债度日，在高利贷的活动下，土地权整批地向外流，全村差不多成了一个佃户的集团。土地问题日趋严重，最后竟引成了一个政治性的争斗。我虽不敢说，在抗战前乡村经济的崩溃全是由于手工业的衰落，但是乡村工业的破坏，农民部分的失业，自然是乡村不安和政治扰乱的一个原因。国外工业利用其政治上的特权，尽量作经济上的侵略，而在手工业衰落的渡船上，转变成国内政治的不安。

在抗战之前，政府对于这个局面所持政策，不外"镇压叛乱"和救济农民两项。问题的症结是在国家工业没有办法。要有办法，非先抵住外国工业的势力不成。抗战军兴，整个局面才算改观。

五、乡村工业的复兴和前途

抗战把我们所有在沿海的一些小小的都市工业根本就破坏了。同时政府着手限制进口货物，很多本来仰给于外国的日用品不能大量地输入。又因外汇上涨，洋货价格飞跳，想买的也买不起，于是日用品的供给不能不自谋解决。后方都市在敌机轰炸之下，不易建立起来，即是大规模的工厂，也都向乡村中求隐蔽。而且在国防需要下，政府能力所能维持的工业，大都偏于军需性质。从沿海迁入的和从国外购得的机器，为数既少，自不能不大部用来充实国防工业。日用品的制造，只能留给乡村工业了。这样，乡村工业顿时脱离了洋货和机器产品的竞争，走上了繁荣之路。我固然没有统计材料可以用来表示后方乡村工业发展的实况，但凭我们日常的观察，在大都市附近的乡村中，到处可以听到各种手工机器的声音。而且经营这些工业的，没有不是谋得大大的利益。

在抗战期间，农业和工业配合的需要益见显著。征兵的结果，在乡村中吸去了大批的劳力。而粮食问题的严重，又使我们不能让农业衰落。同时，新工业急速的发展，工厂里莫不感觉到劳工缺乏之苦。后方人力有限，如何合理地分配到农业和工业里去，成了一个急迫的问题。这提醒了农业和工业共用同一劳力供给的需要。我在上文中已说过农业所要的劳力，是季候性的。工业固然没有季候性，但是在小型的工厂中，即使在农忙时停一两个月工也不致有重大的损失。

抗战转变了乡村的处境，不但挽回了一落千丈的衰势，而且因战时的特殊局面，工业不能不疏散。又为了要兼顾农工双方的生产，要尽量利用后方的人力，不能不提倡农民来兼营工业。可是抗战结束之后，乡村工业还有它的前途么？

抗战胜利结束后，在短期间农业技术不会有重要的改变，换言之，战后和战前一般，农业依旧需要季候性的劳力供给，乡村中不能不有大量人口用以应付短期的农忙。乡村人口虽或可以因都市工业的兴起而略见减少，但并不易在人地比率上有重要的修改。每家所分得的土地还是很少，农业单独依旧不能维持这庞大的乡村人口。于是，我们必须考虑：假使乡村工业的效率的确无法追上都市工业，从工业本身着想，都市工业较为合宜，我们是否值得以降低广大乡村里农民的生活程度，来换取我们的新工业？

从事实上说，中国现代工业的发展，因资本和资源的限制，也决不会太快的。而且受了这次抗战的教训，我们今后工业建设自应从重工业下手，轻工业的建立在时间上很可能要比重工业慢一个时期。因之，在这个时期中，抗战中所造成的形势会继续维持，而且因为安全有了保障，小型机器可以由本国工厂中自行制造后，乡村工业可以更为发达。

有人可以为将来的乡村工业发愁。假定大规模生产对小规模生产在经济上占绝对优势，则将来我们大规模的轻工业，若有一天发达起来，小规模的乡村工业不是又要重演战前的悲剧了么？因之，我们对于这假定还得推考一下。

大规模生产之所以经济，最重要的是在动力和机器的利用。我在上文中已说过，工业集中的原因，得推源到蒸汽动力的应用。自从电力和内燃机的采用成为工业的动力后，大规模的集中工场，就不一定占有特殊的便宜了。单位较小的制造机，用电力来推动的，就不必要挤在一个工场中了。这样造成了工业由集中而分散的新趋势。

我并不是说一切工业都能分散，工业中确有不可以分散的。可是也确有一部分工业，只要分散的工场在运输上和经营上有配合的系统，它在技术上就不致绝对地不能和大规模的集中工场相抗衡。这样，我们的新工业并不一定全部都要集中在都市中了。若是留着一切可能留在乡村中的，设法限制不必需的集中，则我们的都市工业和乡村工业不致有尖锐的冲突了。

这样说来，乡村工业是可以有前途的，可是有前途的乡村工业，却决不是战前那种纯粹以体力作动力的生产方式，也决不是每家或每个作坊各自为政的生产方法。除非乡村工业在技术上和在组织上变了质，它才能存在，才能立足在战后的新世界里。

六、乡村工业的变质

乡村工业在技术上需要改良，那是无可避免的。乡村工业的变质第一步是在引用机器，使乡村工业并不完全等于手工生产。可是怎样去改良乡村工业的技术，怎样引用机器，怎样使它依旧适合于在乡村中经营，依旧能和农业相配合，那却是值得提出来讨论的问题。关于这问题，韩德章先生曾发表过一篇重要的文章，[⑥]我在这里不妨把他的意思择要介绍一下：

在一件工业品的制造过程中，有些部分可以由手工来做，有些部分则最好用机器来做。若是我们能把那些不一定要机器做的保留在农家，而把须机器做的集中到小型工厂里去，则出品的质地可以不因部分的手工制造而不易改良。韩先生曾举例说："以制糖而论，旧法榨糖，蔗汁混入杂质颇多。煮糖之际，一部分蔗糖经高温而转化，以致减少结晶糖的出量，且旧法制造白糖，只凭重力滤去糖蜜，耗费时日，仍难获纯净的产品。倘使改用机器榨蔗，用压滤机除去杂质，用真空釜浓缩蔗汁，用离心力分蜜机去除糖蜜，则上述诸困难迎刃而解。这样新式作业一样可以用小规模的设备在农村生产。战前浙江金华蔗糖合作社的联合社，曾建议筹设小规模机器制糖工厂，其全副机器设备，均可采用国产，且代价不过数千元，轻而易举。同时这种小规模的机器制糖设备还有一种长处，就是每种工具均能单独使用，可以随时同手工作业配合。如用土榨榨得蔗汁，亦可以用真空釜浓缩，人工煮制的带蜜糖，亦可用离心力分蜜机去除糖蜜。人工不足的作业，可用机器代替，节余的人工，仍可从事其他不必需机器的工作，因此在这样的糖厂里，可以用小规模的设备，完成大规模的作业，可称一举两得。战时农村手工业的局部利用机器，已有显著的效果，如四川铜梁实验制纸工厂，采用机器打浆，手工抄纸，成绩斐然可观。因为在制纸工程中，用手工打浆，人工最费，而机器抄纸设备最昂。今以机器打浆，手工抄纸，则截长补短，恰到好处。由此类推，烧瓷程序中之舂泥部分，织帆布或麻袋程序中之打麻部分，亦可以设法利用机器，而以手工完成其余不费人力的部分。战时生产资金筹措不易，生产工具输入困难，农村工业所含有的手工生产并不一定需要全部用机器代替，只要取占人工或人工不能达到良好效能的部分应用机器及动力，已可认为满意。"

把比较要精制的部分交给机器生产，则手工业不一定要完成整个生产过程，出产消费品。它可以就农产加工，以供各种新工业原料之用。"如制造油漆、油墨、洋烛、假漆、滑润油、漆布、肥皂所需之植物油料，制炼精糖所需之土糖，制酒精所需之糖蜜（制土糖之副产），制调味粉所需之面筋，制蚊香所需之除虫菊粉等，都可以用农村手工业的方式先行农产加工，再供新式工业原料之用。类此的例证很多，不必一一列举。"

"反过来看，在农村里织布，织袜，织毛线衣，以及制造熟皮器，漆器，金属器，抽纱，挑花，丝绣，毛毯，地毯，人造果汁，混成酒等，都是以新式工业所生产的半制造品为原料，施以加工，而制成可供直接消费的制造品。可知若干农村工业借着新式工业的树立而存在。如能利用二者之特性，取得密切的联系，平衡发展，则吾国工业化的推动，必能加速。"

以上所说的是就制造过程中纵的分段，使那些不必需机器的部分留给手工业，借以利用乡村里多余的劳力。制造过程横的方面也有能分成各部门分别在小型工厂中进行的。韩先生曾举例说："如同电话线所用的绝缘珠，室内电灯路所用电压的陶瓷器，在配合材料及制型方面都不需要十分严格规定，都可以在窑业的农村中生产。"有一次和韩先生讨论这问题时，他还举出日本的自行车制造，是把各部分零件分散到乡村家庭中，用简单的电力机器制造；然后到总厂去装配，因之价钱可以便宜。他还提起天津的小型铁工厂，时常担任军火零件的制造。这些例子说明若我们把制造过程拆断了，其中有不少部分是不需要大机器的。都可以分配到用电力推动的小型工厂或用体力的家庭工场中去制造,结果,以前乡村工业在技术上所受的限制就破除了。

在韩先生所提出乡村工业部分机器化的方案中,有一点特别值得我们注意的,就是在本书中之毅所分别的家庭手工业和作坊工业在技术上是可以联系成相辅的生产部分。在我们传统经济中,这两种乡村工业的方式,是可以说各不相关,而且有时是相冲突的。这种分立或冲突,使乡村社会中发生对立的两种阶级,也是我们乡村中各种社会问题的根源。韩先生所主张的联系,实在不止于技术上的配合,更重要的还是在组织上的统一。

乡村工业的变质,主要是在利用动力和机器,变了质的乡村工业,在它的结构中,生产工具的成本一定要加大,因之,决不是一个在生计压迫下的农民所能购备。他在新式乡村工业中所能得到的利益,还是限于保留于手工生产的部分。机器生产部分所获得的利益,统统会归到占有生产工具的富户手里。这种分配方式,正和本书中所描写的方式相同。因之,我们可以说,家庭手工业和作坊工业若单在技术上加以联系,对于乡村经济的贡献,是决不会太大的。反之,这种新式乡村工业的发展,反而会引起乡村社会中贫富的悬殊。之毅在本书中所描写的情形,正是给我们新式乡村工业的一个警告。

家庭手工业和作坊工业在组织上要谋联系,就得采取合作方式。作坊里生产工具的所有权,不使它集中在少数有资本的人手里,而分散到所有参加生产的农民手上。这一点正是现在工合运动的宗旨,已有充分的发挥,我在这里不多申说了。

用合作方式来组织的乡村工业,就可以避免如之毅在末章所说的,作坊工业成为集中土地权的魔手了。作坊工业成为集中土地权的魔手,是发生于两个原因:一是作坊工业有极限,工业里累积下的资金,因为在少数人手中,不能在消费中用去,因之又得向土地中投去。二是一般农民生计的压迫,他们不能不借钱来维持生活,以致入了那只金融的魔手。作坊工业若是在合作方式中组织起来,则在这工业中所得到的利益,可以分散到一辈需要钱用的农民手上,花在消费之中。他们生计既有了保障,也不必借钱了,这非但安定了工业,也安定了乡村里的土地问题。

云南大学社会学系研究室
魁阁,古城,呈贡,云南
1941年9月

本文是作者为张之毅著《易村手工业》所作的序，首次系统地论述了中国乡村工业的理论与实践及其地位和作用

注释

① 翁文灏：《中国人口分布与土地利用》，《独立评论》，第314号。
② 千家驹、韩德章、吴半农：《广西省经济概况》，第54页。
③ 李有义：《山西上郭村的经济组织》，燕京大学硕士论文，未出版。
④ Hsiao tung Fei, Agricultural Labor in a Yunnan Village, *Nan Kai Social and Economic Quarterly*, Vol. XII, Nos. 1—2, 第151页, Footnote 5.
⑤ 吴知：《乡村织布工业的一个研究》，第17页。
⑥ 韩德章：《战时农村工业的新动向》，《今日评论》，第4卷第17期。

人性和机器
——中国手工业的前途

一

讨论和设计中国战后经济建设的朋友们中间有不少心目中似乎只有"英美式呢还是苏联式"这一个简单的课题。这课题背后有一个极不合常识的假定，那就是中国好比一张白纸，要染什么颜色就是什么颜色。我们说这假定是不合常识的，因为中国并不是一张白纸，是一件极简单而容易明白的事实。我们过去40年曾用了同样性质的课题来对付我们的政治建设，结果，内阁不像内阁，议会不像议会，委员制不像委员制；说是民主，使人脸红；说是独裁，似乎又不到家。其实中国人民对于权力，对于法律，对于人情等都有根深蒂固的传统态度。若是不从传统中求了解，求批评，求改造，名目愈多，视听愈乱，步骤也愈不一致，结果似乎有一错皆错，全局不是的形势。经济建设何尝不是如此。在我们报纸杂志上新的名词不算少了，各国的情形介绍得够我们眼红。从好处看，不论英美、苏联，即是丹麦、瑞典都有值得我们羡慕的地方。若是我们心里存了在百货商店里采办年货时的心情去挑选，结果大概只有依各人的脾气和机会去决定他的取舍了。其实每一个国家的经济都有它的长处和短处。天下并不会有太合理想的事实。可是长处也好，短处也好，都有着历史的根蒂。我们并不是说，别国的长处不易学，而是说学得成学不成有一大部分还要看我们自己历史里所滋长出来的传统。若是心存抄袭的，结果必然是忽略了双方的历史背景，画虎成狗。因之，我们对目前讨论战后经济计划的朋友们，眼睛太向外看，不免觉得是个很危险的趋势了。

若是我们现在那种对于机器工业的好感发生在50年前，问题必然简单得多，原因是在那时西洋还没有人看明白机器文明的流弊，大多数人虽则已受到新工业兴起后生活解体的威胁，可是对于进步两字还没有怀疑。我们若要跟他们跑，若要追踪他们，他们也必然觉得很高兴。50年后的今日，情形却不完全相同了。第一，在机器文明里发生的现代西洋经济已分化成若干极有区别的形式，因而表现出应用机器来生产也可能有不同的社会方式。第二，50年前所传下来的西欧式经济已多少表现出了它的弱点和流弊，甚至有不少人觉得世界两次大规模的屠杀和多次大小的经济不景气都是和这种资本主义的经济有密切关系。从资本主义经济中所产生出来的社会主义本身不但有许多不同的派别，同时即以试验最有成绩的苏联说，也有许多人觉得以经济民主来牺牲政治民主是否值得还大成问题。无论所说、所论、所怀疑、所攻击的有没有理由，在我们看来，那些即使想全盘来西化中国经济的人，也不免有些惶惑。至少单说西化，单说现代化，甚至单说采用机器文明都没有明白的含义了。也因之，我们的心思，我们的笔墨大多转向这许多模型方面去，以致对于自身究竟是什么样子的问题反而搁置了起来。

若是我们再等50年才发生现在的问题，也许又容易得到解答了，因为西洋社会在这50年中非解决他们因引用机器来生产而发生的许多社会政治等问题不可。到目前很多机器文明的弱点已经逐渐明朗，这些弱点，一一都逐渐克服了，会产生一个比较可以持久的社会体系来。从这方面看去，社会主义其实就是对资本主义的一种修正。苏联、美国、英国在这次战后必然都得改组它们的经济。譬如美国的 TVA，英国的贝佛瑞芝方案，都是向着同一方向的企图。我们若可以置身世外，等它们理出了一个头绪来之后，再依法炮制，也可以方便得多。

可是，我们是活在现在，不在50年前，不在50年后。我们是处在人类已有了，用了机器来生产，可是还没有找出怎样利用机器去增加他们幸福的时代。若是我们单看到机器生产力的庞大而觉得一到手就可以登龙上天，那是幼儿园里的天真，若是我们怕这东西一引用到我们生活中会出乱子而加以拒绝，那又是修道院里的自囿。机器这东西不接受不可，可是接受了我们问题可多了。我们先得准备着不怕烦恼的心理，训练我们肯观察，肯调适，肯思想的能力，还有一点更重要的是认清这是一个时代的责任。我们要在我们的环境中，包括地理和历史的双重限度中，去寻出一个方式使我们能利用西洋所发生的机器生产来增加我们生活中的幸福。我们的生活是主体，也只有我们自己有这问题，有这责任，也有这解决的能力。

我们说这一番引论目的是在使读者能明了我们为什么提出久已被人所遗弃

和遗忘的手工业来要求重加检讨，而且进一步想替它在我们中国新工业的建设中找一个应有或相当重要的地位。

我们将要从下列几方面来讨论这问题：第一是我们战后经济建设中能不能不重视手工业？第二是机器工业在西洋社会表现了些什么弱点？这些弱点的根源在哪里？第三是手工业在什么部分有它不合于现代要求的弱点？又在什么部分有它可以填补现代机器工业不足的长处？第四是手工业在战后经济建设中应处什么地位？

二

我们并不愿意抽象地来比较手工业和机器工业的长短，更不愿意像有些学者认为手工业是必然会淘汰而根本不加以注意。我们重视手工业的原因是手工业一直到现在是我们最大多数人民所倚以为生的职业。手工业的崩溃是中国百年来经济的致命伤。若是我们战后的经济建设的目的不是在装点门面，不是在为少数人谋发财的机会，而是在安定民生，主要的问题应当是：新工业的建设和手工业应该发生什么关系？是否会像以往一般促进手工业的加速崩溃；手工业崩溃不要紧，我们并没有理由去姑息它，可是新工业兴起是否能解决因手工业崩溃而引起大量人民的失业和贫困的现象？这是攸关民生的大问题，假若不详细探讨，大量失业的发生会使任何建设计划在没有完成之前中断！

中国的手工业是农业经济中不能分的部分。中国是一个土地稀少、人口众多的国家。每一家人所能分得到的土地极少，不过在30华亩左右，甚至在土地比较肥沃的地带，一家人能有10多亩田已经算是小康之家了。在这样小的农场上即使克勤克俭，不让土地休闲，春秋两季的种植，结果也不过是使这家人有一口日常的食粮吃，其他的开销不能指望土地直接来供给，所以我们的农民并不能专靠农田生活的。五亩之宅必须植之以桑，而且还要自己养猪养鸡，修网捕鱼，入山打猎，这样在男耕女织的传统农工合作方式中才能得到过得去的生活。几千年来，在这种小农生产中，手工业已成了农家经济中不可或缺的副业了。

让我们加重地说中国几千年来并不是没有工业的国家。我们中国人民曾从手工业中获得我们生活上所需的各种制造品，在相当高的文化水准上并不感觉到严重的缺乏。现在大家口口声声说中国需要工业化，这并不是说，以前没有工业，现在才从西洋学来了工业；实在的意思是中国工业的技术需要改良，需要现代化罢了。要正名的话，应该说是中国工业的现代化，才比较正确。

　　从理论上说来，农业和工业是相辅相助的。都市的兴起，人口集中在都市里，增加农产品的需要，促进工业原料品的生产，都市的繁荣也就是农村的繁荣。这个理论本身没有可以反驳的地方，可是在中国却不完全合用，原因就是在中国农民并不是专业的农民，而是兼营手艺的农民。在都市工业兴起过程中，农民身份中应得的利益尚没有收到时，手艺工人身份中的打击却已经降临。农村手工业的崩溃使农家经济发生困难，因而过渡到农业经营本身，资本缺乏，肥料不足，生产降落，土地权外流。都市兴起虽没有直接打击农业，但从手工业的桥梁上，这打击终于降到农业本身。

　　我们充分承认现代机器工业在成本在出品的质地上比了手工业具有压倒的优势。机器所用的是无生能力，富有累积性和正确性。手工业用的是有生能力，限于一个人的，或若干人能加得起来的体力。这种能力不但不易累积，而且不易正确。机器生产因之超越了手艺生产。人工要和机器去竞争，真有如挑夫对飞机火车一般望尘莫及，若单就抽象的手工业和机器工业来讲，手工业确是处在不利到无法抬头的地位。

　　这样讲来，我们中国的经济已犯了一种绝症：农业本身养不活农村里的人口，而以往用来帮助农业来养活庞大农村人口的手工业，又因机器的发明而沦于不可救药的地位。手工业没有了希望，也就等于说中国农村经济没有了希望。中国大部分人民是在农村里住的，所以也是中国大部分人民的危机。

　　在这里似乎有两条路可走，一条是甘地要印度人走的，若是大家不穿洋布，土布不还是可以维持，农村手工业也就不致崩溃？甘地是从人性出发来解答东方的共同问题。我们自然同意这是可能的，但是用道德力来控制个人欲望，因而控制经济，至少需要有修养的人才能做得到。从一般人民说似乎是要求过甚。第二条路是吴景超先生等所提倡的以中国新工业来吸收农村人口，使农场面积扩大，使农民可以专靠农业谋生，使工业可以从农村里抽出来，然后加以机器化，达到现代水准。这自是比较合理，而且也许是最基本的出路。问题是都市工业能吸收人口的力量有多少。以美国农民的例子说，从80%的人口比例改到40%多曾费了60多年工夫。我们不敢希望中国工业扩张的速率可以比美国大，我们人口的数量开始就比美国多好几倍，我们的人口增加率可能在最近50年中超过美国。这许多条件放在一起，大概在这一世纪里不容易实现这条出路里所给我们的诺言。

这两条路若都觉得困难的话，我们只有承认手工业在战后经济计划中所占重要的地位了。我们要安定民生，绝不能抹煞手工业的存在。同时也不能让手工业自生自灭。它甚至将要成为经济计划中一个很缺乏弹性的项目，其他的项目应当和它取得调适。一方面我们得顾全传统工业的分散性质，一方面我们又得顾全它技术的落后。工业不能很快和全部地抽出于农村，同时又要使分散在农村里的工业在技术上逐渐现代化，脱离纯粹的手工和人力基础。这是我们战后初期的经济建设中一个极费考虑的问题。

三

我们主张把机器逐渐吸收到传统工业的社会机构中去，一方面使农村经济得到新的活力，另一方面使农村工业因机器及动力的应用而逐渐变质。这种主张固然是为了目前中国经济的现状而拟下最可能实现，亦最适应当时需要的对策。若迁就事实是这种主张的唯一理由，那只是一种暂时性的过渡手段罢了。我们觉得这种主张还有更深的理由。它不但是切实的设计而且是理想的设计。我们说过，在这时为中国谋经济建设的人心里一定要明白，西洋虽发明了机器，可是还没有发明利用机器来促进人类幸福的社会机构。我们千万不可在这方面妄自菲薄，觉得世界上只有英美式或苏联式的选择。社会机构不像机器可以过了洋不变质，它是一定要在人民生活的土中滋长出来。利用机器生产固然会影响社会机构的方式，但绝不会只限制于一种社会方式。目前利用机器生产的国家就有不同的社会方式可以作证。我们可以输入机器，可是也许绝不能输入社会方式，社会方式是要自己创造的，要在人民的习惯中生根，要能配合其他各种社会制度。我们主张在旧的传统工业的社会机构中去吸收西洋机器生产，目的就在创造一个非但切实，而且合乎理想的社会方式。

在这里我们得放开眼光看一看机器发明之后西洋社会所发生的各种变迁，在100多年来，产生了多少重大的流弊，我们可以从人和机器的关系及由应用机器而发生人和人的关系两方面来看。

经济活动是人的活动，是人利用自然资源来满足生活的活动，一个正常的经济必然是要以人为主。人有他的尊严，人有他的目的。可是机器的利用发生一种反客为主的现象。从一个在机器上做工的人说，他的活动是在服侍机器。现代机器的发达，尤其在大规模的工厂中，劳工对于机器活动的目的已经不能明白，不必过问，甚至连机器活动的原理也可以不问，他只要按着所规定的动作去和机器配合就够了。这是机器文明中的一个极重要的发明：发明了生产活动，人和机器都在内，可以合理地配合起来，在最有效的方式中进行，人的活动可以规律化到和机器一般。这种把人的活动隶属到机器活动之下，是一个现代的观念，在这观念中曾创造了空前的效率。可是人毕竟是人，在一个人发现自身的活动没有了目的，成了另一个人或另一个东西的奴隶时，心理上必然会有衷心的反感。哈佛大学工业研究所费了10多年的时间发现了现代工业里的工人生理上易于疲乏和社会上易于发生不安的基本原因就在这种有意或无意的反感。

一个人的健全生活须有一个生活上各部门的配合。这配合靠一个综合各种活动的目的。在现代机器生产中，因为机器的庞大发展，自身有了一个生产的目的，根据这生产目的配合了机器和人的活动。为了求合理化，参加这活动的人把他们一部分的活动，在被雇的一段时间中，在整个生活中分割出来隶属于这个超出于他所关心及所了解的生产目的之下。当然，每个参加生产活动的劳工都有一个参加的目的，如养家，如得到较高生活等，但是这些个人的目的和生产活动的目的却不相符合。从生产活动本身讲，缺乏了一个综合目的；从每个人讲，生产活动成了达到另一目的的手段，对于手段本身缺乏了热忱和兴趣。于是为了生产目的去配合机器和人的活动起见，不能不用消极的动机，定下各种规则，甚至以工资的升降，和失业的威胁，加诸劳工身上。使他们不能不出售和交付他们一部分的生活，从事于不感兴趣的任务之上。现代工业为了生产过程中活动的配合牺牲了参加这活动中每个人生活上的配合。这些人失去了生活的完整，不但影响到生产活动的效率，而且因而发生个人人格的失调和由这些人所组成的社会的波动和不安。人和机器之间并没有完善的调适。

研究现代资本主义的学者们业已指出这个制度中的基本精神并不是从人本观念上发生的。造成资本主义的固然出于生产力的膨胀，使人能在消费之余累积财富为再生产之用。可是若是生产的目的终究是在人的享受，则资本主义终必受限制。资本主义的能无限发展是因为在生产过程中生产本身是目的；生产，再生产，使经济活动的动力脱离个人享受而入于财富的累积本身，使利益成为决定生产的枢纽，推其极，使生产工具控制了人。在资本主义中与其说生产工具是私有的，其实不如说生产工具是自有的，因为握有生产工具的私人并没有支配它的力量，它是向着累积的方向而活动的。人和机器的失调，人和机器的成为奴隶和主人的关系中才发生真正的资本主义。

机器不再是工具而是利用人力的主人，人才是机器的工具。在这种情形之中，人和人的关系也发生了失调。很多人认为现代工业中人和人的失调是表现在阶级冲突中，其实所谓劳资的冲突不过是人和机器的冲突。生产工具的所有者并不像中世纪的封主为了自身生产的享受来剥削农奴，他在劳工身上得到剩余价值并不消费在奢侈的私人享受中，而是被吸收在再生产的资本中（正统的资本家是一个为资本服务的忠仆，绝不是一个纨袴子弟）。在机器文明中所引起人和人的失调最严重的是在参加生产活动的各分子之间。

机器成了控制人类活动的主体时，因为机器活动的方便，移动了人的位置。当机器活动利用蒸汽的动力时，各部生产机的位置必须靠近发动机。于是服侍机器的人也必然集居在发动机的附近。这样在工业兴起过程中发生了百万人口以上的大都市，在表面上看来，那摩天高楼，那如梳的烟囱象征了现代文明的发达，但是从人和人的关系上看去，人类碰着了社会生活解体的危机。人是不能单独生活的，在单独生活中人会失去生活的意义。人之所以生活是为了别人，没有了对别人的责任，自己的生活意义跟着就会消失。这就是说个人人格的完整需要靠一个自己可以扩大所及的社区作支持。自从机器把人口反复筛动之后，它集合了许多痛痒不相关的人在一起工作。在他们之间只有工作活动上的联系，而没有道义上的关切。现代都市中住着的是一个个生无人疼，死无人哭的孤魂。在形式上尽管热闹，可是在每个人的心头有的是寂寞。他们可以有一个表面上复杂的共同秩序，可是并没有一个内心中契洽的共同目的。机器文明把社区生活的完整性销毁了。无怪法国的社会学泰斗勒普雷和涂尔干要称这种没有宗教，自杀率日高的都市生活作社会病态的例子了。

我们还没有害过现代文明的病症，在局外只看见他们飞机飞得快，坦克上的大炮射程远；我们可以羡慕伦敦片刻蝶恋圆场，纽约百乐大道的灯光明亮，可是我们应当问问这些"伟大"象征的背后生活着的人有什么感觉。那些正在梦想在5年、10年之后可以赶上西洋工业生产的人，怎能了解为什么会有像威洛克这样不知趣的人来警告我们，要我们不要被这些西洋机器文明的外表迷了眼睛。威洛克这种警告引起了不少反驳的言论那是可以预测的。没有受过西洋机器文明苦处的人不会接受这些警告。可是既有这种警告，至少也该使我们定神想一想，机器文明也许并不会引领我们上天堂的罢。

四

我们指出机器在西洋对于个人对于社会有它的罪过，并不是想抹煞它的贡献：机器的贡献大家是熟知的，它把人民的生活程度提高了，它把国家的实力强化了。我们在这里不必多说。同时我们要声明的，我们尽管承认机器文明有它的流弊，我们并不必因噎废食根本不要机器。西洋人利用机器发生的弊病正可以给我们东方人一个借镜，使我们利用机器时可以及早防范。在这里让我们重复说一次：利用机器时可以有不同的社会方式，并不是一定要西洋朋友所走过的旧路而一成不变的。

若从机器文明的弊病上去和传统手工业相对照，我们既可以发现机器文明之所短正是手工业之长。手工业中人和工具的关系是：人是主，工具是客。而且在主客之间充满着伙伴精神。再说得深刻一些，一个手艺工匠十分爱护他的工具，因为他明了只有从他的工具里可以充分发挥他的手艺，表现他的人格。这是人对于物最正确的态度。人和物不是对立的，不像现代文明中，人和机器一般的隐藏着恶感；人和物是相成的，人在物里完成他的生活。

在手工业里不但人和工具有着伙伴精神，而且人对于生产过程具有一种表演的态度。在生产过程中，一个工匠在完成他认为一件有意义的工作。也因之，一个工匠对于他的出品有期待，有满足。他可以在出品上刻着他自己的名字。出品的毁誉是自己的荣辱。这和一个现代工厂里的工人的心理很有差别。

或者有人说这些即使是手工业的长处，可是何以手工业竞争不过现代机器工业呢？手工业竞争不过机器工业固然是事实，但原因却不是在手艺工人所具的精神而是在他所用的工具。我们不应把工具不良所得的结果加到他所具的精神上去。从经济的基本目的上批判，手艺工人所具对于工具，对于工作以及对于出品的态度是正确的。这种经济活动中不但不摧残人性，而且完善了人格。即使我们因为机器工业的兴起，提高了生活程度而愿意接受它，我们也不妨因为丧失手工业时代所具的精神而惋惜。何况我们认为在利用机器来生产时并没有一定要销毁那种手艺精神的必然性呢？

因为在手工业中人没有屈服在机器之下，所以手艺的发达并没有破坏由于其他生活需要而引成的社区生活。它配合于家庭、邻里等关系之中，它又配合在其他的生产活动之中，使它成为支持完整生活的力量，而不是破坏其他生活活动的力量。我们在第二节中说明中国的手工业是完整农村经济的一个要素，农村里的人利用农闲来经营手工业，更用男女分工合作来共同组织家庭，利用家有原料来制造日用品。这一切都充分表现了手工业的成全性，它是迁就人性的。它是加强社会联系的力量。人不能是一个经济动物，更不是一个抽象的经济人。人和人的联系也不能专门是利害的结合，活动的配合。人是很复杂的，人的生活中固然不能没有经济活动,但是经济活动的目的是在成全人多方面生活的满足。若是为了客观财富的累积来牺牲人其他方面的要求,在我们看来是不合理和不合人性的悲剧。

手工业成全人性和社会。可是因为它用有生能力在技术上有限制,又因为技术上的限制以致不能和机器工业相竞争而开始崩溃。手工业崩溃的结果,使人类经济生活的过分发展障碍了个人人格和社区生活的完整。这是必然的定命的路线么?我们中国人也不能免于这个下落么?

五

若是手工业的前途是无可挽救的,我们放弃手工业又必然要接受集中都市的机器工业,则我们的问题是如何在现代工业中恢复人和机器以及在利用机器时人和人的正确关系。这就是一般西洋朋友们现在焦心思虑的问题。在他们机器工业已经出了毛病,所以只有对症下药的一步步加以修改。社会主义就是一部分的修改。他们要在被机器所拆散的个人间重新树起相互的责任来。美国TVA这种大计划是想把机器所拆散的社区生活重新恢复起来,我们是否要先把传统经济精神破坏了之后再去设法恢复呢?还是在引用机器进入我们生产过程时就把传统精神保持住呢?

认为非先破坏,然后再恢复的人也并不是没有理由的,因为他们相信在那种手艺精神下机器是引用不进来的。要引用机器就必得大规模地集中在都市中。要解决农村问题先得把农工两业分开来。农工混在一个人身上,或混在一个社区里是两败俱伤。我们自然不否认工业中有许多种类是非大规模不成的,至少在技术许可的条件下,还不能想象一个分散在农村中的钢铁工业,可是我们却希望别人也同意我们说有许多种类工业,尤其是各种日用品的制造业,在技术上是很可能分散在小单位中经营的,纺织、制衣、造鞋、榨油、炼糖,这一类的制造工业在电力的应用中,不但可以分散,而且分散并不限制机器的利用。

在这些工业中,分散生产和集中生产哪种有利,并不是空洞可以讨论的,最好是要在当地加以计划。可是在原则上有理由可以使我们相信,分散生产决不会绝对地不及集中生产。因为即使在西洋工业国家,最近也为了工作效率及成本起见逐渐采取分散的形式了。

新工业发展到现在既然已在形式上不一定需要集中,则我们在技术上已有了维持手工业的精神和社会方式而改进技术的可能了。在这可能性之下，我们愿意为中国经济建设思考的朋友们能转过眼来看看中国经济的传统形态，而发现分散工业在广大农村中，使我们一大部分可以分散的工业和农村配合来维持大多数人民的生活，是一条比较最切实的出路，而且这条出路里可以避免西洋机器文明所引起对于个人和社会的不良影响。这最切实的出路也是一条合于理想的出路，因为在这种方式中所组织出来的经济是合于人性的，是促进人类幸福的，是可以实现机器的真正功效的经济。

建设中国的新经济本是一件复杂的工作。单靠大工厂的树立不够，单靠农村工业的复兴也不会够，可是因为现在一般舆论太忽略农村手工业，所以我们愿意提出这个意见。我们深切希望大家不要一口咬定说手工业是绝对没有出路，随之而兴的必然是都市的大工业。也许最切实同时最合宜的出路却是一个调和的方式，维持多数小工业在农村里，只在农村里容不下的工业才在都市中发展起来。至于如何可以在小工业里输入现代技术，那是要很多有技术知识的人耐心去研究的。我们农村经济的安定就得靠这一种人才，这种人得像传教士一般肯耐苦肯不求名利地把新技术传入农村，向农村输血，农村的繁荣才是中国的繁荣，也是中国政治局面安定的最有效的保证。

1946 年 3 月 25 日

小康经济
——敬答吴景超先生对《人性和机器》的批评

前两年的冬天,在昆明青云街的小茶馆里和袁方先生闲谈,他说要到成都去开手工业讨论会,我们接着说了很多关于中国手工业的话。后来张之毅、张乐群两位先生又参加了我们的谈话,说完了派着我把这番话写下来,由袁先生带到成都去,算是我们共同的意见,在那里的讨论会中宣读。后来这篇文章印成了时代评论的小册,我加上了一个题目:《人性和机器》。抗战胜利了,这小册又在生活书店印了一次,所以颇有流传。

事隔两年,我回到北京整理旧书时,吴景超先生在旁边,因为我们在这小册里提到吴先生工业化的主张,所以把它借给了吴先生,不久吴先生在《经济评论》第1卷第20期上发表了一篇《中国手工业的前途》,同时口头约我作文答复。因为疏懒,一直拖着没有写。在昆明时,汤德明先生也曾写过一篇很长的批评在报纸上发表过,后来听说在《理论与现实》上又重刊了一次,我也没有答,总好像欠了一笔债似的。不久以前社会学会开年会,同人们要吴先生和我口头上讨论一次,承蒙大家注意这问题,很热烈地有一番辩论。后来我又在《手工艺》刊物上读到了一篇为我抱不平的文章。愈积我想说的话愈多,虽则关于这问题的意见还是没有出我所写的那本小册,在这小册以前为张之毅先生的《易村手工业》(商务)的序(后来重印在我的《内地的农村》里。见前文《中国乡村工业》——编者)。在这里再度把这些泛泛无甚高见的论调提出来说说,也许并不是多余的,因为在这里的确有几个有关中国经济建设的基本问题,值得多加讨论,虽则我很明白现在谈建设似乎还是不切实际的纸上文章,但是迟早我们还得碰着这些问题的——是为引。

两种看法的相同和相异处

对于中国今后建设工业可以，同时亦应该采取的方针，尤其有关乡村工业应该在全部计划中占什么地位和应该是什么性质等问题上，吴景超先生的看法和我们以往已经发表的看法有相当的出入，因之曾引起了吴先生对于《人性和机器》一书的批评。但是看法虽则有出入，在很多基本出发点上，我觉得我们是相同的。为避免我们的讨论流入枝节问题上去，不妨把我们基本相同点先择要一提：

一、我们都不满意于当前的经济现状，而且都认为改善的方针必须以提高人民生活程度为目的。

二、"如想提高人民的生活程度，决不可忽略生产方法的改良。"

三、当我们眼望着将来时，都愿意"使现在的小村庄都可以转变而为一种工农混合的新社区"。

吴先生的看法和我们有出入的地方可归成下列几点：

一、我们不愿意在生产方法改良过程中忽略了乡村手工业的地位，而吴先生则认为"手工业一定是逐渐衰微而终于消灭"。所以"当机立断""手工业在中国是没有前途的"。

二、我们认为"生产方法"不但包括"技术"而且包括社会方式。我们亦认为"利用机器时可以有不同的社会方式，并不是一定要走西洋（英美）所走过的旧路一成不变的"，因为在西洋的机器文明中"人和机器之间并没有完善的调适"。所以"我们的问题是如何在现代工业中恢复人和机器以及在利用机器时人和人的正确关系"。吴先生虽则没有对西洋（英美）资本主义的社会方式说过什么话，但是对于"近代文明"则认为是有趣而且享受丰富。"近代文明"和"机器工业"都是都市产生的。而都市是自由的园地，"你可以对于自己的生活，照着自己的爱好去安排，而不受固有的物质环境及风俗传统所束缚"。吴先生所理想的就是现代美国的都市生活。他的希望是怎样使中国也变成像现在的美国一般。

三、在我们考虑怎样建立人和机器的健全关系中，我们在传统手工业中看到若干值得保留和发挥的要素，这些要素在我们看来是可以和利用机器并行不悖。这要素就是"手艺精神"。我们认为在乡村工业的形式中机器生产和手艺精神是配合得拢的。吴先生也主张分散工业。可是他这样主张是出于不得已的，怕原子弹的破坏，所以工业不得不逃避下乡。他接下去觉得这不得已的办法也有好处，因为可以使农村都市化。这样，"近代文明也连带下乡，也带给在乡村中的人民一种更有趣的生活，更丰富的享受"。

同异之点交代清楚，我可以接下去一说为什么我们并不能完全同意于吴先生的看法了。

问题是怎样在当前复兴工业

我们在《人性和机器》里第二节开头就说："我们并不愿意抽象地来比较手工业和机器工业的长短。"所谓"抽象"就是脱离了具体的社会背景的意思。我在社会学年会讨论时曾说："如果原子能征服了月球，吴先生和我一同去设计一个建设方案，我相信我们不会有什么不同的意见的；每个人所想象的天堂离不了树上长满葡萄，河里流着牛乳那一套。可是我们现在要应付的是吴先生描写在《劫后灾黎》一书里的中国。"

当吴先生眼睛看到这具体的中国，心里想着美国的"近代文明"时，他说了："我们可以断言，在最近两三代，我们即使朝野一心，努力于工业化……决不能达到美国的生活水准。"又说："在两三代之内想赶上英美等国家，大约是不可能的。"（见《工业化过程中的资本与人口》，《观察》第3卷第3期）这等于说要在两三代里中国工业做到美国的机器化大约是不可能的了。吴先生一方面说手工业终必消灭，另一方面又说机器化不可能，在两三代内中国岂不是会成工业真空了么？吴先生可以不讨论这两三代内的事，轻轻地用"逐渐衰微"四字一笔勾销，而我们所关心的却不是两三代之后的事。我们早说："若是我们再等50年才发生现在的问题，也许又容易得到解答了……可是，我们是活在现在，不在50年前，不在50年后。"

我们并不否认手工业"逐渐衰微"的事实，我们说过："手工业的崩溃是中国百年来经济的致命伤……手工业崩溃不要紧，我们并没有理由去姑息它，可是新工业兴起是否能解决因手工业崩溃而引起大量人民的失业和贫困的现象？"因为"手工业一直到现在是我们最大多数人民所倚以为生的职业"。

关于最后的一点，吴先生要我们放心："机器工业的出现，并不产生失业问题。"他用西洋的历史作保证，更从经济理论上说明机器工业是造业的，不是消灭职业的。

吴先生给我们信证是不够的，因为我们是在中国，是两三代之内的中国。

这个中国一方面大量销售，或承受救济的舶来机器制造品，而自己是没有大规模的机器工业的国家；另一方面所有那一点集中在少数都市里的机器工业所得到的收入并不一定投资在中国的。关于第二点吴先生也许可以说过这是特殊情形：资金外流虽则中国几十年常见之事，而且于今为甚，但是今后可以改变。但是吴先生却自己承认兴立大规模的机器工业很难不借外资。既借外资就不能限制由于外资所得利益不外流。这种机器工业在所在国造业力量是否可以赶得上被机器所代替的失业速度？这是问题的第一层。如果再加上第一方面所引起的失业，我相信即使乐观的看法也不易被把国界除外的理论保证所说服。何况吴先生所用的理论是根据"竞争的经济社会"，这个根据在现在实际世界上还有多少存在，更是一个值得考虑的问题。

当然，这个问题的讨论，现在来讲未免太早，吴先生所给我们的保证是以中国能有大规模的机器工业为前提的，当在两三代之后才能实现。我们所发愁的是过去几十年来和现在还是继续发生的"手工业的崩溃"所引起的失业现象。这现象我们虽则拿不出统计来，但是吴先生大概也不会否认是事实吧。即使我们找不到像西洋一般有"失业工人"，但是我们确知在农村中有着更多的闲手：停了布机的媳妇们，靠着扁担没有人雇的街头挑夫——都应当算作"失业"的，甚至"失业"项下还得包括找不到工作去当兵的人。

吴先生退了一步说："假如机器工业真能造成大规模的失业，那么无论把它设立在什么地方，失业是终不可免的。"这话在理论上说又是颠扑不破的。可是吴先生并没有考虑到实有的社会圜局。让我先举一个例子：停了布机的媳妇们，依吴先生的说法本来可以进城去"转业"的，城里更自由，更有趣。但是在非到不得已时，很少乡下媳妇们会听吴先生的理论指导。这倒并不是她们不懂这理论，不会打算，而是她们并不只是单纯的"经纪人"。她们到城里去了，留下孩子在家不放心，在田里做工的丈夫也得有人烧饭给他吃。这一套"媳妇"的责任并不能使她追求"自由"。如果她可以不必离家，依旧能找得到事做时，她是可以"转业"的，那就是把小型工厂开到乡下去可以减少失业的一个例子。

我们的问题是比较现实而具体的，中国乡村里以往有分散而普遍的手工业，后来因为竞争不过都市里，尤其是西洋都市里的机器工业，以致这些手工业无法或不易维持——这是事实。这事实引起了现在在乡村里住的人生产的机会减少了（或说失业），因之收入也减少了（或说贫困）。我们面临这现状怎么办？怎样去增加他们的生产机会？怎样去提高他们的收入？怎样去增进他们的生活程度？

吴先生可以说这和他所提理论毫不冲突，因为目前我们看到的失业现象是出于生产缩紧，如果我们有了大规模的机器工业，失业现象就没有了。我们不应因为机器工业发生之后在中国发生失业现象而恨起机器工业来，其实只有机器工业才能解决这大家不满意的情形。造成失业的是"工业衰落"，应付的对策是"扩大工业"。

这正是我们在《人性和机器》以及《易村手工业》序里一再申说的要点："让我们加重地说，中国几千年来并不是没有工业的国家。""整个的大趋势是中国经济的彻底农业化。""农业中国等于是个饥饿中国。把工业集中到了国外，或外资经济下的'孤岛'上，是剥夺我们广大民众的生活凭借"——我们的问题是怎样重建中国人民赖以为生的工业。

关于乡村工业的概念

这样说来，我们和吴先生的看法应当相同了，却又不然。不同的原因是吴先生看得远，我们看得近；吴先生心肠硬，我们心肠软；吴先生要根本解决，我们却在想过渡办法；吴先生一说起"改良生产方式"立刻想"以机械来代替古老的筋肉"，我们却想慢慢以机械代替工人。我们曾说："一方面我们得顾全传统工业的分散性质，一方面我们又得顾全它技术的落后。工业不能很快和全部地抽出于农村，同时又要使分散在农村里的工业，技术上逐渐现代化，脱离纯粹的手工和人力基础。这是我们战后初期的经济建设中一个极费考虑的问题。"

我们提出这要费考虑的问题是因为要迁就现实。吴先生因之说我们对手工业"留恋"，对于机器工业"厌恶"。我记得好像汤德明先生对我们也有类似的批评，甚至称我们这种是乌托邦式的空想，加上略带轻蔑性的"费孝通的王国"的按语。在我们自己看来倒是我们太缺乏了"空想"的能力，也太缺乏了对任何社会方式及技术本身的留恋和厌恶之感。我们是极平庸地想从最可能实行的有效方式中去提高最大多数人民的生活程度罢了。

如果吴先生能指示我们比我们这种平庸的过渡办法更有效的捷径，我们绝不"留恋"于我们所想到的逐渐把机器吸收到乡村里去的办法。我们毫无成见，但是我们也得说，我们并不能满足于两三代之后才兑现的诺言，也不能满足历史逻辑自会决定我们前途的定命论。

其实吴先生也同意，至少在过渡时期，我们所建议的逐渐把机器吸收到乡村里去的办法。但是却在名称上却不愿用这讨厌的"手工业"三字去形容这部分机器化了的乡村工业。他曾说我们显然把农村工业和农村手工业两个概念混为一谈。他下着明白的定义说："如果用的是有生能力就是手工业，如用的是无生能力就是机器工业。"他又说："农村的工业可以是手工业，也可以是机器工业。"其实吴先生所同意我们的那种乡村工业，既不是手工业也不是机器工业，而是二者的混合形式，同时用有生能力和无生能力的。称它乡村手工业如嫌亏待了它，称它乡村机器工业也未免过分抬举了它，所以我们常用二者的通称"乡村工业"。乡村工业并非不是手工业即是机器工业，常常可以既是手工业又是机器工业。如果我们想为自己辩护时，正可以说，这并非概念上的混淆，而是事实上的复杂。

更有进者，吴先生只从"动力"一项要素来辨别手工业和机器工业，可是这两种形式的工业的区别并不只限于"动力"要素。就字论字，手工和机器都是指制造时所用的设备或工具（双手可说是生物机体上天生的工具）。（手工）推动的是有生能力，推动机器的是无生能力。动力的性质其实并不包括这两个字的本身。显然的，手摇机也可说是"机器"，而动力是有生能力。

我这样说并非主张"望文生义"，或是有意吹毛求疵，而是想说明这两种形式的工业如果要加以严密的定义时，似乎不应只限于动力一个要素。依普遍的文化论说，这是两种制度，包括物质基础，社会组织形态。唯有从这三方面同时去说明方能算有了完整的概念。

利用机器的社会方式

这种看法使我们注意到"手工业"所包括的我们所谓"手艺精神"，因而我们在讨论"中国手工业前途"时提出了人性和机器的基本问题来了。

吴先生并没有考虑到我们对于现代资本主义中人和机器及由利用机器而发生人和人的关系的分析。他把我们对于现代文明中的一部分社会制度的批评看成我们对于整个现代文明的批评，因而把"甚至于与他最亲密的妻子都是别人替他安排"的传统文化来和"可以选择自己的妻子"的现代文明相比较，结论自然"在都市中住惯的人都不愿再回到乡村中去，连费先生等都包括在内"——这种批评我们认为不公允的。

我们的看法在《人性和机器》中曾简单地说明。吴先生既引用了我们一段结论，我们似乎不能不把发生这段结论的意见不避冗长之嫌引用在这里：

> 经济活动是人的活动，是人利用自然资源来满足生活的活动，一个正常的经济必然是要以人为主。人有他的尊严，人有他的目的。可是机器的利用发生一种反客为主的现象。从一个在机器上做工的人说，他的活动是在服侍机器。现代机器的发达，尤其在大规模的工业中，劳工对于机器活动的目的已经不能明白，不必过问，甚至连机器活动的原理也可以不问，他只要按着所规定的动作去和机器配合就够了。这是机器文明中的一个极重要的发明：发明了生产活动，人和机器在内，可以合理地配合起来，在最有效的方式中进行，人的活动可以规律化得同机器一般。这种把人的活动隶属到机器活动之下，是一个现代的观念，在这观念中曾创造了空前的效率。可是人毕竟是人，在一个人发现自身的活动没有了目的，成了另一个人或另一个东西的奴隶时，心理上必然会有衷心的反感。哈佛大学工业研究所费了10多年的时间发现了现代工业里的工人生理上易于疲乏和社会上易于发生不安的基本原因就在这种有意或无意的反感。

> 一个人的健全生活必须有一个生活上各部门的配合。这配合靠一个综合各种活动的目的。在现代机器生产中，因为机器的庞大发展，自身有了一个生产的目的，根据这生产目的配合了机器和人的活动。为了求合理化，参加这种活动的人把他们一部分的活动在被雇的一段时间中，在整个生活中割出来隶属于这个超出于他所关心及所了解的生产目的之下。当然，每个参加生产活动的劳工都有一个参加的目的，如养家，如得到较高生活等，但是这些个人的目的和生产活动的目的却不相符合的。从生产活动本身讲，缺乏了一个综合的目的，从每个人讲，生产活动成了达到另一目的的手段，对于手段本身缺乏了热忱和兴趣。于是为了生产目的去配合各机器和人的活动起见，不能不用消极的动机定下各种规则，甚至以工资的升降和失业的威胁加诸劳工身上，使他们不能不出售和交付他们一部分的生活，从事于不感兴趣的任务之上。现代工业为了生产过程中活动的配合牺牲了参加这活动中每个人生活上的配合。这些人失去了生活的完整，不但影响到生产活动的效率，而且因而发生个人人格的失调，和由这些人所组成的社会波动和不安。人和机器之间并没有完善地调适。

> 研究现代资本主义的学者们业已指出这个制度中的基本精神并不是从人本观念上发生的。造成资本主义的固然出于生产力的膨胀，使人能在消

费之余累积财富为再生产之用。可是若是生产的目的终究是在人的享受，则资本主义终必受限制。资本主义的无限发展是因为在生产过程中生产本是目的；生产，再生产，使经济活动的动力脱离个人享受而入余财富的累积本身，使利益成为决定生产的枢纽，推其极，使生产工具控制了人。

另外我在《初访美国》的第六章《机器和疲乏》和为史国衡《昆厂劳工》所写的后记中，对这层意见都有发挥。在这里我愿意再说一遍，在欧美工业先进国家所采取利用机器生产的那种资本主义社会方式只是许多可能方式中的一种。资本主义社会方式从历史上说是和机器工业同时发生，而且曾有密切关系。没有机器发生，生产能力不能膨胀，资本不易累积，不易再生产，生产工具不易脱离所有者；没有资本主义，机器工业不易因资本不断用手生产而获得迅速发展。所以从历史上说二者是相配合的。但是历史上的相配合并不是说二者不可分。社会主义的出现就是利用机器来生产的另一种社会方式。因之我们对于在资本主义中机器所引起人格及社会的失调的批评并不是对机器本身的批评。我们并不是认为机器脱离了相配的社会方式有任何作用的。因之有若干朋友认为我们"反对机器生产"，那是出于误解我们的意见。

还有一点和吴先生及若干朋友不相同的是在：我们认为任何一个国家所能采取的社会制度必然受该国文化和社会处境所影响，所以我们认为我们的课题并不是"英美式呢，还是苏联式呢"？而是以增加人民生活程度为目的。熟察我们自己的历史背景及社会情况，设计一个能利用机器生产的中国式的社会方式。

我们在设计时，欧美各种国家的经验是我们的参考材料。我们得取长去短地得到最适合于我们自己的方式。我对于资本主义社会方式中机器和人的关系的批评是从这个观点上发生的。至于我们批评得对不对那是应当提出来讨论的，但是如果有因为我们对欧美经济方式不满意而就认为我们"留恋于过去，不愿求进步"，那是我们不愿意接受的。

平庸的理想

吴先生同意我们乡村工业变质逐渐应用机器的主张。可是同一主张背后的理由却是不同的。他说："如果我们能将工业的位置作一有计划的分配，则在原子时代，设立工业于乡村，是有国防的理由的……原子弹对于都市的破坏之大使我们深切地认识,把工业集中于少数都市,从国防的观点看去,实在是很不安全的。

"另外我们还有一个理由,就是机器工业到了农村之后,可以使农村变质,使农村成为一个更适宜于人类居住的社区。"

我们的理由是从民生的观点上着眼的。我们认为我国人多地少的小农经济中农业并不能单独养活这挤在土地上庞大的人口。我们并没有有效的办法可以减少人口到"汉唐时代",从4万万5000万的数目降到3000万。吴先生说:"使其退回到3000万人,不是短时期内所能做到的事。"这话我们觉得太轻了一些,除非利用原子弹,这是件近于不可能的事。即使我们能积极在可能范围内节制人口,能求其不涨得太快,已不是一件短时期内所能做到的事。所以一个现实的经济计划不能不以"人多地少"为不易变的前提。

在传统经济中我们是用乡村工业来补农业的不足的。这个农工互相补助的方式是小农经济的安全瓣。乡村工业的衰落,不但是中国工业的缩紧,而且是中国目前土地问题日见严重的一个重要原因。我们主张恢复传统的方式,因为我们实在想不出其他能适应于这在短时期内无法改变的小农经济。

我用《小康经济》来作本文的题目,在这里可以提出一个注释了。吴先生所理想的是个像美国一样富的中国。理想固然不妨陈义稍高,但是以这理想标准来看中国现实,不免会发生"失败主义"!我觉得吴先生那篇《工业化过程中的资本与人口》不免给人这种印象。在那篇十分重要的文章里,吴先生很明白地告诉我们,至少依我们读来,这个理想是不可能在两三代之内达到的。所以我们不妨"当机立断"抛开这个"美梦"回到我们东方标准来,追求一个"小康"的水准。

小康水准可以用孟子的话来说明:

> 五亩之宅,树之以桑,五十者可以衣帛矣。鸡豚狗彘之畜,无失其时,七十者可以食肉矣。百亩之田,勿夺其时,数口之家,可以无饥矣。谨庠序之教,申之以孝悌之义,颁白者不负戴于道路矣。七十者衣帛食肉,黎民不饥不寒。

说来似乎标准低极了,但是人口这样多,资源这样小的国家,如果学美国一般地浪费挥霍,必然会发生争夺民食民衣的"豪门巨阀"。把标准定得低到了"七十者衣帛食肉,黎民不饥不寒"的境界,要实现在"劫后灾黎"的中国已够我们努力的了。

标准和理想放低了些，我们的计划也可以现实了些。我们所主张就地推广小型工业到乡村里去所可以实现在民生上的绝不是美国式的生活，而是东方的小康生活。

即是想做到这小康生活，我们觉得还是不容易，因为我们原有的乡村工业太落后，不能和现代工业竞争，所以我们不能让现有乡村工业自己去挣扎，而必须有计划地把现代技术、组织、精神输入乡村。接着我们曾说：

> 至于如何可以在小工业输入现代技术，那是要很多有技术知识的人耐心去研究的。我们农村经济的安定就得靠这一种人才，这种人得像传教士一般肯耐苦肯不求名利地把新技术传入农村，向农村输血。

手艺精神的再生

最后，我们还得提到另一个理由就是在这种小康经济中我们可能发挥一种健全的人和机器及利用机器所发生人和人的关系。这是我们从手工业中所见到的手艺精神。我们曾解释这精神说：

> 手工业中人和工具的关系是：人是主，工具是客。而且在主客之间充满着伙伴精神。再说得深刻一些，一个手艺工匠十分爱护他的工具，因为他明了只有从他的工具里可以充分发挥他的手艺，表现他的人格。这是人对于物最正确的态度……人和物是相成的，人在物里完成他的生活。
>
> 在手工业里不但人和工具有着伙伴精神，而且对于生产过程具有一种表演的态度。在生产过程中，一个工匠在完成他认为一件有意义的工作。也因此一个工匠对于他的出品有期待，有满足。他可以在出品上刻着他自己的名字。出品的毁誉是自己的荣辱。这和一个现代工业里的工人的心理很有差别。

在人和人的关系里，现代西洋的机器工业因为集中在都市里，所以把人口从他们原有的社会团体中拆散了出来，重新依了机器及厂房的区位需要加以聚拢在一起。人自然不能没有社会生活的，在这些人中产生了组合，可是这些组合却缺乏历史性的契洽，只是为了片面的依着某一种兴趣而聚拢来的。因之表现出高度的不稳定。吴先生认为这是"自由"。"自由是都市的特色。你可以在都市中，选择自己的职业，选择自己的妻子，选择自己的邻居，选择自己的朋友。你可以对于自己的生活，照着自己的爱好去安排，而不受固有的物质环境及风俗传统所束缚。"

在现代欧美都市中的人是否都有吴先生所说的"自由"还是一个值得考究的问题。吴先生把风俗传统视作束缚也是笼统的说法。我们认为自由和束缚本身并没有意义。文化本身也可以说是束缚；并不能因为语言束缚了我们表达情意的方式，而要求放弃语言；相反的，我们在语言束缚中才有传达的自由。自由在完成我们生活目的时才有它的意义。吴先生所赞美的"都市自由"有些正是 Le Play 和 Durkheim 等社会学家认为是社会解组的现象，因为这些所谓"自由"就是"离婚"、"犯罪"、"贫穷"、"失业"、"自杀"的原因。

我们这样说并不是想为乡村里所有任何风俗和传统的内容辩护；这些是随着处境而变迁的，但是我们却愿意说没有风俗没有传统的社会，如果有这种社会的话，也不是我们的理想社会。

我们知道究竟哪一种生活才能令人满意的问题是无法讨论的。在这里我们只想说明，在《人性和机器》中我们主张把经济活动化为完整社区生活的力量，而不使它成为相反的破坏力量，是从一种社会价值的认定上发生的。这个认定似乎是我们和吴先生的看法最基本的相异之点；说到这一点，我们想我们所要说明和吴先生的看法为什么不完全相同的话也可以结束了。

1947 年 10 月 29 日于清华园

乡村·市镇·都会

相成相克的两种看法

对于中国乡村和都市的关系有相成和相克的两种看法：

从理论上说，乡村和都市本是相关的一体。乡村是农产品的生产基地，它所出产的并不能全部自消，剩余下来的若堆积在已没有需要的乡下也就失去了经济价值。都市则和乡村不同。住在都市里的人并不从事农业，所以他们所需要的粮食必须靠乡村的供给，因之，都市成了粮食的大市场。市场愈大，粮食的价值也愈高，乡村里人得利也愈多。都市是工业的中心，工业需要原料，工业原料有一部分是农产品，大豆、桐油、棉花、烟草，就是很好的例子。这些工业原料比粮食有时经济利益较大，所以被称作经济作物。都市里工业发达可以使乡村能因地制宜，发展这类经济作物。另一方面说，都市里的工业制造品除了供给市民外，很大的一部分是输入乡村的。都市就用工业制造品去换取乡村里的粮食和工业原料。乡市之间的商业愈繁荣，双方居民的生活程度也愈高。这种看法没有人能否认。如果想提高中国人民生活程度，这个乡市相成论是十分重要的。中国最大多数的人民是住在乡村里从事农业的，要使他们的收入增加，只有扩充和疏通乡市的往来，极力从发展都市入手去安定和扩大农业品的市场，乡村才有繁荣的希望。

但是从过去历史看，中国都市的发达似乎并没有促进乡村的繁荣。相反的，都市兴起和乡村衰落在近百年来像是一件事的两面。在抗战初年，重要都市被敌人占领之后，乡市往来被封锁了，后方的乡村的确有一度的（即使不说繁荣）喘息。这现象也反证了都市和乡村实在害多利少。这个看法若是正确的，为乡下人着想，乡市的通路愈是淤塞，愈是封锁，反而愈好。

这两种看法其实都是正确的，前者说明了正常经济结构中应有的现象，后者说明了中国当前经济畸形发展的事实。让我先分析一下为什么在中国应当是相成的经济配偶会弄得反目相克的呢？

传统市镇并非生产基地

第一，我们应当了解的是乡市的差别在中国并不是农工的差别。在传统经济中，我们的基本工业是分散的，在数量上讲，大部分是在乡村中，小农制和乡村工业在中国经济中的配合有极长的历史。孟子已经劝过人家在田园四周种些桑树，意思是农业本身并养不活农场极小的人家，唯一的求生方法是兼职，农闲的时候做些手工业。基本工业分散的结果，乡市之间并不成为农工的分工了。乡村是传统中国的农工并重的生产基地。它们在日常生活中保持着高度的自给。惯于降低生活来应付灾荒的乡下老百姓，除了盐，很可以安于自给自足的经济，虽则这种自给自足的经济必然是匮乏的。

在乡村里生产者之间，各人所生产的东西可能并不完全相同，于是需要交换。这种贸易在大部分的中国到现在还是在日中为市式的"街"、"集"等临时集合的摊子上进行的。街集之类的贸易场合里甚至还有直接以货易货的方式，即是以货币作媒介，货币也常只是价值的筹码；带着货物上街的人，还是带了其他货物回家的。乡村里很大部分的贸易活动就到这类街集为止。

在比较富庶的地方，这类街集集合的时间可以频繁些，频繁到每天都有，更在这些集合的场所设立了为憩息之用的茶馆，为收货贩运者贮货的小仓库——成了一个永久性的小市镇。我愿意相信这类从乡村贸易需要里产生的小市镇在中国各处都有，但是中国很多较大的市镇却并不都是这样兴起的。

中国人口的繁殖，使乡间的劳力过剩。过剩的劳力在只有农业和小规模的家庭手工业的传统经济中并不能离开乡村，他们尽力地以降低生活程度为手段向别人争取工作机会。劳力成本的降落，使一部分稍有一些土地的人付出很低的代价就可以得到脱离劳作的机会了。他们出租了土地，自己就离乡住入较为完全的城里去。在乡间做个小小富翁并不是件太安心的事，那是我们中国人的普通经验，用不着我来举例作证的。那些地主们在他们住宅周围筑个城墙，可以保卫。他们有资本可以开典当铺，可以在谷贱时收谷，谷贵时卖谷，可以放高利贷，可以等乡间的自耕农来押田借谷，过一个时候贱价收买。Tawney 教授曾说：那些离地地主和佃户的关系其实是金融性质的。我想我们很可以说，这类市镇所具的金融性质确在商业性质之上，至于工业实在说不上。在这类市镇中，固然有兼做大户人家门房的裁缝铺，有满储红漆嫁奁的木匠铺，有卖膏丸补药的药材铺，有技术精良专做首饰的银匠铺——这些只是附靠着地主们的艺匠，与欧洲中古封主堡垒里那些艺匠的性质相同。

这些市镇并不是生产基地，他们并没有多少出产可以去和乡村里的生产者交换贸易。他们需要粮食，需要劳役，可是他们并不必以出产去交换，他们有地租、利息等可以征收。乡村对于这些市镇实在说不上什么经济上的互助，只是一项担负而已。

乡村靠不上都会

自从和西洋发生了密切的经济关系以来，在我们国土上又发生了一种和市镇不同的工商业社区，我们可称它作都会，以通商口岸作主体，包括其他以推销和生产现代商品为主的通都大邑。这种都会确是个生产中心。但是它们和乡村的关系却并不是像我们在上节所提到的理论那样简单。我已说过中国传统经济中曾有很发达的手工业，技术上当然很差，出品也不漂亮，但是却是乡下老百姓的收入来源。现代都会一方面把大批洋货运了进来，一方面又用机器制造日用品。结果是乡村里的手工业遭殃了。现在到乡村里去看，已经没有多少人家自己纺纱织布了。都会兴起把乡村里一项重要的收入夺走了。如果乡村里农业因之繁荣了，手工业的崩溃并没有什么关系。可惜的是农业并没有因都会兴起而繁荣起来。都会里确是需要粮食。需要增加，粮食价格不是也可以提高了么？不然。中国的现代交通只沟通了几个都会，并不深入乡村。这种特殊的，有人说这专门是为推销洋货而设计的交通系统，的确会发生向海外运粮食比向国内产粮食的乡村中去购买和运输为便宜的事情。而且，在都会和乡村之间还隔着一个市镇。

西洋货实际上运到乡村里的并不多。牙刷、牙膏之类当然用不着，就是布匹还是以洋纱土织的居多。乡下老百姓决不是和外汇发生直接关系的人。中间有市镇挡着。市镇上这些不事生产的地主们，在享乐一道上是素有训练的。他们知道洋货的长处。他们把从乡村里搜来的农产品送入都会，换得了洋货自己消费了。乡下的生产者并没有看到洋货的影子，看到了也买不起。乡村里的老百姓本来靠手工业贴补的，现在这项收入没有了，生活自然更贫穷了。他们不能不早日出售农产物，不能不借债，不能不当东西，结果不能不卖地。从与日俱增的地租、利息——且不提因政治而引起的摊派、捐税、敲诈——使他们每年留在乡村里自己消费的产物一天减少一天，大批无偿地向市镇里输送。在市镇里过一道手，送入都会。市镇里的地主的享受增加了，但是乡村的血液却渐形枯竭。

这个分析，说明了在中国的过去和现在，乡村和都市（包括传统的市镇和现代的都会）是相克的。如果我们不能改变这个局面，将来也还是这样。所谓相克，也只是依一方面而说，就是都市克乡村。乡村则在供奉都市。在这情形下，乡村没有了都市是件幸事，都市却绝不能没有乡村。我们若了解这一点，我们才能明白为什么在抗战时期，后方乡村有过一度喘息的机会，为什么工合运动可以很快地发展。我们也才能明白为什么很多地方的老百姓并不因目前军事把乡村和都市隔断而发慌。这是乡村里的老百姓所求之不得的。乡村和都市一隔断，受打击的是都市。以往近百年来，都市并没有成为一个自立的生产基地，主要的是洋货的经纪站。洋货固然没有大量地流入乡村，但是用来换取洋货的土产却几乎全部靠乡村供奉的。供奉的来源一断，除了不受偿的救济品和借来的东西外，洋货是进不来了。现在我们似乎已碰着了这个僵局。

都市破产、乡村原始化的悲剧

自从现代交通纵贯南北的路线打通了由自然地形所划分的三大流域之后，南北朝的局面在今后历史上已不易有出现的机会。可是这都市和乡村间近百年来所累积的矛盾却终于暴露了一种新的裂痕，点线和面脱离了政治和经济的联系。在短期看，乡村离开都市可以避免农产品的大量外流，使乡下老百姓在粮食上不致匮乏以致饥荒。这本是一种消极性的反应，因为乡村一离开都市，它们必须更向自给自足的标准走。自给自足得到的固然是安全，但是代价是生活程度更没有提高的可能。回复到原始的简陋生活，自然不是解决中国经济问题的上策。可是我们也必须承认，乡村的宁愿抛离都市，老百姓宁愿生活简陋，原因是都市在过去一个世纪里太对不起乡村了。先夺去了他们收入来源的手工业，他们穷困了，更乘人之急，用高利贷去骗取他们的土地，最后他们还剩些什么可以生活的呢？乡村若决心脱离都市，对它们短期间并不会有比以往更苦的遭遇；但是都市却不能没有乡村。所以问题是发生在都市里。

都会工商业的基础并不直接建筑在乡村生产者的购买力上，现代货物的市场是都市里的居民。这些人的购买力很大部分倚赖于乡村的供奉。乡村的脱离都市最先是威胁了直接靠供奉的市镇里的地主们，接下去影响了整个都市的畸形经济。为了都市经济的持续，不能不利用一切可能的力量去打开乡村的封锁了。愈打，累积下来的乡市矛盾暴露得更清楚，合拢机会也更少。

中国的经济决不能长久停在都市破产、乡村原始化的状态中；尤其是在这正在复兴中的世界上，我们的向后转，可能在很短时间里造成经济的陷落，沉没在痛苦的海底。怎样能使乡市合拢呢？方向是很清楚的，那就是做到我在本文开始时所说的一段理论，乡村和都市在统一生产的机构中分工合作。要达到这目标，在都市方面的问题是怎样能成为一个生产基地，不必继续不断地向乡村吸血。在乡村方面的问题，是怎样能逐渐放弃手工业的需要，而由农业的路线上谋取繁荣的经济。这些问题固然是相关的，但是如果要分缓急先后，在我看来，应该是从都市下手。在都市方面，最急的也许是怎样把传统的市镇变质，从消费集团成为生产社区，使市镇的居民能在地租和利息之外找到更合理、更稳定的收入。这样才容易使他们放弃那些传统的收入。这些市民应当觉悟，世界已经改变，依赖特权的收入终究是不可靠的，等人家来逼你放弃，还不如先找到其他合理的收入，自动放弃来得便宜。中国是否可以像英国一般不必革命而得到社会进步，主要的决定因素就在这种人有没有决心。

乡村和都市应当是相成的，但是我们的历史不幸走上了使两者相克的道路，最后竟至表现了分裂。这是历史的悲剧。我们决不能让这悲剧再演下去。这是一切经济建设首先要解决的前提。

1947 年 4 月 20 日于清华新林院

论 城 · 市 · 镇

我觉得,我们对于城乡关系问题的讨论,已经到了对这有关的双方——城和乡——的性质在概念上应当作更进一步加以详细检讨的时候了。记得我最初写《乡村·市镇·都会》的那篇短文中,就已感觉到应当把我们通常归入"城"的一类的社区,加以分别成"市镇"和"都会"两种形式,我那时的看法多少带了一点历史的观点,就是把没有受到现代工业影响的"城"和由于现代工业的发生而出现的"城"分开来说,前者称之作"市镇",后者称之作"都会"。半年多以来,参考了许多朋友们的讨论,我已觉得这种分类还不够;不够的意思是说,依这分类,每个形式中还有值得再加以分类的"次形"。换一句话说,在原来所分出的形式中,还包括若干在某些方面性质相异的社区。当我们讨论时,如果不在概念上有清楚的规定,很容易因为用同一名词指着不同对象而发生混淆。我在本文中,想对于"城"这一类社区加以分析,希望能有助于今后的讨论。

人口与城乡

怎样的社区才能算是一个"城"?这问题是很不容易确切回答的。美国人口局规定2500人以上集居的社区称之为"城(city)",以别于乡。凡是居民超过10万人,其中至少要有5万人住在"市区",近郊的区域的密度每方里(此处为英里,下同。每平方英里约为2.59平方公里)150人以上的社区,称作"都会(metropolitan district)"。若干社会学家对于这类规定并不同意,但又没有一致的看法。譬如,Mark Jefferson 认为人口密度须每方里在1万人以上才能构成城市,而 Walter. F. Willcox 却认为1000人已足。无论他们所规定的数目多大出入,有一点是相同的,就是根据人口密度区别"城"和"乡"。

究竟人口密度要高到什么程度才算是够得上构成城市社区的资格？依我看来，这里并没有一个绝对的标准，譬如中国有很多省区的平均人口密度已超过每方里（平方英里）500以上的（山东615，浙江657，江苏896），这些省区里有些地方据说每方里人口可以达到6000的，成都平原平均密度就在2000以上。如果依Willcox的说法，这些都可称作城市社区了。这种说法显然和常识不合。如果各地的标准不必一律，问题也就发生了"怎样去决定每个地方的标准呢"？这问题也说明，单以人口密度一项来看是不能用来区别城乡了。

从人口角度去区别城乡，其实并不只是一个数量和密度的问题，而是分布的问题。这是说，人类经济生活发展到某一程度，一个区域里会发生若干人口密集的中心地点，像一个细胞中发生了核心。一个区域的核心就是"城"，核心的外围人口密度较低的地带是"乡"。如果我们对照着核心和外围来看，数量和密度上确有显著的差别，但是差别的程度却依人口集中的程度而决定，并没有一定的标准。因之我们要讨论城乡的区别就得先分析人口为什么会发生集中的形态。

在自给经济中，不论是采集、渔猎、游牧或是农业，每个生活单位可以孤立地存在时，一个区域里散布着类似的集团，并不需要有细胞核心形的中心地点。各个生活单位是一个简单的细胞，并不和他单位合组成一个共同的细胞。它们尽可以鸡犬相闻而不相往来。

单以农业的区域来说，如果没有其他的原因，纯从耕种技术上的需要，每个农家最好是住在他所经营的土地上。这样他们可以免于运输和往来的跋涉，而且易于看守他的田地——这是散居式的社区。美国的农家大多还是散居式的，和我们聚居的村落不同（但在四川，因为地形和历史的原因，还可以看到散居的形式），经济上充分自给的农家聚居在一个地点构成村落，并不是出于耕种技术上经济的需要，而是出于社会的需要，主要的是亲属的联系和安全的保卫。在一个兄弟平均继承土地的社会中，一个农家经历了几代就可以长成一个小小的同姓村落。如果这地方的四围还有可以开垦的土地，这种村落也可以继续长大。亲属的联系使他们在一块儿居住。土地和居住地点距离增长，在经济上说是不利的。但是集居却在自卫上有其利益。农业的人民是很容易受到侵略的，除非在安全上有着保障，不必自卫，妇孺老幼加上存贮的农产品最好是集中在一个容易保卫的地点，周围加上一些防御工程，成为一个"村落"。

在我们各地乡村的建筑上很可以看得出自卫的性质。在山区不易有较大村落的地方，分散的农家常常建筑近于堡垒式的住宅，至少向外是没有窗的。在较大的村落里也有在中心区筑了围墙，在必要时居民可以撤退到这围墙之内去，每家的农产品在必要时也可以集中到这类堡垒里去。在安全较为可靠的江南乡村中，人数多，河道可以封锁的情形下，房屋的建筑式也改变了，每家并没有个别的围墙，窗门可以开向通路。

这一类多少是自给的生活单位的聚居，不论人数有多少，在性质上并不能构成我们普通所谓"城"。"城"的形成必须是功能上的区位分化，那就是说，有一个赋予某种特殊社区功能的中心区。换句话说，为了功能分化而发生的集中形式。

衙门围墙式的城

说到这里，我想把以上统称的"城"字予以较狭的定义了。我想把这字用来指一个区域的政治中心。"城"字本意是指包围在一个社区的防御工事，也即是城墙。如我上面所说的，实际上这类防御工事可以有大有小，小到一家、一村，但是我们称作"城"的却又常限于一种较大规模的防御工事，它所保卫的是一区域的政治中心。城墙的工程浩大，费用繁重，不是被包围在内的人民所能担负的，它须是一个较大区域中人民共同的事业。除了凭借政治力量，为了政治的目的，这种城墙是建筑不起来的。

"城"墙是统治者的保卫工具，在一个依靠武力来统治的政治体系中，"城"是权力的象征，是权力的必需品。因之，"城"的地点也是依政治和军事的需要而决定的。在皇权代表的驻扎地点必然要有一个保卫的"城"。有时几个县的政府合住在一个城里，所以城墙其实是衙门的围墙。在云南，我们可以看得很清楚，县城的形势是：一半在居高临下的山丘上，一半在平地里，这是易于防守的形势。在没有山丘可以筑城的地方，沿城要掘一道环城的水道，也就是所谓"池"。城池是连成一个名词的。这条水沟也称隍，"城隍老爷"也是政治权力的象征。在城内，都有一些可以种植的田地，就是像北京、南京、苏州等一类大城，也有它的农业区。这些田地被围在城里，可以供给居民必要的菜蔬和其他不易贮藏的农产品。不但在历史上我们常读到长期守城待援的事例，就是在我们自有的经验中，城门也有时会阻碍经常的出入，那时城里的田园的重要性就显著了。最理想的"城"是一个能自足的堡垒。

这种城区在人口上并不一定比村落为多为密。在云南有许多县城，譬如呈贡，在人数上较附近的村子为小。但是这种有着较坚固防御工事设备的城区有它吸引人口的力量。许多脱离劳作不必经常在乡村里居住的拥有较易注目的财富，而且继续和农民维持剥削关系的地主们，在乡村里住着并不安全。他们就被吸收到这类"城"里去了。从积极方面说，他们要维持剥削关系必须凭借政治势力，必要时得动用政府的武力，靠近政治中心居住可以使他们和政府的关系拉得紧些。地主们集居到这类城里来了之后，增添了这类社区的经济特色。他们在四乡带来了财富，而且经常地依靠地租，吸收着四乡的农产品。这笔财富一部分是被地主们所消费了，一部分被利用来成为继续吸引四乡财富的金融力量。

为了地主消费的需要在城里或城的附近发生了手工业的区域。他们从事于各种日用品的生产，供给地主们消耗。地主集中的数目多，财富集中的力量雄厚，这类手工业也愈发达，手艺也愈精细，种类也愈多。成都、苏州、杭州、扬州等可以作这类"城"的最发达的形式。为了各个城里货物的流通，以及各地比较珍贵的土产的收集，在这种城里商业也发达了起来。这种城的经济基础是建筑在大量不从事生产的消费者身上，消费的力量是从土地的剥削关系里收吸来的。

地主们除了从地租获得他的收入之外还利用他的资本作高利贷、典当、米行等一类金融性质的活动来增加对乡村的吸血。我在云南一个县城里调查高利贷活动的情形时，有一位熟习这情形的朋友告诉我："城里这些人全是放债的。"这句话并非完全系事实，只是指放债的人很多的意思。典当是高利贷的一种方式。米行在性质上也富于金融性质，在谷贱时向乡间收米，米贵再卖给乡间；但是也有一部分是卖给城里的工人，以及运往其他地方去的，是一种商业。而且乡间出卖的是谷子，到了城里才碾成米。碾米的工作，有时用水力，现在已大多用柴油机和电机，是最基本的农产品加工的作坊工业。因之，在这类城里也有这类作坊工业。

不论附属于"城"的工商业怎样发达，在以地主为主要居民的社区里，它的特性还是在消费上。这些人口之所以聚集的基本原因是在依靠政治以获得安全的事实上。

贸易里发达出来的市和镇

乡村里农家经济自给性固然高，但并不是完全的，他们自身需要交换，而且有若干消费品依赖于外来的供给，这里发生了乡村里的商业活动，在这活动上另外发生了一种使人口聚集的力量。这种力量所形成较密集的社区我们可以称之为"市"，用以和"城"相分别。

在中国内地还通行着临时性的市集，各地方的名称不同：街、墟、集、市——但都是指以生产者之间相互交换为基础的场合。生产者并不需要天天做买卖，所以这类市集常是隔几天才有一次，在云南普通是6天一街。赶街的那一天，各村的乡民提着他们要出卖的东西上街，再用卖得的钱去买他们所要的东西。街子有大小（依交通方便和附近人口的数目而定），大的可以有几万人，昆明附近的龙街、狗街、羊街等都是这种大街子。在高地望下去，像个人海，挤得真是摩肩接踵。但是这种热闹场面并不是长久的，一到太阳偏西，一个个又赶着回家；黄昏时节，只剩下一片荒场。

街子式的市集并不构成一个经常的社区，它不过是临时性的集合，本身只是一个地点，依着交通的方便而定。为了要容得下大量的人数，所以这地点必须有一个广场。但是商业活动逐渐发达，市集的集合逐渐频繁，在附近发生了囤积货物的栈房。居民需要外来货物的程度提高了，贩运商人不必挑了货担按着不同市集循环找卖客，商店也产生了。从商业的基础长成的永久性的社区，我们不妨称之作"镇"。

在太湖流域，水道交通比较陆路交通方便，镇也特别宜于发达。在我所调查过的江村，有着一种代理村子里农家卖买的航船。一个航船大概要服务100家人家。每天一早从村子里驶向镇里，下午回村。我所观察过的镇经常有几百个航船为几万农家办货。镇里的商店和个别的航船维持着经常的供应关系。这样大的一个消费区域才能养得起一个以商业为基础的镇。这种镇在内地是极少见的。

市镇和城不但在概念上可以分开，事实上也是常常分开的。在云南这种情形可以看得很清楚。昆明这个大城的附近就围绕着六七个很大的街子。当然昆明城里的商业也很发达，但是这不是乡民所倚赖的市场。正义路上的百货公司和金店，晓东街的美货铺面，甚至金碧路上的广货和越货店——它们的顾客是昆明的居民以及各县城里来采办的商贩，不是四乡的农民。农民的商业不在昆明，而在昆明附近的街子上。

更清楚的是在居民不多的县城里。以昆明南的呈贡说，县城里虽有一条街，但是市集却不在城里，而在离城约15分钟的龙街。县城和市集遥遥相望，并不并合在一起。那是因为这两种社区的性质是不同的，前者是以政治及安全为目的，所以地点的选择是以易守难攻为主要考虑之点。而后者是以商业为目的，地点必须是在交通要道，四围农村最容易达到的中心。以太湖流域的情形说，我的故乡吴江县（今苏州市吴江区）的县城在商业上远不及县境里的镇，好像震泽、同里都比吴江县城为发达。在清代，震泽和吴江分县的时候，两个县政府却一起挤在这荒凉的县城里，不利用经济繁荣的镇作政治中心，也表现出"城"和"镇"在性质上的分化。

城和镇在表面上有着许多相似之处，那因为镇也是地主们蚁集之所。在经济中心里住着，地主们可以有机会利用他的资本作商业的活动。但在传统社会地位来说，镇里的商人地主没有城里的官僚地主为优越。这种传统逐渐消失之后，镇的地位事实已有超过了县城的。镇上经济的繁荣，商店的发达，同样要一批手工业的匠人来服役，因之在这方面很类似于城。

本文中想特别提出城和镇的两个概念来，目的是想指出这两种性质上不完全相同的社区，它们和乡村的关系也有差别。这里所指的城，那种以官僚地主为基础的社区，对于乡村偏重于统治和剥削的关系；而那种我称作镇的社区，因为是偏重于乡村间的商业中心，在经济上是有助于乡村的。

最后让我补一笔，在很多事例中，城镇可能是合一的，我在本文中，因为注重于社区的分类，所以着眼于比较单纯的事例，两种形式的混合是不免的，但是为了分析的方便，我们在概念上最好能分开来。

如果我们要分析现实的社区，还得增加一个概念就是"都会"。我在本文里不能对这一个概念多加说明，只能简单地说，它是以现代工商业为基础的人口密集的社区。但是中国的都会性质上也不能完全和西洋的都会相比，因为它主要的经济基础是殖民地性质的。它可以说是西洋都会的附庸。关于这一方面，我想留到以后再分析了。

本文写于1947年，收入1948年出版的《乡土重建》

农村工业化的道路

这几年我好几次到江苏南部太湖附近的农村和小镇去访问观察，看到许多令人深思的新人新事。其中之一就是城镇和乡村间出现了一种亦工亦农的新人物。他们原是住在乡村里种田的农民，这几年他们在农业之外找到了新的活路。有许多就在村里或镇上社队办的工厂里当上了工人。这种人大多还是住在乡村里。现在村镇间开通了公路，或是铺上了砖路，步行也好，骑自行车也好，早出晚归，往返于工厂和住家之间极为方便。他们上工回来，或是休假、停工期间，可以下田干些农活，照顾家里的各种副业。他们的家属还承包了土地依旧种田，粮食自给。从个人成分来说，既是工人又是农民，或说是离土不离乡的工农兼业者；从他们的家庭来说是个工农结合体。这种人在苏南一带为数越来越多。在靠近城镇的乡村里几乎家家有这种工农兼业者，有男有女。一些近几年来正在迅速发展中的小城镇里，这种被称为农民工的人竟占全镇人口的1/3。我从这种人身上看到了当前我国经济发展过程中农村工业化的一条新的道路。

我国的农村自从拨乱反正，纠正了过去那些"左"的错误政策以来，这5年多时间里发展了多种经营和家庭副业，落实了联产承包责任制，经济面貌焕然一新。苏南农民的人均年收入这几年以每年增加50—100元的速度飞跃上升；太湖附近的几个县，县县都有人均年收入在500元以上的生产大队。许多穷队怎么会在几年之内富裕起来的呢？主要原因是改变了农村的经济结构。以苏州地区来说，进入20世纪80年代时，农副工总产值中工业产值已占67%，这几年有些县已达到80%。这样的村子再称它作农村其实已经不太适当了。

由于乡村经济结构的变化，农民已经不完全靠天吃饭了，农业歉收并不致引起冻饿之忧。比如1981年苏南稻谷受灾相当严重，只收到普通年产的1/3，但是农民收入却节节上升。但是如果工业不稳定，影响就不小。比如1982年江苏农业大丰收，全省粮食总产量突破500亿斤大关，创造了历史记录，但是由于化纤纺织品降价，不少社队的农民收入增加率就赶不上上一年。这说明农村经济的重点已由农转工。去年江苏社队工业的产值占全省突破了500亿元的工业总产值的1/4强。乡村工业化正以破竹之势向前迈进。

当前农村经济繁荣促进城市工业扩散和发展的形势，不能不使人想起中国人民革命以农村包围城市的战略取胜的旧事来。这种联想也许并非出于类比，而反映了中国社会经济的特点。我们是个有10亿人口的大国，其中有8亿原本是以耕种为生的农民。他们密集地聚居于东南半壁，形成了人口众多、耕地缺少的局面。在这里讲农业现代化首先碰到的是怎样为剩余劳动力开辟生产门路的问题。上面所说到的乡村结构的变化正是这几年里经济发达地区的群众创造出来的解决上述问题的路子。从劳动者来说是离土不离乡，从工业来说是从集中在大城市的形式扩散到广大乡村中去，从整个国民经济来说，出现了新型的农工相辅相成、互相结合的结构。

这是一条具有中国特色的工业化道路。它和西方资本主义初期工业化的路子不同。它对农业不发生破坏作用，它对农民不产生贫穷化的后果。相反的，它是在农业现代化和农民日益富裕中走出来的路子。当然，像雨后春笋般发展起来的小型集体企业，和其他新生事物一般，缺点是难免的。怎样使它们和大企业挂钩配套，怎样使它们在原料、技术、市场等方面纳入社会主义的轨道，既能发挥它们的优势，又能防止它们滑入歧路，都是我们应当通过调查研究，实事求是地予以解决的发展中的问题。

如果我们着眼于这支新从农业里转来的工人队伍，就能看到他们在中国社会主义现代化道路上特有的作用。他们不仅在劳动上没有脱离农业，在生活上没有脱离乡村。他们作为城乡结合的具体纽带，深入每个作为社会细胞的乡村家庭。如果说，社会前进的目标之一是消灭城乡差别，他们正是在消灭这个差别上起着现实的促进作用。通过他们，现代的科学技术将被带进农业，通过他们现代先进的精神文明将在一向比较闭塞的乡村里生根开花。在这个意义上说，他们确实是当前中国社会前进的原动力。

现代工业化可能是人类共同得经历的历史路程，但是怎样才能使工业化为人民群众带来幸福，却是各国人民得自己按各自的具体条件探索的课题。我们中国人正在按社会主义的原则创建自己现代化的国家。我们在实践里有经验也有教训，但相信勤劳勇敢的中国人民，一定能发挥其胆力和智慧，找到一条具有中国特点的现代化的道路。至于上面所叙述的那一条农村工业化的路子是否会成为一条普遍可以采用的通道，固然还待实践的考验，但是作为群众的创造是值得深入研究和密切注意的新生事物。

1983 年 6 月 25 日

说草根工业

　　苏南农村这几年发展的工业，不是上头叫办的，而是农民自己创造出来的。与西方工业发展的历史相对照，这是一个了不起的创举。西欧工业的发展，是少数资本家通过一股出自城市侵入农村的力量，把农村作为工厂的猎地，把农民变成工业发展的猎物，弄得农村破产、农民流离失所，不得不出卖廉价的劳动力。这种工业发展的结果必然是城乡对立、工农对立。所以马克思说几个差别是资本主义社会的特征。而中国农民发自自身的动力，冲破资本主义工业发展时期的老框框，根据自己的生活需要，让工业发展来适应自己。这与资本主义工业是有根本区别的。

　　中国工业化，要从农村开始。在苏南，农民办工业，是逼出来的。有限的耕地吸收不了不断增长的人口，而农民只有种田一条路，没有别的出路。他们在打破大锅饭以后，就在人口的压力下，千方百计地寻找活路，找到了工业这条路子。十年动乱，把城市工人、技术工人赶下乡，使城市技术和农村劳动力结合起来办工业。工业的发展要有原始的积累。葡萄牙、西班牙工业靠海盗起家，英国工业靠掠夺殖民地起家，日本工业靠赔款起家，中国工业靠什么？我们不能抢人家的钱，也不能靠赔款，只有靠农民勤劳。中国农民办工业可以像长乐的农民一样两年不拿工资，这是城市工厂办不到的。农民办工业，以农业做基地，通过家庭这个细胞来发展。开头是靠农业积累资金，"以农养工"，随着工业的发展，收入的增加，反过来就"以工补农"。农村破破烂烂，农民省吃俭用，在农业里积累下资金，利用简单的机器设备办工业，有的有机器没有厂房，就把机器安装在自己家里，厂房就是农民的家，工人就是农民的子女。有的地方机器放在农民家中两三年后才搬进新建的厂房，经过几年努力，逐步发展成为颇具规模的自动化、半自动化的工厂。草根工业就是从这里来的，从农村种地的人里长出来的，它的根深深扎在泥土之中。由于农民可以把住房让出来安装机器，自己的子女可以不计报酬地参与劳动，不要国家一分钱投资，这一切就赋予草根工业无限的生命力。亏本不认输，倒了又爬起来，真是"野火烧不尽，春风吹又生"。国家一办工厂，就要组织一批人马，往往搞得机构臃肿，养一大批工人，官僚化，赔老本。因此，城市里是工厂养人，农村里是人养工厂。草根工业有很强的生命力，几年时间就出现了一批系列化的小工厂。

江苏的草根工业，是集体性的合作经济。他们的发展已经历了三代人。第一代是由一批有一片热心的农村优秀基层干部带头办起来的。第二代是一些学徒出身有经营能力的中年干部。现在已发展到第三代，大多是高中生，精明能干，开始实现现代化、知识化、年轻化。他们有气魄，敢于同国营工业挑战。国营工厂经济效益较差，自己不行，就讨厌他们、排挤他们，刮起了乡村工业"以小挤大"等一阵阵冷风，他们顶住了。江苏省乡村工业产值相当于20世纪70年代全省工业总产值，今年已超过了上海。国营工厂弊端多，效率低，乡村工业的蓬勃发展，势不可挡，逼着它非来个脱胎换骨的改造不可。

中国是以农民为主的国家。在革命战争年代，我们主要是靠农民力量夺取民主革命的胜利。现在我们要实现工业化，也得靠农民。农民办起了工业，也不会放弃农业。因为草根工业是植根于农民的，它不仅靠农业里挤出来的资金诞生，而且成长了也不忘本地不断"以工补农"，它与农业血肉相连，脉脉相通。

农民现在很注意智力投资，培养人才，有的地方自己办起了农民大学，如江苏的沙洲职工学院，请钱伟长同志当名誉校长。青年学生一进国家办的大学，就只求考试及格，等着毕业端"铁饭碗"。农民办的大学大不一样，国家不承认，没有文凭好拿，但他们不靠文凭吃饭。草根工业的蓬勃发展，农民自己起来办大学，逼出了一个经济体制的改革，又逼出了教育体制的改革。事实证明，乡村工业走出了一条具有中国特色的社会主义道路，一条农村工业化的道路。

1985 年 11 月 30 日于福州

农业发展的新台阶

今年5月下旬和6月上旬,我访问了苏南无锡(今无锡市锡山区和惠山区)、常熟(今常熟市)、吴江(今苏州市吴江区)、吴县(今苏州市吴中区、相城区)四县(市)。为了跟上改革形势的发展,我这几年每年去苏南访问两次。这次访问的目的主要是了解这一地区工农关系的新发展和新问题。我看到在乡村工业的反哺下,这个地区的农业正在现代化的道路上迈出重要的一步。

我在苏南的工农关系上用"反哺"这个词,是想点明它们之间存在着有似亲子的血缘关系。苏南的乡村工业一开始就是农民用从农业里积累的资金办起来的,可以说这种工业是从农业的母胎里诞生出来的。工业逐步成长起来,不断地进行补农、建农,进而促进农业的现代化,这不正是一种反哺作用么?到目前,有些乡村工业比较发达的地方,已经有一部分地区通过增加投入逐步提高农业机械化程度,扩大农田经营规模,促进农业专业化,使得务农的农民在收入上赶上甚至超过了乡村工业里的职工,从而稳定了粮食生产,使农业向现代化的目标前进一步。这是当前农业改革的一个新台阶,一个值得重视的信息。

令人刮目相看的变化

1986年对苏南来说是个好年成。苏州和无锡两个市的工农总产值都超过了300亿元。在全国务农市中进入了前5名,仅次于沪、津、京。这两支新秀之所以能红杏出墙头,靠的是农民办的乡村工业日益成长,农业也随之持续增长。

我在这一地区跟踪观察了5年,每次都不得不刮目相看。以无锡县来说,从1957年到1977年的20年里农民的人均收入每年只增加2.5元,始终在100

元大关上徘徊不前。但是从 1978 年到 1986 年的 8 年里，人均收入每年平均增加 78 元，1986 年已达 853 元，工农业总产值达 57.7 亿元，创全国县级新纪录。这次我访问的其他三县 1986 年工农业总产值：常熟 49 亿元、吴县 32 亿元、吴江 28 亿元。如果全国都能达到这个水平，我们就可以跨入中等发达国家的行列了。

这个地区发展得这样快，首先要归功于农业体制改革。1982 年这个地区实行了家庭联产承包责任制，打破了"八亿农民搞饭吃"的封闭僵化格局，亿万农民被压抑的巨大积极性释放了出来，不仅使农业生产力成倍提高，而且在乡村工业中创造出了"异军突起"的惊人成绩。

苏南的乡村工业可以说是被不断增长的人口压力逼上梁山的。20 世纪 70 年代苏南的人口比解放前增加了近一倍，这使本来就人多地少的苏南农村压力越来越大，继续搞单一的粮食经济，只能越搞越穷。于是不得不"围绕农业办工业，办好工业促农业"，土法上马，办起乡村工业。乡村工业一上来就被看成是农业的辅助活动，所以当时实行"劳动在厂、分配在队"的制度。务工的农民的工资归入生产队统一核算，平均分配到全体社员。实质上这是以工补农的原始方式，也说明工农一体的紧密联系。

1982 年苏南实行农业体制改革，把集体所有的土地按 3 个指标分配到各户去经营：人分口粮田、劳分责任田、猪分饲料田。这里的口粮田一般在半亩上下，产粮 300—350 公斤，足够一人食用。分完口粮田和饲料田后再按劳动力分责任田，各村耕地面积不同，责任田多少各村不一致，一般也在半亩上下。责任田上所收的粮食上缴或卖给国家作商品粮。一个四口之家所经营的农田面积不到 5 亩。从集体经营转入包产到户，调动了农民的生产积极性，提高了农业产量，这是显著的成效。但同时也出现了农田经营面积过小和过于分散等对发展农业生产不利的因素。

与此同时，由于农业体制改革从农业释放出大量的剩余劳动力，促进了已经起步的乡村工业的大发展。80 年代初期，苏南农村产业结构是农大于工，农工比例为 7 比 3。5 年的时间，这个比例翻了个身，工大于农，有些乡和村已达 8 比 2 和 9 比 1。这些如雨后春笋般在乡村发展起来的工业，继续保持了社队的集体所有制。公社制度解体后，尽管所有制没有变，名称上社改乡，队改村，但是付给职工的工资却从此直接交给职工，不再通过生产队统一分配了。只是工业利润仍由集体掌握。这样就使乡村里的农业和工业形成了双重结构。农业已分到户，而工业仍统在集体。

工资发到职工之后，在厂职工（即务工农民）和未能进厂的农民（即务农农民）在收入上出现了差距。从目前无锡的情形来看，一个种 4 亩农田的农户一年农业上的纯收入是 600 元。当地人均收入 853 元，以一家 4 口计算是 3412 元，这比纯农户高出 5 倍多。人均收入是务工务农两类收入加起来总平均的结果，纯农户虽然受惠于以工补农，收入有所增加，但和乡村的人均收入相比差额还是极大。务工和务农收入上差距的出现，乡村工业的发展是否会引起农业萎缩呢？

粮食稳中有增的原由

事实上苏南乡村工业的迅速发展并没有引起粮食减产。尽管苏南粮田面积有所减少，粮食产量在这些年里却稳中有增。以乡村工业走在前列的常熟市为例：70 年代后期年产 4.75 亿公斤。去年已增到 5.2 亿公斤，同期农田减少 5 万亩。吴县也是这样，70 年代年产粮食 6.45 亿公斤，去年已增到 6.6 亿公斤，同期农田减少 8 万亩。

对农民来说，在收入上农不如工的事实面前，一般说并没有弃农就工，他们既不愿多种，又不愿不种，还是一心要把分到手的田种好。

"不愿不种"的原因首先是他们觉得手上有块田心里才踏实。土地是生活的保证和根基，这是长期自给经济养成的习惯意识。再加上一条，就是害怕政策变动。这种心理相当普遍和顽固。其次是苏南农民分到手的土地并不多，一家只有 4 亩以上。经营这样小的一块农田，一个劳动力就够了，而且家里总有些进不了工厂的人。即使主要劳动力进了厂，也只需农忙时回来几天，平时家里其他人照顾就行。第三是现在苏南农家生活主要已不靠农业收入来维持了。无锡农家收入平均只有 17.6% 来自农业，但是口粮还得自给，所以口粮田还是放松不得的。农民说："农忙苦一点，农闲带一带，口粮有保证，烧柴不用愁。"

还应当看到，农民自己办的工业一开始就是为了贴补农业收入的不足。尽管农业承包到户以后，社队工业改称乡村工业，但以工补农的功能未变。直到目前，乡村企业税后利润中至少要抽出 20% 去补贴种粮的务农农民。去年以前，大多数地方硬是按责任田面积给予补贴。张家港市欧桥村，每亩责任田每年补贴 60 元。无锡有些地方高达 100 元，"六五"期间补农总数达 4.5 亿元。以工补农稳住了农民种粮田的积极性。

到目前为止，总的说来，苏南愿意放弃口粮田的农民还是极少数，愿意放弃责任田的也不多。他们一般还没有觉得手上的几亩田是束缚他们手脚的累赘。但是在工农业总产值达到40亿上下的县，有大约10%的粮田（主要是分散在各户的责任田），已开始集中成为较大的农场了。

试验中的规模农业

既"不愿不种"，又"不愿多种"是小农经营的停滞局面，固然可以保住现有的粮食产量，但是从长远看却不利于农村经济进一步发展。承包到户，亦工亦农使农村经济摆脱僵化状态，走上了发展的第一台阶。至于这一步的巨大成就和带来的深刻变化，在这里不必多说了。现在应当指出的倒是这些改革的局限性。把农业经营分散到各户，打破了大锅饭，提高了农民的生产积极性，但是由于人多地少底子薄，农场的经营规模缩小了。在4至5亩的土地上搞经营，不易引进先进的技术，又拖住了一部分主要的劳动力。如果兼营工业，农业变成了一种附带性的产业，整个农业经济不可能进一步发展。

要使农民安心务农必须使他们的收入至少要相等于乡村企业里的工人，甚至还要高一些。能不能做得到呢？能。现在一个农业劳动力的收入一年大约600元，乡村企业工人平均工资约1000元。如果一个农民所经营的农场能扩大一倍，收入不就有可能赶上工人么？所以问题在于怎样能扩大土地经营规模，这叫作"规模农业"。

我所访问的苏州和无锡两市里已经有一些地方进行规模农业的试验，而且在实践中证明在保证农民平价口粮的供应和加强社会化农业服务的条件下，分散经营的土地是可以逐步集中的，而且粮食产量确能提高。各地采取的方式不完全相同，大致归纳为三种：

第一种办法是口粮田各家自种以保证农民口粮。原来分散的责任田集中起来，由种田能手承包，称"种粮大户"、"家庭农场"等。例如无锡县的东绛乡共4500户、2万人口、1万亩粮田，其中责任田2000亩。从1984到1986年两年里逐步在自愿基础上集中了1100亩责任田，分包给87户，117个劳动力；每户平均约17亩，劳均10.8亩。又如无锡县的蓉南村，1984年分散在337户的529亩责任田全部集中，由70个劳动力承包，平均7.5亩。无锡市乡村各级社会化农业服务体系办得较好，需要重劳动的翻地、收割等农作活动都已由机械代耕作，所以一个劳动力经营10亩粮田并无困难。为了保证务农专业户的收入，无锡市采取了务农专业户和乡村企业挂钩的办法。承包专业户和工厂签定合同，确定产量，扣除自给口粮后，全部交厂，超产有奖，亏空罚款。每月由工厂付给相当于工厂职工的工资。按农民的说法是"平时生产各有责任，基本报酬以工为准，福利待遇一视同仁，超产奖励各跳龙门"。目前无锡市已有5万多个种5亩以上责任田的务农劳力实行和工厂挂钩，占责任田总面积的40%和粮田总面积的10%。

第二种办法是口粮田和责任田一并集中，交种田能手承包。例如张家港市欧桥村，1985年秋集中了所有耕地1400多亩，调整成片，由68个劳动力承包，劳均约20亩，最多的达30亩。除优惠提供包括插秧和收割在内的全套农业综合服务外，每亩补贴60元。承包户所产粮油扣除自给部分外全部以国家比例收购价出售给村，不务农的村民以人均300公斤原粮的标准按国家统购价向村购买口粮。全村向国家承担的商品粮任务由村统一交纳。采取这种办法的地方还不多。

第三种办法是村办合作农场，例如常熟市的元和村。该村400户近1000人，粮田约500亩，人均只有半亩。地少人多，但村办工业很发达，1986年产值912万元，利润81万元。他们在1982年农业体制改革时没有把土地分到户，而承包到组。1984年在承包组的基础上创办了4个小农场，由18个劳动力经营，劳均22.5亩。农场和村签订承包合同。规定平价交售粮油基数，超产村场均分，每50公斤还补贴3元，减收由场赔村每50公斤1元。农忙时村办工业提供必要劳力。遇到灾年，农场劳动力收入低于村办企业平均工资部分由村补足。村还须向农场提供农作的综合服务。采取这种办法的地方，也不多。

总的说来，苏州和无锡两市各县的规模农业尚在试办阶段，大多数只有两年时间，主要是从集中责任田入手，并强调自愿原则。到1987年上半年，估计这类所谓规模农场的总面积约占全部粮田的1/10。农场规模平均在20亩以下。初步实践的效果是好的，最显著的是进一步调动了务农农民的种粮积极性，亩产增加，劳动生产率提高，务农农民收入一般高于乡村企业里的工人。由于提高了粮食商品率，还保证了商品粮的供应。

据吴县1986年37个规模经营单位（种粮大户）统计，共经营粮田约3000亩，产粮130万公斤，劳均产粮6000公斤，产值3300元。劳均产粮和产值分别高于全县平均水平5.6倍。元和村四个小农场1986年劳均产值6700元是1978年的10倍。劳均提供商品粮15000公斤，商品率达97.7%。

由于农业专业化，投入有所增加，管理也较精细，加上社会化服务系统的支持，亩产量均有提高。蓉南村60家承包户，1984年水稻单产比全村平均水平高14.6公斤，1985年高54.5公斤，比1986年高57公斤。元和村1986年夏粮单产321公斤，水稻单产526公斤，比常熟市平均水平分别高17%和21%。

专业务农的农民收入一般高于乡村企业的工人。据常熟市22个规模经营单位去年的统计，每亩产粮524公斤，收入227.3元，支出109.9元，纯收入117.4元，每个劳动力平均25.4亩，纯收入2356.5元，比同年乡镇企业平均工资1120元高出2.1倍。元和村的农场劳均收入1986年2272元，情况相似。实际上这些种田专业户比起乡镇企业里的工人有更多自由支配的时间，农忙季节总共不过3个月，其余期间都有空闲来从事其他生产活动。蓉南村里这些专业户1986年平均从事多种经营的收入达3000元，一家育蚌的大户收入2万元。

需要较高的技术装备

规模农业能取得提高农业生产力和农民收入的效果，这是有条件的，即必须有较高的物质技术装备和社会化服务。不然，只求农场面积的扩大，效益并不能提高。我所知道的两个具体例子可以说明这个道理。

吴县越溪乡张墓村搞了一个合作农场，由23个劳力承包400亩粮田，人均17.4亩。按吴县的调查，如主要靠体力劳动来经营粮田，一个劳动力至多可承担6亩左右。这个合作农场在插秧和收割时，23个劳力就照顾不过来了。去年一季请工就花了1.3万元，每亩33.5元。成本提高，效益大降。

又如吴江县同里镇仪塔村，有一家承包了124亩土地，家里只有2个劳动力。他利用较廉价的雇工来经营，共请工1534个，每工5元，单产914斤，亩均收入220元，支出高达127.6元。每亩平均收入92.4元，比全村平均低37.6元。这个大户总收入虽近万元，但是广种薄收，利用大量雇工的经营方式，不是发展农业的正道。这家大户去年也不再承包了。

要有效地扩大农场规模，农业机械化是必要的条件。据吴县的调查，用上插秧机每个劳动力可负担13至20亩，再用上收割机，每个劳动力可负担20至25亩。换一句话说，要有20至30亩的农场，必须配备全套农业机械，以水稻为主要粮食作物的苏南，要实现规模农场，插秧机和收割机是不可缺的设备。

我国在农业机械化这件事情上不能不承认走了一大段弯路。农业机械化作为发展农业的方向，早在20世纪50年代就已提出来了。60年代雷厉风行地办起了大型拖拉机制造厂，各县各乡办起了农机修配厂，但是拖拉机的实际使用率却提不高。原因很多，主要一条是农村剩余劳动力太多，机械化向农民抢工，因此不受欢迎。算算账就清楚：耕翻平整一亩地，使用机器机耕费约8元，使用手工劳动至少要花4个工，过去人工便宜，以1天1元计算，使用人工就比用机器省4元，机器就吃不开。现在苏南农村里最低的工价一天至少5元，使用人工就比使机器贵14元。农民看到了机器的好处，对农业机械的态度也就改变了。但是，我们国家的政策又常常不配套，存在时间差。机械下不了地时大搞农业机械化，等到农民需要农业机械时，农机生产却停滞萎缩。农民说："机械化以前不是不想要，而是要不起；现在要得起了，却又买不到了。"

说来使人伤心。插秧机是我国最先发明的，但是日本接了过去，普遍推广，近年来在日本很少看到排成一行行弯腰的妇女在田间埋头苦干了。而我们呢？苏南的农民插秧时还得弯腰肩挑，几十年没有多大变化。他们说："但见卫星飞上天，不见插秧机下田来。"为什么下不来呢？苏州、无锡机械工业实力雄厚，生产配套农机历史不短，这几年就是不搞这一路货。这又是为什么呢？我请教一些内行朋友，他们认为主要原因是政策跟不上。农机生产正处在工农产品剪刀差的叉口上。在各种原材料和机械产品价格普遍上涨的当口，由于怕增加农业成本，农机价格因此受到限制，不准提高。制造农机的工厂当然不去理睬这个冷门了。现在农民急切需要农机，部分发达地区农民手上已有了钱，于是只有用外汇从国外进口了。我在苏南看到的插秧机全是日本制造的。

苏南农民购买农业机械的积极性是高的。1984年苏州市乡村两级用于购买农业机械的钱达1000万元，比1982年增加一倍。这两年投资额还在增加。吴县农业机械总动力大约56万匹马力，亩均约半匹。但是"头大尾小"，配件不齐。主要集中用在翻地、灌水和运输上。栽插机只有39匹马力，联合收割机只有6台，都是进口货，可以说是一个大缺口。

尽快建立社会化服务体系

当然，只有机械可买还是不行。在以户为单位的小农经营下，不联合起来，个体农户也买不起机械。在苏南农村里，凡是用上机械的都是靠集体力量。县、乡、村三级都建立了社会化的服务体系，为务农户进行有偿服务，主要有两种形式：

第一种是以乡村企业为依托，把服务体系作为工厂里的农业车间，或是把农业服务人员纳入企业编制，由工厂给予经济支持，并保证农业服务人员取得略高于工厂里一般工人的收入。常熟市有200多个村采取这种形式。

第二种是农业服务体系自己成为一个经济实体，实行"以工养农"，基层同志把它叫作"条线工厂"。这种服务单位自办工厂，以工厂利润补贴农业服务。无锡县墙西村27人的农业服务站办有一个水泥综合厂。农忙时在田间操作，农闲时在厂里做工。蓉南村76人的农业服务站办有一个无线电配件厂，其中28人专门做工，另外48人农忙下田，农闲务工。

实际上苏南绝大部分农田已在社会化服务的覆盖之下。由于公社制解体过程中保住了乡村工业的集体所有制，通过"以工补农"，维持了农民经营责任田，生产商品粮的积极性。这里从1984年开始逐步加强"以工建农"，把补农资金重点投向农业基本建设，主要包括农机、农技、植保、水利等项服务。没有乡村工业的支持，农业的社会化服务是不能设想的。现在农业社会化服务的覆盖面还未普遍。无锡县587个村中有上述四项服务齐全的服务队476个，占81%。服务内容也不够全面，劳动强度最大的插秧和收割这两项服务还极少，这两项农作的机械化是当前农民急切的需求。

没有强固的乡村工业，农业现代化是空想

实现农业现代化必须增加投资。没有钱就买不起农业机械。我们和无锡有经验的基层干部一起计算过，在目前的物价下，实现该地以水稻为主的农业生产全过程的基本机械化需要多少投资。计算的结果是每亩1000元。无锡市共有粮田300万亩，共需30亿元。30年来农业建设上总投入是9亿元，而现有机械和设施大部分已陈旧，需要更新，匡算下来，全市实现全面机械化，还得25亿。1986年全市以工建农的资金，只有7000万元，以此速率全面实现机械化大约需要35年。1986年为了巩固"以工建农"的基金，无锡县规定：乡镇企业税后利润提取10%—15%，村办企业提取20%用来建农，这样把乡村工业对农业的反哺作用制度化了。以这个比例计算，一个县要能每年提出1亿元作建农基金，使10万亩粮田机械化，这个县的工业总产值需在50亿元之上。稳定粮食生产和发展现代化农业，还得反求于从农业里生长出来的乡村工业，要使农业早日现代化也只有大力发展乡村工业。没有以强固的乡村工业为实

力，农业现代化是空想。

继续发展乡村工业是农业现代化的前提，不仅农业发展有赖于"以工补农"和"以工建农"，而且更重要的是把蓄积在农业里的劳动力进一步吸收出来，也必须有赖于乡村工业的继续发展。从上述已看得很清楚，农民只有在劳动价值提高了才愿意接受农业机械下田。现在的实际情况是，农民虽然已不愿多种田，但还是不愿不种田。他们伸在土地上的这条腿，仍是他们生活的保证。这种情形不改变，苏南能集中起来建成规模农业的农场至多也不过是农田总面积的一半。留在个体小农经营的那一半农田虽然可以因扩大农业服务体系的覆盖面而进入机械化的范围，但总是拖住大量的农民停滞在亦工亦农的状态中，不易从专业化中提高他们的现代化工业所需的劳动素质。

在短短的10多年里，农村的工农关系正在起着极有意义的变化。农民从农业生产中积聚了资金，投入工业，发展了乡村工业。他们中的一部分从单纯的农民变成了亦工亦农的农民。亦工亦农的农民人数日增，包括乡村里大部甚至全部劳动力。工农业收入上的剪刀差，引起了"以工补农"和"以工建农"，引进了机械化。在一个劳动力可以经营较大面积的农场时，有部分亦工亦农的农民放弃"亦农"兼职，成了乡村企业里的工人，同时一部分农民放弃"亦工"兼职而成了农业大户，出现了规模农业，提高了农业效率，为农业现代化开了路。

要推进规模农业，必须进一步使亦工亦农的农民继续向专业分化。只有更多的亦工亦农的农民放弃他们的小片农田，才能实现规模农业，这也需要在工业方面开辟更广阔的就业机会。张家港市欧桥村是向这个方面发展的典型。农民在有可靠粮食保证的条件下是愿意交出口粮田的，并达到在工农结合的社区里，实现工农分别专业化。这是具有中国特色的基层社区的新形式。

我国广大农民正在社会主义道路上探索自己发展的前途，尽管方向是一致的，可是各地有各地的具体情况，在方式方法上必须因地制宜，找出自己的模式。我把这次访问苏南所见到的关于这方面的情况写下来，提供读者参考。

1987 年 11 月

城乡协调发展

《城乡协调发展研究》一书的编者把该书的清样寄给我做最后的审定。我以先读为快的心情仔细地看了一遍。这里记载着的很多是我这10年来亲眼看到、亲耳听到的一桩桩动人心魄的事情。在我心头浮起了一幅幅亿万农民脱贫致富、振兴中华的壮丽画面。读完这本书之后,除了感谢各篇论文的作者在我"破题"之后,深入现场,继续钻研,取得了可喜的成果外,我似乎有一种冲动,想把这里分别叙述的各种发展模式,贯串起来,形成一条具有内在联系的线索,勾画出一个发展的序列,也许可以有助于深入一步思考。利用今年暑休的机会,我陆续把这些体会写了下来,作为这本书的后记。

一

从《小城镇的研究》到《新型城乡关系的研究》,我一直是个积极的参与者。关于这些研究课题的提出和展开的经过,我在1984年发表的《社会调查自白》和1989年发表的《四年思路回顾》两文里已经讲过。

记得1983年开始小城镇的研究时,我得出了"类别、层次、兴衰、分布、发展"的10字课目作为研究的范围。这里所说的类别是针对形成小城镇的不同基础而说的,比如吴江的七个大镇里有的是以农贸集市为基础的,有的是以手工业作坊为基础的,有的是以行政中心为基础的,等等,因而说它们属于不同的类型。也就是说,小城镇这样的社区固然都具有共同的功能,而每个小城镇却都有所偏重而取得它的个性,因而我们可以据此加以分类。"类别"这个概念在分析小城镇的传统形式时是有用的。当时吴江的各大镇确是各有特色的,松陵、盛泽、震泽一望就可以看到它们的不同之处。

在20世纪80年代乡镇经济大发展中,由于乡镇企业的兴起,不论过去属于哪一种类型的乡镇都走上了工业化的道路，几乎都成了以乡镇企业为基础的小城镇。这个客观的历史事实使我们产生了"模式"这个新的概念。概念原本是认识的工具，新概念的形成反映了客观实际的变化。新的概念是用来认识新生事物的。

模式是从发展方式上说的，因为各地的乡镇所具备的地理、历史、社会、文化等条件不同，在向现代经济发展的过程中采取了不同的路子。不同的发展路子就是我们所说的不同发展模式。

模式这个概念产生在1984年我们走出苏南，进入苏北调查的过程中。当时我们看到苏北小城镇兴起比较慢，乡村里工业化程度比较低，和苏南相比似乎另有一种样式。所以在总结苏北调查的《小城镇，苏北初探》一文中，我们提出了"苏南模式"这个名词，但它作为一个科学概念还不十分明确。

1986年我们到温州考察时，对发展模式这个概念才有进一步的认识，明确了它的意义是指："在一定地区、一定历史条件下，具有特色的经济发展的路子。"这个概念使我们的研究工作推进了一步，要求我们从整体出发探索每个地区的背景、条件所形成的和其他地区相区别的发展上的特色，从而引导我们进入不同模式的比较研究。

但是回想起来，当时我们还只看到了各地有不同的发展路子，并强调不同地区不应当照搬别地区的经验，所以提出了"因地制宜，不同模式"的观点。这个观点后来看来多少还带着一点静态的意味，没有照顾到它本身是个变数；而且路子固然不同，但不能排斥相互交叉和学习。接着我们在广东梅县和广西东部看到这些地方正在向珠江三角洲的发展路子靠拢和转型时，才觉得模式这个概念应当从静态的理解提高到动态的认识，提出了"随势应变，不失时机"的观点。最近读了这本书我又发现自己过去似乎太看重了各个模式的"特色"，也就是它们的个性，而相对地轻视了各种模式之间交相作用，互相学习而趋同的一面。

模式这个概念的产生和发展反映了我们在这10年中观察范围的逐步扩大，比较方法的逐步深入和观点的逐步提高。我们对小城镇这个研究对象，从模糊的一般印象里分出了类别，又从它的发展路子中分出了模式，更从各模式本身的变动中观察到它们共同的发展方向。这些都表示了我们研究工作在不断创新，不断前进，对我们所想认识的对象日益清楚明确。这本书反映了我们许多研究工作者一起达到的一些共识，也将成为今后继续研究的基础和新的起点。

二

各种模式之所以能相互比较，是因为它们是在共同基础上出发，又向同一目的前进的。共同基础是我们传统的小农经济，同一目的是脱贫致富、振兴中华。

我国农村经济在最近半个世纪以来遭遇到了日益严峻的问题，就是人口越来越多，耕地面积越来越少。各地区的人口压力固然略有轻重，但农村里劳动力得不到充分利用是共同的基本情况。目前中国的人口至少有80%住在农村里，而在现有的技术条件下，其中能有效地利用在农业生产中的至多不到一半，因此至少有两亿多劳动力没有成为有效的生产力。这是长期以来农村经济中的包袱。怎样把这样巨大的剩余劳动力转化成生产力是当前我国经济发展的关键问题。

在80年代以前，我国各地都实行公社制度。农民在集体组织下从事于以种植为主的粮食生产，他们不能自己支配自己的劳动时间和劳动对象。人多地少，大量的剩余劳动力白白地浪费了。这种情况到80年代初才有改变，各地先后落实了农业体制改革，实行了家庭承包责任制。农民得到了利用多余劳动力的自主权，他们在承包的耕地上经营农业外，可以主动地从事其他的生产活动，以增加家庭收入。这也就是说把怎样使农业的剩余劳动力转化成生产力的问题，交给了农民自己去解决了。这就大大地调动了农民发展经济的积极性，他们千方百计地去开辟种种生财之道，农民常称它为"找活路"。各地农民处境不同，条件有别，所找到的活路多种多样，因而形成了农村经济发展的各种发展模式。我们研究各种发展模式时，不能忘记它们只是解决同一问题的不同答案。我们对各种模式进行比较研究也就是要说明它们有什么不同和为什么不同。具备了这种知识，各地农民可以主动地创造条件，取长补短，使自己早日脱贫致富。

三

农民在发现自己可以利用多余劳动力来经营生产活动时，最普通的办法也许就是发展家庭副业。家庭副业是农民用以辅助农业的传统生财之道。在自给经济时代，农民也要男耕女织才能做到衣食自足。社会经济开始分工时，农民也多是靠他们副业所生产的东西来进行交换。这是商品经济的根子。农村里的老婆婆抱着一只鸡到集市上去换盐巴是社会经济发展的一个重要起点。这起点是农民的家庭副业。

家庭副业在商品经济的推动下逐步发育成家庭企业。30年代我在家乡太湖流域的农村里就看到这个发育过程。我家乡的农村里几乎家家养蚕。各家在自己的土地上种一些桑树，春天养几匾蚕，结了茧，缫了丝，过去还有人家织成绵绸。我幼年时还穿过这种绵绸做的衣服。这是自给经济性质的家庭副业。后来，市镇上有丝行收购土丝，土丝成了值钱的商品。丝价高，就有农民买了桑叶来养蚕，缫了丝出卖。用现在的名词说，出现了养蚕的专业户，是以商品生产为目的的农户。家庭副业上升为家庭企业。当然在实际情况中自给经济和商品经济开始时总是结合的，特别是规模小，产品少，卖不出去就自家用或是馈赠亲友，取得社会价值。

像我家乡那种家庭企业在各地农村中也是常见的。在小农经济中长大的农民对此也大多是熟悉的。尽管过去有一段时间，为了防止"资本主义复辟"，在农村里禁止过农贸市场，把农民的家庭副业压缩在自给经济的范围内，但事实上是行不通的。一旦开放了农贸市场，农民就在这条熟悉的老路上把多余的劳动力转化成为财富了。

我在1984年访问甘肃的贫困地区定西县时，就看到有些人家通过经营家庭企业而脱贫致富。有一家兄弟四人不分家，老大种田，老二养猪，老三和老四分别养兔和经营其他副业，全家男女老少都参加劳动，副业的产品全部出售，兄弟合力的结果，这家的收入就不少了。另有一家夫妇两人在自己院子里养了几百只兔子，全部由外贸部门收购，成了有名的专业户。

在上述的基础上再发展一步，全村家家户户搞副业，由基层集体组织为各家各户提供产前产后的服务，帮助解决品种、技术、运销和金融问题，就出现了本书里所叙述的"常德模式"的庭院经济。实际上这种从家庭副业的基础上发育成长的庭院经济，是比较普遍的，特别是在原来农业比较发达而又远离现代城市的内地和边区容易看到。我认为不妨把它看做农村工业化前期的发展模式，也可以说是我国农村经济发展的初级阶段。

可以把庭院经济说成是当前农村经济发展的初级阶段，因为它基本上并没有走出农业的范围。记得80年代初期，就有人提出"大农业"的概念，主张把农、林、牧、副、渔统统归入农业的范围。这种主张现在回头看来正是为当时发展中的庭院经济提供理论基础。同时也应当看到这个发展阶段的特点，它已走出自给经济,发展了商品经济,但还在农业里做文章,为农村走上工业化的道路做了前期准备。

四

小城镇研究这个课题是我在1982年三访江村时提出的。当时苏南太湖一带的农村里正在兴办乡镇工业。这地区的农民采取了发展工业这条路子来解决农村中多余劳动力的利用问题。他们比洞庭湖附近的农村那样走发展庭院经济的路子又前进了一步,他们一只脚踏入了工业王国。

如果我们要追究一下为什么这两地的农民在解决同一问题时采取了不同的路子,那就会带出一系列的思考。

我想我们不能不承认农村里办了工业比停留在农副业上发展要快得多。但是要在农村里兴办工业并不容易。尽管因陋就简,办个工厂总得有一套设备,就得花一笔钱,叫做工业化的启动资金。我们说从农业里长出工业来,就是指在农业里积累出能启动工业的资金。一个农业国家要工业化,所需的启动资金说到底还是从农民身上积聚来的。但在农村范围里农民自己要办工厂,这笔启动资金怎样积聚起来的呢?

苏南各市的乡镇工业的兴起有个历史机遇。它们的前身是公社时期的社队工业,社队工业是指公社和生产大队、生产队办的工业。公社和生产大队、生产队是集体的经济实体。它有权在社员的劳动所得中积累一部分基金,用来办集体公有的工业,称社队工业。农村实行家庭承包责任制时,苏南的农民没有把社队工业分掉。在改制过程中,乡和村分别继承了公社和生产队的企业,保存了集体的经济实体,社队工业改名为乡镇工业而继续发展。所以可以说苏南农村工业化是在公社制度中启动的,启动资金来自农民的集体积累。

凡是在公社改制之前没有办集体工业的地方,改制之后就不能利用集体机构来积累启动资金了。我们在上节里所讲到的那些实行庭院经济的地方大多是因为它们脱了公社这班车,失去集体积累的机会,一时办不起乡镇工业。如果它们要走上工业化的道路,那只有采取与苏南不同的路子了。我们在河南民权曾看到当地发展了庭院经济,主要是种葡萄的果农专业户,后来由县里动用财政收入投资创办酿酒厂,维持住了上万户果农的生产,形成本书里叙述的"民权模式"。民权模式中的工厂是依靠政府投资办起来的,和苏南模式不同。

苏南的农村在70年代由于人口日增,公社里的社员分得的工分值越来越低,不能不千方百计在农业之外找活路。在"文化大革命"后期利用当时的特殊条件走"以工补农"的路子兴起了社队企业。社队当时还是集体的经济实体,多少有一点积累资金的能力,可以投资办工业。我所熟悉的江村第一家丝厂就是由若干生产队凑资建立的。工业的效益高,几年内就把启动资金挣了回来,开始"滚雪球"增加了自身的积累。实力壮大后有条件向银行贷款扩大资金来源,经营得力逐步发展了起来。这条路子虽和家庭企业一样都是靠农业里的积累启动的,不同的是一属个体,一属集体。集体积累比个体强,抢先把工业引进了农村,赶上农村体制改革这班车,得到了发展成乡镇企业的好机会。

像苏南一样通过集体经济的积累一步到位地把工业引进农村的地方并不多。如果错过了公社制度这班车,集体的经济实体解散之后再要办工业,就得从其他渠道去取得兴办工业的启动资金了。温州地区给我们提供了另一个模式。

温州和一些浙江的沿海地区原来也是穷地方,人多地少,单靠农业连温饱都难维持。这些地方的农民在公社制度解体之前迫于穷困大批到外地去打零工,卖手艺,如木匠、成衣、修鞋、弹棉花等不需要投资的服务行业。一时浙江人满天飞,远到边区的小镇上都有他们的足迹。这些流动的劳动大军省吃俭用,把在外地挣的钱寄回家乡积累起来,成了后来在温州一带发展家庭工厂的启动资金。我们称之为"温州模式"。

我1984年在苏北调查时,在徐州初次了解到这地方的农民组成了建筑队到外地去承包建筑工程。80年代中期起全国各地的城市掀起了一阵大兴土木的热潮。这样大规模的建筑需要大量的建筑工人。这个庞大的建筑队伍几乎全部是从农村里来的。在农村方面说这是劳动力输出的大好机会。比如大庆油田的厂房建筑这些年几乎全是由江苏农村里的建筑队承包的。这些建筑队伍所得的工资绝大部分流向农村。如果全面估计一下在这10年里城市的建筑热潮中流入农村的资金总数必然是惊人的。这笔资金通过农民的劳动分散到农村里,成了农村工业化所需要的启动资金。城市的繁荣带动了乡镇企业的发展。

农民千方百计在农业之外开辟收入来源,启动他们的家庭企业,逐步从作坊发展成工厂,办起个体经营的乡镇工业,我在苏北宿迁市的耿车乡看到原来十分贫困的地区,就是由各家自己积蓄少量资金,进行多种多样的不需要大量投资、单凭体力劳动可以经营的家庭企业。我亲眼看到一家男女老少一起劳动,以收集到的树根做原料,硬是用双手锯凿制造简单的木器农具,到市集去出售，后来添置简单机器成了小型工厂。还有人家外出收集废品回家加工再生制成日用品。有一个塑料再生作坊发展得很快，现在也成了一个有相当规模的小型工厂。耿车竟以废品再生的能手而出名。

五

我曾一再说过这 10 多年里像异军突起一般出现的乡镇企业是我国农民靠自己的力量创造出来的伟大事业。这样说强调了乡镇企业发展中农民的主导作用。正如上面所说的，乡镇企业的兴起是出于农民的迫切的需要，是他们在生活日趋穷困的压力下的自救措施。兴办乡镇企业时所需的资金基本上是农民自己在农业里累积出来的。农村里开始办工厂时，我们看到农民把自己的住房让出来安装机器，让自己的子女无偿劳动。没有这种把工厂看成自己事业的精神，乡镇企业是诞生不了的。从这些方面来看，乡镇企业确是"内发性"的。

但是如果过分强调了它的内发性而忽视了它和农村之外的条件相结合，那就会影响我们对这一段农村经济发展过程的全面认识了。我们且不提发生乡镇企业的宏观条件，如当时限制城乡人口流动的政策，城市里的工业不能适应市场的需求等，即用最朴素的话来说，单靠农民即便有了劳动力和启动资金工厂还是办不起来的。主要是因为办一个在现代市场上站得住的企业要有一套本领，而这套本领一个农民在传统的农业生产中是学不到的。办什么厂，生产什么，怎样生产，生产出了成品又怎样卖出去，而且要能赚钱不赔本，这一系列的问题，对一个只懂得种田和搞家庭副业的乡下人来说都是新问题，单靠自己是解决不了的，那么农民怎样从农业里跨进工业王国里去的呢？

不妨带了这个问题去看苏南的经验，我们可以发现他们能一下跨出农业，在农村里办工业，有两个有利的条件：第一是这地区靠近现代工商业的大中城市，有所依托；第二是这个地区有掌握科技的人才和在现代工厂里当过工人的老手下乡帮助他们。以江村为例，在 20 世纪 30 年代江苏省的女蚕校曾把这个村子作为改革蚕丝业的试点，办过一个小型的合作丝厂。这个村子离女蚕校不远，又有一定的社会关系，所以被选作试点。这是这地区在农村里办工厂最早的事例。这个工厂不能说是"内发"的，而是村外的先进科技力量帮农民办起来的。后来这个厂在抗战时期被破坏了。到了 70 年代，别的村子开始兴办社队企业时，江村的生产队看到村子里有桑树又有会养蚕的人，想把被破坏了的丝厂恢复起来。他们开始时是靠了一些本村过去在丝厂里当过工人的老手和一些老式缫丝机上马的。后来才找到当年女蚕校的教师替他们更新了设备和培养了技工，才立住脚跟的。可见农民内发的要求还是结合了外援才能办成这个工厂。

再举一个例子：现在已经出名的吴江达胜皮鞋厂，70年代还是个农村里的皮革小作坊，后来从上海请来了一位制鞋的老师傅，靠了他的技术和信息，才开始制造女式高跟皮鞋，到上海去销售。现在已发展成一个装备了从国外引进的自动流水作业生产线，年产值高达5000万元的现代中型工厂了。他们承认，没有那位上海老师傅，没有上海这个市场，这个厂是不会有今天的。

我举了上述两个例子是想说明乡镇企业必须有现代工业的制造技术和工厂管理的知识以及市场的信息，而这些在农业传统里是得不到的，必须要向工商业中心的城市中去引进。所以靠近城市的乡村比较容易发展工业。

当我们在苏北考察时曾经把这个地区在发展上不如苏南的原因中列入了离上海这个大城市较远和缺乏如苏州、无锡、常州那样的中等城市，而且建议从速把淮阴和盐城等城市建设起来，使苏北各地的乡镇企业有所依托。从那时起我们的研究工作也更注意到城乡之间的关系，从"小城镇研究"逐步走向"城乡关系的研究"。

六

我国农村当前正在发生的重大变化本质上是一个工业化的过程。把工厂办到农村里去的另一面就是乡村的城市化，也可以说城市扩散到乡村里去。这可能是我国工业化的一个特点。我们不走把农村集中到城市里去发展工业的路子，而是让农民把工业引进乡村来脱贫致富。这是在一定具体历史条件下做出的选择。这个选择也就决定了农民必须和已有的城市相结合，而产生了我国当前新型的城乡关系。这本专著的作者们从城乡关系的角度分析了我们已经看到的各种发展模式，在研究工作上可说是前进了一步。

在边区发展的研究中，我们觉得城市对乡村的扩散作用更为突出，也更为重要，甚至可以说，这些原来经济很不发达的边区的现代工业基本上是靠外边的力量兴办起来的。我曾到过内蒙古、甘肃、陕西和四川，在这些地方看到抗战时期曾经从沿海地区迁入了不少现代工厂，新中国成立后在苏联的帮助下建立了一批重点企业，20世纪60年代为了国防需要又兴建了许多三线企业。这些具有现代机器装备的大中企业，依靠行政力量搬进或兴建在原是农、牧为主的经济不发达地区。它们不仅所有设备，甚至绝大部分的劳动力都是从外地输入的，因而形成了一个个平地起家的大小新兴城市。它们和周围乡村在经济和社会各方面很少联系，有点像海洋里的孤岛。城乡分隔，贴不到一起，长期以来边区的农村依然处于不发达的状态。

没有乡村腹地的工业孤岛在人文生态上是不正常的。孤岛上的工厂不仅要管理生产事务，工人和他们家属们的衣食住行和生老病死等生活福利，工厂统统得包下来，不能不管，工厂成了个封闭的小社区。在这个社区里人口不断增长，工厂的规模却不可能相应地扩大，结果日益增加的社会福利费用，都得算在工厂的账上，导致这些企业的生产成本跟着增长。这种企业在有国家补贴的条件时，还能维持下去，一旦要求自负盈亏，那就难办了。80年代中叶起大中企业的体制改革使得这些孤岛上的企业不得不开门出来找出路了。

正在这时候四围的乡村也看到了无工不富，要求发展乡镇企业，双方为了解决各自的难题，走到一块儿来了。由大中企业提供信息、技术和部分设备，乡村提供土地、劳动力和部分资金，合作办中小型乡镇企业，成了一条双方有利的出路。这在陕西叫"城乡一体化"，在甘肃叫"一厂两制"。在边区的这些事例里，城乡关系中城这一方的主导作用更容易看得清楚。实际上即使是在苏南模式里，乡镇企业同样是城乡结合的产物，只是农民的主动性比较突出一些罢了。

七

农民为了要自主地利用自己的劳动力来增加收入，提高生活，不论在家庭副业基础上搞专业户和家庭企业，或是直接把工厂办到乡村里来发展乡镇企业，都是在走从自给经济或公社经济进入商品经济的路子。商品经济对中国一般的农民来说是不熟悉的。当然在传统的自给经济里并不是没有商品交易，农民的生活需要不可能完全自给自足。20世纪30年代我在广西大瑶山里看到瑶民还是要依靠进山的商贩买到盐巴和针线。所谓自给经济只是指主要的生产活动不受市场支配罢了。公社经济属于计划经济范畴，由行政上的调拨来控制供需关系。农民的生产活动是由集体规定的，农民不必自己拿主意。商品经济则需要按市场规律来生产，来流通。生产出来的东西要成为在市场上卖得出去的商品，而且卖得的价钱要比投入的成本高，有利可图，生产才能运行不息。我说农民不熟悉商品经济就是因为他们过惯了自给经济和公社经济，很少有直接和市场打交道的机会。一个瑶族姑娘用一只鸡换一根引线的针，我们说她吃亏了，那是因为在市场上一只鸡可以换一包针。这个瑶族姑娘不熟悉商品经济，不知道市场上的价值规律，吃了亏还不明白。

在80年代初期，农民一头闯进商品经济的大海洋里，确是闹过不少类同于瑶族姑娘买针的故事。在国家政策上容许农民发展副业和鼓励他们发展家庭副业时，农民开始有机会自己做主利用他们多余的土地和劳力来生产一些可以拿到市场上出卖的商品了。生产什么呢？这时他们需要的是市场信息，但是他们对市场不熟悉。他们的传统办法是"见人学样"。看别人生产什么能挣钱也就生产什么。我在1982年三访江村时，太湖一带农业掀起了一阵养蚌育珠的高潮，凡是在有水荡的地方农民就用来养蚌。人工培养珍珠成了一项生财之道。于是一哄而起，珍珠产量陡增，无情的市场规律起作用了，原来值钱的珍珠，不值钱了，卖不出去了。农民自叹倒霉，收摊不干。1984年我去江村又碰到"养兔热"，家家户户养毛兔。1985年我再去江村，村子里的老婆婆因为兔毛跌价气得把兔子杀来吃了。1986年我访问洞庭湖一带的农村时，正当苎麻涨价，农民争种苎麻，人家说农民有点发"麻风"了。第二年麻价果真大跌，农民吃了苦头，许多争着抬价的商人也叫苦连天。

上面几个例子还是属于商品经济初级阶段庭院经济的范围。进入乡村工业化的阶段时，类似的情况自然更为严重了。初期的乡镇企业有个别号叫"开关厂"，说得好听一点叫"船小好调头"，实际指的是这种企业在风急浪高的市场海洋里翻腾颠簸，停停关关成了平常的事。在早期经营乡镇企业的大多是公社干部，习惯于用行政手段办事，甚至还有官僚作风，但是这些不适应商品经济的东西在市场的风浪中是站不住的，结果纷纷淘汰。由于没有靠山，吃不了大锅饭，只有符合经营需要的乡镇企业才能成长。现在已有不少乡镇企业进入了国家优秀企业的行列了。

我们也不能不看到乡镇企业有它的特殊优势，能抵得住市场上的风险。我的体会是乡镇企业的根是深深扎在千家万户的农民求生存和要过好日子的基本动机上的。在农民的心眼里这些办在乡村里的工业是一种集体副业。他们是用对待家庭副业的态度来对待它。自家的事好商量，在厂里做工的就是自己家里的人，吃住在家里，又不脱离农业，工厂有困难，停停关关，在家里还是有其他活路可做，一家老小也不靠厂里发的工资吃饭，不发生城市里失业断炊的恐慌。所以我称它作"草根工业"，真是野火烧不尽，春风吹又生。这种工业当然是初级的，但确有耐得起风浪的坚强生命力。农民也依靠了这种企业的生命力，才能在惊涛骇浪中学习游泳，把不熟悉的商品经济学到手。中国的农民真是经过了千方百计和千辛万苦，才开辟了这一条具有中国特色的工业化道路。

八

乡镇企业的发育生长是一个很生动的过程。商品经济中最不容易学的一课是为市场的需要生产，流通是生产的前提，不应当生产卖不出去的东西。这一条恰恰和家庭副业相抵触，家养的鸡生的蛋，卖得出去固然好，卖不出去可以送亲戚、招待客人或自己吃。在公社经济里，农民按任务生产，到时交货，不用关心没有人来收购。自己办工厂，产品如果找不到人买，囤积起来就要亏本。这一点农民是不大熟悉和不易理解的。我在上面提到的在庭院经济阶段中培育珍珠、养毛兔和种苎麻等都是犯了只知道生产，不知道流通的毛病。

乡镇企业初期各个工厂要自己派人到各处去找买主，所以一时推销员满天飞。他们是相当于挑了货物沿街叫卖的货郎担。我知道苏南有些县长曾经为了乡镇企业积压太多，亲自出马去招揽生意。货郎担式的推销是很费钱的。后来发展了一步，效法传统赶集式的方式，在定期或不定期的交易会上摆摊子。卖主和买主在约定的时间和地点洽谈成交。不少地方利用各种集会，如内蒙古的那达慕大会，南通市的风筝节等招揽顾客，最近还时行在大城市里召开各种所谓产品展览会、新闻发布会进行批发订货。最后才出现坐庄式的在固定的地点开设长期性的专业市场。我最早看到的是温州包括桥头镇纽扣市场在内的十大市场。其后苏南出现了常熟名叫招商场的服装市场和吴江盛泽的东方丝绸市场，规模相当大，年成交额达几亿元。这些是从分散性的乡镇企业为解决他们商品销售而产生的具有特色的流通方式。

当然为了便于与广大买客接触，乡镇企业的产品还是大多得集中到各级城市的百货商店里。这也说明乡镇企业和城市的关系是密切不可分的，市场交易要靠城市。城乡结合的程度也越来越深。但是在流通上城乡之间的结合也是逐步发展的，而且也是经过一番周折才取得的。

乡镇企业把农民带进了现代化的市场里，其中现在已培养出了成千上万的企业家，靠了这些农民企业家，乡镇企业也已被公认是当前国民经济发展的支柱了。这是一个具有历史意义的大变化。

九

在这10年里，我国在沿海建立了经济特区，推行了开放政策，又进一步推动农村经济的发展，在沿海诸省出现了新的发展模式。我亲自接触到的有广东的珠江模式和福建的侨乡模式。这些模式和我在上面所提到的各种模式基本的不同之处是在外联和内发的区别上。

外联是指资金、经营、运销靠国外投入，不靠国外的是内发。当前不少较先进的内发性的乡镇企业已经开始外联，称外向型企业，出现了内发和外联结合的方式，但在研究发展过程时，外联和内发的区别在概念上还是有用的。

以广州为中心的珠江三角洲地理上和香港相连。在大陆被封锁时期，香港成了我国向外经济联系的后大门。通过这个后门我们进行国际贸易。这样把这个原来只是国际航道上添煤加水的中间站培育成了东亚的重要国际贸易、金融中心，取代了我国上海的原有地位。

"文化大革命"时期大陆上大量人口进入香港提供了廉价劳动力，香港乘机发展了大批小型轻工业。这些工厂在香港的特殊条件下发挥了原料和市场两头在外的加工经营中心。我国实行了开放政策，沿海地区开辟成对外开放区，规定了优惠条件，香港的这些小型工业就扩散到了大陆。珠江三角洲是近水楼台，短期间在顺德、东莞、中山等市（区）的乡镇里各种工厂如雨后春笋地蓬勃兴起。它们的特点是和香港密切相连构成"前店后厂"的新形式。前店是指企业的经营部门留在香港进行订货、购料、运销等活动。后厂是指把生产部门设立在广州各县，招工制造。广州这一头主要只提供土地和工厂的基础设施和劳动力。可以说软件在香港，硬件在广州；收益的大头在香港，小头在广州。但是由于资金、技术、经营、市场等商品经济必需的条件由香港提供，广州的企业也就比其他地方内发性的乡镇企业容易发展了。当然，珠江三角洲各县的乡镇企业内容也是多种多样的，不仅有上述前店后厂的部分，也有内发式的部分，既有集体又有个体。而且外联式的企业联系的程度和方式也不尽相同，还有由外联而变内发的，但从珠江三角洲各县发展的主要特色来说是在它和香港的联系上，我们称它作"珠江模式"。

福建沿海又看到一种侨胞把国外的工厂移植到本乡来办的模式。有些侨胞把原来可以在国外办的厂搬到家乡来办。资金、原料、设备、经营管理、运输销售一概由侨胞负责，除了土地和劳动力外全部是外来外出。有些甚至把这些企业盈利指定用来办家乡的公益事业。这种侨乡模式固然具有它的特点，但基本上是珠江模式的一类，是外联型的模式。

外联型的模式可说是开始于特区经济，扩散到和香港接壤的珠江三角洲，而且正在向全国扩散。在全国各地掀起了发展外向型企业的热潮。外向型企业开始时是在原有乡镇企业基础上，吸收外资，引进国外先进设备和开辟国外市场。这可说是商品经济的深化使乡镇企业闯入国际市场，促使它向高层次发育成长。我曾在家乡吴江对这个发育过程进行了观察，写出了《吴江行》这篇报道。在这个标本里看到的已有内发型和外联型的混合体。这种外向型企业在苏南地区已经相当普遍，所以可以看做"苏南模式"的新阶段。

在苏南及其他沿海各大中城市还可看到一种开发小区。这些城市在自己所属的范围内划出一定的区域，仿效珠江三角洲各县的办法，为引进外联型企业作前期准备，建设交通和消息网络，建设水电供应体系，在这个开发小区内发展三资企业。上海的浦东开发区是最近也是最大的典型。在这种开发区里开办的企业已不能再包括在乡镇企业的范围之内了。但还是乡镇企业的继续发展，已走出了乡镇原来的小天地了。

我们从农村体制改革后遍地开花的家庭企业和局限在乡村小天地里的小型社队工业，一直看到正在发展中的大城市的开发区，近亿农民不同程度地离农投工，广大乡镇已换上了小城市的面貌，农村生产力大大增加，人民生活普遍提高。不过10多年的时间，我们这个小农经济的国家出现了城乡一体工业化的宏伟前景，也许这正勾画出了我国进入改革开放时期中走出的一条具有中国特色的现代化道路。

1991 年 8 月 19 日于丹东宾馆

本文略有删节（删了文末关于《城乡协调发展研究》一书编写经过的介绍）

近年来中国农村发展的几个阶段

我想借这个来港讲学的机会，介绍一些我国大陆近年来农村经济发展的情况。所说近年来是指20世纪70年代末起到目前为止，一共大约包括近15个年头。这正是中国农村历史上发展得最快的年头，值得我们回顾一下。这一段时期为了方便可以分几个阶段来讲，先讲一段发展的背景，再讲大发展的初期，其后的5年是各地根据不同条件八仙过海各显神通各自形成具有特色的发展路子。进入90年代后的最近这几年是城乡结合吸引外资，进入了加快发展的时期，同时因为各地发展速度不同，出现地区间差距，提出继续前进中的一系列问题。

一

进入这三个发展阶段之前，我想应当讲一下这三级跳的背景，也就是要说明从什么、在什么基础上开始发展起来的。20世纪30年代中期，还是在抗日战争发生之前，我在江苏省太湖附近的一个农村里进行过一次社会调查。这个地方过去有"上有天堂，下有苏杭"的美誉，就是说在全国曾是最富裕的地方。我根据这次调查所写成的《江村经济》一书的结论里说，中国的问题是一个饥饿的问题，农民吃不饱肚子。我算了一笔账，因为这地方人多地少，农民一家在自有的小块土地上辛辛苦苦耕种了一年，收获的粮食刚刚够全家人吃饱肚子，生活上其他费用就得另外想办法来张罗。这种人家还算是好的，在全村不到1/3。大多数农民都已把土地卖给了地主，农田上的收获有一半之上要作为地租交给地主。那就是单靠农业连肚子都吃不饱了。当时中国最富裕的地方还是这种情况，其他地方的农民就更穷困了。这是导致解放战争的根本原因。农民要生活，土地制度必须改革。

新中国成立后,全国进行了土地改革。农民有了土地,情况是有了很大的改善。但是人多地少,粮食不足的基本情况并没有改变。农民的贫穷问题并没有得到根本解决。到60年代初还发生过困难时期,我调查过的江村确实有不少人逃荒和饿死。这个农民的贫穷问题根本上是出于人多地少,农村经济如果只靠种粮食是不可能发展起来的。在1966—1978年"文革"时期由于推行"以粮为纲"的政策,农村经济已濒于崩溃的边际。直到70年代末"文革"才结束,到80年代初各地陆续停止了公社制度。这才开始了农村经济的大发展。近年中国农村发展的第一功是在农村里实行了家庭联产承包责任制。那就是土地的经营包给农户,农民只要交纳定额的粮食卖给国家,可以自己支配他们所承包的土地和自己的劳动力。这样把农民的劳动生产力解放了出来,通过各种各样渠道,转化成巨大的生产力。这是近年来农村经济发展的基本原因。中国农民就在想方设法利用他们从事农业以外的大量剩余劳动力来创造财富的道路上开创了农村经济大发展的局面。

二

农民只能靠种田吃饭,不能靠种田生活。这是广大农民从经验中得出的结论,也说明了人多地少的农村里的一条普遍的规律。人除了吃饱肚子外还有衣着、居住、社会来往等生活需要。种田是指种粮食作物,单靠种粮食,农民至多只能吃饱肚子,其他生活需要就没法满足了。因之,"以粮为纲"的政策是做不通的。农民总是要千方百计地在种粮食之外搞些收入才能维持生活多方面的需要。所以即使在公社时代农民还是偷偷地搞各种副业活动。农村里几天一次的小市集,那种最基础的商品流通场合,一禁再禁还是禁不了。这里赶散了,换个地方又集合了起来。这说明要农民走单一经济的路子是不现实的。尽管在公社时代,农民还是在搞多种经营的副业活动。

到"文化大革命"的后期,在长江三角洲的各市县的公社本身已感觉到"以粮为纲"的单一经济政策在农民生活需要的压力下已无法执行,于是就利用城市里的工厂因为"停工闹革命"让出了市场,又把许多有技术的工人赶回乡村老家,公社和生产队纷纷用"以工补农"的名义,开办小型工厂,容纳社队里剩余劳力,进行工业生产。开始时还是借了官方允许存在的"农机修配厂"的招牌作掩护,后来就蔓延成了大片的"社队企业",就是公社和生产队办的企业。这是农业里发展工业的初期形态。由于这些企业是属于公社和生产队所有，由公社和生产队经营管理，所以它是属于集体所有制，大家认为还是公有制，是姓社，不是姓资。因之在一些地方还容许它们存在和发展。

回头来看"社队企业"在农村工业化的过程中确是起了重要的过渡作用。首先是公社和生产队是个集体的经济实体，可以自由支配它拥有的集体财力，有力量投资办工厂。比如我上述的江村为了要恢复缫丝工厂，就协同了附近的几个生产队，凑足了几万元去购买设备。而且公社和生产队本身是个行政管理机构，兼管新办的企业也比较便利。最初这种企业是和农业一样管理的，比如劳动力即由主管的公社或生产队分配到户，企业的收入和农业的收入合并在一起年终结算分配给社员。工人出勤上工等于到地里去做农活，按出勤记工分，再按工农总收入计算工分值，年终结算给各户。这种工农混合的集体经营方式在公社解体时才开始改革。但是它却完成了从农业里长出工业来的这个过程中的一个接生的任务。

公社制的解体在时间上各地不完全一致。在江苏是1982年才完成。公社制所遗留下来的那些社队企业是无法实行包产到户的。土地可以分划成小片承包给农户，工厂却不能拆散给各户。所以社队企业没有动只改了个名称为乡村企业。原属公社的由乡政府所有，原属生产队的归村政府所有。在公社时期，这些企业实际上是由社队干部管理的，公社制取消后就归乡村干部管理，实质上没有多大变化。地方政府所有的乡村企业和国营企业是有区别的，因为社队企业本身不属于计划经济，而是自负盈亏的市场经济中的法人，只是这种法人是地方政府，地方政府派人经营管理。它的性质不易说清楚，或者可以说是属于基层地方政府办的市场经济性质的企业。具体地说是在计划经济之外发生的一种市场经济性质的乡村政府办的中小企业。这种企业后来一般称为乡镇企业。

公社群体作为乡镇企业脱胎的母体，其后的5年中正是它发展的初级阶段。这个阶段的主要特点是农民大力地把工业引进乡村，但是各地乡村引入工业的方式因客观条件不同而各具特点。从全国范围来说，各地农村吸收工业不仅时间上有先后，规模上有大小，而且所形成的形式都有所不同。我们从各地的调查中分出了若干不同模式。但是有一点是共同的和主要的，就是这些在乡村里发展的工业，不是由国家规划的，而是由农民自己创造的，而且都是走市场经济的道路。如果说包产到户是农村经济发展的第一步，乡村里办自筹原料、自己生产、自行推销的小型工厂，事实上走出了一条市场经济路子，应当说是农村经济发展的第二步。这一步影响了整个国民经济，为改革开放闯出了一个新的方向，就是现在我们所说的社会主义市场经济。

三

让我接着简单地介绍一下乡镇企业的几种主要的模式。

上面我已讲到在我的家乡苏南的农村里在"文革"时期已经开始偷偷地办起了小型工厂，称作社队企业。公社制度取消时这些集体企业并没有拆散，而由接替公社和生产队的乡和村接收过来，由这些基层行政机构继续经营管理。改称为乡村企业，后来又统称为乡镇企业。这种企业的产权属于基层行政机构，自负盈亏，所得盈利除了工人的工资外由地方支配，主要用在扩建工业和地方公益事业及补贴农业建设和农民收入。所以成了地方政府财政的一项重要来源。走这种路子的我们称它作苏南模式，因为最早我们是在江苏南部观察到的。凡是在公社制度没有解体前利用集体积累办起来的企业都属于这个模式，不仅限于苏南，其实沿海各省大多在不同程度上是采用这种模式起步的。

我们在温州看到另一种以家庭企业为主要的乡镇企业。温州农村过去也和苏南一样是人多地少，但是附近没有像上海一样的工业城市，所以大量人口只能出海谋生，解放后出海的道路被封锁，农村里多余人口大量流向全国各地，卖工卖艺，做那些靠个人技术的木工、成衣、理发等工作。一时在全国各地到处有这一类浙江来的服务性流动工匠。在 1984 年政府开放长途贩运后，这些已在各地流动的浙江人，形成了一股在各地搞商品流通的队伍。他们用贩运挣来的钱，积累起来开始在家乡利用家庭里的劳动力，制造容易推销的小商品，如钮扣、家用炊具、小型的电器等。在 80 年代前期，温州市几乎家家户户在制造小商品，并且形成了十几个专业市场，吸引了全国的客户。这种制造小商品的家庭工厂和供销全国的专业市场形成了一种发展农村经济的特有模式，我们称之为温州模式。温州模式的特点是各户各家自办的家庭规模的小工厂，集合起来在一个专业市场上出售他们的小商品，我称之为"小商品、大市场"。它不同于苏南模式之处是实行个体所有制而不是苏南模式的集体所有制，和苏南模式相同之处是开拓市场经济，和国家的计划经济脱了钩。家庭企业其实并非真正的私有制，因为乡村里家庭成员可以包括有亲属关系的许多人。所以可以说是以亲属关系为基础的股份制。到 90 年代小商品制造业的发展和扩大，许多原有的家庭企业联合了起来，成了真正股份制的企业。提供了乡镇企业的一个新的模式。

80年代初期在深圳成立了经济特区，最先实行对外开放的政策，靠近香港的珠江三角洲上的各个县市的农村，首先接受港商采用三来一补的企业形式引进了现代工业。这种企业是香港工业的延伸和扩散。因为大陆农村的劳动力便宜，香港的小型工厂就把需要劳动力的制造部分的车间搬到大陆的农村里，留着经营的门市部在香港，所以称作"前店后厂"的方式。这种三来一补的方式也有一个发展的过程，总之是把一个企业跨界分工，一方面得到面向国际市场的便利，另一方面得到内地劳力工资较低的便宜，把香港和珠江三角洲联成了不可分割的一体。从珠江三角洲的农村这一头来说，这是引进现代工业的捷径。这个地区的农村工业化比全国各地都发展得快，起步虽较后于苏南地区，但是依靠香港工业的扩散，发展势头很快赶在前列。当地人说三来一补是"借船出海"。接着他们就"造船出海"，就是吸收外资独立经营，店面和厂房都在大陆。80年代末期，珠江三角洲吸收外资引进高新技术办厂的方式已经蔚然成风。

几乎同时，福建的侨乡已有为数众多的侨胞和国外华人回家乡投资办企业，引进新技术、新产品，而且深入乡镇，大大发展了侨乡农村经济。这和珠江三角洲的当地居民和香港侨胞合资办企业是同一性质。这种形式的中外合资企业逐步向北发展，浙江、江苏和山东都先后走上了这条路。最初大多以原有乡镇企业为基础分别吸收外资成为中外联合经营的企业，其后形式也多样化了，而进入90年代之后，由于小平同志在南方讲话（1991年1—2月）的号召，进一步加快改革开放，各地方大中城市纷纷建立开发区，用来吸收外资和迅速发展工业、贸易和第三产业。使中国农村经济进入了又一个新阶段。

四

在进入90年代之前，以农村为基地发展起来的乡镇企业是促进农村经济发展的一个重要的支柱。凡是乡镇企业发展的地区，当地的农民生活都有了显著的变化。以我所熟悉的苏南来说，在进入80年代时，农民的平均年收入还徘徊在200元人民币上下。到进入90年代时，农民的平均年收入都超过了1000元人民币。凡是乡镇企业不发展的地区，农民的生活虽则有所改善，但很少平均收入能超过600元人民币的。中西部地区则更低。

这是说由于农村工业化速度上有快有慢，全国各地农村的经济水平也出现了不平衡的现象。在这里让我补充讲一讲在中国中部和西部的农村情况。先说中部,以两湖地区来说,历史上是中国的主要粮仓,有"两湖熟,天下足"的老话,两湖就是指湖南和湖北,长江中部的平原。在这大片平原上,除了武汉之外,没有重要的工业中心。广大的农村里就是以粮棉油为主要的农产物。80年代我去调查时,洞庭湖周围还很少有乡镇企业。农村主要是靠农业和副业为主。自从公社制度解体后,农村里大多在种植粮棉油之外还是在土地上做文章,从事多种经营发展经济作物和家庭副业。1986年我去洞庭湖区调查时,正值苎麻涨价,我所到的农村几乎都在种这种经济作物,但是没有看到利用这种原料来发展纺织工业的。在山区的农民则以种果树来挣钱,性质和种苎麻一样,还限于经济作物的范围里。他们都以家庭为单位进行副业经营,所以我们称之为"庭院经济"。这种性质的经济固然增加了一些农民的收入,但是发展的限度很大,所以即使在经济作物价格高的时候农民平均收入也比不上发展了乡镇企业的地区。而且由于流动渠道狭小,经济作物价格稳定不住,多产了反而会受损失,农村经济不能稳步上升。

至于西部边区各省区和沿海乡镇企业发达地区的差距就更大了。西部边区有资源,而且也不是没有工业。在抗战时期就有一批工业搬迁到内地,建国后又在苏联的支持下兴建了不少重点工业;在和苏联对抗时,又在西部发展了一批称作"三线工业",总的投资有几千亿人民币。但是这些企业不仅都属国营的计划经济,而且大多是军用企业,和当地农村不相联系。企业里工人和技术人员几乎都是从外地移入的。它们从当地采取资源,制成产品后,按计划运往外地,所以形成了不少分散在西部的封闭性工业孤岛,其中有些本身已发展成为拥有几万人口的新兴城市,但并不能带动当地农村经济的发展。我在1984年去调查时,离兰州市不到一个多小时车程的定西,当时是个有名的国家重点扶贫县,西部地区的农村当时还属于贫困地区。这种基本情况直到80年代末和90年代初才发生了初步变化,主要还是由于开放工业孤岛,把现代工业逐步扩散到四周的农村里,发展了乡镇企业和市场经济,同时国家在西部进行能源、交通和水利的建设,使得农村里的乡镇企业有了兴起的条件。国家还大力推行扶贫政策,把荒山旱地的一部分居民迁移到土地比较肥沃的河西走廊,建立了新农村。西北农村的面貌这几年已开始有了改变,但是如果和沿海地区相比,还有很大的差距。

以上我想讲的是中国农村生产力近年来虽然一般都有了一定的提高,但是发展的水平是很不平衡的。大体上出现梯形倾斜,沿海较高,越向西南越低。在发达地区已经有部分达到了我们所说的小康水平,即生产总值人均800美元,在1980年国民生产总值人均还只有250美元,这些地区在这10年中已增加了3倍,主要原因是农村里办了工业。也就是说工业化水平的高下决定了农村经济水平的高下。农村工业化的趋势是由沿海向西逐步在扩散中,出现了当前所谓黄金海岸和发展中的中部和欠发达的西部的差别。所以如果把80年代作一个时期来看,主要特点是中国农村由东向西的逐步工业化。

五

90年代已经过了3年。这3年中国整个经济由于加强改革开放又踏进一个新阶段。在这阶段的开始时前阶段所形成的不平衡状态还是很显著的。由于已取得工业基础的沿海地区,有能力吸收外资和高新技术,发展的势头很大。在这些地区,乡村的经济基础已经从农业转变为工业。以我所调查过的江村来说,农民从农业里所得到的收入已不到全部收入的20%,其余的80%以上是从工业和第三产业中取得的。乡村里劳动力也有80%以上转移到非农生产,虽则大部分居民还没有完全脱离农业,因为在家庭承包责任制之下,各家都有一小块土地需要经营,除了取得自给的粮食外,还要出卖一部分给国家,所以还需要有一小部分劳动力用在土地上,在农忙时还得下田。在农业体制没有进一步改革之前,这种"亦工亦农"的状况还不能完全消除,但是亦工亦农中工的部分毕竟已占主要地位。值得注意的是,在大约15个年头里,原来以农为本的农村已经变成为以工为本。但农民转化为工人的过程则尚待进一步改革才能完成。发展的方向多少可以肯定,就是农业专业化正在发展,即由少数人利用现代化农业机械和其他配套的集体组织承担现在还分散给承包土地者的农业劳务,至于采取的方式现在还正在各地试行中。

亦工亦农的问题不过是90年代这个新的发展阶段中的一个急需通过进一步改革来解决的问题。有意义的是从农业里长出用来补农的工业里,亦工亦农是一个行之有效的过渡方式,到工业化向深层次发展,工农势必分家,各自成为专业,农业也实现了现代化。

从另一个侧面来看,城乡关系上也出现了类似的情形。在农村吸收工业的初期,具有"离土不离乡"的特点,那就是把工厂办到乡村里去。这样办的好处我在前面已经讲过。结果形成了村村冒烟,家厂不分。这也是一种原始阶段的工业化。从实践中就得接受现代工厂所需的条件。交通运输、水电供应、消息来往等都使这种原始阶段的乡村工厂逐步集中到更便利于发展的地方,那就是家宅和厂房分离。最初是在农村的边缘划出一块发展工业的小区，接着若干村子的工厂集中到原来的小城镇上。目前由于在乡镇工厂里的工人还没有完全摆脱农活，所以一般还得住在农村里，工厂所集中的地区也不能离村太远，大体上只能在骑自行车不到半小时可达的距离之内。

在当前沿海的发达地区已经可以看到这种新的村镇布局，这种布局在公路上行车时一路望去就一目了然。在密密地长着农作物的田野里，可以看到星罗棋布的一个个大约由几十家到百来家新盖的两层到三层的白墙灰瓦的小楼房聚集在新农村，一个农村大概有几千人。汽车行几十分钟就有一个工厂和商店集中的大约有几万人口的小镇。再前进就可达到许多这样的小市镇围绕的一个中等城市，大概几十万人口的工商业集中点。这样村、镇、城的层次说明城乡的紧密结合。大量的工人散居在乡村里，而工厂则逐步向成为城乡纽带的小镇里靠拢和集中。这可能是90年代开始形成的一种有中国特色的农村城市化的新格局。这种格局也将因乡镇企业的向中西部发展而跟着扩散。

如果我们可以把农村工业化作为80年代中国农村经济发展的特点，农村城市化或者可以说是90年代农村经济发展的特点。这些特点目前还不能包括全中国，因为中西部和沿海的差距还存在，而且还相当显著，但是这很可能是一种发展的趋势。当然中国农村的工业化和城市化都具有其特殊的形式的转化过程，很值得我们进行深入研究。今天我不过简单地把这些特点加以描述。如果从全中国来说，这还需要由沿海向中西部内地逐步推进的一个过程。很可能在这条路上中国需要走半个世纪，从而创造出一个工农结合、城乡结合的经济结构新格局。在这个新格局里农村经济一词已经失去其涵义了。我这里所预测的前景是否和历史事实相符，则有待于今后的检验了。

本文是1994年1月在香港中文大学逸夫书院作"邵逸夫爵士杰出访问学人"讲演的讲稿

中国农村工业化和城市化问题

今天我来参与讨论的这个题目,是中国从传统的农业社会向现代化社会发展的这段历史中实际发生的一个题目。若是把《江村经济》看成是我一生学术道路起点上的一个界标,也许可以说,正是这样一个题目把我带上了学术道路,使一个人和一段历史联系了起来,使我有机会伴随着中华民族发展过程中一个很不平凡的时期,从学术道路的起点就开始注意中国农村工业化的问题,一直持续到晚年,并有幸在晚年亲眼目睹、亲身经历、亲笔记录了中国农村城市化问题的提出及其到目前的发展过程。由于我在20世纪30年代中期就注意并描述了开弦弓村的合作工厂,并注意到其普遍意义,可以说,这个题目是一个老题目;由于中国农村工业化和城市化的进程仍在继续,我也仍然在进行跟踪式的观察和记录,可以说,这个老题目又因不断充实新内容而得到新的发展,增添新的意义,给我以新的启发。中国有句老话叫"温故而知新",我希望今天我在这里对这样一个亦老亦新的题目的讨论能给有兴趣了解中国农村工业化和城市化问题的新老朋友提供一些新的素材和思考。

一

中国农村工业化的苗头,从我所接触到的事实来说,开弦弓村在20世纪20年代末搞起来合作工厂可以作为一个实例。我认为它是发展中国农村经济思路上的一个突破,是现代工业进入农村的一个标志,是一场具有重要意义的实验。我也把当年进行实地调查时对这个工厂的关注,看成是我对乡镇企业最初的接触和理解。

由于时代条件的限制,发生在开弦弓村的这一场实验,当时没有能在更大的范围内成为一种普遍的事实。我对中国农村工业化的早期接触和理解,也就无从离开这个苗头而走得更远。但是，这个苗头是重要的。它实际上连接着中国农村经济发展的历史和未来。历史是被我概括为"人多地少，农工相辅"的传统，未来是利用现代技术改造传统手工业的工业化前景。这是我对这个苗头所具有的意义的一点基本理解。

我从这一理解中提出的基本想法是：从传统经济向现代化经济发展，从农业经济向工业化的方向发展，这是中国必然要走的路子。这条路子怎么走法，应该根据中国的特点来考虑。传统中国的特点是人多地少，农业为主，工业停留在手工业状态。靠农业和传统手工业的发展不可能满足现代化的需要，必须用现代技术改造传统手工业，改变工业结构。

把传统手工业为主的工业结构改变为现代工业结构，怎么做才比较可行，比较有效，我们没有现成的经验，不可能一开始就有自觉而成熟的做法。大家也会有不同的主张。因此，在三四十年代的中国，就有过讨论和争论。我当时提出的主张是技术下乡、工业下乡，把现代工业分散到广大农村去办。用现在的话说，就是发展乡镇工业。这个主张来自江村调查和禄村调查一再给我的启发，我相信是有道理的。但是当时的整个社会局面是处在战乱当中，并不具备从容着手改变工业结构的条件。哪怕是有道理的主张，当时也只能是纸上谈兵。

中华人民共和国成立之后，大规模的工业建设提上了日程。由于当时影响决策思想的各种因素的辐辏，中国工业化的整体性起步，事实上是从计划经济的办法和集中办工业的路子着手的。从第一个五年计划开始，由国家投资布点，把大中型企业主要放在东北、西北的边区和"三线"，形成工业基地，又由于工业基地的形成而出现工业城市。这样的办法，使中国的现代工业有了一个开头，形成了大量的国有工业企业和巨额固定资产。但同时也使得这些工业基地处于分散和孤立的状态，形如"孤岛"，和原有的工业形式脱了节，互相融不进去，不仅没有带动起农村工业化局面的兴起，反而加深了城乡差别的鸿沟。

可以说，这是集中力量改变工业结构的时期。集中的路子反而造成了分散、孤立的效果。这样形成的工业孤立于民族传统经济之外，中国的经济也孤立于世界经济之外。

70年代末中国实行改革开放政策以后，出现了一个根本不同的，农民出来办工业的局面。农村家庭联产承包责任制的全面实施，带来了农村生产力的大幅度提高，也带来了农村劳动力的大量解放。数千万计的农村富余劳动力离土求生的强大需求,在城乡二元体制使他们没有进城机会的约束下,找到了工业下乡这条路子,整个局面一下子活了起来。他们以农村为基地,以地方性社区的各种用得上的生产条件为基础,在传统手工业的底子上引进机器和技术,并且一呼而百应,千家万户地干,千辛万苦地闯,千方百计地学,千山万水地跑。从沿海到内地,中国农民创办的乡镇企业很快就从星星之火发展成为燎原之势,打出了中国农村工业化异军突起的红火局面,有效地促进了中国农村传统经济结构的变革,培养出了现代中国市场经济的先导力量。

可以说,这是分散力量改变工业结构的时期。分散的路子恰恰促成了集中的效果,使中国的工业化进程真正出现了实质性的突破。乡镇企业不光融进并改造了历史上传统手工业为主的工业结构,也使中国工业大步跨进了世界经济当中。我在苏南地区的乡镇企业里看到过直接出口欧美的高档服装,在中原地区的乡村工厂中看到过和日本汽车配套的机械部件,在广东的小镇上看到过畅销海内外的各种家用电器,在浙江的大型乡镇企业集团中看到过国际先进水平的高科技产品⋯⋯像这类具体而生动的事例恕我不再一一列举。我被中国广大农村里突起的这股"异军"所吸引,跟着它看发展,南北往返,东西穿梭,几乎走遍了全国各省,直到今天,我也没有停下脚步。在这将近20年里,我把自己在各地看到的乡镇企业因地制宜找到的不同发展模式一一记录在了《行行重行行》一书及其续集当中,这里可以不再赘述。但是,既然已经提到这个话题,既然这个话题中有我60年前的梦想,并且亲眼看到中国农民在最近20年里亲手把这梦想变成远远超出我的期望的辉煌现实,我就很难抑制住自己内心的激动。在这里我想说,蓬勃发展的乡镇企业,是中国农民在人类20世纪进步历史上的一个伟大的创造,是中国农村工业化的具体表现形式。它使中国农村工业化得以在农业繁荣的基础上发生和发展,并且反过来以工补农,进一步促进农业向现代化道路发展。同时,这也是中国从几千年来以农耕传统为主要特征的传统经济向现代化工业经济转变的一条希望之路。这是一条与西方工业化迥然不同的道路,是适合中国国情、具有中国特色的农村工业化的道路。

二

乡镇企业的蓬勃发展,带动了小城镇的兴旺和发展。换句话说,中国农村工业化在取得节节进展的同时,接踵而来的就是农村城市化的起步和发展。80

年代初，我去四访江村的时候，意识到农村的具体建设工作中存在着许多值得研究的问题，特别是看到了农村的发展和小城镇建设的密切关系。这使我回想起 1936 年夏季做江村调查时留下的一个伏笔。当时我从村民日常生活中柴米油盐酱醋茶烟等日用品的供应上感觉到有一股外来的力量，对村民的经济活动和社会生活产生影响。我意识到这股力量应该是来自村外的集镇。但是当时由于人力和时间的因素，都使我没有条件进入对集镇的调查。我在《江村经济》一书的"贸易"一章提到了集镇的作用，但没有展开。时隔 40 多年，条件终于成熟。1982 年，我要求自己的农村研究增加一个题目，在跟着看乡镇企业发展实况的同时，去研究作为农村政治、经济、文化中心的集镇。

我的这个想法，可以说是赶上了农村经济与社会发展的步调，适应了当时和后来农村建设工作的迫切需要，因此得到了多方面的支持。在随后的几年当中，我从家乡吴江开始，集中力量对小城镇进行实地调查，并提出了"类别、层次、兴衰、布局、发展"的 10 字提纲。我把自己在调查过程中看到的成绩，发现的问题，产生的心得，先后写进了《小城镇，大问题》、《小城镇，再探索》、《小城镇，苏北初探》和《小城镇，新开拓》等一系列调查报告中。在一站接一站的实地调查中，我逐步加深了对小城镇衰而复兴的原因的认识，也更清楚地看到了农村工业化和农村城市化的递进关系。

若是以吴江为例，小城镇的兴衰变化大体可以分为两个时期，以 70 年代初期为分界线。70 年代以前，农村经济政策是以粮为纲，取消商品生产，商业国营化，集体和个人经营受到限制和打击，小城镇失去了作为商品流通和小手工业生产中心的作用，人口下降，经济萧条，趋于衰落。进入 70 年代初期，小城镇开始有了转机。到 70 年代后期，中国实行改革开放政策，小城镇进入复兴时期。

80 年代初期，我在家乡看到了农民家庭副业的兴旺和小城镇衰而复兴的景象，曾经产生过一个错觉，以为是农副业商品生产的发展促进了小城镇的复苏。后来进行实地调查的结果，证实小城镇复苏的直接原因是乡镇工业的发展。办工业不同于搞农业，工业生产对能源、仓储、运输、市场等条件的需求，使它寻求农村中交通便利、易于集散的中心地带，这就找到了当时还带着冷落、凋敝景象的小城镇。越来越多的工厂在那里安家落户，机器轰鸣，产销两旺，人气聚集，物流加快。对相关服务行业的要求增加，自然就把小城镇的发展带了起来。

我把自己当初的错觉和后来的发现，原原本本地记录在了上述关于小城镇的四篇文章中。这四篇文章,在 1985 年由新华出版社结集出版,书名为《小城镇四记》。这本小书因为及时地提出了问题,在国内引起了广泛的关注。从当时的中央最高领导,到我所接触的许多基层干部,都对它表示兴趣。不过在当时来说,中国的小城镇建设才刚刚拉开序幕,我对于小城镇的研究也才刚刚破题。《小城镇四记》记录的只是我在江苏一个省看到的情况,更大范围内小城镇发展的事实还有待于去接触,去观察,去记录。

从 80 年代中期开始,我的社区调查范围越出了江苏省界。到目前为止,国内除西藏和台湾以外的各省区,我都走到了。小城镇研究的题目也被我带到了所有走过的地方。在最初的几年里,我看重小城镇发展的一个主要原因,是它积聚人口的功能。举例来说,80 年代中期,苏州市的乡镇企业职工人数达 70 余万人,已经超过苏州市区的人口总数。1985 年,全国乡镇企业的职工人数已超过 6000 万。如果加上小城镇里原有的居民,小城镇以及靠近小城镇的农村企业已经吸收了大约 1 亿人口。到 1996 年,通过乡镇企业和小城镇这条吸纳农村人口的主要渠道,转移到非农产业的农村劳动力已经达到两亿左右。这是一项了不起的成就,是中国农村劳动力和生产力的大解放。在这个解放过程中,从集镇、乡镇、县属镇到县城,各个层次的小城镇都在起着层层截流人口、聚居人口的作用,十分有效地减轻了大中城市的人口压力。如果不是兴办乡镇企业和发展小城镇,中国要达到目前的经济发展水平,原有的那些大中城市受到的人口压力将会是灾难性的,是无法想象的。

在我跟踪着小城镇的发展一边观察、一边记录的过程中,大量的发展事实也在潜移默化地教育和启发着我,使我在小城镇的内涵里发现了比"人口蓄水池"的功能更为深刻的东西。既然是乡镇企业的发展带动了小城镇的发展,乡镇企业在其发展过程中所形成的那股现代中国市场经济的先导力量也就顺理成章地进入了小城镇的发展过程。广大农民群众不是等着计划经济体制内层层报送、层层盖章的预算、立项、审批、拨款,而是说干就干、自力更生、自己投资去建设家园。例如浙江省温州市苍南县的龙港镇,就是农民投资建设小城镇的一个标本。那里的农民采取市场经济的思路,以乡镇政府所在地为依托,通过出让土地使用权的办法,收取城镇建设设施费,在先前的一片滩涂上建设成了已有十几万人的繁荣城镇。我初访温州的时候,龙港还只有一条土路。重访温州时又到龙港,已经可以住进镇上的四星级宾馆了。如此之巨大的变化发生在 8 年里边,这是计划经济时代的几十年里想都不敢想的事情。像这样的城镇,目前在温州已经有 100 多个,当地农民为此投资累计 100 多亿元。据国家建设部统计，最近10多年来，全国农民投入到小城镇建设上的资金，平均每年都在1000亿元以上。

我的小城镇研究刚开始破题的时候，还只是在家乡看到小城镇的衰而复兴。经过10多年来的发展，中国的小城镇建设已开始呈现出星罗棋布、遍地开花的可喜局面。小城镇的建设与发展，是中国农民继乡镇企业之后的又一个伟大的创造。从乡镇企业的兴起到小城镇的发展一再说明，中国经济与社会发展之最深厚的伟力存在于广大农民之中。他们不是照搬西方工业化集中在大城市的发展模式，而是让工业生产方式适合于自己生活的需要，把现代工业扩散到了乡村中去，走通了一条独具特色的工业化道路；他们又在世代躬耕的田野上第一次建设起一座座现代化的城镇，走通了一条独具特色的城市化道路。从工农关系、城乡关系的角度看，现代中国主要从20世纪80年代以来发展起来的乡镇企业和小城镇，表现出了与历史上曾经出现过的工农对立、城乡对立完全不同的面貌，它们在中国的工业和农业之间、城市和乡村之间，发挥着沟通、协调、缩小差别、促进融合的建设性作用。事实上，通过发展乡镇企业和小城镇，中国农民不仅是在创造着巨量的物质财富，也在创造着中国的市场经济和富有中国特色的现代化道路。

三

今年春天，我完成了在全国人民代表大会所担任的公职，得以"告老还乡"。但是"告老"不是从此不再做事情，而是想趁脑筋还可以思考的时候，写一些对自己过往学术思想的回顾和反思的文章。"还乡"也不是图安逸，颐养天年，我还在追踪观察中国农村工业化和城市化的新进展。最近多半年中，我在福建、浙江、山东、江苏等地看到的发展事实，在推动我对中国农村工业化和城市化的问题做出进一步的思考。

众所周知，中国的乡镇企业在最近几年里遇到了一些困难，有点难以适应当前市场的要求。各地的农民群众都在想办法，一边改革已经不能适应当前形势的体制，一边探索新的路子，力图保住并进一步发展乡镇企业。事实上，不少地方的改革和探索已经很见成效。乡镇企业在取得自身稳定和发展的同时，还直接帮助国有企业解决了困难。我在浙江金华附近的一家乡镇企业看到，他们正在从重庆招收相当于企业现有职工人数的国有企业下岗职工。我又在山东济南附近的一家大型乡镇企业集团看到，集团所属几个大的专业市场中的职工，70%都是当地国有企业下岗职工。看来，当初主要吸收农村富余劳动力的乡镇企业，在下一轮的发展中，开始吸收城市中的富余劳动力了。这个令人感兴趣的变化里边，说不定又会出来一篇大文章。

中国今后一个时期的农村工业化将怎样继续进行，是需要做出正面回答的一个问题。以我最近在实地调查中观察到的结果，概括地说，我认为大体上倾向于采取上下两手并举的办法。一手是引进高科技集中力量扩大规模，提高质量，向跨地区乃至跨国的、大集团的、农民和科技人员联手的、体制多元的新型乡镇企业的方向发展，面向国际市场，开发现代化的新型产品。目前各地已经出现的销售额超过几十亿元、经营管理上也逐步具有现代化水平的大型企业集团，应该属于我所说的上一手乡镇企业。还有一手是在下面一层，是发展以农户为单位的家庭工业为基础，加上为其提供服务的、广泛而高效的、提供信息和销售渠道的中介体，即近年来在广大农村地区广泛出现的"公司+农户"的新型企业结构。这是一种分散生产、集中服务的双层结构，也属于我在80年代称之为"草根工业"的性质。生根在农户基础上的家庭工业，既具有顽强持久的特性，不怕风浪冲击，又灵活易变，容易适应新的情况。随着农民文化水平的提高，又易于接受科学技术的进步，并有化整为零、集腋成裘的能力。在当前这个经济急速发展的时期，需要一批适应性强、灵活易变，甚至能聚能散、停停开开的具有游击战和运动战本领的基层乡镇企业。这个基层队伍可以保证农民的生产能力和生活水平，再加上一层为它服务的、供销流通的中介机构，就能够便于在国内外市场上顶得住风浪，并保住国民经济的阵脚。这可以说是当前农民正在创造中的一种适应市场经济需要的、新型的乡镇企业基层结构。这个新型的基层结构，加上上述集团化、高科技、大规模的一层，展示出一种"传统加科技，乡镇企业异军再起"的前景，我对此抱有深厚的希望。

从长远的观点来看，国内外形势风云变幻，吉凶难测。当前的东南亚金融危机刚刚开了个头，今后大风大浪还会不断出现。我们要想在风浪面前立于不败之地，就需要采取上述两手并举的办法，抓住两头。一头要精心爱护、培植"草根工业"，稳住阵脚；另一头要努力创造良好的环境，促进乡镇企业提高技术含量，形成规模经济优势，使产品质量好、管理水平高的大型乡镇企业集团更快地发展和壮大起来。

至于农村城市化在今后一个时期的继续发展趋向，由于中国人口众多，地域广阔，我看恐怕还是要走大、中、小城市和村镇同时并举、遍地开花的路子。估计到21世纪前半叶，中国的人口总数大约会达到十五六亿的样子。到那个时候，怎样把这么多中国人妥善安排在这片国土上的大大小小、各地各种的社区内使他们都能安居乐业，这是个大问题，还要及早筹划。

目前我对这个问题的初步想法是，以沿海的上海、香港、北京、天津和内地的重庆等为重点，发展500万到1000万人的大都会；以200万到500万人规模的大中城市为主体，带动辐射周边地区；以星罗棋布的几万个一万到几万人的小城镇和几十万人上下的小城市为依托，承载下一步农业产业化进一步解放出来的富余劳动力和新一轮农村工业化浪潮，形成中国农村工业化和城市化的多层次、一盘棋的合理布局。

在我当年描述开弦弓村出现的中国农村中现代工业生产的苗头时，我就表达过一个基本的信念：社会科学应该在指导文化变迁中起重要的作用。这句话写在《江村经济》的前言当中。60多年来，这个信念一以贯之，至今未变。今天，中国农村工业化和城市化的多层次、一盘棋的合理布局之形成，仍然需要社会科学的指导，我也愿意为体现出社会科学在文化变迁中所能起到的建设性作用再付出一份老来的心力。同时，我认为，这里所谓"合理布局之形成"所需要的指导，首先不是哲学的思考，不是学术的讨论，而是具体的方案制订和实际的操作思路，为此需要有对相关地区现有经济水平、流通网络、传统产业、人力资源、民众生活等实际情况的真实而系统的反映，以及以可靠的情况为依据的常识性判断。中国地域广阔，要认识全局，还要从局部做起。我希望有一个现实的题目能从一个局部把大都会、大中城市、小城市、小城镇连接起来，并希望我能参与这个题目的实地调查。正在这时，京九铁路建成通车，给了我一个很好的机会。

四

京九铁路的建成和通车，可以说从根本上改善了沿线地区的交通运输条件，为从北到南沿线分布的欠发达地区和贫困地区加快经济发展步调提供了难得的机遇。机遇的意思是某个目标的实现有了可能性，但还不是现实。以我在国内所经历的事实来说，因为有了铁路而使沿线地区的经济得到良好发展的事例是有的，虽然拥有铁路交通条件而沿线地区长期处于经济欠发达状态的事例也是有的。最有说服力的例子也许是沪宁铁路和陇海铁路的对照。这两条铁路干线的开工建设时间几乎是同时的，都是在20世纪的最初10年里边。我出生的时候，它们都刚开始通车。如今我已进入望九之年，两条铁路沿线地区发展的情况怎么样呢？事实摆在那里。沪宁铁路上的上海、苏州、无锡、常州、镇江、南京等一连串的大中城市发展了起来，辐射和带动着周边的广大农村，成为目前国内最为发达和富庶的地区之一。陇海铁路沿线地区的发展，却令人遗憾地一直处于欲起而未起的迟滞状态。沿线地区不缺矿产资源，不缺农产品资源，不缺劳动力资源，也不缺出海口的条件，人流和物流在这条铁路上来来回回地过了八九十年，却至今也没有把沿线地区的经济发展带到发达的程度。我把这样一个局面叫做"酒肉穿肠过"，意思是没有在腹地留下油水，当地自然就缺乏发动经济迅速起步的能量。在最近十几年里，我的实地调查题目带着我一次又一次地经过沪宁铁路和陇海铁路，使我对这两条干线沿线地区经济发展程度的鲜明对照留有深刻印象。

由于有这样的印象，我在京九铁路尚未全线正式通车的时候就在想，这一条南北大动脉通车以后，要借鉴沪宁铁路沿线地区的发展经验，吸取陇海铁路长期以来"酒肉穿肠过"的历史教训，尽快把国家投入巨资修建的京九铁路变成一条创造财富的富民之路、强国之路。在考虑自己能为这个大目标做些什么事的时候，我想到的一个题目是：利用京九铁路穿成一根"糖葫芦"。意思是，利用铁路干线的交通条件，促进一连串中等城市的兴起，通过这些中等城市对周边农村地区的辐射和带动作用，形成一个位于东部沿海地区和中部地区之间的、经济发展速度明显提高的带状区域。

这个题目的产生，从表层原因上说，也许是来自沪宁铁路和陇海铁路沿线地区的不同经济发展程度给我留下的深刻印象；从深层原因上说，则不能不提到我的社区研究工作给我带来的启发。在最近20年的实地调查当中，跟随着中国城乡社会的步步变革，我的调查研究题目逐层从乡村生活、乡镇企业、小城镇提升到了区域发展和全国一盘棋。每一步提升，都既包容了以前的内容，又开拓了以后的视野。在我主要从农村研究城市的时期，所注意的更多是农村对城市的影响。进入到对小城镇的调查和区域发展研究阶段以后，看到小城镇的发展不是孤立的。像农村发展需要小城镇一样，小城镇的发展也需要中等城市。一个区域的发展，不能没有中心城市的带动。看来，从农村研究城市的同时，也需要从城市研究农村。城市可以对周边农村地区发挥的辐射和带动作用，是广大农村地区的发展不可或缺的。中国农村现代化前景的最终实现，需要有遍布各地的中心城市的带动。具体到京九铁路沿线地区，要真正把机遇变成发展的现实，实现加快发展、脱贫致富、进入小康的目标，也需要促进沿线各地尽快发展起一连串的中等城市来。我认为,这是京九铁路通车以后应该切实做起来的一个题目。

从今年开始,我已经进入对这个题目的实地调查。从北京出发,从衡水开始,我沿着京九铁路一站一站去看,一边实地观察,一边向当地群众和干部请教,有没有切实的基础,已经有哪些条件,还缺少什么条件,这些条件怎样解决……我一路把看到的情况、请教的收获都一一记录下来。这条铁路沿线的不少地方我曾经去过,有些地方去过多次,情况不算生疏。这一次再连起来全部走上一遍。现在已经走了一半,准备接着走完。目的是要争取做到心中有数,说得出这个"糖葫芦"怎么个穿法,最后形成关于促进京九铁路沿线地区加快发展的设想和实际操作的办法,为这个"糖葫芦"的最终成型,为沿线贫困地区和欠发达地区的加快发展和脱贫致富做一些有所助益的工作。

这个题目里边,既有农村工业化的内容,也有农村城市化的内容,更包含着区域发展的具体研究和实际操作。从北京、香港这样的国际性大都会,到沿线各省的中等城市,再到各个层次的小城镇,其间涉及生产力布局、人口分布、基础设施、市场网络、流通渠道、金融与信息服务、教育和科技的发展、资源开发和环境保护等各个方面的问题,以我现有的知识,是远远不够用的。但是我愿意学,我也相信自己在为这个题目进行的实地调查中能学到有关中国农村工业化和城市化的更多一些知识,并希望今后还有机会就今天的讨论题目向各位汇报新的学习情况和心得。

1998 年 11 月 14 日

本文是作者参加浙江农业大学与加拿大贵而富大学联合举办的国际学术研讨会上宣读的论文

小城镇，大问题

一

今年的春末夏初我在江苏省吴江县住了一个月，对该县十来个小城镇的历史与现状作了初步探索。此后打算写一篇关于小城镇的类别、层次、兴衰、布局和发展的文章，来参加这次小城镇讨论会。然而一回到北京，时间由不得自己支配，这个打算便落了空。因此，这里只能依我的腹稿，谈谈我在吴江调查的感受以及由此联想到的一些问题，只是一个提供讨论的发言。

在说到正题以前，首先说说我对这次讨论会的四点希望，即希望通过讨论取得四个具体结果：一是出版一本研究论文集；二是订出一个今后切实可行的研究规划；三是为今冬全国政协小城镇问题调查组作些准备工作，就是提出一些请他们来调查的问题；四是成立一个推动、协调、交流这个课题研究工作的学术性组织。

这次学术讨论会是今年年初确定的，经过大家的共同努力，现在不仅会议如期举行，而且还汇集了几十篇论文。万事开头难，时间只有半年，这样的结果确是来之不易的。我们应当珍惜已经获得的成果，以论文集的形式将迈出的这第一步脚印留下来。

这些论文之所以宝贵，是因为它们都联系小城镇建设的实践，从各个不同的角度去探索小城镇发展中的实际问题。我认为这个研究方向是对头的。我国的社会科学应当在马克思列宁主义、毛泽东思想的指导下，密切结合中国社会的实际进行科学研究，为社会主义现代化建设服务。要贯彻这里所提出的指导思想和达到最终目标并不那么容易。在过去的一段时间里，对于马列主义理论，我们多少学了一些，许多同志也诚心诚意地想把事情办好，但是学习的理论常常不能和实际工作相结合,这就使得我们的认识往往落后于实际。对于具体问题的处理也就提不出实事求是的建议来,难免把以往的经验或是别国的东西硬套照搬,以致花了过多的学费,亏了本,走了不少弯路。

失误使人清醒。现在我们多少懂得了一点小平同志在他的《文选》里所阐明的理论联系实际、实事求是的科学精神。只有联系实际才能出真知,实事求是才能懂得什么是中国的特点。我们的小城镇研究一开始就摆脱了在概念中兜圈子,从书本到书本的模式,而注重实地调查,力求在对小城镇的实际考察中提高认识。可以说这一课题的研究,在理论联系实际方面有了一个良好的尝试。

以实践为根基的认识自然要具体、充实得多。尽管现有的文章还显得粗糙,分析不够全面,可是写在论文里的事实是客观存在的反映,不是我们从概念里推论出来的,更不是凭主观臆想出来的东西。只要我们能自觉地、不留情面地把其中一切不符合实际的成分筛选掉,那么这些文章就成为现实小城镇面貌的素描。它是历史的真实记录,过了几十年甚至几百年人们还是要翻看,仍然具有价值。价值就在于它是未来的起步,而今后的变化则是它的延续。

当然,人们的主观认识与事物的客观存在完全符合是不可能的。人们对客观实际的认识要有一个过程,而客观实际又是不断变动的,人们的认识也得跟着变动。反映不能及时,跟不上变化而固步自封,认识就会落后于实际。我们的一生,人类的一代又一代,对事物的认识总是一步一个脚印地跟着向前走的。我们今天对于小城镇的认识,过些时候回头一看,如能发现它的肤浅和幼稚,那就证明我们的认识有了进步。这不是很好么?不怕起点低,只怕发展慢。

为了留下历史的痕迹和认识的脚印,不使我们在实践中得到的这一点宝贵的知识流失,我希望江苏人民出版社能把这次讨论会的论文印成一本集子出版。我认为把知识流传开来,储存下去,应是出版社的责任和义务。当然,在出版之前,还必须对文稿进行选择和修正,容许认识不足并不等于是说文章可以拙劣。会见情人前总得打扮一番,以自认为最能悦人的面貌见世。为此,我愿意承担一部分推荐论文的责任,出版一本小城镇研究论文选集,这是我对这次会议的第一个希望。

小城镇研究是一个长期的研究课题。它不仅是社会科学范围内国家"六五"规划中的一个重点课题,而且它在"七五"规划中还将继续研究下去。现在我们在苏南所进行的研究只是这个课题的开始。为了使这项研究不断深入和扩大，我们必须考虑下一步究竟应该怎样走，同时对下一年做出具体的计划，并对"七五"规划的远景做一些设想。这是我对这次会议的第二个希望。

进行科学研究最忌讳的毛病是一叶障目，坐井观天。我们应当清醒地看到，我们这一年所进行的小城镇研究无论从深度或广度上看都还很不够。到目前为止，课题组既没有对某一个小城镇作出全面深入的解剖，也没有越出吴江县的范围。这就好比是在显微镜下找到了一个细胞，但尚未看得清楚，更未顾及其他类似的细胞。胡耀邦同志视察西北回来，提出要种草种树开发大西北，打开了人们的眼界。在此之前，确实很少有人想过还有一个大西北可以开发的问题。可见中国之大，不允许我们做井底之蛙。即使以后研究范围扩大到江苏全省，对全国而言，它仍然只是一个点而已。我们要提出江苏在全国、苏州在江苏、吴江在苏州，它们所处的地位怎样的问题来告诫自己不能满足于一孔之见，更不应以点概面。相反，应当提出认识的限度和吴江县小城镇的特殊性和局限性。

然而管中窥豹所见的毕竟是豹的一个部分。吴江县小城镇有它的特殊性，但也有中国小城镇的共性。只要我们真正科学地解剖这只麻雀，并摆正点与面的位置，恰当处理两者关系，那么，在一定程度上点上的调查也能反映全局的基本面貌。吴江县地处全国经济最发达地区之一的苏南，我们以吴江小城镇为调查点进行深入分析，或许是触到了小城镇问题的塔尖。所谓塔尖是指吴江县小城镇建设的今天有可能是其他地区发展的明天，现在在这里出现的问题有可能将来在别的地方也会碰到。假如我们对这些问题的发生、发展有一个科学的认识，那么对不同地区今后的小城镇建设无疑有指导和参考意义。当然，我们在开始时必须十分警惕，决不要忘记我们只是在解剖一只麻雀，而一只麻雀是不能代表所有麻雀的。

科学研究的进行要有目的性和计划性。要使小城镇研究深入下去，必须订出一个具体计划。我们要把研究重点继续放在原先的调查点上，一方面对已经触及的问题作进一步探讨，要像调节照相机的焦距那样，使其有更清晰的影像；另一方面应检查前期研究中有哪些缺门，即有哪些问题还没有作调查，要在一个镇上开拓更多的调查项目。与此同时，可以选择几个不同类型的地区开辟新的调查点，以便于作比较分析，并制订必要的研究指标，为从调查点上的定性分析推向面上的定量分析作准备。

事实上，制定研究计划的过程就是明确研究目的和要求的过程。只有研究目的和要求明确了，计划才能订得具体可行。为此，我们这次会议作了新的尝试。与会者有社会学的研究人员，有其他社会科学与自然科学的科研工作者和大专院校的教育工作者，还特别邀请了在小城镇做实际工作的同志和中央有关部门、江苏的省、市、县三级政策研究机构的同志一起来参加讨论。针对同一个研究课题，进行如此广泛的多学科、多系统、多层次的交流和协作，对我来说还是一个新的尝试。但愿我们能创立一条成功的经验，有助于我国学术的发展。

这种广泛的结合至少有两点好处：一是能听到更多的不同见解，启迪自己的思想。所谓学术讨论，除发表自己的见解外，就是要认真听取别人的意见。我曾在《读书》杂志上写过一篇文章，题目是《我看人看我》，主张我们要认真地看人家怎样看我们所看到的东西。二是使科学研究与实际要求挂起钩来。以往的理论脱离实际，除了个人认识上的原因外，还有社会组织上的原因。由于科研部门与实际工作部门长期缺乏交流，造成知识分子与实际工作者背对着背。前者愿将知识应用于实践，但不知用武之地在哪里；后者希望以科学知识来指导工作，然而不了解所需知识在何方。现在两者都转过背来，面对着面。实际工作者向科研人员质疑、问难、提要求，使科研目的更明确，计划更合理，成果也更富有实际意义。科研人员向实际工作者介绍成果，提供建议，使实践按客观规律进行，工作具有科学基础。

我的第三点希望就是要对贯彻"积极发展小城镇"的方针提出一些具体的建议。在前一段研究的基础上，对于当前小城镇建设迫切需要解决的问题提出一些大家在认识上比较一致的建议供决策机构参考，起到咨询作用。

社会主义现代化需要知识，也就是要依据从科学研究取得正确反映实际的知识，去解决社会主义现代化过程中发生的各种问题。要做到这一点，科学研究和建设工作之间必须建立起畅通的渠道，使得社会主义建设中出现的问题能提到科研的项目里，经过科学研究反映出实际情况，再根据政策方针形成解决这些问题的具体建议，由决策机关审核各种建议，联系有关情况，并考虑可行的时机作出实施的决定。这些决定通过行政机构的执行和群众的实践，达到解决问题的目的。但是一项决定是否能达到预期的效果还有待实践的验证，而且旧矛盾的解决又会引起新的矛盾，效果的估计和新问题的产生又将构成新的科研项目。这就是说，由科研、咨询、决策和实践构成一个现代化建设过程中的循环系统，这四个环节环环紧扣，周而复始，不断地研究新情况，解决新问题。

我国的决策者是党的领导机构，通过决策体现党的领导。领导的群众路线实际上就是上述建设工作循环系统的根本模式。由于现代化的日益深入，建设规模日益扩大，决策过程更显得需要对情况的了解和对问题的分析，所以提出干部要知识化，也就是要把决策过程放在科学的基础上。把科研和咨询作为这个循环系统中的必要环节，实质上就是体现党的群众路线。

把科研和咨询作为上述系统中的必要环节包涵着它们具有和其他有联系的环节相对的独立性。我们党的领导一向遵守实事求是的原则，所以一切政策的制定都要求经过调查研究。毛主席指出"没有调查就没有发言权"，因此各级领导都有专门从事政策研究的机构，这是党的优良传统。但在这方面我们也有反面的教训，那就是在"左"的影响下，特别是在十年动乱期间，这些担负反映实际情况责任的研究机构被视作已定政策的辩护者，甚至看作是主管人员个人意志的吹鼓手，走向了科学的反面，"四人帮"的"内查外调"暴露了它的极端危害性。科学知识必须为政治服务。这里所说的服务绝对有别于"四人帮"时的"梁效"对其主子的"效忠"。科学研究要对客观事实负责，即实事求是。

但是实事求是的科学研究不等于消除了可能有的片面性，每一门学科的研究，其片面性都是难以避免的。越是专家，其片面性或许会越大。为了不使决策陷入片面性，在决策和科研之间应当有一个中间环节。这个环节就是综合各个学科对某一事物的认识，进行"会诊"，然后才向决策机构提出若干建议及论证。至于怎样组织这类咨询工作，我们现在还没有经验。我建议不妨作一个试验，由人大代表、政协委员以及其他有关专家对一定的事关重大的建设问题组成咨询小组。这个咨询小组应当联系群众，联系各个学科，发挥其综合性的特点，向党的领导机构提出建议，反映群众的要求和意见，以备党作决策时参考。

在党的领导依据建议、资料制定决策以后，由行政机构付诸实践。政策在实践中起到了什么作用，客观事物发生了哪些变化，这又给研究部门提出了新的课题，于是上述过程又重复进行。实践、科研、咨询和决策四个环节的循环往复体现了"从群众中来，到群众中去"的领导方法。

我们的小城镇研究是一个综合的长期的科研项目。现在它已经吸引了多学科和多层次的人员，随着时间的推移和研究范围的扩展，将会有来自更多方面的同志参加进来。这就需要有一个相应的机构来加强各方的联系，进行组织和协调。所以，我的第四点希望是在这次会议结束时成立一个关于小城镇研究的学术性团体，把现有有志于此的同志组合起来。

由于我们研究的出发点是在江苏，所以我建议请江苏的同志偏劳，出面来组织这一个团体。至于团体的名称、机构和任务等具体内容，请大家一起来讨论决定。

二

小城镇问题，不是从天上掉下来的，也不是哪一个人想出来的，它是在客观实践的发展中提出来的，问题在于我们是否能认识它。记得1981年初我到天津开会，遇见当时在天津市委工作的李定同志，他告诉我，1980年胡耀邦同志到云南视察，看到保山县板桥公社的小集镇破烂不堪，凄凄凉凉。于是就在同年年底的一次会议上，讲到要发展商品经济，小城镇不恢复是不行的。要使农村里面的知识分子不到大城市来，不解决小城镇问题就难以做到。如果我们的国家只有大城市、中等城市，没有小城镇，农村里的政治中心、经济中心、文化中心就没有腿。可见中央领导早就看到了小城镇问题的意义，要把小城镇建设成为农村的政治、经济和文化的中心，小城镇建设是发展农村经济、解决人口出路的一个大问题。

可是，据说在传达了耀邦同志上述讲话以后的几个月中，并没有得到该市郊县的积极反应。可见在当时小城镇问题并没有引起人们足够的重视。许多同志还未认识到小城镇与农村经济之间的关系，还不理解小城镇作为农村政治、经济、文化的中心是怎样的一个概念。这件事表明，在客观事物发展中提出的新问题，要想得到人们的普遍认识并不那么轻而易举。认识过程也有它自身的规律。人们往往要经过自己的直接感受，才能比较深入地认识新事物和新问题。

就我个人而言，我十分赞同耀邦同志的上述提法。那是因为我早年在农村调查时就感觉到了有一种比农村社区高一层次的社会实体的存在，这种社会实体是以一批并不从事农业生产劳动的人口为主体组成的社区。无论从地域、人口、经济、环境等因素看，它们都既具有与农村社区相异的特点，又都与周围的农村保持着不能缺少的联系。我们把这样的社会实体用一个普通的名字加以概括，称之为"小城镇"。

任何事物一旦产生了理论概括，便容易使人忽视事物内部之间的性质差异，只从总体概念上去接受这一事物。小城镇也是这样。如果我们从笼统的概念出发，就会把所有的小城镇看成是千篇一律的东西，而忽视各个小城镇的个性和特点。因此，小城镇研究的第一步，应当从调查具体的小城镇入手，对这一总体概念作定性的分析，即对不同的小城镇进行分类。下面我谈一谈在吴江县所看到的五种不同类型的小城镇。

第一种类型的一个镇叫震泽镇。1936年我从清华研究院毕业以后取得了公费留学的机会。当时我的导师史禄国教授建议我先在国内作些实地调查后再出国。我听从他的意见，去广西大瑶山进行调查。由于自己的失误，负伤出山，回家乡休养。我的姊姊费达生送我到她正在帮助农民开办生丝精制运销合作社的吴江开弦弓村小住。我就在这一个多月里调查了这个农村。记得有一天我去村里一家很小的店买香烟，谁知这小店不卖整包的烟，只能一支支地零卖。店主说若要买整包的烟可去找航船带。这件事引起了我的注意。当时这个村子有三四百户人家，一千多口人，是江南少见的大村子。可是村内只有三四个小商店，商品品种极少，规模小到连香烟也要分拆开来零卖。那时，这个村子里的农民生活并不是完全自给自足的，农民的日常用品从什么地方获得呢？我就带着这个问题去观察店主所说的航船。

其实，航船就是普通手摇的有舱的小木船，只因为主要用于人的交通和货物的流通而得名。那时村子里有两条航船，每天早上，在航船摇出村子前，两岸农民们便招呼船老板代为办事。这家提个瓶子托买酱油，那家递上竹篮托他捎回点其他日用物品，船老板一一应接，把空瓶、竹篮等放在船上，航船便离村出发了。航船的目的地就是离村子有12华里的震泽镇。当航船来到震泽时，守候在岸边的商店学徒们一拥而上，抢着来做各种生意。船老板自己便到茶馆落座喝茶。到下午，商店学徒们把装着物品的瓶、篮又送回船上，航船离镇返村。航船就这样每天在震泽与村子之间往返，村子里要去镇上的人都可以搭乘这条船。奇怪的是托捎物品的和搭乘的人都不用付钱。追问船老板的生活来源，才知道，原来在春秋两季，村内农户出售蚕丝和粮食都要通过航船卖到震泽镇上去，震泽镇上的丝行和米行在年终时就得给船老板一定的佣金，那些酱园和杂货店逢年逢节也要给船老板一定的报酬。所以船老板的收入是不少的。他们是农村货物流通的经纪人，是农村经济活动中的重要角色。后来我也"免费"搭乘航船往来震泽，发现震泽镇的市河里停靠的航船有二三百条，据说都是来自镇周围各村。震泽显然是附近这些农村的商品流通中心。

我在这里追述当年的观察，是想说明震泽镇是以农副产品和工业品集散为主要特点的农村经济中心，是一个商品流通的中转站。农民将农业产品运到震泽出售，又从震泽买回所需的日用工业品。对于镇周围的农民生活来说，震泽是一个不可缺少的经济中心。而航船主、学徒以及米行、丝行、酱园、杂货店等商店的老板则共同构成一个庞大的商品流通组织。震泽通过航船与其周围一定区域的农村连成了一片。到震泽来的几百条航船有或长或短的航线。这几百条航线的一头都落在震泽镇这一点上，另一头则牵着周围一片农村。当地人把这一片滋养着震泽镇同时又受到震泽镇反哺的农村称之为"乡脚"。没有乡脚，镇的经济就会因营养无源而枯竭；没有镇，乡脚经济也就会因流通阻塞而僵死。两者之间的关系好比是细胞核与细胞质，相辅相成，结合成为同一个细胞体。

由此可见，小城镇作为农村经济中心并不是一个空洞的概念，而有具体的实际内容。在半个世纪前，震泽镇作为商品集散类型的小城镇对我是有吸引力的。但那时我是单枪匹马搞调查，研究工作不能不以村为界，没有能力进入镇的这一层次去。我只是在村子里遥望到了小城镇，感觉到了小城镇这种社区的存在对于农村所发生的影响。此后，我总希望有一天能进入小城镇作些调查。欲穷千里目，更上一层楼。出乎我的预料，在1981年真的有机会实现这个愿望了。

第二种类型的一个镇是盛泽镇。盛泽镇现在是吴江县人口最多、工业产值最高的一个小城镇，这个镇出口的真丝绸占全国真丝绸出口量的1/10，可见它是一个丝织工业的中心，是具有专门化工业的小城镇。

盛泽镇的历史发展较早，据说它在明末就有上万人口。那么这个镇发展较早的基础是什么？镇上聚居的人口又是以什么为业的呢？我记得小时候去盛泽时，看到有人站在织机上提花，觉得很新奇，留下了深刻的印象。1982年再去盛泽时，就询问解放前丝织作坊的情况。有人告诉我，那时在镇上的作坊为数不多，且都是小规模的，最大的一家也只有20部老式织机，但是绸庄、丝行和米行却不少，其中又以绸庄为最多。既然镇本身织出的绸并不多，绸庄的绸又从何而来呢？这就使我看到了盛泽与震泽不同的特点。绸庄通过"绸领头"收购农村织绸户的绸匹。"绸领头"是织绸户和绸庄的中介人。他们发放贷款给织绸户，要织绸户按照绸庄需要的花色品种进行生产。"绸领头"将收购到的绸匹再分类售给绸庄。这样，一个绸庄通过"绸领头"的联系，就可以掌握几十、几百甚至成千的织绸户的生产。如果绸庄把如此众多的织机集中到镇上来办作坊，那简直是不可想象的了。所以，盛泽与震泽的不同就在于它不是农副产品的集散中心，而是农村家庭手工业产品的集散中心。像盛泽镇那样早先是以手工业产品的集散为主的经济中心，是很值得研究的。

家庭丝织手工业不仅是盛泽发展的基础,也是所谓天堂的苏杭地区发展的基础。这个传统基础对于我们今天的小城镇建设仍然具有它的意义,因为这传统在民间已有近千年。如此悠久的历史使它深入到每一个人,甚至进入遗传基因,成为生物基础。一位外国朋友听我说到苏州姑娘纤巧灵活的手,便提出妇女的这种技能是否可以转向搞电子工业的问题。因为电子工业需要的正是精细准确的动作。外国人都注意到了我们的历史传统,我们自己要是不研究、不利用,那就愧对祖先,是说不过去的。

第三种类型的一个镇是我的出生地松陵镇。松陵在解放前后都是吴江县的政治中心,现在吴江县政府就设在松陵镇上。解放以来吴江县其他原有的小镇都处于停滞和萧条状态,唯独松陵是例外,它的人口不但没有减少,而且还比解放初有较大的增长。

松陵设县由来已久。封建时代地主统治阶级为防卫农民造反起义,筑起城墙和城门将城内外隔开,在城里连集市买卖也不准做,人们只得在大东门外的盛家库做交易。城里主要是专政中心的衙门和城隍庙这阴阳两大权力机构。人活着时由县衙门管,衙门旁边是监狱和刑场;据说人死后由城隍庙管,有牛头马面、阴曹地府。城内的住户主要是地主大户和服务于他们的各种小人物。这里的建筑也与其他地方不一样,弄堂狭小,两边是数丈高的风火墙,地主们住在里面,带有统治和防卫的特征,颇有点欧洲中世纪城堡的风格。

第四种类型的一个镇是同里镇。同里是我姐姐的出生地,我家在搬到松陵以前就住在那里。同里距运河边上的松陵只有6公里,距离自苏州到上海的水路要冲屯村镇5公里半。同里镇本身四面环水,似乎是一片藏于水泽中的岛屿。它的周围地区河塘交叉,漾湖衔接,是典型的湖沼水乡。解放前的同里不通公路,只靠摇小船进出。对于不熟悉水道的陌生人来说,往往在水面上转悠半天也找不到进出的河道。正由于同里处于交通闭塞的地理位置,具有不同于一般的水乡地貌,它就被地主阶级、封建官僚选中作为他们的避难所和安乐窝。解放前,这个小镇上集居着大量的地主和退休官僚。据土改时统计,全镇2000户人家中有500多户地主,占1/4。地主阶级找到同里这个安全岛,修起了与苏州名园可以媲美的园林,现在正在修复的"退思园"只是其中之一。有名的评弹珍珠塔的故事,据说就发生在这个镇上,同里过去可以说是一个消费、享乐型的小城镇,现在正在改造成为一个水乡景色的游览区,已经成为文化重点保护区之一。

第五种类型的一个镇是平望镇。平望镇地处江浙之间,北通苏州,南通杭州，历来是兵家必争之地，因此它屡遭兵燹。自古代的吴越之战，到近代军阀之间的江浙战争，战场都是在平望一带。日本侵华时，它又几乎被夷为平地。近年来，平望已成为水陆交通干线的交叉点。历史上有名的大运河经过平望，沟通苏州和杭州。有公路东达上海、南通浙江、西联南京和安徽，成为吴江县内最大的交通枢纽。

平望的地理位置和交通条件使它具有两面性：一方面是易遭战争攻击和破坏，因此在解放前曾经几度由兴而衰，一直未能稳固地发展起来，另一方面由于交通发达，物资流畅，具有发展经济的优越条件，使它常能衰而复兴。解放后，战争的威胁消除了。党的十一届三中全会后，"左"的干扰被排除，便利的交通条件使它争得了成为大城市工业扩散点的地位。据说，上海的一些工厂在扩散过程中，开始也找过铜罗等几个镇，但是最后还是在平望落脚。平望就这样一下子冒了出来，成为近来吴江各镇中发展得最快的一个小城镇。

必须指出，上面列举的五种不同类型的小城镇，只是小城镇定性分析中分类工作的尝试。分类的对象只限于在吴江县初步走访过的镇，调查深入后，很可能还有应当提出的另一些类型，比如以渔业为主的社区，尽管人口较少，也可以因它的特点而成为一个类型。至于在吴江县之外全国各地的小城镇无疑还有许多各有特点的类型，比如以采矿为主的城镇等。而且有些地方的商品流通还处于形成固定城镇的过程中，只有一些具有日中为市性质的集、墟、场、街等场所。这些都需要进一步调查研究，所以这里所提出的类型是既不完全也不齐备的。

还应说明，提出类型的目的，是为了突出这些城镇的特点，使我们对小城镇的概念不至于停在一般化的笼统概念上，而要注意到各个小城镇的个性和特点，但在突出特点的同时，自然不应当忽视小城镇所具有的共同性质。小城镇的共同性质，正如胡耀邦同志所指出的，它是农村的政治、经济和文化的中心。小城镇的分类是以此共同性质为基础而就其不同的侧重点进行的。比如，松陵镇固然具有全县政治中心的特点，但同时也是附近农村的经济、文化的中心。震泽镇固然是吴江县西南一片包括若干乡的商品集散中心，但同时也是乡一级的政治、文化中心，而且近年来已成为小型社队工业的中心。盛泽镇固然是当前地方丝绸工业的中心，但同时也是附近农村的政治、经济、文化中心。所以上述某镇具有某种特点，只是指它在小城镇所共有的许多职能中所表现的突出方面。

通过这样的分类，我们注意到各个城镇有它的特点，而且这些特点是由各镇的历史形成的，因此在建设这些城镇时不应当一般对待。比如前面说的同里镇，它原来是地主阶级和退休官僚聚居的地方。土改后，它原来的经济基础已被摧毁，要建设这个镇，显然不能走平望的道路，因为它不在交通要道上，也不可能走盛泽的道路，因为它没有传统的工业。但是它却有幽美的园林，有水乡特色的建筑和河道。这是一个前人从经验中选择出来的退休养老的好地方。为什么我们不能把它建设成为一个休养和游览的园林化城镇呢？加拿大有维多利亚城，我们也可以有一个足以同它媲美的同里镇。这就是说以小城镇的特点来分类，对于我们确定小城镇发展的方向是有用处的。

三

吴江县的小城镇在解放后发生的变化，大体上可以分为前后两个时期，分界线是在20世纪70年代初期。70年代以前是小城镇的衰落和萧条时期，在此期间，小城镇逐步失去它赖以生存的基础，到了70年代初期，小城镇有了转机，到了后期，党的十一届三中全会以后才呈现出发展、繁荣的景象。

自50年代到70年代初，吴江小城镇的人口一直处于停滞甚至下降状态，与吴江县人口的迅速增长相比是令人难以置信的。以盛泽镇为例，它还不是人口下降最多的镇，50年代初就有22000人。其后20年中，人口总数持续下降，近年才有转机，到1981年才达到26000人。22000的人口基数，以全国平均的自然增长率来计算，至今应该有四万余人口。所以，我一听到这些数字，就说其中"大有文章"。什么文章现在还没有完全搞清楚，正在继续调查研究。这里让我们先看看吴江最南端的铜罗镇的人口变化概况。铜罗在解放前叫严墓，镇的类型与震泽相似，以烧酒和肥猪出名。全镇1952年有2475人，1962年有2488人，1972年是1900人[①]，1982年人口普查时城镇户口人数为2007人，30年来城镇人口下降19%。据初步调查，1951年土改时为了分得土地，有60户老家在乡下的小店铺关了门，约150人回乡务农。同年还有一二十名青年参军赴朝，其中只有个别人后来回镇。从1952年到1957年，特别是在1956年的"对私改造"期间，又有约200人离镇外出。这批人大多是做生意的业主和学徒，其中有文化的进入附近大、中城市的国营企业，有技术的则流入上海郊区和浙江的一些县城。据反映，当时他们觉得私人经营生意是一种剥削行为，连在私人店里当工人也不光彩，所以大家要另谋出路。1958年的大办农业和支援农业，以及1963年到1964年的职工下放，镇上又减少了近50户居民。除了上述的人口外流，还有青年学生考入大、中专学校，外省市招工，知识青年上山下乡等，也使镇上人口有所减少（其中上山下乡的知识青年绝大部分后来已回镇）。

像铜罗这样的情况，在其他小城镇也程度不同地发生过。人口下降是小城镇衰落的表现之一。那么小城镇衰落的原因何在？其后果又如何呢？

1957年合作化高潮时，我去江村作过一次调查，即所谓"重访江村"。农民的生活比解放前有了很大改善，但是传统家庭副业已经衰落。农民对我说：肚子可以吃饱了，就是手头没有现钱。由于执行"以粮为纲"的方针，其后的近20年只重视粮食生产的发展，农村的商品经济长期没有恢复。直到70年代初期，由于社队工业的兴起才使情况有所改变。党的十一届三中全会后，贯彻了多种经营的方针，农村才开始走上繁荣。1981年我三访江村，老熟人不再发牢骚了。他们同我谈的都是卖兔毛有多少收入，以及要求我帮助社队工厂推销产品一类的话。当时农民不仅能吃上三顿干饭，而且手上也开始有钱买东西了。因为他们集体的和家庭的副业发展了，社队又办了工厂，农村里有东西能卖出来，换到钞票，可以到市场上去买他们生活上需要的用品了。吃饱、穿暖、有钱花是农民生活改善和农村经济繁荣的具体内容。

把这两次在江村看到的情况与铜罗镇的人口变化联系起来，可以看到小城镇衰落的原因和后果。从农村方面看，由于"以粮为纲"，搞单一经济，取消商品生产，农民不再有商品到镇上来出售，小城镇自然也就失去了作为农副产品集散中心的经济基础。从小城镇方面看，由于提出变消费城为生产城，搞商业国营化，集体和个人经商受到限制和打击，居民无以为业，不得不到处找活路，小城镇留不住居民，人口下降。总之由传统的重农轻商思想出发的"左"的政策，是造成小城镇衰落的根本原因。小城镇越衰落，作为它的乡脚的附近农村发展农副业商品生产的阻力就越大；反过来，农村商品经济水平愈低，作为其中心的小城镇的衰落就愈益加剧。所以农村与小城镇间经济上的恶性循环是小城镇衰落的必然结果。当然，上述因果关系还有待于用客观事实有系统地全面加以检验。

下面我再谈一点有关商业渠道的问题。解放前，农村和城镇的商品除了食盐外全由私营的商人经营。解放后实行了统购统销，农村里所生产的粮食、油料、生猪、蚕茧等主要农副产品以及若干种生产资料都纳入了国营商业的流通渠道。各级行政部门都设立粮食、副食品、进出口贸易等机构，县级成立公司，县以下设所或设站。这样的商业改革使那些没有设置行政机构的小城镇失去了与周围农村的主要联系。但 1958 年以前，小城镇的商业除了国营商业这一渠道，还有集体性质的供销社，联营合作商店以及个体户等多种渠道。自从公社化以后一直到"文革"期间，个体商业和集市贸易不断受到打击，连农民提个篮子在镇上卖几只鸡蛋也要作为资本主义尾巴割掉。联营的合作商业被"利用、限制和改造"，不能不向国营商业和供销社靠拢，以致有的镇最后只剩下几家供应开水的茶馆和点心店。而原先由农民集资起家，属于集体性质的供销社则逐步国营化，变成全民所有制。最后，几乎一切商品都按行政区划上拨下调，在国营商业这一条渠道内流通。

商业渠道的统一国营化引起了小城镇的巨大变化。凡是设置行政机构的小城镇，都有国营的流通渠道，在收购农副产品以及调拨分配农民所需物资上占绝对优势，这就使得作为全县行政领导和物资批转中心的县城松陵镇成了吴江小城镇普遍衰落的一个例外，它的城镇人口因机构增多、干部调入而一度相持不动，后来还略有上升。一些设置公社机构的小城镇在总的衰落趋势中借着国营商业和供销社之力得到挣扎余地，而那些没有设置行政机构的小城镇受到被淘汰的压力就相当严重。在庙港公社的区域里，原先还有陆港、更缕港和罗港等几个小镇，解放前它们和庙港一样都是太湖东南岸边商品性的渔港。据说，陆港商业全盛时有 50 户人家做生意，集镇规模虽不及庙港，但它的乡脚范围与庙港相仿，也有五六华里地。更缕港则更小一些，只有近 20 个"连家店"[②]。解放后，庙港镇先后设置区政府和公社机构，陆港、更缕港变成庙港下属的乡和大队，只有基层政权组织而无相应的一套行政机构。从 1956 年开始，这两个小镇的商业逐步被庙港吞并，商业人员大都并入公社的商业机构。到"文革"后期，更缕港集镇完全被吃掉，人去集空，只留下冷落的石板街和残破的店铺面，退化为农村的居民点。陆港商业虽然也被蚕食去大部分，但它地处庙港与七都两个公社交接处，原属于陆港乡脚的村子离公社较远，主要是凭借了这一优越的地理位置，镇上留下了两个商业门市部和一家茶馆，三十几名商业人员在那里顽强地撑着小集镇的地位。

从全县范围来看，没有设置行政机构的小城镇大多数被吞掉了，像陆港那样已吞未咽下的是极少数。这个吞并过程值得进一步记录下来加以分析。

用行政渠道来控制商品的流通，势必造成农民买难卖难的困境，而商业本身在经营上也容易滋长"官商"作风。据农民反映，收购农产品的部门要货时急如星火，不要时弃如敝屣。比如兔毛，去年由于某种原因价格大跌，养兔的农民叫苦连天，也不明白为什么同样的兔毛一下子就不值钱了。小城镇和农村里原有众多的流通渠道已变成了单轨,适应不了这几年来农村发展商品经济的新形势,实际上已成了农村经济继续发展的障碍。

商业国营化的过程是在"化消费城为生产城"的政策下进行的。这一政策对于我国的城市建设固然有其积极作用,但由于当时对消费和生产这两个概念的涵义没有搞清楚,以致我们对小城镇性质的认识发生了偏差。在我国旧的传统思想中,消费不是一件好事情,它是指不事生产,靠着人家吃吃花花,实际就是指剥削享受。而在小农经济的眼光里,生产是指有实物收获的劳动,不包括商品的流通。这样我们一方面把小城镇的商品流通职能排斥在生产范围之外,归入消费中去;另一方面把地主官僚对农民和雇工的剥削,以及他们挥霍浪费的行为,看成所有小城镇唯一的基本性质。以后又进而把做生意、消费、剥削这些概念都划上等号。表现出来的是逐步限制,打击小城镇的个体和集体商业,这就大大削弱了小城镇作为农村地区商品集散中心的地位。然而城乡的工农业产品不能不流通,而流通总得有渠道。在集体、个体等贸易渠道全都被堵死的情况下,供销社非走向国营化不可,国营商业就不能不包揽一切。但是国营商业固然可以用行政手段把商品流通包下来,却包不下小城镇上原有的经商劳动者,于是小城镇居民中很多人无以为业,纷纷找出路。其中最有办法的人挤入了上海、苏州等大中城市,稍次的进入当地的国营企业,没有办法的也不让在镇上吃"闲饭",一批批地被动员下放到农村。最后那些由于病残体弱等原因确实无法下乡的人留了下来,依靠社会福利型的小手工业生产维持生活。这一过程,在铜罗镇的人口变化中看得很清楚。它表明在经济基础动摇以后,小城镇作为人口的蓄水池也就干涸了。无以为业的人口是留蓄不住的,不能不向大城市和农村两面泄放,小城镇本身日见萧条冷落。

这里需要补充说明三点情况:第一点是在这一时期小城镇衰落的总趋势中,吴江县也有新兴的例子。菀坪和金家坝这两个公社集镇是由村居民点上升形成的,它们都是设立新的公社行政机构产生的结果。第二点是从50年代后期起,吴江的县办工业有了较大的发展,例如盛泽镇上的丝绸工业从作坊手工业到机器工业,一直到专业化的若干道工序配合的现代丝绸工业。但是这些县属工业在经济、管理等方面都隶属于县的工业部门,它与小城镇可以说没有多少实际联系。第三点是有少数小城镇的衰落是由于自然灾害、地理发生显著变化等多种因素引起的。如松陵西南5公里处的南厍,以前是吴江西北部地区出入太湖的主要港口镇,每天有三四百条渔船和捞水草的农家船停靠南厍,商业兴旺。1949年太湖发大水,南厍的店铺被洪水席卷。公社化以后围湖造田，南厍失去濒临太湖的港口地位，再加上行政设置的变化，南厍集镇也就退化消失了。

四

由于看到小城镇周围农村生产的单一化和镇本身商品流通职能的丧失导致小城镇的衰落，在1981年又看到农民家庭副业的兴旺和听说那几年吴江小城镇建设也繁荣起来的情况，我曾产生过一种错觉，以为是农副业商品生产的发展促使小城镇的复苏。后来经过实地调查，才发现吴江小城镇兴盛的主要和直接的原因是社队工业的迅速发展，而不能说是多种经营、商品流通的结果。

以与上海郊区接壤的莘塔公社集镇为例，在1975年以前，莘塔公社的农业经济路子越走越窄，农业只是种粮食，副业只是养猪。农民收入长期在人均150元上下徘徊。从公社镇来看，不用说新的基建，就连原有民用建筑的维修也缺乏资金来源。居民住宅日渐破败，危险房屋越来越多。镇区内两条宽只有3米的过街楼式的沿河小街狭小敝陋。自1975年以来，该镇面貌大变。现在已盖起了许多新的厂房、居民职工住宅和一座能容纳1000多人的电影院，马路宽达18米的新街区颇有现代气派。这些基建的总投资共达356.8万元，其中有258.1万元来自莘塔13家社办工厂所上交给公社的利润，占总投资的72%以上。

莘塔的社办工厂原只有公社农具厂（现为油泵厂）1家，是在大跃进年代办起来的，其他的工厂都是在1975年前后创办的。据1982年资料，这些社办厂中，年总产值超过百万元的有油泵厂、灯泡厂和客车厂3家。若把全社的队办企业也统计在内，社队工业共有57个企业，务工社员2098人，占全公社劳动力的17%。全年总产值1026万元，利润66万元，其中上交给国家的所得税12万元。以务工社员工资和参加年终分配利润这两项计算，全公社20000余人，人均工业收入为49元，占年人均总收入的15%。

从农副工三业产值结构和分配结构来看，莘塔公社总产值中农业占33%，副业占13%，工业为54%。在社员人均分配水平327元中，农业收入为190元，工业收入为49元，社员家庭副业收入是88元[③]。

这一例子告诉我们，莘塔在70年代中期开办社队工业以后，改变了农村一段时期"以粮为纲"单一经济的局面。社队工业的发展为镇的基本建设提供了主要的资金来源，增加了农民的年终收入，而且吸收了接近1/5的农村劳动力。

从莘塔看到的基本情况在吴江县乃至整个苏南地区是普遍存在的。各个公社在介绍社队工业的好处时，都集中在吸收劳力、增加收入和发展公社集镇建设这三个方面。为什么苏南地区的社队工业在 70 年代能得以发展、遍地开花呢？对此不能不从该地区的历史传统和特定的社会条件去作考察。

苏南地区的历史传统可以加以概括为人多地少、农工相辅。江浙一带，人口稠密，经济发达，已有悠久的历史，人称上有天堂，下有苏杭。人口密度越大，人均耕地必然减少，所以在农业社会里，在一定的范围内，人口密度与经济发展水平是相矛盾的。然而我们的祖先却闯出了一条路子，使人口稠密与经济发达巧妙地结合在一起，那就是男耕女织、相辅相成。这种农业与手工业的结合一直持续了几千年。我 30 年代在江村调查时，还曾看到农户的收入是工农相辅，一半对一半。人多地少，要富起来，不能完全靠种庄稼，在粮食作物之外要种植其他经济作物，并从事农产品加工性的家庭手工业。这就是农工相辅这一历史传统的本质。这个道理在现代人眼里看来很简单，可古人开出这条路子时的艰辛是今世无法想象的，而这条路子作为一个根基开出新的花来也是古人始所未料的。因此，依我看来，现在所谓离土不离乡、遍地开花的社队小工业就植根于农工相辅的历史传统。地少人多，农工相辅是社队工业发展的内因。

在这几年的农村调查中，凡是我所接触到的基层干部，只要一谈到人口，都说有一股压力压得他们喘不过气来。当解放初期出生的那批人口在 60 年代中期进入劳动年龄时，农村就开始出现窝工现象。此后劳动力增长的速度逐年上升，年工分量猛涨起来，而同期粮食产量的增长却越来越少。到 1970 年前后，平均亩产显示出已达到极限时的起伏波动。这时农村已不是一般的窝工，而是由于劳力的剩余，农民开始在那里抢工分了。我曾请一位县委书记算一笔账，假定现有的劳动生产率不提高，现有的粮食产量不降低，全县可以有多少剩余劳动力？他的计算结果是在 1/3 到一半之间；如此大量的剩余劳动力是一股无法长期压抑下去的力量，一旦有了某种条件，它就会冲出来解放自己。正如当地同志所说的那样，办社队工业是"逼上梁山"，是将压力化为动力。

人多地少只是一股内在的动力，农工相辅的实现还需要外在因素的触发。社队工业兴起的外在因素就是"文化大革命"这一特定的社会条件。十年动乱，全国遭劫难，然而在吴江、在苏南的农村，在一定意义上却可以说因祸得福。社队工业正在这时狭处逢生，发展了起来，所以有人说社队工业是"乱世出英雄"。对此我起初颇觉意外，后来听了一些社队工厂的开办发展史，才了解到大城市里动刀动枪地打派仗，干部、知识青年下放插队这两件使城里人或许到现在还要做恶梦的事情，从另一面来看，却成了农村小型工业兴起的必不可少的条件。

办工业要有原料、劳力、资金、设备、技术和产品市场。农村有足够的劳力，这是有利的条件。那么其他几个问题是怎样解决的呢？

铜罗镇有一家生产化工产品的工厂可以说真正是白手起家的。1968年，一个城市青年插队到吴江的一个公社。这个青年的父亲在化工厂工作，他打听到某一化工产品因为职工派性纠葛而濒于停产，而这一产品又是另一个企业的必需品。于是他就帮助这个公社与需要这一产品的企业挂上钩，这一企业把原料、技术、设备甚至一部分资金全都包了下来。就这样，农民便在几亩地上办起了化工厂。类似这家工厂的例子比比皆是，因此社队工厂的同志说，那时的办厂条件多数是大中城市主动送下来的。

大中城市为什么要主动送下条件来让社队办厂呢？道理很简单，"文革"中城市里的大中企业有不少在打派仗，搞停工闹革命，没有稳定的局面，自然不可能进行正常的生产。但社会生活不能没有商品。尤其是一些外贸产品的生产还得完成计划。而相比之下，农村的局面要比城市稳定。于是城市里不能生产，就转移到乡下去。那么，由谁来牵线转移？从吴江的实际情况来看，主要是那些家在农村的退休工人以及下乡的知识青年和干部，尽管目的各不相同，但他们实际上却成了城乡经济的中介人，做了一件自己不一定意识到其意义的事。社队工业就是在社会需要大于社会生产，农村局势相对稳定，而且在城市与农村之间有了中介人作联系的条件下产生出来的。等到十年内乱结束，苏南的社队工业已渡过了最关键的初创时期，进入了它的发展阶段。

工业发展不同于农业，它必须要有一个集中的地方。这个地点一要交通便利，二是对来自各个村庄的务工社员来说地理位置适中。这两个要求使社队工业找到了正在衰落的小城镇。在吴江县可以看到，凡是公社集镇都是社队工厂最集中的地方。在县属镇，由于镇、社体制分设，社队工业不能侵犯镇区，于是就傍着老镇，在外围形成一个社队工业区。

在这里，我们应当注意到在吴江县的七个县属镇内还存在着另外两种工业：一种是县属工业（包括全民或集体），另一种是镇办工业。县属工业的发展较早，一般是在50、60年代开办的。它对保住小城镇一部分人口和为附近农民提供就业机会是起了作用的，而且近年来这部分工业也出现了新的飞跃。然而县属工业与它所在的镇之间没有发生经济上的联系，它只对国家和县交纳税收和上交利润。所谓镇办工业在1966年以前大都属于社会福利型的集体小手工业组织，实际上是残留在镇上的剩余劳力进行生产自救的组织。由于在"文化大革命"期间，各级行政需要自己找财源，"分灶吃饭"，灶灶要自己生火，镇这一级也得找各种门路办工厂。于是镇办工业就在集体手工业基础上与社队工业同时发展起来，现在也达到相当的规模。

"文化大革命"的后期，从县、镇到公社、大队，各级都在那里积极办工业。甚至连学校也要办工业。震泽中学是吴江有名的重点中学，出了人才。这份功劳部分要归到"六神丸"的瓶塞子上，这不是虚言。不搞校办工厂生产瓶塞，这个中学的校长就难以当家。学校添置设备，修理校舍，都要校长筹集经费，校长又到哪儿去要呢？培养我们子弟的教育经费如此不足，要由学校自己办工业来弥补。我听了以后，总觉得心中有一股压抑。由此我也明白了为什么从公社主任、镇长到县长对办工业这样积极。1978年以前，吴江县解放30年只铺了3公里的县级公路，10年铺1公里。没有经费搞建设，他怎能不办工业！所以尽管当时条条框框还很多，但各级自有办法，各显神通争财源。社队工业如同鸭子凫水，下面已经动了起来。等到党的十一届三中全会解开了捆住的手脚，社队工业和其他各种小工业就如雨后春笋一下子生长了起来，蓬蓬勃勃地向前发展。

由此看来，苏南这些年来小城镇的复苏和繁荣，是小型工业，特别是社队工业带动的结果，而集体商业的经济活动还没有真正活动起来。我们作科学研究，不能笼统地说什么小城镇繁荣发展了，而要看小城镇里繁荣发展的是什么东西，它的这种发展又给小城镇与农村之间的联系带来哪些新情况、新问题。所以，我想从上述的变化出发回到点与面的关系上，提出一些值得研究的问题，谈一谈对小城镇现有工业、商业、服务业的认识，来共同探讨怎样才能使小城镇真正成为农村的政治、经济、文化的中心这个基本问题。

五

党的十一届三中全会以来，通过调整改革，大中城市的工业生产逐步走上了正轨。在这种形势下，人们对于社队工业有两种估计，一种看法是社队工业发展是钻了城市工业停滞的空子，所以城市工业的发展严重威胁社队工业的生存，前途并不乐观。另一种看法认为城市工业与社队工业不但不相克，而且是相辅相成，因此对社队工业的前途不必悲观。这两种估计提出了一个共同的问题，怎样认识、处理城市工业与社队工业之间的关系。这是一个在发展中提出来的课题，我们应当用发展的眼光去深入全面地作研究。

目前社队工业的确存在不少问题，而对这些问题起制约作用的是社队工业生产不稳定。我所见的不少工厂很多是两三年换一块厂牌，一两年转一个产品，人们叫它"开关厂"。这样做固然有作为新厂可以免税的奥秘在内，但根本上还是缺乏稳定性。

我们不能满足于市场调节稳定性差这种回答，而应当从社队工业的实践中，去解决在社会主义原则下的市场调节怎样能够达到企业稳步发展的问题。首先不能一般化地对待社队工业，而应当从具体事实出发去分析社队工业里不同的类型。下面先列举一些我们见到的不同类型的社队办厂。

吴江县社队工业里有不少是丝织厂。办丝织厂抓住了当地农村具有丝绸手工业传统的特点，而且它作为劳动密集型工业，利润较高。照理说这种工厂是应该稳定的。然而绝大多数社队丝织厂的原料不是蚕丝，而是化学纤维。在70年代，化纤产品是热门货，只要能生产，不愁无销路。但随着大城市化纤工业的发展和人们对衣着需求的改变，这两年来吴江县社队丝织厂的产品市场离本地越来越远，推销员采取了你占城市我下乡，你在平原我上山的办法，一直把产品销往福建、安徽、青海等省。尽管如此，去年化纤织品降价，损失还是不小。

庙港有一家蔬菜加工厂是在1980年创办起来的，共有30余名固定工人，生产各种酱菜，主要是小黄瓜和大头菜。这个厂的原料都是本公社农民自己种的，1982年它向全社收购蔬菜总值达110万元，增加了农民的收入。工厂本身年利润最高达15万元。它的产品有半成品和成品两类。半成品销往山西，成品除当地自销外还销上海、苏州和由外贸出口远销南洋各地。

平望现在有上海缝纫机三厂的一个分厂，它是1981年6月由上海缝纫机三厂和吴江县农机厂联合投资、共同筹建的。总厂与分厂两家联合生产蜜蜂牌家用缝纫机。分厂虽不是社队工厂，但它一方面为总厂提供一部分机头零件并组装整机，另一方面则和梅堰、震泽、金家坝的几家社办厂协作，为上海总厂及其本身生产机架铸件和台板。这几家社办厂的原材料由上海供应，产品归上海接受，按照总厂的计划组织生产。分厂的原材料也来自上海，技术由上海派人指导。分厂所获利润和超产部分，与总厂对半分成。

上面三种社队工厂有可能是吴江现有社队工业的三种基本类型。第一类是原料和市场都不在当地农村，只是利用当地劳力的工业。在目前社队工业技术水平还较低、在品种式样受到资金匮乏制约、商情信息基本上还靠当面碰头交流的条件下，这类社队工业忽起忽落不能稳定是必然的。第二类是原料来自当地农村，市场也比较可靠的工业，这类工业实际上是当地农副产品的加工工业。农副产品与工业原料衔接起来，是社队工业中最稳定的一类。第三类工业的原料来源和第一类相同，并不是本地自产，但由大工厂供应，市场也是大工厂承包，它是城市大工业的扩散点，相当于大工厂的一个附属车间，所以它只要能维持住与大工厂的关系也是相当稳定的。

从吴江全县来看，第一类工厂占绝大多数，第二类工厂是少数，第三类工厂只有几家。因而从总体来看，全县社队工厂还是处于不稳定阶段。

对社队工业作出上述分类，是为了说明在基本上属于市场调节的情况下发展社队工业，必须根据农村地区的特点去确定能够发挥自己优势的工业方向，才能保持稳定性。因此我认为应当把工业的重心转移到第二类上去，要大力发展食品工业和具有地方特色的轻纺工业或手工业。这是基于我对社队工业应当有原料和市场的主动权才能稳步发展的认识。当然哪些原料适宜由社队工业去加工，它掌握主动权的比例应有多大等问题尚需进一步具体化。但农村工业的原料与农副产品衔接起来进行劳动密集型的工业生产，以地方特色拓宽国内与国际市场，这些无疑是社队工业选择发展方向时应该遵循的普遍原则。第一类工业在特定的历史条件下是送上门来的，而现在却要到处磕头找原料和市场。这说明它作为农村工业的先导任务已经完成。这类工业将来是否会有新的出路，那要看整个国家工业怎样打破大而全、小而全的工业体系以后才能预测。第三类工业看来是有前途的。从世界范围看，大城市工业扩散是一个趋势。大城市人口密集、土地贵、工资高、污染严重等，已使它的工厂不能再继续发展下去。资本主义国家的工业已向郊区和附近农村扩散，现在甚至扩散到第三世界的国家中去了。这种工业扩散曾引起严重的污染扩散的后果。但是我们社会主义国家对这种恶果是可以避免的。而且我曾说过我们应当提倡"大鱼帮小鱼，小鱼帮虾米"，要求大中城市的工业帮助，促进农村社队工业的发展，社队工业也可以帮助更小集体工业的发展。最近我看到江都宜陵的一份调查报告，说那里的社队办的蜂乳加工厂，把装蜂乳的玻璃管、包装盒等零件分到各个生产队去制造，使得这个公社的许多生产队都得到好处。这不是"小鱼帮了虾米"么？所以工业要打破大而全、小而全，要一层一层地扩散下去。但是大中企业不应当把污染也扩散给还不怎么懂得污染危害的农民，而是把就业机会和工业利润扩散出去，这样它自己可以集中精力提高产品质量和改善经营管理以增加本身利润。这正是我国社会主义制度的优越性的体现。

工业要打破大而全，不仅是形式问题。工业规模越大，越能趋向合理化，这是外国的经验。我们不该不假思索地把它硬搬过来。我们首先要考虑到怎样在发展工业中解决广大农村中居民的生活问题，我们不应当重复西方资本主义国家工业发展农村破产的老路。其次，要考虑到我们的企业经营管理方式必须适合我国当前的国情。毋庸讳言，我们对大企业的经营管理还缺乏经验，以致一些大的国营企业不能赚钱甚至长期亏损。现在有的社队工业想稍稍扩大点规模，结果他们自己说是"骑上了马背下不来"。因此我认为应当注意研究社队工业的规模和适应当前农民水平的经营管理方式，在这个基础上，通过实践培养出一大批能管理工业生产的基层干部，为我国工业进一步大发展创造人的条件。

社队工业具有顽强的生命力。有个队办工厂赔了钱，我问他们怎么办？回答是赔钱还得搞，这是因为工厂看来是赔了钱，但是生产队每一家都有人在厂里做工，挣得工资，所以不允许关厂，而宁可少拿一点工资。因而我想到这些社队工业有点像是传统家庭手工业的扩大和集体化。家庭手工业是不计工资、只算收入的。所以从社队工业来说是赔了些钱，但如果把工人们的工资算进去，对全生产队的农民来说，还是增加了收入。赔钱还要办下去，体现了社队工业的坚韧性和顽强的生命力。这种坚韧性来自于传统，来自于人多地少的现实。这种顽强的生命力使它在不稳定中还要坚持生存下去。

赔钱还要办，一家出一个工人，机会均等，凡此种种，看起来都与现代工业讲求效率、利润、择优挑选人员等经营原则相背离。要实现工业现代化，这些是应当改进的。但是，这些现象自有它发生的社会原因。人多地少和工农相辅的基本情况不改变，这种现象也不易改变。我们应当因势利导，转变它的落后性为开创新工业服务。日本企业家引为自豪的所谓Z式管理，无非是利用传统的"我照顾你一辈子，你得终生为我服务"的从属关系作为经营管理中发挥劳动效率的有效方式，而我们农村中人际关系的传统要广泛深刻得多。当然其间良莠不齐，应该对它们加以分析和考察，作出区别，弄清哪些东西可以利用和利用到什么程度。我们不应以虚无主义的态度看过去，要真正懂得中国的特点，并根据这些特点来搞社会主义现代化，就要研究可以生长出新东西来的旧事物，甚至要用旧形式来发展新事物，最终使旧的转化为新的。

社队工业的发展使一部分农民转化为工人，县办和镇办工业的发展也招收了相当数量的农民工。这就是说现在已经有不少农民到小城镇里来了。据调查，这五六年来，小城镇的实际聚居人口与户口在册的人口相比，普遍增加了1/3。因此，人口普查所得的小城镇人口数与实际情形差得很远。这些农民工到了镇上与镇上工人一样干活，甚至那些条件最差、最累、最重的活往往是由他们来承担，他们实际上是工人阶级队伍中的新成员。这批人数目相当大，据不完全统计，1982年江苏全省的务工社员人数达到527万人，而全省城镇户口的劳动力总数只有606万人。换句话说，在大、中城市及小城镇从事各种非农业工作的人数中，农民工与城镇户口的工人在数量上已相当接近。农民工挑着小城镇工业1/3的担子，应当深入考察这批人走出村子到小城镇上做工的全过程，研究他们的社会地位和生活、工作、思想感情。这是中国工业史上未曾出现过的新情况。

在实地调查中，时时可以觉察到有一股不可遏止的力量在驱使那些基层干部不能不开动脑筋朝前赶。我也受到一些感染，提出上述几个问题作深入研究的引子。我似乎感到自己盼了数十年之久的东西就在眼前，农村真正的工业化、现代化正在社会主义条件下出现，然而自己对其中许多有着深刻历史的现象还未能透彻地理解，还需要继续观察。

江苏其他地区的条件有什么不同，他们是不是也走苏南社队工业的路子？全国农村社会经济发展的步子怎么走法？它从苏南的经验中能得到些什么？这些问题一个接一个地在我心里盘算，希望今后的研究能向这些方面开展。

吴江的社队工业走过了十几个年头，十一届三中全会后的迅速发展也有5年了，其间有成功的经验，也有失败的教训。现在应是加以回顾总结的时候了。我们应当对社队工业的多样性和复杂性进行客观全面的分析，对社队工业中发生的问题作出科学的说明。

六

小城镇作为商品的集散中心，它的商品流通与农村的经济发展之间具有互为前提、相互作用的关系。现在主要的问题是要搞清楚小城镇商品的流通环节和疏通商品的流通渠道。

商品的流通环节，是指商品从生产者那里出来到达消费者手上，中间所经历的步骤。比如某一工业产品由上海的工厂生产后运往苏州，苏州的商业部门将它分配给吴江县，吴江的商业机构再把它分拨到各公社，公社供销社又把它批发给集体商业，最后由门市部出售到农民手中。商品就是这样经历了5个非直接消费的部门一步步地转运给消费者农民。这每一次转手都是商品流通的环节。同样，农副业生产的商品也要经过若干环节作相反方向的流通。这里我们首先要了解的是目前的商品流通要经过哪几个环节，以及各个具体环节对于商品流通有什么作用。

让我们撇开大中城市，先取出从小城镇到农村这一段来作考察。从这一段商品流通环节的具体分析中，就可以看到小城镇之间还有大小不同，层次高低之别。

前述的类型分析表明，小城镇对农村的主要作用可以因类型不同有所偏重。然而即使是同类型的小城镇，对周围农村所发生的作用，也不是等量齐观的。例如，同是作为农副产品集散中心的小城镇，震泽的乡脚大，庙港的乡脚就要小得多。因此，由小城镇作用影响范围的大小，反映出一个有系统的高低不同的层次来。

城镇层次的划分，过去大多以人口数量的多少为标准。然而，小城镇商业作用的层次分析，单以人口为指标是不够的。因为人口大体上相同的城镇在商品流通环节中所处的地位却可以不同。在目前我国商品流通的过程中行政的因素特别重要，许多不同等级的行政性的商业机构决定了商品流通的环节。所以，我认为不妨首先从城镇的行政地位入手来观察商品流通的过程。

吴江县的小城镇依据行政地位，可以分为三层五级：第一层有县属镇，在吴江有人称为七大镇。这一层小城镇的共同特点是具有镇和公社双重商业机构。县属镇又分两个级别，第一级是县城松陵，它有县、镇、社三重商业机构。第二级是震泽、盛泽、平望、同里、芦墟和黎里等6个非县城的县属镇。第二层是有公社商业机构的公社镇（或称为乡镇），吴江的16个公社镇也分为两个级别。第三级是商业人口接近于县属镇的八坼、铜罗和横扇，当地叫作三小镇，这三小镇除公社商业机构外，还有若干县属商业机构的派出部门，其管理范围越出本公社。第四级是设置有公社商业机构的庙港、七都、莘塔、金家坝等13个镇。第三层是大队镇（或称村镇），这一层镇在区域上都属某一大队范围，在行政上并不附设商业管理机构。它不同于有下伸店和双代店④的大队中心村，区别在于有商店，服务业和集市贸易的聚合和有经常性的商业管理人员。第三层不再分级，在吴江县共有如前面所说的陆港等12个村镇⑤。

由此可见，商业流通的环节实际是以一层层的行政级别为依据的。那么商品是怎样在这些环节上运行的呢？实际情况要比工业品通过高层次到低层次再到农村，农副产品又反向运行的理论分析要复杂得多。

例如开弦弓村有一家下伸商店，这个店销售量最大的是火柴、糖果、香烟、酒、酱油、盐一类的商品。店里还有三只铝锅，据商店工作人员说铝锅在货架上已放了整整一年。难道是开弦弓村人不用铝锅？不是。农民说买一只锅子要用几年，总得挑个好的，但这里只有三只没法挑选。所以买铝锅之类的物品他们就要上震泽或庙港。村里的青年男女结婚时新房里所需要的一些用品还要到上海、苏州去买。开弦弓是一个村落，不是村镇，但从这里可以看出普通农村里农民生活各种必需品是分别由不同层次的城镇供应的。这里就体现出了小城镇作为商业中心的层次来。一般情况下，农民生活中食用的如油、盐、酱、醋等一次性消费品基本上可以在村镇得到满足。村镇商业的门市部一般不到10个，销售范围大都是在1公里以内。农民生活中日常用品如热水瓶、脸盆等低档耐用的消费品，基本上是从乡镇或县属镇得到满足的。乡镇内同类商品一般都是独家经营的，花色品种与数量均较少，它们的商业门市部在10到50个之间，销售范围在3公里左右。县属镇内同类商品则有两个或两个以上的门市部销售，花色品种与数量比乡镇多，选择余地增加，它们的商业门市部在50到100个之间，销售范围在5公里上下[⑥]。

　　小城镇的层次是层层包含的。这就是说高层次的小城镇的销售范围不仅包含低层次的小城镇及其销售范围，而且高层次的小城镇自身也具有属于低层次小城镇的销售范围。例如，假定庙港、七都、八都等乡镇和这些公社的农村都到震泽来买铝锅，那么对铝锅这一商品来说，震泽镇铝锅的销售范围就包含了以震泽为中心的所有乡镇及乡镇的销售范围。但震泽不只是卖铝锅，它同时也卖油、盐、酱、醋，就这些商品的销售来说，震泽镇的范围与陆港这些村镇的范围相差无几，都限于附近约1公里范围内的居民。商品的销售范围实际上就是吴江民间所说的"乡脚"。乡脚并不是以镇为中心的一个清晰的圆周，每一种商品都有各自的乡脚，所以一个小城镇的乡脚由许多半径不等的同心圆组成。小城镇层次的划分实际上决定于它们乡脚的大小。

　　小城镇层次分析应当深入到满足农民各种生活需要的功利评估。所谓功利评估，是指农民对买何种商品，花多少时间，付多少成本的计算和均衡。功利评估的原则是以最少时间、最低成本去取得最满意的商品。小城镇的商业层次应当根据这样的研究结果来布局。我不知道现在的商业部门有没有一本在哪个环节该储备什么样的商品和每种商品要储备多少的账。如果没有这本账，就会产生有些环节上应该具备的商品无货供应，而在另一些环节上不应该储备的商品又被囤积的不合理现象。例如我在广西大瑶山的新华书店买到一本《陆游年谱》，对我来说当然是求之不得，但在瑶山的书店里摆上这类书籍，恐怕是很少有机会被人赏识，难以遇上知音的。

流通环节的合理化是商品流通的必要条件，道理是显见的，但做到合理化却需要作细致的研究。

疏通商品流通渠道是一件更大的事。党的十一届三中全会以来，小城镇上行政化的单轨渠道发生的问题，我们还不怎么清楚。我只是了解到集市贸易在吴江已经恢复起来，农民挑担上街，商贩摆了摊子，到处很热闹。松陵镇还为这样的集市搭了个玻璃瓦棚，下雨天，买卖人群不致淋雨，做了一件好事。虽然在集市贸易中是有价格管理等许多问题存在，但我看主要的问题是为什么吴江县小城镇的集市贸易还只是停留在农民提上一篮鸡蛋在集市上等上半天的原始状态，而不是像北京市中关村一带那样，只用短短的一年多时间便从日中为市的个体经商变成一排排集体合作的商店。

听说供销社也正在进行改革，对此我得首先说明自己是外行，又没有进行实际调查，目前还只能作为一个旁观者说几句。从客观形势看，现在要供销社重新回到合作性质上去恐怕不那么容易，要国营商业把已经经营的那些项目让出来恐怕也有难处。据说，前两年小镇上供销社和集体商业从体制上划清了。然而所谓的集体商业，其实还是批发商品给它出售的供销社附属机构。不客气一点说，那是换一把勺子去舀大锅里的汤。

那么，小城镇集体合作形式的流通渠道怎样才能建立、发展起来呢？前些时松陵镇的同志写信给我，要我帮助他们买一辆卡车，用它把凤尾菇运销到苏州市场上去。买汽车，我当然是毫无办法，但这封信使我受到了启发。1981年我把澳大利亚一位朋友送给我的平菇的菌种带回了家乡。1982年吴江县农技所和松陵镇的同志试种成功并作小规模推广，有同志还给它起了一个优雅的名字叫凤尾菇。经化验，这种蘑菇不仅食用价值高，而且体积大，产量高，每斤以7分钱的成本能卖得六七角钱，它还能立体柱形栽培，适宜作为农村家庭副业。可是在农村里推销有困难，县城内的市场太小，而苏州和上海却很欢迎这种食品，于是运销的问题也就发生了。所以，他们要我设法买一辆卡车。这封信给我的第一个启发是新商品要走新的商业渠道。既然原有的商品走集体形式的流通渠道困难重重，新的商品或许就比较容易创出新的方式来。我们应当支持鼓励生产者自己组织起来作集体流通的新的尝试，一切好的形式都是从尝试中出现的。我们要积极发展小城镇，就要从一切方面想各种方法去尝试新的发展。

由此我想到要进一步研究农村产品商品化的问题。凤尾菇产量大了,就想到自己要买汽车运销,那是商品产量的提高促使他们想到的。如果农村除社队工业外的商品生产还不足以满足附近几个小城镇居民的需要,那么手拎肩挑的集市贸易渠道就完全可以承担流通任务,自然不必也不会有更上一层楼的要求。然而1982年江村杀兔吃肉的事实又说明,农村经济商品化的水平必须要有新的立足于国内市场的流通渠道才能巩固和提高,如果一味把身子靠在洋人的背上过日子,人家动一动小拇指,我们就要跌筋斗。所以,我希望有同志能从农村经济商品化的现状出发,深入探讨小城镇商业流通渠道与农村商品化程度之间的相互关系。

我从这些事实又引出一个看法,小城镇商业的发展之所以没有社队工业的发展快,原因是受到原有商业渠道压抑的农村商品经济,对小城镇的冲击力还不够强,一旦这种冲击力强大起来,包揽式的流通渠道就非改革不可。而现在农村经济尚处于生产责任制的低级阶段,商品生产的程度还不够高。要突破当前的局面,还有待于多种经营专业责任制的发展。从以家庭生产为单位的责任制到集体专业化生产的责任制,是当前农村生产力继续提高的必由之路。从整个苏南地区来说,集体专业化生产的责任制形式已经在某些方面出现。所以,应当清楚地认识到客观的发展会带来的结果,以开辟新的流通渠道的尝试去自觉地适应、促进这一具有光明前途的发展。

七

小城镇怎样成为农村的服务中心、文化中心和教育中心,对此我只能谈谈自己的一些想法。

我四访江村时,听说在影片《少林寺》上映前,浙江的南浔镇电影院先贴出上映这部新片的预告。震泽镇的电影院获悉这一消息后,赶紧抢先搞到这部片子赶在南浔之前放映。这部片子在当时吸引了周围四面八方的农民。他们摇着船、带着孩子来镇上看电影。《少林寺》放映1周,卖座率始终不衰,电影院收入1万元。农民上街看电影总得吃点面条、点心,还要往家捎回些东西。结果这7天内全镇商业的营业额增加了6万元。这件事在我看来是镇作为农村中心的生动例证。假如经常这样,震泽岂不就是一个农村的娱乐中心和商业中心了么!

这件事说明小城镇的服务业是蕴有巨大潜力的。不是农民没有对现代社会生活的需求，而是我们不懂得农民的需求，致使小城镇上的服务项目、服务水平和服务质量远跟不上客观的形势。

为农村妇女烫发，现在是小城镇的一个服务项目。1981年我三访江村时，很少见到有姑娘烫发。到四访、五访时，烫发的女青年逐渐多了起来。今年六访时看到，不论是社队厂的青年女工或是在田里干活的姑娘，头发几乎都弯曲了起来，甚至连十二三岁还在上学的女孩子也烫了发。据说她们大多数是到庙港和震泽的理发店里去烫发的，每次两元，每逢过年过节，理发店日夜开业。在这件事上，庙港和震泽已成为农村姑娘的服务中心，而且为我们提供了测量这两个中心服务区域，即小城镇乡脚的一个指标。但是，农村姑娘烫头发的风气完全是自发的。我们对电视机的下乡引起了什么后果可以说很不清楚。这些都是看来是小事情，但意义却十分深远的问题，需要我们严肃地进行科学的研究。

再说小城镇上的茶馆，过去这是附近农村交流社会信息的中心，城里的、镇上的、村里的信息都在茶馆里汇集，并散播到附近农村里去。它是个民间相互咨询的服务场所，里面有社会新闻、有生产技术问题、有做媒等丰富的内容。现在民间的信息交流、咨询服务是否还在茶馆进行，还是另有场所和其他途径？在农业生产责任制和农副工综合发展新的情况下，农民到底有什么新的服务要求，怎样去满足他们的要求？这些都是迫切需要加以研究的课题。

在文化方面，除了电影院对农民开放外，镇本身现在很少有什么文化设施。青年们一般不上茶馆，又几乎没有文娱、体育等活动，连找对象在镇上也没有谈话的场所。去年松陵镇修了一座小公园，除了供人憩息，还有一些石条凳可坐，使农村青年男女进城来可以有个谈恋爱的地方。听说还有人反对，说是有伤风化。其实这并不是一个小问题。我看现在存在着严重的地缘、业缘内婚现象。青年男女没有正常的社交活动，不熟悉居住和工作范围以外的人，不得不在同村、同厂、同机关内部找对象，以致选择的圈子越兜越小。据说在一些交通闭塞的山村里低能儿越来越多，原因很可能就是长期的近缘婚姻带来的不良后果。所以，扩大青年的社交范围对于反对父母之命、媒妁之言的封建包办婚姻，对于改变近缘婚姻是有积极意义的。小城镇的文化中心作用不是一句空话，建设社会主义精神文明也不是空洞的口号。真正的中心作用是要使农民到小城镇来能解决实际问题，满足农民的需要，也就是人与人要在这里碰头，物与物要在这里运转，信息要在这里交流。苏南、吴江这一发达地区的小城镇到底为农民做了多少事情，很值得我们去看一看、想一想。

在教育方面，使我最痛心的事是江苏的文盲率要比全国的平均数高，吴江更是高中之高。按理说，一个地区经济水平是与文化程度成正比的，实际上现在反过来了。其中的规律性值得研究。可我想提一个倒过来的问题：为什么要识字？不识字又怎样？如果不识字照样生活，收入还比识字的高，那就发生了为什么要识字的问题了。

这次我在太湖边上的庙港渔村里散步，我问了几个年龄不同的居民识字不识字，他们都对我摇摇头。年纪大的都是有经验的渔民，年轻的孩子们正跟着父兄们学打鱼。据说他们近年来的收入比农民高得多。我在和他们的谈话中才悟出他们不识字的道理来。这些都是多年甚至世代在太湖上捕捞的渔民，捕捞是搜集自然产物的生产方式，由来已久，说是原始经济也未尝不可。这种生产方式需要有这地区自然地理的丰富知识。在太湖里打鱼就得充分掌握太湖的气候、风浪和鱼源，这是他们生活所依赖的知识。这些知识却并不靠文字来传递，而是口口相传并在实践里体验来的。要成为一个能靠捕鱼为业的太湖里的渔民，就必须从小跟着父兄在船上生活。试问他们为什么要在学校里花费多少年学会几千个方块字呢？年轻时进学校而不去跟父兄一起经风浪，到头来恐怕会在打鱼时被风浪淹死在水里。但是如果要提高渔业的生产力，改捕捞为饲养，就是用人工去经营鱼塘以提高产量，情况也就完全改变了。饲养员需要知道温度、湿度、水里含氧的成分等所谓"科学知识"，要学习这些知识，不识字是办不到的。从太湖上的"浪里白条"变成鱼塘里的饲育员，是从原始采集阶段的生产方式发展成饲育阶段的生产方式，也就是从不需要文字到离不开文字的发展过程。如果现在庙港的渔民安于在太湖里乘风破浪地捕捞为业，那么我看文盲是扫不完的。我从太湖边上散步回来，对扫盲问题的认识似乎又深了一步。我们读社会发展史应当用它来理解当前的实际问题：生产力不发展，教育普及不了。从这个角度去研究当前农村的教育问题，也会看到目前农村生产力的迅速发展不仅提出了普及教育的需要，也提供了普及教育的可能。怎样才能满足农民对教育的需要，那就有赖于我们提供怎样的教育内容了。因此怎样把小城镇建成农村的文化教育中心，对我们来说应当是一个重要的新课题。

八

我的发言应当结束了，在末尾我想附带提出一个名词问题。我素来不主张在名词上浪费笔墨，但是也不能不注意到名副其实的必要。"小城镇"这个名词最近大家已经习惯了,是否还可以多考虑一下?用这个名词来指作为农村中心的社区是否妥当?我们的字典里对城、镇、集、墟、街、场、村等名词都有一定的释义,我不在这里再重复。但必须指出,当前各种社区需要划分出一条城和乡的界线,各层的社区用哪些名词来表达最为妥当还是个值得考虑的问题。

如果把"城镇"这个名词用来指作为农村中心的社区,从字义上看,它似乎应当属于城的一方,而实际却是乡的中心。为了避免这种因望文生义而可能产生的误解,不如称这种社区为"集镇"。我们知道有不少经济不太发达的地区,还没有形成固定的商业和文化中心,而停留在"日中为市"的定期赶集形式上。津浦铁路进入安徽境内就有很多车站至今保留着某某集的地名。这些集所起的作用,程度上虽有区别,性质上是和吴江所见到的许多"小城镇"相同的。把这些集称作"小城镇"总不免有点牵强。所以我想不如把在吴江所见到的"小城镇"和这些集归在一起而称它们作"集镇"。

当然"小城镇"应当归在城、乡的哪一边,还是一个可以研究讨论的问题。把它说成城乡的纽带,只说明了它的作用,而没有表明它是一个具体的社区。我主张把农村的中心归到乡的一边。但也可以考虑在城乡之间另立一格,称之为镇。麻烦的是汉字不习惯用单音节名词。镇字旁还得加个字,要加就不能再用城或乡,所以还是可以考虑称"集镇"。

还要提到的是群众语言中有传统的分层模式,那就是"城里人"、"街上人"、"乡下人"。这种分层至今还有现实的社会意义,含有高低之别。而我们所提到的吴江县的"小城镇"中在群众语言中却包含了三个层次。作为吴江县行政中心的松陵镇的居民过去被称作"城里人"。松陵镇过去也确有城墙,解放后才拆除。其他的镇上的居民在群众语言里都不称"城里人",而称"街上人"。但是像庙港一样的公社镇,过去并不是基层行政中心,只是沿太湖的港口之一,像一个较大的村子,所以它的居民够不上"街上人",还是"乡下人"。有人看到在现在所谓"小城镇"里还存在着和群众语言相适应的层次,所以主张用"城镇"、"乡镇"、"村镇"来区别。"城镇"指松陵一样的大镇,即县属镇,"乡镇"指公社一级,也是体制改变后乡政府所在地的镇,其下则是"村镇",这种意见值得考虑。我在这里只是提出来供大家讨论。我们的调查研究越深入,对我们用以识别事物的概念也会越来越细密,也会要求我们所用的名词更加确当切实。现在一般应用的名词都有待我们进一步去研究讨论。

今天我的讲话里还是用"小城镇"这个名词,因为我们的讨论会的名称就这样用的,不能因为我个人不成熟的意见就加以改动。这也说明了这些概念和这些名词都有其社会的根源和作用,即使改动也要有个过程。我个人的意见也会改变,一门科学在初创时期总是这样的。

本文系作者于1983年9月21日在南京"江苏省小城镇研究讨论会"上的发言。由沈关宝同志整理,并经作者审阅订正

注释

① 1972年人口未统计,这个数字是由前后三年的人口数推算得来的。
② 解放前农村小集镇的店铺中有一种前门开店,后屋住家属的叫作连家店。
③ 社员家庭副业是根据供销社收购系统的数据所作的测算。
④ 业务属供销社系统的大队代购代销店叫作双代店。
⑤ 据乡村建设局调查统计。
⑥ 商业门市部数与销售范围都是吴江县各层小城镇的平均数。

小城镇，再探索

一

我们的小城镇研究是从农村研究的基础上发展出来的。1981年我三访江村时，还只是以一个农村为范围进行观察，但是这年年底四访江村时，我们就提出要"更上一层楼"，从农村升一级，去调查研究作为农村政治、经济、文化中心的集镇。我们曾访问了吴江县的一些集镇，发现这些集镇正在从衰落转向繁荣。除个别例外，在过去30年里，绝大多数集镇普遍存在着人口外流，人数增长缓慢，甚至下降的现象。党的十一届三中全会后出现了新局面。这些集镇的册外人口大增，有些镇竟达居民总人数的1/3。所谓册外人口是指住在镇上而没有户口的人。我们看到这里问题很多，所以决定从1982年开始，把小城镇研究列为我们调查工作的重点。这个意见得到了江苏省委的支持，因为就在我们提出这个意见不久之前，江苏省委在常州举行过一个城市工作会议，提出发展小城镇的主张，真是"不谋而合"。因此，中国社会科学院社会学研究所就和江苏省社会科学院社会学研究所联合组成了小城镇的调查研究组，开始这个课题的调查研究工作。

为了深入探索这个新的课题，我们采取了"解剖麻雀"的方法，把小城镇数量上号称"多子女"的吴江县作为解剖对象，并提出"类别、层次、兴衰、布局、发展"的十字提纲。我们的工作分两个阶段，先是从上而下，向各级党政干部请教，初步了解从县到镇的基本情况、有关的工作经验和已看到的问题。然后，按不同类别和层次，定点、定人、定题，课题组同志分别下乡作实地观察。去年秋季集合汇报，并邀请了中央有关部门及江苏省委政策研究人员，江苏省有关各市各县各镇领导干部，以及有关研究机关和高等院校的研究人员一起进行多层次、多方面、多学科的学术讨论。这就是 1983 年 9 月 21 日到 27 日在南京举行的江苏省小城镇研究讨论会。我在会上作了《小城镇，大问题》的发言。课题组及其他参加会议的同志提交讨论的一些论文，经过修改提高已汇编成《小城镇，大问题》（江苏省小城镇研究论文选第一集），今年 7 月份可望出版。在这次会上成立了江苏省小城镇研究会。

1983 年全国政协组织了有北京和南京各方面专家参加的小城镇调查组，从 11 月 11 日到 12 月 6 日在江苏的常州、无锡、南通、苏州四市和部分县、镇参观访问，对江苏小城镇讨论会所提出的问题和观点进行"会诊"。调查结束后，在苏州总结，会上的发言正在整理，陆续将在《社会学通讯》上发表。我这篇《小城镇，再探索》就是以我在这次总结会上的发言为基础整理而成。下面我只想把我个人在四市和部分县、镇访问中的体会作一简要的叙述。

二

农村经济的繁荣，带来了小城镇的复兴。党的十一届三中全会后，在短短的 5 年中，广大农村落实了各项经济政策，全国农业生产，除了极个别地区，都有了普遍的和显著的提高。农民确实富裕起来了，这是有目共睹的事实。我们所调查的苏州、无锡、常州、南通四市，在近年农村经济发展上，在江苏省来说是站在前列的。而江苏省在全国的经济发展上又是站在前列的。1982 年以前江苏的先进纪录是"两个超过 500 亿"，即粮食 571 亿斤，工业总产值 502 亿元。1983 年再创的新纪录是"六、七、八"，即粮食 610 亿斤，财政收入 72 亿多元，工农业总产值 824 亿元。

在我们调查期间，1983 年农村的各项指标尚未结算，省委农工部提供的资料：1982 年江苏全省社员人均收入 309 元，比 1978 年增加 154 元，4 年翻了 1 番；同年，粮、棉、油总产量年均增长率都在 4% 以上；主要副业项目的年均增长率都高于 10%；乡镇工业（公社及生产大队两级所办企业）总产值 4 年也翻了 1 番，占农村工农业（生产队所办企业算作农业）总产值的 42%，占全省工业总产值的 1/4。

我们调查所经过的地方，农民住宅已在更新，使得农村面貌焕然一新。长江北岸开始"草房改瓦房"，苏、锡、常开始"瓦房改楼房"。有些地方沿路可以看到装上阳台，阳台上摆满花卉的别墅式两层楼房，一幢接一幢地绵延几里。集镇上百货公司、电影院、文化宫、书场等新型建筑在宽阔的大道两边耸立,使旧上海的边缘市容相形见绌。有些生产大队开始兴建公共浴室。无锡县前洲乡的一位青年在他花费1万元建起的三层楼的新居中掰着手指告诉我们:近几年,他和他那在队办纺织机械厂工作的妻子一起,每年收入约4000元,除了全家三口的日常开支,可以积蓄2500元到3000元,这种人家在前洲乡一类的农村里是很普遍的。江南鱼米之乡出现的"建屋热"是农民丰衣足食之后开始解决居住问题的反映。农民造房子有些地方已超出了居住的需要,部分是属于家庭副业的生产投资,还有部分是属于"实物储存"。农民从商品生产中获得的收入,一时已消费不了。江苏农村在1982年末的储蓄额达20亿元,在苏州市平均每个农民有78.9元存进银行。但是有理由相信留在农民口袋里的现金很可能超出此数,这部分余资按农民的传统心理,要变成不动产才放心,所以也构成了兴建房屋的一种动力。无论怎样,在这四市的农村中已出现的小康气象是十分动人的。

使这地区农民富裕起来的主要因素是农村经济结构发生的变化。这些年来江苏全省农副工三业各以不同的速度逐年增长,其中农产品产量的增长率最低(约4%),乡镇工业(即社队工业)的产值增长幅度最大(约90%)。这意味着在农民的收入中,来自农业的比重相对降低,而来自工业的比重越来越大。在我们调查的四个市中,以县为单位,工业产值占总产值的比例,都接近或超过一半,特别是长江以南这三市的县一般都在70%以上。1983年这三市中有无锡、常熟、江阴三县(市)的工农业总产值各超过了20亿元,其中农业产值只占10%—20%。据1983年统计,江苏已有塘桥、乐余、前洲、玉祁、周庄、华士、黄巷等7个乡的工农业总产值超过了1亿元,这些乡的工业产值都占90%。农民富裕靠工业,已成了普遍的事实。

值得特别注意的是,由于这些地方工业办得好,因而富裕起来的乡村,农副业收入所占的比例不断降低,而在绝对数字上却相应地增长,速度也较工业不发达的乡村为快。这个事实应当大书特书,因为它向人们展示出我们社会主义建设中的一种崭新的特点:中国社会基层的工业化是在农业繁荣的基础上发生、发展的,而且又促进了农业发展,走上现代化的道路。

这个特点的重要意义只要和西方早年工业化历史相对照就容易看得清楚了。欧洲工业化初期,在集中于都市里的机器工业兴起的同时,农村却濒于破产,农民失去土地,不得不背井离乡涌进城市,充当新兴工业的劳动后备军。资本主义国家现代工业的成长是以农村的崩溃为代价的。这是西方资本主义工业化的道路。与此相比,我国在社会主义制度下,党的十一届三中全会以来却出现了上述的那种基本上和资本主义工业化迥然不同的新道路：农民在农业繁荣的基础上，以巨大热情兴办集体所有制的乡镇工业。这种乡镇工业以巩固、促进和辅助农业经济为前提，农副工齐头并进，协调发展，开创了农村不断繁荣兴盛的新局面。这种工业化的道路，从具体历史发展来看，并不是从理论上推论出来的结果，而是农民群众在实际生活中自己的创造，经过了多年实践的检验，"实行几亿农民离土不离乡，积极发展乡镇企业"，终于被肯定为从我国国情出发的一个具有战略意义的方针。

三

在吴江县的集镇调查过程中，我们看到了集镇的转衰为兴，是由于当时所谓社队工业即现在所说的乡镇工业的兴起。我们这次四市访问证实了这是这个地区共同的特点。

据反映，苏南地区的乡镇工业虽发生于20世纪70年代的初、中期，但那时是"偷偷摸摸地搞"，一般说来工厂为数不多，规模也较小，如雨后春笋般地蓬勃兴起，是党的十一届三中全会以后的事。例如无锡县的前洲公社1970年仅有一个农机厂，12名工人，全公社的工业产值才150万元；到了1982年，工业产值达到7388万元，增长了48倍，务工社员也增长到7700余人。从无锡全市范围来看，1978年以来乡镇工业的产值和利润分别以年均23%和7%的速率递增。

这一情况的发生，如我过去已经指出的，只有从乡镇工业与农业之间的内在联系中才能找到答案。苏南是一个农业开发历史悠久的地区，农业经济的发展吸引和积聚越来越密集的人口。为了解决人多地少的矛盾，维持住该地区的"天堂"之富，这里很早就在农业稳定发展的基础上产生了家庭手工业。"牛郎织女"的传说反映了夫妇之间的分工和合作，表明了农业与手工业在一个家庭内的有机结合。这就是苏南地区人多地少、农工相辅的历史总结。

建国以后，苏南的农业由个体经济走上了集体经济的道路，农业生产力获得了前所未有的解放。可是，由于人口的一度失控，人多地少的矛盾在这里越来越尖锐，70年代初四市的人均耕田已经降到1亩上下。在党的十一届三中全会前，农村经济政策又受到"左"倾思想的影响，"以粮为纲"变成了单一的粮食生产，破坏了这一地区工农相辅的传统结构。越来越多的农业劳力没有别的出路，不得不以成倍增长的成本在有限的土地上搞强化开发，那是增产不增收的路子。据苏州市的测算，70年代中期以来，纯农业的收入长期在人均100元上下徘徊。

我在《小城镇，大问题》一文里已经说过，江苏农民怎样在十年动乱中"逼上梁山"地找到发展乡镇工业的道路。我也指出过，农村的剩余劳动力寻找出路是乡镇工业发生和发展的内在因素。据我们这次调查的四市来说，以劳均4亩耕地计算，农村里就有1/3以上的剩余劳力，仅苏州市的五个县就有120万人，约占该市农村总劳力的50%。这些原来被"大锅饭"所吞没的农村剩余劳动力一旦在自办的工厂里找到了从事生产的机会就成了农村里新增的生产力。党的十一届三中全会确立了生产承包责任制以后，农村里家家户户都发现了从有限的责任田上大可腾出手来另找生财之道，于是乡镇企业就遍地开花地在农村里生长了起来。因此，我们可以说，乡镇工业是农村剩余劳力以新的劳动手段与新的劳动对象相结合的产物。它是农民依靠集体的力量办起来的工业，它不但不会损害作为自己基础的农副业，而且能在为国家财政收入作一定贡献的同时，主动地承担起支农、补农和养农的责任，形成了我在上节里所提出的我国工业化的新道路。

从江苏全省来看，1983年乡镇工业向国家纳税11亿元，占全省财政收入的1/8。在1979年到1982年4年间，乡镇工业的利润中有20%以上用于购置农机、进行农田基本建设、兴办农村集体福利事业等，总额达14.5亿元，相当于同期国家对全省农林、水利、气象的投资总额。与此同期，乡镇工业工资总额和返队利润累计为59.9亿元，其中1982年为17.9亿元，以全省农业人口计算，人均收入35元。苏州市的同志说："我们这里正是由于乡镇工业的发展，依靠以工补农这着棋，才稳定了务农社员的生产情绪，促进了农业生产的继续发展。1982年，全市5个县农村人均255元的集体分配收入中，来自乡镇工业的为130元。实质上，这是在弥补粮食价格背离价值的差额上，在国家宏观调节手段不足的情况下，乡镇工业为国家分挑的一部分担子。这副担子非挑不可，因此，乡镇工业也非办不可。"上述数字表明了苏南的乡镇工业对农副业的巩固、发展和农村的繁荣所作出的贡献。在调查中我们看到，凡是工业办得好的地方，随着工业对农副业的补养成分越大，农副业的发展也就越迅速。这不是偶然的现象，而是必然的联系。

乡镇工业补贴农业并促使农副工综合发展的这种作用，在形式上类似于历史上农民的家庭手工业。正是在这一意义上，可以认为乡镇工业是根植于农工相辅的历史传统的。但在新的历史时期下，农工相辅已不再以一个家庭为单位，而是以集体经济的性质出现。从一对对的"男耕女织"到一村一乡的农副工综合发展，使农工相辅的传统在社会主义制度下发生了历史性的变化。这一进步迅速改变了农村的面貌，使农民的富裕得到了保证。在调查中，四个市的干部和群众都提到这样三句话："农业一碗饭，副业一桌菜，工业面貌改。"意思是说，农副业过关，充其量是解决温饱问题和略有余款，只有办起乡村工业，才能使农村的繁荣具有坚实的基础。这是各级干部与农民的切身体会和自觉行动，是一种"一荣俱荣，一枯俱枯"的感情。苏州的一些同志说，要是回过头来，把转移到工业上去的几十万劳动力重新捆在一人一亩的土地上，这是万万要不得的。

四

乡镇工业不仅与农业之间有着历史的内在的联系，而且与大中城市的经济体系之间存在着日益密切的连结。在旧中国，自从上海成为通商口岸的上百年间，外国资本和官僚买办资本就从这个商埠出发，沿着沪宁铁路把吸血管一直插到苏南的农村。首先被摧毁的是农民的家庭手工业；接着农业也独木难支；最后农民忍痛出卖土地，到上海去做工——走上了西方资本主义工业化的道路，还要加上半殖民地的性质。

解放前，由于农村破产，被迫走入城市的农民在工厂里学会了现代技术。他们在当前乡镇工业发生和发展中成了一个积极因素。据无锡市反映，解放前上海的贩金工中有近一半是无锡人，形成了上海机械工业中的所谓"无锡帮"。这些工人原来就是从农村流入城市的农民。中国的工人和西方国家不同，他们多半是只身进城，挣钱养活乡下的家口。这种"藕不断，丝还连"的状况至今还起着作用。我们走访了 28 家乡镇工厂，它们的创业都与各种各样的"关系"有关，而其中大多数就是由有乡土关系的退休工人或干部牵线搭桥或提供技术力量而诞生的。但乡土关系只是乡镇工业得到促发和催化的条件，乡镇工业与大中城市日益密切的连结是在党的十一届三中全会以后逐步发生和加强的。

在常州湖塘镇，一家社办的柴油机厂正在为常州市内的国营厂生产配件。据说近年来由于那家国营厂的生产量供不应求，要扩大生产规模，但是由于受到市内土地、资金、招工指标等许多条件的限制而无法展开。于是就通过某种关系找到了湖塘的社办厂为他们生产配件，形成了"一条龙"工业体系。生产关键部件和承担总装任务的"龙头"设在市内,"龙尾"则摆在集镇或乡村。在无锡、苏州等地,看到有不少轻工产品,如液压标准件、各式服装等订上了上海的商标出厂,询问之下才知道当一些城市工业转向高精尖产品时,同样受到条件的限制而无力再承担市场仍有需求的老产品生产,于是将老产品连同技术一起转移到乡镇工业,这被称为"产品脱壳"。

"一条龙"和"产品脱壳"都是城市工业与乡镇工业相联系的形式。目前联系的形式很多,大体上可以归纳为下列六种:(1) 合资经营,产品或利润分成;(2) 产品脱壳,部件扩散;(3) 来料加工,保质保量;(4) 技术支援,协作收费;(5) 支援资金,补偿归还;(6) 技术转让或专利转让。这些归纳和分类是否详尽和科学尚需研究,但可以说明,在党的十一届三中全会以后,由于经济体系的调整和发展,由于城市条件的限制,城市工业与乡镇工业联系也就越来越密切,全面广泛的经济、技术合作正在逐渐取代那种只是通过几个"关系户"作媒介的联系。

以所调查的四市来说,在城市工业与乡镇工业的经济、技术合作中,可以清楚地看到,与上海市联系的乡镇工业最多,与常州、苏州、无锡、南通等市联系的次之。这就是说,上海市的经济发展对乡镇工业乃至地区的经济产生了重大的影响,起着中心的作用。从无锡县的情况来看,在全县2000多个乡镇企业中,与上海、无锡等大中城市工业、科研单位挂钩的已有709家,协作项目895个,其中与上海、无锡两市协作联合的居绝大多数。由此可见,乡镇工业是以城市工业为依托的,城市工业是以乡镇工业为后方的。他们的相互依赖性在不断增大。特别是在乡镇工业经过了1980年和1982年两次整顿以后,它在城市工业体系中占有了一定的地位。仅以沙洲县锦丰公社玻璃厂为例,它在上海跃华玻璃厂的支持下,已年产30万标箱的民用玻璃,在华东地区属可数之列。据说,上海、无锡等市的工厂企业,向同他们挂了钩的乡镇企业提出了这样的要求:"心连心,不变心,一条心"。因此可以说,苏南的乡镇工业实际上已经成为城市工业体系中的一个组成部分。不仅是乡镇工业离不开城市,城市工业也离不开乡镇工业,两者的密切连结是区域经济发展的必然现象。

在苏南地区,城市工业、乡镇工业和农副业这三种不同层次的生产力浑然一体,构成了一个区域经济的大系统。这是一个在社会主义制度下农村实现工业化的发展系统,展现了"大鱼帮小鱼,小鱼帮虾米"的中国工业化的新模式。当然,对这个系统内各部分之间联系的细节还有待进一步研究,然而系统中各个部分的不同作用是明显的。从苏南地区的实际来看,这一区域经济系统已具雏形，各自发挥自己应有的作用。所谓区域经济系统，是指一种在特定的地域范围内才具有它意义的经济模式，一旦越出区域，发展模式就会改变。在常州市的金坛县和南通市的如皋县，可以明显感到它们已是上海经济区的边缘地带，因为那里的经济发展已具有许多不同于整个苏南地区模式的特点。

当前，乡镇工业面临着不少迫切需要解决的问题和困难。其中普遍反映的有：(1) 能源和原材料的供应缺乏计划渠道，乡镇工厂中有一部分变成了做做停停的"开关"厂，好几个县的负责干部在为煤炭、钢材而煞费苦心，千里奔波；(2) 技术力量薄弱，人才缺少；(3) 环境污染的治理和劳动保护的条件较差；(4) 担心在1984年取消低税率后，乡镇工业将会处于劣势。苏州市的同志提出：目前对乡镇工业的扶持还是迫切需要的。例如，在材料、能源的供应和产品销售等方面，能纳入计划的应即直接纳入计划；在资金信贷上，可否给予低息优待；在税收政策上，是否可采用变通措施，在支农、补农款放在税前列支；每年分配一部分大专和中专毕业生到社队工厂工作，以加强其技术力量。对这些问题，还需要更深入的调查研究，才能提出切实可行和因地制宜的解决办法。

五

随着乡镇工业的发展，大量的农村剩余劳动力有了一条出路。据无锡市的统计，全市乡镇工业和其他乡镇企业已经安排的劳力占农村总劳力的34%。其他三市的情况与无锡市大体相仿。这意味着在苏南地区，农村劳力总数的1/3以上，已脱离了农业劳动。从全省范围来看，乡村工业的职工总数为400多万人，这一数字接近全省城镇户口的工业职工总数。与此同时，由于多年来集镇本身人口萎缩，县属和镇办的企事业发展也因人员缺乏而用各种方法招聘和使用相当数量的非正式职工，其中绝大部分是农村劳动力。据省劳动局统计，不包括外发加工部分，1982年全省城镇企事业单位共录用了农村劳力99万人。这一方面使农村的人口压力得到了一定程度的缓和，另一方面使这部分农民开始以新的劳动手段与工业生产的对象相结合。于是，在江苏农村形成了一支具有独特性质的劳动队伍。

各地对这支劳动队伍有许多称呼，例如农民工、务工社员、亦工亦农人员等。叫法虽然不同，但意义却相同，那就是农工相兼。因此，兼业就是这批劳动者具有的独特性质。然而从实际上看，该地区的劳力剩余量是一个随着农时而变化的数字,农忙时剩余少些,农闲时则大量剩余。这就要求在剩余劳力转向工业的时候,应当保持他们在适当时间内能从事农业的弹性,以保证农业的稳定。因此,兼业是农村经济协调发展的需要。

在苏南农村,从人口与土地的总量上分析,就是在当前的技术水平上说,劳动力剩余已经成为严重的问题,因而剩余劳力向工业、商业、建筑、运输、服务业的转移是一种好现象,而且,这也是社会主义农村长远发展所需要的。现在县、乡干部已经改变了过去那种把农村看成可以无限制地吸收劳动力的观点,而全力以赴地为剩余劳力谋出路,开辟新的生产渠道,这是值得赞许的。

我们走访过的乡镇工厂往往是采取每家农户出一人的招工办法。这样做似乎不合择优原则,但是却有符合农村具体情况的一面。他们告诉我们说,这样既可以保持农户在收入上的大致均衡,同时也是出于兼业的需要。每家抽出一个劳力务工,其余劳力在家务农,务工的上班时做工,下班回家后帮助干农活。武进县湖塘镇新光毛巾厂的女厂长就是这样的兼业者,她有效地管理着一个有 1800 名工人(全部是兼业人员)的工厂,回家就务农。因此,在集体经济的基础上,工业与农业以劳务搭配的形式,结合到每个家庭中去,家庭成为兼业户。四个市中,兼业户约占农户数的 80% 左右。在乡镇工业较发达的无锡、常熟、江阴、沙洲、武进等县的农村里,除了五保户等特殊农户,几乎都是兼业户。

当然,对于兼业者来说,由于受到用工制度、上下班时间、工种以及家庭劳力状况等因素的制约,他们的兼业程度很不相同,大致上看,主要有三种状况:(1)以农为主兼营工业。这主要是指从事外加工的部分。务工者将刺绣、编织等手工产品承接回家,每天闲空时做工;(2)亦工亦农。这部分人一般是在非常年性的乡镇企业或离家很近的乡镇工厂工作,他们或者是在下班后仍从事相当数量的农活,或者是在农忙期间歇工务农;(3)以工为主兼营农业。这部分务工者一般都在离家较远的县城或县属镇工作,他们吃、住在工厂内,只是每周末回家做做帮手。

上述不同的兼业,实际上反映了由农民逐步向工人转化的过程。随着工农业生产力水平的提高,农民有条件越来越多地转入兼业队伍,兼工程度也越来越高。在调查中可以看到,在从事工业生产方面,这批兼业劳动者中的绝大部分与城镇工人之间已经不存在本质的差别,他们同样与先进的生产力相联系,承担约占办在镇上的工业 1/3 的生产任务;他们与有集镇户口的工人做着同样的工作,而且以能吃苦耐劳而受到称赞,许多人已经成为工厂中不可缺少的生产骨干，有的人实际上是没有职称的"技术员"、"工程师"和称职的管理人员。因此，他们无疑是从农村中生长出来的一批新工人，是中国工人阶级新一代的一部分。但是这些兼业者的户口在农村，吃粮靠农业。在工资待遇和劳保福利上，他们与城镇工人之间还存在着一定的差距，例如同工不同酬、劳保条件差、不能参加工会组织等。对此，各地干部认为，粮油、户口关系的不变，不能成为否认以工为主的兼业者作为工人阶级成员的理由，他们要求工会组织接纳他们这批"与农村连着脐带"的新工人，并适当改善他们的工作条件和经济待遇。这确实是由苏南农村社会结构的变化而提出的一个新问题。

兼业劳动队伍的形成，不仅影响到社会结构，而且改变了人口的分布。整个苏南地区的人口密度很高，然而分布极不合理。多年来存在着两种相反方面的人口流动：一种是涌向大中城市的自然流向，另一种是将城镇人口下放到农村的政策流向。这两种流向，导致大中城市人口的膨胀和农村劳动力的严重过剩。与此同时，那些处于大中城市与农村之间的县城和集镇人口却普遍相对下降，形成了人口的两头粗、中间细的葫芦状分布，人口级差增大。

党的十一届三中全会以后，县、镇、社、队四级工业大多数是以原有的县城及集镇为基地迅速发展起来的，大批的农村剩余劳力到这些小城镇上来工作，这就导致小城镇人口数量上的增加和结构上的变化。以江阴县青阳镇为例，该镇总人口解放初期为5500人，1960年为5885人，这十年仅增长7%。从70年代起，乡镇工业开始吸收农村劳力到镇上从事工业生产。到1982年底，全镇聚居人口为15366人，其中兼业劳动者为5114人，占总人口的33%。再以武进县为例，63个小城镇现有聚居人口25万人，其中非农业人口7万人，占28%；兼业劳动人口10万人，占40%。青阳镇与武进县这种兼业者的比例在苏南地区只是一般水平。因此，在苏南地区，户籍人口数不能真正反映县城和集镇的人口规模。这些兼业者，绝大多数仍住宿在农村，每天在镇村之间作钟摆式的流动。县城和集镇就是以这种形式，控制农村剩余劳力向大中城市的盲目流动。从乡镇、县属镇到县城，各个层次的小城镇都在起着层层截流聚居人口的作用，从而减轻了大中城市的人口压力。

在调查中还发现，近年来这些地区开始用劳务输出的方式，将本地丰富的劳力、技能与边疆地区的开发、建设挂上了钩。仅南通市的农村集体建筑工程队就有13万人，现正在黑龙江、内蒙古、新疆等省、自治区进行施工。这些建筑队以质量高、进度快而受到建筑单位的欢迎。工人们既不带家属也不讲究生活条件，往往是一年的任务十个月就完成，然后回家帮助做农活，过年后再次外出。无锡、南通、常州等市县在劳务输出的同时，还在互利互惠的原则下，与边疆地区开展经济和技术合作。

如下两种人口流向，开创了在流动中改变人口不合理分布的新路：一部分劳动人口从农村向小城镇聚居，被称为"离土不离乡"；一部分劳动人口有组织地定期从本乡外出，被称为"离乡不背井"。在江苏全省，前者已达400多万人，后者也约有100万人。由此看来，"离土不离乡"和"离乡不背井"这两种方式，应该作为解决我国人口问题的两条具体途径来进行研究。

六

从历史上看，我们所调查的这四个市的集镇都具有商品流通的功能，而且可以说绝大多数是商业型的。在党的十一届三中全会以前，由于农村经济的单一化，由于商品流通趋向国营化、封闭式的单渠道，集镇上的商业萧条下来，集镇本身也就日渐衰落。70年代乡镇工业的发生，特别是它在党的十一届三中全会以来的蓬勃发展，奠定了集镇发展的经济基础。同时，由于工业原料的采购和成品的销售，急切要求流通渠道的支持。随着农村多种经营的发展，农村经济已从自给和半自给生产逐步走上商品生产的道路。过去那种狭隘的单轨流动渠道已不能适应新的需要。在这些压力下，集镇上的商业活动开始有所改变。从目前情况看来，流通渠道还需要大力疏通，否则将成为农村经济继续发展的障碍。据反映，现在集镇商业一般都具有国营、集体、个体三种经济成分，有国营公司、供销社、集体商业、乡镇工厂门市部、多种经营服务公司、个体户、集市贸易等七八条渠道。其中集市贸易（包括农副产品的长途贩运）的发展最为显著。据省供销社反映，1978年的集市贸易成交额为8.1亿元，只占社会商品零售额的8%；1982年达到22.2亿元，占社会商品零售额的13%。各地都反映，虽然一再地扩大集市场地并搭棚改善贸易条件，但仍然满足不了集市规模增长的需要。上市时间也由早市、定期集变为全日市、天天集。集市贸易的活跃，既是农村多种经营兴旺的标志，同时也反映了原有国营和集体商业渠道有不相适应的成分。如南通市海安县，去年饲养鸡680万只，国营商业部门无力承担全部的收购、储运任务，于是从事贩运活鸡的人逾万。据说，他们大多是用一辆自行车装着几十只活鸡到南京、上海去出售，人称"百万雄鸡下江南"。

这里，引出了目前在商品流通中的两个大问题。

第一个是关于开辟着眼于国内市场的与生产者利益密切相关的新的集体运销渠道的问题。吴江县农民家庭多年来以饲养长毛兔著名。去年兔毛大幅度降价发生了农民杀兔吃肉的事情。如今鸡与兔相比要幸运得多，因为它们毕竟运过长江，成为城里人的佳肴。兔毛是依靠国营渠道统一收购出口到国外市场，而鸡是由个体或联户的贩运者销向国内市场。这就是说如果不从打开国内市场着眼，如果商业收购部门与生产者之间脱节，那么农副产品的商品率就不可能保持稳定，也根本谈不上有大的发展，而只能维持在农贸市场热热闹闹的水平上。由此看来，现有的国营商业必须多向国内广大消费者着眼，并将自身的利益和生产者的利益真正连在一起，才能谈得上真正的改革。看来，要促进商品流通似乎应当首先着重开辟由生产者联合组成的新的集体运销渠道。

第二个是计划调节和市场调节的配合问题。乡镇工业的能源和原材料的需要与计划供应的比例，与它的发展越来越不相协调。不少同志反映，过去集镇所承担的城乡物资交流作用，只是将农副产品运往城市，把城市工业品供应给农村。而现在的集镇，已成为城乡经济体系中的一部分，因而在商品交换的内容上也发生了很大的变化。今天从城市运到集镇并通过它输向农村的，不仅是为数更多的日用工业品，而且有大量的供应乡镇工业的原料、燃料和各类机械设备。从集镇运往城市的，也不限于农副产品，更多的是以轻纺和机械产品为主的各类工业品。这一新的变化，提出了城乡之间在经济发展重点上要有计划地加以分工的问题。但是目前乡镇工业除了自己争取到的与城市工业挂钩的间接计划外，原材料和燃料的70%以上要从市场调节获取。农副产品的粮、油、茧、猪、禽、蛋、皮、毛、骨、花、果、茶等十二大类的品种都由商业部门收购运往城市，其中大部分用作城市工业的原料。在计划与市场的供应量如此悬殊的情况下，乡镇工业的继续生存和发展确是困难重重。因此他们提出，希望在城市工业与乡镇工业有所分工的基础上，考虑国营企业让出一些品种或一定数量的适宜于乡镇工业生产的农副产品，作为乡镇工业的计划部分；同时，对于其他的原材料与燃料也作适量的计划供应。

七

由过去商业型的集镇，转变为今天工商结合、城乡结合的农村政治、经济、文化中心，这对集镇本身的建设提出了许多新问题。

首先是建设资金的来源问题。在调查的18座小城镇中，可以明显看出，9

个乡镇的新建筑数量都超过非县城的县属镇，而县属镇的规模都大于乡镇，产生这一逆结果的原因是县属镇的建设缺乏资金。虽然国家和江苏省都明确规定：工商税收附加、公用事业费附加和房地产税返还这三项费用要用于集镇建设，但是"杯水车薪"，无济于事。以苏州市为例，全市三项费用共200多万元，县属城镇有18个，平均每个镇仅摊到11万元。而且这些费用大部分用于县城的建设，其他县属镇得到的只有数万元。不少县属镇的干部反映，这些钱连危险房屋的维修都不够，根本谈不上搞其他建设。县属镇不但与设在镇上的乡政府是平级，而且对在镇上的全民企业和县属大集体企业也是看得见、管不着。据一些县属镇干部反映，以往他们在整顿街容修路铺桥时还可以向全民或县属集体企业集些资，但现在往往得到"不准乱摊派"的回答。他们认为这是对有关文件的一种曲解。他们说：集镇应当加以建设，建设必须要有资金，而集镇建设的资金不能依赖国家财政，只有靠集体集资的方式。因此，有权利者应当尽义务。凡是在集镇上的企业单位，按照不同的受益程度，规定集资的比例，是一条可行的解决建设资金缺乏的途径，它符合"人民城镇人民建"的原则。

其次是集镇的建设规划。对这个问题调查组内的建筑学家在实地观察以后认为：现在的小城镇建设存在着缺乏整体性、各自为政、见缝插针等缺点，必须加以纠正。他们还提出了以建成农村发展中心的建设方向以及区分类型和层次、找出微差、合理功能布局、综合利用土地、体现地方风貌和时代气息等建设原则。

我们建议由江苏省建设厅牵头，并由清华大学建筑系和南京工学院建工系协助，在一两个小城镇（比如吴江县黎里镇、无锡县东㙮镇），对建设规划进行具体的设计试点工作。

在集镇的经济发展、商业流通和建设布局中，有不少问题都涉及到集镇的行政管理体制问题。这个地区集镇的行政管理体制现状是：在县城里有县政府、镇政府、乡政府（或区政府）的多重垂直和多重并列机构，在非县城的县属镇上有镇政府、区政府（或乡政府）的双重并立机构，在重点乡镇上有区、乡双重垂直机构，在一般乡镇上有乡政府，在自然形成的小市集或新兴的大队工业点上一般没有设立行政机构。

上述各层次的县城和集镇中，体制上矛盾最突出的是非县城的县属镇（即建制镇）。在这些镇上，由于几套行政机构的并立，将城乡之间的联系人为地加以分割，影响了城乡经济的协调发展。在江苏全省实行市管县的情况下，这种镇乡分割的管理体制，看来应该进一步加以改革。据吴江县黎里镇实行镇乡合并、镇管村的试点表明，这样的体制改革加强了镇乡的经济结合，有利于城镇建设的统一规划，打破了庄园式的封闭体系，还能统筹安排农村劳力和统筹解决城镇居民的生活设施。但由于原先的经济实力是公社比镇要强得多的情况，镇乡合并以后，就势必提取一部分原来由社队所办工业的利润用于集镇建设，对农村一头的好处不明显。对此，需要进一步在实践中总结经验。

行政管理体制的另一个问题是如何加强块块的领导，逐步改变条块分割的现状。目前在集镇上的县办企业名义上是条块双重领导，实际上只承认条条而无视块块，以致造成政府办工厂、工厂办社会的现象。对此如何解决为好，也要进一步研究。

另外，为使一些具有特殊资源或旅游价值的集镇发展得更快一些，起到它们应有的作用，在行政体制上应采取改革措施。例如宜兴县的丁蜀镇，是一个与江西景德镇齐名的陶都，现在实际聚居人口已达7万，但由于它只是一个相当于公社一级的县属镇，在镇上又是丁蜀镇、丁蜀区、周墅乡三重并列体制，严重阻碍了它的发展。像这样在国内乃至世界有影响的陶都，可以考虑升格为县级市，由无锡市直辖管理。考虑到宜兴县的实际情况，可以由市属镇给予财政补贴。

在苏州、无锡、常州、南通四市调查近一个月，同志们越来越感到小城镇确实提出了一个大问题。研究这个课题，对探索中国式的现代化道路，有密切的关系。参加调查组的研究工作者和实际工作者，对这次携手合作表示满意，对江苏省和有关市领导机关的支持深表感谢。我们意识到这次调查由于时间的短促，只是走马看花，对一些问题的认识还很不够，有不少问题的研究只是刚刚起步。而且这次调查的是江苏境内长江两岸的集镇，还没有去看看正在大步前进、潜力很大的苏北地区。我们从这次调查中所探索到的一些事实和观点还是有局限性的。因此，对江苏小城镇的调查并不能结束，过去的调查只是第一阶段的摸索。为了全面地认识江苏全省小城镇的面貌，以便与上述地区的经济模式作比较，我们将迈开双脚，越过长江、淮河，对徐（州）、连（云港）、淮（阴）、盐（城）、扬（州）五市的小城镇进行考察。我们希望我们的探索能有助于社会主义建设新局面的开展。

1983年12月初稿，1984年4月改写

小城镇，苏北初探

1983年12月结束苏南4市小城镇调查时，我们决定"烟花三月下扬州"，到苏北继续江苏小城镇调查研究工作。我们一行于1984年4月21日（农历三月）到达徐州市。按照江苏省委的建议，访问了苏北的徐州、连云港、盐城、淮阴、扬州5市。行程3000华里，途经20个县，停留访问9个县、2个集市、9个乡镇企业、1个港口和1个水利枢纽，5月10日在南京集中，共20天。时间短促，所以只是"走马看花"，为苏北调查做了初步的探路工作。但由于课题组先期出发，配合各市的研究人员，预先进行了探索，我们每到一地均能取得较有系统的调查资料。经过和当地各级有工作经验的负责同志共同讨论和选择重点进行观察后，使我们对苏北情况有了一些概念。在这个基础上对下一步调查工作的定点、定题、定人、定期、定质作出了规划。我们对江苏省委的支持，各市领导及工作同志的密切协作，表示由衷的感谢。

一

"苏北"作为一个区域的概念并不是很明确的。如果用长江为界把江苏省划为南北两区，长江以北除了徐州、连云港、盐城、淮阴、扬州五市以外，还有南通一市、南京市的六合、江浦两县和市区的一部分。但是现在通用的概念苏北却只指上述五市。我们去年访问"苏南"包括了苏州、无锡、常州、南通四市，也和地理概念有别。把地处长江之北的南通市和长江以南的苏州、无锡、常州三市并提作为一个区域，是从它们经济发展上的共同性来说的。有人把这四市列入上海经济区，我们基本上也同意这个观点。但是如果深入一层看去，南通市的北部，包括海安和如东两县，实际上受到上海市经济辐射已很薄弱；常州市西部的金坛、溧阳两县，无锡市的宜兴县亦复如是。我们曾粗略计算，上海经济区大体只包括以该市为中心周围150公里的地区。

江苏省内经济发展区域的划分，迄今还没有一致的看法。我倾向于同意在苏南、苏北之间还得划一个苏中区，把扬州市的沿江一部分和镇江、南京两市合成一块，甚至包括南通市的西部及北部在内。不论是两分法或三分法，提出这个问题是有益的，因为我们感觉到江苏省内的经济发展是不平衡的。各有特点的经济发展区域应当在各方面作出区别对待。但是目前调查工作还不足以提供解决这个问题所必需的根据。我们这次调查不包括上述"苏中"地区在内，所以本篇所讲的"苏北"实际上是以上述三分法为范围的。

我回想我自己，长久以来对苏南和苏北的区别就存在着许多不符合实际的错误看法。在我的头脑里还保留着一种早期流行的对苏北的偏见。那就是把苏北看成一个贫穷落后没有前途的苦地方。这种偏见其实只反映了解放前近百年的历史，既与长期的历史不符，也和当前的情况不合。

苏北这个地区经济落后，民不聊生，只是解放前近100多年甚至更短的时期以来的情况。在帝国主义入侵我国之前这地区曾经是个经济繁荣的地区。我这次访问中印象特别深刻的是这地区在明清两代出了那么多民间喜爱的文学巨著的作者。在淮安我们走访了《西游记》作者吴承恩（1500—1582）故居，在连云港游览了传说中孙悟空"王国"里的花果山。我们到了《水浒传》作者施耐庵（元末明初）的故乡兴化，但限于时间没有去拜谒他的墓门。在赣榆听到人们说这是《儒林外史》作者吴敬梓（1701—1754）幼年读书的地方。在连云港南的板浦镇休息时，又听说这就是《镜花缘》作者李汝珍（1763—1830）著书之地。更不用提兴化的郑板桥（1693—1765）了，他的狭小的书斋还保存着他的珍贵手迹，历劫未毁，真是人间幸事。16世纪以来，文人荟萃于这个地域，决不是偶然的。古人说"人杰地灵"，用现在的话来说，必有其物质基础，就是以繁荣的经济作为底子的。

用这个作引子，我们不难看到，苏北的盛衰实倚于运河的兴废和黄河的通塞。京杭运河是世界上最长的运河，曾经从徐州到扬州畅通苏北全境。在徐州还可以看到原是流经这里奔腾入海的黄河的旧道。现在盐城附近的上岗乡，宋天圣年间（1023—1031）范仲淹出任盐官时，在此筑堤以防海啸。这条被称作范公堤的就是现在通榆公路的基础。可见当时的运河东离大海只不过80公里，其间以运河和黄河为主干，河道纵横，构成了有如今日江南的水网地区。扬州在唐代是个对外贸易的海港，后来又一直是中原广大人民日用必需品食盐的集散中心。具有地理上如此的优势，真是一片繁华胜地，难怪十年梦醒的诗人念念不忘的还是此间二十四桥的明月。

徐淮地区经济的繁荣，依靠着运河这条南北交通运输的动脉。尽管元明之际，黄河一再决口，屡使运河淤塞，但是历代建都在北京的中央政权总是不能容许这条动脉中断的。直到19世纪20年代，距今160年，部分漕运改用海道，1855年黄河改道山东，运河运输才南北断航。这时帝国主义已入侵我国，内忧外患，不断发生，加上1911年津浦铁路通车，这个在南北经济联系上已失去关键地位的苏北地区，随着水利失修，灾害连年，日益衰落。在解放前的近百年中，苏北人民悲惨的处境形成了至今还存在于一般人们印象中贫穷落后的面貌。

苏北地区在解放前由于地理及历史的原因，经济上和苏南相比的确显得贫穷落后了。解放以后，苏北人民在党和政府的领导下，从治淮工程开始大兴水利，改善了灾祸连年的局面。30多年来，共挖土172亿方，基本上建成了以京杭运河和灌溉总渠为主干的灌溉和防洪、防滞、防旱、防渍、防潮基本配套的工程体系，使苏北农业发生了根本性的变化。过去被称为洪水走廊的淮河两岸，低洼多涝的里下河沤田，经过治理都成了一年两熟，甚至三熟的丰收田。十一届三中全会后实行了联产责任制，农民的积极性爆发出来。近三四年来亩产赶上甚至超过了苏南出产稻米有名的苏州地区，过去的"逃荒区"已经成了现在的"商品粮基地"。淮海平原的"锅底"兴化县粮食年产达到20亿斤以上，创造了江苏省的最高纪录。徐州到连云港过去是黄河古道，一片盐碱，现在用水压碱，广种水稻，取得了丰收。不仅不再需要返销粮，反而有大批余粮接济山东的产棉区，协助了邻省的经济开发。

苏北五市由于土地面积广于苏南，解放初期粮食总产就高于苏南，但人均占有水平仍较苏南为低：1975年苏南是718斤，苏北是662斤。1983年苏北粮食总产已达381亿斤，比1978年翻了一番，人均占有达1352斤，超过了苏南。经济上苏北在江苏省的地位已经起了极大的变化。它和苏南相比，概括地说，在人口、耕地、粮食、棉花、油料上都是六四开（北六南四），农业产值各占一半，但是工业产值和工农业总产值只是三七开（北三南七），乡村工业和财政收入上是二八开（北二南八）。①

1983年苏北五市在江苏全省的比重（南通市划入苏南计算）：

| 人口 | 3470万人 | 56.6% | 农业产值 | 132亿元 | 51.9% |
| 耕地 | 4490万亩 | 64.7% | 工农业总产值 | 293亿元 | 35.5% |

续表

粮食	381 亿斤	62.4%	工业产值	160 亿元	28.2%
棉花	802 万担	60.5%	乡村（社队）工业	42 亿元	26%
油料	900 万担	61%	财政收入	17 亿元	23.8%

上述数字表明了苏北五市在粮、棉、油产量以及农业产值上的绝对数字已超过苏南，但是由于工业，特别是乡村（社队）工业发展较慢，所以在工农业总产值上比苏南落后了相当大的一截。这是目前苏北五市经济的基本情况。总的说来，由于水利建设的成就和实行了联产责任制，苏北农业大发展，根本改变了100多年来贫穷落后的面貌，人民的温饱问题已经解决，具备了进一步大发展的条件。

继续把苏北看成是个贫穷的落后地区显然是错误的了。而且应当看到它的潜力大、后劲足，在农业上的优势已经表现出来。北部的煤矿是江苏能源供应地，不断发现的如水晶这类珍贵的矿藏还是今后尖端工业的必需品，正在钻探中的淮海油田频传喜讯，加上东海沿岸广阔的滩涂，大可开发，所以从发展的前途来说，苏北完全有可能后来居上。

二

苏北不仅和苏南有所区别，它本身各地区在社会经济发展上也存在着不同的水平，而且由于自然及历史条件的差异，各地区也各有其特点。我们从研究小城镇的角度来观察苏北各地区之间的差别，首先看到江苏省测绘局编制的《江苏省地图》（1：100万）上，在徐州市和淮阴市范围内所有的地名中带上"集"字的特别多，凡是带集字的地名多的地区，很少带镇字的地名。带镇字的地名多的地区，如连云港、盐城、扬州等市，带集字的地名就比较少，甚至没有。如果这两类地名确是表明经济发展上不同的实体，那也就使我们看出苏北整个地区经济发展的不平衡了。因此，我们不得不追问一下集和镇，或者说集市和集镇，区别何在？

集市可能是人们很早就有的商品流通的场所。在我国确是古已有之。《康熙字典》在"市"字下引《说文》："买卖所之也。"引《周易·系辞》："日中为市"，"致天下之民，聚天下之货，交易而退，各得其所。"引《周礼·地官》："五十里有市"，又"大市，日昃而市，百姓为主。朝市，朝时而市，商贾为主。夕市，夕时而市，贩夫贩妇为主"。这些解释不仅说明了古代商品流通的方式，而且也说明了现在我们还看得到的集市的基本情况。

在最基层的贸易场所的集市上活动的主要是散居在农村里的生产者。他们带了一些自己消费不了的农业或手工业产品到这里来出售，卖到了钱就在这里购买自己所需要的东西，这是接近原始性的商品交换，实际上是生产者之间的直接交换，货币过一过手，只作为计算的媒介来使用。

这些进行买卖活动的人，一清早从住处来到集市上，当天还要回到住处，所以在以步行肩挑为主的时代，赶同一个集市的人们不容易超过半径25华里的范围，所以说"五十里有市"。住得离集市最远的人走到市上大约已到中午，所以中午时市上集中的人数最多。苏北一带人们称市为集，也许就指很多人会集在这地方的意思。"集"字是指杂、众、聚、会（见《康熙字典》）。昃即中，"日中为市"。这时市场上的人，为数最多的是想来进行交易的生产者，所以说"百姓为主"。在早上已经在市上等待顾客，不是从村子里走来的人，他们常是那些专门以交易为职业的人，称为"商贾"。现在的集市上就可以见到一些商人很早就在街道两旁摆摊子，等候顾客。到了夕阳西下，有些带了货物想出售的农民，如果尚未成交，而又不想把货物再背回家，就会宁愿低价出售。这时就出现了一种收购货物，储存到下一个或另一个集市去出售的人，这些人就是"贩夫贩妇"。我们的古书能为集市作出这样具体的分析，说明了我国很早就有这种集市了。

这种集市对我来说并不陌生，因为我在抗战时期住在云南昆明南面呈贡县城附近的农村里。在县城外，离我们住的村子有20分钟步行的距离，有个龙街（苏北称集，云南称街），平时只有一座庙和几十户人家。每隔6天，到了街期，四面八方的各族人民都来赶街，有上万的人，摩肩擦踵，热闹异常。

这次为了要了解集市，我们特地到沛县的敬安集和睢宁县的大李集去参观。这两个集比呈贡的龙街发达得多。在市集的街道两旁有百货商店，这些商店是每天都营业的，只是赶集那天顾客特别拥挤。街上有许多临时的摊贩，出售衣衫布匹和各种百货，摆摊子的都是领有执照的个体商人。街道两旁还有许多用木板或铁皮构成，容得一个人坐在里面工作，不用时可以加锁关闭的小亭子，坐在亭子里的人大多是为人修理钟表、收音机等新兴的服务行业人员。传统的理发和修理农具的铁匠，有的已有店面，也有摆摊子的。整个集市还划分若干专门出售某种货物的分场。各分场里，街道两旁分别有许许多多面前放着几篮鸡蛋或是几袋粮食、一堆蔬菜的"老百姓"，即农村里来出售自己产品的农民。在人数上说,以这种自售产品的农民为最多。但是营业额却是百货商店领先。我们曾去参观过的这些大集,据估计生产者直接出售的贸易额只占集市贸易总额的 1/3。这种集市和呈贡的龙街已有所不同。这里有日常营业的商店进行交易,只是逢到集期才有摊贩和农民间的贸易活动,而龙街不到街期,除了供应街上居民零售的小店外可说是没有贸易活动的。

我们所参观的大李集是苏北有名的大集,这个地名在中学用的地图上也找得到。它原有"小南京"之称,正处在睢宁县和安徽省的交界上,赶集的人很多是越省而来的。集上常住居民有 8500 人,赶集的人数一般在 2 万到 3 万间,到春季大集时,可达到 10 万人,山东、河南都有人来。平时每 10 天赶 4 个集,每集成交的营业额少则 20 万元,多则 40 万元。有 9 个分场:猪羊、牛马、粮食、木材、肉、蛋、小百货、蔬菜、柴。在摊子上和商店里有来自上海和苏南各城市的产品。有十多个理发店,还有六家小旅馆和四个浴室。但到目前为止,还没有货栈。贩运看来还只限于小量的个体活动。商贩们从这个集市上买了东西到另一个地方的集市卖出,在差价中获利,实际上是取得运输上所花的劳动报酬。

像大李集那样的大集,在苏北有多少,我们还不清楚。以徐州所属六县来说,据我们得到的资料,大小集市共有 286 个:赶集人数超过 2 万的有 12 个,超过 1 万的有 43 个,超过 5000 的有 65 个,在 5000 以下的有 166 个。在"文革"期间,这些集市都受到过打击。但是农民不可能完全自给自足,他们之间互通有无的活动是取缔不了的。所以当时尽管街头站岗拦阻,摊贩被驱散,但是其实只是把集市分散和改变场所罢了。当然,这种打击对农村经济和农民生活为害严重。

在苏南的常州、无锡、苏州三市已经看不到这种形式的集市了。如果进行比较和分析,也可以看到在苏南,农民到市场上直接向消费者出售自己生产的商品的活动,这几年来已有所恢复,即所谓"农贸市场"。但是一般只有清晨的早市,七八点钟已经收市了。这种活动在市民副食品的供应上尽管起着作用,在整个商品流动中并不重要。而且农贸市场一般是经常性的,而集市是间隔几天才有一次。

还应当指出,这种集市在苏北说,也不是普遍的。我们到盐城和淮阴探问过这些地区有关集市的情况。我们得到的答复是在灌溉总渠以北各县一般都赶集,但是渠南各县,即使也有赶集的,重要性已不大,因为以经常营业的商店为主构成的农村商品流动中心的小集镇已经比较多了。

我们对苏北各县集市的调查正在进行中，对上述的说法还没有核实。我们只在江苏省测绘局编制的江苏省地图上把以集为名的地点（可能是一些大集，至于小集在这种地图上是查不到的）计算了一下：在灌溉总渠以北的地区共 77 处，渠南共 15 处。其中最密集的，即有 10 处集以上的有睢宁、淮阴；5 处集以上的有铜山、宿迁、沭阳、涟水。在地图上都没有带着集字的地名的县有：连云港市的赣榆、东海、灌云，盐城市的射阳、建湖、大丰、东台，淮阴市的盱眙，扬州市的江都、兴化、泰县、泰兴、靖江。这个统计并不能充分反映集市分布情况，因为有些集市没有上地图，有些以集为名的地方现在不一定有集市。但是在一定程度上从地名分布上看到的情况和当地干部给我们的答复是相符合的。大体说来，以灌溉总渠为界，渠北多集市，而渠南较少，规模较小。集市少和小却并不反映商品流动活动较少，相反的，却反映了这个地区已经有较多的以经常营业的商店为主构成的作为农村商品流通中心的小集镇了。从地图上看，集市少的也正是集镇较多的地区。

我们也许可以把集市看成是集镇的前期形式。在农村商品经济发展中集市可能逐步成长为集镇。集市上的贸易活动可以说是初级的，在发展上看是比较落后的，而且反映了农村经济不发达，存在着大量的剩余劳动力。在集市上，我们看到那么成千上万的人，熙熙攘攘，挤来挤去，为了出卖几十个鸡蛋，几百斤粮食，走上几十里路，在集上蹲上半天，热闹一番，浪费的时间实在不少。如果农村里活路多了，谁还会愿意整天向集上去跑呢？

但是在苏北的北部，集市对农民的吸引力目前还是很大。有首民谣说："集市像块吸铁石，吸着农民去赶集。手里扶着犁，心里想着集。身在地里干，心在集上转。赶了东集赶西集，一天到晚忙赶集。东集买，西集卖，一天能赚七八块。"对商贩有成见的人，可能对这民谣有反感，但是我们却看到了集市在商品流动中的重要性和当前农村经济繁荣后农民对商品流动的迫切要求。如果对流通渠道不加疏通和提高，大量劳动力作为个体商贩被吸收到贸易活动中去是势所难免的。至于在这个地区里，怎样促进集镇的发展来代替或部分代替这种集市形式的贸易活动，正是值得我们注意研究的课题。

集市分布的不平衡启发了我对苏北社会经济发展不平衡的研究兴趣。从集市的分布上，我们看到苏北的东北和西南两部分存在着集市和集镇数量上的区别，我们接着看到这种区别同样反映在各市经济结构中工农的比重上。简单和笼统地说：徐州各县是农七工三；连云港市各县和盐城市灌溉总渠以北各县是农六工四；盐城市渠南各县是农五点五工四点五；淮阴市也要分南北两部分，北部可能近于徐州市各县，南部如淮安县是农六工四，近于盐城渠南各县。扬州市里下河各县情况与盐城南部各县同，或农工相等，不相上下，有局部地区工业略高于农业。但是通扬运河以南各县都已是农四工六，在产值上工业超过了农业，接近苏南水平。各县工农比重的具体数字还待汇综。但是大体可以说，工业比重以西北部为最低，向东南方逐步上升，但在灌溉总渠以北工业一般低于农业，到了里下河地区工业才相等于或略高于农业，要过了通扬运河工业才胜过农业。

根据这些材料，我们是否可以初步把苏北划成西北和东南两部分，这两部分的界线并不能划得很具体。大体说来西北部包括徐州市和淮阴市在灌溉总渠以北的地区，东南部包括连云港市、盐城市、淮阴市南部和扬州市在通扬运河以北的地区。至于通扬运河以南的地区，我倾向于把它和南京市、镇江市划在一起，作为苏中区，也就是上述的三分法：苏北、苏中、苏南。这些是从当前经济发展的总面貌来划分的区域，不同于一般经济区域的概念，因为这只是从几项表明社会经济发展水平的基本指标来衡量的。最重要的指标就是上面所用的一地总产值中农工的比例以及集镇发达的水平。我们正在按这个要求制定一些可比性的统计指标，以备进一步在江苏用问卷调查法进行一次宏观的普查。必须指出，从这些指标统计显示出来的区域差别并不是长期不变的，而必然会随着各地不同发展速率而改变，所以与一般地理学上的经济区划是不同的。我们这项研究的用处在于帮助在建设过程中因地制宜，避免一刀切。

三

我们这次调查访问的路线是从徐州进入苏北境内，向东到连云港，折南入盐城，转西去淮阴，然后南下扬州。时间是北多于南，形成了前松后紧，到扬州市区已快到期限，又需要花几天时间进行讨论，以至没有去访问洪泽湖周围各县。所以在总结这次"探路"工作时，这一部分的情况几乎是空白的，只能有待今后的补课了。下面我想以我们的旅程为序，把所见的情况和问题作初步的提示。有些问题是我们在一地看到的，很可能其他地区同样存在，我们所掌握的有限资料还不够作出概括性的叙述。由于这不是苏北全面的调查报告，所以各区的详略也不等，看得多一些的就写得多一些。

徐州市本来是一个省属市，体制改革中，附近6个县划归徐州市领导，这个地区实际上是淮海平原的一部分，徐州市区本身是这个平原东部的一个重要经济中心。至今尽管有种种行政区划上的限制,它和山东南部,安徽北部,甚至河南东部经济上联系还是相当深。据说,解放初期由徐州百货二级站供应商品的区域有4省44个县,现在还有跨省界的20多个县,2000多万人口(徐州市6县共690万人)。这个区域的社会经济特点,比如上面讲的集市多、集镇少,可能是这一部分黄淮海平原的一般情况。

徐州市区是一个拥有78万人口的中等城市,在交通和资源上都具有突出的优势。贯通南北的津浦铁路(1908—1911年通车)和贯通东西的陇海铁路(东段1921—1925年通车)就在这里交叉。在资源上它以"江苏的煤都"出名。有煤就有电,徐州电厂的发电能力达80万千瓦。在此基础上解放后发展了钢铁、水泥、机械、化工、纺织等工业,总产值1980年超过了20亿。我们在事前期望能看到这样一个中等城市,在其所属各县起着推进乡镇工业的作用。

我们到徐州后不久就去附近各县访问。我们在公路上走了很久也看不到烟囱,大概要走60—70公里,看到烟囱时,几乎必然是县城所在地。我们询问这个地区有多少个"镇"时,每个县几乎都说只有县城这一个镇。我就诙谐地说,如果苏南吴江县自称在集镇上是"多子女",那么这个地区一县一镇可说是"独生子女"了。这些"独生子女"的县镇在十一届三中全会后确是已经面貌一新,乡镇工业也有了发展。比如丰县的裘皮机械厂,沛县的毛纺厂,睢宁的棉纺厂,去年产值均达到300万元。但是一出县城,我们从公路两侧所见到的来说,除了一些烧石灰或砖瓦的窑厂外,很少见到工厂。因此,徐州市市区之外各县的工业产值只占工农业总产值的30%(加上徐州市区的工业,占61.8%),而其中一半以上是食品(30%)、农产品加工(14%)和建材业(7.8%)。这种情况不能不使我们对徐州这个"煤都"应起的作用有点失望了。为什么这样一个能源丰富,交通又这样发达的城市却没有把工业扩散到四周农村里而像苏南那样发展乡镇工业呢?

我在《小城镇,再探索》中强调了上海和其附近中等城市对乡镇工业所起的作用,而这里却并不如此。这是为什么呢?经过和当地干部讨论,初步的看法是徐州这个煤都主要是采掘工业,劳力重于技术。徐州的制造业是解放以后才开始的,1949年工业总产值只有4000万元。解放后,由于苏南工业发展,需要能源,徐州的煤矿得到了迅速的发展,在经济恢复的5年里,年产量就提高了一倍,现在年产量达1200万吨。采煤的技术却还是着重在体力劳动。全市职工从解放时的5万人增加到现在的39万多人,其中固然包括新兴的其他工业，但主要是煤矿职工。这就表明徐州的工业在性质上和上海及其附近中等城市不同。徐州的采掘工业比重较大，一般只提供原料，不进行加工。在技术上带不动附近的乡镇工业。

另一方面，徐州地区的农村经济以往一直是以农业为主，缺乏家庭工业的传统。在过去又长期在"以粮为纲"的指导思想下，农村没有发展工业，直到目前为止，农村工业还刚刚起步。十一届三中全会后实行了联产责任制，激发了农民的积极性。在这五年内，农业翻了身，1978年至1983年，粮食总产从34亿斤增加到73亿斤，棉花由56万担增加到146万担。皮棉单产平均141斤，居全省第一。所以这个地区农村的变化是农业的发展所带来的，主要的变化也是农民的生活基本需要得到了解决。过去吃的是山芋干，现在吃的是大米、白面。至今他们还是用"大米饭，白面馍，山芋干子换酒喝"的话来表达他们对新局面的颂扬。温饱问题是解决了，人均分配却还在250元（1983年）的水平上，一般说来，还谈不上是富裕起来了。这种情况基本上是适合于苏北的西北地区的。

联产责任制的落实，农民从大锅饭中松绑出来，苏北的农民和苏南的农民一样，都发现每家有多余的劳动力可以利用来增加收入，但是怎样去利用，找什么活路却各地不同，那是受地理、历史等条件所制约的。一般说来，在苏北像苏南一样从小型工业里找出路的农民比较少，他们主要是搞副业，和搞农业延伸出来的如碾米、酿酒等农产品加工业，以及其他为农民服务的如烧石灰、砖瓦等非农业生产活动。当然，在近一两年来，各地区都出现了一些类似苏南的制造业性质的小型企业，但还没有取得主要的地位。

在这里我想特别提到我们在徐州市丰县见到的劳动输出的情况，这可以说是江苏省日益发展的活动。徐州全市现在已有1.3万人有组织地出外承包建筑的劳动队伍。当地称劳动输出为"不冒烟，挣大钱的工厂"。他们每年春季出外，入冬回乡，一个普通工人可以带回1000多元的工资，技工为2000—3000元，从全市来看，分到各家的收入总数有几千万元。

搞劳务输出在江苏并不限于徐州，也不限于苏北，全省去年据说有100万人的建筑队伍在全国各地活动，南到深圳，北到黑龙江的大庆，西到新疆的克拉玛依和西藏的阿里。他们以质量高、速度快、成本低、不拿公家东西而受到当地的欢迎。去年我在南通和沙洲调查时已经听到劳动输出这件事，而且听说南通一市的外出包工的建筑队伍挣回了上亿元的收入。这在当前江苏农村经济中是一笔重要的收入，不仅改善了农民生活，而且为农村经济的发展提供了资金,是乡镇工业赖以发展的原始积累的一部分。

这次我们在丰县遇到了一位在徐州地区来说最早组织建筑队外出的领班人,他原是地委的干部,"文革"期间被下放到丰县。丰县是他的家乡,家乡的领导干部让他搞建筑站。当时两派正在打派仗,他在家乡还是呆不住,就把队伍拉了出去。到辽河油田承包国家的建筑工程。他有组织能力和才干,加上能吃苦耐劳的苏北农民,很快掌握了建筑技术,并打出了牌子。从几百人开始,几年里队伍扩大到几千人,现在已有上万人。他自己虽则已经回到市委做领导工作,但是这个建筑队伍越来越壮大和活跃了。

把队伍拉到外地离乡背井地去搞劳动,在徐州来说是像他这样的同志创始的,但是这项办法却有它的传统基础。正因为如此所以其他地方也不约而同地在搞性质一样的劳动输出。苏北这个地方历来就有外出找活的传统。过去这里是多灾多难的苦地方,自从水利失修,连年灾荒,几乎每年要发生"就食江南"的人口流动。每逢大水来临,农民们就用泥土封了门,全家外出逃荒。有些地方,如里下河地区,在大水时节,全村可以空无一人。这些逃荒的人,如果在外地找到了活路,也就不再回乡了。在我幼年时,苏南太湖边新涨的土地上每年都有这种难民住下垦荒。太湖水涨,淹没了他们的土地,又得到城里来讨乞,甚至劫食,成为我家乡一件无可奈何的烦恼。更多的难民是到城市里去卖苦力。解放前上海工资最低、劳动最重的苦活主要是由苏北逃荒出来的人负担的。很多是被榨尽了血汗,客死异乡,也有站住了脚跟,成了都市里的下层居民。据说现在上海1000万居民中至少有100万人的祖籍是在盐阜地区。他们过去聚居在杨树浦和闸北的贫民窟里。另外,扬州的"三把刀"(理发、修脚、厨师)几乎包办了这几行在过去是微贱的服务专业,不仅全国甚至国外的侨区,都有他们的地盘。

现在的"劳动输出"虽则可以溯源于早年的逃荒和走码头,但本质上已起了变化。现在是有组织、有领导、有专业、为人民服务的劳动队伍。这种劳动队伍对其他地区,特别是对边疆地区的建设作出了贡献,是一项社会主义的新事业,实际上是技术和劳力支边。对于江苏这样人口过密的地区,有计划地输出劳动,尽管户口不迁,正是减轻人口压力的一个积极的办法。

我在前年曾发表过《做活人口这盘棋》一文,提出了要做活我国人口这盘棋需要做两个棋眼:一是发展内地的小城镇这种人口蓄水库,一是疏散人口到地广人稀的边区去开发那里丰富的资源。这次我看到了离乡不背井的劳动输出,深深感到这正是把两眼联通的一着重要的棋子。因为这种不落户而为当地建设服务的劳动队伍,正是民族地区欢迎的人口流动的形式。现在还只限于建筑业一行,还将逐步推广到其他行业和其他建设事业,并由短期的流动发展到较长期的流动。一旦队伍大了,人数多了,不是同样会起平衡人口分布的作用么?新的事物一旦发生,如果符合客观的需要,必然会茁壮成长,蔚成大业的。

四

从徐州市,我们东行入连云港市境。连云港市除市区外有三个县。这三个县都不是一县一镇,而是一县多镇了。东海县的县城在牛山镇(1.5万人),西有桃林镇*(1万人),赣榆县的县城在青口镇(2.2万人),东有海头镇*(1万人),南有沙河镇*(1.1万人)。灌云县的县城在伊山镇(3.6万人),北有板浦镇(1.2万人),东有徐圩镇及扬集镇(7000人)。连云港市府所在地新海区(23万人)外,北有猴嘴镇,南有南城镇(6000人)。除了县镇之处,上面这些镇都没有建制,因为据当地的干部说,没有建镇的原因是想取得税率的优惠(现在对乡镇工业的优惠税率已经取消)。事实上一般都承认这些地方都是"镇",在我们所用的地图(1∶100万)上,许多就在地名后有镇字。凡是地图上不加镇字,而在当地政府给我们的材料上称"镇"的,我们在上述地名后都加上*号。

徐州市的一县一镇,连云港市的一县多镇,在地名上徐州市范围内没有"镇",连云港市范围内没有"集",这些明显的对照固然值得注意,但是实际上的区别并不是那样绝对。我在叙述集市时已说过,比较大的集市上都有经常营业的商店,而且很多前门是店,后门是田,亦农亦商,集上有多少非农业人口不易计算。一到赶集的日子,就有许多本街道和附近各村来的人在街道两旁摆摊子,出卖批发来的货物,他们只是间断性的临时商人。还有许多农民背着自己生产的鸡蛋、蔬菜等到集上来出卖,卖得了钱,就在集上买他们所要的东西回家,他们还不够格称作"商人",只是进行交换的生产者,在徐州一带的集市上后面那两种人比较多,固定的商店比较少,也许就因此称集不称镇。

在连云港市东海县的桃林镇和赣榆县的沙河镇平时有比较多的商店和工厂经常营业。桃林街上有20多家企业,其中三家是有名的酿酒厂,还有40几家商店;沙河街上有针织厂、面粉厂和大小商店。但是一到赶集的日子,四方客商,蜂拥而至,赶集的人平时在2万人以上,春节和会期(指传统的集市大会，有些地方称庙会，一年有好几次）多至5万人。如果在赶集日子去参观，它们和睢宁县的大李集并没有多大不同，但不在赶集的日子，大李集的面貌就不如桃林和沙河了。所以"集"和"镇"的差别在苏北主要是集期从间隔到连续，营业从临时到经常，门面从摊子到商铺的变化。由于商店多了，天天有贸易活动，像桃林和沙河那些地方一般就被称"镇"了。在苏北被称为镇的地方一般依旧是赶集的地方，每逢集期四乡来的人就多。人数尽管多，但生产者之间交换性质的贸易额却比较少。只是在一些赶集人数在几千人的小集市上，商店和摊子少，生产者之间的交易在比重上才多些。这类小集民间称作"青菜集"或"草鞋集"等。看来，集市必须分大小和层次。商店、摊贩的营业额的增长和集市的大小相关，最后也就成了"集镇"。

我们这次到苏北访问，正当各市县领导干部开会传达贯彻今年1号和4号文件，宣传提高农村商品生产，积极发展集镇的战略方针。同时干部和群众都听到了"无农不稳，无工不富，无商不活，无智不进"这句话。因之，当时已不是要不要搞乡镇工业、要不要发展集镇的问题，而是搞什么工业和怎样建镇的问题了。

在建镇问题上，我们感觉到有些人似乎还认为只要在原来的集市上设立些行政机构和挂上一个新牌名就可以了。事实并不这样简单，所以有必要把集（市）和（集）镇的区别再着重说一说。我们认为只有在农村相当高水平的商品生产基础上才能形成名符其实的镇。而高水平的商品生产单是靠农业是不容易达到的，还必须发展乡镇工业，苏南有镇无集可能和很早就有生产商品的农村手工业有关，而近年来乡镇工业的发展更使集镇兴旺了起来。农村传统工业不发达的苏北，单纯依靠农业商品生产的地方，集市已经足以适应商品流通的需要，甚至集市还处于一定的优势，所以集镇也就不易发展。工业的商品生产与农业的商品生产不同，不仅需要出售产品的市场，还需要产前原料的供应和产中的种种服务，乡镇工业的经营更大地依赖于作为农村经济中心的集镇。这样看来，苏北要建镇还有待于乡镇工业的兴起和农业生产的进一步商品化，也就是说，建镇包含着在原有集市上进一步发展乡镇工业。

苏北的农民温饱问题还刚得到解决，只有很小一部分农民开始富了起来。温饱靠农业，富裕靠副业和工业。乡镇工业上苏北比苏南还有相当大的差距。我在上面已说过，据当地干部的估计徐州市区的工矿业除外，郊区和六县的工农业产值上的比例还是三七开，而连云港的工业比重略高，大约是四六开。这种估计和我们在东海、赣榆所参观的几个集镇的印象是符合的。但是还没有用统计资料来核实。徐州市原是省属市，统计数字和所属各县容易划开，而连云港市区本身据说是三个镇联合构成，至今在地区上还是不相联接的。哪些企业应当划归乡镇工业还不那么清楚。如果只从所有制上着眼，集体所有制的企业一共1002个（占企业总数的80%），而产值只有3.8亿元（占全市工业产值总数的28%）。我们知道有一个时期，集体企业办得好了就会收归全民所有，所以单从所有制来划分也不能真正反映乡镇工业的比重。这些问题将留待进一步研究。

从现在资料来看，乡镇工业在苏北还是不发达的，只有扬州去年产值超过20亿元（其中大部分应划归苏中区），其他各市都不到10亿元，盐城7.9亿元，淮阴4.3亿元，徐州是5.3亿元，连云港如果以2.8亿元计算，是居末位，但是以地区来说，面积最小，只包括三个县，相当于淮阴市的四分之一。大体说来苏北一个市的乡镇工业，产值上只相当于苏南四市里的一个县。这是因为苏北的乡镇工业起步比苏南迟，在今年1号和4号文件下达之前，乡镇工业一般说来还没有被认真作为发展方向来对待。

由于起步迟，乡镇集体所有制的企业基础较差。当农民吃饱穿暖要求富裕的时刻，国家的政策已在家庭承包责任制的基础上鼓励专业户的发展。这种历史条件和乡镇工业起步早的苏南就有所不同。苏南乡镇工业是在公社制度下起步的。公社、生产大队以及生产队作为集体单位办工业，资金是集体积累，经营和分配由社队领导，经过了五六年甚至更长的时期，社队的集体经济实体大多已经巩固和壮大，底子比较结实。

苏北乡镇工业起步迟，联产责任制落实得早，个体专业户发展得快，因此，我们很想知道专业户对发展乡镇工业所起的作用。那些在苏南早期就由集体经营的企业，在苏北是否将先由专业户或经济联合体开始经营，其后又将怎样发展成地方性的集体或超越地方的同业性的集体企业？这些问题还有待今后加以观察和研究，现在还只看到一些苗头。

据赣榆县提供的资料，今年该县专业户近6万户，经济联合体1087个，发展相当快。赣榆县委1984年3月编了一本《勤劳致富一百例》提供了该县自从三中全会以来"两户"的109个具体例子，其中工业（修理、农具、加工、建筑材料、采掘）42例，商业运输10例，养殖28例，种植27例。可见这些专业户和重点户主要还是经营家庭副业，养猪、养鸡、种菜、种果树的能手，一面兼种口粮田，一面发展专长，收入近万。其中带有集体性质的有一户养鸡专家，除自家养鸡外，建立了47家联系户，给他们技术指导和提供雏鸡。

还有一例是 4 家共同承包一条小渔船，出海捞捕，按劳分配。在工业方面组织形式比较多样。最多的是个体户单独开办或承包一个企业，如烧窑、修理、箍桶等小作坊。也有一例是 9 个人向集体共同承包一个农机修理厂，由集体拨给厂房和工具，每年上交定额利润。还有一些由个人承包，招收职工、付工资的例子，如耐火材料厂、塑料厂、柳编厂、磷肥厂、翻砂厂等，其中雇工最多的达 15 人。以赣榆县现在的情况看，从个体专业户发展到集体企业还有一段距离。

我们在赣榆县参观一个个体户集资联合办的百货商店，这个商店里的职工，入店时都得交一笔款作为投资，工作期间除工资外享受利润分红。据说这种方式集资快，并解决青年就业问题，能为农民接受。人们说，现在农民手上钱多了，为了孩子花一笔钱找个事做，都愿意。这种个体户联合体看来正在增加。据说全县已有 375 个这类的企业，资金 270 万元，参加约有 2000 多人。

从个体经营发展到集体联营的例子，我们是在徐州市丰县听到的，也不妨插在这里一提。丰县的单楼乡许庙村，有家姓董的兄弟几家合起来有 32 口人，制造镜框条，畅销京、津、宁、鲁、豫等省市，人均收入 2000 元。今年和县供销社搞联合体，由社提供县城里的厂房和营业所，配备会计和营业员，投资 3 万元，供应原料，以后利润按协定比例分红。

我们看到苏北地区农业丰收，农民手上有钱了，而且又听说由于劳务输出，每年有几千万元流入农村。由于考虑到发展乡镇工业需要积累资金，因而想知道分散在千家万户的钱农民是怎样花的？苏南乡镇工业是集体企业，得到的利润首先积累作再生产之用，然后通过工资和集体分配流到农民手上。农民拿到钱首先改善生活，从吃、穿已经进入到住的领域。盖新房子，一层改两层，这几年苏南农村里盛极一时。在苏北，吃穿的问题刚刚解决，房子也开始更新，从土墙茅屋，逐步转向砖墙瓦顶改造，但速度似乎不那么快，有些地方旧的草房还占一半，有些房子的茅草屋顶，只在四周换上一圈瓦片。农民的钱用到什么地方去了呢？

我们在赣榆公路上看到五六辆带拖斗的手扶拖拉机一连串、一连串地前进，印象很深。询问之下，知道这些都是今年农民新添置的生产资料。据说今年 1 月以来这个县的农民已买了汽车 50 辆，船 300 条（共 850 吨），拖拉机 850 台，折合成本有二三百万元，表明了农民投资再生产的积极性是很高的。当前运输是热门，赣榆几家自备汽车搞运输的都成了万元户。农民迫切要买汽车，搞运输，反映了运输工具的供应远远赶不上当前农村经济发展的速度。同时，值得注意的是这些都是个体户的投资，用来发展专业的。

在这里我们注意到了当前农村经济发展过程中资金的积累和使用的问题。以苏南来说，这五年多来农村经济建设基本上已做到自给，不像以往那样要向国家伸手了，而且目前农村积累的资金已有的向城市投资，这是一个新的苗头。苏南农村之所以能达到这样发达的水平，在我们看来，是由于苏南在农业的原始积累的基础上，通过公社、生产队等各级集体经济实体，自己投资创办了工业，工业里累积的资金除一部分分给社员，实际上是以工补农，扣一部分支持各级社区的公共建设和公益事业外，都用来作再生产的资金。这是通过集体渠道的积累方式，效果是比较高的。

现在苏北，如上所述，这几年中农村的发展主要靠个体农民、专业户、经济联合体以及劳力输出得来的报酬，这些生产和服务所积累的资金分散在千家万户。从什么渠道能把这些分散的资金集中起来，使其成为发展工业的资金呢？银行储蓄固然是一个已有的渠道，但这个渠道能在农村里吸收的储蓄额，有人估计不会超过农民手上可以用来投资再生产的一半。还有一半怎样办呢？上面我们已提到农村中已在实行"带股金进厂"的集资办法。这种办法实际上已包含了"股票"的性质，只是不能转手的股份。是不是有地方还有更灵活的措施而出现一种新型的股份企业呢？我们将拭目以待。

五

从连云港我们南下到盐城。盐城这块地方是多少年来黄河和淮河下游沉沙淤积而成的。由于东临大海，所以自古就是产盐之区，汉代即在这里设置盐官。现在盐城市的行政区域里除市区外还有7个县。在灌溉总渠以北的三县：阜宁、响水、滨海和淮阴市的灌南、涟水两县，历来被认为是苏北的苦地方，直到灌溉总渠修成后，才有所改善。这里的农民经过30多年的艰苦劳动搞了大量农田基本建设，推广科学种田，特别是十一届三中全会后贯彻了正确的路线、方针、政策，大大改变了面貌。我们这次"探路"没有在这里停留，所以不多说了。灌溉总渠以南盐城市境还可以分为东西两部分。西部的陆地形成得较早，传说宋代范仲淹在这里做官的时代，筑了一条防海潮的堤，至今称范公堤，就是现在通榆公路的路基。在这条公路上的上岗镇传说是早年人们在此避海啸的沙岗。在盐城市附近确有许多冈字作地名的如大冈、上冈、冈中、龙冈等集镇。这就表明这条线之东，土地成陆的时期较近，大约只有一千多年。

这段时期里涨出了通榆公路以东近50公里宽的沿海地区，黄河和长江冲入东海的沙土还在继续淤积在江苏沿海，现在已有广大的滩涂，潮水落时一望无际。著名的东沙离海岸远达50—60公里。估计东海滩涂如果加以人工围治，在江苏部分就可以有八百多万亩良田。

我这次并没有去海滨观察，但是课题组有两位同志事先在东台县调查了该县中心港口滩涂附近的弶港镇，所以我们了解了一些情况和值得展望的前景。

先说盐城东部，这地方很早就产盐，这里出产的盐称作淮盐。盐是人民生活必需品，所以历代封建王朝就定为独占的官卖商品。这里的盐民所产的盐全部要低价缴公。再由盐官委托盐商运销全国，称为官盐。承包运销的称盐商。盐城是基层收购中心，扬州是盐商麋集的码头。纸醉金迷，腰缠十万贯，才下得了扬州去做一场繁华美梦。沿海的盐民却受着残酷的封建剥削，靠出卖体力劳动过日子。所以盐民居住的地区经济是十分落后的。

清末，南通出了一个恩科状元张謇，当地人称"三先生"。他是个"实业救国"的实践家，着意谋划在家乡兴办工业，从国外引进了机器纺织的技术，在南通开厂经营。为了培植纺织厂的原料，他看中了苏北这块沿海的沙地，从南通起直到盐城，推广植棉。这件事被称为"废灶兴垦"，即把原来的盐场改成棉田。从经济上说是从简单的采掘收集进入了开荒种植，把生产力提高一大步。在这片沿海地区上所生长的棉花，就被收购来作他在南通经营的纺织厂的原料。当帝国主义在第一次世界大战中无力顾及东亚的空隙，苏南的无锡、常州、南通兴起了现代的纺织工业，为长江三角洲打下了民族资本企业的基础，而这些纺织厂的原料主要来自苏北沿海地区，所以这个地区原是苏北主要的产棉区。

这个产棉区的盛衰倚赖于长江三角洲民族资本纺织工业的盛衰。20世纪30年代中叶纺织工业比较有起色，所以这地区也比较繁荣。但是抗日战争开始后，苏北成了我们新四军的抗战前线，在拉锯战中许多集镇和农村被敌人破坏。这个地区的经济一蹶不振。

解放后，这个产棉地区虽则有了一定的恢复，但是接着在极左路线的政策下发展缓慢，直到十一届三中全会后才出现新面貌。根据我们课题组在弶港镇的调查，我们了解到这个镇附近的新东乡是1979年开始由内地移民开垦建成的，经过五年，现在已有8100人，那就是说，群众对开垦滩涂有很大的积极性。这是完全可以理解的。盐城市现有714.9万人，只有921万亩耕地，每个农业人口只分得到一亩四分耕地，称得上人多地少。而弶港镇附近东台县境内却有 20 多万亩等待开发的荒地，至今新东乡只利用了 5.5 万亩，人均耕地近 7 亩。人均收入 1981 年是 309 元，1982 年是 347 元，1983 年已到 475 元，高于盐城各县的平均水平。所以滩涂确实具有吸引人的能力。

弶港的调查提出了移民开发滩涂的远景。在弶港附近东台县境内目前至少还有 15 万亩荒地可供开垦。即以新东乡人均 7 亩计算，大约可以移入 2 万多人。据初步估计苏北有 400—500 公里长的海岸线，800 多万亩的滩涂荒地，如果由国家投资每亩约 300 元，地方出劳力，进行开发滩涂的基础工程建设，群众可以进去开荒，仍以上述标准来计算，至少可容 100 多万移民。

江苏现有人口 6000 万，到 2000 年估计将增加 600 多万人。这是现在必须心中有数的严重问题。如果能在今后 15 年里鼓励群众积极移民开辟这片滩涂，除了农业人口可容 100 万人外，每 15 公里建立一个 5000 人的小集镇，沿海滩涂以 30 个小集镇每镇 5000 人计算，大约可容 15 万人。这对减轻江苏今后 15 年内的人口压力将起重要的作用。当然，我们并没有把可以由国家作为重点建设投资，采取规模较大的围滩工程来开辟的苏北海岸外的东沙（从地图上看南北 20 公里，东西有 40 公里，在退潮时出现的沙滩）打算在内。而且如果满足于与江苏其他地区相等的生活水平，每人二亩土地已经足够，现有可供开发的滩涂可容纳的人口就可以增加一倍半，可达到 300 万人，占了 15 年内新增人口的 1/2，如果东沙可以开辟，江苏新增人口的就业问题完全可以解决。

要使滩涂成为解决江苏人口压力的重要出路，除了鼓励和加速移民去开垦外，主要是引进乡镇工业，在沿海建立小集镇，使基层行政单位有财力为移民提供土产、生活上必需的社会措施。我们在弶港看到在原有的渔业基础上发展了食品工业，就推动了附近农民的多种经营，增加了收入。集镇上有了乡镇工业的支持，可以集资改造道路，建造文娱场所。有了乡镇工业也就会办起商店，跟着有了邮政、电话等通信设施，便利了居民。开垦滩涂的居民亦工亦农，安居乐业，又会从他们的故乡吸引来更多的移民，把原来荒废的土地开垦成欣欣向荣的果园和良田。我们对这方面的调查还刚开始，为了进一步开发滩涂有必要总结像弶港一类创业的经验，并发现一些开发滩涂中必须解决的问题。这是一项应当引起大家注意的新兴事业。

六

盐城市在灌溉总渠之南的那一部分，以通榆公路，即原范公堤为界，可分东西两区，东区就是上面所说的产棉区，西区属里下河地区，一向是产粮区。里下河地区包括东台的西部以及盐城市的阜宁、建湖、盐城郊区的主要部分。扬州市的高邮、兴化、宝应及江都和泰州的北部、淮安的南部，是苏北平原最低洼的地区，而兴化是它的"锅底"。我将把跨市的里下河作为一个地区来叙述。

在里下河东界，正处在产棉区和产粮区的交接线，由于棉粮的交换很早在这条线上就兴起了许多集镇，比较有名的，由北而南是：阜宁县的阜城，建湖的上冈，盐城郊区的伍佑，大丰县的刘庄、白驹，东台县的东台、安丰、富安。在这条线上的大小集镇有22个，占盐城市范围内集镇总数的20%。

这些集镇过去都是农产品和淮盐的集散地，而且大都是以原有的农村为基础形成的，所以集镇上农业人口占多数。如建湖的许多乡属镇，农业人口占80%，东台县全县集镇人口计21万人，其中农村人口有12.5万人，占60%，如果按现行行政上建镇标准都是不合格的。其中有些集镇在解放后成了公社（乡）的政府所在地，添置了一系列乡级机关，成了政治中心，集镇有所发展。近年来也有些集镇发展了乡镇工业，改变了单纯作为贸易及政治中心的作用，工业开始在集镇的经济结构中取得较高的地位，有些已接近于苏南的集镇。

一般说，在70年代以前，这些集镇上工业是不发达的。1966年盐城全市社镇企业只有280多个，多数只是粮棉加工和铁木农具的制造的修理。70年代中期，有一部分集镇开始兴办社队工业，十一届三中全会后才有较大的发展。1983年统计，盐城市（包括东西两部在内）乡镇企业已有5603个，职工24万余人，工业总产值7.9亿元。在这期间有些集镇新建了高层建筑，增添了文化设施，铺设和整修了路面和地下水道，集镇面貌有了改观，呈现一派繁荣景象。

我们去访问了盐城郊区的大冈镇，使我们改变了苏北到处都没有较发达的集镇的概念。像大冈一样的集镇在苏南也并不是很多的。这说明了只要政策对了头，乡镇工业发展了起来，集镇是必然会随之繁荣兴盛的。苏北完全有条件像苏南一样兴办乡镇工业，大冈镇能做到的，苏北其他地区也能做到。当然现在这方面还赶不上苏南，那是过去这段历史造成的，只要认真贯彻"提高苏南、发展苏北"的方针，起步虽迟，后来者还是可以居上的。

大冈在盐城市的西南边上，是大丰、兴化、原盐城等三县的结合部，常住人口5500人，是盐城历来有名的大镇之一，也是盐阜地区最古老的集镇之一。

据说在明代已经设镇，距今有 400 多年。当时只有"百户"，到了 30 年代已有六七千人，较今常住人口为多。它的周围河道纵横、土地肥沃，是苏北的鱼米之乡。方圆三四十里内的农民利用水道的方便，都到这里来进行贸易，形成了一个农副产品的交换中心。抗战前极盛时代镇上从事商业、饮食、服务业的就有 700 多户，仅粮行有几十家。运粮船只延绵九里，十分壮观。当时街上的私塾有几十家，就学儿童数量不少。

抗战时期，大冈镇曾经沦陷，开始衰落。解放后稍有恢复，但 50 年代粮食实行统购统销，三大改造中个体粮行撤销，以粮食的商品交换为基础的大冈镇就一蹶不振。集镇人口先后精简了三次：1954 年调整商业网点调出 300 多人，三年困难时期下放 600 人，1970 年后又动员了 300 多居民到农村落户。近年来人口逐渐增多，但尚未达历史上的最高纪录。

与苏南一样，大冈镇到 70 年代开始好转。当时利用苏南下放职工和城市工厂"闹革命"停产的时机创办了乡镇工业。十一届三中全会后，工业迅速发展，1978 年产值已达 849 万元，1983 年一跃而达 2000 万元居全市各集镇的首位。集镇居民从 60 年代人均年收入 70—80 元达到 1983 年 300 元的水平。总结这段转衰为兴的历史，关键是在政策，办法是在办了工业。当其衰也，居民温饱尚难解决，每年要由县政府拨上万元补助困难户。70 年代大办工业后，经济情况年年改善，现在镇上已有国营企业 16 个，大集体企业 7 个，社镇企业 28 个。1983 年全乡农副工总产值 5000 万元中，社办工业产值占 36%，队办工业占 53%，以这个乡镇范围来说，工业产值已略略超过了农副产值了。

大冈镇办了工业，吸收了大量农村剩余劳力。这个乡原来人多地少，人均只有一亩二分耕地。农村人口经常外流，仅在盐城市区工作的职工就有三四千人，构成了对城市的人口压力，乡镇工业办了起来，现在已有 2000 多人住在附近村子里，白天来镇上做工。他们离土不离乡，不必进城找活路。这样成了人口进城的阀门。

大冈镇的工业是办得有成绩的。镇上发展了工业，同时带动了农村也办起了工业。镇上有三个针织总厂，带动 30 个大队办起"松散联营、独立核算、自负盈亏"的分厂，在产供销上由总厂统一负责，形成大厂带小厂成功的事例。还有采取产品转让来帮助落后大队的发展。这样使得这个乡的经济迅速地商品化和工业化了。

大冈镇的工业在引进技术和人才，以及镇乡联营办厂扩散工业布局方面，在苏北作出了很好的榜样。他们较早采取招聘办法来罗致技术人员，其中有一个原在别地错打成反革命的人，到了这里不仅不受歧视，而且得到发挥专长的机会，成了技术上的骨干力量，作出了重要贡献。由于对外来的技术人员照顾周到，所以都能安心工作，而且陆续延聘人才，现在已有外地技术人员73人。他们为本地培训了120名技术骨干。这几年各厂派出260多人到外地学习。社办的14个工厂中受过培训的职工占总数的70%以上。由于着重对外地的开放和联系，与外地建立了业务往来的单位有47个，有协作关系的单位36个，常驻外采购组有5个，购销员有97人，在各大中城市的信息点12个。这样就使得大冈能取得较远的大城市的辐射，直接与上海及天津的工业发生关系。这对大冈乡镇工业的发展起了很大的作用。

以我们这次匆促的访问中所见到的情况来说，像大冈那样发展了乡镇工业，而且已有成绩的集镇，如果把市区和县镇除外，在苏北还是不多的。我特地把这个例子提出来就是想说明，苏北完全有条件兴办乡镇工业。而且在这个例子中也告诉我们如上海、天津这样的大城市的辐射力并不限于毗邻的地区，因为技术和智力的传播，主要是通过人。他可以超过空间间隔传播，和远近距离固然有关，但并不是必须衔接才能起作用。大冈可以接受上海、天津的技术信息，甚至进行协作，就是个例子。苏北离工业发达的大城市固然较远，交通条件也差，但是如果多注意创造渠道和有利条件，还是可以收到大城市的经济辐射力，用来促进本地区乡镇工业的发展。我们希望苏北有更多的像大冈那样的集镇早日形成。

我们从里下河地区边缘，进入高邮和兴化两县。虽则限于时间，没有能下乡观察，但访问了这两县政府所在地的高邮镇和昭阳镇，对基本情况有一些概括的了解。

里下河地区经过解放以来多年的水利建设，已经形成了一个苏北的"江南水乡"。过去由于地势低洼，农民生产只能靠一熟的沤田过生活，三年两头淹，每年亩产只有三四百斤。所以常常有大批难民去江南就食。解放后还有一段时期依赖国家调粮救济，兴化县1951—1952年调入120多万斤，1955年合作化时，还调入30—40万斤。1954年，200多家铁匠中大部分外流谋生。60年代初期度过困难时期之后，不久又碰到十年浩劫，农民个人分配水平，一直在百元以下。所以里下河地区的农村经济直到1978年才好转。现在整个里下河地区已成了国家的商品粮基地。兴化县一亩农田年单产平均已在750公斤上下，成为全省产粮最多的县。这个变化是在五年里发生的，不能不说是"奇迹"。

这个地区的集镇的布局和苏南太湖附近的水乡有类似的情况。过去都是在水道交叉、运输便利的地点，有一个作为农产品交易的中心的小集镇。以高邮县为例：全县有大小集镇46个，以5—10公里的距离均匀分布，平均每27平方公里有一个集镇，大的有七八千人，小的近千人，最大的"三大镇"，人口多至9000人：临泽、三垛、界首。这些大镇的位置，几乎都在离开县镇较远和邻县的交界地上。兴化的大镇沙沟、安丰、戴南也是这样。它们都是各县之间的贸易中心。这些集镇绝大多数还没有摆脱集市的性质，一般逢五逢十赶集。十一届三中全会以后出现大集越来越大，集期越来越密的趋势。现在高邮八桥镇除了五天一集外，每天都有鱼肉蔬菜上市，经常有40多个摊子卖副食品。盐城市建湖县的上冈镇，据调查"过去五天一集，现在不期而集。每天有2万人来上冈交换农副产品、手工业品"。这里我们可以看到从集市发展成集镇的过渡形式。看来里下河的大小集镇和集市正在逐步分化，涌现出更多农村经济、政治、文化的中心。

在这些大集镇上同时也可看到非农业人口在比重上逐步上升。据说那些容易遭水灾的低洼地区，农村规模比较大，有达几千户人家住在一起的，这是因为需要选择高地居住的缘故。许多集市贸易就在这种农村里进行，所以作为一个集镇包含的农业人口的比重就比较大。工商业发达，非农村人口日益增加。现在高邮县46个集镇里，农业人口占34.3%，亦农亦工占24.6%，在校中学生占13.3%，非农业人口占27.8%。农业人口比重由于有一部分农民在过去几年里参加了工业生产才从过半数下降到大约1/3，这表明了集镇正在兴起的过程。

看来这个地区中，若干村子就有一个农民互通有无、定期贸易的小集，即所谓"青菜集"，赶集的大约四五百人。大约15—20华里为半径的区域里，在交通方便的地方，有些就在公社机关所在地，有比较大的集市，赶集的大约有几千人。在这里已有各种家庭里需要的热水瓶一类的日用品。上万人赶集的大集，每个县都有四到六个，其中最大的一般就是县政府所在地，所谓县城。大集的范围可以包括三五个公社。大集上其实已经以商店为主，有高档的消费品，如挂钟、收音机、电视机、自行车之类，这也是一般农民所参与的最高一级的市场。

现在苏北各县一般说来，县城都已经建了镇，其次的大集大多还没有建镇。看来，这些大集在实质上已经在向集镇发展，但是由于乡镇工业还刚起步，这些大集主要还是农产品的集散和工业品下销的贸易中心。工业的比重还不高。

里下河地区的乡镇工业一般说是 70 年代初开始的。现在一些大镇上工业已有相当的规模，但以全地区说工业比重还没有超过农业。我们还没有汇总各县的统计，所以只能举些例子来说。兴化县很早就以铁工著名，外地有不少走码头的铁匠是这个地方出去的。但是在解放前都是个体户，只在县城里有几家小的铁作坊，很难说是工厂。但是自从 70 年代开始到去年，全县工业总产值已近 4 亿元，已有机械、电子、化工等工厂，但其中一半在县城昭阳镇上。

高邮县城的高邮镇情况类似。解放前勉强能称得上工业的仅有手工操作的三四家铁器厂，工业产值一百多万元。现在已有各种工厂 100 多家，1983 年总产值达 1.76 亿元。高邮县的八桥镇，是个乡镇，70 年代开始办社队工业，1983 年已经有 10 个工厂，产值达 617 万元，占全乡工农总产值的 50%，在全县乡一级的集镇中名列第二。更小的集镇如高邮县天山乡南茶村近百户人家，办了一个红星皮件厂，去年产值 480 万元，利用积累铺了两公里的公路，还兴建了浴室。从这些事实看来，这个地区的农民已开始认识到农业翻了身之后还得兴办工业才能富裕起来。

总的看来，里下河地区和上面讲过的几个地区一样，在最近短短的 5 年来，农业有了迅速的、甚至可以说是出乎意料的发展，特别是过去受灾严重的里下河地区，变化更显得突出，原是"逃荒区"，已成"米粮仓"。以兴化县戴南镇为例，农业人口人均年收入 1978 年只有 131 元，1983 年达到 422 元，5 年里提高了 3 倍。令人不易相信的，据材料说，这个镇上的非农业人口的收入不及农业人口，因而有人认为这样解决了"城乡差别"。实际上，这只说明这个地区工业不发达，甚至赶不上农业。城乡差别并不能用这个公式来解决。

现在存在于苏北这一部分地区的主要问题还是怎样迅速发展乡镇工业，实现在经济上后来居上。从当前的具体情况看，农业的大发展一方面固然解决了农民的衣食问题，但同时也产生了一系列新的矛盾。农民吃饱了肚子，交了公粮，手头还有大量粮食怎么办。在集市上我们看到副食品和日用品销得很快，而粮食很少有人来顾问，卖不出去。其他农产品也是如此。去年大蒜价格高，今年种大蒜的面积增加了，外地收购不积极，结果大批大蒜无法出售，也无法贮藏。我们访问时期，种蒜的农民还在哇哇叫。这件事足以看出储藏的仓库、保存农产品的设备和流通渠道都跟不上农业的增产，甚至表明农业增产如果不和加工工业相结合，必然会发生供需的矛盾。

苏北农民目前只有向饲养业找出路，作为家庭副业的养猪、养鸡、养兔等有了很快的发展。我在上一篇论小城镇的文章里提到的"百万雄鸡下江南"

也就是由于苏北粮食增产，自己吃不完，用来作饲料来饲养猪、鸡、兔等家畜家禽，但是这些东西还是要成为商品出售到市场上去的。现在正在用很初级的方法向需要较多的江南输送，可是这些活的家禽在运输中因死亡的损失很大。这就逼着苏北农民发展食品工业了。同时许多大集市都在考虑设立仓库和冷藏设备，使禽畜粗加工后能储藏起来，再分批外销。

我们在兴化看到一个蔬菜加工厂，把一个乡菜农所种的各种蔬菜脱水烤干，包装出口。这是一个最典型的为农业服务的加工厂。其他如小规模的酱鸡作坊、皮蛋厂等都属于这一类。苏北最近急迫兴建的就是这类加工工业，而以建筑仓库和冷藏库开始。这种加工工业兴起之后，就可以促进专业户和饲料工业，进一步可以形成一个直接从农业丰收中成长出来的农工循环系统。

当然，也应当指出，这和发展其他制造业，甚至如利用石英和水晶发展激光等一类尖端工业并不矛盾。也许正可以从当前比较简单的加工工业做起，使农民进一步富起来，使农业的继续丰收不受挫折，从而积累资金，为发展精加工和专门性的制造业创造条件。

怎样发展工业和发展什么工业是当前苏北经济发展的主要课题。没有经过深入研究之前，我们还不能提出具体的建议。我们只想指出，苏北乡镇工业起步较慢，而且将在农业大丰收的基础上发展起来，所以它所走的道路不可能重复苏南早期所走过的路，我们必须从具体的实际出发来解决这些问题。

我们这次"探路"，由于时间太仓促，收兵过早，对洪泽湖周围淮阴市所属各县（除淮安县外）及京杭运河之西各县，都没有去访问。课题组的同志目前正在这些地区进行调查，我自己也希望能有机会去参加他们的工作，所以有关这些地区的情况还得留待以后再写了。从江苏全省来说，我们对包括南京、镇江两市及扬州市通扬运河以南各县的苏中地区，还没有去调查访问，这应当是下一步的工作。

1984 年 6 月 7 日初稿于南京，7 月 18 日改写于北京

注释

①这里所引用的资料中，南北对比是以全省两分法为依据的。即苏北包括徐州、连云港、盐城、淮阴、扬州等五市，苏南包括苏州、无锡、常州、南通及南京、镇江等六市。

小城镇，新开拓

南京、镇江、扬州，联结这3个城市的一片狭长的三角地区，被人们称为长江下游的银三角。1984年的仲夏与初冬，我分别两次走访了这个地区。6月中旬进行的初访，由于受到时间的限制，只参观了南京市的两个郊县，听了南京、镇江两市的一些情况介绍，至多算是张网捕鱼，所得有限。因此在重访之前，我拟了一个大纲，确定了放矢之的，以求弥补前次的不足。从10月24日抵镇江，先在地处长江之中、四面环水的扬中县住了6天，重点了解该县的乡村集体企业与农户的合作、个体工业。此后便渡江北上，经泰州、泰兴到南京，11月6日返京，调查历时14天。

两次调查前后相隔不到半年，可是客观事物发展得很快。实践的步伐迫使我们用发展的眼光去探索和认识这里的变动规律。在3年前提出小城镇研究课题时，农村的生产责任制刚在苏南落实，不少乡镇企业还举棋未定。几年来我追随着人民的实践做研究，从苏南到苏北，再到南北交接的宁、镇、扬地区，活动之频繁常使一些好心人为我担忧，可是我总觉得自己的认识还合不上时代的拍子，怎敢有所懈怠。

这次银三角之行，恰逢党的十二届三中全会决议发布之后，我所接触到的城乡干部、乡村企业的职工和农户的主人们，无一不在设想怎样适应全国城市经济改革的新形势。在与他们的攀谈中，我学到了许多新东西，受到了强烈的感染。这里，我试图以此为主线，描述分析这一三角地区的经济、社会发展特点及其发展趋势。我似乎窥见到农村、小城镇、大中城市紧密联结和农村经济、乡镇工业、城市经济互相交融的前景。这一广阔的前景对我们的小城镇研究提出了更高的要求，我们应当扩展自己的视野，开拓小城镇研究的新局面。

一

继在苏南、苏北调查之后,我注意到有个地区还没有接触到,那就是宁、镇、扬地区。这个地区大体包括扬州的南部、镇江、南京以及毗邻安徽省的一部分地区。从地理上看,该地区西南部多丘陵,东北部多平原,依偎东流长江之两侧,位于江苏南北交接处。鉴此,我在第一次到镇江时,曾提出是不是可以在经济发展上将这一地区作为"苏中"对待的问题,向有实际经验的同志请教。

当我第二次到镇江时,一些干部和群众就向我反映说是否能将"苏中"这个提法改一改。提出这个要求的理由,据说是一提"苏中",人们就觉得它与上海经济区无缘,于是在该地区与上海、苏州、无锡、常州等大中城市的联系挂钩时就受到或大或小的阻力,甚至在电力等能源的供应上也另眼相看,得不到保障。这些情况的出现与"苏中"的提法究竟有多大的相关性我并不明白,但对拉闸停电我却有直接的感受。在扬中县逗留期间,大约隔天就要停一次电,少则十几分钟,多则几小时。我们还可点上几支蜡烛就晚餐,别有一番风味,可是各种各样的机器就无法运转了。据该县有关部门统计,1984年1至10月份共停电37次,其中10月份就有15次。由此造成该县工业的直接损失和间接损失估计达1000万元。

如果说问题出于"苏中"这个概念,那是违背我提出它时的原意的。随着小城镇研究由点到面的扩展,我觉得有必要在整个江苏根据一定的社会经济发展指标划出若干个区域来。这种社会经济发展区域的划分,其意义在于两个方面。一是对研究者来说,划区是一种必不可少的分析方法。因为各地小城镇无论在人口数量、经济规模等发展水平上,或是在社会结构、生活方式等特征表现上都有共性和个性。这些共性与个性是由一定区域的经济水平和社会历史造成的,因而不同区域间小城镇的共性和个性可以进行比较研究。二是对政策研究者和实际工作者来说,划区可以确定它在全局中的地位。在制定具体政策时要充分注意到各地区的不同特点,缩小相互间发展的差距,在指导工作上可以根据各自的长处与短处,扬长避短,发挥优势。

当然,划分社会经济区域的指标必须有效,这样才能体现出不同区域在整体中所处的位置。我在《小城镇,苏北初探》中应用各县工农业总产值中工业与农业的比例来作划区的指标,当时发现苏、锡、常、通地区的工业产值都超过农业产值，一般都是工七农三。而苏北的北部，与苏南相对，一般却是工三农七。自北向南，这个比例中的工业成分逐渐加大，到扬州一线，一般都达到工农各半。至于宁、镇、扬地区的工农业产值比例情况，那时尚未计算，所以我就先提出上述的设想来请教。

为了确定宁、镇、扬地区经济水平在全省的地位，我在这次调查中，除计算镇江所属四县1983年的工农产值比例外，还根据1983年的各县工业统计资料，计算了江苏全省各市的县均工业产值作为分析时的辅助指标。

镇江市4县1983年工业产值（包括县、乡、村三级，单位亿元）：句容2.10、丹徒2.57、扬中2.84、丹阳8.50。工业在工农业总产值的比例（%）：句容51、丹徒65、丹阳75、扬中79。可见镇江四县工农产值比例都高于苏北，接近苏南。

再看江苏省各市1983年县均工业产值（单位亿元）：连云港1.38、淮阴1.49、南京1.63、徐州1.83、盐城2.48、镇江3.02、扬州4.30、常州5.73、南通5.76、苏州8.17、无锡10.67。宁、镇、扬低于常、通、苏、锡，而与苏北诸市相交叉，略俱优势。南京郊县和苏北的徐、连、淮同是2亿元以下，扬州、镇则和盐城同是高于2亿元、低于5亿元。常、通、苏、锡都超过5亿元。

值得注意的是处于南京四周5个郊县的平均工业产值低于扬州与镇江的一倍，还停留在苏北的一般水平上。这一事实在我前次访问其中的两个县时就感觉到了，只是没有数字显示那样清晰。按照在苏南调查的经验，乡镇工业的发展总是离不开对该地区发生影响的中心城市的作用。由此推论，南京对宁、镇、扬所组成的大中城市体系与上海对苏、锡、常、通组成的城市体系一样，应当对自己所处的地区乡镇工业产生较强的影响力，犹如两个相对独立的星系，各自产生辐射，照亮星点周围的太空。但是客观事物和我们的预想不合。于是我就试图去寻求发生差别的原因。

首先，我注意到宁、镇、扬三个城市的历史。它们三点组成钳形，为长江下游的咽喉，优越的地理位置使它们成为历史上著名的军事战略要地。远溯孙吴，近至太平军，都在这三个城市设防，南京城里就有能伏兵数万士兵的城墙，镇江东郊的炮台至今还留存着，因此这三个城市代代相沿的第一位功能，便是军事防守。加上南京曾数度作为封建帝王和国民党都城的原因，使它在城市形态和结构上趋向于封闭。

其次，还可以从宁、镇、扬三个城市工业产值和结构与苏、锡、常、通四市比较，更容易看出它们的区别。这 7 市各自的工业总产值（单位亿元）是：无锡 86.9、苏州 86.8、南京 85.4、常州 60.5、南通 60.1、扬州 54.4、镇江 28.2。南京居第三位，扬州、镇江实力较差。这 7 市轻工业的比重（％）分别是：南通 72、扬州 61、无锡、常州各 58、镇江 53、南京 38。就是说，轻工业在整个工业中南京只占 1/3，镇江占 1/2，其余各市均约占 2/3。这说明南京、镇江是重型工业结构的城市，而且据介绍南京的重工业里较大的比例是军工生产。因此我们认为：历史造成的封闭状态、工业实力较差，以及重型工业结构，特别是封闭性的军工生产是造成这些城市对附近地区经济辐射力较差的主要原因。

说到这里，或许有人会问，既然镇江市区工业实力较差，且属重型结构，它所属 4 县的工业何以有接近苏南的发展水平呢？对此我们作了调查。例如对该市工业产值最高的丹阳县的 42 家乡镇企业的挂钩单位作地域分析，发现在 46 个对外挂钩单位中，只有 1 个是镇江市的；又如该市工业产值比最高的扬中县，有一家乡办的化工仪表配件厂，近年来它在设计、生产及原料、产品的供销上与全国 180 个单位有或紧或松的联系，其中没有一个是镇江市的，南京市也只有 6 个，占总数的 3％，其余大多集中在上海、北京等大中城市。为了避免个案分析的片面性，我们还对该市 4 县乡镇企业的厂长、供销员和技术员各按 3％的比例随机抽样，询问他们在资金、原材料、设备、技术、产品、市场信息等 6 个方面对外联系主要受哪一个城市的影响。回答结果是上海的比例最大，南京为 1/5 强，镇江只有 1/6。

以上分析使我认识到，该地区的三个城市，特别是南京与镇江，还没有充分发挥其带动整个区域经济协调发展的中心作用，孕育着相当的潜力。从该地区大部分农村来看，它们是在主要争取远距离城市影响力的情况下努力发展乡镇工业的，出现了一个紧追苏南发展的局面。如果我们将本区域经济中心的作用叫作"近距延扩"的话，那么远距离经济中心的作用就可称为"超距辐射"。在调查时，我听说今年南京市正在采取一个市区企业带几个郊县乡镇企业的措施，试图加强近距延扩的力量，这种用行政办法推行的经济联系能否取得成功还有待于在实际中观察。但它说明城市在区域经济意义上处于封闭，近距延扩相对弱小的状况已被注意到了。因此总的说来，宁、镇、扬地区经济发展的水平居中，并显示出由封闭开始走向开放的特点。这是个潜力很大，前景可望的地区，故而我在本文的一开头就引用了银三角这个词。

二

城市由封闭趋向于开放，标志着一个区域性城乡经济协调发展的新时期的到来。对此，我们应当从城市与乡村两个方面，去研究社会经济区域的发展中出现的许多新问题。这里，我主要依据在扬中县观察到的事实，谈谈对联结型的经济实体以及社会主义经济中指令性计划部分与市场调节的商品经济部分之间关系的认识。

扬中县由扬子江中的三个沙洲组成，全县 228 平方公里的绝大部分集中在中央最大的太平洲上。据介绍，这一片由长江淤土冲积而成的绿洲，在历史上曾是大江南北群众逃战祸、过往船只避风浪的太平之地，故得名太平洲。该县在何时开始有人定居尚无考证，设县治是在民国元年（1912）。

我选择这个年轻的岛县作为调查的重点，是因为我听说该县乡镇工业在镇江市名列第二，在人均产值上与第一位的丹阳县相差无几（1983 年人均工业产值丹阳县为 1112 元，扬中县为 1092 元）。而且在扬中，村以下的小工业办得很有特色。通常说来，农村乡镇企业总是在那些交通较为便利的地方发生、发达起来。而扬中这个江心小岛对外仅有一个汽车渡口，在前往扬中时，由于我们的车辆出了点毛病，我在渡口等了 20 分钟，结果两岸的运货卡车排成了长龙。据说如果遇上六七级以上的风浪，扬中就与世隔绝了。在如此困难的交通条件下，扬中人究竟凭借了什么发展起乡镇工业的呢？

到扬中的第二天，该县年轻的书记和县长在介绍情况时说，他们对乡镇企业的要求：是要搞"散点式的规模经济"。起初我听不懂他们自己创造的这个陌生的名词，随后的解释才使我明白了其中的涵义。原来"散点式的规模经济"是指乡镇企业不能走关起门来办厂的路子，而要以自己的拳头产品为中心，成为乡镇的骨干企业，从而有力量继续向下扩散，以提高全社会的经济效益。更通俗地说，就是乡镇企业要把工业犹如撒沙般地扩散到乡间，直至进入农户的家庭，使在整个乡镇范围内的居民都得到实惠。对此，我在加以概括时用了一句话，要使千家万户富起来。

千家万户富起来，不仅仅是扬中发展工业的目标，而且是扬中人正在实践着的现实。目前扬中县有六大层次的工业企业。第一层次是县级企业，包括县国营、县集体以及正在引进的县级合资企业；第二层次是乡镇级企业；第三层次是村级企业，包括村属集体和村之间的联营；第四层次是组级企业，包括组属集体与组间联营；第五层次是联户企业；第六层次是家庭个体企业。这六个层次的前四层分别对应于早先的县、社、大队、生产队企业，联户企业则是由几个家庭合资经营的企业。据扬中县有关部门统计，1983年有县级和城镇集体企业121个，乡办企业131个，村办企业212个。组以下的企业在全县未作统计，但仅新坝一个乡，就有组办企业117个，联户与个体企业187个。由此可见，这六个层次的企业越往基层，数目就越多，组成了一个塔式梯级的农村工业体系。

为了考察这一工业体系如何使千家万户富起来以及它们内部的关系，我想从中抽取几层描述若干典型的情况。

新坝乡有一位曾当过合作社辅导会计的杜姓老汉告诉我，他家是一个专门制造冰箱、烘箱所需的铜把锁的专业户，除了他与老伴，有两个儿子，两个儿媳与一个女儿，共7人。1981年除花400元买了一台钻床外，他们一位能干的儿子还花150元钱买了零件，自装了一台小车床。就用这一点简陋的设备，采购了一些工厂切削时留下的铜废料和铜渣，从熔铜、刻模、浇铸到切削加工，开起家庭工厂。在这个家庭工厂中，各人都有明确的分工，杜老汉是家长，也是理所当然的"厂长"，还兼着供销、钳工等业务。一个儿子专门搞车床，另一个儿子则出模子，儿媳、女儿也各司助理之职，老伴料理家务。这个"企业"开办三年来，杜老汉一家由原来的四间简易瓦房，修起了六间两厢的一排新房。除了上交5%的产品加工税和1%的工商管理费外，他家用积累添置了5000多元设备，还有约5000元流动资金。当我问到产品销路、收入分配及家庭情况时，他说他们铜把锁有一半以上是销给乡镇企业为电冰箱等产品配套，家庭收入是按大家讨论决定的原则，计件工资分配给各个成员的。他觉得家里的三亩多地还必须自己种才可靠，而年产1200斤粮由于天天有荤菜也足够了。听完这席话，我对前几年听说的"无工不富"又有了更具体的形象。据统计在扬中县，现在已经有了六百多户类似杜老汉一家那样的家庭企业。

听完介绍，我又看了一份联户办企业的材料。油坊乡和平第七村民组共有45户人家，其中22户擅长木匠手艺，因此在60年代初期，生产队办起了木刷柄加工厂。可是，这个小小的队办工厂居然也吃"大锅饭"，经济效益极低。最高的年盈利只有1000多元。1980年以后，从向生产队搞加工承包开始，到投股集资联户经营，发展起了8个木刷加工联合体。1983年底，这些联合体共有44个股份、156名工人（全自然村共有劳力91人，所以这些工人中有102人来自外村、外乡），年总产值为45万元，扣除成本、税金等其他开支外，净利约为30%，为13万元，其中工人工资为11万元。股金分红约2万元。现在这个木刷柄联户生产的专业村还在向前发展，联户体已有14个，1984年1至9月的产值就达73万3千元。他们的产品畅销8个省份，30多家木刷厂。

看来，这个木刷专业村原先的那个队办厂被联户企业冲垮了，这使我联想到调查前在家乡吴江县听到一位干部说，个体企业与联户企业的兴起对农村的集体企业有冲击力，所以他们只好采取一些措施去抑制。我觉得这不是一种正确态度，关键是在没有正确的认识。数年前，当乡镇企业兴旺的时候，有一种说法是冲击了城市企业，挖了墙脚。现在联户企业与个体企业起来了，乡镇企业可不能当了"婆婆"，忘了做"小媳妇"的时候；这一前一后的两次冲击，何其相似，里边一定有文章。因此与其去抑制，倒不如回过头来总结分析一下集体企业所存在的问题。

这次党的十二届三中全会所作的城市经济改革的决议，要解决的问题之一是国营企业吃国家的"大锅饭"，不讲求经济效益；职工吃企业的"大锅饭"，缺乏主人翁的生产积极性。这种情况在前些年比现在还要严重，所以那时乡镇企业作为自负盈亏的集体企业就具有很强的生命力。但是我们必须看到，有相当一部分乡镇企业并没有完全消除"吃大锅饭"的弊端，如果不注意调节企业内部责、权、利三者的关系，那么国营企业是"吃大锅饭"，乡镇企业则是"吃小锅饭"。国营企业吃"大锅饭"是不容易看见的，可乡镇企业的锅小，大家都看得明白，小锅有多少饭，少了大家就不得不再烧一把。因此乡镇企业要巩固自己的地位，要进一步发展，就应当正视自己的问题，与城市企业同步进行经济改革。事实上，我在基层听到的"一包三改"等措施就是这种改革的开始，并收到了巩固发展乡镇工业的显著效果。

扬中县不仅在乡镇企业内部实行改革措施，而且提出了搞"规模经济"的要求，即乡镇企业要扶持各层小企业，成为小区域经济发展的骨干力量。这个要求是很有远见的，它既使乡镇以下的企业与乡镇企业有机地联结起来，围绕着乡镇企业的拳头产品展开小区域性的工业经济活动，同时也以小促大，迫使乡镇企业的产品不断更新，技术与经营管理走向科学化，于是乡镇企业也就提高了自己。

该县隆兴乡塑料厂就是以大厂帮小厂的骨干厂，它以中间产品扩散、部件加工等各种形式先后扶持了8个村办厂。现在这8个村办厂都形成了生产能力，而乡塑料厂自身也不断扩大生产业务，使这个乡的塑料行业完成产值近

1000万元（1983年），占全乡年工业产值的一半。乡里人说，一厂带八厂，富了一个乡。我去参观的联合乡红胜村糖果厂也把果仁加工、纸盒加工等工序扩散下去，本厂集中力量上新品种。现共有27个品种，年产糖果1000余吨，销往全国16个省市。与上述两个厂类似的乡镇企业在扬中为数不少，因此该县在总体上出现了乡镇企业与小企业双促进的局面，按1至9月份情况估计，全年全县村、组办、联户与个体企业的总产值可达2000多万元。与此同时，乡镇办企业也以约30%的速率在增长。

扬中的"规模经济"使我想起了在今年国庆之前在甘肃定西地区听到的一个国营厂的情况。这个厂是部属的定点企业，管理人员、技术人员和大部分职工来自别的地方，除了当地供给食用品外，它与外界似乎是隔离的，当地人只见原料进，产品出，烟囱冒烟。这个厂与扬中的乡镇企业相比较是另一种模式。如果说在一个小范围内发挥经济活动中心功能的乡镇企业是开放类型，那么类似甘肃那个厂的企业则是内向类型。内向型的企业只是对其周围的地区产生它所需物资等条件的吸聚作用，而不对所处的地区产生经济上的反哺作用。如果一个城市的内向型企业比例大，该城市必然趋于封闭，如果开放型企业比例大，则势必走向开放，从而对其周围地区发生促进生产的影响。

由此我想到，我国的城市企业改革是否应当向那些开放型的乡镇企业看齐，走城乡经济协调发展的道路。从我在扬中收集的资料来看，该县已经或紧密或松散地与许多城市企业进行各种联结，同时还有不少城市企业主动拢上门来，希望建立经济联系。这种自下而上，自上而下的双向联结把城市大中企业、县级企业、乡镇企业和乡镇以下的小企业都串了起来，组成了城乡联结型的经济实体。而这一经济实体的运行目标就是区域经济协调发展，使千家万户富起来。

近年来，由于中央几次下达了文件，充分肯定了乡镇企业的地位与作用，特别是这次关于城市经济改革的决议，对社会主义的计划经济涵义作了明确的阐述。在对于基本上进行市场调节的商品经济活动的乡镇企业来说，是彻底破了戒，松了绑。一些企业领导人对我说，他们的疑虑和担忧解除了，现在搞市场调节不会有问题了。他们的这种心情是可以理解的，然而我所想到的是我们必须着力于研究社会主义计划经济里指令性的计划部分和市场调节的商品经济部分的关系问题，使大家的认识在科学的基础上逐步一致起来。否则不管是乡镇企业还是正在改革中的城市企业，它们的经济活动仍将会受到各种各样的阻力。

上述社会主义经济中的两个部分之间的关系问题，在我的头脑里考虑了很久，但由于自己对经济学学得不够，头绪总是理不那么清晰。这次读了决议，觉得它说出了我想说但又说不清楚的话，心里十分畅快。为什么在前些年搞乡镇企业的同志不那么理直气壮？那是因为我们有些同志总是喜欢在概念上兜圈子，把商品经济与计划经济两者对立起来。计划经济是社会主义经济的一大特征，这一点大家都知道。那么与此对立的用市场调节的经济是什么也就不言自明了。于是乡镇企业家们不甘于被戴上那顶帽子，总是千方百计地与城市国营企业挂钩、搞协作，争取和认为是计划经济的企业联系起来。乡镇企业争先恐后地与城市企业联系，逐渐形成了上述的城乡联结型的经济实体，这一结果的意义远远超出了原先的意图。

可是，争取到直接和间接与国家计划中的企业联系，毕竟是少数企业和少数产品，多数乡镇企业还得靠市场来调节。从扬中县来看，前者约占乡镇企业总产值的10%，后者为90%。

那么，绝大多数的乡镇企业怎样开展市场调节的经济活动呢？以扬中县为例，主要有以下三个特点。

第一是以小补大。乡镇企业总是把眼睛盯着城市中的小量需要。城市的工业生产存在着千差万别的需要，其中有些需要批量很小，规格特殊，在城市内部往往不容易找到生产单位。因此，乡镇企业则在这一方面下功夫，以小补大。在扬中有一个铜制品企业。它承担的大都是国营纺织厂、机械厂的配件任务，最小的批量只有几百元。

第二是拾遗补缺。乡镇工业总是把眼睛盯在大工业的缺门上。用乡镇企业家的话叫做"钻空子"。我在上面提到的那家糖果厂就是钻了城市糖果厂忽视儿童糖果生产的空子，现在他们的产品畅销，供不应求。

第三是适销补需。乡镇企业总是把眼睛盯在城乡对小商品的需求上。在这一方面，他们利用船小调头快的优势，生产城乡人民日常生活必不可少的千千万万的小商品。在扬中，这种企业的数量较多。

在原材料与能源方面，乡镇企业除了综合利用以外，也走出了投资合股、补偿贸易等路子。由此可见，乡镇企业所进行市场调节的商品经济活动基本上是一条满足城乡生产、生活需求，按照客观经济规律办事的路子。假如从书本上的概念出发，这条路子似乎出了某些条条的框框，可是它却符合我国的实际，并为社会主义城乡经济的发展作出了贡献。因此，无论是从实际效果出发，或是从自下而上的计划体系的要求来看，这样的市场调节是不可缺的，是与计划经济相辅相成的。这就是说，在实际的经济活动中，真正的计划经济与市场调节的商品经济并没有对立起来，而是统一的、和谐的。正因为两者的统一，在今天的江苏才出现城乡协调发展的崭新局面。

三

江苏农村在大中城市由封闭走向开放的过程中也脱离了半自给的封闭状况。在区域经济协调发展的基础上，乡镇工业是城乡新联结的环节。而主宰这个环节的是农村中涌现出来的各种各样的企业人才。考察农村乡镇企业人才的培养、开发和变化，就可以活生生地看到农村这一社会系统由封闭到开放的过程。

乡镇工业的发展，从总体上看，都经历了由初创、发展到逐渐成熟的三个阶段。在农村中，人们自豪地介绍了许多企业的发家史。例如有一个乡在50年代只有一个农机站，后来引进了少量设备，带出了一个手摇织机厂。后者在发展过程中又分化出一个生产现代纺织机械的工厂。诸如此类，这种如同魔术般的分身法，使不少企业"沾亲带故"。而透过这一幅幅企业间的"血缘关系图"，我们大致可以看出对应于乡镇企业发展三个阶段的三代企业。各个乡基本上都是由一二个、二三个第一代企业起家，一个老根抽出许多嫩枝，形成一批第二代企业。以后嫩枝再发，又爆出一批第三代企业。

第一代乡镇企业，绝大多数是50年代末集中了农村社员和集镇居民的家庭手工业而建立起来的。这些简单的集合体从事的生产主要是制造各种农具、农船、简单的机械配件，以及油米加工、建筑等。它们以铁、木、竹等手工业联社和农机站的面目出现，设备陈旧，工艺简单，产品粗糙，利润极少甚至亏损。这种种特征表明乡镇的第一代企业还处于劳动密集型的手工机械混合的作坊阶段。

在今天看来，正是这生产简单的第一代企业为下代奠下了基础。因此，我在调查时总是刨根究底，追寻那些奠基者。看来，奠基者有两类人，一类是"热心人"，另一类是熟练的手工工匠。热心人是第一代企业的领导者、组织者。他们大多是解放初土改时期成长起来的干部，文化水平虽然低，但是他们有着一股改变家乡穷困面貌的强烈责任心。因而当1958年一鼓而起办工业、两年后一哄而散齐下马的曲折时期，这些热心人没有把集合起来的家当拆完，而是想方设法地维持一定的规模，生产当地农民必不可少的农具，为农业发展出了力。现在，第一代企业的工人，即那些手工工匠，大都年老退职；热心人也分化或转化了，但他们创业的艰辛应当写到乡镇工业的发展史上。

乡镇工业的初创阶段拉得很长，一般而言直到70年代初才进入发展阶段。在这一点上，宁、镇、扬地区与苏南地区大致相仿。在发展阶段，我们可以看到以党的十一届三中全会为分界的两个不同时期，前者为潜流期，后者为释放期。在乡镇工业发展阶段出力的是热心人、能人和刚扔下锄把来当工人的农民。我在扬中县长旺乡化工仪表配件厂就见到了这样的热心人和能人。这个厂的党支部书记是个年近50的中年人，他只有小学文化程度，解放后先后担任过互助组组长、扫盲教师、合作社会计、生产大队支部书记等职务。1968年他来到该厂前身长旺乡农具厂当支书，面对当时毫无起色的农具厂，他托人求贤，找到了一位在上海学生意出身、做过十年车工的下放工人。于是就从这位师傅与购置的两台小车床起家，第一年带出了包括现任厂长在内的4名徒弟，第二年8名。我问那位师傅，现在厂里五百多工人有多少是他的徒弟或徒弟的徒弟，他笑而不语，旁人替他回答：几乎全是。这个厂现有11个车间，6个科室，1984年1至10月份产值387万，创利润（税前）110万。偌大一个家业，不就是那两位热心人、能人和全厂"农民"工人开拓出来的吗？

两年来我遇到和听到的热心人和能人为数不少。这些热心人之所以热衷于办工业，是由于迫于人口与土地的尖锐矛盾；这些能人之所以有能耐，是因为他们大多是下放和退休的工人、干部，是城里的和乡里的知识青年。他们在一个乱世的年头机遇般地将城与乡、知识和技能结合了起来。这些我在《小城镇，大问题》一文中已有叙述。

但这里我要说的是他们有胆有识。那时的政治压力还很沉重，可他们有胆子发展，有办法应付。上面所说的那个化工仪表配件厂据说它前身农具厂的牌子还留在那里，现在虽是名正言顺地分为两个摊子了，在那时可算得是一块避灾的护身符。因此，十一届三中全会以前，乡镇工业的发展是一股暗流。正因为受到政治的压力，乡镇工业在潜伏发展期与大中城市的联结是偶发性的，并且是以生产经验为基础而不是以科学技术为基础的。能人们一般仅具有高中以下的文化程度，他们与农村社会本身的劳力、资金要素结合，并没有为生产力的诸要素注入更新的、更丰富的内容，只是促成了农村中本来存在着的潜在的工业生产力诸要素的凝聚，从而形成了一种初级的工业生产能力。所以，那时乡镇企业的特点是，能人们懂得什么技术，企业就生产什么；这些人能搞到什么工业原料，提供什么信息，企业就上马什么。这从本质上说是一种被迫的盲目发展。

党的十一届三中全会以后,冲破了政治上的压力,乡镇企业在潜伏发展期积蓄起来的能量得到了充分的释放。一时间乡镇工业势头之迅猛为人惊异。但是这股势头并不是所有的乡镇企业都能保持得下去,从而进入主动的有目标的发展时期。因为,等待着这新的一代企业的是城市企业与乡镇企业以及乡镇企业本身之间的企业竞争和产品竞争,这是一个更为严峻的考验。生存还是淘汰,关键在于乡镇企业的热心人与能人是否能顺利地转化为各种专业人才,去克服企业在资金、原料、设备、技术、经营管理、产品的推销等一道道难关。

在经住了考验的乡镇企业中,能人向专业人才的转化是在第一个发展时期里磨炼完成的。这些企业管理人才往往是跟随热心人学出来的,是从第一代企业中会计、供销员或有知识的熟练工人中提拔起来的。他们一般具有初、高中文化水平,年龄较轻,是乡镇企业的第一批专业化管理人才。如果说第一代企业更类似于作坊的话,那么这一代企业是向工业化大生产转变的开端。这批专业化管理人才的一个共同特点是有眼光、有胆略、有魄力、有干劲。在当时乡镇企业基本没有纳入计划渠道的情况下,上马什么,生产什么,完全由管理者根据各方面的条件及信息决定,而且生产所需的资金除企业积累外,还有一部分(有的甚至绝大部分)都是职工自筹的。管理者给自己定的准则是,"只能成功不得失败",他们在痛苦的磨炼中逐步学会了立于不败之地的本领。有眼光是表现在他们能选择市场上适销对路并具有越拓越宽的发展前景的产品。有胆略就是他们具有自己创造条件的主动精神,不按部就班地消极等待。有魄力是指他们能够大踏步地进取,如我们参观了一个电力器材厂,三个月前,这个厂刚刚破土动工,现在已拿出了价值十几万元的产品。有干劲是表现在他们肯下苦功夫,要迅速学会他们不懂的东西。

对乡镇企业的管理者来说,工业生产的经济活动对他们的要求是苛刻的,他们不仅要做生产,还要懂经营;不仅要管理工人,还要学会打交道;不仅要两眼向内看厂房,更重要的是两眼向外看市场。好几个厂长对我说,他们没有在晚上十点以前离开工厂过,没有在夜里十二点以前睡觉过。不少厂长挤时间自学了有关的大学专科课程,对专业知识有了相当深的造诣。他们在实践中逐步将自己培养成了较为全面的新型企业家。他们之所以能做出这样的成绩,并不是由于个人的天才,而是经济活动的实践逼出来的,是在普遍的企业竞争、产品竞争中造就的。

应当说,这一代企业的确向现代水平跨了一步,能够生产化纤织物、工作母机、化工产品、仪表配件等产品了。城市人才下乡传播的工业技术已经开花结果。可是，乡镇企业一旦成长起来，就形成了对城市在人才、技术、原料、产品销售等方面的更大依托。这种依托却不能再像发展阶段的前期那样，做找不到娘的孩子，瞎碰乱撞。因此，在这个时期，乡镇工业突破了行政区划和地理位置等客观条件的制约来同城市大工业发生联系，开始走上了进行多种形式的有机结合的轨道，并由不稳定趋向稳定，由松散趋向紧密。在各种结合中，技术联结、技术合作的内容所占的比重越来越大。

目前，我国城乡之间还存在科学技术方面的巨大差别，如扬中县有工业技术人员190人，仅占职工总数的0.16%；有乡镇企业410个，没有一名有正式职称的技术员。在这种情势下，经济活动的内在要求驱使着科学技术及科技人才由高水平向低水平即由城市向乡村流动。这种与工业经济活动紧密结合在一起的科学技术流向，滋养了农村的一大批有一定文化基础的年轻人，从而农村里迅速成长起了大量的工业技术人才。

科学技术下乡是由两股人才的流动带来的。一股是城市技术人才向农村的流动。这里面又有短期流动和长期流入两种形式。长期流入即从城市引进技术人员，扬中县今年已调入科技人员18名，有一个厂公开招聘后，已与600多名技术人员建立了联系，其中重点准备调入的有64人。短期流动即是以聘请顾问、兼职、短期支援、签订技术合同等方式出现的人才向农村的流动。1983年扬中县正式请来的工程技术人员有201人。没有签订合同临时来帮助解决问题的技术人员也很多。另一股是农村的土技术员为了提高技术向城市的流动。仅1984年上半年，扬中县乡镇企业送到大专院校、科研单位进修、培训的就有45人，送到各类中等技术专业学校24人，省级培训班205人，到外地重点企业代培的有1260人。这些人在城里学了科学知识和技术，还开了眼界，受了现代工业社会的熏陶，接触了现代化的仪器设备，广泛结交了知识分子，他们的收获是多方面的。

在基层调查的过程中，到处能看到乡镇企业求才若渴的迫切感。县一级政府对培养人才已相当重视起来，就地培养人才的学校在县、乡、村、企业各个层次上以多种形式开办起来。如企业管理干部培训班、技术培训班、中专班，大专班等。到1983年底止，扬中县已经以各种方法培养锻炼了初、中级技术人才6000多人。

现在，有一些乡镇企业发展得较早的乡，骨干企业已进入了第三个时期即成熟期，这一阶段，乡镇企业已经具备了资金、技术、人才、设备、信息、市场的条件,形成了相当的规模和经济技术实力,有了较强的竞争能力。产品不断更新换代,走向先进化、系列化。企业能够生产高档呢绒、精密机械、化工及电子产品,逐步走上技术密集型产业。推行了现代管理,管理日趋科学化,企业向专业化方向发展。

如果说第三代企业是腾飞而起的骏马,那么它的领导人就是驭手。这一代企业的领导人大都具备了初中以上的文化水平,高中毕业的占相当大的比例。扬中县有企业83个,厂长中高中文化程度的33人。不少人还去大专院校深造过,他们不仅懂得生产实践,而且有了科学的基础知识,懂得现代管理方法,将管理作为一个系统工程,统筹安排各方面的生产经营活动。他们多谋善断,能精心决策和规划,懂得信息的重要以及如何运用信息,懂得有关生产、交换、分配、消费的再生产四个环节以及市场、价值规律等经济学知识。在这样的企业领导人带动下,乡镇企业已不惧怕强手如林的市场竞争,它们能够以自己的优质产品、周密服务、良好信誉取胜。扬中县有五个产品获得国家、省、市、县一等科技奖、产品奖。乡镇企业有2000余种产品,其中已有20多个品种进入了国际市场。

进入成熟阶段的企业,通过各种途径,培养、建立了一批技术人员队伍,并首先具备了设计试制力量。企业对于科学技术的接收能力增强,已经能够引进科研单位、大专院校的研制产品进行试制,并较为迅速地投入批量生产。现在,科学技术下乡,不仅仅由人才流动带动,而且由科技资料流动、信息流动而日趋增长,这表明农村本身的科学技术实力的增长。

乡镇企业的供销队伍,自始至终都是一支最活跃的队伍。他们在企业的生产经营活动中,担负着繁重的任务,一身几任。首先,负责材料与产品的供与销。在市场调节的条件下,要采集到维持一个工厂所需的全部原料,实属不易;要及时销售全部产品,迅速实现资金回收,在目前市场竞争激烈以及合同不严密,乡镇企业之间、商贸部门与企业间相互拖欠款项的严重情况下,更是很难的。其次,他们是产品的宣传员,他们能清楚地讲解本厂产品的长短处、用途及与同类产品的比较,使对方较快地了解产品并接受产品。再者,他们是科技情报员、信息传递员、工厂建立各种挂钩关系的主要联系者。最后,他们还是出厂的产品、设备的安装辅导员、修理员。用一位供销员的话说:我们的本领是不能完全从书本上学到的,我们的经验也没有写进过书里。但我认为这是实实在在的学问。

四

在区域性经济的协调发展中，城乡之间的新联结还表现为信息的相互传递与不断反馈的速度越来越快，形式越来越多样化。在这次调查中，给我留下的一个深刻印象是，从来没有看到乡镇企业的同志像今天这样地讲信息、抓信息。从认识上，他们自觉地把信息反馈能力作为发展乡镇工业的重要条件和提高企业的竞争能力、应变能力的前提。在企业干部的配备与使用上，他们把信息才能和管理、技术才能并列作为选拔的标准。"头脑活络"是挑选干部的最基本条件之一。在组织上，他们把收集和传播信息作为一级机构，并配备专门人员来抓。比如在不少县、乡的工业公司里都设立了"信息科"、"开发科"来获取综合信息，分析、利用信息。

对乡镇企业的发展来说，它所需要的信息主要是市场信息和技术信息。所谓市场信息即是通过产品的销售市场、订货会议及各种展销会、交易会和政府的商业部门了解有关产品的需求量大小和品种更换以及发展前景。所谓技术信息主要是指技术发展的最新动态及其对产品生产和市场的影响。从扬中县看，这两种信息在乡镇工业的发展中起着促进交流、指导经营、疏拓流通、传输科技、适应竞争的作用。由于乡镇企业生产供销方面基本上是市场调节，所以企业对信息的依赖性很大。因此我们可以说，信息的交流与反馈是乡镇工业生存和发展的必要条件。

我们所到之处，都可以看到，乡镇企业在市场调节的实践中创造出了各种各样收集信息的方法。一是供销员在外收集信息。丹阳县乡镇企业派往全国各地收集信息的人员占乡镇企业职工总数的 12% 以上。这里，信息的收集通常采取的是信息开拓流传的形式。如扬中县有一个乡办厂，初期主要是通过这乡的一个知识青年在上海一家炼油厂工作的亲戚了解到有关的产品信息。尔后，通过这一层关系，这位乡镇企业的年轻人又被介绍到其他工厂，就这样滚雪球似地逐步拓宽了供销渠道，同时也就形成了一个信息网络。目前，该厂已与 11 个部属和 25 个省、市、自治区的近 180 多个单位建立了关系，签订了提供新情报、新技术、新产品的协议书。

二是在深圳、厦门等经济特区和上海、北京、天津等工业发达城市建立信息站和技术、产品窗口。扬中县在深圳等地开了 5 个窗口，丹阳县在珠海特区开设了一个镇江（丹阳）产品专柜。所谓窗口即是开门市部或在所在地展销中心的柜窗里陈列，销售本地优质名牌的各类产品，以吸引国内外客商，就地观察市场变化，收集商品信息，尔后再反馈回来作为开发新产品的依据，获取最新的技术信息。

三是通过和大专院校、科研单位、国营厂矿企业挂钩，用聘请顾问的形式收集信息。凡是能够保持旺盛的生命力，产品不断更新改代的企业，一般都有"后台"。扬中县长旺乡的化工仪表配件厂五年来共开发了两项10个系列的化工仪表配件，200多个品种，2000多个规格，其中有些还填补了国内空白，产品远销6个国家和地区。重要原因之一就在于这个厂能够从众多的挂钩单位源源不断地获得产品信息。另外，乡镇企业的同志为了获得最新的产品信息，他们聘请专家学者、大商店经理、批发部主任为顾问，从搞科学研究工作的同志那里获得有关产品的更新，改进产品质量方面的信息，从作实际工作的同志处获得关于产品的流向、流量的信息。

四是通过各种专业会议如年会、产品订货会、学术讨论会等来收集信息。刚开始时乡镇企业并没有资格参加这些会议。但他们只要获得了开会的消息，不请自到，进不了正式会场就到与会人员驻地，结识各方面的人士，主动介绍自己企业的情况，诚恳地请求指教和帮助，交了不少朋友，由此获得了大量的信息。有些企业就是这样地获得了或稳住了拳头产品，逐步站到了本行业的前列，从而也就争得了作为专业会议正式成员的资格。

五是通过科委、科协、政协、统计局等组织、团体和部门的力量收集信息。所到之处，我都看到各县的科委成立了开发科，乡镇企业局建立咨询服务公司，专门负责新产品及企业技术难题方面的信息收集工作。科协联系了一大批本县的知识分子及在外地工作的一些家乡人，请他们随时提供本专业的有关信息。政协的民主人士则利用自己广泛的社会联系为乡镇工业采集各方面的情报。县统计局也充分运用手中的统计资料，分析本地区、本省及全国范围内的商品生产状况、物资消耗量、经济效益水平，并把这些信息及时通报给乡镇企业。由此可见，乡镇企业收集信息、运用信息的第一个特点就是渠道众多。以上列举的种种方式只是就调查所得资料的归纳，实际上信息流向农村的道路还要开阔得多。

乡镇工业收集运用信息的特点之二是善于捕捉。乡镇企业的同志在收集信息方面创造了不少新名词，如"直接信息"、"间接信息"。所谓直接信息是指通过关于产品的销路、产量、需求量、经济效益等情报获得的信息。它的特点是易观察，易得到。弱点在于直接信息是反映经济活动的过去以及现在的状况的，用它指导生产则有一定的被动性。间接信息则是指必须经过自己头脑分析的信息。我以前提到过沙州县西张乡橡胶厂的厂长的办厂经验，感到他很会运用间接信息。小平同志说，"足球要从娃娃抓起"，他从中看到了为孩子们生产足球是个方向，就开始生产贝贝球，从而赢得了市场。现在乡镇企业家们都开始开动类似的脑筋，即不仅消极地从市场上去获得信息，满足人们的需要，而且积极地分析人们的喜好和情趣，创造新颖的、人们喜爱的产品，去丰富和引导人们的需求。丹阳县一个乡镇企业的供销员在上海观察到不少人喜欢把针织内衣当外衣穿。他做了一些调查，依据人们喜欢的式样，按外衣规格设计了新款式羊毛衫。据此信息，厂里立即转产，不到半月第一批样品运到上海销售，结果一抢而空，企业家们不仅注意本行业的生产动向，而且还密切注视在社会化大生产中与本行业相关联的其他行业的发展，以此来预测本厂产品的发展前景。如扬中县一个生产磨具的砂轮厂密切关注着机械行业的发展。凡出现了一些新的机械，他们就尽力研制新的磨具品种，以便为这些机械配套。

乡镇企业收集运用信息的特点之三是传递迅速，收效快。从获取一项信息到运用信息取得经济效益的时间往往很短。飞机是乡镇企业家们常用的交通工具，电报电话更是不可少的通讯方式。信息不仅传递迅速，而且见效也快。经过周密分析确实了信息的可靠性、可行性以后，乡镇企业就很快地影响企业的生产经营活动。比如丹阳县在珠海特区的"窗口"开设后，丹阳丝绸引起了大批外商的浓厚兴趣。工作人员在与外商洽谈中了解到，如果把丝绸衣料加工成符合外商欢迎的服装款式，就会有更宽的销路，而且还可以大大提高丝绸品的经济效益。这个信息反馈回县后，主管单位立即组织设计并交有关企业生产。产品很快送到当地展销中心后，马上就引起了一个不小的丹阳丝绸品热潮。在这里，整个信息的传递与反馈仅仅用了30多天的时间。

乡镇企业收集运用信息的特点之四是利用率高，经济效益大。在调查中，我听到很多关于一条信息救活一个产品，拓开一条销路，打开一个市场的例子。比如丹阳县界牌乡芭山大队灯具厂，原来生产集成电路，后因产品不适销，质量不过关，连年亏本，濒临倒闭。后来他们得到了城市建设拓宽马路，路灯的需求量增大的信息，于是就向其他厂借了3万元资金，转产路灯灯具，并不断更新产品，为新式路灯配套，为仪表饰灯配套，不仅解除了危机，产值还连年直线上升，由1980年的63万元猛增到了1983年的201万元。1984年这个厂与哈尔滨、长春、北京、天津、武汉等城市挂钩，已落实任务440万元。

在整个调查过程中，我看到乡镇企业对信息的需求在其发展的不同时期也是不同的。在初创阶段，乡镇企业的信息渠道单一，所获得的信息量较少，而一旦获得某个信息，到在生产中付诸实施的周期也很长。在这一阶段，人们获得的是直接信息。随着乡镇工业发展到一定时期以后，企业中的信息渠道逐步走向多样化，信息量也随之增加，信息的使用周期也逐步缩短，间接信息的比重也在不断加大；到了乡镇企业的成熟阶段，信息渠道不仅多样，而且信息传递的速度由于利用了先进的通讯手段而大大加快，信息量十分丰富，信息的使用周期大大缩短，出现了像扬中县长旺乡箱包厂平均每五天就更换一个新产品或新品种的局面。

信息的不断反馈与传递，不仅使乡镇工业得到长足的进步，而且使农村的社会面貌也发生了很大的变化。它就像一股巨大的冲击波，冲开了城乡之间封闭的闸门，使城乡之间形成信息环流，城乡联结的区域经济的发展越来越协调。我们不论从实践中观察或者做理论分析都可得出如下结论，一个高效率的社会系统总是开放性的，这是因为一个社会系统总是需要不断通过物流、能流和信息流的交换来保持其稳定发展，从而使其高度适应外界环境的变化，并有目的和有效率地去影响周围的环境系统。一个封闭的系统是不可能对外界发生影响的。而只有通过信息的不断反馈与传递，才能逐步使系统从封闭走向开放，信息恰恰也是农村社会和乡镇企业发展的一个重要因素。

成熟的乡镇企业应当是一个开放性的社会系统，一方面，像以上谈到的那样，它要从城市输入大量的人才、信息；另一方面，它又要输出产品，投入市场，在交换中实现产品的价值。企业是否能在市场经济中取胜，不仅要看人才、信息等外来资源条件，关键的一环还在于企业内部，取决于乡镇企业这一社会系统的结构合理性，即有效的、灵活的、科学的管理。

乡镇企业在经营管理上是很有特点的。首先是经营上具有相当的灵活性。"一切决定于市场，一切为了用户"是乡镇企业的经营方针，市场是经常变化的，用户的需求是不断增长、翻新的，乡镇企业能够对变化了的情况迅速作出反应，调整自己的经营方向和服务内容，活就活在这里。乡镇企业往往一个厂挂好几块牌子，如扬中县一个乡的电力器材厂同时又是水表厂和钢木家具厂。水表生产处于滞销期时，工厂就大量缩减水表的生产，将人力、物力转入处于畅销期的电力器材和钢木家具上。三个主要产品相互支持，不同产品的滞销期、畅销期相互继替，从而稳住了生产。另外，乡镇企业中的众多的小企业转产是相当快的。扬中县1983年转产的企业有62个，占了企业总数的15%。我们还调查了扬中县的永胜、兴隆两个乡的 60 个乡村企业，这些厂从建厂以来共更新产品品种 175 次，平均每个企业将近 3 次。

乡镇企业的灵活性还表现在它为用户服务的方式是多种多样的，有上门服务、咨询服务，为用户培训使用人员的服务等各种形式。普遍流传于乡镇企业中的"人无我有，人有我优，人优我廉，人廉我转"的几句话更是形象地概括了乡镇企业的灵活性。

乡镇企业之所以能够在经营上采取灵活多样的方式，主要是由于企业有了相当大的自主权。地方政府如县、乡政府对企业的管理是指导性的而不是指令的，这种指导性的管理是通过税收、信贷、价格、利润、利息等经济杠杆以及提供信息等各种形式在内的服务方式进行的。直接的生产过程完全由企业作为独立的商品生产者自行支配。企业有权转产，扩建，上新项目，有权动用积累，加大投资也只需在企业内部决定。这是乡镇企业能够保持灵活性的根本保证。

乡镇企业在经营管理上的第三个特点在于层层实行了承包责任制，责、权、利分明，赏罚分明，充分调动了广大职工的积极性。在这次调查中我所看到的骨干企业普遍制定了严密的责任制。按照规定，每个职工每月不仅要完成一定的产值，还要达到一定的成本要求、工时要求及质量标准。各道工序和各个车间之间，实行了严格的核算制。前道工序的产品质量不好，后道工序有权拒绝接受，这样保证了产品质量，而且生产进度、工作优劣一目了然。被评为扬中县企业管理先进单位的联合乡砂轮厂厂长对我说，他们这一套承包责任制，使个人的报酬与贡献大小、完成任务好坏挂起钩来，与企业的生产状况、经济效益高低挂起钩来，克服了人与人、车间与车间之间的平均主义，充分调动了各类人员的积极性。现在，如果职工的奖金少了，他不是来找领导闹，而是自己按照百分考核标准细细地算一算，查出是质量问题，还是成本问题，然后努力去改正。

乡镇企业在经营管理上的第四个特点在于实行科学管理。目标管理、全面质量管理、价值工程、线性规划等现代管理方法在一些先进企业中已经开始实行。丹阳县与扬中县都有好几个厂是根据市场状况确定经营目标后，把这一大目标分解为许多小目标，做到各个环节、各个层次都能实现小目标，并围绕实现大目标建立了以计划管理为中心的生产、技术、质量、设备、劳动、财务、物资八大管理，从而保证了大目标的实施。

乡镇企业从第一代到第二代再到第三代，管理方面有了很大的变化。经营决策上，由消极的、被动的决策走向了主动的、多选择方案的决策；经营指导思想上，由粗放型的不重视经济效益的经营走向了集约型的注重经济效益的经营；管理形式上，从作坊式的集权管理走向了权力分散、责任明确的科层制管理；管理风格上，从单线条的管理走向了系统管理；管理的基础由以经验为基础走向了以科学为基础。

五

结束了扬中的调查，我就到泰州市和泰兴县走了一走。在泰州，我听到了一个值得引起注意并应加以研究的新问题，那就是在市管县的体制下，当前行政区划与经济区域之间还存在着不相适应的地方。具体地说，一是扬州市在经济上带不动它属下的泰州市，人们把这种情况叫作"小马拉大车"。二是泰州市作为一个县级市划归扬州市管辖以后，它就与早先作为其经济影响范围的周围几个县处于同等的行政地位，它们相互间的经济联系就或多或少地受到行政区划的制约，因而泰州市不仅不能充分发挥它在区域发展上的中心作用，而且它本身的经济发展也就陷于没有后方、没有余地的局促状态。

从历史上看，扬州与泰州可以说是长江北岸毗邻的一对孪生子，这对同胞兄弟各自在自己影响的地区起着商品流转中心的作用。这两个兄弟城市几十年来都有长足的发展。据说相比之下，泰州市现实的经济实力比扬州市并不逊色。但是由于历史的原因，扬州市的名声要比泰州大。解放后，两市均属扬州地区，在事实上扬、泰之间虽有亲疏，但属同级。1982年江苏省撤销地区一级行政，实行市管县新体制时，扬州市为省属市，领有原扬州地区的范围，泰州市变成了县级市，归扬州市领导。原来的同级关系就一下子变成了上下级关系。然而一个城市对其影响区域的经济联系是在长期的历史过程中自然形成的，有着必然的规律性，这种规律性并不能人为地加以割断或干预，因而就出现了上述两个方面的问题。

总的说来，江苏全省的市管县行政体制，对于打破行政区划，实行合理的区域经济联系，加速经济发展是有利的，并取得了实际的收效。但是由于当时实行新体制时，时限短促，不可能对区域经济发展作深入的研究，像泰州那样新问题的出现是难免的。

我在苏南与苏北的调查中，发现苏北的乡镇企业和小城镇发展相对弱小和缓慢，其主要原因就是缺少类似苏、锡、常、通那样的经济实力较强的中等城市。因而苏北的有些县城升格为市以后,"小马拉大车"的现象较为突出。在苏南则相反,表现为一些原先有一定发展特点或规律的城镇失去它所影响的区域。例如宜兴县的丁蜀镇,这个有悠久制陶历史的手工业名城受到了县属镇建制的束缚,无法施展它的影响力。

这一问题在苏北与苏南的不同表现,在泰州与扬州的关系上集中体现了出来。对此我们应当认识到,问题既然是在区域社会经济发展阶段引起,就必须在对区域社会经济发展的研究中去解决。现在有一批专家学者正在泰州作深入的调查,我相信通过他们的研究与实际部门的工作,这个新问题定能找到妥善解决的方法,并为我们对小城镇的区域社会经济发展研究提供有益的经验。我们也愿意建议江苏省能进一步开展社会经济区域发展战略的研究,并根据实际情况对现有行政区划作适当的调整。

这次的宁、镇、扬地区的调查,我把重点限于乡镇企业和城乡联结型的区域发展的研究。尽管这一研究还处于探索阶段,但这是小城镇研究的新开拓。我觉得乡镇企业从总体上已经走过了初创、发展阶段,正日趋成熟。从总体上看,乡镇企业的发展是极不平衡的,但正是在这不平衡中我看到了乡镇企业发展过程中显示出来的初创、发展和成熟这三个阶段。虽然处于成熟阶段的企业,现在只是乡镇企业发达地区的少数,是一个苗头。但这个苗头提出了不少新问题。乡镇企业处于成熟阶段的一个重要标志是趋向于智力、技术密集型。这就是说在这乡镇企业发展的第三阶段,一个老问题将会再度出现,那就是劳力的第二次剩余。乡镇企业从第一次劳力剩余发展起来,并在它的发展中引起了小城镇的复苏和繁荣,带来了城乡生产力和社会关系的一系列变化。那么第二次劳力剩余又意味着什么呢?我认为这决不是一种简单的循环,在一些乡镇企业发达地区出现的第三产业队伍是一个信号,它或许就是城乡在坚实的经济联系基础上达到全面融合的前奏。因此,对于乡镇企业的发展过程及其社会经济后果的探讨,应当作为小城镇研究新阶段的主题。由此又可开出一批具体的问题来,例如乡镇企业对城市社会经济的改革的意义,两者之间有哪些普遍性,又各有什么特殊性?又如乡镇企业与城乡社会价值体系的关系等。当然在开拓新问题的时候,对小城镇社区本身的分析还要加强和深化,这样我们就能承前启后,把小城镇研究再推进一步。

最后应对帮助我整理本文的沈关宝、李汉林、聂莉莉同志表示感谢。

1984 年 11 月 6 日于南京

镇长们的苦恼

今年9月我有事回乡,顺便想了解一些苏南小城镇的近况,但是限于时间,不能像过去那样到各镇去访问,只得改变办法,商请吴县作东,邀约我曾访问过的一些镇的镇长,聚谈一天。应邀参加对话的有苏州市属四县两市的14位镇长。他们大多是我的熟人,可以开门见山,谈他们在工作上碰到的新问题。听来各镇有共同的问题,也有各自特殊的问题,值得择要提出其中的一些供关心小城镇发展的朋友们参考和研讨。

一

先交待一笔,这14个镇都是建制镇,经过一度萧条,在20世纪80年代重新繁荣起来,全镇的居民从1万人上下,增长到了2万和4万之间,在镇区生活的都已超过1万人,每天还有上千的流动人口。

这几年来苏南的小城镇真有点像雨后春笋,长得快,又长得鲜嫩动人。前不久我去苏州灵岩山附近的木渎镇。贯穿全镇的公路干道,宽阔平整,两旁新栽的绿树和花木一旦长成,俨然是一座公园城镇,可和都市一些新修的道路比美。更不用提已经出名的常熟碧溪镇了,它是全部按规划平地新建,井井有条,既实用,又美观,吸引了大批中外旅客。苏南小城镇的新面貌,固然体现了具有中国特色的社会主义的优越性,但是不大为人所体悉的是这里渗透着多少镇长们的苦心和烦恼。在这次对话里,到会的镇长们如见亲人,争着要把心里的话向我一吐为快。

我怎么会不明白呢?小城镇发展的速度当然不可避免地会给镇长们带来巨大的压力。镇上的居民几年里增加了几倍,原有的房屋不够了,新修房屋要土地,原有的小巷通行不了汽车,修公路,就得拆迁。现在的居民要看电影,有病要进医院，连孩子都不在家里生了，孩子长大了要进学校。这一切都得镇长来经营管理。人多了建设得跟得上，跟不上，居民就哇哇叫，向人大和政协提意见，矛头对准镇长。镇长们说工作繁忙倒不怕，怕的是巧妇难为无米之炊。有名的常熟碧溪镇的镇长说："出了名就难了。参观的人一批批地来，我就不敢领他们去看我们的中学，校舍破旧，场地狭窄，必须改建，已经打算了几年，就是筹不到150万元的搬迁费。镇上的医院还算见得人，但是太挤了，怎能让病人排长队？要扩建又没有钱。"

碧溪镇长发愁的是中学和医院，其他的镇长听着却自叹望尘莫及。他们愁的是烧柴和饮水。很多大城市用上了煤气，但苏南的小镇里还在烧稻秆煮饭，这太浪费了。要改用蜂窝煤，价钱太贵，镇上贴不起。喝水已成了相当严重的问题。原来我在家乡时用的是井水或河水，还靠天雨积水泡茶。现在城镇水源污染严重，吃用要靠"自来水"。自来水并不是"自来"的，必须挖深井，汲地下水，用管道输送到各家去，这些都得花钱建设。到场的14个镇长里只有两人说镇上居民用上了自来水，其余都说还做不到。一般说来，镇上的居民至少还有30%用不上自来水，原因是无钱敷设管道。

在场的镇长们当前感到最头痛的有6件事，用他们的话说是：烧煤、喝水、用电、看病、上学和最近突出的菜篮子。菜篮子指的是镇上蔬菜价格比城里还要贵，小青菜已涨到一元两斤。总之，这些巧妇已感到无米之苦了。

居民日增，镇的建设相应要跟着增扩。建设经费从何而来呢？这就提出了小城镇由谁来建设的问题。一般说来，镇的建设经费有三个来源：一是上级财政拨款，二是水、电、工商税附加的城市维护税的一部分，三是乡镇企业的利润。在江苏第一项很微小，除在编干部工资不列入镇级财政外，公路、桥梁、医院等专项建设，如果上级财政宽裕，有时可以得到部分补贴。可是即使拿到一项几万元的项目，公文往来和人员上访要几十次，也得拖上几年。柳亚子先生故乡黎里镇，入镇大门口的桥，狭得只容汽车单程来往，修建计划已提出几年，至今仍没有着落。

第二项是规定为镇建维护专款，三税（水、电、工商）附加，由县拨出一部分给镇，多少不定。在工业产值超过亿元的镇，每年可得大约十几万元，占建设经费的5%—10%。碧溪镇建设去年投资806万元，而拿到的维护费仅12万元。参加座谈的14个镇里还有一部分因为建制较晚至今没有拿到过这笔款。

目前苏南各镇的建设费用有80%以上来自乡镇企业的利润。一般说乡镇企业利润中至少有10%是用来作城镇建设费。至于乡镇企业提供镇财政的经费,还不只建镇一项。镇级干部在编的只占少数,不在编的人头费,包括工资和奖金全得用乡镇企业利润来开支。乡镇企业要上缴给乡或镇的总数不少于全部利润的1/4,这还不包括临时的专项摊派和其他方面各色各样的"化缘"。

乡镇企业本来是乡镇居民自己办的企业,拿出一部分利润来为自己家乡修桥补路,养老育幼,应当说是合理的。问题一是不公平,二是负担过重。不公平是指每一个镇上都有一部分居民只有权利没有义务,在城镇建设上享受到公益,而不出钱出力。这些就是设在镇上的上级的企业和机关。比如吴县的东山镇去年装置了三部电视差转台和三种服务车(消防、救护、殡葬),所有经费均用镇财政支付,而在东山的不少省、市、县企事业单位,享受相同而分文未出。又如常熟的塘桥,上级单位人数众多,而且收入高,却要地方义务供应社会设施,油粮补贴都得地方负责。

再说负担过重。小城镇和乡镇企业血肉相连,兴衰与共。乡镇企业的发展把大量农村劳动力转移出来,发展了小城镇。乡镇企业又以它的利润去哺育小城镇。这才有这10年来苏南农村的一片兴旺景象。但是好景能不能长,却已引起了镇长们的忧虑。从去年起,乡镇企业赖以发展的许多优惠条件被取消了。不仅如此,它们要用议价的原料和享受平价权利的国营企业竞争。目前镇上的物价上涨,工资也跟着提高。廉价劳动力的优势正在消失。贷款紧缩,利息提升,周转困难,眼看到农民刚刚摆脱贫困,就把他们当作肥肉,人人想吃它一口。镇的负担加重,立即转移到乡镇企业身上。上面开口子,下面付钞票。独生子女、应征军人都得基层出钱,基层政府哪里来钱?还不是落在乡镇企业头上,乡镇企业是垮不得的,它是上亿农民的生命线,基层政府的支柱。镇长们的忧虑应当是我们大家的忧虑。

二

从我个人来说,这次与镇长们对话最触及思想的是他们提出了重点文物保护的问题。我在城市建设问题上一直是主张保护文物的。早在解放初期,我是支持梁思成先生保护"三座门"的人。这事已成文人轶事。但是这里确实存在着一个较深刻的问题,没有在理论上好好解决。什么是文物?什么文物应当保护?和人民生活紧密联系的文物又怎样去保护?当同里镇的镇长说"古镇已成了苦镇"时,我不得不警觉到这些问题必须提出来再加思考。

同里镇是国家的重点文物保护对象。把古镇作为重点文物来保护,理由是我们这个国家应当为自己历代祖先的优秀创造感到自豪。凡是一个时代在文化业绩上的代表作品，后世子子孙孙自应妥为保存，以培养世世代代的爱国情操。因此我们不仅要保护地下发掘出来的古代文物，而且要有选择地妥善保护地面上、现在还在使用的有时代代表性的建筑群。

太湖周围的水乡确有其独特的优美传统风格，小桥流水，诗情画意，对于一些自幼喝太湖水长大的人更有它引人入胜的魅力。但是50年代以后，这一地区的城镇萧条萎缩，许多历代的名镇都已破旧不堪，80年代初以来，乡镇企业的发展使镇容也随着大变。眼看着许许多多小城镇原来的风格情调将一去难返，于是有人提出了是否可以选择一两个典型的古镇，作为重点文物保护的对象。还有人提出，由于旅游事业的日益发达，这样做在经济上也是合算的。我一直是这一种意见的支持者。

同里可以称得上是个古镇。处于河荡水网之中，现代交通设施进入较迟，前年才通公路，所以在这一带古镇变化得较少。要看百年前小镇的面貌，同里还是比较完整的。因此入选为重点保护的古镇。同里是我父母的故里，得此宠遇，我自然觉得高兴。

这次与镇长对话时发现，过去我竟没有想到这个被保护的古镇里还住着近万居民。如果把这个古镇一切如旧地保护下来，对镇里的居民生活会有什么影响？他们是否能在古老的建筑群里满足现代生活的要求呢？同里镇镇长在古字上加个草头，点明了这矛盾。

举个最简单的事实：同里是水乡古镇，过去镇内水道纵横形成网络，家家户户门前屋后有小河可通，百步一桥，桥桥相望。可是现在镇上居民上工下班不再用小船摆渡，而靠自行车代步了。他们不得不逢桥下车，扛车过桥。涵养深的见桥兴叹，年轻人不免要登桥骂娘。群众意见太强烈，镇长不能不违反文物保护的精神，把入镇大门的高桥平了。方便了群众，但也招来了不少破坏古城面貌的批评。

有苦难言的镇长说：既要方便行人，又要保护古镇，造一座两全其美的桥，哪里来这样多钞票？不要说造桥了，新建的那座电影院，由于要符合古镇风貌，请专家设计，添了一个门面，造价增加了3万元。钱向哪里去要呢？别的镇办工厂，同里只能办"无烟工业"，因而修理了"退思园"，游客不少，但对镇财政来说无烟也无利，因为旅游业赚的钱另有去处。

这番话摆出来的事实是够明白的。我没有能力为镇长排忧解难，但学到了一点：只提要保护古镇，而没有具体的保护办法和保护经费，这是给人出难题。我们不应当把一个古镇当作一件古董来保管。古镇里有居民，居民有权利争取现代化的生活。古镇既要能满足居民的要求，又要保持传统优美风貌，不仅需要高水平的设计，还得有物质支持。建设这样的"古镇"，其负担单单落在镇上居民身上显然是做不到的。

我感谢这位镇长为我提出了这个问题。我想我既然表示赞成保护古镇，就有责任根据实情向文物保护者反映，进行进一步的思考和讨论。

1987 年 10 月

乡镇企业的发展与企业家面临的任务

我们中国的乡镇企业,不但是我国经济复兴的一支重要力量,同时也为第三世界发展中国家提供了一条思路。最近一个时期,我跑了日本、香港、泰国和印度,这一圈跑下来我有很多感想。的确,现在人家对我们中国的看法与以往不同了,都说我们起来了,蒸蒸日上,很多朋友为我们高兴。我们这一代人衷心希望中国富起来,现在终于有点路子了,这是国际上公认的,不是我们自己夸口。这几年我们东南沿海几省的经济发展在东亚是领头的。这样高的速度,连我们自己都觉得太快了点。世界上贫困的国家都在看中国的路子,他们能不能走。所以我们在做一件十分重要的事情。

乡镇企业是怎么发展起来的?是因为农民创造了联产承包责任制,为乡镇企业发展创造了条件。乡镇企业最早是苏南地区发生的,我看了之后,极受启发,所以写文章广为宣传。我认为乡镇企业是中国农民第二个伟大的创造。第二个创造的主要特点是广大农民感到了劳动就是财富。农业上一年最多干100天左右的农活,大量的劳动力和劳动时间都浪费了。他们要把劳动力和劳动时间变成生财之路,因此,有些地方开始把工业引入农村,走向工业化的道路。这是人类历史上不多见的事情,因为传统上是农民务农,城里人才务工。西方国家的工业就是这样发展起来的。可我们的农民不是进城干工业,而是把工业搬到乡下来干,这一点的确很了不起。把工业搬到乡下来,这是乡镇企业的开始,我曾叫它乡土工业,又叫它草根工业。因为当时的户口制度,乡下人不能享受城市户口的待遇,没有粮票,自己种地自己吃。乡下户口不能进城,不能进城、进工厂,农民就自己开工厂,搞工业,结果中国农村里出现了工业。为什么无锡、苏州发展乡镇企业最早呢?因为历史上苏南农村人多地少,很穷,要吃饭,要花钱,因此,一些农民就到上海去做工。经过几十年,上海这个大城市培养了一批农民出身的技术工人,而这批技术工人与乡村没有隔断,过年过节要回家。"文化大革命"时期上海工人打派仗,很多老职工回家了。一些上海的技工为了自己的生活,也为了替农民找活路,用公社积累的资金办起了工业。这就是乡镇企业的开始。

当时办企业是很艰苦的,需要资金、厂房,农民把自家房子腾出来,自己去借钱和用公社的积累办起当时所谓的社队企业。社队企业生产出来的产品商业部是不管的,那么卖给谁呢。因此,只有靠自己培养推销员,他们满天飞,去推销产品。就这样在计划经济之外,出现了市场经济成分。现在看来这是很了不起的,它为发展我们社会主义市场经济打下了基础,这个基础有多大呢?1990年时乡镇企业产值至少占全国工业产值的1/3。这样一个强大的经济,从自然经济中分离出来了,使我们可以逐步地过渡到社会主义市场经济。外国人搞不懂,他们说为什么苏联搞不成你们能搞成呢?我对他们说,有一个秘诀,就是我们早就有了市场经济,不是官方的,是中国农民自发创造的。我们回想一下农民自发创造乡镇经济的过程很有意义,他们为国家立了大功。中国农民不但在解放战争中为解放全中国立了功,而且在经济发展过程中又为中国富起来立了功。立这个功是不容易的,大家从不断的失败中积累下经验,打下了乡镇企业发展的基础。在不断的实践中,到今天产生了这样许多了不起的乡镇企业家。现在1亿元产值以上的乡镇企业全国有400多家,也有3亿元、5亿元,最高有10亿元以上的企业。这些都是乡镇企业家干出来的成果。

我们乡镇企业开始是靠农业的积累起家的。靠农民的努力,形成目前这样的规模。现在要反过去补助农业,以工助农,以工建农。从1978年到现在全国一共补贴了1200亿元。这样我们的农业不怕了。乡镇企业本来和农业是一家人的事。我称它们为妈妈与儿子的关系,妈妈把儿子养大了,儿子该孝顺妈妈了。现在,外国在闹大米开放的问题,它们解决不了这个问题,因为它们的工农是对立的。开放了农民要吃亏。只有我们中国农工结合,这不是小事情。在几千年的农业大国中,在农业中发展出工业,回头工业又帮助农业,这样形成了有中国特色的社会主义。这是别人学不来的。

对现在的乡镇企业家我想讲两个问题,这也是你们应当想到的问题,一个是对内问题,一个是对外问题。对内说,我们还有中西部地区和沿海各省里远离城市的乡村还没有发展起来,以江苏说,苏北还有些地方的农民与苏南发达地区的农民相比,收入相差一半以上。中西部地区和黄金海岸的珠江三角洲和长江三角洲相比差距还要大。沿海地区的乡镇企业以两位数的发展速度前进，百分之十几、二十几，个别地方乡镇企业发展超过30%，是超高速发展。

我们发达地方的增长速度的确是高，但与不发达、欠发达的地区一平均就只有8%—9%了。假如中西部能赶上前10年的沿海地区，或者与山东一样，山东就是这几年发展起来的，我们的国际声誉就会大幅度提高，国际社会就不敢轻视我们了。现在国外就有人说，将来经济发展潜力最大的就是中国，当然说这些话的人各有目的。可实实在在地说，在我们大家的共同努力下，我们的国际地位日渐提高，这不是虚话。假如我国中西部发展起来，我国的实力就会更加强大起来。可要做到这一点，我看还是不那么容易的。我从1984年开始往中西部地区跑，看到了这个差距问题和它的意义。中西部地区这10年来也有进步，但进步得慢，所以我认为应当想办法把沿海的乡镇工业扩散到中西部去。单依靠自己的力量中西部地区发展不容易很快，因为过去那些地方没有大的工业化城市。华南靠香港、华东靠上海，因此，要靠东部帮助中西部发展工业，把劳动密集型的工业向中西部转移。我们企业家明白这个道理，这也是一种经济规律，国际上也是这样，美国把劳动密集型工业转向日本，日本转向台湾，香港转向广东都证明了这一点。

中西部地区发展起来对东部也有利，中西部将为东部提供广阔的市场。假如中西部地区的农民每月拿出100元来买东西，那你们的企业就都能发展起来了。要培育发展这个市场首先要增加农民的收入，那就要把工业搬过去。在今后10年将会形成一个西进的浪潮，这是必然的。你们这些企业家要心中有数，看准了早去比晚去强，现在外国人都在向中西部投资了。如果中西部的农民年均收入能达到1000元，那我们的经营环境就完全不同了。

另一个问题是向外，目前我们已经有良好的条件。比如，以前台湾产的鞋在美国最畅销，可是我们大陆制作的鞋穿着更舒适，又便宜，更受美国人欢迎，很快占领了市场。据说近几年大陆的自行车也大量出口美国。我们出口的东西越来越多了。但是中国的企业界还有很多工作要做，首先要不断提高产品质量，还要了解国外市场。因此要建立信息服务机构，提供信息，解决企业产销对路的问题，为乡镇企业家服务。

下一代的企业面临着一个经济接轨的问题，这个轨不容易接，接不好要翻车的。接轨就是我们的产品能出去，外面的信息能进来，在一个大区域里竞争，外国人也要想尽办法保护自己的企业，这个竞争将是激烈的，甚至是残酷的。因此，我们要做好对应工作。我们乡镇企业家不仅要懂得国际上经济风云的变幻，努力扩大对外联系。同时也要掌握我们政府的政策，维护政府的利益。最近我去了黑河，看到俄罗斯对我们的日用品有大量的需求，但要使生意做成，使我们的货出去，换回我们所需要的原材料，就需要我们企业家出主意，想办法，给政府提建议。这样通过我们与政府的密切协作，互通信息，做好对内对外的市场开拓工作。

1993 年 12 月 8 日

论中国小城镇的发展

今天有机会参加有关中国小城镇发展问题的国际研讨会，我感到十分兴奋，因为中国小城镇的发展是我本人的研究课题。在85年前，我出生在中国江苏省太湖附近的一个还有城墙围着的传统小城镇里。60年前我在本乡的另一个传统小城镇附近的农村里进行过社会学的实地调查，后来写出《江村经济》一书。农民生活离不开小城镇。当我年满70（1980年）开始我第二次学术生命时，又以小城镇作为我研究的主要对象。15年来我几乎跑遍了中国各省观察中国农村社会经济在改革开放中的变化，以迄于今，没有断过。

小城镇在当前中国的语言里已成了一个通用的名词，它指正在兴起的一种新型的社区。在这个国际研讨会上对这个在中国当前已属习惯用语作一点说明，也许对参加研讨的同人会有一点帮助。

在以农业为主要经济基础的社区里，最基本的生活单位是由农民以亲属关系组成的农户。若干农户聚居在一地构成一个农村。各地农村的大小不同，少至几户，多至几百户。这些由客观条件形成聚居的村落，称作自然村。为了行政上的便利，常把若干较小的自然村合在一个行政系统里称作行政村（在公社时期一个行政村相当于一个生产队），若干行政村组成一个称作乡的行政单位（在公社时期乡相当于一个公社）。

农户一般说来在经济上并不是个自给自足的单位。它有多余的农产品或副产品时可以到附近定期聚会的集市上和其他农民进行交换，或出售于商贩，又向他们购买别处贩来的日用消费品。这种集市在中国已有几千年的历史，即在企图把农村经济纳入计划经济的"文化大革命"时代，也并没有被完全消灭。至今在内地欠发达的地区依旧有这种为农民进行贸易的主要场所。在古代传下来的书面语汇中即称"市"。

在农村经济的发展过程中，这种临时聚会进行贸易的集市，逐步由固定的商店所代替，若干商店联成几条街，加上多种服务行业，集合成一个人口较为众多的以商业为主较为永久性的社区，普通把它称作镇。据说镇这个名词的来源是出于这个人口密集的商业社区需要行政上的管理，成了政府官员驻守的据点。为了自卫，政府的据点常用城墙包围起来，城和镇于是联结在一起成为城镇。我们现在常称作"小城镇"的地方，尽管实际上保留着城墙的地方已经很少，但这个历史性的联结在语词中还留着遗痕。

大约在20世纪60年代，由于大中企业和大中城市的发展，脱离农业的人口为数激增，为了保证非农人口粮食的供应，在户籍制度上划分了城乡的区别。在公社制度下这个区别更是突出。农村居民由公社管理，从事农业生产。城市居民由市区管理，在国家机关和国营企业里工作。公社制度改革后，尽管户籍制度至今还没有相应的改革，但城乡区别已经受到了事实上的冲击。在这一变革的过程中，在行政系统上公社改称为乡，生产队改称为村，但名称上改变跟不上社会经济实质上的变化。小城镇这个当前已成为日常应用的语词就是出现在这个农村社会经济实质的变化之中。它是个新型的正在从乡村性的社区变成多种产业并存的向着现代化城市转变中的过渡性社区。它基本上已脱离了乡村社区的性质，但还没有完成城市化的过程。要理解这种过渡性社区的实质，必须回头讲一讲这一段变化的历史过程。

回顾这段历史，为了避免烦琐，我们不妨追溯到"文化大革命"结束，公社制度解体的70年代末期。在其后大约15年中农村社会经济的发展，可以分为三个阶段。各个阶段发生的具体时期，因地而异，我不能在此细述。

第一阶段是从农村里实行家庭承包责任制开始，标志着公社时期的结束。这个新的制度规定农民在承担向国家有偿提供定量的粮食等主要农产品的责任下，有权承包一定面积的土地使用权。这种规定实际上解放了农村的大量劳动力，因为在公社制下，农民在公社所有的土地上只提供了他们可以提供劳动力的一小部分。但在获得了对自己和家属的劳动力的支配权之后，他们就自动地力求对家有劳动力的充分利用，除耕种责任田之外，主动地寻找多种多样的生产行业，以求增加家庭收入。原来在公社制度下闲置和浪费掉的劳动力由农民积极自发地变成了生产力。这就推动了农村经济的大发展，进入了农村经济发展的第二阶段。

第二阶段的发展各地的机遇和条件不同，起步有先后，效果有差别，但是到今天来看，可以说全国除了十分偏僻和条件特差的少数地区外，已经普及了全国。由于各地农民选择的具体发展道路多种多样，我在这里只能举例来说，不能概括全面。

我最熟悉，而且15年来几乎每年去跟踪调查的是长江三角洲我家乡的农村，特别是太湖流域的苏南地区。这个地区，由于历史原因，首先挑选了发展小型工业的道路。早在30年代中期，我在家乡进行农村调查时，已看到这地方农民贫困的一个原因是在他们原来家家户户经营的传统副业和家庭工业，即养蚕、缫丝、纺织等已因西方国家现代工业的兴起而萎缩了。农民因而削弱了一条有效的生财之道。我当时主张恢复农村副业和农产品加工业。但是这种主张，在当时正值抗日战争的前夕，是近于乌托邦式的空想。但是到了80年代经过了半个世纪，我们国家的处境已经大变，不需要我去重复提倡这种主张，各地方的农民已自己走上了发展小型乡镇企业的道路，而且很快地在长江三角洲一带的农村里推广开了。

最初在农村里开办小型工厂还是在公社时代。迫于人口的增殖和公社体制的不健全，这些地方的农民不能单靠农业维持生活，农民也只有在农业之外找贴补的出路，于是在农村里出现了一些简单的小型作坊工业。到了"文化大革命"后期，由于大中城市里的工厂"停产闹革命"，又有许多被派性排斥离厂的技术工人大批回乡，再加上下放的知识青年和干部，这一批技术力量被公社利用来办工厂了。当时在农村里单靠农民个体户是没有资金能办企业的，而公社却有小量集体积累的资金，足够在已有小作坊的基础上开始开办小规模的"社队工厂"，就是所有权属于公社或生产队的企业。公社解体时，土地一概分给了个体农户，但许多"社队工厂"却无法拆散和公分，所以保存了下来，改称乡镇企业，即由乡镇政府管理的企业。改革开放之后实行的市场经济正如火上加油，给这些已获得公开身份的而又不在计划经济控制之下的乡镇企业一个独特的发展机遇。

中国农民在改革开放后走上工业化路子的不仅是我家乡的长江三角洲。几乎同时发展乡镇企业的，而且特别惹人注目的是靠近香港的珠江三角洲，虽则这两地发展的机遇并不是相同的。以珠江三角洲的农村来说，他们的机遇最初得之于祖国大陆开放之后香港小企业向大陆的扩散。这些沿海地方的农村一般都曾有大量移民进入香港，成为香港的华人。他们中不少在香港经营小型的工业。当我们实行开放政策，准许他们回乡办厂时，他们发现如果他们的企业在香港和家乡之间跨地经营，由于工资差别获利可以成倍增加。于是产生了把店面留在香港，继续和客户接触，而把厂房搬回家乡的农村里或传统的小镇里的所谓"前店后厂"的经营模式。在80年代后期的短短几年里，珠江三角洲的农村里兴起了大量的这类"乡镇企业"。以此为触机，这地区的农村大为繁荣，成为举世瞩目的经济迅速发展的突出样本。凡是和珠江三角洲类似的沿海侨乡，如厦门、福州等地区，情况略同，也先后兴起。这里不再重复。

但从全国来看，还有内地的大片地区，在公社时代没有大力兴办"社队企业"，同时本地又没有出国经商的侨民，它们缺乏资金和人才，乡镇企业的发展比较落后了一步，出现了时间差。但是他们看到了工业化能发财致富的方向，也正在急起直追。他们一般采取迂回的战略，先发动和协助农民发展庭院经济，即由农户利用家有的庭院和闲置的土地进行各种副业，组织销售，增加收入或组织劳务输出到外地承包建筑工程，目的都是在使农户能积累财富，然后引导其集资创办乡镇企业。通过这种迂回办法，内地农村在过去十年中见效颇为显著。有些地方已出现不少亿元村，赶上沿海发达地区的经济水平。

农村里办小型工厂是中国当前农村发展第二阶段的特点。这类小型工厂只是农村工业化的起点。在市场经济的不断发展中，全国农村里所办的工厂由少变多，由小变大，大多为了便利经营起见也迁出了原来因陋就简的农舍作坊，盖起了有相当规模和设备的厂房，并集中到附近交通方便基础设施较优的市镇上。这样把在"文化大革命"中日见衰败，已经冷冷清清的传统市镇，在80年代初期获得了复兴。这就是新型小城镇的开始，也是农村经济发展的第三阶段的初期模式。

新型的小城镇是在乡镇企业发展的基础上出现和长大的。它不同于传统市镇，它已冲破了原来只作为农副业产品贸易场地的性质，正在逐步变成农民集体或个体兴办工厂、商店、服务业的中心。它已经可以直接从远程采购原料，经过制造过程，向远程提供半成品和消费品，实质上已成了广大市场的一部分，它和大中城市已接上了贸易关系，也就是说它已具备了一定程度的城市功能了。所以我们可以说农村发展的第三阶段是继第二阶段的农村工业化而发生的农村城市化。

新型小城镇一般是在传统市镇的基础上，经过拆迁翻新而建立起来的。凡是在内地公路上旅行过的人，沿路很容易见到正在兴建中的小城镇。它们大多是正在瓦砾成堆中树立起钢筋水泥的露天高架，充分表明着新旧交替的面貌。

以上这段说明，希望能指出当前中国新型小城镇的发展有它历史性的特点。简单地说，它是在中国传统社会现代化过程中出现的农民走上工业化和城市化道路上的重要里程碑。由于中国国土广阔，人口众多，地区差别大，这个过程所采取的具体形式和内容必然多种多样，而且有先有后。这种地区差和时间差间又相互依存，交相影响，因而既要看到各地小城镇兴起的一致性，还要看到这个过程的复杂性。我们中国并不是在一片空地上盖造新的楼房，而是在传统经济的区位格局里生长出新的符合于今后文化、社会、经济发展需要的新园地。只有对这项巨大工程的根本性质有深入的理解才有可能最经济、最有效地设计出这个巨大工程的蓝图。

我们至少要从人口、土地和国力等主要客观条件出发来考虑设计这项工程的任务。我们的任务是要在国力许可的条件下，把下个世纪的大约15亿人口，妥善地根据这段时间中人民的收入水平，以不同的聚居形式安排他们分布在不同地理条件的既定的国土范围之内，使他们能得到进行日益富裕、安居乐业的生活。

大约在80年代初，我们国家采取"限制大城市，适当发展中等城市和大力发展小城镇"的基本国策是符合实际的最佳选择。我毋需在这里重复申述不加限制地放任人口向大城市集中所可能引起的社会灾难。我在15年前已提出新型的小城镇可能成为防止人口过度集中的蓄水池的设想。意思是说今后农业经济水平的提高不可避免地会释放出长期关闭在传统农村里的大量人口，如果这股急流没有缓冲和蓄积的中间体，势必发生显而易见的社会恶果。何况中国在几十年里也决不可能有足够的财力建成十多个人口在千万上下的现代化大城市，来容纳这股人口巨流。新型的小城镇正可以发生拦阻和储积人口流量的有效作用。

究竟在过去15年里全国有多少具有农民户籍的人口住入了小城镇（流动人口），有多少农民白天进镇做工晚上回返农村住宿的所谓"摆动人口"，我手边没有正确的统计。但从我们在江苏省7个县200个小城镇进行抽样调查的结果告诉我们，其中较发达的苏、锡、常三市1989年共有建制镇148个，到1992年底增加到237个。建制镇是根据人口较多、国民产值较高的标准选拔的。上述苏南地区集镇人口1992年比1989年增加80万人，同时建制镇增加了89个，每镇增加大约9000人（不包括流动人口）。这不是说明了这地区的建制镇在这段时间里把农村入镇的人口几乎全部吸住了么？在苏南这地区的经济发展水平上，小城镇已经发生了人口蓄水池的有效作用。同时对照着内地农村由于小城镇不发达，农村里的人口大量向发达地区大中城市流动，构成了这几年的"民工潮"，更可以看到小城镇对人口的滞流作用。

据我们估计当前中国各地县城（即新型小城镇的底子）的人口规模在沿海发达地区大约在6—10万人左右，在中部正在发展中的地区大约不超过5万人,在西部欠发达地区一般只有1万多人。这也表明了在今后中国社会经济发展过程中小城镇具有大量吸收人口的潜力。因之,我们乐观地估计如果中西部地区在今后10年中能跟得上发达地区。14亿人口是有足够的地区可以分散在星罗棋布的各地小城镇里的。

其次是土地问题。小城镇的兴起必然要扩大所占土地面积,以江苏省抽样统计看,一般扩大了一倍到三四倍,最突出的到6倍(锡山市前洲镇)。这就会减少当地的耕地面积。但是是否会影响该地区的粮食产量?这问题要从两方面去考虑,一方面那些过分扩大城镇占地面积是否是事前没有作出保证粮食生产的规划?另一方面是否出于耕种制度的改革和技术的进步?前洲镇是规模化耕种的最早试点。从提高农业作物单产量,是可以弥补缩小了的耕地面积的。解决乡镇争地矛盾也可以采取多种方法。譬如在适当地区开辟粮食供应专业基地,进行地区调剂;以及采取食品结构的改进,中国人主要从粮食中吸取热力和养料的传统习惯是可以改变的。

除了人口和土地利用这些基本考虑外,我们还必须注意对新型小城镇建设中硬件和软件的研究。所谓硬件就是水、电、信息、道路、房屋、绿化及环境等基础设施,所谓软件就是文化、教育、公共道德、社会秩序、心灵修养等。我在这次研讨中对这些方面不能多作展开了,但愿意提醒研讨新型小城镇的具体建议时,上述的这些硬件的规划固然十分重要,即使这方面由于缺乏经验,发生错误,如果仅仅限于经济上的损失,那是可以补救的。当前沿海农村里的农民为了建设新的住宅,有的地方已翻造了3次以上。由于农民收入的提高,这些折腾他们还是负担得起的。如果在建设中忽视了软件的重要性,那就会影响到人民的素质,成为危及几代人的事了。

在结束我这次研讨前,我想起了一件事,就是解放战争结束时我正在清华大学教书,我的一位前辈梁思成教授特地找我商量,要我为建筑系的学生开一门"建筑社会学"(学建筑设计的人应当有的社会学知识)的课程。我当时虽表示了同意,但是由于我功底不够和形势改变,这门功课半途而废,使我一生感到遗憾。今天提出中国新型小城镇的发展问题,我不能不感到这位老前辈用心之远和见识之深。现在不正是应该重复梁教授召唤的时候了么?

1995年10月9日于北京北太平庄

家乡小城镇大发展的二十年

2002年的清明节刚过,我又回吴江老家,不少老朋友来看望我,他们不约而同地都谈到家乡这几年来的发展变化。他们说,家乡的每一个村镇,生产力都提高了,乡亲们收入增加,市镇建设加快,生活条件改善了。一句话:家乡城镇化进程大大加快,昔日的农民大多已经过上了城里人的生活。

20年来,从整个中国来讲我们一直在朝工业化、现代化这条路上前进,而且走得相当快,国民生产总值发展的速度在7%以上,超过了世界上许多国家,江南地区甚至超过了10%。吴江就在这个地区里,这个地区也是乡镇企业发展比较早和比较快的地方,当地的许多农民,已经脱离土地进了城,变成了工人。从某个角度上说,农村劳动力向城市流动的快慢,会直接影响工业化、现代化进程的速度。

朱镕基总理在九届人大五次会议的政府工作报告中,着重提出要加快农业和农村经济发展,努力增加农民收入;要求各地政府加快农业和农村经济结构调整,为农民进城务工经商提供方便;积极稳妥地推进城镇化,促进农村劳动力向非农产业转移。总理在政府报告中预示在今后几年内,我国小城镇又将迎来一个新的发展机遇;同时也预示着今后几年,将会有更多的农民离开土地涌向城市。有专家说,今后十年,将会有数以亿计的农民进城。

其实农民进城,他们的目的就是为了增加收入、摆脱贫困。这部分人里,大都是农村中的壮劳力或掌握一些技术的人,这些人往往会在农村里先富起来。

在改革开放之初,进城务工的农民,人数不多,他们通过亲戚、朋友这个跳板,在城里先有个落脚的地方,然后找工作,就可以解决问题。现在情况发生了变化,当数以千万计的农民离开家乡外出打工,在全国各地流动的时候,情况就不那么简单了。众多人的大流动,在找到工作和未找到工作期间,难免会出现种种意想不到的问题。这些问题涉及社会的方方面面，为了了解和解决这些问题，我们必须要对农民进城的这一情况进行认真的研究。

1983年我在家乡搞调查的时候，看到世世代代守着土地讨生活的农民开始办起了工业；看到一些市镇出现了由衰转兴的苗头，对这一情况，我当时想到很多，虽然它只是初露端倪，但依我数十年在农村搞调查的经验，觉得此问题的出现，当是中国农村一次大变革的开始，对此，我写了《小城镇，大问题》这篇文章。这篇文章引起了决策者和不少人的注意，到现在它发表快满20年了，这20年来，家乡的小城镇真的一步步发展起来了，而且建设得越来越好。那么，这些年中那些小城镇是怎么样发展起来的？家乡的农民是怎样离开土地进了城？我们又是怎样来安置外地进城农民的生活和工作？现在，不是农村里的农民要不要出来的问题，而是农民出来以后我们能给他们提供多少"活路"，也就是多少就业机会⋯⋯这一系列问题一直萦绕在我的心里。

这20年里，我们看到了人口向城镇集中的现象，而且这种集中的速度相当快。农民离乡要有两个条件，一是在乡下他们活不下去了或是生活得不好；二是农民离乡出去后要有活路，也就是有活干，能生活得下去。作为城镇，就要为他们提供活路，要在从事农业生产之外找到其他生活的路子。这就是我为什么提出"小城镇，大问题"的出发点。

我国加入WTO，把大门打开了，境外资本、先进技术涌了进来，一个广阔的国际市场展现在我们的面前，为当今中国的社会经济发展又加上了一个国际的力量，这个力量一进来，必然会影响到中国人社会生活的方方面面。世界正在大变化之中，特别是"9·11"事件发生以后，世界局势变得更加复杂，它变化的方向、变化的结果会是怎样，现在还显得扑朔迷离。在这样的局势面前，我们应该怎么办？那只有沉着应付。为了能够沉着应付，就必须摸清楚实际情况。我们现在要做的事千头万绪，其中有一件是要摸清楚城镇化进程在我们这个地方到了怎样一个程度，并且从过去的经验里总结出一些有用的东西，看看又出现了哪些重要的新情况。

城镇化这个名词是世界上通用的说法，英文称Urbanization，其实，这是一个过程，这个过程的第一步是从农业化的社会进入到工业化的社会，用我的话说就是从传统的乡土经济过渡到现代化的工业经济的过程。这个发展过程是一步一步向前走，有它一定规律的。在这个过程中出现了一个农村人口的流动和农村劳动力怎么充分利用的问题。

要摸清楚我们国家城镇化进程到了怎样的程度，这是一个大课题，以我这个越过90岁年龄的老迈之躯来完成这个题目，似乎是可"想"而不可即的了。我的眼力、听力、腿力已经不允许我再像20年前那样到下面的市镇里去访问，走家串户跟老乡们聊天。现在为了了解情况，我只好偷个懒，请下面搞实际工作的同志到我住的招待所来谈，或约一些过去负责这方面工作的老同志、老朋友来，讲一讲他们的体会、感想、意见；当然我还是要尽可能再到一些市镇去走一走，亲眼看一看那里的新面貌。所以在后来的几个月里，我又走访了张家港、常熟、太仓、昆山和苏北的盐城、阜宁，浙江的宁波、台州、临安等地。

一

1983年，我和小城镇研究组的同志到吴江县的松陵、盛泽、震泽、铜罗、陆港、莘塔、庙港、平望等镇搞了调查。20年过去了，这些小城镇的情况怎样了呢？我真想再到那些地方跑一圈，亲眼看一看它们的变化，和乡亲们拉拉家常，但是岁月不饶人，看来这个愿望似乎已经不好实现了。不过幸好这些年来，我每年回家乡的时候，都要到各地去走走，曾亲眼目睹过这些地方日新月异的变化。

这次调查，我在松陵镇听了一些地方同志的介绍，又访问了离松陵不远的盛泽镇，向镇上做实际工作的同志请教，从他们充满信心又不无自豪的话语中，我再一次体验到乡亲们为自己取得的成绩而感到喜悦的心情，同时也把我带进了美好的回忆和深刻的思索中。

我出生在松陵镇，松陵是我从小熟悉的地方，现在是吴江市政府的所在地。改革开放初期松陵的经济发展比较慢，进入20世纪90年代以后，他们做了三件事：第一件是进行乡镇企业产权制度的改革；第二件是建立吴江经济开发区，吸引了一批合资企业落户松陵；第三件是投资搞技术改造。这几项措施使松陵镇大大改变了面貌。

1982年的时候，这个镇的建成区面积只有1.6平方公里，镇区人口仅17700多人，工业产值1398万元。经过近20年的发展，到2001年底，松陵镇建成区已经扩大到了16平方公里，常住人口达88200多人，其中外来人口约有25000人；工业产值已突破了73亿元，增长了522倍！交通、通讯、供电、供水、居民住房等基础建设不断得到改善，昔日衰老的小镇，又焕发出青春，如今已经成了颇具现代气息的国家级卫生城市。

另外一个是盛泽镇。历史上盛泽是一个专业化程度很高的丝织工业中心，这一特点始终没有改变过。同松陵镇一样，到 2000 年初，他们完成了乡镇企业的改革，加大了技术改造和发展外向型经济的力度。如今盛泽镇拥有当代先进水平的织机 2.5 万台，每年主要产品聚酯切片的生产能力为 26 万吨、纺丝 23 万吨，生产各类织物 15 亿米、织物印染 15 亿米、织物深加工 10 亿米。此外全国各地 3000 多家丝绸商行云集盛泽镇的东方丝绸市场，市场的年交易额达到 138 亿元，是我国薄型织物的交易中心和价格形成中心之一。如今盛泽镇已经成了我国重要的丝绸纺织业生产基地、出口基地和产品集散地。

今日盛泽面貌已非昔比。1982 年时镇区面积只有 2.2 平方公里，人口 26100 多人，全镇工业产值 4642 万元。到 2001 年底，盛泽镇已经扩大到 20 平方公里，常住人口达 106200 多人，工业产值突破了 65 亿元，增长了 140 倍！

吴江最南端的铜罗镇，也彻底摆脱了 20 年前冷清的局面。这个小镇在 1952 年时有 2475 人，然而到了 1982 年却减少到 2007 人，30 年来人口下降了 19%。如今铜罗镇依仗着传统的酿酒业以及新兴的纺织（绢丝）、服装业，把经济搞得红红火火，人口也翻了一番达 4000 多人。

此外，当年全镇只有一家油泵厂的莘塔镇，今天已经是拥有（油）阀门、自动扶梯（电梯）、保险箱、服装、制鞋等多种行业的繁荣的小市镇。

还有一个曾经引起我们注意的小镇陆港。解放前它是太湖东南岸边一个商业性的小渔港，据说全盛时有 50 户人家做生意，经济活动相当活跃。后来，由于经济发展、行政设置、交通条件等因素的改变，小集镇的地位也发生了变化。到了"文化大革命"后，镇上只留下了两个商业门市部和一家茶馆，三十几名商业人员。我在《小城镇，大问题》里称这类小镇是"已吞未咽下"的小镇。经过了 20 年，这个镇终于被"咽"下去了。据介绍，今天陆港只是一个行政村，全村只有 4 个市镇户口的人，其余的都是农村户口；主要为村民服务的几家茶馆、理发店、裁缝铺和十几爿百货店，还在营业。但是随着吴江市经济的发展，陆港人的生活也发生了很大变化。村民已从 20 年前依赖农副业生产过日子，转变到主要依靠办工业和经营商业致富。据统计，全村 1350 名劳动力中，有 837 人从事工业（包括家庭工业），从事商业的有 196 人，占了总劳动力的 77%；全村人均收入从 1982 年的 240 多元，增加到 2001 年的 5300 多元。

这 20 年里，家乡还有不少乡镇，在党的改革开放政策的指引下，抓住机遇，找准路子，在较短的时间里，形成一个规模大、实力强的行业，这种

"一镇一品"的路子,给当地老百姓带来实惠。其中七都镇的崛起是一个比较有代表性的例子。

20世纪80年代以前,七都这个太湖边上的小镇,交通不便,信息闭塞,经济一直发展不起来。1985年他们看准电缆这个行业,在当时上海电缆研究所所长、七都老乡沈康的帮助下办起了电缆厂,取得了很大的成绩。1998年我去访问时,镇领导跟我说,他们要加大投入,开发新产品,并且派人到东南亚考察,寻求合作途径,扩大对外贸易,参与国际竞争。据了解,今天七都的电缆生产已经占全国产量的1/6,工业产值达46.38亿元。

还有一个横扇镇,这个镇走的路与七都不同。横扇在20世纪80年代末,还是个不惹人注意的小镇,小平同志南方讲话以后,当地人抓住机遇,利用农民手上的传统技术,发展起以家庭生产为基础的羊毛衫制作业。现在,全镇7000多户居民中有一半从事羊毛衫制作,拥有横机3万多台,先进的喷水织机(无梭织机)2000多台,近年还引进了十余台当今最先进的全电脑织机。年产羊毛衫8000多万件,产品不但销往全国各地,而且远销西欧、东欧、东南亚和非洲等国家和地区。这个镇的羊毛衫还带动了毛纱业、织机和配件业、印染业、建筑业的发展。横扇镇已经成了羊毛衫产销专业镇。2002年10月,一座以引进资金为主兴建起来的大型羊毛衫交易商城将在横扇崛起。家庭羊毛衫业的发展,不仅使当地老百姓增加了收入,还吸纳了2万多名外地打工人员,据推算,这些打工人员每年一共可以拿到超过1亿元的收入。

还有金家坝镇的净化夹芯板业,有4000多从业人员,去年年销售额达到9亿元;原青云镇的包装容器、八都镇的绢纺制造、莞坪镇的工业缝纫机、震泽镇的活动房……都形成了一个镇一个拳头产品的优势,既增强了本地的经济实力,又富裕了本地百姓。

朋友们的介绍,加深了我对家乡20年来所取得成就的了解。党的正确的政策引导,尤其是小平同志南方讲话大大激发了老百姓的积极性和创造性,乡亲们的努力,促使我的家乡吴江的经济发展又上了一个台阶。

二

20世纪90年代是吴江经济发展中一段重要时期。80年代初,刚刚挣脱了"四人帮"羁绊的吴江人民,经过千辛万苦创出了以农村集体经济为主的乡镇企业。也是那个时候,我获得了"第二次学术生命",重又到家乡搞社会调查，我觉得家乡农村经济的发展别具一格，就给它起了"苏南模式"的名字。苏南模式的乡镇企业是在集体经济基础上发展起来的，所以从它诞生的那一天起，就带上了计划经济的胎记。随着时间的推移，带着这些印记发展起来的乡镇企业，在我国市场经济逐步建立的过程中，在管理体制、资金投入、分配形式等各个环节上都出现了问题，使它在竞争激烈的市场经济里很难再获得发展。苏南的乡镇企业陷入了困境。

经过一段时期的摸索，从1997年末开始，吴江开展了全面的企业改制工作。这次改制的一个突出特点，即所谓的"民进公退"。原来的集体企业改成了股份制或股份合作制，还有的经过拍卖成了私营企业。经过3年，全市累计改制企业1670家，涉及总资产152.95亿元。

通过这次改制，政府彻底放下了直接管理企业的包袱，实现了政企分开的改革目标，使之能更集中精力通盘考虑全市的发展、管理和建设工作；同时也大大激发了民间资本投资的热情，为前一个时期在兴办乡镇企业的实践中培养出来的一批长于经营的人才和企业家，提供了更广阔的用武之地。

结合改制，吴江市进行了大幅度的产业结构调整，乡镇企业的面貌已今非昔比，过去"以小补大、拾遗补阙、适小补需"的小打小闹，已被规模化、集团化，高精尖技术、出口外销所替代。从上世纪90年代开始，政府着力改善投资环境，大力开展招商引资的各项工作，结果引来了我国台湾电子工厂和众多的外商在这里安家落户。如今全市形成了丝绸纺织、通讯电缆、电子资讯三大支柱；全市一、二、三产业结构比例已调整为8.27：54.38：37.35，2001年全市国内生产总值达203亿元。

同时，吴江市的农业经济也出现了一种新趋势，全市建成了水产、畜禽、蔬菜、苗木等各类基地，初步形成了区域化布局、产业化生产、规模化经营的格局。同时还依靠传统的农副业优势，通过深加工发展创汇农业，形成了"桑、蚕、丝绸、服装"，"养兔、兔毛、纺纱、针织"，"畜牧、制革、皮革制品"及"蔬菜种植加工、水产品养殖与加工"贸工农结合的一条龙生产体系。

上个世纪80年代末，吴江已经有了不少农民办的家庭小工厂，但那时政府并不鼓励这种做法。现在不同了，由于政策放开、力度加强，农民办工厂的积极性更加高涨。像上面提到的横扇镇，有一半农户搞羊毛衫编织，这些家庭办的小工厂，不仅吸纳了大量的农村富余劳动力，增加了农民的收入，还为农村培养出一批懂得经营的行家里手。就拿吴江比较偏远的桃源镇来说，该镇农户经过产业结构调整，看准城市建设需要大量绿化树木这个市场，开辟了

10000 亩苗圃，由于经营的需要，出现了几百个推销这些苗木的经纪人，他们到全国各大城市推销桃源镇的苗木，同时还承接城市的绿化工程，从而繁荣了本地经济，富裕了本地百姓。据了解，桃源镇的九里桥村，2001 年村里 60 个经纪人的总收入达到 1.02 亿元。

几年前我曾经说过，中国今后一个时期的农村工业化可能将要"采取上下两手并举的办法"和走"抓大放小"的路子来进行。看来吴江的这些实力强大、技术先进的集团企业和扎根在千家万户的私营家庭企业同时并举，不正是以上下两手并举的办法，在新形势下走出的新路子吗？

加入 WTO 后，我国的企业面临新的机遇和挑战。有专家说，在今后相当长的时间里，中国的生产"仍然是一种劳动密集型、低成本的模式"，中国工人的工资是东京关西工业中心区的工人工资的 1/20，所以日本公司在对华战略方面已经做出调整，"它们正在将生产产品的工厂转移到中国"。我在吴江就看到了这样的苗头。日前看到《吴江日报》一则关于"菀坪缝纫机行业今年开局良好"的报道上说：一季度，菀坪镇缝纫机整机及其零部件行业共完成销售 1.16 亿元，同比增长 58.9%……随着我国加入 WTO，世界缝制设备制造业中心向中国转移已成定局。菀坪人为了进一步做大、做强缝纫机及其零部件生产这一行业，打响"菀坪牌"，正在努力准备条件。

我还听说盛泽镇目前不仅是我国丝绸纺织业重要的生产、出口基地和产品的集散地，而且盛泽镇薄型织物的交易和价格会对世界薄型织物的市场发生较大影响。依我看，如果江苏和浙江这两个我国丝绸织造业最发达的东部沿海地区能够携起手来，统筹规划，在现有的基础上继续加强自身实力，特别是在提高丝绸纺织业的科技水平上，再扎扎实实地下一番功夫，从而使这里成为世界薄型织物生产和交易中心是完全可以做到的。这也是 WTO 给予我们的一个机遇。

三

从历史上看，吴江的小城镇发育较早，数量也多，但是，由于种种原因，长期以来没有引起人们的重视，解放后还一度呈现出衰落的势头。据说到改革开放以后的 1982 年至 1984 年间，吴江才第一次有了全县七大镇和部分乡镇的发展规划。随着乡镇企业的壮大，吴江市的经济综合实力得到加强，1992 年他们抓住撤县设市的机遇，制定了市域城镇体系发展规划，实现了工业区、商业区、住宅区分离成片，从而使小城镇建设与乡镇工业发展相得益彰。

如今，吴江市小城镇的面貌已经发生了巨大的变化，人气也越来越旺。到2001年末，全市小城镇建成面积达到85平方公里，是1982年的7.8倍；常住人口增加到41万多人，是1982年的2.6倍。全市道路、通讯、供水、供电等基础设施不断完善，卫生、绿化、美化、环保越搞越好，1997年吴江市获得了国家卫生城市的称号。为了适应加入WTO后面临的新挑战，吴江市将按照规划进一步把江南这个水乡建设得更美好。

乡镇企业的发展推动了小城镇的建设，促进了城市化进程，因为小城镇的兴旺发达，留住了一大批人。据统计，20年来，吴江市城镇常住人口增加了25.16万人；2001年到当地派出所办理临时居住证的外来民工有112038人（估计还有未办理手续的外来民工2万多人），这样算起来进入吴江的外来民工应当在14万人左右。其中盛泽镇有5万人，松陵镇有4.5万人，横扇镇有2万人，就是镇区人口只有4000人的铜罗，打工仔、打工妹也有2000人。这些外来民工除了一部分是来自本省的县市之外，主要来自河南、安徽、四川、云南、贵州等省。这些人中有96506人进工厂打工（占86.14%），10141人经商（占9.1%），4878人从事服务业（占4.4%），还有389人参加了当地的种养殖业生产。看来今天的农民工已经成了离土又离乡的工人了，他们为吴江市的经济建设作出了很大的贡献。

上面的这组数字是已经找到工作、有了去处的外来务工人员的人数，此外还有为数不少的、正在四处求职一时没有着落的人。要管理好这样一支无组织的来自四面八方的庞大的流动人口，其困难程度是显而易见的。吴江市政府十分重视这项工作，建立了一支由公安、劳动、人事、交通、工商、财政、城管、民政、司法、教育、计生等几乎包括了政府所有职能部门组成的外来流动人口管理领导小组。他们以教育、管理、服务为原则，想了很多行之有效的办法对外来民工进行管理。比如为了加强、健全管理网络，各镇外管办按照外来人口的2—3‰或按100—120户一名人员的比例配备协管员；在各村、居委会及外来人口较集中的工厂企业，专门设立外来人口管理服务站（中心），由这些单位出钱聘请专职或兼职的协管员。除了建立一套管理机构之外，他们还建立了行之有效的三级督查机制，形成了一个在党委、政府领导下，以公安部门为主、各方配合、职责明确的外来人口管理格局。

外来民工找到工作以后，如此庞大的人群的居住成了大问题，为了使外来民工有一个较舒适、安全的居所，吴江政府要求招收20名以上外来员工的企业，要负责配合公安部门对员工进行管理，建立"员工之家"，让民工在厂区宿舍集中居住。宿舍区设门卫，建立必要的外出、会客、值班巡逻等制度，进行规范化管理。据说像这样的集体宿舍区，全市已经有180多个，集中住宿的人员有6.3万人。这样差不多有六成以上的民工在吴江可以得到一个比较安定、安全的住所。

政府还要求各镇因地制宜，把空闲的厂房、办公楼等房屋重新设计、装修，改造成适合民工居住的"社会性民工公寓"，然后按公寓式的管理办法，低价租给外来务工人员。有的公寓区里还开设了杂货店、公用电话、阅览室等公共设施，条件好的还办了托儿所、民工子弟小学，以优良的服务和规范的管理吸引外来人员入住。比如盛泽镇在新生和鹰翔公寓式住宿区的基础上，又开发了一批闲置房，建成了10处这样的公寓区。目前，全镇入住民工公寓的人数有4600多人。

政府还对镇上出租住房的居民加强了管理，首先要求出租住房的人要办好手续，挂牌营业；房主要按照办旅馆那样对租房人进行登记、管理。

除了用规章制度把外来务工的人员安置好、管理好之外，有关部门还举办职业技能、法律、文化等各类培训班，对民工进行培训；举行图片展览，法律知识竞赛等活动，丰富外来人员的生活，通过种种办法提高他们的综合素质。有关部门还特别注意发挥外来人员中的党团员的积极作用，开展评选先进、鼓励优秀分子的活动。吴江政府希望为打工的农民兄弟提供良好的服务，使他们在这里工作、生活得愉快顺利。

除了对外来务工人员有一套比较完善、有效的管理、服务办法之外，还要依法保障他们的合法权益。政府要求用工单位和业主遵守国家有关法律、法规，贯彻执行劳务用工的各项规章制度，例如用工单位、业主必须同务工人员签订劳务合同。有关部门要按照"谁主管谁负责，谁用工谁负责，谁容留谁负责"的原则，加强对用工单位和业主的监督和执法力度；坚决取缔非法劳务市场、劳务中介机构，确实保障外来务工人员的合法权益，让吴江成为打工人的"第二故乡"。

四

近几年，除了春节前后，由于各地民工回家、返城时造成车站拥挤、交通堵塞；民工走了，城里人定的牛奶没人送、早点无处买……造成诸多不便，引得传媒关注，议论一番之外，人们对农民出外打工已经习以为常，不太关心了。其实这是一件很了不起的大事。

记得朱镕基总理在九届五次人大会的一次记者招待会上说，他目前感到最头痛的事，主要是怎样能增加农民的收入。让总理头痛的重要原因之一，就是因为我国地少人多，农村里众多的劳动力闲置着，没有成为生产力，赚不了钱。有专家估计，"2000年至2010年将有近7000万人离开农业部门。加入WTO本身又会使这个数字再增加约200万至300万。"还有人"初步匡算，我国1/3农村劳动力处于就业极不充分状态，现有农村富余劳动力总数在1.5亿人左右"。换句话说，我们的政府要为农村富余劳动力提供数以亿计的就业机会，使这部分闲着的劳动力变成生产力，变成钱。这是一个十分艰巨的任务。

其实这是个老问题，20世纪30年代，我在家乡搞调查的时候就看到了这个问题，并试图提出解决的办法。时间过去了半个世纪，一直到80年代中期，中国广大农民在党的政策指引下，终于闯出了一条兴办乡镇企业的路子。乡镇企业的异军突起，吸纳了大量的农村劳动力（2000年乡镇企业从业人员为1.28亿人，占农村劳动力的27%），增加了农民的收入，使大多数农民摆脱了贫困，同时将中国引向繁荣发展的道路，开创了今天这样一个欣欣向荣的局面。

在乡镇企业发展的过程中，中国农民挣脱了千百年来被土地束缚住的手脚，涌进了市场经济的浪潮中，形成了一股势不可挡的冲向城镇的力量，根据2000年人口普查资料推测出的全国现有流动人口有1.21亿人。有资料说，"流动就业的农民，80%以上进入城镇，他们进入大中城市、小城镇和农村的比例约为4:4:2"。就是说有四成的人流向大中城市，四成的人留在小城镇，还有两成的人易地从事农业。比如上面提到的，吴江有389个外来打工人员（占外来人口的0.3%）在吴江农村从事种养殖业。

20年前，我曾经提出把小城镇建成人口"蓄水池"的观点，就是想到一旦千千万万农村中的富余劳动力"冲"出来以后，他们到哪儿去？我想还是应该多渠道地安置他们。如果把星罗棋布的小城镇建设好，经济发展起来，就能够吸纳一部分人，起到拦截的作用，使他们不至于一下"冲"进大中城市。

今天，加强小城镇建设已经成为大家的共识，这几年我在各地访问的时候，亲眼看到各级政府重视小城镇建设的情景；在张家港、常熟、太仓、昆山，苏北的盐城、阜宁和浙江的宁波、台州、临安等地，都目睹一座座生机勃勃、颇具现代化风貌的小城镇已经拔地而起，吸引着四面八方来打工的人。

小城镇发展的势头很猛、很快，使我们的许多工作跟不上了。我在同松陵镇的同志座谈时，听他们说起近年来在城镇建设工作中碰到的一些问题，有人说，松陵镇是吴江市政府所在地，是这一地区政治、文化的中心，镇区常住人口有8.8万多人，外来人口2.5万人。全部人口中，非农业人口占总人口的63.9%，比例占得不小，但是用一个中等城市的标准来衡量，市区非农业人口要达到30万人以上，才能进入城镇化的发展轨道，这么看，松陵的差距还很大。

可是要增加镇上的非农业人口亦非易事，因为随着城乡一体化程度的提高，乡下的"软硬件"建设不断改善，城乡差别日益缩小；再加上由于各项改革的不断深化，现在的"城市户口"在就业、教育、医疗等方面享有的优惠待遇正在逐渐减少，所以非农户口不再像过去那样吃香了。相反，近年来城里人提出要求"非转农"的倒有所增加。

另外，由于形势发展得快，政府的很多政策、措施跟不上，影响了工作的顺利进行。比如松陵镇镇区内有大片土地已经开发成工业区或做其他用地，那里的农民绝大多数成为无田可种的非农业人口，但是由于没有相应的配套政策，缺少行政和经济上的手段，从而降低了农民参与户改的积极性。1999年松陵镇曾经划出一定的区域做为户改的试点区，两年多过去了，城区的实际发展已经远远超出了那时划定的范围，可是户改试点区的规定没有改，使得一部分村组不能及时按政策得到安置，影响了户改工作的进一步推行。他们希望上级有关部门，应该根据实际情况及时修订政策，采取切实可行的措施。

我国计划经济时期为了限制人口的流动，制定了一系列的政策和规章制度，这些政策、规章制度严密地挡住了农村人口进入城市。20世纪90年代以来，农村富余劳动力跨地区的大流动日趋活跃，为了适应改革开放后出现的新变化，政府有关部门已经对一些旧的政策、规章制度进行了改革，例如对养老、医疗、社会保障等制度的改革。但是对人口流动限制最严重的户籍制度，似乎改革力度还不够。松陵的同志希望有关部门加大对户籍制度改革的力度，放宽对户口迁移的限制，按照外来人口的纳税、投资、拥有固定住所、学历、工作等情况，放宽落户条件，实行以居住地登记为原则的户口管理制度，逐步打破城乡分割的户口二元结构，以适应当前经济发展的需要。

五

前几年，我在《农民入镇》的一篇短文里说过，农村走向城镇化，自我完成了从农民到工人的角色转换。这句话有着两层意思，一层是说由于工业下乡，迫使千百年来脸朝黄土背朝天、守着几亩黄土地讨生活的农民，放下了手中的锄头，操纵起隆隆作响的机器，他们要按照工业生产的规律来管理、经营自家的小工厂，他们被推入了市场经济的大潮中，随时要关心自己的产品能不能够卖出去，什么东西能够卖个好价钱……农民的日常生活发生这样巨大的变化，在中国可以说是史无前例的。

另一个方面则是大批农民涌进城市务工，这些人一下子从农村进入城市，变成了工人，他们的生存条件发生了急遽而巨大的变化。我们知道，人的一切行为无不受到他的社会关系、生活方式，特别是他的思想意识、价值观念的因素的影响。在从农民到工人这个角色急遽转换面前，他们跟不上了，有些不知所措，这种现象是不足为奇的。

因此，加强对农村劳动力的文化教育和技能培训，提高他们的文明程度，以满足各地对劳动力的素质越来越高的要求，是各级劳动部门要下大力气抓好的工作。我们相信，在这一场史无前例的社会经济大变革中，中国的农民一定会克服各种障碍，迈向现代化。

随着国家工业化、城镇化的进展，进城打工的农民会越来越多，我们"城里人"应该怎样来迎接他们，我看除了创造更多的就业机会之外，建立健全各种劳动用工法规、完善各项劳动保障制度，确实保障外来打工者的合法权益，营造一个有序的人口流动环境，是当前政府有关部门必须认真对待的问题。据我所知，国家为此已经制定了一系列政策、制度，比如进城的农民要持有当地有关部门的务工准许证，妇女要有婚育证；城里的雇工单位必须为雇用的外地工人办理暂住证，必须同工人签订劳动合同、办理保险等，但是由于种种原因，有些规定还未被认真执行，或者被严重干扰。

我们又经常可以从各种媒体上，看到诸如不法中介机构设圈套，坑害求职工人；雇主克扣工人工资、殴打工人；工厂使用有毒原料，致使工人中毒，甚至死亡；还有的雇主甚至国家用人单位，不按规定与工人签订用工合同或上保险，一旦工人与雇主发生纠纷，吃亏的往往是工人等这样的报道。看来今后还需要下大力气加强对劳动用工的各项法律、法规的执行和监督，并且要不断加以完善。

我曾经问一位当过市长的老同志，农民进城落户有什么困难。他说他不希望太多的农民落户到城里，因为他们成了市民后，他这个市长的负担就加重了，特别是当他们丧失劳动力时，问题就更多。一市之长要为市民的衣食住行、生老病死操心，在一个地方经济实力还不十分强大，又没有建立起健全的有力的社会保障制度的情况下，过多的市民反而可能会拖了城市发展的后腿。况且改变一个"户口本本"就会牵扯到物价、就业、教育、住房、计划生育、征兵与退伍安置等问题；有专家说，"农民与城里人的待遇差别达47项之多"，要解决这些问题可不是一件轻松的事。老市长说得不无道理，看来他担心的原因，就出在我们现在正是从计划经济向社会主义市场经济转轨的时候，新生事物如雨后春笋般涌现出来，但是许多陈规戒律还在起作用，而新的规章制度尚未确立起来，这时就难免发生问题了。

记得大约是一两年前，北京电视台曾经播放过一位成功的外地企业家得到了北京市户口的新闻；最近又听说石家庄市户籍改革后，一年有10万人迁入该市；还有济南市出台了户籍改革政策以后，一个多月来已经为4.2万多原来郊区的农民办理了户籍变更手续。这些消息表明，由于形势发展的需要，户籍制度的改革正在积极进行中，这些改革必然会为农民进城提供方便。

六

上面所讲的是我在2002年清明时节去家乡吴江市所了解到的有关小城镇的发展情况。

金秋时节，溽热退去。我又回了一趟家乡，打算从更大一些的范围里了解小城镇的变化，于是到苏州地区的张家港、常熟和毗邻上海的太仓、昆山走了一圈。在苏州的各个县市里，吴江的经济发展并不占先，比如张家港的国民生产总值就比吴江大得多，这些先进的县市最近几年里在发展速度上都有猛进之势。

张家港在改革开放的20多年里，由一个贫困的小村子变成全国赫赫有名的小城镇。我在1997年一次访问后，曾经写了几句话表达我的感想：昔日荒凉人稀一沙洲/今朝路阔港深耸高楼/乡镇富埒市/企业起家十有九/人人称道秦大哥/感君改革开放敢当头……

这次来到这里，当地的同志又高兴地向我介绍说，张家港市目前发展到有

20个镇，356个行政村，总面积999平方公里，总人口95万人（其中有10万外来常住人口）。2001年全市完成国内生产总值306.8亿元，比上年增长14%；财政收入32.08亿元，比上年增长15.6%；全市农民人均收入5898元，城乡在岗职工人均年工资收入11777元。全市工业经济发展明显提高，比如当年以拆旧船炼废钢铁起家的沙钢集团，已经成了国家特大型工业企业，拥有总资产116亿元，员工7500多人；年产铁、钢、型材的能力分别为100万吨、350万吨和450万吨，是我国目前最大的电炉钢、优特钢高线和螺纹钢生产基地。2001年沙钢实现销售收入112.98亿元。为了进一步增强综合竞争能力，向世界钢铁工业20强进军，沙钢人还要不断降低成本，提高生产率，提高科技含量，赶超国际水平。此外全市还拥有像陶氏化工、东海粮油工业（张家港）有限公司、张家港海螺水泥有限公司、永嘉集装箱码头有限公司等一批颇具实力的龙头企业。在张家港的沿江区域已经形成了全国最大的电炉钢生产基地和优质线材生产基地、亚洲最大的粮油加工基地、全国最大的木材水运集散地。

张家港近年来取得的发展得益于他们的创新精神，他们比吴江早一年，于1996年起实行了企业产权制度的改革。到1999年他们根据实际情况，按照"摘帽一批"、"还原一批"、"转让一批"、"退出一批"、"规范一批"的思路，将本市的各类企业梳理清楚，促进了各类生产要素向优势企业、优质产品和优秀企业家集聚，为做大做强规模经济创造了条件，从而形成了目前的十大经济支柱产业；同时，他们还积极推进体制创新，突破了发展单一集体经济的传统思维模式，积极利用民间资本和外来资本，大力发展非公有制经济（2002年1—7月，全市新批办私营企业1593家，新批办个体工商户5818家）。2001年全市个体经济上缴税收达7.3亿元，占全市财政收入的23%。张家港的这套行之有效的做法，使我想起了前几年我访问吴江时，看到开弦弓村村民有的织羊毛衫，有的办线路板厂，户户办家庭工业，个体经济搞得热火朝天，人人有活干，家家收入增加；同时，我又在七都看到这个镇的电缆业生产，已经占到全国产量的1/6，工业产值达到30亿元，而且电缆业又带动了一批相关产业迅速发展起来，形成了该镇实力强大的支柱产业。由此我提出了乡镇企业在全面改制的时候，也要注意"抓大放小"的主张。我想，在今后相当长的一段时期里，"抓大放小"仍然是一个值得注意的问题。

张家港、常熟、太仓都地处长江沿岸。张家港境内有长江深水岸线33公里，有30个万吨级以上的泊位，开通了18条国际航线，是长江沿线最大的国际性贸易商港。常熟是一个历史悠久的港口，是国务院批准的一类对外开放口岸，现已建成可停泊 3.5 万吨以下各类船只的多功能港，常熟港年吞吐量超过千万吨，进入全国内河航运十大港口之列。近几年太仓的港口建设也取得了较快的发展，目前已形成生产性泊位 16 个，其中万吨级以上的泊位 5 个；目前在建万吨级以上泊位 1 个，即将开工建设的万吨级以上泊位 4 个，这 5 个泊位建成后，太仓港的吞吐能力将大大提高。这几个县市都打算要依仗自己的地理位置和悠久的航运传统，并且要紧紧抓住上海洋山深水码头建设和黄浦江整治货运外移的时机，打一个"时间差"，把各自的港口建设搞上去，准备好条件，抓住我国参加 WTO 这个机遇，到世界上去闯一闯。

我想，沿长江还有一批像江阴、常州、南通这样的港口城市，它们也在大力开展港口的建设。那么，这样众多的港口怎样在面临的洲际贸易的大格局里面合理配置，在互惠互利的前提下合理分工？对沿海港口的层次、布局也要在这样一个局面里统筹安排。这需要有关部门的领导者以高屋建瓴的眼光作出决策，防止因为我们考虑不周而分散了力量。我在太仓访问时，在《太仓日报》上看到一则报道说，交通部水运司的领导同志正在太仓对"港口建设发展情况进行调研，并出席了上海国际航运中心江苏一翼港口发展现场调研座谈会"。看来这个问题已经引起政府的有关部门和专家们的关注了。

我这次访问的，可以说都是开放力度比较大的县市，当地同志异口同声地对我说，他们要尽快提升城市品位，形成现代化城市格局，并按照与市场经济相适应、与国际惯例接轨的要求，进一步深化各项事业的改革；要不断扩大对外贸易，加大迈向世界的步伐。张家港的同志告诉我，这几年全市的外向型经济稳步发展，2001 年完成进出口总额 22.5 亿美元，比上年增长 18.6%；2002 年的外贸发展趋势令人振奋，外资投资项目增多，目前已有日本三菱、伊藤忠、旭化成，韩国浦项，美国雪佛龙，英荷壳牌等近 50 家国际著名大公司来这里投资。又比如毗邻上海的昆山市，至 2001 年底，全市已累计批准来自世界 54 个国家和地区的投资企业 2300 多家，合同外资超过 110 亿美元，实际到位外资超过 50 亿美元；2001 年全市进出口总额达 50 亿美元。

我也注意到，这几个县市把眼睛盯住国际市场的同时，更是目不转睛地关注着身边的"大上海"。我同太仓市陆渡镇和昆山市淀山湖镇的同志座谈时，他们都表示要"主动依托上海、服务上海、融入上海，成为上海的'后花园'"。除了发展绿色农业，当好上海的"菜篮子"之外，还要抓紧上海一城九镇开发的契机，把自己的市镇建设成环境优美舒适、设施配套齐全的现代化小镇。筑巢引凤，吸引国内外投资者，特别是吸引上海人来这里投资和居住。

据说近几年，上海采取措施将劳动密集型产业扩散到郊区的 8 个县，这是扩大自己腹地的第一步，我想这个腹地应该越大越好。1990 年我曾经提出过建立长江三角洲经济开发区的设想，意思是在这个区域里，以上海为龙头，江浙为两翼，长江流域为腹地，通过互相间的合作，加快长江流域的社会经济的发展。整个长江流域里实力强劲的众多的大小城镇，众星拱月般把上海托上去，促使上海更上一层楼，逐步发展成为世界上一个重要的经济中心。上海应当是一个洲际贸易、金融的中心，是一个繁荣的以洲际交通为主的国际大都会。上海必须用全国一盘棋的眼光来看待这个变化，当上海成为这个国际贸易上的一个"亮点"的时候，长江就是经过上海通向世界的物流渠道，上海应当是这个经济区域的总调度室。这就是我理想中的，一个超越行政区域的"大上海"，大上海就是 Greater shanghai。这里我提出"大上海"的观点，留待身后实现，现在只是作个登记。

可以说，从 20 世纪 30 年代开始，中国城乡发展的道路一直是我研究的重要课题。几十年来，我跟着我国农村经济形势的发展仔细观察、进行思考，从基层农村逐步进入城市。最近的 20 年，我国的经济实现了质的飞跃；不久前又加入了 WTO。在经济全球化和信息产业化迅猛发展面前，迫使我必须进入更大的范围和更高的层面来关注和思考我们今后的经济建设问题。

20 年来，我在家乡看到了乡镇企业的异军突起，看到了小城镇的由衰转兴；然后走出"江村"，在祖国各地的农村和市镇间奔走。在实际工作中，我深刻地感受到由于地区间经济发展的不平衡给我们带来的问题，并且逐步产生了"区域经济"的概念。继而又在世界经济走向一体化的形势下，进一步思考我们应该怎样应对未来的局面。

这次为了了解小城镇发展状况，我所访问的苏州地区的几个小城镇，都是地处我国经济最发达的上海经济区里。我在这里似乎看到了一个超越行政区划的金字塔型的经济区域结构——上海这个国际大都会，在苏、锡、常、通、杭、嘉、湖、甬等这些发达的中等城市的簇拥下高居塔的顶端；中等城市的下面是一大批新兴的实力强劲的小城镇和千千万万个生机勃勃的农村构成的基础。这个基础越宽广、厚实，金字塔就越牢固。这个"塔"充满活力，从塔顶到塔基，纵横交错的"血脉"（交通、通讯网络、人流、物流等经济交往）延伸到每个基层单位，把它们紧紧地联系在一起，形成了一个比较靠得住的现代经济区域。

眼前的这座金字塔还在构建之中,但是它的壮丽的前景已经展现在人们的面前。我想,虽然我国各个地区的发展还不平衡,小城镇建设的进度参差不齐;况且,我在这篇文章里写到的,只是我们国家960万平方公里中的一隅,这"一隅"又是我国经济发展最快的地方,所以我想再啰唆一句:我们虽然在这里看到的只是一个小小的局部,但是见微知著,从这个局部,我们看到了中国经济发展的美好前景。

去年11月,共产党第十六次全国代表大会隆重召开了,大会向全国人民发出了"全面建设小康社会,开创中国特色社会主义事业新局面"的伟大号召,指明了今后一段时期里我们奋斗的目标;大会在提出经济建设和体制改革的问题时还指出,要全面繁荣农村经济,加快城镇化进程。在逐步提高我国的城镇化水平的时候,要坚持大中小城市和小城镇协调发展,走中国特色的城镇化道路。这预示着作为建设小康社会的载体,我国的小城镇建设又将迎来新的大发展的时期。

我年纪大了,做事情已经力不从心,只能把在我国建立起一个丰衣足食、安居乐业的小康社会,让所有农民都能享受到现代化的美好生活的希望,寄托在年轻一代人的身上。

大概是出于对家乡的偏爱吧,这20多年来我年年要回家乡走走、看看,对这片我从小熟悉的土地上的变化,感受尤其深切。我的家乡在江苏省里并不是发展得最快、最好的地方,但是我还是想在家乡的小镇里多走走、多看看,和乡亲们一道感受改革开放带来的喜悦,同时把家乡在小城镇建设方面所取得的成绩记录下来,作为一个例子,说明我们国家在城市化进程中已经做到了什么样的程度,和小城镇在我国迈向工业化、现代化过程中所起的重要作用。我想用这个记录为我对"小城镇,大问题"的调查画上一个句号。

癸未年(2003年)春节于北太平庄

四年思路回顾

1984年的七八月间，我参加中国民主同盟中央组织的"暑期多学科学术讲座"，对我过去的社会学调查作了一番回顾，一共十讲。后来以《社会调查自白》为书名出版，又收入《边区开发与社会调查》这本文集里。时间过得真快，转眼又是4年多了。1989年新春，我应日本友人鹤见和子教授之约写这《自白》的续篇，追述这4年来我在社会学研究中思路上的开拓，以参加中日两国学者合编的一本有关农村和小城镇研究的文集。

从"江村"走向"小城镇"

我早期社会调查的对象是中国农村。20世纪30年代我所调查的只是一个坐落在太湖边上约360户的小村子，我称它作"江村"。以这个小村子作窗口，我想去观察中国农民社会生活各方面的基本情况。尽管当时的农村在社会生活上自给自足的程度很高，但是它决不是一个和四周脱离的封闭社区。它在各方面都和外界有联系，特别在经济上依靠着附近那个农产品和工业品交流的集镇。我在江村调查时虽已明白这个情况，并已看到城乡联系的重要性，但限于时间和条件，我的实地观察还只能自限于这个小小村子，没有跟踪寻源到集镇。直到80年代初我恢复了学术工作后才有机会走出农村，进入集镇，把我的研究领域逐步扩大。

由于我是从农村出发去研究集镇的，因而我的着眼点一开始并没有限于集镇本身，而首先把它看作是城乡的结合部。从这个角度我提出"类别、层次、兴衰、分布、发展"的十字研究课目。我还是主张采取实地观察，"解剖麻雀"，由点及面，从定性到定量的研究方法。这次调查不像30年代那样单枪匹马地一切都由个人操作，而组成了一个可以实行分工合作、集体讨论的研究队伍。我们先从江村所在地的吴江县的各集镇调查起。根据各集镇功能上的特点分出了五种不同类型。又从商品流通及行政系统上分出三层五级。然后注意到它们的分布和兴衰过程,最后探索农村经济发展的模式。

80年代初期,正是中国各地小城镇开始复兴的时刻。我们注意到吴江县的这些集镇人口无不在迅速增加。追究过去,了解到它们都曾在50年代进入过一个衰落时期,人口下降;70年代后期陷入谷底,出现了冷冷清清的局面。嗣后出现了生机。当我们去调查时,这些集镇的面貌正在发生明显的变化,出现了欣欣向荣的势头。

各地方的集镇怎么会兴旺起来的呢?这个问题吸引我们注意到当时正在有如异军突起般发展着的乡镇企业,当时因为这些是公社和生产队所办的工业,所以一般都称作"社队工业"。集镇是社办工厂集中的地方。这时集镇上新办的工厂纷纷到农村里去吸引农民出来当工人,集镇的人口也就多起来了。工业带来了繁荣,集镇上新的建筑一座座盖了起来,面貌大变。农村里也由于生产大队或生产队办了工厂,收入增加了,农民生活改善了。这种令人兴奋的景象,很自然地吸住了我们的研究兴趣。

这里也不应当忽略我私人的因素。我30年代调查江村的兴趣是被当时该村举办的生丝产销合作社引起来的。我在江村调查里得出了"人多地少,工农相辅"这个对当地农村经济结构的概括,从此也得出了发展农村工业是提高农民生活水平的必由之路的观点。这种观点我又在30年代后期和40年代初期的云南内地农村调查里得到支持。时隔30年,事实证明我早年的主张并没有错,我对此自然十分激动。这股出自内心的动力很容易把我推向这个研究课题。

回顾从1982年到1984年这3年,我的调查活动几乎全部放在江苏境内,从吴江一个县开始,扩大到包括吴江县在内的苏南4市(苏州、无锡、常州、南通),接着从北向南,访问了苏北4市(徐州、连云港、盐城、淮阴),再从南京沿江而下,访问了苏中3市(南京、镇江、扬州)。这样,对江苏这个沿海省份有了一个比较全面的概观。在这3年的调查里,我看到当时江苏各地的发展是快的,但也不是平衡的。而且可以看出经济水平由北而南逐步提高的趋向,并可以用各个地区总产值中的工农比例在数量上表示出来。北部经济发展水平较低地区的工农比例是"工三农七";逐步向南,经济水平逐步提高,工农比例也随着发生变化,工升农降。接近长江北岸,工农比例持平;过江偏东,已达到"工七农三";靠近上海一些乡村,当时已出现"工九农一"的比例。综合这些情况来看,发展乡村工业确是农村经济由贫致富的有效途径。这对我这三年的思路有深刻的影响，表现在我这个时期发表的《小城镇四记》（《小城镇，大问题》、《小城镇，再探索》、《小城镇，苏北初探》、《小城镇，新开拓》）里。

1984年我结束了对江苏的初步调查后，除了继续在江苏各地跟踪观察外，我的研究重点跳出了江苏。一路是沿海南下，经浙江、福建到两广；一路是进入边区，从东北过内蒙古入甘肃、青海，并访问了新疆和宁夏。此外还在沿海和边区之间中部地区的河南、湖南和陕西了解一些情况。到1988年底的足足4年多里，我东西穿梭，南北奔走，使我的思路得以开拓和提高。真觉得行万里路胜读万卷书。接触不同的人和事才能有所比较，有比较认识才能深入。我在这调查过程里，也不断把所见的情况和苏南比较，因而对"苏南模式"有了较深入的认识，突破了原来的一些观点。下面我将择要一述我的思路。

苏南模式的再认识

"苏南模式"这个词是我在1983年所写的《小城镇，再探索》中提出的。那时我刚从苏北4市调查回来，感觉到苏南这个地区在农村经济发展上自成一格，可以称为一个"模式"。至于其特点是什么，和其他地区有什么不同等等，在我的认识上还不很明确，所以也没有具体地交代明白。

由于当时我对"经济发展模式"这个概念不明确，甚至还认为其他农村在今后会走上苏南一样的路子，所以"模式"一词包含了模范的意思，甚至带着"样板"的味道。这是不正确的。其实苏南农村由于其特有的历史和地理条件，它们在发展过程中既有和其他农村相同之处，又有其独具的特色。把它看成一种模式主要是在显示它的特点，不同于其他地区的个性。模式在概念上应当和样板区别清楚，不然会带来不良的后果。因为今后中国农村的发展，应当避免强制不同条件的农村仿效一个样板。"文革"期间的"学大寨"是一个不应当忘记的教训。1986年当我在温州看到了和苏南不同的另一种在农村里发展工业的路子时，就警觉到我所提出的"苏南模式"的概念不够明确，而且带有成为"样板"的危险性，所以着重提出"因地制宜、不同模式"的主张。

我所说的"模式"，是指在一定地区、一定历史条件下具有特色的经济发展过程。苏南和温州是两个地区，具有相同和相异的历史条件，而在经济发展上走出了两条不同的路子。我们这些研究工作者有责任把这两条路子有什么不同，为什么不同，作出具体分析。分析的结果可以突出各自的个性，称之为不同模式。下面可以简单地以苏南模式和温州模式的比较来作说明。

这两个地方有相同的背景。从50年代后期都实行了公社制度和"以粮为纲"的政策。这是全国农村基本一致的历史事实。这两个地方都是地处沿海，人口密集。人多地少是它们的共性。但是两地的历史条件却有区别，苏南历史上是个农村手工业发达的地方，以"工农相辅"来维持农民生活。即在计划经济下还曾有过一段时期为了外贸的需要，维持了一定限度的传统家庭副业。温州则是个侨乡。这地方的农民一向到海外去经营小商业，用侨汇补贴家用。解放后，国门封锁，外出受阻，大量人口到全国各地去卖工卖艺度日。两地的传统因而相异。同样在人口压力日益增长下，苏南农民抓住"文革"时期大中城市工业停顿，大量技工回乡的机遇，在原有"工农相辅"的传统下，由公社和生产队办起了小型工业。农业体制改革中农村里的大量剩余劳动力解放了出来，吸收进了社队工厂。这就是我在80年代初期看到的情形。温州没有办工业的传统，也不靠近工业城市，没有发展社队工业的条件。在"文革"期间大量外流的人口分布在全国各地，起初是卖工卖艺并偷偷地按他们经商的传统本领在地区间进行贩运。1984年改革的政策承认了长途贩运的合法化。这一大批流动的人口摇身一变竟成了一支公开的流通大军，在国内开辟了大市场。就是这支流通大军回乡来分别开办家庭工厂，制造小商品以供应已开辟的市场，在短短的两年里在温州一市出现了有名的十大小商品市场。两个地方由贫致富是一致的，但是境遇不同，所走的路子也不同。结果两地的经济结构也各有特色。

先说苏南模式。苏南模式的初期是社队工业。社队工业产生在农业体制改革之前。当时这种社队工业究竟是什么性质的企业呢？这些小型工厂实际上是公社或生产队经济结构中的一部分，由公社的书记或生产队长领导和管理。这种工厂里的工人是从本社或本队的社员家中招收的，记工分不拿工资。工厂的利润到年终结算，除了一部分作为公社或生产大队的财政和公益开支外，归入生产队的工分基金，平均分配给社员，这种工厂如果有利可图，上级政府还可以上调作为自己一级政府的企业。

当时牌子最硬的是国营企业，属全民所有制，有属中央各部管的，有属省、市管的。县办企业有的还够不上称地方国营，就称作"大集体"，于是就把公社或生产大队办的企业称作小集体。我当时也跟着把社队企业视作集体所有制的企业。新生事物的称呼难免含糊不清。事实上苏南的乡镇企业初期是公社体制胎生的产物，它应当说是社队所有制，所以最初都叫它社队工业。

在苏南，公社体制改革后，农工分了手。农业经营承包到户，而社队办的企业却没有分，照原样办下去。公社名称改成了乡，生产大队改成了村，社队企业的名称也得改。一般称作乡镇企业。这些乡镇企业还是由乡长或村长领导和管理。一直到现在一些村办企业，还是由村长说了话才算数。在这个变动中，由于取消了工分制，工厂不能不按工人发工资了。但是一般工资还不是直接发给工人本人，而发给工人的家长。后来加发奖金时，在厂的工人才真正有现钱分到手上。我曾把这种在改革中常见的情况比喻作蝌蚪变青蛙的过程，脱掉尾巴要有一个过程。到目前苏南的乡镇企业里还可以看到公社制留下的尾巴，乡办企业利润归乡政府支配，村办企业的利润归村里支配；管理上还是乡长和村长掌权。实事求是地说，我想这种乡镇企业可以称作地方干部经营的社区所有制。社区是指一定地区里共同生活的人。社区所有制是指名义上所有权是属于这个乡或这个村全体居民的，而事实上由于利润由管理这个社区的行政机构所支配，所以性质和"地方国营"相类似，它跟国营企业不同只是一是全民所有，一是乡村居民所有。在当前阶段不论是全民所有或乡村居民所有，实际管理权都握在各级行政领导手上，政企还没有分。

　　这一点说明白后，苏南模式就可以和温州模式在所有制上作出区别了。温州当然也有和苏南类似的乡镇企业，但是主要是家庭企业，就是所谓个体户，属个体所有制。严格说，如果个体的意思是指个人，温州街上的作坊也并不真是个人所有的，而是家庭所有的。家庭里有不少成员，而且通常并不限于直系亲属组成。许多是已婚的兄弟甚至亲亲戚戚合组成的家庭作坊。如果我们仔细观察，各人的责任和收入都有事实上的规定，有时甚至可以说是股份制的雏形。但是通常我们却说这是"个体所有制"或私有制。

　　当我在温州调查的时候，这些家庭作坊已出现"走向联合"的趋势。我用"联合"一词，是为了避免用那个可能会引起心有余悸的人反感的"合作"这个词。其实在外文里称"联合"不如称"合作"为确切。不同的个体企业联合起来按"合作社"的原则来经营，这是一种合作性质的集体所有制。这种合作组织常是以"亲戚"或街坊关系组成的作坊，也可以说是家庭所有制顺理成章的发展。在这里我们可以体会到个体所有制和集体所有制只在概念上可以有严格的界限，这种界限在现实中是相当含糊的。家庭企业和各级政府所办的企业基本的不同是在一般所谓官民之别。

　　如果允许我在这一点上再作一些发挥，我想说在苏南模式中的社区所有制在一定意义上也是家庭所有制的发展。公社和生产队一般都认为是社会主义时期的新事物。在历史过程中确是应当这样认定的。但是如果再一想，为什么公社这个制度能这样容易为中国农民所接受，而且运行了20多年？过去很少人敢于提出这个问题，但是我想是值得加以思索的。在生产队的具体运行中，我看到了传统大家庭的影子。家长作主，统一指挥，有福同享，有难同当，岂不是一个家庭或家族的根本组织原则么？从这个角度看去，社队企业的发生，它的经营方式，招工和分配原则，无处不能从传统的大家庭模式里找到对应。社队企业是社队的副业。我并不想贬低新生事物新的一面，只是想指出新生事物似乎都不能和传统模式相脱节，而且常常是脱胎于传统模式的。我指出这一点体会，很可能和鹤见和子教授的"内发型的发展论"有相通之处。对中国社会的发展，从乡土社会发展到工业化后的现代社会，这条道路上传统文化会起什么作用，消极的和积极的两个方面，都值得我们平心静气地加以分析和评估。要能做到这一点，我们不宜从概念到概念地作理论上的纠缠，而应当从活生生的一个个人的具体生活、思想和精神状态中去观察和体会，以求得深刻的理解。

珠江模式的冲击与联想

沿海各省这10年里农村的发展，总的说来都是走兴办小型工业的路子，但各有各的办法。办法之所以不同都和各地特有的具体条件相关，真是"八仙过海，各显神通"。其中最引人注目的就是我上述的苏南模式和温州模式。可是在最近三四年里，珠江三角洲又出现一种和上述两种模式不同的发展路子，不妨称之为珠江模式。对这个模式虽则还没有深入调查，但这个模式对我的思路又起了有力的冲击和推动。

我到广州附近的东莞去访问是在1988年底。但是在和这个发展模式接触之前，1985年我在访问香港时已有所感觉。我在访问回来所写的《港行漫笔》中有这样一段话："从观塘的蜂窝厂家出来后，我突然产生一个奇特的念头：如果我有孙悟空的本领，真想一口气把这密密麻麻挤在多层大厦里的那许多工厂，吹散到内地广大的农村去。那么，这些蜂窝厂家不就成了无数的乡镇企业了么？我们除了无需建筑多层工业大厦之外，香港的小型工业在经营上确实是我们乡镇企业的一个范本。这范本里写着乡镇企业下一个发展阶段的文章。"

香港原来是个国际港口，在过去20年里利用大陆移入的劳动力和世界各地的原材料和市场发展了多种多样劳动密集型的小型工业。这些小型工业在我去访问时已有4.7万家，一家工厂是一个核算单位，职工达85.5万人，平均一家只有20人。这些工厂都挤在多层大厦里，一层楼里可以有好几家小工厂。

一个老板可以有好几家以至几十家工厂，所以我称之为"蜂窝厂家"，当时就想大陆上的乡镇企业如果能像香港这样办，原料、市场两头在外，农村里的劳动力加上先进技术和管理，不是可以又跨上一层台阶了么？

我当时只想摇身一变，变成个孙悟空，把香港工业大厦里的蜂窝厂家一口气吹到大陆上去。没有定下神来再思考一下，怎样吹起这阵风来。时过三年到东莞一看，我那时的奇特之感却已成了事实。是哪一阵风把这些小工厂从香港吹来的呢？并不是真的出了个孙悟空，而是香港和大陆两地工资和地价的差额所构成的那一个气流。当隔着两地的政治屏风一撤走，不可避免地刮起了这阵经济风，在短短的两年里，珠江三角洲大大变了样。香港工业正在扩散。

我去访问东莞是应一位亲戚之邀去参加他办的一个成衣工厂的开张典礼。这个厂就设在东莞专为外资办厂的工业区里，从签约到开工只有半年。这位亲戚原来就在香港观塘办有一个成衣工厂，我访问香港时曾去参观过，也就是我发生奇特念头的地方。事情是够巧的，也因之对我思路的启发特别强烈。

更有意思的是就在当天，我在香港的报纸上看到一条报道。说是香港有一家工厂的职工静坐在厂房里不让老板把机器运走。至于这个老板为什么要搬走机器，把机器搬到哪里去，报道里没有说明，只说是这个工厂的职工怕失业，反对把机器搬走。我那位亲戚在香港的工厂并没有关闭，但他和我说，香港工人的工资一个月要3000港币，而在东莞只要300元人民币。他加了一句说，大概相差10倍。这是风源。这阵风会不会把他在香港的厂刮走，我不敢预料。香港怎么变，我们暂时可不管，值得我们注意的是这阵港风在大陆上吹起的变化。1988年大陆上的沿海发展政策就是这阵港风吹来的。大出大进，两头在外，三来一补，外向型企业，外贸权下放等，已变成了经济改革中的流行名词，我已应接不暇。

从香港吹来的这阵风，也唤起了我的记忆。我记起了前几年我曾请那位亲戚到吴江去参观，目的是想在江苏和香港之间搭座桥。我建议他在我们家乡开个分厂。他看我的面子，把办厂计划都搞了出来，可是快要签约前，他的几个合伙的朋友却退缩了；原因是吴江离香港太远，能不能按期交货没有把握。失信事小，赔钱事大。我的面子毕竟大不过经济规律，这个项目吹了。不料事过几年，原来可能在吴江见到的这个工厂却在东莞出现了。这件事实说明了人情世界已经过时，面临的是个我还不熟悉的也不习惯的由经济规律决定的社会经济秩序，一个韦伯所阐述的理性世界。我所看到的这种珠江模式的出现看来谁也挡不住的。

令人深思的是上述三种模式的差别。如果我们可以说苏南模式多少带着浓厚"内发型"的意味，珠江模式应当可以说是"外向型"了。当然苏南模式中也包括接受从上海这个大城市扩散出来的技术和信息，但是在程度上和珠江模式相比却大有区别。珠江模式的主要特点是不仅两头在外，而且可说是主体也部分在外，因为掌握着经营管理权的并不脱离它原来的中心，而且利润主要部分是吸收到外在的中心里去的。苏南模式是当地农民利用城市的协力自己创造出来的企业，而珠江模式则是以外地力量在当地农村自愿接受的条件下输入的企业。对珠江模式的认识，还有待以后进行深入的调查。这里我只记下一些初步接触时思想上所发生的启示。

从"因地制宜、多样模式"到"随势应变、不失时机"

自从我接触到了"珠江模式"后，我对发展模式的概念又有了深化，在多少带着一种静态意味的"因地制宜、多种模式"上加了个"随势应变、不失时机"的动态观点。

我在比较苏南和温州这两个模式时，已注意到前者背靠上海这个大城市和苏、锡、常、通四个中等城市，而温州却背山面海，是个被备战形势封闭的港口，没有大中城市可以依靠。这个区别可能是这两种发展模式分道扬镳的起点。当我接触到珠江模式时，心里不得不想到它和苏南模式之间的区别是不是出于各自的靠山不同，一是上海，一是香港？上海在抗战前原本是个仅次于日本东京的东亚大港。那时香港只是国际航运线上的一个船只靠岸、加水、加煤的码头，在这里上下的旅客和装卸的货物是有限的。当时中国的南大门还在广州，所以广州的市面比香港更为繁荣。自从新中国成立，大门紧闭，对外实际上只留了香港这一个借道的出口，香港却因此发迹了。

香港在近十多年简直是像张开了满帆，在顺风中破浪前进。香港现在的大亨们有多少不是这些年头靠地价上涨而发起来的？香港已成了个东亚可以和东京并立的现代化国际商业和金融中心了。近年来又发展了近5万家工厂。看来香港的工业基本上和温州模式一样是由商业带出来的，相同的是都属小型制造业，不同的是温州的市场在国内而香港却面向世界，小巫见大巫。珠江模式是抓住了香港和内地工资差和地价差，不失时机地兴起的，是香港经济的扩散。

苏南靠近上海。而上海，30年来已是个封闭性的工业城市。上海的工业主要是按计划经济经营的国营企业。国营企业原材料供应和产品分配都由国家包办，自身不会发生向外扩散的作用。上海的经济扩散力因此不能和香港相比。长江三角洲在这方面比珠江三角洲也就相形见绌。如果不是"文革"把上海这种封闭状态打开了一点缺口,在"停产闹革命"中大批老职工回乡,苏南当时的"社队工业"也成不了"异军",也不会突然兴起的。

近年来在改革开放政策下,苏南企业才逐渐靠上这个比较开放的大城市。后来居上的昆山县乡镇企业在近两年里的发展,就是例证。苏南乡村企业发展还得紧靠上海这样的工商中心。但是上海却比不上香港,因为它自身还需要转轨,而转轨不是容易的,何况现代世界经济中心已经不以工业为主,而是以信息为主了。上海恢复它原来的国际地位,要补的课是十分艰巨的。上海发展得慢,扩散力量小,它对苏南的带动作用现在还是有限的,这匹老马已拉不动更远的车了。在苏北就能见到上海力所不及的情况。

香港在经济扩散上有多大能耐呢?我带了这个问题前年到了海南岛,去年去广州西北的梅县,最近又去了广西的桂东。我看到的是这股港风正在吹向珠江三角洲的外围。翻开地图来一看就可以明白:从香港这个中心向大陆扩散,像波浪般形成了若干层次的同心的环形地带。第一环是深圳和珠海,这些地方现已成立了经济特区。再向里,第二环是广州附近的东莞、中山、顺德、南海这四个县。它们已被称为突飞猛进的"四小龙"。以年纪论,还不出两三岁,它们都是两年前广东列入沿海开发区之后兴起的。香港的这阵风已经吹进了第二环,但是会不会吹遍全省呢?我的看法:继续扩大是可以肯定的,至于扩大得多快和多大,看来并不决定于香港的实力,而决定于我们的政策和投资条件。香港是个国际金融市场,资金是唤之即来,挥之即去的,其来其去决定于利润的高低和风险的大小。如果我们国内安定,开放政策不发生变动,最后限制这阵港风的将是具体的投资环境,其中水电和交通是决定性的条件。这个机遇能否抓得住,那要看我们自己是否有随势应变的能力。

我在广东的梅县和广西的玉林及梧州都已微微地感到这阵扑面而来的港风。梅县在粤东山区,过去是早年从中原移来的被称作"客家"人的中心。由于土地贫瘠,很多人不得不出海谋生,所以成了有名的侨乡。客家人爱乡观念很强,过去是用侨汇来接济留在故乡的亲人,现在很积极地想投资开发家乡的山区。但是,由于地处偏僻,离广州、厦门和汕头都有相当距离,他们心有余而条件不够。去年集资开辟广州到梅县的航空交通,极力争取香港工业的扩散。但到目前为止,这里还只能说是香港工业扩散区的西部边缘。

香港工业如果会进一步扩散,看来从广州沿西江西去较为便利。从梧州出发的轮船,顺西江东下,当天可以过广州到香港,而且梧州正在积极筹建机场。在接受投资条件上比梅县为优越。后来我听说港风已吹到了处在广州和梧州之间的肇庆市。可惜我交臂错失了去现场参观的机会。无论怎样，西江可能具有迎接香港工业扩散的有利条件。但目前看来还没有形成第三个环形地带。

围绕香港的三个环形带的形成和构想

上节所讲围绕香港这个中心的三个环形地带只是从香港工业扩散的角度来说的。如果进一步分析这些地带的产业结构，还有各自的特点和相互的关系。目前这个地区各种产业正在发生地域性的分化。我们已看到的是香港把许多劳动密集型的工厂或车间向珠江三角洲转移，因而引起了珠江三角洲原来用在农业上的劳力和土地在向这些新兴工业转移。同时也引起了珠江三角洲附近地区农村的变化。由经济中心向四周的辐射，波浪似的一层层扩大，已到了广东的邻省，构成了我们的研究新课题。

1988年底我曾从广西的南宁，经玉林、梧州北上，从恭城入南岭山脉，穿过湖南、粤北回到广州。这个地区正处在上述工业扩散区的外围，看到了不少值得注意的变化，使我感觉到这里正在形成一个为香港和珠江三角洲这个经济中心服务的农副产品的供应地带，将发生独具一格的发展模式。先说我产生这个想法的经过。

当我坐的车离开南宁不久，公路旁有一个很惹眼的新建的村子，村子四周丘陵两侧全是成片的菠萝田。同行的人告诉我这是个安置从高山上迁移下来的瑶胞的村子。自从引进了菠萝这项"一村一品"的拳头产品，现在这里瑶胞平均收入正在逐年上升，目前每人超过500多元。我追问之下，知道了这里培植的菠萝产量高、质量好，而且近年来发展了商品经济，打开了销路，供不应求。最近发展了加工工业，生产便于运输的菠萝罐头和菠萝饮料，大量供应香港。这番话不仅打破了瑶胞不愿下山定居的传说，而且显示了只要沟通香港这个市场，像南宁这样的地方都能大量培植经济作物了。

我带着这个印象到了玉林。在席间尝到了这里著名的三黄肉鸡。主人又告诉我，这几年来农村家家户户饲养这种肉鸡，每天有汽船拖着一串串装满了肉鸡的木船运往香港。香港人就爱吃玉林的肉鸡，一年要收购500万只。这番话使我回忆起4年前在苏北考察时看到的"百万雄鸡下江南"，长江北岸里下河地区近年来盛产的粮食，农民自己吃不完，发展了饲养业，为上海居民提供肉鸡，每天成百上千辆自行车载着鸡笼向上海进发，形成奇观。

我从广西恭城出境进入湖南，在江永县边境下车休息。一望公路旁全是橘林，村里有一家瑶胞正在办喜事。主人对我这个不速之客分外殷勤，而且告诉我，他们全靠引进了夏橙，这个村子的瑶胞已经全成万元户了。夏橙是一种在树上挂果长到一年的橙子，在夏季收获。它不仅质量优良，而且赶在秋橘的前面，市场畅销。近年来几乎全部被香港商人包下了，有多少要多少，价钱又高。不到四五年，这个穷山沟里的瑶村，家家户户住上了砖房。

我在南岭山脉里，一路上就看到了一旦抓住供应城市市场的机遇，大搞对路的种植和养殖业，不消几年就脱贫致富了。这个规律是很容易明白的。香港和随着兴起的深圳、珠海，以及珠江三角洲新兴的"小龙"，有近千万人口已安全脱离了农业，他们日常所需的粮食和副食品均需市场供应。这个市场随着工商业的发展正在迅速扩大。珠江三角洲原来是供应广州和香港的粮食和副食品基地，现在发展了工业，农田面积每年缩小，农业劳动力逐步减少。而且依靠市场供应粮食和副食品的人数大增。这种产业结构的改变，给外围地区提供了机遇。正和每个都市近郊都有个蔬菜供应区一样，这样一个大香港经济区必须有一个庞大的粮食及副食品基地为它服务。这个以种植和养殖为主的供应地带的位置，将按它和经济中心区的交通条件来决定，而且将随着经济中心区的扩大而向外延伸。现在正在由珠江三角洲沿西江和北江延伸出去，前哨已达到粤北和桂东地区，对桂东和粤北来说就应当不失时机地改变自己的产业结构，向生产瓜果、蔬菜、禽蛋、肉乳发展，充分发挥它作为经济中心区的副食品供应基地的作用。

我带着这个想法，进入湖南的南岭山脉，这是瑶族的主要聚居区。瑶族分布在山地居住，所谓"无山没有瑶"。但是出乎我意外的是在江永县看到在都庞岭和萌渚岭之间，沿公路有大片的荒地，据说有几万亩之多。联系到南宁附近种菠萝而定居下来的瑶村，不由得我不产生让瑶胞下山来开辟这片平地的设想。如果这片大荒地变成了良田，不就成了珠江三角洲工业发展区的供应基地么？

瑶族是善于农耕的民族，他们在上千年前就住在像我在江永看到的千家峒那样四周高山的小盆地里，过着"有良田、美池、桑竹之属，阡陌交通，鸡犬相闻"的生活。20 世纪 30 年代我自己在广西金秀瑶山里，曾尝到过平生最可口的粳米。这是说在农业技术上，瑶族同胞是有基础的。还必须看到这个山区由于地形的落差大，有充分发展水电资源的条件。现在广西的恭城县已经是农村电气化的先进县。如果能利用潇水上游的水和电，建设水库和灌渠，发展水电，这个地区无疑可以开辟成粮油禽畜的农业基地。

我穿过湘南一角进入广东，在这个有近百万瑶族聚居的南岭山脉里，遍山林木，正适宜于培植果树，上面所提到的夏橙就是一例。而且有山必有水，山谷里都有培植蔬菜的坡地。我在日本东京附近山区曾参观过他们培植山地蔬菜的作业，这种蔬菜在欧美被称为没有污染的自然食品，价高而畅销。这段山区里，公路业已修通，今年底从连南到广州走高级公路只有4小时路程。具备了这样的交通运输条件，成为香港和珠江三角洲的供应基地应当是可以实现的前景。

要实现经济中心区外围的供应地带，由于地域广阔，必然会越出现有省区的行政界限，政策上不加以调整，就会出现困难。前年我去湖南访问时，就知道当时广东和香港对粮食和副食的需要大、价格高，湖南的郴州地区的粮食和生猪大量外流，提高了当地的米价和肉价，甚至外流人口的增加引起了湘南各县农业劳动力不足，怨言很多。去年因湖南粮食歉收，这些问题更为严重，导致湖南用行政手段封锁粮食输出。但是行政手段每每挡不住价格差的冲击力，徒然增加了边境上的纠纷。这里可以看到随势应变的必要，政策必须灵活，才能不失时机。广东由于吸收香港的工业扩散开辟为开放省，那是随势应变的例子，结果出现了珠江三角洲的"四小龙"。广东的经济发展就会辐射到靠近广东的几省的边缘地区，也必须及时制定配套政策，才能转变消极影响为积极影响。这是客观规律决定的事，迟做不如早做。

被省、区行政界线分割的这条南岭山脉，地形、生态甚至民族构成，基本上是一致的，在经济发展上又是处境相同、休戚相关，所以我认为首先应进行密切合作，为将来联合发展的前景作出准备。

边区开发——以牧为主，农牧结合

1984年我扩大研究范围，除沿海诸省外，还包括了西北边区，主要是内蒙古、宁夏、甘肃和青海，两个民族自治区和两个省。我在开发边区这个课题里开始着重做了农牧结合和城乡结合这两个题目，进而产生了"全国一盘棋"的观点。

西北边区的一个特点就是它拥有广阔的牧区。我国牧区草原一共约43亿亩，占国土面积约1/3，主要就在西北边区。历来牧业是这个地区的经济基础，而且具有极大的潜力。从事牧业的又都是少数民族，从发展少数民族经济的角度看去，牧业的现代化更有重要的意义。因此我认为要研究边区开发问题，应当从牧区入手。

以整个内蒙古来说，牧业是当地蒙族及其他少数民族的主要传统经济基础，但是它的南部又是与汉族杂居的地区，引进了农业，草原在退化，牧业也在衰落。这里存在着农牧矛盾，同时也正是过去发生民族矛盾的地带。因此我这次打算从农牧交错的地区入手去研究该地区社会经济发展问题。我选择了现称赤峰市的昭乌达盟为观察的对象。

从赤峰的历史上我们发现这个地区曾是个农牧民族拉锯的地带。从考古学者发掘到的古代遗物来看，有理由相信在春秋战国之前这里曾经有过较发达的农业文化，但是后来被北方的游牧民族所占领，农业荒废，成了林草丰美的牧业地区。它地处燕秦长城和明长城之间，留下了南方农业民族逐步南迁的记号。这里即在宋代，还有"平地松林"之称，并不是一片荒凉的草原。自从18世纪初，清朝允许汉人出关之后，200年来，赤峰成了蒙汉杂居的地区，也是农牧并存的经济。

农业和牧业原本都是从采集经济里发展出来的，一是驯养了牲畜，一是培植了农作物。不同民族因自然条件的差别，因地制宜地分别以农或以牧为主导生产方式。但事实上没有一个民族的农业或牧业能成为单一性的经济。农民需要肉食和畜力，牧民需要粮食和日用品，所以农牧总是相互补充的。农业和牧业在一定条件下才发生矛盾，那就是粗放型的农业向牧区扩张，破坏了牧民生存空间的草原。

赤峰西拉木伦河流域广大的草原就是一例。在清末开始有汉人移入这个地区，到民国初年军阀割据时，当时盘踞在这里的军队，强占了这片草原，招募关内农民进行开垦。当时的所谓开垦实质是一种广种薄收的对土地的掠夺。开垦几年，地力耗尽，就丢荒另开。这片被丢的土地不久就沙化，严重的寸草不生，成为流沙，进一步侵入附近的草场，形成难以抗拒的破坏力量。同时人口增加，建屋、取暖和起炊，都需要木材。由于只砍不植，年久日长，原来森林茂密的草原，到近几十年已成了一片树木稀少的旷地。森林破坏，引起水土流失，加速了沙化。西拉木伦河和老哈河所形成的三角地带的草原一半已经沙化，赤峰市的其他地方情况更为严重。这是粗放农业和自然牧业碰在一起所发生的"农牧矛盾"。从外地进入开垦的人都是在本乡不能谋生，在这里又受到军阀苛刻剥削的穷苦农民，但因为他们是汉人，而牧民是蒙古人，因而农牧矛盾转化成了民族矛盾。

上述民族矛盾从20世纪50年代起，在实行民族平等团结的政策下是结束了。但是滥砍、滥牧、滥垦、滥采等破坏森林和牧场的现象并没有根本扭转。我在访问赤峰的旅程中，才初次看到沙化了的草场和移动中的沙丘，深刻地意识到如果要开发边区首先必须用大力来恢复自然生态平衡，治沙、防风、种草、种树是最基本和最迫切的措施。

解放以来，在恢复自然生态平衡上是做出了成绩的。但至今还是属于小面积的实验性质，只能说在扭转生态恶化上已找到了有效办法。但科研成绩要成为一个个地区成龙配套的治理方案，还有待创造各种必要的条件才能实现。

从已有的种种实验中，我得到了启发，认识到开发边区必须走以牧为主，农牧结合的道路。在像内蒙古那样广阔的草原上，如果能大力发展现代化的牧业，在国民经济中的贡献是难以估计的。要认识到这一点首先须破除汉族传统的"以农为本"的狭隘观点。历史上的汉人确是个墨守神农氏传统的民族，每到一地就想法开垦种植。要知道粮食只是人类得到营养的一种来源，肉类不一定是"副食品"，也可以成为主食的。如果占有国土1/3的草原能充分利用，成为全国人民肉食供应基地，就可以减少对粮食的需求，而使农业地区的土地能从粮食的压力下解放出来，向培植经济作物转移。在宏观上去看，这是一项提高国民生产力的大战略。

像内蒙古一样的有牧业传统的草原，要提高畜产量，看来必须逐步改变让牲畜自己在草地上找草吃，人跟着牲畜移动的原始性游牧方式，而把牲畜固定在一定的地方，由人去找适合牲畜生长的饲料来喂它们。简单说是由放牧改变成饲育。

我在赤峰的巴彦他拉看到过去因开垦而破坏的草场已开辟成牧草生产基地，每年提供大量牧草给其他地方去饲养牲畜。又在黑塔子听到"退农还牧"的计划。他们打算建立奶牛基地，把原来开垦成的农田改种牲畜的饲料，做到一头母牛有"一亩青贮、一亩草料"。我在这里得到了"发展为牧业服务的农业"的概念，用来说明"农牧结合"的具体内容。

我又去参观了韩丁创建的接受联合国援助的翁牛特旗示范牧场。这个牧场利用现代化机耕设备种植青饲料，为各地送来的牲畜催肥，然后外运出售。这是一种放牧和舍饲相接力的方式。放牧的牲畜长到一定阶段，送到这个"催肥工厂"里实行舍饲。看来这是牧业改革的一个重要试验。

现在国内的牧场一般发生了草场退化的现象，主要是出于超载的原因。一块土地上的草是有定量的，如果供应过多的牲畜，必然会影响到次年的草产量，年复一年草场就退化了。现在通行的对策是设置"草库伦"，就是用铁丝把一块草场围起来，防止牲畜进入，使草场有休息生长的时机。如果再加上放牧和舍饲接力的方式，草原超载的问题是可以解决的。这就是说，把一段时间里供应牲畜饲料的负担，由草场转移到"催肥工厂"，由这工厂的精细青饲料去饲育牲畜，使草场有休养生息的机会，不致退化。

我后来到甘肃临夏去调查，看到了当地传统里就有和联合国协助的示范牧场一样的放牧和舍饲接力方式。临夏靠近青海的牧区，每年秋末从青海有大批羊群赶到临夏来出卖给临夏的农民。临夏的农民种玉米作青饲料，分别在自己家里喂养买来的架子羊，喂肥了，趁古尔邦节出售给当地回民。这不就是放牧和舍饲的接力方式么？

从接力方式再进一步就是结合方式。我去年去访问呼伦贝尔看到了30多年来的变化。我在上面说过，50年代在海拉尔建立了一个现代化的奶粉厂。当时为收买牧民的牛奶发生过许多困难，原因是牧民住处分散，厂方要用卡车到各个蒙古包去收奶，费时费力。而且当时还没有冷冻车，如果卡车在草原上抛了锚，一车的奶就坏了。我这次去访问时，却看到了牛奶业的发展已推动了牧业的改革。

我参观了几个定居的牧民点。他们所有的牲畜已改以舍饲为主，只在附近地区放牧作补充。他们用拖拉机到远处收割草料回来喂养圈在住所旁的牲畜，他们许多家聚居在一处，所以奶粉厂收购牛奶就方便了。同时这些定居的牧民已开始在奶粉厂的协助下，开办小型的自负盈亏的加工车间。他们从培养草料实行舍饲，已发展到自己建厂进行原料加工。这些定居的牧民由于有了聚居的村落，村落里有公共的社会化的服务事业，包括小学和医院。这里看到了牧业改革带来牧区的新气象。这也许是牧区通往现代化的一条有效道路。在这里，我看到了少数民族发展的前途，开拓了我的思路。

开放三线企业——释放出西北储存的巨大潜能

内蒙古幅员辽阔，经济上地区差别很大，概括地说是东林、西铁、南农、北牧。我在赤峰着重了解农牧的情况。接着，1985年到包头，想继续了解西铁的情况。如果说赤峰调查看到了该地自然生态的失调，在包头的初步调查却看到了过去在边区建设的大工业所产生的人文生态的失调。人文生态是指一个社区的人口和社会生产结构各因素间存在着适当的配合，以达到不断再生产的体系。人文生态失调是指这种配合体系中出了问题，劳动生产率日益下降，以致原有生产结构不能维持人口的正常生活和繁殖。在整个西北边区，人文生态失调和自然生态失调同样值得注意。

我们都明白西北边区在经济发展上现在是落后于沿海地区，而且这个差距还在扩大。但是说来不大能令人相信的是，自新中国成立以来，从50年代到80年代的30年中，国家工业建设的重点曾经放在中部和西部之间的走廊地带，从内蒙古经陕西、甘肃到四川，投资达3700亿元。在我们这样一个工业不发达的国家，这个数目是不算小的。用这笔钱建成了9条铁路和几千个大中型国营企业。但是这几千个大中型企业，却并没有成为这个地区社会经济发展的启动力。至今西北地区的人民生活还停留在人均年收入400元以下的水平，"老少边"地区还有几千万人在贫困线以下生活。这是为什么呢？

我从这几年的实地观察中才了解到西北地区的工业建设，可以分两个时期：最初是第一个五年计划里苏联协助的建设项目，这类项目大多是大型的国营企业，并以重工业为主，有些就建设在西部和北部的少数民族地区。当时还希望通过这批重点项目的建设在开发这些地区资源的同时，使少数民族的社会经济得到发展。接着，60年代起由于备战需要，国家工业建设还是集中在西北地区，并采取了"散、山、洞"的方针，就是把工厂分散到山区，机器放在山洞里。这些工厂一般称之为"三线建设"，主要是国营的军工企业。不论早期或后期这些工厂都不是在当地社会经济的基础上生长出来的，而是从上而下，由外投入的。

我们如果从社会学的角度去看这些企业，就能见到它们的特点，首先是"企业办社会"，也可以说是"社企不分"。企业的从业人员和他们的家属组成了一个在社会生活各方面力求自给自足，对外很少联系的封闭性社区。这在少数民族地区更为突出。这些人员绝大多数是从外地招集来的，他们和当地居民原来不存在社会关系。他们的生活需要，又是大多由企业负责调运供应。所以企业不仅要管理工厂里的生产，还要管理从业人员的生活，从吃到住，从壮到幼，从生到死，企业都得管。

这种国营企业又都是直属于中央或省的政府部门，它们按所属上级调拨的原材料、指定的计划进行生产，产品上缴并由上级分配。这叫产品经济，不是商品经济。它们和所在地的基层地方政府没有从属关系，当地基层政府管不着它们。具体情况当然要复杂得多，基本上这种企业是个独立于当地基层行政系统之外的"小王国"，因而时常发生"条条和块块"的矛盾。企业的上级政府部门又都是专业性的经济部门，它们也管不了各企业从业人员复杂的社会生活，于是产生了"企业办社会"的结果。一个厂长同时是一个"市长"。这种社企不分的封闭社区，人文生态关系就容易失调。让我举个具体的例子来说明这种现象，那就是1985年我去调查的内蒙古包头钢铁厂。

包头在解放前是一个人口不到 7 万的"水旱码头",黄河上游牧区产品的集散地。1953 年在苏联帮助下,我们国家在这里建立了一个大型的钢铁联合企业,简称"包钢"。它利用包头附近白云鄂博的铁矿,生产钢铁,供应国家的需要。接着国家又在包头兴办了 3 个重工业性质的大中型企业。这些企业的成员,从工程师、管理人员和技术工人,甚至到一般工人,很少原来是包头地方的居民。30 年里包头市人口已经达到 157 万,其中在这几个企业为中心的市区约有 80 万人,形成了蒙古草原上解放后出现的一个新兴城市。

当初建厂时为了争取时间,所以定下了"先生产、后生活"的原则。在设计这些企业时,对从业人员的生活设施并没有预先打在规划之中。比如开工之后才发现工人大多是外地来的青年男子,他们在当地解决不了婚姻问题,于是不得不办一个纺织厂,在内地招收女工。男女结了婚就要生孩子,于是这些企业又要为孩子办托儿所,办幼儿园。孩子长大了,又要办小学、中学。1985 年包钢所提供的教育经费达 400 万元。办了学校还不够。中学毕业生只有少数能到内地去升大学。于是约在 70 年代就已发生了青年就业问题。这些待业青年要企业自己"消化"。包钢不仅要"包"钢,而且还要"包"人。

包钢自从中苏关系发生变化后,这几十年是在艰苦中维持下来的。它们的物质条件还是 50 年代的,但是人文条件却不同了,单以人口来说已经翻了几番。现在已是个有几十万人的社区,而这个社区并没有和当地的社区融合,还是"两张皮"贴不拢。50 年代的生产力却要背上 80 年代的社会包袱。即以"消化"这些待业青年来说,他们先是采取"顶替"的办法。工人的人数是有限额的,编制由上级规定,企业本身无权增减。他们只能让老工人退休,由他们自己的儿子来填补,这叫"顶替"。"顶替"显而易见不是个好办法,因为这等于是用"生手"去代替"老手",必然影响生产效率。而且顶替也解决不了每年要增长的待业队伍。于是不得不又采用了编外增员的办法,把这些青年作为"集体工"即临时工,分到各车间去做工。各车间人员太多时,只能另辟规划外的车间,巧立名目,扩大人员。于是出现了"大集体"、"二集体"、"三集体"各个层次的附属体。形式尽管不同,都是为了"消化"这个封闭性社区里的一代代增长的劳动力。这些"集体"都依附着这个大企业,是断不了奶的孩子。总之,这个企业像个大家庭,不能不一代一代地养活不断增长的子子孙孙。而这个大家庭却并不是个不断生长中的母体,而是个生产力受限制的封闭社区,所以不可避免地进入了恶性循环,包袱越来越重,母体越来越弱,这就是我说的人文生态失调现象。

80年代，又出现另一种使母体亏耗的情况。这些像包钢这样的企业，过去历年是亏损的，靠国家补贴维持，原因且不去说它，结果是技术人员的实际收入和社会福利很难提高。到了80年代，沿海各省乡镇企业发展很快，由于缺乏技术人员，愿出重价招聘。结果在西北这些老大的国营企业里舒展不开手脚、待遇又微薄的技术人员就像春江水般大批东流。这等于是企业里的水土流失，又成了一种严重的人文生态失调现象。

人文生态失调形成了对企业的压力，这些企业不得不进行改革以求生存。首先是以开放代替封闭。在社会方面说，就是企业的小社区和所在地的大社区这两张皮，必须贴在一起，向社企分离的目标迈进。第一步是大企业以它技术管理的优势去协助当地政府办各种企业，增加当地政府的财政力量，使其有能力接管大企业过去所包下的种种社会服务工作，为大企业卸下包袱。这也就是使这些大企业开放出来促进广大地区的经济发展。大企业的开放不但发挥了西北工业化的启动作用，而且也是自己解放自己的唯一办法。对地区经济和企业本身是两利的。这个改革过程已经开始，但是必须根据具体情形采取不同形式进行。应当承认这并不是一个轻易的过程，也为我们的社会调查提出了一个值得研究的课题。

我在包头看到的问题，实际是西北地区共同的问题。这促使我1988年去西安和宝鸡访问时特别注意了解"三线"企业的情况。"三线企业"就是上边所说的分散在山区，把机器装在山洞里的那些军工企业。自从政府进行经济体制改革以来，这些原来不计盈亏，不愁市场的国营企业，就面临一种没有经历过的要自负盈亏的新情况。它们必须转型以求适应。适应之道主要是以开放代替封闭，从产品经济走向商品经济。

国营大企业和远近乡镇企业联合起来是开放代替封闭的一个路子。我在宝鸡看到了许多具体例子。联合的方式是多种多样的，值得注意的是在西北地区国营大企业所含蓄的巨大科技潜力，形成了发展乡镇企业的启动力。我曾经在前面讲过，苏南模式的启动力得之于公社时期乡村的农业积累和"文革"时期的技工回乡，温州模式的启动力是得之于劳动输出所形成的国内流通网络和商业积累，珠江模式的启动力是得之于香港和内地工资差和地价差所造成的港风登陆，那么"三线地区"社会经济发展的启动力是否可以说应当着眼于20年来国家在这地区投入的巨额资金和集中的大量科技人才上去寻找呢？关键是怎样使已经存储在西北的巨大经济能量释放出来，使其成为西北这个多民族地区共同发展的推动力。这个问题开拓了我在西北的研究思路。

缩短西、东部差距的思考

怎样缩短、消除西部与东部之间在社会经济上的差距的问题，把我带向西北去进行观察和思考。1984年我除了去内蒙古调查外，还去访问了甘肃的定西地区。从那年起，我连续3年到定西追踪观察。我挑这个地点去调查的原因在于它是扶贫工作的重点区之一。历史上就有"陇中之苦甲天下"之说，定西就在陇中的中心。

陇中高寒干旱，水土流失，生态恶化，三年两荒。每逢灾年，这里的居民能走的就外出打工、讨饭，留下来的挖草根当柴烧，爬几十里山路去背水喝，靠救济粮糊口，长期以来摆脱不了半饥饿状态。

我下乡进行家访时初次看到老百姓家里的水窖，一家人一年用水就靠这窖里储存的雨水。一个窖大约有几十立方米的容量。一家有两窖水的就算是当地的富户。天旱窖竭就得远出背水，否则就住不下去。近年来干旱严重时得用汽车送水来救济。这种苦景对我这个在水乡长大的人来说是无法想象的。

干旱原来是自然现象。定西地区年降雨量只有480毫米，如果植被丰满，蓄得住雨水，还是能经营农牧生产的。不幸的是在相当长的历史时期里，生态平衡业已破坏。许多地方不仅树木伐光，甚至草根都被挖尽，成了赤地千里，一片黄土。再经雨后激流冲刷，条条沟壑把大地割裂成高坡深谷。远远望去活像是剥光了皮，赤裸裸地撅起背脊的大爬虫，令人恶心难受。定西这样地方的居民就在这些山沟里过生活。靠近河流的还能种一些水浇地，面积很有限。大多是靠雨水长庄稼的梯田和坡地。据估计这地区无灾之年亩产在100公斤以上的农田，只占耕地面积的1/3。本地所产粮食不能养活本地的人口。

定西这样的地区如果坚持粮食自给，必然会进一步破坏自然生态平衡，导致灾难。从自然条件来说，大部分不宜种粮的土地却可以种草。只有发挥该地种草的优势去恢复生态平衡，所以从1983年提出了种草种树的政策方针后，加上一连三年雨水好，定西大力发展了畜牧业，使这地方有了脱贫的起色。

三次访问定西，我一直被"怎样脱贫"这个问题占住了心思。我深切感到逢灾放赈的办法是不能解决根本问题的，所以一再呼吁扶贫工作要改"输血"为"造血"的方针，就是说要扶助贫困地区恢复生态平衡，自力更生地建立有发展前途的经济基础。但是怎样才能建立起造血机能呢？我开始时总是鼓励定西发展乡镇企业，但是在这个既缺资金，又少企业传统的地区，即便办了一些工厂，也难于发育扩散。在这里我才认识到经济发展中启动作用的重要性，也因而使我回头分析沿海各种模式不同的启动机遇和凭藉的力量。怎样启动贫困地区的发展，成了我极想探索的问题。

1986 年我有机会去河南东部商丘地区的民权县访问。自从黄河改道后，给这个地区留下一片贫瘠的沙土。到了 20 世纪 60 年代，当地干部惨淡经营，绿化了黄河故道，使这片土地恢复了活力。70 年代农民发现这里的沙土适宜种葡萄，很快在农村里推广开了。但是经济作物必须有市场作依托。葡萄熟后，保鲜期很短。在交通不便的商丘一带，不久就发生了大批葡萄运不出去而烂掉的情况，农民连成本都收不回来。这时，当地政府做了件好事，集资办了一个葡萄酒厂。为了易于在短期间收购葡萄及时榨成果汁，贮存起来供应酒厂酿造，各乡不久又建立了自办的加工车间，兴起了乡村企业。当我去访问时，已经形成了一个从果农、乡办加工厂、县办酒厂一条龙的生产线，使几万户农民可以安心种葡萄。酿造出的民权葡萄酒成了名牌商品。从户、乡到县，各个层次都得到了相当优裕的收入。把这个穷乡变成了殷实地区。

那年我再去定西时就了解到这地方盛产亚麻，他们种亚麻是为了麻籽可以榨油，留下麻秆却用来当燃料烧掉。我碰巧见到一位麻纺专家，知道亚麻纤维纺织的技术问题在近 10 年来已经解决，国际市场上需求量更旺，麻纺的前景比较乐观。我立即想到如果能按民权模式在定西办麻纺厂，不就可以使现在当燃料烧掉的麻秆得到了利用？这不是一个千家万户可以脱贫的路么？

在一个刚刚基本上解决了温饱问题的地区，民间没有能力积累足够的资金来兴办乡镇企业。地方政府同样缺乏这种能力。过去西北地区实际上是个向外地工业提供原材料的基地。过去，原材料的价格偏低，和外地输入的工业品之间存在着相当大的剪刀差。这种差额一向是用中央补贴的办法来弥补的，而事实上财政补贴只够用来维持行政机构的开支。西北地区的工业历来是依靠国家投资，地方的乡镇企业沾不上边。资金不足显然是西北地区社会经济发展的一大困难。其次，还缺乏一个有辐射力的工商业中心能为民间的企业提供技术力量。现有的技术还封闭在大中型的国营企业里，要经过一个相当复杂的过程才能开放出来。

面对西北地区广大城乡发展上所遇到的困难，我不由得不联系到沿海地区的情况。一相对照，就不难看到双方正可以互补短长；东部沿海地区的乡镇企业经十多年的发展，原材料和能源越来越跟不上，成了进一步前进的瓶颈。西北的资源如果开发出来，正可满足东部的需要。如果能动用东部的资金和技术来开发西北资源，在互惠互利的原则下应当是可以两厢情愿，共同合作的。我看到了这一种可能，所以提出了"以东支西，以西资东，互惠互利，共同繁荣"的说法。"支"是指资金、技术上的支持，"资"是指原材料和能源的供应。

这个思路使我产生"全国一盘棋"的观点。1988年我提出"黄河上游多民族开发区的设想"是从这个观点中发展出来的。

黄河上游多民族开发区设想的提出

在内蒙古和大西北进行的社会调查，使我感觉到沿海和内地，特别是边区的不平衡发展会给我国现代化的进程带来越来越多的困难。从全国一盘棋的观点看来，我们有必要重视这个有关大局的东西差距。同时也想把我从20世纪50年代中叶起中断的民族研究工作在大西北的调查中继续下去。

中国的少数民族大部分聚居在中国的西部。西部和东部的差距包含着民族的差距。西部的发展战略必须考虑民族因素：一方面要动员这地区少数民族参与这地区的开发事业，另一方面要通过这地区的经济开发使这地区的少数民族发展成为现代民族。这个观点在过去实际上常被忽视，以致"三线"建设只在西部增添了一些"新兴城市"，而没有使西部人民的生活有显著的提高。不少在少数民族地区兴建的大型国营企业根本没有考虑到和当地少数民族的联系，甚至眼中只有这地方的资源，而忘记了还有生活在这地方的人。我看到这些现象，心里总是觉得十分难过，认为这是过去政策上的失误。

为这种失误辩解的人说，少数民族缺乏现代科技知识，没有力量自己来开发本地区的资源，而且他们现有的生活习惯，也不适宜于现代工矿企业里的生活。不是不让他们参与而是他们参与不进来。我在呼伦贝尔访问伊敏煤矿附近的蒙族聚居点时也听说，这个煤矿曾按政策招收过附近一部分蒙古族居民进矿山做工人，但是不久几乎全部告退了。这些从小骑着马在广阔草原上放牧的小伙子，不愿意钻到地下去挖煤，请他们做职员则文化程度又不够。我相信这些都是事实，但是并不应当以此来否定少数民族参与西部地区现代化建设的重要性，只是提出了怎样才能把西部的少数民族吸收进开发西部的事业里去的问题。同时也说明了像伊敏煤矿那样想直接把牧民一下子变成工人是做不到的。应当怎样办呢？对少数民族的发展问题还值得我们深入思考。

我在甘肃临夏回族自治州的调查中得到了一些启发。要促进少数民族的现代化，看来必须从它们所有的民族特点出发，循序渐进地向前发展才能见效。我这点认识的形成经过是这样的：我在从广河县通往临夏市的公路上，一路停车访问了近十家新兴的富户。我一家家访问他们是怎样脱贫致富的。其中绝大多数是这几年到青藏高原牧区贩运起家的。例如有一家筹得了一小笔款子,去市集上买了几张羊皮,回来把羊皮缝成袍子。坐公共汽车去四川的甘孜藏区,把羊皮袍卖给藏民,得到了比成本高好几倍的利益,赚了钱再买羊皮,制成袍子去藏区出售。就这样"滚雪球"不到两年,已经有力量造了一座楼房。一家男女老少共同操作,俨然是一个小作坊。还有些人家租车贩运啤酒到拉萨出卖,赚了钱自己买辆卡车往返拉萨做买卖。他们告诉我,一辆卡车跑一趟拉萨,昼夜开车,五天可以打个来回,净挣5000元。我在1987年第三次访问临夏时,据说这个地区已有上千辆卡车奔驰在青海和西藏的公路上。有几个原来很破烂的穷村,已焕然一新。这样快的脱贫致富,给我极深的印象。

我这次访问的近十家新兴户,一问竟全是回族。沿着这个线索,我发现了回族善于经商的特点。我又把这个特点联系上了回族的历史,找到了这个民族特点的历史根源。回族所信奉的伊斯兰教起源于阿拉伯,扩散到西亚和中亚。早年通过"丝绸之路"和海道,有不少信伊斯兰教的阿拉伯和中亚商人进入中国。他们被称为"番客",一部分就定居在沿海和西部商路上的城市里。到了13世纪,蒙古人入侵中亚,掳掠了大批信伊斯兰教的商人和工匠编入军队,为他们作后勤工作。后来蒙古人带了这些人回师中国,灭了南宋,建立元朝。这些人的子孙就留在各地,和早先来的番客结合而成回族。从这个民族的形成中可以看到他们的祖先不仅信伊斯兰教而且是有经商传统的人。他们在和汉族接触中虽然部分已接受了农业生活,但不同程度地保留了善于经商的特点,直至今日。

回族的经商传统可以用来说明他们分散聚居在全国各大城市里的原因。但是为什么他们最大的聚居区却落在黄河上游的宁夏和临夏呢?这个问题的提出使我注意到了这个地区在经济地理上的地位,它们正处在广大牧区和中原农区的交接地带。

这条农牧贸易走廊正是回族可以发挥其特点的用武之地。这可能是上述问题的答案。临夏旧称河州,历代是一个农牧贸易的内陆商埠。它是丝绸之路上的一站,宋代是茶马司的所在地。看到临夏目前商业比较发达,使我联想到了沿海的温州,因而可说"东有温州,西有河州"。当然两地是有区别的。但是它们近几年都是自发地从参与商品流通而致富的。温州走在前面,已经"以商带工",形成了众多的家庭作坊式的乡村工业。临夏还正在扩大流通网。直到去年我再去访问时,才看到有不少小型工业正在起步建厂,有可能走上温州这个模式而发展起来。临夏这个标本给我的启发主要是在进一步认识到少数民族的发展必须抓住它们的特点作为起点，在牧区则要像上面已提到的海拉尔附近的牧民那样，从改良牧业出发，使放牧和舍饲结合，并进而利用畜产品做原料发展加工工业。我认为这个原则同样适用于林区和农区。

在内蒙古呼伦贝尔大兴安岭的林区里，我看到一个反证的例子。大兴安岭原始森林里原来住着以狩猎为生的鄂伦春族，解放前只有几千人。解放后，由于开发林业，外来的人口大量涌入林区，几千人的小镇在原来荒凉的森林里一个个建立起来。鄂伦春人的生活环境起了变化。按民族政策的规定成立了鄂伦春自治旗，国家拨款为他们建立了新村。这几千人改变了过去狩猎为生的经济，而在不同的名目下，从小到老得到国家的津贴。他们的生活是有保障的。但是失去了传统的生产手段后，却没有能找到靠自己劳动来从事生产的新路子。结果是物质生活的保障反而引起了精神生活的衰颓。因此，我建议及早发挥他们饲养驯鹿的传统本领，帮助他们在林区里建立新的养鹿场，让他们自食其力发展起来，不然，这个几千人的小民族的前途是十分可虑的。大兴安岭里的鄂伦春族和临夏回族的强烈对比，无疑深刻影响了我的思路，能不能这样概括地说：一个民族的发展主要靠善于发挥自己的传统优势，利用一切可以利用的外在条件，提高自身的社会生产力和发展自身的精神文化。

临夏商业的繁荣不仅给我提供一个怎样利用传统优势来脱贫致富的例子，而且也使我看到这是个促进青藏高原现代化的重要环节。我在上节提到了黄河上游多民族开发区的设想。这个开发区包括从青海的龙羊峡至内蒙古的托克托段黄河上游沿岸地区，正处在西藏、新疆和内蒙古、宁夏4个民族自治区的中心。这个中心地区可以利用黄河上游的落差，建立一系列的水电站，再利用这巨大的能源，开发黄河两岸的矿产。这里开发的原材料，不仅可以支援沿海工业地区，而且可以用来发展西部地区的中小型加工企业，使之分散在各乡各村，让千家万户都富裕起来。

这个中心地区工业的发展需要广大市场。这个市场首先应当是西部的牧区，也就是三面围绕着这中心的四大少数民族自治区。西部牧区的发展成为广阔的市场正是这个多民族开发区能够繁荣起来的一个重要条件。我们有条件可以利用这条介于牧区和农区之间的走廊地带，发展畜产品和工业品之间的贸易。过去曾在这里进行过的"茶马贸易"只是用农产品去向牧区交换畜产品，规模是有限的。如果多民族开发区建成了工业基地，就可以用加工后的生活日用品和发展牧业所需的生产资料去向牧区交换畜产品，从而促进牧业生产，把占1/3国土的广大草原的巨大潜力发挥出来。这并不是个主观的空想，因为在目前临夏的回族商人已经自发地进行这项探索活动,他们已成了沟通这地区的工业和少数民族的牧业的前哨队伍。

中国西部的牧区直到目前基本上是停止在封闭的自给经济水平上。牧业的现代化必须从封闭的经济改革成开放的经济。商品流通是促成这种改革的基本力量。只有把牧民喜爱的日用品运到牧区,才能使他们乐于把畜养的牲口拿出来进行交换。这就是牧业的商品化。牧民所饲育的牲口变成了供应市场的商品时,牧业在技术上也会顺利地走上改革的道路。畜产品的发展不仅为工业中心提供了毛、皮、奶等原材料,而且为工业中心开辟了广大的市场。这正是我心目中发展西部民族地区的前景。面对这个前景,我们作为研究工作者,看到了许多富有意义的课题正在等待我们去钻研,心情难免有些紧迫。

写到这里,思绪万千,回顾到此告一段落。

1989 年 4 月 14 日

后记

因有波兰之行,匆匆把《回顾》打住。这篇文章从春节写起,写到清明过后,经常受到公务私事不断的打扰。上面的九段,没有一段一气呵成。在我一生中这是罕见的。无可自宥,只能默认岁月催人老。

东欧归来,重读《回顾》,总觉得这篇拖拉积续的文章,像一条画龙未成的长蛇,甚至结尾都没有。但既不愿重写,又不忍撕掉。只能说,各言尔志,本无定型,诚而已矣。加此后记又未免为蛇添足。

我一向认为一个人的思想总是对当时当地社会的一种反映。具体的社会有如如来佛的手掌,谁也跳不出去。各人的反映可以千姿百态,但总是为他的处境所局限。至于反映得有多么宽广,有多少深浅,那又是被各人社会经历所决定。超过了这个界线就不免志大才疏,忘乎所以。各人的成就应当归根于社会的投入和个人天资的吸收能力。评人论己看来应以这点认识出发。

上面的"九段"文章,实在是想向读者交代我这四年思想活动的线索。这四年我陆续在各种刊物上发表了不少文章,我曾说这是一生中第二个旺季。把这些文章综合一下,前后连贯起来,多少可以看出我这一段时期思想活动的取向。知我者当然愿意我这样梳理一番的。

我一路回忆搜索这个思路,自己也清醒不少。反省至少可能起自觉的作用。我重读这九段《回顾》，似乎又呼吸到了这四年农村中欣欣向荣的气氛。这气氛不仅感染了我的笔调，也浸润了我这一段垂老的生命，我相信后来的人会对这四年中国农村的发展作出公正的评定。我身在庐山自不可能见其全貌。这四年对我个人来说，应当肯定说是一生中兴奋点最高的四年。我之所以兴奋，是在于看到了个人的思想不仅可以反映社会现实，也能对社会改革发生推动作用。我的热情是来自我所接触到的群众。广大农民所初步释放出来的巨大生产力和所表示出来的激烈要求，构成了推动中国80年代大变革的动力。我见到的不过是这股巨流里的一些小小浪花，所能反映出来的也只是其中很小的一个局部。但也得承认，不论怎样小，怎样局限，总是属于这股巨流的一部分，因为没有这一滴一滴的水，也形不成巨浪的。从毫末辨流向是应当可以做到的。

人总是人，要能恰如其分地看清楚自己在社会中的地位，更能利用这个地位去拓大自己的视野，提高自己的境界是不容易的。我自知远没有做到这一步，只能说梦寐以求的是这种自觉。我像其他人一样，所具有做学术研究工作的条件都跟着个人的经历处在不断的变化之中。20世纪30年代我住在江村，尽管时间不长，但能随意穿门串户，老中青少见面即能交谈诉说。这种我认为最有利于社会研究的条件，得之既非偶然，一去也难以再返。我以后50年的经历使我和周围社会环境的关系逐步发生了各方面的变化。

年龄是不饶人的，此其一。当年我徒步往来于崇山峻岭之间，只要深睡一晚，第二天又是精力充沛可以爬山涉水了。现在呢，连上两层楼还会喘气。50年不能说长，体力却判若两人。

社会地位也变化多端。早年那种自由自在的学生身份已捡不回来了。解放后，上山下乡都得有任务，言行都有框框，而且终于由于思想出了格而打入了另册。另册者，在社会中被孤立之谓也。60年代后期更下沉一个梯阶，生活和工作失去自由有十多年之久。到80年代初才正式"改正"，重新列入社会正册，恢复了我正常的社会生活，解除了孤立。那时我已年届70。

当时我在一次会议上公开表白"我手上只有十块钱了，我不能随意花掉"。意思是我自己估计如果一切正常，我能从事学术研究工作的时间至多也不会超过10年。这10年可珍贵的时间一点一刻都必须充分利用，才有可能夺回我失去的20年。时光易过，言犹在耳，匆匆又过8个年头，再有半年我就进入80岁了。在口袋里的钱即将用尽之际，回头看看这八块半钱怎样花的，得到了多少收益，可以说是及时的和必要的。这是我写此《社会调查自白》续篇的用意所在。

现在要说的，我这段时间里固然得到了正常的社会生活，但在恢复了社会地位之后，却没有在"另册"里那样孤独和清闲的条件了。接二连三的多种多样的公务加到我的身上，其中有些是和我为学的宗旨相符的，更多的社会活动却超出了这个范围。那就是说我此生已经不多的时间，能用在我学术工作上的却越来越少得令人寒心。而且近年来由于我所担负的社会公职，也使我日益脱离群众。尽管我这几年中至少有一半时间在各地访问，但被"名位"所累，已无法进行30年代学生时期那样的实地调查了。这个损失，也不能全归咎于客观因素，主观方面也存在着满足于粗枝大叶的毛病。而且读书不勤，不求甚解，特别是20年来由于怕留"罪证"的余悸，失掉了及时作笔记的习惯。加上年老易忘，以致我思想的投入不足，累积费劲，只能靠老本过日子，智力难免枯涸。这是恢复工作后，未能突破我30年代达到的水平的主要主观原因。

在中国复兴社会学是我这10年中的一个自觉的任务。在这方面，在主观上我是尽了力的。但是一门学科可以挥之即去，毁于一旦，要重建时却不能呼之即来。重建就又得造砖造瓦，从头做起。我这10年，特别是最近的6年，深刻体会到精神文明的建设不是设立一些学校或研究所等教育科研机构就能成事的。设立机构固然必要，这些机构里必须要具有科学头脑的人，实事求是地进行细致艰苦的脑力劳动，才能积累起精神文明实质。我自己如果不能率先做出学术成果，又怎能谈得到重建社会学这门学科呢？

凭我这点认识，我是这样做了，以身作则，带头下乡，足足花去了我这八年半岁月中最大部分的时间和精力。正如我在《自白》和这篇《回顾》中所表明的，我取得的科学成果很不结实。如果能说我这点心血没有白费的话，我只在这门学科的建设中做了一些开路和破题的工作。我在客观和主观的种种限制下，尽力之所及为研究我国城乡社会发展勾划出一些素描和草图，并跟着实际的发展不断提出一些问题，开辟一些值得研究的园地。这些也就是在上面九段里所叙述的内容。说这是科学成就，可能夸大了一些，最多能说是一些科学的探索。说是社会学的内容，我想是可以的。因为我所认识的社会学范围比较广泛，一切企图对社会现象进行理解的探索都可以包括在内。同时，应当提请注意：社会学本身远比我这一生中所探索的范围广阔，我决无用我自己研究的范围来作社会学界限之意，社会学研究的方法也是八仙过海大可各显神通。我这一生所采用的只是其中之一，而且又限于学力和社会的条件，并没有能够充分发挥这种方法的长处。

人生有限，社会绵绵，后浪推前浪。但愿新的一代早日成长，后继有人。

1989年5月6日于陇海路旅次

全国一盘棋
——从沿海到边区的考察

中央沿海发展战略提出后,东、西部发展的关系就成为一个很重要的问题。

从种桑养蚕业北上谈起

东部地区这一年半来变化很快。以江苏为例,我们曾经把江苏省分为苏南、苏中、苏北三个发展程度不同的地区。我们看过"苏南模式",也看到了苏北发展中的一些问题,但是对苏南、苏北的关系问题却谈得不够。其实,苏南、苏北的关系最近也发生了很多变化。就拿"丝绸之乡"的江南来讲,近来这里的丝绸工业大呼原料紧缺,埋怨苏北不肯出卖蚕茧。这种类似"羊毛大战"对原料的争夺,反映了地区之间关系的变化。过去苏南自己种桑养蚕,原料自给。这几年,桑蚕跨过长江在苏北安家落户,苏北的桑蚕产量已经超过苏南。苏北、苏南有了更密切的经济联系。

桑蚕北上,是商品经济规律的必然结果,像世界经济产业结构目前发生的变化一样。产业结构的调整和转移主要有两种方式:一种是通过人口转移来实现。表现为人口向城市的大量集中,工业在城市高度聚集,如当前的墨西哥城、新加坡等。中国的上海也发生过这种现象。另一种是通过工业转移来实现。表现为劳动密集型的产业向外扩散,苏南的乡镇企业的兴起就是这种扩散的结果。由于商品经济的规律,苏南农民不愿再种桑养蚕。这就促使种桑养蚕向经济相对落后的苏北转移,当然,目前这种产业转移程度还很低。

我们在小城镇研究中,曾经提出"离土不离乡"的概念,这是根据当时的经济发展情况提出来的。现在随着经济发展的变化，我们认为农民"乡"、"土"都可能离。前提有两个，一是农业规模经营，二是社会保险制度。我在苏南进行了规模农业的研究，一般认为，一个农村劳力如果有产前、产中和产后的社会化服务，又能利用机械耕种，经营10—20亩土地，收入就可以等于务工的劳力收入。另一方面，土地对于农民长期起着社会保险的作用，在新的社会保险体系建立之前，农民轻易不肯放弃土地。

苏南要上新台阶，出路仍在乡镇企业的深化发展。苏南的丝绸工业不仅要有丝织，而且要有印染，进而发展成衣生产。这几年成衣时装发展很快。过去认为时装表演是有伤风化的事，现在虽然开禁了，但苏南目前仍以初级产品生产为多，以成衣为最终产品的比例还很小。只要苏南乡镇企业向技术密集型方向发展，种桑养蚕等劳动密集型的北上就不可避免，苏北完全有可能成为新的桑蚕基地。这个例子说明了这样一个道理，国际、国内经济产业结构的变化和转移，完全不是人为设计安排所引起的，而是商品经济规律的必然结果。对商品经济规律，我们只能努力去认识它、尊重它，而不是想当然地人为干扰它。在这个基础上，我们才能处理好各种关系。

中部地区也是如此，湖南具有一定的代表性。东部沿海地区的变化直接冲击着中部地区，形成一个"次沿海地区"。湖南和广东交界的湘南，目前就成了一个弹性过渡地带。例如广东市场需要大量生猪，湘粤边界的几个县就兴起了"养猪热"。目前广东和湖南形成了一个"接力赛"的有趣现象。湖南的生猪卖到广东供广东人消费，广东人的生猪卖给香港出口创汇，因为广东养的是香港市场所需要的"瘦肉型"猪。

广东接受香港的经济辐射，并向内地传递。例如广东的来料加工企业中有很多工人是湖南人。这些工人之中有的成为继续扩散的媒介。目前这种"接力赛"和梯度扩散还在由沿海向内地进行着，过了韶关就直接进入湖南。但是我们应该清醒地认识到，这种扩散不是无限制的，它是由商品经济规律决定的，也是由国际市场的变化情况所决定的。广东吹来的"南国风"，是受香港经济繁荣与否的影响，而香港的经济又受世界经济起伏的影响。而面对瞬息万变的国际市场，我们又缺少经验，外贸体制还很不适应。因此，我们的"大进大出"还是攥在别人手里的"大进大出"。这是目前外向型经济发展中最大的问题。比如，我们还没有自己的面对世界市场的信息中心，信息中心在香港，在日本。我们只能通过别人的信息中心得到订货单。这种被动的情况不是短时期能够解决的，只能在实践中不断提高自己的对国际市场的适应能力，同时还要始终保持清醒的头脑，努力削弱对外的依赖性，才能减少大起大落的损失。

西部地区的发展同样应该尊重商品经济规律，而我们对商品经济规律的认识还很不够，跟不上事物的发展变化，西部的路子还在探索之中。

市场导向与经济运行的启动

现在首先应该解决经济发展的启动问题。我常比喻，一个地区的经济运行要有一个"发动机"。这个"发动机"的功能就是启动整个地区的经济发展。西部地区现在出现了"富饶的贫穷"现象，资源丰富，但经济落后。西部的企业如果搞得好，可以带动资源开发，带动当地各业发展，形成良性循环，搞不好就会成为沙漠中的"孤岛"，与周围社会自我隔绝。这个"发动机"的启动关键在哪里？我认为是市场导向的确立。沿海地区"外向型"经济体现了国际市场导向，但是也不能忽视国内市场导向，这就是我常说的"两个市场，左右开弓"。

在甘肃临夏，我提出"以商带工"的启动战略。我在那儿考察时，发现了一支农民流通部队——"倒蛋部队"。他们在农村收购大量鸡蛋，用自行车运往兰州出售，搞活了流通，促进了生产。我认为西部各地都要有这么一支"倒蛋部队"，由这种贩运队伍引火启动整个地区的经济运行。我进一步考察了这个地区回族的历史，提出发挥回民善于经商的优势，搞活区域经济。这个地区商品经济的发展，产生了更大区域联合的趋势，需要更大的商品经济发展的基础，甘肃、青海、宁夏三省（区）的协作应运而生。这个"协作区"在历史上就属一个经济地带。以河西走廊为主的黄河一千里流域，善于经商的回族就在这个地带长期生活。现在我们把这一千里黄河连起来看，提出建立12个大型水电站，以解决这个地带的能源问题。由水电产生能源，能源推动矿山资源开发。通过资源开发带动这个"协作区"三千万人民的致富，从而促使整个区域的商品经济的良性循环。这个经济启动的结果，将形成西北地区一个经济发展中心。

这个经济中心的恢复和发展，更长远的意义就是重开向西的"丝绸之路"，打开西部国际市场。从某种意义上来说，西部国际市场比东部国际市场更有潜力。东进的外向型经济发展，势必受到日本和亚洲"四小龙"这道屏障的阻遏，而西进中亚、西亚和中东地区，我们却具有一定的优势。充分发挥回族的民族优势，提供伊斯兰国家所需要的各种生活用品（包括热水瓶、毛巾等在内），我们完全可能建立一个很大的西部国外市场。这方面，苏联正在同我们赛跑。总之，外向型经济不是单一的，同样要发挥各民族的优势去开辟国际市场。

市场导向，国际市场急待开发这是没有异议的，但是目前国内市场的潜力远远没有发挥，特别是国内农村这个大市场。这几年全国各地农民的收入都有所增加。1980年前，全国大部分地区的农民收入在100元以下，而现在的贫困线已提高到200元。全国虽然还有6000万人口在这条线以下，但绝大部分地区农民的收入都超过400元，有些地区发展更快。例如湖南沅江县1986年一年农民通过苎麻种植就有2亿元的收入。这些钱是怎么花的？苏南农村是通过集体积累发展了乡镇企业，这笔钱转化成工业积累。但是大多数地区的农民拿这些钱盖房子，或吃掉了，没有转化成生产力。

农民手中的钱主要有两条出路，一个是生产性，另一个是生活性。农民刚刚从自然经济里出来进入商品经济的环境之中，出现了许多奇奇怪怪的现象，包括农民生活消费的奇异现象。我们参观沅江农民的新房子，房间里几乎看不到任何配套家具用品，但是很多农民却买了收录机、电视机甚至高级音响设备。这些电器给农民多少益处，很难说清楚。很多地方现在还没通电，或电力不足，农民看电视，不是图象不清，就是老看"再见"（因电停止）。有些地方的农民用洗衣机装稻谷。尽管如此，农民还是大买家用电器。可见，我们对于农民手中的钱，既不重视，也不注意引导。

农村大市场包括两个部分，一个是农民需要的生产资料，另一个是农民需要的生活资料。现在农民有钱想买化肥、农药等生产资料，但买不到。这怎么能使农民手中的钱转化为生产资金？农民新房里没有合适的生活用品配套，这怎么能合理地引导农民用手中钱去改善生活？

总之，对于农民手中的钱，农村这个大市场，我们应该给予充分重视。商品经济的发展不仅要有国际市场导向，而且应有国内市场，特别是农村这个大市场的导向。

扩散效应与东西联营

我以为西部各地区的经济发展都要以内外市场为导向，但各地又要因地制宜，选择自己的启动模式。例如，甘、青、宁"三省协作区"就是以"能源先行"为启动模式的。总之,经济运行急需启动,而启动方式又要因地制宜,切忌"一刀切"。根据西部地区的具体情况,我主要谈一下与启动西部地区经济有关的两个问题,一个是发挥国营及军工企业的作用,二是发挥"东西联营"的作用。

国营和军工企业,也就是我们常说的"三线"企业,是西部地区的技术堡垒。30年来,国家花了上千亿元的投资在西部地区兴建了这批企业。这批企业在计划经济僵化的体制中,不讲效益,不计成本,大部分亏损由国家补偿。特别是这些企业自建社会,自成体系,与周围社会几乎隔绝,没有形成带动周围地区经济发展的强大力量。例如包钢,企业办社会,包袱越背越重,而自己生产的钢材全部外运,包钢所在的内蒙所需钢材却要到外地去采购运进,形成所谓"飞地现象"。

这些年来,这些国营和军工企业有了一些变化,但是远远没有发挥它的能量。国营和军工企业最大的优势是它的技术优势。兰州、西安等地中级职称以上的知识分子所占比例也比上海还高,西部很多企业的技术优势和设备优势在全国也处于领先地位。我一直在考虑,这些企业如何能把自己的技术优势扩散出去,在周围地区产生扩散效应(或外部效应)的问题。

这种扩散可以分两步走。第一步是品种变型,即"军转民、重带轻",把过去计划经济中的部分军品生产转为商品经济中的民品生产。把"包销经济"转为市场经济。让重工业带动轻工业,让全民所有制扶助集体所有制,让大企业结合中小企业。这种变型符合中央有关企业改革的精神。第二步是地区扩散,品种变型后,国营大企业和军工企业为周围地区的横向联合打下了基础,大企业的技术优势和地方的资源优势、劳动力优势结合起来,将会产生综合效益。发挥国营和军工企业的优势,启动西部地区的经济运行,是一种重要的启动模式。

我一直主张"东西合作,互惠互利"。内蒙古的呼伦贝尔盟近几年经济发展很快,牧业从粗放改为舍养,农业从乱垦改为机械化规模经营。但是那里的森林资源没有很好地利用,浪费很大。我在那里做了"红娘",介绍他们与江苏联营。江苏派人帮助建立木材加工厂;内蒙古用木材换人才、换技术。通过这种东西联营,在西部建立少数民族自己的工业基础,这是一种"国内补偿贸易"形式。我在满洲里市也做了"红娘",让江苏和他们联营外贸出口,组织货源出口苏联,进而换汇进口"以东支西,以西资东",在国内"大进大出"。

"地区间的合作"是多方面的,内蒙古既然可以和江苏合作,当然更可以和东北三省合作联营,使各地的优势通过合作得到优化;总之,加强地区间的合作,形成合成优势,是西部地区经济发展的又一个重要的启动形式。

事实上,这一年半来东西部都发生了很大的变化,如何正确处理东西部地区不平衡的关系,促进东西部地区的协调发展,正是目前急待解决的问题。大家都清楚,全国东部、中部、西部三大经济地带发展是很不平衡的,东西部反差尤其强烈。世界上有"南北问题",中国有"东西问题"。从发展观来讲,绝对平衡发展是不可能的,但"平均主义"也不能促进社会经济的发展。

中国的发展,从地区来讲是一个先发展和后发展的问题,从个人来讲是一个先富后富的问题。"共同富裕,协调发展",这一指导思想我们不能动摇。我常说,中国不是"大鱼吃小鱼",而是"大鱼帮小鱼"。那么怎么帮?我认为主要有两条:一是国家支持,二是自己走路。中央领导同志说过:对东部地区,我们给政策;对西部少数民族地区,我们不仅给政策,而且要给切实的帮助。这说明发展西部地区,国家的参与是必要的,但是最根本的发展动力来自当地的人民群众。国家支持的目的就是帮助西部少数民族站起来走自己发展的路。我一直呼吁发挥各民族的优势,用自己的腿走自己的路。例如藏族,他们比其他民族更适应青藏高原的高寒气候和低气压。又如黎族,他们在海南岛则有经营热带植物的传统和经验。我们只有帮助少数民族在自己的经济基础上站起来,才能避免少数民族名存实亡的后果,才能使我们的国家真正成为一个民族大家庭,各民族才能在这个大家庭中共同繁荣。

东西部协调发展的关键是深化改革。例如我们在西北地区筹建一个亚麻厂,几年不能上马,这个"发动机"一直启动不了。为什么?因为它只走上层路线,被层层的机构所羁绊。所以眼睛不能光向上,而且也要向下,上下结合才有活路。再如,青海对羊毛原料进行地区封锁,不许外流。因为青海的羊毛纺织厂需要原料,而当地政府靠这些羊毛纺织厂能得到巨额税利。这些税利是在压低羊毛收购价,低成本的前提下挣得的。"羊毛大战"使羊毛外流,政府通过行政手段设卡堵截,结果出现了牧民用游击战来保护这支"倒蛋部队",羊毛仍然出去,堵卡的行政队伍也难免腐化。真正的解决办法不是维持原料低成本,而是提高企业的经济效益。为什么别人可以用较高成本的羊毛原料生产仍有利润,而青海却不行?所以,改革才能开放,开放才能改革。这里归结到一点,就是要遵循商品经济规律办事,在改革中找出路,求发展。

1988 年 9 月

区域经济浅谈

从20世纪80年代初起,我已到福建访问过多次,看到这十几年来福建经济发展得很快,可以说是已进入全国的前列。但是从整体来看,和全国东西部发展得不够平衡一样,福建的东部沿海地区与西部山区存在着显著的差距,而且这几年差距还在扩大。这种差距已经引起中央的注意,提出了要加快中西部的经济发展,以促进全面发展共同繁荣的方针。

闽、浙、赣、皖四省接壤的这块地域,正是沿海和中部地区的结合部,是沿海地区向中部地区辐射的通道。所以我们这次会议也正是落实中央精神的一个会议。

我想借这个机会,谈一谈我对区域经济的一些认识,这个问题是我近几年来常常在思索、探讨的课题。

60年前,我从自己的家乡开始了农村调查工作,后来由于历史原因,中间断了20年,80年代初我又重新捡起这个课题,到全国各地去调查、研究,从实际的工作中逐步产生了"区域经济"这个概念。是不是可以这样讲:人们在一定的地区里,由于经济的活动,聚集和连接在一起,互相协作,形成了一个"经济区域",在这个区域里的经济活动就是"区域经济"。古时候,人们的经济活动比较简单,聚集在一起的人比较少。以后随着生产活动的多样化、复杂化,居住在一起的人,加强了组织,形成了村落。生产力的不断提高,生产有了剩余,交换也就出现了,这时村与村之间发生了互通有无的经济联系,这种联系日益繁多,空间日益扩大。这些由经济活动联系在一起的地域就形成了一个经济区域。所以可以说,经济区域的产生,一开始就是与商品经济伴随生长起来的。在我们中国,我们的祖先长期以来一直是以家庭作为经济生活的单位、经济活动的细胞,也就是构成经济区域里最基本的质点。一个经济区域是由这样的许许多多的家庭结合起来组成的。正如一个机体要健壮起来，就必须激活每一个细胞。我国经济的生命也一直依赖于家庭经济这个细胞，现在回过头来看，我们在农村推行家庭联产承包责任制，它之所以能发挥巨大的作用，可以说是它使每个细胞活了起来，负起责任。

商品经济把村与村联系起来了，这种联系开始的时候并不是通过商店进行的，而是在一定的时间，比如逢五、逢十，大家来到一个地方进行交换、买卖，这就是所谓的赶集、赶街，这里叫赶墟，在古书上称"日中而市"。通过这个"市"由于经济关系把人们连接在一起，形成一个区域，也就是人们经济活动的空间。这种经济区域由聚民为市，集村为镇地不断扩大，形成多层次的区域结构。到现代已接近于一个全球性的大区域。

解放后，我们实行了一套计划经济的体制。人们生产什么东西都由国家来安排，生产出来的产品也由国家分配。但是后来在实践中，计划经济出现了很多弊端，到公社制的后期整个国家的运行都发生了困难。所以我们实行改革开放的政策，发展社会主义的市场经济。实行改革开放以后，中国社会经济发生了巨大的发展，15年来中国的经济每年都以两位数字的速度在增长，这在世界上都是罕见的。同时，社会主义商品经济在我们的经济活动中也起着越来越重要的作用。我们看到中国广大农村正在出现两个大的发展趋势，一个是正走上工业化的道路，第二个是正在走上一条城市化的道路。

农村工业化的意思就是说，农民已经不仅仅耕种土地即普通所谓第一产业、第二产业，而且还进行农产品的加工和其他制造业的生产，并且参与了商品经济的和其他服务性活动，即普通所谓第三产业。农民从单纯耕地到进行工业生产和商品流通这个过程，我们都是亲眼看到的。开始的时候是很小，很简单的。我初访长乐时就看到过这样的例子，我在一家农户看到他们从常州买来一部针织机，就放在家里，由家里人操作生产针织品供应市场，这种家家户户都干，扎根在千家万户的小小工业作坊，当时我称它是"草根工业"，是乡镇企业的初期功能。十几年后，这种草根工业已经长成了参天大树。现在我们看得清楚了，这个过程就是我们走上的一条具有中国特色的与西方国家不同的工业化道路。西方走上工业化是以大批农民被赶出农村，离开土地进城做工来实现的。那时大批农民在城市的贫民窟里生活的情景，我们还可以从英国狄更斯的小说里看到。现在由于技术的发展已经可以用电力来发动机器，我们可以做到把机器搬到家里来凑人，把小型的工厂搬进了农家，实现机器下乡，也就是工业下乡，开辟了一条工业化的新路子。

中国是个农业国，解放前是没有多少现代工业的。解放后，"一五"时期，在苏联的援助下，我们才打下了现代工业的基础，但是由于历史的原因，这些大中型企业都是按计划经济的体制建立起来的，逐渐不能适应中国经济的发展了。十一届三中全会以后，工业下了乡，很快在中国发展起来，乡镇企业异军突起，成了中国经济的一个支柱。乡镇企业的发展，使农村发生了很大变化，农民从开始的"离土不离乡"逐步发展到"离土又离乡"，虽然离土离乡，可离得又不很远，因为工厂是集中在离村不很远的镇上。这样原来只进行商品交换的小镇，逐步变成了既进行交换又进行生产的地方了。镇里边人和管理机构多起来了，需要更多的服务设施。所以小城镇的建设随着农村工业化的发展，成了今天的一个热点，这种工农结合、城乡结合、一二三产业同时发展的道路，就是中国走向工业化的一条具有中国特色的道路，而且这条道路越走越宽，所办的企业从小到大，总合起来成了巨大的国力。因此已引起了世界各方的注意，有人认为这条工业化的道路可以适合世界上众多的第三世界国家，具有跨国界的意义。

社会主义市场经济的推行，引起了我国经济运行的很大的变化，过去的行政区已经不能适应经济发展的要求。因此许多地区产生了跨越行政区划的地区性的协作和联合，这些地区感到互利互惠，有无相济基础上的合作，能够提高各方的生产力，大家都能得到好处。近10多年来，全国各地出现的许多协作区都是自发自愿组织起来的。除了你们这里的四省九方经济区之外，中原地区、淮河地区还有其他地区都不约而同地，在几乎同时组织起来的。到现在这种经济协作区都已有十几年的历史，事实证明这种协作对各地区的经济发展起了积极的作用，因此引起了人们的注意，最近党的十四届五中全会用文件的形式肯定了地区协作是克服地区差别的一条可行的路子。

我们知道，一个经济区域的形成是要有一定条件的，如果用一个人体来比喻，就是要有一个"心"，一个"肚子"，一张"嘴"，还要有"脉络"。心就是中心城市；肚子是腹地，即众多的农村、市镇和其中的农田、工厂企业；嘴就是出口，可以使区域与区域之间的物产出纳吞吐自如，以对外贸易来讲就是进出口岸；脉络就是交通运输的渠道、通讯联系和流通网络。

经济区域又有层次之分。如果按我前面讲的，最小的经济区就是拥有若干村的市镇。一个市镇就以它所拥有的村为它的腹地，我的老家江苏吴江市（今苏州市吴江区）的老百姓叫它作"乡脚"，就是农民的双脚能伸得到的地方。农民要买什么样的东西就会到什么地方去买，比如买小东西就到附近的镇上去，要买大东西、贵重的东西就要到县里，甚至跑到苏州或上海去，一层一层地升上去。就拿吴江市来说，它的下面就有七个镇，这七个镇围绕着吴江市。吴江市和其他的市又围绕着苏州，这是个大的中等城市。在长江三角洲最大的中心城市就是上海，上海同时还是一个对外贸易最大的进出口岸。上海周围有八员大将，苏（州）、（无）锡、常（州）、（南）通和浙江的杭（州）、嘉（兴）、湖（州）、甬（宁波）。以这个地区为基础，沿长江这个水道下去，形成以上海为龙头，江、浙为两翼，长江流域为脊梁的长江经济区。虽然现在上海还没能起到带动整个长江流域腾飞的作用，但是这"势"已经出现了。在我看来这是"势所必至"的，什么时候"至"现在还难说。

另一个是华南经济区，目前也已经形成了强大的势头。1997年香港回归，必然会增强珠江三角洲的经济实力。现在香港对内地的辐射力大约还在这样一个范围里：北到韶关、西到肇庆，东还没有越过惠州和梅县。当然这个范围还在扩大，在变化。所以我们说的经济区域也是个动态的实体。从全国范围来看，除了这两大经济区域之外，还应该形成东北、西北、西南、华北等和长江、华南经济区大小相当的经济区域。要形成这些经济区域，就必须营造经济区必需的腹、口、脉络这些部件。

上面讲到了最小的经济区域"村"和"镇"以及从全国一盘棋的角度看的最大的全国性的经济区域。在这些层次之间还有很多像闽、浙、赣、皖四省九方经济区，晋、冀、鲁、豫四省13个地市的中原经济协作区，苏、鲁、豫、皖17个地市的淮河经济协作区等这样地区性经济协作区域，等等。

我们福建的情况怎样？它的出口在哪里？是厦门还是福州？是一个还是两个？目前它的腹地还不够结实。厦门和深圳同样都是特区，但是厦门没有起到深圳那样的作用。就是因为腹地没有发展起来，缺乏足够配套的交通等流通的物质基础设施。从这里我们也可以看到，一个经济区域的硬件和软件的建设是个不可忽视的问题。所谓硬件，就是我们通常指的基础设施，它包括土地、房屋建设、交通、通讯、能源、供水等。我去新加坡访问的时候，曾经听新加坡人说：凡是飞机6小时之内能够到达的地方，那里资源都是他们可以利用的资源。这样，飞机在6小时之内能到的地方就成了他们的腹地。新加坡人很有气魄，同时也表明交通是多么重要。

当前区域经济发展进入了一个新阶段，我们要以市场经济为主导思想来规划下一步的建设工作。我完全同意你们提出的各项措施，要强化企业联合，突出联合实效，加强对外联系，与上海、杭州、福州、厦门、武汉、九江接通，找到出口。同时注意改善交通条件，完善流通网络。我听说你们打算在浦城搞一个大市场，一般地说在省与省交界的地方都是搞交流的好地方。我们可以依靠经济区，通过协作的力量把市场建设起来。

还有一个重要的工作，那就是努力发展我们腹地的实力，要开发我们的资源，使老百姓尽快富裕起来。这些年我到全国各地调查，亲眼看到很多过去穷困的地方，经过这十几年的努力都富起来了。这些地方都是根据自己的某一些优势，抓住市场从小做起，逐渐壮大起来。不要瞧不起小的东西，小东西开发出来找到市场，就可能发挥大作用。我记得曾经在鹰潭参观过一家小的竹材加工厂，他们利用新技术把竹子加工成三合板，这是很好的建筑材料，你们这里竹木资源丰富，完全有条件做好竹材的文章。我想当前我国的中部地区正在迅速发展起来，那里是个大市场，我们这里离这个市场很近，就看我们能不能在供应几亿人吃、穿、住等基本消费品市场里占领一席之地。

我们作为干部，有责任帮助老百姓富裕起来，让老百姓口袋里有钱。我们这里是山区，资源丰富，有木材、竹林、药材，山区不应该穷啊！关键是我们要改变观念，到群众中去，到老百姓中间去找致富的路子，跟他们商量怎样能够富起来。我们的责任就是发现这些致富的路子，总结起来加以推广。并且引导帮助他们走上富裕之路。一旦老百姓口袋里有了钱，他们就会愿意起来办工业，很快就能走上工业化的道路，腹地就壮大起来了。

还有软件的问题，就是要注意地区的生态平衡、环境保护、文化教育以及城镇的卫生，居民的文化娱乐，各类服务等，我就不展开讲了。

1995 年 11 月 22 日

本文是作者在闽浙赣皖四省九方经济区二届一次联席会议开幕式上的讲话

加快城市建设，推动区域经济发展

我过去一直是研究农村问题的，对城市的研究还是个新兵。最近几年，我在实地调查中感觉到，农村要想进一步快速发展，离开城市的支持是不可能的。所以近5年来我尽可能找机会去了解城市。上个月，我应邀担任上海大学上海社会发展研究中心主任，就是准备通过这个"实验室"来了解上海的变化、研究上海人的生活。

我们把新中国成立以来的城市建设及城市经济发展，分成前30年和后20年两个阶段，这两个阶段分得很清楚。现在我们要了解后20年，就必须了解前30年的社会情况，了解它的社会机制和体制。后20年是在前30年的基础上发展起来的。当前我们政府做的很多事情，如改革开放，就是要解决前30年遗留下来的问题。

在后20年开始的时候，我恢复了学术工作，那时我已经70岁了。自从恢复学术研究以来的20年里，我主要是到全国的农村去看，把看到的变化总结总结，把自己的看法写出来做一些宣传工作。比如1983年我在江苏搞调查，看到了由于乡镇企业的发展，农村里的人口向小城镇集中的现象。一部分原来靠土地吃饭的人，不再靠土地吃饭而转到工业里谋生。这些农民办的工业不一定要办在城市里，而是办在离农村不远的小城镇里，小城镇周围的人口必然会转移到城镇里来。这是中国工业化的一个特色。我把对这一问题的思考写成了《小城镇，大问题》这篇文章。经过了近20年，如今小城镇建设的问题已经受到了人们的普遍重视。可以说，如果我们走上了发展小城镇这条路，中国的现代化就有了"门"。中国千千万万的"乡下人"要变成"城里人"，就得从这道门通过，然后继续向前走。我自己也通过这道门，进一步认识了农村与城市的关系。1995年，我给自己提出了一个课题——城乡关系的研究。

我是1930年，20岁的时候离开苏州去北京读书。经沪宁路，乘渡船过长江，再上津浦路抵达北京。一路上给我留下深刻印象的是这两条铁路沿线地区的差异。沪宁线是从上海到南京，经过的是苏南这样的经济发达地区。从明代开始，江苏上交的钱粮大都是从这一地区筹集的，苏州是这一地区最高行政机构所在地，"上有天堂，下有苏杭"这句话就是这一地区经济发达的写照。我们还可以看到，沿沪宁线上有无锡、常州、镇江、南京等一系列大中城市，周围还有一批卫星城和小城镇，形成层次分明的城市群。而津浦路沿线就看不到这样的城市群，津浦路沿线地区的经济，几十年来始终没有很好地发展起来，由此可以看出城市对周围地区的发展起着怎样的作用。

前几年，中央统战部组织各民主党派领导人，到刚刚建成的京九路去参观，一路上大家都很兴奋，同时也在想，京九路怎样才能发挥出像沪宁路那样的作用。我想，应该在京九路沿线加快发展一批中等城市，然后借助这些城市的辐射力量使周围的农村富裕起来。于是，我提出了"穿糖葫芦"的设想。从1997年开始，我就沿京九线到河北的衡水，山东的聊城、菏泽，河南的商丘……一路下来到广东的惠州，一个个城市去看。我希望这些城市在政府和各有关方面的支持下，能够更快地发展起来，形成一个具有实力的经济中心，从而带动周围农村的发展。这样，京九路就能发挥出它作为经济动脉的功能来。

从当前我国农村经济的发展来看，小农经济的生产方式与规模经营之间的矛盾日益凸显出来。进入21世纪的时候，我国一些发达地区的农村，机械化、科学化种田的程度越来越高，传统的脸朝黄土背朝天的劳动已经成为历史。劳动生产率提高了，不再需要那么多劳动力挤在田里干活，今后将有越来越多的农民会离开土地。那么，他们去哪里呢？进城打工。如果这些人一下子都涌进北京、天津、上海这样的大城市，国家投资太大，吃不消。我曾提出过小城镇是人口的蓄水池的观点，就是看到小城镇可以不用国家掏钱，由农民自己投资、自己想办法建起来，从农村分离出来的很大一部分劳动力，进入了小城镇。有这样一个缓冲的地方，解决了大问题，使我们的事情变得容易办一点。现在的问题是政府有关部门要加强对小城镇建设的指导，使各个层次的城市稳妥地、健康地发展起来。由此可以看出农村城市化的迫切性和重要性。另外，最近几年里，我到全国各地的城市里做实地考察，体验到城市对其周围农村的辐射作用，看到了城市经济发展的重要性。因此，我的研究也开始从农村走进城市。

在研究小城镇建设时，我还考虑过小城镇规模的问题。现在农村人口有逐步向城镇集中的趋势，从江苏省吴江市的情况看，这个市的几个大镇大约都在

5万人左右。这里面不包括外来人口，因为外来人口流动性很大，再加上目前人口统计制度不完善，这部分人口的数字无法准确统计出来。我们国家各个地区的经济发展是不平衡的。我在京九沿线地区考察时就注意到，那里农民年人均收入比我家乡吴江要少一半，而西部贫困地区的农民收入又比这些地方少一半。我在贵州毕节地区就亲眼看到过像吴江50年前那种贫困的景象。中国之大，各地情况千差万别，经济发展不平衡是不可避免的。这个历史上遗留下来的问题，需要我们全国人民，在各级政府的领导下，想办法把贫困地区的经济发展起来，这是一项很艰巨的任务。同样，小城镇建设也存在着千差万别的状况，也要分层次地、适时地予以解决。

最近，我在研究城市这一课题时，讨论到城市社区建设的问题，目前上海大学上海社会发展研究中心的研究人员正在下面搞调查。简单地说，社区就是居住在同一个地区里居民的组织，这种组织早在新中国成立之初就建立起来了，只不过随着我国社会经济从计划经济体制向市场经济体制转变时，原来社区的组织、结构和功能、职责已经不能适应当前社会的要求，因此出现了许多新问题，需要我们用新的思想来加以研究与解决。在计划经济的时候，我们大多数人都由某个单位来管理，这个人的生老病死，甚至他的家属的很多问题都要由单位来解决。这是由于解放战争那段特殊的历史时期所留下来的印记。我称它做"单位包干制"。但是，改革开放以来，随着市场经济体制的逐步确立，单位已经不能再把人"包"下来了。"单位人"转变成了"社会人"，在这个转变的过程中，许多过去由单位管理的事情，例如各种社会保险问题，如何照顾老人、孩子的问题，社区"硬件"建设，以及绿化、卫生、安全等问题都交给了社区来管理。总之要求社区建立起一套居民自己管理自己，能够适应社会主义市场经济的生活制度。我想，在研究城市建设的内容里，这个问题也是很重要的一部分，而且要普遍解决好，大概还要经过一段相当长的时间。

现在大家都在谈论全球一体化的问题。要全球一体化，就先要求国家一体化，也就是要建立起若干个全国性的、统一的大市场；要建立起这样规模的大市场，就要有与之相匹配的城市作为中心。有同志讲我国有三个经济较发达地区，就是珠江三角洲地区、长江三角洲地区和环渤海湾地区。这三个地区都需要发展各个层次的中心城市，拿长江三角洲来说，它以上海为中心，周围还有许多低一级的中心城市。有了这些城市，整个区域的经济才能发展起来。过去上海就比较封闭，现在浦东开发全上海开放了，邻近的昆山接收上海的辐射，很快就发展起来了，没有几年就成了中等经济发达地区。江阴大桥一旦通了车，苏北就能比较顺畅地接受苏南地区的经济辐射，很快也会发展起来。这座大桥的建成，会使这个区域的经济变化加快，以至对江苏省的经济发展会产生很大的影响。江苏的经济发展要纳入整个长江三角洲的范围来整体考虑，看看我们在整个格局中是占什么位置，江苏的各个地区要发展什么产业，发挥什么功能。都要做到心中有数，这样江苏才能持续发展下去。

刚才我说近几年我"从农村进了城"，指的是这几年我把城市作为我研究的一个重点，并且在研究中加深了对城市的认识。我感觉到在进入21世纪的时候，全球经济一体化进程越来越快，像上海这样作为经济中心的大城市，必然会成为与世界联系的一个窗口，发挥重要的作用。历史上帝国主义国家侵入中国后，强迫我们开放五个通商口岸，上海就是其中的一个。帝国主义为什么要开这五个"口"？开这五口的道理在哪里……这些都是值得我们研究的问题。

现阶段，我国经济发展的潜力已经从农村转移到城市。农村的发展要依靠城市的力量，同样农村的兴旺也会反过来支持城市的发展。所以，城市要研究怎样进一步服务于农村，为现阶段的经济发展服务。

希望这次城市经济研讨会，能够更好地把我们国家这方面的研究力量组织起来，对城市进行深入的研究，为党和政府提供一些好的意见和建议。

1999 年

本文是作者在"中国城市经济学会第三届代表大会"上的讲话

发展如蜕变，说城镇与区域经济

1983年我写的《小城镇，大问题》和后来的三篇关于讨论小城镇建设的文章发表以后，引起了有关领导和一些同志的极大关注，从而推动了学界对我国城镇化和乡镇工业应该走什么样的发展道路的问题的讨论。同时也促使我自己的研究思路，从小城镇进入到大中城市再到区域经济，进而产生了"全国一盘棋"的观点。

从那时起到现在的20年里，尽管学界对中国小城镇建设和中国城镇化该走怎样一条路子的问题，见仁见智，观点不尽相同，甚至相悖，但是，中国的城镇化还是按着自己的规律在发展。以苏南为例，从社队企业转变而成的乡镇企业，在经历了"民进公退"的改制以后，已经形成了一个分散在一家一户和集中在城镇的工业群体；外资的大量引进促使乡村工业发生蜕变，发展壮大，工业的兴旺又导致地区性产业结构的变化。与此同时，地区人员流动和职业的改变也直接影响了人们生活方式的转变，使得城镇化的水平不断提高。

由于乡镇企业的崛起、城镇化的迅速推进，目前在苏南已经形成了一个包括南京、苏州、无锡、常州、南通、扬州、镇江和泰州这样的大中城市以及它们所辖的小城镇密切结合的城镇带，这个城镇带与上海这个国际大都会相得益彰。如果把苏南的这条城镇带与浙江的杭州、嘉兴、宁波、湖州、绍兴和舟山等地放在一起来看，这里就是当前我国经济活力最强劲的，被称为"长江三角洲"的地区。这里已经形成了一个城镇密布，大中小城市相衔接的网络。事实上已经形成了一个"经济区域"。

苏南是我的家乡。党的十一届三中全会以后，我重新回家乡搞农村调查，几乎走遍了家乡的大小乡镇。如今我已经九十有三，失去了继续下乡搞实地调查的条件，但是我对家乡社会经济持续发展的关切之心丝毫没有减少。所以我从2002年秋开始，利用回家乡的机会做了一些调查，并且把家乡20年来的变化和我的一些思考记录下来，写成了《家乡小城镇大发展的二十年》一文。

文章写完之后，觉得意犹未尽，还有一些问题没有说清楚，于是就请了几位北京大学的研究人员来讨论。讨论中大家认为"蝉蜕壳则能飞"，20年来我国的乡镇工业和城镇建设有如蝉儿一般，经过几次蜕变，完成了几次飞跃，从而使我国的经济格局发生了很大的变化。

我觉得这一场讨论可以补充我上篇文章中"言犹未尽"的那部分内容，所以就请参加讨论的邱泽奇同志，以问答的形式整理成文，经我修改后定稿。

一

邱：我们说，城乡的发展与支持城镇的社会经济体系是密不可分的，您在《小城镇，大问题》这篇文章里对小城镇进行分类的时候，依据的就是这一点，在讨论城镇兴衰的时候依据的也是这一点。您还认为，20世纪80年代初期，小城镇的复苏和繁荣是"小型工业，特别是社队工业带动的结果"。

您在相当长的一段时间里，花了很多精力研究家乡的从社队工业发展起来的乡镇企业，并把这种以集体经济为主体发展起来的乡镇企业归纳成"苏南模式"。后来您又扩大了自己的研究范围，提出了以个体和私营经济为主体的"温州模式"和以外资企业为主体的"珠江模式"。20年来，这三种模式的乡镇企业都发生了巨大的变化。

费：历史正在不断地向前发展，我们每一个人所接触到的事物也在不断地扩大。拿我来说，20世纪80年代，我从苏南出发，跟着我国社会经济的发展形势跑，一个地区一个地区地看，把看到的东西加以分析研究。我看到了一些地方各不相同的发展情况，其中比较典型、引起我特别注意的，就是刚才你提到的三种模式。"模式"是指一定时空条件下事物的模样。现在我们不妨把这三种模式放在一起来看，或许可以更清楚地了解我国乡镇企业和小城镇建设"脱壳蜕变"的过程。

先看看"苏南模式"。改革开放的初期，农村实现了以家庭为单位的联产承包责任制，与这个制度相应的变化就是公社时期的社队企业变成了集体所有制的乡镇企业。苏南模式一度成了集体经济的代名词，其历史根源就在于此。

邱：在您早期的著作《江村经济》里，您就讨论过在地少人多的条件下出现的农民办的合作工厂的情况；在《小城镇，大问题》中，您又特别强调了当时苏南乡镇企业的基础就是公社时期的社队企业，苏南的乡镇企业采用集体所有制是顺理成章的事，也是它早期能够获得快速发展的制度保证。

费：是的，保持集体所有制为苏南工业的发展提供了积极的制度保证，同时也为后来的乡镇企业改制和工业的升级换代积累了原始资本。到上个世纪90年代中后期实施"改制"的时候，苏南的经济已经获得了巨大的发展。以吴江市为例，1997年吴江市乡镇企业（不包括村）的固定资产原值已经达到100多亿元。从劳动力的分布上也可以看到这一点：1996年，吴江市的36万个劳动力中，有近20万人在企业里工作；据统计，1997年吴江市从事种植业的劳动力只有8万人，而且这些人在农闲的时候，还会到"工业"里去找活干。

由此可见，苏南模式的乡镇企业不仅为这一地区后来的发展提供了原始积累，而且还为引进外资和高新技术产业后的新一轮发展，准备了高素质的劳动力。

邱：1997年—1999年的乡镇企业改制，看起来好像是不得已而为之，其实是一件水到渠成的事情。从社队企业到乡镇企业都为后来的现代企业制度的发展提供了各种准备。除了您提到的资本和高素质的工人以外，还培养了一批成熟的有经验的管理人员。

1997年—1999年吴江民营资本的投资只有30亿元，但2000年这一年，就增加了30亿元，以后逐年攀升——2001年40亿元，2002年上半年已经突破36亿元。据统计，在这些投资中，外地资本仅占25%，绝大多数都是本地的投资。大量资本的投入除了说明本地的投资实力之外，更重要的是体现了对资本的管理能力。

费：经过20年的发展，特别是乡镇企业改制以后，苏南的广大乡镇已经形成了一个从家庭工厂到现代大企业的多层次的工业网络。

邱：2002年秋，我又一次去了吴江市的横扇镇。您是知道的，那个镇的家庭工厂生产的羊毛衫很出名。5年前，我在那里看到的是车间建在家里的作坊，最大的一家只有10多台手工织机，没有见到有什么大规模的企业。可是2002年，我在那里看到不仅有连片的工业厂房，而且连"家庭作坊"也发展成了现代化的车间，先进的电动横机、喷水织机大量进入了家庭企业。

费：总的来讲，苏南模式通过所有制改造和外资的引进，已经形成了多种所有制并存、多层次工业并存的格局。苏南模式与温州模式、珠江模式已经没有什么本质区别了。

下面我们来谈"温州模式"。温州经济的发展开始于改革开放，政府放松了对于个体贩运的限制后,人口和商品流动起来了,使善于经商的温州人得到了积累资本的机会。家庭工业也应运而生。但它与苏南不同,温州的工业一开始就同商业结合在一起,形成了它独有的特色。

邱: 关于温州您写过三篇文章。第一篇是 1986 年写的《小商品,大市场》(又称《温州行》)。当时社会上对于"姓资姓社"的争论很激烈,您明确地提出了"小商品,大市场"这个观点,鼓励温州人发展商品经济,并希望温州的家庭工业能够走向联合。

1995 年写了《家底实,创新业》。充分肯定了温州推行的股份合作制,称它是"富有东方色彩的'经济结义'";您还鼓励温州人要进行第二次创业,发展城镇建设,占领更大的市场。

第三篇是 1999 年写的《筑码头,闯天下》。时隔四年,您看到了一个与过去完全不同的温州——眼前是大型的厂房、规模化的企业、漂亮的城镇。您敏锐地看出温州这个"码头"在变化。形势要求温州人建造一个更大的、更现代化的、实力雄厚、能够跟世界各地连接的流通基地。您希望在经济走向全球化的时代,温州人要把眼光看得更远一些。

费: 我写这篇文章,是想鼓励他们在继续扩大国内市场的同时,要打到国外去,走出去参与世界市场的竞争。温州人是有这个传统的,我相信用不了多长时间,他们就会像先辈那样,到世界各地去发展他们的事业。

邱: 20 世纪 90 年代,经过"产业整合",温州的家庭工业完成了如同蝉儿蜕壳般的改造,形成了一些庞大的企业集团,如正泰集团、人民集团、康奈集团、奥康集团,又如打火机和烟具行业的"犬虎"、"东方"集团等。温州人在把企业做大的同时,也发挥了擅长做生意的传统,把自己的产品打进了世界市场。

据报道,现在已经有几种温州产品在世界市场上占有一定的份额,如 2 欧元以下的金属外壳打火机已经占到全球市场的 70%;此外还有眼镜、鞋类、服装、文具、灯具、皮革、泵阀、低压电器等产品也已打入国际市场。有消息称,不少温州人在第二次海湾战争还没有完全结束的时候,已经在积极寻找重建伊拉克的商机。

但是在温州模式发展的过程中,有一个被忽视的方面,那就是对外资的引进。温州市的领导说,引进外资一直是他们工作中的一条"短腿"。2002 年温州引进的外资虽然同比增长了 50%,但总量很小,只有 8000 万美元,大约只相当于吴江市一个镇的水平;这 20 年来,温州引进的外资累计还不足 6 亿美元,不敌吴江市的一半。

尽管温州民间资本很充裕,但是我们应当看到,外资的引进不仅仅是个资金的问题,它还是一个向外国学习先进管理和先进技术的机会,甚至会影响到一个地方产业升级换代,参与国际市场竞争的大事情。

费:进入世界市场这个问题很重要,要发展,不参与国际市场是不行的。中国虽然有庞大的国内市场,但也不能忽视了国际市场的开发,特别是高附加值产品的市场,基本上还掌握在发达国家的手里。我希望温州人不仅要开发、巩固国内市场,更要打出去,占领国际市场。打火机那样的市场要重视,高附加值产品的市场更要花力气去开发。相信不久的将来,温州人和温州产品会出现在世界各地的市场上。

接下来谈谈"珠江模式"。珠江三角洲的发展得益于"前店后厂"这样一种形式。简单地说,就是香港人在香港开"店",对外接订单,然后拿到劳动力和土地价格都比香港便宜得多的珠江三角洲的工厂来生产,生产出来的产品由香港卖到世界各地。我们称之为"借船出海"。以后随着改革开放的不断深入,广州、深圳等地实现了直接参与国际贸易。我们称它是"造船出海"。

邱:您最早谈到"珠江模式"的文章是 1985 年写的《港行漫笔》。1988 年您访问东莞的时候,就已经看到香港的小型工厂向内地扩散的趋势。1989 年在《四年思路回顾》一文中,您提出了香港与珠江三角洲的关系的问题,并提出了围绕香港的三个环形带的构想。1992 年您在《珠江模式的再认识》中,进一步比较系统地论述了对珠江模式的看法。前不久,我到珠江三角洲的几个地方跑了一趟。

费:有什么新看法?

邱:有。近来长江三角洲的快速崛起,引起了大家的关注。由于长三角地区的技术工人和人才优势,对于外资,特别是台资很有吸引力。事实上也的确有一些原来在珠三角投资的台商,把他们的工厂向长三角转移。比如转移到苏南的昆山、太仓、吴江和浙江的嘉兴一带。如此一来,珠三角吸引的外资就会大打折扣。一些人认为,长此下去,珠三角的经济发展将会减缓甚至衰退下去。

但是我在珠三角所看到的,依然是很旺盛的发展势头。其中最引起我兴趣的是一些外资纷纷进军珠三角的房地产业。有一个例子很典型:一个香港人在番禺投资开发了一大片住宅小区,小区里刚刚竣工的 3 万多套住房,很快就销售一空,10 多万人住进这个小区,使这个小区俨然成了一个小城市。还有在历来是台商投资的热点地区——东莞，最近几年里，外商对各项产业的投资都有所增长，其中增长最明显的也是房地产业。除此，珠三角的其他一些乡镇，房地产业发展得也很快，我去的樟木头镇，公寓塔楼连成了片。小乡镇纷纷建起了五星级宾馆，有的乡镇还不止一家。

我还了解到，在这里建造的住房有相当多的一部分是被香港人买走了，这一现象给了我一个启示：20世纪80年代初，香港人把工厂搬到了珠江三角洲，到了21世纪，香港人把家也搬过来了，他们把自己的生活空间转移到了珠江三角洲。所以，香港和珠江三角洲的关系进入了一个新的时期，值得我们很好地加以研究。

二

费：这不仅仅是香港和珠江三角洲两家关系的问题，它还会牵涉到华南地区的区域经济问题。

从前面的讨论中，我们可以看到产生这三种模式的地区都已经走上了现代工业化的道路，但是由此也引发出了许多新的现象和问题。我一直认为，在这三个经济发达的范围内，应该可以各自联合成为区域性的经济共同体，但是现在看来，一时还形不成这样的联合。

邱：正如您指出的那样，这三种模式中有两种是依托了大城市才发展起来的。苏南模式与上海的关系，珠江模式与香港的关系都是密不可分的。您说的区域性的经济共同体，指的就是由大城市带动起来的区域性经济吧。

费：改革开放的早期，苏南经济是在上海的技术力量帮助下发展起来的，逐渐形成了具有自己特色的苏南模式。

邱：您在《小城镇，大问题》和后来写的多篇文章里都提到了这一点。早期的苏南经济能够迅速发展还有一个重要因素，就是计划经济给乡镇工业留下了很大的发展空间。苏南的乡镇企业在上海的技术力量支持下，通过"拾遗补缺"的产品而兴起。

费：我们也要看到苏南模式是从社队企业发展起来的，是从公社制度中走出来的，具有很强的地方性。比如昆山开始的时候，因为当地的农业搞得很好，所以并不想发展工业，他们错失了苏南乡镇企业发展最有利的时机，以致比周围地区落后了。事实迫使昆山人转变观念，想到要依靠上海的力量发展工业，但是上海实行"肥水不流外人田"的做法，限制上海的企业与昆山合作。其实在底下,在民间,上海人同周边乡镇来往是很多的。记得1990年的时候,吴江有一位县长跟我说过,表面上看吴江官方与上海官方没有多少来往,但是我们的乡镇企业同上海的民间倒是来往密切,难解难分。现在看来,那个时候上海丢掉了一次与周边地区合作的机会。上海的做法也迫使苏南地区的企业和当地政府绕开上海,纷纷自找合作门路、自找外资,自己与外界建立联系,进入国际市场。

邱: 的确如此。1999年我跟随您去昆山访问。那时听昆山人说,他们如果再沿袭苏南模式的路子走,是很难实现经济快速增长的。于是他们利用昆山农业基础好的优势,从农产品加工入手,引进外资,建立起当时颇具规模的地方性工业园区,营造出苏南地区最具吸引力的外商投资环境。昆山还充分利用其靠近上海的地缘优势,积极开展对外联络工作,因此在很短的时间里,就吸引了大批外商来投资。在我们去访问的时候,已经有不少台资进入昆山了。

乡镇企业改制后,苏南工业发展的主导力量之一是外资的大量进入和外向型经济的增长。20世纪90年代以来,昆山累计实有外资企业2000多家,总投资额130多亿美元,注册资金65亿美元;在这些外资企业中,投资超过1000万美元的有300多家,超过3000万美元的有100多家,其中台湾南亚集团投资的电子材料生产基地,预计总投资25亿美元。总之,昆山50%以上的财政收入、60%的利税、70%以上的销售额、80%以上的投资、90%以上的进出口贸易都来源于外资。

费: 苏州工业园区也是一个例子,它撇开上海,找到一个大的投资机会,直接进入了国际市场。当时我们并没有看到这一点,现在回过头看,事情就比较清楚了。

邱: 有关资料表明,2002年苏州市合同利用外资101亿美元,实际利用外资48亿美元,居同等规模城市第二。苏州工业园区的GDP达到252亿元人民币,财政收入达32.6亿元人民币,占全市的11%强。建园以来,园区经济以年均近50%的速度增长,实现合同引资135亿美元,实际利用外资57亿美元,每个项目的平均投资规模都超过3000万美元,几乎每10家世界500强的跨国公司中,就有一家在苏州园区有投资。

费: 到了20世纪90年代,上海人看出了这种势头,他们赶紧建立起浦东开发区,但是当浦东开发区发展到一定规模的时候,他们又碰到了困难,那就是感到自己的腹地不够大了。

邱: 乡镇企业发展的初期,我们以为苏南将成为上海的腹地,因为当时苏南的社队企业，技术基本上来自上海；生产的产品也大都是为上海大工厂配套服务，但是随着计划经济向市场经济转变的过程中，上海放弃了这块腹地的建设，以致把自己的腹地缩小到了只有上海行政区划内的地区。

费：地方主义阻碍了他们向周边地区的辐射。本来江苏省是想要和上海联合起来一起搞，但是上海没有响应，单独建设浦东，希望把浦东的几个县发展成自己的腹地。忽略了身旁的江苏和浙江。一个时期内，通过房地产开发和交通、通讯等基础建设的不断完善，浦东具有了很强的投资吸引力，上海也确实发展得不错。但是随着浦东可用的土地越来越少，吸引投资的优势不再那么突出了。

这时上海就面临一个大问题，在开发浦东之后，虽然上海开始着手开发自己的远郊县，但是要把这些地方的投资环境建设得能与苏南和浙东的投资环境相竞争，还需要相当长的一段时间。看来，现在具备比较成熟的投资环境的地方是苏南和浙东。

邱：目前整个苏南地区已经形成了一个从无锡、常州、苏州直逼上海的工业带，在浙东也形成了宁波、杭州、嘉兴、湖州的经济带。尤其是杭州湾跨海大桥的建设，必将会进一步影响这一地区的经济发展。这座大桥北起浙江嘉兴，南至宁波，全长36公里，总投资118亿元，是目前世界上最长的跨海大桥。有消息称，绍兴也将投资62亿元建造杭州湾绍兴通道及跨江大桥。这两项工程竣工后，宁波至上海的距离将缩短120公里，而从绍兴到上海只需要90分钟。这样就把350平方公里的杭州湾与上海联成了一片，形成一个庞大的工业集群。

费：正因为如此，我们不能忽视了上海这个龙头同江浙两翼之间的矛盾。龙头不联合这两个翅膀，想单独发展自己的郊县，另外造一个翅膀出来，可是这个翅膀力量太小了，想飞又飞不起来。

江浙这两个翅膀失去了上海这个龙头的指挥，不得不自己找出路，求发展，结果起飞了，而且同龙头形成了竞争的局面。在目前的形势下，龙头如何当好龙头，两翼如何配合龙头，共同振翅高飞，是长三角地区必须解决好的问题。

由此看开去，"苏南模式"引出的区域经济的问题目前碰到了难题，龙头和两个翅膀之间没有很好地联系起来，龙头遇到了麻烦。看来，出路在于龙头要帮助翅膀发展，使这一地区在经济上形成一个有不同层次、分工合作、互惠互利的经济区域，在经济全球化的大潮中，打造成世界的经济中心。

邱：刚才谈到两翼的时候，我们讲了很多苏南这一翼的情况，其实近年来浙东的发展快得令人惊讶。

有资料说，1990年这个地区的国内生产总值只有562.7亿元，2002年增加到了5481.8亿元，在全省占据了举足轻重的地位。1990年的时候，杭州和宁波两市生产总值占全省经济总量的38.1%，到2002年提高到了42.8%。2002年浙东的财政收入占到了全省财政收入的62.6%。2001年，国家统计局农调总队对全国2000多个县（市）的社会经济发展状况的调查表明，浙江省26个经济发展最具活力的县中，浙东地区有19个。可以说，浙东和苏南已经真正成为长江三角洲发展的两翼。

费：十几年前我提出两翼的时候，并没有想到浙东会这么快发展起来。我们不是"算命先生"，不能未卜先知，我们只是根据事实看出事物本身的发展规律。这些年，浙东的确发展得很快，与苏南的经济实力不相上下，在这种情况下，如果龙头和两翼之间的关系不及时做出调整，还维持原来的格局，恐怕龙头就会变形。

邱：我们知道，除了要解决好龙头与两翼之间的矛盾之外，两翼之间也有一个分工合作的问题，尤其是当两翼分属两个不同的行政区域的情况下，如果这个问题解决不好，就很难避免发生矛盾。两翼之间发生矛盾，翅膀的力量就会大打折扣。

不过可以庆幸的是，近年来，我们不断看到有关长江三角洲地区打破行政区划的藩篱，积极开展跨地区合作的消息。例如2003年2月，浙江省领导同志在接受记者采访时，充分肯定了上海对长江三角洲的影响力，提出"虚心学习、接轨上海、真诚合作、互利共赢"的思路，希望进一步加强浙沪两地的合作、交流，共同推进长江三角洲地区的经济一体化。

同时我们也看到了这一地区已经开展合作的一些具体行动，如上海、浙江、江苏所属的19个城市的人事部门，联合发布了《长江三角洲人才开发一体化共同宣言》；2003年8月，这些城市的人事局长又共同签署了关于高层人才智力共享、专业技术职务任职资格互认、专业技术人员继续教育资源共享、博士后工作合作机制、公务员互派交流学习、人才服务合作等六项合作协议。此外，三地的科技、交通、旅游等部门也签署了具体合作的有关协议。

但是我们还是有理由担心长三角地区的合作进程，能不能与它的经济发展形势相适应。虽然江浙两省和上海市的有关领导，都表示了良好的合作愿望，而且如上所述，在部分具体事务上也开始有了合作，但是在一些重要的领域里，比如像重要的港口这样的基础设施的布局、对整个长三角地区产业的调整等方面，要做到实质性的合作，还有相当艰难的路要走。

费： 因此，上海一定要找到一个适合自己的位置，当好龙头，使得两翼的力量能够与它相辅相成，共同发展。作为龙头，上海要把两翼当成自己的力量，让它们充分发挥作用；而且上海的眼光不能局限于长江三角洲，要从世界经济的发展进程中，捕捉新的苗头、新的机遇。上海要通过信息加工和转移，在金融、科技、人才等方面为两翼服务。龙头和两翼分工合作，形成一个整体。龙头掌握方向，引导以长江流域为脊梁的东方巨龙腾空而起。

邱： 希望我们刚才讨论的问题，能够引起人们的警觉，使得长三角地区在今后的发展过程中，少一点波折。顺便说一句，温州人在总结这些年来发展的经验教训时，提出了今后他们要积极主动参与到与长三角的合作和发展中去，争取成为长三角经济区中的一员。据说，目前温州已经有4000多家企业在上海设立了办事处，有40多万人在上海和江苏地区从事工商业。我想，温州人的加入，必然会增强长三角的经济实力。

费： 我们再说说"珠江模式"。从借船出海到造船出海，珠江模式跨上了一个大台阶。特别是深圳的发展，为珠江三角洲其他地区提供了一个很好的榜样。

但是，现在香港出了问题，好像被"抽"空了，人都走了；香港由于受到土地面积的制约，发展空间很小了。

邱： 有专家说，到2050年，香港将没有一英寸土地可以用来盖房子了。这个说法虽然有些夸张，但是却道出了实情——在相当长的一段时间里，香港的发展会受到土地狭小这个因素的制约。

费： 香港如何巩固和发展自己的地位，这是个大问题。要研究这个问题必须了解这个地区发展的历史。现在香港在世界贸易中占有特殊的地位，我们希望香港今后仍然能够保持住这个地位，发挥它的长处。但是我们要看到，香港的这个优势，说到底是因为大陆在20世纪40年代末实行了闭关锁国的政策，把上海原来的地位送给了香港。上海从一个国际贸易中心，转变成了一个国营企业的中心，背上了沉重的包袱。上海衰落了，香港兴起了。这是人人皆知的一段历史过程。

香港发展起来是一件好事，它好像在中国的南部安了一部经济发展的发动机。后来珠江三角洲的发展，不就是直接得益于这部发动机的带动吗？

改革开放以后，上海恢复过来了，多一个发动机，也就多一份力量，对于中国来说这是件有百利而无一害的事。我们同样看到，长江三角洲也正是在上海这部发动机的带动下振兴起来的。

邱：最近一个时期以来，香港乃至珠江三角怎样持续发展的问题，一直是当地和一些媒体讨论的热门话题。有专家提出，实现珠江三角洲经济一体化，已经到了刻不容缓的地步了。

费：既然这个问题已经提了出来，就应该正视它。不要造成香港同上海彼此"争雄"，更不要造成此兴彼衰的局面，要共同发展。当然，在这个问题上还需要澄清一些误解。

邱：在香港同上海的关系上，人们确实有些不同的看法。比如有人把目前香港发生的一些现象与上海挂钩，说是上海的崛起对香港构成了威胁，造成了香港当前的困境；还有人认为香港的问题是因为实行一国两制的结果，是政治体制约束了香港的发展。我认为，香港的问题，是与经济全球化，使得香港在世界经济格局中的地位发生了变化密切相关的。

我们知道，从整个东南亚地区来看，具有与香港竞争实力的城市并不只有上海一个，况且香港和上海本是一家人，谁也不愿意看到"煮豆燃豆萁"的局面。其实真正与香港竞争的是新加坡和高雄。多年来新加坡一直把香港作为自己的竞争对手，企图在国际贸易、电子业、精密制造业方面与香港一争高低。

目前，有人提出，珠江三角洲与长江三角洲之间已经形成了相互竞争的格局，他们提出的理由中有一条是很敏感的"台资北移"现象。据了解，近年来苏南和浙东的外来投资中，台资占了很大的比例，但是这些台资是不是从珠三角转移过来的呢？进一步说，即便这些台资是从珠三角转移过来的，但是这些资金转移后，是不是造成了"彼长此消"？目前，要证实这些问题还缺少事实根据。

2002年4月，广东省政府曾经召开过一个记者招待会，专门就这个问题做了说明。省政府发言人说：近期，台资工厂整厂搬出广东的有两家，然而，也有两家台资工厂从外地整个搬到了广东；此外，截至2001年底，有14000家台资到广东建厂，协议吸收台资222亿美元，实际吸收台资超过110亿美元，分别占大陆引进台资和台资企业总数的1/4以上。广东省政府还强调说，改革开放以来，广东省一直是全国实际吸收外资最多的省份。

费：讲到这里，我们也不妨说点将来的事，就是一国两制前途的问题。从长远来看，香港必须同大陆加强联系，加深融合。香港人可以根据自己的需要,密切同大陆的联系。什么时候香港感觉到一定要依靠大陆的时候,再来依靠大陆也不迟。因为不管什么时候,不管发生什么事,大陆都是香港的腹地和后盾。

同时,香港应该利用一国两制和作为国际贸易港口的优势,向东南亚国家多开辟一些交往的通道,要抓紧时间向南发展,到东南亚去。

但是,无论在什么情况下,香港不能为了谋求一地的发展而拖了大陆发展的后腿。

邱:陈水扁曾经鼓励台湾商人"向南挺进",但应者寥寥。这是因为台湾太小没有腹地。香港就不同了,它有广阔的大陆作为腹地,但是香港也少有向南的动作,反而不断地探讨同内地的合作,要向北发展。

费:是否要依靠大陆,这要香港人自己提出来,我们不能提,我们要是提了,就有悖于一国两制的原则。如果香港进一步靠拢大陆,很可能成为大珠江三角洲经济圈的龙头。但是目前我们还不能这么说,深圳与香港的竞争还是很激烈的。

邱:实际上广州市也在争。广州市提出了"南拓、东进、北优、西联"的发展策略,希望在未来10年里,通过新机场、深水港区及南沙开发区的建设,使广州成为"最宜创业和生活居住的地方",形成以广州为龙头,以深圳和珠海为两翼的"三角洲生活圈"。显然,这个策略将对香港的地位形成直接冲击。

费:是的。我们要看到"龙头"问题不仅仅是香港的问题,而且是关系到整个珠三角发展的大事。记得几年前,我曾经问过广东省的同志:你们考虑过香港同广州、深圳之间的关系没有,比如三者之间如何分工?

邱:我们相信珠三角地区和香港地区的政府和有关人士会妥善处理好这一问题。今年8月,广东省省长和特区行政长官在第六次粤港经济合作联席会后宣布,粤港已经就今后各自的发展地位达成共识,确立了香港为"店",广东为"厂"的前店后厂的关系。

此外,我们还可以看到粤港加强合作的一些动向,比如有消息说,今年7月,港澳珠大桥的建设已经获得了国家有关部门的同意,目前正在对建桥方案进行评估。然而就在一年前,广东方面对这座超级大桥的建设并不热心,甚至搞得董特首在2002年底向媒体公布了港澳珠大桥将会延缓建设的消息。

费:谈到这里,我想要作一个说明:我们在这里议论香港,只是想从经济发展的客观规律里探讨一些问题,在探讨这些问题的时候,我们不带有任何政治的或地方利益的考虑。我们主张应当加强对香港、深圳和广州（包括澳门）之间的关系的研究，订个协议，加大彼此间的联系和合作。这种联系和合作不是势力的扩张，更不是政治权力的扩大，而是经济力量的覆盖和前进。

三

邱：除了两个三角洲之外，您还提出过好几个区域经济和建立跨地区经济开发区的建议。比如1990年您提出了环渤海经济区的问题。

费：这个问题提出来已经好多年了，但环渤海地区还没有看到哪个地方已经形成了经济中心。从目前的情况看，显然天津还没有成为这样的中心。

邱：最近这些年，似乎北京正在试图扮演这个角色。有几件事很能说明问题。

一是一改过去制造产业不突出的状况，把汽车、电子、制药等制造业放到了非常重要的位置上，尤其特别重视如光机电一体化、生物工程和新医药、新材料、新能源、环境保护这样的高新技术产业的建设。据北京市的说法，到2002年，高新技术产业的产值占全市工业总产值的40%左右；2003年全市出口额中，有70%是来自高新技术企业；到2010年，北京力争在一些重点行业、关键领域方面，接近或赶上世界先进水平。

二是加强生产基地和工业园区的建设。比如开辟了汽车生产基地、光机电生产基地、生物新药生产基地和微电子产业基地，建立了空港工业园、韩国工业园等开发区。

三是加快调整全市的工业布局。北京在改造传统企业的同时，要把中关村科技园区建设成国家科技创新示范基地、高新技术孵化和辐射基地、高素质创新人才的培养基地。北京的工业布局是：北部和东北部以生产电子、汽车、食品饮料、轻纺服装为主，南部和东南部以生产医药、化工、机械、仪表为主，西部和西南部以生产石化、冶金、新型建材产品为主。

费：尽管如此，还不能说北京已经是京津冀地区的经济中心了。事实上，我们还看不出这个中心在哪里。不过这个经济中心是一定会出来的。

邱：1993年您还向有关部门提出了关于加快发展环渤海地区的若干建议。

费：这些建议都没有下文，大概是时间未到吧。

邱：不过，您的这个观点仍然引起很多有关人士的兴趣，特别是人们考虑到东北亚经济发展的契机时，认为环渤海地区的钢铁、原油、原盐等资源优势和电子、信息、生物制药、新型材料等产业，具有极好的发展潜力。

同时，一段时期以来，到这一地区投资的外商也日渐活跃，据统计，全球近百家跨国公司在华的研发机构中，有40%以上设立在北京；在天津和大连等地也吸引了大批的外资企业。此外，京津两地政府都表示要积极开展合作，北京提出要突出京津冀经济联合圈的概念，天津提出要积极靠拢北京促进京津地区的一体化建设。

当然，环渤海地区的合作，和两个三角洲的合作一样，也受到诸如行政体制、产业分工、流通渠道等问题的掣肘。显然，这些问题不是一朝一夕能够解决的。

费：除了华北地区之外，还有几个地区的问题应该提出来。一个是东北。今年夏天，我去大庆访问。近年来大庆市由于油田资源减少而发生了一些困难，如何抓紧时间发展替代产业，保持大庆继续发展的势头，成了刻不容缓的大事。大庆市要发展，要争取成为一个区域的中心城市。其实，更重要的是在整个东北地区建立起一个经济中心，迅速增强东北的综合实力，为今后我们参与在东北亚地区的国际竞争中做好准备。

要认清我们在世界经济格局中所处的地位，对我们的优势、弱点，都应该要有应对的措施。比如我们有便宜的劳动力，但是，如果不做好准备，到时候这个优势就可能发挥不出来。20世纪80年代初，我曾经到哈尔滨访问，想同当地同志讨论关于东北地区的人口问题，但是，那个时候他们听不进去，请我不要谈人口和移民问题。其实这个事情早晚要提出来的。

时隔20年，现在再提出来讨论，还来得及。我认为东北要做好人口力量的储备，集聚人力为将来开发东北亚做准备。东北地区的各级政府，应当制定出相关的政策，把这项工作认真抓起来。

邱：您还向中央提出过建立黄河上游多民族经济开发区的建议。

费：是的。除了我们讨论过的地区以外，还有西北和西南两个地区，也就是我们通常称作"西部"的地方。西部一个突出的特点就是地处边疆和它的多民族性，我国的大多数少数民族聚居在这里，因此开发西部不仅仅是个经济问题，还是巩固边疆、实现民族平等的大事。从历史上看，我国历代的中央政府都很重视对西部的开发，比如汉武帝把甘肃的河西走廊开发成农业区，使这里成为抵御北部和西部少数民族入侵的基地。如今世界进入到21世纪，我们应该再造一个河西，在欧亚大陆桥上建设起一个中心，解决好我国西北的发展问题。

开发大西南的重点，是开辟出一条通向东南亚各国的通道。我通过多次到西南地区作调查，逐渐形成了"一点一线一面"的开发设想，其中的一线就是要开辟出一条大西南通向缅甸、印度、孟加拉等国的交通动脉。这条通道形成的时间可以推溯到秦汉以前，历史上称之为"南方丝绸之路"。

邱： 近几年来，由于中央实施西部大开发的战略，西部的建设有了很大的发展。在这期间，您多次在表达了对开发西部的喜悦之情后，一再提醒人们在搞西部大开发的时候，千万要关注那里的历史经验、重视那里的多民族性，同时要充分利用西部地区"三线建设"时留下的基础，那是我们的老本钱。

是不是可以这样说，我们搞西部大开发，就是要重开南北两条丝绸之路，这两条丝绸之路把西部的历史和现实贯穿在了一起。

费： 总之，对于中国各个经济区域的发展问题，我们要站得高一些，看得远一些。举个例子说，香港发生的问题并不会因为回归了，就一切都解决了。我看，要等到香港人自己认为自己是大陆的一部分，同大陆进一步联合起来，问题才能真正解决。

这一段时间以来，我们在这里"坐而论道"，讨论了几乎整个中国大陆20年来城镇化和乡镇企业发展所走过的道路和发展前景。我们为我们取得的成绩欢欣鼓舞，但是在今后的经济建设中，就不能光靠"坐而论道"了，它需要我们踏踏实实地把一件一件事做好，力争在以后的岁月中取得更大的成绩。作为社会学工作者也要与时俱进，为我国社会的不断进步做出贡献。

2003 年 8 月

我的思路框架

近来身体不适，不宜出远门，所以我不能亲自来参加这次座谈会了。听说，这次参加座谈会的，有很多位是20年前我开始搞小城镇问题研究时，就一起工作的老朋友，也有后来参加进来的年轻朋友，但是由于我不能到会而失去一次见面的机会，深感遗憾。为了开这次会，我先后写了两篇文章，一篇是《家乡小城镇大发展的二十年》，一篇是《发展如蜕变，说城镇与区域经济》。另外还想在开会时再谈谈我的学术思路和不久前去广东考察后的收获。同时，也十分希望能和大家互相交换意见，听听大家对当前区域经济发展形势的看法。但是这些愿望都不能兑现了，只好把我本想在会上说的话，概括地写出来贡献给大家。

最近一段时期，我把自己多年来的一条基本思考路线打通了，理出了一个框架，就是"江村经济—行行重行行—文化自觉—天下大同"，其中包括了大家比较熟悉的一条具体路线，即"江村—小城镇—中小城市—以大中城市为中心的经济区域"，有朋友打趣地说我是"从乡下进了城"。对于我研究的以大中城市为中心的经济区域，比如长江三角洲、珠江三角洲这样的地区，我们对于它们今后发展的方向、目标以及采取的办法、步骤都有比较清楚的认识了。这些认识不是随意想出来或写出来的，而是随着我所生活的这个时代近100年的发展变化，从实求知所得来的。人的思想很难能够超出这个时代的实践，我们做一切事情都要从实际出发，从历史的经历中总结出一个框架，研究出一个发展的格局。它是一个历史的说明，说得对不对还得看事实的发展。

我想，今后中国的事情还会有曲折，会比现在更复杂。我年纪大了，将来的事不是我所能看到的了。但是，在我一生中所思考的和对事物的看法，却是我靠扎扎实实的，一个个地方、一个个问题去研究，去落实而得出来的。如果我的想法和看法能够得到证实，能够成功，能够实现，我是很高兴的。我想，我应该做得更好一点,但是没有做到,主要还是自己不够努力,不够认真。我这一生得之于社会的多,回报社会的少了。

回过头谈谈我9月份去广东访问的收获。2003年6月,北京同香港特区政府正式签署了内地与香港更紧密经贸关系安排(CEPA)。这个"安排"给了我很大启发,它把我的思想总合起来,又向前推进了一大步。很高兴在我的学术生命即将告一段落的时候,能有机会看到中国经济社会发展的一个比较清楚的轮廓。

我在《发展如蜕变,说城镇和区域经济》一文中谈到珠江三角洲从"借船出海"到"造船出海",是向前迈了一大步。深圳的发展又为珠江三角洲和其他地区树立了一个很好的榜样。问题是在这样的局面下,香港怎样巩固自己的地位,这是个大问题;说得远一点,这个问题也是关系到"一国两制"前途的大事。

从长远的观点看,香港必须同大陆加强联系、加强融合。广东的同志告诉我,他们正紧紧抓住CEPA这个机遇,全面推进包括粤港澳在内的"大珠江三角洲"的区域合作。目前还在着手研究和推动"泛珠三角"经济区的形成和发展,大力拓展广东的经济战略腹地。"泛珠三角"指的是广东、福建、江西、广西、海南、四川、湖南、云南、贵州9个省(区),接着他们还将努力推动"9+2"计划的实施。就是在"泛珠三角"9个省区的基础上,再把香港和澳门拉进去。这样一来,可以说整个中国的南部就构成了一个经济区域。

"9+2"这样的一个格局,看来用的还是"前店后厂"的原则。利用香港和澳门,尤其是香港在世界贸易中占有的地位和它的关系网络,把内地的9个省区建设成它们的广阔的腹地,积极开展对外贸易。这是一个总的思路,大约也是制定和落实CEPA大方针的根据吧。

依我看,要实现"9+2"计划并不容易。首先,内地的各项工作要和香港接得上轨;第二,香港要能继续保持并发挥其在世界和中国经济中的地位和作用,也就是能够扮演好中国南部经济区域龙头这个角色。为此,我们还需要做大量艰苦细致的工作。

另外,我们还应当从政治的角度来看CEPA这个问题。CEPA是内地和香港在一国两制的情况下磋商的结果,可以说它是一国两制的续篇。这是我们国家实施的一项相当重大的国策,这就不可避免地会影响到台湾问题的解决,也会对我们内地的政治体制改革发生影响。

可见,不论是从经济方面还是从政治方面来看,CEPA都是需要我们认真对待的大事。广东省的领导同志对我说，他们感到担子很重。改革开放初期广东靠了香港的带动，发展起来了，现在在"9+2"的格局里，广东一头要推动香港继续繁荣，另一头要拉动内地8个省区的发展，在这个过程中，它们之间的关系既有竞争，又要互相补充。

在这种形势面前，我们很自然地就会想到，我们生活在其中的、那么熟稔的长江三角洲要怎样来应对这种新形势呢？我在《发展如蜕变，说城镇和区域经济》一文中谈了自己的看法。我看到江苏、上海、浙江都已经行动起来了，两省一市之间有了不少具体的合作。最近又听说安徽也"渴望"加入到"泛长三角"中来。当前安徽省正施以前所未有的力度争取融入"长三角"。安徽"加盟"长三角，必然会给安徽省和长三角带来一次新的变革。说不定会出现一个"泛长三角"、"大长三角"。

可以毫不夸张地说，这20年来是我们国家有史以来发展得最快的时期，而且这种发展的势头至今没有减弱。对于今后的发展，我们可以多方面分析，试加推断，但是最终还是要根据事实来判断。再过10年、20年，或者半个世纪，我们国家必然会更加强大、更加繁荣。我年纪大了，赶不上那个时代，但是，在我即将谢幕的时候，能够看到我们国家在今后相当长的时期里要努力的方向和要达到的目标，可以说是很幸运的。

同时我也希望年轻一代的社会科学工作者，能够紧紧跟上时代的发展，认真观察，开动脑筋积极思考。比如对CEPA框架的研究，就要从当前中国经济在全球化中所处的地位和一国两制为导向的实践中去探讨。

我企盼着我国的两个"三角"，能尽快地成为中国经济腾飞的两个翅膀，使我们国家富强起来，让中华民族永远屹立在世界上。

2003年11月

本文是作者在2003年11月6日江苏省举行的《小城镇，大问题》发表20周年纪念会上的书面发言。

关于建立长江三角洲经济开发区的初步设想

中共中央1989年14号文件发表后，引起我们很多的思考。民盟作为与执政党中国共产党通力合作、致力于社会主义事业的参政党，今后如何发挥作用，我们认为要从"一个中心，两个基本点"的基本路线出发，为我国现代化建设多做实事。根据14号文件精神，我们在人大、政协会议期间，与有关方面交换意见，按照邓小平同志提出的要在国内搞几个香港的想法，设想建立长江三角洲经济开发区。现将初步设想报请党中央考虑。

一、指导思想。为适应21世纪世界经济竞争的形势，目前在治理整顿的同时，应着眼于未来，充分利用长江三角洲的有利条件，以上海为龙头，联合江浙两省部分地区，积极开发，重建东方大港，敞开东大门，迎接21世纪新秩序。

二、上海本来是东方大港，后来把大门关上。改革开放以来，开发珠江三角洲，取得了成果。为适应今后对外开放的需要，应考虑在国内开辟几个大商港。为此，建议着手研究利用上海及江浙两省部分地区为基础，重建东方大港，建立长江三角洲经济开发区，为内地经济发展服务，带动全国经济的发展，与香港成犄角之势，互相促进，以适应21世纪世界新秩序。

三、上海的基础较好，加上江浙二省现有农业、工业的力量，在科技和经营管理人才、工业基础、商品、与外界联系、信息以及交通等都有优势。从贸易、金融、信息、科技、工业、农业等方面形成综合力量。东部沿海的开放与发展，对全国都有重要意义。

四、从江苏、上海到浙江，由北到南有连云港—南通—上海—宁波—温州等港口，可以形成网络，组成港口群，分工协作，对外开放，甚为有利。

五、对香港实行一国两制，在这长江三角洲搞的是社会主义经济开发区。

但要给予有利于这个地区和全国经济发展的新的政策措施。一市二省的行政地位不变。在财政上应向中央上交的部分必须保证，并按发展程度按成增加。

六、一市及二省部分地区要有分工，分层发展。要研究三个地区各自的特点、存在的差距和各自有利的条件。地区之间通过密切协作，达到互补而不相争。

七、步骤：在这个设想征得中央原则上同意后，第一步由民盟出面，联系有关专家，并邀请上海、江苏、浙江领导同志举行恳谈会，进行意向探讨，取得共识；第二步由一市二省负责召开会议，着手组织力量，研究初步方案。在这些工作中民盟中央和一市二省的民盟组织可以参与有关活动，也可协助组织专家研究有关问题。初步方案拟定后，报请中央审核，如认为可行即责成有关部门研究落实办法。

八、初步设想的时间表：1990年取得意向共识，1991—1992年进行专题调查研究，提出初步规划草案，1993年讨论和协商研究该草案，1994年提请中央审核。争取1995年能够作出决策，在1997年香港回归之前正式成立长江三角洲经济开发区筹备机构。

1990年4月9日

长江三角洲的发展前景

最近有些朋友知道我刚从家乡回来，特地来找我，要我说说这次旅行的观感，出了个题目，叫《长江三角洲的发展前景》。

长江三角洲是个地理概念。在行政区划上说，包括上海市、江苏省的苏、锡、常、镇、通五市和浙江省的杭、嘉、湖、绍、甬五市。我很乐于把我这段时间所有的有关想法提出来，同大家商量商量，所以一口气谈了大约有一个多小时。朋友中有人带着录音机。把我讲的话都录了下来，又整理成文交给我。

我们这次谈话时间是在1997年10月30日，在美国还是10月29日，正是江泽民主席在华盛顿和克林顿总统会谈的日子。所以我这次谈话开始就说，1997年这一年里，我们有三件大事：一是香港回归，二是中共十五大，三是中美首脑高级会谈。这三件事都是划时代的，继往开来的。从7月到10月短短三个月这段时间，是中国的一个历史转折点。在我们面向21世纪的时候，这是一段非常重要的日子。这个转折点的背景，是上下几千年的中国和世界历史。

1933年，我在燕京大学读到四年级的时候，选读了de Vags教授开的一门课，叫"中国的文艺复兴"。他是以19世纪后期到20世纪初来中国的外国人写的书做基础，来讲他们眼中看到中国的大变化。讲这门课的时候，他指定我们去看哪本书中的哪一段，我就按着所指定的章节去看。现在回想起来，印象最深的有一段。太平天国的时候，曾国藩攻打南京，他手下有一员大将，名叫胡林翼，胡林翼在采石矶那里看地形，看到一艘外国轮船从长江里开上来，逆流而上。他一看到这个场面，就昏了过去，只说了一句话：这个世界要变了。他这话很有意思，说明这个人看得很远。他看到了一个转折点，历史的转折点。一方面是中国几千年的文明史，一方面是来自西方世界的工业力量。这个工业力量已经进来了。这是工业文明的力量，比太平天国的力量要大得多。这个力量才是真正的对手。从长江水面上的一艘外国小火轮，看到一个新的世界就要到来，这确实需要相当的远见。

我在今年访问马鞍山时回想起这段往事，是什么意思呢？是说长江三角洲这一带，是当年那个历史转折点的具体空间。那艘外国小火轮从长江口往里边走，是一个象征，轮船象征西方工业文明，长江象征源远流长的中国历史。当时轮船作为一种兵器，驶进长江，预示着一场历史的转折。一个兵法家，看到了一种新兴力量。从太平天国到现在，大概150年了。150年的中国历史，证明他看得不错。他预料的局面成了事实。

事隔150年后的这三个月，中国和世界历史又走到了一个转折点上。这是20世纪向21世纪的转折。这两个世纪有什么区别呢？我从经济上看，有一个想法，算是老叟狂言吧，就是要从国际经济转向洲际经济。前不久我去看了北仑港，又到马鞍山访问，去看李白墓，也去了采石矶。从采石矶下来，我讲了一段话，说是到21世纪，我们面对的将是洲际经济，而不仅仅是国际经济了。这在接近20世纪末的时候，已经可以看出一点苗头。最近两年看得更清楚了。最清楚的是欧洲共同体——欧盟。冷战时代的局面已经完全改变了。俄国加入不加入已成了个热门话题，里边就有洲际经济的背景。这次江泽民主席访问美国之前，克林顿到南美跑了一趟。在他的想法当中，想把南、北美洲搞成一个共同体。21世纪开始的时候，世界经济的一个基本格局，将是欧洲、北美、东亚三大块为基地的工业力量，利用非洲、澳大利亚、南美洲的资源，形成一个远洋交通所联系的全球社区。在这样一种格局中，中国要适应这个变化，要跟得上去，至少要有个深水港，有能停靠20万吨级以上货轮的码头。有了这样的接触点，中国才能进入洲际经济。

孙中山是有眼光的，他提出要搞个东方大港。我最近一个时期出去调查就注意这个问题。我们现在应该就把这件事做起来了。东方大港建在哪里，具体内容是什么，都要弄清楚。我跑了几趟，在内容上清楚了一点，东方大港就是个20万吨级以上轮船能停靠的港口。在长江三角洲这块地方，有几个地方具备搞20万吨级以上大船停靠的港口？已经发展起来，具有相应规模的地方，是宁波的北仑港。现在，北仑港的深水码头成了宝钢运送原料的一个转运站。澳大利亚的矿砂用20万吨的大船运到北仑港，再从这里换2万吨的船送到上海，供应宝钢。这样转运，每吨货物的运费要增加1美元。这是个具体例子，说明洲际经济时代的一个特点，原料从很远的地方来，利用巨轮，大进大出。有了深水码头，才能适应这一局面。新加坡能成为东亚的一只小龙就是个实例。

有人主张现有的北仑港可以发展成东方大港的底子或一部分。当然并不排斥在上海附近的海域进行更深入的勘测，看看是否还有更合适的港口。中山先生所提出的东方大港也可能是个由若干港口联合组成的。这主要是决定于地理定势和现代建港科技的发展。如果以北仑港为底子来建立东方大港，当前的问题是怎样把北仑港和上海这个经济中心结合起来。上个月我去北仑港访问时，听说在搞一条高速公路，越过钱塘江，以缩短沪甬之间流通距离的设想。当然也可以考虑采取江底隧道的方式来解决这个问题。至于采取哪种方式，主要决定于哪种方式便宜和投资有没有来源。但无论如何现在应当早日为长江这条黄金水道在 21 世纪洲际经济的格局中定个位。无疑的是，它将成为东亚地区和世界五大洲经济往来的一个重要的门户。

在洲际经济中，东亚地区可以成为中心和门户的地方，香港也是一个。但是香港的发展要依靠华南这一块腹地的开发。没有腹地是不行的。长江三角洲是一块东方大港的广大腹地，是中国历史上开发了很长时间的地方，是块熟地，不是生地。有这样的优势，如果现在定位比较准确，将来搞得好的话，可以超过香港。香港不过是个洲际经济的联络点，它自己没有腹地，要靠华南。珠江三角洲比起长江三角洲来，长江三角洲要更"熟"一些。江、浙两翼的熟地，加上长江的出口，是个不错的结构。

全球经济的眼光，也许还要进一步扩大，那就是去利用太空资源。人类发展自己的下一步，不但是跨出大洲，而且要走出地球，利用月球、金星这类星球的资源，即太空资源。这在 21 世纪可能会成为现实。全球经济一体化的意思，一方面是以洲际经济为特点，全球五大洲成为一个联系密切的整体；另一方面是这个整体不仅利用分布在各洲大陆上和各大洋水底的资源，而且要去利用地球之外的太空资源。

最近几天中美两国首脑在华盛顿的见面和会谈，象征了人类社会进入洲际经济时代的开始。将来要经常面临的问题，不光是国与国的关系，还有洲与洲的关系问题。现在的洲际关系中的问题，首先是经济发展的不平衡。20 世纪帝国主义采用了通过掠夺别人发展自己这个模式，至今还没有一个可行的方式来替代它，工业中心吃原料中心的事情还在继续。现在美国想以北美为中心，搞出南北两个美洲的经济联合体，困难很多，就是因为原来的帝国主义发展模式是地区剥削地区。这个模式的残余还在发挥作用，还没有转过来。洲际之间的不平衡，可能是洲际经济时代开始的第一个阶段里避免不了的。从发展上看，工业中心快，资源中心慢，这是历史事实。20 世纪里，印度、中国、非洲这些资源中心，供应欧美这样的工业中心，是一种不平等的局面，造成了不平等的结果。为什么要打鸦片战争？还不是人家要我们的资源和市场嘛。

在中国历史上，长江三角洲这一带，是文化发源很早的一块地方，可以回溯到旧石器时代和新石器时代。新石器时代已经有很好的手工艺制品了。我在宁波附近看了河姆渡文化遗址，看到那时已经有种植、纺织、玉器，还有建筑在木桩上的集体居住区。农业出来了，手工业出来了，建筑业也出来了。六七千年以前已经有这么发达的文化，很了不起。可是当时各地文化并不统一，而是一个区域一个区域分开的。各个区域之间不平衡，经过夏、商、周各代发展下来，直到秦、汉，成为了一个统一体，成了一个多元一体的强大国家。多元一体的观点，也可以用来看待今天的中国和世界。从中国文明起源和发展的历史，一直看到今天这样一个大转折，出现了一个以大洲为单位的合作体系，一个洲际经济时代。当然里边会有许多曲折，短则一个世纪，长则1000年，现在只是洲际经济的起步阶段。今天在中美两国首脑会谈的时候，讲这个话，可以作个纪念，算是我们对今后历史的一个展望。

在这个宏大的格局下讨论长江经济带的发展，中国经济的发展，就要树立起区域经济的观点。东亚地区的一个经济中心应该落在上海。上海应该瞄准这个大格局和大目标去做事情，不要分心。把贸易、金融、科技、信息抓上去，把工业分出去，一层层地分出去，利用贸易中心的力量把腹地一层层地带起来，这才是区域经济中的大上海，一个中国经济的龙头。这个大的格局，我从早年到现在一直在用心思，带着问题到处走，到处看，到处问，一步一步看出来的。回想起来这个思想的根子，可能就是我在燕京大学选修"中国的文艺复兴"这门课里讲的采石矶那一节。从那个时候开始，我就在一生当中的实地调查里边，一步一步地跟着历史的发展看，从一个地方到几个地方，到全国，再到全球，看这段历史的整个发展变化过程。总的思想格局是多元一体。一直到前些天，从北仑港到采石矶，想法又有所发展。说起来很有意思，从采石矶下来，我从南京上高速公路去苏州，一路上看到的城乡外貌，是一个从小农经济到初步工业化、现代化的过程。就像我一生看到的这段中国历史发展变化的一个缩影。西方文明的影响，已经深入我们生活中衣食住行的各个方面了，都在那儿变。在这个全球趋向一体的局面下，我们中国文化能为人类社会贡献点什么，应该认真想一想，不能光等着穿西服，喝可口可乐，看西方电影。

1997 年 12 月 3 日于北京医院

上海作为国际大都市的回顾与前瞻

一

　　大概十多年前,在上海提出开发浦东时,我就参加了几次讨论这一问题的会议,当时关于上海发展战略方向,存在着两种不同看法,一是深圳式,一是香港式。所谓深圳式,就是要把上海建设成为"通向国际市场的一个窗口",一个连接中外的枢纽,通过它,再达到当时香港等国际大都市;而所谓"香港式",是指直接把上海建设成为国际贸易、金融的中心,主要目标不在于连接内外的"窗口"或"纽带",而是具有中心作用的国际大都市。我当时赞成第二种路子,也就是所谓"香港式"道路。我当时认为,上海与香港一样,完全可以成为位于中国大陆的一个国际经济、贸易、金融和航运中心,成为一个名副其实的国际大都会。这种看法的深层含义是,上海长远发展的战略目标应该比"深圳式"的目标要高一层,也要比当时还是英国殖民统治的香港提高一层。当时我就感觉到,上海要达到这种中心都市的目标,还需要在现有的基础上,在各个方面都向前发展一大步,要再上一个新台阶。

　　回顾历史,长江三角洲这一带,是中国文化发源很早的一块地方,可以回溯到旧石器时代和新石器时代,新石器时代已经有很好的手工艺制品了。我在宁波附近看了河姆渡文化遗址,最近又到太湖流域,看了良渚文化的遗址,看到那时已经有农耕、纺织、玉器,还有建筑在木桩上的集体居住区。在这种条件下,农业出来了,手工业出来了,建筑业也出来了。六七千年以前已经有这么发达的文化,很了不起。可是另一方面,上古时代这里在文化上并不统一,而是一个区域一个区域分开的,但已经有交流的融通。各个区域之间的不平衡,经过夏、商、周各代的发展才逐步消除,到了秦、汉已形成一个统一体,成了一个多元一体的强大国家的一部分。

这种从区域到统一的多元一体的观点，也可以用来看待今天的中国和世界。从中国和世界各文明起源和发展的历史，一直看到今天世界正在经历的这样一个全球化的大转变，出现了一个以大洲为单位的合作体系，形成一个洲际经济的趋势，当然，这里边会有许多曲折需要很长时间，短则一个世纪，长则1000年，现在只是洲际经济的起步阶段。

我们应当在这样一个宏大的格局下讨论上海和长江经济带的发展，来探讨中国经济的发展。因之就要树立起从区域经济到全球经济的意识和观点。我们东亚地区将成为一个经济区域，构成世界经济的一部分，这个大经济区域中还可以从不同层次分为多个区域，需要几个经济中心，其中一个区域就是长江流域，经济中心应该落在上海，上海的发展宜更上一层楼，应该瞄准这个大格局和大目标去做事情，不要分心。简言之，上海应该在更高层次上，从区域经济发展的观点出发，考虑成为长江流域的贸易、金融、信息、科技、运输中心。

总的来说，上海应该把贸易、金融、科技、信息抓上去，而把层次比较低的工业分出去，一层层地分出去，同时，要充分利用贸易、金融中心的力量，把腹地一层层地带动起来，这才是区域经济中的大上海，这样的上海，就成为一个中国经济的龙头。换句话说，要使上海在经济上成为长江三角洲和沿江地带工农业商品总调度室或总服务站。10多年前，正是以这个思路为底子，我提出了关于建立长江三角洲经济开发区的建议，后来又更具体地提出了以上海为龙头，江、浙为两翼，长江为脊梁，以"南方丝绸之路"和西出阳关的欧亚大陆桥为尾闾的宏观设想。这个大的格局，是我从早年到现在一直在用心思考，带着问题到处走，到处看，到处问，一步步看出来的。

我对上海的这种期望，使我常常考虑到的一个问题，就是一个现代化意义的中心都市必须同时拥有其"腹地"。这方面的理论我在考察沿海城市的时候讲了多次，最近几年中央又提出了西部大开发的战略，在这一战略的实施过程中，会更显出建设"中心"和"腹地"之间关系的重要。对于一个区域的发展来说，一方面，有"中心"才能发展腹地；另一方面，有腹地"中心"才能站稳，才能不断提升，中心与腹地二者是互相紧扣的环节。现在摆在我们面前的任务，正是如何发展上海这个中心，并由这个中心带动它背后广阔的腹地，特别是长江三角洲一带，进而带动中国经济更好地进入世界经济。这样我们可以从上海的发展中看到中国整个的发展，我们需要有不同层次的小、中、大城市和特大城市，层层连同中心，全面又有重点地塔型发展，上海的定位和它的发展为我们展示了中国经济发展的一个理想的蓝图。

正是在这种思路下，20年前民盟中央曾经提出长江三角洲区域发展战略方案：以上海为龙头，以江浙两省为两翼，苏、锡、常、通、杭、嘉、湖、甬等中等城市为卫星城市，同时进一步开发利用长江的水道，并加快发展公路和铁路运输，有如京九铁路穿糖葫芦式的形式，在交通沿线上发展一批中等城市。当时这些设想还仅仅是一种远景式的蓝图，但经过这么多年的发展，已经使得这种蓝图逐步变成实际操作的计划和规划了。

我今天来参加这个讨论会，寄托了很大的希望，一方面把多年来追踪研究的想法归纳一下提供讨论，也希望在大家的讨论中吸收意见，把这个蓝图更加具体化，提供政府参考。

二

谈到上海和长江三角洲的发展，就不能离开全球化这个背景。现在大家都在谈论全球一体化的问题。可是在现实中，要在全球一体化中获得有利的位置，每个国家首先要实现本国国内的一体化，至少是主要区域的一体化，也就是要建立起若干个全国性的统一的大市场，要建立起这样规模的大市场，就要有与之相匹配的大城市作为中心。有的同志讲我国有三个经济较发达的地区，就是珠江三角洲、长江三角洲和环渤海湾地区。现在看来，这三个地区要形成区域经济实力，都需要发展各个层次的中心城市，拿长江三角洲来说，它必然要以上海为中心，周围还要有许多低一级的中心城市，有了这些城市，整个区域的经济才能发展起来。

上海的优势，有地理的因素，但主要是特定的历史造成的。在近现代史上，上海很早就成为全国的一个经济中心，同时也是东亚地区的一个国际贸易中心。20世纪30年代十里洋场的上海，已经有168家银行，当时世界上58家比较大的外国银行在上海设了分行，上海已经是亚洲金融的中心。我本人是苏南人，对这一带比较熟悉，我很小的时候就来过上海，那时我住在吴江县松陵镇，听大人说要到上海来，就兴奋得几个晚上睡不着觉。在镇上我们算是"城里人"，但到了"十里洋场"的上海，就成了"乡下人"，就是北方话说的"土包子"。当时上海的各种商品的进出口量，占全中国的50%—60%，是中国最大的外贸中心，也是东亚最重要的物流、人流和信息流的交汇中心和集散地之一，这就是有些海外学者所说的，在国际化的话语中，"上海"不仅仅是一个"城市"的名字,它更是一个"概念",一种"记忆",一个"品牌",这是其他城市——比如台北或香港——所没有的。

但是自从抗日战争以后一直到20世纪80年代,由于种种原因,上海的地位发生了很大的变化,它不再是国际贸易的主要城市了。一方面香港迅速崛起,取代了上海的地位。一方面大陆形势发生了急剧的变化。新中国成立后,上海由殖民地半殖民地性质的城市,变成了社会主义的城市,之后,国家投下大量资金,把上海建成了以国有企业为主的工业城市,工业发展很快,是全国最大的工业基地,计划经济下每年曾经向国家上缴高达200亿的利润。建国以来,包括计划经济时期,上海对中国作出的贡献是很大的。但是,我们也要看到,之后,我国面临着极特殊的情况,先是被西方国家封锁,后来自己又关上了大门,上海历史上最重要的一项功能——外贸的地位长期没有恢复。同时,在改革开放初期,作为中国最大工业基地的沉重负担,使得上海没有力量重新改造自己的城市,自身的城市基础设施无法跟上去,曾经欠了很多账,人们的生活质量受到很大影响。几十年下来,上海确实变得陈旧了。但是,上海内在的优势,特别是优良的人口素质、蕴藏在市民生活中的深层次的现代性、都市性并没有消失。当小平同志提出要再造几个香港,提出要恢复上海的地位的时候,促使人们必须重新认识上海在全国经济格局中的地位,同时也意识到了上海在整个亚太地区的经济地位。从20世纪90年代以来的发展实践看,只要条件恢复,上海的活力会立即迸发出来。事实表明,要在大陆上再建一个香港、东京、巴黎或纽约式的大都市,实在非上海莫属。现在经过近20年的奋斗,上海已经恢复了常青常新的面貌。

上海最直接的腹地就是长江三角洲,这里从来就是我国加工业和商业高度发达的地区,是盛产粮食、经济作物和畜产品的鱼米之乡;这个地区通过便利的水陆交通,又能连上中国中部和西部的广大腹地。上海和长江三角洲还有条件通过内河航运和铁路公路运输成为全国性的对外贸易中心。说到这里,长江三角洲经济开发的内涵已经逐步明确起来。我还想强调一点,为了充分发挥这个区域的功能,区域内将会存在"分"与"统"的双层结构:基层是多种所有制的企业,包括国营、集体、个体、独资、合资、合作等所有制,是多元化结构,而上层可以是上海与江浙合作,并和国家配合形成高层次的贸易、金融、运输、科技服务中心体系,只有强化这个区域层次和国家层次的服务体系,才能实现经济结构的统一协调。不难看出,这种双层结构既体现了本区域市场经济中多种经济体制和多种经济体并存竞争的总格局,又保证了本地社会在总体上与国家发展和国际化的同步和协调。

目前以上海为中心的长江三角洲的发展，也标志着中国现代化和城市化发展的一个重要阶段，我们有必要从这样一个社会变迁的宏观背景下来理解这一区域的发展。

我在过去20年研究中国的社会经济发展时，曾经花了很多时间关注小城镇的发展建设问题，这是因为中国现代化的起步和发展，是一个从"乡土中国"向现代化都市逐步发展的过程，鉴于中国的历史、人口、城镇规模、发展速度等因素和条件，我们不得不走从农村小城镇开始，逐步发展城市化的过程，必须自下而上地发展起多层次的犹如金字塔形的经济中心，以此来最大程度地减低高速现代化和都市化对整个社会的冲击和震荡，保证中国改革开放这一人类历史上最大规模的社会变迁的平稳进行。我当时提出新型的小城镇可能成为防止人口超前过度集中的蓄水池的设想，就是这个意思。鉴于农业经济水平的提高不可避免地会释放出长期关闭在传统农村里的大量人口，如果这股激流没有缓冲和蓄积的中间体，势必会发生显而易见的社会恶果，也正是因此，大约在20世纪的80年代，我们国家采取"限制大城市，适当发展中等城市和大力发展小城镇"的基本国策，这是当时的历史条件下符合实际的最佳选择，避免了不加限制地放任人口向大城市集中所可能引起的社会灾难。正是在这种有控制的速度和节奏下，我们在农村建立星罗棋布的小城镇，发展中等城市，又在发展中等城市的条件下有步骤地发展上海式的特大城市，这样层层缓解压力，避免了全面的冲击和混乱，在这种"护航"下，上海才能健康地发展成国际水平的经济、贸易、金融、科技中心。

现在，我们经过了这20多年的建设和发展，中国的社会经济状况已经有了很大的变化，社会结构也有了很大的调整，人口综合素质获得了很大提高，目前已经有条件提出建立国际化中心都市的问题。特别是在中国成功地进入WTO之后，更有必要和可能这样做。近几年，上海的结构调整和社会经济发展已经跨入一个良性可持续发展的高度，浦东新区已经建成现代都市社会，上海原来的市区也正在经历全面现代化的改造，新的意义上的上海，已经成为中国特大的经济中心，其城市形态、经济实力、都市性、内在活力等已经进入了一个新的阶段，我们有必要从一个新的高度、新的视角，来考虑上海及长江三角洲地区各层次城市发展的意义。

近几年我经常说，我本人"从农村进了城"，指的是这几年我越来越多地把中等城市和大城市作为我研究的一个重点，并且在研究中加深了对各类城市的认识。在21世纪中,全球经济一体化进程越来越快,像上海这样作为经济中心的大城市,必须充分发挥自己的潜力,成为中国和东亚经济社会体系中一个重要的支撑点,具有国际辐射力。历史上帝国主义、殖民主义侵入中国,强迫我们开放五个通商口岸,上海和长江三角洲就是当时外国势力最集中的地带,被动地被纳入国际经济体系。今天,我们中国人以完全不同的姿态,在全新的意义上,自主地书写我们的历史,把上海和长江三角洲建设成一个真正"中国的"国际大都会,这种历史和现实的意义,远远超越了经济发展本身。

三

目前上海和长江三角洲地区,具有强烈的国际化和全球化背景,但越是在这种氛围中,我们越要提醒自己,要充分考虑中国的历史、文化和现实国情,保持我们思考的自主性和现实性,一切从中国目前的实际情况出发。

比如,长江三角洲地带的城乡关系格局究竟怎样最好?移民问题究竟如何处理才有利?城市发展规模多大合适等,这些问题,都不能简单地从别国经验或教科书中获得答案,我们必须到上海和长江三角洲的社会实际中去进行深入的、持续的、多角度的调查研究,弄清"是什么"这一基本问题,在此基础上,结合别人的经验,提出我们的制度设计和创新。

举个实例,这几年大家看到巨大的民工潮,几千万民工从内地涌向沿海比较繁荣的城市,这也是世界范围内创纪录的人口流动,很多人都担心会出问题,但是至今没有引起大的混乱,也没有出现某些国家出现的贫民窟、无家可归者、大规模犯罪等趋势,我国的情况,是世界上这种市场经济发展早期阶段中一个十分罕见的例外,为什么呢?我们不妨从中国特定的社会结构、家庭制度和文化传统中去找原因。我曾推敲这个原因,我看到了一个稳定的因素,那就是在新兴城市打工的民众,几乎每人在内地都有一个家,他们得到工资后,除了生活必需的开销之外,通常都定期寄回家去,过年过节有可能的话就回家去待上几天。如果城里找不到工作,如果停工了,他们有家可回。有工作,心里踏实,工停了也不用着慌。通过对这个问题的研究,我发现了过去对农村研究工作中被忽视的一些东西:过去我就没有理会到农村里的一些承包责任制,在新兴的城市里也会有这样强大的安定民工的力量;换一句话说,我没有估计到农村现行的制度实际上对建设现代都市具有一种重要的支持作用。

像这一类知识和问题,西方人是不太容易理解的,他们的著作中也很少有这样的分析，但它对我们的发展具有十分重要的意义，应该成为我们关注的重点。根据中国当前的实际情况，我们把以农户为基础的家庭联产承包责任制和中国传统的乡土文化及家族制度综合起来考虑，就可以从一种文化的内部，发现千百万移民"有家可归"的社会基础，发现西方人士所不易理解的社会保险的巨大力量。这是从中国实际情况里总结出来的社会学知识。这一类社会学知识使我们能够发现我们自身的传统在现代化过程中的优势和劣势，发现如何发掘自身社会内在的潜能，比较顺利地承受和渡过改革开放过程中不可避免的阵痛和压力。中国的历史和现实使得我们注定要成为不同于西方模式的现代化过程的探索者，也就是所谓"摸着石头过河"。在这种探索和奋斗中，深切理解自己的社会和文化，是十分重要的。

又比如，我们说中国经济要发展，就必须要充分发挥长江三角洲，乃至整个长江流域的力量，但这个力量的基础究竟在哪儿？是国际经济的刺激还是国家政策的推动？关于这个问题，我还是相信我说过的一句老话：力量在老百姓中间。要靠存在于民间的普遍的真实的实力。区域发展的真正持久的广泛的动力，永远来自千千万万普通人追求幸福生活的最基本的愿望。因此，我觉得我们努力的方向，就是要想一个办法，把长江三角洲这块地方的各种基层力量释放出来，联合起来，变成促进区域发展的持久动力。按照这种寻求动力的路径，上海周围的中小城市和广大农村就不是被动等待"开发"的地域，而是蕴藏着巨大活力的源泉了，像苏、锡、常、通、杭、嘉、湖、甬八员大将，都蕴藏着很强的实力，这种实力，包括资金、技术等，也包括人们的文化、习俗、组织、心理、热情、信心、信任等，它们本身就有推动上海向上提升的作用，上海应该积极主动地联合这八大将的人力物力和社会文化力，这股力量是了不起的；同样，在比这些中等城市更小一级的诸多小城市和小城镇中，也蕴藏着向上推动的社会力量，所以这一点我要重新提一提，上海除了致力于吸引"有形的"外国资金之外，也要以积极的态度，开展对内的联系，在互利互惠的基础上吸引内地"软"的和"硬"的"无形的"力量。

就人力来说，上海要发展成为全国的经济中心，需要大批专业人士，除了自己培养以外，还要靠全国各地的支持，怎样能做到既吸引了外地人才，又不会引起地区间的矛盾，这必须要有一套好的办法。上海名声越来越响，慕名而来的人会越来越多，大陆内的、港澳台的，世界各国的人都会涌进来，不仅人数多，而且各种不同的文化传统和风俗习惯会突然汇集到一起，社会压力会越来越大，上海这个城市究竟能容纳多少人口？周围的居民点有多少人口住在一起，他们做什么事？在哪里做事？这些人需要多少供给？随之而来的还有社会保险、福利、老年问题等，都需要我们加以调查、研究、做到心中有数。上海越来越成为一个国际性的社区，不同文化的冲突、交往、交流，相互间的宽容问题也会被提出来，怎么解决？我们必须考虑到这些问题，通过实际调查研究来解决这些问题。近年来，我在上海提倡社区建设和研究就是为了追求合理地解决这些问题。

腹地中各类城市、乡村和中心城镇的互动关系，仍然是值得我们注意的问题，它不仅关系到区域的一般发展，还在一定程度上决定着区域内社会结构的演变、社会生活的优化和可持续发展的内在动力的问题。在与上海这个中心大都市的互动中，当前长江三角洲大量的中等城市、小城市、小城镇、村庄的演变方向，就会对三角洲未来的基层社会产生历史性的影响。比如，过去上海曾经比较封闭，加上体制方面的原因，对外的辐射力不够，后来情况变了，从浦东开发开始，全上海开放了，上海人在心理上也开放了，邻近的昆山接受上海的辐射，很快就发展起来了，没有几年就成了中等经济发达地区；江阴大桥通了车，苏北就能比较顺畅地接受苏南地区的经济辐射，很快也会发展起来，这座大桥的建成，使这个区域的经济变化加快，以致对江苏省的经济发展会产生很大的影响，而江苏的经济发展必然对整个长江三角洲范围的发展产生影响，又反过来推动上海的发展。这种复杂的关系，值得我们学者和政界人士考虑。每一个城市、乡村的负责人，都不妨看看我们自己在整个格局中是占什么位置，各个地区要发展什么产业，发挥什么功能，都要做到心中有数，这样长江三角洲作为一个整体才能持续发展下去。

在我看来，现在上海发展所缺少的，还是作为中心都市的上海和作为腹地的长江三角洲之间的中间层次的纽带，缺少一批围绕它的、能把它托起来的中等城市。目前的这些中等城市，虽然存在，但是在各方面没有形成完美的配合和互动，很多东西没有理顺，影响了综合系统能量的释放，如果上海周围有了一个职能搭配完好的中等城市群，它们就可以一方面推动上海向上提升，同时又把上海的经济能量扩散到周围腹地，促进整个区域基层社会的优化和发展。

总之，上海和长江三角洲的发展，不仅仅是一个地区经济发展的问题，它实际上是中国几百年来社会经济文化最繁华地带所面临的又一次重要的历史性的社会改革。中国现代化的奋斗，并不是在一片平整的空地上随意建造新的楼房，而是在传统经济、社会、文化参差不齐的区位格局里选择、培育出适于未来文化、社会、经济发展的新的生命园地，中国传统的农业文化与现代工业文化、古老的东方文化与现代的西方文化将在这里发生强烈的碰撞、交流、吸收和融合，这是一个世界文化融合的大问题，我想这也是下个世纪世界上将要碰到的大问题，我以为我们应该未雨绸缪，做好准备迎接新的挑战。只有对这项巨大社会变革工程的根本性质有深入的理解和领悟，我们才有可能最经济、最有效地设计出这个巨大工程的蓝图。

2002 年 6 月 18 日定稿

期待巨龙腾飞时

明年,我发表《小城镇,大问题》这篇文章就要满 20 年了,这 20 年里,我国的小城镇发生了翻天覆地的变化,我很想用一些时间再到各地的小城镇去走走,看看小城镇的建设现在到了什么样的程度,从中可以总结出什么好的经验,还存在什么问题。可是岁月不饶人,如今我已年老体衰,眼睛、耳朵的功能大大减退,腿力不济,走不动路了。只好请家乡的朋友把这些年来小城镇的变化讲给我听,并到力所能及的地方去走走,亲身感受一下这种变化。

于是今年清明节刚过,我就回家乡吴江市向那里的朋友们请教,并且访问了我国丝绸纺织业生产基地之一的盛泽镇。暑热退去,金秋时节,趁着天高气爽,我又回乡,打算从更大一些的范围里了解小城镇的变化。抵达吴江以后,略事休息,于 9 月 15 日出发去张家港访问,然后沿长江一路南下,第二站到了常熟,21 日抵达上海市的邻居——太仓。

太仓市位于江苏省东南部长江入海口南岸,处于沿江开放带和长江经济带的交汇点;面积 648 平方公里,人口近 45 万人。太仓的程书记是我的老朋友,他告诉我,改革开放以来,太仓的干部、群众在党的领导下,艰苦奋斗,锐意进取,经济、文化等各方面都取得了很大成绩。2001 年全市实现国内生产总值 157.9 亿元,农民人均年收入 5796 元,各项经济指标在江苏省均排在前面。通过这些年的实践,全市干部对小城镇建设同发展经济两者之间相辅相成、互相促进、同步提高的关系有了更深刻的认识。在全市人民的努力下,太仓的建设发展蒸蒸日上,农村城镇化、城乡一体化正在一步一步变成现实。

程书记还告诉我,太仓依仗"江尾海头"的地理位置和悠久的航运传统,正紧紧抓住上海洋山深水港建设和黄浦江整治货运外移的有利时机,打一个"时间差",在年内全面启动 3 个万吨级以上和 1 个 5000 吨级的泊位建设;还要确保太仓环保电厂的 3.5 万吨级煤炭专用码头在明年竣工投运;到"十五"

期末，要建成万吨级以上泊位 19 个、千吨级泊位 7 个，港口吞吐能力将达到 3000 万吨，其中集装箱吞吐能力达 150 万标箱。不久的将来，太仓港将真正成为上海国际航运中心的组合港、集装箱运输的干线港。他说这是我国加入 WTO 以后，太仓要走向世界所采取的措施之一。

这几天在张家港、在常熟，我看到了拔地而起的新建筑、平坦的新公路，听到了乡亲们充满信心的规划、高瞻远瞩的目标。我注意到他们都把目光投向世界，要趁我国加入 WTO 的东风，到国外去闯出一片天地，他们都把建设港口作为达到目的的一个办法……此情此景使我感到无比的振奋，同时也引起了我的一些思考。

据说太仓的刘家港是苏南地区的一个天然良港，六朝时期就已经有了海运和海上贸易，航船通往大小琉球、日本、高丽、安南、暹罗等国，一时间各地商人"辐辏云集"，被称为"天下第一码头"。明代永乐年间，三宝太监七下南洋就是从这里出发的。鸦片战争后，上海被帝国主义辟为通商口岸，经过 100 多年的变化，刘家港逐渐衰落了，上海成了国际大都市，成了中国的一个最重要的经济中心。

1990 年初，我曾经提出建立长江三角洲经济开发区的设想，意思是在这个区域里，以上海为龙头，江、浙为两翼，长江流域为腹地，通过相互间的合作，加快长江三角洲的社会经济的发展，使上海更上一层楼，逐步发展成为世界上一个重要的经济中心。作为龙头的上海，应该加大经济扩散，扩大自己的腹地。听说近年来，上海已经采取措施将劳动密集型产业扩散到郊区的八个县，以壮大自己的腹地。这是上海扩大腹地的第一步。这次我访问的毗邻上海的这几个小城镇（包括昆山）都在想方设法吸引上海企业到他们那里落户，接受上海的经济辐射，成为上海的腹地，我想这个腹地应该越大越好。当上海发展成为一个洲际贸易的中心的时候，一个繁忙的以洲际交通为主的局面出现的时候，上海必须用全国一盘棋的眼光来看待这个变化，那时长江成为经过上海通向世界的物流渠道，上海将是国际贸易上的一个"点"，是这个点上的总调度室。那时候，上海的功能应该是国际人流、物流的中心调度室，它的内容不在制造业方面，而是在信息交流、金融流通的活动上。因此，上海在地域上要打破现有的"上海+浦东"的格局，产业结构和行政上也要作适当调整。这就是我理想中的"大上海"。大上海就是 Greater Shanghai。

未雨绸缪要早作准备。以长江沿岸的港口为例，张家港、常熟、太仓都在积极建设港口。如果溯江而上还有江阴港、常州港以及张家港对面的南通港等港口，这样众多的港口怎样在洲际贸易的大格局里合理配置，在互惠互利的前提下合理分工？同样，对沿海港口的层次、分工，也要在这样一个局面里统筹安排。这需要领导者以高屋建瓴的眼光作出决策，防止因为疏忽而分散了力量。

在这里我首次提出"大上海"的观点，留待身后实现，现在预先做个登记。我相信，当上海这个龙头高高昂起的时候，即"大上海"实现之时，以江浙为两翼、长江流域为脊梁的东方巨龙就会腾空而起。

2002 年 10 月

珠江模式的再认识

我对珠江三角洲城乡发展模式初步认识的经过曾在1989年所写的《四年思路回顾》里作了简单的叙述。其后的三年里,我一直在注意这地区社会经济的发展,看到珠江模式已经有了重大的变化,所以几次想去追踪观察,直到今年3月初才抽出10天时间,到这地区中的顺德县(今佛山市顺德区)作重点访问,在返程中便道还在东莞和番禺停留了一下。时间虽短,对珠江模式有了一些新的认识,写此"再认识"以作补充。

一、初步认识的反思

我对珠江三角洲城乡发展的注意,可以说是从1985年考察香港时引起的。我在香港观塘看到许多挤在多层大厦里像蜂窝般的小型工厂时,产生了一个奇特的怪想。如果自己有孙悟空的本领,很想把这些劳动密集型的加工厂一口气吹到大陆上去,变成广大农村里的乡镇企业。其实就在这时候香港对岸的珠江三角洲的乡镇里已经出现了从香港扩散出去的被称作"三来一补"的加工厂了。但是对我来说直到1988年访问广州附近的东莞时才惊喜地发现我三年前的怪想早已成了事实。把香港的蜂窝厂家吹过边界来的,当然不是真的出了个孙悟空,而是香港和大陆两地工资和地价差额所构成的那一股经济气流。

我这段认识过程说明了为什么我对珠江模式的初步认识中,特别重视乡镇上的"三来一补"方式的小型企业。直到去年暑假期间我为《城乡协调发展研究》论文集写后记时,还是说珠江模式的特点是"它和香港密切相联构成前店后厂的新型式"。"前店后厂"的提法是我用来突出三来一补企业在珠江三角洲经济中的独特地位。"三来一补"是指来料加工、来料装配、采样加工、补偿贸易。珠江三角洲上这些加工企业几乎都是从香港来的,其中大部分是原来在香港的蜂窝工厂，港商把这些企业中的订货、定样、备料、核算、运销等业务留在香港的"店"里，而把进行加工、制作、装配等工作的"厂"搬到珠江三角洲各市县的村镇里，把厂里制成的产品，运回香港，推向市场。结果是店厂分离，前店在港，后厂在珠。而在20世纪80年代初期，这种经营方式的乡镇企业，在珠江三角洲相当发达，而在全国其他地方还是少有的，所以当时我把它作为珠江模式的特点。

现在回顾起来，我这种初步认识是不够全面的。首先是没有注意到珠江三角洲内部的发展不平衡性，不同县市和村镇在接受香港经济辐射的时间上有先后，强度上有轻重，反应方式上有区别，所以容易以偏概全。其次是没有注意到珠江三角洲这10年里，特别是最近的5年里发展的速度快，原有的模式变化较大，新的特点正在突出，以致过去的概念已有部分过时。因此追踪调查是必要的。认识原是客观存在的反映，事实在发展，认识也该跟着更新。还应当说明的是这次访问时间短，只能作重点观察，所得到的再认识还是不够全面的，只是对初步认识略作修正和提高罢了。

二、港珠关系的变迁

珠江三角洲原是一个地理概念，指广东境内西江、北江、东江三条江在广州汇合成珠江，南流入海，珠江两岸冲积成二万多平方公里的一片土地。在这片土地上建成4市12县，在1985年划为"珠江三角洲经济开发区"。一般所说的珠江三角洲就是指这个开发区。

珠江形似喇叭，入海口很宽，东西两岸的尖端一是香港，一是澳门，分别是英国和葡萄牙从我国领土上割去的殖民地。直到20世纪的80年代才和两国协定，将于本世纪内收回。从经济上说，香港近年来已成为国际贸易、金融、信息的中心，在促进珠江三角洲城乡发展上起了重要的作用，所以要理解珠江模式的特点决不能离开香港和珠江三角洲的关系。

香港和珠江三角洲的关系，可以说原本是一体，你我不分，后来被迫分家，还是你离不开我，我离不开你，分而不离，你中有我，我中有你，最后还是要回原成为你我一体。这个过程大约占了历史上的150年。香港沦为英国殖民地后，长期中居民成分变化极微，几乎全是大陆去的同胞。直到70年代西方人仅占百分之一二。血浓于水，港珠两地一脉相通。港珠原本来去自由，我30年代从广州去香港还不用办什么出入境的手续。香港人说的是广东话，喝的是珠江水。日常粮食、蔬菜、鸡、肉都得由老家供应。包括九龙在内的香港到 1945 年日本占领前，人口只有 130 万，占领期间留下了 60 万，还不如三角洲上的一个县。大陆解放后，在 50 年代前期香港人口陡增，除了占领期内离港的人回去的之外，又有 100 万人从大陆上移入香港，总人口达到 260 万。但还不到香港现有人口的一半。

香港在 50 年代之前，原本是国际航道上的一个转运站，它既无农业，又无像样的工业，靠了作为中国大陆与外部商品的转运站而生存的。50 年代初期由于我国抗美援朝，外国对我国强行封锁，割断了港珠之间的联系，香港失去了它作为中国大陆对外贸易转口站的命根子，只有靠从上海移入的工业力量，包括机器和经营人才，加上珠江三角洲过来的劳动力，在九龙和新界兴办小型制造业。原是几千人的小镇荃湾成了工业城镇，到 80 年代已拥有 75 万人，相当于日本占领期香港的总人口。值得我们注意的是香港工业化的底子是从上海和珠江三角洲转移去的，在这个一无原料、二无大市场的孤岛上，开创了原料、市场两头在外的企业形式，并利用大陆上 60 年代的困难时期和 70 年代"文革"时期，每年都有几万人从大陆流入香港的劳动力而生长壮大起来。所以必须看到香港之成为东亚四小龙之一是大陆经济力量的延伸，和大陆是一脉相承的。尽管如此，香港成为东亚小龙的 20 年正是国内被封锁和闭关自守的时期。除了大陆对香港在劳动力上依然不断的支援外，香港对大陆的辐射作用却被我国内外的政治条件闸住了。直到 70 年代后期，大陆拨乱反正，实行改革开放，这个闸门开始打开，香港才重新恢复了它成为大陆的南大门。而且是大陆对外贸易最大的通道，开始像张开了满帆的船在顺风中破浪前进。香港经济的腾飞，震动了世界，只以人口来说，比 50 年代已翻了一番。1988 年我去考察时已到 540 万人。这个巨大的经济实体，一旦和它的母体珠江三角洲重新衔接了起来，辐射力之强是不可阻挡的。我过去把它比作孙悟空的神力并非过言。但是在这里必须看到，没有内地的改革开放，挡着辐射的堤防闸门不打开，香港这条小龙对珠江三角洲的发展也是无能为力的。这是说决定珠江三角洲城乡发展的内因还是主要的。这内因具体说就是 70 年代开始，80 年代逐步落实的我国改革开放政策。

三、借船出海话东莞

尽管珠江三角洲和香港近在咫尺，但在改革开放之前，界线森严，两地居民不能公开往来，香港的经济无从向内地辐射，三角洲上的各县处境和全国各地没有多大差别，后来的腾飞是改革开放以来近10多年的事。

从历史上说，珠江三角洲在广东历来是个比较富庶之区，有点类似长江三角洲的苏杭地区，气候温和，土地肥沃，人口稠密，河流纵横，交通方便，农业和手工业相当发达。在公社时期也同样受到单一经济的束缚，生产压缩，生活紧张。但是珠江三角洲毗邻香港，一旦沟通，城乡发展的路子和速度也就和苏杭不同，形成了具有特点的珠江模式。

改革开放政策是从1978年开始的，对外开放最先在广东试行。由中国招商局在珠江三角洲东端宝安县（今深圳市）西南角和香港隔海相望的蛇口，成立了一个享有管理自主权的出口加工区。外国公司可以免税带进原材料在区内设厂生产出口的商品。开放政策取得初步经验后，1980年中央决定成立4个享有特殊优惠政策和灵活措施的经济特区作为大陆对外开放的窗口。利用这些窗口吸收外资，引进先进技术、设备和管理，发展外向型企业。这4个特区，3个在广东，其中包括与香港相连的深圳和与澳门相连的珠海，由于香港经济实力强大，又有蛇口加工区的基础，深圳在这几个特区中取得了领先地位，也就成为带动珠江三角洲内部发展的主力。

香港经济对珠江三角洲的辐射的具体表现首先是通过上面提到的三来一补的经营方式。香港的企业通过这种方式，利用大陆上较低的地价和工资，把机器、设备和技术搬到内地乡村建厂招工进行生产，产品运回香港向外销售。这种方式对缺乏资金、技术和企业管理能力的内地农村的经济发展是求之不得的机会。同时还可在提供土地和劳动力上取得创收，脱贫致富，为进一步发展乡镇企业打下基础。对香港的企业家来说，从地价和工资的差额上（当时内地工资相当于香港工资的1/6到1/5）可以降低成本、提高利润，取得在国际市场上竞争的优势。这种经营方式在分配上固然香港得了大头，但由于启动了内地农村的发展，实质上是两利的。因此，大陆一旦向香港开放，香港的经济实力就通过这三来一补的经营方式，越界而入，势不可挡。

"三来一补"是珠江三角洲实行改革开放后城乡经济起飞的突破口。这种经营方式之所以能发挥这样大的作用，主要是由于它本身在经济发展水平不同的地区之间具有强大的扩散力，而且差距越大，扩散力也越强。韩国和我国台湾地区都是在60年代和70年代通过这种方式从发达国家引进现代工业的。

在珠江三角洲各县市中，首先接受香港经济辐射的除深圳特区外就是东莞。东莞成了三来一补方式的加工工厂最发达的地区。这是它的地理位置决定的。从深圳这个向香港开放的窗口进来,要经过东莞才到广州。所以东莞是近水楼台先得月,首先接受香港经济的扩散。东莞原有的经济基础主要是农业,工业比较不发达,自身没有发展乡镇企业的力量。过去就向香港输出劳力,历年来大量城乡居民流入香港。现在东莞籍的香港居民有 65 万人,其中大部分是过去 20 多年里渡海去香港的。他们中有些人在香港站住了脚,兴办了企业,甚至发了财,一有机会就"衣锦还乡",到老家来办厂了。在东莞办厂的港商中有一半是回乡的本地人。

"三来一补"的方式在当地被称作"借船出海"的方式,它是适应 80 年代初期珠江三角洲城乡经济的水平,所以很快得到发展。在这种形式中,内地城乡不需要投入启动资金,只需提供土地和劳动力。而且来料加工不需垫付流动资金,产品由外商包销,不承担市场风险。可以说是一种"无本生意"。但一旦启动后,地方和农民都可以得到报酬,积累资金。东莞市在开始的 9 年里累计收入工缴费达 4.5 亿美元。乡镇集体方面从中取得的收入达 6.7 亿人民币,成为这段时期里东莞工农业发展的资金。这是从"借船出海"积聚的实力。我这次访问中了解到,三来一补至今仍是东莞城乡经济的主要支柱。但是在这个基础上已经有了发展,就是从"借船出海"向"造船出海"转化了。由外商独资经营的企业和与外商合资经营的企业的成分逐年增加。而且从三来一补方式中培养了大批熟练装配工人和企业管理人员,为发展自主的乡镇企业提供了实力。东莞从改革开放的 1978 年起经过 9 年,工农业总产值达到了 36.4 亿元,增长了 3.82 倍。我们这次访问得知 1991 年已达 119.5 亿元,4 年中又比 1987 年增长 3.2 倍,这样快的发展不能不承认是得力于三来一补方式的推动,所以用它来作为珠江模式的特点至少在其东莞的初期是有事实根据的。

四、嫁接外资兴顺德

珠江三角洲各县市的发展却各具特色。现在被称为三角洲上的四只小老虎,东莞、顺德、南海和中山的区别用流行的话来表达是:东莞是洋枪队,顺德是地方部队,南海(今佛山市南海区)是游击队,中山是国家队。意思是东莞是以外商经营的三来一补企业为主;顺德则以镇办企业为主;南海的村办小企业十分发达,成了"满天星斗";中山则以市属企业为主。

中山、顺德和南海都在珠江西岸,和东岸的东莞隔江相望。东岸的窗口是深圳而西岸的窗口是珠海。香港和澳门从经济实力上说是大巫见小巫。澳门的工业是依赖香港的扩散兴起来的，本身不够强大，因而靠近澳门的窗口珠海在发展上也比不上深圳。这就使得珠江口东西两岸经济发展出现了先后，而其发展路子也有差别。处在东岸的东莞通过深圳这个窗口最先受到香港的辐射。1979 年兴起了 100 多家三来一补的由港商经营的企业，年年有发展，到 1990 年已有 4500 多家。所以至今三来一补还是东莞市企业的主要方式，虽则已"造船出海"，有了相当规模的自营企业，在群众眼里"洋枪队"的绰号还丢不掉。

珠江西岸的乡镇，由于澳门这个靠山不够硬，经济上还得去靠香港。但和香港却没有直接的陆路交通，来往只能靠水路。因之，在接受香港辐射的影响上说西岸就较东岸慢了一步。

从另一方面来看，西岸乡镇在过去传统的手工业却较东岸发达，以顺德为例，在解放前就是和苏杭齐名的丝绸之府。至今乡间还流行当时一船蚕茧出去，一船白银回来的传说。我这次访问以顺德为重点，一路听来，他们的发展路子，在骨子里和我家乡苏南颇有相似之处。比如它们都是在 70 年代公社未解体时就开始在上边批准建立的农机修配厂的牌子下，悄悄地发展了社队企业。而这些社队企业在公社解体时并没有分掉，依然以集体企业保存了下来，成了后来称作乡镇企业的底子。这样保存下来的集体经济实体一直是西岸三个"小老虎"后来经济发展的共同基础；尽管中山以市一级为主，顺德以镇一级为主和南海以村一级为主，这只是层次不同罢了，都是以集体企业为主。在较发达的集体经济基础上去接受香港的辐射就出现了和东岸"洋枪队"不同的形式。他们是把外资和技术甚至经营管理嫁接到原来的社队企业的基础上，发展成一般所说的外向型乡镇企业。这种嫁接形式的特点就是所谓"造船出海"，不同于三来一补的"借船出海"。

西岸的乡镇在接受香港经济辐射的初期也采取过三来一补的方式。我在访问顺德的容奇镇时，镇长承认在 1978 年这个镇就引进过 1 家来料加工的制衣厂。但是三来一补发展不快，到现在还只有 6 家。这里从较高的起点起步，着重发展技术资金密集型企业，那些劳动密集型三来一补的企业在这里待不住了。过去那家三来一补的制衣厂已被吸收到以集体经济为主体的集团公司里去了。更有意思的是他告诉我，他们从 1990 年开始正用三来一补的方式把工厂扩散到内地山区的乡镇中去。镇办的成衣厂已在广东北部的南雄、始兴、连县、高明等县的乡镇里成立 80 多个加工点，1991 年销售值已达 6000 万元。他还说，他们正在向国外扩散，在新西兰已与外商合资办了一间服装加工厂，用他们的技术和商标，利用当地的劳力，开辟当地市场。这是试办性质，如果成功还要扩展。

如果说东莞所代表的是改革开放后珠江三角洲经济发展的初期状态，顺德所表现的是比初期高出了一个台阶的后续状态。初期和后续是相互联系的。实际上东莞到了80年代后期也已发展了技术密集的外向型合资企业，如年产值在千万元以上的毛纺厂、人造皮革厂、磁带厂、电器厂等。但在东莞还有许多没有消化和吸收的外商经营的三来一补企业，在企业数量上还是占多数。

以顺德为例的西岸各镇，开始也都接受过三来一补的方式。但是由于原来的集体企业实力较强，不甘心外商在利润上得大头，所以较快地把这种方式消化吸收成为自主经营的合资企业。他们利用外资来改善生产条件改造原来的乡镇企业。他们又采用所谓"反求工程"（就是引进先进设备和产品进行解剖、消化、吸收、创新、生产出自己的产品，参与市场竞争），上升了一级，发挥自己的主动地位，不再以外商为主体利用内地的土地和劳力进行生产，而是相反的由内地乡镇企业为主体吸收外来的资金和先进技术设厂生产。这就是借船和造船的转化，我称之为嫁接外资的过程。

顺德县均安镇磁性材料厂就是一个转化的具体例子。它原来是镇办的生产发电机和柴油机的专业工厂，1982年通过接受港商来料加工磁性材料，学会了压制、充磁技术。1984年自制磁粉获得成功，建成了一个由铁磷为原材料制成磁钢材料国产化的工厂，现在产值达5000万元，已是国内磁性行业里领先的集团公司。

顺德的北滘镇，被誉为"风扇城"。这地方风扇企业的发展又为我们提供了另一个嫁接的具体例子。早在公社时期，北滘镇办了一家生产酱料和塑料热水瓶塞的工厂。1967年厂长是个中技校毕业的名叫区鉴泉，现在已是全国十大农民企业家之一。他在1970年出任该厂厂长，由于产品滞销，决定转产塑料电风扇。他通过香港的顺德老乡学会了技术和取得市场信息。1985年他通过外贸公司把产品出口到东南亚，赚取了外汇去进口外国设备，提高了风扇的质量和款式，生产了120万台风扇，占全国风扇总产量的4%，产值近1亿元。为顺德建立了"风扇城"的美誉。裕华风扇又带动了该镇办了"美的"和"南方"两个风扇厂，并吸引了香港风扇大王翁祐。1989年他把在香港的厂搬到故乡北滘镇合资办了蚬华电器制造厂，年产电扇500万台，产品90%出口。现在顺德出产的电风扇已占了全国风扇生产能力的1/7，出口的风扇占了美国风扇市场的二成，占了加拿大风扇市场的六成。这四家风扇厂都是产值超亿元的乡镇企业。顺德县又兴办了像这些风扇厂一样的外向型企业23家，成了90年代全国工农产值最高的县级标兵。

顺德的发展从时间上说是比东莞迟了一步，大概是从80年代中期才露头角。但发展得快，到1991年该县工农业产值已赶上东莞（119亿：118亿）。由于人口较东莞少（93万：131万），所以农民和职工人均收入都较东莞为高（农均1613元：1459元；工均4876元：3777元），这两只"小老虎"在珠江两岸实力不相上下。但从发展的速度和档次上看，东莞却已落后于顺德，东莞还在逐步从三来一补基础上扩大自主的合资合作方式，而顺德已经造船出海了。

我这次对珠江模式再认识，主要是看到了珠江三角洲乡镇对香港经济辐射作出反应的10年经过。他们首先接受港商采用三来一补的企业形式引进了现代工业，培养了人才，并在这个基础上把外资和现代技术、经营方法嫁接上乡镇企业，扩大了合资企业的范围和方式，创造了具有社会主义性质的集体企业，繁荣了地方经济，提高了国家的综合实力。这些应当可以说是珠江三角洲城乡经济发展的路子，也就是我们所谓珠江模式的特点。

珠江三角洲经济发展方兴未艾，发展的速度也将越来越快。小平同志在视查南方讲话里说"我国的经济发展总要力争隔几年上一个台阶……比如广东，要上几个台阶，力争用20年的时间赶上亚洲'四小龙'"。以现有的形势来看，这个目标是可以达到的。至于那几个新台阶的内容和形式则有待于群众的创造了。作为一个研究工作者只有不断地追踪观察，悉心体会，才能取得及时的认识。时乎时乎，可不勉乎。

1992年5月24日

区域经济发展的新思考
——再访珠江三角洲

中国城乡发展的道路是我一生的重要研究课题,随着这个研究的发展,我"行行重行行",从基层农村逐步进入城镇,又从城镇逐步进入经济中心,经历了60年,不断加深认识了乡镇工业与小城镇、中等城市与经济中心之间协调发展的重要联系。近年来出现的经济全球化和信息产业化对中国沿海地区产生的深刻影响,使我感到要迈出更大的步伐,跨入更大的区域,站到更高一层去关注和思考经济中心的未来作用,以及它的腹地如何建设的新问题。

今年10月,我去了长江三角洲,发现那里的城市和企业发展正面临新的环境和市场的挑战,这个挑战要求人们更重视经营手段的现代化,以加快腹地的变化促进中心的辐射。因此,我自问:现时的中国农村经济发展在根本上靠的是一些什么力量?应该把这个发展的战略放在一个什么样的大背景里去考虑更为合适?我在试图解答这些问题的同时,扩展并提高了我对大经济区域中城乡协调发展的思考,使我从乡土社会走进了工业社会,又从工业社会走向了工业社会的发展前沿。

由于经济社会里的变化太快太复杂,而真正认识这个现实又不那么容易,在这种情况下,为了更好地把握新形势,我在长江三角洲访问结束后不久,趁去香港参加"21世纪中国文化学术研讨会"之便,顺道访问了珠江三角洲。前些年,我听说珠江口两岸的深圳与珠海之间的大桥将要建成。深圳毗邻香港,珠海毗邻即将回归祖国的澳门,这座桥开通后会在区域经济发展上出现一个新形势,所以,我早就期待着再去实地看一看。

在近一个月的行程中,我先后走访了深圳、东莞、广州、顺德、中山、珠海,最后又回到深圳。这是我第三次专访珠江三角洲,离上一次访问已时隔6

年了,与 6 年前相比,那里的经济实力有了明显的提高,特别是深圳这个新兴经济中心,以及东莞、顺德、中山和珠海这些新兴的中等城市的发展速度使人有出乎预料之感。历史地看,珠江三角洲的工业化和城市化在很大程度上离不开香港经济的辐射作用。而现在看来,这种互相依赖关系的传统方式将会发生变化,其实,香港自身的经济需要更深一层地考虑如何进入国际市场,珠江三角洲地区新兴的经济中心和中等城市也需要从战略上考虑其腹地的建设。我想这些可能的变化很值得我们去观察和分析,因为它们不仅关系到包括珠江三角洲、香港和澳门在内的经济区域的未来发展,而且还关系到华南大经济区域的未来发展,甚至会与 21 世纪的国际性经济格局相联系。我的这篇文章是对这方面研究的开头,希望能形成与大家讨论的新课题。

从"造船出海"再前进一步

珠江三角洲是我国最早创办经济特区和开放沿海港口城市的地区,也是我国的农村得到香港经济辐射和扩散最多的地区。1980 年中央决定成立四个经济特区,有 3 个在广东:深圳、珠海、汕头。珠江三角洲经济开发区于 1985 年建立,由 4 市 12 县构成,其中的 4 市是东莞、顺德、南海和中山。东莞是以外商经营的"三来一补"企业为主,顺德以镇办企业为主,南海以村办企业为主,中山则以市属企业为主。它们的发展路子各有特色,但在 90 年代初都成为三角洲上的四只"经济小老虎"。

改革开放初始,珠江三角洲农村经济发展的主要特点是"三来一补"式的小型加工厂与香港的公司密切相联构成的"前店后厂"。"三来一补"的经营方式是香港经济对珠江三角洲最早采用的一种途径。通过这种经营方式,香港企业可以利用大陆较低的地价和工资,把在香港的工厂搬到内地乡镇生产,产品运回香港向外销售。由于前店设在香港,从事对外营销活动,其订货单大部分是来自外国(也就是说,香港公司的订户是外国人),因而公司的市场有大部分在外国。

"三来一补"式的小型加工厂最发达的地区是东莞,从深圳这个向香港开放的窗口要经过东莞才到广州,所以东莞与深圳一样首先受到了香港经济的辐射和扩散。东莞原有的经济基础主要是农业,自身缺乏发展乡镇工业的力量,早年就向香港输出劳动力,到 90 年代初,东莞籍的香港居民已有 65 万人。这批侨民中不少在香港发了财,大陆实行改革开放政策之后,他们返乡投资。在东莞办厂的港商中有一半是回乡的本地人，我称他们是推动东莞地方工业经济的第一个"波浪"。东莞1988年从县级市升格为地级市，1994年已初步实现了农村工业化，工业总产值占到工农业总产值的92.1%，第二、三产业从业人员占全市劳动力的80%左右，并吸纳了外地近百万劳动力。用东莞人的话说，这个发展是他们紧紧抓住了世界经济特别是亚太地区经济新变化提供的有利机遇，积极接纳来自香港乃至亚太地区的经济辐射和产业转移，发挥了人缘、地缘的优势，大力发展"三来一补"的业务和"三资"企业的结果。

在"三来一补"的经营方式中，内地城乡不需要投入启动资金，只需提供土地和劳动力，来料加工也不需垫付流动资金，产品由港商包销，不用承担市场风险，可以说是一种"无本生意"，而工厂的生产一旦启动，地方和农民都可以得到报酬。这对当时缺乏资金、技术和企业管理能力的内地农村来说是一个求之不得的机遇。就其收入的分配而言，留在内地的部分是工资、地租和税，据估计约占总数的20%，另外80%的得主是香港的公司，尽管内地只拿了小头，但由于对启动内地农村经济的发展有重要作用，所以两头都有利可图。当时，这种经营方式适应了珠江三角洲城乡经济的水平，因此发展得很快，成为珠江三角洲实行改革开放后城乡经济起飞的突破口。

东莞人称"三来一补"的发展方式为"借船下海"，这反映了东莞工业经济发展的起点比较低，但这个低起点与东莞当时以农业为主的经济基础是相适应的。通过"借船下海"，东莞市在最初的9年里，累计收入工缴费达4.5亿美元，乡镇集体方面取得的收入达6.7亿元人民币，成为这段时期里东莞工农业发展的资金，从而积聚了一定的经济实力。1992年，我访问东莞时，"三来一补"的加工业仍是那里城乡经济的主要支柱，但在这个基础上已开始发展技术密集的外向型合资企业。也就是说，一些企业从"借船下海"向"造船出海"转化了，由外商独资的企业和外商合资经营的企业也在逐年增加。据东莞市提供的资料，1994年实现了农村工业化的东莞市，已是东南亚最大的咖啡饮料生产基地，全世界40%的微型马达和30%的录像磁头在这里生产，正在形成一个国际性的加工制造业基地，每天有近4000车次货物进出，每年进口约40亿元的原材料。1981年至1994年，全市利用外资累计39亿美元，1997年实际利用外资累计增加到79.6亿美元。

20年来东莞的工业发展速度是惊人的。依我的看法，这个惊人的发展离不开香港的资金、技术和经营方式的辐射，而辐射的成功也离不开东莞这个侨乡作出的有效回应。但我在想，如果东莞"三来一补"的加工厂能够改变

"前店后厂"的分配原则，在所得的20%（即留在本地的工资、地租和税）的基础上争取到更多的份额，那么东莞工业经济发展的速度还会更快；如果能够进而改变"前店"与其客户之间的分配原则，那么东莞工业经济还可能会有成倍的增长。总之，要使东莞的经济发展更上一层楼，还需要使其企业的经营从"造船出海"再前进一步。

提高经营大市场的能力

一年前，我在浙江金华访问时曾听到两位年轻老板谈论了一件有关产与销之间分配收益的事。这两位年轻人中有一位是在金华办了一家制造成套家用机器修理工具的小厂。他发现一箱成套机器修理工具在美国能卖到200元，可到他这个生产厂家手里的只有40元，还有160元被订货的人在销售过程中掌握了。他们说这种分配方式不够公平，但他们知道若不给订户拿这160元，厂家的工具产品就没办法卖出去，因为市场在订户的手上。

我有个姓李的亲戚60年代从大陆去香港继承父母的家产，之后，他在香港开了个制衣厂，就是那种我在《港行漫笔》中曾经说过的香港大楼里的"蜂窝"小厂。70年代末，他将这个制衣厂迁移到老家东莞，成为第一批来大陆开"三来一补"式加工厂的老板。他的公司留在香港，东莞工厂的原料采购、资金供应和产品营销也都在香港，东莞厂里的生产由聘用的经理代管。他的儿子负责订货单的组织，专门与一批订户打交道。公司把这批订户当成每天都要供香的关公，而这个关公实际上是外国的关公，由于外国关公接触买客，所以是公司真正的上帝和财源。公司特别重视与他们保持良好的关系，还不能让别人知道他们是谁，其实，公司老板心里明白，失去了这些订户，很难再找到国外的销售门路，新订户是不易找到的。

由于世界性的经济不景气，这些外国关公对利用中国厂家的对策也在发生变化。金华的那两位年轻人对我讲起，外国的订户开始研究中国的生产厂家，他们从中进行挑选，并让生产厂家之间发生竞争，以使它们能压低出价。当时，我问那两位年轻人为什么自己不去做这个订户，成为拿"160元"的人呢？他们回答说，做订户很不容易，因为订户要掌握营销的网络，这个网络里面有很多复杂的"戏法"，完全是另一种世界，而且对外是封闭的，很难打进去。由此可以看出，这些制造性的企业要进入外国的消费市场还必须越过好几道"围墙"，才可能得到消费者拿出来的"200元"。香港的公司从"三来一补"经营方式的分配中拿到的份额，实际上还是在那个"40元"中的，也就是说，在"三来一补"和"前店后厂"的经营方式里，香港的老板所获得的大头，也只是其产品在外国市场上出售后得到的"200元"里，除去外国上帝拿走"160元"之后留下的"40元"再扣除"后厂"的费用之后的那笔余额。可见，制造过程中产生的价值只是产值的一部分，还有一部分产值是从流通里出来的。至于香港老板在"40元"中拿到的这个大头到底是多少，是不肯讲的，这是商业秘密。对于东莞"三来一补"的加工厂来说，要想获得"40元"和"160元"，最起码的条件是要同时掌握香港老板的这个秘密和了解外国上帝所掌握的订户网络里那些众多复杂的"戏法"。

据我所知，美国的一些老板现在不愿自己来中国开厂，认为管理中国的工人太麻烦。其实，他们发现中国沿海一些省份有小制造业工厂，所以出来调查，想挑选生产质量和技术水平好的企业，并弄清楚哪些企业家有培养前途。我在金华访问时，看到几个被选中的作为美国老板生产代理的年轻中国人。在与他们的交谈中，我意识到被美国老板选上的中国企业实际成了车间式的工厂。这些生产代理人现在明白了，他们说，"我们在为外国老板打工"，但他们只知道产品卖给美国老板，而不知道最后卖给具体的哪些消费者。可以说，生产代理人的"鼻子"由美国的订户牵着，而这些订户还只不过是些中间商。

从金华企业的这些变化中，我似乎看到了一种新式的跨国经济联系。这种联系从初级的"三来一补"的经营方式，逐步发展成既掌握市场信息，又掌握消费者构成的基层购销网络，从而进入一个一手包揽与消费者直接打交道的营销机构，另一手以分发订货单为手段控制自营的（适应制造市场所需商品生产的）小工厂，以商品和资本的流通为导向的经营方式。我觉得这种新式的跨国经济联系的本质及其作用可能带来的后果，应该引起我们的注意。在某种意义上说，这是关系到中国在未来国际市场竞争中的自主权和主动权的问题。

现在，那些作为美国老板生产代理的年轻中国人想自己打到外国去，做美国老板的事。我对他们说："你们可以去试一试，直接与外国零售商和消费者接触，先摸索出一些经验来。"但我想，要学到真正的经验不是一般知识，也不是高等学府的文凭就能够达到的，他们还必须亲身到实践中不断体会和摸索，使自己直接了解市场网络的构成和熟悉市场体系的运作方式，因为市场网络的实际构成方式和市场体系的具体运作方式不会固定不变的，而且，关于它们的知识在书本里是不易找到的。

广东"四小虎"之一的顺德市有个万和集团，该集团的老总给我介绍道，他们开始通过商业信息网与买客有了一些直接联系，也开始见面洽谈生意了。看来，万和集团的经营活动通过商业信息上网，已经进到了现代工业经济的前沿，也就是西方人通常所说的后工业社会。我想商业信息网的有效利用将会发生的作用，有可能使拿走"160元"的人，把手里的"160元"逐步交给拿"40元"的人；原来只拿"40元"中20%的小老板，也有可能成为拿回80%的人了，也有可能逐步增加分享"160元"里的份额了。不过，中国新一代企业家虽然意识到"200元"中的大头在外国老板那里，也试图通过直接销售拿回这个大头，但由于他们过去缺乏在这种阵地上进行较量的经验，和缺乏对这种阵地复杂性的认识，因而他们要真正进到拿"160元"这一层人里，要在后工业社会的"权力游戏"里掌握主动权，还有很长的路要走。从某种角度来看，这需要具备一系列的能力，比如能够灵活地运用最新的经济学、社会学、管理学等科学的综合知识，能够有效地反映现代工业经济及其社会的实际运行逻辑，能够影响对手的决策，并使对手决策的变化朝着对自己有利的方向发展，等等。

面对如此多的高要求，我联想起几十年前苏州吴江开弦弓村往返震泽镇的航船，航船的这一头有几千年的文化传统，虽然航船已经失去了原有的功能，但几千年的文化传统依然还在。这个联想使我脑海里又呈现出一个问题：从中国几千年文化史的这一头到来自西方世界的现代电子信息网，还需要中国农村在物质和精神上拿出多少投资？去年吴江的东方丝绸集团公司第一次进入股票市场，经办此事的吴江老乡说，他们开始明白银行（即资本经营）原来也是一种企业。这个明白虽然来迟了，但我想它对于中国乡村里的人来说却是一个不得了的进步。温州的企业家说："我们不抓住销售不行了。"他们把生产管理交给了经理层，使自己在经营上又上了一层，成为销售管理的组织决策者。这个变化对于在农村家庭作坊基础上发展起来的企业来说，也是一个了不得的进步。然而，吴江和温州在历史上就属于中国沿海经济较富裕的地区，而且走过了20多年的农村工业化道路，具有它们这样经历的地区在中国农村并不多。中国有广大的农村地区还处在经济较贫困的状态，这些农村地区的大部分人口仍以小农业耕种为主，并习惯于乡土社会的生活方式。因此，要使他们的意识和生活跟上现代化的步伐，就不能不考虑如何帮助他们找到快速发展生产力的有效办法。

从珠江三角洲的东莞和深圳看，它们的企业在销售上虽然可以上网了，但现在还处于引进技术和资金，开始可以希望拿回"40元"中的80%，还谈不到进入拿"160元"的人的这一层。这表明企业在现代市场经营方面要学的东西还很多，何况现实中，最新现代工业本身还在不断发展，而且会继续在社会生活的一切领域中产生影响，由此带来的复杂化以及控制这种复杂化的手段将是难以充分想象的，连西方人也感到他们的认识已跟不上这种变化了。所以，加强研究如何提高珠江三角洲地区接受香港经济辐射的能力，以及如何更好地使香港这个经济中心对大陆发挥更大作用的问题，应该被提到议事日程上来。我想这些问题在长江三角洲和上海浦东新区也会被提出来。我们必须看到，香港与大陆的经济关系在世界经济总体里是有分工的，而它是中国的一个行政特区，其经济对未来的中国经济乃至世界经济将会产生特殊的影响。因此，我觉得重新考虑香港经济在世界经济中的定位问题已到时候了。

加强中心与腹地的相互作用

信息产业的发展和它带来的影响正使人们感到一种十分严峻的挑战：美国10多年来发展起来的那个"微软"公司的实力就有几千亿美元。"微软"公司是当代信息技术的密集型产业，可以说，也是最新现代化技术的一个世界级"龙头"，它的作用已使城市中的许多产业的传统操作技术面临一种深刻的危机。在这样的形势下，人们不能不重新考虑中国农村工业化和城市化的联系问题。经济社会生活的现实已经在提醒人们，小城镇似乎不具备接受信息产业的能力，城乡互相交流的经济中心不能光是靠小城镇的发展了，应当使一批紧密联系城镇和为城镇服务的中心城市赶快兴起。因此，我想现在是强调大区域经济综合发展的时候了，并应该考虑作为一个区域经济中心城市如何进一步带动腹地的农村和城镇发展的问题了，也就是如何使中心对腹地加强辐射的问题。

香港究竟在我们中国经济里要起什么作用，是我这次访问珠江三角洲提出的一个重要问题。香港已经实现了"一国两制"，解决了它的政治地位。接下去需要考虑的是其经济地位怎么确定的问题，这个问题的思考实际是要研究大陆如何能够充分有效地利用香港的经济、金融、商贸和企业经营方式（包括这些企业与订户的关系方式等方面的资源）来提高全国经济实力，而且，要研究大陆在接受香港经济辐射时如何建立香港的经济腹地的问题。依我的看法，这些问题的解决不仅涉及它与深圳经济特区的关系，而且关系到华南经济区里深圳与广州的关系，华南经济区与中部经济区之间的关系。总之，这是南中国的这个大区域经济发展的一个重大问题，直接关系到香港的经济在亚太地区乃至在世界范围的地位问题。

我们提出上述这些问题，实际反映了珠江三角洲经济开发区在与国际经济接触的同时，也需要内地城乡经济在发展方式上的配合，更确切地说，内地新消费市场的培育和农村城市化的步子要跟上发达地区当前经济发展提出的要求。但现实中，由于中国农村工业化和城市化有不同的起点和速度，因而使各地经济的发展水平也有所不同，在某种意义上说，现时的中国农村同时存在着层次不同的工业社会的逻辑。因此，在决定大区域经济的发展决策时，不仅要注意引导城市之间的经济联动方式，而且要考虑引导它们与周边农村之间的经济联动方式。

这次访问中，顺德市的领导同志对我介绍说，乡镇企业的概念在他们这里已经过时了，意思是说，顺德的企业发展提出的主要问题不再是所有制，而是经营机制上的。可以看出，顺德的经济体制改革已走在了全国的前面，其企业已经纳入竞争性的市场经济体制。这从另一方面也表明，在当前的新形势下，再从乡镇企业或从适应于乡镇企业的小城镇为出发点，来考虑顺德企业的未来发展是不够了，可见新兴中等城市的发展思路也需要更上一层楼了。

顺德市属于珠江三角洲经济开发区范围，地处珠江的西岸，与东岸的东莞隔江相望，东岸的窗口是深圳而西岸的窗口是珠海，深圳的经济靠山是香港而珠海的经济靠山是澳门。由于澳门这个经济靠山不够硬，西岸乡镇的经济发展还得去靠香港。顺德在80年代中期开始接受"三来一补"的方式，但由于它原来的集体经济实力较强，又不甘心让外商在收益分配上拿大头，所以较快地使"三来一补"方式，通过消化吸收或嫁接，成为自主经营的合资企业。相比于东莞，顺德是上了一个台阶，同时也改造了乡镇企业，更有意思的是，顺德还用"三来一补"的方式把本地劳动密集型工厂扩散到内地山区的乡镇去，使本地的企业可以向技术密集型转化。这说明顺德的企业发展虽然在时间上比东莞迟了一步，但它们从"借船下海"向"造船出海"转化的速度要比东莞快，也就是说，它们的体制创新力度比较大。

1992年起，顺德就进行了机构改革，政府把三大产业分别交给新成立的"工业发展公司"、"农业发展公司"和"贸易发展公司"经营。1993年，顺德改革了集体性乡镇企业的体制，使包括乡镇企业在内的全部企业都明晰了产权，并实行了股份合作制。与此同时，顺德还改革了企业原来的医疗保险和养老保险制度，由于它们大幅度地社会化，使政府和企业减轻了负担。对负债太大的企业，政府采取公开拍卖的形式转让，实际上等于使它们破产。在所有这些改革实施之前，政府制定了"产权明晰、权责明确、政企分开、贴身经营、利益共享、风险共担"的方针，以使企业避免过去那种"负盈不负亏"的状况。经过一系列的改革，顺德80%的企业分别成为上市公司、股份公司、股份合作制公司和合伙公司，它们是按照现代企业制度建立，由董事会决定发展决策的。由于投资体制的改变，政府过去要负责全部投资的90%，现在只管基础设施的投资，其他部分的投资基本实现了社会化。政府的财政来源过去是企业上缴的利润，现在是税收，政府的职能也从原来的直接经营企业转向了为企业提供服务，所谓服务就是"政府搭台，企业唱戏"。这些改革在当时叫"转换经营机制"，由于比较早就转换了经营机制，顺德的经济有了明显的发展。

现在，全国正开始进行机构改革，当人们为机关人员的分流感到压力重重时，顺德却早已没有这方面的负担了，政府也因此可以集中精力思考社会经济的进一步发展所需要的新条件，比如发展高新技术的企业和为附加值高的企业创造良好的投资环境。近三年来，顺德企业的资产重组越来越普遍，出现了大企业优势互补的"强强联合"的趋势，还出现了大企业向经济发展较慢的地区"低成本扩张"的趋势，其实，人们是想抓住内地一些企业不景气的机会搞兼并。比如"科龙"集团在辽宁、营口、成都共投入几亿元建空调厂；"美的"公司到安徽芜湖投资几千万元建分厂，想利用自己的技术和管理优势逐渐占领华东一片，还到重庆收购了一家风扇厂；"万和"企业跑到邻近地区办厂生产热水器。

据顺德的领导介绍，企业解决了体制问题后，接着就要解决市场问题，企业家们开始认识到只懂生产经营而不善于市场经营已经不行了，他们过去注重技术的上水平和产值的增长，而现在更感兴趣的是扩大产品在消费市场上的比重。因此，他们试图将企业的生产部分不断转移出去，尤其转移到经济发展较慢的地区。听他们说，经济发展较慢的地区的企业设备先进，但缺乏好的经营管理，那里十分需要引进技术和经营管理，甚至有点"饥不择食"。为了吸引投资企业进来，顺德市政府向来投资办厂的企业提供了各种优惠政策，比如低税收、低价土地、廉价水电等（对于投资企业来说，使它们感兴趣的还有那里的廉价劳动力）。他们在扩大对腹地辐射的同时，尽力加强中心的实力。经济发达地区与经济落后地区之间的这种合作关系，使我联想到拿"40元"大头的香港公司与"三来一补"的加工厂之间的利益分配，进而使我意识到了竞争市场经济的规则对这种合作关系所产生的作用、这种合作关系所显示的不同工业文化之间交融的背景,以及作为这种合作关系结果的市场可能提出的城市化问题。总之,区域之间发展经济联系的深刻意义,以及预测这个发展可能提出的新要求,都需要进一步加以全面的思考。

大区域建设需要加强中心城市的实力

珠江三角洲是中国将来的一个很重要的经济区域,近10年来,这里发展了一些经济实力较强的中等城市。不过,相比于长江三角洲,珠江沿线地区尽管有比较容易接受市场经济的历史传统,但缺乏城市文化的历史传统和专门技术精英队伍,而且还缺乏能够接受城市经济辐射的广大腹地。因此,珠江三角洲要保证将来持续发展的活力和后劲,就应该在争取参与国际市场竞争的同时,也要更多更好地考虑建立、推进和带动内地经济腹地和加强贸易中心的建设。

深圳与珠海是珠江三角洲的两个面对港、澳的左右"眼",但由于它们的经济靠山不同,各自走了不同的经济发展路子。深圳因为受到香港经济的直接辐射而发展得比较快:1980年到1997年的18年间,全市国内生产总值年均递增33.2%,固定资产投资总额年均递增43.4%,社会消费品零售总额年均递增45.4%。1997年,全市口岸入出境人数7329万人次,入出境车辆883万辆次,分别占全国的50%和80%;深圳机场旅客吞吐量443.9万人次,居全国第四位;港口货物吞吐量3357万吨,其中集装箱吞吐量114.8万标箱,居全国第二。由此可以看出,深圳正形成区域性的人流、物流和信息流的经济中心。这两年,深圳在高新技术产业上又找到了新的经济增长点,走在全国的前列。然而,从长远看,深圳在香港与华南经济区中的作用怎样确定更为合适的问题,以及它与广州在珠江三角洲经济区域的位置怎么确定更为合适的问题,还需要进一步的明确认识。

珠海也发生了很大变化,特别是交通发展较快。由于澳门的工业不太发达,因而对珠海的经济没有产生什么重大的影响。然而,珠海依山傍海,有得天独厚的自然条件。到了珠海,我一看见大海就觉得心旷神怡,走进珠海如同走进了一个美丽的花园。其实,珠海正在创建一个花园式的城市。我想若能把珠海建成中国的夏威夷,再加上中国烹调的优势和提供舒适的生活设施,那就可以吸引更多的中外客人来旅游和休闲,甚至可以吸引人们来工作和生活。连接珠海与深圳的大桥建成通车后,珠海这个花园城市的优势会更加突出,珠海的港口正在建设中,使人可以想象未来的珠海会不会发展成一个中国式的新加坡。因此,如何利用好这个美丽城市,如何使这个美丽的城市产出更大的社会经济效益,对于珠江三角洲来说,是一篇大文章,这方面的研究也应该被提到议事日程上来了。

由于珠海与深圳走活各自那个"眼"的方式不同,使珠江两岸的城市发展战略也产生了不同。就这些城市的风格而言,中山与其隔江相望的东莞和顺德有明显的差别。中山位于毗邻澳门对口的珠海和中国南大门的广州之间,从战略上看,对它的发展方式进行合理的定位具有一定的重要性。

1983年中山从一个农业县上升为县级市,1988年经国务院批准又升格为地级市,这个变化使中山市的一些领导意识到:"既然国务院和省委省政府批准中山从小城市发展成为一个中等城市,说明上级领导给了我们一个信息,就是要求我们建立一个高标准和高品位的中等城市。"我想这些领导有这个意识,是因为他们看到了中山所处的经济地理位置,而且也看到了澳门回归后的社会文化和经济的辐射问题,总之,他们感到了中山在珠江三角洲可以扮演的角色,与毗邻香港的深圳相比,是应该有所不同的。由于有了这样的判断,中山采取了与珠江东岸的几个中等城市不同的发展方式,就像它首先建立和荣获了"全国园林城市"和"全国卫生城市"这些称号,而没有走"三来一补"或"低成本对外扩张"的路子。在中山,给我留下较深印象和引起我兴趣的是它的精神文明建设,特别是其步行街上的供应充足而又彬彬有礼的商业经营,和它在每年年初七(即当地称为"人日")进行的"慈善万人行"捐助行动。这些富有特色的活动,使我看到了传统乡土文化在现代城市精神文明的建设中被利用的实际效果。这是一个值得人类学和社会学的研究者从理论上加以总结的经验。

中山与东莞和顺德尽管各有特色,但与它们同样都是在80年代中期以后新兴的中等城市,都达到了小康水平,都会对珠江三角洲经济区产生作用,都是珠江三角洲经济区的重要组成部分。再则,这些中等城市都需要解决人口不足的问题,解决实现小康后怎样进一步发展的问题,以及解决如何使农民变成现代化市民的问题,等等。

据我所知,改革开放之前,珠海是一个渔业村,中山是一个农业县,两地都没有较好的工业基础。现在,它们已经从渔村和农村发展到有一定经济实力的中等城市,而且分别成为园林城市和花园城市。但是,它们都不可避免地要解决一个问题：如何使渔民和农民变成具有现代城市文明的市民和公民。这是一个需要从物质和精神上同时考虑其解决办法的大问题，中山市在这方面动了不少脑筋，并进行了一些尝试，而且也已获得了一些成功经验。我想中山市在农村基础上创建文明城市和引导农民现代化的思考、办法和实践，都应该加以分析和总结，以便为其他农业地区正在兴起的城市提供一些可参考的依据。

珠江三角洲的这次访问虽然只有 20 多天，可是，此行对我的思想来说，却似乎在不同的工业时代往返了好多回。我从这里获得了一些前所未有的深刻认识，使我更加清楚地看到了中国内部不同区域间的经济联系越来越密切的趋势，而且看到了这个联系的手段越来越多样化的趋势。我感到这个联系能否有效地进一步发展升级，对于形成中国参与 21 世纪国际市场竞争的能力，将会产生重要的影响。

1998 年 12 月

开发大西北

我很高兴能参加黄河上游多民族经济开发区第一次协调会,盼望已经很久了。去年筹备这个会,民盟中央也派了同志参加。我是上星期在江苏南通得到开会消息的,虽然离得很远,我还是及时赶来了。

今天,我想主要讲一讲为什么要建立黄河上游多民族经济开发区。对这个问题,我个人的思路是如何形成的呢?20世纪80年代初,我重新工作以后,首先在我的家乡苏南搞调查。当时我有一个愿望就是四个字——"志在富民",目的就是让中国老百姓尽快富起来。80年代前四年,我基本在江苏。考察的对象是农村和小城镇。我也不断发表意见。事实证明,这些意见对于江苏、对于全国农民来讲是得到好处的。我自己也很高兴。

上星期我还在江苏张家港,看到了全国农民最好的房子,两三层小楼,别墅风格,这个水平已经可以和目前日本农村的水平比一比。这个变化没有经过多久时间,就是这10年嘛!从80年代初期人均收入只有100来块钱,现在到了1000多块钱了。其主要原因是把农村剩余劳动力全都用上了,搞乡村工业、产品出口、创取外汇,使大量劳动力变成了财富。

不过,这里有一个问题,80年代初期,全国农民真正在经济上翻身的只限于沿海,而沿海又仅限于少数几个地区,如长江三角洲、浙江温州、福建侨乡以及珠江三角洲。为什么其他地方没有较快地发展起来呢?是什么原因?所以,我就转移我的研究对象:从沿海到边区,到最穷的地方去看看怎样才能发展起来。我到了内蒙古,从兴安岭到包头又到阿拉善。后来听说最穷的地方是在甘肃定西。最初到甘肃的目的和动机是来看看这地方究竟穷到什么程度,如何让它转贫为富。从1984年起,我每年到甘肃来一次,今年这一次已经是第六次了。

全国农村我跑了不少地方,定西的贫困是比较典型的。主要是干旱,没有水,水是非常宝贵的。人靠天吃水,庄稼靠天生长,缺水就富不起来,使我感到农村真正穷的地方在西北。但西北不应当这么穷,为什么呢?因为历史上西北是不穷的,没有西北就没有现在的中华文明。大西北是中华文明的摇篮。后来由于生态破坏了,逐步变成了满目黄土的状况。贫穷也就由此开始了。因此可以说,是贫穷把我引到西北来的。

如何改变这种贫困面貌呢?我刚到甘肃的时候也曾想把江苏发展乡镇企业的经验搬过来。后来发现并不简单,主要是缺乏基础和条件。但是我同时也发现搞多种经营是个好办法。我在定西考察时看到一家农户,家里种粮、养猪、养羊、养兔,搞得很不错。可见,在当地以家庭为基础的,尽量利用劳动力,想多种办法使劳动力变成财富这一原则还是可行的。这种经济的形式,现在有人称之为"庭院经济"。

从发展乡镇企业来讲,必须具备一定的基础和条件。工业技术不是从天上掉下来的,苏南所以能够把乡镇企业搞起来,是因为有大中城市为依托,又有长期的手工业传统。没有这个基础发展乡镇企业就比较困难。但是以家庭为基础搞各式各样的副业,农民积极性很高。利用农民勤俭持家的传统做基础,使每个人的积极性都调动起来,是个实际可行的富民之道。各地各户努力从事各种适宜的副业,千家万户也就随之富起来了。从坚实的农副业基础上逐步发展集体性的乡镇企业是一条农村经济发展顺理成章的道路。

目前,已经发展起来的乡镇企业虽然面临收紧的局面,环境很差,困难很多,可是并没有发生大的动荡。这使我感到这种我叫它作"草根工业"的企业生命力确是很强。上个月我到江苏去看了一下,紧缩的影响比较严重到关停并转的大概有1/10,可是这个打击并没有引起农村里的恐慌。为什么呢?这批亦工亦农的人,工厂关门停产后还是可以回家搞农业、搞副业,等气候转好,再出来开厂做工。这样就有了伸缩性、灵活性,也就是弹性。农村家庭这个经济单位是个强有力的调节机构。在现代化的城市里没有这种弹性,也就经不起这个风浪。

当前社会主义初级阶段经济发展的基层看来不能离开家庭这一基础。离开这个基础在理论上是可以讲的,而实际上却行不通。工业刚刚起步的时候,经济上由穷到富要有一个过渡。在这一时期要充分重视家庭这一基础。在经济上比较落后的农村里要搞"庭院经济",以家庭为基础,农、林、牧、副、渔,能搞什么就搞什么,小规模地家家户户搞。

"庭院经济"不妨看做一个过渡阶段。归根到底它还是小农经济,具有小农经济的各种弱点，农民的小农意识也不易改变的。所以为了向社会主义发展，必须加上一个集体服务机构。搞这个服务机构不难办，因为生产的东西多了，自己吃不了用不完就必须想办法，把产品推向市场成为商品，而这是个体户不容易搞得好的。在农产品基础上搞加工工业是要农户联合起来。所以他们会容易接受集体性的服务。从流通和加工开始，逐步向产前、产中、产后的集体服务工作方向发展。这样顺势而行，容易为群众接受。这样集体主义就来了，就向社会主义发展了。这就是我们在农业体制改革中所讲的双层结构。它利用"庭院经济"为起点，发挥农民的积极性，然后引导他们向集体主义发展，使个体经济的作用越来越小，集体的作用越来越大。这是条值得充分利用的道路。以上是我这几年来对怎样在经济比较落后的地区使老百姓早日富起来的一点体会。

我第二次来甘肃，经过临夏到甘南，这些都是民族地区。去后我想了很多问题。中国现在真正穷的是少数民族，民族问题的根源也就在此。以前民族问题的根源是民族压迫，现在民族压迫从根本上消灭了，可是穷还是存在的。贫富差距还很显著，也可以说十分严重。

大体讲来，我国面临三个差距：一个是同发达国家的差距，一个是东南沿海同西部的差距，一个是汉族同少数民族的差距。这是我研究社会问题的出发点。为什么我们要搞四个现代化？就是要克服第一个差距，这点大家都已经看到了。但是东西差距和民族差距的严重性一般来说还是认识不足。我认为，中国经济发展过程中产生的地区差距和从此带来的矛盾是当前我国的基本问题之一。这个问题我们必须及早地注意并加以克服。

西部少数民族地区地域辽阔，它的经济特点主要是牧业。不想方设法使这片草场的牧业发展起来，这地区的少数民族经济就很难发展起来。这是一个发展民族经济的基本问题。同时历史上农、牧是从没有隔断过的。在西部高原和中部平原之间一直存在一个农、牧交流的过渡地带，甘肃的临夏就处在这一过渡地带上。这里住着一批善于搞流通的人，其中很多就是有商业传统的回族。汉族由于受传统意识的影响不善于做生意。所以我主张发挥回族的特点，帮助他们发展青藏高原的流通事业，以促进藏族牧业的商品化。关于这方面我上次在这里已谈过，不多谈了。我去年来甘肃又提"两南兴牧"的主张，希望同志们能继续研究。

以上讲的是我怎样从治贫致富的出发点，逐步注意到少数民族的发展。关于怎样发展少数民族经济的问题，希望今后还有机会作专题的讲话。

这次来又有了一些新的看法。现在离21世纪只有10年了，因此我们必须要有个概念，现在不是80年代了，是90年代了，从现在起就应该考虑21世纪的问题。因此不能不想21世纪的世界是一个什么样的格局。去年一年的变化是世界根本格局的变化的开始。用简单的话来讲这个变化是"二降二升，四分为多"。两降就是美、苏控制世界的格局去年开始发生动摇，实力下降了。债主国已成了债务国，这两降还要继续降下去。两升，一个是东方的日本，目前已成为经济大国，一个是西方的欧洲共同体。当前可以说已经出现了四强。东德一倒过去，德国处于统一的前夕，德国统一后拥有很强的实力。欧洲共同体很可能发生分化。我们中国能不能在下个世纪在东亚崛起，成为世界的强国，就得看我们今后10年的努力了。所以前景是"四分为多"，也可以说我们要争取的目标是"多中有我"。

从国际形势分析，5到10年内世界大战是打不起来的，在这10年之内我们能不能在东方崛起，与日本比一比？在这段时间内，如果我们不能积蓄力量，我们起不来，那么，我们在21世纪的地位就很成问题了。这些年是对我们这一代人的考验。只要我们振兴工业，加强农业，控制人口，建一个强大的中国是可能的。要实现富强也是有条件的：一是大局稳定，二是到2000年国民经济要翻两番，三是1997年收回香港。我们将会有一个"一国两制"的"跳板"，为出口创汇创造更便利的条件。但是，我认为，从东到西，还要一条龙，一条经济上有实力的龙。现在这条龙的脊骨已经具备了，那就是有一条从东至西的干线铁路。这条龙的一头是上海，它要成为一个大陆上的香港，我们要有个自己的外贸、航运、金融、信息、科技的中心，为全国各地工农业服务。这是社会主义经济的窗口。

上海正在浦东进行开发建设，搞成以后对大家都有利。历史上，上海是我国的经济中心，香港原来只是一个相当落后的，轮船装水上煤的口岸，和上海相比差得很远。我国东方的大门一直是开在上海的。后来，资本主义国家对我们搞封锁，我们也关了门，只能以香港为跳板搞出口，可以说，香港是靠了作为我们大陆的出口后门才能繁荣发展起来的。我们为什么不能在其他地方搞几个自己的香港呢？现在，我们正在借鉴香港、深圳经验开发浦东，复兴上海。上海比香港条件优越，上海人才多，头脑灵，无论技术力量还是科技力量都比香港强。香港没有农业，一点耕地都没有。浦东开发区绝不仅仅为了上海而建立的，而是为了整个中国从西到东这条龙的腾飞。上海成为这条龙的头，为这条龙的腹地服务。

民盟中央有见于这个形势提出了一个意见，建立长江三角洲经济协作区，包括一市两省。目前的问题是江、浙、沪一带工业企业有趋同性，企业趋同，产业结构趋同，没有一个通盘的规划，缺乏一个照顾全面，为各地工商业服务的机构，致使长江三角洲以及所联系的腹地的优势发挥不出来。当然，要建立这个中心困难很多，缺乏资金，但是建立这样一个大陆上的香港是十分必要的。这条龙的另一头是黄河上游地区，它是提供原材料和发展加工业的基地，这一地区是大有发展前途的。这里原有一批三线的大企业，近来又发展了一大批基层的、民间的中小企业，开发是有基础的。长江三角洲和黄河上游这两方面结合得好，搞成一条龙，大家为一个目标，看成一盘棋，看到21世纪整个局面，我们的经济实力就会大大加强，这条龙就会腾飞。假如我们不这么办，将会是什么局面，大家是很清楚的。我们必须为下一代积蓄力量，打好基础，创造条件。主要的，是要把两头沟通起来。一头是长江三角洲，一头是黄河上游。要真正搞好沟通，还要花大力气进行研究探讨，以得到一个共同的认识，得到一个正确的决策。在共同认识的基础上搞共同规划，分头实施。

这次会议很重要，黄河上游这一地区是资源丰富的地区，同时又是一个生态失调的地区。现在已经找到了一个可行的发展方向，那就是发展能源、原材料工业，除供给全国之外，发展自己的中小企业。小区建设也走出了一条城乡结合、一厂两制的路子，发展很快。我相信，只要走上正轨，5年就会见效。在这次会议上，我希望大家站得高一点，看得远一点，看到21世纪，看到全中国。既看优势又看可能性，振奋精神，增强信心，根据"共同规划、分头实施、互惠互利、共同繁荣"16字方针的要求，让黄河上游这块宝地，这个中华民族文化的摇篮恢复其本来面貌。与长江三角洲的开发配合起来，成为一条中华巨龙。只有这样，我们才无愧于下一代，我们就可以比较宽松地迈入21世纪。

1990年5月7日

对民族地区发展的思考

民族研究是我一生学术生涯的重要组成部分,我的社会调查工作就是从少数民族开始的。近10多年来,我又对民族地区的发展进行了调查研究。1984年开始,我以内蒙古为重点访问了四个自治区,又以甘肃为重点考察了边区各省,最近又进入以发展山区经济为重点的调查。在这8个年头里的调查研究过程中,对少数民族的发展问题产生了一些观点和设想,我很愿意在这次民族理论研讨会上提出来请大家予以指正。

一、边区的两个失调

自然生态失调

1984年八九月间,我在考察内蒙古农、牧交错的赤峰市(原昭乌达盟)时发现,赤峰是农、牧并存的经济,自清朝允许汉人出关之后,已有200多年历史。由于外来的粗放农业不断向牧区扩张,破坏了牧民生存空间的草原,农、牧发生了矛盾。而外地进入开垦的人都是背井离乡的穷苦农民,但因为他们是汉人,而牧民是蒙古人,因而农、牧矛盾转化成了民族矛盾,直到解放后,民族矛盾才得到解决。但是由于粗放农业和自然牧业的矛盾以及长期的滥砍、滥牧、滥采,致使这一地区的自然生态平衡遭到的严重破坏都依然存在。开发这样的边区,首先必须用大力来恢复自然生态平衡,治沙、防风、种草、种树是最基本最迫切的措施。这在内蒙古的西部其他地区也不例外。开发边区看来必须走以牧为主、农牧结合的道路。而这条路只有打破目前牧区的封闭自给经济状态,实现牧业现代化才有出路。

在像内蒙古、新疆那样广阔的草原上,如果能大力发展现代化的牧业,对国民经济中的贡献是难以估计的。要认识这一点,首先必须破除汉族传统的"以农为本"的狭隘的观点。如果占国土 1/3 的草原能充分得到利用,成为全国人民的肉食供应基地,就可以减少对粮食的需求,并使农区的土地能从粮食的压力下解放出来,向种植经济作物转移。从宏观上去看,这是一项提高国民生产力的大战略。

人文生态失调

人文生态是指一个社区的人口和社会生产结构各因素间存在着适当的配合,以达到不断再生产的体系。人文生态失调是指这种配合体系中出了问题,劳动生产率日益下降,以致原有生产结构不能维持人口的正常生活和繁殖。在整个边区,人文生态失调和自然生态失调同样值得注意。

1985 年 6 月,我在考察内蒙古包头钢铁厂时看到封闭企业本身产生的人文生态失调。包钢建成近 30 年,人口在不断增长,近亲繁殖,社区的活力不断消耗,这样形成了这类边区企业人文生态的第一个恶性循环。由于东西差距拉大,又引起了边区的智力外流,出现了"一江春水向东流"的局面,人才不断流失,这是人文生态的第二个恶性循环。

建国以来,国家工业建设的重点曾经放在中部和西部之间的走廊地带,从内蒙古经陕西、甘肃到四川,投资大略估计有 3700 多亿元。用这笔钱建成了九条铁路和几千个大中型国营企业。但是这几千个大中型企业并没有成为这个广大地区社会经济发展的启动力,它们的生存和发展几乎和当地尤其是少数民族没有太大关系,民族地区的开发并没有和少数民族本身的发展密切结合起来。我认为民族地区的发展必须包括少数民族的发展,不能离开民族的发展来讲民族地区的经济发展。

我看到边区所办大企业的特点之一是"企业办社会",也可以说是"社企不分"。外地移入的从业人员和他们的家属组成了一个在社会生活各方面力求自给自足,对外很少联系的封闭性社区。这在少数民族地区更为突出。这种企业又都直属于中央或省的政府部门,他们搞的是产品经济,不是商品经济。它们和所在地的基层地方政府没有从属关系,当地基层政府管不了它们。企业的上级政府部门又都是专业性的经济部门,它们也管不了各企业从业人员的社会生活,于是产生了"企业办社会"的结构。这样的企业像个大家庭,不能不一代一代地养活不断增长的子子孙孙。因为这个大家庭并不是个不断生长中的母体,而是生产力受限制的封闭社区。所以不可避免地进入了恶性循环,包袱越来越重，母体越来越弱，这就是人文生态失调现象。

人文生态失调形成了对企业的压力，这些企业不得不进行改革以求生存。首先是以开放代替封闭，向社企分离的目标迈进。大企业的开放不但对地区工业化发挥了启动作用，而且也是自己解放自己的唯一办法。对地区经济和企业本身是两利的。这实际是西部地区共同的问题，所有的"三线"企业都面临改革问题。它们必须转型以求适应，主要是以开放代替封闭，从产品经济走向商品经济。改革的方式则是多样的，陕西宝鸡的经验叫"城乡一体化"，使国营大企业所含蓄的巨大科技潜力，形成了乡镇企业的启动力；甘肃的经验叫"一厂两制"，扩散大企业的技术、资金的力量，开发了与地方结合、集体所有的工业小区，带动了地方经济的发展，呈现一片生机。这个改革过程已经开始，应该根据具体情况采取不同形式进行。关键是怎样使已经存储在西部地区的巨大经济能量释放出来，使其成为西部这个多民族地区共同发展的推动力。

二、西部的发展战略构想

中国的少数民族大部分聚居在中国的西部。西部和东部的差距包含着民族的差距，西部的发展战略必须考虑民族因素：一方面是动员这地区少数民族参与这地区的开发事业，另一方面要通过这地区的经济开发使这一地区的少数民族发展成为现代民族。

关于建立"黄河上游多民族经济开发区"的设想

从龙羊峡到青铜峡之间1000多公里的黄河上游地区，有着丰富的矿产、水电资源，是西北回、藏、蒙古三大少数民族和汉族聚集部的核心区。自1988年5月起，我们先后两次到这一近15万平方公里的地区进行了考察，并提出了建立"黄河上游多民族经济开发区"的设想。这一设想得到了甘、宁、青、内蒙古四省区党政领导的大力支持。

黄河上游流域在经济发展上应当连起来看，构成一个协作区。这个"协作区"在历史上本来就属于一个经济地带。我们的设想是在黄河上游建立12个大型水电站，以解决这个地带的能源问题。由水电产生能源，又由能源推动这个地区丰富的矿产资源的开发。通过资源开发发展该地区的工矿业，带动这个地区包括各少数民族在内的3000万人民的致富，从而促进整个区域的商品经济的良性循环。这个经济带启动的结果，将使这个协作区成为西北广大少数民族地区一个经济发展中心。我们认为这个经济中心的建立和发展,更长远的意义就是重开向西的"丝绸之路",通过现已建成的欧亚大陆桥,打开西部国际市场。从某种意义上来说,西部国际市场比东部国际市场更有潜力。西进中亚、西亚和中东地区,我们具有一定的优势。充分发挥回族的民族优势,提供伊斯兰国家所需要的各种生活用品,我们完全有可能建立一个很大的西部国际市场。

关于建立攀西开发区,重建"南方丝绸之路",开发大西南的设想

为了调查大西南山区的经济,去年我在四川、云南海拔 2500 米以上的大小凉山地区连续跑了 1300 多公里。考察结束后,我提出了《关于建立攀西开发区,重建"南方丝绸之路",开发大西南的设想》的建议。这个设想是由彝族主要聚居区的凉山和 60 年代起发展成为钢铁生产中心的攀枝花,建立攀枝花和西昌联合开发区,并以此为中心,重建由四川成都经西昌和攀枝花及云南保山从德宏出境西通缅、印的"南方丝绸之路",为大西南的工业化、现代化奠定基础,简称"一点一线一面"开发大西南的设想。"一点"就是指攀西地区,它资源丰富,能源充沛,是对今后开发大西南具有强大启动作用的经济心脏。针对当前该地区在社会经济结构上存在的突出问题,我提出了"四个结合"的对策:即州市结合、工农贸结合、轻重结合和民族结合。"一线"则是指以攀西开发区为中枢的一条我国大西南通往缅、印、孟的交通动脉,也就是重建历史上的"南方丝绸之路"。有了攀西开发区作为心脏,"南方丝绸之路"作为大动脉,大西南工业化和现代化就能由点逐步扩散搞成一片,这就是我设想中所提的"一面"。我想经济的辐射作用将像波浪式一样由攀枝花的工业中心,从凉山地区向四周扩散到大西南的整个地区,基本上可以包括川、滇、黔三省,即云贵高原和四川盆地,使这一片少数民族聚居区,逐步走上工业化的道路。

临夏的发展模式

在甘肃临夏回族自治州考察时我提出"以商带工"的启动战略。我看到临夏有不少农民在城乡间贩运,搞活了流通,促进了生产。我认为西部各地都要有这种贩运队伍,来点火启动整个西部地区的经济运行。我曾四次到临夏考察,称它是"西部温州"、开发青藏高原的"跳板"。据新华社记者今年 8 月 13 日报道:长期受人多地少、资源贫乏困扰的甘肃省临夏回族自治州,从流通入手,以商兴州,个体、私营经济迅速崛起。如今这个州以其辐射全国的流通网络和吞吐量巨大的专业市场,已成为我国东西部商品流通的"旱码头"。这是令人鼓舞的信息。

"两南"兴藏的设想

如何开发藏族地区,一直是我关注的一个问题。我已年老,亲自到西藏自治区去考察是没有可能了。但在考察甘南和肃南时,得到了很多启发。我认为,甘肃的甘南和肃南,合称"两南",并不是名称上的巧合,它们在发展西部民族地区上都具有特殊的有利地位。它们都紧靠青藏高原的边缘,都是历史上与藏族有长期的密切往来,现在还有藏族聚居于这些地方,而且其他民族有些在这里定居后接受了藏族的影响改信了藏传佛教,裕固族就是一例。这种密切关系正给他们"反弹琵琶"的条件,可以成为藏族现代化的窗口。这些地区处于藏区和汉区之间,容易接受新知识,容易搞现代化。西藏的现代化可以从外围入手,逐步向中心深入。所以发展甘南和肃南对发展藏族地区具有重要意义。"两南"能不能看作是青藏高原的少数民族和中原地区各民族联系的两架桥梁?通过原属藏族重要文化中心的甘南这架桥梁,可以把现代化科技知识送入藏族地区;通过在牧业改良已取得成绩的肃南这架桥梁,把现代化牧业送入藏族内地。因此我产生了"两南兴藏"的设想。

三、充分发挥各民族的特长和优势

我认为我们应该特别注意那些分散在各地区人口较少的少数民族的发展。在改革的浪潮中,他们往往没有受到应有的重视。有些地方甚至把他们当作被"照顾"的对象。这些少数民族的成员虽然得到生活的保障,但是失去了传统的生产手段,没有找到靠自己劳动来从事生产的新路子。结果引起了精神生活的衰颓。我一向认为,一个民族,无论大小,要发展和繁荣起来,必须有一个坚实的经济基础。一个民族在发展中保持其民族特点,那就必须利用其民族特有的优势来发展经济,不然的话,这个民族难免要衰亡。所以就一个民族的发展来讲,必须强调善于发挥自己在体质上和文化上特有的优势,利用一切可以利用的外在条件,发展其经济,提高自身的社会生产力和发扬自身的精神文化,在整个地区的发展中,贡献应有的力量。例如长期从事狩猎采集经济的鄂伦春族,他们不可能在今天仍以传统生产方式来谋生了,但他们世代生活在大森林并善于饲养驯鹿,具有丰富的林业知识和驯鹿经验,如果顺应其文化传统,让他们从事森林培养看护,举办鹿场等,或许就可能为这个民族找到发展的根基。

四、共同富裕、协调发展

当前中国的社会经济发展上,从地区来讲存在着较发达和欠发达的差距问题。当然,在发展上求绝对平衡是不可能的,但各地的差距不能拉得太大,特别是对少数民族地区来说更应重视这点。我常说,中国不是"大鱼吃小鱼",而是"大鱼帮小鱼"。那么怎么帮?我认为主要有两条:一是国家支持,二是自己走路。

去年我在考察湘、鄂、川、黔四省交界武陵山区的土家和苗族等少数民族聚居区时,深切体会到内地欠发达地区确实需要外力的帮助才比较容易发展起来。这是因为这种长期以来处于小农自给经济的封闭山区的各族居民,事实上缺乏先进的生产技术和管理大生产的传统,而且没有可靠的市场来发展商品经济。在这种地区要他们一步跨入工业时代难免困难重重。为了加速这种过渡,看来不能没有外力的帮助。固然,如果没有内在的活力,外力要帮也帮不上;但是即使有了内在的活力,没有外助经济发展也难于启动起来。因此,我认为这类少数民族地区首先还是要培育内在活力,比较容易见效的可能是发展庭院经济,就是从家庭副业提高一步成为商品生产的家庭企业。

我认为对发达地区,国家要给政策,对少数民族地区,国家不仅要给政策,而且要给切实的帮助。国家支持的目的就是要帮助少数民族站起来,走自己发展的路。我们只有帮助少数民族发挥各自的民族优势,在自己的经济基础上站起来,才能避免少数民族名存实亡的后果,才能使我们的国家真正成为一个各民族共同繁荣的大家庭。

东西部协调发展还要靠"东西合作,互惠互利","以东支西,以西资东"的方针来推动地区间的合作,这种合作是多方面的,形式也可以多种多样。但关键是深化改革,归结到一点,就是要遵循商品经济规律办事,在改革中找出路,求发展。

五、民族地区的改革开放和民族的现代化

改革开放是中国各民族走向现代化的必由之路。少数民族地区的农村和牧

区自然经济和半自然经济尚占主导地位，产业结构很不合理，交通不便，信息不灵，长期以来处于相当封闭的状态。建立新的体制和运行机制，推动少数民族地区经济、文化事业的发展，改变贫穷落后面貌，具有刻不容缓的紧迫性。同时随着改革开放的不断深入，加快了改革开放的步伐，民族间的接触也会日益增多，这种状况有利于各民族增进了解，互相帮助，加强团结，但也必然会出现新的问题和新的矛盾，需要更加重视加强民族工作。

过去被看作是荒凉贫瘠的少数民族聚居区，很多却蕴藏着丰富的地上、地下资源。这是中国走向现代化，实现农业国向工业国转变的必不可少的物质基础。我国少数民族地区地大物博，战略位置重要，担负着重要的使命。没有中国农村的现代化，就没有中国的现代化。同样，没有中国少数民族的现代化，也就谈不上中国的现代化。认真贯彻民族区域自治法，充分发挥少数民族地区的优势，把少数民族地区资源开发和社会经济发展妥善结合起来，逐步改变民族地区经济相对落后的状况，使之同全国经济发展相适应，这是发展我国综合国力的极为重要的一个环节。在振兴中华的共同事业中，各民族都有自己的优势，都应在现代化建设中各自作出自己的贡献。同时我们所走的是共同繁荣的道路，在这条道路上少数民族地区的发展必须包括当地少数民族的发展。这正是我们社会主义国家性质所决定的。

邓小平同志说得很明确："走社会主义道路就是要逐步实现共同富裕。"当前的问题是怎样较快地实现这个目标。我认为，这必须是一个实事求是的过程。像中国这样大的国家，各地区的物质条件和文化水平由于长期历史的原因相差很大。起点不同的各地区各民族现在虽然都进入了社会主义时期，贫富不均的状态还是不可避免的。我相信，通过国家提倡先富帮后富的原则，欠发达的地区，迟早是会赶上来的。

1992 年 10 月 1 日

经济全球化和中国"三级两跳"中对文化的思考

一

全球化是近年来人们越来越注意讨论的一个话题。经济的全球化,世界市场的形成,加上电子化的信息沟通手段,引起了社会各方面和文化的重大变化。但是,现代化过程中可能发生怎样的变化,目前还不能预测。不过,回顾一下全球化进程的来路,对我们认识这一段历史的发展,理解我们身处的现实,保持清醒的头脑,跟上现代化的潮流,取得参与全球化社会发展的自觉和主动,应该是有益的。

据我所知,对于全球化过程开始时刻的确定,存在着多种看法。其中有一种观点似乎更为合理,正在被不同领域的学者接受。这种观点认为,全球化即全球各地人们的密切关联其实由来已久,可以认为开始于15世纪末的航海大发现。航海技术克服了海洋障碍,人类的洲际交通成为可能,加上后来以机械化大生产为特征的工业革命,使西方那些生产力领先的国家向世界各地的扩张成为现实。它们对世界市场的拓展和向亚非国家的殖民活动是全球化过程开始阶段的根本特征。此后,到19世纪70年代告一段落。在这一阶段,最具有典型意义的例子是大英帝国霸权的确立。以英国为代表的欧洲国家在世界范围内进行大规模拓殖,用武力摧毁了亚洲、非洲、南北美洲的古代文明中心。试图把西方的社会制度和文化强行施加于这些地区,逐渐确立起以英国为首的西方中心地位。

在接下来的一个历史阶段,即大约从19世纪末叶到20世纪70年代初,美国崛起,并长期保持着生产力领先的发达国家地位。第二次世界大战以后,英国霸权让位于美国霸权,中心地位被美国取代。在美国霸权维持的经济秩序中，全球化进程明显加快了。运输和通讯技术的革新，使物资与信息的流动可以跨越种种空间障碍。经济交往的规模和频次大为提高，促进了经济组织的革新，以跨国公司为代表的经济力量对生产要素和世界市场进行新的整合。所谓"国际惯例"即市场上共同"游戏规则"的出现，是经济全球化进程在贸易交往制度上的反映，是与经济活动伴生的文化现象。更值得注意的一个事实是，由美国霸权主导的全球化进程，使美国模式的社会制度、文化价值观念等成了许多后起国家模仿的对象。

经济全球化的第三个阶段，是从20世纪70年代直到现在，目前还在继续发展。这个历史时期最突出的特点，是霸权受到强有力的挑战并在事实上将逐渐淡出中心地位，全球化进程的参与者以及驱动力呈现多元化局面。许多曾经被压制的力量和众多的新兴力量纷纷登场，走向前台，在全球化进程中积极强化自身的角色分量和参与权利。在这种多元格局里边，许多问题的产生和解决已经超出国界，所以，全球意识、全球共识、全球纲领、全球行动等越来越多地成为不同民族、不同国家、不同文化的人们自觉的追求。目前，全球化进程正在摆脱从单一中心为主导的局面，正在形成多元推动、多元共存、多元发展的强大趋势。这是包括中华民族、炎黄文化在内的当今世界各地的不同民族、国家和文化所共处的历史阶段。

二

上述的史实使我想起孙中山先生的一句话："世界潮流，浩浩荡荡，顺之者昌，逆之者亡。"我相信，中山先生的话也是我们在座各位的共识。我国避免不了要进入全球化这一世界潮流。既然如此，我们就应该对自己所处的变局有一个清醒的认识。我想，当前所说的全球化，指的主要是经济的全球化，人类社会在政治、文化、意识形态和生活习俗方面还是多元的。全球化这个总的趋势，不可能一下子就实现，而是以一步一步变化来完成的。第一步是经济的结合，形成全球市场，构成一个分工合作的经济体系，但其他方面还没有合起来，还保持着民族国家的分割状态。民族国家是19世纪以来形成的格局，新的经济体系看来正在冲击它，但还没有好的代替办法。优势国家统治劣势国家造成的殖民体系在二战后发生了变化，但殖民主义造成的南北差距还存在。搞得不好，经济全球化可能会加深南北差距，扩大贫富悬殊。这是20世纪没有解决的问题，但是看来已退不回去，只能顺势下去，想办法解决南北贫富差距的问题。

　　经济上的休戚相关和政治上的各行其是、文化上的各美其美，在人类进入全球化进程的初期，会形成一个大的矛盾。这给我们带来一个不能不面对的课题，即文化自觉和文化调适问题。过去有过"化外之民"的说法，现在则到了一个想做"化外之民"而不得的时代。我国要顺着潮流走，要融合到潮流中去，先进的东西要学习和掌握，要接受现代化这个大的方向，但要软着陆。软着陆的前提，是知己知彼。要看清自己的条件，盲目接受新事物是不行的，我们在这个方面的历史教训很多，这里不去多讲了。现在要紧的是我们不光要知道我国是在这个潮流当中，还要知道是处在这个潮流的什么地方，也就是说，需要对自己有一个比较客观、比较准确的历史定位。

　　在这个问题上，我希望能够向这次研讨会贡献一点我从自身经历中得出的具体认识。

　　大体上可以说，我这一生经历了20世纪我国社会发生深刻变化的各个时期。这段历史里，先后出现了三种社会形态，就是农业社会、工业社会和信息社会。这里边包含着两个大的跳跃，就是从农业社会跳跃到工业社会，再从工业社会跳跃到信息社会。我概括为三个阶段和两大变化，并把它比做"三级两跳"。第一个变化是我国从传统的乡土社会开始变为一个引进机器生产的工业化社会。一般人所说的现代化就是指这个时期。这是我一生中最重要的一个时期，也是我从事学术工作最主要的时期。在这一时期里，我的工作主要是了解我国如何进行工业革命。我为此做了力所能及的实地调查，从个案分析到类型比较，写出了相当数量的文章。从这一时期开始，一直到现在，到接近我一生的最后时期，在离开这个世界之前，我有幸碰到了又一个时代的新变化，即信息时代的到来。这是我所说的第二个变化，即我国从工业化走向信息化的时期。

　　就我个人而言，具体地说，我是生在传统经济的社会里面，这一生一直在经历我国走向现代化的过程。作为一个见证人，我很清楚地看到，当引进机器的工业化道路还没有完全完成时，已经又进入了一个新的阶段，即信息时代。以电子产品作为媒介来传递和沟通信息，这是全世界都在开始的一个大变化。虽然我们一时还看不清楚这些变化的进程，但我们可以从周围事物的发展事实中确认，由于技术、信息等变化太快，我国显然已碰到了许多现实问题。我们的第一跳还在进行当中，有的地方还没有完成，现在却又在开始下一个更大的跳跃了。我国社会的这种深刻而复杂的变化，我在自己的一生里边都亲身碰到了，这使我很觉得庆幸。虽然因为变化太大、太快，我的力量又太有限，要求自己做的认识这世界的抱负不一定能做到和做好，但我还是想尽心尽力去做。事实上，我所有的学术研究工作的成就和失误都是和中国社会变化"三级两跳"的背景联系在一起的。

三

我国社会的第一跳是以我国各地不同民族的农村生活为基础的。我生长在江苏一个以农业为基础的小城镇里。它最早的历史实际可以追溯到7000年前的良渚文化。这个文化开始有了农业和家庭手工业。从考古学上，我们可以很清楚地看到这个时期已有村落生活。这就是我国第一跳的基础，也是我们乡土社会基本的性质。那个时候，从全国讲，文化形式已有很大的不同，已经是一个多元文化的基础。多元文化逐步交流融合，成为多元一体。这里也就开始了我进行研究的第一个阶段。我和前妻王同惠合写的《花蓝瑶社会组织》这本书里可以看到广西花蓝瑶社会和以我们家乡为代表的汉族社会文化的区别，以及它是如何受到汉族的影响的情形。

我第二阶段的研究题目，是从我国7000年前的良渚文化基础上发展出来的到近代以来开始进入工业化时期的一个我国农村的变化，可以我的《江村经济》为代表。从20世纪30年代早期的江村可以看到一个代表传统的文化基础和社会组织的农村，如何面临着全新的科学技术和机器生产的早期冲击。这是我们现代化开始的原初的形态。接下来，我又和我的学生一起写了《云南三村》，反映了内地农村不同于沿海农村的特点。这便是我们的现代化最早的过程。从地域上讲，是由东向西、从沿海到内地的。我的《江村经济》讲的是沿海地区的农村，开始了工业化。《云南三村》描绘的却是一个形态比较原始的乡土社会，受现代工商业影响逐步走向现代化的过程。通过在云南的研究，我看到了与江村不同的发展阶段。这是我第一个时期里第二阶段的工作，这个阶段到1949年告一段落。

50年代初，我国社会进入了社会主义改造时期。新中国逐步实现了对工业的国有化政策。在产权方面，对农村的土地和城市的企业进行了新的界定和安排。直到1978年中共十一届三中全会以后，随着农村改革的进展，乡土社会的工业化问题被历史性地重新提出，并在最近20年里得到全局性的实践。我国农村的工业化和现代化过程因此获得了真正强大的加速度。我自己的第二次学术生命也和我国农村工业化和现代化的全面推进同步展开。我在这一段的研究工作主要体现在《行行重行行》一书中。

在这个时期，因为受身体条件的限制，我已经不可能在具体的地方长期进行观察和访问，主要工作就变为结合第二手材料和直接访问进行类型式的比较研究。对于同一时期的不同类型的研究，可以帮助我们看到中国基层社会的动态，特别是在现代化和城市化过程中如何改变的。在这一阶段，我主要提出了乡镇企业和小城镇发展两个主题，目的是解决农民的出路问题，促进我国的城市化发展水平，提高广大城乡居民的生活质量。同时，我还以"全国一盘棋"为出发点，既注重沿海地区的发展研究，也关注内地和边区的发展，特别是边区少数民族的共同繁荣问题。我曾经提出一些多民族的经济协作区的计划和建议，如黄河上游多民族地区、西南六江流域民族地区、南岭民族走廊地区、内蒙古农牧结合区等。作为一个多民族的国家，从历史上开始，就在不同民族聚居的交错地带建立了经济和文化的联系。久而久之，形成具有地区特色的文化区域。人们在这个区域中，你来我往，互惠互利，形成一个多元文化一体共生的格局。我所提出的经济协作的发展路子，就是以历史文化区域为出发点。现在回过头来看，可以更清楚地看到，我对我国经济和社会发展的多元一体的设想，对我以下要讲的国际经济社会多元一体的全球化进程的瞩望具有启发作用。

四

经过80年代开始的最近20年的改革，到新的世纪的最初时刻，我们已经可以从我国经济发展和我们与世界经济的联系中看到经济、社会和文化的巨大变迁的来临，预感到21世纪即将给人类的生存和发展带来全新的面貌。为了提请人们及早注意适应新世纪的要求，在10年前的"21世纪婴幼儿教育与发展国际会议"上，我做了题为《从小培养21世纪的人》的讲话。在那次讲话中，我谈到，20世纪是个世界性的"战国时代"，意思是说，在20世纪里，国与国之间、文化与文化之间、区域与区域之间，有着明确的界限，这个界限是社会构成的关键。不同的政治、文化和区域实体依靠着这些界限来维持内部的秩序，并形成它们之间的关系。这是我们共同经历过的历史事实。而在展望21世纪的时候，我似乎看到了另外一种局面，20世纪那种"战国群雄"的面貌已经受到一个新的世界格局的冲击。民族国家及其文化的分化格局面临着如何在一个全球化的世纪里更新自身的使命。

我作出这样的判断,不是没有根据的。近几年来,我特别注意到区域发展过程中全球化的力量。我看到,信息产业的发展带来了一种十分严峻的挑战。美国在最近十多年里发展起来的微软公司,实力已经达到几千亿美元。这是个当代信息技术的密集型产业,是最新现代化技术的世界级龙头。它的作用已经使城市中的许多产业的传统操作技术面临深刻的危机。在这样的情况下,我们不能不重新考虑我国农村工业化和城市化的问题。我有一次访问广东的顺德,当地的领导同志对我说,根据当地的经济发展趋势,他们认为乡镇企业的概念已经过时了。为什么这么说呢?因为经济发展的现实告诉我们,小城镇的规模看来不具备接受信息技术产业的能力,应该使一批紧密相连的城镇和中心城市尽快兴起,以便接受快速发展的信息产业的较高要求。另外,产业组织的跨国化,同样也对小城镇的发展提出了新的问题。为及时解决这类问题,顺德从1992年开始进行机构改革,政府把三大产业分离出来,组建工业发展公司、农业发展公司和贸易发展公司。1993年起,实行股份合作制,并改革企业的医疗保险和养老制度,真正转变了政府职能。企业在解决了体制问题之后,接着就解决市场问题。市场问题不是一个简单的地区性问题,而是牵涉到香港以及世界其他地区,牵涉到地区与地区之间的新型关系,牵涉到大型中心城市的发展问题。这次谈话,给我很大的震动和启发。

跨地区和跨国界的经济关系,除了表现在市场的超地方特征之外,还表现在近年来跨国公司的大量发展上。跨国公司在产权方面与具有民族国家疆界的国有、私有企业不同,它们没有明显的地理界限。它们的最大特征就是"无国界性"。在经济全球化的进程当中,不仅外国人来中国设立他们跨国公司的办事处、子公司,拓展业务,而且也有越来越多的中国人到海外办公司、办工厂,甚至开设大型专业市场。我家乡的震泽丝厂在美国开办了分公司,我访问过的青岛海尔集团在海外开了分公司,我所熟悉的温州人在巴西开设了"温州城"……这样的经济交融,已经不是简单的"西方到东方"、"外国到中国"、"中国到外国"的老问题,而是一种新型的国与国、区域与区域之间交流和互动的新发展和新的经济组织形式。

五

从沿海地区和内地的局部地区看,我国一些企业乃至产业对经济全球化进程的融入已经相当自觉。但是从我国广大中西部地区看，整体情况还不能让我们很乐观。相比较而言，我国属于全球化进程中的后来者，而且是后来而暂未居上。由于历史的原因，我国的现代化进程曾经一再被延误，失去过很多宝贵的时机。

从19世纪40年代开始，我国由一个古老的文明中心被帝国主义的坚船利炮强行纳入了西方国家主导的全球化进程。包括我的朋友费正清在内的许多学者都认为，鸦片战争之前，中国的文化体系平行于其他的世界体系，并且一度比西方世界体系更为发达。但是长期的封闭导致政府腐败、科技落后、经济凋敝、装备松弛以及心理上的抱残守缺、妄自尊大，致使这个庞大的体系逐渐失去活力，终于被西方列强的殖民扩张所压倒，无从自主，只能在全球化进程中处于依附地位。

一个世纪以后的1949年，中国实现了独立与自主，却在苏联经济模式的影响下脱离并抵抗了西方主导的全球化进程。在对全球化主体潮流的脱离和抵抗中，我们虽然坚持了政治上的独立，却也造成了自身的封闭和僵化，无法从全球化进程中获得发展动力，结果是在现代经济和文化等方面的落伍，而世界的发展没有停下来等我们，"沉舟侧畔千帆过"，我们明显是落后了。

1978年，我们终于下定了改革开放的决心，主动并且逐渐深入地加入全球化进程的各个领域当中，急起直追。在政治上，我们与西方各国加强接触和了解，融洽了在"冷战"时期冻结的关系；在经济上，我们以经济特区为先导，依次开放沿海城市、沿江城市和内地，进行经济体制改革，建立市场经济体制，积极与国际惯例接轨，形成了加入经济全球化潮流的制度性保障。正是在这样的情况下，出现了我们在第一跳还没有完成的情况下已经不能不进行第二跳的局面。

这一局面来之不易，值得倍加珍惜。而这一局面给我们提出的艰巨使命，更需要进行深入的思考。第一跳还没有完成，已经必须跳第二跳了。这是我们走改革开放的路、融入全球化潮流所必然要碰到的局面。怎么办？小平同志说，要冷静观察，沉着应付，摸着石头过河。这就是科学的态度。我们要大刀阔斧地进行改革，又要小心谨慎地应付局面。不看清潮流的走向，不摸清自己的底子，盲目地进入潮流是不行的。我们的底子是第一跳尚未完成，潮流的走向是要我们跳上第三级。在这样的局势中，我们只有充实底子，顺应潮流，一边补课，一边起跳。不把缺下的课补足，是跳不过去的。历史不是过去了就算了，历史会对今天发生影响的。就物质与精神两个方面说，或者说是硬件与软件两个方面看,我们曾经有过精神(软件)讲得多,物质(硬件)讲得少的时代,现在却是物质讲得多,精神讲得少了。这叫矫枉过正,这就是历史的一种影响。在当前的发展过程中,重理轻文,差别太大,从长远看,会带来负面的东西。"文革"的影响太大了,不能不记取。

改革开放,不能只学外国的表面文章,而是要拿来现代化过程中形成的先进的文明成果为我所用。我们是要提高生产力水平,提高综合国力,提高人民群众的生活水平,是要把中国文化很好地、很健康地发展起来。现在中国的大问题是知识落后于要求。最近20年的发展比较顺利,有些人就以为一切都很容易,认为生产力上来了就行了,没有重视精神的方面。实际上,我们与西方比,缺了"文艺复兴"的一段,缺乏个人对理性的重视。这个方面,我们也需要补课,这决定着人的素质。现代化的发展速度很快,没有很好的素质,就无法适应现代化的发展要求。这是个文化问题,要更深一层去看。

六

中国文化的历史很长,古往今来的很多思想家为我们留下了十分宝贵的思想财富。中国传统文化思想的一大特征,是讲平衡和谐,讲人己关系,提倡天人合一。刻写在山东孔庙大成殿前的"中和位育"四个字,可以说代表了儒家文化的精髓,成为中国人代代相传的基本价值取向。我的老师潘光旦先生早在20世纪30年代就讲"位育"问题,认为在社会位育的两方面中,位即秩序,育即进步。位者,安其所也;育者,遂其生也。潘先生对"中和位育"作了很好的发挥。潘先生是个好老师,可惜我不是个好学生,没有能在当时充分意识到这套学说的价值,没有在这方面下够功夫。直到晚年,才逐渐体会到潘先生当年的良苦用心,体会到"中和"的观念在文化上表现出的文化宽容与文化共享的情怀。11年前,在一些学界朋友为我召开的80岁生日的欢叙会上,我展望人类学的前景时,提出人类学要为世界文化的多元和谐作出贡献。我说了四句话,16个字:"各美其美,美人之美,美美与共,天下大同。"作为一个人类学者,我希望这门学科自觉地探讨文化的自我认识、相互理解、相互宽容问题,确立世界文化多元共生的理念,促进天下大同的到来。实际上,这也是中国的传统经验里面一直强调的"和而不同"的思想所主张的倾向。

对于中国人来说,"天人合一"是一种理想的境界。天与人之间的社会规范就是"和"。这个"和为贵"的观念,是中国社会内部结构各种社会关系的基本出发点。在与异民族相处时，把这种"和"的观念置于具体的民族关系中，出现了"和而不同"的理念。这一点与西方的民族观念很不相同。我认为，"和而不同"这一古老的观念仍然具有强大的活力，仍然可以成为现代社会发展的一项准则和一个目标。承认不同，但是要"和"，这是世界多元文化必走的一条道路，否则就要出现纷争。而现在人类拥有的武器能量已经可以在瞬间毁灭掉自身。如果只强调"同"而不讲求"和"，纷争到极端状态，那只能是毁灭。所以说，"和而不同"是人类共同生存的基本条件。

"和"的局面怎样才能出现呢？我想，离不开承认不同，存异求同，化解矛盾。化解的办法中，既要有强制，也要有自律。从社会学的角度看，一个基本问题是个人与社会的矛盾、自由主义与平等主义的矛盾。自由要承认竞争为主，竞争就是有优势劣势之分，就形成了过去的格局。要解决这个问题，不能单靠社会控制的强加式的外力，还要有自我控制的内力。世界各国既然现在都属于一个地球村，这个"村"里就应该有一套"乡规民约"，大家认同，自觉遵守，否则就要乱套。"乡规民约"与法律不同，是习惯化的、自动接受的、适应社会的自我控制，是一种内力。中国老话里讲"克己复礼"，这个"礼"是更高境界的乡规民约。

要实现个人与社会的相互统一，不同文化之间的相互理解和适应，大家都自觉地遵守"乡规民约"，需要一个磨合的过程。只要愿意共存共荣，就必须要磨合。磨合就是通过接触交流、对话和建立共识，以达到矛盾消除的过程。事实上，我们现在就处在这个磨合的过程中。当前需要有一个对磨合的认识和肯定，要意识到，这个磨合过程需要种种的临时协定作为大家有利的"乡规民约"。有了这个方面的共识，才会有比较自觉的磨合行为，才会有比较好的磨合状态，才能比较顺利地从经济全球化过渡到文化上的多元一体，经过不断的磨合，最终进入"和而不同"的境界。

依照进化的观点和规律，21世纪的人类应该比20世纪的人类生活得更加聪明。事实上，已经有人在讨论新的发展观，提出了不同传统发展观的几个特点，比如合理开发资源、讲究生态效益，又比如注重社会平等、倡导精神追求、促进人的全面发展等。我们可以发现，这些现代人类提出的准则，是中国传统文化精神一向坚持的倾向。这样的史实的肯定和弘扬，应该有利于帮助我们树立起应有的文化自信。

当今世界上，各地不同的文化都已经被纳入全球化的世界体系中，已经不存在化外之地。全球化潮流发端于西方世界，非西方世界在接受西方文化的同时，应当通过发扬自身的文化个性来对全球化潮流予以回应。我近年来在很多场合提到的"文化自觉"，就含有希望看到这种回应的意思。"文化自觉"是当今时代的要求，它指的是生活在一定文化中的人对其文化有自知之明，并对其发展历程和未来有充分的认识。也许可以说，文化自觉就是在全球范围内提倡"和而不同"的文化观的一种具体体现。把这个话放在炎黄文化研究会的年会上讲，我觉得应该有更充分的理由表达一种愿望，就是希望中国文化在对全球化潮流的回应中能够继往开来，大有作为。最近在许多文章中经常提到的"中华民族的伟大复兴"，应该包括这一个很重要的方面，就是中国文化的复兴。为了这个前景，我们有必要加强人文主义，提倡新人文思想。有如潘先生讲的，在原有传统文化的基础上，吸收西方科学精神，建设新的人文精神。回到今天我的讲话的题目上，面对经济全球化的世界潮流，我们在开始第二跳的时候，要记住把这些想法带上，把"天人合一"、"中和位育"、"和而不同"的古训带上，把对新人文思想、新人文精神的追求带上。这样去做，我们就能获得比较高的起跳位置，也才能跳得高，跳得远，在真正的意义上实现中华民族的伟大复兴。

2000 年 10 月

本文是作者在"炎黄文化研究会 2000 年年会"上的讲话

强国富民

中国城乡与区域发展之路

费孝通 著

华东师范大学出版社

目 录

强国富民

行行重行行

故里行 / 377

吴江行 / 393

再访震泽 / 405

吴江的昨天、今天、明天 / 409

淮阴行 / 414

盐滩行 / 421

重访徐州 / 426

温州行 / 433

重访温州 / 446

港行漫笔 / 459

长江三角洲之行 / 471

浦东讲话 / 482

再话浦东 / 486

闽东行 / 493

侨乡行 / 501

重访民权 / 507

信阳行 / 517

焦作行 / 525

豫中行/ 533

沂蒙行/ 544

淄博行/ 557

沧州行/ 562

邯郸行/ 570

天津献策/ 576

再话天津/ 580

海南行/ 584

南岭行/ 595

重访云南三村/ 601

凉山行/ 612

武陵行/ 622

毕节行/ 635

定西篇/ 641

甘南篇/ 654

临夏行/ 670

甘肃行/ 679

海东行/ 691

赤峰篇/ 696

包头篇/ 717

话说呼伦贝尔森林/ 729

阿拉善之行/ 738

包头行/ 746

三访赤峰/ 752

黑龙江行/ 764

行行重行行

故里行

从农村到小城镇,再到小城镇群体和中等城市,三年前我们以吴江农村为基地,循着这条路线,把小城镇研究的范围在这几年里逐步扩展了开去。

1984年年底,当我结束了第一个回合的探索,从扬州踏上归途时,觉得离开出发点的距离远了,时间久了,仿佛自己也成了一名离开土地的"农民工"。然而谈论中国的任何问题都离不开农村,离不得人数最多的农民。我盘算着应及时抽回身去,重返故土,从头做起,并在这再循环的过程中检验自己以往的看法。

原定今年5月返故乡,可是身不由己,故一直拖到7月中才成行。时值盛夏,年已七十有五,居然还能敌住江南的酷暑,安然无恙。这应当感谢吴江县的干部和工作人员对我的特殊照顾。

在吴江两周,我跑了1个村、4个乡和3个镇。飞车往返,如蜻蜓点水。可是到基层走一走,就多一点实际的感受。既然是家乡,对新的变化自然就比较敏感,乡亲之间也免了许多客套话,可以直截了当地提问题。在访问后期,县委、县政府和各有关部、局的领导同志们还特地腾出两天时间给我上课,使我学到了不少新鲜的知识。这里我就把自己对乡镇工业、农业和小城镇发展问题的思索写下来,作为学习体会向家乡人民汇报。

我屈指一算,为了调查研究到江村去访问,这已是第九次,所以这次是"九访江村"了。

一

江苏的乡镇工业产值中有没有水分?苏南农村经济发展的高速度会不会是第二次"大跃进"?这是1985年初在北京大家普遍关心的问题。为了答复这个问题，我在《光明日报》发表的"政协小记"里专门写了一篇千字文，提出乡镇工业要速中求稳。

在城市里写的文章，与农村的实际之间不免会产生距离。一到吴江，新上任的孙书记就向我介绍全县的经济发展情况。他说，1984 年全县工业产值达 13 亿元，农副业产值为 4.2 亿元，分别比 1983 年增长 33.6% 和 31%。在工业发展中利润和职工工资的增长率都超过产值增长：实现税利 1.3 亿元，比 1983 年增加 39.1%，职工工资额为 0.88 亿元，增加了 47%。从财政收入来看，1984 年首次突破亿元大关，增加 21%，跨入了全省 8 个财政收入超亿县的行列。农村的人均收入从 1983 年的 373 元提高到 570 元，增长了 52.7%。

1984 年的发展速度在吴江历史上是最快的一年。上述一连串的数字告诉我们，工、副、农三业是同步发展的，工业的产值、利润、工资是同步增长的，国家财政收入和人民生活水平是同步提高的。这三个"同步"，表明吴江的经济发展是协调健康的。

在快速的经济发展中，国家、集体和个人都得到了各自的利益。其中增长幅度最高的是农民的收入，这一点在农村市场和农村面貌中充分反映出来。震泽镇的镇长介绍说，去冬以来，商店里有三样热门货：洗衣机、电冰箱和彩色电视机，货一到人们争相购买。庙港乡党委书记告诉我，现在农民手头的钱活络多了，一些老年人把养兔挣来的钱替孙儿女买电扇。小小的庙港镇上，一次来了 100 台电视机，每台售价 430 元，不到半天时间抢购一空。在开弦弓村，1981 年我三访时，只有一幢我在 1957 年住过的二层楼，今年那幢二层楼已变成了三层楼，30 多幢新的二层楼房建了起来，据说门前垒起砖瓦准备盖楼的，全村不下 60 户。

1958 年大跃进时的景象，人们至今难忘。可如今，我在吴江，不但没有看到虚假和浮夸的迹象，恰恰相反，我所感受到的是一种百业兴旺，人民开始小康的气氛。回到县里，问了银行的储蓄额，1984 年城乡人民的存款余额为 8700 万元，以当年年末总人口 73 万计算，人均储有 119 元。

吴江经济的主体是工业，它占总产值的 75%。在农村，工业以平均年增 30% 以上的速度向前推进，这的确容易令人生疑。然而盖屋置物，手中有余款，这些都是实实在在的事，来不得半点虚假。

因此，要回答高速发展是否扎实的问题，还得追问，乡镇工业持续发展的高速度是从哪里来的？

庙港乡缫丝厂在 1967 年筹办时并不是社办厂，而是由开弦弓村周围的 7

个大队集资联办的。27300 元办厂资金分为 21 股，每股 1300 元，由这 7 个大队根据自己集体积累的实力认领股份。当时招收的 65 名工人也就按出股多少，把名额分配到各大队。

缫丝工艺并不复杂，办厂的困难却不小。厂房因陋就简；设备在脚踏丝车的基础上稍加改进；用大铁锅煮茧，缺煤就烧东山的硬柴和当地的桑梗，甚至还用太湖边挖出的黑泥炭；缫出的丝卷则在铁皮敲成的烟筒管上烘干。

在最初创业的几年里，月工资一律为 21 元的工人们，不分男女老少、职务高低，从搬砖、平地到开动 12 台机车，样样活都得干。离家远的工人挤在 6 间漏雨的草棚里过夜。就这样年复一年，赢得利润不还本，股份不分红。赚钱投资，投资赚钱。厂房扩建了，设备更新了，新工人一批又一批送往苏州培训，以适应新机器，掌握新技术。1980 年，工厂终于还清了由 7 个大队筹集的股金。1984 年，这个拥有 360 名工人的丝厂已拥有 55 万元固定资产和 28 万元流动资金，产值由最初的近 2 万元提高到 152 万元。现在工人们夜班住宿有了楼房，吃饭有了食堂，劳动有了保护，伙食有了补贴，人均月工资为 63 元。

庙港丝厂只是千万个社队厂中的一个，丝厂的历史也是乡镇工业历史的一个缩影。从中我们看到除了一笔可数的集体积累之外，还有一本算不尽的账。十几年来，那些拖着泥腿进厂的农民不计工时、报酬，不顾辛苦、劳累，把自己的血汗投入工厂。

有投入必有产出，待到投入积累到一定程度，产出的旺季也就到来了。应当产出的规律加上可以产出的社会条件，苏南的乡镇工业便开始腾飞了。因此，乡镇工业今天的高速度主要来源之一是农民的集体积累，它是十几年来农民工劳动的结果。乡镇工业的发展是有深厚的根基的。

但由此说乡镇工业的资金都来自自身的积累，那也是不切实际的。从 80 年代开始，从中央到地方，各级政府制定了扶助乡镇工业的贷款和税收政策。贷款的无偿或低息，税收的减免或低率，使乡镇工业得以养生和滋长。同时还应看到，这几年各级政府也在乡镇工业的滋长中取得了财政收入的增加。因此从长远的观点来看，只要政策对头，收入无疑将会大于支出，至少也会打平，这还仅仅是从金融管理的观点说的，至于在达到收支平衡的过程中，农村经济发展的社会效益是无法估量的。

金融政策对乡镇企业的发展具有一定的影响。可是政策要掌握得适当也不是一件容易的事。去年下半年，不知什么原因，贷款口子大开。农村干部反映，那时各家银行还真有点争风吃醋，项目一来就批，唯恐贷不出去，似乎有支不尽的钱。

看来在去冬的那股贷款风中，不切实际地要求扩厂、增加项目的倾向还是存在的。但是这种倾向既不是主流，也不能说乡镇工业本身走上了浮夸，因为那是金融政策出了毛病。当然，我们必须认识到，基本建设摊子铺得过大是不合理的，到头来是会吃亏的。到了今年的二季度，银行的信贷一紧再紧，刀子切下来不容有任何例外，也不分贷款贷得是否正当。

在数月之内，信贷的大起大落不能不说是一种盲目性的结果，后果现在还没有暴露清楚。至于借钱搞建设和靠自身积累去发展，究竟哪个方式利多弊少，那是需要经济学家才能说得清楚的问题。对于基层的干部们来说，重要的是如何把钱花在刀刃上，即服从宏观控制，进行微观调节。为此，吴江的新老两位县长正在绞尽脑汁想办法。他们把全县 63 个投资数在 50 万元以上的在建项目全部梳理了一遍，叫做项目排队。其中经过论证效益不高的有 9 个停了下来，其余的也作出了分期分批发展的计划。同时，他们还用清理往来款，扩大集资，吸引外资，企业内部挖潜调剂等办法进行微观调节。他们告诉我，现在有 42 个在建项目的资金已全部或大部落实。

从被动地受制约变为自觉地有计划发展，这是宏观控制以后带来的一个积极后果。可以说，在贷款问题上虽然喝了几口凉水，但乡镇工业又一次经受住了考验，它将会更扎实地向前迈进。

二

为什么乡镇工业能有如此大的适应性和如此强盛的生命力？要回答这个问题，就应当进一步去认识乡镇工业所具有的独特性质。

我认为，认识乡镇工业的性质有两种眼光。一是从西方工业革命到现代工业发展的历史经验上看去，苏南的乡镇工业则是不伦不类、难以理解的东西。二是从中国农村的家庭经济结构上看去，乡镇工业却是顺乎自然的事物。那么，在被人称为土头土脑的乡下人眼里，是怎么看待由他们自己办起来的乡镇工业的呢？

首先让我们作一个纯属假定的问题，即如果苏南的农民只在土地上进行单一性的粮食生产，他们能否满足自己生活的需要？

在 20 世纪 30 年代我第一次到开弦弓村作调查时，了解到当时的水田每亩产稻谷平均在 400 斤左右，而那时吴江人均也只有两亩耕田。土地上的收成去掉农业成本和税收仅够供人的食用。可是，农民的生活不光是吃饭，还有住房、穿衣、社交、娶媳妇等，这些基本的生活内容一样也不能少。显而易见，农民光靠土地满足不了生活的需要。这一矛盾用四个字来归结，就是人多地少。

解决人多地少这一矛盾的办法有两条，一是把多余的人挤走，移居他乡，去开辟新的土地。可是苏南人却没有地方去移民。另一个办法是提高单位面积的产量，这一点苏南农民做了，世世代代精耕细作，实为举世罕见。可是这个办法在一定的历史阶段和一定的技术条件下总是有一个限度。

在历史上，苏南农民另辟蹊径，他们很巧妙地把畜牧业、种植业和手工业三者有机地结合在一起，最典型的便是栽桑、养蚕和缫丝，这便是所谓的家庭副业。其实副业并不副，如果按照我在 30 年代的调查结果，农民的生活是吃用各半的话，那么副业满足了农民除吃粮之外的另一半生活需求，吃靠土地，用靠副业，男耕女织，农副相辅，这种家庭经济结构，充分显示了苏南农民为谋求生活所激发的特有的创造性和主动性。这种结构作为历史传统一直流传下来，成为当时最理想的经济结构，苏南这块地方也成了人们向往的"天堂"。他们的命根子被掰成两半，一半是土地，另一半就是包括手工业在内的家庭副业。

可是，苏南农民的家庭经济结构没有一定的社会制度作保障，它就显得特别脆弱。封建制度容不得农民有长期稳定的康泰生活，特别是当封建制度与帝国主义侵略结合在一起向农民下手的时候，苏南的家庭经济结构就很快被瓦解了。我在 30 年代所得到的深刻印象是，帝国主义凭借先进的机器工业把中国农民的土丝挤出国际市场，与此同时各色洋货又打进中国市场，于是苏南农民的副业萎缩以致完全衰败，农民失去了半条命根子，可是农民不能不生活。要生活下去就得靠借债，地主、高利贷者乘势加重盘剥，土地兼并的速度越来越快。农民从生活无着到丧失土地，原先处于掩盖状态下的封建矛盾趋于表面化、白热化。土地矛盾的激化引起农民的反抗，终于酿成了一场席卷中国的急风暴雨式的革命。

革命的结果是生产关系的彻底变革。解放以后，土地还家激发的生产热情加上集体劳动的力量提高了土地的利用率，单位面积产量直线上升。在苏南，50 年代末亩产粮食在 800 斤上下，60 年代末超过了千斤，70 年代中期达到了 1200 斤左右。

粮食产量的增加固然能提高土地养活人口的能力。然而在土地与人口这两个变量中，人口的能动性远胜于土地的弹性。自 70 年代开始，粮食产量一直停滞在现有技术条件下的临界状态，可是人口却剧增起来。人均拥有耕田从解放前的 2 亩下降为 1 亩，所以尽管产量翻了接近两番，每人从土地上获得的粮食却只有 1200 斤。如果吃粮水平为 600 斤，那么还剩 600 斤。在扣除农业税，农业成本和提取集体积累之后，农民所余无几。

与此同时，在农业政策上片面性也越来越大。农民的家庭副业成了"以粮为纲"的对立面而被严加限制，集体副业也差不多只剩下为粮食生产提供肥料的养猪一项。

反省起来，在 20 多年时间里，由于没有认识到人口增殖对经济发展的制约作用，使人多地少的矛盾再度尖锐起来，由于忽视了传统的农民家庭经济结构中合理、积极的成分，致使农业独木难支，长期徘徊不前。这就是苏南农民在实行农业责任制以前人均收入始终处在百元上下水平的根本原因。

历史的经验表明，对苏南农民来说，只从土地上去讨生活是不足以维持生计的，要使生活富足起来，就得把握住另一半命根子，而增加家庭收入的副业门道，这是人们最熟悉、最有感情的途径。因此，即使当时的政策把所谓"七种八养九行当"的传统副业都列入禁区，农民还是顽强地寻找能开辟活路的新的副业行当。于是在 60 年代末期的特定的社会条件下，苏南农民又创出了一条新路，他们纷纷起来兴办社队工业，用搞工业的方式取得生活所必需的收入。

因此，在农民的眼光里，社队工业是开辟增加收入，满足生活需要的一个新的副业。它的作用与过去在家里饲养几头羊并无差别，至于手段和形式的不同是另一回事。因为副业的本性就是易变，什么收益最大就搞什么，怎样搞赚钱最多就怎样搞，七种八养九行当轮着转。

如果我们用以工业为手段的农村集体副业这一根本性质去观察社队工业，那么对于社队工业的种种特征也就很容易理解了。例如，副业的项目变化不定，社队工业也可以经常换牌子、转方向；副业是把耕作之外的剩余时间利用起来变成生产性的劳动，社队工业的工人也是亦工亦农的农民工，他们既不离乡，离土也只是部分时间，回家还得帮助种田，实际上是劳动时间的分业安排，而决不是如同西方工业革命时那样，劳动力被抛入市场作为商品出售。家庭副业的收入是由所有家庭成员分享的，社队工业也在社或队的范围内搞利益均沾，招工一户一工，工资尽量缩小差距，保证收入均摊；搞副业只求收入，讲究勤快，而不计成本，缺乏精密计算的效益概念，所以社队工业兴起时工人也不太关心工厂的经济效益和产品成本核算,工资虽低,对工人说总是一笔现金收入,可以贴补家用,有收入就可以,因而不计较工时长短和劳动强度。副业与农业是共同负担吃用各半的"亲兄弟",谁也离不了谁,社队工业自然也就要补农、贴农,农业上的技术员、拖拉机手、管水员以及社队干部、民办教师、农村医生等,他们的名字都可挂上工厂的花名册,从工厂支取报酬……凡此种种,与现代工业的特征相背离而使人费解的事,在农民看来极其自然,理应如此。道理就是工厂并不是别的东西,只不过是他们自己的又一副业园地而已。

农民搞副业的一个特点是一哄而起,遍地开花。在初期短短几年里,苏南的社队工业也到处蔓延,落地生根,历经艰险而不衰。社队工业的这种强盛的生命力和普遍的适应性,不能不使人联想到那野火烧不尽、春风吹又生的小草,草根深深地扎在泥土之中,一有条件它就发芽,就蓬蓬勃勃地生长。这种社队工业,可以称作草根工业(Grassroots Industry)。

与西方工业革命的历史相对照,草根工业无疑是中国农民的一个了不起的创举。西欧工业的发生,一股出自城市侵入农村的力量把农村作为工厂的猎地,农民变成工业发展的猎物。而中国的农民却发自一股自身内在的动力,驱使他们去接受工业。他们有力量冲破资本主义工业发展初期的老框框,他们根据自己的生活需要去改变工业的性质,让工业发展来适应自己。在草根工业中,农民表现了充分的主动性,这不是当今中国社会的一大特点么?

三

任何事物的发展都是相互作用的结果。一旦草根工业破土而出,它就会按照自身固有的规律运行。这就是说,在农民接受工业的同时,工业也在接受农民,影响农业,改变着农村的面貌。从这一意义上说,农民最终还得去适应自己创造的工业的发展。

应当看到,草根工业虽然具有副业的作用,但它毕竟不是完全等同于传统副业。首先,传统副业以家庭为经营单位,而办工业的经营单位一般都是集体性质的,至少是几家联户才能办得起来。所以,草根工业把个体经济转化成为集体性的合作经济。其次,传统副业是小农经济的一部分,它是一种小商品生产,副业生产的商品往往是农户生活的多余部分。例如鸡鸭卖出去成了商品,卖不出去也可以留着自用或待客。而工业则完全是商品经济,它的商品率远比副业高，而且它把生产者与消费者严格区分开来。第三，传统副业大多是农产品的一次性转换或手工进行粗加工，所以它在资金、设备、技术、人才和管理等方面要求很低。而工业在上述诸方面的要求比传统副业高得多。

正是由于这三个不同，草根工业就不能像以往的家庭副业那样，长期停留在一个水平上，它必须不断改变分配、人事、管理等各种制度和技术素质，以适应工业经济的规律。否则在急速的市场涨落和激烈的企业竞争中，草根工业就有被淘汰的危险。

在同里乡有一家小厂，与一家城市企业商谈建立协作关系。上午在小巧别致的退思园观赏，印象颇佳；中午用餐以鱼虾河鲜招待，亦使来客满意。可是下午到厂里一看，厂房窄小，设备陈旧，来客爱莫能助，摇头而去，协作之事就此告吹。

在北库乡，达胜皮鞋总厂拥有1400多名工人，三年来实行企业改造和企业管理的结果，使它做到要批量有批量，要质量有质量。去年一年就生产了50万双中、高档女式皮鞋，"达胜"这块牌子在上海市场一打响，该厂身手不凡的萧厂长也就特别引人注目。一次他从广州飞回上海，机场上竟有好几家上海商业公司的经理开车去"抢"他，要向他订货。据说这件事在乡镇工厂同行里不胫而走，流传很广。因为从来都是乡下人巴结城里人，而今天倒了个头。上海人要巴结乡下人，这在吴江乡镇工业的历史上还是第一遭。

这一悲一喜的两个小故事告诉人们，早期社队工业的一部分优势正在转化为劣势。例如"船小好掉头"，在当时表现出企业灵活的一面，而今却突出了经不起风浪，容易翻船的另一面。又如"土法上马"，成本固然轻微，但它也意味着质量不行，产品上不了市场。因此，乡镇工业发展的重心开始移到上批量生产，拼技术实力，强化质量管理，讲究经济效益上。

从切身经验中认识和掌握现代化工业运转的规律性，并按照规模经济的要求改造自己，这就使得一部分乡镇工业在草根工业的基础上上升了一步，开始脱离副业性质，朝着现代化工业的目标发展。北库乡的吴江绣服总厂与上述的达胜皮鞋厂就是两个离副变工的上升型乡镇企业。

去北库乡是临时决定的，我比较喜欢这种令人突如其来的常态访问。可看来那位姓陆的绣服厂厂长根本无须作准备，全厂所有的数据和情况似乎都装在他的脑子里，在电扇轻摇的产品陈列室里，他井井有条地向我们作了简洁明了的介绍。

绣服总厂现有四个分厂，1000多名职工。它的产品是绣了花的丝绸服装，其中有30%为内销,70%出口海外。三年前,它还只是一个只能做化纤料裤子的百来人的小厂。当时化纤服装处于低潮,在关厂还是继续办下去的抉择面前,他们分析了服装的面料、款式、色调等市场信息,决定充分利用"丝绸之乡"的本地优势,改产绣花丝绸服装。这一改,使工厂气象更新,面貌大变。三年里产值每年翻一番,利润每年翻一番半。1985年上半年,实现产值450万元,全年利润可望达150万元,还可为国家创汇300万美元。他们用自己的实际行动,使一个原先不相信社办厂能生产外销服装的省级公司,不得不主动找上门来,将它列为外贸的定点厂。

北厍绣服厂走到今天这一步,那是大刀阔斧进行企业整顿和改革的结果。在工资制度上,他们变固定式的低工资为用百分考核计算的计件工资制,打破了平均主义的大锅饭。在干部制度上,他们取消了退出农业第一线的老干部仍然进厂当干部的惯例,实行任聘结合的新制度,不论是什么人,不讲情面,有多少本领就授予多少权。在招工制度上,废除了一户出一工的老办法,新工人必须通过文化考核和技术考核才能进厂。工厂握有完全的用工权,工人在三个月的实习期间,工厂有权择优录用,不适宜的可以除名退厂。目前,这个厂正在进行强化科室领导、分层把关的改革,厂部设了10个科室,各车间除了一名主任,还配齐5—6个检验员、收发员和统计员。他们相信,通过以全面质量管理为目标的改革,工厂将会有更新的起色。

听完介绍,我觉得自己把过去的社队工业或现在的乡镇工业作为一个不加区分的统一体的看法应当加以修正。看来我们应把乡镇工业分为两个层次,一层就是现在的村办工业,它仍然保持着草根工业的性质;另一层则是现在的乡办工业和镇办工业,它是从草根工业向现代工业过渡的工业。这一层次的工业正在把草根工业的种种特征逐步抛开。例如北厍绣服厂除了上述的各种制度改革以外,已经建造了600人的职工宿舍,有60%的工人不再每天回家。据说,在其他几个类似的工厂中,农民工们通过工会提出了修建职工家属宿舍的要求,厂方也正在制订这类规划。这层过渡性的工业所具有的特点,应当引起我们的注意,值得我们去深入研究。

从吴江来看,从草根工业内部分化出一批初具现代工业特征的乡镇工业,是在最近一两年里发生的事。乡办或镇办工业之所以上升一层,除了工业发展的规律在起作用外,财政上的包干制,各级政府都要分灶吃饭,恐怕也是一个重要的原因。

据庙港乡反映,不包括乡镇建设在内,仅仅用于维持一些必要的开支,乡政府一年就要花费 20 万元左右。其中第一笔是行政人员的工资，乡党委、乡政府和经联会三套班子有 84 人，而由国家支付工资的干部仅 27 人，其余 57 人需由乡财政支付工资，全年为 4 万元。第二笔是公共事业和文教卫生费用，约 8 万元。第三笔是防洪、石驳岸等的兴修水利费，约 5 万元。第四笔是修桥铺路的开支，需 3 万元。这 20 万元的维持费就要由乡一级的工业利润来负担。

其他乡、镇的情况也是如此。据介绍，乡办和镇办工业的利润在上交税收以后，一般作三等分，分别用于工厂的再生产、乡镇一级的财政开支和小城镇的建设。例如盛泽镇，1984 年全年镇办工业的利润为 300 万元，除去税收 145 万元，上交镇政府 54 万元，镇区建设集资付出 61 万元，只剩 40 万元返回到再生产。

镇区建设的集资费用是作什么用的呢？从盛泽镇和震泽镇来看，1984 年分别集资 61 万和 54 万。建设的项目有办托儿所、建公园、街道铺建、盖老干部活动室、修订镇志、造敬老院、改进自来水设施、修防洪设施、办文化中心或俱乐部、造职工教育楼等。

既然乡和镇都作为国家基层一级的财政单位，那么国家下拨的经费又到哪里去了呢？回答说是有的，但数量极少。北厍乡 1984 年才 9 万元，而实际的乡镇建设经费为 60 万元，缺额部分只得向乡办工业去化缘。

听了这些，我心中泛起一股说不清楚的滋味。在乡、镇一级的开支中，应当由国家开支，而现在转给乡镇工业负担的项目是太多了一些。据说连乡派出所的民警制服也要由乡镇工业出钱去买。问题究竟出在哪儿呢？这不能不引人深思。

为了满足这么众多的经费需要，乡、镇一级的工业自然必须讲究经济效益，以争取更高的利润。然而，赢利和非生产性开支之间是一对矛盾，这是目前普遍感到负担过重的原因。可是从农民的角度看，乡办和镇办工业赚的钱，除了付给农民工的工资、奖金以外，主要用于集镇建设，为镇上的聚居人口服务。所以乡办工业与村里农民的生活之间已经隔了一层，相对疏远了。村办工业与农民生活的联系就要密切得多。从报表数字看，村办工业的经济效益最低，而实际上，村办企业把自身的经济效益转成了全村的社会效益。例如村办工厂通过一户一工、多招工人的方法，使工厂的劳动生产率变成了农民家庭的工资收入。在吴江，凡是村办工业，都起到直接补贴农业、补助农民的作用。村办工业办得越好，补贴和补助就越多。据县委办公室提供的资料，八坼乡的农创村,由于村办工业办得有起色,在过去的五年内集体给农民的补助共计77.2万元,人均得870元。补助的项目有兴修农田水利,农民建造楼房、修筑村道、集体应提取的公积金和公益金及管理费、发放养老金、修护石驳岸、合作医疗、计划生育、学生学费、烈军属补助、困难户补助、农民购买电视机补助等共12项。其中接近和超过10万元的有前列的四项。

与村办工业的作用相比较,乡办工业的作用与农民生活是隔了一层。但乡办工业毕竟是从草根工业中脱胎出来的,因此,尽管它为提高经济效益而改变草根工业的性质,但它始终没有抛弃支农、养农的主旨。这就是由农民发展起来的现代工业与资本主义工业的根本区别。一方面,乡办工业以支撑乡财政、资助小城镇和兴办乡、镇范围的公共事业、社会福利事业的形式,间接为农民服务;另一方面,一些先进的乡办工厂开始用联营的方式去扶助村办工业。

北厍乡有一个村办的皮鞋厂,由于缺乏技术、信息不灵和经营不善,年年亏本,一直处于危机状态,可它养着200名农民工,关不了厂。1985年1月,乡政府决定将该厂划归乡办的达胜皮鞋厂管理,成为它的一个分厂。半年来总厂只给分厂添了点设备,建立起与总厂相一致的管理制度,分厂的经济效益就提高了10倍,今年分厂的利润可达40万元左右。乡村联营不但带动了村办厂的发展,而且可以通过分散经营和协作生产,使乡办厂自身在不增加人员设备的情况下扩大产品的批量,更具有规模效益。

乡办和镇办的工业上升了,草根工业的力量是否因此而削弱了呢?看来情况恰恰相反。吴江乡镇工业局的同志说,这一年来村办工业的发展势头比乡办工业旺得多。统计资料也表明,工业的发展速度是县不如乡,乡不如村。在产值上,1984年乡办工业为3.1亿元,村办工业为2.7亿元,两者已相当接近。在发展速度上,今年上半年与去年同期比较,县属工业只增长18.7%,乡办工业增长87.8%,村办工业则增长111%。

把这一现象与上述的工业和农民生活之间的关系联系起来,使我们明白了一个道理,即工业与农民生活的关系越密切,发展的动力就越足,发展的速度也就越快。所以乡一层的工业一上升,农民就觉得它离自己的生活远了一点,于是就把积极性投入到仍然作为草根工业的村一层的工业上去。就这样,一批草根工业离了"土",又一批草根工业长了出来。由此而言,乡、镇一层工业的升级,不但没有削弱草根工业,而是助长了草根工业的发展。

四

草根工业上升了一层，再滋长一批，这个过程当然不可能永远进行下去。可是现在乡镇工业还刚刚上升，就亮起了红灯叫它暂停。

部分同志从宏观控制出发，认为乡镇工业已不能再承受劳力的冲击了，他们希望至少在目前不要再提劳力的转移；另一部分同志则从农业现状出发，觉得乡镇工业不能再挖走农田上的劳力了，他们希望不要再讲无工不富，要讲无农不稳。

对于前一种看法，我以为宏观控制的对象是失控，乡镇工业的发展并没有失控，自然它就不应当成为控制的对象。至于宏观控制带来的影响，也必然会随着失控现象的扭转而消失。因此，只要农业上有劳力剩余，就会产生冲击力，谁也挡不住。关键就在于农业上究竟还有没有多余劳力？按照第二种看法，农田上的劳力紧张起来了，农业开始告急，草根工业的基础在发生动摇。

情况是否果真如此呢？

根据统计资料，1984 年，吴江县的农村劳力总数为 39.14 万人，其中有 12 万人已转移到乡、镇、村工业和县集体企业工作，从事建筑、运输等其他非农业的劳力为 6 万人，从事林牧副渔的劳力有 3 万人，从事耕作的农业劳力为 19.32 万人，以全县 96.24 亩耕田计算，每个劳力平均拥有 5 亩耕田。另据县农工部测定，若按现有耕作技术条件下每亩耕田需用 34 个标准劳动日计算，每个劳力可耕种 8 亩田。可这是在理论上算账。如果考虑到劳动力的不平衡性和农田耕作的季节性，现在的生产条件实际上一个劳力能种好 5 亩田已经很不错了。劳均拥有的耕田数与一个劳力能够耕种的田亩数正好相等。由此可见，从全县的大账算来，吴江的农业劳动力应当是既无剩余，也不缺乏。

然而，在我走访的几个乡，除震泽以外，干部们都说农业劳力颇感紧张。可替他们算一算账面上的劳力，又都与全县的情况相符，基本上能够满足农业耕作的需要。看来只算账面数字而不看实际，就不容易把真实情况摸清楚。

开弦弓村合作社的社长谈雪荣，今年刚满 40 岁。他家有口粮田和承包田共 7 亩多。原先，这些田主要由他 60 多岁的父亲在负责耕作，农忙时则全家帮忙。今年他父亲病故，失去了一个农业上的全劳力，种田的担子则落到他的肩上。虽然家务事由老母亲做，在村丝织厂工作的爱人和一个儿子也可在工余时间做帮手，可他既要工作又要种田，夏收夏种时家中又饲育春蚕，在最紧张的那些日子里,每天十七八个小时的劳作累得他躺在床上动弹不得。

北库乡的柳书记告诉我,这个乡共有劳力1.5万人,其中从事以乡镇工业为主的非农劳动人数有1万人,还剩下1/3的劳力在种田。他强调说,从人数上看农业劳力并不缺,但农业劳力老的老,少的少,质量太差,是个不实足的数。梅堰乡的徐圣祥书记是老熟人了,他说在梅堰这个铸件之乡,青壮年劳力绝大多数被工厂吸收了,留下的都是60岁上下的老人和病弱者。所以在群众语言里多了个词,他们把联产到"劳"称为联产到"老"。

强劳力进厂,半劳力种田,这无疑是农业劳力紧张的一个原因。如果联产到"老"的趋势继续下去,有可能造成极为严重的后果。去年,在梅堰乡的庙头村有三家万斤粮户,今年大概都保不住这一称号了。据说是因为这三家的青年不听家长要他们留下种田的劝阻,都跑到工厂去了。大家普遍反映,现在农村的青年人都不愿当农民。对此,有人惊呼,十年以后将无农夫。

青年人之所以不愿留在村里种田,据说一是因为农忙时劳动强度太大;二是社会地位低下,不进工厂甚至连对象都难找;三是农业的收入少。

我注意到的是第一和第三两条,第二条是从这两条派生出来的。第一条这里姑且不说它。先看第三条,种田的收入少到什么程度?

请县有关部门计算1984年每亩粮油作物的物质费用,结果是,以亩产粮食1433斤和油料61斤计算,亩均收入是255元,而种子、肥料、农药、机耕、排灌、小农具添置等物质费用每亩约为78元(该数字是在县农工部提供的每亩物质费用资料中扣除管理费一项后计得)。又据开弦弓一户记账农户提供,去年他家的5.7亩田地共缴纳了两金一费和农业税为330元,每亩为58元。以亩均收入减去物质费用和缴纳费,农民在每亩农田的耕作收入为119元。如果一个劳动力全年耕种5亩田,则可收入595元。

据乡镇工业局领导同志介绍,去年乡和村两级工业职工的年平均工资收入(包括奖金在内)是727元。所以务农劳力收入要比务工劳力的收入少132元。这里应当指出,务农劳力的收入中有相当大的部分是以实物形态兑现的,即全家所需的粮食、食油、柴禾等都包括在上述的收入中。以全县农业户户均人口为4人,每人需自耗农产品的价值为100元计算,那么,耕作5亩田的农业劳力只到手现金195元。还应当指出,一户人家耕5亩田必须有一个劳力被钉在土地上,而在耕种和收获时节,全家人必须都扑到土地上做帮手,由此算来,一个农业劳力的现金收入就是微乎其微了。

计算数字不免使人枯燥乏味,可所得的结果却十分重要,它可以使我们悟出不少道理。平望乡的干部说，现在种田不如一位老太太在车站上卖茶叶蛋，不如在乡镇办厂当工人，更不如到上海做小工。所以该乡的溪港村就有三户人家不肯种田，弃农经商，留下的7亩田只好由村里的塑料厂派人代耕。开弦弓村有一户人家因特殊困难退出了3亩田，村干部为了重新分配这点田召集社员开会。会议从晚上7点半一直开到午夜11点半，无人愿意领受。最后还是请大家看在乡亲、乡邻的面子上，才分掉了2亩7分。北厍乡为了防止农业劳力的盲目外流，下行政命令不准农户白田抛荒，外出经营需三级证明。这种现象，包括前述的青年不愿种田等，不都可以在这计算结果的数字中找到根源吗？

因此，农业劳力的紧张，农民地位的低下，根本的原因就是农民所说的一句话：种田赚不着钱。干部们把它翻译为：农业的经济效益最低。由于农业的经济效益最低，土地的价值在农民心中便失去了其数千年来的传统魅力。土地价值的跌落是一盏真正的红灯，不过它不应该是暂停的信号，而应成为提醒我们警惕农业有可能产生危机的标记。它要求我们必须深入研究在农村工业化的过程中怎样发展农业这一迫切课题，从而使农业现代化与工业化同步进行。

目前我们在吴江看到的实际情况是，农民尽管不愿种田的思想普遍存在，尽管有弃农的苗头出现，但在吴江，从总体上看，眼下的农业生产还是稳定的，农民们拼死拼活也要把落实责任制时分到的几亩田种熟种好。这是因为农民的商品经济头脑还没有发展到把粮食也包括在内的程度。所以农户的食用粮和家庭饲养牧业用粮还得靠自己种出来才放心；盖屋时请人吃饭亏空的粮食也不是到市场上去买，而是到亲戚家中去借。

因此，粮食必须自给自足的传统和几十年来粮食并不富裕的教训，维持了目前农业生产的稳定。可这种维持的局面是不可能长久的，假定从工业得利和从农业收益之间的距离进一步拉大，农民的商品经济头脑再向前迈一步，那么农业生产就会出现危机。

上述两个假定并不是研究者的空想。在苏南一些发达的地方，已经出现了所谓"产值四年翻一番，市场缺少鸡肉蛋"的情况。在吴江，当农户把前两年打下的粮食用塑料袋储放在家里以后，1985年便出现了改水田为旱田、变粮食生产为其他经济作物生产的新情况，以致县领导觉得国家下达的2.75亿斤派购粮任务过重，担心今后有可能完不成。

因此，用行政命令不准农业劳力流动的办法只能暂时奏效。要真正做到有一个稳定的农业，就得从提高农业生产的效益出发，去寻求发展农业的新途径。

在吴江，我听到两家农业大户的情况。一户在八圻乡，全家10口人，承包了近100亩土地，而且把粮食生产与饲养畜禽相结合，成了以农业生产致富的典型。今年，这家农户还买了汽车，准备形成农业、副业和运销的家庭经济新体系。另一户在同里乡，夫妇两人加上女方的父亲和一个渡工，承包了130多亩耕田，预计今年的收入逾万元。

人们从这两个大户身上总结出一条：农业生产要提高效益，就得搞规模经济。县委办公室的一位副主任说，实践证明，五六亩责任田只能拖住农民，却不能安住农民的心。只有扩大经营土地的面积，形成一定的规模，才能产生较高的经济效益，也才能有人安心种田。

这使我想到了在日本时参观过的家庭小农场。一对夫妇，一二个雇工，经营着相当于三四十亩土地的小农场。在日本，这种家庭小农场的收益并不算高。但若与苏南每家耕种五六亩田相比，它的效益显然要高出一个层次。那么，我们能否在责任制的基础上，也实行这种土地小规模集约的经营方式呢？

从上述两个农业大户的情况来看，第一，在他们承包的田地中，绝大多数是围湖后的湖田，因此没有像其他土地那样重的派购粮任务。第二，在种子、化肥、水利、仓库以及农机等方面，集体为他们撑了腰，提供了高于一般的农业服务。这两个条件显然不具有普遍性，因此，吴江的农业大户也仅此两家。

要做到土地的一定规模的集约经营，离不开农业耕作技术的提高和农业生产服务体系的建立。现在的农业技术与服务情况如何，我这次来不及作详细了解。但看来农业技术的提高很缓慢，服务也没有大的改进。调查时，人们说到这样一件事：一位农民在梅雨季节过后打算翻晒粮食，一天他听广播说是"晴到多云"，于是就把谷子摊在场地上，他自己去镇上的茶馆喝茶了。谁知转眼间下了一阵雷雨，等到他赶回家，粮食已全部被雨水浸泡透了。一气之下，这位农民举起铁锄，把挂在墙上的广播喇叭敲得粉碎。当然，天气预报并不能保证万无一失。我举这个例子是想说明，对于在现有技术条件下的农业生产来说，对自然力量的抗御力还很弱，冒的风险较大，故而优良的服务更显出其不可或缺的重要性。一旦服务不周，农业的规模经济自然也就不可能形成，只好将农业生产的风险让众人分散去承担。这就是县干部所说的发展农业服务难，农业风险要共担。

农业负担的减轻，耕作技术的改革，服务体系的建立，都需要雄厚的经济物质基础。这一力量在现在的农业里是不具备的。农业这条腿目前还很软，靠它自己还站立不起来。所以农业由小农经济向规模经济过渡，必须有一外来的触发和支撑的力量。我以为这一力量就来自草根工业。实际上，现在苏南农村不发生大批农民外流，农业还能持续高产，是得力于基层草根工业的支持。

工业的进一步发展把农民一批批地吸走，农业劳力的紧张导致土地经营的相对集中，工业的利润则为农业的集约经营减轻负担和增强技术服务提供经济力量，而农业的规模经济又反过来以释放更多劳力的方式促进工业的进一步发展和飞跃。这就是我对草根工业的意义和农业发展的前景和动力的认识。至于苏南农业究竟以多大的规模进行集约经营？人们估计现有技术条件下大概可达到 20 来亩。对此还有待于我们去研究。

从现有包产到户的小农责任制转化成相当规模的小农场，给农业机械化和现代化的真正到来创造条件，是当前已经提到日程上来的现实问题了。显然，农村体制改革已要求更上一层楼。这也应当是我们今后研究的重点。我觉得现在回到农村里去进行调查是及时的。农村是乡镇工业的基地，乡镇工业促进了小城镇的发展，形成了苏南地区全面的繁荣，要跟踪追进地观察这个历史过程，我们不能放松农村本身的调查研究。这可说是我九访江村总的体会。

1985 年 8 月 29 日

吴江行

暮春三月，江南草长，我今年又有机会回访故乡江苏省吴江县。屈指算来，离我1981年三访江村正好10年。这10年故乡的变化真大。10年前吴江有名的七大镇正从冷冷清清的衰落景象里抬起头来，一股生气引起了我的注意，启发我作出调查研究小城镇的倡议。

从那年起，我每年都回乡考察，江村的老乡提醒我今年是第15次访问了。这10年里我看着这一带农村的房屋从草房变瓦房，一层变多层，联门接户变成了别墅式的小楼房，我看着农村里兴办起了一个个作坊式的小工厂，又看着它们逐步长成为厂房宽敞、设备先进的现代企业，我看着农村的青少年里冒出了一批批头脑敏捷、眼光宽阔的农民企业家。这一切正是我早年梦寐以求的变化，真没有预料到今生今世能亲眼看到我的家乡竟在这短短10年里发生了这场历史上从未有过的巨变。所以每次回乡总是不能不有些激动。

这次回乡访问时间虽短，还是匆匆忙忙地跑了几个突出的乡镇，又得到了许多启发。回来坐定，整理一下思绪，写了这篇给《瞭望》读者的汇报。

从温饱到小康

总的说来，吴江这10年正是从温饱型经济进入小康型经济。我三访江村时，该村的人均收入还刚接近300元，这次一问已达到1300元，增加1000元。从吴江全县平均数来看，1980年的人均收入是230元，1990年是1176元。全县的工农业总产值1980年是9亿元，1990年是59.2亿元，10年增加了5倍多。

江村的农民进入80年代就已经越过了人均收入200元的贫困线。我在《三访江村》里对当时农民的生活曾有所描述。当时老百姓说："一天三顿干饭，冬天人人有棉衣棉被，吃穿不用愁。"这是民间的温饱标准。从吴江全县来看，大体和江村相仿，也可以说是在80年代开始越过贫困线进入温饱型经济的。

进入温饱线之后，农民生活上感到紧张的是住的问题。孩子长大了要结婚，但没有房子，做父母的干着急。我在三访江村时见到有些较富裕的人家开始在原有的旧屋前后左右设法添造新房，像是老房子长出了一个个瘤子，把原来已经很狭窄的弄巷搞得更曲折难行。一般说来拆掉旧房翻造新屋，大体上人均收入要超过500元时才会开始。果然，吴江县在1985年前后农村里掀起了建筑热，那时人均收入是664元，到80年代后期，一丛丛白墙黑瓦的楼房出现在公路两旁，给人以江南确是富饶的印象。

1988年吴江人均收入越过千元大关，接近小康边缘。这时农村出现了争购家用电器的高潮。一座座小楼房屋顶上竖起了密密麻麻的电视天线，使人触目。拿江村来说，目前已有80%的人家拥有电视，30%的人家拥有冰箱。自行车已成了家常的交通工具，平均每户1.9辆。

吴江县算不算已经进入小康型经济，江村农民的生活能不能说已经走出了温饱型的界线？我还不敢作出肯定的答案。如果说以人均国民生产总值800美元作为温饱和小康的一条分界线，那么吴江1990年人均国民生产总值已达3114元人民币，按1981年汇率计算，已超过800美元了。但是考虑到统计数字中有没有水分，汇率又应当怎样计算等问题，不如将其说得保守一些，吴江经过10年的努力已经接近小康水平了。

小康水平是怎样得来的

吴江在苏南各县中经济上处于中等偏上的地位。1990年工农业总产值与超过了100亿的无锡县比还有相当大的差距。但是它有它的特点：农业稳定，副业兴旺，工业发达，创汇力强。以外贸收购额论，它在江苏各县中名列第一已连续9年，堪称"九连冠"。吴江经济的特点和它所处的地理条件有关。它的西境靠太湖。太湖水东流入海，在吴江境内留下了一片片大大小小的湖荡，形成纵横交错的水乡。水乡的交通既便又不便。在人际往来，货物运输依靠舟楫的时代，应该说交通是方便的。但是水乡的陆上交通却十分不便。吴江的23个乡镇直到前几年才全部通公路。这种地形在自给自足的小农经济时代是有优势的，而要发展现代工业就很受限制了。吴江离上海较无锡和吴县都近，却不在沪宁铁路沿线，工业发展因此慢了一步。我们这些吴江人过去在苏州人和无锡人眼中是土头土脑的乡下人。

土气重一些，对农业就亲一些，联系也就紧一些。农业是经济基础这一事实在吴江体现得比较清楚。这次回乡，吴江县的负责同志向我介绍情况时首先强调说：农村是吴江经济的主体。全县76万人中65万住在农村。1990年59.2亿元工农业总产值中44.7亿元来自农村。吴江的工业和贸易主要是以农业为基础并在农村中发展起来的。这番话，我是能领会的，而且认为他们说出了这一地区这10年来经济发展的本质。

我曾说过，要理解苏南的乡镇企业必须懂得这个地方的农民是把这些企业作为农村的集体副业来看的。在农民的意识里农业还是农村的主体，尽管副业收入超过农业，主副之别还是不变的。苏南的乡镇企业当其初生时确实是为了吸引农村里多余的劳力和补充农家的收入，和其他"副业"并无不同。后来乡镇企业发展得快，经济收益远远超过了农业，这时农民毫不犹豫地"以工补农"，一直发展到"以工建农"。可见在农民的意识里乡镇工业是农业的延伸，有点像亲子关系，工业有反哺的义务。乡镇企业所表现出来的工农关系不能不说是"中国的特色"，也是促进苏南农村这10年里大发展的一个重要因素。这也反映在苏南农村里农副工三业的协调发展，它们形成了一个良性循环，促进了农业稳定、副业兴旺和工业发展。这个循环在吴江比较容易看清楚。

吴江这10年工业的发展并没有引起农业的萎缩。他们的农业在实际耕种面积略有减少的情形下，主攻单产，稳定总产。全县80万亩耕地，连续5年粮食总产超过5亿公斤，亩产超过625公斤。全县城乡76万人，连续9年人均占有粮食超过650公斤。可见吴江的农业是稳定的。

多种经营是吴江的传统优势。这里素有"鱼米之乡"的称号。水产历来是农村的大头产品，不仅家家户户几乎每餐都用鱼虾下饭，上市的商品1990年已超过4万吨。而栽桑育蚕又是吴江农村特别重要的副业。1990年桑园近9万亩，蚕茧产量达8千吨，在苏南首屈一指。但是苏南像无锡那些原来也是产蚕桑的地方，这10年却走了下坡路。吴江之所以能保住这项副业是由于它和丝绸工业密切结合。以江村来说，由于扩建丝厂，相应地也扩大了桑园面积和蚕茧产量，使副业的产值在三业总产值中所占的比例由1980年的13%增长到24%。吴江自从引进了兔毛纺织厂后，作为农村副业的兔毛产量也得到稳定，在全省保持前列的地位。吴江的其他的农村副业也同样有所增产，可谓副业兴旺。

吴江这10年经济腾飞起关键作用的无疑是工业的发展。全县工业企业1970年有189个，产值1.4亿元；1980年有1863个，产值5.6亿元；1990年有2493个，产值54亿元。而其中乡镇村办的企业有2284个，产值40亿元。吴江的工农比例在这10年里已从7∶3提高到9∶1。从产值上看工业远远超过了农副业。因此我们可以认为，吴江从温饱型经济上升到小康型经济主要是工业化的结果。

如果我们再深入一步观察还可以见到，吴江工业化的特点：一是主要以乡村为基地发展起来的，直到目前乡和村两级所办的工业产值还占工业总产值的74%；二是主要以农副产品为原料进行加工的基础发展起来的，以丝绸为主的纺织品产值目前已接近工业总产值的一半。

这次访问中，我发觉我一直把它们包括在"苏南模式"中的苏南各县，如果迫近了观察，还是各有各的特色，在统一性中各有各的个性的。吴江就走出了一条由它的历史和地理条件所形成的发展道路。这条路子从总的方面是和苏南各县一致的，但具体的细节却不一样。例如"无工不富"的一点上是一致的，它们走的都是发展乡镇企业的致富之道。但是在发展什么工业、怎样发展等问题上，却都能各自按其具体条件各显神通。我认为这点认识对今后开展小城镇和城乡发展的研究是很重要的。只有深入了解各个地区发展过程的个性，才能看清楚各地区今后继续前进的具体方向。这也是我在这篇汇报中强调吴江在苏南模式中所具特色的原因。

不愧是丝绸之府

谈到吴江这10年工业的发展，最引人注目的是各乡镇上丝绸业的兴旺。丝绸业本来是吴江的传统优势。我在20世纪30年代所写的《江村经济》里就把当时农村凋敝的直接原因归之于丝绸业的衰落，因而引起农村里蚕丝副业的危机。80年代我国丝绸业复兴了，历来以"丝绸之府"闻名的吴江，随之繁荣起来。1980年桑田面积5.7万亩，蚕茧产量3300吨，白厂丝（用机械缫出的生丝）265吨，丝织品3400万米。1990年桑田面积接近9万亩，蚕茧产量接近8千吨，白厂丝650吨，丝织品1.3亿米，全县丝织企业300多家，产值超过24亿元，占工业总产值的45%。真丝绸出口收购量约占全国总量的1/6，不愧是中国的丝绸之府。

我这次访问的重点是吴江丝绸业中心的盛泽镇。这个镇解放初期有2.2万人,到1983年我去访问时,也还只有2.6万人,经济停滞了30多年。现在全镇人口已达10万人,其中8万人有本镇户口,已恢复了"日出万匹,衣被天下"的历史盛观。现有丝织、印染、服装等可以列入丝绸类的企业130多家,其中几千人以上的大厂就有10多家,拥有各种丝织机1万多台,职工总数近4万人。包括该镇农业和其他各种企业在内,总产值18亿元,占吴江工农业总产值的1/3。

这个镇生产的迅速发展也使镇容大为改观。它原是个古老的手工业作坊的集中点。解放初经过社会主义改造,逐步建起4个丝织厂,当年我参观过其中最大的新生厂,也不过有100多台铁木织机,工人坐在织机上层的旧式提花设备曾给我很深的印象。现在这类织机只能在丝绸博物院里看到了。新生厂的面貌完全变了。我们这次寄宿的醒狮酒家,就是这个厂的招待所。它的建筑和设备都不下于大城市里新建的旅馆,每天要接待许多来厂洽谈的客商,常常应接不暇。

我这次还特地去拜望另一家丝织厂即新民厂的毕玉明经理。他是我1957年重访江村时结识的老朋友,现在已是五一劳动奖章的获得者,全国纺织系统的优秀企业家。新民丝织厂是从1958年起由若干个体作坊合并起来的集体工厂。毕玉明同志把它办成了一个技术上全国领先,产值连续两年突破亿元大关,创汇2000万美元的现代丝织厂。我记得前几年去该厂参观时,平生第一次看到"无梭织机",感受到现代技术的威力。这次去看时这种喷水织机已经不算先进了,又新装备了近50台称作"绕性剑杆"的织机。这位朋友在旁说:"我们不从技术上改进,怎能在国际市场上站得住呢?我就是用新技术创汇,用创汇来引进新技术,搞个良性循环。"我高度赞赏他的经营之道,说:"你们在实践中走出了这条技术兴工之路了。"

从整个盛泽来说,这10年来丝绸工业的发展,除了对当地称大集体的县办工厂大力进行改造外,还积极创办了15家镇办和103家村办的中小型丝厂。这些乡镇企业的总产值已达10亿元,超过了大集体的产值。

在盛泽的乡镇企业中最突出的典型是现在已被评为省级先进企业的盛泽镇印染总厂。它创办于1984年,以55万元的贷款、74名职工、6只染缸、11间简易棚起家,从印染扩大到生产真丝绸及各种化纤合成产品,形成了纺织印染一条龙的企业集团。1987年产值首次突破亿元大关,1990年生产量达1.4亿米,产值超过4亿元,纯收入2000万元。目前已有职工1195人,日生产能力达60万米,是全国乡镇企业中最大的丝绸化纤印染专业厂,1990年在全国乡镇企业"十大百强"评比中获得第二名。我请教该厂的经理取得这些成绩的经验。他强调的是强化管理，深挖潜力。他最得意的是连续5年保持"三无水平"，即无贷款、无外债、无应收款。他说："我们这个厂真正大发展是在国家宏观控制最严的1989年，国家银根抽得越紧，我们厂的优势越能发挥。"这里所说的优势就是"三无"。

这个厂之所以能做到"三无"与盛泽镇对乡镇企业的培育政策大有关系。政策规定企业税后利润的70%给企业，充实流动资金，并规定国家对乡镇企业的优惠税收100%留给企业，用以扩大再生产，而且坚持做到职工分配低于效益增长，厂长报酬一般不超过职工的2—3倍。这样一来，乡镇企业就有可能依靠自身的效益不断扩大生产，像滚雪球那样越滚越大。盛泽镇不仅对镇办的企业给予充分的营养，而且腾出力量采取政策倾斜，重点扶持，促进村办企业，使丝绸工业全面开花。去年全镇共向村办企业投入近千万元，使7个村形成拥有百台织机以上的规模。与此同时，他们引导各村向外地搞联营和外发加工。现在盛泽周围农村里已有2000多台个体织机接受盛泽各村的外发原料，加工生产，全镇村办企业销售额已超过1亿元。

贸工农一条龙

丝绸产量大增固然表明了盛泽的兴旺繁荣，但是出产的商品必须有畅销的市场，否则，生产也难以继续。企业依托市场，市场引导企业。这几年盛泽的丝绸业的发展不能不归功于吴江东方丝绸市场的建立。

我记得1985年春从温州考察回来就注意到乡镇企业要继续发展必须狠抓流通，建立小商品、大市场。下一年我很高兴地看到盛泽办起了东方丝绸市场，我还替它题了字。经过了5年我再去访问时，这个市场已经扩大了好几倍，真是万商云集，店面栉比。1990年在国内市场疲软的情况下，这里的销售额仍持续上升，达到6.1亿元。

吴江的丝绸生产以市场经济为主，列入计划的比重很小，除了真丝产品纳入国家计划外，70%以上的产品由市场调节，而且产品销售主要靠企业自寻销路来解决。所以过去每年都有大批销售人员在全国"满天飞"，不仅花费大，而且效益差。我曾把这种流通方式称之为"肩挑式"。东方市场的建立就是让卖方在场内开店设柜，等待买客上门，由"肩挑式"变成"坐庄式"，在流通方式上提高了一个档次，促进了贸易，提高了生产。例如盛泽第二丝织厂原来靠外勤"周游列国"推销产品，产品还是有积压，自他们进场设点经销后，不但积压的 70 万米织物很快找到了用户，而且依靠市场信息，12 种畅销品种都通过市场定产，全厂生产规模不断扩大，织机由 115 台增加到 300 多台。

市场建成启用后很快就拥有 500 多家门市部和摊位，日人均流量达 3000 多，现在每天销售 20 多万米丝织品，日平均销售额可达 200 万元。1990 年这个市场为各企业销售各种丝织品 8000 万米，占全县丝绸总产量的一半以上。同时，市场还和化纤厂联营代销，为当地丝织厂供应原料，并且为乡村企业小批量、多规格的需求提供方便。一年内销售化纤丝、人造丝 1.5 万多吨。市场还协助丝织厂进行技术改造，每年有 10 多个项目。现在盛泽的丝绸企业和东方市场已经发展到谁也离不开谁的地步了。

盛泽的东方市场是当地农民企业家自己摸索出来推动乡镇企业进一步发展的有效机制。同时也可以认为乡镇企业发展到这个阶段，在商品经济规律的诱导下，人们必然会认识到生产和流通的相互依存性，从而促进了贸工农的结合。事实上这就是 1988 年前后，吴江提出"五龙夺珠"的原因。他们通过丝绸业发展的实践，明白栽桑、育蚕、烘茧、缫丝、织绸、印染、服装之间的衔接关系。早在 80 年代初期，蚕丝专家费达生已在《经济日报》上提出过蚕丝业的复兴必须把从栽桑到服装之间的全过程中的各个环节密切联系起来，作为一个整体进行改革的建议。这种综合依存的观点，用民间通俗的语言来表达就是"一条龙"。丝绸一条龙提供了乡镇企业发展的一个模范，吴江称它为"老龙"。跟着这条老龙之后，吴江又形成了四条小龙。

第一条小龙是从养兔起到织成兔毛衫上市。吴江原是江苏全省养兔最多的一个县。我在 1983 年三访江村时曾鼓励农民养兔，因为当时兔毛价高，农村里一个老婆婆在家里养 10 只兔子，一家人的油盐酱醋就不愁了。但不幸的是在 80 年代中叶兔毛价大跌，许多农民气得把兔子杀来吃了。就在这个节骨眼上吴江县以补偿贸易的方式从日本引进了一个毛纺织厂，把兔毛纺织成兔毛衫，挽救了养兔业。今年他们又从德国引进了一个高级的精毛纺织厂，投产后，养兔业更有了发展的希望。现在全县饲养毛兔 30 多万只，出口兔毛纱 600 多吨。

第二条小龙是蔺草织成榻榻米出口。吴江北部和苏州南部的沼泽地区都适宜种植席草。这里历来就用席草织成草席供苏南一带夏天铺床之用。近年来又从日本引进新品种，当地人称作蔺草，是日本家家户户用来铺地的榻榻米的原料。最近他们已和日本联营用机器生产榻榻米。1990 年在吴江境内蔺草种植面积已有 4500 亩。经过编织创汇 350 万美元。

第三条小龙是用家畜的皮革制成各种用品。1990 年制成猪羊皮革 40 多万件，制成出口服装 15 万件。

第四条小龙是瓜菜加工。各种传统酱菜是吴江的特产，在国内相当有名，而且可以出口，1990 年达 1400 吨。

吴江提出的"五龙夺珠"主要的意义是在把农村里的农副业和工业同贸易挂上钩以稳定农业，促进工业。转过身来不难看出吴江的工业主要是从农副产品加工的基础上发展起来的。这固然是苏南乡镇企业共同的特点，但是与沿沪宁路各县相比较，这个特点在吴江似乎更为突出。吴江工业中领先的是纺织工业，占工业总产值一半以上，而仅次于纺织业的机械工业，只占工业总产值的 1/6。吴江之所以能维持这个特点，而且发挥了这个特点，我认为这是与他们把农副工贸密切结成一条龙是分不开的。

左右开弓，两个市场

在这 10 年里，吴江抓流通以促生产，成效显著。他们是怎样抓流通的呢？几年来，他们坚持"左右开弓，两个市场"的方针，同时开拓国内外两个市场。

发展外向型企业，生产出口商品，在吴江是有传统基础的。早年海关输出记录里曾有"辑里丝"这个专项，"辑里"据说是当时外商用来称吴江这一带的地名。20 世纪初丝绸出口衰落直接影响了吴江农村的经济基础。解放后，即使在"文革"期间，由于创汇的需要，盛泽的几个丝织厂在一定程度上还是维持生产的。到了 80 年代，丝绸之府才得到复兴，这也表现在吴江外贸的迅速发展。上面已提到，从 1982 年算起，吴江在江苏省各县中保持了 9 年创汇冠军的荣誉。看来，这荣誉还能保持下去。

1982 年是吴江外贸收购额突破 1 亿元大关的年头。1990 年竟达到 10 亿元，不到 10 年增加了 9 倍。这是值得称道的。上面提到的"五条龙"，其实都是面向国外市场的，所谓"五龙夺珠"，这颗"珠"指的就是外汇。丝绸这条是老龙，底子厚，不仅带了头，而且是创汇主力。早期吴江出口产品中主要也是丝绸，到 1990 年外贸收购额中丝绸还是占一半。在全国真丝丝绸出口总额中吴江一直保持占有 1/6 上下的地位。

吴江这几年开拓外向型企业是十分积极的。1990 年出口创汇的企业已超过 200 家，包括服装、针织、轻工、工艺、食品、土产等类。特别值得一提的是吴江发展了一批出口创汇的乡镇企业，他们的外贸收购额已达 6.13 亿元，超过全县总额的一半。23 个乡镇都有出口产品，有 6 个镇外贸收购额比上一年翻了一番，有 3 个镇超过 5000 万元，其中北厍镇收购额达到 1.3 亿元。

北厍原是吴江的一个偏僻小镇，由于这一带湖泊纵横，交通不便，直到 1985 年我才初次访问了它（这个镇的名称里这个"厍"字是个僻字，一般人不易认识。我过去发表的文章中常被误刊成"库"字）。那时北厍的乡镇企业已开始引人注意了。我在《九访江村》里曾提到这个镇上的达胜皮鞋厂和吴江绣服厂，并把它们当作乡镇企业从初级作坊型上升为初具现代经营工厂型的例子来看的。当时的绣服厂已经左右开弓，开拓了两个市场，外销产品已占总产的 70%。这次我为了参加达胜皮鞋厂的 10 周年纪念会再去北厍，才知道这个镇已创造了全县创汇冠军的纪录。

达胜皮鞋厂的经理肖水根给我介绍了这个厂的 10 年历程和他个人的经历。我听来觉得很能说明吴江甚至苏南乡镇企业向外向型发展的道路，不妨在这里多说几句。

现在已被选入全国最佳农民企业家前 10 名的肖水根，今年只有 44 岁。16 年前（1975 年）还是农村里的一个小木匠，替人家打家具、造船、盖房子。有一段时间因为带了 7 个学徒承包工程，被作为"资本主义尾巴"处罚，只能回到生产队务农。在生产队里他发现单纯务农，农民的收入总是上不去。于是他牵头办了个布伞厂。因制伞利润不大，他又办了个皮件加工厂，并从上海请来了一位老师傅，开始生产女用高跟鞋。在农村里办企业，向上海引进技术，这两手使他开了窍，终于走上了农民企业家的道路。但是 70 年代在农村里办企业阻力是很大的。他几次受打击，被撤职，直到 1981 年才在公社里重新办起了皮鞋厂。那时只有 18 个工人，向北厍中学借用了几间宿舍，赊欠了一些合成革做原料。公社给他拨了 3000 块钱，银行给他贷款 30000 块钱，就在那位上海老师傅的指导下，由职工自带脚踏缝纫机开始生产，到 1987 年才立定脚跟。那年总产值达到 2000 万元。从此企业就一天天兴旺起来了，1990 年总产值达到 5000 万元，4 年翻了一番多，40% 的产品销往国外，创汇 1000 万美元。

这个厂主要是靠狠抓管理、引进技术和开拓市场兴旺起来的。管理上经过多次改革，现在已经全部实行计件制，最终产品正品率达到 99.3%。当然，在开辟市场上他们也是经过一番周折的。女用高跟鞋必须在城市里找顾客。这些乡下人只得硬着头皮到上海皮鞋店门前摆地摊。开始他们到处遭到阻拦驱逐。总算有一家商店看中了他们的货色质量不差，就让他们进店销售，抽头分利，从此打开了销货窗口。近几年他们在北京、上海、哈尔滨和苏州建立了4家工商联营企业，在全国各大中城市设立了35处销售专柜，并同58家客户建立了比较固定的关系。这个销售网络消化了总产量的80%以上。他们从来没有积压产品，被称为"没有成品仓库的工厂"。

他们的国外市场，也是靠硬工夫开拓出来的。1987年有个外商亟需订货，期短量大，其他皮鞋厂承包不下来。肖水根认为这是一个大好机会。他发动工人加班加点，在两个星期里赶制出了几万双皮鞋，保质保量，到期交货，赢得了信誉。从此订单源源而来。出口产品挣得外汇后，厂里就有力量引进先进的生产线，改进技术，提高质量，扩大生产。1985年我访问这个厂时见到的全是手工作业，用木楦敲钉制鞋，这次见到的却是另一番景象了。全厂用的是引进生产线，实现了机械化流水作业，生产率大大提高。他们计划从今年起将引进7条生产线，到后年原有老设备全部改造完，年产皮鞋可达到240万双。

为了进一步开拓国外市场，他们1988年和港商合资成立了维克特有限公司。最近又同美商商定，在墨西哥设立皮鞋组装厂，在南美加工直接进入欧美市场。不难看出，达胜皮鞋厂已闯出了吴江乡镇企业的一条新路子，那就是用外地原料加工成商品投入外地市场。我说这是条新路子，主要是指吴江的乡镇工业原是从本地农副业基础上发展的，最初的阶段是"三就地"，即原材料、加工、市场都以本地为主。随着市场的不断开拓，市场就不再限于本地了。生产发展后，本地的原材料供不应求，原材料也得向外地引进，吴江的丝绸业就是这样走过来的，现在正处在引进原料的阶段。达胜皮鞋厂的原料一上来就是靠外地供应的，是个两头在外的企业。这条新路子使吴江产业结构的空间得以扩大，不再受制于传统企业的那些老框框了。达胜皮鞋厂的事例还表明，加工这个环节也将延伸出去，突破了"就地"的限制，直接到国外去建立组装分厂。这条乡镇企业的新路子，把"三就地"改变成"三跨区"，从而扩展了横向联系的范围，预示着乡镇企业发展有着更为宽阔的前途。

横向联系的经济网络

达胜皮鞋厂的经历还表明了像吴江这样的地区，乡镇企业的兴起，除了内发的因素外，外联的关系也是很重要的。加工工业不能离开工艺技术，皮鞋厂要有人会制鞋。可是农民原本是不会做皮鞋的，所以把技术送下乡的上海师傅是使农村能开办皮鞋厂的契机。从这方面来看，乡镇企业可说是城市工业向农村的扩散。而从乡镇的立场来看，要发展工业必须有城市作依托。乡镇企业发展初期城乡联系的事实大多是偶然的结合，后来才逐步有意识和有组织地予以加强，从技术、管理、融资、市场多方面把城乡企业结成相互不能分离的关系，出现日趋壮大的横向联营和城乡一体化。

我在以前写的有关吴江乡镇企业的文章里曾提到过平望的缝纫机制造厂。在80年代初期，平望镇由于有公路通上海，承包了上海缝纫机厂部分翻砂铸件的业务，逐步发展成为上海厂制造零件，随后联营成了上海厂的分厂，在平望生产的缝纫机用上海厂的老牌子销售全国。这个事例清楚地说明上海工业扩散的过程。上海的工厂之所以在平望制造零件，是因为平望的土地和劳力都较上海便宜，可以降低成本，何乐不为。这种由大城市提供原材料、技术、销售并协助经营的联营方式在吴江乡镇企业的发展过程中起了相当大的作用。

1984年以来，吴江就鼓励和支持这种联营方式，给予政策上的优惠。目前全县与大中城市的大中型企业、科研单位、大专院校等实行联营的企业，列入正式统计表上的有260多个，联营项目有330多个，工业产值估计达7亿元，占全县乡镇工业总产值的20%以上，其中与上海联营的占54%。实践证明，横向联营这种形式宛如给乡镇企业安上一根发条，上速度、上规模、上水平，得益匪浅。

吴江这几年依靠横向联营，使许多过去比较落后的镇蓬勃发展起来。我这次去访问的芦墟镇就是一个很典型的例子。芦墟过去比北厍更偏僻，在我幼年时还被视为"化外之区"。它虽东靠上海，距离很近，只是被湖荡阻隔，交通不便，经济往来很少。1981年农副工总产值只有2800万元。近年来公路开通了，一变而为上海的近水楼台。1990年总产值达到2.8亿，10年里增加9倍。乡镇办的企业总数有25家，其中有9家较大的企业都是和上海工厂联营的，有4家是合资企业。1988年开始生产出口产品，1990年外贸收购额达3400万元，在吴江仅次于北厍、盛泽和震泽。

我在芦墟参观了一个电缆厂，这是个依靠和上海横向联营发展起来的例子。1977年创办时只有平房三间，借贷了1万元作资本，生产眼药水瓶、蓄电池夹板和民用护套电线，是个简易的小作坊。1985年与上海电缆厂接上了关系，由上海厂投资200万元进行技术改造，生产可供800门电话通讯设备用的高功能电缆。其后几年正值全国许多大中城市大搞基础设施，改进通信设备，这项产品成了热门货。现在这个厂已发展到年产值达 3000 万元的规模了。他们说这是"小船靠大船"的好办法。

企业间密切的横向联系在长江三角洲已经形成了一个经济网络。也就是说长江三角洲事实上业已形成了一个关系密切的经济开发区，如果得到国家承认，给予相应的发展政策，这个经济开发区就可以发展得更顺利，更迅速。这样，三角洲地区在今后 10 年里，生产力再翻一番，带动全国实现小康经济就有了保证。这次吴江之行更加强了我这种看法。

我在写这篇《吴江行》时，回溯了故乡 10 年的变化。这是我们祖国在这不平常的 10 年中的一个镜头。它给了我安慰，也给了我勇气。我的故乡父老乡亲没有辜负这大好年头，为今后进一步发展打了基础。这个基础我相信是结实的，因为它的根深深地扎入了千家万户，它会生长，它会结果。再有 10 年，就进入 21 世纪了。尽管我不一定能再写"吴江行"，我的故乡一定会更美好，更可爱。这不是梦想，应当是故乡人的共同信念。信念会带来力量——创造的力量，前进的力量。

1991 年

再访震泽

早在20世纪30年代,我在开弦弓村作调查时,就曾跟着村里的航船来到震泽。今天,再到震泽,已经60年过去了。瞬息间一个甲子,岁月不饶人。现在的我只能坐在车里观看市河,站在楼顶遥望慈云塔了。虽说是强弩之末,我依然在想怎样做好进一步发展震泽这篇我一直想做而未了的文章。这次先提出几个问题,算作是开头,供做实际工作的同志参考。

一

慈云塔依旧,震泽以今比昔真是另有一番风致了。镇外工厂林立,镇内房屋、道路更新扩建,正在修缮的市河石驳岸,都是近20年来乡镇企业蓬勃发展,经济实力增强的具体表现,也是苏南从一开始就提出的工业下乡结出的硕果。但是,在令人欣喜的另一面,我还觉得目前的经济繁荣之中似乎潜伏着一个值得注意的隐忧。这就是我要提出的第一个问题,即震泽在异常激烈的市场竞争中有没有特长?换句话说,震泽将靠什么去取胜,使自己立于不败之地。

就农业而言,苏南的耕地在减少,但依靠工农协调发展的政策,粮食产量有增无减。加上农产品结构的深化改革,农业方面的收入稳中有长。

从工业上看,这里的乡镇工业已经具备一定的基础,而且长势喜人,但看得远一些,目前乡镇企业承受的压力似乎过重了一些。各级地方财政要支撑,各项事业要发展,支农和农村社会福利自然也要靠它来维持。超负荷的压力能否持久地顶得住,是个应当注意的问题。另一方面,是与国际接轨的问题。我们应当看到当今世界经济结构新体系正在调整和发展中,与那些发达国家相比,无论是高精技术还是新的管理模式,我们大部分乡镇企业恐怕在近期内还难以与之竞争,更不用说胜负难料的搏斗。至于引进外资,目前是一条活路,但它究竟不是长久之计，国际局势的变动，一时还不容预料。

我在这里无非是想说明，要真正做到你们所说的致富一方，必须打好坚实的基础，那就是千方百计让每户农民殷实起来，要让老百姓自己有钱，自己长钱。这才是长治久安、日益繁荣的可靠办法。

最近几年来，我在乡镇企业不太发达的地区观察，时常有一种想法，能否在农工之间杀出一条新路来。这条新路就是建立大农业观点，在农副业上做足文章。传统副业是我们的老祖宗留给我们的财富，比如植桑养蚕，现在已经成为这个地区乡镇工业的一个重要基础。但副业这块领地还十分广阔，后人不应当只靠先辈的遗产吃现成饭，要把眼光放远些，要想一想我们将给后人留下什么。因此，我觉得第一步要摸清自己的"家底"，搞清楚本地还有什么优势。

吴江号称中小湖泊全国第一。80年代我就建议充分利用家乡水面的问题。这几年尝到了一点甜头，但是还大有用武之地。我在镇江市龙山村看到他们利用长江里的鳗苗资源，加上用甘肃的土豆精制饲料，在广东中山县开辟水田放养。鳗鱼长大烤制后，利用空运直销日本，从而打开了一个别人根本无法跟他们竞争的大市场。仅此一项经济活动就使只有几千人的龙山村总产值在几年内猛增到十多亿。利用当地特定的资源发展出来的副业产品及其加工品一般说来具有"垄断"意义，因为世上任何高新技术的制品都可以在相似的社会条件下进行模仿，而与特定的自然资源、条件相结合的产业则谁也学不像，谁也偷不去，这就是所谓的特产，这个特产一旦拥有市场就可以立于不败之地。

上述例子启发我们要迈开自己的脚步，探寻跨区域资源的合理搭配和优化组合。在这一方面新加坡的经验值得我们借鉴。新加坡这一弹丸之地却在世界经济中崭露头角，其中一个原因就是他们能充分利用他人之力。他们自豪地称，凡是在6小时的飞机航程之内都是他们可以利用来致富的地方。特产和经济发展的超出国界，搞经济飞地，这也是日本的做法。可以说这是世界经济发展的老经验和新趋势。回头看我们乡镇企业在起步时期不也是把城市的技术和人才资源、把自己与各地的原料以及边远地区的市场结合在一起，才有了今天的局面么？那么我们不妨可以把这套做法应用到开辟新的副业项目方面来，闯出一条新路子，开拓一个新局面。

二

现在让我们再回到慈云塔，提出第二个问题。中国的县城大多建塔，有塔无县的实属罕见。在不太远的历史上，震泽的确是一个县。即便后来撤了县，它还是一个重镇。50年代吴江县的七大镇中震泽的排名大概不次于盛泽镇。可是近年来震泽的经济发展相对迟缓，名次在朝后挪，不说盛泽、芦墟这两个大镇，就连原先排不上名的梅堰也快赶到了震泽的前头。各镇地位变化的原因究竟是什么？

与其他镇相比，震泽人同样勤奋，干部也在努力发展经济。那么问题出在哪儿呢？我以为根本原因在于震泽作为一个镇的功能发生了变化。通俗一点说，震泽传统的商业服务体系在新的历史时期原有的优势没有保住和发挥，以致震泽经济相对地落在别人的后面。

震泽传统的商业服务体系可以作为一个专门的课题去研究。我在60年前看到的印象大致是乡村的农户、航船和街上的商家构成了一个适合水乡交通体系的有效商业网络：农户和商家同时既是买方又是卖方。这种买卖关系是通过航船这个中介建立的。那时，买卖双方都从商品交换中满足了需求，获得了利益，发展了农业区的乡镇经济。在这个网络里，各方获利的一个重要保证就是航船主。为农户和商家负责的一致性如同生产中不断投入的资本产出服务利润，从而使航船主具有强烈的服务意识和主动的服务行为。

记得50年代我在开弦弓村相熟的四位航船主，从前一天晚上到出发前的清晨，从他们服务的农户家里收下许多瓶瓶罐罐，下午从镇里回来便将打来的油盐酱醋一一送往各家。我当时佩服航船主那种惊人的记忆力，如此繁杂的油酱居然不做笔记而丝毫不出差错。其实，除了熟习外，是他们的生产性的服务意识在发生作用。就这样，每天有来自镇周围十余里的几十个村庄的上百条航船塞满了震泽的市河。航船是可以看得见的，服务的意识却无法触摸，而正是这种意识才是震泽商业体系的精髓。换言之，这种服务意识和行动把镇与乡连结起来，既保障区域内人们的生活，又使区域内经济得以顺利运行和繁荣发展。

我想到抗战之前震泽镇上航船之多，正表明了这个乡镇结合部的乡脚之广大。有几十甚至上百的农村，日常的消费品和各个季节的农副产品在震泽这个镇上流动。这是震泽之所以成为吴江的名镇，而且名居前列的一个重要原因。

50年代初，农村供销社的建立取代了原先的航船。然而，新的商业体系及其随后的官商化只是建立了垄断性的买卖关系，传统体系中可贵的服务意识没有继承下来。在生产性的服务功能丧失的情况下，震泽与它四周的村庄脱了钩，乡村的贫穷和市镇的萎缩是城乡人为隔绝的两个必然结果。久而久之，甚至出现镇与乡、街上人和乡下人的对立和冲突。

70年代开始兴盛起来的乡镇企业改善了镇乡隔绝的状况，企业中面向市场的一批供销员开始冲击僵化了的商业体系。但那只是在局部恢复早先的商业体系，服务的意识还常常因受到市场、计划混合体的种种弊端的影响而发生变形。

回顾这段曲折的历史，面对当前经济发展的严峻现实，我希望我们在选择振兴震泽的方案时再放开一点思路。一方面深入研究这个镇的传统优势，认清流通服务是作为一个镇，特别是震泽镇的最根本的性质，丢了这一传统，就有可能在经济运行中失去重心，处于不稳状态。另一方面，要深入理解关于流通服务是比第一、第二产业更重要、更迫切需要大力发展的第三产业。就震泽而言，要拓展使千家万户都富裕起来的特色副业，这种第三产业将起到不可或缺的资源组合和调配作用。从这两点认识出发，震泽能否尽可能地恢复原有的乡脚，建立起一个以周围农村为基地，真正为农民服务的商品流通机构。凡是农民生产所需要的商品，凡是农民生产的商品，都可以在镇上买卖、流通。我相信有质量的服务会产生出众多的需求。当然，今天商品的复杂化并非旧时代所能比拟，我们也不能简单地搬用过去的老办法，我们需要总结航船的基本原理，使之现代化。总之，建立为农民服务的商业体系的新试验应当从震泽开始，震泽有潜力，有必要获得新经验，并在这一过程中为镇的发展注入新活力，重振昔日的雄风。

说到这里，我想再一次提到村、镇、城市等概念上的区分问题。无论是下一个世纪的人口布局，还是现实经济发展的资源配置，尤其是服务体系这一第三产业的分工和层次，都需要我们按照实际情况对上述概念的不同职能作合理区分。同时，作为我的第三个问题，是关于各级政府、包括像震泽这样的镇政府的职能将在未来的分工体系中如何转变的问题，它涉及的面更广，内容也更深刻，只能留待以后研究了。我年事已高，上帝也不会答应再给我60年时光，因此我希望年轻一代的学者面向实际，脚踏实地将我们这一辈的未竟事业继承下去。

1995年5月18日

吴江的昨天、今天、明天

今年是1996年,如果用旧俗干支计年来说正是我出生后第二个丙子年。今春清明,我返乡时又去江村访问老乡。他们扳着手指向我说:"这是你第二十次来访,刚好是一个花甲。"我一听猛然惊觉,我的初访江村已是60年前的事了。初访江村是我这一生学术道路上值得纪念的里程界标。从这里开始,我一直在这一方家乡的土地上吸收我生命的滋养,受用了一生。冯唐易老,弹指间已是一个花甲了。我自己固然须眉皆白,但是养育我的家乡,如今却长得更年青壮健了。我面对锦绣似的家乡山水,心里却领会了为什么苏东坡要在孔子的"逝者如斯"后面加上"而未尝往也"这半句话。流年似水原是一般人都易生的感叹,但不知自从世界上有了人,人一代代地劳动生产,把时间变成了积累的基础,日日,年年,代代的创新,在人文世界里留住了岁月流光。我的祖祖辈辈在家乡育养了我,我虽则已由老而衰,但我没有忘记家乡,有生之日总想为家乡这片土地上多加上一点肥料,能长出比我这一代更有出息的子子孙孙。生命和乡土结合在一起,就不会怕时间的冲洗了。

这次返乡,我打算利用这段休闲,编出一本近年来所写的有关家乡的杂文集,称之为《爱我家乡》,作为给乡亲们的一点小小的礼物,表示我对他们育养之恩的报答。编完后,还觉得缺了个结尾。临行前,有一些老朋友前来告别,我就留下了一部分人开个谈话会,请他们就吴江的昨天、今天和明天谈谈感想,帮我把这本小书作结。

参加这次谈话的都是长期在吴江工作和生活的老朋友。有已经退休但还在为家乡出力的老县长,有正在任上的自称"吴江的末一个县长,第一个市长",有先后在江村所属的庙港乡、镇任职过的5位书记,有江村现在的当家人。他们是于孟达、张钰良、朱士声、周玉龙、周正华、庞启剑、徐胜祥、沈志荣。下面是我根据他们的谈话记录综合写成的本书最后一篇结语。

我建议大家从我的三访江村的 1981 年说起。那时候正当吴江开始落实改革开放的政策。这是我国农村生产关系的大变革，生产力开始逐步提高。中央连续发了 5 个 1 号文件，总结并进一步推动农村的改革。分田到户，联产承包，大大提高了农民的生产积极性。

吴江干部群众对改革措施的认识，也在这个过程中不断深化。一开始也有不太理解的地方，觉得分田到户是"辛辛苦苦几十年，一夜退到解放前"。有人提出这样的疑问：苏州是人称"天堂"之地，安徽凤阳是出名的受穷要饭的地方，是该天堂的地方学要饭的地方呢，还是该要饭的地方学天堂的地方？

事实最能教育人。一些疑问逐渐被家庭联产承包责任制带来的好处化解掉了。吴江实行联产承包的方式并不是机械地照搬其他地方的办法，而是根据家乡的特点有所发展，宜分则分，宜统则统，统分结合，双层经营，分了土地，保了工厂。用他们自己的话说，鱼有鱼路，虾有虾路。这样一来，人的脑筋活络了，致富渠道开通了，很快就改变了"一块田里出工，一本簿上记分，一根秤上分粮"的情况，再也不会多做少做一个样、干好干差一个样了。农业随着兴旺了起来。据新近出版的《吴江县志》记载，吴江的耕地面积在 1980 年是 96.56 万亩，1985 年减少到 93.19 万亩，粮食产量却从 1980 年的 44335 万公斤增加到 1985 年的 48451 万公斤，油菜籽产量更从 1980 年的 1886 万公斤猛增到 1985 年的 4304 万公斤。

农民生产积极性提高的结果，不仅是农业生产的增加，还在于产量增加的同时解放出了大量的剩余劳动力。这些剩余劳动力的出路在什么地方？吴江的干部和群众一道动起了脑筋。这个时候，苏南一带在 20 世纪 70 年代陆续形成的社队企业发挥了大作用，曾经一度变得冷清和衰落的小城镇也成了大量吸纳剩余劳动力的地方。在新的历史条件下，社队企业既有量的增加，又有质的飞跃，"草根"长成了大树，形成了被称为"乡镇企业"的农村工业化主力军。

乡镇企业的大发展在反哺农业的同时，也促进了小城镇建设，出现了农村城市化的苗头。乡亲们依靠大中城市的辐射，利用廉价土地、廉价原料和廉价劳动力，就地取材，就地加工，就地销售，进入了市场经济，增加了收入，较快地摆脱了"五百斤粮五块洋"的贫困状态。

接着又进入一个新阶段，提出了"起步起得更高，一上来就得有洋枪洋炮"。这可以看成是乡镇企业开始上档次的一个标志。乡亲们借助在"三廉价"、"三就地"时期形成的积累，借助已经培养起来的商品意识和参与市场经济的本领，引进现代化设备和技术，改造传统产业，提高劳动生产率，既扩大了总量，也提高了质量。现在吴江这块土地上，产值超亿元村办企业已有70个，销售收入超亿元的村办企业有26个，还形成了一批乡镇企业集团。乡镇企业在80年代到90年代的吴江经济中，一直占着主要地位，起着骨干作用，是吴江集体经济的代表。进入90年代以来，乡镇企业这一块在吴江经济中已占到3/4的份额，可谓劳苦功高。乡镇企业的发展反过来又推动了农业种植养殖业的大发展，也进一步加快了小城镇的建设。这个生动而富于创造性的过程，我在《行行重行行——乡镇发展论述》一书中有比较详细的记录，收进本书的《九访江村》和《小城镇，大问题》等文中也可以看到，老朋友们亲自的回忆，十分生动，由于篇幅有限，只能割爱了。但从昨天到今天的变化不妨用我这次回吴江访问七都镇时听到的一件小事来表达一下。这在吴江历来算是偏僻的小镇搞流通的人，当年是靠肩挑、手提、挤公共汽车开展业务的，现在则是坐飞机满天飞了。据说这个镇上现在平均每天有10个人在天上飞，这件小事也许可以作为说明吴江从昨天到今天的一个带有象征意义的实例。

从全国目前的经济格局来看，说吴江一带的经济发展今天已进入起飞阶段，想来还不能算是言过其实。不过要想飞得更平稳，更顺利，却不能不注意问题的另一面，不能不注意"负重"的因素。比如，乡镇企业经过十几年的发展，创造了很多财富，也出现了一些问题。问题出在什么地方，我曾经讲过一些。这次回家乡，了解得更清楚了，尤其是在乡镇企业的困难方面加深了认识。

乡亲们告诉我，眼下是乡镇企业面临问题最多、最困难的时期，吴江也不例外。根据统计，现在乡镇企业产品滞销现象严重，收不回货款，欠账达到37%，效益下降。同时，面对各种经济成分（如个体、私营、三资企业等）的竞争，却由于乡镇企业丧失了税收、廉价劳动力等方面的优惠而无力应付，市场打不开。再加上内部机制发生不利变化，甚至出现"厂长老板化，实权亲属化，行为短期化，分配两极化"这样的极端现象，虽属少数，但有些企业确是"厂长负盈，企业负亏，银行负债，政府负责"。而且各种名义的摊派收费，加在一起竟有五六十种。再加上乡镇企业的先天不足，科技含量较低，管理缺乏经验等因素，造成了今天的困境。虽说这样的困境只是暂时的，虽说"面临问题最多、最困难的时期"这样的话只是和过去一路顺风的这些年比较而说的，但是问题毕竟出来了，摆在乡亲们面前了。对我这个特别关心乡镇企业的人来说，也是一声响亮的警钟。这些问题是值得注意的，要想办法通过进一步的改革加以解决。发展中的困难，还要靠新的发展来克服。希望乡亲们千万要保住这发家的宝贝,尽快走出新的路子。其实所谓明天的新路子在吴江今天也已经产生了,只是还需要快点长大。

改革开放以来,对家乡的变化我是紧紧追踪着几乎每年亲自来看的。小平同志视察南方讲话以后这几年,可以说发展最快,变化最大。过去所说的吴江七大镇我都跑过,七大镇以外的小镇也看过一些,但还有比较偏远些的小镇没有来得及去,一直是我的心事。这次回吴江,在老朋友和乡亲们的帮助下,原来没有跑到过的几个小镇特地去补了一课。看过后有个总的印象,就是起步较慢的发展却较快,很带点后来居上的势头。不仅是快,而且新,有股新风气,在布局规划上也更有步调。站在今天的古镇上,也许较容易让人想起昨天。站在今天的新兴镇上,则会更多地看到了明天。古镇新镇合在一起,整体地来体察家乡的变化,昨天、今天、明天就联结了起来。

昨天的努力造就了今天的局面,一是既有的成绩,这是明天取得更大成绩的基础;二是有问题,这是明天迫着我们前进的警钟。今天的问题一旦解决了,困难被克服了,明天也可以更上一层楼。在 2010 年之前,我们得集中力量,多想点办法,利用前人留下的财富、本钱和我们从昨天继承过来好的传统和经验,从小康奔向现代化。

我首先想到,家乡的先民靠着太湖水、运河水的滋养和利用,才赢得了"天堂"之誉。水是"天堂"的本钱。吴江的明天,照样需要我们多注意利用这个本钱,下力气整治太湖,开发太湖;整治运河,利用运河。

昨天的好传统、好办法要认真坚持和发展。比如我姐姐费达生在 1929 年和农民一起成立的开弦弓生丝精制运销合作社,不就已经摸索出一条贸、工、农一体化,产、供、销一条龙的路子么?这"一条龙"使昨天变成了今天。为了明天,就得使这条龙在天空里多翻几个身,从一条龙变成几条龙的企业集团。乡亲们告诉我,按农业部的评定,全国现有 300 多家乡镇企业集团,其中吴江就占有 11 家,我们不是在这方面已走上了企业规模化、集团化的这条新路子了么?

我常想我姐姐怎么会成为现在吴江农民们心底里敬爱的"费先生"的呢?还不是因为她在 70 年前学会了改革养蚕制丝的科学知识。她把当时新的科学技术带到了吴江,在江村改良了养蚕和制丝的生产技术,又把集体工业带下了乡,才使我们吴江的乡亲们在昨天带头搞出了"乡镇企业"。今天我们还是要不断用科技来提高已有的企业,还得用新科技来开拓更新的乡镇企业。

我这次下乡只有几天,对我说真是开了眼界,我初次看到了你们正在采用新科技开拓新企业,比如你们已有了制造电讯用的光缆,已办起了人工哺育的养鳖场,已在制造国际市场上走红的仿真丝产品。这些不就是引进了新科技的实例么?从这些现场的实物上,我从今天的吴江看到了明天的吴江。

在座的老朋友听了我插入的这番话,大家点头称是,那位在任的市长接着用吴江口音随口说了下面这句话:"总结昨天,干好今天,看准明天。"这句话正好为这次谈话会做了个总结。

我这本《爱我家乡》也可以到此完成了。我从这一生的第一个丙子年一直关注着我的家乡,已到了第二个丙子年了。最后我还是想借用我去年在北京举行的一次全国小城镇建设展览会上的江苏馆里写下的未免带有一点偏见的题词来结束此书:"我看,还是我的家乡好。"

1996 年 4 月 15 日

淮阴行

原来还想早一点来淮阴,开完政协会就想动身,暮春三月,江南草长,下扬州正是好时候。前年也是这个时候,我同几位同志一起从徐州到连云港、盐城、淮安,后来转到扬州,走了一圈,大约20几天,那是我第一次到苏北去看一看。

为什么我两年前要到苏北去看一看呢?这是因为我从苏南自己家乡出发,看到一些问题,想再到苏北去比较一下。我研究工作的方法是从基层逐级上升,从一个村到几个镇,再从一个县到苏、锡、常、通四个市,这是第一年。第二年从苏北徐州到扬州,后来到南京绕道扬州,把江苏走了一圈,写了四篇文章,写的是这两年中看到的江苏农村经济的发展,特别是乡村工业的发展和小城镇的发展。在党的十一届三中全会之后,实行了联产责任制,放松了以前对农民的许多束缚,农民的生产积极性调动起来了,因而产生了一个蓬勃发展的形势。这不但在我的那个小村子里可以看到,在全国也都能看到。联产责任制的政策取得了极大的成功,改变了农村的面貌。

回顾我国解放后的30多年,近7年才是变化最大的7年。以前我们曾停顿了一下子,甚至走了一段回头路。这7年农村有了史无前例的发展。我每年回家乡去看,每年都有所不同,都有新的发展,出现新的问题。所以,我说在这个时代,正是学习研究的大好时机。尽管我年纪不小了,离80岁也只有4年多,趁我还能动脑筋、还能跑的这段时间里,多看看我们国家的这个变化。同时还想把这个大变化记录下来,给我们的后代人也看一看。

我们这个国家是靠广大农民取得革命胜利的,我看经济体制的改革、经济的发展也得靠农民。目前经济方面,农村正在包围城市。中国农民的力量确实很难估计,对此,人们常常估计不足。我们过去看不起的乡下人里面已出了新的一代。他们之中已有一批懂得经营、懂得商品经济,会搞商业、搞工业、搞现代化经济的新人物。

我这两年来心里常有一个问题，就是在一个没有大城市可依靠的、以农业为主的地区怎么发展起来？因此我就去看苏北了。两年前我从徐州下车，向西走，到丰县、邳县，在这里我看到了与苏南的差别。我用两个指标来看：第一个是工农比例，第二个是小城镇数目。徐州城里我不讲，只讲附近的农村。这里工业和农业的比例是"三七开"，农大于工，而且这几个县的工业又集中在县城里。我说这有点像"独生子女"。一个县抓一个镇，这个镇因为是"独生子女"，所以喂得好些，打扮得不错，一看就比我们吴江县城要好看得多。可是一出这个县城，走半天也看不到几个烟囱，即便看到几个高一点的烟囱，也是石灰窑的，再看到烟囱时已到了另一个县城了。这些地方一般农民只靠土地过活，他们的收入相应地也不太高。这些地方的商品经济很不发达，建成的镇还很少，人们进行交换主要靠赶集。

从徐州向东到了连云港，工业比例就不同了，大约是四比六，工业比例高了一点。这高了一点的地方就不是"独生子女"了。1个县里除了县城以外，还有2个到3个镇。从连云港向南便到盐城。盐城的农工比例大约是一半对一半；后来又到扬州，工业开始超过农业了；过了长江，农业的比例就更低了。我们的家乡吴江是中间偏低的，和徐、扬相比，工农比例刚刚倒过来是七比三。无锡、沙洲（即张家港市。1986年9月16日，撤销沙洲县，设立张家港市）两年前就到八比二。我说的只是大概情况。江苏的农业比重越来越低，并不是说农业不好。其实江苏的农业也在发展，我是说工农业的比例，农业的比例越来越低，工业比例越来越高。苏北北部农业占7分，到苏南逐渐降低，靠近上海的沙洲，低到了只占2分。

我那次苏北之行有一个空白，就是淮阴地区没有去，洪泽湖周围情况不清楚，我今年去就是要补这一课。

我心里有一些问题，想在这次摸出一个初步的印象。这次，淮阴市长可帮了我们很多忙。据他告诉我们，去年全市工农业总产值76亿，成绩很大。这76亿是怎么组成的？其中农业是39亿多，工业是36亿多，工业不如农业，如果把村一级的工业加进去，工业比重就稍稍超过了农业。1983年之后淮阴工业有了很大的发展，主要是市区，这是我的印象。看来农村里的工业发展还不很快，相当一部分农民的收入仍在200元到300元之间，收入200元以下的农民还不少，大约还有六七万的农民收入在150元以下。淮阴市各县的发展也是不平衡的。我上次来就听说从安徽划进来两个县给淮阴，在洪泽湖的西部。这两个县的经济结构类同于安徽,就是说工业极不发达,所以总的平均数拉下了一点。因此,尽管淮阴在过去的3年中取得了很大的成绩,本身来说比过去发展得较快一些,但是就全省来讲,地位不是上升而是相对地下降了。因此我就注意到第二个问题,农村经济的发展常常反映在小城镇的发展上。淮阴市11个县共有22个镇,1个县2个镇。过去有一个"孩子",现在比过去是多生了一个"孩子",但毕竟只多生了一个"孩子",可不可以说农村发展还是比较慢的。尽管如此,在这两三年里,淮阴还找到了自己发展农村经济的办法,有些人叫它"耿车模式"。我去看了一下,印象很深。

有人说耿车模式是温州模式和苏南模式的结合。在这里要问一问,什么叫苏南模式?什么叫温州模式?苏南模式的特点是什么?温州模式的特点又是什么?耿车模式是不是抓住了这两个模式的特点?苏南模式主要抓乡办、村办工业,叫乡镇工业。对于苏南模式大家都比较熟悉,我就不多说了。温州模式比较复杂,也是几个轮子一起转。它的乡办工业在产值上比重并不低,但是家庭工业较普遍,有些乡村几乎家家户户搞小工业。在家庭工业的基础上,又出现一种具有合作性质的联户形式。

温州名义上是个商埠,但是并没有发展成为"小上海",因为它没有发达的工业。长期以来,由于它处于前线,面临台湾岛,所以国家也未投资发展工业,国营工业也很少。温州人均耕地比苏南还少,淮阴是1.5亩,苏南是1亩,温州只有0.46亩,人口密度很大。1980年以前,人均收入约55元,比淮阴还差,的确没饭吃,很多人出去讨饭。靠近福建的县出去"讨饭"的占人口的60%,甚至有到饭馆里、机关食堂去"抢饭吃"。可见人口压力比淮阴还要大,公社解体以后才产生工业。由于集体经济基础差,虽然也有一些乡镇企业,但主要是家庭工业、街道工业。

有人讲温州模式是家庭工业加大市场。这个说法基本揭出了温州模式的特点。我认为大市场是发展家庭工业的前提。什么叫大市场?举个例子,衣服上的钮扣,全国的1/5都是从这一地方买来的,但并不都是当地生产的,而是把全国各地几百家钮扣厂的产品拉到桥头镇,然后再贩卖到全国,甚至出国,这样形成了一个钮扣大市场。钮扣很小,市场却极大。

温州的发展速度快,主要是抓了流通。流通这个领域,几年来,始终没有搞好。原来的国营流通网络适应不了当前农村经济的发展。商品经济不能没有流通,流通要找套办法,要有人去干,要有一个网络。家庭工业要发展,必须要靠一个大的流通网络,否则就发展不起来。温州人懂得要搞商品,就得搞流通。你不办的我办，你不搞的我搞，"逼上梁山"，闯出了一条路子。学习温州模式，要学其实质，不能只看它的外形，要有商品头脑。要学温州模式，就要组织流通网络，这是要费很大劲的事。

现在谈谈耿车模式。淮阴急于找到自己发展农村经济的路子，我很感兴趣。耿车给我留下几个印象。第一点，他们做小商品，搞家庭工业，这点和温州相同。有一家父子四人做木锨，老头在外面有许多老相识，利用这些关系将木锨卖出去，这个家，甚至这个村没有他是不行的。他扩大了内外联系。这一点带有温州模式的性质，但是规模没有温州的大。还有个旋木专业村，生产简单的木器。温州是电气化，这里是人力化，脚踏手摇。温州生产的再生腈纶，成本很低，不太结实，但价钱很低，适合市场需要。我在耿车看到的再生塑料，也是这种性质。

第二点办工业要资金。温州人外出贩运和走码头卖手艺有了原始积累。淮阴怎么办？资金从哪儿来？看来由于公社已经解体，不易从农业里搞集体积累，乡一级的工业力量又不太强，积累不大。讲到贷款，又碰上宏观控制，能搞到的贷款也很少，只有靠农民集资。耿车村异型玻璃瓶厂就是靠集资搞上来的。不过，有个问题是要考虑到的，耿车搞用人力运转的、简单的小商品，它的市场究竟有多大？这需要很好地调查一下，还要具体分析各种条件。

耿车模式并不是苏南模式和温州模式简单的相加。在基本特点上，它既不具备苏南模式集体经济的基础，也不具备温州模式的大市场。能不能这样说，耿车模式更适合那些缺乏工业基础的农村，因为它是走采取简单加工的方式，以制造工业为主来发展家庭工副业的路子。这对提高农民收入已发生良好效果。用当地干部的一句话说，叫"四个轮子一起转"。苏南和温州都没做到这一点，在苏南，家庭工业这一个轮子就太小了，不怎么转动，温州模式中，集体的轮子又没有家庭工业这个轮子转得快。所以，耿车模式是很值得研究的。

我们国家的整个经济里有许多轮子，也就是说有许多层次：第一层是计划经济的国营企业，原料国家给，产品国家销，按计划办事；第二层是小国营，部分原料是国家供应，部分产品国家收购，其中还分部属的、省属的、市属的，甚至是县属的，都是各级政府所办的半计划性的企业；第三层是"二轻"，就是以前各种合作社合并起来的轻工业，它不能进入国家计划经济，不能由国家供给原料；另外有一大批计划以外的企业，首先是社队企业，国家不投资，不给原料，不包市场，可是它属于地方政府，最初时期书记就是厂长，现在政企分离，搞现代化经营了；再下一层生产大队，现在是村，也办企业，也在计划之外,现在这些企业在尽量想办法和计划经济挂钩,为国营企业制造零部件等,倒可能取得一些国家供应的原料,但绝大部分还是在计划之外。

在计划之外的企业里还有个体专业户,即家庭工业;和专业户联合体,即合作工业。家庭工业是一家一户搞的小规模的简单工厂,这种简单工厂再发展一步,联起来,叫做联户。联户实际已进入合作性质的经济。这种联户,大体上都是用原来的老关系联起来的,如耿车乡五星村一位老大爷,三个儿子已分了家,现在大家一起做,通过老大爷关系联合起来。所谓老关系,主要是亲属关系。这种联合如果进一步扩大,亲戚关系就不够了,听说耿车乡有100户的联户企业,这就成了民间的合作组织,它们是在计划之外的,又不是政府所有的。

各种企业,总起来,可分为三个大部分:第一是完全或不完全的计划经济里面的国营企业;第二是国家基层政权所有的,但在计划之外的乡镇企业;第三是个体企业和合作企业。个体企业实际不能成为一个企业单位,它需要一个流通和服务网络。流通网络有几种方式,一种由个体户形成,一个一个人分别出去拉生意。如耿车乡的那个老头,因为他在山东有熟人,就可以包三个儿子的产品到山东去卖,他有力量的话,还可以包得更大一点。他已从生产劳动中分离出来,去跑码头,自己不做工了。这种人也可以成为专业户,即所谓商业专业户、流通专业户、贩运专业户。我在耿车乡还看见一种集体的服务机构,这个机构名称叫"两户一体服务站"或"农民企业服务站"。

这使我想起了在实行家庭责任制的时候,各地方采取了不同方式,解决统与分的双层结构。有的地方,比如北京市附近,统的部分较大,分的较少,而苏南在农业上则统得少,只保存了机耕一类的事情。现在多采取另一个渠道去为个体农户服务,由乡镇办的工厂去支农和补农。实际上是在个体户之上加一层集体的服务。这个方式用到工业上面去,就是我看到的耿车模式了。能不能说这是农业里面的双层结构转移到工业上呢?部分关系,是集体与个体的关系,有的地方集体多,有的地方集体少。耿车模式的要点是在个体户上边产生一层集体服务机构,造成一个草根工业的双层结构。这样,我们的个体户不是单纯的个体经济了,而是一个依附于集体经济的个体经济。这一点可能是将来我们农村经济的一个特点。有许多经济活动有必要分到个体,可是这个个体与西方资本主义国家的个体不一样,我们是在一个集体之下的个体。我在耿车模式中看到了这一点。在耿车模式里,这是刚刚出现的新东西。

现在摆在淮阴市面前的问题是,耿车模式怎么进一步发展。依我看:第一要有现代化的技术,第二要有灵活一点的头脑,能人要多一点。搞商品经济必须有市场观点。这里的潜力很大。大就大在这里身居要津,位置处得不错,四周的经济技术水平都比较高,可以利用外边的力量,外边的市场,外边的购买力。如果淮阴搞小商品,搞各种商品,又懂得市场的话,就能利用这个地方的优势了。

现在最困难的是资金,大家说没有钱怎么办?我并不悲观,我在福建看到过一件事情,他们搞乡村工业也没有钱,可是,有5个人通过亲戚各自串联几十家,共凑了50000元,然后,他们找到门路,到常州去买淘汰的便宜的针织机器,又请了两位技师。机器运到家没有厂房,怎么办呢?就将机器搬到5户中的一户家里去。没有工人,就叫儿女做工,两年没拿工资。他们说不搞也白吃饭,搞就有前途。我们去年去福建时,这个厂的厂房已经造起来了,虽然很挤,他们却对我说:我们以前挤在家里呀!现在一个厂建起来了。资金就是农民自己搜口袋搜出来的。

我后来一想,苏南开始也是这种样子的,都是农民集的资。当时哪里有政府贷款?他们靠自己积累资金,大概3年就成功了。这些工厂的原始积资是从农业里面长出来的。农业里面挤出来的钱变成工业资本,是微血管活动,看着很小,但可积少成多。现在江苏乡镇工业占全省工农业总产值的1/3了!

生产出来的商品要有市场,我们吴江县以前是不很发达的,现在他们将丝织成绸,绸留下一部分做衣服,把衣服卖到外国去,这一下子赚得更多。吴江县这批人脑筋灵活,皮鞋厂几天就可换一个样子,一个星期一个新品种。所以现在我们要注意的是头脑灵活的人有多少,特别是干部,干部没有商品经济的头脑,就带动不了整个局面。

淮阴的技术不行,靠上海支援技术,比较远了一点。所以我想必须集中力量在这一地区发展一个中等城市,这样,这个地区才能真正建立一个有发展前途的经济实体。我的意见,在苏北中部应当搞两个中等城市,一个盐城,一个淮阴,各自带动十几个县,这是一个目标。有没有力量?有没有潜力?我看是有的。我很高兴地说,这里地下有盐矿,又有水。水是个好东西,怎么利用洪泽湖,完全有可能使之成为这个地区的宝盆。地下盐开采出来可以发展一系列的工业。当然我还希望县市能多"生"两个乡镇,在发展乡镇上不要搞"独生子女",不要搞一县一镇。一个县大约要有四个卫星镇,有四五个小镇。一个县几十万、上百万人,分散在农村,靠一个县镇是带不动的。耿车模式要推广,不管是简单的、复杂的,都叫它上去。同时必须提高,提高就要有个中心城市,有几个小城镇,这是我的设想。这个问题比较复杂,可能缺乏的东西还很多，但不要紧，越做越会感到困难多，困难越多就表示工作向前了。

两年前在徐州碰到一位干部，我和他聊天。他说："现在好了，实行责任制了，我松快了。"这句话给我印象很深，直到现在我还记得。当时我说："糟糕了，你这个领导怎么感到松快了呢？不去瞎指挥是对，可是你指挥的事情更多了。"这是一个新的课题，指挥好可不容易了，处处要你想办法。可是这种心理，两年前就存在于苏北，看不到当地任务的艰巨性，反而感到可以松口气了。这样不行，现在需要我们自己主观上有所改造。我们得看看这个问题，看看我们现在中国处在什么地位，看看江苏省在全国所处的地位。江苏的工农业总产值在全国占第一名，令人感到高兴。不少人说现在"鞭打快马"，发达的地位不好处。如果说我们江苏背了一个先进的包袱，那我看这是光荣的，能为国家多作贡献，还不光荣么？

江苏的地位也给淮阴带来了困难，因为淮阴是先进中的落后部分。在这个地位上应当怎么做好？不从全局找到自己的地位、自己的前途，那就没有紧迫感，没有紧迫感就没有责任感，主意就出不来。淮阴人说，"我们还得争一口气"。是的，自古以来，这里就是个发达地区，名人辈出，代代都有。周总理也是这儿人。淮阴有这么一个传统，一定可以后来居上的。

1986 年 9 月

盐滩行

江苏省以长江为界分为南北两部,简称苏北和苏南。从经济水平来说,苏北不及苏南。尽管江苏的工农业总产值已占全国首位,苏北还属中等地区。苏北本身发展也不平衡,南高于北,但近年沿陇海路各县发展较快,出现了两头高、中间低的形势。中间部分是指淮阴、盐城两市。这两市的北部,沿灌溉总渠两岸还有十几个乡被称作准贫困带。

有些地区先发达起来,有些地区相对地显得落后,那是客观规律。作为社会主义国家,一方面固然要承认发展上的不平衡,另一方面却有责任促进不发达地区赶快发展起来,缩小地区间的差距,进一步帮助他们力争后来居上。所以我认为,江苏近年来提出着重开发苏北的方针是正确的。为了跟上这形势,我这几年已3次访问苏北,最近一次是今年9月间到盐城去看滩涂,因写此"盐滩行"。

开发苏北看来不能硬搬苏南的经验,那是因为两地条件不同。苏南这十年来经济发展得力于乡镇企业的兴起,而这个地区的乡镇企业能兴起得这样快,是以原有的苏州、无锡、常州等中等城市为基础,还有上海这个大城市为依托的。苏北的中等城市不发达,特别是中部,淮阴和盐城还说不上是工业中心。因而苏北学苏南见效不大。

苏北却有它自己的优势,那就是自然资源比苏南丰富。且不说徐州的煤矿,最近在淮阴又发现了巨大的盐矿,矿层厚,幅员广,蕴藏量还在勘测中。还有那些显而易见,但过去却不大被人注意的,是盐城的滩涂。苏北的自然资源一旦得到开发利用,它的前景很有超过苏南的可能。

盐城市东倚黄海,海岸线有500多公里。这里正处于长江、黄河两股水流的汇合处,带来的沙泥靠这海岸沉积,形成滩涂。现在贯穿盐城市境的通榆公路就是以宋代范仲淹在这里所筑的海堤为路基的,离海岸线已有50多公里。

据说目前还是每年以三四百米的速度向外延伸。盐城市所属滨海各县的滩涂共有 700 多万亩，正在初级开发中的仅有 200 多万亩。

潮涨不淹的叫滩，潮落才出水的叫涂，都是大可利用的宝地。1000 多年前即在此地开场煮盐，至今这一带地名中还保留着场、灶、仓等名，乃是当时煮盐中心。扬州盛极一时，就靠盐商的集聚。

滩地去碱之后，即成沃土，宜于植棉。本世纪初，南通的实业家张謇就在这里废灶兴垦，开辟棉田。现在还可以看到范公堤以东早年人工开浚的纵横水道，布局整齐，规划一致，颇有现代农田的风貌。这里出产的棉花品质优良，是当时苏南纺织业赖以兴起的原料基地。

解放以来，苏北大兴水利，卓有成效。巨大工程之一就是在这滩涂建成 400 多公里的海堤，配上 30 多座挡潮闸，围了几百万亩土地。这部分新从海里拾来的土地，现在已部分用来发展水产养殖业和畜牧业。这几年对虾丰收，成了创汇的重要商品。但是总的说来，这 700 万亩土地还只有小部分做到了初级开发，离地尽其利的标准仍有很大的差距。

我过去没见过滩涂，所以到了盐城就驱车去大丰和射阳两县，沿滩涂访问和观察了 3 天。我们固然饱尝了对虾、鳗鱼、蛤蜊等新鲜海味，还见到了稀有的丹顶鹤，但是总的印象是地广人稀，在堤上环顾，使我想起了内蒙的草原风光。试想，就在每平方公里平均有 600 多人的地区，边缘上却有这几十万亩土地废弃未用，怎不耐人寻味？

不妨算一算，盐城市现有 700 万人口，人均占有耕地在 1.5 亩上下。如果按此标准，这片滩涂不是可以养活其中的半数而足足有余么？人均收入不是很快就能翻一番了么？如果在这里进行多种经营，深度开发，像现在已行之有效的养殖水产，农牧结合，多种经营，广植果树，这块宝地完全有能力使这里的居民富过苏南。

但是为什么这样肥美的土地，人口却还是这样稀少？一是政策，二是条件。

先说政策。封建时代盐民是最低层的劳力，只有破了产的农民才愿意走上这一条可说是明知的绝路。悲惨的生活限制了人口的繁殖。废灶兴垦之后，果然吸引了一批移民，据说有 10 万人，但是这是江苏的"第三世界"，供应廉价原料，人民收入极低，贫困的生活不具吸引能力。解放后新围的这片处女地却采取了"国营农场"的体制，大多用来作劳改之用，经济上是赔本的。当"四人帮"在上海掌权时，在这块滩涂上还圈去了 10 多万亩土地，至今是上海飞地，鞭长莫及，任其荒废。直到拨乱反正之后，政策上才起了变化，不仅允许个体农民在优惠条件下移入滩涂搞生产，而且全民、集体和个体企业一齐上，开池培育鱼虾，植树造林，试种各种经济花木，找到了深度利用的路子。但在时间上说，实在还不到5年，只移入了25000人。政策对头，开发滩涂的大门是敞开了。

开了门还得有人愿意走进去，那就看条件怎样了。条件主要有两条，一是包括运输在内的交通，二是体力之外的能源。论交通，现在固然可以坐汽车从盐城市区直达大丰、射阳等县的滩涂了，但是除市区到县城外，上滩涂的车路大多利用新旧海堤，还是早年的土石路面。这3天的旅行不能不说是对我这副老骨头的考验，最后还是以医生叫"暂停"结束。在堤岸上行车，过几十公里，已有一些为附近居民服务的小镇。邮电通了，日用品的供应也有了。但是要比堤内的老区，就是解放前已发展起来的农村，似乎还有相当显著的差距。当然人多起来后，情况是会跟着好起来的。所以关键还是在怎样把滩涂的生产搞上去，改善居民的生活条件。

80年代开发滩涂应当和20世纪初的办法有所不同。20世纪初是废灶兴垦，从简单的采集自然资源提高到开垦种植，出售原料。80年代就不应当满足于"兴垦"了。就是说，要从第一产业进入第二、第三产业。对这块土地上所提供的资源要进行加工，不仅是粗加工，而且要深加工；不仅供应原料，而且要供应成品。这就需要发展工业。在这块地区要发展工业还不是那么容易，一无铁路，二无港口。发展工业的先行条件尚不具备。铁路一时恐怕还谈不到，港口却是现存的，只待开发。

从连云港到长江口这条700公里的海岸线上，连一个可用作运输商品出海的码头都没有。这原是我国海运系统上的一个薄弱环节。从秦皇岛海运南下的煤，上海港现在已承受不住，中间少了一个接力的港口。盐城的射阳港却正处在这条海岸线的中距。但这个港一直是个渔港而不是个商港，据说只在日本占领期间，曾有千吨级轮船从这里深入内河，运输军需。原来从这里可直通日本长崎，相隔只有400多海里，是中日间最短的航线，但是解放后为了蓄水防潮，在射阳河口造了一个闸，而且并无通航的配套设备，从此这条内河通道也就堵塞了。

开发苏北中部地区必须在射阳河口建成一个海运码头，那是显而易见的。没有运输口岸就不可能在这地区大兴工业，发展商品经济，这大片滩涂也只有任其荒废或停留在初级开发的水平上。港口建设应当看作是开发苏北中部地区的突破口。据闻这项建设项目已列入国家计划。由于射阳河口不能停靠万吨货轮，所以正计划在河口海面上建一个平台，作为中转站。这个平台听说已经在设计中了，愿能早日动工修建。

港口的建设还要有许多配套项目。其中之一是疏通内河航道，使汇集在射阳河口的五条河流都能畅通无阻，直通京杭运河，扩大这个港口的腹地，使苏北中部各县都能分享效益。

其次，也更重要的是兴建电站。缺电是苏北普遍的情形，而以中部的淮阴和盐城特别严重。盐城全市人均用电只有全省人均用电的40%。工业生产上因缺电，各厂开工率平均只达70%。一旦遇到旱涝，因缺电，许多农业排灌机具不能充分使用，农业损失更大。今年射阳县遇涝，没有电抽水，棉花减产15万担，少收粮食8000万斤。这一带的乡镇企业基本上还停留在手工业水平，也是缺电的结果。

瞻视前景，射阳港口却具有兴建电站的优越条件。一旦港口建成后北方的煤可由秦皇岛直运到此，运输成本低。在滩涂上设厂，需要多少土地就有多少土地，而且环境保护、储灰场场地都容易解决。由射阳河供应的淡水可以保证一百万千瓦电厂的需要。正如有关专家所论证的，在射阳河口建设电厂，位置上是适中的，条件上是优越的，技术上是可行的，经济上是合理的。万事俱备，只欠东风。东风就是建厂的资金。如果建一个40万千瓦的电厂，估计需要3亿元人民币。在优惠税率下，这笔投资据说5年可以收回。但这笔款至今还没有着落。

开发苏北这个地区，资金不足已成了当前突出的难题。我所到的地方几乎都在叫"有计划，没有钱"。接下去又说："生不逢时，刚起步就碰上了宏观控制，没赶上向国家贷款上马这班车。"在国家项目轮不上，外资引不进，贷款又无门路的形势下，他们眼睛不得不向下看了。苏北这个地区历史上原是比较贫困，但解放后水利建设见效后，农业有了很大发展，绝大多数农民温饱问题已解决。这几年农村里的副业搞得好，加上有些地方已有了家庭手工业，农业收入有显著增加。但由于主要是发展了千家万户的个体经济，所以集体积累少，农民的收入都分散在各自的腰包里，连存入银行的还不是大部分。所以在这类地区的问题是怎样才能把这笔分散在民间个体户手上的资金集合起来办大一点的企业。我问不出来盐城市700多万居民腰包里究竟有多少钱，但是这个市为开办一个25000千瓦的小电厂采取了发行"股票"的办法，半年里已收到了5000万元。至于其他如带款入厂当工人等集资兴办乡镇企业的办法那就更多了。总之，中国工业化的资金来源，说到底是农民的积累。中国农民既能勤俭起家，也就能勤俭兴国。越下到农村里越会被中国农民深厚的潜力所感动。

话还得说回来。成龙配套地把射阳港建设成一个能促进苏北中部迅速发展起来的发动机，单靠盐城市的农民是会感到心有余而力不足的。所以我认为既然兴建射阳港这个项目已经得到国家的重视，那就应当明确地列入"七五"计划，提早建成。如果国家力量还有所不及，不妨采取国家、地方、集体、个人一齐上的集资办法，加快配套工程。必须看到在东部沿海人烟密集之区增加这样一片 700 多万亩肥沃的土地，对国民经济带来的效益，一时还无法估计。这块宝地像现在这样半荒废下去，实在太可惜了。

我对盐城滩涂的开发是有信心的，信心来自这次访问中一路上遇到的许多新接班的各级基层干部。他们个个精明强干，大有摩拳擦掌争着上阵的气概。他们对当地情势了如指掌，分析得切合事实，很少空话；对今后工作心中有数，不说大话。事在人为，困难尽管大，我相信他们还是能一关一关地闯过去，把这大好滩涂建设成黄金海岸，赶上并超过苏南。

1986 年 10 月

重访徐州

今年6月,在徐州召开"淮海经济区成立10周年庆祝会",主人热情地邀我去参加。本来打算趁这个机会多花几天时间,再到苏北其他几个市、县跑跑,无奈公事缠身,安排好的日程只得临时改变,在庆祝会后从徐州出发经沛县,访淮阴,抵泗洪,然后折返徐州,历时6天。这次虽为"乘车看花",但通过和地方上同志们的讨论以及一路所见所闻,也使我了解到近几年,特别是"八五"期间,这里所取得的巨大成就。同时强烈地感受到,当地干部群众在面临大好形势时所表现出的热情和趁势赶上的紧迫感。这股蓬勃向上的气氛令人振奋。

一

1984年4月我开始了对苏北小城镇的调查访问,第一站就是徐州。徐州是苏北地区一个重要的经济中心,由于地理及历史的原因,历来是以农业为主。除了劳动密集型的采煤业比较发达之外,其他技术含量高的工业都比较薄弱。所以我在《小城镇,苏北初探》里说过:徐州的产业结构与上海及其附近中等城市不同。徐州采煤工业比重较大,一般只提供原料,不进行加工。在技术上带不动附近的乡镇工业。徐州的这种状况在苏北是有代表性的。当时苏南和苏北比较,大体在农业上是北6南4;农业产值各占一半,但是工业产值和工农业总产值是北3南7;乡村工业和财政收入则是北2南8。

自改革开放以来,苏南的农村依靠自己办乡镇工业的优势,迅速发展起来了。但是有一条长江与苏南分开的苏北却发展不大,可以说是一边穷一边富。苏北与苏南的差距就把整个江苏省的全面发展拖住了。从江苏省南北差距的问题上促使我对如何缩小我国东部、中部、西部发展的差距作了一些探索,从而产生了区域经济的概念。10年来我就一直在如何为缩小地区间的差距的问题进行考察和探索,并在调查研究的基础上提出自己的一些看法。

令人高兴的是,经过10多年的努力,特别是在"八五"期间,徐州和苏北地区的经济建设取得了显著的成绩。以徐州为例,10年来,农业继续保持了全面发展的势头,"八五"期间全市粮、棉总产分别稳定在400万吨和5万吨左右,建成了商品粮、优质棉、银杏、蚕桑、芦笋、板栗、山羊板皮、瘦肉猪、肉牛、肉兔等10多种农副产品生产加工基地。1995年全市农业总产值达到了102.7亿元,比上年增长了17.8%,农民人均纯收入达到了1800元。

这次"乘车看花"正是麦收的时节,从车里向外望去,公路两旁麦浪滚滚,满目金黄。陪同我们的当地同志说:今年又是一个大丰收年。

10年前比较薄弱的工业和乡镇工业也有了长足的发展。1995年徐州市完成工业产值634.4亿元,比上年增长45.9%。创出了不少像"徐工"机械、"天宝"汽车音响、"维维"豆奶这样全国著名的企业。全市有4家企业进入全国500强的行列,有50多个产品产量居全国或全省同行业第一位。工业经济正由劳动密集型向科技密集型方向发展。

1984年初访徐州和苏北时,坐汽车大概要走七八十里地才能看到烟囱,说明这里只在县城有一些企业,乡镇工业发展还不够普遍。当时我曾提出经济上不要搞"独生子女",还是"多子女"好。如今这里的乡镇企业壮大起来了。徐州市1995年乡镇企业实现产值520亿元,比上年增长57.1%,"八五"期间年均增长54.5%,乡镇工业产值在全市工业总产值中已是"三分天下有其二"了。

在这次访问中,徐州市坚持优先发展基础设施所取得的成绩,给我留下了深刻的印象。这些年来,围绕着"路、水、电、站"等方面,全市投资80多亿元,建成了一大批牵动经济建设和人民生活的基础设施重点工程,1995年市、县一级公路全部建成通车;徐州观音机场正式开工,机场路已竣工,明年即可通航……

10多年来,徐州市从一个比较低的起点,经过艰苦奋斗,取得了今天这样的成绩,全市干部群众为此付了极大的努力。

二

徐州是一座历史名城,它和整个苏北地区曾经有过光辉灿烂的过去。从隋炀帝开运河到清朝初期，1000多年来贯通苏北全境的大运河造就了这一方土地，从徐州到扬州这一带成为当时经济、文化最繁荣的地区。明清两代大运河是南北物资交流的大动脉，"食以漕运为本，漕运以河渠为主"，大运河的作用是明显的。由于运河的通畅，带动了沿河地区的繁荣。乾隆皇帝几次下江南走的就是这条水路。前不久，我听说聊城的古运河两边，还可以看到当年各省商人建造的会馆，其中有一幢山西会馆，保存得还很好。会馆就相当于现在的办事处，可以起到招待客商、联络同乡、获得情报、传递信息的作用，可见当时这一地区经济繁荣的程度。

我初访苏北时，走访过《西游记》、《水浒传》、《儒林外史》、《镜花缘》这些文学巨著作者的故居。当时我说，16世纪以来，文人荟萃于这个地域，决不是偶然的。古人说"人杰地灵"，用现在的话来说，必有其物质基础，就是以繁荣的经济作为底子的。

后来海运发展起来，皇粮不再走运河而改海路。北方的天津崛起了。1911年津浦铁路通车，运河的作用就更小了。近百年来频繁的战乱、水患又给这里带来无穷的灾难，时过境迁，这一地区就逐渐衰落了。

我在苏北访问的时候，听说有一个由徐州等市发起、由苏鲁豫皖4省接壤的17个地市组织起来的"淮海经济协作区"，后来又知道晋冀鲁豫4省接壤的15个地市也有一个"中原经济协作区"。这件事引起了我的兴趣，因为我感到这是改革开放以来，地方上工作的同志在市场经济大潮中，由于实际工作的需要，在"平等自愿、互惠互利、扬长避短、共谋发展"的原则下，自发地组织起来的经济协作组织，是他们有意识地试图走出条块分割，联手发展的一个尝试，是值得关注和倡导的新生事物。

10年来，这个经济协作组织取得了令人鼓舞的成绩，为地区经济发展起到积极作用。值得高兴的是，今年初，全国人大通过的《国民经济和社会发展"九五"计划和2010年远景目标纲要》里，很明确地提出了要引导区域经济协调发展，促进全国经济布局合理化。同时，要更加重视和支持中西部地区的发展，积极朝着缩小地区间差距的方向努力。国家花了两年时间修建的京九大铁路全线贯通了。京九线经过的正是中部地区，包括淮海经济协作区和中原经济协作区在内的欠发达的老区、山区、贫困地区。

京九线通车了，另一条东起连云港，横贯亚欧大陆直抵荷兰鹿特丹的新亚欧大陆桥也日益繁忙起来。近年来我国政府与沿"桥"各国对如何充分利用大陆桥加强合作的问题，进行了多方面的讨论，并取得了积极的成果。今年5

月，国家计委、国家科委和外经贸部在北京举行了"新亚欧大陆桥区域经济发展国际研讨会"，12个国际组织和36个国家和地区的200多位代表应邀参加了会议，盛况空前。我手边的一份材料表明，为把连云港建成亚欧大陆桥上的前沿阵地和国际性枢纽港，该市目前已建成码头生产线4000米，万吨以上的泊位21个，年吞吐能力超过2000万吨。到2000年，港口设计吞吐能力超过3000万吨，将建成第三、四代集装箱泊位，年通过能力达40万标箱。大陆桥过境集装箱达10万标箱。"东方丝绸之路"上就会热闹起来了。

前不久，我国与俄罗斯、吉尔吉斯斯坦、塔吉克斯坦、哈萨克斯坦等5国首脑，在上海签定了关于边境地区加强军事信任的协定，为我国向西发展开拓了更广阔的空间。

当前，中央加强了对中西部发展的支持和对区域经济协调发展的引导；大京九全线通车、新亚欧大陆桥贯通；国际形势的变化……都为包括徐州在内的中西部及欠发达地区的腾飞，提供了一个千载难逢的机遇。

三

今年5月份，我曾随中共中央统战部组织的民主党派领导人京九铁路考察团，沿京九线跑了一趟。每到一地，大家都在谈"机遇"，普遍认为这下好了，铁路从家门口经过，我们可以靠铁路富起来了。这话不错，但是靠路吃路还得会吃路，仅仅通了路，不一定就能富。我经常用陇海路和连云港作例子，陇海路从1925年通车到现在已经80多年了，但是连云港和陇海路沿线的大部分地区一直没有发展起来，我用"酒肉穿肠过"来比喻，这些地方并没有把路上的"油水"留下来。

机遇来了，还要我们花力气，下功夫才能抓住，就是要有一定的经济实力才能抓住。换句话说，你这个地方要有丰富的产品和较强的购买力。产品通过"路桥"运出去，再从"路桥"上留下需要的东西，这样有出有进才能活起来。这话说到底就是要最大限度地调动群众发展生产的积极性。

这次京九考察，第一站到了"淮海经济协作区"成员之一的商丘。商丘的民权县我比较熟悉，从1987年起先后访问过4次，也就是从访问民权开始，我用了较多的时间来研究我国中部传统农业地区如何能够更快地发展起来。我从民权葡萄酒厂的成长经过里，看到他们找到的一条农业和工业相结合的路子。还从民权工艺品联营公司，学到他们怎样利用当地原料，建起"没有围墙的工厂",使几万农民每户每年可以增加几百元收入。1992年起,我比较多地到湖北、湖南、河北、河南等地去访问,在这些地方我学习到了许多农民创造的致富经验。比如在湖北的孝感我看到有的村养鹦鹉、养甲鱼发了财;河北沧州后董景村,利用老玉米加工淀粉,又靠高科技进一步将加工淀粉的副产品进行深加工,增加了附加值,并且发动家家户户养鸡、养鸭、养猪,增加收入,全村农民已经走上富裕的道路。在河南临颖县南街村,我看到他们从挖土烧砖起家,积累了资金,然后利用产粮优势,找准市场,大搞粮食加工业,粮食加工业又带动了整个村的运输、印刷、包装各业的兴旺,"一业兴,百业旺",一个过去的穷村,变成了现代化的小城镇。1994年,我去访问的时候,看到进村的路上真是车水马龙,村里现代化厂房林立,村民住的是和城里一样的单元楼房,房间里电视、电话、冰箱、收录机一应俱全。

考察团又来到了安徽省的阜阳,阜阳也是"淮海经济协作区"的成员。当地同志为我们放映了一段蒙城养牛的录像。1994年我曾到蒙城访问过,我有生以来还没有看见过这样一个牛的世界,那里养牛的壮观景象确是让我大吃一惊。牛浑身是宝,肉可吃,皮可制革,骨头和牛黄是名贵中药。更重要的是牛吃的是稻、麦、玉米秸秆,不与人争粮食。现在蒙城养牛存栏300多万头,每年上市活牛100多万头。当年我提出的蒙城"念牛经,发牛财,做牛王"的希望,看来现在已经做到了。京九考察团的成员看了录像后,大家都很振奋,这天的话题都在谈牛,有人讲在国外看到的科学化、集约化养牛业;更有人算开了账,算算蒙城养牛还有多大潜力,如果每天从京九线运一车皮活牛去香港,每年可以出口多少头牛;再继续开发牛的深加工,还能增加多少收入。

这些年来,我从中原传统农业地区,学习到了许多从发展农民熟习的副业、加工业入手,使千家万户富裕起来,然后逐步办起乡镇企业的路子,看到怎样从农业里长出工业来。我也看到,只要到老百姓中间去寻找,致富的办法很多,关键是怎样把富余劳动力变成生产力,生产出商品,创造出财富。路子找对了,几年就可以大变样。过去我常说"无工不富",看来这话不全面,应该加上一句:"无工也可以富,种、养、加照样发"。我把农村里这类既不属于第一产业,又不好算第二产业的、农民熟悉的家家户户都可以搞的家庭副业、加工业称作1.5产业。发展1.5产业是最适宜以农业为基础的、工业基础相对薄弱的地区走的路。

我心里想,淮海、中原两个经济协作区,人口达1.5亿,资源丰富,地处大陆桥和京九线的中段,战略地位十分重要。这两个传统的农业地区如果能够联手发展，加强 1.5 产业，使千家万户每年能增加几百元收入，那就是几百亿的大市场啊！这是一件具有重大意义的大事。因为它不仅仅是使老百姓富裕起来，而且也是在为"路桥"营造坚实的腹地，成为东部经济力量向西部辐射的"二传手"。更重要的是，这个地区老百姓富裕起来以后，可以使东部发达地区获得持续发展的动力。这个问题我已经呼吁了多年。我的家乡吴江市的盛泽镇，以出产丝绸而闻名天下，它的丝绸在世界上很有市场，产品主要是出口。这个镇的"东方丝绸市场"前几年的营业额就已经接近了百亿元，但是他们没有注意开发国内市场。我很早就提出来，盛泽要"两面开弓"不能单打一，要开辟国际和国内两个市场。果然，近年来国际上丝绸市场不景气，直接影响到盛泽的丝绸业，收入减少了，发生了困难。最近吴江在北京举办的丝绸展销活动，加强了开拓国内市场的工作。是不是以前他们一直没有要打开国内市场呢？不是的，主要的困难是因为丝绸价格贵，国内市场小，买不起嘛，说到底还是大多数老百姓不够富裕。所以一方面吴江要生产出适合国内市场需要的丝绸，另一方面要尽快使得中西部地区的老百姓富裕起来，有了钱才有购买力，东部发达地区的产品才会有更大的市场。

四

徐州地处江苏西北部，全市面积 11258 平方公里，人口 145 万。北接山东，南临安徽，与河南东部联系密切，历来是这一地区的一个重要经济中心。由于京九铁路和大陆桥的开通，使得沿桥沿路区域性经济活动空前活跃。

一个经济区域大体上应该具备一个对外的出口，使区域和区域之间能吞吐和出纳自如；还要有一个经济发达的中心城市并以众多的农村和市镇为其腹地，进行生产和消费。腹地和中心、腹地内部村镇之间要有四通八达的交通网络。中心城市、村镇腹地、流通网络、海陆空的出口是构成经济区域的基本内涵。

从大陆桥和整个沿桥经济带的格局来看，徐州市应该成为新亚欧大陆桥东方起点上的一个桥头堡。但是在这个历史重任面前，徐州现在的经济实力就显得单薄了。徐州的干部群众清醒地意识到自己肩负的历史使命，决心继续抓紧"交通"、"流通"两个关键，实施"两通"战略，突出"科教兴市，外向带动，城乡一体"的发展思路，做到强农、重工、兴商、富民。力争尽快使国民经济整体素质和综合实力跨入全国发达地区行列。

淮海经济协作区已经搞了10年，打下了基础，也积累了经验，现在有了这样好的条件，又遇到这样好的机遇，经济区的工作应该趁势更上一层楼。徐州市应该带个头，花些力气好好研究一下，这个地方老百姓有哪些致富的本领。我们干部心里要有人民，要动心思去发现这些本领，然后动脑筋加以总结、提高、推广。徐州市要走出徐州看徐州，从苏南的发展可以看到自己的差距；从河南、河北可以学到他们从发展1.5产业，使千家万户农民增加收入的办法。此外，要充分发挥协作区的组织力量，加强各地、市之间的交流，互相学习，作为中心城市的徐州，怎样和连云港这个出口相互配合，因地制宜地发挥各自的优势，实现优化组合，发挥最大效益。写到这里，想起我经常举的一个例子：镇江龙山村的4位干部，开始的时候，他们将长江里产的鳗鱼苗放到发电厂的水里去养，因为养鳗鱼需要水温较高。后来搞大了，发电厂的水不够用，他们就到广东中山建鱼塘。鱼苗养到一定程度，再放到中山去养。为了解决饲料，他们又到出产优质土豆的宁夏西海固那个穷地方去，在那里生产出优质的鳗鱼饲料。最后在深圳将合格的鳗鱼加工、烤制，当天就空运到日本。现在他们已经发展成了一个跨地区、跨国界的鳗业集团公司，他们的烤鳗打入了日本这个大市场。每年可创汇上亿美元。从这个例子里，我们可以得到一些启发，龙山的那4位同志开动了脑筋，把本地鳗鱼苗、广东的温水塘、宁夏的优质土豆、深圳的特区政策这几个地方的优势组合起来，发挥各地最大效能，最后落实到日本这个鳗鱼的大市场上，创造出很大的经济效益，这里边市场是个重要的关键。

当前，我们面临着一个千载难逢的大好机遇，这个机遇来得似乎太快了，超过了我们的实力，我们的思想可能还来不及跟上这个形势发展的要求。历史上徐州曾经有过光辉的一页，后来由于种种原因，脱了好几班车，因此落在了后面，这次决不能再错失良机了。所以我们要团结起来，为老百姓真正增加收入想出些办法，在老百姓富裕的过程里，我们的经济实力也就不断地增长起来。徐州在20世纪最后的5年里，能不能取得更大的成绩，再上新台阶，要靠我们在实践中扎扎实实做好每件工作。

1996年6月

温州行

近几年来，我主要是在江苏农村作调查，同时还到内蒙古、甘肃、北京郊区等地区进行比较性的观察。我看到了十一届三中全会后，农村经济普遍活跃了起来，而且发展速度出乎一般人的预料，但也注意到各地的经济发展很不平衡，农民的致富门道各具特色。去年听说有人提出农村经济发展有着不同的模式，这引起了我的兴趣。于是抓住今年政协召开全国会议前的一段时间，来到浙南看看颇为闻名的温州模式。

2月27日从杭州出发，途经东阳、丽水、青田来到温州。3月7日取道台州、绍兴回到杭州，历时9天，行程1518公里。限于时间仓促，我在温州只走访了四县、五镇和参观了市区的两个街道厂，算不得是深入的调查，只能说是一次初探。

以商带工

比较是科学认识最常用的一种方法。行前，我脑子里带着的是一套苏南农村经济发展的模式。到了温州，就试图去寻求两地的异同，从而在具体的比较中去认识这一地区的发展特色。

从相同方面而言，首先是江、浙两省都具有人多地少的特点。浙江全省面积10万余平方公里，与江苏大致相仿；人口是4000万，比江苏少了2000多万。可是两省的地形特点差别很大，浙江是"七山一水二分田"，也就是说可耕田面积远少于江苏，因此，浙江的人均耕田比江苏更少，只有6分8厘。就温州来说还要少，人均不到半亩田。其次，在十一届三中全会之后，特别是进入20世纪80年代的三四年间，温州地区的农村经济如同苏南一样，也有令人惊异的高速发展。1978年温州市农村的人均收入仅55元，1980年为165元，

1985年达417元。农村的经济结构也同样发生了革命性的翻转，1978年温州总产值中，种植业占64%，工业与其他各业加在一起只占36%，而1985年的25.3亿元总产值中，种植业占25%，工业产值猛增到16.5亿元，占了65%，其他各业占10%。

同是人多地少，也同样是由贫变富，为什么人们对苏南肯定的较多，而对温州的看法却有较大的分歧呢？我就带着这个问题去探求它们之间的不同之处。

汽车刚驶进金华以南地区，只见公路两旁不时出现一块块木牌，上书"货运温州"、"货运山东"等字样，这是我在江苏未曾见过的新鲜事。运出运进的货物都是什么呢？来往运输的数量怎么会那么多？货又到底怎么运的？哪些人在运？我的这些疑虑直到走访了温州的桥头镇才得以释然。

桥头镇坐落在瓯江北侧的山峦之中，偏离杭温公路3.5公里，属永嘉县桥头区管辖。该区共有5000多户人家，近25000人，人均耕田0.28亩，如果只从事农业，全区8000名劳力就会有70%至80%的剩余。据介绍，历史上桥头人解决人多地少的办法是外出经商，靠农商结合维持人们的生计。用当地流传的话说："桥头生意郎，挑担奔四方。"70年代中期，桥头镇开始出现了一些经营表带、手套、发夹、塑料花等小商品的市场。1979年据说是一位姓王的弹棉郎从江西买回一批处理钮扣，在镇上摆起了钮扣摊。谁知这一摆竟成了气候，一年之后，镇上卖钮扣的摊子发展到100多家。1983年初，县政府批准桥头镇为钮扣专业市场，至今全镇有700多个钮扣店、摊，全国300多家钮扣厂生产的1300个品种的钮扣在这里都有销售。1984年桥头镇销售的钮扣共计50多亿粒，相当于全国每人五粒，日成交额高达16万元。去年的年成交额为8000万元。1981年，桥头人不再满足于单纯做买卖，他们开始用经商积累的资金办厂，生产钮扣，现在全区有430家钮扣厂，其中300家是家庭工厂。桥头市场销售的钮扣有40%是这些工厂自己生产的，年产值近2000万元。这是温州模式以商带工的一个典型。

桥头钮扣市场的繁荣不仅消化了本地的剩余劳力，还吸收了大批邻近地区的劳动力。现在市面上做钮扣生意的就有5000多人，全区工业从业人员也接近此数。特别引起我注意的是还有9000人在全国各地搞采购和销售，他们人虽不在桥头，但牵动着钮扣市场的生命线。据说这批人大都是昔日的"卖货郎"，现在的新名称叫"购销员"。这批购销员组成了遍布29个省、市、自治区的流通网络，将各色钮扣和其他生产资料采购进来，"货运温州"，同时把桥头的钮扣推销出去,"货运山东"等地,将商品直接送到各地的售货店、成衣铺和用户手上。正是有了这支队伍,桥头的市场才充满生机,越搞越大,被人誉为"东方第一大钮扣市场"。

小钮扣,大市场——桥头群众闯出了一条富裕之路。据估算,1984年全镇工商两业收入占总收入的86%,全镇600余户人家中万元户达80%,人均收入600元,钮扣市场上交国家的税利也逐年向上"翻",1983年是95万元,1984年是182万元,1985年是311万元。5年来,全镇建房845间。有趣的是在街道两旁鳞次栉比的三层或四层的新楼内,底层设铺面,一般由女主人经管,二楼是生产车间,大多由儿女当家,三四层是居室,男主人则外出担任供销员的角色。设摊经商、办厂生产和外出供销等商品经济的环节,就这样有机地结合于一个个家庭之中。

听完介绍,我想去市场转一转,不料刚参观了一家店铺,就被凑热闹的人群团团围住了,反倒成了"参观对象"。当地干部解释说,由于桥头钮扣品种齐全,在上海等大城市转悠一星期不能完成的采购任务,在桥头只需个把小时就如愿以偿,所以现在每天来桥头镇的外地客商总有二三千人。这下可好,本来就很窄小的街道被挤得水泄不通,保卫人员怕出意外,就将我塞进车里一溜了事。

八仙过海

桥头的生意郎勾起了我对近半个世纪前的一段往事的回忆。那是1937年的夏天,我从伦敦到柏林去和我的哥哥一起度假。一天,有人敲我们的房门,打开一看是一位拎着手提箱的中国人。异国遇乡人自然是大喜过望,可我们彼此的方言不同,话语不通。只见他极有礼貌地鞠了个躬,然后打开手提箱,一看里面都是一些日用小百货,看来他是请我们买东西的。他走后,哥哥对我说,"在柏林、巴黎等欧洲大陆的不少城市中,这样的小生意人数以万计。他们大多来自温州、青田一带。起初他们背着青田石漂洋过海,在意大利、法国、德国做石刻手艺,待到石头用完了,就转而做小买卖。这些人靠着挨家挨户地送货上门和彬彬有礼的优良服务态度,经商赚钱。"1938年我回国时,打听到法国马赛有一些往返中国的轮船,有为欧洲华侨专设的低价统舱,我就买了这种船票。在统舱里我结识了一些语言相通的朋友,了解到他们千辛万苦的经历,可是从他们的脸上却看不出有丝毫痛苦的痕迹,我清楚地记得有一位老人对我说，他在欧洲一辈子，已经在家乡盖起了两栋房子，修好了自己的墓地，这次回去是想送老了。他觉得自己已完成任务，该到叶落归根的时候了，脸上露出一副心满意足的神情。

50年前的记忆，50年后眼前的情景，其间脉脉相通，也可说是历史的必然联系。从中我领悟到这里存在着所谓"温州模式"与"苏南模式"之间不同特色的关键。苏南的历史传统是农工相辅，男耕女织，可以说是"牛郎织女"；而温州地区的历史传统却是"八仙过海"，是石刻、竹编、弹花、箍桶、裁缝、理发、厨师等百工手艺人和挑担卖糖、卖小百货的生意郎周游各地，挣钱回乡，养家立业。这些漂泊异乡的手艺人和商贩同居家耕地的农家女相结合，就是艺商与农业的结合。在这两种不同的老根基上，苏南长出来的是社队工业和后来兴起的乡镇工业，浙南冒出来的是家庭工业和加工专业市场。苏南是从农副业出工业，以工补农；浙南是从商贩业出工业，以工扩商。

不同的历史特点总是要顽强地表现自己，然而历史传统的现实体现必须具有强大的动力并满足一定的条件。苏南人说70年代初期的社队工业是因人多田少、农业上抢工分，而把搞工业的逼上"梁山"。在温州也听到了"抢"和"逼"这两个字。温州在那个时期，由于地更少，情况更严重。据说前几年，苍南县金乡镇发生过群众到区机关食堂抢饭吃的事，出走逃荒的农民也不易统计，平阳县据说就达60%，市委政策研究室的一位同志总结说，温州人走今天这条路就是群众生活的需要逼出来的。

温州与苏南被"逼"的时间虽然相同，可是温州家庭工业起步要比苏南约迟5年，这是由于温州的经济发展方式所需的客观条件成熟得较晚。苏南当时面临的是社会生产与社会需求之间的矛盾，即在城市搞"停产闹革命"时社会需要并没有降低，而城市工业生产却严重不足，加上沪宁一线城市里长期培养出来的一大批技工被"内战"驱散到乡下。农村劳力要找活路，城里下放的技工要工作，公社、大队等行政机关由于"分灶吃饭"需要自己找财源，最终是社会要商品，这众多的因素凑合在一起，就出现并形成初期社队工业的基本模式。温州地区情况却不同。原是个名不符实的"商埠"，在历史上没有发展起上海这样的工业基地。解放后又由于它面对台湾，地处前线，长期没有投资，加上温州人传统的商贩活动，又被斥为"资本主义泛滥"，多次被抑止。在这种情况下，温州要振兴经济是不可能的。只有到了十一届三中全会以后，农村落实了生产责任制，农业经济有了起色，剩余劳力造成的压力就更显突出，外出找活干的人越来越多，才形成了一支劳动输出的大军。起先这支大军还是躲躲闪闪，在"地下"奔走，只有个体商贩合法化后，温州人民特有的传统技艺才有了用武之地。据估计，目前温州在外流动的手艺工人已达22万，其中经商的约10万。这是构成"温州模式"的骨干。

由贫致富

温州广大农民发挥了他们在特殊历史条件下培养出来的才能，在短短三四年的时间里改变了家乡贫困落后的面貌，特别是该市沿海的一些县，可说是发生了巨大的变化。择其要者来说，首先是商业活动异常活跃，至今全市已有415个大大小小的专业市场，其中类似桥头那样年成交额在8000万元以上的就有10个。这10个市场是：宜山的再生纺织品，金乡镇的徽章、标牌，肖江的塑料编织袋，北港的兔毛，仙降的塑料草鞋，塘下和莘塍的塑料拉丝编织，柳市的小五金、低压电器，虹桥和钱库的综合商品。据统计，每天上市的总人数达45万，1984年，全市商品零售总额为18亿元，其中10大市场就占了9.58亿元。

其次是商品生产高速发展。1985年农村的工农业总产值比1978年的6.6亿元翻了接近两番，其中引人注目的是133000个家庭工业和联户工业的发展。它们的年产值已占农村工业产值的60%以上。

第三是商品流通和生产的迅速发展，增加了国家税收。据称，6个沿海县的财政税收主要靠商品税，仅10大专业市场和生产基地1985年就创税收7450万元，比上一年增加了一倍多。

第四是结束了90%的农民搞饭吃的局面。1978年温州市农村劳动力为180万人，其中从事种植业的为160万人；1985年约210万劳动力中，务农的只有六七十万人，其余140余万农民从农田上解脱出来。这些解脱出来的劳力分配状况是：乡镇集体企业44万人，家庭和联户工业33万人，为商品市场流通服务的22万人，还有10万人是供销员，从事其他劳务输出的有28万人。

最后是农村富裕起来了。如果以每户每年净收入超过5000元为标准，全市已有40万户，占总户数的1/3。所到之处我见到的几乎全是崭新的楼房，联成街道，聚成村落。这些楼房盖得很有气派，连二层的都很少见到。我到有关部门了解，1985年温州地区的货币净投放为12亿7千万元，镇上百户抽样调查所得的户均收入为6000元，这和我在现场观察到的情况可以说没有多大出入。

温州变化的基本经验是什么？有的同志总结了两条：一是在生产领域发展了家庭工业，二是在流通领域开辟了专业市场。在走访了金乡、塘下、柳市、虹桥等镇之后，我觉得自己的认识还有待进一步深化。毗邻福建的金乡镇，主要是靠生产徽章、塑片、红膜、标牌四类小商品。现在全镇有 2800 余户家庭工业，1984 年人均收入年达 574 元。我走了几个家庭，一户用废铝作原料，制成"五好"家庭的牌照和新疆乌鲁木齐锅炉厂的标牌。另一户是一些姑娘通过印刷等工序制成各式粘贴塑料商标，其中一枚是北京人民大会堂用具的贴标。家庭工厂市场之广，真是令人惊异。

区政府的同志告诉我，金乡致富是靠了"一双手、两条腿、三分邮票、四种产品"。所谓两条腿是指最初抓购销的全靠供销员在各地到处跑，现在这种方式已部分被更快捷的邮寄方式所取代，即所谓的"三分邮票"。金乡用发信联系购销的有 800 多户，1984 年全镇共发出业务信件 1134 万封。这种业务信又使邮局收入猛增，1978 年为 63000 元，1985 年为 183 万元。近来这里还产生了一套专门为发业务信服务的民间机构，从写信到封口、贴邮票、送邮局等均有专业分工。尽管如此，金乡仍有 7000 名供销员在外面搞活流通。

在塘下、柳市和虹桥，我分别走访了几户家庭，并看到他们生产的松紧带、小电器。我们一再询问他们的生产是谁在组织，又是谁在帮助推销。我之所以提出这些问题，是因为我看到了当前在我国经济中一个极为重要的"大市场"。这个市场不仅包括在各镇上街巷里看得见的数以万计的店面或摊子，而且还包括撒在全国各地 10 多万名每天在火车、轮船上运转，甚至深入到偏僻边区活动的商贩大军；各家各户的生产者就是靠同千千万万零售商店和摊子，甚至同无数消费者个人之间建立起了一个生动活泼而又似乎无形的流通网络。这次我未能深入到供销员这一层次去摸清他们的活动，不能不是一个遗憾。但又无时无刻不感觉到这一网络在温州经济中发挥的巨大作用，而且这个力量已冲出省界，在全国，甚至已越出"国境"，在国营商业渠道触及不到的领域里发挥着促进商品流通的作用。这是一件极有意义的新生事物，不仅为理论工作者提供了新的研究园地，而且是当前体制改革必须重视的民间自发的流通网络。

小商品，大市场

这 10 万名供销员的前身大多是走南闯北的手艺人和货郎担。这些年我在北京随时都能见到叫卖棉胎、修补皮鞋的浙南人，就是远在新疆、内蒙古以及海拔3000多米的甘南高原，也都见过他们的身影。这次听人说，桥头镇每天收到从全国汇来的款子达六七万元。真是涓滴泉流，汇成湖泊。这些属于个人所得的劳务收入正是温州地区10余万家庭小工业的原始资本。有了资金，家庭工业才能在时机成熟时如雨后春笋般地遍地生长。家庭工业的发展又使原来到处流浪的手艺人和购销员摇身一变，成为这个地区生产事业的组织者。这些人物的发展历程是很有意思的。如前所述，他们最早是出卖手艺的流动匠人，即所谓劳动输出。后来他们就把外地商品捎带回家乡出售，成了商人，然后自家生产商品，出外采购原料和推销成品，又成了购销员；接着发展到和各地签订合同，带回家乡，分给各户生产。这时，他们已是邻里间的经纪人了。有的甚至用贷款或预付货款的方式支持外地生产，在这种情况下，他们所经营的商品的厂家，实际上已成了区域间产销的组织者。现在我们就可以看出，这些人物的个人经历正反映了商品经济发展的过程。

在温州，我没有听到有产品积压滞销的情况，桥头的商业资本约20多天就周转一次。这里甚至没有提到仓库储存的问题，也没看到家庭工厂出现关门转户的现象，因为温州基本上实行以销定产，合同来了就按约生产。看来，苏南的一些乡镇工业的供销员不少是产后为企业奔走的服务员，而温州的供销员很多是走在生产前面开拓销路，指挥生产的联络员。

由此可见，温州家庭工业或联户工业的发生和发展一刻也离不开"大市场"，也可以说它是依托这个大流通网络的附属品。因此，我觉得温州农村经济发展的基本特点是以商带工的"小商品，大市场"。

从这一特点看去，"温州模式"就超出了区域范围，而在全国范围内带有普遍意义。农村经济体制的改革，使农业的商品生产迅速发展。商品生产本身就要求有相应的流通服务。去年和今年的中央一号文件都提出和强调这个问题。年初我在北京跑了4个县，看来北京存在的主要问题也是商品流通不畅。在原来的流通体制下过于单一的渠道已远远不能适应农村商品生产的需要。由于这种流通渠道与生产脱节，这就迫使温州的农民自己行动起来组织流通网络。他们依靠自己传统的才能和遍及全国的手艺人，通过自己组织起来的这种流通网络，形成了面向全国的大市场，为流通体制的改革创造了新鲜经验，为从根本上解决买难卖难问题树立了一个标本。所以我认为"温州模式"的重要意义倒不在它发展了家庭工业，而在于它提出了一个民间自发的遍及全国的小商品大市场，直接在生产者和消费者之间建立起一个无孔不入的流通网络。

这种专业市场在流通上确实有它的优越性。制造工业需要的多种零部件，在专业市场上有充分的选择余地和诸多采购上的方便。在北白象镇的建筑材料专业市场上，从钢筋、水泥、木材到砖瓦、石砂、玻璃、油漆，应有尽有。消费者若想购买一幢楼房的建材，只需半天时间即可配齐。

专业市场本身的发展产生了各种各样的专业户。除信息、运输专业户外，还有信用专业户。前面讲到的金乡镇，有30家为家庭工业提供信息的专业户，还成立了信息协会。其中一位姓许的农民订了97种报纸，请了5个帮手研究整理信息，随后发信联系业务合同。1984年共签订20余万元的合同分别转让给生产者。家庭工业对商业信息反应灵敏。据说报上一公布信用社体制改革和颁发居民身份证的消息，金乡人就把社员股金证、身份证等样品送去，联系生产业务。具有这样经营头脑的"农民"，我在别的地方是少见到的。这使我不能不又联系到温州长久的历史传统的培育了。

商品生产需要一系列为它服务的设施。在柳市和塘下，我们看到了技术、信息、维修、邮电、运输、包装等生产运销服务系统。有人若想把货物运出，打个电话或到河边随便叫一声，就有车有船。柳市的货物转运站能在20天之内将货物运往全国任何地方，这样的速度是国营单位远远赶不上的。

温州购销员所创立的大市场不仅地域不断扩大和深入，而且在市场结构、分工联系和内在性质方面也在不断发展，并出现了为生产者服务的多种方式。在肖江镇，供销员从外地订来合同，大部分是自己垫本购买原材料，然后公告规格型号、加工金额和交货限期，供加工户选择，合意者上门领料，回家生产，按期送货，经检验后领取加工费。据说平均一个供销员订来的合同可安排100人就业。

苍南县钱库镇，往昔是个有名的"讨饭之乡"，现在已是万商云集的综合商品市场，成了浙闽交流的农村贸易中心。他们靠着能人当家、发挥专长、价格浮动、薄利多销、重视信息、勤进快出、讲究态度、热情周到等灵活的经营方式，全年销售总额已超过3500万元，流动资金周转期平均在25至30天之间，比国营商业快3倍。

温州市农民搞活流通的具体经验不胜枚举，归结起来就是"服务"两个字。他们懂得在大规模的商品生产和日益提高的社会生活里，生产者和消费者之间必须有一批服务人员。这种分工是任何性质的商品经济所必需的。温州商品经济的发展使10万购销员和邮电、运输、信息、科技等众多的服务人员从直接的生产部门中分离出来。正是他们用"千山万水、千言万语、千辛万苦、千方百计"编织起的巨大的民间流通网络,把千家万户的商品生产同千变万化的社会需求衔接了起来。虽然流通网上的每个成员都要从商品流转中获取报酬,维持生计,甚至较易致富,可是作为社会的一个分工系统服务于生产者和消费者之间,其运转是否有效,这是商品经济能否发展的关键。从这个角度看去,才能理解温州各地为什么都如觅宝一般地招聘能干的供销员。他们服务于千家万户,人民群众需要他们的服务。由此出发,我们才能正确对待当前农村经济发展的"温州模式"。他们在商品流通环节上取得的经验是具有中国特色的,也是值得其他地区结合当地实际予以借鉴的。

走向联合

同时,我们也看到温州农民所创立的这个"大市场"的另一面,那就是它的自发性和原始性。自发性带来个体经济的盲目性。原始性表现于这个流通网络的联系纽带大多利用亲戚、朋友及其延伸的社会关系。这种自发性和原始性在商品生产发展的初期或许是不可避免的,然而随着开放和改革的步步深入,它的局限性会逐渐显现出来。这就意味着温州的民间流通网有一个不断提高和完善的过程,需要正确的引导。也就是说,要为这一流通渠道提供它所需要的各种服务,使其合法化、公开化和社会化。如果设想这种服务性的引导能来自改革后的国营流通部门,那么,温州经济就有可能发展成有计划的商品经济的这种雏形。

温州的大市场是从小商品发展起来的,进而以商带工,把农户卷进商品生产的洪流之中,这固然有其城市工业基础薄弱、农村能工巧匠较多等客观条件。但是要看到现有的家庭工业对于生产力的进一步发展是有限度的。人们对桥头没有异议,而对柳市就不以为然,原因就是桥头生产的是钮扣,柳市生产的是电器,而电器在家庭工厂里生产,质量难有保证。

对此,我们首先应当想到的是,种地的农民在两三年内能转变为搞电器的工人是一件多么了不起的大事。可是从另一方面看,产品的技术、工艺要求较高,单家独户地生产的确暴露出技术不高、设备不足、测试手段不齐等弱点,于是对柳市家庭工业产品的各种批评责难纷纷而来,甚至怀疑家庭工业和专业市场的优点。我们必须承认,柳市现有产品中确实有一些质量没有过关,但是我认为对此应当采取鼓励和帮助的态度,而不应该采取打击和扼杀的措施。事实上我们已经看到,为了克服这些弱点,柳市的电器生产开始出现了联合的苗头,听说这种联合体中不少是几户人家合股添置设备,仍以家庭为单位进行生产和经营,区政府也正在筹划建立一个电器测试中心。这些都是可喜的事情。

柳市的联合苗头给人以启迪。首先,联合是生产力发展到一定阶段的产物和必需。只要生产力继续向前发展,温州的家庭工业就必然趋向于"联"。我在塘下时,两位从事家庭工业的妇女告诉我,她们编织的电灯拉线和松紧带由于织户多,赚头越来越少,对市场激烈的竞争流露出忧虑之情。是的,我也在想,如果她们的家庭工厂利润再降下去,到了无利可图时该怎么办呢?如果停产关门,回到老路上去,群众是不甘心的。那么出路只有转产或提高劳动生产率,以保持一定的利润。而要避免频繁的转产,必须有一个高于个体的企业管理组织为家庭工业服务,只靠现在原始性的供销队伍怕是难以做到的。提高劳动生产率的途径必须是联合经济和规模生产。所以无论是柳市对产品质量的要求,或是塘下对生产利润的要求,最终都将迫使家庭工业在管理、资金、技术、生产、运销等方面走上多种形式的联合道路。这就是说,我们一方面应当吸取过去操之过急搞"一大二公"的教训,另一方面要积极地去创造促进生产力发展的条件,总结群众的实践经验。在此基础上建立起来的联合经济才能稳固。

其次,在我们看到的众多的联合形式中,大体上可以区分为两种基本的形态:一是单纯生产者之间的合作,二是各种基层政权的经济手段和力量加入其间的"联合"。上述的几家合股是前者,测试中心是后者。

在家庭工业个体经济的基础上,逐步走上联合的道路,这是温州模式发展的前途。但是,并不是所有的家庭工业全都会演化成企业。相反的,我认为家庭工业个体经济在中国国民经济中具有长期存在的客观历史条件。它所需要的是社会性的服务,而这些服务行业可以是联合性质的集体经济,也可以是国营经济,有类似于农业里"统"与"分"的双重结构。我们可以设想,在相当长的时期里,多种性质的企业可以共存,而且发生协作关系。从所有制上来说也是多层次的:除了全民所有制和集体所有制(包括乡镇企业和企业成员联合性质的集体所有制)外;还有基本上属于个体所有制的家庭企业,但由于它又依附于国家或集体的服务,所以也不是纯粹的个体所有制。我认为,这种结构可能是有计划的商品经济的轮廓。

在对苏南和温州两个模式的比较中,我对苏南乡镇企业的性质有了进一步的认识。苏南乡镇企业是从过去的社队企业演化而来的,而且现在还在演化过程中。这些社队企业是当时公社和生产队所办的企业,实际上还保留了它原来政企不分的性质,后来为了提高效益,政企开始分离,企业的经营管理逐步取得独立,但是依旧属乡、村政权领导。实际上它正向着地方政权领导下的社区联合所有制演化。社区联合所有制是指以村、镇等基层社区为单位,由全体住户联合成的经济实体,属联合性质。这和从个体经济基础上生长出来的联户合作经济还有所区别。联户合作的经济并不一定包括整个社区的居民在内,它只是参加联合的各户的联合体。温州模式中的家庭工业就有从个体企业向联户合作演化的趋向。简单地说,苏南模式是从公社制里脱胎出来的集体企业,而温州的家庭工业则是个体经济,它们在这基础上正向着联合演进,其中部分已成为联户合作企业。

如果把温州模式说成是家庭工业加专业市场的话,那么,这就是突出这个地区经济特点的表述。温州经济中不仅有和苏南模式一样的乡镇企业,而且还有一些国营企业,加上个体企业,三者的比例大概是 1:3:6。由于家庭工业比重大,而且比全国其他地方更为发达,所以作为温州经济的特点而予以强调是符合实际的。

在虹桥镇,我参观了一家很有生气的村办工厂,它是完全由村政权掌握的,村支书兼厂支书,村长兼厂长。这是政企未分的苏南模式早期形态。在金乡镇有一位名叫叶文贵的中年农民企业家,他从专业户发展起了一个为全镇家庭工业提供再生塑料薄膜的小工厂。在谈话中,他生怕被人扣上"资本家"的帽子,表示真诚地愿意在不改变现有企业管理方式下,接受地方政府的领导,成为一个地方社区联合性质的企业。

看来,温州也存在着苏南模式的乡镇企业,而且在家庭工业基础上已出现了向乡镇企业演化的趋势。可见,温州模式和苏南模式并不是互相对立的,而是相互补充的。

新事物,新问题

无论是苏南模式,还是温州模式或群众创造的其他模式,评价它们的唯一标准应当是视其是否促进了社会生产力的发展,是否提高了人民大众的生活水平。这些模式在中国历史上乃至人类发展史上都是古来所无的。唯其如此,方显出中国社会现代化的特色;唯其如此,才需要我们对伴随这些新事物一同出现的新问题进行科学的认识。

在温州地区我们可以看到,农业相对落后,以及西部与东部沿海区域之间的发展差距等问题，都是值得认真研究与解决的。尤其是在商品流通和商品生产中诸如金融、财政、税收、劳务和收入分配等方面出现的新问题，既相当多又相当深刻。

以劳务来说，我看到了雇工大户。这些雇主大多心神不定，为了扩大再生产，不能不雇工，而且从起先雇亲戚朋友逐渐向外扩张，可是雇多了又怕挨整。雇的工人从哪里来？我一问这些工人大多数是从温州落后的山区下来的，每年可得800元左右的工资。这样的收入在本乡是得不到的。在地区之间经济发展不平衡的情况下，劳动力的流动是必然的。在金乡我看到十五六岁就在干活的姑娘，总觉得她们应当在学校受教育。可是人们说这里小学毕业生的升学率不到50%，升高中的比例更低，怕这些孩子闲着惹出事来，不如"穷人的孩子早当家"。我还看到几个五六岁的幼童一边嬉笑、一边跟着祖母在院子里拣塑料片，简直就像城市里幼儿园的孩子捏橡皮泥一般。这究竟是教育还是劳动，使人难以分辨。

再如，在收入分配上，市政协的一位同志说了一对在国营单位工作的大学毕业生夫妇，被三张同事婚礼的请帖难住的事。他俩的月工资只有100多元，可是吃这三次喜酒的花费却超过此数。总的来说，个人收入的情况是国营不如集体，集体又不如个体，城市不如农村，以致不少城里人眼热乡下人。因此，出现了不少国营职工搞"第二职业"，集体企业能人外流、散伙、各自经营的趋向。有人把这些现象归结为对国营和集体企业的冲击。从这股冲击力中确实反映出某些不正常的因素。温州市曾对9个县的147名供销员进行过调查，其中仅发现10人有行贿等行为，而绝大多数供销员、工商专业户的高收入主要来自创造性的经营和勤奋的劳动。从收入悬殊中我们看到一个显著的反差，即拥有先进技术、设备的企业，职工的积极性较低；反之则积极性较高。这一反差说明了生产力发展的桎梏，是一个值得注意的问题。

因此，要消除收入过分悬殊带来的种种问题，还得从消除这一反差入手。怎样才能把收入拉平一些？看来需要因地制宜地进行体制改革。目前所实行的"一刀切"的信贷控制等，不仅不能缩小这些反差，反而在扩大反差，使一些集体企业趋向于分散成个体企业。反差的消除还有待于在城市经济体制改革过程中完善各项具体政策。在这一过程中，温州作为一个开放城市，是否适当下放一些权力，使地方能采取一些与本地区发展特点相适应的政策。这是温州各级领导极为关注的问题。

凡此种种新问题，我还缺乏研究，更谈不上有深入的认识。但是既然客观现实已经把这些问题提出来了,如果我们不去认识它,就必然会陷入盲目性,还有可能重犯过去"割尾巴"的错误,用"割"的方法是不能奏效的,割了还会长出来。我们只能创造条件去推进客观事物向高一级演变,以消除矛盾。要做到这一点,社会科学研究必须紧紧跟上实践的步伐,去深刻地认识它。认识的立场应当尊重群众的创造,认识的根本途径应当是实事求是地作分析。我们知道,中国社会主义建设的特色没有现成的概念,前所未有的新事物、新问题不可能在原有的本本上找到现存的答案。

1986 年 5 月

重访温州

八年阔别,今昔不可同日而语

  1986年初春,乍暖还寒的时候,我来到温州访问,学到了当时当地搞市场经济的一些知识。我是听说有个和苏南模式不一样的温州模式以后慕名而至,想探求两者之间的不同特点。在历时9天的访问中,这里从小商品发展起来的大市场给我留下了很深的印象。在我看来,当时的温州已经在计划经济之外有了一个民间的、在小商品市场基础上起步的市场经济。回来后,我写了一篇《小商品,大市场》(又称《温州行》),记述了我初访温州的见闻和受到的启发。

  那个时候,人们对市场经济是怎么一回事不大清楚,还有疑虑和争论。依我的理解,温州当时的商品经济可以看成是从传统中生长出来的市场经济的初期形式。正在温州发生的历史事实说明,市场经济是可以和社会主义结合起来发展生产力的。在短短的几年里,异常活跃的商品流通既打开了大市场,也带动了温州工业的发展,还给温州人带来了实惠,改变了多年来贫困落后的面貌。据统计,1984年全年净收入在5000元以上的农户已有40万户,占总户数的1/3,农民已经开始从贫困走向温饱和小康。

  这个变化或许还有更值得注意的地方。温州实践再次告诉我们:市场经济并不都是舶来的、搬来的,也有中国土生土长的。它开始时可能有点四不像,但毕竟是草根经济,有很强的生命力。它既吸取传统的营养,又逢社会变革为它提供了适宜的土壤和气候,一旦生长起来,就会有芳草遍天涯的前景。

  当然,在市场经济的初步实践中,也会出现一些问题,这可能是难以避免的。温州模式以商带工这个特点,形成了大量的家庭工业和个体经济,在一开始处于自发、小型、分散的状态。这有好的有利的一面，即容易起步，经营灵活，群众自发有积极性，不靠国家投资而创造财富。但也有不利的一面，就是有些盲目性，规模小，技术低，质量不高，这是下一步发展要克服的缺陷。我曾在《温州行》一文里提出了"走向联合"的想法，认为当时的温州模式应当有一个不断提高和完善的过程。"提高劳动生产率的途径必须是联合经济和规模生产，只要生产力继续向前发展，温州的家庭工业就必然趋向于'联'。"

自从写下这样的想法到现在，忽忽8个年头过去了。这8年里，小平同志视察南方发表的重要讲话平息了围绕姓资姓社的争论，明确了"三个有利于"的标准，这是影响我国改革开放全局和步调的一件大事。当年在风口浪尖上的温州如今是个什么局面？8年前我写下的想法符不符合温州经济发展的实际？温州模式有哪些新发展和新鲜经验？这些问题时常萦绕在胸，重访温州也一直是一个心愿。1994年11月末，我终于又有机会重访温州。

这次访问我所看到温州的发展不光是数量上的增加和扩大，更重要的是质的变化，是新的飞跃。我这两次到温州的前一站都是杭州。从杭州去温州，8年前是坐汽车，辗转两天才到。这一次是坐飞机，40多分钟就到了。交通工具的改变提醒我，温州的基础设施条件看来已是今昔不可同日而语了。下了飞机，在从机场到住处的沿途，都能看到修筑高等级公路的火热场面。又听说温州建机场、修公路这些大项目都没有靠国家投资，主要是依靠温州民间集资干起来的。阔别8年，温州的变化之大，温州民间实力之深厚，真是令人惊叹！

从个体经济走向股份合作

个体经济是温州经济较早发展起来的基础，也可以看作温州经济发展的第一个台阶。这里有它的历史合理性。

在温州农村，20世纪80年代初期开始实行家庭联产承包责任制以后，剩余劳动力开始向二、三产业转移。温州的一大特点是地少人多，耕地资源严重缺乏，人均大约半亩田的样子。加上温州地处东南沿海前线，由于解放后多年搞备战的原因，国家的建设投资很少。从1949年到1978年的30年里，总共只有5亿多元。温州市被瓯江、飞云江、鳌江、清江等河流分成5块，直到改革开放之初，连一座桥也没有。我初访时想转一遍市区，只有靠摆渡，市政公用设施之差由此可见。

在剩余劳动力很多、国家投资很少、交通能源基础设施又很差的条件下，温州农民向非农产业转移，从事商品生产，就只能从投资少、成本低、能耗少、技术简单、流通运输方便的小商品起步。这样的起步发展商品生产，农民自己的住房成了厂房、车间，手上的闲散资金、传统技术和空闲时间都成了挣钱的本钱。剩余劳动力被家庭工业吸收了相当大的一部分，农村商品经济得到了很大发展。到 1984 年的时候，温州的家庭工业户已达到 13 万户，产值占了全市农村工业总产值近 60%。这样规模的家庭工业，加上当时 7.78 万户个体商业、服务、修理业，还有 1.58 万个体运输户。温州的个体经济在整个温州经济里占据了主要地位。

随着商品经济的发展，全国不少地方都开始发展投资少、起步快的小商品生产，市场竞争比从前激烈了。竞争给一家一户分散进行的小规模生产经营活动造成了压力，也给温州的家庭工业走向联合带来了契机。

农民是聪明的，很快就领悟到要在竞争当中站稳脚跟，光维持简单再生产是不行了，出路是设法扩大规模，更新设备，提高质量，开发新产品，在技术上有新的进步。这样就需要加大投资。钱从哪儿来呢？向银行、信用社贷款吧，碰到政策因素的限制；从民间借贷吧，利率又太高，难以承受。在这样的情况下，几家几户联合起来，入股集资，风险共担，利益共享，就成了一种现实可行、大家都能接受的办法。

于是，温州经济的发展，就从第一个台阶开始走向第二个台阶——从个体经济走向股份合作经济。

温州有个名叫朱明春的企业家，在我初访之前的 1984 年，已经开始走向联合。他组织了 86 户专业户自愿投资入股，每股 1000 元，建立禽蛋产销联合公司。过去分散在各户的资金、劳力、场地、设备、技术等生产要素集聚组合起来，取得了比单门独户的家庭企业更好的效益，更大的市场。这个公司当年就向市场提供了 35 万只肉鸡，占市区年肉鸡供应量的 40%，此外还向市场提供了占市区年供应量 10% 的鸡蛋。

瓯海县永兴镇有十几个农民，大都办过几年搞印刷的家庭企业。他们都觉得，老是一家一户地闹腾不是长远之计。1985 年，他们联合了起来，集资创办一家上水平的企业，生产软包装材料。先是每人一股，每股 5000 元，后来每股增加到 15000 元，加上一些贷款，他们买来一条国内先进水平的自动生产线，产品在国内同行中属上乘，销路不愁。两年时间，产值已经达到 305 万元。

在了解阔别的 8 年中温州逐渐壮大的股份合作企业时，我注意到了它们的一般特点。一是大家自愿,以原有的个体企业作股投入集体企业,并约定遵守共同制定的协议。二是投资入股者直接参加本企业的劳动生产和经营,在资金联合的同时也是劳动和经营的合作。三是这些企业多是在当地乡镇政府和村集体支持下创办的,企业税后利润里有一定比例作为公共积累基金。从这些特点来看,这类企业既不是规范的现代股份制,也不是传统的合作制,而是兼有股份制和合作制特征的新的经济组织形式,所以被温州人定名为"股份合作企业"。我想这是温州人民在发展市场经济的实践当中从当地实际出发选择的一条既富民又利国的好路子。

群众走出了一条路子,政府的服务工作马上跟了上来,通过政策给予引导和支持,这是温州的股份合作经济得到很快发展的重要因素。

80年代中期在温州兴起的各种股份合作企业,不依靠国家投资,凭借个体经济发展时期的原始积累走向联合,既吸收了大量剩余劳动力,发展了生产力,改善了群众生活,又增加了地方财政收入。特别是县、乡镇这两级,工业产值、财政税收、外贸出口、城镇建设、公用设施等,主要是依靠股份合作企业的贡献。温州有些县没有国营企业,大集体企业也不多。在这样的情况下,政府鼓励支持股份合作企业的大发展实在是顺理成章的事情。温州市政府于1987年11月制定并颁布了《关于农村股份合作企业暂行规定》,对股份合作企业的性质、财产归属、收益分配、信贷税收、企业自主权、劳动制度以及入股、退股、开业、歇业等都作了初步规定。以后又在数年里先后制定出5份政策性文件,引导温州的股份合作企业走向制度化、规范化,健康成长。到1993年底,温州市的股份合作企业已有36887家,占全市企业总数的80%。其中股份合作工业企业24000多家,工业产值达199亿元,占全市乡镇企业工业总产值的85%,占全市工业总产值的57%,上交税收8.8亿元,占全市财政收入的49%。这真是一项了不起的成就!

富有东方色彩的"经济结义"

股份合作企业把过去各自为战的家庭企业联合成了一个个利益共同体。这里不光有生产规模的扩大,技术水平的进步,产值和利润的提高,也有经营思想的转变和管理制度的创新,出现了具有特色的发展模式。我在访问中接触到了一家在经营管理上很有特色的股份合作企业——瑞安华光经编厂。他们的做法很有意思,效果也很好,我看了很受启发,想在这里多花一点笔墨,说得具体一些。

这个厂创办于 1985 年 12 月,由 7 位农民共同发起,入股投资 57 万元,租用了一家地毯厂 800 多平方米的破旧厂房。刚开始的时候,他们是作坊式的生产,产品是松紧带,起步时在规模、技术、产品档次、经济效益等方面的起点并不高,而且在经营管理上还带有温州个体经济共同的某些缺陷。

温州经济从第一个台阶上到第二个台阶的时候,既带上了个体经济时期的原始积累,也带上了原始积累过程中的一些组织经营特点。比如,温州的股份合作企业特别是乡镇企业大部分都是从原来的合伙经营发展而来。合伙经营的一大特点就是家庭或家族血缘关系密切。从合伙转向股份合作的时候,这个特点并不能一下子甩掉,所以就形成了企业股东和管理人员之间多有直接或间接的血缘关系,有的企业里这种关系还特别浓厚。对于这一点,华光经编厂的创业人是怎么看呢?厂长叶阿光认为,家庭血缘关系浓厚,这是影响企业长期稳定发展的致命伤。这样的企业往往着眼于眼前利益,以获取短期投资利润为直接目的,缺乏长远眼光,投入规模小,难以扩大再生产。办厂之初或许有一定的生命力,但随着市场竞争的日趋激烈,就很难适应,迟早会被淘汰。

从几千年的小农经济、小生产传统中走过来的中国农民能有这样的自觉的现代管理观念,是难能可贵的。但这毕竟只是少数人,更多的农民一时还没有这样的觉悟,他们又恰恰是企业生产的主力军。这就要求领头的人既能超越传统,又懂得尊重传统,借助传统。华光厂的创业人就从这里开始寻求既能排除亲属关系,又有利于调动股东和员工积极性的办法。

他们首先规定,股东本人必须直接参与企业的经营管理,股东的投资和工作实绩与企业的兴衰双挂钩。股东之间既有投资合作,又有劳动合作,更主要的是人的合作。按照厂长叶阿光的说法,他们主要"是人入股而不是资金入股"。所以他们不吸收只投资而不参与劳动的股东,也不要和股东沾亲带故的人。

其次,他们论功行赏,培养主人翁精神。股东的分红和报酬都设定底分,严格按照出勤情况工作实绩评定报酬,而且股东的底分并非一成不变,每 3 个月要根据工作实绩评定升降。他们还规定企业税后利润的 50% 用于扩大再生产,不计入股东名下,而记在华光经编厂名下,任何形式的离厂、退股人员均视作自动放弃其股份在企业财产中所占份额,以此解决目前股份合作制企业中普遍存在的资产完全私有化问题,也使企业拥有强劲的凝聚力和发展后劲。

再一点,他们设立技术股和管理股,统称"技能股",藉此吸引人才,重用人才。对厂里的技术人员、管理人员和一般职工，只要主人翁思想强、贡献突出的，就给予一定名义的股份，享受股东的待遇，但不需要投入资金。像这样因为对厂子的忠诚和贡献而成为股东的，随着厂子的发展在不断增加。一般所谓股份制的企业里股东们之间只是资金的合作，需要增加资金时，招收股东就是了。华光厂的股东按他们自己的说法却是"培养"出来的，他们一开始就看重人与人的合作，要在受挫折时，有"共患难"的心劲；发达的时候，要"苟富贵，勿相忘"。他们按功劳大小排座次，论功行赏。就这样，一个个农民在他们所习惯、所崇尚的干法当中潜移默化地变成了工人，变成了股东。叶阿光厂长对此说了一句很有意思的话，"我们像国家培养干部一样培养股东"。能做到这一步，说明华光厂走出的路子是一条适合中国农民传统意识而又有所创新突破的联合之路。

如今这个厂的股东已经从创业时的 7 人发展到 70 多人，除了乡里的农民，还有城里的科技人员。其中有中国纺织大学、浙江丝绸工学院等出身的 38 名全国经编领域中的高工等专业技术人才。现在全厂的设备、技术、产品水平已经进入全国同行业的最前沿。真是依靠科技，工厂大兴！

临别，主人拿出一张大幅照片送给我。一看，那是我 8 年前在这里看他们生产松紧带的照片。看着当时的情景，再对比眼前的现实，令人感慨万分。8 年前后，两个天地，一个是家庭式作坊，一个是现代化企业。年产量从 4.7 万米到 164 万米，产值从 28 万元到 3286.5 万元，利税从 5 万元到 525.35 万元，全员劳动生产率从 0.6 万元到 15.6 万元。华光厂这套独特的管理办法充分调动了人的潜力，在 8 年时间里创造出一个奇迹，谁能不信再过几年还有更叫人刮目相看的奇迹出现呢？我感谢温州市的主人为我安排了这个访问项目，让我亲眼看到一个从个体经济走上联合之路的生动例子。说到这里，忽然联想起《三国演义》里边的"桃园结义"，顿有所悟，华光厂不就是在股东之间形成了一种"经济结义"的关系，走出了一条适合中国农民意识的联合之路么？日本有结合他们传统精神创造被美国称作 Z 式管理方法，在我眼前的这种"结义"式的经营方式，该称什么方式呢？留着这个问题让别人去答复吧。

人口出去 100 万，进来 50 万

初访温州的时候，我看到了一个靠小商品流通而形成的大市场。这个生动活泼而又似乎无形的大市场，是靠走遍全国的温州籍商贩大军跑出来的。他们

每天活跃在火车上、汽车上、轮船上、飞机上,和全国各地的市场上,一直深入偏远地区,总数在当时有 10 多万。再加上弹棉花、理发、裁缝、厨师等手工艺人,共有 20 多万。我在《温州行》一文里说:这是构成"温州模式"的骨干。

8 年过去了,这支长年流动的温州商业大军现在的状况怎样?这是我心里的一个好奇的问题。这次重访伊始,刚在住处安顿下来,我就赶快向市领导请教。市长告诉我,现在温州出外做工经商的人已经达到了 100 万,占 685 万人口中的 15% 左右,其中光是北京就有 10 万温州人。这 100 万大军在全国各地摆下了 5 万个柜台,还有的走向海外。在巴黎就有"温州一条街",而且名气很大,据说连犹太人在那里的生意都被温州人挤掉了。温州的工商大军从我初访时的 20 多万增加到现在的百万之众,经营领域也随之拓宽,挣钱的路子更多了。从前出去就是打工、经商,或是游动在街头巷尾,凭一身苦力和一份手艺挣饭钱。现逐渐有了资本积累,当年的打工仔和小商贩有不少成了小老板,有的还获有利润,变成了投资者。从打工卖货到当老板,从求温饱到求发展,从上外地挣钱到在外地办企业。这都是很值得研究的变化,是温州模式的新发展。

先说能用数字计算的这笔账。100 万外出的劳动力(当小老板的暂时除外),他们的收入大致可分三种:一种是在工厂打工的收入,一种是把温州的产品四处推销的收入,另一种就是靠理发、弹棉花、当裁缝之类的收入。这三种情况中,务工和经商的收入较高,手艺人的收入相对低一些。我问到具体数目,温州领导说统计起来有困难,他们试图搞过,但很难弄准确。我从和他们的谈话里得到一个数字和一个比例,使我有可能推算出个大概。这个数字就是收入偏低的手艺人每月能给家里寄回来 300 来元钱。这个比例是,在外挣钱的温州人,一般是把挣来的钱的 1/3 用于日常消费,1/3 寄回家乡,1/3 用于维持下一步经营或是在当地投资。这样,用较低的标准来推算这 100 万人的收入,暂以平均每人每月挣 1000 元钱来算,一个人一年可收 1.2 万元,100 万人一年总收入是 120 亿。按上述的比例摊开,也就是说,从温州出去的这支百万大军,每年可寄回家乡 40 亿元,成为壮大温州经济实力的一大笔财富,同时有 40 亿元进入他们务工经商所在地的消费市场,另外还有 40 亿元成为对各地经济建设的投资。这笔投资数额,相当于解放后 40 年国家对温州投资的两倍左右。由于用来推算这支百万大军总收入的标准偏低,所以我们有理由相信,这笔账在实际上会比上面推算的数目更大。

再来看一下难以用数字计算的那笔账。每年从外地寄回温州的这笔巨款分散在许多家庭，充实了民间的资金。千千万万个家庭因此而家底殷实，既改善了生活，又具有了投资能力。近些年，温州的基础设施建设项目，例如盖学校、修机场、建码头、铺铁路、修公路等，都没有靠国家拿钱，而是自筹资金，多渠道地搞民间融资，这里就有百万大军寄回家乡的大笔汇款。

还有一笔和寄回家乡的钱数相当的资金，直接投入了这支百万大军务工经商之地的经济发展，这笔巨款成了温州人参与全国经济发展的一份力量，不是集中于某个大城市，几个大项目，而是分散在许多地方，分散为许多小数目，活跃了经济活动中最基本的单元和细胞，而且总是趋向于周转快、见效快、效益好的行业和项目。其功用不是使哪个地方冒出个不夜城，而是有益于整个经济和社会肌体的健旺和活跃。这也是无法用数字来衡量的。

再一点，就是这走遍全国的 100 万温州人一边挣钱，一边传播着商品经济、市场经济的意识和本领。他们在依靠勤劳苦干逐渐富起来的同时，影响和带动更多的当地人走向勤劳致富之路。除了带动外地的人务工经商，发展三产，也间接地带动温州本地农村劳动力的梯度转移。按照温州人的说法，是"平原种田的出外做工，山上苦熬的下平原种田"。更重要的是，同是种田，后者并不是前者的简单重复，而是有所发展的。既然不再都挤在田里搞饭吃了，就有条件在农业经营上走新路子。现在温州农村正在发展专业大户和股份制农场，实行规模化经营，社会化服务，机械化生产，科学化种田。温州农业从小农式的生产走向科学化、产业化，这个巨大的历史变革就更无法用数字来计算其价值了。

温州人出去了 100 万，融进了外地的经济活动。温州当地正在大发展，也需要人来干，于是，越来越多的外地人来到了温州打工，眼下总数已达到 50 万。这是一个意义很深的转变。

来温州的外地人，除少数经商以外，多数是来打工的，这说明温州的工业确实发展起来了，也说明温州人以商带工的路子不光走通了，而且越走路子越宽。在温州的家庭工业兴旺时期，虽然也如火如荼，但作坊式小手工业生产方式的外壳毕竟很小，劳动力容量有限，温州自己的人力都用不完，也就没有外地人来打工的机会和位置。随着家庭工业走向联合，原有的生产规模扩大，新创办的企业数迅速增加。东方集团的一位街区企业经理告诉我，现在办新厂速度快得连办手续都来不及。温州工业发展到这样的局面，当然需要大量的劳动力来支撑，而温州人还在继续往外走，这就为众多的外地劳力进入温州提供了机会。

50万外地劳工进入温州，结束了温州劳工多年来单向外流的历史，形成了对流、交流的生动局面。以前是温州人靠外地来解决自己的剩余劳动力问题，现在温州却在为解决外地的剩余劳动力作贡献了。访问瑞安商城的时候，主人告诉我，这个现在年成交额超过12亿元的商场有4000多户，其中外来的有1000多户，占到了市场的1/4。建这个商场的1.1亿元投资全部是民间集资，所有入场户都是投标者。也就是说这里的外来商户，在温州务工挣钱的同时，也投资了经济建设，为温州的发展作了贡献。这些就是50万外来劳工中少数不单是来打工而是来参与温州企业发展的例子。

发展专业市场，促进小城镇建设

起步早、发展快的专业市场，是温州一大景观。桥头镇闻名全国的钮扣市场，是1983年初经永嘉县政府批准设立的。到1986年我初访温州时看到，全镇已有700多个钮扣店、摊，人称"东方第一钮扣市场"。比它起步更早的有瑞安城关工业品市场。1981年就开设了，一上来有3100个摊位。我这次重访，参观的头一家专业市场就是这地方。经过十几年发展这个位于飞云江畔的市场已经变为"瑞安商城"，占用面积11.8万平方米，建筑面积9.2万平方米，拥有6000个店面摊位。商城内的配套服务设施相当齐全，有自动扶梯和直升电梯各8部，供顾客上下和运送货物。有1300门电话，还有银行、邮电、展销厅、客运、货运、饮食、住宿、消防、治安、工商管理等各种服务管理机构。瑞安商城主要经营服装、布匹、鞋袜、针织品、日用百货等，吞吐量大，辐射面广，吸引了全国各地的客商和海外侨胞乃至外商，生意红火得很，营业额最高的店面日成交额近10万元。我听主人介绍情况说，1994年1至10月，商城的成交额已达12亿元。

离开瑞安商城，我到了苍南县灵溪镇。这个镇位于浙闽交界，是浙江省的"南大门"。灵溪有悠久的贸易活动历史，早在1600多年前的西晋时代，就有相当规模的集市贸易，史有"灵溪市"之称。如今，镇里的经济发展战略是"以贸易为龙头，以贸促工，贸工农各业协调并进"。全镇已经建起了五金交电、服装棉布、水果食品等22个专业市场，成为温州到福州400公里海岸线上最大的商贸中心。一个镇，每天过境车辆上万；流动人口达3万，外来经商户就有2万，平均每2.5平方公里就有一个专业市场，全镇12万人的年人均市场成交额达到万元以上，这在全国也是少有的。

乘汽车进入灵溪镇时，天色近晚。镇里大街小巷张灯结彩，人流熙攘，一派节日气氛，原来大家正在迎接第二天在镇里开幕的1994年灵溪浙闽边贸文化节。这里商贸活动虽说历史悠久，像现在这样大成气候却还是近些年的事情。专业市场有模有样地建起来以前，交易活动都是随机而聚，以街为市，常常是店前有摊，摊前有档，档前有篮，热闹归热闹，不免闹嚷嚷的有点乱。为引导自发状态的商贸活动从无序走向有序，镇政府加强服务职能，依靠群众的资金积累，取之于民，用之于民，建起一个个规模宏大的专业市场，结束了以街为市的历史。我在这个秩序井然、以民族风格为建筑特色的市场走了一圈，和有些店铺的小老板交谈，想多知道些情况。怎奈正逢边贸文化节开幕在即，鞭炮阵阵，围观者众，颇不易从容谈话。但我仍然从一家店铺里得知，像那样一间10多平米的铺面，正常经营状态下的流动资金，竟在百万元以上，由此也可以想见整个市场经营规模了。

从苍南回到温州市区，我还参观了一个灯具市场，又是大开眼界。走进一个高大漂亮的牌楼，三步一楼，五步一阁，让人不由得想起杜牧的《阿房宫赋》。古色古香的建筑，加上间间店铺里五彩缤纷的各种灯具，真叫我这85岁老翁有点眼花缭乱。进到东方集团的会议室里边，更是金碧辉煌，如同进了皇宫。这是温州人用小商品闯大市场的心血汗水换来的洞天福地。问到这个市场的经营，主人说，1994年的交易额已达到6亿元。仅消费品市场，年成交过亿元的有16个。同时，还建立了资金、劳务、信息、技术、生产资料和房地产等市场，形成了运转有序、成龙配套的市场体系。

专业市场的发展，活跃了流通，带动了工业，促进了小城镇建设。15年前，我在《小城镇，大问题》一文里所论到小城镇那种冷冷清清局面，已成过眼烟云了。这一页历史掀过之后，紧接着80年代农村工业化浪潮。进入90年代以后，很多地方已经开始了农村城市化时期，其重要标志就是小城镇建设步子明显加快。到1993年，温州全市的建制镇已从1987年的18个发展到137个，总人口405万，占全市人口总数的60%。在这些镇的发展当中，龙港镇能说得上是个突出的例子。

著名的龙港建镇始于1984年，当时只是5个相连的小渔村，人口总数7812人，工农业总产值540万元，其中工业总产值240万元，人均307元。镇长向我回忆当时的情况，用了"路不平，灯不明，水不清"来概括建镇之初的样子。从县里来讲，设立龙港镇，是想搞起一个经济中心。走什么路子呢？他们确定了搞专业市场的思路，要通过大力发展专业市场，一头带动千万个家庭企业，一头借助购销员队伍连通五湖四海，促进龙港经济的发展。

建镇10年来，龙港逐渐形成了10大专业市场和10大工业加工行业。这些市场的交易十分活跃，平均每天的客流量达3.8万人，1993年的市场成交额达6亿元。专业市场的发展带动了龙港镇上塑料制品、中西服装、仪器仪表、机械五金等十大加工行业的发展，加快了城镇的建设步伐。现在全镇的总面积已经从初建镇时的7平方公里扩展到58平方公里。总建筑面积230多万平方米，纵横街道54条，总投资达7亿元。由于城镇建设资金的绝大部分来自于农民集资，所以龙港镇被称为"中国第一农民城"。

龙港人没有停步，镇长说到龙港经济结构的主要特点时，特别强调以高科技产品开发为后劲。龙港人开始向高科技要生产力了。现在每年创造10亿元以上的工业产值的龙港人，要把"第一农民城"变为"农民第一城"，这个词序上的改变，预示着中国农民在国家城市化进程中的更大作为。

温州正进行"第二次创业"

改革开放以来，温州是一块改革试验地，经过15年的大胆改革试验，带来了经济上的大发展。1993年，温州的国民生产总值、财政收入、农民收入等主要经济指标，都比1978年翻了将近4番。在浙江省的排名中，温州紧跟杭州、宁波，居第三位。经济实力的增强，加快了基础设施建设。依靠充裕的民间资金，温州近年来建起了一批重点工程。有了经济实力，对高新技术的吸收能力也大为增强。这是谋求继续发展的物质和技术基础。

我这次重访温州第一个听到的新鲜说法就是"第二次创业"。的确，这里天时、地利、人和条件都已具备。其实，善抓时机的温州人在1993年11月就正式提出了"第二次创业"的口号。为了打出温州人的新形象，敲开更大的市场，他们要走"质量立市，依法治市，科教兴市，文明建市"的发展道路。从这些提法里，不难看出温州人对刚刚走过的道路有深刻的反思；也不难看出，进入第二次创业的温州人在继续以经济建设为中心的奋斗中，对于温州经济与社会协调发展已有了自觉的追求与设计。温州在第二次创业当中的发展，不光是总量上的增长，更有素质上的变化和飞跃。

这个正在来临的飞跃，首先表现在对农村和农业发展的充分重视上面。我自己一生的研究主题没有离开过农村，对这方面的事情关心得多一些，也许是有点个人的偏好，但还不能说农业问题在温州并不重要。根据我的了解，"第三产业喜气盈盈，第二产业热气腾腾，第一产业死气沉沉"的情况，在温州的一些地方是存在的。所以，这次重访时听到温州正开始第二次创业，我急于想知道对农业是怎么个办法。

使我高兴的是，温州领导在全市部署推进第二次创业的工作时，首先讲到的就是农业，以温州的实际情况来讲，农村一直是改革的前沿，是生产力最活跃的地方，也是经济总量增长潜力最大的区域。温州人认识到，实施第二次创业战略的基础是农村和农业，区域的重点在农村，发展难点也在农业，工作对象大多数是农民。坚持把加强农业放在首位，全面振兴农村经济，保证农业的基础地位不动摇，这关系到改革大局，也关系到温州的第二次创业能不能成功。

以这样的认识为基础，温州为切实抓好农业制定了这样的方针，在完善联产承包责任制的同时，把股份合作制引入农村经济各个领域，建立土地使用权流转机制，大力推进农业适度规模经营。健全完善农村社会化服务体系，搞活农产品流通。加强科技推广，稳定粮食生产，发展多种经营，推进综合开发，加快"一优两高"农业的发展步伐。进一步加强扶贫工作，打好扶贫攻坚战，提高山区自我开发的能力，促进沿海平原和山区海岛经济的协调发展，走共同富裕的道路。

我问，这样的方针怎么落到实处？市长告诉我，他们准备采取指导性计划，指令性措施，严管重罚，一一落实。为确保农业发展，十几年来一直在探索市场经济之路的温州居然采用指令性手段，叫人耳目一新。若是这些都能落实到位，温州的第二次创业就有了坚实的基础，温州人要在第二次创业中实现的"经济发展从外延扩张向质量效益型转化，市场取向由内向型向外向型发展，农村城镇化向城乡一体化发展，人民生活从温饱型向小康型转变"的目标也就大有希望。我想，主要靠商贸和工业起家的温州人在第二次创业之初表现出的对农业的重视，对于我们整个国家在世纪之交的发展，算是一点有益的提示吧。

我又问温州的领导，第二次创业需要大量本钱，怎么解决？主人们不无自豪地说，温州现在有固定资产100亿，可用资本160亿。这160亿元大部分藏富于民，眼下温州人蹩足了劲搞第二次创业，这是温州最大的融资优势。听到这里，我又一次意识到，温州有了过去15年的原始积累这一步，才有今天的第二步。温州人发展个体经济和走向股份合作的经验，政府紧紧跟上的各项服务，15年里积累起来的经济实力，加上温州人善于经商的传统和敢于改革的创新追求，都成了进行第二次创业的底子。在这个底子上描绘温州的未来，应该是充满乐观色彩的兴旺景象。

我想起在苍南灵溪访问专业市场时在大门处看到的大幅对联：百业振兴，四海升平。温州人想的不仅是家门口的有百业振兴，还有更大世界内的四海升平。他们的市场从家门直通五湖四海，休戚相关。没有四海升平，也很难有家门口的百业振兴。怀着过好日子的愿望，温州人走出家门，走向全国，要走出一条发财致富丰衣足食的路子。走着走着，他们从个体走向了群体，从家庭走向了社会，从经济走向了更宽广的领域。表示吉祥和祈愿的对联有意无意地流露出他们的心迹。"百业振兴"还能理解为只是个经济意义上的愿望，"四海升平"则是一个内涵丰富得多的社会意义上的理想了。透过这一点去领会温州农民乃至中国农民的历史追求，我想是不会失真的。

后 记

这次重访温州，自问确实学到了许多新知识。这些知识来自温州广大人民在我们分别的 8 年里千辛万苦地创造出的鲜活生动的经验。当我在话别会上想表示我衷心感激之意时，主人却向我提了个问题。他说："你上次来访，回去写了篇《小商品，大市场》，温州人民至今还记得，心领你的指路之情。这次回去想来又会写篇文章，能否请问你，题目是什么？"其实我一路也在捉摸这个问题：用哪几个字来表达温州这 8 年的成绩和当前提出"第二次创业"的豪情。我就反问他们如果用"家底实、创新业"为题怎样？引起一阵鼓掌点头。题目已定，我一路和同行的张冠生同志商讨文章内容，并按我的腹稿向他口述，录音记下。返京后，我老伴久病弃世，我方寸不宁，心哀笔涩，由张冠生同志参考一路访问的记录，整理成文，经我修正完稿，特此志谢。

1995 年 1 月 12 日于北京北太平庄

港行漫笔

一、人造石林

飞机下降，接近地面。初访香港的一位朋友眼望窗外，惊叹地说：这简直是人造石林。石林，我到过，在昆明市路南县的乡下，彝族阿细人地区。平地耸立千百个大小石柱，排列得相当紧密，参差不齐，高低不等，犬牙相错，确是天下奇观。我这位朋友香港初瞥，作此比拟，新鲜贴切，十分形象。我也凑上去观望，半年暂别，一眼就看出闹市东头又耸出一片新建高楼。人造石林还在增长、扩大。

香港对我不是个陌生地方。20世纪30年代去广西调查，负伤回粤治疗，能行动时就到香港去观光。那时香港人口还不到100万，给我的印象酷似广州而不如广州繁荣；满街都是广东人，赤脚穿木板拖鞋。沿海拥挤不堪的街道和码头似乎老是又湿又滑，一片脚踏板噼啪之声，扰人听觉。

40年代，日本投降后我重访英伦，归途路经香港。由于我是英方的文化贵宾，受到香港大学校长和香港主教的殷勤招待，往来于居住在半山别墅里的上层人士之间。这里见到的是香港另一世界，英国绅士派头比不列颠更不列颠。这个世界在社会生活上和早年看到的那个木拖鞋阶层是隔绝的。论当时市面，我看还赶不上上海。当时由于大批大陆移民进入，人口增至160万人，其中几乎有50万人流离失所，露宿街头。

一隔几十年，我再来香港已是80年代了。最近这几年，我几乎每年都到过这地方，不是承邀专访，就是过路中转去美、澳、印度。每次停留时间不长，但多少也亲眼看到一点香港的新面貌。就说人造石林吧，它就是70年代兴起的。这十多年来，它不断增长扩大，联成一片。现在城市中心还遗留着一些 30 年代的建筑,当年的大厦被夹在摩天楼中间,显得特别寒碜,但却提供了反映香港发展的标志。

香港在 150 年前是个无名的小岛,只有 20 多个渔民村落,不到 4000 人。1842 年英国仗其炮舰的威力,胁迫清廷订城下之盟,大概出于当时紫禁城里谋士们的逆料,要求割让的却是这区区一小块四面环海的弹丸之地。他们疑惑洋人怎会看中这个荒岛?! 给就给吧。要求那些没见过世面的庸臣们预料这个荒岛 100 多年后竟会是个世界金融中心和东亚工商业中心之一,当然这也太不近情理了。其实就是今天,在现实已摆在人们眼前时,又有多少人能真正如实地理解香港的地位的来由呢?正是这样,我们对这个人造石林,除了惊叹它所表现人力的雄伟外,自然不免要想一想:人间怎么会出现这个奇景?将来又会怎样?50 年、100 年以后的事不说,12 年以后的事总得多想一想吧。

要思考这些问题,首先要认识香港的现实。这是这次专程访问的目的。时间虽短,20 天里所见所闻,所思所议,却有不少。说是参观,也许还是言过其实,观看有之,参预则未。有点想法,随笔写下,不讲起承转合,不求全貌完形,只是片断鳞爪而已,故称之为"漫笔"。

二、万里星海

白天看石林只见外形,一片兀然耸立的巨厦,几十层的高楼,看不到甚至不觉得这正是蜂房蚁穴般万头攒动的巨大立体人群。到了晚上或午夜,如果登上山顶,俯视全港,灯火灿烂真是万里星海。这时,就会冒出世外来客之感,似乎看到了每一盏灯下都聚着一堆人。那岂是星海,实是人海。天下怎么会有这么多人密密麻麻、紧紧地挤在那么小的一个空间里呢?

从空间来说香港真是个弹丸之地,一共只有约 1000 平方公里。就在这只有 4 位数字的面积上却住着 7 位数字的人口——540 多万。如果把这么多人均匀地摊放在这片土地上,每 1 平方公里就有 5500 人。这样的人口密度,还不到摩肩接踵的地步。而事实上这里是个山岗起伏的岛屿,可供人们建屋居住的主要是一条纵深不能以里计的狭窄海岸。这 540 多万人如果挤在这海岸上,那就会出现有如海滨游泳场的场面了。人们要居住、要生产、要工作,只得向立体空间要面积,寸土之上重叠它几十层。这样,每个人不就可以有几尺方圆之地可以容身了么?于是乎人工石林拔地而起。这几年来,人们已觉得沿海平地太少,凿山填海,扩大平地。新近扩大的石林和飞机跑道都是这样搞起来的。

当初英国殖民者攫取香港这个被称作"杳无人烟的荒芜小岛"时,对人口集聚之速是估计不足的。他们看中的是这个不冻的深水港口。以海上霸权为基础的英帝国是想在这里扼住印度洋进入太平洋的商道咽喉。这点可说他们是看准了,因为至今这个港口仍是东西方之间物资吞吐的枢纽。去年香港外贸总值在 3500 亿港元以上。这可是个天文数字。从物资运输来说,它在东亚也是数一数二的商港,仅集装箱运输量,已在世界上名列第三。据说到 80 年代末,现正在扩建的工程完成后,将首屈一指。

攫取香港之初,这个殖民帝国预料不到贸易发展、人口汇集之后,这个小岛承受能力不足。光是淡水的供应,岛上的雨水能养活多少人呢?于是魔掌又伸向香港对岸的九龙半岛南端,1860 年用不平等条约把这块土地割去。但还是不满足,1898 年再次拓展香港的范围,把深圳河以南的地区作为租期 99 年的租界,称为新界。1997 年收回香港的协议是以这个年限推算的。香港岛、九龙、新界合称香港。

如果香港仅仅满足于成为东方海运贸易中心,大概只能形成上述 30 年代和 40 年代的面貌。香港经济的起飞是近 30 年来的事,工业发展是这个时期的特点。它主要依靠的是移民的智慧和劳动,在第二次世界大战后,成了一只和韩国、日本、我国台湾、新加坡并称的东亚经济"老虎"。它的兴起是有时代、地理和人力的多种因素,今后它在世界经济中还将起着重要作用。如果天时、地利、人和都搞得好的话,它的前途是不能不令人侧目的。

三、头重脚轻

到达香港适逢周末。主人建议我们不妨利用这休息期间,绕香港一周,心里好有个全貌。我们从香港的跑马地出发,穿过海底隧道,到九龙;再穿过狮子山隧道入新界,过沙田(即中文大学所在地),经大埔、粉岭,如果直往东北即是深圳,往西北即沙头角,隔山可遥望珠海。我们折向东南,到元朗用了午餐,席上海鲜极为可口,然后沿海岸向西南,返香港岛。

香港地处南海,草木四季常青。一出九龙便进入丘陵地带,高速公路蜿蜒曲折,两旁有山有海,一路风景宜人。汽车每行走一二十分钟就有一堆高耸的建筑群,自成一体。主人指点着说,这是香港近几年来推行新市镇发展计划的结果。1972 年开始按计划公私投资兴建这类为疏散聚居市中心人口的居住区。在 80 年代中期,建成 3 个新市镇,为 180 万人提供了居所。现在正在伸展,准备到 90 年代，增至 7 个新市镇，届时可容纳居民 300 万人，所以我们一路看到许多地方都在大兴土木。尽管工程浩大，但就近一望，施工现场干干净净，不像内地一些建筑工地那样嘈杂凌乱。

我印象特深的是，一路上除了少数菜圃外，竟看不到一块长粮食的农田。后来一查香港的统计资料才知道全区可耕地只占 7%，主要用来种植蔬菜和果树。50 年代这里还有 9000 公顷稻田，80 年代已减到 10 公顷以下。偏僻村落附近的水稻田，多已荒置退耕了。可见殖民者扩张新界，目的不是在香港搞小而全的自给经济。香港是永远不能成为一个经济上自给的社区的。

香港各项产业的比例，和我们大陆相对比刚刚倒了个头。开发自然资源的渔农矿等第一产业，可以说根本没有成长起来。农业上面已说过，渔业稍好一些，有 5000 艘渔船供应本市的咸水鱼，所以沿海小镇上有极可口的鲜鱼可吃。但是淡水鱼 88% 是从大陆运去的，广州附近很多渔村就靠此致富。矿业如果包括开山凿石在内，这几年来填海运动搞得很起劲，也许可以和渔业比一下。把渔农矿统统算上，在生产总值中所占的比例不超过 10%，只有一位数字，有人甚至估计只有 1%，可说微乎其微了。

香港的第二产业，即原料加工的制造业和建筑业，虽然开始较早，但是成为香港的经济支柱却是近 20 年的事。去年统计已有近 47000 家工厂，职工达 855000 人。工业产值占总产值近 30%，形势还在看涨。香港有这样多工厂，但自己一无原料，二无能源，三少空地。它能发展的就是些轻工业，包括纺织、服装、电器、电子、钟表、玩具等劳动密集和智力密集型的小工业。原料和能源全靠岛外提供，在本港加工后，再把成品卖到外地去。香港产品中接近 90% 是外销的。所以这种工业是和外贸分不开的。在这一点上，是近 20 年来东亚勃兴的几只经济小"老虎"共同的特色。

香港在经济结构上和大陆的最大区别就在它第三产业的比重特别大，高达 69%。商业发达本是商埠的特点。问题在于它主要不是为本地居民服务，而是为世界各地的生产者和消费者服务。这里真是世界各地物资流动的中转站。去年香港人口总值约 2000 亿港元，其中 800 亿只在香港过一过手。如前所述，香港的工业其实主要也是加工性的中转活动，就是从外地进了原料，经过加工制造，又卖到外地去。这一转手，一加工，香港人就得到了油水，除了本身的消费和享受外，还能积累资本再生产。油水大，利润高，尽管外地的人看得眼红，香港仍把大门打开，拱身相迎，殷勤服务，把外资源源不断地引了进来。去年一年共接获 830 宗来自世界各地有关工业投资的询问，其中有 490 宗已表示积极考虑成交。外商投资的工厂生产总值占香港产品出口总值的18%,其中以美资为最多,占一半以上。

香港是个对外汇不加限制的自由港。各国资本家都可以随意在香港进行各国货币的倒卖,因而成了一个资本大量流通的金融中心。一个电报就可以把上亿的钱输入或输出香港。我这次访问还是没有去参观香港的交易所,只听说其规模在国际上是可以名列前三名的。

从总的来看,香港的经济结构:金融、贸易占六,工业占三,其他占一,是个头重脚轻的模式,和大陆刚刚倒了个头。

四、取个吉利

70年代东亚冒出来的几只"经济老虎"都具有香港那种头重脚轻的特点。我们不能因为它们一时的繁荣就看不到它们的脆弱本质。我们以"农业为基础,工业为主导"的方针本来是重视根基,比较稳妥的。问题出在把农业看得太狭了,只搞"以粮为纲",排斥了第一产业的其他部分,成了"独脚"。第二产业又重重轻轻,把主力放到了收效期长的大型重工业方面,加上缺乏经营大企业的经验,不算经济账,搞得不但无利可图,还要年年补贴,成了国家的包袱。更严重的是贬低了第三产业的地位,不仅不去发展,还要打击。幸存者奄奄一息,恢复都很困难。结果头脚两弊,一时赶不上头重脚轻的几只小"老虎"了。

其实,如果我们能够按照"无农不稳、无工不富、无商不活、无才不兴"公式办事,就能纠正贯彻"农业为基础、工业为主导"方针中出的偏差,再把发展第三产业加上去,也就可以头脚并重,稳步前进了。香港这只小"龙虎"之所以能头重脚轻地发展起来,是靠了有人供给它粮食、原料,还有人买它的工业产品,整个经济过程中它只抓中段,也可以说最肥的一段。原料供应和产品市场,全仗经济规律来保证,使得卖者肯卖,买者肯买。说得更透彻些就是用高价买进原料,低价卖出产品,取得了市场优势。要做到这一点,非靠掌握中间这一段不行,就是要有低价的劳力,能抓住消费市场,还要善于经营,发挥各个成员的积极性和创造性。

不能不承认香港的企业家和劳动人民是努力和灵活的,而且事实上也是做出了成绩的。问题仍在于这种头重脚轻的模式是否能耐久。我曾看过一本名叫《油断》的小说。描写日本如果一旦断了石油的供应,会出现怎样可怕的情况。这虽然是一篇科学幻想故事,但却说明了在原料和能源不能自给的国度和地区发展起来的工业是脆弱的。我们当然不希望会发生像小说里所说的那种景象,但是即使不发生那种非常事件,市场这一头还是潜伏着危机。这几年资本主义世界虽然没有出现严重的不景气和经济危机,尽管有些乐观的经济学家认为资本主义经济已找到克服经济危机的灵丹妙药,但是我还是不大相信,至少得承认资本主义市场波动很大,而且这种波动又是经常的。一旦有事,香港就会首当其冲。70年代初石油危机发生时,如果不是祖国及时支持,香港就有点吃不消了。

实际上香港的企业家有如在严厉的婆婆手下当媳妇,心里明白,尽管巧也度不过无米的日子。他们战战兢兢一分一厘地计较,哪能像内地有些爷儿们那样大手大脚地花国家的钱?香港决不是地面上撒着钞票尽人去拣的"天堂"。到了香港才能真正尝得到优胜劣败的滋味。在这个竞争场上的失败者,只有怪自己没用,怪不得别人,而这种失败者有的是,只是不见报纸,不传人口罢了。我就有个早年的同学,多次到港都打听不出他的消息。这次才偶然从别人嘴里知道他的下落。他正是市场失意人,到台湾传教去了。风尘中被淘汰的人物岂只是这位老同学一人!

香港人心里最明白旦夕祸福的意义。你到处得小心,时刻得留神,不要无意中漏出那些不吉利的字眼来讨没趣。比如宴会上连"干杯"都犯忌,袋里干瘪了不是坏了么?内蒙古草原出一种发菜,广东口音念起来是"发财",因此香港人很喜欢这种菜。在香港市场价钱可高了,内蒙古人就竞相采摘。总之,香港人什么都要讨个吉利。据说如果有歹徒持刀向你要钱,你赶紧给他100元一张的红钞票,就能免于见血。这类事例说不完,只要问任何一个香港人,他都能说出一大堆。

讨个吉利,严格说来不是属迷信一类,更和宗教有别,它是一种提心吊胆的心理反映。人们怎么会搞得神经这样敏锐,把命运看得这样不能主动,一切都得碰运气的呢?我想根源就是这头重脚轻的经济模式在作怪。

五、蜂窝厂家

我最关心的自然是香港新兴的小型工业。于是,主人便带我去观塘参观。观塘是九龙靠东头的一个市镇,也可说是老的卫星镇,离九龙中间闹市还有一段路。由于建镇的时间较久,不像新建的市镇那样有计划、有规模。观塘是香港的主要工业区。

　　看惯内地工厂的人到此会感到新奇。内地的大工厂往往占着一大片土地，四面围墙，有些墙上面还圈有铁丝网，表示"工厂重地"，而且烟囱耸立，很有气魄。在香港，也许由于我见识有限，似乎很少有这样气派轩昂的工厂，这里大多数工厂和居民住宅一样，挤在一座座被称作多层工业大厦里。在这些几十层高的大建筑里，有的一层一厂，也有一层多厂，很少一厂多层。我无以名之，名之为"蜂窝厂家"。

　　这些多层工业大厦许多是公家建筑好了，分层分间地卖给或租给商家去经营各式各样的制造业。它可以适应各种规模大小不同的企业。当然私人同样可以建造这种大厦，留着自己用，或卖或租给别人用。我上面已说过香港现在已有47000多家工厂，如果每个厂都要自己建成一个小王国，香港这么小的地方怎样挤得下呢？蜂窝厂家应当说是香港的新创造，因地制宜形成的特点。现代建筑已广泛装置电梯，高层运输已十分方便。

　　香港的工厂小型居多，平均每个厂不到20个职工。我起初看到这几个统计数字，还不大相信。后来到观塘去一看，才觉得这些数字是合乎事实的。我们内地讲工厂的发展，大多是指规模越搞越大，人数越来越多。香港却不然，而有点类似于细胞分裂，一个厂可以发展成为两个厂，甚至许多厂。所谓一个厂是指一个核算单位。一个老板可以拥有许多各自核算的厂，形成一个有总管的工厂群。一窝蜂可以有许多蜂房嘛。

　　我在观塘参观了一个针织厂。这个厂设在一座多层工业大厦里，运货汽车可以一直开进大厦，停在电梯前卸货。这座大厦有10多层楼，都从一个大门出入，每层是一个厂。每个厂有一套管理机构。管理室连着车间，车间里很多工人在操作，每一立方空间都得到充分利用，有的成品就在车间里打包，出厂前就存放在车间。楼下有一层是仓库，但是这些厂却不愿意利用这仓库，因为仓库是要收租钱的。能省一分钱，就得省一分钱，只有这样才能使成本压低下来。

　　这座楼里的各层厂家都属于一个老板。老板在总经理室里只管各厂每天报来的生产情况和出现的问题。他只按规定的数目提取各厂的利润，并替各厂解决不是一个厂能解决的问题。他陪同我到厂房里去参观，有一家厂进门就见财神龛，龛前轻烟缭绕。他看我注意这种景象，立刻说："这些我全让他们自己去决定，要奉什么神就奉什么神，只要按计划、按合同办事就行。"总老板对这些是放手的，他说："这样他们才肯出力干。"用我们的话说，放权才能调动下层的积极性。看来这位老板并没有学习过"文件",也没有学过"管理学",实践指导他,使得他懂得怎样使他的企业发展起来,从 70 年代几十万元的本钱,到现在已拥有几亿的财产了。这就是生意经。我看我们也要读这个经,才能把我们的企业从亏转盈,从僵转活。

从观塘的蜂窝厂家出来之后,我突然产生一个奇特的念头:如果我有孙悟空的本领,真想一口气把这密密麻麻挤在多层大厦里的那许多工厂,吹散到内地广大的农村去。那么,这些蜂窝厂家不就成了无数的乡镇企业了么?我们除了无需建筑多层工业大厦之外,香港的小型工业在经营上确实是我们乡镇企业的一个范本。这范本里写着乡镇企业下一个发展阶段的文章。

六、居民小镇

从观塘参观回来,我又想到了一个问题:这些工厂里的职工们的生活是怎么解决的呢?内地大企业的厂长们,有关职工的吃、喝、拉、撒,结婚生育,老病火化,样样都得管,而且这些费用都得出在工厂账上。他手上的政治账、社会账、经济账都得算,就是企业效益账算不清。真是厂厂都有一本难念的经。这样的厂长我看香港的企业家是干不来的。可是我们也要问问:香港的厂长不管职工生活,由谁去管呢?

香港的企业情况当然不尽相同,这些蜂窝厂家在安排职工生活上却和我们的乡镇企业有点接近。当然城市里的工人究竟和乡村里的工人不同。单讲住所,乡村人家一般都有祖传的房屋,修修补补,添添造造,有屋可住。香港居民大多数是从外地来的,自己有房子的是少数,在工厂当职工的有房子的更少。如果工厂不管,那就会出现如解放前上海杨树浦那样的"贫民窟",就是用木板挡墙、洋铁皮盖顶那种窝棚了。

香港原来也有不少类似杨树浦那样的区域,但是现在几乎看不到木板窝棚了。市民的居住问题近十年来受到社会重视,已作为市政建设的重点项目。解决办法是公私并举,建筑高层楼群的居民小村。许多大厦是由公家投资建造,以成本价格售给符合某些规定条件的中下收入的家庭。同时,鼓励私人投资建筑新村,以稍高价格出售。从 1978 年以来,出售 44000 个住宅单位,其中有 37% 是公家出售的廉价房屋。这些公建房屋的购买或租赁者只限于月收入在 6500 港元(去年提高了 1000 港元)以下的家庭。租金约占家庭收入的 7% 到 8%。售价从 10 万到 30 万港元不等,但可分期付款。私人投资建造的房屋任何人都可购买或租赁，价格较高，租金约占家庭收入的 20%。收入较低的家庭可享受优惠，由政府免费提供土地。香港这些措施值得内地各大城市参考。

我有位亲戚住在美孚新邨。这是最早的一个由私人投资建立的这类居民小镇。这个新邨的兴建者是美孚油行的老板。他原来在九龙西部沿海有个油库。九龙市面扩张，油库势必迁移。他就把这块土地用来建筑新邨，那是在 70 年代初期。每年增建，分 8 期完成，现已有 99 幢，每幢 20 层，共容纳 10 万人。这种新邨规划合理，布局得当，每幢大楼的基层都是为生活服务的设施，诸如菜场、商店、菜馆、银行、邮局等，还有专用的公共会场、电影院、娱乐场、小学、中学和业余学校，以及停车场——凡是生活上需要的一切服务行业在这里应有尽有。为了使居民有良好的居住环境，高楼之间的空地布置得如公园一般，老年人可以在此散步、练功，孩子们可以在此游戏，年轻人有公共长椅可以休息看书，或谈情说爱。公家又通地下车道，便利新邨居民的交通。这种新邨的指导思想，旨在使居民感到这是他们自己的家园，生活方便、舒适。他们有了这种归属感，在别人问起他们住址，以某某新邨作答时，脸上便会有光彩。这样居民也会爱护自己的居住环境，公共场所都搞得十分清洁。这给我很深的印象。

像美孚新邨这样的居民小镇已在香港推广，有些已经建成，而且比美孚新邨更新、更舒适。到 90 年代这样的居民小镇计划增加到 7 个，容纳居民 300 万人。我想这是香港人民的创造，在全世界上做得也是出色的。

七、工作之余

香港人的工作效率是很高的，人均产值达 52000 港元。我接触的产业工人不多，但在工厂参观时，分秒必争的气氛是很感人的。机关、学校的办事人员，眼明手快，做事利落。我带了几篇杂志上最近刊出的文章要给朋友们看，上午借去，下午已复制多份，人手一篇了。对工作认真负责也是不能不承认的。当然不是说香港人生来就特别勤奋，我想他们这种办事精神是在不好好干就得卷铺盖的压力下锻炼出来的。日子久了，不抓紧工作就不舒服了。这种压力的滋味，吃惯大锅饭的人是体会不到的。

工作认真，工作之余怎样呢？是不是一下班就懒倦了呢？看来并不如此。他们的生活节奏很紧张，早晨一般没有我起得早，但没有午休，晚上却大多善于熬夜。他们的生活琐事又没有我们那样繁重。8 小时之外的时间是怎样打发开的呢？

我们刚到香港的周末,坐车去郊外观光,半途在鹿颈地方停车休息。公路旁扯着一条红布横幅,上面有字:某某地区华人长跑比赛,正在此时有些赛跑的人到达终点了。一问,他们都是中年的普通市民,这是参加民间团体组织的周末活动。

车过海滨,傍水依山的树林下,看到不少男女老少,一家子一起席地野餐。在这些风景幽美的地方,公家砌着小土灶,供应游人使用,只在树林旁挂着谨防火灾的牌子。沿途还看到一簇簇青年男女骑着自行车使劲儿往山坡上冲。香港市区的路上看不到自行车。这些自行车是在郊外专门租给人们游玩的。

这些周末景象令人羡慕。哪一天北京郊外也能如此,那就好了。但是这些人可能还是少数。多数人工余时间还是在室内活动。这是他们进行社交的机会。香港的大小菜馆不计其数,哪条街上都有。居民小镇的基层菜馆鳞次栉比,中西俱全,各色皆备。看来这些菜馆天天客满,生意兴隆。除了挂牌营业的菜馆之外,还有种种俱乐部和民间团体的内部馆子,专供会员请客吃饭,过去是"吃在广州",现在是"吃在香港"了。这并非虚言,而是世界公认的定论。你想吃什么,在香港就有什么,而且风味地道。

这不是说香港人特别馋,或是胃口特别好。请客吃饭可能已成为社交的必要手段,在商业社会里信息是财神,香港菜馆之特别发达颇类似早年重庆的茶馆,到处都是。这样讲来,至少香港人中做生意挣钱的,8小时之外,正是他们业务活动的好时光。

其实,利用8小时之外进行社交不论什么社会都是极重要的。人和人不能只在工作上接触,要推动各行各业的创新和发展,就有赖于思想和信息的交流。英国各大学里学术空气最浓的不是在课堂上,而是在下午的茶室里。我想,把社会交际视为畏途的人,对此听来也许不太容易入耳。

八、赛马场上

香港有一家报纸,在我去港之前,发表了一篇响应我《港胞四愿》的文章,题目是《马场四愿》,最后说如果我再去香港,务必去参观一次赛马。主人听我说起这件事,欣然约我去马场实践一次。我说实践,并不是说去骑马参加赛马,那不是我今生能做的事了。我所说的实践是像普通香港人一样去参与

"赛马",就是到马场去投注赌博。

这是我生平第一次看到的新鲜事,要我说出它究竟是怎么一回事,还觉得困难。能说的首先是这是香港人中绝大多数群众都参与的活动。一星期一般有两次赛马。到赛马之日,可以说吸引了全社会的注意力。真如《马场四愿》所说的,不懂得马会就不懂得香港人。

我翻开香港政府出版的《香港1985年》这本类似年鉴的书,在看完经济、就业两章之后就见到6幅《马会百年》的彩色插图。所附的说明很有意思,标题是《造福社会,惠及市民》,下面说:"1984年,适逢英皇御准香港赛马会一百周年纪念。该会服务社会,成绩斐然,历年秉承不牟利宗旨,拨出所得盈余资助各项饶有意义的发展计划——教育、卫生、康乐、社会福利以至艺术方面的均有。拨款由香港赛马会(慈善)有限公司分配支付,1983年至1984年度内,共捐款26600万元,赞助各项慈善及社区建设计划。自赛马于1971年至1972年转为专业化至今,该会先后拨出慈善款达15.6亿元。1983年至1984年度内,马会资助逾94项慈善及社区建设计划,惠及社会每一阶层。"

这里讲的确是事实,无须怀疑。赛马原是一种竞技运动,在这个意义上,香港的赛马并不有别于内蒙古那达慕大会上的赛马。作为一种文体活动,赛马是可藉以锻炼,有益身心。同时观众们在场观看,看哪些马匹和骑手奋勇争先,拍手助威,也是一项有益的娱乐。香港马会来自英国,英国原是牧业民族,赛马可能也就是这样开始的。

英国经济发展,进入了工业社会,牧马已失去其经济价值,但是赛马作为一种体育运动依然为人民所喜爱。于是他们组成赛马会,成为一种俱乐部,称马会。平时有人饲养和训练马匹,马主人要骑马运动时就可以从马厩里牵出来。爱好马术的人,定期比赛,也成为观众娱乐的机会。

观众在赛前不免对赛马结果有种种猜测,有人说这匹马跑得快,有人说那匹马才好,他们就下开赌注了。猜中了就赢,猜不中就输。赛马者的胜负,变成了观众的输赢。这种个人之间赌输赢原是不足为奇的。在商业社会里有人看中了这是谋利的机会,就出来组织观众下注赌博。赛前各人下注买定哪匹马会跑第一,比赛结果把猜错的人下的注统统合起平分给猜中的人,组织者自己扣下一笔服务费用。于是赛马会成了一种企业,它的重心不在骑马者锻炼身体,而转化为观众的赌博。有人专门养马来作比赛,马主人根本不必自己上马背,而是雇用骑术好的骑师来驾驭马匹。赌博下注的方法也越来越多,不仅猜测哪匹马会跑第一,还可以猜哪匹马是头三名,或是哪两匹马会跑第一二两名,等等，猜中的机会越少，猜中后分的钱也越多。可见，赛马会吸引人的已不在看马术表演而是在赌博了。组织这种赌博的人是稳拿钱的，而且公开规定佣金的比例。

现在香港的赛马是由一个"赛马会有限公司"承包的，它规定群众下注总数中作三股分：一是分给猜中的马票持有者，二是马场自己的经营费用，三是给政府的税。具体比例我不清楚，只听说每一场赛马政府要得到几亿元的收入，一年要有几百亿元。政府拿到这笔收入后，有一部分就用来做所谓"慈善事业"和"社区建设"。"造福社会，惠及市民"是指这一点施合。

到了赛马那一天，香港真是万人空巷，其中有一部分挤到马场上，更多的人在电视前用电话下注。赛一次马卖一次票，只要几十分钟，一次马赛下来，输赢就定，赢家就可以分到钱了。下注多少是观众自定的，十元、百元、几千、几万元都可以。赢家一下子就可以收回成倍的钱，有时真是一本万利。人们都争着传说某某人一场赛马成了百万富翁。这自然不是虚构的。但总的说来，因为要扣去经营和税款，最后分发给赢家的总数大大少于全部下注的总数，所以算总账，买马票的人总是要输的。但是从一个个人来说却有运气好坏的问题，有赢有输的机遇。靠这一点侥幸心理，人们像发了狂似的去买马票。

从资金集中上看，这倒是一个方便的办法，但是这种赌博在社会上引起的后果是十分严重的。"惠及社会"是从有形的、局部出发来说的。对每个市民来说不仅物质上每星期要抽一次血，而且抽得又不平均，集中在一些"运气不佳"、死心眼儿想侥幸发财的人。人们并不是不明白这个道理，所以流行的看法是：马票富不了人，却可以把人搜干。尽管这样，人们还是掏钱去买马票。

买赛马票当然还不同于在澳门时我们看到的赌场。赌场周围是银行和当铺，据说还有放"驴打滚"的高利贷者在场里等人上钩。在那里倾家荡产的，比比皆是。

为什么香港马会这么兴旺，为什么澳门的赌场闻名天下。这里让我留下这些问题给读者自己去回答吧。

1985 年 6 月 24 日

长江三角洲之行

今年人大开会期间，我有机会接触到江苏、浙江两省的代表，受到他们的启发，并结合我这几年在长江三角洲的调查研究，对这地区进一步开发问题进行了一番思考，接着同民盟的同志们展开了讨论，形成了建立长江三角洲经济开发区的初步设想。这个设想写成了建议，提交中共中央参考。这是民盟向中共中央提出有关我国地区发展战略的第三个方案。

两年多以前，民盟提出的第一个方案是关于建立黄河上游多民族开发区的建议，中心内容是要把甘肃、青海两省和宁夏、内蒙两个民族自治区沿黄河上游两岸的地区，利用该地丰富的水电和矿产资源，建成一个我国西部的能源和原材料基地，除供应日益增长的国家需要外，留下部分资源来发展地方和乡镇企业，以达到改变这些地区贫困落后的面貌。民盟为此在两省两区间牵线搭桥，取得共识。最后作出书面意见，很快得到中央的采纳，现在已经开始行动了。

民盟提出的第二个方案是关于建立黄河三角洲开发区的设想。这建议是今年3月份送中共中央的。不久山东省东营市来人找我们商量具体的开发方案。原来，中共中央已经把这个建议转到山东省委，东营受命着手具体规划，在胜利油田开发后期如何利用地面资源，发展后备企业，以保证这个地区一旦石油枯竭经济仍能继续繁荣。

关于建立长江三角洲开发区初步设想是民盟提出的第三个方案，其主要内容是如何利用这地区的有利条件，以上海为龙头，江、浙为两翼，建立一个能带动长江流域腹地的经济开发区。这个开发区将通过长江和陇海铁路这两条大动脉把长江三角洲和西部原材料基地及三线所蕴藏的科技力量相沟通，加速发展外向型经济，进一步改革开放，形成一条横贯大陆的经济脊梁，迎接21世纪新时代的到来。

这份建议交出后,我原本打算去一趟江苏南通,为已由张智楚同志编就的《从沿海到边区的考察》补加一篇《南通行》。行程已定,临行前接到江泽民同志的通知,要我和民盟负责同志去见他。大家一起促膝谈心,讨论有关长江三角洲的开发问题。谈话结果,我们表示民盟愿为这个设想承担红娘的角色,发挥催化剂的作用,把这个设想带到地方上去进行意向性的探讨,以使各方能易于取得共识。于是我们改变了原定行程,4 月初开始了包括南京、杭州、上海的长江三角洲之行。

一

开发长江三角洲的设想是在国际新形势的背景下提出的。当前我们可以说正处于世界旧格局开始瓦解而新格局尚未形成的转型关口。在这时刻,我们要有点紧迫感和预见性。只有清楚了世纪交替中的复杂形势,才能站稳脚跟,以新的姿态,迎接 21 世纪的来临。

从现在已经比较清楚的形势来看,在 20 世纪 80 年代,第二次世界大战结束时,以雅尔塔会议为先导所形成的"两霸格局"正在解体,而从东欧动荡中马耳他会议为开始的"四强格局"已露端倪。两霸指的是美、苏,四强指的是美、苏、欧、日。在这个交替中出现的是两降两升的趋向。四强格局能否持久很难说。新升的两强尚未定型。以欧洲共同体说,德意志统一后将起什么变化猜测很多。西边这一强可能一分为二。东边的日本在经济上已经强大了,但是成为一个大国条件尚未齐备,而且更重要的,东方还有潜力巨大的中国和印度。他们在今后世界格局中的地位谁也不敢轻视。四强格局过渡到群雄格局大有可能。

和我们直接有关的是在这个未定之局中所存在的机遇,利用这机遇可以恢复我国在历史上曾经长期占有过的地位,进入现代世界上的先进行列。

要达到这个目标,得看看现在的条件。从经济和科技水平来说,我们和当前的先进国家还有相当大的差距,我们是落后了。这点必须老老实实地承认,但是同时也必须看到我们已打下了向这目标奋进的基础。首先是我们国家在政治上获得独立自主的地位已经有 40 年了。近 10 年来的改革开放又把我们国家向现代化迈进的航道拨正了。在这段时间里,社会生产总值和工业总产值都已经比 70 年代翻了一番。发展固然是不平衡的,但是应当看到走在前面的沿海地区,如长江三角洲和珠江三角洲已有一部分实现了"翻两番"。那就是说如果我们坚持实行改革开放的方针，再有 10 年，绝大部分地区达到小康水平是完全能实现的。

再说过去 10 年之所以能取得这样大的进展，主要有赖于改革开放，改革开放有赖于国内外局势的稳定。总的看来，在今后的 10 年也不致有大的变化。有了稳定的局面，就能继续进行深化改革和扩大开放。

在今后 10 年中还有比过去 10 年更好的条件，那就是香港和澳门的回归祖国。《香港基本法》的制定说明一国两制的构想是现实可行的。海峡两岸统一的局势也正朝着有利的方向推进。最近台湾当局已有所松动，台资上陆也出现了新的势头。860 亿美元的外汇储备对这个小小的岛屿来说，究竟是不容易消化的。台商在各地找出路，找来找去，还是回老家为上策。说到底，原是同根生，谁不愿意中华民族繁荣昌盛?! 事实胜于表态，我在昆山访问时，市长就从饭桌上被拉出去接电话，一位台湾商人要在他们的开发区买 25 亩地，准备办工厂，急于要市长拍板。在杭州还听说黄龙饭店三四月以来天天客满，其中有 90% 是台胞，有时甚至连大厅都挤满了。假以时日，海峡两岸总是要统一的，说不定就是在这 10 年里。

中国像个大鼎，台、港、澳的归还就有了三只脚。鼎有三足就站得稳。这样，广大腹地就可以在鼎腔里翻番。作为鼎口的沿海地区进一步开放也就更具有利条件了。

现在我们可以看得清楚些了，国际环境和国内形势的变化确实给了我们难得的机遇，只要我们政策对头，事情办好，不仅可以早日争取祖国的统一，而且可以争取更多的外资，发展外向型经济，带动腹地的繁荣，增强国力，问鼎世界。良机莫失，事在人为。

二

这些年，我从沿海到边区对小城镇进行了一些考察，每年东西穿梭，获得一个较深的印象是：每当腹地的经济健康发展的时候，对外开放的要求就迫切了；而每当沿海地区顺利开放的时候，又会要求腹地进行更深层次的改革了。如果广大腹地真是翻两番，仅靠香港一个转口商埠显然是不行的。最近，邓小平同志提出再建几个香港，开始还弄不大懂他讲这话是什么意思。现在清楚一点了。如果再来看看香港的发展和现状，就更明白我们为什么要再建几个香港。

香港，这个世界上最大的自由港，楼房林立，宛如混凝土大石林；车水马龙，国际往来频繁，真是财大气粗，派头十足。现在大陆60%的输出要靠它转口。大量利润几乎让它独占，离了它还不行。其实，香港能有今天，还不是吃了大陆的"封闭"饭一下子肥了起来的。20世纪30年代香港比上海差得多，没有多少人想去。我那时出国路过香港，它还不像个样子。城市破破烂烂，临海的几条街道到处是鱼腥味。人们穿着木屐来来往往，嘈杂之声闹得行人掩耳侧目。直到60年代初香港仍不如上海。但是在后来的10年至15年里却进入了大发展的阶段。主要是搞转口贸易、金融流通以及种种投机倒把的地产生意。再后才办起了一些小工厂。到了"文革"期间，大陆去了不少人，办了许多小企业，给香港带来很大好处。但是香港地盘小，劳力有限，毕竟不是办工厂的地方。近五六年来，在大陆开放的政策下，他们把工厂扩散到广东的珠江三角洲，搞"三来一补"取得了便宜的土地和劳动力，赚了不少利润。香港把它的工业扩散了，但是贸易、金融，信息和运输这些现代化的东西却牢牢把住在自己的手里，因此发了大财。

前几年提出发展两头在外的外向型经济，在一定地区和一段时间内是必要的，也是可行的。世界上一些国家和地区也有成功的经验。但是，中国作为一个拥有11亿人口、资源又丰富的国家，我以为这不是最佳的模式。在当今讲究实力的世界，作为一个大国，首先要有自己的原材料、能源基地，然后要有轻重工业和贸易、金融、运输等配套机制。时至今日，我们应当站得高一点，为做成一个大国迈步了。

我觉得现在事情比较好办一点，在产业结构的调整中，国家已经注意到原材料、能源、交通的发展。黄河上游多民族经济开发区已经进入实质性行动阶段，那块狭长地带将成为中国最大的原材料、能源供应地。这样，沿海地区的开发就有了坚实的后盾，发展外向型经济就多一层保障。中国的东部和西部要配合衔接，同步发展，两部都可以有一些地方先富起来，带动后进，全面繁荣。我把这种格局叫作"全国一盘棋"。

开发应该包含发展和开放双层意思。现在西部开发区已经初步兴建，那么东部选择一个港口，建立一个大陆的香港已成为势在必行的事情了。也就是说，中国这只鼎起码在香港归还前要有一个与之成掎角之势的进出口商埠。

三

当然,这个新的进出口商埠的选择可以是多方位的。但是,无论从历史上看,还是从未来 21 世纪看,我认为重建东方大港——上海是比较现实的,也可以说是最佳选择。其实,我不过是老话重提。孙中山先生早在 1914 年所著的《建国方略》中在设计建国宏图时,就提出过建设东方大港的设想。中山先生是很有眼光的,当时他已看中了长江三角洲这块宝地。

上海的优势有地理的因素,但主要是历史造成的。当年十里洋场的上海,堪称东亚第二,仅次于东京。20 世纪 30 年代,上海就有 168 家银行,58 家外国银行在上海设立了分行。有一条很气派的银行街,早就是亚洲的金融中心。那时,各种商品的进口量占全国的 50% 至 80%,是中国最大的外贸中心。新中国成立后,上海由殖民地半殖民地性质的城市变成了社会主义的城市,工业发展很快,是全国最大的工业基地。近几年每年要给国家上交 200 亿的利润。上海作出的贡献是很大的。但是,解放后,中国被西方国家封锁了,后来自己又关上大门,上海的外贸地位没有恢复。沉重的负担使上海自身的城市建设都无力跟上去。这几十年来,上海确实是陈旧了。但是,它所处的地理位置和经济地位,并没基本改变。要在大陆上再建一个香港,实在非上海莫属。重开东方大港也是恢复上海青春面貌的有效措施。

我在江苏考察时,国务院宣告正式批准开发浦东区。到了上海,正遇上市人大会召开。于是会内会外,上上下下的热门话题自然就是开发浦东了。大家都挺高兴,也有几分激动,都觉得这是国家扩大开放的一个重要步骤,是推动上海发展的一股强劲力量,而且必然也会推动长江沿岸各城市的经济发展。

那么,我们所设想的开发长江三角洲与浦东开发区是什么样的关系呢?显然,两者原是一回事,不但没有矛盾,而且彼此衔接,相互补充。其实,从全局来看,问题的关键不完全在这种关系方面。而在于浦东开发后,上海究竟是建成深圳式的上海,还是香港式的上海?这是两个属于不同层次的概念。我以为,上海不能走深圳的路子。这是因为上海的地位本来就与深圳大不相同,再说现在腹地的经济状况与 80 年代初期也大不相同了。如果上海浦东仍像深圳那样吸引外资,以建设工厂为主,哪怕是包括兴建一些高技术的产业,它的扩散能力和辐射能力都将受到很大限制,并可能在市场、产业结构等方面与江浙,甚至沿江城市发生矛盾。即使上海能起到窗口的作用,也无法起到龙头的作用。上海应该更上一层楼，在更高层次上成为全国的贸易、金融、信息、运输、科技的中心。换言之，上海应在经济上成为江浙及沿江城市工农业商品的总调度室或总服务站。那么，上海就将是一个具有广大腹地的"香港"。

从世界各国来看，进出口商埠都具有优良的港口或便捷的交通。上海处于中国南北海岸线的中心。清代康熙年间就设立海关，鸦片战争后即辟为通商口岸。在长江三角洲地区，沿海岸线，上海居中，北有连云港、南通港，南有温州港、宁波港，沿长江西进，有张家港、镇江港、南京港。现在，沿海、沿江的这些港口却苦乐不均，忙闲不一。有的吞吐量不足，经常吃不饱，有的却常年压港，上海港的码头几乎周转不过来。如果将这些河海港口统一规划，分层开发，形成网络，分工协作，对外开放，组成以上海为龙头的港口群，上海就可以利用自己在贸易、金融、信息、科技等方面的优势，积极组织货源，合理安排流向，及时调度调节，各个港口的作用就可能得到充分发挥，得到更大发展。这个经济布局远胜于香港。

拥有上海的长江三角洲，原是农业发达的鱼米之乡，是盛产粮食和畜产品的宝地。而且又联得上中国中部和西部的广大腹地。就这方面来看，上海有条件通过内河航运和铁路公路运输，成为全国性的对外贸易中心。20 世纪 30 年代，中国 60% 的茶叶和猪鬃就是从上海出口的。

说到这里，长江三角洲经济开发的内涵已经逐步明确起来。我还想强调一点，这个开发区内将存在分与统的双层结构。基层是多种所有制的企业，包括国营、集体、个体、独资、合资、合作等所有制，是多元化结构，上层可以是上海与江浙合作并和国家配合形成高层次的贸易、金融、运输、科技服务中心体系。只有强化这个地方和国家的服务体系，才能实现经济全结构的统一协调。不难看出，这种双层结构既体现了开发区社会主义商品经济的总格局，又坚持了公有制为主体的社会主义性质。

四

这次南行，我还有个打算，其实也与开发长江三角洲有关。我想到基层去看看那里的乡镇企业发展外向型经济达到什么水平，也想听听基层干部群众对开发长江三角洲的真实想法。这件事情主要是在对江苏由村到镇、由县到市的考察中完成的。从中我获得许多信息，长了不少见识，思路因此也拓展开了。

给我印象最深的有两个方面。一是基层干部和群众也像江、浙、沪的领导一样，对扩大开放的要求十分迫切。他们都觉得我们原先在关于长江三角洲开发的设想中提到以"八五"作准备，纳入"九五"规划的建议未免太迟缓了，普遍希望提前实施，应纳入"八五"计划。二是江、浙两省各级干部和有关人士对浦东的开发感到震惊，有喜有忧。如果中央只给浦东优惠条件，则会给江、浙带来一些不利，如果浦东能与江、浙同步开发，则能使中国这块心脏地区很快富裕起来。实际上上海与江、浙在经济上的依存关系发展到今天，已经谁也离不开谁了。因此，普遍希望中央能把长江三角洲作为整体来考虑进行深化改革，并给予有利于扩大开放的政策。这种对改革开放的紧迫要求实在是商品经济发展过程中的必然趋势和内在需求。

这次我重点调查了苏州地区的情况，再次去昆山自费开发区和吴江的同里、松陵、盛泽等镇，第 14 次回访开弦弓村。苏州市长告诉我，苏州早已不是上海的后花园了，而是开放的前沿。从 1985 年中央将苏州列为沿海经济开放区后，工业总产值一直紧跟在沪、京、津三大城市之后，在全国大中城市中居第四位，尤其是外向型经济得到蓬勃发展，对外贸易平均每年递增 41%。利用外资项目达 447 项，实际利用外资近 2 亿美元。对外经济合作已发展到承包工程、劳务输出、技术服务、创办海外企业等多个领域。1989 年全市工业总产值达 403 亿元，人均国民生产总值 3280 元。如果按照联合国的指标，苏州实际已进入工业化的中期了。因此，跻身国际市场，引进国外资金和先进技术，调整和重组苏州工业比以前更显得迫切了。

前几年，我就知道他们自己出资，兴办了几个自费开发区。我还为昆山自费开发区呼吁过。这次我再去昆山参观时，这里的高架管道已环绕开发区周围，广阔公路平坦畅通，厂房盖得适用漂亮，环境优美，很像个样子了。据称，从 1985 年以来，开发区累计完成工业产值 15 亿元，所获利税是投入基础设施费用的 2.3 倍。1989 年完成的工业产值与全国 14 个沿海开发区相比，仅次于广州和上海闵行，居第三位。现在开发区内有美国、日本、韩国和香港等国家和地区开办的 10 多家联营厂。这些厂还带动了全市 36 家乡镇村办的工厂，仅加工费一项一年就可收入 5000 多万元。听来，这里正在成为一块对外开放的"熟地"，开始发挥其对外吸引，对内辐射的作用了。

苏州城西的那块自费开发区，我没有来得及去看。据介绍那里的道路骨架已形成，水、电、气、通信也已修通，还建造了 100 多万平方米的各种建筑。苏州的同志说，我们与上海的联系要比与南京的联系密切。有的产品龙头在上海，龙尾在苏州；也有的产品龙头在苏州，龙尾却在上海。两家真是你中有我，我中有你，亲密得很。如果上海通过浦东开发，能够更上一层楼，成为东方大港，苏州则愿意成为对外开放的第三个层次——沿海经济开放小区的"试验田"。上边可以先利用这里已经耕耘的"熟地"，给予适当优惠条件而先得益，以便与浦东衔接起来。

后来，我对"熟地"这个概念更清楚了。江、浙两省那些靠上海较近，工业基础较雄厚，外向型经济发展较快，交通又方便，科技文化水平较高的地区，都想跻身于国际市场，吸收更多的外资和更先进的技术。现在似乎已到了"万事俱备，只欠东风"的时刻了。

越深入到这些"熟地"的县村，这种感受就越深。这次在我家乡吴江县的几个镇和开弦弓村看了看，情况比我想的要好些。我原以为进入商品经济不久的农村，头一次遇到产业调整，会不会受到冲击而影响农民的收入。没有想到，这里的干部群众，经受了这次考验，对发展农村商品经济的指导思想更明确了。

正如吴江县委书记所说的，搞现代化不能割断历史，而要继承传统，利用优势。在调整前，我们的提法是吃饭靠农业，用钱靠副业，建设靠工业。调整政策下来后，我们的提法变为：稳定靠农业，致富靠副业，发展靠工业，技改靠外贸。

我了解到现在吴江全县已经做到农、工、副三业良性循环，协调发展。实行种植、养殖、加工、出口相结合，逐步形成五条龙：从栽桑养蚕到缫丝织绸、印染整理再到服装加工一条龙，养兔产毛到加工兔毛纱和兔毛衫一条龙，种植席草到加工凉席、榻榻米一条龙，养猪、养羊到加工皮革制品一条龙，蔬菜种植、加工一条龙。与此相对应，还成立了五个农工贸相结合的企业集团和创汇集团。外贸收入在全省已经维持了8年第一，去年外贸收购额达6.8亿元，其中乡镇企业3.7亿元。全县还办了25个合资企业，引进外资2400万美元。今年农民的收入不但没减少，反而有所增加。

吴江县县长听了我讲的开发长江三角洲的设想后，很风趣地说，吴江与上海官方没有多少来往，乡镇企业与上海民间倒是难舍难分。有的已经私订终身，就待拿到证件，明媒正娶。有的小企业还神气得很，上海的国营大厂欠了他们的债，有一家高达几千万元。当然，我们还是巴望着上海多办些"洋行"，阔绰起来，和他们攀亲也沾光，将来搞个信息，周转资金也方便多了。

五

苏州的经济能达到今天的水平是不容易的。为搞外向型经济上上下下都吃了不少苦头。就说引进外资、开办合资企业吧,大多是听说有回家探亲的外商,抓住机会闯门拜访、说好话,然后再通过亲朋好友的亲朋好友牵线搭桥。这样搞法很像我幼年时见到走街串巷的"货郎担",讲交情、撞运气,甚至还会上当、受骗、受气。

我们现在搞的是社会主义商品经济,应该有自己的信息总汇,各种信息、投资来源都应及时集中和扩散。这种机构过去上海称"洋行"或商行,它要既能捕捉瞬息万变的市场行情,又能综合比较作出正确判断与决策。当然,不是说现在一步就能跨上这个台阶,而是有一个过程的。江、浙两省的同志提出,可以先从"货郎担"上升到"赶庙会"阶段,大家有个地方坐下来洽谈洽谈。每年春秋两季的广交会,就是两次这样的大庙会。这里的经理、厂长们一次不漏地往南边跑,既羡慕又不解。他们说,从经济实力、科技文化水平、地理交通条件来看,长江三角洲不比珠江三角洲差,有的地方还强,为什么不能办一个"上交会"呢?

近几年,商品经济发展很快,横向联合越来越多。一些有识之士,早在改革开放初期就组织起上海经济协作区,还成立了专门机构,做了大量极有用的工作。可是江浙与上海之间,始终捏不到一起,有时像亲家,有时又成了冤家。谁都不让谁,谁也不服谁。显然,仍是地方本位思想在作怪。要穷大家一齐穷,要富大家一齐富,那种"齐步走"、"一刀切"的平均主义只能彼此牵制、互相羁绊。结果,三家共同治理太湖的事没办好,"蚕茧大战"、"兔毛大战"、"珍珠大战"绵延不断。

这次考察又听到了一个新问题。苏、锡、常、通、杭、嘉、湖一带与上海在产业结构、产品结构方面越来越趋同了。丝绸、化纤纺织、化工、家用电器、电子仪器、机械加工等工业都出现了在同一水平上的重复引进或重复建设。这种趋同性,一方面说明长江三角洲的工业基础越来越强了,是件好事情。另一方面却表明市场越挤越小了,大家只好竞相减价,出现肥水外流的现象。

江、浙、沪的负责同志都看到这一点,并意识到照此下去有导致经济萎缩的危险。大家想到一起了,共同提出开"上交会"的要求。上海打算通过

"上交会"引进高技术,在调整中使产业、产品结构更上一层楼,开辟新市场。江浙也希望能上一层楼,依靠上海新一轮的辐射和协调发展,巩固和扩大自己的市场。我想,这样一来,三家的关系就容易在利益均享、风险共担、平等互利的基础上理顺。开发长江三角洲也就有了共同的基础。

说实在的,江、浙、沪三家,各家都有自家的利益。我也听到了三家还同有一本难念的经。这就是中央与地方,条条与块块的关系问题。长江三角洲这块"风水宝地",是我国上交财政最多的地方,近几年按"包干"规定,二省一市每年上交利润一共大约二百三四十亿。上交的比例也不小,都在60%—70%左右。对于这一点,三家都很识大体,顾大局,通情达理。大家认为自己应该多为国家作贡献,并希望每年保证在不减少上交财政的前提下,中央能给一些政策,如超额利润提成的办法,以便施肥培土,增强地方实力,为开发长江三角洲积累资金。否则,"吃饭财政"难以为继了。

这里不仅涉及到财政体制的改革,还涉及金融体制的改革。比如资金引进,国内外银行的开办,股票、债券的发行交易等。如果不进行金融改革,难以吸收外资和聚集民间资金的投入,也无法适应国际金融市场的变化。与此相关的,还有外贸体制、大企业体制、交通运输及港口管理体制等一系列的配套改革。这不仅需要中央最后提出方案,作出决策,又与国务院许多部门的改革有关。我想,长江三角洲作为一个整体,能从这一系列的改革中得到适当的重视和扶持,不仅自身能迅速强盛,成为国家财源的沃土,上交更多的利税,而且具有强大的能量,可以"拉动"广大腹地的发展。因为广大腹地要适应开放的扩大,就需要相应地把改革深化一步。这样沿海和腹地都能活起来,整个国家就会更有生机,更有希望了。

具体说来,就是首先要在长江三角洲,建立起一个新的外贸格局,从"货郎担"式的零敲散打,上升为"赶集"式的上交会,然后更上一层楼,以浦东为基础,加上一个"坐商"式的服务层次。也就是在上海建一个"大陆上的香港",包括江、浙两省腹地的工农业在内的长江三角洲开发区。

我结束了江、浙、沪三方的游说活动后,想到南通略作休息,动手写我的《南通行》。但是事与愿违,刚在南通的文峰宾馆住下,就接到电话,要我去兰州参加黄河上游多民族开发区的第一次协调会。这是一个令我兴奋的消息。两省两区的协作已经行动起来了。所以,立即整装待发。决定承印我那本《从沿海到边区的考察》的出版社发急了,不但《南通行》黄了,连我答应的序言也没有了着落。怎么办呢?幸亏陪同我们一齐旅行的张智楚同志,原是那本小册子的编辑,出了个主意,由她根据我这次长江三角洲之行一路上的谈话,整理出一个头绪,编个次序,让我依此写成文章,作为代序。我们这样约定之后才分手。其后我又忙于他事,直到去东北暑休,才抽出时间来还清这笔文债。略叙始末附于文后,并向张智楚同志致谢。

1990年7月9日于兴城油田疗养院

浦东讲话

上海浦东新区的领导十分重视发展浦东，浦东新区管委会、民盟上海市委、上海社会科学院联合举行了"进一步开发开放浦东座谈会"。会上，上海市副市长、浦东新区管委会主任赵启正等同志向大家详细介绍了浦东社会开发的问题。我听了十分高兴，即席发表了题为《浦东呼唤社会学》的讲话。我说：

5年前我来浦东的时候，这里还是一幅老上海的面貌。今天浦东完全变了样，水、电、路都通了，到处是现代化的高楼大厦，这里的基础建设基本完成，浦东新区已初具规模。变化之快令我吃惊。

我很小的时候就来过上海，那时我住在吴江县松陵镇，听大人说要到上海来，就兴奋得几个晚上睡不着觉。在镇上我们算是"城里人"。但到了"十里洋场"的上海，就成了"阿木灵"，就是北方人说的"土包子"。上海在很早以前就是全国的一个经济中心，同时也是东亚地区的一个国际贸易中心。但是自从抗日战争以后一直到80年代，由于种种原因，上海的地位发生了很大的变化，不再是国际贸易的主要城市了。香港迅速崛起，取代了上海的地位。解放后，国家投下大量资金，把上海建成了以国有企业为主的工业城市。上海为我国的社会主义建设做出了很大贡献，但是没有力量重新改造自己的城市，背上了很大的包袱。

改革开放以后，小平同志提出要再造几个香港，后来又提出要恢复上海的地位。这就是要求我们重新认识上海在全国经济格局中的地位，同时也要看清楚上海在整个亚太地区的经济地位。台湾已经把手伸出来，提出了"运营中心"，要在台湾搞出一个国际贸易的中心来和香港竞争，这实际上是针对我们的。所以现在我们的任务更重了，更紧迫了，必须赶在他们的前面，在上海建立起一个金融、贸易、信息、科技的中心。

要把上海建成大陆上的香港，这个"香港"在浦东这块土地上能不能站得住，这要有一个通盘的考虑。你们提到现在形势发展太快，压力很大，感到有点"跟不上、配不拢"。这个提法对我有很大启发。要把浦东建设成一个国际中心，就会碰到通常人们说的"硬件"、"软件"的问题。外国人来了，要吃、要住、要做生意，这些条件必须达到国际水平，必须迎头赶上去，赶起来很吃力，因此感到"跟不上"。这地方的管理需要大批懂得现代知识的人，需要有相关的管理办法，人们需要有相适应的思想意识，这些又让我们感到"配不拢"。你们提到的"城乡"问题就是一个具体例子。

上海要恢复它过去在东亚地区的地位，建立一个在中国主权管辖范围内的，具有中国特色社会主义制度下的经济中心，这是对外开放的，所以必然是一个国际城市。现在正处在历史的转折点上，任务繁重，形势逼人，时间紧迫。我们必须尽快赶上去，但是又不能超越我们的能力，一步就到位，这个矛盾确实不容易解决。怎么办呢？只有按照小平同志的办法，发动群众，从实际工作中，总结出我们自己的经验。外国的经验要学，但不能叫外国人替我们做。苏联请了美国哈佛大学的一批经济学家，搞出一个"休克"方案，结果实际行不通。我们要脚踏实地，根据中国的国情来办事情。

中国经济要发展，必须要充分发挥长江三角洲，以至整个长江流域的力量，这个力量在哪儿，这是我说过的一句老话：力量在老百姓中间。要靠存在于民间的、普遍的、真正的实力。要想一个办法，把长江三角洲这块地方的力量联合起来。上海周围的苏、锡、常、通、杭、嘉、湖、甬八员大将，实力都非常强，上海必须积极主动地联合这八员大将，这股力量是了不起的。这一点我要重新提一提：上海除了吸引外国的资金之外，要以积极态度，开展对内的联系，在互惠互利的基础上吸引内地的实力。

要把浦东建成一个大陆的香港，这一点大家已经有了共识，这样一副重担落在浦东这块土地上，浦东能不能担得起？这块土地的"风水"够不够，依我看还应当再扩大一些，要把崇明岛包括进来，这样局面就开阔了。黄浦江的港口并不理想，水浅、沙多，要另外开辟个港口。

这次我来浦东，不仅看到了地面上的建设已经有了相当的规模，特别令我高兴的是你们提出了对社会、对人需要加强研究的问题，也就是你们感觉到怎样使生活在这社会里的人，跟得上这个新兴现代化都市的要求，还没有把握住。这个问题抓得很好，同时也看出了这些问题是人的问题，是一个城市建设中的软件问题。你们说：浦东呼唤社会学。我很高兴，你们找到了对象。我是学这一行的人，相信研究人的社会学能够为你们服务，为国家作贡献。但是由于种种原因，从20世纪50年代起，中国的社会学被取消了，直到80年代中期才得到恢复。一门学科可以"挥之即去"，却不能"招之即来"，要重建社会学就不那么容易了。当前的情况是我们社会学力量还不够。现在社会上到处需要用社会学的知识解决问题，但是供不应求。真是急病碰到了慢郎中。怎么办？我看还是老办法，靠我们自己组织个队伍，开动脑筋，集中力量，一个问题一个问题地摸索、研究。在这里我想起了有人说过，我们要摸着石头过河。这句话我有我的体会，首先是我们是在做一件前人没有做过的事。以浦东说，前几年还是一片稻田，现在已经高楼大厦。前几年还是在耕田的农夫，现在要求他变成现代工人，现代都市的市民。这种变化不但我们历史上没有过，其他国家也找不到的。我们一定得过一条河，就是一定要经过这个变化。那就要摸着石头，那就是有所依持，不能滑倒在水里。同时不能盲目，不能闭着眼睛摸石头，而要睁开眼睛，踏稳脚跟，向前看，清醒地一步步向着对岸前进。那就是说实事求是，总结经验，探索道路踏稳了举步。

举个实例：这几年大家看到巨大的民工潮，几千万的民工从内地涌向沿海比较繁荣的城市，这也是创纪录的人口流动，很多人很担心。但是至今没有引起混乱，那是外国人难于想象的。我曾推敲这个原因。我看到了一个稳定的因素，那就是在新兴城市打工的民工，每人几乎都有一个家在内地。他们得到工资后除了生活必需的开销之外，定期地寄回家去，过年过节有可能的就回家去呆上几天。如果城市里找不到工，如果停工了他们有家可回。有工做，心里踏实，工停了也不用着慌。我过去没有理会到农村里的承包责任制在新兴的城市也会有这样强大的安定民工的力量。换一句话说，我没有估计到农村现行的制度是建设现代都市的支持。我们不就是摸着农村里有家可归的石头在渡工业现代化的河么？

把现代都市建设依靠大量民工的劳动力的供应，联系上中国当前的实际情况，看到农民有家可归的社会基础，就是以农户为基础的联产承包责任制和我们中国特别密切的传统家属关系，发生着西方人士所不易理解的社会保险的巨大力量。这是从中国实际情况里总结出来的社会学知识。这一类社会学知识使我们能体会到为什么我们能比较顺利地承受着改革开放过程中相当紧张的生活压力。摸着石头过河的人，也许正需要这种知识使自己的头脑可以清醒些。所以我认为为什么浦东呼唤社会学。

浦东将发展成全国的经济中心，需要大批的人才，除了自己培养以外，还要靠全国各地的支援,怎样能做到既吸引了外地人才,又不会引起地区间的矛盾,这必须要有一套好的办法。浦东名声越来越响,慕名而来的人会越来越多,压力会越来越大。你们这个城市究竟能容纳多少人口?周围的居民点有多少人口住在一起?他们做什么事?在哪里做事?这些人需要多少供给?随之而来的还有社会保险、福利、老年问题等。这些都需要我们加以调查、研究,做到心中有数。浦东还是一个国际性的社区,许多外国人会来这里,这些外国人和我们不一样,和他们交往又会发生什么问题?怎样解决?

总之,中国传统的农业文化与现代工业文化,古老的东方文化与现代的西方文化将在这里发生强烈地碰撞,这是一个世界文化融合的大问题,我想这也是下个世纪世界上将要碰到的大问题。我以为我们应该未雨绸缪,做好准备,迎接新的挑战。

1996 年 3 月 30 日

再话浦东

1995年春,我到浦东新区考察时,上海市副市长、浦东新区管委会主任赵启正同志对我说,他们呼唤社会学。这表明他们在领导浦东新区开发开放的工作中感到了对社会和对人加强研究的迫切性,也意味着他们相信能真正研究社会和人的社会学可以为他们服务,当时我很动心。在我看来,浦东新区是中国农村社会最早在很短的时间里和在较高的起点上直接接触了最新现代化经济的地区,它的变化方式、它的发展路子,以及它所面临的各种挑战的微妙性和它所碰到的经济、社会、人的问题的复杂性,与其他特区乃至香港的不同;它的预期目标的实现对于中国进入21世纪国际市场的能力形成更具有意义。因此,我说研究浦东新区的开发开放很重要,是我们社会学应当做的课题。

可是,我没有很快满足赵副市长提出的要求,一方面因为我的年纪和其他条件的限制,不能常住浦东,另一方面由于我没能马上找到做这件事的人。之后,我想到了我过去的一位上海学生叫李友梅,她刚从法国归来,她是我介绍出国留学的;在我的朋友——M. Croziei先生那里学了现代组织的管理理论和决策分析方法,并获得了巴黎政治研究院的博士学位。她在西方学得怎么样,学得的知识能不能在中国派上用处,我还没有考过她。1995年5月,她来江苏吴江看我时,我提出希望她去浦东新区,对该区开发开放以来发生的变化做些实地调查研究,算是我对她的一次考试。她很乐意做这项研究,当时我给了她一张我签了名的名片,介绍她去浦东新区联系调查研究之事。回沪后,她就开始此事的联系工作,在浦东新区政研室的帮助下,她于这年底接到由赵启正副市长提出的以"浦东新区开发开放中的农民问题"为主题进行调查研究的批文,便带着一个研究小组首先去了金桥出口加工区的所在地金桥镇进行调查研究工作。她们在那儿住了6个月,采用文化人类学的实地观察法和面对面的访谈法,具体地了解并记录了被访者(其中有该镇原属的川沙县的领导、镇政府的各级干部、乡镇企业的经营管理者和当地农民）对本土开发开放的认识、参与和适应的情况，同时还查阅了有关金桥镇的社会、经济、文化等方面的历史文献资料。据他们说，当地的干部和群众对他们的调查访问工作给予了很多的支持，双方之间的信任也越来越增加，这样看来他们掌握的第一手资料是比较扎实的。

我在今年7月份收到由该研究小组完成的题为《浦东新区开发开放中的农民问题——以金桥镇为个案研究》的初步报告的初稿，我读了之后得到不少启发，更进一层地理解了浦东新区的领导为什么呼唤我们社会学，是因为他们碰到了许多史无前例的问题，尤其是那些在以农业为主、小农经济为基础的中国乡土社会里生活惯的人一下子变成现代化工业社会的市民时提出的问题，以及要使一个农村在一两年里走过几个世纪变成新兴的现代化大都市时提出的问题。初稿的内容很丰富，也很生动，提出了我们中国必须要理解的，而且只有中国人自己才能更深刻理解的问题，我觉得社会学跟上了这一段是到了尖端了，当然初稿还有待进一步完善，原因是要全面透彻地阐明生活在现实社会中的各种人的真实想法及其之间关系的性质是很难的事，这需要很大的力量。初稿的撰写者使自己进入社会和人的生活里，去体会、认识，然后再将自己理解的变化讲出来而且可以使别人懂得这个变化，这种研究方法正是我所提倡的。人家说我的文章容易读懂，其实我的话基本上是农民的话，农民的话讲给农民听，他们就容易听懂，另一种方式说，是因为我使用的素材能贴近社会生活。现在有些文章用外国的新概念来表达自己不熟悉的内容，就连我们也看不懂，也有些文章的话语是造出来的，不是出自社会生活，我不主张这样做学问的路子。

初稿清楚地反映了金桥镇在浦东新区开发开放中碰到的新旧体制的衔接问题、当地农民对新体制的接受与消化的问题，以及乡镇企业的力量怎么发生作用的问题。川沙县的撤制和金桥乡改为镇，这个变化不是农村行政机构在名字上的变化，实际是接受一个符合现代化工业经济需要的行政体制，这个变化因此包含了很多内容。将一个符合现代化工业经济要求的行政体制安在一个农村经济基础之上，我把这个问题简单概括为，一张"皮"加在另一张"皮"上，这里存在怎么加的问题，是排除原来的一张还是两张合在一起。从目前的情况看，由于加上去的一张"皮"脱离原来的那张"皮"，使得一大批人出来了，这批人怎么进入新制度和新制度怎么安排这批人又引出了一系列的问题。浦东新区原来不是一张白纸，我们不能想画什么就画什么，这个概念首先要转变过来，要认识到我们是在一个经过长期的公社制度、多年的改革开放、乡镇企业发展较好的基础上画画。我对浦东新区的体制没有好好研究过，但就政策而言，我知道浦东新区除了享有其他特区都有的优惠政策，还有中央另外给的新政策。这些政策不是从原底子上长出来的，是根据其他开发区的经验制订出来放到浦东新区的，那么问题就产生了。浦东新区一成立，外国就来投资了，接着出现了大公司、大集团，它们是加在浦东上面的，但没有中间过渡，既不是下面长出来的，又不是上面渗透下去的，它们是与浦东农村的经济基础突然碰上的。而与这两种体制相遇的是同一些人，他们不是别的地方新来的人，而是祖祖辈辈生活在浦东的当地人，因而涉及产权、观念等方面的问题就无法避免。初稿的提供者因为接触了当地的工业和当地的干部和群众，发现了这些问题，并把这些问题讲清楚，也作了一些分析，引起了我的很大兴趣。我自己虽没能来实地研究，但我在想这些问题，我觉得以浦东新区为对象的研究可以解决我们理论上的一些问题。实际上，正在改革开放中的中国面临着一个急速的变化，这个变化带来的许多问题需要我们去认真研究，从中央开始都在考虑如何解决这些问题，我们叫作过21世纪的关嘛。对于解决这些问题，外国没有一个成套的办法，要我们自己创新，而创新要联系中国的实际情况。再进一步说，浦东新区与深圳不同，深圳是比较白手地起家，而浦东新区是在一个已经有过一段较好的发展，而且比较富裕的地区起家，作为浦东新区开发开放的川沙县曾是郊县财政上交全国名列第二，金桥乡的经济也是不错的，富裕地区的开发与穷困地区的开发不一样，所以联系中国实际不应是笼统的，应基于具体的分析之上。

现在，新制度加在了浦东新区的上面，但还不等于已经进去了，因为当地人在接受给他们的办法时，即在消化这个新制度上还存在着不少问题。新制度进入的关键在于使当地人及其思想同时发生变化，而且要看这个变化能不能与新制度相适应，新制度要深入到这一层才能真正解决问题。这是一个很不容易做的任务，因为要在短短的几年里把几千年造成的农民意识和农民生活方式改变成上海式的市民。这样的变化不是单凭行政指令可以促成的，这要求摸清楚农民的基本想法，比如农民最初以为他们被划入开发区，外国的大企业进来了，他们可以发财了。可是，开发区和大企业开始运行了，他们的就业问题没有解决，而且土地也被收去，每月领200多元钱，一比较上海市区的人，他们的思想马上就发生变化，对新制度的看法就出来了。我们在这方面的研究还刚刚开始，需要进一步从实际下手，希望地方上的领导支持和帮助我们的研究工作，使研究者明白你们的目的，这样有的放矢的研究结果才能有助于具体问题的解决。我们研究者要把群众的意见真正地反映出来。现在，上级领导已注意到了这个重要的实验，要从这个实验里找出一条中国现代化的道路。关于这方面，江泽民同志已讲了不少话，注意到精神文明和思想意识了。如果我们不了解实际，就不会知道农民为什么有这样的看法和为什么要这么做。我们自己离开农民式的生活已有相当长的一段时间，已是不完全的农民，那么我们现在再回到农民里边去时就不能根据我们现有的观念来判断农民的问题，我们应该深入到农民的实际生活里去。

我从初稿中看出，乡镇企业这个力量怎么利用的问题没有及早地发现。我认为不能穿了新衣服，旧衣服就扔掉了，我们要考虑从旧衣服变成新衣服，换句话说，乡镇企业这个力量还得用。就全国来讲，也不可能都成为浦东开发区一样的以外资为主的企业，因此还要考虑如何依靠这批原有力量。外国企业来的时候是以洋为主，它们想入土不容易，洋要入土得经过一番变化，要使土能够嫁接洋。外国人不懂得这一套，不要以为外国的都是科学的和先进的。外国人来中国发展的主线，是以我为主，以洋为主。美国表现得很清楚，它追求的是"你听我的"。苏联请美国最有名的经济学家（哈佛的）来帮助解决它的转变问题，这批经济学家给苏联搞了一个"休克"疗法，其结果使他们在苏联碰了一个钉子。为什么？因为他们是用他们国家的经验和理论为苏联设计转变的方案，这是不行的呀！以洋为主，但洋要解决入土的问题，否则就会产生土接不上洋的问题，苏联为此花的成本很大，付出了大代价。我们中国人要发挥自己的特点，小平同志的精神是勇于面对现实，必须把根本的东西搞清楚，包括原来中国几千年的传统文化和历史。我们现在的引进要结合中国的实情，从实际去吸收洋的东西，在吸收的过程中会出现许多问题，浦东新区将是一个焦点，你们浦东新区的干部能不能应付，会不会"烧焦"，要看你们的本领。这种本领的形成光有高等教育的知识不行，还要经过真正的社会实践的锻炼，我们需要外国的东西，但要消化，不能直接就用。前一段时间，我们在上海检查教育法实施的情况，看到上海高等教育的基础建设没有搞好，现在培养人才很难，我们要提高对这方面的认识，上海若培养不出高质量的合格人才，那么到哪里去要人才呢？

我们的研究者接下去的调查将涉及到人的变化，这一问题的研究需要的时间长一点，也更难、更深一点。所以更要接触实际，从实际生活里发现各种人的不同看法和他们在思想和行为上的变化，不能只从年龄、文化程度来分类。

让研究者再做一段时间，从实践里摸索点经验出来。我也想再来实地看看。希望你们要给他们条件，督促和帮助他们，你们要时常检查他们的工作，到实际里去看是不是这样，我们是讲实际，没有什么秘密。你们自己也参加进去，大家一起来研究和思考问题，这对你们也有好处。

我昨天晚上在想，浦东新区政策研究室要算几笔账。你们开发区是新的事物，要让人们认识它还得拿出一些数量的东西，使人们了解究竟开发区给中国创造了多少新产业和带来了多少财富。这可以计算，算出其中有多少是我们付出的代价给外国人的，因为人家已经提出"你们给外国人赚钱赚够了"的问题。我们收获的也用现金来算一算，有些是不能用现金算的或一时也算不出来的（主要指人才、管理等方面的变化）。但我们可以进行比较，这是一个大的事业，比办学还重要，比如参加到外国公司里做事的人必然受到严格的管理，外国公司不会让他们马马虎虎地工作，因为这样它们会赔钱的。所以外国公司会想各种办法在雇佣的中国人中培养它们的干部，这个培养办法可能比我们现在学校里的教育培养办法好，我们就要去了解外国企业家是怎么培养人的。同时要进行一些比较，比如他们在培养技术员、机床操作工、管理和会计人员上花多少时间，我们要花多少时间，通过这个比较发现学得好的与不好的，然后再来看这个差别或差距里的原因所在。从我们自己方面开始算也可以，比如金桥镇假定不搞开发区，它发展的速度是怎么样；现在引进了新体制，外国人也来了，这些条件是否加快了它的发展速度，加快的过程中出了哪些问题等。你们看问题不要怕，做事业总要花钱的，没有不花钱就解决问题的。可是，我们要清楚问题是怎么出来的，所以我要你们先做一张资产对照表，其中包括经济和社会的，要化成可计量的任务是比较重的，现在外国也不敢这么做。我们可以试一个小区，搞点研究，这样可以说服人。

一般来讲，大家看到很多高楼就认为是发展了，但究竟发展了多少，没有概念。很多房子在那里没人来住，卖不出去，这不能说是好的发展，我们希望的发展是真正落实在生产力上的发展，这个概念不是空的概念，是要可以计量的。实际里提出了许多问题，我们要找到贴切的解释。对于怎么接近实际，你们可以提问，让我们的研究者去实地调查研究，经过一两个星期，你们与从事具体工作的人员听他们一次汇报，这也叫考试，然后通过我们大家集体一同研究和总结，看看浦东开发区能不能找出一些新办法来。

这次我们在上海的奉贤县检查教育法时看出，我们取消了乡镇企业的教育附加费，现在发生了很大的影响，因为取消时我们并不知道乡镇企业交的教育附加费到底占多少比率。引进了外资的乡镇企业要我们考虑还是交教育附加费，因为外国人赚了钱，而职工孩子的教育没有人管了，这就产生了不公平的问题。这种反应在香港、台湾也同时出现了，台湾的资金通过各种渠道往内地流，李登辉说不挡不行了，要把资金投到台湾来，因为台湾的资金再继续往外流对他"总统"是不利的。可是挡不住的，现在这个世界是国际经济，再说大陆的乡镇企业有很多吸引台湾企业的有利条件，比如大陆的工资低、土地便宜。我们有三个大的概念：地大、物博、人多，我们正在把人多的劣势变成优势。沿海地区的乡镇企业能引进外资也反映出它们有了较大的变化，现在对这个变化有各种不同的看法，所以我们要深入实际去调查研究，也可以与上海被殖民和租借时的外资投入比较一下，看有什么区别；要把这个区别讲清楚。以前我们说乡镇企业由土转洋，现在看来这个说法只看到了一面，我们还要看到土是怎么消化洋的过程，所以我称之为嫁接。我们要以土用洋（学洋的好处），以土为本，以洋为用。土离不开洋这一点要认识清楚，我们要进入国际市场，眼睛就要看到国际市场，作为浦东新区的干部还要更快地具有能够参加和进入这个变化的本领，你们如果不赶快使自己学会和掌握这个本领，等到21世纪就太迟了，从某种意义上说，开发区会有变成殖民地的危险。

我们要使国家和人民富强起来，就需要对在接受洋东西的同时又发展我们自己东西的做法里理出一套基本的看法。中国特色社会主义的概念很不容易解释清楚，这个特色里包含着洋的东西，可不是直接的洋东西，是换了装的，适应于中国的洋东西。在具体做的过程中会碰到很多问题，要花很多学费，要出很多代价，天下没有不出代价的事情，但谈价钱要有数目，所以我说要算笔账。你们金桥镇假定没有外资进来，你们能发展多少，可以根据速度估计出来；外资进来了，你们实际增加了没有，如果没有增加就可能有问题了，有的不是马上能见效的投资在一段时间里没有经济增加不要紧，可是总的要增加。我们碰到了国内增产总值在合资企业里怎么计算的问题。你们要从实际里弄清楚：开发区多少是全出去，多少是半出去；多少是表面出去，实际还在里面；老百姓得到了工资，工资以外还有许多好处也要算进去；就 GDP 到 GNP 而言，也有很多文章好做，这一点在浦东开发区最突出，你们仔细地算一算，可成为一个贡献。现在，外国对我国经济的发展有各种算法，每个算法都有些道理，美国也说我们强大了，出现东方威胁论，弄得大家都糊涂了，所以你们要拿出一笔说服人的账。我们要加深对中西文化嫁接问题的认识和研究，总之，我们不能吃亏，最后的立场是中国要强大起来，人民要富裕起来。我们的研究不能太急，要脚踏实地，一步一步地做。我希望在你们金桥镇开发的每一段过程能通过实地调查和访问记录下来，作为中国历史的一部分。这是一篇社会学的大文章，但不是社会学研究者自己做出来的，而是现实生活里的人都在做的文章，它不仅是反映浦东人民所碰到问题，而且也是每一个中国人都会碰到的问题，因为是一个有几千年传统文化的中国要进入国际市场共同的一个新社区，也就是人们所称的"地球村"。外国人不可能将这篇关于社会和人的文章写出来，因为他们不可能真正地理解到中国农民的想法，以及他们的困难、希望和出路。我希望我的学生和我的下一代深入到实际生活中，亲眼看到这篇文章是怎么构成的，并把它写下来，使全国人民都认得，这是一件在历史上很有意义的事情。我很兴奋，我觉得你们大有希望，大有发展，大有前途。

1996 年 9 月 25 日

闽东行

海口明星

1984年冬我曾到日本能登半岛去访问一个名叫姬村的渔村,想不到还没有过一年,又会在闽江口参观到姬村的姊妹村——福建长乐县营前乡的海星新村。对姬村的传说是:很早的年代有个大官漂洋到此落脚,因为他有个秀丽的姑娘名传四方,被称姬村。我当时脑中一闪,这位大官和秀丽的姑娘会不会是从我们大陆漂流过去的呢?这次到了海星新村就不免联想起姬村,仿佛找到了答题的线索。

我们大陆上很早的时候确会有漂洋出海的渔民,至于是否有个大官,遇到了什么挫折,带了秀丽的姑娘亡命海外,那就难说了。要牵强附会的话,我们沿海渔村里原不乏秀丽的姑娘,著名的西施,还不是在钱塘江口水边长大的?"越女如花",不也应当包括闽越在内么?福建古称闽越。

可是这两个隔海的姊妹村的身世却不大相同。姬村传说是大官之后,海星的先人在不到半世纪前还是被歧视的贱民。说起海星前身的历史就会牵涉到解放初期民族识别上的一番讨论。也不妨用"很早的时候"开头说起:我国大陆东南部浙闽粤诸省的大小港口常住有一些被称作疍(疍音诞)民的人。他们世世代代住在小船上,而且不知什么时代和什么人下的命令,不准他们在陆上居住。这些水上居民势孤力弱,贫苦困乏,历来被人贱视,多少有点类似印度种姓制度里的贱民。他们的起源我不清楚,但各地的疍民都说所在地的汉语方言,排除了与汉族不同的另一民族的可能。他们散居浙闽粤各港口,虽有联系,在经济上并不形成一个聚居和独立的社区,也丧失了构成另一民族的条件。但是他们确是一种被压迫、被歧视的人,形式上有点类似民族压迫,所以在解放初期有人主张他们是一个少数民族，但是经过讨论和研究，还是否定了这种主张。他们是汉族的一部分。

这一部分汉族在生活上却有他们的特点。由于世世代代住在船上，经营渔业，生活也就不同于一般在陆上居住的汉族。这个特点有消极和积极的两个方面：消极方面是由于社会歧视不准上岸，他们的社会经济缺乏了正常发展的条件，长期处于贫困落后的状态。这必须加以改变。积极方面是他们长期在水上生活，创造和积累了传统的航海和渔业知识，成了他们的专长，这必须加以发扬，使其成为今后发展的基础。解放后，社会不平等的制度被废除了，疍民翻了身，带着歧视意味的这个名称也取消了。所以这次同行的朋友中有些人对他们历史上的不幸遭遇已经不很清楚。但当我谨慎地询问他们的历史时，带领我们进行参观的这个海星新村的女村长却毫不忌讳地承认他们就是过去不准上岸居住的那一种人，而且还在一家后楼阳台上，指着下面河道里的一艘小船说，这就是留作忆苦思甜的旧物。她告诉我，人民当了家，封建时代那种不平等的禁律立刻被取消了，人民政府划了土地给他们，帮助他们在陆上定居。海星新村就是在这个基础上发展起来的。

被迫永远住在船里的生活，对我来说，用想象来描述都觉得困难。一家老小几口人怎样能在这样小小的船舱里挤着过日子的呢？这条小船不仅是生活资料，而且又是生产工具。他们得向大海里去讨生活。海里水产固然不少，但是靠这样小小的一条船怎么去捕捞呢？几百年，甚至超过千年，他们世世代代就是这样生存了下来。这种艰苦的生活也把他们锤炼成不怕海浪的人。他们视海如家，片叶小舟，在大浪里翻腾，北上渤海，南下南沙群岛，处处有他们的踪迹，真不愧是我们民族的一支久经锻炼的民间航海队伍。这支队伍里怎么不会发生有些秀丽姑娘被风吹到东海那边，留恋该地风光而留了下来的事迹呢？这可能是附会，也可能是事实，我们且不必多去辨别了。

现在这些水上人民都已经在陆地上安居落户了，闽江口还有他们的新村。那位女村长用她流利的普通话为我说明他们的经历：解放后，他们就开始上陆定居，不平等的歧视烟消云散。到60年代开始建村，但是我们这次并没有机会看到他们初上陆时所住的房屋或窝棚。我们所见到的是80年代开始翻造的新村。那时已开始用现在的村名。据说有一位领导同志看了之后说，这真是闽江口的一颗明星。他们听了高兴，就用海星作了当时大队的名称。近年改称海星新村。

这个新村是由一幢幢一个格式的长条楼房组成的。两条楼房中间是一条街道，楼房背后都有一条河道。前门是陆，后门是水，有点像我幼年所熟悉的苏州格局。这样，出海的小船可以一直靠到家门口。我们被招待到好几家去作客，每户住房面积人均16平方米以上。上面是楼房，楼房后边有个平台，种着各种鲜花。从这里想起小小船舱真是小巫见大巫了。这些人家给我最突出的印象是清洁整齐，上楼梯都得脱鞋。看来这是他们从船上带来的优良习惯。船舱小，容不得杂乱，船靠水，随时可以洗刷。我没有看见过别一个农村比得上这个新村那样清洁整齐的。

接待我们的这位女村长能干利落，使我不住地连声赞叹，这地方的妇女真是能干。她笑着说，这里的男人都忙着出海，不常在家，一出去个把月不稀奇，地方上的事不就落在妇女们身上了，不能干也得干。这大概是渔村的特点，日本的姬村也是这样，白天在街头很难见到壮健的男子。我在海星访问的各家，没有遇到过一个男主人，他们都正在海上作业。

海星新村一共300多户，1700多人，迄今没有改变他们航海捕捞的专业。出海主要是男子，据说现在已有27个妇女跟着出海捕鱼。我一问起捕鱼的情况，主人们都很兴奋地说，现在和过去大不相同了，过去是各家各户划了小船出海，在风浪中颠簸，冒着生命危险，才捕得一些鱼，勉强维持生活。现在小船已不用来捕鱼了，他们已有24艘装有200匹马力的柴油机的小渔轮，每艘排水量150吨，载重80吨。过去在近海合作用网捕捞，出海一次大约一个星期。现在活动范围已经大为扩大，有些已到达渤海湾和黄海东部，可说是远海捕捞了，往返有时达一个月。他们在完成国家计划收购外，再向国家提供议价鱼1元一斤，这笔上百万元的收入对这样一个小村来说并不是一件小事。

他们在50年代已成立了生产大队，是个集体经济的实体。这笔巨额收入除了分给各户人均600元到800元外，都作为集体积累。这10多年的积累，使这个集体经济实力相当雄厚。他们有力量拨款盖造新村，并购买和装备这些出海的渔船。他们还逐步完成配套的渔业现代化的设备，如制冰厂、冷库、船舶修理、渔网制造等，最近已向鱼品加工方面进行建设。那位女村长很自豪地说：我们的渔业已经实现了机械化、电讯化、渔网尼龙化。我对渔业是个外行，听到的许多名词，记都记不下来。我不会忘记的是集体经济在这里发挥的作用太显著了。而在集体经济里，每个人能那样勤奋的劳动，向大海索取财富，眼看集体积累得这样快，个人生活提高得又这样快，可见这决不是那些躺在集体身上吃大锅饭的人们所能做得到的。什么力量使他们这样不懈地劳动？我看这和他们念念不忘过去受歧视、被压迫的日子是分不开的。正如女村长指着河边的那条小船说：我们不能忘记那时的生活，对比现在，才心里明白社会主义实在好。

我们参观的项目排得很紧，准备告辞时，女村长却坚持要我们去看一看正在建设的码头。她又不止一次地惋惜，他们的渔轮全都出海了。但是指着两艘装饰得十分俏丽的别村的渔船说，海里的渔船都机械化了，船身要比这些高大得多；二十几条船一起整队出发时可气壮哩。这幅画卷我是能想象的，好像就在眼前，但是要能深切体会到这位在小船里生活过、翻身到拥有一个大队渔轮的新村村长的那种自豪感，那就不那么容易了。

我感谢海星新村给我的教育，依依惜别地让汽车把我带走，但这颗闽江口的明星却会永远亮在我的心头。

福建山海经浅识

这次访问闽江口只用了两天。时间过得很快，说不上调查研究，但求择要浏览。如果要用一句话总结此行，我想不妨说是匆匆翻阅了一遍福建山海经的摘要。福建面积广，闽江口只是它的小小一角，所以只能说是个摘要。

"大念山海经"这句话在福建几乎家喻户晓，对我来说是这次访问中学到的。这是福建省委近年提出的经济发展战略方针，意思是说福建的经济建设必须充分发挥它的山海资源优势。我短短两天走马看花的旅途中对此只取得了一点粗浅的体会。

从海星新村出来，我们就直奔长乐县城。车停在华发花岗石材厂的门前。这个厂用机器把大块花岗石切磨成薄薄的光滑的石板，板面上显出的天然纹理比大理石简朴优美，石质又结实得多，作为建筑材料用来铺地贴墙，耐用美观。福建利用花岗石作建材不是近年开始的。只要注意公路两旁的老房屋，就很容易看到普通人家都利用花岗石块砌墙筑路，甚至用石片密排竖立当作篱笆，这使我这个从江苏水乡来的人看来十分惹眼而且觉得颇为别致。大量利用石块来作建筑材料，表明了这地区山多地少的特点。依我想来，石料的运输和切磨决不如烧土为砖那么容易。舍易就难，必有苦衷。苦衷也许就在泥土太珍贵，而石料到处都有的缘故吧。福建确是个山国。

用机器把花岗石切磨成纹理大方美丽、光滑耐用的薄片，固然是有传统石工的基础，但这一加工，却起了质的变化。一大块没有切磨过的花岗石，作为建材，其价值不过几块钱，在机器里一切一磨，价格一下提高到几百元。它立刻成了值得输出的商品。我看了十分高兴。福建的山，连石头都能这样值钱，我过去实在没有想到过。

访问回来,我很兴奋,逢人便说这真是点石成金。有个内行朋友听了却说,充分利用花岗石切磨成高档建材当然是一条值得开拓的道路。但不是那么简单,关键是在机器。现在这套设备是引进的,而且日常所需的刀片和磨料都是用外汇去购进,我们的工艺也没有跟上,浪费太多,成本太大,加工过程里创造的价值给外商吃了大头。而且如果要建厂还得靠近专用矿,因为原料不宜从远处运来,运费太大,效益上不去,甚至还会亏本。这位朋友给我上了一课:如果引进的机器老是要靠外来配件才能运行,那就不是利用外资而是被外资利用了,这哪里是开放的正道。大念山海经时这一点是值得注意的。

说过了山,该看海了。到了长乐的第二天,主人把我们引导到长乐的海边。我在苏北调查时只听说有广阔的滩涂,但始终没有机会亲眼去看一看。又出于我预想之外的是这里海边上的沙滩,有的竟会和内蒙看到的沙丘一样凶猛,大风起时,飞沙走石,能把海岸上房屋门窗堵塞。但是近年来沿海种起了层层的树林,把风挡住了,把沙固定了。接着开辟了果园,大种福建有名的柑橘。橘树能在干干净净的沙地上丰满地成长,这也是我从来没有见过的。

我们踏着细白的沙径,直入果园。来得适时,一行行碧绿的橘树上挂满了橙黄的果实,压得树枝弯腰垂头,丰收喜人。我们一面在橘林里穿行,一面随手摘果尝新。回想到幼年时每过春节,老祖母一定要捧着一手福橘,分给全家儿女以取个吉利。福橘原来是福建的特产。我不禁又想到:如果带着这种象征意义的水果,推广到了凡事要讲吉利的香港人中,这个财源会有多大,真不易估计了。发菜不就是个前例么?当然,福橘要在国外畅销,单靠这个吉利的名字恐怕不够。它的看相是不差的,质量却似乎已没有我记忆中幼时的那样甘美了。这是出于我心理上的原因,还是这几十年柑橘品质发生了退化,我不敢断言。如果以现在的质量,特别是这么多的核,要在国际市场上特标一帜,恐怕还差那么一点儿。

关于海,我们还去看了海滨的养育场,过去只靠自然捕捞的海味珍品,现在已能人工养殖了。提到海味,可谈的太多了,我的这几篇速写实在容纳不下,只能割爱。但从这部福建山海经里摘出的这几段短短的叙述,也够我们多思索一番了。这些摘要都告诉我们福建的山和海已出现了大变局。用历史眼光来编写这部山海经似乎不能不分前后两篇了。前后分期大致上可以党的十一届三中全会为界线。在前篇里的花岗石,只是些用来铺路筑墙不值钱的东西,滩涂又只是荒沙垒垒的废地,可是在后篇里,不值钱的石块变成了外销的热门货，荒沙滩涂变成了茂盛的果园。前篇穷，后篇富。前后联在一起，正写出了福建怎样走上富裕的道路。

福建原来是个边沿省份，和中原相比，也是个穷省。据说，如果以人均国民收入为标准，把全国各省区排个队，福建1980年站在21位，离尾巴不远；到去年，力争上游，才到了17位，还没有超过中间线。又据说在解放前的1946年，福建工业产值只占工农业总产值的1%，近于工业空白区。这是什么原因呢？过去不少人的答案是由于"八山一水一分田"，怪福建这部山海经不好。

这个答案也不能说错，如果把山水划开，人们只在一分田里打算盘、过生活，尽管这地方气候好，土地肥，但人均不到半亩耕地怎能养活得了不断增殖的人口。人口压力在福建一直是很严重的。幸亏是个沿海省份，还有一条漂洋出海的活路。现在世界各地福建籍的华侨估计有600万人。实际上从福建出海的人只会多不会少，因为许多出国的人，过了几代之后就同化于当地人了。而且现在1700多万的台湾籍人的祖先，绝大多数是从福建搬去的。加在一起，历年来从福建出去的人和现在留在福建的人数目上可能相差不大，从这个角度看去，福建的穷是穷在山太多，地太少；幸亏有个海，不然不知会挤成什么样子了。

山海经写到这几年可转了调。福建人明白了过来，原来八分山一分水并不是包袱，而是金山银水，何况还有个大海，财富会从大浪里滚滚地卷进来。福建山海经的后篇新章正在等着福建人民去编写，我这次只看了几行摘要，大好文章当在下文。

浪子回头金不换

长乐的主人听说我在江苏调查过乡镇企业，特地为我安排了一个半天去访问他们县里乡镇企业比较发达的金峰镇。金峰镇前几年曾经出过名，但不是好名声，这是1980年的事了。那年这个沿海小镇从9月到年底这几个月里突然成了商贾云集的焦点，那条狭小的土公路上天天有来自全国各省的几千辆汽车穿梭来往，卡车、轿车、面包车各色俱全，热闹得一时被称作小香港。

原来当时我们向台湾提出了"三通"，不知谁起的头，钻了这个空子，嚷什么"官不通，民先通"，在海面上搞起了个物物交换的大市场。大批手表、家用电器、布匹衣衫，从海面上倾销进来，既无检查，又不纳税，成了一条离奇的自由流通渠道。金峰这个偏僻小镇，由于它的地理位置，首当其冲，顿时成了个自发的港口和码头。摩肩接踵，热闹异常。到处是大小商摊，摊上摆了五颜六色的吸引人的洋货。汽车一行行把原来的农田挤满了，农民一天唾手可得几百元停车费。这真是经济战线上突然吹来的一阵台风，一时性质不明，措手不及。

不说这阵台风对国家经济秩序带来了多少危害，单说金峰镇这个镇损失也实在可观。金峰附近7个乡镇、五十几个大队的群众直接间接地卷了进去，搞得农民不种田，渔民不捞鱼，工人不做工，学生不念书，正业停顿，精神失常。直到1981年中央下达政策，禁止走私，没收私货，这阵风才算刹住。这地方的干部整整三个年头没有好好过新年。

这种特殊历史条件下发生的传奇式的经济骚动怎么安定下来的呢？主人语重心长地说，根本上是靠发展了乡镇工业，老百姓有了正路走，就不再去走邪路了。浪子回头还得有个物质基础。

长乐这个县，现有人口57万，耕地却只有27万亩，人均只有0.47亩。这样一丁点儿地，怎样养得活一个人？1978年集体分配一个社员一年只有40元到70元。这个地方隔海就是马祖列岛，地处前沿，长期以来谈不上投资建设工业，因而这地方的人活路太狭，一有机会就容易走上歪路。

长乐县1982年落实生产责任制，同时开始抓乡镇企业，情况才扭了转来，这几年的工农业总收入的增长就看得很清楚：1978年是2400万元，1980年就是大刮歪风时只有6200万元，到了1983年上升到1.2亿元，今年预计可以达到3亿元。

地少人多，农村里一直有大批剩余劳力，闲着无工可做，风吹草动，易起波浪。办了乡镇企业，为剩余劳力开辟了正当的生财之道。长乐全县有17万个劳动力，现在已有7万人吸收进了乡镇企业。他们每个人每月有七八十元的固定收入，自然安心乐业了。长乐县这三年里发展起来的18000个中小企业是把社会秩序安定下来的主要因素。

我们在金峰用了半天时间去访问大街小巷里的小工厂。我们在一家针织印染厂里坐定。这个厂的厂房还正在建筑中，已完成的楼房屋檐下密密麻麻地晒满了刚染色的长条针织坯料，把屋里的光线都遮住了。厂房里黑压压挤得满满的转身都不容易。追问时才知道，这厂是前年投产，外地买来的机器最初都安放在股东们的家里，经过两年，积得了资金，今年才盖这厂房，边建边开工，所以显得杂乱和紧张。

这个厂是在1982年由群众集资兴建的，每股1万元，共18股。农民一家能拿出1万元来投资的实在是少有的。所以认股的人得分别去向亲友集资，几千几百不等，所以实际上是百家农民凑合力量办成的。这厂的工人开始时也就是股东家里的人，大多是小姑娘。他们说前两年不发工资，只记一笔账，算作股本。现在已向外招工，并发工资，但还是到年终才发。通过几年的积累，原来18万元资金已增加到了固定资产250万元，流动资金40万元，其中贷款只有10万元。今年计划产值250万元。发展的速度确是惊人的。

我用好奇的语气问他们怎么会想起办这个针织厂的呢？说是有人去江苏看到了苏南乡村里都办工厂，因而动了念头。长乐据说原来有点纺织的基础，所以想到办个针织厂。从苏南请了8个技工，又从苏南买回了一套机器，这样就把这个厂办起来了。先在各家借屋开工，积了钱才建厂房，孩子们先做工，站稳了才发工资。这些是土办法，而就是这样播下了乡镇工业的种子，逐步发展成长。

我没有料到在福建闽江口又看到我最近在《九访江村》一文中所提到的"草根工业"的一个典型。"草根工业"的意思就是由农民省吃俭用，在农业里积累了资金，利用简单的机器设备，逐步成长起来的农民自己的工业。有限的耕地吸收不了不断增长的人口，农民在人口压力下千方百计找活路，要把农业里剩余的劳力转化为生产力。他们找到了工业这条路子，就抓紧不放，死劲地支撑下来，许多也就发展成了颇具规模的小工厂，在苏南甚至已出现了十分现代化的小型企业了。这种草根工业植根在农村，它不仅是靠农业里挤出来的资金诞生的，而且长成了也不忘本地不断"以工补农"。这种工业和农业是血肉相承，脉脉相通的。这是农民自己创造的活路，生产积极性极为旺盛，自己的住所可以让出来安装机器，自己的儿女可以不计报酬地参与劳动，这一切赋予了这种草根工业无限的生命力。亏本不认输，倒了又爬起来，真是野火烧不尽，春风吹又生。我在这里看到了祖国工业化初期可爱的秧苗。中国的农民取得了革命的胜利，又在为现代化工业建设里发挥出历史性的创业作用了。

我们在金峰走访了好几个和上述针织厂性质相同、经历相似的小工厂，有些甚至是一家人开办的个体户企业。受了篇幅的限制，不多写了。

今天的金峰充满了朝气，5年里完全改变了它的面貌，改变之大，改变之速，实在值得我们深思。过去那个不太好的名声相应地也根本上改变过来了。它将成为从正道上致富的一面先进的旗帜。我在结束闽江口访问的归途上，反复地对自己说：中国农民实在可爱，力量也实在大，只要政策对了头，振兴中华势在必胜。一旦农民抓住了工业，我们经济腾飞就会势不可挡。这不应视为奇迹，而是客观规律的必然结果。

1985年11月

侨乡行

上一次我去福州是在1985年11月,参加福建中华职业大学的建校典礼,去年我又去参加该校5周年纪念,前次我曾经趁便去闽江口的长乐转了一圈,还写了几篇小记,在当地报纸上发表。这次我又到沿海的泉州和福清一带作了短促的考察。时隔5年,变化之大令人不能不刮目相视了。

从念"山海经"到大打"侨"牌

5年前我在福建听到流行的话头是"大念山海经",这次听到的却是"大打侨牌",侨胞在经济发展中的作用被提到了突出地位。打"侨"牌与念"山海经"是衔接的,但已大大地跨出了一步。

"大念山海经"的意思是充分发挥福建的地理优势。福建是个"八山一水一分地"的沿海省份。这种自然条件在以农业为主的时代,山和海都不能成为经济上的优势。这样少的土地正是它贫困的主要原因。人均耕地面积长期以来在一亩以下,粮食自给都是困难的。生活出路只有设法利用山和海。我在小记里曾讲到了"点石成金"的例子,说的是闽江口那个当时新办的把花岗岩切片成高级装饰用的建筑材料的工厂。还讲到了水上居民登陆之后建立的"海星新村"——一个典型的现代渔村。可是我在那几篇小记里都没有注意到海除了提供水产之外,也许更重要的,还提供了与海外世界联系的通路。如果着眼于沿海居住的人的历史与现实,这部山海经里"侨"字就突出来了。

早期出国的侨胞,多为单身汉,父母为了传宗接代、香火不断,大多事先为其娶妻,或是追回娶妻,妻儿留在老家。这样就把侨胞在感情上和经济上牢牢地捆在家乡。侨胞尽管身居海外,但依然负担着赡养父母妻儿的责任。这已形成侨胞的传统。即使自己生活困难,也要节衣缩食甚至吁请侨友帮助,寄款回家。如果失责，在侨胞中还会受到舆论压力，被认为忘本无义。

侨胞在国外汇回来养家的钱近代称作侨汇。侨汇是维持侨眷生活的重要支柱，是侨乡经济的重要来源，也是历来国家外汇平衡中的一个重要项目。就福建来说，20世纪80年代初期侨汇总数接近一亿美元。

出国侨胞绝大多数是出身穷困的劳动人民，他们迫于冻馁而抛井离乡，漂洋渡海，出外谋生，实际是现在所说的劳务输出，靠出卖劳力过活的人。经过长期的勤俭经营，甚至要积几代人的努力，才在国外站住脚跟，取得一定的社会经济地位。一般说来，特别是在南洋诸国，大多数侨胞从事小本商业，在流通领域里为当地居民服务，从而形成当地经济结构中不可缺少的部分。这些小商贩和小作坊的经营者固然比当初的契约劳工地位高一些，收入也多一些，但是要从这个阶层上升到富裕阶层是不容易的。这决定了他们赡养国内侨眷的能力。巨额的侨汇是由上千万的小宗汇款点点滴滴汇合而成的。这些点滴的汇款，像微雨落在旱地上，固然对直接受惠者能解一点渴，但几乎全部消化在侨眷的消费中，积不成溪流和湖泊。那些少数比较富裕的侨胞除了赡养侨眷之外，有余力还可以在家乡做点"好事"，像修桥、铺路、办学校等公益事业。侨胞继承了中国传统的美德，推己及人，为家乡的父老亲友出一点力，表示他们义不忘本的乡情。从承担赡养家属的责任，推及为侨乡出力的义举，具体表现了侨胞所特具的"侨心"。

从出资办好事到投资办企业

在第一次世界大战期间，由于当时的国际经济局势，南洋的华侨在当地的经济中取得了难得的发展机会，在侨胞中出现了规模比较大的企业家，陈嘉庚就是这时代侨胞的代表人物。他的一生事业充分体现了他这一代侨胞的共同精神。简单地概括就是在爱乡爱国的侨心推动下，把在国外所挣的钱，用到本乡本国来做好事，主要是出资办学和其他公益事业。

我这次侨乡之行却感觉到陈嘉庚的时代似乎已经过去了。当前的侨胞固然还保持着可贵的"侨心"，但是不再满足于在家乡"做好事"的水平了。他们开始在本乡办企业了。做好事和办企业出发点可以相同，但不同的是过去的侨汇是用来支持侨眷或侨乡的消费，现在却投资到生产事业上去推动侨眷和侨乡的经济发展了。这一点差别，对于我这个关心乡村经济的人来说却非常重要。

从80年代开始，当时由于汇率差价越来越大，侨胞觉得通过银行直接汇款给侨眷,不如把外币带进来,在国内黑市里换成人民币合算。这叫"以钞代汇"。后来又有人发现把钱带回来给侨眷在国内市场上买东西,还不如在国外市场买了东西带回来更合算。这叫"以物代汇"。这种方式对国家来说是有损害的,但却活跃了侨乡经济。

大概是从 80 年代中期起,由于鼓励侨胞返国探亲,作出了允许他们免税带进大小包件的规定。从此侨胞带进和邮寄到侨乡的物资大量增加,事实上超过了侨眷自己的需求。侨眷很自然地把自己消费不了的物资,如服装、鞋袜、包袋、糖果、食品、玩具、小电子产品等,就地摆摊当商品出卖,形成了越来越大的洋货市场。石狮是最早出现这种满街是洋货的中心地点。这些洋货本地人是消化不了的,却引来了外地的商贩。正当其时,台湾的水货也大量流入这个地区,也进入这市场。不久石狮竟成了远近闻名的以服装为主的小商品集散地。

石狮市面上看到的这么多的商品当然不都是侨胞带回或寄回来的,台湾的水货早已经禁止,但是从这种市场的形成上说,侨胞的赠家物资是其起源。一旦洋货市场出了名,各地商贾前来抢购,供不应求时,很自然有人会想到自己动手模仿新颖款式,生产商品来填补市场了。这样就出现了大量"国产洋货"。从馈赠发展到交易,从流通发展到生产,不过几年的时间。和温州一样,泉州的家庭作坊如雨后春笋,很快兴起。制造国产洋货需要资金,先是由侨眷把侨汇积下的钱合股聚资,接着直接由侨胞以帮助侨眷办厂的渠道,向侨乡投资。工厂也越办越大,从小宗协助发展到大笔投资。短短的几年里福建沿海乡镇中,各种形式的侨资企业遍地开花,成片开发,而且已发展到了和国际财团结合进入国际市场的水平,来势很猛。

回顾这个侨乡经济的发展程式是极有意义的。从"汇款养家"、"以钞代汇"、"以物代钞"到"赠品上市"、"国产洋货",再到"合股办厂"、"侨资企业"是一个入情入理的发展过程,结果形成了一个乡镇企业里的新模式,不妨称之为"侨乡模式"。

从合股办厂到办工业小区

我们不妨举几个有代表性的例子来说明这个程式。

我在石狮参观了一个玩具厂。当初有位姓洪的侨眷青年看到石狮的市场越来越繁荣,不甘落后,很想卷入这个浪头。1983 年趁他定居在香港的兄弟回乡探亲时，表示了这个意思。他的兄弟答应送他一部制造塑料玩具的机器，是香港工厂里淘汰下来的二手货。他就约了几个人，集资10万元，因陋就简办了个玩具厂。起初是仿造，逐步自己创新。他们给我们看一种新产品，能匍匐前进的"电动士兵"，被评为电动塑料玩具全国第一的部优产品。这是根据石狮市刘市长访问新加坡时带回来的样品改造而成。他们开始时是在石狮街道上摆小摊起家的。后来在石狮接触到了和全国各地有联系的推销人员，就委托他们把产品推销出去，现在已经与28个省市建立了直接挂钩的业务关系。1986年又在外地的大城市有名的商场里建立了二十几个专柜展销，兼搞维修，营业大为发展。他们不断引进侨资和新设备，现在已能用由电脑数控机床来生产精密度高和复杂的模具。1990年产值已达1094万元，出口率40%。他们正在联系与台商合营，想扩大国际市场，发展成一个东亚的大型玩具工厂。

像上述玩具厂那样的侨乡企业为数已经不少，只是在规模上有的大些有的小些，在资金和技术上都是依托侨胞发展起来的。

我在靠近福州的福清县看到了另一种发展程式，就是由侨胞中有力的财团有计划地集中投资，开辟成片的工业小区。

福清也是著名的侨乡，总人口107万人，在海外的包括华侨和华人的侨胞有50万人，主要分布在东南亚，尤以印尼最多，约有30万。福清侨胞的特点是财力雄厚。近十年来侨胞帮助家乡发展各项公益事业的捐资达1.68亿元。这几年随着中国和印尼的关系改善，侨胞的投资逐步由捐资办公益事业转向了投资办企业，1987年建立了有7平方公里的融侨工业区，达到了高潮。

融侨工业区的主要投资侨胞是福清人。80年代初期他就和家乡有过联系，想走陈嘉庚的道路，愿意为家乡出钱出力。他曾经洽谈过巨额投资在家乡建立炼油厂和水泥厂，但都没有成功。1987年福建认真落实开放区的政策，于是他建议在家乡福清县划出一个小区给侨胞开办企业。除推动其他侨胞回乡办企业外，他自己定了一个目标，用集团的财力在这个工业区里办了一批企业，总销售额要达5亿美元，为5万个家乡同胞解决就业问题。这些企业办成了就交家乡人自己去经营。他投资所挣的钱不提走，留在家乡滚动，扩大再生产。他看到福清没有码头，工业区的发展受到限制，就在福清靠海滨的下垄村建造了一个融侨集装箱码头，为融侨工业区解决对外出口的运输问题。

融侨工业区自从1981年初创以来，到去年10月止，已兴办了三资企业18家，投资总额为2.86亿元，13家已投产。我参观了区内的玻璃、塑胶、鞋业、旅游运动用品等工厂，都是林氏集团带头引进的外资企业。这些以现代技术和设备建立起来的中小型企业走在乡镇企业的前面，它们的起点就比较高。由于它和国际市场密切结合，发展前途也比较宽广，为侨乡经济开出了一条新路。

我访问福清时正巧他带领了林氏家属和福清籍的侨胞179人回乡省亲和考察。在宴会上他对家乡风味十分赞赏，流露出他对世世代代孕育他若祖若父的故乡的无限深情。他说他已安排了交给儿孙的资产，其余的都要用在家乡。现在他已年过70，看来年纪越大，劲头也越大。我当时就想到他确是一个新一代的陈嘉庚。他们的侨心是一样的，但他已有条件做到陈嘉庚所没有能做到的事，那就是把在国外挣来的钱，在自己家乡土地上办企业，以使侨乡的经济从根本上改变面貌，并将它拉进国际经济的大网中去。

仰恩基金的规划与理想

我在融侨工业区所看到的乡镇企业，固然是新颖和现代化的，但是像这样的工业区，在苏南也有，在广州则更多。直到我在泉州参观了郊区的仰恩基金办的大学和企业才感到侨乡企业确已在规模和经营上跨上了一个新的台阶。

我在泉州听说有一位侨胞吴庆星先生在郊区办了个仰恩大学。回乡办学是中国侨胞的优良传统，侨乡的许多中小学是由侨胞出资办的。这也反映了中国侨胞一种普遍的心理。但是侨胞中有力量办大学的不多，所以我在泉州时特地驱车，到郊外的山区里找到已经建成的仰恩大学，想见见这位现代的陈嘉庚。

这个大学办在山沟里，这是吴庆星的父亲在生前选定的，因为这是吴氏家属的故乡。他父亲回国时看到这地方还像他幼年时那样穷困很伤心，所以下了决心要在这里办学，而且要办个大学。这个愿望在他生前没有实现，留在遗嘱里。吴氏家族后来成了缅甸的巨商。吴庆星为了继承父志，几次返国来筹备在他父亲选定的地方把大学办起来，并为纪念他的父母，定名为仰恩大学。1987年奠基，现在已经招过两期学生，一共400人。

吴庆星是个热心教育的企业家。他在办这大学时就想到这个大学要长期办下去，必须有个企业支持它，所以建立了一个又办学又办企业的仰恩基金。企业的收入用来办这个大学外还可以办其他公益事业。他的家乡在山沟里，附近是大片没有开辟的丘陵地带，丘陵间还有河流小泊，不但风景好，而且气候土质都好，但是一直荒废着，没有利用。于是他和当地政府磋商，把这片山林都租了下来，随即遍山种植果树。我去参观时果树都已长成。仰恩大学的校舍就建筑在山谷里，有柏油公路直达校门。

我去参观时吴庆星先生刚好在校。他告诉了我办企业支持学校的计划。他想在这山区发展养殖业，办一个养鸭场。一年两批，一共4000万只。吴庆星先生说他将从国外引进鸭种。孵化出来的雏鸭将逐步分放到农民家里去喂养。另办饲料厂供应科学饲料。等鸭子长到一定重量，收回来，进屠宰场处理，再放进冷藏库，分批按订单输出国外。

为了办学，牵引出了办企业，回头又充实了办学的内容。现在这个仰恩大学已办了一个动物系和土木工程、外贸英语两个专科。动物系首先培养的是为这个养鸭场服务的人才。因为这4000万只鸭子的科学管理就需要几十个有专业知识的人才，这已打入了培养计划。

看来吴庆星正在兴办的是一个周密规划的宏大企业，体现了他的一个宏伟理想。通过这几千万只鸭子和遍山的果树，他将把故乡的经济切切实实地提高一个水平。他是一心要把侨乡发展到现代水平的人。他同林绍良一样，已为仰恩基金作出了一条规定：这个基金所办企业取得的利润必须全部用来开发侨乡，不准用到国外去。这就表明了有别于一般的外资企业，而打上了侨心的烙印。

我这次侨乡之行得到了一个重要的信息。这是我们国家实行了改革开放政策之后才出现的侨乡经济的新苗头。它是千年来我们侨胞一贯坚持的侨心的一种新的表现。它已越过赡养侨眷、办学校、办公益的门槛，而踏进了用侨资开发侨乡的新时代。像仰恩基金一样的宏大计划是否能顺利实现，还要看我们国内的条件是否配合得上。但毕竟是一项新生事物，它是有生命力的，希望能得到充分的阳光雨露，使其早日茁壮成长。

1991年6月

重访民权

1987年清明时节,我去河南访问商丘地区的民权县,访问回来就想写一篇《民权行》,介绍淮海平原、黄河故道一带农村发展的一种模式,我称它作民权模式。这篇文章没有写成,流产了。次年清明,全国人大开会期间,我每天经过北京展览馆前的车公庄路,路旁盛开的泡桐花像似在提醒我欠下的这笔文债还没还。接着我去香港大学接受学位,事毕在招待所里候机返京,得半日闲,写了《泡桐花开》一篇杂文,刊登于《瞭望》"珍珠滩"。由于言简文短,只记下了年前在民权所见到焦裕禄治穷良方桐麦间种的事迹和感想,没有叙述民权模式的特点。

民权农村发展模式对我印象很深。从那年起,我在各地访问讲话时常常提到它,并把它作为内地农村发展可以参照的一条比较简明易行的路子。1989年在西安召开的一次关于城乡发展的学术讨论会上,我建议由河南省社会科学院母青松、王蕴娴两位同志去民权进一步深入调查这个发展模式,作为北京大学社会学研究所进行的"七五"期间国家哲学社会科学的重点研究课题的一部分。1991年8月我接到了该课题的研究报告《城乡协调发展研究》论文集的清样,其中有民权模式一章。读完后,我决定重访民权,9月成行,行程一周。此行又过了近半年,利用春节空隙,写此《重访》以了却多年来的一段心事。好在民权模式的产生经过、主要内容、基本特征和明显效益,母、王两同志已在《民权》章里详述,在这篇《重访》里,我可以只写些个人的体会。

调整生态,开发草根资源

屈指一算,我恢复对农村的研究,从1981年三访江村起,忽忽已10个年头。中国实在大,尽管我马不停蹄地东西穿梭,还不过如春蚕啃桑、蜻蜓点水,从沿海到边区沾了一点边。至于广阔的中原腹地却尚少问津。如果以人口论,全国绝大多数农民还是居住在黄河和长江所冲击成的这片平原上,而我偏偏对这地区接触不多。80年代后期我已感觉到这个缺陷,所以1987年有了河南民权之行。

民权县地处河南东部,由于历史上黄河多次改道,在民权境内就留下了80华里的故道横穿东西。在故道和它的两旁形成了5大荒系,仅沙荒、盐碱和背河洼地就占民权全境土地的1/3。上苍赐予民权自然条件已极端苛刻,再加上历来的天灾人祸,旧社会给新中国留下了这一块典型的贫困地区。今天我们可以从最贫困的起点,逐步追踪到经过脱贫到温饱,和起步向小康迈进的全过程,总结这段经历,对处在不同发展阶段的内地农村应当有足以借鉴的经验。

这段发展经历的起点,就是去年在银幕和荧屏上看到的反映焦裕禄一生的背景。民权紧靠兰考,解放初期这里也是灾祸连年,农民经常扶老携幼,离乡背井,就食他乡。看来不改变这地区的生态条件,人们生存都难以维持,根本谈不上安居乐业,改善生活。焦裕禄抓住了这点,在一雨便成灾的沙窝里植树造林,防风固沙,并创造性地找到了桐麦间种的办法,把防护林和用材林结合起来。这样做不仅促使这片沙碱荒地获得生机,又为千家万户开辟了增收门道。以造林植桐扭转沙化,变"黄"为"绿",制止了生态恶化,恢复了土地生产力。这就为这里的人民脱贫致富打下了基础。

民权农村的发展模式就是在这样的基础上形成的。母、王两同志在《民权》章里把民权模式的特征用一句简单而生动的话表达如下:"从开发草根资源到发展草根工业。"这里包括两步,第一步是开发草根资源,第二步是发展草根工业。草根资源指的是土地所生长的植物资源,不仅是粮、棉、油等大田作物,而且包括林木、果树、灌木、蒲苇等一切可以用来加工的原料。草根工业就是利用这些草根资源的加工工业。这两个概念比一般化的农业和农产品加工工业范围宽泛一些,正切合民权的特点,因为民权的加工工业是以葡萄酿酒和以柳枝蒲苇编织开始的。

生态状况改善,土地生产力恢复后,民权便进入开发草根资源的阶段,这又成了经济发展的新起点。草根资源开发当然首先是粮、棉、油的开发。以粮食为例,1949年全县单产平均62斤,总产不过9675万斤。1953年建立了农业技术指导站,粮食产量有所提高,到50年代末翻了一番。60年代由于动乱，粮食产量有所下降，到70年代初总产才超过2亿斤，1975年达到3亿斤。但由于全县人均耕地只有1.4亩，仍然得吃国家返销粮，直到1985年总产超过5亿斤，人均约700斤，才解决粮食自给问题。如果只看粮食，民权的草根资源还是薄弱的，单靠它显然脱不了贫。

但是，植树固沙之后，民权就有了大片沙地可以利用了。由于这里昼夜温差大，光照条件好，适宜果树生长，加之人们有培种果树的传统，从50年代开始就有人在沙土上栽种葡萄，逐年发展，到1957年葡萄栽培面积已有3000多亩，年产葡萄3000多吨，成了解放后民权开发成功的一项重要的草根资源。

此外，还有大片背河洼地原来也被废置，自然生长的柳条和蒲苇取之不竭，任人砍割。农民们编织箩筐用的柳条和蒲草，就是从这些洼地采集来的。后来编织工艺得到发展，柳条蒲苇又成了一项富民的草根资源。

1987年初访民权时，给我印象最深的是在大田里跟小麦间种的泡桐。民权在60年代就向邻县兰考学到了桐麦间种的经验，但是在1982年之前，农民种树的积极性不高，只在自己住房的墙边宅内种一些，出卖木材，贴补家用。农村经济改革落实后，把树包给各户，才兴起了种植泡桐的热潮。到1989年，全县70%的麦田实行了桐麦间种，总共种植900多万株，人均13株，也成了农民收入的重要来源。

总的说来，民权通过生态调整，开发了草根资源，人民生活比解放前有了根本性的改善，不再逃荒讨饭，能够安居生产了，但是生活水平还是很低的，1978年人均收入只有47元，显然是在贫穷线之下，所以民权被划为全国贫困县之列。

葡萄酿酒，发展草根工业

草根资源的开发为发展草根工业提供了条件。但是如果不跟着资源的生长去发展加工工业，资源的开发也就无法继续下去。民权的葡萄生产给我们一个正面的生动例证。

上面我已说到1957年民权的葡萄生产已达到3000吨。这样大量的葡萄是分别由各公社的生产队经营的，产出的葡萄由商业机构收购。葡萄成熟期短，保留不易，这样大量葡萄几乎同时上市，收购困难，运销更困难，于是便发生了"卖难"的问题。那年8月上旬就有50吨葡萄因停留在民权发往北京的列车上而发霉腐烂，受到警告，后来又上了报，引起了上级政府的关注。1958

年由轻工业部和农业部协助，在民权兴办了一个县办葡萄酒厂，日益增产的葡萄因此可以就地加工了。果农的生产有了保障，积极性更高了。可以说民权酒厂的创办是民权走上发展草根工业的开始，使它的经济跨入了一个新的阶段。

在农村里办工业并不是件轻而易举的事。我过去常说农业里长出工业来是我们新中国经济发展的特点。但是在这个"长"字里却大有文章。民权在历史上没有办过现代工厂，也没有酿酒的传统，又是个贫困地区，农民没有多余的资金来买机器、盖厂房，不可能像苏南那样由公社或生产队自己兴办工厂。民权这个酒厂是个由上级政府资助的县办工厂，性质上是地方国营企业，而不是社队企业。当地草根资源的开发、葡萄产量的提高固然是促成加工工业的内因，但如果没有上级政府"以工保农"的政策，这个酒厂是办不起来的。在这点上民权模式和苏南模式是有区别的。

作为地方国营企业，这个酒厂在指令性计划经济体制下，不仅可向公社、生产队下达种植任务，而且用行政手段收购果农的产品以保证所需的原料。这对农民来说，固然解决了当时的卖难问题，但收购量限于酒厂的生产规模，民权的这一项草根资源的产量也就受到了限制。因之，从1958—1983年是该厂"默默无闻的25年"。在这段时间里外面的世界却起了变化。80年代的改革开放政策把民权这个地方国营的小酒厂投入了竞争激烈的全国性市场里。由于规模小、设备旧、技术差、质量低、经营不善，这个厂无可避免地进入困境，1983年产品积压达4000吨，濒临倒闭。

1984年民权酒厂"引进"了以潘好友为厂长、朱永勤为书记的新领导班子，起用了富于创新精神和管理知识的人才，对已经僵化的体制进行了深入的改革。他们决心冲进市场，投入竞争急流，在风浪中学习游泳，终于把这个偏僻小县的小酒厂经营成了饮誉中外、荣获国家级"金杯奖"的名牌酒厂。

民权酒厂改革的路子是从扩大市场、提高效益的实践中摸索出来的。"酒香不怕巷子深"这句老话启发了走马上任的新厂长，他体会到只要酒的质量高就不愁没有人来买。要酒香必须葡萄好，要酒酿得好，就要抓原料和技术。在抓原料上，他闯出了一条酒厂直接和果农挂钩的路子。挂钩的办法是厂方为果农提供服务，果农保证为厂方提供优良的原料。厂方以良种、秧条、化肥、农药廉价卖给果农，又在果农中进行技术培训、咨询和指导。双方签订收购合同，规定收购产量和"保底不封顶"的价格。这些对果农有实利的措施，使他们情情愿愿地按厂方的计划栽培和提供原料。厂方根据市场的需要选择不同品种的葡萄，发放给果农培植，取得原料，酿出名酒。民权名酒产品种类多，就得力于对原料的控制和不断改良。企业和果农的结合是民权模式的一个特点。

民权模式另一个特点是在加工过程中建立了国营、集体、个体的三级联营制。酒厂为了避免收购时的拥挤，帮助各村、乡建立集体所有的葡萄发酵站，使几万家果农不必在葡萄成熟的短期里把易于损耗的产品集中向酒厂交货。他们可以就近把葡萄运到自己村或乡的发酵站进行初加工。酒厂按计划向发酵站分批调进果汁进行深加工。这三级联营制促进了村乡集体企业的发展，并增加了村乡集体组织对葡萄栽培和酿酒业的积极性，密切了工农结合。民权各村乡已建成发酵站14个，年加工能力已达27万吨。

民权酒厂在改革中找出了这一条既能保证有计划的原料供应和加工序列，又能适应市场要求提供适销对路的商品的路子，可以认为这是个有计划的商品经济的实例。国营、集体、个体三级所有的结合也取得了发挥各级积极性的效果。

民权酒厂不仅抓原料，还紧抓技术。抓技术的关键在引进先进科技。通过酒厂和果农直接挂钩，栽培葡萄的科技知识得以深入农村，提高了原料质量。集体企业的发酵站也有厂方的科技人员参与和指导，使加工过程符合酿酒需要的标准。酒厂本身不仅注重技术力量的培养和提高，还积极推进技术交流和技术协作。它和许多研究机构联合进行多项有关栽培、施肥、防治、地膜覆盖等试验，取得显著效果。由于密切和科研结合，民权酒厂几乎每年都有若干新品种投入市场，取得名牌称号。加上他们重视市场信息和建立全国销售网络，近年来在葡萄酒市场萎缩不振的情况下，民权葡萄酒销售额不但没有下降，而且年年增长。现在已经冲出国境，和法国企业联营，插足国际市场。

5年前初次看到在这原来黄沙飞扬的黄河故道里出现的这个贸工农一条龙的新型企业，我情不自禁地说："年产两万吨酒带动两万户农民致富，这是黄淮平原要走的路。"在我听取厂长为我不厌其详地介绍他办厂的经验和扭亏为盈的体会时，我真心地钦服，甚至可以说受到感动，似又唤起了44年前的冬天在哈佛大学商学院听到美国当代企业管理学的奠基人梅岳教授为我讲述企业里"人的因素"时的激动心情。只要有心人，实践出真知，何分土与洋。穷乡僻壤一样有真才实学。我们相见恨晚，临别留言我说："但限此行太匆匆，临别依依谢好友。"好友就是这位厂长的名字。

编织抽纱，凭手艺刨外汇

民权在葡萄这项草根资源的基础上走出了一条贸工农配套成龙的发展路子，引导他们用同样的模式去发展其他的草根资源。现在已经形成规模和取得效益的是以条、柳、蒲、苇为原料的编织加工和跟着利用农户多余的妇女劳动力而发展起来的抽丝、织袜工艺加工系列。这个加工系列是由民权工艺品联营公司开创的。这个公司的产生也有一段生动的经过。

1979年民权为了解决35名下放知识青年的待业问题，创办了一个农工商联合企业公司，开食堂、办商店、卖瓜子、贩啤酒，但由于没有人懂得经营管理，5年里亏损了近万元。1979年有个曾在外地被错划为右派，"文革"期间又被误判死缓、久经坎坷的中年人，名字叫林培玉，平反后回到家乡便投入这个知青集团，并出任这个改称为民权工艺品联营公司的经理。他看中了当地农民原有用柳条、槐枝、蒲草等做原料编织成箱、笼、篮、筐等日用品的传统手艺，就把平反时补发的工资作资金，结交了一批民间艺人，又遣派知青四处采访求艺，共同设计编织出一套套精美、实用、外国人喜用的如野餐箱、花盆套、洗衣篓等工艺制品。1985年他带了这些样品，单枪匹马闯进广州交易会。但是，人地生疏，又无门路，连会场都不准他进去。他只能坐在场外摆地摊，等候顾客。可说是出于机遇，果真被一名外商发现，愿意收购。他又四方奔走，几经周折，感动了一名进出口公司的经理，同意承办这些工艺品的外销手续。从这个千辛万苦打开的小窗口，他为民权人民插活了一棵摇钱树。1987年我初访民权时，还没有人向我提到这个工艺品公司。去年我读到母、王两同志的《民权章》，才得知民权还有这一条"条、柳、苇、蒲编织及抽纱工艺加工系列"，引起了我的注意。这次重访民权我就去找这位林经理。他为我叙述了这个公司怎样从5间陋室和不到10000元的退补工资起家，发展到现在这个拥有16000平方米厂房、1200万元固定资产、982个职工、214个加工网点的企业。听来竟像是一篇生动的报告文学。

简单说来，他在农民家用的藤篮、柳箱上发现了农村里蕴藏着大量废弃的草根资源和闲着的有手艺的劳动力。他想只要能把两者结合起来不就成了丰富的财源么？他以传统的编织工艺品打开了出口的渠道，稳住了这个公司。接着他又在外贸市场上看到了抽纱、绣花的台布、窗帘，立即培训农民从事生产，组织出口。到1990年这公司已为国家创汇1600余万美元。这种一根针、一根线、不用油、不用电，成本低、效益高的活路，恰恰适合当前民权这一类农村发展经济的客观条件。这种劳动密集型的手工艺品也正符合国外宾馆、客厅和家庭陈设的需要，具有广阔的市场。林经理紧紧抓住了当时当地经济发展的这个机遇，为千家万户开辟了一条生财致富的道路。

我特别赏识这种深入到千家万户的致富道路。为了对这条道路认识得更具体一些，跟我一起下乡的一位研究生专程去焦老家村户访问。他见到有一个6口之家，9亩耕地，父亲在大田里劳动，除幼儿外母女4人在不影响农活、家务和上学的情况下，做抽纱品初级加工，每月每人收入80到90元。大女儿是这个村子里1986年第一个去学抽纱的人。现在全村有200多人，邻近5个村有800多人都跟她学会了这项手艺，为工艺品公司做活。她后来受公司委托成了这个村的联系人，负责分发原料、图样和收集成品，发放工资，收取总值4%的管理费。这一家人如果单靠农田过活，是个贫困户，有了这项工艺品收入现在已经是个比较富裕的人家了。这个村子105户人家，1987年开始抽纱以来，全村每年收入增加近7万元，与种植业的收益大体持平。而且由于农民手上有了钱，可以买化肥和薄膜等投资到种植业里去，小麦每亩增产150斤，玉米增产350斤，同时又发展了养殖业，使这个原来的穷村面貌得以大变。

林经理打开了出口的渠道，像开了闸门，大大地开拓了民权经济的发展空间，这条路子也越走越宽。他带我去参观一个新开辟的与台商合营、用现代针织机器装备制造圣诞袜的车间。西方国家有这样的风俗，每逢圣诞节做父母的要把给孩子们的礼物装在一只大大的袜子里，半夜塞在孩子们的枕头下，圣诞节早晨孩子们发现了这只袜子，就认为是圣诞老人给他们的礼物。台商原在台湾生产这种圣诞袜，结识了林经理后，得知大陆工资低，有利可图，便和民权工艺品公司合营，在民权织造，由台商包销，一年民权工艺品公司可以创汇30多万美元。除了这个新产品外，全公司现在已有商品360种，销往54个国家和地区。1990年结算，5年里出口总额达5600万元，创汇1600万美元，向社会提供加工费2000多万元，受益农民3.5万人。

这个没有围墙的工厂，不需要巨额投资，主要利用千家万户的剩余劳动力脱贫致富的路子，基本上是从葡萄酒厂的经验里发展出来的，但由于不受原料限制，市场能开拓多大，规模就可以扩张多大，因之这位有魄力、有眼光的经理在我们分手时，很有把握地告诉我，他正在香港设立窗口，巩固和扩大出口渠道，引进外资，力争在几年内出口额突破亿元大关。

企业发展关键在人

我这次重访民权,听到了又看到了 5 年里农村面貌大变的情景。我并没有忘记初访时这里的泡桐给我留下的深刻印象。车在公路上驰行,我眼睛盯住了两旁的麦田,成行成列的泡桐,花已谢落,枝叶茂盛。阔别 5 年,当时的幼树都已成材,大树更见粗壮。它们天天在长大,也是天天在为农民增财积产,我满心喜欢。在听取了葡萄和柳条等草根资源带给民权可观的经济效益后,我便紧紧追问泡桐怎样了?主人递给我一份 1990 年 6 月该县政研室的书面报告。主要的结论是:"桐木加工确是万事皆备,引而待发……然而好事多磨,资源优势并没有转化为商品优势。"

作为草根资源,泡桐确是民权的一项优势,自从 1964 年开始到 1989 年,农桐间作已经成了这地方广大农民的自觉行动,102 万亩耕地上已有 70 万亩密植泡桐,另外还有片林 5 万亩,再加上村边路旁零星小块地,全县一共长了 1000 多万株泡桐,人均 13.7 株,木材蓄积量 430 万立方米,人均 6.4 立方米,每方平均 300 元,人均收入约 2000 元。这是民权人民的一笔巨大财富,人们把它说成是"草根银行",成材的泡桐每年每株生息可达 50 元。正由于泡桐长在地里,每年可以生息,不像葡萄熟了不收就会烂掉,农民不需钱用,也不去砍伐。日益壮观的桐木把田野装点得更好看。

砍伐泡桐像是向银行提款,不同之处是砍伐有定期,都在树身不长的冬天。自从包树到户后,农民估算到这年非需要较大的款项不可时才砍伐,一般是不愿意动斧头的。砍伐下来后,贮在家里待价而沽。桐木是出口货,外贸部门下达指令性指标,由地方国营商业机构按规定价格每年要在民权收购一部分桐木,同时还有商人直接上门交易。据说特别是山东客商愿出高价,每年从这条路上"外流"的桐木超过 1 万立方米,约占年销量的 60%。此外,本地农民也有购进木材联产加工。我们在陈家村访问时知道该村就有 5 个桐木加工联户。各户自备电锯,大伙一起进行初加工,锯成木板后出售。这是从泡桐这项草根资源发展出来的草根工业的初级形式,规模很小。

1983 年民权成立一个县办的木器厂。由于经营不得力,连年亏损。经过 4 年,1987 年决定搬迁扩建,投资 400 万元引进了进口的先进设备,拥有毛拼板、胶合板和全桐家具三条生产线,厂房 9900 平方米,职工人数 158 名,按设计能力总产值达 1500 万元,可年消化桐木原材 1 万立方米以上。这就是上述报告中所指的"万事皆备",但尚欠东风,没有形成"商品优势"。东风何以不来?据调查报告的分析,关键在于流动资金不足,收购不及时,保证不了原材料供应。1990年该厂只收购到所需原料的1/10,以致大好设备,闲置不用,国内第一流的胶合板生产线无法投产,反而负担利息和折旧费几十万元。更严重的是留不住有技术的工人,以致已签订的外销合同,到期交不了货。直到我重访时,这个厂还没有走出困境。

如果把这个木器厂和上述的酒厂和工艺品公司对照起来看,也许可以发现从草根资源里"生长"出草根工业免不了会发生阵痛。民权酒厂1983年曾濒于倒闭,知青联合企业1984年也难以为继,这些都是具体的前例。木器厂发生资金不足、设备闲置以及人员不稳定等现象其实都是经营不善的症状,病根看来是在没有建立起一个具有投入市场经济能力的领导班子。

把企业看成是建厂房,引进新设备,设立科层机构,下达任务,那一套老办法已经过时了。民权酒厂跳出了这些旧框框,从改革入手,建立起农工结合三级联营的体制;走开放的路子,讲技术,创名牌,从国内到国外开拓市场。工艺品公司也是从打开出口渠道作突破口,发掘群众潜力,建成一个没有围墙的工厂,筑起一座千家万户的农民直通向国际市场的桥梁。有了这些创造性的改革开放措施,民权的葡萄、柳枝、苇蒲,农村妇女的一针一线,才能转化成富民的资源。可见关键还是在人。缺了人这个生产因素,单凭草根资源还是发展不成草根工业的。这里我说的人是有经营能力的人。

我从民权回来后,不到半年,民权的书记春节前来看望我,带来了我盼望的信息:木器厂已经合并入工艺品公司了。

走出草根这个范围

从开发草根资源到发展草根工业的过程,在民权可以看得很清楚,因而我很同意母、王两位在《民权章》里对民权模式所作的概括。但是民权并没有停留在这个特点上,发展的规律引导它走出"草根"这个范围,进入了更广阔的天地。从编织发展到抽纱和织袜其实已经跨出了利用当地土生土长的柳条、苇蒲做原料进行加工这条"草根"界线,而开始利用外来的布匹、毛线做原料加工成输出的商品了。当然,在民权这只是个初露的苗头,离原地还不远,而且抽纱、织袜还是农家妇女的活计,乡土气息浓厚。如果"草根"的涵义是带有深入群众,涉及千家万户的话,工艺品公司还不失为草根工业。

民权确实是依靠开发草根资源、发展草根工业脱掉贫困帽子的，特别是近十多年来温饱已有保证。人均年收入1978年是47元，1991年已达430元。绝对数字固然还在全国平均线下，但前后比较，已翻了三番，不能说慢了。

怎样在今后10年里赶上小康水平呢？除坚持和开拓草根资源和草根工业外，看来必须大胆跨出这个老圈子，沿着抽纱织袜所显露的苗头，发展原料和市场两头在外的制造工业。这次我重访民权参观了一家冰柜厂，高兴地看到民权已经开始建立以科技为基础的新型工业了。

早在70年代，为了推行农业机械化，民权和其他地方一样兴办了一家农机修理厂。随后的20多年，农业机械化并没有实现，这个厂也无机可修，形同虚设。1985年他们就利用这个厂的设备作基础，改造成现有这个河南省冰柜厂。它是一个县办企业，依靠政府投资和中信公司贷款而建成的，并且受当地政府领导，所以可说是地方国营性质，但是它所需的原料向市场购买，产品也通过市场销售，经营上属商品经济的范畴。厂长陈作雨是个有经营能力的企业家，他聘用技师专家，引进现代先进设备和技术，生产家用电器制冷器具，其中现已成为名牌的是冰熊牌冰柜，有大小不同各种规格，1986年产量达10000台。这个厂逐年扩充设备，近来又合并了民权化肥厂，还同国内外55家企业协作，从意大利进口部分零件，提高了产品质量和生产能力，每年可生产各种制冷箱柜50000台。1991年产值超过一亿元，利税一千万元，成了民权新兴的支柱工业。它上缴县财政利税420万元，比老牌的酒厂仅少交60万元。

在乡镇企业里这种技术密集型的工业有着广阔前途，是个发展方向。在《吴江行》里我曾提到乡镇企业从"三就地"发展到"三跨区"是一个飞跃。在民权我看到了相同的趋向，可能这是符合客观发展规律的现象。我想在这里指出：这种技术密集型的工业对于一个地区综合经济实力的提高比草根工业可能更快更有效，但是从千家万户脱贫致富、提高农民人均收入上来看，草根工业所带来的社会效益则更直接、更普及。因此，对一个经济底子较薄的贫困地区来说，采取民权首先发展草根工业的路子是适宜的。为了更上一个台阶，注重逐步发展技术密集型的制造工业，也是必要的。

我两次访问民权，实在得益匪浅。我自觉有责任把民权怎样走出贫困，面向小康前进的经验介绍给处境类似的地方作为参考。

1992年2月17日

信阳行

今年5月我应河南信阳地区之约去参加他们茶叶节的庆祝大会。我愿意走这一趟,是因为我自己规定今年的科研课题是怎样发展我国中部地区的经济。自从进入20世纪90年代以来,我总是觉得中西部地区和东部地区经济差距在扩大,这对全局的经济发展是不利的。我想了解一下中部地区走什么路子可以发展得快一些,所以愿意腾出一些时间去中部地区多走走。这次收到信阳茶叶节的邀请,我很高兴。信阳茶叶节大会已举办过两届,而且越办越热闹,表明这种邀请各地甚至国外的客商参加的颇具传统形式的节日庆祝大会,对推动土特产的生产和销售很起作用。一次大会据说可以做到几亿元的生意。这种新生事物值得亲身去看看,对我自定的课题很可能有所启发。结果可以说如愿以偿,所以把这次访问的体会写下来,作为我的"行行重行行"的继续。

摆脱贫困

信阳处于豫鄂边界,是河南省的南大门,淮河横贯北境,南境是大别山区,是有名的革命老区。解放后,全区9县1市中有7个县是国家重点贫困扶持县,两个县是省扶持的贫困县。1983年底统计,这9个县的农民人均纯收入在150元以下的贫困户有54.8万户,257万人,占全区农户和人口的41%左右。就是说全区大约有一半农民温饱问题没有解决。经过10年的努力,到1993年底,全区人均收入已达到730元,只有住在低洼易涝地区和深山或库区的80万人现在人均收入还在300元以下,也就是说700万人中大约还有11%的人没有脱贫。在过去10年中全区已有30%左右的人脱了贫。这是一件了不起的脱贫战果,也为关心发展中部经济的人提供了一个难得的实际研究标本。

摆脱贫困是群众的迫切愿望，但是怎样才能摆脱呢？看来，必须找到一条符合当地实际情况的路子。各地情况不同，路子也不尽同。比如说，长江三角洲的苏南地区走社队工业到乡镇企业的路子，在 80 年代初期已经先富了起来。珠江三角洲广州附近各县，大多走"三来一补"的路子，吸收香港工业的扩散，随着也富了起来。在中部地区，以信阳为例，90 年代初还在闹饥荒，尤其是 1991 年的水灾，竟使已经摘掉贫困帽子（年收入在 200 元以上）的 17 万户农民又"返贫"了。这个地区和其他大部分中部地区一样，没有搭上 80 年代初发展乡镇企业这班车，90 年代初又没有冲进市场经济这个浪潮，一般来说农民的人均收入 10 多年来还是在 500 元这条线上徘徊，比起沿海的发展地区几乎差了半截。可见，由于具体条件不同，尽管主观上有赶上先进、力争上游的雄心，但不从实际出发，走出一条自己致富的路子，还是不能永远摆脱贫困的。

信阳原是个革命老区，民主革命时期全区有 100 多万人参军参战，30 多万人献出了生命。革命成功之后 30 多年来，还有近 1/3 农民年收入不到 150 元，温饱问题都没有解决，不能不引起领导上的重视。从 1984 年起除了信阳市以外，其他 9 县 1 市全是扶贫对象。

问题在于扶贫怎样扶法才有效？最初信阳地区和其他扶贫地方一样，把国家拨下来的脱贫款看作是救济款，分发到贫困的家家户户。这就是后来所说的"撒胡椒面"。当时对于农户来说，分到手的这几十元、几百元，就像及时雨一般。但是由于雨点小，地太旱，一下就渗入衣食艰难的生活里去了。一年过后，贫困户依旧是贫困户。这种办法显然达不到使农民走出贫困的目的。于是提出了怎样扶贫的方法问题。1986 年曾经采取过用生产性的实物如牛羊等代替货币的办法，希望农民把发到家的牛羊饲养好，繁殖起来；牛羊成了群，收入就可以年年增加。两年后检查结果，只有 10% 的贫困户家里，发下的牛羊还活着，有所繁殖。这条扶贫之路还是不通。他们称进入了"扶贫怪圈"。

80 年代末期，沿海的乡镇企业已经显示出它的生命力，这阵风也吹到了中部地区。但是中原地区公社体制已经消失近 10 年了，农村里的集体经济实体不再存在。办集体性乡镇企业的启动资金哪里去找呢？而这时扶贫款正在"怪圈"里找不到出路，于是在 1988—1989 年就找到了一条从单纯支持一家一户发展种养业转变到集中力量支持乡镇企业上来。在这期间，支持乡镇企业的贷款占整个扶贫资金的 60%。由于当地缺乏经营人才，农民的商品意识尚未形成，所办的乡镇企业生命力弱，竞争力差，效益不佳，不少甚至停产倒闭了。事后检查用扶贫贷款扶持的乡镇企业，效益好和较好的只有60%。但是这一小点站住了脚跟的乡镇企业，却成了信阳地区经济发展的生长点。

治水治山，修路通车

信阳的农民心里有数，穷根就在穷山恶水。信阳的地势西南高、东北低，形成一个斜坡。西有桐柏山，南有大别山，原来山高林茂，蓄得住水，慢慢在斜坡上淌下来，川流成网，湖泊成串。这片不缺水的大地，正是得天独厚的农业宝地，一度曾是中华民族兴起和繁荣的摇篮。但是这里又是逐鹿中原兵家必争之南北要隘，有利于发展农业的自然生态体系被多年的兵荒马乱严重地破坏了。山上的植被剥蚀后，有雨就一泻而下，洪水成灾；无雨则川旱湖涸，土地龟裂，寸草不生。本是养育万民的黄、淮两河成了旱涝成灾的恶龙。复兴中原首在治山治水。也就是说，这种以农为主的地区要发展经济，必须先抓农田水利的基本建设。

像这样农民的温饱都没有解决的穷困地区，我们不能指望他们有积累来办企业。但是他们并不缺乏劳力和智慧，只要有贤明的领导，能把他们组织起来，集中使用这股力量，就能通过治山治水，扭转生态的恶性循环，把这片大地的活力恢复过来，成为继续向前发展的基础。信阳从1984年总结了扶贫的经验教训，发挥群众智慧，决心走上这条治山治水的道路。这是一条生路，但是一条要付出巨大劳动的艰苦之路。信阳人民连续10年真正掀起了人人动手，男女老少齐上阵的势头。总结这笔账，除了上级的支持外，群众投入3.5亿元、上亿的劳动力，完成了20余项水利工程，基本打通了淮河上游行洪通道，保证了沿淮100万亩丰产田不受旱涝之害。这些工程中仅仅为了灌渠配套，就挖通了8400公里的干、支、斗、毛渠道，新增了小流域治理面积1400多平方公里。

治水还必须治山，群众又投入了以亿计的人力植树造林，合计植树300多万亩。大办林业不仅从根本上保证了水源，而且所植木材、果树、茶桑本身就是富源。我们去参加的茶叶节就是一证。信阳自古就出产茶叶，"信阳毛尖"就是历代的贡品。由于产量少，当时只够供奉少数权贵享受。这10年信阳开辟梯田，推广种植名茶，现在据说已达35万亩，产量达500万公斤，足够销售全国，部分还出口外洋，成为全国八大茶区之一。山上富源看来还是刚露锋芒。据说大别山里革命纪念地最多的新县，有一个历来最偏僻的乡，别号是

"信阳地区的西藏",名叫卡房乡。1992 年全乡所植 2.5 万亩的板栗丰收,收入 300 多万元,一年中 70% 的农民摆脱了贫困。这个典型传遍大别山,使群众看到了具体的脱贫致富之路,发生了巨大影响。

像卡房乡这样偏僻的山区,如果没有路,即使出产了大量板栗,板栗价格尽管怎样高,运不出山,还不是烂掉,白白欢喜一场么!这道理山里的农民最明白,所以在植树造林的同时,就提出了"要想富,先修路"的号召。信阳 10 年来大力修路,主要靠以工代赈,投资超过 1 亿元。新建和改建公路有 2264 公里。到 1993 年止,全区不通公路的村已由 1357 个下降到 629 个,减少了一半多。在没有通公路前,各村先造简易道路和桥梁,汽车通不了,先通板车和手扶拖拉机。所以信阳已可说村村通了车,乡乡有公路。这是一件重要的农村经济基础建设。有了这个交通网络,各项生产事业就有了发展的基础。

公司加农户

"公司+农户"是信阳的新语汇,我还是初次听说。经过用实例解释,我才明白,这是一种以某一支柱产业为基础,实行贸工农一体化、产供销一条龙的经营形式。

现在先把他们讲给我听的实例介绍如下:固始县三河尖乡历来民间就有柳编工艺的技术,1986 年开始建立 3 个柳编公司。公司产前向农户提供种苗,指导栽插、栽培柳条,然后对农户进行技术培训,提供产品货号;产中为农民指导编织,保证质量;产后收购产品,统一组织外销。农民生产,公司服务,所以叫"公司+农户",强调这是一种农民在公司服务下完成生产和运销的群众性企业。

我搞清楚了这个新语汇的意义后,觉得很"面熟",这不就是我在河南省民权县所看到《重访民权》中所叙述过的由林培玉创办的我称它作"无墙工厂"的那个民权工艺品联营公司么?一听使我高兴的是,这种"利用草根资源建成的草根工业"原来是中原各地不约而同,从实际出发,分别自创的一种乡镇发展模式。

更引起我注意的是,民权和信阳走上这条路子,在时间上两地也几乎同步。1987 年我初访民权时,还没有人向我介绍这个"公司"。1989 年我在西安一次学术会议上建议河南省社科院的同志去民权再作调查,1991 年我在《城乡协调发展研究》论文集里读到河南社科院同志复查民权模式的报告,这时才知道林培玉所办的"草根工业"。就在这一年我决定重访民权，见到了林培玉，听到了他自述开办"工艺品公司"的经过。同时也知道了，他在1985年已把民间的草编产品推销到国外去。信阳固始县的"柳编公司"据说是1986年开始建立的，两地不是都在1985—1986年之间走上这条路子的么？这初看来似乎是偶然的巧合。但是再一想，这个巧合正说明了这个路子或这种模式是在中原地区经济发展到一定条件时才产生的。

为什么民权和信阳几乎同时走上"公司+农户"这条路子呢？80年代后期，改革开放的大气候已经从沿海地区冲入中原地区。中原地区各地的领导和群众都在寻找经济发展的门路。但是中原地区当时存在着种种内在的消极因素，阻碍农村经济像沿海地区一样发展起来。正如我在上面所说的，当时信阳的穷山恶水和民权的黄河改道遗下的荒滩沙地一样，当地农民还被生态恶性循环捆住了。以致解放后在政治上翻了身的农民，在经济上还是翻不过身来。以信阳来说，具有革命传统的老区人民，在80年代花了近10年的时间，才取得治山治水的初步效益，把阻碍发展的自然因素挖走了。

从社会条件上看，在80年代初，束缚农村社会生产力的公社制度刚取消不久，在中原地区留下来的是一群以家庭为单位分散进行生产的农户。他们没有享受到像苏南地区那样公社时期集体兴办的企业这笔"遗产"。而靠分散单干的小农经济，积聚办企业的资金是十分困难的。加上像信阳那样远离工业发达的城市，一般农民缺乏经营企业的传统，即使由行政上用扶贫款资助办成了一些乡镇企业，也难维持巩固，更说不上发展壮大。个体农户分散经营的副业，由于缺乏生产、加工、运销上能予指导和服务的体系，也很难产出能上市的商品。由于上述的自然的和社会的条件，信阳到1985年，农户主要收入还是来自农业。据统计，全区农民的副业产值在农民总产值中占不到1/5。这种以粮为纲的局面基本上一直延长到80年代末。

90年代初出现了新气象。国家的政策一再强调改革开放，走社会主义市场经济之路。中原地区的农民以及地方上的领导干部在思想上更加明确和迫切，要改变落后状态，一定要寻找适合于中原农业地区经济起飞的路子。据当地老百姓说，"公司+农户"就是使信阳逐步富裕起来的路子。

仔细想来，"公司+农户"这个语汇，明白易懂，更易普及，即农户是生产者的主体，公司是集体性的服务体系，两者加了起来，就克服了个体农户分散生产的缺陷，而集体性的公司通过产前、产中、产后的服务体系把分散性的小生产团结成以具有当地特点的拳头产品为支柱的社会化大生产。通过公司的协助生产、包销产品的服务体系，走出一条贸工农一体化、产供销一条龙的发展农村社会主义市场经济的十分具体的路子。它的威力很大，一面联系了千家万户，村村乡乡，可以充分发挥男女老少零零碎碎的广大劳动力，一头通向国内外各地的大市场。它把农村角角落落里适宜于当地生产的多种多样、形形色色、大大小小、多多少少的特产，统统网罗进市。据统计信阳全区兴办这一类的公司现在已有960多个，有大有小，纳入这个大网里的农户已达40多万家，人均年增收300多元。

个体农户生产加上集体公司的服务体系确是一条符合于原来以农业为主的广大中原地区的实际，由农民闯出来的一条发展道路。在当前正在由点及面地普遍推开。这一点我在过去10多年的"行行重行行"里也已经觉察到，并且已经提出来，作为一个有效的发展模式。但是这次到信阳才初学得这个"公司＋农户"的新语汇，而且听说这个语汇在河南已经推广开了。

现在回头来看这个新语汇似乎比我在民权调查中所提的"无墙工厂"和有朋友提的"草根工业"，以及我在湖南洞庭湖区调查时提出的"庭院经济"，都好出一筹。因为"公司＋农户"在语言上比较通俗，群众性强，大家容易懂，而且把主要关键内容直截了当地说了出来。"无墙工厂"少了农户这一方面，"庭院经济"又少了公司这一方面。我起初想，是否应说"农户＋公司"更好些，但是再想一想"公司＋农户"也反映了河南的实际情况。农民搞副业是早就有的事，而这个模式之所以重要是在由公司把分散的农户生产活动组织起来，而且事实上公司是在行政领导下组成的，站在主动地位。因之"公司＋农户"也许更能符合社会主义市场经济的实质。群众创造的语言毕竟比文人笔墨高些。

金牛山的园林经济

"公司＋农户"这条龙，一下子不易见到它的全貌，龙头龙尾可以相距千里，信阳有些公司办事处设到了国外，而且群龙起舞，千头万绪，鸡毛、大蒜都可以成龙，近千个大小公司，五花八门。说不定它将组成为一条东方的经济大龙，腾飞于世。其实我这次被邀请去参加的茶叶节，起初也是身在龙中不识龙。因此心里总有点别扭，不亲自看看这10年来农村经济发展的具体情况是不甘心的。当地的主人明白我的心意，特地抽出一个下午陪同我去金牛山实地参观他们所说的"园林经济"。其实也可以说是许多条龙的一部分结合在一个山头的标本。主人先介绍我看了一本西北大学出版社出版的《豫南明珠——金牛山》的小册子，内容很丰富也很具体，因之我想事实方面就不妨说得少些，读者如果有兴趣可以这本小册子来补充。

金牛山现在是个开发区，位于信阳北郊，离市约3公里，在107国道旁，因之从我们招待所上汽车，很快就到了。车子停在开发区管理所门前，当时我仿佛觉得回到了家乡苏州，绝不像个"衙门"，而是个小小的花园。进到朱红的月亮门口，迎接我们的是那位我在那本小册子上已熟悉的焦裕禄式的人物——林荣生。他是管理区的书记，论官级还只是个村干部，但是他的为人确是不同凡众，为金牛山的建设立下了大功，创出了他所说的"园林经济"。他见到我不久，听我的口音，就说，我们还是老乡。我说是大同乡，同省不同县，他是淮阴市涟水县人。1947年参军，和敌人在孟良崮激战一场。那时他是个红小鬼，当了个号兵。1975年来到信阳，已40多岁了，下放到金牛山当时称前进公社的朝阳大队当书记。

金牛山历来是个有名的荒山秃岭，12条岗岭，99个山头，8条大冲，34条小冲，700多公顷荒地闲着不知有多少年了。山上养不活人，只在山底有60户人家，人均收入只有几十元。这位书记上任之始就花了几个月的时间走遍了这一片砾石的山岗和水沟。心中策划着怎样治山治水，并下决心一定要把金牛山变成个花果山，按群众的说法，就是要把当地传说里走掉了的金牛找回来。这时正是全国在大搞学大寨，金牛山靠近市区。1975年市里动员3万名干部和附近的农民，在林书记的带领下，按他的主意，山脊修路，路边挖沟，坡上筑田，沟头挖池，小冲开塘，大冲建库，库下修渠，日日夜夜轮班，苦战了66天，一共出了62万个人工，这片荒山的面貌基本上按照林书记的心谱变了个样。这场苦战结束后书记本人也变了样，下山来连他的老伴见了也认不出来了。金牛山在这个基础上，坚持下来，年年植树开田，到1981年，树也成材，庄稼也长旺了，过去背井离乡的人也回来了，人口超千人。正在这时这位林书记却升官，奉令到市里去坐办公室了。但是他心里惦记的却是那张尚未实现的花果山蓝图。

1987年改革开放的浪潮已涌到中原地区，信阳市的领导又想到了郊区这座金牛山和林荣生提出的园林经济的思路，下决心把他又请出来，按他的想法把金牛山办成一个开发区。他手执这个令箭欣然返山。今天我在管理所门口见到他时，他已是60开外的老书记了。他重返金牛山已有7年。在这7年里他一心扑在金牛山，真的可以说把传说中失去的金牛找了回来，以这座山为名的管理区也扩大了，成为名副其实的豫南明珠。

"园林经济"是林荣生创造的名词，内涵是如他所说的"公园的外貌，科学的内容，商品的基地，服务的中心"。有人说，林书记不失为江苏人，把苏州搬到了大别山的窗口，竟是一个天然盆景。这话并不过分。我坐了旅行车在这99个山头上盘旋，安安稳稳地坐着瞭望四周，并不需在大凉山里那样跳着老年迪斯科。加固了路面的公路山里打个转就有20多公里长。公路像个大动脉，联通着大小的山路、水路，像微血管一般把山坡上层层梯田、块块林地、小塘、大库、居民住宅、加工厂房、存货仓库、贸易商店以及旅馆饭店全都联成一体。我真有一种感觉，好似自己缩小了几十倍，进入了苏州的盆景里游赏的味道。称之为"园林经济"很恰当，因为这个放大的盆景并不是仅供观赏的园林，它是个多种经营的生产基地。每年向信阳市提供蔬菜80万斤、肉类25万斤、水产15万斤，不必多列举了，只说73公顷的茶叶基地每年收入就有40余万元。这不是个"园林+经济"的开发区么？各地的开发区我参观过的不少，但可以说没有一个比得上金牛山那样幽雅丰腴，多彩脱俗，自成一格，独领风骚。真是个多层次、多功能、多效益的开发区。我在这篇报道中所写的只能说是一个长卷的开篇，层出不穷的新人新事，留待后人去续写吧。

我在握手告别这位把半生奉献在金牛山的林书记时，脱口而出："感谢你这位老乡，果真把传说里的金牛牵了回来，希望全国各地都能见到像你一样的牛郎。"我这一口吴音不一定使这位老乡听明白，吴音和淮音相差太大，但是从他和我握手那股劲道里，我感觉出我们两人的心已是息息相通了。

1994年5月

焦作行

1994年5月末，我从河南信阳转道赴濮阳，列席豫鲁冀晋四省黄河北岸14个地市的经济技术协调会第九届会议。这14个地市过去曾一度都属于平原省，后来改制分属四省，经济上不仅相似，而且有互补之处。所以在1985年出于共同的需要，成立了一个跨省区的经济技术协调组织。我在去年访问河北邯郸时接触到这个区域经济组织，引起我的注意和兴趣，决定今年去列席他们的年会，目的是再学习一些关于我国中部地区经济发展的知识。

在会上听说参加这次协调组织的焦作市这几年有突出的发展：国民生产总值从1985年全省第九位上升到第五位，12年翻两番；人均乡镇企业产值、人均农民纯收入都居全省第一位。1993年全市国民生产总值突破了百亿大关，农民人均收入接近千元。

这些数字对我有很大的吸引力，原因是这几年来我对沿海和中西部经济发展的差距颇为担心。地区差距固然是经济发展过程中不能避免的现象，但是差距如果不断扩大那就和全国人民共同富裕的目标相违。怎样加快中部地区发展的步伐是这几年我自定的研究课题，所以决心要亲自去焦作看看。焦作没有辜负我的期望，创造了不少适合于发展中部地区的实际经验，所以我在向主人告别时约定把我的观感写下来给中原其他地方作参考，但是回京后，杂务羁身，迟迟没有动笔。7月中旬看到《瞭望》28期，该刊记者有关焦作的报道，基本上已写出我们的共同认识，我想就以本文只写我个人访问焦作时的体会，可以作上述那篇报道的续篇。

"大自然偏爱焦作"

焦作市坐落在太行、王屋两山之麓，南靠黄河，说起来就是大家熟知的北山愚公的故乡。按传说,这原本是个被这两座大山堵塞的偏僻之地。我最初听到这个地名是在"文革"期间下放湖北潜江的干校时,当时传闻附近有条名叫焦枝的铁路要通车了,出于对这路名的好奇心,我打听到这是条跨过黄河和长江的南北大动脉,所以当我听到焦作这个地名时,它已是愚公感动了上帝之后出现的一个四通八达的城市了。但是人们的认识总不免落后于实际。愚公故乡和闭塞贫穷在我脑中总是联结在一起。直到我亲莅其地,不禁油然冒出了"不到焦作不知中原之富"这句话来。

焦作之富,富在得天独厚的自然资源。有人曾慨叹"大自然偏爱焦作",它的优势是"近煤、近水、靠矿"。被愚公感动的上帝所派来的神仙并没有背走这两山的资源,只开通了挡住它开放的出路,焦作不仅在自己区内有年产 1000 万吨的煤矿,而且处在晋煤外运的通衢上,大道两侧形成了 10 里煤炭集散走廊。地处太行山的尽头,由于地质特殊的构造,山脉的地下水南流汇集在这个盆地里,在缺水的华北平原,可称为天之骄子。水质稳定,开采方便,人均水资源是河南省平均水平的 1.8 倍。加上黄河之水横绕南境,拟议中的南水北调工程又斜穿焦作北行。有煤、有水之处还有多种矿产资源(包括铝土和硫铁),储量极为丰富。这些资源一旦变成了财富,焦作便不难雄跃中原了。出身于鱼米之乡的人,到此不能不低头折服于"中原之富"。中原对沿海之所以相形见绌,原因是在没有充分利用其自然资源发展工业,一旦苏醒过来,定有后来居上的前途。

农业高产地区踏上工业化的道路

焦作的觉醒不能说太早。它走上开发大道还是 20 世纪 80 年代开始的。在此之前,这里的老百姓还不知道山底地下藏有丰富的资源,而满足于长在地面上的庄稼。这地方的农业是高产的。以我访问过的温县为例,就是名声远扬的农业高产基地,在 90 年代初粮食单产突破 1000 公斤,成为黄河以北第一个吨粮县。当他们发现陷入了"高产穷县"的怪圈时才惊醒单纯搞农业是富不了的。

农民群众在实践中觉察到了老路已走不得了,焦作市的领导及时总结了各地的经验,认识到农村经济发展的四个机遇:一是实行联产承包责任制,解放了农村生产力。二是发展乡镇企业,促进了农村劳动力转移。三是开展小康村建设,全面推动农村生产力的增长。四是发展区域经济,加快农村工业化和城市化，导向城乡一体化。现在的焦作，正处于从第三到第四机遇的过渡中。

以中部地区来说，在实行联产承包责任制的第一个机遇上是领先的，比沿海的苏南地区早了4年。他们抓住这个机遇，农业得以迅速增长，出现不少粮食高产基地。但是到了第二个机遇兴办乡镇企业时，中部地区开始和沿海地区拉开差距。在80年代初期中部地区抓住这个机遇，大办乡镇企业的不多。他们大多坚持以粮为纲的信条，而且满足于仓满廪实，以致在产业结构上一般农高于工。他们在农村工业化的道路上踟蹰不前，同时又缺乏工业城市的带动，迟迟不前。即使抓住这个机遇的乡镇，又常常出现一枝独秀孤岛式的局面。在焦作和河南的一些乡镇就是这一类先走了一步的乡镇企业生长点。1984年在进行国土规划时，农村的重点还是放在"农业—优双高"的示范区上。但是当时焦作的人均乡镇企业产值在河南省已占首位。就在这个生长点上，90年代乡镇企业茁壮成长了，全市乡镇企业产值达235亿元。全市有65个乡镇，16个村，5个企业产值超亿元，占全市工业产值的2/3，转移了60万农村剩余劳动力。从这里可以看到焦作的乡镇企业是在80年代中期才起步的，比沿海的苏南地区多少落后了近10年，而它在中部地区却还是带头的佼佼者。

焦作的乡镇企业起步时还是以高产农业为基础。我去访问过的温县提供了许多典型的事例。上面已说过温县是全国有名的粮食生产县、国家商品粮基地。在这个地区可说家家有余粮，户户养鸡喂猪，肚子不会饿，但袋子的钱却不多。怎样利用多余的粮食多挣一些钱是很容易想到的问题。据说现在为城市居民，特别是在机关里工作的职工所欢迎的方便面最先是温县人搞出来的。现在全县有方便面生产线16条，每年加工的小麦达10万余吨，占该县粮食总产量的40%，年产值超过1亿元。这个事例生动地提示了在市场经济里怎样改变城市居民生活方式，同时产生了新的需求，而这种需求立即反映在农村产业结构的改变，真是县县相应，扣扣相连。

方便面是以粮食加工来增进附加值的简易例子。如果稍稍掺入一点科学技术，附加值也就成倍地提高了。温县现在还有以玉米加工的医药生产系列。全县各类淀粉厂家19家，转化玉米15万吨，部分进行再加工，转化为葡萄糖，年产3000吨。过去麦秆、玉米梗只当作燃料或肥料之用，现在成了造纸的原料。各地办了造纸厂60多个，产值2亿元。豆类和花生加工成食油、粉丝、腐竹。这些原是农家的传统副食品，现在进行规模生产，形成10个专业村，年产值达7000万元。过去当原料出卖的棉花，经国家允许部分已加工为药用棉，价值成倍增加。农产品加工原是古老的办法，一向在乡土经济中起作用的。当前因市场经济的发展，从各家自给产品转化成了集体规模经营的商品，不仅打开了农村工业化的大门，而且引进新的科技和设备，进一步带动了以当地资源为原料的各种加工业，甚至到外地去收购原料来加工出售。就这样，焦作一步一步地由市场经济带上农村工业化的道路。古老的传统并不都是该抛弃的"四旧"。社会经济的条件改变了。旧中是可以长出新芽的。把新和旧对立起来，是与客观事物不相符合的。新的会陈旧，旧的会更新才是历史发展的实际。

乡镇企业在市场经济中勃兴

乡镇企业需要市场经济，市场推动了乡镇企业的发展，两者的关系原本是简单易明的道理，但是乡镇企业发展的初期，从事这项事业的人们却不一定意识到这个道理。我在家乡见到过农民看邻居养蚌珠发了财，眼红了就学样，一时几乎家家养蚌，结果是蚌珠价格大跌，甚至没有客户来收购，农民白忙了一阵，落得一肚子的气。怎么珍珠都会不值钱?！农民是想不通的。接着我又看到乡镇企业里的产品堆积在仓库里，没有人来买。这个事实让搞乡镇企业的人明白了货物是要销售了才能变成钱，不能守株待兔。于是在 80 年代中期，沿海各地乡镇企业的推销员满天飞。经过这一段摸索，较大的市镇上出现了商场，近几年连商场都觉得不够气魄了，又到处建起了规模宏大的"商城"。这段历史回想起来是十分动人的。农民通过副业加工进入工业化，又通过推销商品进入了市场经济。从时间上说，前后不到 20 年，真是够快的了。

被视为后起的中原地区，得益于先走一步的沿海地区闯出来的路子。他们有条件直通市场经济了。焦作虽然起步慢了 10 年多，但已有前车可鉴，他们学会以销定产，先看准市场，才动手生产。上面提到的方便面就是一个例子。方便面是适应城市居民生活方式的改变而产生的。城市里的职工不愿每天中午回家煮饭用餐，造成了方便面的大市场。"有人买才生产"是市场经济的要领。作为高产粮食基地的焦作市抓准这个要领，兴起了农产品加工的企业。

更使我叹为观止的是温县东梁所村已成为塑料凉鞋的生产和集散地。我这一代人不会不记得过去乡下的农民在夏天是穿草鞋或是不穿鞋的。在南方山区的少数民族还有终年不穿鞋的。这种生活习惯在今天已成为过去的事了。改变这一习惯的原因一方面是各族农民收入普遍有所提高，另一方面有了成本便宜的塑料可以用来制成凉鞋。农民要穿鞋，焦作办了塑料鞋工厂。这工厂最初是少数农民集资10万元开办的,当年产值就达72万元。1992年资金滚动积累已达9000万元,引进了新立式注塑机,年产凉鞋30万箱,畅销20个省区。

温县依赖这些乡镇企业的勃兴,农民人均纯收入到1992年已达2310元,全村1/3农户的资金占有量在10万元以上。焦作市的其他各县也是充分吸取沿海乡镇企业各种模式的经验,八仙过海,各显神通,开拓自己的路子。比如孟县在西部山岭区大规模培植果林,槐树乡村村成立苹果协会与各地院校和农场挂钩,引进优质苹果现已超过100多个品种,不仅鲜果远销各地,而且大办饮料工业,在短短两年里60多家工厂兴建了高水平全封闭的生产线20条。今年3月召开饮料订货会,当场成交2700万元,订货合同达8000万元,赶上了近来果汁饮料的新兴市场。

在这个基础上,他们更进一步地发展原料销路两头在外的加工业,孟县的皮毛业集团就是一例。这个集团加工皮件400余万件,价值2亿元,所用原皮几千万张都是从外地购入,其中150万张来自澳大利亚。

另一个值得一提的例子是博爱县的一家铸件厂。它原是铸造下水道井盖的小型工厂,现在已成了为日本几家大汽车工厂生产精密部件的合资企业。我在不久前曾读到一篇关于日本中小型企业的文章,说到日本那些有名的汽车制造厂所需零部件大多是分发到中小企业去制造的。近年来日元升值,为了降低成本,日本正在国外寻找承包对象。博爱县地处偏僻,但有铁有煤,又有便宜的劳动力,所以日本汽车制造厂不惜派出技术员来培训中国工人,并且在生产过程中提供精密机床和现代管理。博爱这个小小的铸件厂抓住了这个机遇,进入了国际市场。

焦作市的各市县通过积极兴办乡镇企业,1993年总产值达70多亿元,已占全市总产值的2/3,60万农民转变成产业工人,人均收入增加了972元。这种有点像奇迹的发展,使起步较迟的地区,在进入90年代的短短几年里,抓住开拓市场,已接近小康水平。在这样短的时间里广大农村要实现工业化和城市化,对我们来说是要做一件前人和旁人没有做过的事,所以只有凭群众的智慧和创造,摸索前进。先行者不免要披荆斩棘,千辛万苦地开辟道路;跟在后面的,只要善于接受先行者的经验和教训,从实际出发,因地制宜,紧跟前进,就比较顺利易行,这就是后来可以居上的道理。我在焦作看到的情形和10多年前在沿海地区所见的相比,就不免发生了这种感想,也因之对中部地区的迅速发展产生了乐观的看法。

由点及面向全市实现小康迈进

我的乐观情绪并没有阻碍我同时看到中部地区在发展进程中的不平衡状态。中部和沿海有差距，中部各地区间也有差距。社会经济的发展总不免由点及面，由中心到边缘地波浪式和阶梯式开拓的。从河南省城来说，焦作市看来是走在前列的一个点。而焦作市的各县市尽管有八仙过海之势，但也不是并排齐进的。每个县市中的乡镇和农村也是如此。为了督促各村各乡各县鼓劲在不同起点上加劲乘势前进，希望全市人民在进入下个世纪之前都能从温饱达到小康，焦作市领导倡议全市农村普遍开展建小康村的活动。这是一项以点带面、实现共同富裕的工程，着重以村为单位，发动群众自觉主动地奔向小康。

这项活动的内容是各村在市的领导下共同订出小康村的标准，分别根据本村的实际情况，因地制宜地发挥自身的优势，作出达标的具体规划，并由市、县、乡组织配套的服务体系，体现农村双层经营体制，促其实现。每年年终进行考核，凡是达到规定标准的，由市授予"小康村"的荣誉称号。

小康村的标准一共15条，依据物质文明和精神文明一起抓的原则，和全民共同富裕的指导思想，所规定的主要标准是：农民的人均纯收入要达到1200元，同时也规定普及九年制义务教育，建立良好村风民俗和严格执行计划生育等。1992年年底经过验收合格，实现了预计的100个小康村，占河南全省小康村的1/3。1993年又有302个村达标。第三批500个小康村估计在今年年底也可以实现。建设小康村的活动形势喜人。基本的原因我认为是在能借此发挥群众的力量，加强领导的决心和制定具体的目标，充分利用市场经济的机制，狠抓当地的优势，在集体的服务体系下发展乡镇企业。

焦作的乡镇企业有它一定的特色，用他们自己的话来说是"公司＋基地＋农户"，这种提法比我在《信阳行》所提到的"公司＋农户"中间增加了"基地"两字。这两字之增强调了由点及面的意义，就是许多农户和农村集合起来，在统一的服务体系下，即公司；形成进行同一产业的集体，即基地。事实上，这种情形在信阳也有，但我到了焦作才看到成片农村里的农户参与一个主导产业形成一个区域，他们称作区域经济。这对我很有启发。

举些例子来说明：沁阳市北邻山西，坐落在太行山麓，有10多公里的坡地具有特有的矿产资源。紫陵镇的赵寨村和五街村等都利用这些原料，先后办起以制造玻璃钢为主的村办企业几十家。随后成立了一个市级的实业公司和

30个石油、化工等科研单位攀亲结缘，建立协作关系，增加了产品的品质，提高了质量。各村产值都超过亿元，人均收入都超过2000元，甚至有达5000元的。赵寨和五街等村都在1992年列入小康村，而且沿太行山麓形成一条被称为"玻璃钢王国"的地带。这一带又正处在晋煤入豫外运的通衢上，大道两侧的村子相继利用它们的地位优势，发展成数十里长的煤炭集散走廊。在这走廊里兴起了以贸易和运输为其服务的公司，得到小康村荣誉的村子连成一片。

在小康村建设过程中，我们看到了分散性强的小农经济在工农结合和个体生产集体服务的双重经营体制下迅速过渡到生命力强大的社会主义市场经济。这正是"公司+基地+农户"的具体内容，既符合提高个体农户收入的主要目标，又纳入了有党和政府领导的集体服务经营框架。它用集体的收入来建设现代化农业，进一步解放农村劳动力，并保证了农民的教育和医疗等社会事业和优良村风民俗的建立和发扬，有利于社会安定团结。看来这是素以农业为主的中原地区农村发展的一条值得选择的道路。

建立欧亚大陆桥经济走廊的中心枢纽

我曾提出一个观点，就是焦作最好能和洛阳、郑州结合成中原金三角，作为欧亚大陆桥经济走廊的中心枢纽。这个观点是我从整个中国经济的格局着眼，在全国一盘棋中为焦作找到一个今后应当可以争取到的地位。

当前我国自从改革开放以来所形成的经济发展格局是先从沿海起步，在80年代取得了惊动世界的高速发展，然后沿长江西上，通过沿江城市的起飞，带动整个长江流域腹地的农村翻番。至于中部地区的黄、淮两河流域什么时候和怎样才能跟上，目前似乎还是个值得探讨的问题。这次我到信阳和焦作走了一趟，一路想到了从江苏的连云港和徐州，通过安徽的蚌埠，河南的焦作、洛阳、郑州这金三角，西出潼关，横穿陕西的秦川三百里到西安和宝鸡，再经兰州进入河西走廊，再西出阳关，从新疆西口的伊犁出国，直达荷兰的阿姆斯特丹，有一条现在已通车的欧亚大陆桥，感到中原地区大有可为。这条横贯我们中国北部的大动脉，应当是当前经济发展较慢的华北大平原的复兴之路。

我之所以说"复兴"是因为这地区首先是中华文化的发源地，又是在海上交通发达前，中西交通的要道，但由于交通工具的改变使它在近几百年衰落了。现在交通和信息工具又有了飞速进步，陆上和空中的运输在速度上超过海运，因而这地区的复兴已有了物质基础。我国如果能利用这个机遇及时发展陆空交通的基础建设，从宏观角度上看去，现在应当已是动手振兴这地区经济实力的时候了。复兴的途径就是建立一个生机勃勃的欧亚大陆桥经济走廊，目标是加快中西部广大地区的经济发展。

建立这条经济走廊的内涵是发展"沿桥"的大中城市成为其周围广大农村腹地的经济中心。焦作目前正在努力地以农村为单位的小康村建设可以认为是为这走廊打基础的工作。依靠欧亚大陆桥这条大动脉和它的支脉，四通八达，形成一个跨县、跨市、跨省、跨国的巨大流通网络。在社会主义市场经济的不断发展中，沿桥两旁的广大农村一个个富裕起来，必然会出现一个中原经济复兴的光辉局面。这是我对中原地区的期望，也是对作为复兴起点的焦作的祝愿。

1994 年 8 月

豫中行

今春"两会"期间,我从河南来的人大代表那里听说,漯河正在搞"富民工程"。实施时间不长,已经初见实效。全市农民人均收入在一年内增加387元,达到1123元,增幅为52.6%。这是个让我动心的消息。"富民工程"和我一生"志在富民"的追求不谋而合,这是一。漯河地处中原腹地,我近几年的一个重要课题就是寻找能快点增加这一带农民收入、加快中部地区发展的路子,这是二。能在一年当中帮助每个农民增加近400元的收入,漯河人用了哪些办法,值得去学学,这是三。对于河南省,从1987年初访民权开始,我采取定点追踪和重点观察相结合的方法,陆续访问过商丘、信阳、安阳、焦作、郑州等地,看了这块传统农业区内不同层次的生产力水平和在不同水平上增加收入的路子,漯河的情况可能对我有新的启发,这是四。把这些处于不同生产力水平上增加收入的路子连起来看,也许能理出一条中部地区的农民从贫困到脱贫,从脱贫到富裕,从富裕到小康的路子来,这是五。有了这五条,又有了漯河领导登门邀请,我就抽空在4月下旬作了这趟"豫中行"。

从家庭起步

访问漯河的第一站,我来到郾城县黑龙潭乡半截塔村。这个行政村辖5个自然村,16个村民组,938户人家,4010人,耕地面积4040亩。过去,这个近郊村的农民长年守着土地种粮食,经济单一,最好的时候也只是能吃饱饭,花钱一直没着落。从1992年起,他们开始搞多种经营,靠家家户户搞养殖增加收入,很快就富了起来,1994年全村人均纯收入达到1850元。在中部地区,这是上乘水平。

我问起他们刚起步时的情况。村长梁明星告诉我,刚开始的时候,群众心里没有底，怕闹猪瘟鸡瘟，怕赚不了钱反而赔本。怎么办呢？调动农民积极性的最好办法，就是有看得见摸得着的实际事例。村长拿定主意，先把队办公室腾出来养鸡，没有钱买鸡，他们就"赊鸡下蛋"，赊来3000只鸡。经过细心喂养，当年除了还本，净赚5000元。这是1992年的事。

1993年，村里开始有少数农户养鸡了。年底一算账，干得也不错，多年来增加收入的梦想开始变成现实。这一下，大家的积极性都上来了。加之1994年，市委市政府大力推动"富民工程"。养殖项目很快遍及全村，出现了"户户上项目，人人搞致富"的局面，甚至出现"鸡住厅堂，人住厢房"的事情。

从村长介绍情况，到到户访问和农民交谈，"项目"这个词的出现频率很高。祖祖辈辈都是面朝黄土背朝天的父老乡亲，如今张口闭口谈"项目"，可见中国农民观念的变化。我问项目的范围有多大，他们说，市里的口号是"一家一策，一户一品"，会种者种，能养者养，手工编织，劳务输出，凡能增加收入达到一定数额的，都可以列入"项目"。

到我去访问的时候，全村上项目的农户已达到894户，占总户数的96%还多。上项目的总数为1392个，户均1.5个。现在村里千只以上的鸡场有48座，千头猪场有2座，50头以上的猪场181座，10头以上的养猪户265户。全村目前饲养蛋鸡14.6万只，年出栏生猪2.2万头。这些养殖项目在1994年为村里创产值2781万元，占当年全村总产值的67.5%，占当年人均收入的67.8%。分散在一家一户的养殖项目，汇聚成了这么大的经济力量，是这个村子历史上从未有过的。

半截塔村通过上养殖项目一年致富的实例，给我的触动是多方面的。我想在这里先说最主要的一点，这就是：在农民的眼光和足迹已经超越了传统的"农"业观念，走出了生于斯长于斯的土地之时，他们的劳作，他们的梦想，他们的根基，都还是以家为中心的。"一家一策，一户一品"、"户户上项目"，这里边的"家"、"户"两字表达得再明确不过。为什么要从这里做起？道理很明白，家庭作为一个生产经营单位，它是农村经济的细胞。"富民工程"从家庭起步，既符合农村的实际，又符合农民的心理，从增强家庭细胞的活力入手来使农村经济肌体更有劲道，实在是传统农业地区加快经济发展的根本所在。

把眼光再放开点，从中国社会的乡土本色来想问题，从家庭组织在中国社会结构和社会变革中的稳定作用来看城乡发展，就想到了我对"摸着石头过河"这句话的一点体会。这点体会是因为看到了家庭在农民适应农村工业化、城市化过程中的作用而生发出来的。

改革开放,是前人没有做过的事。20世纪80年代的农村工业化,90年代的农村城市化,都是这件事情的一部分。相对于我们的目标说,这十几年里的巨大变化只能说是开始。发展下去,还要经历更大更深刻的变化,直到实现国家的工业化、现代化。我们一定得经历这个变化,这就是我们要过的"河"。"摸着石头过河"的意思,是说在缺少经验的情况下希望能有所依持,不致于滑倒在水里。这要求我们睁开眼睛,站稳脚跟,知道起步时站在什么地方,尊重实际,实事求是,清醒地一步步向对岸前进。

我们是站在什么地方?脚下是乡土性的小农经济。我们摸着的石头是什么?我想应该是家庭。十几年前,我们就是从农村家庭联产承包责任制开始的。这几年来,从农村到新兴城市打工的几千万民工,几乎每人都有一个家在内地。他们挣来的工钱,除去生活必需的开销,就定期寄回家去。逢年过节,有可能就回去和家人团聚。如果工厂停工,工作不再好找,他们有家可回,有地种,有项目搞,还能挣钱,心里踏实,绝大多数人行为上也不至于乱闯,这有利于社会的稳定。我过去没有理会到农村里的家庭联产承包责任制在新兴的城市会有这样大的安定民工的力量。农村里现行的以家庭为立足点的制度,是对建设现代城市的有力支持。我们现在不就是摸着农村里有家可归这个石头在渡过工业化、现代化的河么?漯河的"富民工程"是从"激活家庭细胞"做起,不也是摸着了这个石头并已开始依持它稳步向前了么?

从传统中创新

漯河能有今天的"富民工程",是漯河的领导注意向基层干部和农民群众学习的结果。远在"富民工程"提出之前,农民不再担心被"割资本主义尾巴"的时候,他们就自发地动起来了。利用现有的土地、场院、生产工具,运用从祖辈那里学来的本领,从传统当中自己所熟悉的地方做起,想方设法增加收入。传统里边确实有宝贝,把它找出来,利用好,就能变成财富。但是传统也有局限,小农经济的传统有分散、封闭、自给自足的一面,而现代经济则要求集中、开放、流通、规模、信息、效率等。要在这样的时代条件下发展农村经济,增加农民收入,就既要发掘传统里的宝贝,又要克服传统的局限,有所创新。

我在访问漯河时看到舞阳县"农户上项目认定标准",标志着农民自发的致富实践已经上升为政府和干部的自觉行为。这个转变过程很有意思,可以看到传统和创新是如何水乳交融般地结合在一个事物中的。"项目"其实多是农民所熟悉的传统里边有的。但要达到"标准",就得吸收新知识,借助新技术,增添新工具,采用新的生产经营方式,这又是传统里边所没有的。我想用一点篇幅把这份"认定标准"抄录在这里。

农户上项目的认定标准

1995年至1996年,农户上以下内容和规模的致富项目,视为标准项目:

1. 种植业:高效田2亩(亩均纯收入2000元)以上,或不足2亩的但纯收入必须4000元以上。

2. 畜牧业:养猪存栏10头以上或母猪存栏3头以上,羊存栏20只以上,牛存栏4头以上,成兔存栏50只以上,鸡(鸭)200只以上。

3. 水产业:当年纯收入4000元以上。

4. 林果业:果园及经济林2亩以上。

5. 加工业:产值5万元以上,利税4000元以上。

6. 商贸、服务、运输、建筑业:纯收入分别在4000元以上。

不足一个标准项目规模的零星项目,不得合并认定。

本文未列出但农民已经发展的其他致富项目,其规模认定标准由乡镇随时上报县富民工程督导组批复。

这份"认定标准"看似平常,实际上大有文章。它可以被当作一个标本,20世纪90年代我国中部地区发展农村经济的很多信息都储存在上边了,传统和创新的结合也被真实而具体地记录了下来。比如,种植、畜牧,都是农民的看家本事,再熟练不过,可是要种出亩均纯收入在2000元以上的高效田,养猪养羊要达到标准项目规定的数量,这就有了规范化、科学化的要求,就是件新事情了。又比如,商贸、服务、运输、建筑这类活动,过去也有,但限于自给自用,现在要作为行业、产业来发展,也就有了新的意义。

不难看出,这些项目及其标准,一半扎在传统的泥土里,另一半连接着市场经济的新天地。而传统和创新找到了最佳结合点,就是增加农民收入。农民抱着增加收入的愿望,从他们熟悉的擅长的事情做起,政府提供必要的服务,帮他们克服困难,这样一来大多数农民在一年里增加一二百元的收入是不难办到的。他们收入增加了，劲道就更足，愿意投入更大的本钱，换来更多收入。就在这样的循环往复中，农民不知不觉就走出了庭院，走向了市场，走出了传统的局限。传统的小生产下的农民也就逐步变成了现代市场经济里的农民了。这个生动而深刻的历史变化，正在中国广大农村中实实在在地发生着。当代中国农民也在这场变革中潜移默化。

在漯河"富民工程"中我们所见到的农民"微型庄园"是从传统中创新的又一实例。所谓"微型庄园"就是把农户的责任田和宅基地合为一处，庄园占地实行"一园两制"，分别按宅基地和责任田管理。庄园土地所有权归集体，使用权归农户，长期稳定不变，可依法继承转让。园里除宅基地外，是搞"一优双高"农业的生产基地。搞什么项目，由农户自定。实际上，"微型庄园"是为农户划出一个自主经营的微型经济开发区。

舞阳县北舞渡镇有个蒿庄村，有养兔子的习惯。全村352户当中，养兔百只以上的户数有一半以上。这些农户靠养兔致富后，都想扩大养殖规模，但原来的庭院太小，力有余而地不足。他们想出搞庄园的办法，利用"三荒"、"四边"的闲散地块，在村南划出45亩地，每户一亩，0.25亩按宅基地管理，0.75亩是责任田。每户可在这块责任田上建标准化兔舍200平方米，饲养兔500只以上，年收入达5万多元，是原庭院养兔效益的5倍。

宅基地和责任田，都是农民既有的衣食住行所在。这两样东西一旦合为一体，就形成了生产、生活一体化的新事物，成为一种新的农村经济发展形式，而且很有实效。蒿庄村的"微型庄园"才搞了一年，全村长毛兔的存栏量就比上年增加1倍多，达到1.8万只。光是养兔一项，就使全村的人均收入比上年增加1300元，成了一个新的经济生长点。

值得一提的是，"微型庄园"的产品，基本上都是作为商品来生产的，农民手上喂着兔子，眼睛盯着市场，心里盼着科学饲养知识。这样他们得操心销路、关心行情，自觉不自觉地与市场经济建立起了密切的联系。可以设想，"微型庄园"发展到一定程度，就会形成某种产业的规模经营，出现专业村、专业乡镇乃至专业区域，促进专业市场的发育和成型。专业市场成了气候，又会合乎规律地带动运输、加工、商务、服务和中介组织等产业的形成和发展，加速农业分工，加快积累过程，最终加快农村工业化、城市化的进程。在漯河，这也许只是一种可预见的前景，但在我国经济较发达的一些地方，却已是人人可见的现实。它为漯河的发展前景提供可信的依据，也可以帮助我们更深一步地理解从传统中创新的意义。

从农业里长出工业

在我的家乡苏南,由于有社队企业的底子,乡镇企业在这十几年里发展很快,并在工业化过程中以工补农,也推动着农业的新发展。在中部地区,农村的工业基础相对薄弱,不适合走苏南的路子,而宜于先在农业里边做文章,发展种、养、加多种经营,增加农民收入,增进原始积累,逐步向工业化过渡。我把这叫作"在农业和工业之间的夹缝里找出路"。

这样找到致富路子的地方,我在别处见过一些。在漯河临颍县南街村,我又看到了一个实例。这个村有742户,3100多人,2006亩耕地,1994年全村总产值突破8亿元。在村办企业就业者达1.1万人,其中外地工占1万人。汽车在107国道驶进南街村时,远远看去,大片的现代化厂房林立,气派得很,给人的观感远不是一个村的样子,而是个现代化的城镇。

进到村里后,村委书记告诉我,他们当初是"靠玩泥蛋起家,玩面蛋发家"的。全村先在农业里翻身,大搞农副产品深加工,靠自身积累滚动发展。这条路,看着慢,实际快。不过10年时间,从1984年的70多万元增长到了1994年的8.02亿元。

"玩泥蛋起家"的意思,是说从泥土当中找路子起步,烧砖挣钱。1984年,村里有20多人集资5万元,搞起了砖瓦厂。1985年已经有了点积累,办了个面粉厂,从"玩泥蛋"走向"玩面蛋"。先是磨面,后做食品,饼干、点心、月饼之类,开始发展了起来。到1989年,已经对粮食加工有些经验的南街人看到了一个很大的市场,开始搞锅巴、方便面。这下便一发而不可收,进入大发展时期。到1994年,村里方便面厂已有30条生产线,日产方便面240吨,生产规模居全国同行业首位。食品厂的锅巴生产线达72条,生产规模也是全国同行第一。此外,还有龙须挂面、系列果茶、糕点、啤酒等,不光产量高、品种多,质量也好。南街的"颍松"牌系列食品,经国家专业机构检验,被批准为国际公认的无污染、无毒害的绿色食品,产品长期处于供不应求的状态。

据介绍,现在南街村的食品加工企业每天需要面粉500吨,纸箱12万只,运出运回600吨货物。生产需要推动村办企业拓宽领域,为满足生产所用原材料的运入和产品的运出,村里成立了汽车运输队,大型货车已有96部,标准吨位达到500多吨。另外,等级面粉厂、纸箱厂、彩印厂这些为配套而兴办的企业，也都发展了起来。用南街人的话说，是"围绕农副产品加工办企业，围绕现有企业上配套"，"加工一条龙，产品系列化"，"多业扶着一业上，一业带着百业兴"。这个村子的工业，就这么从农业里一点点地长了出来，长成了参天大树。

在中原，这样的树不止一棵两棵。去年访问焦作时，就看到了温县以高产农业为基础发展乡镇企业的成绩，给我以很深的印象。

写到这里，我想起了这次来河南前些天在江苏镇江和广东中山看到的鳗鱼养殖和加工，也是一个很好的实例。

镇江那一段长江水中出产鳗鱼苗，鳗鱼加工后在国际市场上价格很高。养鳗需要温水，要在更暖和的地方。有人动这个脑筋，在镇江买鱼苗，到广东中山去买地建鱼塘，跨省经营。更有意思的是，养鳗的主饲料土豆以宁夏西海固的为最好，他们又到宁夏去收购和组织生产土豆。鳗鱼长到一定的时候，要加工、烧烤，加工企业也建起来了。现在，从鱼苗到加工，已经形成一个大的跨地区的"鳗联集团"，产品出口日本，产值16个亿。规模如此之大的一个产业，就这么从农业里边长出来了。

同是从农业里长出工业的实例，南街的食品"一条龙"和"鳗联集团"可谓相映成趣，一个是立足中原，脚不出村，就完成了从农业向工业的过渡。一个是从东南沿海越过中原直到西北，几乎横跨中国大陆，形成跨越数省、沟通不同经济发展水平的远距离合作，催生出附加值相当高的产业。我在一个月的时间里看到的这两种类型，是不是意味着在我国不同地区、不同生产力水平上、不同耕作项目中，都存在着从农业里长出工业的元素、要求和契机呢？

我由此想到，从农业里边长出工业，这样一番转化的基础，既来自于当前农村工业化的现实要求，又扎根于我国的经济传统当中。

半个世纪之前，我就"乡土重建"进行研究并发表看法时，就意识到，在中国的传统经济中，不是没有工业，而是基本工业处于分散状态，且大部分是分散在农村里边。小农制和乡村工业在中国经济中的配合有十分悠久的历史。农村是传统中国的农工并重的生产基地。为了收入多一点，生活好一点，农民与其把辛劳耕作换来的收获直接当原料卖出去，不如在可能的范围里自己加工，甚至搞出制成品出卖，这就是从农业里长出工业的开始。其实这也是中国传统农村经济的基本格式。我们今天的现代化事业是前无古人的，但我们还是要在古人留下的底子上起步，不可能凭空做起。中国农民在最近十几年里有不少新鲜创造，可任何创造都无可避免地是从既有的东西上开始。我在50年前说过：谁不想一转眼中国就有美国那样多的工厂？可我们离不开这片这样多人耕种得这样久的古老土地，离不开生产力水平和工业化、城镇化水平尚低的现实。承认限制是自由的开始。从农村里长出工业，既是中国传统经济机制提供的一种可能性，更应是我们今天清醒而自觉的选择。

从民权到漯河

从 80 年代初我重获调查研究的机会开始，我紧跟着改革开放以来我国农村经济的发展，看到了东西部差距拉大的现实。由此而进入对承东启西的中部地区的研究，也追踪着中部地区农民从家庭起步、从传统中创新、从农业里发展工业的步子，跑中原，跑河南。在河南这个农业大省，从 1987 年初访民权到 1995 年访问漯河，8 年时间的定点追踪和重点观察，使我确实学到很多具体的知识。对传统农业地区加快发展的路子，越来越能看得更清楚些，也使我现在有可能把报道各地情况时的点滴心得融汇起来，成为河南农民想方设法脱贫致富奔小康的一份较完整的记录。我年纪日大，时间日少，要学的东西却日多，在不得不让我的中部地区发展研究暂告一段落的时候，通过这份记录帮我较完整地想一想中原农民从脱贫到小康之间已经做出的成绩和还需付出的努力，于人于己都该是必要的。

初访地处豫东的民权县时，民权还是个贫困县。当地农民种泡桐树和搞葡萄酒给我以深刻的印象。种泡桐是桐粮间作，用边地头，不占耕地，却能增加农民收入。搞葡萄酒，原料出在千家万户的葡萄园，集体企业榨汁发酵，国营厂酿酒。国家、集体、农户的利益统一在葡萄的种植加工上，一荣俱荣，一损俱损，其中最根本的是要有千家万户把葡萄种出来才行。这给我一个启发，研究民权模式，有助于为中国农民找一条出路。不要好高骛远，路子就在脚下，从一家一户搞起来。农户农民走通了路子，集体和国家也就有了路子。农民增加了收入，顺着往上来，集体经济也发展，国有企业日子也好过。原料有人提供，产品有人消费，效益不就出来了么？

1991 年我再访民权，又有新发现。有个工艺品厂搞抽纱制品，分散在农户中加工。厂里发白线、布条和图样，农民领回家，利用工余时间干。一根针，一根线，不用油，不用电，随时可拿起，也随时可放下，不耽误农活，轻轻松松每人每月增加百十块钱收入。我把这种生产方式叫作"没有围墙的工厂"。这种起步容易、农民乐意、增加收入快的致富路子，是该大力扶持和倡导的。

三访民权是在1993年。虽然时间仓促了些,但看到当地的庭院经济已进入大发展时期,出现了不少专业村。林果、畜牧、蔬菜、水产、抽纱等,景象喜人。贫困县的帽子已经摘掉。民权地处黄河故道,自然条件不能算好。但路子选对了,发展可以很快,因为起点较低。民权如此,我们国家又何尝不是这样?

1994年,我到了豫南的信阳。这个地区在1983年的贫困户还占总户数的40%左右,到我去实地访问时,全区人均收入已达到730元,告别了贫困。我问用了什么办法,走了什么路子,主人告诉我5个字:公司加农户。当我弄明白这是以某一支柱产业为基础,实行贸工农一体化、产供销一条龙的经营方式时,很自然地联系起了民权的"无墙工厂"和酿酒"一条龙"。看来,"公司+农户"是中原不同地方不约而同地摸索出的一种农村经济发展模式。

信阳地区已经脱贫的农民,下一步要从温饱走向致富,"公司+农户"的生产经营方式还会继续发挥作用,帮助农民脱贫。只是这种新型经济组织发挥作用的初步结果,无论是公司的服务,还是农户的项目,都大有提高和发展的余地。在进一步的发展中,新问题也会提出新要求,"公司+农户"的组织形式也将随之发展和渐趋完善,并释放出更大能量。

离开信阳,我到了豫北的焦作。在信阳的一些预想,在焦作已是现实。焦作在公司和农户之间加上了"基地",发展成了"公司+基地+农户"。"基地"之增,强调了由点及面的意义。从专业户发展成为专业村,水到渠成。几个专业村连片发展,规模更大,专业色彩更浓,成了某行业的基地。到了这个时候,公司对准基地,由基地接通千家万户,也是它更好地发挥服务作用的自然选择,是生产力进一步发展的需要。其结果之一,是小康村在焦作大地上的成批涌现。

焦作的小康村建设,不是硬性规定在多长时间搞出多少个,而是确定一个标准。每年按标准评比,有多少是多少,不生拉硬拽,拔苗助长,不搞形式主义。在这里,"公司+基地+农户"释放更大的富民能量,使农民拥有达到小康水平的经济基础。1992年,焦作的小康村已经占到全省小康村总数的1/3,1993年又有302个村达标。1994年预计可达标的500个村是否已实现,我尚未得到确切信息,这个势头却已很能让人乐观了。

我访问焦作时,漯河的"富民工程"已经启动。到我来漯河作村访户访时,"家家上项目,人人有活干,天天有收入"已是很多农户的现实。村办企业一年里增加了一半，不少村子的人均收入已达到或超过焦作小康村规定的指标。从民权到漯河，从农户的多种经营开始，到专业户、专业村，又到专业村连片的基地，到专业服务公司，再由农业的积累兴办工业，到乡镇企业蓬勃发展，已经清清楚楚地连接出了一条中原农民由脱贫而温饱而小康的现实道路。

从漯河看中原

漯河位于中原腹地，是个平原农业市。全市人口80%以上是农民，主要资源是土地和农副产品。工业属轻型结构，主要行业如肉类食品、制革制鞋、造纸、纺织、医药、卷烟等，都依靠农业提供原料。如果农村经济不能较快发展，这里的工业经济、城市建设和其他各项事业也会失去赖以快速发展的物质基础。

漯河的这些情况，在中原地区是有代表性的。改革开放以来，实现家庭联产承包责任制，短短几年虽然基本解决了温饱问题。但是随后就出现了"有饭吃，没钱花"的情况，而且没有得到及时改善。据漯河的领导分析认为，当前农村，仍是家庭分散经营的生产方式。由于忽视了这个基本特征，农户作为经济细胞并没有充分活跃起来。这是眼下农民不富、农村不活、农业不兴的主要原因。

针对这个症结，漯河"富民工程"的主要内涵，是盯住增加农民人均收入这个目标，激活农村家庭这个经济细胞。政府要从当前农村生产力水平出发，去找农民商量，实事求是地帮农民找出路，上项目，努力实现由温饱向小康的跨越。有条件的地方就大力发展乡村集体工业、股份合作企业；农民个人完成原始积累的就搞个体私营大户；原始积累不足的农户就简单起步，多业并举，兴办以家庭为基本生产单位的高效种养业和小型个体工商户，仍缺条件可搞劳务输出。总之，为增加收入，只要力所能及，合法经营，就放胆放手干，以期形成千村百业、多种类型、立体发展的局面，促进农村生产力的提高。

我们强调漯河的情况在中原有代表性，其意义还在于要把中原摆放在国家的经济格局上看。众所周知，中原是广阔而重要的腹地；腹地起不来，沿海地区就缺乏支持和后盾。腹地怎样起来，一个重要的方面是注意落实到增加农民收入方面。漯河"富民工程"的可贵之处，就在于上下一心以高度的自觉性做这件事情。原动力在农民，推动力在政府。政府给农民创造条件，帮他们想办法，找门路、联通市场、机关职能、干部职能，自然就转变到服务经济群众欢迎的轨道上了。漯河市棉麻公司、双汇集团、外贸公司等在1994年共投入

2000万元，在农村建立棉花、养猪、大蒜生产基地，向农户提供全程服务，推动了服务体系的形成。这样做符合中原的特点，看着慢，实际很快，是慢中有快。有些地方着急而不得法，用命令的办法，一上来就叫农民搞工业。可是从农民到工人需要一个过程，刚离田就办工厂，他哪里知道怎么办？没有经验，没有技术，也不知道市场在什么地方，弄不好就亏本，结果是欲速则不达。在这里，我想对过去提出的一个观点作点补充，即"无工不富"。它能被叫响，也是有道理的，有事实依据的，但是什么事不宜绝对化。把这句话放到中原，甚至山区来讲，就要有所补充：一是"有工不一定富"，厂子办不好还要赔钱；二是"无工也能致富"，在农林牧副渔里边，靠粮棉油麻、烟糖丝茶、菜果药杂、鳝鳖鱼虾、牛羊鸡鸭等，都可以富起来。

农民增加了收入，消费总量就会增加，消费领域也会拓宽，必然在一个地区，甚至出现一个大市场。暂以中原地区有2亿农民计，如果都像漯河一样，每人一年里增加300元收入，一年就是600亿元，这个市场难道不可以称得上大市场了吗？若其中的一半吸纳工业品，就等于要拿出300亿元来办工业；另一半拿来扩大再生产，也等于有300亿元为经济细胞注入生机。如果拿去存款，银行每年因此也可以增加几百亿的储蓄。总之，农民家底殷实了，有钱花，有存款，有投资能力，很多事情就好办了。这一点，温州的发展很能说明问题，我在前不久《再访温州》的考察报告中具体讲过，这里不再转述。

中原这块腹地起来了，东部地区长远发展的根基就坚实了。腹地发展的另一重意义，是为形成中部经济走廊奠定实力。大陆桥是这个走廊的骨架，现在早已通车，缺的是实力。这一带农民收入的切切实实增加，就是增加实力的重要组成部分。漯河以及其左邻右舍各显神通的富民办法，使整个中原的"富民工程"的大好前景已可望见。说到这里，我想给中原的父老乡亲多鼓一把劲，中原地区要比我家乡苏南的资源丰富得多，苏南最开始也是靠副业起家的，只要路子对头，把各种资源都用起来，积以时日，定能富足。

中原跟上了东部，西部地区加快发展的条件就更充分一些，实现共同富裕的理想就距现实又近了一点。由此想开去，国家从改革开放以来直到实现小康那一天所要做的所有事情，不正可以理解为一个覆盖全国、惊动世界的"富民工程"么？小平同志作为"总设计师"，设计的应该就是这个工程吧！

1995年4月26日

沂蒙行

为了想多熟悉一些发展上困难较多的山区经济情况,我去年访问了西部的大小凉山和中部的武陵山区,看到各个山区发展的水平也不平衡,因而想去访问一些比较发达的山区,看看有没有值得推广的好经验。后来听说山东的沂蒙山区这几年发展较快,而且山区里已出现了产值10亿元的镇,所以我下决心去走一趟,实地观察一番,这是我这次沂蒙行的动机。我5月27日从北京出发,到兖州,换坐汽车,经曲阜到达临沂。

沂蒙山区从行政区划上说主要是在临沂地区的范围内,但从地理上说,应当包括沂山和蒙山为主的整片高山和丘陵地带,大体上是从泰山以东直到海滨。临沂地区的行政中心临沂市在这山区的东南部。限于时间,我只能按与兖石铁路大体并行的公路从西到东横穿全区,并在临沂市及其附近的费县和罗庄作了重点访问。其后便越出临沂地区的行政界线到沿海口岸日照市,在路上还在莒县停留了一下,取道潍坊、青州回济南。最后还去邹平为梁漱溟先生坟地扫墓,并去泰安,登上了泰山,于6月12日返京,此行共17日。至于此行有缘瞻孔庙、扫梁墓、寻根费县、登上泰山都是得之偶然,偿了宿愿。

老区根上接新枝

我是怀着调查山区的目的来鲁南的,但是从曲阜经费县到临沂却一路平坦,只在远处望得见一些山影。原来现属临沂地区的1市11个县、2万多平方公里,其中有60%是属于低山丘陵地带,其间穿插着海拔千米以上所谓72崮的险峰。我们所走的这条公路正穿行在由四周山水冲积成的平原上。田畴纵横,又值麦收前夕,放眼望去,一片金黄色的开阔平川,颇似我熟悉的江南景色。正是这个出可以攻、退可以守的地形,使沂蒙山区在抗日和解放战争时期,成了华东有名的革命根据地。这是它成为"老区"的由来。去年《人民文学》发表的报告文学《沂蒙九章》,生动地描绘了许多可歌可泣的英雄故事,构成了至今大家传诵的"沂蒙精神"。

也就是这种地形注定了这个地区农业经济发展的不平衡。除了多年山水冲积成的平原上可以看到丰产的麦田外,一进丘陵地带,除了一层层人工垒造的梯田外,都是土层硗薄、山石嶙峋的荒坡,连零星长着的老树都矮小佝偻,看着都令人难受。高山地区的居民连吃水都得靠肩挑背负来供应。因此,全地区11个县中在1985年还有7个被列为重点贫困县。全地区农民人均收入不足150元的有200万人,占总人口的30%,特别是因兴建水库而搬迁的40万农民中有80%是贫困户。经过6年的扶贫工作,大力解决了通车、通电、供水等问题,上述的贫困户人均收入现在都已超过200元,可说是低水平地解决了基本的温饱问题。如果包括全地区农民一起统计,人均收入1991年已达到618元,还是低于全国的平均数。

我们到达临沂市的第二天就去访问列为重点贫困县的费县。挑选这个县作访问重点,并不是出于我私人的寻根夙愿,而是因为这个县的扶贫工作见效较著。1991年该县的社会总产值较1978年增长8.3倍,人均收入从65元增长到509元。在1985年人均收入在150元以下的还占当时总人口的1/3。所以脱贫是近4年的事。因此,我很想看看这山区的居民是怎样脱贫的。

离开费县的县城,我们进入了山区。我们的汽车也走上了沙土压实的乡道,虽则没有硬面,还是不很颠簸。这种山区的乡道是脱贫的基本建设。山区之所以穷,首先是出于闭塞、交通和运输上的困难。临沂全区1984年还有大约一半的村子不通车。从那年起到现在一共修了乡道9800公里,基本上实现了所有行政村都通了车,只有50%的自然村还不通车。我们这次访问就靠了这些弯弯曲曲,上上下下的沙土乡道才能对这一带山区面貌得到一些感性认识。

一路上印象最深的是他们所说的"小流域生态农业"。他们以行政村为范围作为一个小流域的单元,对山水林田路进行综合治理。首先是打通环山乡道,然后紧抓水利建设,找水源、建拱坝和蓄水池,建立灌溉系统。再按山坡斜度,分层垒坝,凡是土层硗薄的坡面,运土填厚。完成这些基础建设后,有了水,有了土,然后分层种植:山顶种松,山腰种果,山下种粮。这些基础工程都是由行政村领导,发动群众,义务劳动进行的。工程完成,树、果、粮都种植好后,分田到户,按户承包,负责管理,收入归户,这就是所谓小流域生态农业治理荒山荒坡的办法，取得了显著的效果。现在该县已治理了 12 个小区，总面积达 370 平方公里，受益的有 350 多个自然村，占全县的 1/3，相当于 1989 年贫困村的数目。这也就是说全县基本上达到了脱贫的水平。

我们一路重点访问了三个小流域，也就是三个行政村：大悖罗湾、宁家沟和桃园村。这些行政村都包括若干分散的自然村，海拔不等，低的在 150 米上下，高的达 590 米以上。在已治理好的小流域之间还有不少荒山荒坡，有些正在治理中，有些所植果树还未挂果。这些高度劳动密集型的建农工程是几乎全县以发扬艰苦创业精神起步的。他们称之为"劳动积累制度"，就是主要依靠农闲时的集体义务劳动，逐年积累建成的。以 357 户、1217 人的宁家沟村为例，从 1987 年起已投工 115 万个，到 1991 年整治了 1600 亩地，1200 亩果园，2500 亩用材林，全年总产粮食 85 万公斤，花生 28 万公斤，果品 30 万公斤，畜牧业收入 54 万元。全村居民的人均收入已达 1050 元，不但温饱已有保障，而且已有 95% 的农户住入了新盖的瓦房，80% 的农户看上了电视。

我年老力衰，不能爬山，坐在车里，一路看着层层果园，长着各种鲜果。这时正值当地特产山楂开始挂果。引导我们的当地干部喜形于色，邀我下车见识见识长着一球球山楂的嫩果。看来今年又是个丰收年。这些沂蒙山楂据说实大味美，品种出众，远销海外。我一面赞赏，一面在盘算：从 1987 年至今只有 6 个年头，宁家沟这个荒沟穷村变成了个花果山，不能不说是个奇迹，而这个奇迹硬是在这一千几百个村民每年要花上四五个月的义务劳动中创造出来的。"劳动积累制度"的威力真不小。在旁的当地干部看我在掰着指头算账，明白了我的意思，接口说："这只有我们老区能这样做，这就是沂蒙精神。不仅老百姓乐于搞义务劳动，我们干部为了改造山区，也立下军令状，三年不拿工资。"我联系上《沂蒙九章》，领会了在老区里确还保住了这种宝贵传统。

我正在思索时，车子又转过了几个山头，在车窗外看到一片不同于山楂的果园。树头都特别娇嫩，一问才知道是新接枝的板栗林。耳边有人为我解释说，这是一片今年嫁接的板栗，经过嫁接产量可以增加几倍。我不由自主地大声说："嫁接得好，嫁接得好！"

我没有学过植物学和园艺学。嫁接的科学涵义我不清楚。但这个名词却引导我想到社会改革的机制。我回头和同行的同志们说，在我们面前不是摆着个社会嫁接的例子么？我的意思是，沂蒙山区的小流域生态治理原是一项从老区的沂蒙精神的老本上嫁接了家庭联产承包责任制，取得了 70 年代末山西大寨所没有完成的效果。他们把通过义务劳动集体兴建的生产基地分给农户负责经营,多劳多得,维持果园不断增长的生产力,这是在"劳动积累制"上嫁接了个体户负责经营制。当年大寨没有采取这个措施而功亏一篑。

陪同的同志继续告诉我,承包到户还是第一步,现在农民已经又在采用机械松土、防虫护林、水利管理上集合了起来。这不正是统分结合?客观的需要来得很自然,接着我就关心这里果实产量成倍增长后,会不会发生运销上的困难,向陪同的同志提出了流通的问题。据称目前他们所产的山楂和板栗还是供不应求。他们正在注意的是保鲜、储藏和今后的加工。看来从荒坡变成了花果山,农业产品已进入市场经济。他们的"嫁接"工作还刚开始,接着是怎样嫁接上乡镇企业的问题了。

我很喜欢把"嫁接"这个概念应用到社会研究的领域里来,指那种用新体制和老体制衔接起来,充分利用老本的元气和优势来助长新枝的生长发育,这也可以是一种社会变革的机制,有它的长处和短处。看来某种历史条件下,这种机制似乎比把老根刨尽,另植新枝的所谓"休克"方法更为可取些。以沂蒙山区所启示的这种从老区精神开始,经过分户承包,统分结合,并进入集体运销加工,把工业和贸易结合建立起山区的新型经济,正是一系列连续的嫁接过程。现在还正在一步步前进,如果能更自觉地、有计划地进行,很可能发展得更快和更顺利些。

山东第一镇——罗庄

我这次沂蒙行也可以说是被公认的山东第一镇罗庄所吸引去的。在山区里能出现一个年产值超过10亿元的镇,必须有它值得学习的致富之道。我从费县回临沂市后,紧接着就去访问罗庄。

罗庄离临沂市区不远,只有11.5公里,公路平整宽阔,全是水泥路面。镇容整齐繁华,夹道建筑物形式既不单调,又不俗气,可想而知是出于规划能手。它确实不愧是沂蒙山区的明珠。谁会相信10多年前,这里还是个黑土洼地占70%,土层硗薄的丘陵荒区。70年代初期从付庄公社分出来成立罗庄公社时,人均收入只有65元,口粮只有150公斤,是个被人瞧不起的穷村。

从这样低的起点,达到1991年农工总产值10.55亿元,罗庄成了闻名全国的"小城"镇,在山东省是最早出线的标兵。而他们所走过的路子并不平坦。罗庄人很自豪地说,他们有过三位好书记,跨上三个台阶,方有今天。

第一个台阶是在"车马归队,劳力归田,大割资本主义尾巴"的70年代跨上来的。当时的书记刘树桐是1972年罗庄刚从付庄公社分出时上任的。他在"以粮为纲"的束缚下，挣扎了4年，这个穷村的人均收入只增加5元，而人均口粮却下降了2公斤。他走遍了公社的37个村庄，发现罗庄人穷地不穷，地下有着丰富的资源，而且还有传统的采矿、铸造、制陶的技术。他认定只要抓紧工副业就能挖掉穷根。于是顶着逆风，罗庄办起了据说是全国第一家乡镇级的搪瓷厂。不论这个说法是否可靠，在沂蒙山区罗庄确实是第一个冲出"以粮为纲"牢笼，攀住了工业这条命根子的。乡镇企业发展了，罗庄便登上了一个新台阶。

第二任书记是李荣强。他上任时乡里所有的工业还只是围绕着"农"打转，办的都是些和原料、技术、市场不相适应的农产品加工、农机制造、化肥农药等。利小路窄的，工厂面临重重困难。1980年，李荣强便把那些赔钱的厂子关闭了，兴办起适销对路的床单厂、电池厂、羽绒厂等。这样他一步就踏上了商品经济的第二个台阶。到1984年，罗庄乡镇企业竟发展为1500多家，从业人员占总劳动力的80%以上，产值达到7000万元，这一年，山东省政府发出了"乡镇学两罗"的号召，其中的"一罗"就是罗庄。

第三任书记是李桂祥。他又跨出了新的一步，登上了跨行业、跨地区、跨国界联合经营的台阶。1984年签订了和外商合资经营的兔毛纺纱厂，1986年投产，这是山东第一家和外资联合经营的企业。其后，1986到1991年的6年间，先后办成了7家中外合资企业，9家工贸联营企业，引进资金8000万元，从此罗庄拥有了从国外引进的设备，使它的乡镇企业踏进了国际市场。

再重复一遍：罗庄人均收入从1978年的65元，到1991年的1256元。12年内，它在山东带头上升了三个台阶，赢得了山东第一镇的荣誉。

罗庄这个具体范例又一次证明了工业下乡是广大农民脱贫致富的必由之路。在平原是这样，在山区也是这样。可是问题是为什么有些山区能办得成乡镇企业，而有些却办不起来？原因当然很多，但是关键还是一在政策，二在人才。有了政策要有人去干才能成事。因此，我想在下面讲个在罗庄座谈会上亲自听到的王廷江本人向我讲的创业经过。

王廷江在罗庄是个公认的勤劳起家，念念不忘罗庄富起来的模范人物。表面上看来，他确实是个朴实拘谨的老乡，但是这个曾是个百万巨富，至今却还是个刻苦耐劳，一丝不苟的人民勤务员。罗庄之所以能成为山东第一镇有他不可磨灭的一份功劳。

王廷江出生在罗庄的穷苦家庭，姐弟8人，过去全靠父亲一人挣工分养家糊口。他七八岁就割草喂猪，参加劳动。14岁辍学，下地干活。18岁开始凭体力拉地排车贩运，但不久因为触犯禁令又被拉回公社劳动。1980年政策开放了，他凭藉推车运货的这一段经验，承包了村里的一家代销店，以运销日用陶瓷为主业。他拉着600多公斤的货车，走遍了临沂附近各乡各村，还到江苏、安徽等地安点摆摊，推销瓷器。两年过去了，他也摸熟了这些地区的瓷器市场。他还靠省吃俭用，积累资金，才有实力买了辆卡车代替地排车。这样，活动范围扩大了，货物流转也加速了。1986年他所承包的代销店已拥有5辆卡车，资金30多万元。这6年的劳动把这个代销员锻炼成了经营瓷器的行家。他看到农村经济在发展，广泛需要中低档的盆碗杯壶一类的日用瓷器，而当时各城市里的陶瓷厂却忽视了在不断发育中的国内乡村市场，专向高档产品发展。这种从实际接触得来的市场信息，推动王廷江制造大路货瓷器的念头。

但是一个推排车出身的代销员有能力经营以制造和供应为主的企业么？这些方面他可没什么经验，也没多大把握。正当其时，社会上的"左"倾风刮得还是很强。不少知心朋友都来劝他"见好就收"，把卡车卖了，收了代销店，日后靠银行存款的利息也够过安稳日子的了。正在犹豫不决之际，罗庄的书记李桂祥找上门来，支持他办厂，并替他向银行借了60万元补足所缺的资金，租给他12亩地盖厂房和招收了40多位技术人员，就这样把罗庄的第一个陶瓷厂建立起来了。1987年当年盈利20多万元。续年积累和扩建，1989年产值即超过千万元。80年代的10年里，王廷江从买卡车代替地排车开始，成了个百万巨富，也就在这10年里，他从靠个人体力干活，接触到了社会主义制度下的集体力量。他明白没有乡镇集体的支持，他这个厂是怎么也办不起来的。所以，他自己给自己出了个难题：是继续依靠集体自家发财致富呢，还是把自己的力量投入集体，为全体村民的脱贫致富作出贡献？最后，他没有同人商量便独自作出选择：把陶瓷厂献给罗庄。这个陶瓷厂由个体所有变成了集体所有的乡镇企业。

王廷江的这一举动引起社会的各种议论。而我听后又不禁联系上了上节所讲到的"嫁接"概念。罗庄的发展看来总不能脱离它是老区这个根子。在沂蒙山区，几十年革命老根据地的传统是褪不了色的烙印，它可以在各种方式中表观出来。王廷江投身集体事业，从这个角度去理解也就相当自然了。个人奋斗可以嫁接得上为集体立功，而且因此提高了罗庄的经济实力。1990年在集体的投资扩建下，王廷江兴办的这个陶瓷厂已经扩大成6个独立经营的企业单位，都是由他负责经营。1991年他又跨出一步，嫁接上了外资，和港商合资建立了一个东方陶瓷有限公司，登上了上面所说的罗庄发展的第三个台阶。回头来看，王廷江不作出投身集体的决定，这个新台阶怕是不容易攀登上去的。

罗庄现有人口 4.8 万，不包括外来的 1 万多工人，如果以 6 万人计算，去年创造的 10.55 亿元农工总产值，人均创产值 17000 多元，在全国也是数得上的。几乎与我家乡的吴江盛泽镇并肩，真可谓南北比美。

从罗庄回临沂市的路上我这样想：如果沂蒙山区多几个罗庄，不就赶上苏南了么？现在这么说还只是个设想。但罗庄能做得到的，沂蒙山区其他乡镇总有一天也能做到，何况"乡镇学两罗"的号召已经有 8 年了！

万商云集的临沂市

另一个促使我去访问临沂的原因是我听说临沂自从提出兴商促发展以来，在这个山区里形成了一个商品流通的中心，形势大好。我自从在温州看到了小商品、大市场以来，一有机会就鼓吹"以商促工"，作为发展乡镇企业的路子。看来发展山区经济也离不开这条路子。

临沂市在兴商上确是名不虚传。我初到该市，看到道路两旁商场林立，一时还不容易相信这是个山区的行政中心。且不说公路建设在我到过的山区是从来没有见过那样好的，即以市容来说，显然是个现代化的新兴城市。后来才知道沿路高悬着贸易中心牌子的显赫大厦，绝大多数是近几年里兴建的，而且不少还完工不久，等着开业。现在这个临沂市已被称为"鲁南、苏北最大的商品集散地之一"。纺织品、小商品和服装鞋帽等批发市场年成交额均已超过亿元。从时间上说，是 1985 年方起步，这几年才兴旺起来的。这确是值得注意的生动现象。

临沂历史上就是鲁南、苏北农产品重要集散地。但是长期处在革命根据地的中心，货运阻塞。解放后民间的流通受到限制，成了个土货不出，外货不入的封闭山区。80 年代农村苏醒了，由于流通的改革跟不上形势，从 1982 年到 1987 年之间交替出现过生猪、果品、银花等土特产卖难买难，大量积压，造成农民不满的事情，其中最著名的是 1987 年的"苍山蒜苔事件"。从那时起领导才开始统一了"抓流通、促生产"的思想。看来老根上发新芽还是比较快的，从 1987 年起步到 1991 年，全市已有集贸市场 129 处，年成交额达 10.8 亿元，专业批发市场 24 处，成交额达 230 万元，日上市人数 10 万以上。市内第三产业相应兴起，服务业近千家，从业人员达 3 万余人。

商品流通是生产力发展的必然结果，同时也是促进生产力发展的力量。上节提到费县山区里的山楂果园扩大，产量增加，就得注意找能销售这种果品的市场，不然就难免重复出现苍山的蒜苔事件。山楂作为一种不是用来自己吃的消费品，就得作为商品贩运出去，不然就是一堆烂货。我在河南民权看到果农种了葡萄，产量高了，逼出个酒厂，葡萄酒畅销促进了果农的积极性，提高了农村生产力。这是从自给经济转化为商品经济的客观规律。沂蒙山区提出了以兴商促生产的方针，正表示不再安于"土货不出山，外货不入山"的封闭状况，社会生产力走上了发展的道路。商品流动量的大小正可以用来衡量一个地方生产力水平的高下。

临沂市在兴商促工方面，兴商的一面看得比较清楚。自从 1987 年以来市面兴旺是显而易见的。它的特点是除了零售商业网点的迅速增加外，还大力兴办专业批发市场。零售商业网点是集市贸易的性质。人们直接购买货物的地方，也就是我们一般说的摊贩、代销店直到巨大的百货公司，都属此类。零售网点越多，买客也越方便，商品流量也越大。临沂市市面繁华就因为商店多，不但白天商店开门营业，还有夜市。我因年老没有精力去赶夜市，但听同伴们说是够有气派的。一查资料，临沂全地区有 10 万多个大小零售网点，平均每万人拥有 101 个，其密度占全省首位。

一个地区的商品流通如出现批发市场便表明这个地区的经济跨上了一个新台阶。据我了解，在 80 年代初期，苏南乡镇企业各个厂家还只是派出自己的推销员到各地去找客户。这种由生产单位直接去找购销单位，势必出现推销员满天飞的现象。我在本乡吴江县盛泽镇见到的东方丝绸市场是我第一次见到的乡镇专业批发市场。在批发市场里各地的客户主动上门订货，和推销员出门拉客正好是反弹琵琶。这在商品流通中是质的变化。盛泽就靠这个批发市场成了江苏的第一镇。我没有料到在临沂市又能见到这样发达的批发市场。

临沂地区的批发市场建设，从无到有、从小到大、从低到高，是在 1987 年以临沂市作为试点开始的。全市现在已有规模宏大的批发市场 24 处，最有名是小商品、纺织品、服装鞋帽、塑料等批发市场，年成交额均在亿元以上，赢得了"山东批发城"的荣誉。苍山经过蒜苔事件后，也出现了一个大蒜专业批发市场，使这个山东土特产得以顺利运销全国。据说这个批发市场占地 1 万平方米，日平均来客有五六千人，年成交量 4000 万公斤。单以这个批发市场来说，苍山县有 80% 的大蒜和大棚菜得以贩运外销。又据说苍山的辣椒、黄瓜一天不运到南京，南京市场上这些蔬菜价格就要上涨 20% 左右。该县一共有 2.3 万户，有 3 万多农民，1 万多辆车从事农副产品的购销、贩运活动。这个例子很可以说明批发市场在流通领域里的枢纽作用。

批发市场促进了临沂市的乡镇企业的发展。举个实例：1990 年临沂市铝制品厂由于销售渠道闭塞，仓库里积压 40 多万元的产品，濒临倒闭。它得到小商品批发市场的帮助，在场内摆了一个摊位，在一个多月内，积压品销售一空，从此成了河南、安徽、河北等地的抢手货，生产得以扩大。另一个实例是 1991 年 4 月临沂市成立塑料专业市场时，全市只有 30 家塑料制品企业。相隔大约只有一年，据说又新增 66 家，无一亏损。

我过去总是强调乡镇企业为小城镇的发展打下了基础，其实，这还是问题的一个方面。另一个方面是小城镇的兴旺促进了乡镇企业的发展。这两者是相辅相成的。从过去乡镇企业的发展过程来说，常常是企业在前，盲目生产，碰上了积压的困境，才重视流通，小城镇得到兴旺。这个程式正反映了我国广大农村工业化的特点。从自然经济转变到商品经济，可能免不了要先生产，后流通的规律。以沂蒙山区来说，乡村工业在 70 年代中期已有了苗头，而批发市场在 1987 年才开始搞试点。如果不碰上蒜苔事件这样的教训，对流通的重要性也许还不易认识得到。现在临沂全区有 4422 家乡镇企业进入了市场经营。1991 年经过市场的销售额近 6000 万元。

临沂市商业的繁荣，对附近的广大农村起着商品经济的教育作用。农村大忙季节一过，农民们都想上临沂城来开开眼界，其中有些人带些农民适用和喜欢的日用品回家，受到四邻的欣羡。不少人从替人代购变成了商贩。据说临沂地区农村里有一支 10 万人的贩运大军，从本省走到外省，已经几乎遍及全国了。有些人和批发市场有了来往，回乡开始组织生产副业。例如汤头镇华佃子村原是贫困村，有人结识了小商品市场，开始从事皮包加工业，现在该村有 60 多户参加，每户每年增收 500 多元。又如东郊九曲镇，原本有加工刀剪的传统，后来被当作资本主义尾巴剪掉了。1987 年和临沂市五金专业批发市场取得联系，一下子家家户户锤声响了起来，从业人员达 6000 人，年产值 4000 多万元。我们去看了临沂市的农副产品批发市场，我当时就明白了为什么我向费县三村的干部提出山楂板栗的流通问题时，他们一点也不觉得紧张的原因。他们的靠山就在这里。

我从参观了这些批发市场出来，见到了这样热闹的场面，除觉得一片喜悦外，却又发生了一个疑问。这里的批发市场和我在江苏吴江县盛泽见到的东方丝绸市场相比之下，但似乎还有点不同。同行的朋友提醒我说：这些市场柜上的商品为什么很少是本地货,是不是本地产品另有流通渠道?我这才醒悟过来,盛泽的东方市场是以本地丝绸产品为主,而这里,如果只从柜台上看去,似乎成了推销外地产品的场所了。这种印象固然并不全面,像农副产品批发市场就以本地产品为主,但也不容否认在临沂市的市场上本地区制造的工业品确是不很多。这能不能说反映了这里商是兴了,促工的作用似乎尚未跟上。查一查本区的统计资料,这个推想是有一定根据的。临沂地区原是个农业大区,1991年农业产值达85亿元,居全省地区级的第二位,乡镇企业产值是102亿元,这些是近几年内发展起来的,在1988年才首次超过农业总产值。就是加上乡以上的中大型企业总产值132亿元,该市工农比例还只是6∶4。这个比例相当1984年苏北的中部地区。当地干部口口声声说这个山区是欠发达地区看来并非谦辞。

沂蒙地区抓了交通和流通已取得很大的成绩,为工业,特别是乡镇企业的发展创造了极有利的条件。我相信在兴商业促生产的指导思想下,乡镇企业的发展不久必然会出现高潮,何况在罗庄已有了发展乡镇企业的优异经验。

日照建港和区域经济的发展

顺着我的旅程,接下去我应当谈到访问日照的感受了。从行政区划说,日照已在1989年划出临沂地区的范围,独立成地级市,但是从区域经济地理的概念来说,它还应当认为是沂蒙山区的一部分,而且两者具有不能分割的腹地和口岸的关系。口腹的关系并不因行政区划有所改变而分开的,它们在经济上,还是相互依赖,兴衰与共。因此我在这篇沂蒙行中还得加此一节。

从临沂市向东行100多公里就到了滨海的日照市。它面临黄海,是处在青岛和连云港之间的一个新兴的港城。日照实际包括两个港口,北是石臼港,南是岚山港,两港相隔约20海里。两港都湾阔水深,不淤不冻,陆域开广,地质条件甚优,又无台风干扰。据勘测,两港吞吐能力合起来可达2亿吨以上。确是我国黄海沿岸难得的深水良港。"六五"期间,国家决定进行日照大港和兖石铁路重点项目的建设。兖石铁路是从津浦线上的兖州通往日照石臼港的铁路,后来又由地方集资延长到岚山港。这两个港口原本都是作为输送物资出海的港口,石臼主要是运煤,岚山主要是运水泥。

日照建市是想在这些港口的基础上建成一个为改革开放服务的对外贸易中心的商埠。口岸和商埠性质有所区别。口岸只要求由一系列泊位组成的码头,能使海运轮船靠岸吞吐货物就行了。商埠则首先是一个对外的贸易中心，而且也常因运输方便附建许多工厂而成为工业中心。日照目前正在从口岸发育成商埠，而且时间还不长。1985 年日照由县改市，1989 年作为经济开发区升格为地级市，划出临沂地区但不设区，不带县。最近又拟议把附近三个县划归日照市。这也说明日照市要成为一个能和青岛及连云港鼎立的黄海沿岸的商埠还需要一段发育的过程。因之，在这节里我就不必着重去描述它怎样正在发育成商埠的情景，而是多从它的前途着眼，讲讲它在沂蒙山区，以至在鲁南及黄淮经济区域所处的地位，还可以更进一步从它作为新亚欧大陆桥的桥头堡的地位，说说它对今后我国全局发展中可能产生的作用。

作为港口，日照两港现已建成 500 吨—10 万吨的泊位 12 个，吞吐能力 1880 万吨，1991 年完成 1662 万吨。"八五"期间将上二期工程，新建 13 个万吨级泊位，到 20 世纪末吞吐能力将达 4790 万吨，到 21 世纪中叶可突破 1 亿吨。当前石臼港主要是运煤出口，岚山港运水泥和化工原料出口，杂货的集装箱的泊位正在兴建。我看到的还是空船入港，装煤外运的港口还处于初期形态。

我站立在码头上，迎着扑面的海风，禁不住联想到上节里提到过的工业赶不上流通的问题。这个沂蒙山区在水陆交通上同其他我所见过的山区相比确是优越得多。但是从临沂地区人均工农产值 2000 元和人均收入 577 元来说似不很相称。

这是为什么呢？

我想这也许是一个贫困山区从小农自给经济走向发达的商品经济初期的正常现象。在开放地区要建立一个对外开发区总是先从水电、交通、运输、信息等基础建设开始。经济发展要有先行条件。费县三个村子的小流域建设，首先是发动义务劳动修通环山乡道。沂蒙山区先造铁路、修公路、开港口、抓流通，都可以认为是区域经济发展的基础建设，这种发展战略是应当肯定的。但是必须记住，这一切都是先行措施，目的是在整体的区域发展。如果不从整体着眼，只为局部利益打算，即便是搞交通、抓流通、开口岸，这一套设施也免不了成为"酒肉穿肠过，得不到油水"。就是说，这些设施对区域经济起不到积极的促进作用。据我所知，有些专用运煤口岸，几十年发展不成商埠。这种现象可说是屡见不鲜的。究其原因就在于我们缺乏区域经济发展的观念。

我在上面多次用口岸和腹地这两个名词，目的是在强调区域经济中的"口腹关系"。口腹相联，尽人皆知。在一定区域中生活的人在经济上形成了一个密切相关的整体。整体中各经济部门的关系就有如生物机体中的口腹关系一样，如果发生阻塞、停顿、牵制、矛盾，就会百病丛生。盛衰所系，只见口岸不见腹地是危险的。

日照这个口岸的腹地在哪里呢？依我看它的腹地也有层次。第一个层次是日照市本身，现有市民100多万人，如果今后实现一区三县，将有377万人。它所处的正是鲁南沿海资源丰富之区，是山东的粮食、花生、果茶、蚕茧、瘦肉型猪和海产品的基地，此外还有蕴藏量大而未开发的多种矿产。这个腹地需要口岸是理所当然的，但是如果只以这一片大约8000平方公里作为它的腹地，应当说是大材小用，辜负了这个不易多见的良港。

日照的腹地至少要从本市区扩大一个层次，包括整个临沂地区。它现有1000多万吨的吞吐能力，完全可以承担和带动占全省1/8面积和人口的区域走上富裕之路。实际上仅岚山港1991年吞吐的货物中近90%是来自或运往临沂地区的。

从山东全省来看，沂蒙山区落脚在它的鲁南地区，是淮海经济协作带的山东部分，包括6个地市，其中只有日照市是沿海开放城市。鲁南地区面积占全省44%，人口占全省的1/4。1990年的人均收入约630元，低于全省平均数约134元，所以鲁南在山东被称为欠发达地区。这种情况和沂蒙山区基本一致：即资源丰富而开发不足，工农比例至今还是7∶3。而山东全省工业在全国则居前列，乡镇企业也位居全国第二。看来，由于鲁南落在全省后面，从而拉低了全省的平均数。

山东省东西的不平衡也反映在东部胶东半岛上有青岛和烟台两个著名的商埠，而西部连一个日照口岸还没有发育成商埠。反过来说，如果鲁南要赶上胶东，看来只有在日照大做文章。日照也必须以鲁南地区为其腹地，才能发挥它成为商埠的作用。

如果把眼光再放远一些，日照的地理位置还具有比山东其他港口更突出的优势，那就是它正处在新亚欧大陆桥东端的桥头堡战略地位。

大陆桥运输系指用横贯大陆的铁路，把海与海联结起来的海陆联合运输方式。自从集装箱运输通行以来，大陆桥运输因成本低而更见重要。苏联早在1971年正式开通了西伯利亚大陆桥，使东亚的货物可以从海参崴直接运往荷兰的鹿特丹。1991年我国新疆铁路与苏联的土西铁路接轨，形成了新亚欧大陆桥，从中国东部海岸到欧洲西部海岸全长1万公里左右，比旧大陆桥缩短2000—2500公里，而且港口无冰冻期，具有明显优势。

新大陆桥东端的桥头堡现在是江苏的连云港,如果山西侯马到陕西韩城间一小段铁路不久可以通车的话,日照就成了欧亚大陆桥东端另一个桥头堡。黄河南北两岸有平行的两路在西安会合,西出阳关,从新疆出国境,直抵鹿特丹。从日照作起点的大陆桥如果积极准备,估计1995年前可以起步运输,到2010年集装箱年运输量可达30万—50万箱,成熟期如稳定在60万箱的水平上,就可以成为亚欧间的运输大动脉了。如果我们事先自觉地避免"酒肉穿肠过"的覆辙,国内这一段大陆桥又将成为一股改革开放的动力,带来包括鲁南、淮黄经济区在内的欠发达中部地区的大发展。现实的可能性已经存在,能否成为事实就得看我们自己能否克服种种发展上的阻力了。

日照据说是得名于"日出初光先照"这句乡谚。我看这可以用来作沂蒙行的结束语。幼苗可爱,方兴未艾。我诚心祝愿东海日出,光照亚欧。

1992年6月

淄博行

我在山东跑过不少地方，西至菏泽，东到威海，也去过沂蒙山区。转了一大圈，现在来到淄博，我有很多想法。淄博原是战国时代齐国的国都，管仲在这里发展商品经济，推行改革措施。我们现在也在这里搞改革，搞商品经济，把今天和2500年前那段历史联系起来，不免产生很多感想。这些感想，我想从带来的一本书说起，书名叫《稷下学史》。

11年前，这里开过一个会，叫"稷下学讨论会"，后来又出版了《稷下学史》这本书。我的历史知识比较欠缺，读了这本书，受到很大启发。我从书里边知道，稷下的意思就是"稷门之下"，稷门是齐国都城的西门。战国时候，齐国的当权者在稷门这里设立了一所规模宏大的学宫，叫"稷下学宫"。齐国以这所学宫为基地，招揽天下名士到这里来议政，称这些名士为"稷下先生"。最兴盛的时候，"稷下先生"有上千人。齐国当权者为"稷下先生"们提供优厚待遇，让他们著书立说，讲习议论，不任职而论国事，叫"不治而议"，用他们的学术专长来帮助齐国治理政务。他们不是执政者，而是议政者。我们现在讲参政议政，实行中国共产党领导的多党合作制度。这个参政议政的源头，似乎可以推到2500年前，是从淄博这个地方开始的。

当时有许多著名学者都来到稷下学宫，在学宫里讨论学术，百家争鸣，为齐国的治理和发展提供智力的服务，对齐国成为大国、强国起了很重要的作用。现在，我们要各个地方都实现小平同志提出的目标，要大力发展经济，到20世纪末，全国人民都达到小康水平。这里面，确实有个发展经济的战略问题。要集中各个方面的智慧和研究，找出些办法来。齐国那个时候，天下并不算大，现在的天下大多了，我们已经进入全球经济密切相关的时代了。在这种局面下，一个地方的经济发展，怎么样能从自己的实际条件出发，参照世界的形势，在整个世界的发展当中找到发展自己的路子。用什么办法来找呢？我们是不是可以考虑2500年前齐国采用的办法,用稷下的模式,请来有研究、有见识的专家当"稷下先生",请他们出主意,想办法,开展讨论。我们今天请来的各位专家,可以说就是现代的"稷下先生"。齐国的稷下先生住在学宫里边,现在交通条件已经大有进步,我们可以利用交通的便利定期聚在一起来议论了。像这个会议一样,昨天晚上专家们连夜赶来,开两天会,发表意见,提出建议,明天可以又到另一个地方去参加其他地方的会议了。各个谋求发展的地方都需要人出主意,都可以借助发达的交通,组织力量,研究发展战略和策略,议政,出主意。怎么发展一个地方?大家把各自的想法拿出来。至于采取哪一种想法,那要由执政的人来挑选。这样就把议政和执政结合起来了。

我们中国民主同盟是参政党,盟内有很多专家,他们有参政议政的智力优势。我们的议政工作,有一部分就是参与地方上经济发展战略的研究讨论。但是只靠民盟内部的力量还不够,所以我们就广泛地联系各方面的专家,组织各种形式的讨论会,为地方的经济发展服务。

我在山东跑了一圈,现在来到淄博,看到淄博在山东有它特殊的地位,在区域经济里边处于一个地区的中心地位。对于区域经济的认识,我个人是从苏南一个村子开始的,从这么一个小的经济细胞开始的。从一个村子逐步发展,到苏南的一片,到一个省,几个省,再到全国,从研究一个村子的经济发展到了研究区域发展。这是我个人的学习历程。

现在可以看得更清楚些了,经济的发展正在突破行政区划的界限。这是当前经济发展中很值得注意和研究的一种现象。怎么理解这一现象呢?首先有个认识问题,即怎么看待当前中国经济布局。我想,不宜从行政区划的角度去看,而要超脱行政区划,看到市场经济发展过程中客观存在的和必然要求建立的经济联系。根据这样的经济联系,在地域上可以形成几个大的区域。我们已经提出了几项跨世纪的工程,其中一项就是环渤海地区的发展。这个经济区域从青岛直到丹东,如果能加快发展起来必然会在华北发生巨大的影响。

要加快发展环渤海地区就提出了需要有若干中心城市发挥作用的问题。这也就为淄博的发展提供了机遇。淄博在环渤海地区的发展里边起什么作用,怎么发挥作用,需要从区域经济的角度来研究。所以我就建议,淄博是不是可以考虑开一个研讨会,把专家们请来,做我们的老祖宗在2500年前做过的事情,广开言路,集中大家的意见,造成研究的气氛。这个研讨会不作结论,百家争鸣,大家就把各自所想到的意见畅所欲言,展开讨论,然后把大家的想法集中起来,出一本书。

当年稷下学宫不光是讨论、争鸣，也出了不少重要著作、经典著作。《孟子》、《荀子》大体上就是在稷下酝酿、编著而成的。《管子》半数以上的文字，也出自稷下。10多年前，淄博这里开过"稷下学讨论会"后，也出了一本书，就是《稷下学史》。这本书对我的启发很大。许多事情过去不知道的，从这本书里知道了，还产生了很多想法，使我得到了提高。因此，作为一个初步的想法，我们这次讨论会后，希望也出一本书，讲我们淄博在区域经济里边怎样发挥作用，讲淄博从现在到21世纪初怎样发展，同时，也可作为我们继承历史上的好传统，复兴稷下学风，开展百家争鸣的记录和纪念。

我是从一个村庄的调查起步的，刚才说了。从村庄到小城镇，再继续扩大范围，现在又关心大中城市对农村经济的辐射和带动作用，关心区域经济发展的中心城市问题。我这个人的想法很简单，就是希望老百姓的日子过得好一点，为这一点做些力所能及的事情，在做实事的实践中不断学习，有所提高。我紧紧追随我们民族在20世纪内的现代化过程，一边调查，一边记录，以便认识它，思考它。改革开放以来，我们的老百姓干出了很多大事情，我常常感到自己的认识落后于实践。

农村里搞点家庭工副业、庭院经济、乡村工业，老百姓的日子就会好过一点，这是我能想得到的。老百姓的日子好一点以后，出现了很多新的东西，出现了乡镇企业的异军突起，出了个市场经济。这些了不起的大事情，是我开始时没有想到的。我去温州看那里的发展，感受到了流通的重要性，开始有了流通的概念。农民生产的东西多了，就要卖出去，要去市场上流通起来。我写了篇文章，叫《小商品，大市场》（即《温州行》），说这个问题。我的这些想法，老实说，都是从实践里边出来的。有很多事情，不是先想好了才去做的，而是老百姓在不断尝试中搞成的，创造发明权在老百姓那里。实践当中已经有了的东西，我们要跟上去看，去思索。这就是所谓学习。看出了和想通了这些事情的意义，用处就大了。

我们快要结束的这个20世纪，我叫它"战国世纪"。世纪初打第一次世界大战，接着是二次大战。二次大战结束后，没有军事上的世界大战了，不用武力相见了，却改变成了经济较量，其实只是战争的方式改变了，还是"战国"状态。现在国与国比实力，比生产力水平，比经济的力量，打经济大战。苏联打败了，垮台了，我们坚持了过来，靠什么呢？靠广大农村这些年的经济发展，靠农民搞出来的市场经济。我是这么想的，不知道对不对。将来历史对这一段怎么写，一定很有意思。

我脑子里边有这么一个"战国"的概念，就会出现一些和这个概念有关的想法。这些年我去全国各地看，行行重行行，现在来到淄博。看看现在的发展，想想历史上的情况，觉得很有意思。历史和今天，有很多相同的地方。2500 年前，是我们中国的战国时代，是从奴隶制向封建制转变。现在是世界的战国时代，是资本主义正在变化。向什么地方变，变成什么样子，还不清楚，总之是在起大变化。不光是苏联不行了，那些资本主义国家也不行了。美国打海湾战争，战场上是打胜了，政治上只能不了了之，而且暴露了自身的弱点，经济实力已经亏损了，仗打下去了。收兵回来，总统下台，还不是一场空吗？

为什么我们说小平同志有远见呢？他看出在世界上力量对比的变化当中，有我们中国发展经济的机会。历史上这样的机会不多，所以要抓住机遇，加快发展，先把经济搞上去，让老百姓富起来。发展才是硬道理。

怎么发展呢？城乡要结合起来。农村的发展也好，城市的发展也好，光靠它自身是不行的。我对上海一带的情况比较熟悉，那一带小城镇比较密集。小城镇是怎么出来的呢？是农村发展所要求的，也是农村发展所促成的。一个村子一千人左右，一个小城镇十几个、几十个村子。这些村子需要有个中心，农产品集散中心，几万人的小城镇就是这么出来的。再发展，小城镇还不够，从镇再往上，就是城市了。像我的家乡苏州，几十万人，我们叫它中等城市。淄博也在这个层次上。没有这么一个中等城市，它周围的小城镇发展不起来。没有上海这样的大城市，苏州、无锡这样的中等城市也起不来的。所以，我脑筋里边慢慢地产生这么一个想法，区域经济的想法。我们考虑一个地方的发展，不能孤立地只从一个点来考虑，必须从周围乡镇一块来考虑。一块地方要有一个经济的中心，它和周围的腹地在经济上紧密联系，共同发展。若干村围住一个镇，若干镇围住一个中等城市。从细胞到器官，再到全身，成为一个整体，一个群体，在淄博这里，叫"组群式"结构。

这么想了之后，再看我们国家的经济布局，发现问题很大。我们整个的经济是倾斜的，有点南倾。我去香港和珠江三角洲看过几次，知道这是历史造成的。那时候搞封锁，只留了香港这一个后门，一条通路，几十年里把它喂胖了。香港过去也不成样子，祖国大陆送去了机器、资本、劳动力，它才发展起来。我们几次运动，赶过去了不少人。这些人中不少现在已当了小老板，回大陆投资办厂，东莞就是靠这么一批人发展起来的。这段历史，造成了华南经济的发展，也造成了我们国家经济的南倾。

上海工业基础很好，但是被过去实行的计划经济卡住了。上海没有机会很快发展起来，但是出了一个苏南。苏南还不是靠了老上海的技工发起来的？在提出上海开辟浦东新区时，我有一个想法，以上海做龙头，江浙为两翼，把长江三角洲整个这一块带动起来，发展起来。不过，这要有个过程，现在还不行。上海先得丢掉过去的包袱，这个龙头才抬得起来。

顺着沿海往北来，就是我们这一块，环渤海地区。这里区位条件好，即将成为今后发展的一个热点。经济南倾的局面是历史造成的，当时没有其他办法，但不能总是南倾下去，越倾越重。想实现共同富裕，当前不发达的地方必须赶上来，热点的向北转移是必然的。淄博要从这个视角去做文章，建成环渤海经济区南部的一个中心。

说到热点的转移，我们可以再往北看，就是东北亚地区，也有点热起来的气势了。那里又是一大块。我去延边视察时就看到这里可能出现的前景。我国南方优势必须保住，北方这一块却还待开发，但必须及早看到它的潜力。国际共同开发东北亚很可能成为事实，开发时所需的劳动力在什么地方呢？在我们这里。日本、美国、俄国都抽不出劳动力去这遥远的地方。劳动力是我们的一大优势。中国人的适应性很强。可以采取外出打工的形式输出劳务。在国内不算移民，就可以起步去开发，像日本人在夏威夷，双方都有益处，会受到当地的欢迎。东北地区的经济发展起来，同南方相呼应，我们国家的事情就好办了。

从南向北的经济联系和发展，环渤海地区是个过渡地带，很重要。这一地区的发展，也要有几个大中城市作支点，淄博应该是其中的一个。环渤海地区在发展过程中，会和东北地区的发展产生自然的联系。环渤海地区发展条件很好，应该成为国际共同开发整个东北亚经济的一个基地。我们在研究淄博跨世纪的发展问题时，不妨看得远一点，所以我就产生了这些想法，提出来供大家来讨论。

1993 年 6 月

本文是1993年6月在淄博跨世纪发展战略座谈会上的发言

沧州行

去年11月下旬,我第三次到沧州考察。这次考察时间较短,只看了几家工厂,访问了一个村,一家农户。虽是走马看花,由于我这两年已去过两趟,对当地基本情况已有初步了解,这次短短的几天里还是看到一些值得注意的问题,也有一些新的体会。以前两次考察回来后没有写出报道,有违我"走一趟,写一篇"的初衷。这次我预先和助手约定每天写出日记,并把我一路在各种场合的讲话录音,整理成篇,回京后不久,写成初稿交给了我。可是我却因一路受了风寒,住进医院。这篇底稿一压就压了有两个多月。直到元宵节我才在稿堆里找出来,加以修改,了此一桩心事。

缺水制约了发展

沧州位于河北省东南部,北靠京津,东临渤海,南面与山东德州地区接壤。沧州历史悠久,春秋属齐,战国属燕,北魏时(公元517年)"盖取沧海为名"始称沧州。以后建制几经变革,于1961年重建沧州市。1984年改为省辖市,现辖三区、两县。总面积2678平方公里,总人口131万,其中非农业人口28.4万。

历史上沧州是个穷地方,《水浒》里所写的林冲夜奔,火烧草料场的故事就发生在这里。党的十一届三中全会以后和其他地方一样,这里也发生了很大变化,近10年来发展更快。1988年沧州市被批准为沿海经济开放区,多方吸引外资,现已批准立项开工建设和投产的外资企业有44家,乡镇企业发展到2万个。1991年全市工业总产值33.8亿元,农业总产值7.1亿元,乡镇企业产值14亿元。粮食总产量47.5万吨,人均360多公斤。农民人均纯收入600多元。

从上面的数字可以看出沧州市经过近十几年的努力，老百姓的温饱问题基本上已经解决，但是比起我国东南沿海发达地区，差距还是很大的。

制约这一地区经济发展的因素很多，诸如资金短缺；企业效益低；产业结构不合理；农业基础薄弱，基本上还是靠天吃饭。但是仔细分析，缺水的问题特别突出。这里不仅干旱，而且水中含氟量很高，严重危害当地人民的身体健康，已经引起中央各有关部门的重视，改水工作正在进行中。为了解决干旱问题，这地区的大型水利工程也在积极准备上马，南水北调、引黄济冀工程已开工建设。然而缺水并非沧州一个地区的问题，1990年我到广宗县访问，那里也因干旱，农业生产受到很大的制约。怎样解决河北省的水源枯涸，看来是个大课题，看来应该有一个通盘的考虑和规划。

环渤海湾地区的薄弱环节

中共十四大报告中提到"要加强环渤海湾地区的开发和开放"，环绕渤海湾的城市有大连、唐山、天津、沧州、滨州、东营、烟台、威海等。在这些城市中沧州、滨州、东营经济力量相对薄弱。这几个比较弱的环节必须抓住当前这个机遇，努力把经济发展起来。

我国要在20世纪末达到小康水平。东南沿海发达地区现在已经基本实现这个目标，但是从全国范围来看，不发达或欠发达的地区所占的比重还不小，中部地区必须在2000年翻两番，才能达到小康水平。在有限的时间内完成这一任务是相当艰巨的。但是，当前的形势十分有利，国家政治稳定，经济发展，而这一带资源丰富，有举世闻名的开滦煤矿、长芦盐区；唐山的陶瓷、石家庄的纺织业在全国都是很有名气的；华北油田和大港油田又为发展石化工业提供了条件；农作物除了小麦、玉米之外，棉花是主要的经济作物，还有不少土特产品，河间的鸭梨、沧州的小枣也都很有名。总之河北省在经济发展上工农业都有雄厚的基础，问题是在怎样开发。下面是我亲自看到的一个例子。

我在沧州参观了青县锦斋枣制品厂，这家1985年从5万元固定资产和8名职工起家的小厂，经过7年的奋斗，今天已经成为拥有固定资产1170万元，流动资金1300万元，占地面积5.1万平方米，职工1120名的大厂了。他们生产的枣茶畅销国内21个省市、自治区，并远销日本、美国、新加坡、澳大利亚等7个国家和地区。1992年预计年产值可达4000万元，实现利税1000万元。这个厂所需的原料——金丝小枣是这一带特有的果品资源。

两年前初次访问沧州时，我看到麦地里种着一行行的枣树，当地同志告诉我，枣树和小麦互不干扰，当春天小麦开始生长需要阳光时，枣树还没有长出茂密的树叶，而当枣树叶子茂盛时，小麦已经抽穗，正需要挡风。因此麦田里种枣树对小麦的生长利大于害，对产量影响很小。据说，这里一亩地可种10棵枣树，一棵树产枣15斤，每斤枣收购价当时是2元，一亩地单枣子就能增收300元左右。我看到金丝小枣正是这里的一个致富的宝贝，所以建议沧州的同志要抓住小枣子做大文章。

这次我去沧州时，他们给我看了一份《沧州市人民政府关于加快发展金丝小枣的决定》，市政府决定把发展小枣作为该市农村翻番致富奔小康的一项重要战略措施来抓。《决定》里明确任务，建立组织，落实责任，严格奖惩。还制定了具体的优惠政策，大力扶持农民种植枣树。现在全市有枣树26.4万亩，其中结果枣树18.5万亩，333万株，年产小枣2000万公斤，涌现出一批亩产"树上千斤枣，树下千斤粮"的高产典型。市政府计划到"八五"末再种植18万亩，小枣总产达8000万公斤。政府积极为农民提供产前产中产后一条龙服务，其中最重要的是产后服务。总之，小枣生产的经济效益的提高，是要根据市场需求，不断提高产品质量，开拓销售渠道，才能使农民种枣树有利可图。锦斋枣制品厂是一家"清真"食品厂，我建议他们将一部分产品在包装形式上突出这个特点，印上"清真"的标记，设法打入中东穆斯林国家。有可能开辟一个新的国外市场。金丝小枣的开发提供了一个值得举一反三予以推广的例子，只要有心人，财富自会来。

积极建设市场，抓住流通不放

这几年，一有机会我就鼓吹"以商促工"，商品流通是生产力发展的必然结果，也是促进生产力发展的力量，这个道理看来现在大家都已经认识清楚了。当前各地政府都有意识地大抓市场建设，促进商品流通。东部沿海发达地区已经出现了称为"商城"的规模宏大的专业市场。我的家乡吴江县盛泽镇的东方丝绸市场，专门经营丝绸，靠着这个专业批发市场，盛泽成了江苏第一镇。去年6月我去山东临沂访问，临沂的领导从1987年"苍山蒜薹事件"中汲取教训，统一了"抓流通，促生产"的思想，经过4年多的努力，临沂市已成为"鲁南、苏北最大的商品集散地之一"，批发市场正在促进临沂市的工业，特别是乡镇企业的发展。

河北省也有一个名闻全国的"白沟",这个民间自发起家的大市场已经引起很多人的关注,不少经济工作者和专家都到那里考察,在报上也发表过他们考察"白沟"的文章。可惜我至今还没有去过。我还在报上看到蠡县留史镇,正在兴建"中国留史皮毛城",这个城是将以皮毛皮革为龙头,集商业、加工、金融、外贸、房地产开发、信息咨询和服务娱乐为一体的贸易城。这些大市场的建设,必将促进河北省的经济发展。积极建设大市场,是当前地区发展及时的措施。我们还应当注意那些多年存在的乡间集市。我在这次访问中,遇到老乡赶集的日子,常常看到成千的人群簇拥在尘土飞扬的公路两旁,搭铺摆摊,交通竟为之堵塞。我曾向地方同志建议,不妨研究一下,哪些地方是老百姓愿意赶集的场所,政府为他们开辟一块地方,搞一些简单的设施,搭上棚子,遮日挡雨,便利群众。这些传统的集市如果有意识地加以培育,不久就会长成促进周围农村发展的贸易中心。

农工业之间还有致富的空间

沧州的同志要我为他们出点主意,我说:你们可以多多想法开辟农业和工业之间的生产路子。上面已说过沧州地区迄今为止包括乡镇企业在内的工业基础还是比较薄弱的。这是有其历史原因的。早年这个地方自然条件相当恶劣,明清两代都是"贼配军"服苦役的地方。这种情况实际上一直还延续到解放前。这里的老百姓衣不蔽体,食不果腹,哪里谈得上什么工业。解放40年来,好事多磨,经过曲曲折折的道路取得了今天这样的成绩确实也很不容易。

改革开放以来,沧州地区的老百姓创造了不少发家致富的路子。我访问的青县后董景村,村书记今年已55岁,是位老领导,在学大寨的时期就已经是这个村的书记。我到这村访问那天,他穿着一身褪了色的中山装,戴着一顶过了时的干部帽,浑身散发着纯朴的乡土气。几十年来勤勤恳恳为乡亲们服务,取得了群众的信任。党的十一届三中全会以后,实行家庭联产承包责任制,后董景村的粮食生产有了较快发展,1983年在这位书记的带领下,他们经过多方考察论证,决定以当地盛产的玉米为原料,投资72万元,建立一个玉米淀粉厂。在技术上,他们向河北省农业现代化研究所求援。经研究所的帮助,1984年10月一座年产1000吨的淀粉厂正式建成投产了,产品还先后获得农业部和河北省优质产品称号。随着市场的扩大,他们又先后投资了470多万元对企业进行改造扩建,使产量从1000吨上升到1万吨,年产值也由220万元增加到1500万元。接着他们又对玉米淀粉的副产品和下脚料——蛋白粉、玉米皮、胚芽以及浸泡玉米的废水进行开发利用。这一套开发利用更需要科技知识。他们从北京、天津、石家庄等地的6所大专院校和科研单位请来专家。在他们的指导下，以蛋白粉为原料生产出了饲料添加剂，以胚芽为原料建起了年产3000吨的饲料厂和年产2000吨的活性饲料酵母厂，以浸泡玉米废水为原料还建起了植酸钙厂，经济效益成倍提高。

后董景村的农民并没有到此就停步，他们以淀粉生产为依托，在村里办起了养鸡场、养鸭场、养猪场。从丹麦、加拿大、美国引进良种，并制定一系列优惠政策，有力地促进了全村集体和个体养殖户的发展。目前全村鸡、鸭、猪的存栏分别达到5.5万只、1.4万只和1850头。仅此一项，农民每年纯收入就50多万元，人均500元。后董景村的农民说，他们要"赶着畜禽奔小康"。畜禽饲养的家庭副业就是在我上边所说农业和工业之间的生产空间中发展起来的。

养殖业的兴起又促进了种植业的发展，全村通过畜禽养殖一年可获3000余立方米的优质有机肥，施于田间，培植了地力，粮食单产由1984年的350公斤提高到355公斤，全村有400亩耕地实现了吨粮田，同时还种植了600亩果树。由于有机肥的大量使用，全村化肥年使用量由150吨降到50吨，年节省资金7万元，而且减少了污染，1992年被省定为生态农业试点村。

这个有270户1051人、耕地1200亩的村子，1992年工农业总产可达1700万元，其中工业产值1500万元，农民人均纯收入1400元，已经进入小康水平。这1400元中有500元是农民通过发展副业，养鸡养鸭养猪得到的。这个村由于立足于本身资源优势，开发了玉米淀粉，生产了饲料，养肥了鸡鸭猪，富了一个村，畜粪又滋养了庄稼，形成了良性循环。这表明农村可以通过搞家庭副业走上致富之路。后董景村还有一个有利的条件，这里离天津、北京只有几十公里，产品的销售，技术的引进都有许多便利的条件，充分利用了京、津两大城市的辐射力。

总之，后董景村的生动事例再次说明，在工业基础薄弱的地方，要一下子搞乡镇企业，往往事与愿违，不容易成功，还不如先从农民熟悉的，有传统基础的一家一户能生产的副业搞起。也就是说，从农副产品加工起步，甚至可以发展到利用加工后的下脚料发展家庭副业，然后再逐步走上办工业的路子。

要为黄骅港开辟个大腹地

这次去沧州大家谈得最多的是黄骅的港、路问题，这的确是一件振奋人心的大事。江泽民同志在十四大报告中把这条西起神府东胜煤田东至黄骅，全长820多公里，投资107亿人民币的新铁路与三峡工程、南水北调、千万吨级钢铁基地，并称为我国跨世纪特大工程。这条铁路和港口的建设，无疑将对整个沧州地区以至河北省起到积极的作用。但是对河北省来讲，路、港建成之后，能不能发挥带动整个河北经济发展的作用却还需要人们认真思考。去年6月我在山东日照，提出日照港的腹地问题。7月我到黑河访问也谈到口岸与腹地的问题，我把港口与内陆比作"口与腹"的关系。口腹相联，才能发挥经济效益，千万不要见口不见腹。

这条神黄铁路是我国西煤东运的第二条铁路通道。黄骅港是一个运煤的专用码头。如果仅仅达到运煤这样一个目的，那就大大辜负了渤海湾上如此难得的良港。否则，这里就难以避免"酒肉穿肠过"而得不到什么油水了。有路有港，但沿路地区经济并未发展起来的例子并不少见。因此我们要树立区域经济的观念，以黄骅为出口，及早为它开辟一个广阔的腹地，把黄骅建成一个对外对内贸易的商埠。作为商埠黄骅港就不能停留在一个单纯向外运煤的口岸，而应该还是一个码头货如山、贸易通四海的经济中心，并依靠这个中心，发展出一个交通方便、信息灵通、金融活跃、工厂林立的华北经济区。

黄骅的腹地首先当然是黄骅市，现有的一个新兴的黄骅开发区是满足不了需要的，必须再向纵深发展。沧州地区以至整个河北省，南连徐淮，西出太行，从而构成一个广阔的黄骅腹地。也只有当港口与广阔的腹地真正达到"口腹相联"，在经济上形成一个密切相关的整体，黄骅港才会成为一个和大连、天津、烟台并立的渤海湾海岸的大商埠。这个商埠将带动我国中部地区登上一个新的台阶，当前我们应该提前做一些准备工作，迎接新的形势。

发展教育，提高职工素质

如果要追问为什么沿海地区比中部和西部地区发展得比较快？原因当然很多，职工文化素质的差距应当说是最基本的。小农经济所造成的思想意识、生活习惯在这些欠发达地区的人民中根深蒂固。像乡镇企业这样的新生事物，在沿海先进省份，一旦条件成熟，就像春风吹绿江南岸一般很快蓬勃蔓生。而在内地领导上一再优惠，扶持，还是点点滴滴有所发展，而连不成一片，更形成不了一股风气。土质贫瘠，庄稼瘦弱，群众闭塞，工业难长。要较快地使农民转化为工人，不能忽视了人的文化素质，这个基本认识，已经在实践中逐步为人们所接受了。

这次沧州之行使我有机会看到了河北省在提高广大职工的文化和科技素质上创造出了一套规范措施，作出了一个发展职业技术教育的具体计划。据了解，河北省决定要在每个县建立一所"职业技术教育中心"，针对当地的需要，定期培养大批适用的各级人才。这种职教中心的特点是以县为单位集中力量，统筹规划，提高设备，加强师资，因需定课，配合当地经济发展的要求，提供合格的职工。这就改变了过去分散办学，供需脱节，师资队伍不易固定和提高的种种弊端。

我参观了河间市和沧县两所职教中心，不仅看到了河北省领导对职教工作的重视，而且觉得职教工作已搞出了一套比较先进的体制。现在河北省已有40个县建立起了这种规模相当大，设备相当完备的职教中心，即以我们看到的这两所说，新建的校舍，包括教室、实验室和图书馆，以及学生的宿舍、食堂和体育场都可以与一般城市里的大中专学校相比。按河北省的计划，到"八五"末，全省100个县各县都要建成一个这样的职教中心，在校受培训的学生将达到60万到90万人。

这种职教中心所需的资金采取了多方筹集的办法。1985年开始，河北省决定了"一校多制，多方筹资"的原则。先由省方带头与银行协调，安排384万元的贷款，第二期开办40个职教中心，每个中心给200万元的贷款规模。限期7年，前三年由政府贴息，从第四年开始，由县财政还本50万元，利息从学校创收中解决。学校站稳后，逐步通过创收做到自给自养，自我发展。

我参观的沧县职教中心是个具体的例子。他们办了一个有6500平方米的养鸡场，配备有大型孵化机、出雏器、育雏器等先进设备，每年可向市场供应雏鸡20多万只，同时还提供肉鸡、鸡蛋等，年获纯利20万元，去年又和朝鲜合资扩大肉鸡养殖场，利润预计可达百万元。该校所需的经费基本得到解决。

重视科技，延揽技术人员

培养和提高职工技术和文化是百年大计，但远水还难于解决近渴。沧州地区这几年经济发展，大办企业，技术人员成了宝贝。我们约请了几位农民企业家座谈这个问题。他们一致的看法是要发展企业首先要找到可靠的技术人员。为此他们都千方百计，不惜重金招揽和优待。

裕轿线缆有限公司的董事长董俊恒告诉我，他是通过各类专业报纸，向全国招聘技术人员，凡被录用的工程师，每月工资1000元。这对当前的知识分子来说，不是个小数字了。他还给我算了一笔账，说这些高薪聘请的知识分子每年能给企业创产值几十万元。

锦斋枣制品厂也有一套行之有效的奖励技术人员的制度。而后董景村玉米淀粉的开发，从开始的论证，到建厂投产，生产管理，到后来的深化开发，哪一环能够离开科技知识？他们得到天津、北京科研单位和大专院校的帮助和支持。这些事例再一次证明了科技是第一生产力，而且这个道理已经被越来越多的人认识到了。用这位老书记的话来说，"我们老乡就是需要老九。老乡和老九一结合，农民就富了"。就让我用这句话结束我这篇"沧州行"罢。

1993年2月5日

本文初稿系费皖同志整理

邯郸行

利用全国人大召开前的空隙时间。从2月28日至3月2日，我到河北省邯郸地区访问，时间虽短，却看了不少东西，学到不少新的知识。

燕赵名城，中原重镇

邯郸是古老的。据考古发现，磁山、仰韶、龙山等文化以及商、周、战国时期出土文物证明，早在七八千年前，我们的祖先就已经在这块富饶的土地上定居了。邯郸之名最早见于《春秋·穀梁传》，距今有2500年。战国时期这个地区已相当繁荣，是当时最有名的冶铁中心。汉时邯郸与洛阳、临淄、宛、成都齐名，贸易兴盛，经济发达。

邯郸又是年轻的。在抗日战争和解放战争中，这里的人民在中国共产党的领导下，立下了不朽的功勋。这里曾经是抗击日寇的晋冀鲁豫抗日根据地，曾建立边区人民政府。解放战争时期，刘、邓大军就战斗在这片土地上。解放后邯郸焕发出青春活力，党和政府投资140多亿，将这里建设成全国钢铁、煤炭、纺织的重要工业基地之一。这里也是全国粮棉重要产地。改革开放以后，邯郸的经济和各项建设事业更是空前活跃，朝气勃勃。经过40多年的建设，邯郸已经有了较为坚实的工农业基础。

邯郸位于河北省南端，与晋、鲁、豫三省交界，西枕太行山，东倚华北大平原，面积约12000多平方公里，人口680多万，京广铁路贯穿全境。这里土地肥沃，气候适宜，传统上是一个农业地区，主要农作物有小麦、玉米、棉花等，近年来蔬菜生产有了大幅度的增长。矿产资源富集，境内蕴藏着大量的煤、铁、石灰石、铝土等。

"1751" 和 "双百工程"

改革开放以来，当地政府下大力气抓农业，组织实施了一系列旨在提高农业综合产出能力、发展高效农业的措施。例如，从1989年开始精心组织的"1751工程"，即建设棉麦一体化高效田100万亩；亩产小麦700斤、籽棉500斤；建成1000个科技示范村，做到一年收一季麦一季棉。这一工程于去年已顺利完成。工程田较一般农田，每亩可增加收入200元。

从今年开始，他们又推出以种养结合为特点的"双百工程"，要在3年内再建成高效示范田100万亩，累计饲养肉牛100万头。为了保证任务落实，从地区到县、乡、村组织了"农业服务协会"（简称"农协"）。自农村实行家庭联产承包制以来，农民的积极性虽然被调动起来，但是土地分散经营后，有许多事情不好办了。诸如机耕、浇水、除虫、种子和化肥的供应、新技术的应用等，靠一家一户解决确有困难，农民迫切要求有人为他们服务。邯郸地区政府急农民所急，从地区到村一竿子插到底，以"官民合办"的组织形式，以技术为先导，物资为基础，资金为后盾，行政做保证，集政、技、物、财四位一体为农民服务，收到了良好效果。

虽然邯郸地区有较雄厚的农业基础，又有不少大中型企业，但是这里的老百姓，特别是农民，生活还不富裕。乡镇企业受种种因素的制约，发展不大。1992年农民人均收入仅520元，全地区13个县中还有3个贫困县。在我出发去邯郸那天，国务院颁发了《加快发展中西部地区乡镇企业》的决定，明确提出要把加快发展乡镇企业作为中西部地区经济工作的一个战略重点，并且制定了切实可行的多项政策，同时鼓励和支持沿海发达地区的乡镇企业，大中城市和国有企业，按照互利互惠的原则，与中西部地区发展横向经济联合，开发资源，实现优势互补，共同发展。这就要求发达地区的企业家们要有更高的眼光、更大的魄力、更强的责任感，到中西部地区开拓自己的事业。

近年来东部地区与中西部地区之间的干部双向交流，对帮助欠发达地区的干部开阔眼界、增长才干起了很好的作用，同时也为双方的经济交流创造了条件。这次我在石家庄与广宗县的领导同志座谈（广宗县是我1991年曾经访问过的一个比较贫困的县），新任县长潘孟申曾经在浙江上虞县挂职，不仅工作上得到了锻炼，还与上虞县建立了密切的联系。上虞的一些企业家到广宗去考察，并表示愿意到这里来联合办厂。希望上虞县和广宗县能够在互惠互利的基础上加强合作。

永年的白色海洋

  我在《沧州行》中提到，在工业基础薄弱，没有工业传统的中部地区的广大农村中，还是要因地制宜发展农副业生产，再逐步发展副业加工，在老百姓富裕以后乡镇企业才比较容易发展，同时要注意大力培育市场。邯郸地区近年来在农业上组织实施"1751工程"和"双百工程"的同时，还狠抓了流通。这次我从邯郸市去肥乡县时，路经永年县韩屯，见到公路两旁一畦畦塑料拱棚连成一片，在阳光下白灿灿望不到尽头，简直是塑料棚的白色海洋。

  同行的地委书记告诉我，这个县的蔬菜生产有着悠久的历史，早在明嘉靖年间，永年大蒜就是贡品。改革开放以来，蔬菜生产迅猛发展，蔬菜耕地发展到17万亩，其中温室21000亩，塑料棚和地膜覆盖地有55500亩，年产商品菜5.5亿公斤，年产值2亿元。主要销往北京、天津、内蒙古和东北三省，并出口日本、东欧和东南亚的一些国家和地区。

  1986年这个县曾经发生过2亿斤大白菜烂在地头的事件。干部群众接受教训，从中看到了建立市场抓流通的重要。他们充分利用这里交通便利的条件，兴建了9个大型市场。谈话间，我们来到了"南大堡蔬菜市场"，只见广场上车水马龙，人头攒动，一派繁荣景象。我拉住一位卖韭菜的小伙子和他聊起来。他乐呵呵地告诉我，他清早从地里割下韭菜，用排子车拉到这里，不到中午就卖掉了，价钱也合适。南大堡蔬菜市场占地100亩，建筑面积52000多平方米，上市蔬菜有30多个品种，1992年市场成交量5亿多公斤，成交额3亿元。一个南大堡菜市场带动了周围13个乡镇、200多个自然村和80多个专业村。现在他们正在投资建造咸蒜、糖蒜加工厂和酱菜系列加工厂。

  邯郸现在还是地、市并存，由于体制的关系，双方还不能融为一体。我觉得改革时，"地"要瞄准"市"这个市场，为邯郸市90多万非农业人口服务，同时应该积极吸引和接受城市辐射；反过来"市"要充分发挥现有的工业力量，打破"围墙"走出去与地方结合，为发展乡镇企业贡献力量，努力实现城乡一体化。从苏南乡镇企业的异军突起和城镇的迅速繁荣给我们一个启示：没有城市做依托，广大农村是不容易发展起来的；而农村经济一旦活跃起来以后，又会有力地推动城市的繁荣。

老姑爷回门

我这次去访问邯郸地区肥乡县的赵寨村,也是为了了却我几十年来的一桩心愿。1935年8月我同燕京大学社会学系的同学王同惠结婚。婚后我们两人一起到广西大瑶山考察,后来在12月发生了不幸的事故,同惠没有生还。她就是肥乡县赵寨村人。人世匆匆,转瞬间60年过去了,我一直没去过同惠的家乡,这次才有机会到肥乡还了这个心愿。乡亲们高兴地说"老姑爷回来了"。

南翟固乡赵寨村,距邯郸有30公里,而且离公路较远,进村时车子在土路上颠簸了一阵子才到达。这是一个以产小麦、玉米、棉花为主的村子,有390户、1700多人,只有3600亩耕地。1982年村里办了一个砖厂,年产值约4万元,1987年又集资建了一座冷库,贮藏水果、蔬菜,年贮藏量15万公斤,销售产值30万元。我问一位80多岁的老太太,现在生活过得怎样了,她回答说生活比过去好多了,每顿都能吃白面馒头。看来,这个村的温饱问题是已经解决了,但是全村的乡镇企业还比较薄弱。进村的那段土路就没有钱改造。村干部讲,村里想再办一些工厂,但又缺少资金,干着急,办不成。

我在《沧州行》里提到,农业和工业之间还有致富的门道。如果从农民熟悉的、有传统基础的、家家户户都能生产的副业入手,然后再从农副产品加工起步,就可以逐步走上办工业致富的路子。赵寨村有那样多的耕地种玉米,利用玉米秸秆做饲料就大可发展养牛业;在养牛的基础上,引进一些实用的科技知识,结合当地的实际情况,再在牛身上做做文章,很有可能摆脱当前那种困境。当然,这种设想如何实现,只靠这个村自己来搞还是有一定的困难。我在邯郸听说的"双百工程"里就有养牛100万头的计划。如果赵寨村能成为这个工程的一个重点村,配合上屠宰、冷冻和销售服务,这里家家户户提高几百元收入应当不是难事。永年搞薄膜种蔬菜,肥乡可以搞养牛,都能致富。

中原地区的经济协作

邯郸在河北省的南端,虽与山西、河南、山东接壤,但是,过去由于行政区划的原因,各省画地为牢,省际之间毗邻的地区多多少少存在着自顾自的倾向。然而,经济交往是不会被行政区划割断的,特别是改革开放以后随着市场经济的不断发展,地区间的经济交流日趋活跃,纷纷要求冲破旧有的种种限制。在新的形势下，山东临清市、潘阳市、新颖地区，山西长治市、晋城市，河北邢台市、邯郸市、邢台地区和邯郸地区等 15 个地、市于 1985 年，在自主自愿、互利互惠、各方平等的原则下，自发组织了"中原地区经济技术协调会"。在 7 年的时间里，为打破地区间的樊篱和促进经济繁荣，做了许多工作。

协调会发起人之一，现任邯郸市委书记白录堂同志告诉我，协调会成立后，在商品流通、物资协作、科技交流、信息反馈、理论研讨及企业集团、行业网络的建设等方面都起了积极作用。例如为了培育市场，促进区域横向联合，协调会曾在邯郸市举办了"中原地区食品博览会"，有 100 多个厂家和单位参加，并邀请了区外 27 个知名厂家参展。博览会期间商品成交额达 2000 多万元，达成 10 多项技术转让协议。邯郸市食品公司一举实现利润 200 多万元。邢台市酒厂生产的"枣花佳"，在博览会期间，一天销售万瓶，并签订了一批销售合同。由协调会主办的《中原经济信息报》和邢台市经委共同举办了首届中原地区专利信息发布会，发布技术专利信息 1000 多条，协作区内 110 多家企业到会，达成协议 117 项。在"晋冀鲁豫边区新技术、新产品交流交易会"上，参展项目 565 项、成交 17 个项目、214 万元。协作区内已建立起 31 条专业网络，对地区间的经济司法沟通、商业信息、价格信息的收集、传递都起到积极作用。这 15 个地区、市共同签发了 7 条物资协作优惠办法，在国家政策允许范围内，各类物资在区内畅通无阻，若发生纠纷，由各地联络处协调解决。这样一来，在一定程度上打破了不少各地市之间的大小关卡，促进了商品流通。1988 年邯郸煤炭供应一度紧张，发电厂燃料告急，协调会通过网络从长治组织调剂 5 万吨煤，凭协调会开出的通行证，一路无阻运到发电厂，解决了电厂燃"煤"之急。协调会还组织聊城、邯郸两地，集资 3000 万元；并申请了 200 万元国家专项贷款，兴建了 68 公里的馆（陶）聊（城）地方窄轨铁路，这是我国第一条跨省的地方铁路。

经过几年的实践，协作区的同志尝到了甜头，也看到了他们工作的意义和前途。去年他们制定了协调会 1992—1994 年的工作规划，提出要进一步动脑子、出点子，加速外引内联发展区域经济，并使协调会的各项工作进一步规范化、正常化。他们特别提出要活跃流通领域，促进统一市场的形成，进一步打破地区封锁、市场分割的状况。

我在邯郸市参观了协调会新建的"物资大厦"，在这里集中经营机电、建材、钢铁、汽车等各类生产资料，有现货交易，也有期货交易。协调会成员在大厦里设有办事机构。派驻人员的一切商贸活动可以在这里完成。告别的时候大厦负责人要我留几句话，我写了"加强横向协作，发展中原经济"送给他们。我衷心希望"物资大厦"能为振兴中原地区出力。

我国一些地区的行政区划与经济区域不相一致，在很大程度上制约了地区的发展。1987年我曾到甘肃的临夏和青海的海东访问，看到这两地原来在历史上同属"河州"的地区，后来划分在两省，互相间的交往受到很大影响。因此我曾提议临夏和海东搞一个协作区，希望这个地区恢复它在农牧两大经济区域之间交流中心的地位，成为促进青藏高原牧区经济发展的基地。从那时起我认识到经济区域协作这个概念的重要性。这次访问冀南不仅看到了一个中原地区自发组织起来的为发展区域经济服务的机构，而且已经有了一套行之有效的办法和组织。通过这几年的实践证明：这个机构对参加地区都产生了促进发展的积极作用。我希望他们的工作更上一层楼，同时也希望有关部门继续关心和支持他们，创造有利条件，帮助他们进一步成长。

河北省经济发展的基本格局

近几年我多次在河北省各地参观访问，使我在读到国务院《加快发展中西部地区乡镇企业的决定》时，深感河北省在推动中西部地区发展的重要战略地位。要靠欠发达地区自身的力量迅速发展起来是有困难的。看来东部和中西部之间需要搭几座桥梁。河北省正是这样一座桥梁。看一看它在经济发展上的基本格局就可以明白。

从大处着眼，我们大致可以把河北省分成四块：（1）北边以张家口为中心，面向边疆，发展成服务于少数民族地区的基地，再向北开拓对蒙古的贸易通道。（2）中间和东北部是毗邻京津两大城市的广大地区，大可吸引这两大城市的辐射力和充分利用这些人口密集的大市场来发展壮大自己。（3）东面是环渤海地区，一旦沧州地区的黄骅港建成，神黄铁路通车，河北省又多了一个出海口，其意义是极其深远的。我们应当尽早围绕路港做一篇大文章，为这个港口构筑一个结实的腹地。（4）南端原是夏商以来的中原腹地，可以邯郸为中心，利用这里已有的工业基础，丰富的资源，发达的农业与相邻的晋豫鲁各地市联系，大力加强已经建立的中原协作区，发展社会主义市场经济。我这次"老姑爷回门"，深感兴奋，认为只要上了路，河北腾飞指日可待。

1993年5月10日

天津献策

昨天刚来到天津,今天参观了一些地方,听了大家的情况介绍。因为时间短,了解不够,本不该下车伊始就发表意见,但是天津今后发展的目标问题,可以说多年来我一直放在心里,早就想跟天津的同志一道研究,趁这个机会和大家交换一下意见。

前几天,我刚从贵州北部的毕节回北京,昨天乘汽车沿京津塘高速公路到这里。这条高速公路与从贵阳到毕节的公路相比,一条是平坦的、管理和设备高度现代化的公路,另一条现在还是坑坑洼洼的车路。在短短的一个星期里,我的感受就像经历了两个不同的时代,同时也体验到中国巨大的变化,令我振奋,也让我感到我们的任务还是很重,我们的事业还要付出多么大的艰苦努力。

不到5年,20世纪就要过去了,这个世纪的一大特点就是发生过两次世界大战。这两场大战打下来,结果是世界"缩小"了,用现在流行的说法:整个地球成了一个小小的村子,一个"地球村"。也就是说现在的世界已结成了个息息相通的世界了。这就迫使我们不得不考虑和世界其他国家打交道的问题。这就要求我们关心世界上发生的变化,要找到我们在这个世界格局里所处的位置。我们要做些什么、要怎么做?这些问题已经成为当今世界上人们不能不考虑的大问题。

国际上的大气候和国内建设的繁重任务,使我在晚年特别感到紧迫。结合自己的专业,我要争取为人民多做一些工作,坚持多观察、多思索,因此这15年来除了西藏和台湾以外,我在全国各省区几乎兜了一圈。

我是从研究中国农村经济开始的,从一个村到一个集镇,然后扩大到一个县、一个市,最后发展到了区域经济发展的研究。21世纪即将到来,我们对中国经济发展总的格局要有一个设想。历史发展到今天,中国经济发展的格局,我们看到的轮廓大约是这样:华南和华东经济区已初步形成,华北、东北、西南、西北还在为形成经济区创造条件。

先说以珠江三角洲为主体的华南经济区。1997年香港回归以后，它将进入这个经济区，实际上香港现在已经与华南经济区紧密地结合在一起了，起着中心城市的作用。香港经济实力强大，有很强的辐射力。1985年，我曾到香港访问，当时我看到自从落实改革开放政策以来，大门一打开，香港的经济力量正在向大陆扩散，珠江三角洲将成为华南经济区的基础。这是经济规律在起作用，因为那时珠江三角洲的劳动力工资不及香港的1/10。那些从广东跑出去，现在已经成为小老板的香港人就回家乡来办工厂了。香港的辐射力继续在向周围扩张，华南经济区还在扩大。华东这一块地方，也已形成一个经济区。以上海为龙头，江、浙为两翼，苏、锡、常、通、杭、嘉、湖、甬八员大将簇拥着的长江三角洲，以此为基础，现在正在向整个长江流域发展，可能形成中国经济的脊梁骨。一个经济区的形成是要具备一定的条件和经济实力。它要有一个中心，一个具备吞吐能力的港口，还要有广大坚实的腹地，也就是它所笼罩的消费市场和生产基地。经济区域是经济现代化的产物，区内交通发达，通讯便捷，城乡经济共同繁荣，城市依赖农村，农村依托城市，两者密切相联，相辅相成。这个区域里要有丰富的资源，高度的生产能力，畅达和快速的流通以及繁荣发达的市场。在这一系列经济因素发展中，逐步形成为经济上密切联系的一个整体。经济区域是依照经济规律发展形成的，并不是由行政划定的。

改革开放以来，我们能够比较清楚地看出中国正在形成华南、华东两个大的经济区。同时也出现东西部经济差距的问题。东西差距问题已经引起人们普遍的关注，然而南北差距的问题人们还提得不多。

为消灭和缩小南北差距，我逐渐认识到我国的北部也应该有一个总的发展战略方针。就当前的情况而论我们只能说：如果这个地区的现代化经济继续发展下去，也可以形成我国北方的若干经济区：如华北、东北、西北等经济区。成为一个经济区，就必须要有一个中心，起到龙头的作用，天津是华北经济区最好的候选对象。为什么说是"候选对象"呢？那是因为目前天津的实力还不够，但是天津具备许多优势，可以成为经济实力发展的生长点。

天津在历史上曾经是我国北方沿海的商贸和金融中心。天津和上海一样是五口通商的口岸大门，是帝国主义列强打开中国的一扇大门，但天津和上海又不完全一样，上海这扇大门被打开以后外国和买办资本趁机侵入，形成买办资产盘踞的中心。但是同时兴起了上海及其周围的民族资本势力，也有相当的实力。他们有资本、有产业，办了工厂，势力范围相当大，一直达到常州一带。

这些人里出现了不少著名的代表人物。解放后国家又投入了相当大的力量发展上海的工业，国营大中企业一直是上海经济的基础。天津的情况怎样呢？对这个问题，我没有深入研究。看来天津这扇大门被打开以后，外国资本也涌了进来，开设了不少洋行。但是天津离北京这个政治中心近在咫尺，北京的那些达官贵人从清末起就利用权力到这里办工业。但是这些官商的企业在经营上似乎跟不上现代化经济的要求，实力不易强大起来。解放后国家固然也下了不小的力量，在天津建了不少国营的大中型企业，但是由于种种原因，似乎还是形不成辐射天津周围的经济中心。所以直到现在天津周围的石家庄、保定、唐山、沧州等大中城市都没有建立起强大的工业，基本上还是个农业地区，比起上海周围的八员大将显得相形见绌了。

近年来，我一直比较关注我国中部这一大片农业地区的发展，我曾到河南、河北、湖南、湖北的村、县和小市镇里去考察，跑了不少地方。经过几年的观察，我强烈地感觉到，中原大地上的农民身上存在着一股要求发展的巨大力量。他们走的道路却不同于苏南农民办的乡镇企业，而是在不脱离农业这个基础上发展庭院经济，尽力从农业里边长出工业来。他们靠庭院经济，发展手工业和副业，逐步发展起农产品深加工工业，走上农村工业化的道路。

最近我到河南漯河的南街村访问，这个村"靠玩泥蛋起家，玩面蛋发家"，开始是从烧砖起步，赚了钱，然后办面粉厂，做饼干、点心，1989年搞起方便面、锅巴。到1994年，村办的方便面厂已有30条现代化生产线，日产方便面240吨；锅巴生产线72条，同时还发展了龙须面、果茶、啤酒的生产。与之配套的等级面粉厂、纸箱厂、彩印厂、汽车运输队都发展起来了。这个村1994年总产值突破8亿元。

我讲这个例子的意思是说，我国中部传统农业地区的农民，已经找到一条由脱贫而温饱而小康的道路。中原地区的经济实力正在逐步增强。这个形势正在呼唤一个能配得上这发展需要的经济龙头，从而形成一个华北的经济区。天津在这个正在形成中的经济区里是大有作为的。

当前天津的干部和群众都有很高的积极性，干劲很大。天津地理位置优越，资源丰富，交通、通讯发达，有港口，有较强的工业基础，成为华北经济区的龙头是具备良好条件的。而且应该特别指出的是天津作为我国北方高等院校和科研单位最集中的城市之一，有丰富的智力资源，特点比较突出。为了强调这一点，我可以举个实例。1992年我去沧州青县的后董景村访问，这个村以当地盛产的玉米做原料生产淀粉，又对副产品和下脚料——蛋白粉、玉米皮、胚芽和浸泡玉米的废水进行开发利用。这些都需要一定的科学技术，后董景村的老乡就请了天津科研单位的专家去指导，生产的产品销到天津，这个村一下子就富起来了。后董景村与天津市发生了密切的联系，就成了天津腹地中的一员。从这个小小实例中，我想到了当前华北赶不上华东，也许就在广大的腹地没有和龙头挂上钩，也就是说一旦华北这一大片农业地区能有个经济中心为它服务，就能形成一个广大的经济区而发挥出巨大的经济潜力。

昨晚我又想起了一件往事，大约在1917年前后，我的一个舅舅，他是胡适在清华时的同班同学，后来又一起到美国留学。毕业以后，他从美国带回了几部纺织机，到天津开了一家海京洋行，办了纺织厂。到20年代初，逐步发展起来，产出了有名的"抵羊"牌羊绒毯，成为天津的名牌产品。日本侵华以后，他才离开天津。这位舅舅从美国学了技术，带来机器，从内蒙古购进原料，在天津加工制作，然后出口。这件事表明，至少在一个世纪以前，天津和内蒙古已经有非常密切的经济往来，资源丰富的内蒙古早已是天津的经济腹地。今天天津更要把眼光投向这些"远亲近邻"，努力为他们服务，这些地方就是天津的腹地。谁是龙头、谁是中心，这不是什么人说了算，也不是什么领导单位批准的，而是要靠自己经济实力创造出来的。看来天津有责任为华北地区的经济发展发挥它条件已具备的龙头作用，把这个经济区域的中心和腹地紧密地联系起来。

听说，最近有人主张京津两市的发展和城市应当分工合作。北京作为政治中心，天津发展成经济中心。如果我们同意，不妨考虑先走一步，加强京津冀二市一省的经济协作，在条件成熟时成立一个经济协作机构。京津冀二市一省，从地理上讲是互相交织在一起的，你中有我，我中有你，经济上从来就是休戚相关，来往密切。在当今经济建设的大潮中，京津冀除了按照各自的特点发展以外，应该从区域经济的观点出发，增进了解，在互利互惠共同繁荣的基础上，开展多方面的合作，先把联合的架子搭起来。我建议京津冀二市一省的有关领导同志，在适当的时候，共同研究一个办法，成立协作机构。开始的时候不妨选几个容易操作的项目进行协调和合作，再逐步扩大，最后将整个环渤海地区联系起来，形成一个与华南、华东相对应的华北经济区，并实现天津在这个经济区域的中心作用。

让我们为了中国人民早日富裕起来，使中国能在21世纪的世界上成为一个强国贡献我们的力量。

1995年6月16日

再话天津

天津的发展问题,我已经思考过相当长的时间了。最近几年,我利用在各实地调查的机会,有意识地偏重于了解一些有关黄河以北一带的情况,特别是在环渤海地区跑了一圈之后,我心里老是挂念着天津这个大城市在全国经济格局里应占什么地位的问题,因此我主动争取参加这个研讨会,是抱着向各位专家们学习的目的来的。

早年我在苏南搞农村调查时,从一个村子起步,了解一个地方的发展和它周边地方的关系。到现在刚好是60年。在这60年里,我从一个村庄的调查一步步地走到了区域发展的课题上来了。在这个过程中学到了很多实际知识,这些知识都是从老百姓的生活中直接观察到的。事实告诉我们,农村的发展必然推动小城镇的发展,进而必然推动中等城市和大城市的发展。这就引出来了一个区域发展的问题。区域发展从局部到全面,从地方到全国,这个发展并不是人为的设计,而是经济和社会发展必然出现的结果。最近10多年来,我在实际中亲眼看到了国内一些各具特点的经济区域正在一步步形成,最后势必构成一个全国性的统一体。

在研究过程中我也日益觉得研究一个地方的发展问题,决不应孤立地只看这个地方。比如天津的发展,就不能孤立地就天津讲天津,应把天津放进一个更大的区域里边去观察。这一点,可说已经成为研究社会经济发展的人的共识。我去年来天津已经从这方面讲过一些自己的想法。这次来,一路上也在想这个问题。午休时我习惯要少睡片刻,其实脑子还在动。一觉醒来,心头就冒出了20个字,叫作"联合京冀,强化腹地,利用良港,创建北方经济中心"。

一个经济中心的兴起,决不是天上掉下来的,也不是人们自封的,而是一个地区的经济发展到一定时候,客观条件具备时,中心就出现了。

我们讲城市是一个地区的经济中心,是从它在经济上所起的作用而说的,对内，它起着商品集散的流通作用，对外，起着商品出纳的吞吐作用。通过这些作用启动了它所服务的范围也即工农业的生产力。而它所服务的范围就是它的腹地，中心离不开腹地，是因为在相当程度上腹地的生产力发展水平，决定了城市层次的高低。

天津原来是华北地区的大城市。在我国现代工商业兴起的初期，已是沿海五大通商口岸的一个。再说它又靠近北京这个全国的政治中心，历史上相当长的一段时期全国漕运都要经过这里。从更大范围看，华北各地包括黄河以北大片宜农土地和关外的广阔草原都是它的腹地。在现代工商业兴起之前，几百年来天津确是东亚宝地，具备着成为全国经济中心的条件。但是不知是历史亏待了天津，还是天津没有利用好历史机遇，在这个世纪快要结束时，算笔总账，天津这个大城市在全国却没能达到屈指可数的地位。到明年香港回归后，更要相形见绌了。

天津之所以处于当前这种境地，从根本来说还是在华北这个腹地的经济实力赶不上拥有长江三角洲的上海，在区位上更赶不上这半个世纪多以来曾经在相当长的时间里成为我国东亚这片大陆唯一出口的香港。要使天津今后成为第一流的城市，看来必须从发展华北这片资源丰富的大地上着眼。这就是说天津要把自身的开发和强化腹地的中心作为推动力。

腹地的开发和强化，关键是让老百姓发展生产，增加收入，他们口袋里有钱，就买得起商品了。天津的腹地很大，可以就地做起，天津附近的农村就可以依靠天津先富起来。我前些年在河北沧州调查，在青县的后董景村就看到了这样一个例子，那里的农民就是从天津找到技术，请到能人，帮他们搞粮食加工厂，把玉米制成淀粉。村办工业的产品卖了出去，集体先赚一笔，村里的公共设施就有了财源。淀粉厂的下脚料当饲料，供应村里家家户户喂鸡养鸭，又赚一笔，农民也富了起来。这个穷村子就这样被救活了，充满生机，欣欣向荣。我看今后像这样的地方，会更紧密地依靠天津的。同样的道理，可以适用于更广大的地区，其实各类农产品都能像玉米一样，进行深加工，增添附加值。

最近几年我把如何加快中部地区的发展作为一个研究的重点题目之一，从河北到河南，去过多次。今年5月去郑州，我就想，中国下一步的大发展，需要开辟一个真正的大市场，找到一个大出路，欧亚大陆桥的文章要好好做一做。东边有出海口，为从东边出海我们确实花了很大力量，经过很多年的努力。但是要看到东边既有出路也有拦路虎，一个是日本，还有东南亚的几只

"小老虎"。我们要和这些拦路虎竞争一番才能出得去，这套工夫我们还得勤学苦练一阵子。再说从东边出海，面对的是一个发达的世界。根据国情，从现在到21世纪初期，中国还是一个发展中国家。因此像我们这样一个国家发展的空间，宜于选择一些经济发达程度比我们低一些的地方。这空间就在大陆桥的西边。正巧，不久前，我国和中亚四国签署了一个条约。我觉得这是个大好机遇，东紧西松的局面，十分有利于我们向西边发展，打开一条路子。西边的市场大得很，那里也非常需要我们的轻工业产品。中国应该充分利用大陆桥来发展自己。

中部地区的农民收入，眼下只有我家乡苏南农民的一半。好在中部地区的农民已经找到了发家致富的路子，大搞庭院经济。搞点编织，种点菜，养点牛，养点羊，什么都值钱。把劳动力用起来，就是财富。我到安徽阜阳去，看到蒙城家家户户养牛，一个县养了几百万头牛。稍微加点工，就可以卖很多钱，农民收入很快可以提高起来。他们那里不是十年翻一番，好的地方是一年翻一番。我想，一个地方如果能找到一行适合那里干的专业，抓住不放，形成规模，深入到千家万户去搞，很快就能见到实效。农民口袋里有了钱，市场就出来了，乡镇企业就办起来了，腹地就强化了。

我到河北的广宗县去扶贫，见到一个小学校长，在自家院子里挤一块地方，搞塑料大棚，第一年就挣了一万多块钱。农民比我们这些人有办法，虽然人均土地不多，在土地上打主意的办法却多得很。中国发展生产力，当然要搞高新技术，可是也不要忘了我们的底子还不算厚实，还得靠广大农民。如果他们利用身边的东西增加收入，还是个容易见效的路子。在中西部地区的一些地方一上来就搞乡镇企业条件有限。而发展庭院经济却是个好办法。从农业里发展出庭院经济，从庭院经济里发展出乡镇企业，是一条适合中部地区农民的顺路。比如蒙城，先不离农业，家家户户养牛，有了牛，农民就能增加收入，积累点资金，就可以搞加工，如制革厂、皮衣厂、皮件厂等。中部地区的乡镇企业就是这样搞起来的。所以我主张在中部地区发展庭院经济，多搞"没有围墙的工厂"，把所有的劳动力都利用起来，创造财富。农民家家户户有钱了，人均收入达到4000元时，就上升到另一阶段了。我认为这是一条天津可以利用来强化广大腹地的路子。

天津发展的另一个好条件，是有个良港。正在建设滨海新区，搞成什么样子，怎样搞法可是个先决问题。上海搞浦东新区，一开始有人想搞成深圳的样子。我认为上海不必走深圳的路子，而应该发展成一个香港水平那样的一流大城市。天津的新区怎样搞法，可以讨论，是否可以在我国北方也搞个香港呢？如果这样提是否有点高攀了？不妨谦虚一些，提出"追赶上海，追赶浦东"作为发展滨海新区的目标。

要像浦东那样搞，天津现在的实力似乎还不太够。但是联合上京、冀，让三家力量联起手来，力量就大了，就有条件形成浦东那样的气候了，也就有希望成为华北的经济中心了。

我前面说"利用良港"，不仅是指天津港，渤海湾里的港口都可以尽量利用。都在同一个经济区域，大家都是兄弟，既有竞争，又要合作。成了中心，有利于大家发展。把华北带起来，有利于缩小地区差距，实现南北平衡。我过去对东西差距讲得多，很少讲南北差距。黄河、长江、珠江这三个流域之间的差距，也是需要重视的。华北要赶上来，大家要共同努力，使华北能够同华东、华南相比，相平衡，我们国家的整体发展也就会走上一个新的台阶。

1996 年 10 月 21 日

本文是1996年10月21日在天津迈向21世纪发展战略研讨会上的发言

海南行

一

首先讲讲我为什么要倡议开这次研讨会。

1985年我在广州参加一次学术讨论会，得知国家民委有关单位要收集文物，准备搞一个民族博物馆，要到海南岛去收集文物。再说海南岛冬天的气候很好，风景也好，因此也把我引进来了。来到海南岛后，这个美丽富饶的宝岛把我吸引住了，结果逗留了一个星期，跑了一圈。给我印象最深的是：在我们中国要找一个比海南岛自然条件更好的、资源更丰富的地方是很难的。海南部分地区属于热带，有着特殊的自然条件和自然优势，对经济发展十分有利。当然风景也特别美，三亚地区的风光在世界上也是少见的。但是，这个富饶地区的居民有不少还没有摆脱穷困，特别是自治州少数民族地区。

最近几年我在全国跑了不少地方，包括汉族地区和少数民族地区，从江苏沿海到西北和内蒙。在我的印象中，最穷的要算海南岛的少数民族，有些黎族同胞住的还是草房，一根竹、三块砖、一个炉子、一块板，其他什么都没有了。在这么一个资源丰富的地域，还有这么贫困的人，是我这几年跑过的地方中印象最深的一次。

海南岛这个有着丰富资源的地区至今还没有很好开发，潜力很大，开发起来有可能成为全国最富的地区。但眼下自治州还是比较贫困的，很多人还生活在贫困线以下。全州还有1/5的人年人均收入在120块钱、200公斤粮食以下。这个地区客观上是具备了富起来的条件，可是还未富起来，我一直惦记着：怎样才能尽快地改变这种状况。

进入20世纪80年代以来，我们国家面貌大变了。就拿我的家乡长江三角洲苏南地区来说,从80年代开始,差不多每年人均收入都以100元的速度递增,而自治州的情况至今年人均只有200元,整个海南岛是300元,广东省是400元。就是说,自治州的人均收入是最低的,海南岛内地少数民族地区与本岛沿海汉族地区相比也相差一半。我们有条件富而为什么不可以富起来呢?问题不在天,而是在人,其中就包括我们这些人没有尽到力量。

80年代是我一生中最好的时期,我经常到农村去调查研究。这7年里我就去过苏南农村10多次,观察那里的农村是怎样发展的。那里不仅房子在变,人的生活在变,而且头脑在变,精神面貌在变。这样快速的发展实际上还不到10年时间,显著的变化是最近5年。去年江苏的工、农、财政收入都是全国第一,我看了很兴奋。家乡的发展就使我想到海南岛,所以就提出了发展海南的设想。

二

解放后我曾经做过民族工作,现在还是国家民委的顾问,我还是关心少数民族的。少数民族地区如何发展起来呢?在全国来讲这确是一个大问题。

我在海口看到不少名胜古迹,如苏东坡的祠堂。海南岛在封建时代是充军的地方,封建王朝把反对他们统治的人流放在海南,是让他们在这里自生自灭。苏东坡居然没有死在这里,而是"改正"之后于回乡路上死在常州的。以前海南是一个蛮荒之地,苏东坡是个文人,给海南带来了当时中央的文化。

历史上海南岛虽然没有开发,但在靠近大陆的地方却受到大陆文化的影响,后一段时间还受到海外的影响。宋家三姐妹就是文昌人,文昌是出知识分子的地方。天不怕,地不怕,明代那个连皇帝也敢顶的海瑞也是海南人。但是大部分地区却是很落后的。这种不平衡的发展在相当长的时期以来就已经存在了。

解放后海南岛曾有个发展战略目标。50年代初,人们看到了海南的重要地位。海南是中国独有的热带地区,那时整个社会主义阵营还没有一块热带地方可利用来生产橡胶。因而想利用海南的天然优势来种植当时社会主义阵营的战略物资,所以当时只是考虑怎样利用这块土地而没有综合考虑海南的经济发展,没有一个全面的发展规划,但是能看到海南这块土地的优势就比以前前进了一步。

解放初发展海南的战略目标很具体,就是发展橡胶这个当时社会主义阵营亟需的军用物资。橡胶在海南并不是传统的经济作物，也是引进的，从南洋、马来西亚引进了专家，从大陆引进了农民，围绕着这个战略目标，建立了许多国营农场。由于上面讲到的历史原因，海南的经济长期以来一直是以单一作物为主的经济，缺乏一个全面综合发展的观点。

现在国内外的形势已经变了，工作的重点也变了。不同历史时期对海南岛应有不同的发展战略。我们有责任客观地把海南岛的真正情况调查清楚，提供决策参考。我想当前我们知识分子可以在两个方面出力：一个方面是我们国家经济建设需要科学的资料。依靠个人意志作决策的做法已经过时了，现在搞经济建设，提高效益，就要靠科学的资料。中央领导同志明确指出决策科学化、民主化是政治体制改革的重要课题。这是对领导同志讲的，领导同志要处理当前的问题，不能像过去那样光靠个人的脑袋，要民主化、科学化。我们面临的是一个新的局面，错综复杂，瞬息万变，常常是牵一发而动全身，所以必须要有综合性的、实事求是的、科学的、可论证的资料来帮助领导同志进行决策。

三

另一方面是知识分子也需要理论与实际相结合。知识分子在过去一段时期唯书、唯上，不敢越雷池一步，怕当"右派"，养成了不敢接触实际的作风。不仅社会科学是如此，自然科学也如此。讲权威，权威说的都是对的，都跟着做。我的经历也是这样。我从1957年之后基本上没有说话了，但在"文化大革命"中也没有逃过，还是挨了一番整。党的十一届三中全会后，政策改变了，进入80年代变化就更大了。学术界的思想随着也活跃起来了，开始在实践中找问题，从实践中发现群众的要求、经济发展的要求。这是一个可喜的变化。越来越多的知识分子，搞学术研究的人，要求走到群众中去，把理论和实际结合起来。但是联系实际要有一定的条件，没有条件不行。于是我就想到了民盟。民盟是一个知识分子的政治集团，民盟的成员都是愿意为祖国贡献力量、为四化服务的知识分子，民盟组织有责任创造条件来满足他们联系实际的要求。作为一个为社会主义服务的政党，就应当发挥其成员为四化服务的作用。我找杨应彬同志商量，能否由广东省政协带头，发动各方面知识分子来共同研讨开发海南岛的问题。杨应彬同志赞同我的倡议，决定由广东省政协带头进行这一项工作。这是这次会议得以召开的由来。

解放以来知识界有一个毛病，就是过于专业化。我们当学生时，知识面就比较广，不像现在从中学就开始分科了，分科后就开始专业化。这样，学生出了校门，接触实际时就感到吃亏了，这主要是其他学科的基础不够。特别是现代社会的发展，许多问题都是综合性的，不可能由一个学科单独解决，所以我们要提倡多学科综合性的研讨会，使各种专业的学者能有机会听取其他学科的看法，从中得到启发，提高专业水平。我希望大家能提倡这样一种新的学风。首先要树立知识为国家服务、为四化服务的思想，这也是民主党派一项重要工作。第二是专业知识要联系实际，把多学科组织在一起，讨论一个地区具体的发展战略。我们这次研讨会就有从事水利、地质、经济、农业、工业、民族等研究的各方面的专家，大家一起来讨论，互相学习，提出一些有实践意义的意见。我把它叫作"决策的智力支持"。我们这次会议成果的好坏，不是个人说了算，首长说了算，要看是否在实践中有效，实践是检验真理的唯一标准。我们要发动知识界的同志都关心当前的经济建设，要使他们有机会把学有专长的知识贡献出来，促进经济建设，提高社会生产力，这是方向。

总之，要通过理论联系实际这条路子培养出一批真正对国家有用的人才。人才并不是天上掉下来的，不是哪一个人封的，不是靠文凭，而是要靠真才实学。真才实学从哪里来呢？课堂学习固然重要，但仅仅如此是不行的，搞社会科学一定要接触实际，到实践中去锻炼，在民主讨论中，吸收别人的意见，逐步充实自己。我们不能老是埋怨别人不用自己，真的到了别人使用自己时就慌了。我自己也是这样。我写文章，当然希望别人说我写得好，但是听到别人说我写得好也就紧张了。因为我要负责，社会影响究竟好不好，不能凭别人口说。这时候就会感觉到自己的知识越来越不够了，这是心里话。我在海南不能多说话，因为我自己没有很好地调查研究。知之为知之，不知为不知，希望大家一起努力根据可靠的事实说话，创立一种新学风，培养一批符合时代需要的人才。

四

接下去我讲一讲我粗粗地看了各位的研究材料之后的想法。这个材料使我越来越深刻地认识到各个地区的发展有着不同的路子，需要承认因地制宜，多种模式。我国幅员广大，各个地方的历史发展不同，具体的条件不同，只用一套办法来搞必然要吃大亏。例如大寨，开始是不错的，在黄土山区搞出这样一个发展农业的办法来是了不起的，后来捧得那么高，要各地都来学，结果就出了偏差。这是一个教训，就是各个地方都要创造自己发展的办法，可从别人的模式中吸取有用的东西、经验和办法，但不能照搬。

我自己开始时对这一点也不清楚，没形成这一观念。这里作一点自我批评：我曾经说过"今天的苏南是其他地区的明天"，这句话说得很漂亮，但实际上是不全面的。其他地区都要发展，都可以发展，可是都要走苏南那样发展的模式却不行。不讲其他地方，就拿苏北来说也不能照搬苏南的办法。苏南包括苏州、无锡、常州等地区，他们在合作化时期已有集体工业，后来实行生产责任制时，集体工业并没有分散，至今还保持了社队集体经济实体。这个经济实体的集体积累就是苏南乡镇企业开始发展的基础。苏北没有这样的工业基础，公社时没有集体工业，实行责任制以后筹集资金办工业就困难了，所以不能像苏南那样发展。今年3月我到温州，这个地区公社时期没有留下什么工业，但它发展起来了。他们近几年从家庭工业发展了起来，走出了一条温州的道路。温州模式也有它的前提，它的传统。温州人商业意识较强，农村里的多余劳动力很多在外地讨生活。这些在外地做买卖、卖手艺的几十万人在这几年里组成了一个流通网络、信息网络，发展千家万户的小商品生产。我在温州就意识到在不同的基础上的乡镇工业，都可以发展起来。各个地方发展的模式可以各式各样，而且必须找到自己的优势，自己的办法，这样才能发展。这是我认识上的变化。

我在苏南总结了四个字，叫"无工不富"，农村不搞工业不会富起来，到了温州我又总结了四个字，叫"以商带工"。然而，各处农村的特点不同，"无工不富"在苏南完全对。可是光靠农业能不能富呢？如果只说"无工不富"，好像单靠农业就不能富了。最近我到了湖南洞庭湖地区去访问，这个地区走农业商业化的路子同样可以富。他们种苎麻、种橘子、种油菜、种油桐等，利用丘陵地带来发展大农业。这两年发展真是惊人，他们盖了房子，买了家具，可以说富起来了，但是他们还没有搞工业，主要是种植经济作物富起来的。农产品靠国际市场和国内市场成为商品，所以说搞农业也可以富，这里指的是大农业，不光是种粮食，只要真正走上商品化的道路，就有富起来的可能。当然这并不是说不要工业。洞庭湖地区现在还是小农经济，发展是有限度的，要进一步发展，还是要有加工工业，否则只能出售农产原料，好处给别人占去。

五

在湖南的调查中，我还注意到农民富了怎么办的问题。就是说农民手上有了钱，钱怎么花法，我们的农民过去穷有穷的办法，现在开始富了，"富了怎么办"却成了个很值得注意的问题了。处理手上的钱，大体上不外三种办法，一是消费掉，二是放在口袋里，三是拿出来再生产。刚刚脱贫的农民首先是要吃饱、穿暖，然后造房子解决住的问题。洞庭湖地区的农民正在从满足了温饱进入大兴土木，盖房子的时期。有一部分农民衣食住基本上都解决了，下一步怎样呢？一般说，主要还在按照第一个办法，就是花钱消费。自己造了房子，再为儿子造房子，甚至已经有为孙子盖房子的了。手上钱多了，手面也宽了，自己吃饱了，就找机会请亲戚朋友大吃。听说有人结婚请客花了一万块钱，真把我吓坏了。我们知识分子就花不起。中国农村里的办法就是这样，讲热闹、讲场面。这是从小农经济养成的传统。土地有限，吸收不了多少资金，所以投资再生产的观念没有客观基础。不消费就只有放在口袋里，压在箱子里。旧社会农村里的地主，不都是把银子窖藏在地下的么？

我在甘肃会宁的农村里访问一家农民，他说："我现在边房里都堆满了粮食，有一万多斤，3年都吃不完。"我说："你吃不完可以卖出去呀。"他说："不行，粮食怎么能卖出去呢？"他宁愿囤粮喂老鼠，也不愿上街卖粮食。后来我们到了临夏回族自治州，访问一家农民。他告诉我，去年看见羊毛值钱，就把粮食卖出去，拿了钱买羊皮，剪下羊毛又拿出去卖，得了钱把粮食买了回来，净得了一批羊皮。这家回民就有商品经济的头脑。在新的政策下临夏回族有许多人到青海、西藏去做买卖，买了汽车跑一趟就赚几万元钱，富起来了。为什么会这样？这就要讲到民族的特点了。简单地说，回族从历史上就是个会经商的民族。在新的条件下，他们发挥了传统的特点。相对比来说，以农为本的汉族农民在这方面却远远不如回族了。

六

联系海南岛的具体情况，我想谈谈海南岛的经济社会发展战略。大家都认识到，海南岛有着丰富的自然资源，假如我们能把现在人类已经掌握的知识、科学技术利用到海南岛来，就可以把海南岛建设成一个很富的地区。海南岛具备良好的客观条件，问题就在于怎样把这一套新的知识、新的科学技术用来发展海南岛的商品经济。这是我们这次会议研讨的主题。在这个会上专家们提出的论文里，围绕这个主题提了很多好的意见和看法，有的很有价值。但我想指出一点，这些论文里，写"人"的不多，没有狠狠抓住这一关键。发展经济必须利用科学知识和科学技术，但科学知识和科学技术必须通过人的头脑，通过人的积极性才能发生作用。我们要改变海南岛的面貌必须通过人。可是对海南岛上有什么人，这批人有什么特点，却考虑得较少。

我们现在讲的自治州，是少数民族的自治州。我们一定要通过本州的人来改变本州的面貌。海南岛的自治州是黎族苗族自治州。自治州一共有200万人，其中90多万是少数民族，100多万是汉族。汉族是怎么来的，想法是怎么样的，有什么本领？少数民族又是怎样来的，他们生活怎样，想什么问题？这些我们都要摸清楚，要分析海南岛人的因素。

我在上面提到过要发展回族地区的经济应该充分利用回族的特点。很多同志对回族的历史不熟悉，我在这里简单介绍一下，中国的回族是两个部分构成的：一个主要部分，一个次要部分。次要部分是从沿海一带来的。这一批是信伊斯兰教的商人，福建的泉州，浙江的杭州，甚至江苏的扬州都有他们的遗迹。这一部分后来都吸收到回族里去了。另一部分，也是主要部分来自大陆。13世纪成吉思汗西征，占领了中亚、西亚，把当地的技工和商人组织起来为军队服务，这些人大多是信伊斯兰教的。后来蒙古人进入中国，这些信仰伊斯兰教的部队就掺杂其间，在西北沿西藏高原通往中亚的商道一带定居下来。他们主要是靠做生意，从事茶马贸易，在牧区和农区之间进行商品交换。茶是指农产品，马是指牧区的产品，茶马贸易代表了当时农业、畜牧业之间的流通。这种贸易在唐宋时代已经很发达了，元代统一了青藏高原，这样和内地的贸易也必然得到发展。定居在这个地区的回族主要做这件事情，并一直保持了这一特点。全国各个大城市都有回族，主要也是搞商业，形成了一个全国性的流通网络。现在我们要把农村的自给经济转变为商品经济，在这个转变中回族就可以发挥作用了。

去年我去了一趟甘肃临夏，今年又去了一趟。这一年里临夏的经济发展得很快，对我很有教育。我发现自己过去对少数民族的看法有很多不正确的地方。我对少数民族很有感情，少数民族的朋友也这样说。为什么呢？我分析一下自己，主要是感到历史对少数民族很不公平，以致他们在经济和文化上落后了。我有一点"抱不平"的心情想去帮助少数民族。因为很少从积极方面去发现他们的优势,所以一谈到帮助少数民族就变成了对少数民族讲照顾和补贴,而很少从扶助他们用自己的腿走路去考虑使他们发展起来。

七

　　一个民族能不能靠自己的力量发展起来,这是一个基本问题。我到过加拿大,加拿大有很多印第安人,我到他们家里去拜访过。现在加拿大印第安人基本上吃得饱、穿得暖了,有房子,有汽车,都是靠国家给的钱置办的。事实上印第安人已起了变化,一部分人不愿意接受这种被养活的机会,抛弃他们原来民族的特点,而要求参与到社会里面去。可是他们一进去就碰到很大的实际困难,大多数人只能留在社会的低层,很少人能爬上去。另一部分人接受救济和补贴。温饱问题虽然解决了,但却失去了精神支柱,活着有什么意思呢!拿到钱就喝酒,糊里糊涂地过日子。看来这个民族面前只有两条路:一条是国家养到他最后死亡,人越来越少;一条是被同化,作为一个民族就消亡了。这是资本主义制度下少数民族的前途。我们需要走一条社会主义制度下各民族共同繁荣的道路,这是一个根本问题。一个民族首先要自己站起来,自己走路,自己发展,绝不能依靠别人过活,一切伸手。这方面的教训太多了。现在我们首先要考虑的是怎样让各个民族发展起来,这个课题在历史上没有先例可供我们学习,要我们自己去创造。在中国历史长河里既要承认各民族的区别,又要各民族自己站稳脚跟,参加创建和丰富我们中华民族的共同事业。

　　我们建国以来,在民族工作上是取得了很大成绩的。首先是消灭了民族压迫,实现了民族平等。接着花了不少力量去帮助他们发展起来。帮助少数民族有两条办法,一条叫做"输血",一条叫做"造血"。过去我们花在少数民族身上的钱不少,可是花在"造血"上的不多,用在"输血"方面的较多。"输血"是怎样"输"的呢?汉族的劳动者把自己的劳动成果通过税收等各种渠道集中到中央财政,再由中央财政分配到各个地方,包括海南岛这个自治州。海南岛自治州的财政一半要靠中央补贴,单靠自治州的经济力量是不够建造我们在这里开会所用的这个房子的。其他民族用他们的力量帮助建成这个大楼,自然是好的,应该做的。可是决不能满足于这样的帮助,应当赶紧想办法帮助海南"造血"。怎样才能形成一个能自己积累资金的机体?请大家多多考虑这个问题。

八

自治州的前途可能出现一种不太好的状况：一方面是自治州和岛上沿海的地区差距越来越大，另一方面是自治州里少数民族和汉族的差距越来越大。这两个差距如果继续扩大，就不是好现象，但是又不能叫走在前面的走得慢一点，等等后进的队伍。我们要利用前进的力量来促进后进的加速赶上去。事实上，这几年我们已初步开辟了这样的路子。例如，现在西北开展横向联系，后进的地区不是靠上级补贴过日子，而是吸引外地投资来开工厂，提高社会生产力。人才不够就和先进地区搞合营，甘肃的定西就是这样做的。他们和江苏的镇江市结成了姐妹地区，由镇江派人带钱，带机器到定西来办合营工厂，这样就把定西的人培养起来，自己能办自己的工厂了。这是说在开始时要别人拉一把，这不是"输血"，是"造血"。苏州姑娘刺绣很好，定西就到苏州请了三个小姑娘来教刺绣，包吃包住包路费，每人还给 3000 块钱。三个月后定西的一个村子所有的小姑娘都学会了刺绣，为成衣厂在衣服上、头巾上绣点花。就靠这个手艺这个村子发了财，苏州的小姑娘拿了 3000 块钱回家也很高兴，这件事看起来很简单，但道理却很深。

过去我们并不是这样做的，少数民族生活苦，我们就给他们送东西。1950 年，我参加中央慰问团到广西少数民族地区，带了两样东西去，一是歌舞团（当时叫文工团），去唱去舞，把少数民族吸引来看；二是米，没有米吃的地方就当场发米。这个办法开始时应当这样做，但不是长期的战略方针。

九

现在民族平等了，歧视没有了，我们可以有条件、有意识地帮助少数民族站起来。我去年来这里时就感觉到这方面做得不够。责任不在地方，是在上面，口头上是讲重视少数民族，而头脑里缺乏真正帮助少数民族发展的观点，还停留在刚才讲的那种心理阶段，就是把帮助少数民族看成是救济和补贴，并没有真正帮助少数民族站起来的有效措施。有几位同志提到要教育、要人才，这很好。我的看法是教育一定要，但首先经济要活起来，然后少数民族自己才要教育。识字用来干什么？这个问题我们知识分子是不会多想的，我们不识字没有饭吃，教师不识字怎样教书？但事实上很多人不用识字也可以有饭吃，那他就不要识字了,而且识字还会影响他找饭吃,只有经济发展了,才需要识字。

少数民族要创造自己的文字我赞成,要满足他们民族的感情。可是少数民族要发展就得开放,向先进民族学科学、学技术、学文化。要向汉族学习就得学汉语,不懂汉语就容易孤立自己,不能参加到整个国家的大社会里边去。何况现在大家要进入商品经济,要做买卖了,要到汉族地区去占市场,这就更要懂汉语。民族语言文字是民族内部交往的工具,要和其他民族交往就需要懂得其他民族的语言文字。为什么现在我们要念英文?因为我们要向英语国家学习知识。

要考虑开发海南岛,不能不注意到海南岛发展的不平衡。不要一刀切。汉族、黎族、苗族的具体情况不同,黎族中靠近县城的和偏僻的地方差距也很大。如王下这个地方,中央民委几个同志都去过,回来告诉我,那里的确还是自然经济。有人说他们已经"从刀耕火种进入了科学种田",这句话只是方向,目前还不是事实。我们搞科学研究的不能只讲方向,不讲事实,在这样的地方现在离科学种田还遥远得很。像王下这些地区"刀耕火种"还很普遍,为什么他们还要刀耕火种呢?不是他们笨,他们和其他民族一样聪明,原因是他们的耕地太少了,不到当地去看看简直不敢相信。海南岛是个人少地多的地区,但他们每人却分不到一亩耕地。一亩地上种出来的粮食不够吃怎么办呢?只好上山去垦荒,于是"刀耕火种"就保存下来了。"刀耕火种"是落后的,但他们没有饭吃,不这样又怎么办呢?

十

我们一定要认真研究为什么少数民族的经济一直落后的原因。谁人愿意经济落后呢?经济落后固然有历史原因,但是解放已经30多年了,为什么还落在后面呢?不能不承认我们过去有些政策不对头。具体到海南岛,不能不看到过去决定在海南岛发展橡胶生产时,没有考虑到少数民族要发展,没有给他们留下足够的土地来发展农业。为什么会出现"富饶的宝岛,穷困的少数民族",这正是我们在研讨海南岛发展战略时不能不注意的问题。

海南岛的情况使我深深觉得我们必须提出一条原则,就是民族地区的发展必须是民族本身的发展。不能离开民族的发展来讲发展民族地区的经济,否则会走上美国、加拿大、澳大利亚的道路。这是条社会主义所反对的道路。海南岛的发展必须包括岛上各民族的共同繁荣。这是发展战略的前提，用这个原则来检查海南岛过去30年的历史，有许多经验教训值得汲取。我们要发挥社会主义的优越性，正确处理从这段历史里出现的内部矛盾。对海南岛要有一个整体的看法，要实事求是地、冷静地看到我们应当走的方向，排除阻力，才能理顺关系。要做到这点当然是不容易的。困难既有几千年来使少数民族仍处在自然经济水平的历史，同时，有些困难又源于30多年来少数民族基本上被封闭在现代经济之外的历史。这个长期历史造成的局面，要进入现代化的商品经济，就得花很大的力量。

总之，海南岛一定要发展起来，而且一定要摸索出一套最优的办法。这是大家的共同愿望。

1987年3月

南岭行

去年我参加中央代表团到广西庆祝壮族自治区成立30周年。这是我第六次访问广西。在50多年前，1935年我就到过广西大瑶山，就是现在的金秀瑶族自治县。当时我年纪很轻，只有25岁，连马都不骑，天天在大瑶山里面跑动。大瑶山相当大，没有公路，都是人走出来的小路。而这次去，公路从桂林可以一直通到金秀，从北京到金秀去，当天也可以到达，交通方便多了。我从学生时代开始，最早接触民族问题，实地考察少数民族就是从这儿开始的。直到去年，我对瑶族的感性认识还只限于大瑶山，而且只是其中的一小部分，名叫花蓝瑶。我的前妻王同惠死后，我根据她调查的记录写了一本书，去年才正式出版，书名叫《花蓝瑶社会组织》。解放后，我去了金秀几次，写了有关瑶族的文章，也收在这本书里面。

我早就有心为瑶族发展经济和文化出点力，但我明白靠这一点知识是不够的。我想多走走，了解些实际情况，但瑶族分布太广，而且都在山上。我老了，爬不了山，能在瑶家喝一杯茶，已经很不容易了。这次到广西，我仍决定去金秀访问，接着又到了瑶族聚居的恭城县，其后还从广西到了湖南的江永县，因为那里瑶族人数也很多，占全县人口的40%上下。后来还到了江华，最后到了广东的连南。连南也是瑶族自治县。这一趟一共走了二省一区的6个县。

一

走了这一趟，我想知道瑶族究竟有些什么特点，同其他少数民族有些什么不同的地方？我以为瑶族最大的特点是住在南岭山脉里。这个山区是瑶族主要聚居区，现在居住在这地区的老百姓，瑶族可能移入得最早。从记载中能查到的资料来看，在南岭山脉附近，甚至北及洞庭湖，南到广西的西江和广东的北部，隋唐时期，就是瑶族的主要聚居区。

广西和湖南的瑶胞，有很多传说，认为瑶族是从千家峒迁移出来的。有人在江永县一个乡里找到了一个"千家峒"。这次我特地去看了一次。峒是什么意思呢？有人把峒字写成了三点水的"洞"，就像陶渊明写的《桃花源记》那样，好像是个水洞。其实这里是指一个四面都有高山围住的小盆地，盆地里有山上流下来的水灌溉农田，所以可说是一个和外界隔离的农业社区。在瑶语里，峒是指一块盆地，到了汉族文人手上才变成了"洞"字。瑶族传说中说他们是从千家峒里分散出来的，很可能和历史事实符合。大概在隋唐之后，从北方涌入了大批移民，进入江南的两湖地区（湖南和江西），把平地都占了。原来在这些地方居住的瑶族先后被迫移入山区，占有那些偏僻的小盆地，经营农业，可能是种稻，到现在瑶族还是种稻能手。到元末明初，这些"峒"也守不住了，或更向南、向西迁移，或上高山，成了到处为家的"过山瑶"，也形成了南岭山脉里"无山没有瑶"的分散格局。陶渊明写的《桃花源记》，并不是一种文学的虚构，而是当时现实生活情景的写照。在这种和外界隔绝的小天地里生活的人，过着自给自足的生活，外面的变化既不知道，也不关心，所以是"不知有汉，无论魏晋"。对他们来说，哪一个人当皇帝都没关系，可以不管。只要这个小天地守得住，就不怕。这里面人情味很浓，友好往来，和睦相处。我20世纪30年代在大瑶山，行路时，天热了，衣服一脱，插一根草，打个结挂上，就没有人会来动它。这种风气给我很深的印象，至今不忘。

那时在大瑶山调查，我就有个问题：这样一个封闭的社会，如果人口增长了，土地又扩大不了，怎么办呢？后来才知道花蓝瑶里有控制人口增长的习惯，每对夫妇只生两个孩子，多了就不留了。后来又知道他们的妇女都懂得避孕的方法，而且听说是用灵香草作为避孕药物。人口得到了控制，这个小天地就不容易被涨破。几百年来，这大山里就住着这个保存着自己传统习惯的小集团。这在瑶族中很可能是有代表性的。

交通不便，闭关自守，现在讲来是不好的，但当时，如果不是交通不便，山势险恶，也可能现在已经没有他们了。就靠这层层的大山，瑶族同胞才能长期深藏在偏僻的、封闭的山区里。从明朝中期开始，封建统治者曾动用大批武装，进攻这个地区的瑶族。最严重的一次战役发生在广西的大藤峡。这次战争大约长达100年，一直到清朝中叶才停止。瑶族从那时开始就分散到各地去了，并且出现了不同的名称。当然有一部分留在平地，同汉族结合了，结合得较深的由通婚而变成了汉族，结合得较浅的常同汉人来往，并学会了汉语，甚至丧失了原来的瑶语。

我们在江永就看到这种情况。在那里瑶族大概可分为三类：高山瑶、平地瑶和已经和汉族混合了的瑶胞。瑶族中还有一部分是在山区靠刀耕火种谋生，无法长期定居，成了"游耕"的"过山瑶"。流动的这一部分分成几条路线：向西向南迁移，最远的到了越南、老挝、柬埔寨和泰国。泰国北部有很大的瑶族聚居区。这些地区的瑶族，在最近的几十年里，由于战争，许多变成难民，被各国收留。美国有1.4万人，法国、加拿大、新西兰都有。所以目前瑶族已散布在世界各地了。

二

瑶族的共同点是山地经济，以林为主。国内约有170万人，分布很广。以广西、湖南、广东为主，云南、贵州也都有。瑶族作为一个民族，解放前就已经肯定了，不发生识别的问题。在瑶族是怎样形成的问题上，存在一个认同的过程。大概有两种情况：一是从瑶族里面有些部分分了出来，一是由别的民族成分变成了瑶族。这就是说瑶族并不都是同一个来源。这次从桂林到连南所看到的瑶族，多数是说勉话的瑶族。但他们有不同的名称，衣饰也有差别，比如，排瑶、盘瑶、过山瑶等。勉话系统看来是瑶族的主体。它吸收了其他的成分，也分出了一部分。他们之间有些有矛盾。过去的封建统治者"以夷制夷"，有些瑶人被官方利用来对付其他的瑶人，受到的待遇也有差别。比如有些允许留在平地，有些被赶上山地等。因为这个原因，瑶族内部也形成了差距。瑶族内部矛盾直到解放之后才得到解决。

解放后，解决了民族不平等的问题。这在我国的民族关系上是一项根本性的变化。可是，还有差距问题，经济上和文化上的差距还有。50年代，我们访问团首先抓的是民族平等问题，实行民族区域自治。对怎样解决经济上、文化上的差距问题还认识不足。那时的做法是，没有饭吃就送米、送盐；要表示文化上的平等就带文工团去学习民族歌舞，还建立各级民族学院培养少数民族干部。至于怎样去发展少数民族经济、教育、文化，怎样把知识送到少数民族地区，当时还没有重视，至少我自己的认识就不够。直到1978年，我们才有了新的认识。一个民族自治地方如果不具备发展经济的条件，还是改变不了落后的状况。要解决民族问题，首先要发展各民族的经济。单靠少数民族自治是不够的，还要有国家的帮助。

我这次到南岭山脉瑶族地区访问的目的就是探索怎么帮助瑶族更好地发展。我访问的6个县，生态条件基本一致，瑶族生活习惯也基本一致，讲话都能懂。这地区瑶族近100万人，占瑶族总数的2/3。对这近百万瑶族居住的地方，能否想些办法，把它先发展起来呢？

三

从广西踏进湖南境内时，我们在一个瑶族村子前停车休息。这个村子原来是个穷村，人均年收入只有70元。这几年脱贫了，原因是他们学会了栽培夏橙，一种价值较高可以外销的柑橘。今年人均收入已经超过1000元。我们参观了他们的橘园，长势喜人。后来到一个瑶家去访问，恰遇这家的女儿要嫁到广西瑶区去做媳妇，在热热闹闹地准备宴席。我当时就想如果这位新媳妇把培植夏橙的技术带到广西去，不是也可以使广西的瑶族富起来了么？瑶族之间不是可以通过交流，自己走上发展的道路么？这时我就想到了南岭瑶族协作区的建议。

其实，这一路上我已经看到不少瑶族脱贫致富的好经验。广西的恭城县现在已列入全国农村电气化的前列。他们利用山区地势的落差，安置小型发电机，解决了家家户户照明、烹饪的燃料。如果这带山脉的各个县里都采用这个办法，不是可以解决生活和生产上的能源问题了么？可是后来我们到江华见到由于缺电以致大量很好的木材被用作燃料烧掉。我当时就想到为什么他们不去向恭城取经呢？

一路看，一路想，越来越觉得南岭瑶族应该很好地协作。南岭山脉瑶族地区的自然资源十分丰富。同时由于这里靠近亚热带地区，无霜期短，植物生长得快，质量又好。据说由于地下稀土金属丰富，烟草的质量特别优良，至于稀土金属，更是少有的价值极高的矿产。可见，这个地区是大有可为的。但是，现在大量瑶民处于贫困线下，人均收入还不到200元，他们还在穷山角落里种老玉米和其他杂粮，连粮食都不能自给。其实，这种情形是不难改变的，只要每个村子都找到一种拳头产品（夏橙、烟草、锡矿、锌矿等），收入就能很快增长，生活也就可以好起来了。如果再引进加工的技术，发展乡镇企业，那就更好了。

当然，我们不能忘记这地区原是西南的木材产地。南岭山脉的森林比大兴安岭长得快。这里的杉木10到15年就成材,大兴安岭却要100年。可惜的是这里的森林破坏得比大兴安岭更早。所幸的是剩余的森林正在瑶族地区。发展林业和瑶族的发展是分不开的。我们比较了江永和江华,两个地方管理林业就有区别。江华搞得好些。他们把林地包给当地的瑶族,不但森林管得好,瑶族的生活也有改善。我们离开江华之前还在瑶胞家吃茶。这家这几年已建了新房子,人均年收入超过了800元,可以和苏南一般农民相比了。江永却不然。那里的森林大部分划给国营林场,从外地吸收林农进来,而把瑶胞搬到半山贫瘠的地区。过去在公社里吃大锅饭时还可以生活得好一些,土地承包以后,他们就苦了。山上回不去,山下好地分不到。更令人听了难过的是这里还有个"自然保护区",在这个林区是什么都动不得的,而生活在这个"保护区"里的瑶胞的生活却得不到"保护"。他们不但没有树木,连树下的一草一菌都不准采集,只能靠分到的一些山地种杂粮过日子,怎能不贫困呢?江华和江永的干部都反映,对林农征税太多,光种类就有十几种。木材在市场上卖出得到的钱,林农拿到手的不到1/3。这个情形应当及早改变。从这些事实看,这个瑶区存在着共同关心的政策问题。大家可以互相讨论,共同提出合理的建议。

总的说来,要讲瑶区的发展,第一步是各地瑶区互通信息,交流经验,结合本地具体情况,吸取别地行之有效的脱贫方法。第二步是共同研究各项政策的实施情况,提出改革建议。第三步是总结经验,找出几条山地经济发展的共同规律,再根据这些规律拟出切实可行的发展规划,不在于搞大项目,主要是搞能使千家万户得到实惠的小项目。

四

搞经济发展没有资金是不行的。资金从哪里来?我每到一个地方,当地的干部一定要我先听汇报。我听到的都是实情。地方上资金不足,要建设是迈不开步子的。但是,值得注意的是他们几乎大多眼睛向上,伸手要钱,好像解决建设资金只有政府补助这一条门路。因此,我总是说,少数民族地区的脱贫和发展,国家肯定要出钱来补助,自从建国以来,国家对民族地区的补贴不算少。但是,国家能拿出的钱是有限的,所以下面的干部不能只把眼睛向上看,还得向旁、向下看,多找出几条搞到建设资金的门路。民族地区的情况我知道得不多,但在沿海的农村里,我确实看到这10年来农民的收入有了很大的增加。农民手上有了钱,怎样花就成了一个大问题。大体说来是先讲温饱,接着就要造房子。这些都是消费性的用途，是应当满足的。但是这些要求满足之后怎么办呢？很多人并不看重再生产，没有把手头的资金投入农业、工业和商业，而是继续用在消费上，去购买生活上还没有迫切需要的用具。在电力供应不足的地区，甚至还没有通电的地方，农民已开始购买电视机、冰箱、洗衣机等。这些大多是为男婚女嫁时购买的。很多地方已形成风气，没有这几个"机"，就娶不到老婆。这就不是走生产致富的路子了。钱多了，就讲排场，大请其客，婚丧做寿，甚至儿子考上大学，小孩满月都要大摆酒席，一请就是十几桌。这就有点挥霍浪费，不是正道了。这种情形在民族地区可能已经发生。如果事先不多加注意，收入增加了也难免不走这条路子。我一路上总是提醒大家，讲生产是必要的，可别忘了指导正当消费，有了钱首先要投资再生产。

在民族地区讲经济建设，不仅资金不足，更大的困难是缺乏有关生产的知识，即科学和技术。少数民族由于历史的原因，发展的起点低。过去长期封闭，不容易从外地引进新知识，这是发展的大障碍。可是现在我们已在改变过去的封闭状态，先进民族和先进地区都乐于帮助贫困的少数民族脱贫致富。这是社会主义制度给我们的有利条件，少数民族同胞必须充分利用这个条件，接受外来的知识和技术。我们一路上看到正在富起来的瑶族村子，都是由于接受了新的生产技术，开辟了新的生产门路，其中主要是接受汉族同胞的帮助。

最后，我想提一个南岭山脉瑶族地区的交流协作的建议。不同省区之间地区性的协作在别的地方已经开始了。我们这里可以6个县为基础搞协作，具体可仿照甘肃临夏和青海海东的协作区的办法试行一下，只要广东同意，广西同意，湖南同意，可搞一个南岭山区瑶族的经济协作区。初办时范围不要太广。试行一个时期，有了成效可以逐步扩大范围。

我把这意思讲出来，请大家讨论。

1989年

重访云南三村

1938—1942年，抗战初、中期，我和张之毅同志在云南滇池周围调查了三个农村。这三个农村当时分别属于三个县：禄丰、易门、玉溪，因此我们分别称它们为禄村、易村、玉村。在商务印书馆出版的土纸本，有我的《禄村农田》（1942）和张之毅的《易村手工业》（1943）。张之毅的《玉村商业和农业》只有油行本。1943年我初访美国，在访问期间把这几篇论文编译成 Earth-bound China（《土地缚束下的中国》，美国芝加哥大学出版社1945年版）一书。1987年张之毅同志去世后，由我汇编成《云南三村》一书，因出版困难，至今还没有问世。

《云南三村》编成后，我常想去云南追踪调查。估计所需时间较长，不易安排。直到今年5月底6月初，硬抽出了20天去云南和三村打了个照面。这样匆促地走马看花，谈不上调查研究。到了昆明才知道禄丰县现隶楚雄彝族自治州，易村已划归禄丰，而且楚雄州的研究机关从1983年起已有钱成润、史岳灵、杜晋宏三位同志在禄村和易村进行了追踪调查，调查结果部分已在1984年《彝族文化》发表。他们听说我要重访三村，特地赶来做我的向导。本文中所引用有关40年代后的资料除这次访问所取得的之外都是由他们提供的。不敢掠美，深表感激。有了他们的帮助，使我对禄村和易村半个世纪里的变化有了一些概括的认识，对当前的发展情况易于体会。

至于玉村，由于张之毅同志业已去世，我又记不起该村原来的名称，只能在玉溪郊区按我记得的方向找了一个乡进行访问。玉溪农村变化太大，旧的面貌几乎全都改观了。在当地问了一些老乡，都已不记得我们50年前来调查的这回事了。

下面把我这次重访三村作一简单的报导。

一

50年前我们去云南三村调查的目的是想了解当时受现代工商业城市经济影响较浅的内地农村的社会经济结构，进而研究怎样提高内地农民的生活。

云南三村代表抗战前云南东部滇池周围坝子里三种不同模式的农村，给了我们比较研究的根据。

禄村给我们提供了一个农业之外，副业很少，根本没有手工业的自给自足的农村模式。它的特色是众多人口挤在狭小的坝子里，用着简单的技术，靠农业的生产维持生计。

内地这样的农村和沿海较发达地区的农村一样是人多地少。当时禄村有122户611人，人均占有耕地1.8亩。因为处在坝子中心，全部是保水田，可种水稻和蚕豆两熟，人均粮1538斤。如果分配均匀，全村人口可以解决温饱问题。但是禄村各户占有土地差别很大，无田和少田户（6亩以下）占66%，他们所有农田只占全部农田的1/4。这部分贫困户只有靠租田或卖工活命。依靠卖工维持生活的有250人，约占全村劳动力的60%。占有较多土地的男人自己不劳动，住在村子里指挥雇佣劳动，经营农事。我们称这种人为雇工自营的小土地所有者。

禄村这种情形和我1936年在江苏太湖附近调查的江村是不同的。江村靠近上海和苏州这样的大中城市，又有发达的传统手工业，在早年原是比较富裕的。但当时由于所产蚕丝丢失了国际市场，传统手工业一蹶不振，农民收入陡降，先是受高利贷的盘剥，最终出卖土地，成为佃户。这里放债和买田的人大多住在城镇上，所以对农村来说发生了土地权外流的现象。这里的土地所有者既不劳动，又不经营农事，根本不住在村里，所以我们称他们为"不在田地主"或"离地地主"。禄村和江村当时虽同属封建体制，但形式是不同的。

当我们把禄村和江村对比时，发生了一个问题：内地有没有手工业比较发达的农村，它们的情况又是怎样的？带着这个问题，我们从禄丰城骑马走了6天，在易门县境内的绿叶江畔找到了一个传统手工业比较发达的村子，我们叫它易村，张之毅同志住下进行了调查。这个村子在江边上，绿叶江两岸长满了茂密的竹林。用竹子做原料，这个村子就发展了两种手工业，一是编织器篾，一是制造土纸。

易村同样是人口密集的村子。全村有57户，236人，212亩耕地，人均9

分。一眼看去，易村比禄村更穷。几乎有 2/3 的人家耕种小块土地不足养家，需靠编篾器补贴。另外 1/3 的人家靠了土纸制造，生活较好，其中少数积累了资金，在附近彝族地区买地收租。

在易村我们看到了两种不同的手工业。一种是贫穷户利用多余劳动力编织篾器借以贴补生活的副业。这种副业并不需要投资，江边可以自植竹林作为原料，工具也较简单，一把劈削竹子的扁刀就足够了。门前空场就是工作场所。技术是祖上传下的，一般人通过实习，不难熟练。产品是农家的日用品，箩箩筐筐，类别也不多。因之这种副业性质的手工业比较普遍。

另一种手工业是制造土纸，实质是作坊工业。产品要经过一定的制作过程，先把竹子劈细，经过几番泡、晒之后碾成纸浆，然后用竹帘舀成湿纸，在灶壁上烘干。这套制造过程，除了舀纸和烘纸需要专门技术外，一般都无需特殊训练。但是需要一套泡井、烘灶等作坊设备。还要一笔资金：原料要购买，设备要建造，还要出工资请有技术的工人来劳动。据估计在当时建造一个纸坊的设备要 1000 多元，维持一个作坊全年开工的流动资金需 5000 多元，利润是 8.8 分。坊主一般按自己有多少资本造多少纸，闲下的作坊出租给别人去利用。易村一共有 9 个纸坊，没有一个是全年开工的。租坊造纸的户数每年不同，1939 年有 10 户。这项手工业虽则规模不大，但已经属资本主义性质，只是在经营上还带着封建关系的尾巴，如亲戚关系、师徒关系等。

引起我们注意的是，易村的作坊工业所集中的资本并不像江村一样引起土地权的集中，原因是全村一姓，户户都是宗亲，土地流动受到封建关系的约束。坊主挣得了钱自己消费不完，不能向村内买地，只有向附近彝族村子买地出租。对本村来说土地权没有向外流动，而是外村土地向内集中。结果却在村里出现了地主兼资本家的人物。

张之毅同志接着去跟踪农村发展的轨迹，更上一个层次，从易门来到玉溪。玉溪在当时已经是云南的一个工商业中心。它是滇缅交通大道上马帮运输的大站，而且在抗战时期发展了木机纺织的工业。他在玉溪市镇的附近找到一个受这类市镇影响较深的农村，用来与禄村、易村相比较。

玉村基本上还是以农业为主，家家户户种水稻。但已产生一部分菜农，种植蔬菜供应市镇。同时家家户户的妇女几乎都参与纺织，成为重要的家庭副业。木制织机是自备的，向玉溪的布商赊棉纱在家织布，然后用布换纱，差值就是她们的工资。在工农相辅这一点上和江村类似，但是经营方式各异。

在玉村还看到一种独特情况，就是有一些通过运输而起家致富的人家。当时内地的马帮中混杂着不少贩运鸦片的走私贩子。玉村处在马帮运输大站的附近，产生了一些从这种非法活动中暴发的人家。他们中大多发了财就从玉村搬到市镇上去住，把土地租给本村的人经营，本人脱离了土地也脱离了农村，是一种"离地地主"，但为数不多。

以上简单地回顾了一下云南三村 50 年前的基本情况，为我们观察它们在这半个世纪里的变化准备一点背景资料。

二

上面所述有关云南三村抗战初、中期的一些情况是根据我们自己的调查摘录的。1942 年调查结束后，我们并没有机会去追踪观察。下面要继续叙述的是根据上述钱、史、杜三位同志提供的他们在 1983 年调查的资料。由于他们的调查只限于现属楚雄州境内的禄村和易村，没有到过玉村，所以我们对于玉村在这期间的情形并没有可据的资料，只能留待以后补写。

从我们调查时到解放后实行土改这段时期，即 1942—1952 年这 10 年里，禄村和易村已发生了很大的变化。先说禄村。由于抗战和内战期间的通货膨胀、苛捐杂税和政治上的腐败，农民的生活日益贫困。贫穷的农民开始把土地卖给城镇里的富户。到 1950 年全村耕地已有 20% 属于"外籍地主"（即不住在本村的地主）所有。禄村过去这种"雇工自营"的特点逐渐丧失，而走上了和江村一般土地外流的道路。据土改时县委工作组调查，地主（不包括外籍地主）占人口的 11.5%，占土地的 51%。贫农占人口的 38%，只占土地的 1.8%。村内贫富分化已十分严重。土改时清算的一家恶霸地主每年吸食鸦片折合 64800 斤大米。

跟着农民贫困到来的是农业萎缩。粮食产量在这 10 年里下降了 30%。在这期间，耕地面积只增加 18%，而人口却增加 44.5%。吸鸦片的人也成倍增长，据估计解放时全村已有 2/5 的人吸毒。禄村衰败的景象是很显然的。

禄村是 1951 年解放的，经过清匪反霸，减租退押，1952 年作为全县试点，进行土改，结束了封建土地所有制。土改中农民都分到了土地，人均 1.8 亩。农民的生产积极性空前提高，1953 年粮食总产量比 1949 年增产 83%。1954 年实行合作化，1958 年成立人民公社。由于人民公社制不够完善，吃大锅饭，搞大呼隆，大大挫伤了农民的积极性，生产大幅度下降。1958 年粮食总产比 1953 年下降 35%。其后经过多次反复，到 1978 年才恢复到 1939 年我们调查时的水平,但仍低于 1953 年的纪录,等到 1980 年实行了家庭承包生产责任制,农业徘徊不前的状况才扭转过来。1982 年粮食产量才比 1978 年增长 14%,人均占有粮食超过千斤。

禄村地处坝子中心,农业得天独厚。但是耕地有限,人口不断增长,70 年代末全村已超过 1000 人,80 年代后期达到了 1200 人。单靠农业禄村是富不起来的。抗战初期全村农业之外的收入不及农业收入的 1/10。解放后由于公路建设,运盐的路线有了改变,处在原来运输线上的禄村,依靠运输的服务业,如马店等,已无法继续。"文革"时期原来赶小街做小买卖的人也被视作资本主义尾巴而停业。副业只剩下一些自给性的饲养,如养猪和鸡。

人多地少的农村怎样利用农业里的剩余劳动力来从事生产,一直是个严重的问题。禄村在 70 年代"文革"后期已经不得不以集体名义在劳动输出和兴建如小砖瓦窑等建材企业上谋出路。据 1978 年估计,非农的集体收入占总收入的 23.4%,家庭副业占 15.4%,比 40 年前略有增长。

80 年代初公社制改革后,禄村的经济结构发生了较大的变化。1982 年全村工副业收入占总收入的 48.5%,比 1978 年增加了 10%。1983 年全村有 130 人参加了 5 个自愿组合的基建队。这对禄村来说是一件大事。当时全村一共有 477 个劳动力,而全村耕地只需要 270 个劳动力就足够经营了。多余的 200 多个劳动力中竟有 130 人进入了劳动输出的队伍。原因是清楚的:80 年代初正是小城镇高速发展的开始,大搞基本建设扩大了对建筑材料和基建劳动的需求。这两项都不需大量投资和复杂的技术,因此缺乏资金积累的农村也有条件提供砖瓦和建筑工人。禄村靠近禄丰县城的金山镇,近水楼台,抓住了这个机会。

30 年代我们已看到像禄村一样的封闭经济中劳动力过剩的基本情况。公社制度并没有解决这个问题,它不过以吃大锅饭的方式把这种现象掩盖了起来。土地承包到了家庭,各家各户都自觉地要为剩余的劳动力找出路了。这是 80 年代农村经济发展的一个内在的动力。禄村大量劳动力被吸收到建筑队里去充分表明这个动力所起的作用。

农村经济结构也开始解冻。除了劳动输出外,留在村里的人也在农业之外寻找各式各样的活路。村子里工副业很快发展了起来。1982 年,除了原来的马匹运输、修理打铁、编织等之外,开始有加工豆腐、米线、卷粉、冰棍等家庭作坊和饭店、小百货店、冷饮店等服务业。总计一共有 51 人参加 16 种行业,加上其他从事家庭副业的共有 171 人,占劳动力的 35.8%。这样成长起来的专业户和重点户,逐步改变了禄村几乎全部生活取自农业的传统特点。

禄村居民的生活相应地有了改善。1978年全村还有49个入不敷出的"超支户",约占全村的20%。4年后除了一个懒散的人之外,再没有人家叫不够吃的了。这4年总收入增长26%,人均从204元增加到333元。温饱问题基本解决。家家户户有了自来水。全村246户中有99台缝纫机,150辆自行车,138部收音机,8台电视机。

我们这次重访禄村特别想了解1982年以后的情况。由于时间短只能听村里负责人的汇报。从产业结构上说,农业和工副业的比例:1978年是7∶3,1985年是5.5∶4.5,1989年是4∶6。这些数字都没有经过考核,但也能帮助我们看到最近10年里禄村有较大发展的轮廓。

禄村经济的发展现场也是容易看到的。50年前我们从禄丰县城到禄村去要走近一里的石板道,道的两边全是稻田。路上行人少,人们还常劝我们晚上不要单独进城。现在禄丰县城已改称金山镇,镇上几乎全是新建的房屋,而且扩大了很多,和禄村村口联上了。这大批的建筑也具体告诉了我们禄村为什么有100多人在这几年里变成了建筑工人。

但是走进禄村,除了石板路变成了水泥路,沿路有自来水管外,基本面貌却改变不大。大部分弄巷门面还是旧时相识。我可以找到调查时寄居的房屋。主人是早去世了,第五代的孩子都已经出生。但我到堂屋里一看,还是当年本色,甚至还认得我当年的铺位。不同的是当时的院子在我印象中还要宽敞得多。在这半个世纪里,已增建了几间小屋,空地就见得狭小了。出门来在街头转角上,一位老人还高兴地向我说,当时他还是个孩子,就在这里带我去找那位吹洞经的人。所以我的印象,禄村的外貌改变得不大。村子里新造的房子还不多。但当我闯进当年的中药铺里,才看见室内已经刷新。主人招待我坐沙发,房角里还有电视机。

由于老乡听说我提倡乡镇企业,所以兴冲冲地邀我去参观他们引以为骄傲的塑料厂。厂在村西的边缘上,新造了厂房,厂中场地上堆满了各处购来的破烂塑料。一看就知道这是个塑料再生厂,把废品加工制成各种用具,也能翻造农用薄膜。我看了有点面熟,想起了1984年在江苏淮阴市的耿车乡曾经看到过这种厂,而耿车的厂后来听说已发展得相当大,成了苏北的一个废品利用业中心,相当有名。我因而想到这两个地方确有相同之处,它们都是从农业单一经济开始走上工业化最初的一步。它们都是从成本便宜的废品入手。从塑料鞋底做起,翻造出多种农民需要的日用品。既有原料又有市场,初生的企业容易站住脚。计算一下时间,苏北先于云南大约有五六年。这也给我找到了一个比较两地农村发展时差的指标。

第二天我把兴办这个塑料厂的农村企业家请了来面谈。他是我初次调查禄村时寄寓主人的侄孙，名字叫王兴国，现在有30多岁，初中毕业后在禄村种田。全家12口人，6个劳动力。1979年一次即向国家出售大米6000斤，一连3年，成为有名的大户，同时也积累了1万多元。他有了这点本钱，在村子里把多余的劳动力组织成基建队，到金山镇上去承包建筑，营业相当顺利。基建队后来发展到100多人。他说他原来不懂建筑，通过在实际工作中学习，后来已能设计、施工，盖4层的楼房。他是个自学成才的人物。

基建队按劳动时间和强度发放工资。结余多了，他想如果分给大家，不是一下花完了么，不如用这笔钱组织一次外出参观，开开眼界。后来，他自己买回了一套制造冰棒的设备，在村口另建新屋，办起了一个冷饮店。他和妻子一起在晚上制造冰棒，第二天一早分发给小贩，到附近几个学校门口出售。这个厂由他的妻子经营，每年收入在万元以上。随后他自己找到了昆明塑料厂里的熟人，挂上了钩，购备机器，又开办了这个塑料厂，营业额一年有几十万元。

经过近10年的锻炼，他已经由一个农民变成了一个脱离农业的企业家。由于他新造的住宅里有烤箱、洗衣机等十多部"机器"，在禄村被称作"十机部长"，在农民里成了个惹眼的人物。因之他的心情不得安宁，既有扩大企业之心，又怕政策不稳。他出名之后就和父亲分了家，怕有一天倒算，拖累家人。又把基建队让给弟弟去经营，自己搞塑料厂。去年他看到金山镇处在川滇铁路和滇缅公路交叉点上，商业相当繁荣，所以又在镇上租房子办了个旅馆。他确有眼光，有魄力，既精于计算，又懂得拉拢关系，是个企业家人才。但是心头的矛盾至今未消。在和我谈话时，还是一再表示愿意把塑料厂归村里集体经营，他可以做个经理，不要当老板。他又说，他一家的生活有一个冰棒厂就够维持，其余的都愿意归公。这可能是农民企业家在发展初期多少带点普遍性的思想状态。实际上是表明他们对私人企业还是新手，社会四周的气氛还对走这条路子有怀疑。何况禄村基层干部又缺乏这类人才，集体企业没有发展起来。他这样的人是太突出了。

像王兴国这样的尖子在禄村是仅有的，但这10年家庭工副业在禄村普遍地有了发展，全村的总收入据报1982年是18万元，1985年是37万元，1989年123万元，如果化成可比价值，5年里翻了一番以上是可信的。至于集体企业还有待创办，与苏南的江村相比时差总在10年以上。

三

我到了禄丰就提出要到已划归禄丰境内的易村去,而且钱、史、杜三位同志1983年已找到我们调查过的村子,进行了调查,1985年发表了调查报告。但是问题是易村还没有通公路,离村最近的公路有3公里的山路,我这年纪已经不容易步行这点路程了,可是我还是在想办法,想亲自去看一看。到了我们打算起程的前几天,下了大雨。这3公里山路对我成了难于克服的障碍了。于是经过商量,我只能坐车到附近的一个名叫川街的小镇。同时到易村去请了几位认识我的老人在川街面谈,算是了却一番心意,连登门拜望也做不到了。

幸亏有钱、史、杜三位同志陪同前去,通过他们,易村在40年代初期到80年代初期的40年变化大体上可以了解到一些。下面主要是根据他们提供的资料写的。

在这40年里,易村在经济上的变化是一部有反复的历史,钱、史、杜三位同志归结为"三起三落"。我在上面所叙述的40年代初的情况在易村说是第一个兴盛时期。当时易村的土纸运销到姚安、楚雄、禄丰一带的街子上,在村子里出现了不少赖以发财的作坊主人,土改时划出的地主和富农即有14户,约占全村户数的30%,他们都是和纸坊工业有联系的。

第一次衰落是出于自然灾害。1942年发生了霍乱,几个月间死亡相藉,人口减少了。1939年有54户,236人,经过10年,到1950年解放初,还只有48户,241人。在这段时期里土地和竹林维持原状,土纸作坊还有所增加。所谓衰落,主要是指人口减少和劳动力不足。土改时土地重行分配。易村地主在村时的土地原来就不多,但他们占有大量村外土地,约占所有土地的2/3,所以土改时由于地少人多,把8户地主54人迁到外村,余下的人平均分得1.3亩。在农民生产积极性提高的情况下,大约人均收粮600多斤,口粮可以自给。土纸和织篾器等工副业没有受到影响。农业加上工副业使易村发展成了当时的富裕村。易村老人说,就数这两年好过。

1958年成立人民公社,村外抽调了四五十人到易村来"发展"编织业,吃住在易村,实际上增加了人口,而这些新手根本不懂得手艺,所编成的篾器质量下降,影响了销路。到了"大跃进"中,为了"放卫星"乱编乱织,又滥砍竹子,糟蹋原料。半年多时间砍掉易村五六年所需的竹料,而所编的篾器根本销不出去,废品堆积成山。易村篾器中最著名也最值钱的海簸,因为要推行打谷机,上边命令禁止使用,因而停止生产。这样易村经济进入了第二个衰落期。

1962年,中央政策改变后,易村分为两个生产队,生产得到了恢复。由于农村解散了集体食堂,家家户户都要补充厨房用品,篾器畅销。海簸的禁令也取消了,市集上大受欢迎,价格从30元涨到70元。易村为此组织了三四十人专业从事篾器生产,质量有所提高,评比中名列第一。在调整生产过程中,许多乡村的土纸作坊停了业。1960—1964年土纸供不应求,价格也高涨。易村留下的两个土纸坊没有停,得到了好处。这是易村经济第三个兴盛期。1964年人口63户,246人,人均产粮500斤,收入132元,全村工副业收入占全部收入的61.9%,超过了农业。这是自从公社化以来经济收入最好的一年。

好景不长,70年代初开始"以粮为纲",退回到单一经济的路上,像易村这样靠工副业支持的经济受到的影响特别严重,因而又进入衰落期。1980年易村落实联产承包责任制,只把田地包到了户,没有把竹林同时包到户。群众贪图当前的利益,趁着还姓公不姓包的时候,一窝蜂地去砍竹子。会编篾器的砍了编篾器卖,不会编的拾了竹子到川街市上去卖,卖不掉用来编篱笆拦鸡和猪,甚至堆在门前当柴烧。男女老少齐动手,在一个多月里,祖上多年留下的竹林,连根都挖了起来。等到干部腾出手来干预时,易村原来在绿叶江两岸密密的竹林,所剩无几。竹林事实上是易村几度衰落后得以恢复的命根子,这是他们手工业的原料基地。这一下子摧毁掉,影响就深远了。土纸作坊从此倒闭,直到现在还没有恢复。有编织技艺的老手只能到街子上去买原料编篾器,成本高了,挣不了多少钱。有些只能到有竹林的村子里去帮别人编篾器。这时后悔已来不及,要重新长出茂密的竹林来不是短时间办得到的。

我这次由于年迈天雨,到了川街再前进不了,没有能亲自去看一看易村当前的面貌。几位老人赶来川街和我会面,旧话讲得多,新话讲得少。据他们告诉我,易村人口现在是69户,335人。人口比1984年的331人只多4人,原因不清。

我问他们,现在易村比我们当年去调查时有什么变化。他们想了一会儿,回答说河边的"天车"已经没有了。天车是他们用来向河里提水灌溉的用竹木做成的大飞轮水车。红色的河水,碧绿的竹林,加上几十个圆形的天车确是当年我们觉得十分动人的易村风情。大约在10年前,易村通了电,已可以用抽水机提水,天车被淘汰了。

我问他们的生活,他们起先都说靠党的政策好,现在已经好多了。接着说大约还有不到十几家人，温饱问题还没有解决。十几家就占了全村的七分之一。从这几个老人的衣着上看，我感到这些人生活变化不大。我回到北京后，这几位老人中有一位还来信要我帮助他申请政府补助，大概就属于这十几家贫困户。

因为我记得我们去调查时，他们村子里住得很挤，所以问他们现在怎么样了。他们说，最近10年来有30户人家盖了新房，大小有70多间。即是说，这村子里有大约超过一半人家居住的条件已有所改善。

谈起他们有什么要求时，他们说他们村里的小学房子已列入危房，所以现在只能在私人房屋里临时上课，希望能早些修盖新校舍。

听来，易村的农业有了发展，特别是这几年培植了烟草，卖得起价钱。但是绿叶江水质污染，本地的秧苗栽不活，要到外地去背秧苗回来栽种，有时要栽2—3次才活，玉米也很难出芽，因而要求修一个水库。更严重的是竹林似乎还没有恢复，土纸作坊至今没有重办，编织业还停留在当年的水平。经常编织的只有20多人，而所编织的还是老产品，技术没有变化。加上交通条件改进不大，公路至今没有通到村里。这是发展的主要障碍。

短短的半天相聚，对易村只有一些间接的印象。像易村这样的偏僻山村，在发挥它有竹林特产的优势时，农民曾经有过比较好的日子。后来由于种种历史原因，他们的原料基地被摧毁了，赖以提高生活的工副业恢复不易。单靠土地显然是不容易使这样的村子富起来的。

易村父老的热情是感动人的。这几位老人在当年还是青少年，他们至今还记得我们当时在村子里的活动。有一位说，我曾给他一些"洋糖"，到家里还挨了父亲一顿骂，说"洋糖"是吃不得的。这样偏僻的一个小山村，半世纪后已经能利用水泵进行灌溉，有电灯照明，从这样的起点看，不能不说是有了极大的进步了。但和外界相比，未免差距拉大了。

四

云南三村由于所处的条件不同，显出了发展上的差距。易村最偏僻，至今未通公路，在曲折的发展过程中，斫伤了自己的命根子，丧失了原料基地，不仅没有在原来工副业的基础上向前迈进，在和其他农村对比下是落后了。禄村在这几十年里，虽则同样也丧失了一些原来的优势，如由于公路运输的发展，失去了成为运盐驿站的地位，但是它适应得较快，依托金山镇的发展，大量劳动力通过组成基建队而得到了利用，积累了资金和培养了人才，开始向个体办的小型加工业迈进，虽则还属于创办阶段，但毕竟已经起步。

变化得最大的是玉村。我这次去访问没有能找到原来调查的村子，固然主要是因为我自己当时没有亲自去实地调查过，现在又忘记了这个村子的名称，而当时深入调查的张之毅同志不幸已经去世，但是从当地附近的许多村子里已经没有人再记得我们那次调查这一点上看，也能意味到这地区农村的变化。它和禄村、易村显然不同，在禄村和易村我们都见到熟人，村子里的群众也大多记得我们的名字。玉溪却没有遇到这种人的机会了。玉溪这个地区变化太大，它四周的农村连古老的房屋留下来的已经极少。外貌变了，人也不同了。用我的话来说，"乡土气息"已经大大地冲淡了。50年前的旧事，在滚滚的时流里已留不下多大印象了。

玉溪现在是全国卷烟业的中心之一。玉溪卷烟厂出产的红塔山牌香烟在国内名牌中居于前列。全市工农业总产值49.1亿元，其中工业产值37.2亿元（卷烟23.9亿元），工农业比例是8∶2。这在云南是突出的，在全国内地也是少有的。

玉溪市工业迅速成长必然影响到四周的农村。以农业说，烤烟成了重要的经济作物，1989年市郊农村产量已达5636万公斤，比1980年增长5倍。大工业的兴起还带动了乡镇企业的兴起。我们参观了一个制造水松纸的工厂。水松纸用来包在纸烟的过滤嘴上，是直接为卷烟厂配套的产品。1989年玉溪全市乡镇企业产值6.97亿元，如果把卷烟厂除外，占全市工业产值的一半。这些乡镇企业分布在玉溪市四周的农村里，正在改变农村的面貌。农村里从事工业的人有15.3万人。农民人均收入937元，比1980年增长3.5倍。

从我们所举的这些数字足以看到这10年里玉溪农村变化之大。可惜我们访问的时间太短，又没有找到原来调查过的村子。我对玉村的变化不能多说了，只希望今后还有机会在玉溪市和它周围的农村里做一次调查，比较深入地了解内地工业的发展对农村的影响。现在我只能提出这个课题，即使我此生得不到这个调查的机会，相信会后继有人的。

1990年8月16日

凉山行

开发大西南是我关于边区开发最近给自己提出的研究课题。这也是我对我国社会经济发展宏观格局思考的继续。为此我"五月渡泸"前去四川凉山进行了一次初步考察。考察回来为《瞭望》读者作以下这个汇报。

开发大西南：边区开发研究的新课题

在这里不妨把我这几年来对我国社会经济宏观格局思考的经过简略说一说。

去年初夏，我从长江三角洲考察回来的第二天就飞往兰州参加黄河上游多民族开发区的第一次协调会。11月份又去了一趟福建。今年暮春回吴江老家一次。仔细想想，近年来这种大跨度的考察，长时间的追踪调查使我得益不少。最重要的收获是逐步形成了我对中国社会经济发展宏观格局的认识。从全国来看，各个地区几乎都在结合本地区的自然条件、地理位置以及历史文化传统摸索适合本地区社会经济发展的路子。这不能不认为是我国经济发展逐步发育成熟的表现。

先看看沿海地区。珠江三角洲的发展格局已经大体定型。它主要依靠香港辐射，搞两头在外，"前店后厂"的经营，上得很快，5年工夫就大见成效。福建则靠打"侨牌"，效果也比较明显。现在加上台资进闽，有了更多的建设资金，上得会更快一些。温州搞的小商品，大市场，已在全国建立销售网络，在市场疲软的压力下，把产品质量、品种压了上去。他们这种以流通促生产的机制为全国各地乡镇企业树立了榜样。山东强调科技兴省，在农业发展的基础上大办乡镇企业。胶东半岛上有的乡村办的工厂，规模不小，水平不低，赢利创汇能力都较强。至于长江三角洲的苏南、浙北两翼，由农业集体积累兴办起来的乡镇企业,已左右开弓开辟国内外市场,正在大力发展外向型经济。上海的浦东开发区这个龙头一旦发育成熟,将使这个地区有了可借之"梯",更上一层楼;有了可借之"船",扬帆远航。我看沿海地区照这个路子走下去,今后10年一定会持续稳步发展,但在发展过程中,我也意识到这些地区的能源和原材料的供应将成为日益严重的问题。这个考虑也使我转眼去看我国的西部。

事实上,眼前能源和原材料的短缺已经成为我国经济发展的制约因素。从长远来看,中国作为11亿人口的大国,不能没有自己的能源和原材料基地,而矿藏和水利资源富集之处又多在中国的西南和西北地区。建国之初,国家曾大量投资在这些地区建立起颇具规模的骨干企业。经过几十年的艰苦努力,他们对国家固然作出了很大贡献。但是,由于体制的限制,这些企业长期没有与地方"搭界",内部巨大的潜能发挥不出来,对地方经济的推动和改善周围农民生活都没有产生应有的影响,效果未能尽如人意。

西部现在的情况怎样?改革开放同样也给西部带来契机。那里的一些大企业、大厂矿,也有不少已冲破限制,打开厂门,走出孤岛,路子越走越宽,与地方不仅"搭上界",而且结合的形式也多种多样。例如宝鸡,提出了城乡一体化的方针,几年来,他们不断地将三线企业扩散到附近县镇,从人员、技术、设备、资金多方面帮助地方兴办乡镇企业和县属工业。又如内蒙古的包钢则是与地方联营扩大计划外的生产,不仅弥补了计划内的亏空,而且还补贴了部分福利欠账。效果更明显的例子是甘肃的金川、白银、兰州等大企业创办的开发小区,全面扩散,多种经营,实行"一厂两制"。仅经过两三年经营,这些小区的产值、利润几乎与母厂相等,附近的农村也因此富了起来,贫困面貌大有改善。

通过对西北边区的多次考察,民盟中央于1988年向中共中央提出了关于建立黄河上游多民族开发区的建议。建议的中心意思是利用甘肃、青海和宁夏、内蒙古两省、两区丰富的水利和矿藏资源,在这个狭长地带建立起一系列能源和原材料基地,除满足东部以至国家经济发展的需要外,划出一部分给当地用来发展乡镇企业。看来这条路子对边区和少数民族地区摆脱贫困,发展经济是走得通的。今后10年,西部进一步开发大有希望,尤其是欧亚大陆桥接通,加之最近发现储量为世界级的油气田,西部的后劲是充足的。

去年5月底至6月初,我抽了20天时间重访50年前在云南滇池周围我和张之毅同志一起调查过的禄村、易村和玉村。这次重访云南三村提醒了我还有大西南这一个资源丰富的地区需要开发。我想到自己虽则年事已高,可能还有几年时间可以用来思考这个问题,心里动了研究大西南山区经济的念头。

从云南回京不久,就接到四川省委、省政府的邀请,约我入川考察,正中下怀。我阅读了杨超同志《关于在我国西部将攀西及滇西北金沙江沿线列为资源经济开发区的建议》,以及中国农学会与四川省科协的《关于加快攀西地区农业综合开发的建议》后,我决定以攀西地区作为我研究开发大西南这个课题的突破口。所谓"攀西地区"就是攀枝花市加凉山彝族自治州。

6月2日深夜,我们从北京乘火车出发,4日清晨到达成都,当天傍晚即换车南去西昌。从5日至13日,我们乘坐汽车盘旋在横断山脉深处,从西昌到盐源县,又到云南省宁蒗县,还抽空去游了泸沽湖,在摩梭人家吃了午饭。后来转到攀枝花市,再折回西昌,去昭觉县。我这80老翁,在海拔2000米以上的崇山峻岭中连续9天跑了1300多公里,竟然还能在彝胞家里踏歌起舞,欢笑畅叙,确有点出于自己预料的。看来此生还可以为开发大西南多做点事情。

关于简称"一点、一线、一面"的开发设想

大西南自有大西南的优势,在漫长的历史发展过程中又形成了自己的特点。这里的开发与其他地区的开发既有相同之处又有不同之处。还是那句老话,既不能割断历史,也不能超越现实,一定要从实际出发,制订出切合凉山、四川及至大西南实际的发展战略和对策。

就四川全省来说,可分为盆地、丘陵和高寒等三个地带。平原地区居住的主要是汉人,丘陵地区是多民族杂居之处,而高山峡谷地带则是少数民族聚居的地区。他们的社会经济发展不在同一水平上,有的相距甚远,不可能采取同一规划、同一政策。比如,我们这次考察凉山,给人印象最深的是这里的汉彝干部和少数民族同胞要求摆脱贫困、走上富裕之路的愿望就比其他地区更为强烈,而且上上下下都寄希望于攀西地区的开发。

他们所说的攀西地区是很明确的,就是指凉山彝族自治州与攀枝花市合作建立的开发区。"西"指的是西昌市,因为它是凉山彝族自治州的首府。我认为攀西地区的开发实际已涉及到整个西南开发的中心问题。后来又与攀枝花市的同志交换了意见,返京后再与去年曾去那里视察的钱伟长同志商量之后,对于开发大西南的思路似乎越来越清晰,内涵越来越丰富,并逐步形成了这样一

个设想：由凉山彝族自治州与攀枝花市合作建立攀西开发区。以这个开发区为中心，重建由四川成都经攀西及云南保山从德宏出境，西通缅、印、孟的南方丝绸之路，为大西南的工业化、现代化奠定基础的设想。我把它简称为"一点、一线、一面"的设想。

设想中的这"一点"，就是拟议中的攀西开发区，总面积约 6.75 万平方公里，人口 450 万。这里地处横断山脉东缘，是青藏高原向云贵高原和四川盆地的过渡地带，是金沙江和雅砻江的金三角。由于独特的地质演化，形成高山深谷相间的特殊地貌。矿产、水能资源得天独厚，居全国之首，为建设以钢铁钒钛为主的现代工业基地提供了有利条件。同时，这里地处南亚热带，热量丰富，光照充足。科学家说这里有南方的温度、北方的日照，老百姓说这里"一山分四季，十里不同天"，都认为这里是发展立体农业的理想地带。加之，土地辽阔，宜垦荒地又多，农业资源的潜力也是全国少见的。这个地区的工农业资源经过多年的勘探和调查，各方面都认为攀西地区是我们现代化开发所需自然资源的"聚宝盆"。所以我的"五月渡泸"，不是"深入不毛"，而是初探宝地。

不过，这里确实偏僻荒凉，人烟稀少。但是，早在公元前 4 世纪之前却已是通往亚欧各地的必经之路了。后经历代不断经营，沿途设栈道、架索桥，到唐宋时开辟成了有名的南方丝绸之路。尽管如此，绵延二千多年之后，直到 20 世纪 60 年代中叶，在大规模三线建设中，这个地区丰富的资源才受到重视。在历来只有几十户人家居住的金沙江和雅砻江汇合的渡口建成了西南钢铁基地。这个荒山野渡顷刻成了人口稠密的新兴工业城市。为这个新兴城市服务的成昆铁路 1970 年全线通车。1987 年渡口市易名为攀枝花市。从此，声名鹊起，誉满全国。这个平地起家的攀枝花市经过 26 年的经营，现在已是拥有 40 多万城市人口，年产铁 270 万吨、钢 180 万吨的西南工业原材料的重要基地了。

我之所以把攀枝花市和凉山州作为一个整体来考察，就是因为攀枝花市的前身渡口，原本为传统所称的大小凉山中小凉山的一部分，只有首先承认这个地理和历史形成的民族区域的一体性，才能理解后边我还要详细说明的关于这"一点"的具体涵义。

重振南方丝绸之路，辐射内外两圈

关于这"一点"的设想，我还有另一层意思，那就是想把攀西地区看成今后开发大西南能够发生起动作用的经济心脏。接着我要说明的就是设想中的"一线"。这"一线"指的是以攀西开发区为中枢的一条我国大西南通往缅甸、印度、孟加拉各国的交通动脉，也就是指历史上的"南方丝绸之路"。

据历史学家的意见，这条南方丝绸之路是我国通往亚欧各国最早的国际通道，形成的时间可以远溯至秦汉之前（即公元前4世纪之前）。这条路线北起长安，越秦岭，到成都，然后大体上沿今天的成昆铁路，经西昌、攀枝花，入云南境内，穿过丽江和大理之间的山路，到保山、腾冲，从德宏出国境，入缅甸，转印度和孟加拉国。古时称成都到大理这一段为灵关道，称大理到德宏出境这一段为永昌道。显然，在海运开通之前，这是我国西南的一条重要的国际交通要道。它绕过了西藏高原，通过横断山脉南部出国境。汉代张骞出使大夏（今阿富汗）时见到的"蜀布"和"邛竹杖"就是从中国西南通过这条商路经印度运到阿富汗的。在这条路上，历来就有成群结队的马帮往来不绝，在抗战时期这是我国通向国外的唯一通道。

看来这条国际交通线在今后开展陆上的国际贸易方面还会起重要的作用。这条商路到达的缅甸、印度和孟加拉地区居住着上亿人口，而且现代工业都不很发达，正是我国轻工业品的一个巨大的潜在市场。现在，这条路上的出口处德宏傣族景颇族自治州的芒市，边贸市场已经出现相当繁荣的景象。这条商路开通后，必然会促使攀西开发区发展轻工业，落实"轻重结合"的方针。

重建南方丝绸之路实际上已经有了现实的基础，成昆铁路和滇缅公路都已畅通，两路之间也有了省级公路相连。当然如果进一步为发展沿线的工业与服务行业，现有的交通条件还应加以提高和改修。有人提出成昆铁路电气化和修筑攀枝花通往大理、下关的一级公路，以便与滇缅公路相接。这些都是今后10年规划值得考虑的工程项目。远期打算，在抗战时期已提出过的"滇缅铁路"也应早日列入国家的建设计划。

有了攀西开发区作心脏，南方丝绸之路作大动脉，大西南工业化和现代化建设就能由点及面地连成一片。这就是我们设想中的"一面"。经济的辐射作用将如波浪式地由中心向四周扩散开来。大西南这个"面"基本上包括川、滇、黔三省，即云贵高原和四川盆地。

按扩散的层次说，可分内外两圈，内圈包括杨超同志在他的建议里提到的滇西北金沙江沿岸的迪庆、丽江、怒江等民族自治州和永仁、元谋两县，还可以加上中国农学会建议中提出的攀西—六盘水金三角，东到贵州水城。为了便利攀西及其内圈所产丰富的工业原材料向我国东部工业地区的运输，还应充分利用长江水道，加强其水运能力。同时还可以将金沙江和长江汇合处的宜宾建成水陆转运码头，修筑攀枝花和宜宾之间的铁路，或修筑成昆铁路支线沿岷江通宜宾。

攀西开发区内圈之外的云贵高原和四川盆地是扩散的外圈。在这个外圈范围里，现在已有重庆、贵州和昆明三个工业城市。他们实际上已成为一定范围内的中心城市，正在分别独立发展之中，将来完全可以和攀西这个中心联系起来成为一个大西南的工业体系。

不难看出这"一点、一线、一面"的初步设想，是一个比较全面和长期的设想，只能在实践中由点到线、由线到面，循序渐进，逐步实施。在这里提出这个宏观的粗线条设想是因为我认为有了这个设想为前景，对建立攀西开发区的重要性可以看得更清楚些。

以攀西地区为中心的发展对策

现在，就让我们回过头来再仔细分析研究攀西这"一点"的现状和发展对策。

从这次考察的情况来看，这个地区由于过去发展不平衡，社会经济结构都存在一些十分突出的问题：一是州市分隔，未能配合；二是工农失调，农业滞后，而且没有注意到配套的贸易工作；三是重工业特重，轻工业畸轻；四是民族之间生产和生活水平差距较大。妥善解决这些问题是这个地区进一步发展的必要前提。针对这些失调，我们认为可以提出"四个结合"为对策，即州市结合、工农贸结合、轻重结合和各民族结合。

应该充分肯定，过去集中力量建立攀枝花钢铁基地取得了显著成绩。问题在于这个工业基地是从原本经济不发达的少数民族地区的中心勃兴起来的。从四面八方集中到这条山沟狭谷里来从事工业生产的大量居民，一旦和周围农业地区隔绝，他们生活上的需要几乎全部得依靠铁路从外地接济，吃的是舟山的鱼，烟台的苹果，仅粮食一项25年累计调进149万吨。而凉山地区农业资源的潜力又如此之大，如果能及时加以开发，使它负担起这个工业城市人民农副产品的需求，应该是绰绰有余的。目前工农失调的困境，从某种意义上看，就是由于过去没有把攀枝花市和凉山彝族自治州结合起来作为一个经济地区进行规划的结果。

现在我们提出"州市结合"，并不仅仅是从解决工业中心居民的生活需要出发，更重要的是为整个地区工业发展前途着想。从长远来看，这个地区的工业建设不可能限于现有市区。现在已在审议中的一些重点工程，如大桥水库和二滩水电站都在市区之外。实际上"州市结合"不仅为工农贸结合、轻重结合提供了条件，而且也为民族结合打下了基础。

毫无疑义，攀西开发区目前的主要任务首先是为全国工业化、现代化提供原材料，特别是钢铁钒钛等矿产和原材料。但是，我还想说的是这里特别丰富的水电能源和潜力很大的立体农业，完全有条件建设成为我国西南部的轻工业基地，为本地区以及西南各省提供生活用品，并为扩大向东南亚各国出口作准备。

在当前调整轻重工业比例的过程中，在州市结合的前提下，那些集中在市区里的大中型重工业企业的技术实力，正好可以有组织地扩散到四周广大的乡镇去发展中小型轻工业。这样做，将使大小凉山的各族同胞在较短时间内摆脱贫穷落后，千家万户尽快富裕起来。从各地的经验和历史的教训来看，那种走集中发展重工业的路子是做不到这点的。

像大小凉山这样自然资源丰富的少数民族地区迟早是要开发的。在开发过程中一定要时刻注意引导少数民族同胞充分参与，不能只见资源不见人。也就是说，开发少数民族地区的资源必须和发展聚居在这个地区的少数民族的社会经济结合起来。

我之所以一再强调开发攀西地区要"民族结合"也是从这个地区的现状出发。攀枝花市自开始建立以来，城市居民一直以汉族为主。现在全市包括划入市境内的两个县的90万人口中，少数民族只有11万。而它毗邻的凉山各州县，在集镇以外的山区居住的几乎全是彝族同胞，共有154万人，是全国彝族最大的聚居区。在当地彝族同胞的心目中，包括渡口在内的这个地区是他们世世代代居住的地方。现在他们看到这块古老的土地上出现了现代化的工业城市自然很兴奋，同时也巴望着能够多方面地参与到现代化建设的行列之中，让这个新兴城市在多方面带动本地区、本民族的发展。在少数民族地区发展重点工业必须照顾当地少数民族的利益，并通过工业的兴起培养大批少数民族工人，原是我们国家的民族政策。最近党中央一再提出先进帮后进、各民族共同繁荣的方针，十分切合这里的实际。我深信在开发攀西的过程中，各项具体的民族政策将得到落实，并在民族结合方面做出令人信服的榜样，进一步体现社会主义的优越性。

凉山发展的先决条件和启动力量

千里之行，始于足下。攀西地区的开发，尤其是凉山彝族自治州的发展，目前还面临着种种困难，需要创造先决条件和启动力量。

凉山这个少数民族聚居的地方，现在住着一百多万彝族同胞。他们曾在红军北上时为各族人民的革命事业立过功。解放后在政治上已翻了身，但是经济上的落后面貌至今还没有完全改变。凉山州所属17个县中有9个县是贫困县，近百万人尚未越过温饱线。与全国各地横向比较差距越拉越大。1990年农民人均纯收入只有336元，比全国630元低了一半。我们走访大小凉山的一些村寨，只有少数人家先富了起来，即使较富裕的坝子或村落也不过刚刚开始累木为墙，营造新屋，人畜分居。但室内有床铺的还不多，一般是家徒四壁，一个火塘，生活还是比较困苦的。有不少人家粮食不够全年吃用，还得靠卖猪卖羊的钱买粮。

像这样起点低的民族地区要发展起来没有国家的资助是很难起步的。解放以来，各级人民政府对民族地区的投入是相当多的。这对各少数民族在经济文化的推动也是相当大的。但是四川少数民族地区与中央直接领导的其他民族自治地方又有不同之处。我们在凉山一些县里了解到，他们的"吃饭财政"大部分依赖省里补贴，而现在省级财政并不富裕，再伸手向上要钱搞建设项目越来越难，多半是纸上谈兵。依我看，办法只有在攀西开发区的大账里列上凉山开发启动基金，专项专用，滚动发展。其实凉山当前发展农牧业所需的初步投资，算下来还不到攀枝花大企业投资的2%—3%。这么一点投资如果使用得当，凉山的农副牧业很快就可能上一个台阶。有了充足的农副牧业产品，不仅可以就近供给攀枝花市区居民生活所需，而且发展州县地方轻工业和乡镇企业也有了原料。全国许多地方这几年的实践经验都说明，这是提高少数民族农牧民生活，增加地方财政的有效路子。

事实上，这些年凉山的农牧业还是有较大发展的，无论是科技兴农，还是办乡镇企业都摸出了一些门道，并有成功的试点。这次考察虽说坐汽车跑路花了不少时间，但沿途所见所闻收获倒不少。一路上我们经常能见到一条条铺在玉米或马铃薯地里的塑料薄膜在阳光下熠熠闪亮，为山川添色不少。县里干部告诉我，开始老百姓不相信盖一层薄膜能增产，后来做出样子，粮食增产一倍，大家就传开了。现在已争着买塑料薄膜。这个事实充分证明，科学是能进彝寨的，彝胞同样能接受科学种田。当然，这里有个条件就是要有人把先进技术送进去，做出示范。

改革开放已经给凉山带进了许多新鲜东西。广泛种植经济作物，发展商品生产就是发展经济的重要突破口。当地干部自豪地对我说：这里的烤烟色泽好、纯度高、干性好，可与云贵烟媲美。这里一年可养四季蚕，生丝质量不比您的家乡江苏差。这里的"天然温室"可生产早市蔬菜，在冬春蔬菜紧缺时提前上市，现在就已销往北方城市，并出口香港、日本、苏联。可见凉山立体农业的潜力有多大，真是得天独厚！但是到现在为止，这些还只是有待开发的潜力。我们的责任就是要帮助彝族同胞早日把这潜力开发出来成为国家和人民的财富。再举个例子来说，当我们在高山或半山地区公路上行进时，在车里还能见到一群群羊只在山坡上吃草撒欢。据州里的同志介绍，畜牧业在彝族地区有着源远流长的历史，凉山有着丰美的牧场。从50年代这里就注意绵羊品种改良和建设草场的工作，进展较快的是最近十几年。州、县因此办起了皮革制品厂，生产的皮夹克等式样和质量还不错。但成本下不来，做了赔本生意，而且农牧民得不到多少实惠。听了这话，我们一行中的一位蒙古族同胞当场就传递了一条信息。内蒙古的牧民培养长绒的山羊，山羊绒是国际上的抢手货。凉山能否向内蒙引进这种山羊，如果可能的话，凉山的牧民不一样能增加不少收入么？我也告诉他们，江浙一带采用先进工艺，一张牛皮现在剥到四、五层，手感好，而且可以降低成本，使皮革厂转亏为盈。这些例子都说明通过横向联系，引进新品种、新技术，各项事业都有发展前途。

同时，我也感到像这样一个偏僻的山地，信息和技术是何等的重要。这里的乡镇企业办不好，不就是信息闭塞、技术落后和缺乏市场等原因造成的吗？由此我觉得，凉山的各级政府一定要把做好服务工作放在重要位置上。在整个攀西开发的过程中，都要十分注意为农牧民发展商品生产和兴办乡镇企业做好产前、产中、产后的服务。凉山各级政府的这个职能显得比内地更重要。这里山高路远，居住分散，集体经济基础很脆弱，农牧民商品意识又淡薄。有个县根据自己的条件搞起了庭院经济，农民在房前屋后种了苹果，收成相当好，却运不出去，烂在山里家中。县里很担心以后农民还种不种水果，庭院经济能否搞下去。

事情很清楚，流通不畅，必然影响生产。一路上，我们听不到铃响，也见不到马帮，看到的是彝胞人背车驮，少数自行车和小马车，步履维艰地上山下坡。在山大沟深的条件下，用这样的运输工具，让一家一户出来搞流通怎能搞得通呢！看来，只有政府发挥职能作用，帮助农民重新建立民间运输组织，包括自愿结合的马帮和运输合作社等。同时，还应采取民办公助，多方集资的办法，修建通往村镇的公路，甚至现在可着手与科研单位合作研制适合山路的小型简便的机动车辆，使农牧民买得起，用得上。如果花几年或者十几年时间，改善运输条件，把流通搞起来，一头能接上攀西地区内外圈的市场，一头接着千家万户和工厂企业，以后有些事情就好办多了。攀西地区的开发就有了较好的准备。

我们讲的这篇大道理，凉山的各级干部都点头称是，但是事实上心里都明白，这些事办起来确实有点力不从心。必须承认封闭千年的偏僻山区，要一步跨入商品经济是做不到的。如果要赶紧走上这条路，必须有人去帮助和合作。这些人就在附近的攀枝花市。州市结合了，凉山就有了靠山。所以我对凉山的朋友们说，你们必须牢牢地攀住这枝花，开放才有发展之路。

总之，大西南的开发有赖于攀西地区这个中心的启动。在国家的支持和帮助下，加上千家万户投入商品生产，少数民族在社会主义商品经济活动中受到锻炼，得到提高，才有可能在真正意义上参与大西南的工业化、现代化建设。

写到这里我应该停笔了。开发大西南又是一篇大文章，不是一两篇短文可以说尽的。好在我希望还有机会再去实地学习。只要我还能写作，我是会继续向读者汇报的。

1991年6月

武陵行

为了继续探讨西南多民族山区经济发展问题，我于1991年6月凉山之行之后，又于10月访问了长江三峡之南的武陵山区。武陵山区地跨湘、鄂、川、黔四省，连成一片，包括湖南的湘西土家族苗族自治州和大庸市，湖北省的鄂西土家族苗族自治州，四川省的黔江地区和贵州省的铜仁地区，共计总面积约8万平方公里，1300万人口，其中少数民族占53%，约710万人。

我这次武陵之行只在这山区的腹部里转了一圈。从湘西凤凰、吉首，进川东的秀山、酉阳、黔江，入鄂西的咸丰、恩施、来凤，又转到湘西的龙山、永顺，然后从大庸市出山。一共走了21天、1100多公里。一般认为也属于武陵山区的贵州铜仁地区，我没有到，只在由湘入川时在铜仁境内穿过几十里公路。因此我下面所讲的除了说明是"全山区"的情况外，只限于所访问过的三省二州一地一市。

地貌和民族

武陵山区是云贵高原的延伸地带，从海拔千米以上的高原边缘向东北倾斜，约250公里下降到海拔几十米的江汉平原，形成的一片处于乌江和沅江之间的褶皱断裂的二高山区。境内山势巍峨，危岩突出。有山顶略平，四周悬崖的高地，俗称山盖；有群山环抱，山坡梯田层层，山间地势较开阔的小型盆地，除了川东的秀山和湖南的大庸外都难称有平坝之处。在公路两旁见到的多是夹在众峰之间，溪流弯曲的沟壑和槽地。

这个山区的风光正如晋人陶渊明在《桃花源记》一文中的描述，确实是奇峰狭谷，林壑幽美。近年来开辟成国家级旅游点的大庸市张家界就是个典型景观。但在铁路公路没有修通之前，这里的交通极不便利。水溪危道，曲折陡峭，置身其中不能不感到山穷水尽，如入迷津。难怪当时的山区居民与世隔绝，"不知有汉，无论魏晋"。就是这种地貌使早期先后进入山区定居的各族人民，在千百年中积淀在各平坝、狭谷和高山上，形成一个个封闭性的大小社区。武陵山区在接纳了多次的人口波浪，才成了个多民族地区。

武陵山区形成这样一个多民族地区的过程，还有待后人去发掘追溯。从现在的格局来看，人数最多的是汉族，其次是土家族和苗族，人数较少的有侗族、仡佬族和白族。此外在城镇上还有一些散居的其他民族成分。

以我们所访问的二州一地一市来说，人口总数约1000万，其中少数民族约463万人，占总人口的46%，略少于汉族（比整个山区的百分比略低）。如果仅限于湘西自治州，则汉族人口少于少数民族，汉族占44%。

在我们的访问区里，少数民族中土家族共有370万人。1990年普查土家族共570万人，这个地区就占总数的65%，可以说是土家族的主要聚居区。土家族多数聚居在川东南、鄂西和湘西北部和大庸市，即我们访问区的北部，主要分布在酉水和清江流域，尤其以永顺、龙山、秀山、酉阳等县最为集中。

苗族在我们访问区里共138万人，占全国苗族总人口739万人中的18%，从全国来说，是在苗族分布地区的东部边缘，主要在湘西自治州的南部，酉水以南的花垣、凤凰、吉首、保靖、古丈等县。苗族的主要聚居区不在武陵山区。

至于侗族和仡佬族主要是在贵州省境内，我们没有去访问，所以暂略。

总的说来，武陵山这个多民族地区里，汉族的分布在平面上南北较匀，即四处都有，但在立体上，多在平坝和交通线上，少数已深入狭谷和高山。土家族则北多于南，苗族则南多于北，是个小聚居、大杂居、交错穿插的格局。

说一点历史

武陵山区的历史，说来话长，我在这里只能长话短说。在这个山区东部湖北长阳县发现的旧石器中期人类化石和湘西泸溪、龙山、大庸等地发现的新石器时代遗址，都说明远古时代这里已有人类居住，但这些远古的人类和现有的民族还挂不上钩。

现在居住在这山区的少数民族，进入山区的时间和先后也还没有定论。从史料记载来看，春秋战国时代在川东鄂西有个巴国，曾被楚所并，后又灭于秦。秦统一中原后在这地区建立了个黔中郡，纳入了它的统治范围。我们现在还不清楚巴国所占的地域是否早已包括武陵山区,在这山区里住的是不是巴人?据潘光旦先生考证,现在的土家族是巴人的后裔。这些巴人有可能是在巴国被灭亡后留在或移入武陵山区的那一部分。我们不能排斥在巴人入山之前这山区里还有其他居民。我提出这个可能性是出于这山区里现在还住有居处比较分散的侗族和仡佬族。侗族和仡佬族的来历和他们之间的关系,也不清楚。有人认为他们和古代"僚人"有关,曾经在汉代建立过"夜郎国",地点在贵州西部,魏晋时还大批由黔入川。巴人属彝语系统,而"僚人"可能属壮语系统。一自北上,一自南下,可能在某一时期相会在这个多山地区。谁先谁后,那就难说了。

另一个是有关苗族的问题。一般认为曾从江淮南移,在洞庭湖区落过脚的苗族,在秦汉之际曾住在被称作"五溪"的湖南西部武陵山区。他们很可能有一部分就在湘西留下,定居至今。主流则向西迁移,进入了云贵高原,甚至远到泰国北部山区。在湘西留下的那一部分,由南向北在山区里移动,和由北南下的土家族先人穿插杂居,形成现在武陵山区民族分布的基本格局。

至于汉族进入山区的经过,可以说得具体一些。首先可以说和上述这些少数民族相比,汉族进入较后。但也不能排斥如陶渊明所记下的秦汉之前有人从中原避乱入山的人。当然,这些人也不一定是中原去的汉族先民。秦汉以后,武陵山区已建制立郡,必然有从中原派入的官吏和军队,还有利用水道入山的商人。这些人中大多可以说是汉人,但为数不易估计,他们大多聚居在交通要道、军事要地和易于屯垦的平坝。从此,山区内外民间的往来也增加了。据地方志记载,宋代因山区地广人稀曾"诱客户举室迁去"。这些客户"入境随俗",接受了当地民族的风俗。显然这时中原去的人尚属少数。这些情况也反映在这地区和中央的行政关系上。历经唐宋两代中央王朝都采取"羁縻(音mí,牛缰绳,此词意笼络不使生异心)"政策,和地方各民族保持和睦亲善关系。到了13世纪后期,元代才实行"土司"制度,明确了地方和中央的隶属关系,但还是委任当地民族的人担任地方的官职,称"土司",是一种间接统治的方式。当时汉人在山区想来还属少数。

土司制度在这地区实行了有400多年。据当地传说,在土司时期,有"蛮不出境,汉不入洞"的禁令,限制山区内外民间的交流。但是事实上每当中原动乱,改朝换代之际,就有大批汉人入山避祸。山区民族的居民也有出山的。据历史记载明嘉靖三十三年(1554)中央曾调动武陵的士兵几千人到东南沿海抗击倭寇,建立战功。清雍正时(1727—1735)废除土司制度,民间流动不再受限制。大量汉人从江西、湖广迁入山区开荒。如《秀山县志》所说，1737 年"设县以后，吴闽秦楚之民，悦其风土，咸来受廛，未能合族比居，故颇五方之俗"。这是说这些外来的汉人，穿插地和当地民族杂居，各自保留了不同的风俗。当地少数民族出山的也同样增加，参军入伍的很多。清道光年间（1826 年）在讨伐新疆张格尔叛变中立功的将军杨芳就是秀山的土家族人，他带领的军队也称"土家兵"。后来在鸦片战争中坚守广州的也就是他。这些事迹表明居住在武陵山区的各族人民之间的亲密关系是有久远的历史基础的。

还应当提到的是抗日战争时期，武汉和长沙沦陷后，湘、鄂两省的政治中心都退入武陵山区，同时还迁入了大批沦陷区的大学和中学。湘、鄂、川、黔边区早在第二次国内革命战争时期已经成为革命根据地，无数革命志士云集武陵山区。

这个山区在历史巨浪不断冲击下实际上早已不再是个偏僻的世外桃源了，已成为从云贵高原向江汉平原开放的通道。这条多民族接触交流的走廊，一方面由于特殊的地貌还保住了各时期积淀的居民和他们原来的民族特点，另一方面又由于人口流动和融合，成了不同时期入山定居移民的一个民族熔炉。他们长期在一个地区生活，在不同程度上已形成了一个我中有你，你中有我，你我之间既有区别，又难分解的多民族共同体。具有这种特色的多民族社区面临着怎样进一步团结一致向现代化社会发展的共同问题。这也正是我们这次入山想要探讨的课题。

贫困的生活和富饶的资源

这个"八山一水一分田"的武陵山区，地域虽广，人均耕地却不到一亩，而且大多是山坡上的梯田和旱地。除了少数平坦的坝子和山沟里的水田亩产较高外，一般年产粮食不过几百斤，人均口粮只有 300 公斤上下。包括铜仁地区在内的武陵，全区工农业总产值在 20 世纪 90 年代初估计只有 170 亿元，人均产值 1300 元，人均纯收入 380 元。80 年代还要低，1983 年贫困线下的人口占总数 80%。这是国务院确定的重点扶贫地区，经过几年的努力，取得不少成绩，但至今还有 400 万人没有解决温饱问题，而且不少已经解决温饱的地区还常常出现返贫现象。

到现场去一看，贫穷的原因是不难明白的，那就是田少人多，广大土地不宜于种粮食。看到像在山坡上贴大字报般的耕地，立脚锄地都困难，听说每年都有失足跌伤的事件。在这种客观条件下，要求山区粮食自给是极难做到的。事实上，湘西一州即便风调雨顺每年缺粮要上亿公斤，一逢灾荒那就缺得更多了。

这里发生了个两难的问题，一方面是在运输不便的山区必须重视粮食自给，而另一方面单靠粮食生产山区居民生活难望富裕。既要吃饱肚子，又要富裕起来，长远打算必须加强交通运输，依靠省内调剂解决山区粮食供应。目前来说则仍须通过提高单产确保粮食基本自给。但是为了山区的经济发展，我们的着眼点必须从单纯重视粮食生产的角度转变到充分利用山区资源的方向。实际上，在改革开放的新形势下，这里的干部和群众在观念上已发生了变化。他们告诉我："过去坝子比山好，现在是山比坝子好。"我很赞赏这句意味深长的话。因为这说明了他们已跳出了粮食是唯一财富的圈子，认识到山地潜力比平原还要大，山区农民走出贫困，跨过温饱线，迈向小康，要"靠山"、"吃山"、"用山"、"养山"，过去开门见山是指"闭塞"，没有出路，而今天要打开山门，开门见财了。

这个"山"字，包括山上、山下、山里的丰富资源。就山上而言，要走出种植水稻、玉米、红苕等粮食作物的小天地，走进宜林宜牧，大搞多种经营的广阔山水之中。山区的特点之一就是可以立体开发。在不同高度的山地上可以种草、种树、种茶、种烟、种药材，所谓"山顶松杉戴帽，山中药材系腰，山下粮烟搭桥"。从整个武陵山区看，可以种植的品种繁多，数不胜数。用材林中的松、杉、柏、椿；经济林中驰名中外的传统产品桐油、茶油、坝漆；药材中俗称三木的黄柏、杜仲、厚朴，外加五倍子、党参、黄莲、天麻、白芍；水果中产量最丰的要数柑桔，干果中以板栗最出众。二州一地都是各省里重要的山区特产基地。茶、烟都有历史悠久的名优品种，如自助烟、晒红烟、云贵型烤烟、毛尖茶等都因质地优良而大有发展前途。目前烤烟已成为农村经济支柱产业之一。蚕桑及草食牧业作为山区新兴产业前景广阔，这里的家猪大约因为有玉米和红苕喂养，个大如牛。长毛兔的兔毛产量就石柱一个县已占全国的1/8。跑在草山草坡上能吃到优质牧草的山羊，必将后来居上。

说到山里的矿产资源，每州、每地都能列举出几十种。只说储量在全国名列前茅，在省内居首位的就有汞、锰、铝等矿石，其他非金属矿如煤、重晶石、大理石、陶土均有相当规模。武陵山区历史悠久，山水奇特。有众多的自然风光、人文景观、名胜古迹和浓郁的民族风土人情，构成了丰富的旅游资源。最著名的是前面已说过的大庸市张家界国家森林公园。此外，我们在湘西永顺县参观土家族民族文物博物馆时,看到的不二门景区空间不大,却集自然美景、佛门意境、民族风情、温泉沐浴于一处,实令人叹为观止。那日正值重阳佳节,人家帮我登上155级台阶后,给博物馆留下了"攀登何嫌高,求真不二门"的题词。一路上还听说猛洞河景区集山、水、洞为一体,从老司城至猛洞河口近50公里的漂流,是国内独具特色的不可多得的体育旅游项目。那里还有五代十国后晋天福年间的"溪州铜柱",是难得的古迹。不由得想到若能把民族历史文化的发掘弘扬与今日民族经济发展结合,给旅游事业更深一层的意义,这在武陵地区是有得天独厚的条件的。

山区的地表起伏不平,深谷型河流形成巨大水位落差,水能资源格外丰富,蕴藏量可观。全山区估计可供开发的水电有850万千瓦,而且分布广泛,各县都可发展小水电,加上不少地方有煤,能源供应充沛。

除了有丰富的自然资源,更为可贵的是山区有大量的人力资源。因为可种的田太少,山区的人口问题似乎比平原地区的包袱更重。据湘西统计全州劳动力近100万人,从事农业的占94%,而农业剩余劳动力就有40万人。跳出小农业的圈子去开发大农业,并进而发展工业,把剩余劳动力利用起来,山区才能真正"见财"。

武陵山区穷就穷在劳动力没有充分利用,开始脱贫致富的最简单公式即劳动力与当地丰富资源相结合。咸丰县组织劳动力开垦可耕荒地,开辟新经济小区,在二仙岩10万亩荒地的综合开发计划中,仅用135天修通四级路面的公路22公里,拓荒7000余亩,接着种上烤烟等经济作物,当年县财政和农民都增加了收入。这是个值得效法的例子。

发展庭院经济　培育内在活力

我们从湘西过川东进鄂西到大庸,在武陵山区里一路上看到基层干部和群众发展经济的劲头很大。对如何抓紧提高生产力的方针相当明确,而且这几年来也取得不少经验和不小成绩。但从整体来说是刚刚从贫困线上走出来,眼下还不能说已经站稳了,和沿海发达地区相比,差距还很大,而且有愈拉愈大的趋势。

对在经济发展上尚处在低级阶段的山区农村,存在着怎样启动内部活力,就是怎样使它们自身有发展能力的问题。发展经济的起步不仅要有脱贫致富的迫切要求,而且要有一定的经济实力作基础。长期处于贫困线上的农民,柜子里没有余粮，袋子里没有余钱，很难走上发展经济的道路。所以对像武陵山区这样的农民，目前首先要考虑的问题是怎样切切实实地增加他们的收入，使他们具备自我积累的能力。这就是经济发展内部活力的启动问题。

实事求是地考虑，山区农村的发展看来还得从发展庭院经济起步，就是以家庭为基础，在抓紧粮食生产的同时，充分利用山区资源的优势，因地制宜地大搞多种经营，使各族农民不仅有饭吃，而且从副业里能取得越来越多的收入，具有省吃俭用优良传统的农民就可以有自身的积累，扩大生产。这条路子是为一般农民所乐于接受的，而且在武陵山区里我们已经看到了不少这样脱贫致富的具体例子。

在凤凰县拉务村我们访问了一家苗族农户。他们夫妻二人在山上种了一大片杉树，在坡地上种了 2500 株五倍子、730 株杜仲、100 株黄柏，又在平地上种了烟草，还养了母牛和猪，育了鱼苗。今年种养业收入超过万元。预计那 700 多株杜仲在 5 至 7 年后可以收入十几万元。

在来凤县，我的两位研究生到岩朝门村访问了一家土家族农户。这家 60 多岁的老妇人和她的儿媳两人种 5 亩多地，除稻谷、玉米、土豆、红薯外，还种有油茶、柑橘、杜仲、桑树等，还养了 6 张蚕秧，4 头猪。又在桑田里套种土豆，用养蚕的废料和红薯养猪。稻谷供自家食用，全年收入 1 万多元。我们还在酉阳县永墙村访问了土家族李姓农民。他种了玉米、土豆、红薯、烟草。用玉米、红薯喂养了 30 头猪，同时配套办了一家面粉饲料加工厂，自家方便也为大家服务，全年收入约 2 万元。

以上所说的都是一家一户多种经营的例子。武陵山区已有进一步发展以一业为主的专业户。秀山县有一个老农从 42 只种鹅起家，现已发展到 193 只，明年可出卖雏鹅 3 万只。鹅以食草为主，他的 4.5 亩地都种了草，公粮用鹅抵交，成了种鹅定点专业的万元户。

这些农户不论是一业为主还是多种经营都是以一家一户为经营单位的，所以我们称之为"庭院经济"。这里所说的庭院经济并不是仅指一家一户在住宅周围或自留地四边所经营的生产活动，而包括了农民承包的荒山和林地。只要有了长期承包和鼓励开发的政策，家家户户就有可能在山上田里大显身手，成为激发他们内部活力的基础。

外助内应　扶贫致富

庭院经济可以使千家万户增加收入，激发农村发展内在活力。家家户户搞副业，产品多了怎么办？我们经过宣恩县当阳坪村时，看到沿公路户户都在晒粉丝。加工粉丝是这地方的一项传统副业，收入不少，但是正因为销路不畅，不能大量生产。村里原想办个粉丝厂，也不敢上马。农家副业产品必须有个市场才能变成值钱的商品。市场打不开，庭院经济还是兴旺不起来的。

我们在来凤县时去桂花树村访问农民胡仁孝，他曾经当过推销员到外地学会了加工皮蛋的技术。这几年他一家6口人，除了种4亩稻田外，就在村里收购鸭蛋加工成皮蛋出售。去年卖出十多万个皮蛋，净赚1万多元。我问他怎样卖出去的呢？他说除了在街上摆摊子外，主要是因为外地有熟人，介绍当地的厂家派车来运，运一趟就要上万个皮蛋。他又说现在外地工厂时兴在过节时给职工低价出售副食品，皮蛋很受欢迎。除了湖南本省外，西安、哈尔滨都有人来运。明年他准备为村里办个皮蛋加工厂，把全乡700多农户的鸭蛋都加工成皮蛋出卖，预计每户可以增加收入150元。当我问他上百万个皮蛋有没有把握都销出去时，他表示就为了这个问题，一时还不敢上马。

在这里我们看到了这地方的农民已经在打算办乡镇企业了。他们也已经明白"无工不富"的路子。但是尽管有此愿望，却还缺少必要的条件。胡仁孝已经学会了加工皮蛋的技术，也激发了当地农民养鸭的积极性，内在活力是有了，缺的是个可靠的市场。这个市场单靠他本人在外地的熟人是撑不起来的。这里如果有个外力来帮助一下，不就比较容易把乡镇企业办起来了么？

需要外力的帮助才比较容易发展起来也许正是内地欠发达地区的特点。这是因为在这种长期以来处于小农自给经济的地区，事实上缺乏先进的生产技术和管理大生产的本领，而且没有可靠的市场。这种地区的农民要一步跨入工业时代难免困难重重。要加速这种过渡，不能没有外力的帮助。但是，没有内在的活力，要帮也帮不上；不过，有了活力，没有外助也难于启动起来。这就是国家提出扶贫这项工作的原因。

武陵地区是我国重点的扶贫开发地区。鄂西自治州民委总结民族地区扶贫工作时，提出一条重要的经验就是"治贫先治愚"。愚指的不是这里的人智力低，而是缺乏科学种田和发展多种经营的必要知识。治愚的具体措施就是发展技术教育，用当地的话说，为一家一户培养一个"明白人"。明白人就是指懂得新技术能当脱贫致富的带头人。1989年以来该州民族职业中学培训了一批农业技术人员。毕业生中已出现了像咸丰县的覃茂胜一样能在他的指导下使本村农民中出现一批当地称作"科学致富户"的带头人。这种由政府的力量有计划地开展实用科技教育，造成大批"明白人"的方法，当然比上面所提到的胡仁孝那种靠个人机运在外地学到加工皮蛋技术的路子开阔得多了。

采取先办试点再进行推广也是外助的有效办法。来凤县在10年前以科协为中心，免费为农民培训种植杂交水稻的科技骨干，并依靠他们在各乡建立科普小组网络，使当地农民看得见，摸得着，争着仿效，使杂交水稻能在来凤县普遍推广，大大提高了水稻的亩产量，一般超过1000斤。该县用同样方法在水田乡推广蚕桑副业，已使这个从来没有见过蚕桑的地方成了有名的蚕桑乡。这个乡人均收入已从1982年的130元提高到了1990年的510元。

从科技入手帮助农民发展庭院经济是一条值得重视的经验。但是如果农民副业发展了不跟上去解决推销的问题，一家一户的庭院经济还是巩固不了的。这里使我们看到了个体经济的局限性。要进一步发展必须发挥集体的力量，而在公社已经解体的地区，又怎样能建立起集体的经济实体，组成统分结合的体制呢？在这个问题上，我们看到了吉首民委兴办的一个椪柑开发服务公司使4000农家富起来的实例，值得一提。

吉首是湘西自治州的首府。该市人均有8.5亩山地，一般海拔在300米上下，气候温和，雨量充沛，适宜种柑栽橘，而且历史上就有这种习惯。但是过去不讲科技，不讲质量，摆摊零售，效益不大，农民对利用山地种柑的积极性不高。吉首市有个林木山村，原是个穷村，人均收入仅67元，口粮不到200公斤。后来村里办起了一个125亩的柑橘园，三年挂果，六年累计收入50多万元。这个榜样激起了全村农民的效仿，纷纷办起家庭小果园。1990年人均收入达720元，口粮达289公斤，山村一派兴旺。这个村子的经济引起了吉首市政府的注意，决定由民委支持开办椪桔开发服务公司，拟出了万亩柑园的扶贫计划。现在已有三年，取得了可喜的成绩。

这个公司定为独立核算，定额补贴，自负盈亏的地方企业，在该市74个村，4000多农户，1.8万多村民兴办万亩椪柑商品基地。在新植椪柑挂果之前，由市财政及民委支持和农行贷款共投资178万元，公司利用这时间由技术人员深入农村培训100多名农民技术骨干，并建立115个示范村。1990年底已有550多户农民的1100多亩开始受益。有的农户收入已达万元。这个公司是个统分结合的专业化产业集体。现在产品多了，已在修建能贮藏集运的中转库，拓宽流动渠道负责向州内外推销产品。它提示一个外助内应的扶贫模式，值得鼓励。

从温饱到小康

上面我着重讲在武陵山区怎样启动发展经济的内在活力，特别提到发展庭院经济的重要性。我认为对一个刚刚走出贫困线还没有站稳的多民族山区来说，应当首先着眼怎样使广大农村里家家户户每年能增加一定收入，激发他们脱贫致富的主动性和积极性，为进一步从温饱跨入小康创造必要的物质条件。

看来走上从温饱到小康的道路，在农村里发展乡镇企业还是必要的。"无工不富"这句话在内地和山区也是适用的。我在这次访问中，已注意到这山区里各级干部对发展乡镇企业的积极性很高，我也参观了一些已经建成的市办、县办、乡办和村办的工厂，其中有些是很成功的，特别是各县的卷烟厂，设备比较先进，产品质量也好，各级政府的财政收入几乎有一半之上靠这些卷烟厂的利税。但是总的说来乡镇企业还是在起步阶段。

凭我的印象来说，当前的武陵山区和1983年苏北的面貌近似，工农产值的比例还很接近，大多数地方是农大于工。所办的工厂也大多是集中在城郊区的地方国营企业。农村里的集体企业还少，在公路上行车，看见烟囱就知道到了县城。以湘西自治州最发达的首府吉首市来说，14个乡镇中还有7个没有工业，192个村中只有4个办了工厂。以全州来说还有2062个村没有集体企业，占全州总村数的76%。

尽管如此，在过去的十年中，这山区里乡镇企业确是已经起步了。还是以湘西自治州为例，1980年乡镇企业只有30000多个，到1990年增加到47000个，收入也由5700万元增加到4.4亿元。全州乡镇企业总产值占农村社会总产值的比例1990年已上升到28.7%，其中农村工业产值上升到15.4%。这些数字说明武陵山区乡镇企业已经起步，但和国内较发达地区相比，差距还是很大的。

乡镇企业不能呼之即来。农村里要办一个加工工厂，即使农民有了积极性，地方上也有原料供应，还得解决内地山区农村一般不具备的，或还十分短缺的资金、技术、信息、运输、市场等条件。我在上面提到的几个庭院经济办得好的例子也由于缺乏上述的条件而办不成乡镇企业。要在这类地区发展乡镇企业，看来还得走我上边所说的外助内应的路子。当前国家提出的扶贫政策实际上就是要解决对这些比较贫困地区怎样加强外助的问题。

扶贫工作可以有不同层次。在饥寒交迫特别贫困的地区，采取对灾区一般的救济措施还是必要的，但当前这已是极个别的情况了，所以扶贫工作已经着重在扶助贫困地区的人民发展生产的措施。就是人们常说的"从输血转为造血"。在造血的措施中还有短线和长线的区别。短线是指对具体的生产项目予以资助。这里有许多行之有效的例子。上边所提到的吉首万亩橘园的计划就是其中之一。长线是指对一个不发达地区采取一系列的基础建设，为这些地区的经济发展创造必要条件。我想在结束本文之前，在长线考虑方面提出一些看法。

简单地说，贫困山区的发展，就是要抓住开发和开放四个字。开发就是充分利用山区的资源。山区之所以贫困和发展迟慢主要是闭塞和落后。开放是针对闭塞落后而说的，在物质上是发展交通运输，以加速产品流通，精神上是发展科技文化以加速知识流通。

先说交通运输。我从凉山之行回来深切感到诸葛亮的高明。传说"木牛流马"是他的发明，姑且不问木牛流马究竟是不是后来的那种手推独轮车，和是不是诸葛亮发明的，他能抓住交通运输作为发展这被群山包围的四川盆地的要害，确是个极有见识的人。从闭塞的巴蜀，能六出祁山和中原较量，不能不看到群山中纵横栈道网络所起的作用。这条经验应当牢牢记住。开发、开放首在开路。

从这方面来看武陵山区，一方面要肯定这10年多来已跨出了一大步，启动了这地区的发展。自从修通了湘黔铁路和枝柳铁路，这个山区至少它的边缘已经进入了全国的铁路网。从吉首和大庸坐上火车就可以通往全国各地，甚至出国。这就基本上改变了武陵山区原来的封闭状态。但铁路建设对武陵山区还只能说是开了大门，大门之内的区内交通运输主要还是靠公路和乡道。

武陵山区内的公路比大小凉山好得多。我坐在旅行车里必要时还能打个盹，不像在凉山路上经常要在车内跳老年迪斯科。但是我走的都是县城之间的通道。听说县乡之间大多也有了公路，但村乡之间能通汽车的还不多。可说武陵山区已有了大动脉，微血管则还没有畅通，这反映了村乡级企业不发达的原因。

武陵山区交通运输的瓶口是在交通工具不足，公路的利用率不高。小型拖拉机的拖车上挤满老老小小一大堆，我一路上为他们提心吊胆。看来，我们还得学学诸葛亮，多多制造一些适用于山区各级道路的轻便机动车。

道路是便利人流物流的物质条件，但这只是经济活动的硬件，软件还是在贸易和市场。上面提到的皮蛋起家的胡仁孝，由于外面有熟人开汽车来购买他的产品才能成为万元户，但还是因为没有稳定的销售市场不敢把一村一品的想法落到实处。吉首万亩橘园到了大部分栽种的橘树挂果时，不能不计划建造中转库和拓宽市场。市场有多大，生产力才能提到多高。

和农村乡镇企业还刚刚起步相应的是武陵山区农村的贸易活动，基本上还停留在传统的"日中为市"定期赶街的农贸市场的水平上。我们在旅途上经常被拥挤的街集所阻塞。到了所谓乡镇上，沿街又摆满了日开夜收的摊子。农民大多还只是在这里出售农副产品来换取必要的工业品。他们使用的主要是村乡间的小道。城市间的公路和铁路，对山区农民来说利用率还是不大的。

如果从武陵山区已有的交通网络来看，开拓市场的潜力还是很大的。现在还说不上已经充分利用，我在咸丰县看到当地特产的乳猪，立刻就想到当前在香港和广州宴会上缺不了的名菜烤乳猪。咸丰的这种特产如果有个贸易网络为它服务，只需两天时间就可以由现有的公路加铁路送到广州和香港市场了。

我在吉首附近的河溪镇参观了一家镇办的再生橡胶厂。这个厂是1986年用50多万元资本兴办的以利用废旧黑白胶原料生产再生橡胶的工厂。他们收集废品的范围远及附近各省。经过再生产，产品又远销重庆和贵阳。现在年产能力已达3000吨，净值近90万元，被誉为垃圾里出了凤凰。这个厂除了技术外，依靠的就是现有的交通运输网。我在参观时曾想到，过去不穿鞋走山路的西南各省的少数民族男女现在都穿上胶鞋了。如果这里生产的再生胶加工成胶鞋，决不会销不出去。可是缺乏信息和技术，并没有利用起这个市场。

从乳猪和再生胶所提示的潜在市场正是武陵山区今后发展的广阔天地。武陵山区的位置正处在云贵高原和江汉平原之间，正好是东西交流的走廊，加上南通广州和香港的便利，这个区位优势的价值目前还无法预估。

及时抓好流通环节是目前促进武陵山区发展的关键。首先是加强发展城镇的商品集散中心，着重在建立以贸工为主的中等城市。吉首市今年夏季召开了有18个省、市、区参加的商品交易会，商品成交额达3.5亿元。值得注意的是参加的地区除了武陵山区的四省外还有上海、南京、浙江、江西等单位，这说明东大门已经打开。看来下一步应当是敞开西大门和南大门了。而且眼睛还要看得远一点，不仅南边要看到香港，西边还要看到越南、缅甸等东南亚国家。从国内看到国外，根据市场的需要发展对路商品，信息是关键。建立武陵山区的集散中心应当早日提到日程上来。

不论发展乡镇企业或是加强流通渠道，都需要有技术和有商品头脑的人才。这是经济发展的软件。软件的培育比交通道路等硬件建设要困难得多。武陵地区从过去历史上讲是人才辈出的地方。清代就出过科举中试的文人大吏，民国时代还有过总理级的政府要员，革命时期英雄人物更是不胜枚举。但是当前所需发展工商业的人才却感到很紧张。据当地反映，说能兴办乡镇企业的技术和经营人才本地却"育不出，回不来，引不进，留不住"。事实上是当地学校里不培养当前亟需的能动得了手、办得成事的企业骨干。中学毕业的高材生进了大城市的高等学校，学得了高级科技知识，很多不愿回乡，回乡的又许多不对路、不抵用。据鄂西自治州的统计，过去13年里从农村里出去的学生中仅有6%受到了农村实用技术教育。区内需要的技术人员从外地调进十分困难，进来了的也大多呆不长。人才紧张看来是实情。从我看到的在农村里能带头搞庭院经济的所谓"明白人"，还都是当地按需要短期培训出来的。

针对这种形势，从长远来看，希望只能寄托在教育改革上。但是，为了近期需要还只能走外助内应的路子。那就是采取和先进地区的企业"接枝"的办法，使外地的技术力量为我所用。可采取以原料换技术的互惠方式，在内地兴建一批和外地联营的企业。跟外地企业接上了枝，本地的技术力量就容易培育了。如果省际联营的方式一时还不易做到，退求其次，可以请外地先进企业有报酬地招收内地"学徒"，也就是为内地通过参与实习，代培技术力量。这也可以说是把培养农村里"明白人"的经验提高一步，有针对性地为乡镇企业培养技术和管理人员。这条路子也许比较容易见效。从解决发展农村的人才问题上看来，内地还得争取先进地区的支持。

总起来说，武陵山区要加速发展乡镇企业，从温饱走向小康，优势是在资源和劳动力，缺少的是使两者结合成为生产力的硬件和软件，即资金、技术、信息、流通和市场。为了加速发挥优势和克服困难，还得认真地走外助内应的路子。对武陵山区本身来说只有强调开放，改变过去闭塞的状态，大力开发丰富的人力和自然资源，以求得更快的发展，做到后来居上。

我在大庸登车返京时，想起了在凤凰城沈从文故居里写下的几句话："旧雨写边城，风行几十春。湘西今比昔，可以慰故人。"让我以此语结束此行。

1991年12月21日

毕节行

一

毕节是贵州省的一个少数民族聚居的地区。地处黔、川、滇三省交界的深山区，是个出了名的穷地方。这里居住着汉、彝、苗、回、布依、仡佬等30多个民族，少数民族总共160万人，占地区总人口的26.36%。

对毕节，我应当说"早有所知"，这是因为刚建国不久的时候，1950年，我作为中央访问团的成员到过毕节，把这个地区跑了一遍。大方、织金、纳雍、水城、赫章、威宁等地都去了。那个时候，毕节一带荒凉得很，汽车在路上跑半天，也难得看见一个人。地方偏僻，人穷，是我们国家穷苦的少数民族地区之一。穷到什么程度呢？我记得很清楚，没有吃的，我们带着米进村，分给村民吃；也没有穿的，访问团慰问演出，放电影，从山上下来看电影的人，不少妇女都没有衣服穿，我们访问团赶快用布给他们做衣服。耳闻目睹这种缺吃少穿的贫困情况，我心中很难过。从那时起，毕节这样的地方怎么能快点发展起来，一直是我的一桩心事。

转眼间40多年匆匆过去了，毕节现在怎么样了呢？20世纪80年代以来，我又到贵州去过两次，因为日程紧，从贵阳去毕节的路又不好走，没有实现再去看看的愿望。好在民盟中央已经把毕节地区作为定点的扶贫地区，每年都去人，我还能不时听到些消息，知道一些那里的发展情况。但这毕竟是听说，而不是看到。我历来的调查习惯是去做实地观察，要亲眼看到，直接问农民和基层干部，听他们讲，心里才踏实。所以，一直很想再去毕节。直到今年6月初，终于有一个机会，使我实现了重访毕节这个多年的愿望。

二

从北京到贵州省会贵阳，2000多公里，坐飞机用了不足3个小时。从贵阳到毕节，200多公里，坐汽车去，竟用去一整天时间。这个对比，加上我回想起40多年前去毕节行路的难处，使我想到，要解决少数民族地区的贫困问题，第一就是要解决交通和运输问题。

由于历史的原因，少数民族被挤到了深山区里。山川阻隔造成的闭塞，在历史上固然保护了少数民族的生存，现在却限制了少数民族的发展。要想富，先修路，这个道理在平原行得通，在山区更是重要。逐渐打通少数民族地区通向外界的道路，在条件比较成熟的地方加快打通，这实在是开发少数民族地区第一位的大事。

回头看看历史，这一点也很清楚。诸葛亮为什么能在西南一带站住脚，和中原地区的力量长期对抗？我认为因为他很看重交通，首先解决的就是交通问题。没有这一条，别的都谈不到，有力也使不上。诸葛亮动员很多人力在山上修栈道，这是他的一个创造。位于贵州西部的关岭县境内的关索岭上，至今还保存着较完好的5公里大栈道。《徐霞客游记》中记载道，"索为关公子，随蜀丞相诸葛南征，开辟南道至此"。除了修栈道，诸葛亮还发明了木牛流马。那时说的木牛流马，我认为就是今天的独轮车。栈道是道路，独轮车是运输工具，配合在一起，解决了军需给养这个最大的问题。在克服交通困难的同时，诸葛亮还注意妥善处理民族关系，化解矛盾，让人口服心服，增强自己的力量，从而打出天下。我觉得诸葛亮最大的历史功绩就是这两条，一是解决交通问题，二是促进民族团结。

想起这段历史，我又联想起另一个历史人物，就是生于600年前的奢香夫人。她在历史上的功劳恰巧也是这两条，一是修路，再一个就是民族和睦。我知道彝族历史上有这样一个奢香夫人，我也尊敬这类为民造福的人，就在去毕节的途中专门去看了看奢香夫人墓，增加了对她的了解。

奢香夫人是元末明初人，她的彝名叫舍兹，在当地很受族人尊敬。奢香开始摄理贵州宣慰史一职时，刚满20岁。她深明大义，仁厚而有魄力，面对当时乌撒（今贵州威宁）、芒部（今云南镇雄）等地的土酋勾结、屯兵黔境、阻明军入滇以割据西南的局面，奢香夫人审时度势，亲赴乌撒、芒部，力劝诸土酋退兵，晓之以理，动之以情，终于使明军顺利进发云南，维护了国家的统一。

当时，明廷派驻贵州的封疆大吏马晔，出于大汉族主义的偏见，骄纵蛮横，残害彝族人民，并视奢香为"鬼方蛮女"，总想开罪于她。一次借机挑起事端，"不分情由指令壮士裸香而笞其背，企图辱香激变，俟其反而后加兵镇压"。奢香属下四十八部头人得知奢香受辱，发动造反雪耻，奢香却极为冷静地当众揭露了马晔逼反的恶毒用心，避免了一场殃及贵州各族人民的战祸。后来，奢香夫人又远赴京师，即今南京，向明太祖朱元璋面陈真相后，约定回贵州勘山凿险，开置驿道之事。有了道路，朱元璋"经理南荒"就有了便利，也能促进彝族地区的发展。回到家乡，奢香就率各部上山开路，一条向西，经贵阳，过乌撒，达乌蒙（今云南昭通）；一条向北，经草塘（今瓮安县境）到容山（今湄潭县境），沿途设了龙场、陆广、谷里、水西、奢香、金鸡、阁鸦、归化、毕节等9个驿站。这两条驿道纵横贵州，打通了和云南、四川、湖南的通道，有利于民族交往，稳定了西南的政治局面，推动了社会经济文化的发展。毕节通向贵阳的路，就是奢香在当时开出来的。驿道加驿站，形成交通的系统，解决了毕节通往外界的交通问题。所以我觉得，毕节能有今天，奢香夫人应该说是第一功。

三

诸葛亮和奢香夫人，一个打天下，一个治理地方，都抓住了两个最关键的问题，解决好这两个问题又是相互联系的。在历史上曾经处于隔绝状态的地区和民族，只有开通道路，才谈得上交往，人和人交往，物资和物资交换，思想观念也随之交往、交流，这样才有利于相互团结，有利于民族地区的发展。

说到底，民族关系不是空的，要从眼前的、脚下的事情一点点做起来，从人对人的具体帮助做起来。在战争时期，首先要帮助少数民族建立安全感，尤其是在冲突起来时，要力避伤害。当年刘伯承将军四渡赤水后折返贵州，进军安顺，就遇到有误解的彝族同胞，抢去枪支，还扒走战士的衣服。刘伯承为帮助他们了解红军，除了要全军保持秋毫无犯，还与彝族沽基部落领袖小叶丹叔侄歃血为盟，结拜兄弟，留下了一段民族关系的佳话。在建国时期，安全感已不成问题，就要帮他们发展经济，改善生活。在交通还处于闭塞状态的地区，最重要的就是帮他们修路，为当地创造同外界接触、交往和合作的条件。

这次到毕节，第一个让我高兴的事就是当地的乡亲们已经自己干起修路的事情了，不是小打小闹，而是大干，一上来就修高等级公路。我从贵阳到毕节，走了一天的公路，路面既不平，路宽也不够。临近毕节的时候，公路宽阔了起来，虽然还只是铺筑了土基、石基，尚未来得及压好路面，车子只能慢速行驶，但是这段高等级公路已经有了大致的模样了。同行的当地领导告诉我，这是当地群众自己出钱修的，一共集资5000万元，可修40米宽的公路20公里，是毕节有史以来通向外界的第一段高标准公路。他们在还较穷困的情况下，尽最大努力修起这段路，再往前实在没力量了。他们"希望能感动上帝，国家能帮助接着修下去"。

除了修公路，毕节的群众和干部也在为修铁路而努力。有一条国家拟议中的隆黄铁路，北起成渝铁路的隆昌站，南接贵昆铁路的黄桶站，在贵州境内要穿过毕节。毕节的群众懂得这将是沿线人民的温饱之路、造福之路，为了争取能使隆黄铁路列入国家九五计划，他们节衣缩食拿出钱来支持前期考察、勘测和论证工作。在少数民族地区、偏远地区、贫困地区，老百姓舍得减少吃穿，自己省出钱来找科研单位，帮助国家有关部门拿主意，这是不多见的。听到这些情况，看到毕节人民的干劲，我心里很不平静。我想，少数民族地区的经济和社会发展，党中央和国务院历来非常重视，毕节的少数民族同胞这一番诚心可鉴的艰苦奋斗，是应该而且能够感动上帝的。

毕节人民的发奋图强，既表现在修公路、修铁路上面，在生活当中也有了初步的反映。我去毕节市郊访问观音桥办事处塘房村的时候，就实际看到了少数民族同胞在生活上的提高。在苗族同胞家里，我看到他们已经住上了瓦房，屋里边墙上干干净净；锅里煮着猪食，是从前人才吃得上的东西。村里有个人办起了工厂，带动了一片，1994年的人均收入到了1200元，超过了贵州的平均水平。这个企业是用老办法造砖，发动大家把劳动力变成物质财富。原来零零散散的劳动力组织起来，很快就增加了农民的收入，其中既没有很大的资金投入，也不需要很高的科学技术。这可以给我们一个启发：现代化是目标，可是又不能一步到位，这就要求我们从实际出发，不脱离现在的生产力水平，找出群众能接受的、现在就能动手干起来的事情，把现有的资源变成财富。造砖的泥土，山上的石头、特产，零零散散的劳动力，这都是资源。我们的本钱还是在老底子上边，从这里起步，一步一步向现代化目标走过去。在这方面，增加劳动产值的潜力很大，但要都靠老百姓自己去想，他不一定想得好。这就需要政府出面，干部带头，出主意，想办法，为增加老百姓的收入提供服务。

四

说到资源问题,这是考虑毕节经济发展的一个重要方面。我在文章开头时说毕节是个穷地方,这个穷字,主要是指收入偏低,衣食住行的条件有待提高。如果说到资源,那就要用"富"这个字了。

水能资源——乌江水资源梯级开发规划的洪家渡电站就在毕节,东方电站的一部分也在毕节;

农业资源——毕节是全国四大烤烟产区之一,还盛产生漆、杜仲、天麻等,畜牧业也有优势,是国家南方畜牧业基地;

旅游资源——有被誉为"高原明珠"的威宁草海,有集世界岩溶之大成的织金洞,有举世罕见的百里杜鹃林带,都是当今旅游者所热衷的自然景观。

有这么丰富的资源,为什么至今仍有较大的贫困面呢?依我看,原因主要有三:一是生态条件差,山高坡陡,河谷深切,土地贫瘠破碎,自然灾害多,农业生产水平低下;二是社会发育程度迟缓,人口增长率偏高,教育程度偏低,经济文化落后;三是基础设施建设严重滞后,最突出的就是交通,一无铁路,二无水运,公路等级又低,致使毕节丰富的资源迄今为止还处于基本未开发状态。这样的状态,当然要严重制约经济发展。毕节地区1994年末人口总数为620万人,其中贫困人口200万,几乎占去1/3。这200万还生活在温饱线以下的毕节同胞,能不能随着"八七扶贫计划"的实施在20世纪末脱贫?我注意了毕节过去10年里的脱贫进度,算了一笔账,看来还不能不担忧。

1985年的时候,毕节地区8个县中有6个贫困县,贫困人口412.28万人,占6县农业人口的91.4%。到1994年,还有5个贫困县,贫困人口200万人,10年当中减少了212万人。平均每年脱贫21万多人。按这样的进度计算,毕节地区的彻底脱贫还需要10年时间。可是从现在到20世纪末,只有四年半不到的时间了,要如期完成"八七扶贫攻坚计划"看来是要大大加强扶贫力度,加快扶贫进度。我们要有足够的紧迫感,针对上述阻碍毕节经济发展的主要原因,扎扎实实地做工作,而不能有丝毫懈怠。

要克服这三个方面的困难,需要做全面的努力。尤其是改善生态条件,提高社会发育程度,更是一个长期积累才能见效的过程。相比起来,现在更急需做,有可能做,并且做了就能牵动全面进步的事情,就是大力加强基础设施建设,首先解决交通问题。有了交通,毕节的资源可以开发,特产可以运出去,就变成宝贝，变成财富了。能把当地的资源变成钱，就有了自我发展能力，就可以进入良性循环了。

我想，在农业时代一直因交通闭塞、地处偏远的少数民族聚居区，蕴藏着在进入工业时代过程中后来居上的巨大能量。一旦打开山门，铺上通途，这类地区将在国家的工业化、现代化事业中发挥不可低估的作用。

时光流逝，离下个世纪越来越近了。我曾经说过自己有望在有生之年看到中国人民彻底告别贫困的话。希望犹在，这次毕节之行，却更增加了紧迫感。我一生志在富民，努力不懈，垂暮之年，更要奋力。然毕竟八十有五，腿脚渐趋乏力，真希望通达毕节的火车早日开通，也好免我汽车颠簸之累，能乘火车再访毕节，再为毕节的经济和社会发展，为当地同胞脱贫尽我一臂之力。

1995 年 8 月

定西篇

开发西部边区，面临两大问题。一是如何变自然生态的恶性循环为良性循环，一是如何缩短、消除西部与东部之间在社会经济上的差距。1984年9月，我首次考察了甘肃省的定西地区。提出要用大系统的观点看待生态环境的改善和以东支西、以西资东、互利互惠、共同繁荣的发展设想。1985年8月，我再访定西。实际的变化使我认识到，定西人民正在走出一条改造山河治穷致富的现实路子。

一

地处甘肃中部的定西地区，就是历史上被人称作"陇中苦甲天下"的陇中。这块地方是在什么时候苦下来的？我没有考证。但贫困的原因和表现是显而易见的。高寒干旱，水土严重流失，生态恶性循环，使定西长期以来的灾荒不断。无以为生的人口，能走的就逃出去打工，要饭；留下来的便挖草根当柴烧，爬几十里山路去背水喝。解放以后，每逢遭灾年份，国家就得运粮解款。可年复一年的救济，仍未能使定西人民摆脱半饥饿状态。

1983年，该地区旱象减轻，农民收到了一季好庄稼，情况有了转机。然而久灾造成的问题还是成堆。1984年我第一次走访定西贫苦农户印象深刻。在一间除了炕和空锅别无他物的土屋里，一位中年农民流着眼泪诉说着他妻子的病况和断炊的困境。据说当时还有约1/3的农户与他一样不得温饱。干部还反映，一面在落实种草任务，一面仍有部分植被在继续遭到破坏。

时过一年，再上定西，面貌有了较大的改观。

从粮食来看，在1983年全区总产6.4亿公斤的基础上，1984年达到6.7亿公斤。1985年的麦子当时正在收割，预计总产可达7亿公斤上下。这3个数据表明，定西农村已连续有 3 年人均产粮在 250 公斤以上。统计数字与我在走访时看到各家或多或少都储有粮食的情况是相符的。

在恢复生态平衡方面，定西的种草也初见成效。1983 年累计有草地 107 万亩，1984 年增加到 280 万亩。草的长势也不错，既提高了植被覆盖率，又产出了较多的干草。据估计，1985 年的干草和庄稼秸秆的收获量可达 10.5 亿公斤。现在挖草根、铲草皮的现象已基本停止，路边还留着不少以待来年再发的柠条。

在日常生活用水方面，农民在这几年里修复了以往损坏的家庭水窖。据介绍目前全区的农户平均拥有的水窖在两眼以上，每眼水窖蓄有 30—40 立方米的雨水。

有粮吃，有柴烧，有水喝，这是眼下定西农民对于温饱的理解。在如此短的时间内，在"苦甲天下"的定西，温饱问题初步得到了缓解，这的确是一个了不起的变化。

应当看到，在上述变化中，气候条件是一个重要的因素。3 年来定西大部分地区未受灾，平均降雨量都接近 500 毫米，这在干旱和半干旱地区是少有的。因此，定西干部在总结成绩时把"天帮忙"放在首位，并没有盲目乐观。

然而，我们必须充分肯定定西人民依靠自己去治穷致富的主动性，用他们的话来说就是"躺着吃不如干着吃"。明知随时有灾荒的可能而不屈服，可以得到救济而不愿躺着吃国家。这种边区人开发边区的主动精神与基本的温饱条件相结合，便产生了进一步提高生活水平的要求和实践。

二

前几年，为了贯彻种草种树，治穷致富的方针，甘肃省拨出专门的款项和粮食，补助给种草种树的农户。在定西，按照耕地种草和三荒地种草的等级，种 1 亩草分别补助 5 元或 2.5 元。这种以钱、粮补草的办法在初始阶段是有效的，它起到了提高群众种草积极性的作用，可是随着种草面积的不断扩大，以钱粮补草的效果却越来越弱，甚至还引出了新的矛盾。

据介绍，因种草同进一步的经济利益还没有挂起钩来，在初步解决了烧的问题以后，有许多农民种草的积极性不高。他们只是为了完成任务和可以拿到补助款还在继续退耕种草。因此，有个别乡、村虚报种草亩数，还有个别农户发生了上年种草，下年度又把草地翻过去种上了粮食。

由积极种草到消极应付，原因就在于草的价值在定西农民心目中发生了变化。过去，因缺柴草，有救济粮也变不成锅里的饭，因此，那时人们视柴如命，加上种草还有补助，种草的热情也就自然高涨起来。可是，现在的定西，柴垛成行，干草有余，人们也就不再用煮饭不大方便的节柴灶，而将大把的草丢进炉膛中烧掉。柴草余量较多的农民，还觉得储草是个不必要的累赘。听说干部在动员一位家中只养一头小猪，却有三年存草的青年农民完成种草任务时，他反问道：草不能当饭吃，你还叫我种，难道让我吃草？

草不能当饭吃，这句话说明了一个道理，那就是种草种树，恢复生态平衡这件大事必须与农民切身的经济利益相联系，成为群众致富的手段，才能得到切实的保证。

草固然不能当饭吃，可是在一定的条件下，草可以转化为吃得更好的"饭"。在我的家乡吴江县，有好几个乡都腾出一些亩产超过千斤的好地栽种花卉和席草，还办了花木公司和编席厂，农民的收入远比种粮食高。在内蒙古，听说牧民不时为争草而发生纠纷，原因就在人食牛羊，牛羊吃草，草通过牛羊的转化成了他们的生活的"食粮"。民以食为天，草的争执自然性命攸关。

因此，草的转化就不单是自然生态的问题，而是一个人文生态如何与自然生态协调平衡的大课题。这里所说的人文生态，是指社会劳动力，据其所处的经济地理条件和它达到的智力水平，形成何种生产结构以达到最高的生产率，以及劳动力的组织形式、劳动成果的分配形式等达到最佳配合的历史进程。说通俗一点，就是人们干什么最为有利？怎么干才最有效？

从定西的实际情况看，该地区共有 1076 万亩耕地，其中在靖远、会宁北部和临洮、渭源西部有引黄河、洮河之水灌溉的水田 112 万亩，有梯田 260 万亩，其余绝大部分是广种薄收的坡田，坡田中已退耕种草的为 280 万亩。如果我们把在一般年份平均亩产粮食约 100 公斤上下的梯田也算作适于耕种粮食的土地，再加上旱涝保收的水浇田，共计有 372 万亩，只占总耕地面积的 1/3 强。除了水田，定西有 90% 的耕地要靠雨水滋养。然而据统计，全区耕地有 70% 以上处于年降雨量小于 500 毫米的干旱或半干旱地区，还有一小部分耕地在海拔 2300 米以上。

土地状况和自然条件表明，定西很大部分地区不宜种粮而适于种草。这两年栽种的 280 万亩草地长势良好也说明了该地区的种草优势。

有种草的优势，然而人们并没有在种草上得利。问题就在于草的转化还不具备条件，自然优势受到社会经济结构的制约，它不仅不能得到充分发挥，反而成了种草无用的证据。

鉴此,定西的干部意识到,以钱、粮补草的老办法应当改变。要发挥优势,就得从改变农村经济结构着手,大力发展畜牧业,为草的转化提供条件。他们设想将原来的补助款粮作为牧业生产的基金,发放扶助性的低息有偿贷款,实施以牧促草的新措施。

三

在定西大力发展畜牧业,可以说是为生产力的提高找准了突破口,走上了正道。可是从原有的经济结构上看,牧业不是正业。因此,要实施以牧促草的措施,必须认识定西经济结构的现状及其形成的历史原因。

1983年,定西农村的经济结构是,乡镇工业占总产值的11%,农业占89%。在农业产值中,包括畜牧业的产值。1984年,据定西县的一个乡介绍,种植农业占总收入的比重为76%,牧业比重为1.5%,其余主要为工业收入。另据有关部门的统计数据计算,1984年,全区每个农户平均饲养的畜禽数为:牛、驴等大牲畜1头,猪2头,羊2头,鸡4只,兔0.1只。

由此可见,定西经济结构的现状仍是以农为本,以种植业为主的封闭自给性结构。在这一结构中,牧业不但微乎其微,而且完全是从属于种植业、为种植业服务的畜禽饲养。据介绍在全区每户1头的大牲畜中,绝大部分是毛驴,因为毛驴是上山下坡最好的脚力,运送肥料、种子靠它,驮回粮食、柴草也要靠它,其发挥的生产作用比城市工人上下班的自行车还要大。养猪羊也多半是为了生产有机肥。定西干部称这种牧业为农本牧业。

长期以来,在一个基本上不适宜种粮的地区,居然能形成以种粮为本,畜牧为种粮服务的生产结构,这不能不发人深省。

根据1982年的人口普查资料,全区少数民族人口只占总人口的1.26%,其余均为汉族。那么这些汉族人是从哪儿来的呢?据考证万历六年(1578),整个西北地区大约只有400多万人口,清代大量向这一地区移民,使这一地区的人口急剧增长。我问了几个定西的老年人,他们都说自己的祖宗是从山西的"大槐树"迁来的。这使我联想到内蒙古的赤峰地区见到的情形。历史上汉族移民一到那儿,就在草原上抡起锄把开"荒"种庄稼,搞广种薄收,种一块丢一块,使土地大量沙化。游牧的蒙古族不得不一步步退缩,两种原始的生产方式的对立造成了民族之间的隔阂。据位于定西西南的甘南州的藏族同胞说,很早以前藏民游牧的地区比现在要广阔得多,后来才退却到现在这块海拔在3000米左右的甘南州。由此看来,在定西这个地区有可能是内地去的汉人,把自己数千年的农本传统,移植到定西这块不宜种植作物的土地上。

以农为本的传统发展到它的顶峰,便是不到10年前还普遍实行以粮为纲。这一政策在这地区带来灾难性的后果甚于其他地区。尽管不顾条件的以粮为纲使人们尝到了苦头,然而在以农为本的基础上培植起来的文化传统是不那么容易改变的。

看来,在思想观念里也要"反弹琵琶",来一次意识领域的革新。要确认自然条件和商品经济规律是决定利用土地的原则。我在定西访问的几家农户,就看到他们中间已有一些专业户开始改变了见了土地就想种粮食的观念。

在定西县内官营乡,1户姓张的家庭由老兄弟3对夫妇及他们的子女组成,有15口人,10个劳动力。管家的是老二,他分工搞家庭牧业,养着十几头猪、几十只羊、一群鸡和几个蜂窝,老大负责种植业。由于牧业的需要,他已抽出5亩粮田种上了牧草。老三则开粉坊、磨坊和负责饲料加工。这是一个种植业、牧业和农产品粗加工混成一体的家庭经济结构。这户农民在没有搞牧业和加工业之前,1983年全家收入仅1083元,1984年收入一年就翻了三番,达到8470元,今年上半年仅出售羊毛一项就收入800元。

在同一个乡,有1户养兔专业户。那是一对有3个孩子的年轻夫妇,男的初中毕业,才31岁,他家的庭院内共有4个兔房,2个是半埋地下的泥土结构,每个混养着几十只皮肉两用兔;另外2个则是用砖砌成的分层隔笼式兔房,有6层,每层10个笼子,每个隔笼养1只长毛兔。在男主人卧室的墙下,一排挂着6种报纸,有《农民报》、《市场信息报》等。他告诉我,为了学习养兔,他自费跑了好几个省去寻师取经。现在家里的4亩水田也种上了兔草,夫妇俩一心扑在兔子上,全家收入也只靠出售兔毛和小兔。

这两家农户具有的共同特点是,靠发展商品化的畜牧业生产勤劳致富,而且都把种植业作为畜牧业的基础,使其为牧业服务。这一特点在定西被称为牧本农业,即以牧业为主,农业(种植业)从属于牧业的需要。

在由农本牧业向牧本农业的转化过程中,我们看到这两家的程度是不同的。前者保留了一部分农本,后者则完全是牧业专业户。这或许反映了定西发展商品化畜牧生产的必经之路,即由农本牧业到半农半牧再转向牧本农业。

四

定西的乡镇工业起步并不晚，1976年前后曾掀起过一阵工业的热潮，可此后又沉寂下去，走了一段弯路。

1983年是定西乡镇工业摆脱起伏，走上健康发展道路的新起点。从统计数字上看，1982年全区的乡镇企业才220个，职工2万人，收入为1925万元。1983年企业数增加到766个，职工3.3万人，收入为4737万元。1984年地委书记带着各县县长到江浙沿海去考察学习找差距，回来后办工业的劲头更足，到1984年底，企业数增至2913个，总收入为8000万元。

两年来，定西发展乡镇工业有三大特点。

第一是企业规模小。从现有企业数与职工数来看，每个企业不足6人。据介绍，定西对于发展工业提出了户办、村办、乡办、县办、区办5个轮子一齐转的要求，其中以户办为主。例如临洮县搞编织地毯的就有1000多户，今年该县的乡镇企业的收入正向亿元奔进。

以户办和户联办小企业为主，既符合现阶段资金薄弱、技术和经营水平较差等具体条件，也符合办工业要使千家万户富起来的根本出发点。因此搞工业的神秘感破除了，群众觉得工业不难办，在家里就可以干，热情一起来，门道也就越来越多。现在除了众所周知的农牧产品加工业，建设、运输、服务业以及小采矿业等，一些原来不为人注意的资源优势也正在利用起来。例如那些形状奇异的老树根被用来制成根雕艺术品，又如不少农家姑娘用新发现的一种低档玉做成可与酒泉产品媲美的夜光杯。据介绍，类似的工艺美术项目就有61项。由此可以说，办工业进一步挖掘了资源的潜在优势。

第二个特点是联系面广。听说渭源县有一姑娘嫁到陕西，她在那儿学到了刺绣技术，于是就动员丈夫一起回到老家，办起了刺绣厂。这是群众自发的联系。在定西的城关，我看了一个杏脯厂，女孩子坐在那一边剥杏核，一边说笑。这是去年定西与北京市议定的21个项目中的一项。北京市郊一家果脯厂派出一位女同志正在那儿传授技术，把质量关。这是政府之间的无偿援助。我到定西的前一天，该地区的专员领着各县县委书记刚从江苏回来，听说这次与镇江的四县一区已初步议定了大理石开采加工、猪毛加工等7个项目的联营或技术协作。这些项目还需要企业对企业进一步洽谈订立合同，这是企业之间的联系。在定西县的一个乡，从济南市以技术转让方式引进了一个项目，我没有想到的是，这一联系是《市场信息报》发生的作用。

现在，定西正在组织专门搞横向联系的干部队伍，准备用各种方式加强地区之间的经济交流。

第三个特点是再生力强。在内官营乡，有一家与兰州化工厂挂钩的塑料编织厂，原料由兰化提供，制成的塑料编织袋送回兰化装化肥。有趣的是这个只有340人的小厂却蕴含着另外4个生产项目——涂料、超薄型地膜、丙纶和化妆品。这些项目虽说都属化学工业，但它们在工艺上与塑料编织完全是两码事。听说这些生产项目上路以后，就要分厂了。像这样一个厂可以裂变，孵生出几个厂的情况是很普遍的。

上述三个特点是定西乡镇工业健康发展的表现，它来自干部群众对乡镇工业地位、作用的正确认识。地区干部算了这样两笔账，一是从1983年以来两地区农村的人均收入的比较，本地区每年只增5元左右，而苏南乡镇企业发达地区这两年每年增长值为100元。二是即使在工业基础较差的情况下，几年来定西农民乡镇企业直接获利人均55元，乡镇企业利润用于支农和修建农村设施的总额为2200多万元，还吸收占全区30万农业剩余劳力的1/5以上进了工厂。由此他们认识到，无论从发展农、牧业商品生产的需要，或是从治穷致富、赶上先进地区发展水平的需要出发，定西必须大力兴办乡镇工业，而且非办好不可。

五

要办好乡镇工业，当前突出的问题是缺资金，缺技术。一位同志到无锡考察，看到那儿的乡镇企业把泥土变成了值钱的惠山泥人，联想到定西农民用大理石垫猪圈的情形，他深有感触地说，有技术点土成金，没有技术金子化为土。

缺乏资金办不了厂，没有技术开不了工，怎么办？应当缺啥找啥，创造条件。那么技术、资金在哪儿呢？首先要把眼光盯住东南沿海的城市和乡镇工业。

定西的干部这样做了，而且取得了初步成果。为什么会有成果呢？我认为那主要是东部的城乡企业到了必须向外扩展的时机。东部在这几年里发展很快，可是在城市受到土地、劳力（招工指标）的限制，在乡镇受到原料、能源的限制，使它们的技术与资金不能充分利用。然而市场的需求和竞争又不允许它们停顿下来，一停顿就意味着企业生命的终止。在这种两面夹击的情况下，它们要生存、要发展，就必须进行内部的改造和地域的扩展。这是工业发展的规律。所以西部的发展要到东部去找技术和资金，东部本身的发展也产生同样的需要，只不过需要的内容是场地、劳力、能源和原料。前两年苏南就有一些出资与边区共同开掘煤矿。今年由于宏观控制，在资金外流上表现不明显，但宏观控制不会是长期的，企业发展的经济规律还是在发生作用。因此，西部地区应不失时机地与东部地区挂起钩来。

当然，西部与东部之间的钩能否挂上，还得看采取什么样的原则，对东部来说，西部如果是穷亲戚上门，就不容易建立联系。定西的领导说，过去他们总有一个观念：我穷，请你来帮忙，结果就不那么理想，这就是说，只有单方面得利，联系不易建立，也不可能牢固。所以东西部之间的挂钩应遵循互利互惠的原则。

西部地区的主要优势在于资源和土地，要互利互惠就得提供部分资源或场地给对方。一句话，就是用资源换技术，借你的脑子，发挥自己的优势，共同致富。

最近，我听说西部地区的几个省为保护地方工业，相继采取了限制羊毛出省的措施，这种措施能否保住地方工业值得研究。在这种措施下羊毛实际的流通状况如何又值得研究。而类似羊毛等资源的限制，对于东西部的资源、技术互助的影响倒是实实在在的。鉴此，我建议有关部门订立一条原则，只要在对等基础上的技术、资源互换，就应当允许流通。

东、西部之间的挂钩，建立在各自经济发展的基础之上，这就要求在联系的过程中，采取企业与企业直接挂钩的方式。定西的干部就尝到过行政领导满口应承，跑到基层毫无踪影的酸果。当然，行政应当有领导权，可企业也必须有洽谈权和自决权。这两者并非一对矛盾。这里我想强调的是东西挂钩要进行毛细血管活动，即企业与企业直接见面、商定，这样的互通有无才有基础。

六

在对外协作联系上，定西乡镇企业提出的要求是背靠兰州，面向全国，这就是说，除了上述与东部直接发生的横向联系，他们把兰州作为省内纵向联系的支柱和乡镇企业的中心。问题是在西部重镇兰州市，是否起到了它对地方工业的应有的辐射作用？从上面说到的那个塑料编织厂来看，兰州化工厂的确是背靠的支柱。可从总体上看，兰州的工业体系尚未充分发挥这种作用。有人认为兰州的技术力量本身薄弱，再要扩散是心有余力不足，对此我了解得还不够。但从苏（州）、无（锡）、常（州）、（南）通四个中等城市的经验看，前些年它们采取"产品脱壳"、"一条龙"等各种形式扶持乡镇企业，结果是越向下扩散，城市本身的企业素质越强。道理有两条，一是通过区域性的联结，使企业取得了规模效益，这叫以多取胜。二是周围的乡镇工业发展了，就迫使城市本身作结构调整，并向上海、南京等大城市伸手求科技，这叫更上一层楼。

由此而言，兰州市的扩散是有潜力的。它不仅可以成为甘肃全省工业体系的核心，还能对整个西部地区的经济起到中坚、枢纽的作用。因此，兰州的地位十分重要，它有可能在将来建成"中国的芝加哥"，东部的经济力量通过兰州这块跳板，促进西部的开发和经济振兴。

由兰州市的地位，我进而想到甘肃各地区的首府、各县的县城乃至有条件的乡镇，都应当敞开城门，发散各自的力量，扶持乡镇企业。这种由上而下的层层扩散将造就一个错落有致的地方工业群落，这一群落的良性生长又能起到自下而上、层层保护的反馈作用。

五六十年代，中央各部在边远地区布了不少点，叫做三线工厂或二线工厂。这些企业现状如何？乡镇工业的发展是否也能借助它们的力量呢？这些问题值得有关部门深入调查。

今年我走访了就在定西城里的敬东机器厂。敬东厂是1970年由四机部投资1200万元办起来的三线厂，生产军用电子产品。地区干部介绍说，在1983年以前的十几年中，工厂与地区是鸡犬之声相闻，老死不相往来。地区的同志觉得自己是种洋芋蛋的，而工厂是搞电子的，高攀不上，工厂也自成体系，凡事不求人。

从1983年开始，地区和工厂的领导才互相走访，热络起来。就在那一年，工厂主动帮助地区扶持一家常年亏损、濒于倒闭的毛巾厂，改产由工厂扩散的电视机高频头的零部件，当年就扭亏为盈。1984年，这个已成为电子元件厂的小厂，产值达到140万元，实现利税15万元。现在小厂职工人数已从最早时的100余人扩充到320人，今年计划产值为300万元，实现利税为22万元。

除此以外，在1984年5月，敬东厂又拉出一条生产线，与地区劳动服务公司搞实体联合。即工人在总厂培训，技术由总厂指导，原材料供应、质量检验、产品销售等全由总厂负责。实际上是总厂的一部分，一年来该厂收入加工费42万元。

今年3月，敬东厂资助7.5万元给城关的乡办塑压厂，塑压厂为敬东厂加工零部件。4个月来完成产值30万元，实现利税3万元，安排了农村社员50人。

听完地区介绍，我就到敬东厂，厂长和总工程师热情接待了我，他们坦率地说，扶持地方办厂是该厂发展的需要。原来在1980年以前，这个中型军工厂按计划生产的产品销不出去，连年亏损，亏损总额达137万元。工资发不出，只得靠贷款吃饭，在这种情况下，工厂决定转军工为民用，生产电视机的高频头、偏转线圈以及骆驼牌收录机，这一转马上见了效。

1983年，工厂生产高频头的数量达到了50万只，为初转产时的8倍多，这时再要提高产量，工厂感到力不从心，招工指标不足，场地、资金都受到限制。扩厂不可能。面对市场上越来越大的需求量，怎么办？于是，该厂打开大门，采取实体联合、协作加工、外协合同等多种形式，与省内外的30多家工厂挂上钩。其中有上述定西的3个，省内其他地区8个和浙江十几个。一搞对外协作，这个厂也就如鱼得水，迅速发展起来，成为全国的先进企业。1984年生产了185万只高频头，今年有把握拿下300万只。工厂基本上只做总装，现在每天装配5000只。据说全国每天生产电视机为4万台，这就是说，全国1/8的电视机采用敬东厂生产的高频头，1984年该厂盈利1200万元，还招了本地职工440人，现在共有职工2800人。

敬东厂的厂长总结说，产品救了一个厂，发展带动一大片，如果不搞扩散，达到这样一个生产规模，工厂就要胀死。

敬东厂为所有的三线厂提供了很好的经验，它表明，国营大企业只有走开放扩散道路，扶持地方工业，形成区域性的工业发展体系，其自身才能保持经济活力。

可是，只在生产上搞产品扩散仍然是半开放。敬东厂的企业结构仍然是封闭式的工厂办社会。对此，厂领导也颇感烦恼。职工宿舍要厂里造，分房纠纷还不少；职工子女要厂内包，托儿所、幼儿园、医务所都要厂来办。总之，职工的衣食住行，生老病死基本上都要由厂来管。幸亏这是一个年轻的工厂，老职工和成年子女还不算多。即便如此，厂领导仍必须拿出1/3的精力应付生产管理以外的事务，看来，长此以往，这里也会如同包钢那样发生人文生态的失调，即一个企业系统如果与环境割断了社会性的能量交换，那么由系统内部社会结构变化产生的力量就会形成内耗，内耗力量滋生到一定程度，原先的社结构就会瓦解，系统也就崩溃。

定西地区和工厂的领导都赞同关于封闭性企业不能永葆青春的看法。我希望他们能够携起手来，再创造出一条好经验来。

七

要办好乡镇工业，必须有一大批精明能干的企业人才。这些人才从哪儿来？如果靠学校分配的大专生，定西每年只有百来名，其中绝大部分是教师，而且如果学校教育的内容与现实经济发展的需要不相适应的话，大学生也未必能顶用。如果靠引进，目前定西的人才流失尚未止住，而且从长远观点来看，必须要以边区人为主体开发边区。那么，造就人才的途径在哪儿呢？

去年我曾谈到在定西的万余个体专业户里有一批能人，我还走访了其中几位，觉得他们很有前途，只要各级领导注意选拔培养，其中的一部分是可以脱颖而出，担当起发展乡镇企业重任的。

一年后，他们的情况怎样呢？我选择其中两位作了重访。

一位是姓谢的电焊工，去年他新盖了五楼五底的楼房，屋内还是空荡荡的。今年他让我在卧室边的会客室落座喝茶。一套捷克式的沙发，前面是茶几，书桌上放着四喇叭的收录机，沙发旁是18英寸的日立彩电。我注意到他手上的表也由"海鸥"换成了"英纳格"。除此以外，家门口还停着一辆价值2800元的"嘉陵"轻骑。不用问，我就可估出一年来他的收入不下万元。

这位初中毕业生告诉我，他妻子虽然还是在务农，但已学会了电焊操作，农余时间就做电焊工。可是他觉得家庭电焊工厂再办下去就要忙不过来了。因为从去年开始，他承包了县医院两幢大楼的建筑任务。他说，接受承包以后，他先后组织起了一支有120余人的农民建筑队伍，现在大楼已基本竣工。我听说承包合同签订后，建筑材料费涨了价，于是就问他有没有再向医院提出增加建筑开支的要求？回答说是既然订了合同，就得守信用。

从客厅出来，在他家的阳台上，看到不远处由他指挥盖起的那幢三层楼房，我同时看到一个经营管理人才的成长。

第二位是一个开磨坊姑娘的父亲，他叫刘仰吉，40余岁。去年他正在制作自己设计的提斗，可以用电把麦子提升到一定的高度，倒进磨斗中。据说后来他一共做了7部提斗，有一部就装在他女儿的磨坊内使用，为女儿省了不少力。今年，磨坊中增加了他的一个儿子，只有17岁。我估计那是为了女儿出嫁后，由弟弟来接班作准备的。

那么，刘仰吉本人现在在干什么呢？原来，他与另一位同村人一起承包筹建一个村办榨油厂。三大间新厂房，机器正在安装，预计到9月胡麻籽成熟后就可以开工榨油。

我听说县城早已有一家国营的榨油厂。我就问他，如果他们办的油厂竞争不过国营油厂，投资收不回来怎么办？他说，他有把握在一年内收回投资。因为村办油厂与国营厂比有三大优势，一是开工时间足，可以不受上下班限制；二是他肯定即将招收的20来名工人的服务态度要比国营厂好；三是办厂初期工人工资可定得略低些，并节约开支。

如果地、县、乡各级领导能注意和重视类似谢、刘这样在基层成长起来的人才，用短期集训等各种方法为他们助长补缺，定西发展乡镇工业的人才是会层出不穷、源源不断的。

八

发展牧本农业要考虑肉给谁吃，毛为谁用，发展工业更要考虑如何开拓商品市场。那么，定西工业和整个西部工业发展起来，它的市场在哪儿呢？

从国内市场来看，至少可以在畜类加工产品和重工业产品两大类上占领全国的主要市场。在不便于运输的其他食品和毛纺产品上占领西部市场。我在甘肃三周，跑了三个地区，喝到的汽水都是上海生产的。我未曾作统计，但心想这样的瓶瓶罐罐，装运到数千里外的西北，所占的运输量比重一定不小。

从国际市场看，如果面向东面海外，则西部的产品恐怕很难冲出去。因为东面有两道关口，一道是与西部唇齿相依的东南沿海工业区，另一道则是环绕沿海的日本、韩国、我国台湾、香港地区和新加坡等所谓东亚几只小老虎。这种格局至少在一段时期内相对稳定。

"何立从东来，我向西方走"，这是一句佛家寻找极乐世界的语言。西部能不能也向西方走，去找到西部轻工业产品的"极乐世界"呢？

我们的祖先曾用丝绸和瓷器，敲开过西部亚洲、中东、欧洲和北非各国的大门。这条陆上商道就是举世闻名的"丝绸之路"。这是可以借鉴的历史。

南亚有巴基斯坦、印度、尼泊尔等，中东有两伊，与新疆接壤的北部有苏联、蒙古，再向西是东欧各国。这块广阔的地区都有经济结构失重的方面，正是我们可以分析的现实。

这次定西考察之后，我又到了临夏回族自治州和甘南藏族自治州。在临夏，回民制作的羊肉的确是地道的清真，完全靠得住，而且味道鲜美。我建议他们与阿拉伯国家建立贸易关系，开拓伊斯兰市场。听说他们已经有了这种计划，而且实施计划可能性很大。除了这些，临夏与阿拉伯之间还有不少民间关系和往来。在甘南，听人介绍说，甘南藏族不仅几乎独占拉萨的酥油市场，而且甘南出产的极普通的塑料底布鞋在尼泊尔市场大受欢迎。这可以说是甘肃人民重开丝绸之路的尝试。

　　有历史，有现实，有尝试，重开丝绸之路不仅可能，而且应该说是势在必行。问题在于我们必须对西北的工业方向作深入的研究，抓得准，抓得早。那么西北市场的开拓或许比东南沿海更有发展的潜力。

　　丝绸之路得有路，公路、铁路和空运都应该有一个适应开拓西方市场的计划，尽快改变那种类似马帮式的赶着牛羊、驴驮皮毛进行交换的西北交通落后的现状。

1985 年 8 月 28 日

甘南篇

一、上高原访藏族

一个人大概总是会有一些想要做而事实上又不大可能做得到的事。在我来说，上西藏就是这样的事。1956年，陈老总率领中央代表团去西藏，我当时还年轻，未过半百，而且又报上了名。但临行前却让医生给否决了，没有去成。我心里一直憋着一口气：不能上西藏，见不到藏族的实际社会生活，怎配得上说是个研究中国民族问题的人？时间过得真快，一瞬间已近30年，我亦老矣。年过70还要向医生乞求为我上西藏开绿灯，该认为不太有自知之明了吧。但是上高原，访藏族之心，我却并没有死。

1984年我伴随民盟一批专家去甘肃，在考察定西种草种树时，听说从兰州坐一天汽车就可以到甘南。甘南是高原又是藏区，已建立自治州，称甘南藏族自治州。于是又打动了我上高原、访藏族之心。1985年我再一次跟这批专家去定西，回到兰州，就同他们分道扬镳，单独南行了。西藏去不成，甘南不妨试一试。

西藏是世界屋脊，海拔平均4500米，拉萨市区据说不到4000米。甘南在青藏高原的东北隅，是它的边缘，和西北黄土高原相接，在长江和黄河的分水岭上，海拔在3000米上下。4000米我高攀不上，3000米也许还有我的份。我说服了接待我的主人，在保证"有反应，即回头"的条件下，取得试一试的机会。沿途还有医生同车，每天要检查血压三次。

1985年8月13日一早，我从兰州启程。同去定西考察的专家临行时还在汽车旁一再叮嘱：少说话，少活动，少劳累。为慎重起见，一天的路程分两天走，中途在临夏打尖休息，住一晚。临夏海拔1986米，离兰州160公里，刚逢有一段公路正在修整，车行近 4 小时。

第二天从临夏启程去甘南州首府合作。合作是个地方，藏语原名是 ju:ou，意思是羚羊出没的草滩，音近汉语"作"字，好事者取民族团结之义，加上了个"合"字，这样的地名和青海的互助土族自治县，无独有偶。

合作海拔 3000 米，比临夏高 1000 多米，行程 107 公里。地势逐步上升，很少陡坡，对新客威胁不大。我闭目静坐，一任车座颠簸，时而瞌睡，时而清醒，不知不觉中竟被提升了千米。

海拔高，空气稀薄，氧分低，所以不习惯高原生活的人，突然被提升会有头痛、憋气的反应，心脏弱的人更会心跳加速，难受，晚上不易入睡。说来确实出于意料之外，我这次在合作 3 天，在夏河 3 天，又几次越 3000 米上限到草原家访，活动频繁而体检正常，除了每过几分钟，自然地深呼吸一次外，没有发生什么高原的特殊反应。

18 日从甘南归来，所见所闻的记录比较杂散，不宜成文，因用杂文体裁写"甘南篇"。

二、陇西走廊南端的民族

我这次从兰州去甘南是沿洮河，靠着陇西黄土高原西部边缘南下的。到合作就跨入了青藏高原的东界。紧接青藏高原的这一缕黄土地区出现了一条成分复杂、犬牙交错的民族地带，不妨称之为陇西走廊。在现有的分省地图上，这条走廊正是甘、青两省接壤地区，往南延伸便到云贵高原的六江流域。这里是对民族研究工作者具有吸引力的地区。

我对西北各民族很不熟悉，过去只限于一些书本知识。书本上告诉我，在青海和甘肃接壤的地区居住着一系列的小民族。这些民族不但人数少，而且只在这地方有。其中不满一万人的就有撒拉族、保安族和裕固族。较大的土族不到 1.5 万人，东乡族不到 3 万人。为什么有这么多小民族挤在这个陇西走廊的南端呢？

这次路经临夏回族自治州，虽则只住了一个晚上，也没有下乡访问，但从言传口说中听到了许多富有启发的提示。临夏本身是个少数民族自治的地方——回族自治州，而在它境内却还包含了两个自治县：一个是东乡自治县，另一个是多民族联合自治地方，即积石山保安族东乡族撒拉族自治县。这是一个少见的多民族聚居的地方。

从临夏到甘南的路上，汽车越爬越高，沿途我看到四围变化的景象，便开始体会到地形对民族分布的制约作用。海拔超过 3000 米之后，体质上不具备一些特有适应能力的人是住不长的，而且自然地理条件使高原上的生态环境与平原地带不同。这里一般不宜耕种；如要耕种，不长稻麦，只长青稞，但广阔的草原却适宜放牧。这些地方对于习惯农业生活的民族是不具有吸引力的。所以青藏高原长期以来几乎成了藏族所独占的生息之地。

当然，我不是说其他民族不能上高原或没有上高原的人，何况人的体质是有适应能力的。但是看来历史上许多来源不同的民族一上青藏高原，就会逐步接受已在这个地区创造了适应这个地方的生活习惯的藏族文化，而和藏族相融合。这段历史现在还没有被人发掘出来。但是我们知道不同地区的藏族自称不同：有自称"兑巴"、"藏巴"、"卫巴"、"康巴"；"巴"是藏语，译成汉语是人。在西藏北部、四川西北部、甘肃南部、青海地区的藏族却自称"安多娃"。藏语依地区划分为安多和卫藏及康三个方言，前者没有声调，而后两者有声调。这些事实表明藏族也和汉族一样，是个在历史过程中融合了许多不同成分的民族统一体。

那些上了高原的民族，很可能还留下一些人在靠近高原的黄土地区，或是有些外来民族移动到高原脚下就停住了。这样，高原的外围地区，如陇西走廊，就会存在一些保留了自己原有面貌的民族集团了。

现在居住在这走廊里的各个民族的人，大多还说得清他们祖先并不是本地人，而是从别的地方迁来的移民。从历史记载来看，汉族进入甘肃的时代很早，甚至早在秦、汉之前。但是，现在在洮河流域的汉人却很多还是明代移民的子孙。我去甘肃前从朋友处借到一本顾颉刚先生写的《西北考察日记》。这本日记是抗战初期 1937 年 4 月至 1938 年 1 月间写的。日记里有一段话说：洮河流域一带的汉人都说祖先来自南京、徐州、凤阳三地，乃"明初戡乱来此，遂占田为土著"。许多人家如宋姓、李姓等都有家谱，记录着可以追溯到明代封过官的祖先。看来明代曾在这一带用过兵，中原的军队带进了一批移民，扩大了汉人在甘肃分布的范围。

至于这个地区的回族，一般都认为：13 世纪蒙古军队征服了中亚，回戈东征时把中亚信伊斯兰教的各族人民编为"探马赤军"签发东来，称"回回"。后来其中相当重要的一部分就在甘肃河州一带"屯聚牧养"，蕃衍至今。临夏一带的回族就是其中的一部分。

同回族前后移入黄河两岸的还有驻扎在这军事要地的蒙古军队和其他中亚

移民集团。他们的后裔形成了目前居住在这个地区的一些小民族。土族就是蒙古军队和曾经统治过这地方的吐谷浑的后裔霍尔人相混杂而成，至今说蒙古语。东乡族和保安族都是信奉了伊斯兰教的蒙古人的后裔，说蒙古语。撒拉族说突厥语，是另一群中亚的移民，信伊斯兰教。

至于这些外来移民进入之前住在这地区的究竟是什么民族？我现在还说不清。这次访问甘南时，听到当地藏族说，他们的祖先曾经在洮河流域居住过，后来回族进入才退居高原。这种传说是否有根据，我也不能判断。但联系我上面所说的话，可以设想，原来有一些居住在青藏高原外围的民族，在某一个时期，由于某些原因移上了高原逐渐为藏族所吸收，成为现在居住在青藏高原北部的藏族，即自称为"安多娃"的藏人。这只是一种设想，是否符合历史事实，还待进一步研究。

包含在一个较大的少数民族聚居区里的某些民族小岛有它们的特点。这种"少数中的少数"在民族工作上很容易被忽视。这个问题在现代化发展过程中更为突出。由于人少，他们必然要和其他较大民族紧密协作才能开展自己的物质和精神建设。而在这种协作中既能贯彻开放和改革的方针进行现代化建设，又要维持民族平等的地位，发扬民族特点，确是个必须重视的问题。

三、藏族现代化的跳板

甘南在甘肃的西南角上，西接青海，南通四川，占甘肃省总面积的1/10，约4.5万平方公里。地方不小，但侷居于偏僻省份的偏僻地区，历来不太为人所注意。我本人对它也只有耳闻，多少有一点过高难攀之感。直到这次亲身到了这里，才发现地势不算过高，在现有交通设备下，离甘肃中心兰州也不算远，当天就能到达，而且在促进藏族现代化的工作上有它特殊重要的地位。

甘南是甘肃省内藏族聚居的地方，所以成立了藏族自治州。甘南藏族人口24.7万，占甘南全部人口的46%。在甘肃省总人口中虽然只占1.9%，但在整个藏族382万人中却占6%，而且相当于西藏藏族的1/10。甘南的藏族重要性不仅在其人口比重上，而且还在于它地处藏、汉接触的前哨。它有条件成为藏族现代化的跳板。

我们一提到藏族，一般就容易想到居住在西藏自治区境内的藏族。其实西藏自治区里的藏族只有174万多人，不到全部藏族的一半。有一半以上的藏族住在自治区以外的青藏高原上，分别建立了10个自治州（其中一个是和其他民族联合自治的）和 2 个自治县。这些自治州、县分布在甘肃、青海、四川、云南等省。甘南藏族自治州就是其中之一。

为什么各地建立起行政上不相隶属的同一民族的自治地方呢？这要回溯一下藏族的历史。在公元 10 世纪到 12 世纪期间，青藏高原分布着相互独立的许多藏族的部落，是一个分裂割据的局面。这时候甘肃中部和青海西部的藏族有些却已受中央王朝的册封，并发展了汉、藏之间的茶马贸易。元代结束了藏族的分裂局面，使其统一在中央王朝的统治之下。为了适应当时具体情况，设立了 3 个行政区域，平行地直属中央领导。现在的青海和甘肃的藏族属于一个单位。这里采取了土司制度，分别册封当地上层，受中央王朝管辖。明、清两代这些地区均沿袭这种行政区划，西藏地区则实行着和甘、青、川各地藏族不同的行政体制。清朝末年到民国初年改土归流，取消了土司制度，西藏地区之外都实行了和内地一般的行政设置。各省区内的藏族早于西藏地区得到解放，先后在 20 世纪 50 年代按原来的行政区划成立了自治地方。嗣后西藏地区和平解放，1965 年西藏自治区才宣告成立。

这段历史告诉我们，藏族和汉族人民之间的接触最早是发生在青藏高原的东北部，也就是现在的甘青地区。我在这里提出这个历史背景是因为它还有现实的意义。藏族要现代化必须和其他民族一样走开放和改革的道路。开放要有具体渠道，熟门熟路，甘南藏族聚居区的历史地位就值得我们重视了。

从地理上说，甘南离拉萨航空距离 1400 多公里，地形图上看去更使人吃惊；要翻越多座崇山峻岭，其中唐古拉山海拔 6000 米，真是比上青天更难。但是出于我意料之外，听说甘南藏族竟有一半人到过拉萨，玛曲县的藏族去拉萨是人均 1.8 次。现在经常来往于甘南和拉萨搞运输的私人汽车有 302 辆，车上固然可以搭些人，但进藏的人并不都是坐汽车去的。他们和祖祖辈辈一样靠步行和骑马。

曾在拉卜楞寺住过多年的李安宅先生在他所著的《拉卜楞》一书中提到：从拉卜楞寺到拉萨共 28 个马站，就是说骑马要走 28 天，步行得好几个月。这样艰苦的路程对甘南藏族来说却并非畏途，这种勇气一般说来和他们的宗教信仰是分不开的，但是信仰后面却还有经济的动力。我已说过，在七八百年前甘南已经是汉藏茶马互市的中心。藏族生活上离不开茶叶，所以很早这个商品就成了汉藏接触的媒介。甘南也成了汉藏物质和精神文明流通的渠道。

甘南入藏的商道至今还是畅通的。上面所说 302 辆卡车主要是运输商品入藏的。其中单是酥油一项去年一共运出了 75 万公斤。这不是个小数目，试问在没有卡车运输的时代，要多少人、多少马才运得完？我们还听说，近来甘南运去的塑料底布鞋，在尼泊尔是项热门货。今天拉萨的自由市场据说基本上是由甘南藏族所控制的，拉萨市仅坐商中就有二三百人是从甘南去的。各种日用品都有出售，其中啤酒是重点。从西藏带回来的有不少从印度进口的手表、呢料，甚至西服。在拉卜楞，我们就看到有人穿印度制造的西装。

如果现代化和商品化是不可分离的话，甘南藏族已经在藏族地区起着商品流通的作用，为现代化开了门。我们看到合作市内有许多运输用的马拉板车，一问很多是藏族，不少原是住在郊区的牧民。他们这几年发现运输业容易致富，就投入了这个行业。这不是件小事，藏族牧民开始变了。

少数民族的现代化必须由少数民族的人自己来搞。藏族的现代化就得在藏族聚居区里由藏族人民自己接受新的科学技术开始。从历史上看和从这次我访问的印象来说，甘南大有条件可以作为藏族现代化的一个起点。也就是说，我们可以集中一点力量，帮助这个地区的藏族在现代化建设上先走一步。

四、白龙江话林业

开发少数民族地区必须从发挥它的自然优势着手，以甘南来说，就是林和牧。先说林。

我这次去甘肃，先是重访定西。从定西回兰州，通过兰州经临夏去甘南。车出兰州，进入洮河流域，心神为之一畅。那是因为我已被光秃秃的黄土高原憋了一个星期的气。尽管说定西这几年种草种树大有成绩，但荒山面积太大，种上草、种上树的还不过是集镇附近的一些山头。沿公路看去，被急流冲刷成的条条深沟，把黄土割裂成为无数大大小小的丘壑，这些黄土丘壑像是剥光了皮，赤裸裸地撅起背脊，伏在大地上的大爬虫，看上去令人恶心难受。坐飞机去过兰州的人，谁也忘不了从机场到市区路上所见到寸草不生的一片荒山。想到这曾经孕育我中华民族文化的摇篮，现在被糟蹋到如此地步，怎能让人心平气和呢？！

一进临夏境内，景色焕然一新。四周山色，虽说不上郁郁葱葱，但满山浅绿宜人。我不禁回头和同伴们说，哪一天全甘肃都能装扮得这样就好了。山坡上有草、有灌木，偶而还看得到一些范围不大的密林。平地上的村庄都有绿树为屏，公路两旁的穿天杨已粗壮成材。大田里的玉米长势正旺，割下的小麦，一垛一垛地排列成行。我好似刚从黄土堆里钻出来，看到这一派丰收景象，真觉得换了一个世界。向导见我露出欢愉的情绪，也笑了，但是接着他便说：假如你能早来20年，到甘南白龙江去看看，不知会高兴成啥样了。

白龙江藏名舟曲，东西横贯甘南南境，主要在迭部和舟曲两县境内，系嘉陵江的支流。甘南南部的岷迭山脉（海拔4920米），是洮河和白龙江的分水岭。洮河流入黄河，白龙江通过嘉陵江流入长江，属我国的两大水系。这两条河的两岸往昔同是甘南的富庶之区。

白龙江流域是我国重要的林区，盛产云杉、冷杉，面积220万公顷，木材蓄积量1.56亿立方米。这地区分属甘、川两省，但海拔都是三四千米，居民以藏族为主。1958年实现公社化，森林全部收归国有。1966年建立了直属于林业部的白龙江林管局。1972年下放到省，由川、甘分管。

自从林管局成立之后的20年里，林区的变化是很大的，向导所说白龙江媚人景象指的是20年前的事。据藏族人士告诉我，这个林区实际上并不同于东北的自然林区，绝大部分原来都属部落村寨所有。林区里住着16万多居民，90%是藏族。他们历代以林为生，这片森林同时也就受到居民的保护和栽培，因而能经久不衰，保持了山清水秀、熊猫出没的胜地美景。以林为生的藏民生活向来优于甘南的牧民和农民。但是，这20年里却颠倒过来了，林区居民已退居末位。甘南在甘肃原来是个偏僻的不发达地区，1984年全省人均收入是189元，甘南是156元，林区舟曲只有83元，最穷是40元。20年来的变化和林管局的经营大有关系。

看来林管局并不是依靠当地藏族来经营白龙江林业的。在这20年里，这里已从东北和四川移进了一万几千名林业工人，加上他们的家属现在已超过3万多人。据说林场和原来林区的藏民不同，对这个丰茂的林区除吸取经济收入外别无感情。砍伐很积极，栽培则无心。想一想，一万几千工人整天用现代化工具在这林区里砍伐木材，像是用剃刀刮胡子那样，怎能不很快地把白龙江两岸的山坡一片片地刮得精光?! 林线后退，生态破坏。被撇在一旁的藏民，对这片有着深厚情感的森林，现在只剩下保护的义务，而没有染指的权利了。他们只能在高寒山坡上种青稞度日，日子当然越过越穷。

据统计，现在和50年代比较，森林面积已缩小了1/3，木材蓄积量已少了1/4，完全是过量砍伐造成的。因而白龙江的含沙量增加了60%，流量减少了约8%，生态平衡已遭破坏，白龙江成了"黄龙江"，这些变化使甘南白龙江流域水旱受灾面积达60万亩，仅舟曲岩石滑坡就有260处。上游犹如此，对长江中下游的影响不言而喻了。

把破坏森林的责任全算在林管局的账上是不公道的。应该说，这主要是那个时代过"左"的政策造成的恶果。在少数民族地区这样对待当地资源，明明是违反民族区域自治原则的。1980年有了一些改正，村寨附近的林木大约4.3%的面积已划给藏族群众作为护村林，归群众自己管理，其他的还是由国家、州、县企业来经营，情况并没有根本扭转。问题不是在林场所有权上，而是在林木的经营权上。群众得不到直接利益，很难使他们对森林起保护作用。市场上买不到木材，在急切的需要下，就会纷纷到林场来自行砍伐。所谓乱砍滥伐的现象当然也就挡不住了。看来要使白龙江变成名副其实的白龙江，还得从经济体制上贯彻各民族共同繁荣的政策入手。这件需要下决心进行改革的事，在这"天高皇帝远"的地区，更需要有人替他们反映情况，说说话。

五、河源草甸的牧业

说过林，该说牧了。

甘南西部和青海接壤的边区，包括夏河、碌曲和玛曲三个县，地属青藏高原的边缘，海拔都在3000—4000米之间。这里是九曲黄河的第一曲，恰把玛曲县绕了个大半周。玛曲就是黄河的藏名。黄河的两条支流——大夏河和洮河都在这里起源。这里水源充沛，多开阔滩地。河谷宽广，形成一片片微有起伏的平岗。气候高寒湿润，适于长草，被称为亚高山草甸，是理想的优良牧场。甘南全州有草原3700多万亩，平均每亩产草165公斤，是甘南的一大资源。主要牧区就在上述三县。

这三个县坐落在高寒地区，常冬无夏，6月里会下雪，而且阴晴变化无常，忽而晴空万里，忽而大雨倾盆。我到夏河草场赴宴，算是好天气，虽遇到两场雨，不算大，也没有冰雹，大家说我福大。这里没有无霜期可言。除了一些谷地外，显然不宜于种植其他农作物；农作物中也只有青稞适应这片土地。但是，青稞播下20公斤种子，也不一定能收到100公斤粮食。甘南全州在1949年只有25万亩粮田，后来强调粮食自给，毁草种粮，最多时达110万亩，总产量不过1亿公斤。现在政策对了头，已退耕还草70万亩，1984年共收850万公斤。看来，农业在这里是搞不好的，要发挥当地优势，只有发展牧业。

我们打算到牧业的重点县——碌曲和玛曲去访问，但是主人怕我吃不消，竭力劝阻，所以只能在夏河参观了牧场。车子离开市郊不远就是开阔的草地。空气清新，使人胸襟为之一敞。正值草花盛开之季，阵阵香风，令人心醉。

车子停下来休息时，我一阵高兴，弯腰摘了满手的草花，有白、有紫、有黄，十分欣赏。不料主人却指着这些草花对向导说，"这片草地怎么退化到这样地步，你看满地是这样的花。"原来开花的不是好草，有不少还是毒草，牛羊不吃。草场退化是当前甘南牧业的一个严重问题。

当地主人支起了三个帐篷，就在帐篷里设宴招待我们。大家边吃边谈，使我了解到当前牧业发展上遇到的一些困难，草场退化据说主要是由于多年畜量超载。超载是指一片草地上负担的牲畜太多了，好草被吃掉，来不及长，毒草则蔓生，草场逐渐变质退化。

据统计，全州牲畜头数已有好几年超过了 90 万头。按每个羊单位需 7 亩草地计算（1 头牛合 5 个羊单位），现有草地面积实际上已超载 20 万头。牛羊多而草少，结果越吃越不够。发展牧业不能只看存栏的牲畜头数，牲畜多不一定好。这是个牧业效益问题，在商品化之前牧民是看不到这个道理的。

有效地利用草地必须从自给牧业转变为商品牧业。也就是说，养了牲畜不是为自己食用，而是准备出卖，换得货币来购买消费品，从甘南来看，这种转变还刚刚开始。过去这几十年来，藏族牧民已过上了没有剥削的太平日子。我在合作镇通过翻译和藏民谈话，发现他们对当前生活充满着满足的乐观态度。一家人养两三头牛，三四十只羊，骑在马上扬鞭驰骋，真是其乐陶陶。当地民谚："三十只羊，两头牛，骑上马，满山游。"当然在这种精神世界里讲求发展商品牧业是有困难的。

比如说要讲求效益，就得讲究畜群结构，多养那些强壮年轻的母畜，幼畜出生率就可以提高。及时出卖，以减轻草地负担。同样一片草地，同样定量的饲料，回收的价值就大得多了。这应当是很容易明白的道理，但是在自给牧业中就难以做到。牧民们只看谁家牛羊多就算谁家富，牛羊群里壮大的牲畜多就算养得好。而这种传统的标准恰恰与牧业效益相反。效益重在出栏率，畜群结构重在生育期的母畜所占比重，要牧民从传统意识中转变过来，还得加强工作。

然而，现实却在教育牧民。草地超载，秋天牛羊吃不饱，抓不到膘，到冬天就容易死亡。这点牧民是清楚的。但是怎么办呢？近来甘南出现了一种新的办法，就是在严冬降临之前，就把畜群赶到北面的临夏去出售。关于临夏，我在前面已说过，是回民自治区。回民以务农为本，但各家各户都要养几只牛羊供自家食用。他们不从事放牧，而习惯于舍饲，各家各户把少数牛羊养在棚圈里，用饲料喂它们。这样到了冬天，既不怕寒冷的气候，也不愁饲料缺乏，因为这个地区种的是玉米，有大量的精饲料。他们在初冬从甘南牧民那里买回牛羊，舍饲一冬,长得肥肥的,过年上市,就可获得高利。这可说是商品牧业的开始。

我觉得这种区域间和民族间在牧业上的协作,是很值得有计划地推广的。这种协作可以使放牧和舍饲结合起来。甘南牧区闹牲畜超载,如果冬季把大批牛羊及时赶到临夏农区去催肥,不是可以减少目前畜群过冬大量死亡的情况发生么?看来发展牧业也需采用农牧协作的办法。这个办法会促进牧业的商品化。商品化使得牧民明白牧业效益的意义,而接受改良草地,防止退化的措施。不仅如此,这个办法也会在经济上把两个自治州结合起来,加强民族团结。这不是一举两得的好事么?

六、培养人才第一

按上两节所谈到的关于林牧的情况来看,把甘南建成藏族现代化的跳板是不是空想呢?我看不能这么说,但得承认,要实现这个设想确是要费一番工夫。甘南要在藏族现代化上先走一步,就得恢复林牧业和发展工业。发展工业一要原材料,二要能源,三要技术,四要资金。我说的不是空想,是因为甘南在原材料和能源上底子好,得天独厚;我说还得费一番工夫是因为技术和资金两不足。

得天独厚的资源主要是指森林和牧场。现在情况诚然不那么好,森林还在破坏,草场还在退化。但是情况一明,扭转局面决心就大,领导上确实是在为改变恶性循环、朝着平衡生态的方向努力,并采取了一些有效措施。金饭碗毕竟还是金饭碗嘛。

说到能源,甘南不用愁。它有两条江,即白龙江和洮河。它们分别是长江和黄河的上游,水势湍急,落差很大,大可发电。据估计可以利用的水力资源有2400万千瓦。现在只开发了20万千瓦,还不到1%,可谓潜力巨大。

技术和资金不足是甘南发展工业的最大困难。技术要人去掌握。从目前情况来看,能够或已经掌握现代工业技术的人在少数民族中确是不多的,甘南也不例外。要迅速发展甘南的工业,第一位重要的是必须抓紧人才的培养和引进。培养人才之关键又在于教育。说到这里我们不妨了解一下甘南的教育情况。

民族地区办现代学校教育可不简单,民族间语言不同。如果缺少会说本民族语言的教师,上课时学生听不懂老师说的话,教学实际上是无法进行的。甘南在1974年前就碰到了这个困难。甘南人口几乎一半是藏族,但是连小学都找不到合格的藏族老师。请了汉族老师来，学生不懂汉话，教室里秩序很难维持。据说有一位老师在教学生念书时，学生乱闹，他大声喝了声"不要吵"，全堂顿时齐声跟着说"不要吵"，还以为是在念课文。这样的课堂自然吸引不住学生，学生到课率很低。有些家长索性不让孩子上学，入学率因之也很低。

1974年以后，情况好些，少数小学里对藏族学生用藏语上课了。目前这个问题据说基本上已经解决了。但是教师质量不高，小学的入学率还不过64%。我没有得到分民族的统计，说不出在入学率上藏、汉的比例。

这里的中学，除了民族中学外，其余都用汉语上课。之所以可以请汉族老师，是因为藏族学生已经学会汉语，语言上没有隔阂了。但是要到外地去请老师上高原来执教又很不容易。尽管已经采取优惠政策，在甘南工作的干部一律有高原津贴。现在一个小学教师每月的工资可以有100元，中学教师150元。可是这点优惠吸引力并不大，甚至留不住人。从1979年到1985年这7年里，省里分配到甘南来的师资名额为193人，实际报到的只有157人，同期调走的教师为96人，结果实增仅61人，平均每年不到10人。分配来的是新手，调走的大多数是老教师。可想而知，在这种情况下，要保证教学质量是很困难的。根据当地教育机关的统计，目前各中学共有教师1400人，缺额达469人，竟占1/3。

另一方面，1977年恢复高考以来，从甘南录取的大专院校新生共605人，每年约75人，这些学生毕业之后回来的极少。甘南不仅教育战线上人才流动出现出超，其他战线上同样发生人才外流的情况，主要是外地干部要求回原籍工作。

当地人才要当地培养最为可靠，这是这几年的一条经验教训。甘南教育战线已有打算。他们准备设立一所培养本地中小学教师的师范学院。这所学院的师资又从哪里去请来呢？这又回到老问题上了。但是，现在他们已经摸到教师的心理，要把他们调到高原来是困难的。有句话说："上珠穆朗玛峰不怕，因为下得来；去甘南可不成，一去回不来。"因此，他们想出了个办法，这个学院筹划着要同兰州师范学院联办。教学部分由兰师负责，拨出一部分兰师的教师来甘南担任授课，每周、每月来回，半年、一年轮换都行，经费由甘南担负。

联办学校是一个提高民族地区教育的新构思，在甘南这样离开城市不远的民族地区是具有可行条件的。我想各地民族学院是否可以考虑采纳这种创见，灵活机动地发挥民族教育师资的作用，在民族地区就地培养本民族的工作干部。当然这种设想能否实现，还有待于甘肃省当局和兰师是否有决心、肯出力把甘南迅速发展起来。

甘南藏族的现代化可能是整个藏族现代化的先行者,而走上这条道路的第一步是培养人才,教育要先行。要办好教育,师资的培养又是第一位的。我对甘南师院的创建寄托厚望。

七、外助自立建设工业

我们花了一个上午和甘南领导同志讨论教育和人才问题,会上空气并不那么令人舒畅。虽则我们找到了联办师院的设想,但目前人才似乎还在流失。甘南是不是真的吸引不了人、又留不住人呢?

饭后,和我一起去的同志说皮鞋跟脱落,走不成路了。一打听,市中心街头就有修理皮鞋的摊子。我午休起来一看,那位同志的鞋跟竟然已经修好了。他兴冲冲地对我说:"谁说人们不敢上甘南,街上有的是内地来的手艺人。"接着他讲了以下的情况:

修鞋的是一位女工,浙江诸暨人,在这里设摊修鞋已经两年了。同她一起来的有20人,都是修鞋的。她和另外一个同伴合租一间房,月租14元,每天收入多则十几元,少则六七元,一年净收入可以达2000来元。家里有个孩子由婆婆带,每年回家一次,家里的田地请别人种。

从外地到甘南来做活的人并不只是修皮鞋,更多的是做成衣的,干木活的,理发的,等等。做成衣的南方叫裁缝师傅,他们在甘南有的只替人裁剪款式时兴的衣服,有的来料缝衣,还有的是备好各种花色的衣料,供顾客选择。顾客可以不费事就做成一件合身合意的衣裳,因此很受人欢迎。这些从内地来的手艺人有摆摊子的,有租房开铺营业的,有的还挂招牌。木匠大多是流动的,由顾客提供膳宿,承做各种家具,一家完工,再走一家,似乎没有空闲的日子,收入比修鞋的要多得多。最艰苦的要算养蜜蜂的人。他们以同乡关系结成一个小帮,搭火车,包卡车,到这遍地是花的草原上来放蜂采蜜。在公路上我们常常看到放蜂的帐篷。我曾经下车访问过他们。他们操着四川口音告诉我,他们每年结伙来草原,住四五个月,回家时可以净收2000多元,兼制蜂乳的人收入就更多了。采蜂的每人一个帐篷,食宿都在里面,基本上是各自经营,风风雨雨,生活十分艰苦。

这种流动的手艺工人,现在在边区各地都会碰到。1985年我去赤峰,深入到小镇上去,就见浙江人挂牌的成衣铺。后来我在包头、伊克昭也见到这样的手艺工人。真想不到这次上高原,又遇到他们。他们分别来自浙江、江苏、四川等省,总数不好估计。从本乡来说,他们是劳动输出的一部分。我以前曾说过江苏省劳动输出大约有 1 万人,但只指地方集体单位同其他地方订立合同的建筑工人,并不包括这些单干的流动手艺工人。

这些流动手艺工人是以自己的劳力为边区居民服务的,所以受到边区居民的欢迎。边区城镇服务行业不发达,穿了皮鞋蹩了跟没人修。有这些手艺工人前来不是正中下怀么?这些外地手艺工人一方面是由于当前的户口规定不能落户,另一方面还有离乡不离井的习惯,所以他们有较大的流动性。通过这些流动手艺工人的手,边区每年要汇出大笔资金。我在伊克昭盟东胜市得悉,通过当地邮局每年汇到浙江去的小宗汇款总数达 40 万元。以每人汇去 2000 元计,50 个人就是 10 万元。东胜这个镇上的流动手艺工人不下 200 人。如果以此类推,整个边区通过这个渠道外流资金必然数以亿计。

从表面上看,这可以说是边区的资金流失。但事实上,这些外地工人把手艺送上门来,比向外地购买时兴服装、家具等消费品,还是便宜些。归根到底,边区自己的工业还不发达,手艺工人还没培养起来,第三产业尚未发展,资金外流是挡不住的。目前边区经济的实况只能用原材料到内地去换工业品,入不抵出,就要靠中央补贴。这决不是长远之计,可说是一种输血的办法。

变输血为造血,就应改补贴为投资,帮助边区发展工业。工业发展了,西北自己就有钱维持自己的行政机构,而且可以积累资金,自己发展工业了。这才是造血,也可以叫作外助自立。

当前边区技术力量不足怎样发展工业呢?看来得在人才上采取造血措施。上一节所说联办学校的意义就在这里。学校教育是基础工作,但远水救不了近火。当务之急是要引进一些手艺工人和工厂里的技工和工程师。手艺工人虽然已经来了,但是属流动性质。变流动为固定,首先是使那些愿意落户的人落下户来。更重要的是引进他们的手艺,培养一批本地工人。撒种出芽,落地生根。

我们那天下午参观了合作市的毛革厂。接待我们的是该厂负责人,一个藏族转业军人。这个厂原是夏河皮革厂的一个毛皮车间,1980 年独立建厂,当年投产。现在已有职工 286 人,其中 158 人是汉族,73 人是藏族,还有回族、满族,是个多民族的工人队伍。1985 年产值达 174 万元,利润 8.7 万元;一年定制皮夹克 2 万件,远销东北。厂里甚至想向国外"伸伸腿",已经和美商联系出口兔毛皮加工品和土拨鼠皮毛套。我参观这个厂,看到这番情景很激动,这是甘南工业化的种子，生机勃勃，充满活力。

我问起他们的技术状况。他们告诉我起先是从夏河制革厂里传下来的。这是我曾说过的乡镇工业细胞分裂法的例子。这位藏族转业军人，就在夏河厂里结识了三个南京同行，建立了联系。一个是南京皮革研究所的，一个是南京虹光皮革厂的，一个是南京黎明皮革厂的。靠这三个人，合作市的毛革厂得到了传递信息的渠道和技术支援。他们每年来甘南几次，带来制革所需的机械和化学药剂。1985年这个厂为东北制造的皮夹克就是他们穿针引线的。这也是我曾说过的超距辐射。南京的技术能力可以直接辐射到甘南，不必经过中间梯度媒介。

我又问：南京人为什么愿意帮忙呢？他们说：一是有交情，二是靠优惠待遇，三是不要求他们长期住到高原上来。他们还在南京供职，每年来几次就行了。但是，到甘南来的时间，工资加倍。

群众是聪明的，他们在实践中创造了符合当时当地具体情况的行之有效的办法。上述三条，我看也适用于其他民族地区。这是一条兴办新厂、吸引技术的道路。交情一条可以扩大一些，超出个人之间的关系，代之以支边的各种渠道。

我们对甘南人才外流的担忧，至少已看到了解决的办法。也就是说，"造血"有门了。如果能推广毛革厂的经验，最近几年甘南的小型企业就能搞出个底子来。更值得提出的是，在这里我们看到了少数民族工人队伍的形成。正是这支队伍在把甘南建设成藏族现代化的跳板。如果把这个实例和白龙江林区那种撇开当地藏民而去移入汉人来开采的情况相对照，何去何从，不是极为明白了么？

八、访拉卜楞寺

甘南行的最后一站是夏河拉卜楞寺。拉卜楞寺是甘青地区藏传佛教的圣地，每天有从各方来的藏族善男信女到这里朝拜。他们绕着寺院打转，口中念念有词，有些甚至每步一叩，四肢舒直，五体投地。拉卜楞寺自从开放以来又成了各国旅游者的胜地，他们手持相机，东跑西窜，寻觅新鲜镜头。

我去拉卜楞寺既非朝圣，又非猎奇，也许可说是还愿，偿还我很久以来的宿愿。人类学这门学科里最难念的一课应当说是宗教。一个无神论者怎样去认识另一个民族的宗教精神世界呢？耳闻不如眼见，我总想有个机会亲自访问一个藏族地区的藏传佛教寺院。这次既然到了甘南，怎能不去久已闻名的拉卜楞寺呢？8月16日午休后，我们从合作启程去拉卜楞寺的所在地夏河，行程只有70公里，但因正在修筑公路，傍晚才到达。

车子在曲折的山岗里走了半天，夕阳西下时刻，接近夏河，眼前豁然开朗。遥望山谷里一片人烟稠密之区，平顶土屋中矗立着不少寺院的金顶。公路穿过市区，一座座宏大的庙宇，闪过眼前。夏河市容别具一格，和临夏、合作迥然不同。直到此时，我们才真正感到身入藏区。

拉卜楞寺初建于清康熙四十七年（1708），正是《平定朔漠方略》编成的一年。这一年可说是清朝统一版图的鼎盛时期。其时与清皇室联盟的青海和硕特蒙古前首旗黄河南亲王创议在他的势力范围内的甘青地区建寺，一方面迎合清廷"兴黄教即所以安众蒙古"的政策，一方面用宗教巩固他的地方势力，他物色到了本地出生、正在拉萨"留学"的嘉木样大师，迎他返籍选择扎希奇谷地建筑这个寺院。最早称扎希奇寺，后来因为嘉木样的名声大振，就用他住所专称拉卜楞作为一般习用的寺名，而且在拉卜楞寺的势力扩大的过程中又被用成该寺控制地区的地名。

该寺创始人嘉木样一世，从他的传记来看，是一个好学深思，在神学上颇有造诣的藏传佛教徒。他矢志要在他的家乡建立一个可以和拉萨匹敌的藏传佛教佛学中心。拉卜楞寺不只是一般祀奉神明的寺院，而主要是个藏传佛教的高等学府。从嘉木样一世起，拉卜楞寺在230年中不断发展，陆续建立了6个学院，不但在神学上，而且在天文、历算、医药、艺术等学科上都有专业设置，在保持和发扬藏族文化上起了很重要的作用。

拉卜楞寺作为一个高等学府，它的主干部分是嘉木样一世创业时（1710年）建立的闻思学院。在这里进行藏传佛教经典的基本训练，因而也是藏族文学的研究中心。学习时间最长，课程也多。解放前在学院学习的经常有3000喇嘛。其次是续部下学院，也是嘉木样一世1715年建立的，可称之为神学院。第三是时轮学院，1763年嘉木样二世所建，可称之为艺术学院，学习宗教舞蹈和音乐。第四是医药学院，1784年嘉木样二世所建。第五是喜金刚学院，可称之为历算学院，1881年嘉木样四世所建，学习天文和算法。第六是续部上学院，是与续部下学院性质相同的神学院，1939年嘉木样五世所建。在这5个专科学院里学习的喇嘛为数较少，最盛时也不过百余人。

作为一个高等学府，该寺有严格的学制、课程、班级、考试和学位。无论什么人都可以入学，但必须拜一个在寺的有学问的喇嘛为师。一个老师只收少数学生，负责指导他们参加各学院各班级的日常功课学习。学生的生活都得自理,对寺院或老师不交学费,但要为老师服役。师徒之间存在着亲密的关系,听来他们确有尊师爱徒的好传统。寺内所有喇嘛都是由自己家庭供养的,只在有人来寺布施时才能吃到"大锅饭"。每个学院的公共厨房里都有个大锅,可以煮几百人的斋食。普通喇嘛生活清苦俭朴,当然寺庙本身过去拥有巨大的财产,因为许多信徒甘心情愿地把一生劳动的积累,一下子都施舍给寺庙,自己再去过乞讨的生活。

这座藏族的高等学府在群众眼里只是一般的大寺庙。在这里进香朝拜,做功德,祈求来世的幸福。我这个世俗者的心里实在有说不尽的感叹。这是一种社会制度,一个人生出来就在这种制度里成长,把这种制度的一切思想和行为规范视作当然,封锁在这笼子里过一生。他们那种忠厚虔诚的性格只应引起人们的尊敬,但是他们所得到现世的报答却是艰苦和悲惨,那又怎能使我心安呢?

我这次到拉卜楞寺作客被视为嘉木样大师的上宾。承蒙他和我同起同坐、同车出游,我对他的热情真是不胜感激。出行时,所遇到的藏民无一不毕恭毕敬地低着头,鞠着躬,摊开双手,站立在路旁。车子一停,他们就一拥而上,把头伸过来,意思是要求我们摩顶,有人甚至用头冲撞我们的汽车,这些行为,完全是他们内心世界一片虔诚的自发流露。我对他们真是感愧交加。他们是值得尊敬的人,因为他们是有理想的人,没有理想怎能这么虔诚?但是他们自小从社会接受的理想又给他们带来了什么呢?如果一个无神论者也可以用祈祷来表达他的心愿,我很想祈求他们所信奉的神明能允许他们在现世预支他们后世应得的报应。

我参观拉卜楞寺的藏书院和医药学院时,听到闻思学院1985年失火的事件。当我看到这么多珍贵的经书重屋叠架地堆积在黑黝黝的经堂里,想的却是这样一大批藏族文物的安全保障。与其受灾之后动用大笔款项去重建,实在不如赶紧采取一些防卫措施。亡羊补牢,未为迟也。

我是18日离开拉卜楞寺返回兰州的。朝发夕至,乘对草原印象犹新,在车上口吟一绝:

朝辞甘南古寺前,千寻高原早入秋。
草香醇处如容醉,牛羊同群不羡仙。

1985年9月25日

临夏行

过去两年里我曾到甘肃省临夏回族自治州访问过两次。第一次是1985年8月,访问甘南藏族自治州时,往返路上都在临夏停过,听到了一些有关这地方的情况。第二次是1986年8月,先去定西,再到临夏住了一周。时间短,还是走马看花,了解不深。但现场观察总有一些印象和想法。早想写篇访问记,一拖已过半年。今天追记可能还没有完全过时。

一

临夏回族自治州在兰州之南,甘南之北,东接定西,西连青海的海东。黄河自西过境北上,地处青藏高原与黄土高原之间的过渡地带。从经济上看,正是介于青藏牧区和内地农区之间的一条走廊上。我在《甘南行》里称它作"陇西走廊"。这条走廊沿着甘青两省边界,北起祁连山,南下四川,接上横断山脉的六江流域。民族成分颇为复杂。临夏处于这走廊的中段和古代丝绸之路的交叉点上。它是个回族聚居区。总人口145万,其中回族有51.6万人,占该州人口的35%。如果加上同样信仰伊斯兰教的东乡族和保安族,总数略大于汉族。临夏回族自治州建立于1956年,州内包括积石山保安族、东乡族、撒拉族自治县,及另一东乡族自治县。

我初访临夏时,刚从荒秃的黄土高原进入洮河流域,精神为之一爽。四周山岗已染上淡淡的一层绿色,路旁农田里长着丰茂的庄稼。当时我心里想,这地方农民不至于太贫困了吧。这次在州内转了一圈,才知道该州脱贫还只有3年。1983年人均收入不到100元,1985年才提高到226元。为什么呢?原来这个地方也是吃了人多地少的亏。全州耕地只有220多万亩,人口1950年约70万,1985年增长到了145万,人均耕地从约三亩半减少到了一亩七分。粮食产量又不高。70年代以来，老是在亩产300斤上下摆动。人均粮食相应下降，50年代到过600斤，1985年却只有420多斤。

临夏要靠农业致富看来很不容易，靠工业一时还困难。1985年全州的工业产值，包括个体专业户在内，按1980年不变价格计算，约7700万元，为农业产值的1/3。农大于工，八二开。人均工业产值在甘肃各州中为数最低，仅33元。这样说来，这几年里怎样脱掉贫困帽子的呢？

当地居民给我的答复是：临夏居民大约一半是信仰伊斯兰教的少数民族，其中回族约51万人。他们善于经商，农业搞不过汉人，在以粮食为纲的时期，吃了苦头。所以他们对农业体制改革最积极。临夏是甘肃最早落实责任制的一个州。这倒并不是因为农民承包了土地提高了农民的积极性，而是因为农村里的劳动力从此可以自由流动了。这几年里大批劳动力从农业里解放了出来，有的外出劳动，有的搞远距离贩运，一下子把农村经济搞活了，生活很快得到了提高。

劳务输出看来是贫困地区脱贫效益最快的路子。因为这种致富措施不需要本钱，吃苦耐劳又是中国各族农民的最大优势。临夏输出的劳动力大多是到青海、西藏、新疆、宁夏等地去承包建筑，其次是到黄河上游去淘金。搞建筑的小工每月可以有100元的收入，淘金的每天可以到手10元到15元。还有不少是到各城市去串门走户的工匠。这些人得来的钱养家活口之外，还可以有些积蓄。出门惯了，熟悉了外地的门路，结交了朋友，不少人就搞贩运。贩运所得又刺激了家庭手工业的发展。一些家庭开始制造商品运到别处去卖。这几年，不少个体专业户或家庭小企业发了财，造了新房子，改变着这一带的农村面貌。

我在广河县城关镇拱北村访问时，走进了一所新盖的楼房。楼旁的边房里，贮满了一屋子的皮毛，气味很大。这家主人是个20多岁的回族青年，名叫杨麻尼。他家原来很穷，靠贩运蔬菜过活。1979年听人说四川藏区的人们需要穿毛皮袍子，肯出价钱。他就在街上买了一些羊皮，缝了几件袍子，一路打听，换了几次车，到了甘孜。一下车就被人围住，争着要买。一件皮袍成本不到20元，在那里可以卖到上百元。从此，他家里的妇女一有空就缝皮袍子。他跑单帮往来售货，4年来已走遍甘孜各地。现在新房子也盖起了，一个小小的家庭皮袍作坊也很像个样子了。

我一连走了好多家小作坊，几乎全是这样起家的。这使我想起了温州行。和温州相比，临夏的家庭手工业规模和水平还差几个档次，主要是缺少专业市场,还是停留在各家各户各自小本经营的阶段。

我曾问当前临夏在外地搞劳务和经商的人数。据估计,全州50万个农村劳动力中外出的约16万多人,占33%。其中从事建筑的有6万人,在陕西、宁夏、青海、西藏、新疆、内蒙古等地承包建筑房屋、桥梁、堤坝、公路、铁路等;从事淘金、采矿、伐木的约有3万人;经商的有5万人,大宗商品是茶叶和皮毛。拉萨有2000多人,已形成了有600多家商店的一条街。广州、北京、南京、西宁、拉萨、乌鲁木齐都有临夏人开的穆斯林饭馆,共有118处。这些饭馆也是他们提供信息的中心。另外零星外出,三五成群,搞收购、修理等业务的,约2万多人。临夏外出劳动力之多居甘肃各地区之冠。其中大多数是回族,当地汉人也跟着多起来了。看来就是靠这批人把临夏人均收入的水平提高起来的。

二

临夏是回族在甘肃的一个重要聚居区。回族善于经商可以说是他们的民族特点。如果要问个为什么,那就得从回族的历史和分布上去找答案。回族的先人是中亚各地信伊斯兰教的人。他们很早就从丝绸之路进入中国内地,海运通航后又有不少来到我国沿海诸港口,定居下来,繁衍生息,当时被称为蕃客,至今广州、泉州、杭州、扬州、长安等地均有他们遗下的墓地。

回回这个名称最早见于北宋的文献,但到元代才通行。公元13世纪初叶,蒙古军队大举西征,横扫中亚各地。一路把所征服的各城市中的工匠、商人和文人编入后勤队伍,为远征军服务。据述撒马尔罕城陷落后被征的工匠即达3万多人。当蒙古军队回师灭宋,统一中国时,这支被称为"探马赤军"的伊斯兰教信徒的队伍随着进入中国,在各军事重镇"屯聚牧养",定居下来。其后即和早来的蕃客混合,并不断吸收汉人形成了各地大小的回族聚居区。这段历史说明了回族善于工艺和经商是有悠久传统的。

甘肃临夏和青海的海东这个地区在唐宋时称河州,正处在上述陇西走廊和古丝绸之路的交叉点上。从民族方面看正处在藏汉两大民族之间。藏族一向在青藏高原上经营牧业。在历史上虽曾多次扩张到平原地区,但是很少能适应低海拔地区生活,久住下来。汉族自古以农为本,擅长精耕细作,尽管有些汉人上了高原而且生存下来,但为数不多,更说不上大规模的移民。汉藏两族杂居的情况比较少。这条陇西走廊可以说是汉藏两族的分界,也是农牧两大经济区的桥梁。

这两大民族和两大经济区并不是相互封锁和隔绝的。农牧之间经常互通有无,彼此依赖。这种经济上的往来在史书上称为"茶马互市"。茶是牧民生活必需品,并用以泛指其他农产品和生活用品。马是农区所必需的畜力,而且是重要的军用品,当然也包括其他如羊毛、牛皮等牧业产品。"茶马互市"是农牧贸易的简称。这条陇西走廊为农牧贸易提供了便利的场所。河州原是欧亚交通要道,丝绸之路的商站,从历史和地理背景就不难看到这地方在商品流通上的重要地位。明代就在这里设立了管理农牧贸易的行政机构"茶马司"。

明代挑选建立内陆商埠的河州正是元初以来已形成的回族聚居区。即使撇开这地方由于回族经营了近百年在事实上已成为农牧贸易的中心不说,也可以设想河州经济地理上的地位原来就具有十分适合于回族发展的条件,建立"茶马司"之后更便于他们进行商品流通活动,因而巩固了这个民族聚居区。

以上这段历史回顾,给我深刻的启发,结合当前形势,似乎在眼前展开了一幅重兴"茶马互市"和重开"丝绸之路"的前景。

三

自从前年访问甘南藏族自治州以来,我心里老是惦记着怎样开发青藏高原广大牧区的问题。现在这高原上的牧民基本上还是在自然经济里过日子。饲养牲畜主要是为了自己的食用。他们衣食住行的日用必需品大多取自牧业产品。自给自足,和外界往来很少。他们用畜群的大小来衡量贫富,以致较大的畜群里老弱牛羊占了多数,增加了草地载畜的负担,一遇风雪,大批死亡。因为商品经济的程度太低,谈不上科学牧业。这是藏族牧民长久以来摆脱不了贫困的经济根源。

怎样改变这种自然牧业为商品牧业呢?怎样使牧民为了出卖牲畜去换取消费品和生产资料而经营牧业呢?这一条改变青藏高原经济面貌的必由之路并不是短期里可以走得通的。最初的一步,我认为必须有人把提高牧民生活所需的用品送上高原去换取牧业产品。也就是说要在流通上找出个突破口。看来只有商品的力量才能逐步打开封闭性的牧业大门,使其改变成开放性的牧业。治贫致富有赖于牧业的改革,改革则有赖于开放,开放主要就是让商品流通。这样说是容易的,但不应忘记藏族牧民是居住在3000米上下的高原和交通十分不便这一事实。商品自己不会走动,要有人去运输,还要有人去出售。这支流通队伍在哪里呢？藏族牧民还很少有商品意识，汉人又大多不习惯上高原去活动。我曾为此发愁。这次访问临夏，却见到了这支队伍事实上已经形成，而且正在活动。这支队伍主要就是我在上节里所谈到的历史上形成的，生长在陇西走廊里的回族。

访问期间，我在广河窦家巷乡卫家村见到一家靠沟通甘藏贸易而发迹的回民。他名叫马达吾，35岁左右，全家18口，三世同堂，兄弟四人没有分家，但都已成亲，父母健在。1978年开始加工皮衣，销往四川、青海等藏区。1981年积了钱，买一辆卡车，贩运小百货上西藏，回程从拉萨运回羊毛、皮子和尼泊尔的呢料，摸出了一条经商之道。在拉萨和西藏的一个汽车队联办了一个门市部，后来又自立商店，有工人常住拉萨，接着添置了一辆卡车，每周有车往返一次，可收入1万元。去年在临夏县城里开了一个门市部，家里盖了一座三层楼的住宅。他从1982年开始和同村的马继业合伙经营，先带一户，逐步扩大，现在已有70多人参加甘藏之间的流通活动。全村只有42户，所以这村子里家家都有人上西藏做买卖。

据说这几年来像马达吾一样起家的人不少。确数不明。一般估计全州6万个出外经商的人中大部分是在藏区活动。有人告诉我，现在拉萨的临夏坐商大约有600多家2000人，他们所开的铺子已形成一条街。他们在亚东有个站头，通过藏人和尼泊尔人做买卖。现在临夏街上可以见到穿尼泊尔运来的西装的人。看来，在过去不到10年里甘藏之间的农牧贸易已经在民间自发地恢复了。现在临夏的民间卡车有1000多辆，1985年据说由卡车贩运的销售总额约2.4亿元。4吨的卡车往返拉萨一次，可以获利3000到4000元。

目前甘藏间的商品流通可能主要是靠这一支民间的自发队伍。他们还没有引起应有的注意和扶持。举例来说，商业活动需要资金。这些白手起家的企业家，一般是靠个体户劳动输出积累的资金开始营业的。要达到马达吾的经营规模至少要五六年。他们最感困难的是缺乏流动资金，现在唯一的办法是向私人借贷。利息很高，而且多是以市集周期计算，负担很重。1984年在临夏出现过一个称为"便民银行"的民间金融组织，周转金只有5万元。当时很受这些跑高原的商贩所欢迎。但是不久这个"银行"由于不符合国家规定而被取缔。我同这些搞商品流通的个体户谈起这事，他们还迷惑不解，因为事实上是帮了放高利贷的人而让搞流通的人吃亏。从大处看，也就是限制了这个正在发展中的流通渠道。"便民银行"违法固然应予取缔，国家银行是否也可以做一些"便民"的事呢？

如果我们认为要促进青藏高原的经济发展必须推动农牧贸易，那么我们应当对这支民间自发的流通队伍加以扶助和培养，不仅在提供流动资金上可以做些"便民"之事，流动过程中许多环节上都有"便民"之事可做。比如货源供应、仓库设备、交通设施、运输工具、市场信息以至各种保险，处处可以为这些搞流通的个体户服务。更重要的我认为是如果一开始就以国家或集体的力量为这些积极性很高的个体商贩提供服务，我们就可以通过服务使他们不越出社会主义的大道运行。

四

处在农牧中间地带的陇西走廊，应当自觉地抓住经济地理授予它的特殊地位，来发展自己的优势。上面只提到了作为农牧间互通有无的流动媒介，我还看到农牧结合的具体实例。

在临夏拜家村我们访问了一位阿訇。他有个儿子，28岁，很精干，会驾驶卡车，从当司机开始，现在已买了车，自己搞贩运，上个月才从拉萨回来。去年这位阿訇出了个主意，从甘南买进架子牛55头，在家宅边办起了一个饲育场。经过一冬把这些牛肥后，屠宰了，由他的儿子把牛肉运到拉萨去出卖。本地1斤牛肉只有2元，在拉萨却可卖4.5元。贩运一次净收1万多元。这位阿訇兴冲冲地带领我们去参观他的饲育场，有100只牛买来不久，准备育肥后赶上古尔邦节出售。他说，只是牛奶一项，每月可收入350元。这几年里这位阿訇已成了一个面团团的农民企业家了。

这种从草原上买了"架子畜"到农区育肥是这地方的老传统，称作"养站牛"。在草地上放牧的牛或羊到了秋天骨架已经长成，肉层还没有肥厚，需要大量吃草的时候，由于已经超载的草地，供应不足，缺乏营养，到了冬天就有许多在冰天雪地里死去。牧民想出了一个办法，在冬天来临前，把牛羊赶到农区卖给当地的农民。农民有饲料，在冬天可在自己家里喂牛羊，使他们继续长膘，称作育肥。架子畜育肥是农牧结合的一个方式，既充分利用了草地来放牧，又利用农田长饲料进行舍饲。放牧和舍饲相衔接，实际上是初级产品和再加工相结合，双方都可以取得较大的经济效益。我前年在赤峰访问半农半牧区时，曾提出过这种意见，主张在这类地区发展为牧业服务的农业，除了必要的粮食作物外，尽量发展饲料作物。粮食作物和饲料作物并不互相排斥，麦子和玉米可以衔接成两季作物。想不到这次在临夏访问到了具体的实例。而且听说，在临夏这种经营"养站牛"的人家正在增加，那是因为这几年临夏的农民手上有了钱，能出去买架子畜了。采购架子畜的地区也正在扩大，从附近的甘南、海东扩展到了川北、海西，甚至内蒙、西藏；销售的地区也同样扩大，远到银川、西安和拉萨。原因是现在有了现代运输工具。临夏千辆卡车在改变经济面貌上起着重要作用。

养架子畜育肥是商品牧业的一种方式，是促进牧业发展一个值得重视的信息。

五

如果在临夏市上走一圈确会得到一派兴旺的印象。同样的，如果到传统皮毛中心的三甲集去赶一次场，那种车水马龙热闹拥挤的景象，令人直觉地感到这个地区的经济正在苏醒，前途宽广。现在可以清楚地看出，近几年来这个地方经济转机的关键是在一个商字。经商是这个地区的老根子，这个根子，在当前政策的雨露下，正在茁壮成长。但是如果进一步去观察他们所从事贸易的商品，却可以发现其中绝大多数并非本地特产，还没有突破近千年来"茶马互市"的老框框。主要商品还是农区来的茶叶和牧区来的皮毛。换一句话说，现在临夏是在以贩运为主的传统经济模式里取得复苏的，刚刚开始有了一些贩运和生产相结合的苗头。临夏要再前进一步，我认为必须注意使这些苗头发展起来，简单地说就是"以商带工"。

我在上边已经说过，临夏的工业底子是很薄弱的。但这几年中却出现了一大批户办和联户办的家庭企业，为数在1万以上，大多是我上面所说过的那种皮毛加工成皮袍一类的家庭小企业。业主既管企业，又参加劳动，还要从事贩运。劳动力来自家庭成员，全家老小人人动手。

我们在从临夏市经广河回兰州的路上，参观了七八个比较大的家庭企业，有少数是联户办的，并雇用了一些工人：计有拖车厂、皮革厂、化工厂、翻砂厂、铁钉厂、食品厂、啤酒厂等。其中规模最大的有工人20多人，但资金总额没有一个超过20万元。厂房都是住宅的一部分，或在院落中搭了个工棚。据统计全州户办和联户办的企业1985年的总产值大约有7000万元，所以这还只能说是尚在初级阶段的一些可喜的苗头。

怎样才能把这苗头培育成长呢？我根据在温州所看到的情形来说，主要一条就是这种加工业必须与流通结合起来，工要联上商，也就是说，要掌握市场上需要什么，就制造什么。

临夏商品的市场在哪里呢？答案是很清楚的，现在是在西边，主要是青藏高原。我在临夏市上逛过一条街，几乎所有的商品全是出售藏族的生活用品，从妇女围在腰下的氆氇到代替念经的转轮，种类繁多，几乎像是置身于藏族文物馆里。我没有调查这些商品是在哪里制造的，看来大宗还是从别地贩来。

像临夏这样一个没有工业底子的地区，怎样从简单的手工业发展出较为现代一些的工业呢？这不是轻而易举的事。主要的困难，一是没有资金，二是没有技术。

论资金，向上看确有困难，国家投资希望不大是事实。能不能向下看呢？不妨先看看现在这1万户家庭小企业的资金是从哪里来的。大体上说，最初是来自劳务输出，接着是来自贩运。目前那近千辆的卡车每天都带回来可观的利润。这些钱分散在千家万户。问题是怎样能把民间分散的资金集中起来。

我在临夏市访问时，市中心新建的民族市场正接近完工，我前往参观。这市场规模不小，是座有7200平方米建筑面积的5层大楼。在临夏是最高的大厦了，造价240万元。这笔资金就是采取了民间合股集资的办法得手的。每股2500元，有150户入股。股东有在大楼里租设商柜的优先权。这座大楼全部启用后，商品总值约1000万元，全将由民间集资。我参观后觉得如果能发动群众，临夏要办小型现代工业，资金不会是个过不去的难关。

技术哪里来？这使我回想起前年在甘南看到的皮革厂。我在《甘南行》里已经提到过，这个厂是由3个南京来的技术工人帮助建立起来的，现在这3个师傅已经回去，但是这个厂还是从他们那里得到信息和技术的支援。这个事例启发了我，为临夏提出"东引西进"的方针。从东部发达地区引进技术，在本地发展加工工业，向西开辟市场，为牧区服务。

现在"横向联系"这个名词已经不胫而走，确是这几年群众创造的一条发展较不发达地区有效的战略概念。横向联系的概念改变了过去想开发西北眼睛总是盯住国家投资的观念。现在看到资源丰富的西北地区如果能为东部工业保证原料供应，就能从对方取得技术支援。而且认为许多原料的初级加工可以在原地进行，把一批工业移到边区。这种内移的工业如果能和内地乡镇企业挂上钩，就能在内地培养出大批现代技工，边区工业也就生了根。

"东引西进"在目前向西固然还只能进到青藏高原，但是如果临夏这个地区工业果真能发展起来，西方的市场还可以大大地扩张。我们不要忘记了历史上的丝绸之路。这条陆路上的国际商道就从长安通过包括现在临夏和海东的河州向西延伸的。更值得我们注意的是这个商道经过许多伊斯兰教徒的聚居区。也许正因为这个原因这个商道上的临夏在伊斯兰教世界里被称为东方麦加，至今科威特和临夏还有民间的联系。这许多伊斯兰地区和国家正是一个待开发的市场。举例来说，如果临夏的食品工业能以青藏高原的牧业为基础得到发展，它就具有在伊斯兰世界市场上的特殊地位。这个前景我们应当及早看到，成为促进我们加紧建设临夏地区的动力。这是重开丝绸之路的一个重要措施，希望我们不致坐失良机。

1987 年 10 月

甘肃行

兰花出口

我每次去兰州访问总是住在名叫宁卧庄的招待所。这个名称很雅，事实上也很安静。旅途劳乏，在这里确可不用药物，安眠终宵。最近我又去访问兰州，目的是了解一下去年建立的黄河上游多民族开发区的进展情况。到兰州一问，最使我惊喜的是就用宁卧庄这个名称成立了一个新技术产业开发试验小区。原来甘肃省为促进黄河上游两省两区的开发事业，先在省内成立了五个小区进行试办。宁卧庄是其中之一。

我并不知道宁卧庄这个名称的来历，很可能是从那个招待所开始的。这个招待所周围大约有三平方公里的区域正是兰州市许多科技院校和机关集中的地方。各学科专门人才有7000多人，其中有职称的约1500人，还配备有高精尖仪器设备。1988年就是在这个基础上办了这个新技术产业开发区。大概看中了宁卧庄这个名称，所以就叫它作宁卧庄小区。

首先是这个名称吸引了我，其次是我很想看看科学技术怎样转化为生产事业，了解一下知识分子怎样直接和国家的经济建设挂上钩。因此，我就抽空到宁卧庄小区进行了访问。这次访问印象最深的是已成为出口产品的兰花幼苗。

说起兰花，它是我从小熟悉的花卉。由于我妈妈的名字里有个兰字，我爸爸一直喜欢培养兰花，可能是用以表示他们夫妇的恩爱。后来妈妈逝世了，可是我老家的兰花依然盛开。开花时节，一进门就有一阵幽香扑人。年复一年，兰花也就自然地联系上了我早年温暖的家庭。现虽年老，其味犹存。

讲到宁卧庄小区，就听说"兰花出口"。是好奇还是旧情，使我急于一睹。

地点是在兰州大学生物系的实验室，接待我的是副教授谷祝平同志。他就是兰州兰花研究开发公司的经理。招待我们就座的办公室并不大，桌子上已陈列了一行兰花标本。这些兰花和我小时候熟悉的有点不同。我熟悉的是苏州的品种，叶多于花，有如许多水墨画里所绘的那样，一枝瘦兰总有大丛兰叶相护。眼前陈列的可能是引进的洋兰，或是已经杂交改造过的新品种。花朵大，色彩多，花纹细，一株株亭亭玉立的细枝上挂着一串串花朵，上下连成层次分明的行列。每一个品种的花朵样式不同，最出奇的是叫兜兰，形似拖鞋挂枝。至于那些形似多彩纤纹蝴蝶的花朵，在这里已属很常见的了。一问才知道兰花品种多至2万以上，在这个实验室里培养的就有280多种。

随着，我们进入了他们的"车间"，一行行架子上一层层满储着尖形的玻璃瓶。这些就是兰花幼苗的培养瓶。花苗培养到一定程度就可以连瓶带培养液一起出口了。

培养兰花幼苗出口不能不说是件新鲜事。这事的始末是这样的：谷教授原在兰大生物系细胞研究室工作，1984年作为学术交流去美国加州大学访问。在那里开始接触到兰花，参加了该校培育兰花的实验，并且了解到培育兰花在美国是一项产业，有广大的市场。1986年他回国时就有开发兰花产业的设想，向兰大提出作为科研课题。实验有了成果后，在兰州市科委的支持下，开始大量培育。接着他和加州大学联系，商定了出口方案。

恰巧这时甘肃省委决定成立宁卧庄新技术开发试验小区。这个原是实验室的研究课题便顺理成章地转化为开发区生产项目，于是一批批兰花幼苗在1988年开始出口了。1989年9月我去参观时，已经外销了2600瓶（每瓶30株苗），创汇2万多美元。据说他们每月可产2000瓶。今年还将外销荷兰和韩国，订货量已超过1万瓶。星星之火，前途可观。

兰花也能成为一项产业，我是从来没有想到过的。在国内兰花原是一种野生花卉。我从小听说有人到山里去掘兰花。兰花却喜欢长在人们难于攀登的山阴险处，正如我在武夷山看到的，大多挂在悬崖峭壁上，或溪旁大石的裂缝里。品种越好，生得越僻，采掘的人不冒一点风险难于到手。一般人家供赏的兰花大多是从深山里采来的老根上分出来的，要养三五年才开花，繁殖很慢。

我小时候就想过为什么兰花要分根而不直接下种培育呢？这次问了专家才知道，兰花并不是不结果实的，但是一颗果实里有10万多粒种子，每粒种子小到肉眼看不清楚。由于颗粒太小，几乎不含营养物质，所以自然条件下难以萌发。兰花种下后，怎样使它能茁长成苗，也就成了生物学实验室里的一个课题了。谷教授从加州大学引进的就是这一手。这一手，就用得上生物工程了，也就是说可以通过细胞杂交的技术培养新品种。新科学技术就这样把兰花的培养从采掘经济发展成了产业经济。现在已进入大批量人工生产的阶段，并进入了国际市场。

"知识是财富。"会说这句话的人不少，而兰花出口却真的使它变成了事实。出国交流者多矣，有几人能像谷教授那样把生财之道带回国内呢？这是值得我们深思的。

"两西"移民

黄土高原名声不太好，连黄色都被连累成了贫困的象征。其实黄土高原就是怕旱，只要有水不难成为郁郁葱葱的绿色海洋。有点历史知识的人必然会明白，如果黄土高原自古以来就赤地千里，那就不可能有今天的中华文化了。令人痛心的只是这块我们民族发祥地在历史的演进中不断地被破坏了，出现了水土流失，生态失调。高原上大部分地区树木砍光，草根挖尽，留下了一片片沙化的荒漠。

在这历史演进的过程中，甘肃的气候当然也起了变化，但是天还是下雨的，至今还有1/3的地区降雨量在400毫米之上。问题是没有了树木，没有了草皮，天上下的水就留不住了。一阵大雨，短时间里汇成的无数急流，把黄土层冲刷得龟裂破碎。

只要留得住天上下的雨水，只要用得上黄河里的流水，只要积得够祁连山上泻下来的雪水，只要提得上大片土地下的潜水，总之有了水，黄土高原还能育养我们的子子孙孙。

看来历史开始出现了转机。人们自己破坏的生态，开始自己修复。种草种树抵住了水土流失，电力提灌用上了黄河的水源，开渠修坝积住了高山的雪水，广挖深井，处处出现了绿洲。

我最近这5年，年年去甘肃，目的是看看这篇复兴黄土高原的大文章是怎样写的。今年又看到了一小节，起个小标题叫"'两西'移民"。

据说，20世纪80年代初中央有位领导同志到甘肃视察，从陇中到河西走了一趟。陇中是以定西为中心的甘肃中部干旱地区，有名的贫困典型。我在1984年也去访问过，留下了水贵如油的深刻印象。像我这样从小在水乡长大的人，不亲眼看一看决不会相信一家人全年的用水只靠一个不过几个立方米大的积水地窖来供应的事实。这里的人，日常生活全靠雨水维持，庄稼就不必说了。他们的农活没有我苏南家乡那样紧张,反正下了种,能收多少算多少,全靠老天,人是使不上劲的。而这片干旱地区,人口却特多。人越来越多,分得到的地却越来越少,怎能不成为贫困的典型?!

据说,那位领导同志从定西出来,又去河西。河西是指甘肃省黄河以西的地区,从地图上看去就是伸向新疆那个长脖子,一条狭长地带,北面是内蒙的沙漠,南面是和青海分界的祁连山。就是这座绵长的祁连山山顶上积的雪,每年溶化时流下的水,使这片雨量特别少的长廊,变成了辽阔肥沃的绿洲。

这条有1000公里长的河西走廊,在中国历史上作出过巨大的贡献,远在汉代之前是乌孙人、后来是匈奴人的牧场。汉武帝为了抗拒匈奴,首先占领了这个绿洲,开辟农场,成了他开拓西域的军粮基地。后来也就成了联系中西交通的丝绸之路的咽喉。直到海运取代了陆运,以往的若干世纪里,河西走廊一向是繁荣兴旺的。迄今名闻世界的敦煌莫高窟正是它的历史见证。不幸的是其后天灾人祸不断。解放前不久,我的朋友谷苞曾在调查报告中说:这里已是"农民的地狱"。但是山犹在,水长流,解放40年社会安定,兴修了水利,农业生产还是较快地恢复过来了,到了80年代还成了甘肃的商品粮基地。其实,这里毕竟人少地多,还有大片没有开辟的荒地。

可以想象,刚从定西出来,进入河西走廊的那位中央领导同志,面对这样显著的对照,很容易把"两西"——定西和河西——联结了起来,提出"以西济中"的两西计划,让人多地少,活不下去的中部干旱地区的农民,搬出一部分来,成为开发河西新开辟的灌溉区的劳动力。

正是这几年,黄河上游的水电站陆续投入运转。甘肃得天独厚,具备了利用电力就近把黄河里的水提升到地面进行灌溉的条件。原来中部干旱地区的荒地开辟成了肥沃的水浇田,称黄灌区。黄灌区和河西的粮食基地一样需要劳动力。于是"两西移民"里添上了"山川互济"的一条,就是将部分住在干旱地区山沟里的贫困农民转移到附近的黄灌区去定居。实际上两西计划就是由政府创造条件,在农民自愿基础上,有计划地在省境内进行人口调整。此举两得,一方面解决干旱地区的贫困问题,另一方面,解决了新辟的灌溉区所需劳动力的问题。

自1985年起的4年多来,从中部干旱地区迁出了17万穷困农民,其中在新开辟的黄灌区里就近安置了13万人,往千里外河西迁移的有4万人。据当地的经验,在贫困区里"移走一人,缓解两人,等于解决三人的贫困"。从这个意义上来说,这4年一共解决了50万人的温饱问题。估计甘肃中部干旱区到20世纪末，需要另找出路往外迁移的约60万人，实际受益达180万人。现在打算在今后3年内，再移出30万人。

两西移民在解决贫困地区农民的温饱问题上是起了作用的。绝大多数移民都做到"一年搬迁，两年定居，三年解决温饱，四年迈开致富步伐"。我分别访问了靖远的黄灌区和河西张掖市的移民村。上面这句话基本上是符合事实的。下面说几个实例。

离定西不远的靖远县兴堡子川灌区有个景滩子移民村。这个村子的304户全是从本县永新乡9个贫困村迁移来的，一共移出了原地20%—30%的人家。我访问了3户，是老汉吴恒的3个儿子的家。大儿子在附近煤矿工作，儿媳介绍说全家5口人，种10亩水浇地。劳力不够，给大女儿从宁夏中卫县招了个上门女婿。1986年盖了新房，材料主要是原地拆运来的。1988年收小麦6500斤，玉米2600斤，还有蚕豆、胡麻等。温饱已没有问题。堂屋里有一台六喇叭的收录机，还放了一段秦腔给我们听。最近家里还添了一台18英寸长风电视机。二儿子家4口人，种7亩水浇地，家景也很好。老汉和小儿子住在一起，刚刚成家，都住进了新建的砖瓦房屋。他们对移来后生活的变化都十分满意，一再说："不回去了，回去没吃头。"

我到河西张掖市后就到甘浚乡速展村去看望由临夏州东乡县迁来的移民。移民章宪东在1986年单身先来河西，当地政府按他家原有3口人计算分给他20亩田。他用政府给他的周转金购买了小牲畜和农具，扎下了根。第二年再把全家接来，当年口粮就够自给，还盖起了7间新房。1989年可以收粮上千斤，还养了20只羊，1匹骡子，1头牛，3头猪。我到他们的厨房一看，锅里炖着一锅羊肉，桌上堆着一大叠白面馍馍。看来日子是好过的。这村35户，全从东乡迁来。

贫困户移出了贫困村，缓解了贫困区人口压力，让出地来种草种树，发展牧畜业，生产和生活都得到改善，迁入的地区有了劳动力，农业生产也提高了，加上成套的扶贫措施，甘肃两西的面貌有了显著的变化。据统计，1988年和1982年相比，河西粮食总产量由17亿公斤上升到20亿公斤，农民人均纯收入由223元增加到445元。中部地区粮食总产量由8亿公斤上升到13亿公斤，农民人均纯收入由72元增加到280元。当然这样大的变化，不应当全归功于"两西移民"计划的实施，但是不可否认"两西移民"在这个变化中也是起了相当作用的。

我们必须为黄土高原恢复名誉。黄色是绿色的底子，贫困可以征服。两西移民不过是朝着这个方向发展迈出的一步。我乐于写此小记。

一厂两制

1988年甘肃、青海、宁夏、内蒙古两省两区共同提出了建立黄河上游多民族经济开发区的设想和方案，经过中央批准，各省区都分别开始进行具体的开发计划和工作。我通过这次去甘肃考察，对这个方案的实施很乐观。甘肃已经开动了。看来，开发大西北已不是学者们的空谈，而是千百万边区人民扎扎实实在干的大好事了。同时，我认为他们还为搞活国营大企业找出了一条可行的路子。这条路子就是国营大企业通过城乡结合、城乡一体化建立他们称为"一厂两制"的办法。

早在1984年我在包钢考察时就提出"人文生态失调"的观点。所谓"人文生态失调"简单地说就是一个企业受到来自设备和制度的种种限制，无法消化企业内不断增长的人口的现象。当时，我看到像包钢这类大企业，为了自身解决这个失调问题，在大厂里办了许多层次的集体所有制的小厂。这其实就是"一厂两制"的雏形。这几年我访问了甘肃和陕西，看到了不少国营大企业存在着同样的情况。也许可以说，"一厂两制"是一定历史条件下群众性的创造，用以解决现阶段国营大企业普遍存在的问题。

建国以来，国营企业一直是我国经济的主要成分，好几千亿元的投资，好几千万的职工，和大量的科技力量都集中在这些企业里。怎样搞活这个巨大的力量是有关国家兴衰的大事。甘肃历来是国营大企业集中的地方之一。一提到经济开发，首先就应当解决这个问题。甘肃采取的"一厂两制"的办法，把孤岛式的国营大企业和地方结合起来，开办很多集体性的中小企业。预计到1990年，几个开发小区里，仅一厂两制这一块的产值就可达10亿元。

我在这次访问中，先后和白银公司、稀土公司、805厂、金川公司、酒钢公司、厂坝铅锌矿的经理人员和这些企业所在地的地方党政领导，多次讨论了"一厂两制"的经验和问题，很受启发。

给我深刻印象的是这些事实里所显现出大西北开发过程的某些特点。

从历史上看，这些地方的重大飞跃几乎都是由外注入的。汉代大批汉人进入河西，把农业带了进去，改变了这里单一放牧的经济，出现了繁荣的粮食基地。建国之后，现代大工业进入西北，大批企业由中央定点，投资设立。我听到一个典型的事例，据说有一位将军奉命来甘肃建厂。他推开地图，找到了一块他认为即使发生战争，原子弹都影响不到的地方，用笔一圈。现在已有几万人的与四周隔绝的稀土公司就是在荒无人烟的山沟里建起的。

这些注入式的大企业，一开始就和当地的老百姓是分隔的。它们如同一个个自给自治的小孤岛。工厂重地，行人止步，门禁森严，设有岗哨。大西北每年报表上工业产值都不低，这些企业确实也为国家作出了很大贡献。但是这些厂的产品几乎全由国家调走了，留给地方上的极少。工厂周围的老百姓看不到，分不着，几十年来面貌变化极微。

大西北的广大农牧民受不到现代工业的惠泽，只是这种经济格局的一个方面，另一方面是这类孤岛式的大企业自身也难于发展和维持。在原来的体制下，除非国家继续不断地投资，企业自身无力更新和扩建，而国家又哪里有这样大的力量呢？日子久了，企业老化。然而，企业里边的人却一代代地生长，越来越多。50年代办的厂，到70年代那些办厂后出生的孩子都要就业了。这些新生力量在这些孤岛式企业自身是消化不了的。这个问题成了这些企业领导者最头痛的一件事。在这种很具体的压力下，"一厂两制"萌芽了。

但是，"一厂两制"在孤岛里实行还是解决不了问题。1984年我在包钢看到的那些为职工子弟开办的集体小厂就是关在孤岛里办的。它们实际上成了大厂背着的一个个小包袱。这次我在甘肃参观了几个开发小区，看来他们已经闯过了这一关。他们把厂门打开，伸出手去和地方结合，搞城乡联系。就是说，大企业提供技术、管理、运销的经验和人员与地方提供土地、设备和劳力，双方联合开办各种中小型企业，利益均沾，共同负责。这种打开厂门办一厂两制的做法，为各企业职工的子弟提供了出路，人文生态失调得到缓解。

这种形式的扩散企业对西北地区的工业化具有深刻的意义。我们不能指望西北边区能像苏南或珠江三角洲那样由农民自动地引进新技术，发展自己的乡村企业。大西北工业的发展还得顺着地方特点，由上而下地注入。试想，如果不是大企业打开大门，原来的边区农民怎能接触到外来的现代工业？"一厂两制"不仅使大企业卸下了自己的包袱，同时工业之风也吹向了广大农村。真可谓一举两得呀！甘肃就是这样做的。他们以原有的国营大企业为核心，建立了四个"一厂两制"的经济开发试验小区：白银、金昌、西成和连海。另外还有一个性质和"一厂两制"不同的宁卧庄科技产业开发区，我在《兰花出口》一文中已经作了报导。

金昌小区里的金川公司总经理王德雍同志向我谈了他的体会："公司在产品经济体制下的27年里，一直是单打一的搞镍和钢的生产，路子越走越窄，困难重重。自从成立镍都实业公司，发展'一厂两制'的企业以来，三年间与地方合作，共建了96个集体经济的工厂，其中几个年产值1000万元的厂，只用10个月的时间就建成投产，发展速度很快。1988年这些集体企业的产值达2亿元，1989年可达2.7亿元，正好是全公司1983年的产值。这不也正好说明'一厂两制'发展集体经济，不仅三五年工夫就可带出一个公司的产值，而且对促进地方经济的发展十分有利。"

孤岛式的大厂打开大门和地方结合办中小型集体企业之后，企业和周围的群众关系也搞好了。过去厂内、厂外的差距太大。墙外看墙内是另一个世界。四年前金川公司职工的年人均收入是2000元，而公司周围的农民年人均收入不到100元。1986年开始搞"一厂两制"，公司从技术上、设备上、资金上帮助地方发展乡镇企业，1988年农民的年人均收入达到了600元，农民和公司的关系很和谐。

我在路过永登县时，参观了一个甘肃铝业公司和该县合办的碳素厂。永登县的西部大通河两岸就是连海小区。这个碳素厂就是从小区核心辐射出来，国营和地方结合办起的企业。铝业公司提供技术和管理，派有经验的人员当该厂厂长，地方提供土地、厂房和劳动力，流动资金由双方分担。70%的产品由公司包销用于公司所属的铝厂。利润分成，公司得5.5，地方得4.5。全厂有300名工人，全是当地农民，月工资120到180元，比当地一般农民的收入明显提高。据魏县长介绍，永登县有不少像碳素厂性质一样的乡镇企业，全年产值达1.7亿元，全县44万人口中已有11万从事乡镇企业。永登县的面貌这几年有了显著的改变，可见开发小区的"一厂两制"已经在农村里发生作用了。

1984年我在包头看到的厂内搞小集体和1988年甘肃看到的开发小区，使我发现"一厂两制"本身有了发展，从企业闭门扩大走向企业开门扩散。扩散显然比扩大前进了一步。这条搞活国营大企业的路子是群众走出来的，"一厂两制"不失是一条很有前途的活路。

"两南"兴牧

去年国庆前，我抽空去甘肃访问，横穿了河西走廊。河西走廊是指黄河以西夹在内蒙古腾格里沙漠和甘青分界线上祁连山中间的一块狭长地带，东西1000多公里而南北最短的距离只有100多公里。这是一块黄土高原上有名的绿洲。

河西走廊久已闻名，它是古代丝绸之路所经之地。其后海运畅通，贸易改道，丝绸之路也就成了怀古的对象。但是现代铁路和公路的兴建，特别是空运的开拓，欧亚商品流通的路线正在再度调整之中。重开丝绸之路，大有前途。我虽年老，犹有赶热闹的兴趣，总想在有生之年，至少在这条路上踏上几个脚印。所以这次去甘肃，重点就放在河西走廊。

访问河西走廊除了想看看这个绿洲的农业怎样发展外，我还有一个私愿，就是想去看望聚居在祁连山麓的裕固族同胞。甘肃本身是个多民族省份，特别引人注意的是沿着甘肃和青海的边界上聚居着一连串人数较少的民族。我前几次访问甘肃时去看望过南部的撒拉、土、东乡、保安等族的同胞。这次既去河西就下了决心要去看望裕固族的同胞。

说起裕固族，研究中国民族的人大都知道它，因为它曾引起过一个理论上颇有意义的问题。简单地说，裕固族分东西两部分，语言上有相当大的差别，有人认为可划分成两种语言。据专家考证，西部的裕固语留有明显的古代回鹘语的痕迹，而东部的裕固语却留有古代蒙古语的特点。但是不论说哪种语言的人都认为自己是裕固族的人。那么没有统一语言的人能构成同一民族吗？这就成了个问题。

用"裕固"这两个汉字来作族名是解放后该民族群众自己提出来的。他们口语自称是"尧呼尔"，这两个汉字近于音译。名从主人，这个族名就这样定下来的。至于一个民族的人说不同语言的情况，在中国少数民族中，并不是只有裕固族是这样。在漫长的历史过程中，来源不同的人群在一定的具体条件下，各自带着原有的口音和语言，认同为一个民族的事实并不是个别的。在民族识别工作里，这可以说是中国的历史特点。

裕固族这个名称虽则是新提的，但作为一个民族实体已有悠久的历史。据比较可靠的历史资料，加上一直流传至今的民间传说都认为现在的裕固族人的祖先是曾经聚居在蒙古高原上的回鹘人，在史书上也称回纥人。回鹘人所建立的汗国大约于公元840年被推翻，大部分人向西迁移立足在今天的新疆吐鲁番一带，是现在维吾尔族的祖先。另有一小支东迁到河西走廊，就是现在裕固族的祖先。

聚居在草原上的游牧民族，流动比较迅速，幅度也比较宽广。某一个游牧民族强大了，常会去攻击其他民族，占据其草原，原来的民族如果不迁走让开，也就被并吞了。就拿河西走廊这块绿洲来说，有历史记载可据的，已经几易其族。这地方最早是乌孙和月氏所居，后来匈奴把他们赶走了。到公元前1世纪，匈奴降汉，汉代在这地区建立了政权。北方的一些民族和屯居其地的汉人就开始在这个走廊里杂居,共同开发这块绿洲。从那时起,统治过这地方的民族除汉族外,前后还有吐蕃、羌、蒙古、满等。他们都带来了一些不同的民族,也排挤过一些民族。这段历史使这地区形成了一个多民族的杂居区。

以裕固族来说,他们是在这块土地上居住较长的一个民族,从公元9世纪中叶回鹘人东迁进入河西算起至今已有1000多年。这个民族在9世纪末曾控制过这地区,长达140多年。这段时间也正是丝绸之路繁荣的时期。11世纪初才亡于西夏。看来裕固族臣服了西夏后并没有撤离河西,而坚持在祁连山麓的草原上,发展牧业,并在和藏族和蒙古族接触中信仰了藏传佛教。

肃南裕固族自治县是1954年成立的。以现在的行政区划来说,这是一个地广人稀的县:东西长650公里,南北宽120—200公里,土地面积达2万多平方公里。人口总共有3.5万多人,其中裕固族8000人,藏族7000人,汉族17000人,其他如蒙古、土、回等分别不过几百人。这8000多裕固族人聚居在面积达1.4万多平方公里的祁连山草原上,主要从事牧业。这片草原牧草丰美,水源充足,至今是著名的牧场所在地,是甘肃省重要的牧业基地之一。

我向主人提出看望裕固族的意愿时,确实给他们出了个难题。因为裕固族的牧场都在海拔3000米至4000米的高坡上。对于我的年龄和体质,主人们多少是有点过虑了。最后只好同意我从张掖去酒泉时绕道自治县府所在地的红湾寺。我由此进山几十公里,在附近的一个小草场上和裕固族同胞在白天共度了一个中秋佳节,晚上到酒泉安宿。这一天的安排固然使我看到了裕固族同胞的生活面貌,领受了他们好客的热情,在以传统形式招待我的酒会上,不断的歌声和真挚的笑容让时间飞驰过去。直到我不能不告辞时,单是留客告别的"上马酒"还得唱上半个多钟点。我在感情上受到的激动远过于我想对他们牧业建设的了解。因而在这篇杂写里我能报道的眼见事实不多,但是从我听到多方面的介绍却启发我对发展我国西部少数民族地区特别是青藏高原的牧业有了不少想法。

在汽车上我贪婪地倾听关于肃南草原的开发情况。从怎样用草库伦扭转在退化中的草场说起,一直讲到怎样建设"基本草场",大大增加了收割饲草的总量。关于牲畜,他们从20世纪50年代开始绵羊改良工作中遇到种种阻力后又怎样步步进展,讲到80年代被确定为"甘肃高山细羊毛"育种基地的经过。这片草原上所产羊毛的长度、细度、密度和油汗质量都属优级,能纺60支纱。听来,肃南牧区现有的特点是在生产高质量的细羊毛,振兴牧业的指标当然不能只看在栏牲畜的数量,主要是在看牧业的基础建设,要在饲料、品种、畜群结构和防治灾病等上下工夫来保证畜群数量和质量的优化。关于这些，我从在汽车上所听到的介绍里得到了一个很深的印象：肃南的牧业不仅有历史的传统，而且近几十年来的改革工作也是有显著成绩的。现在的问题是怎样在已有基础上进一步发展，目标是为广阔的青藏高原建立一个牧业现代化的前进基地。

关于牧业改革我是外行，在这方面用不着我多说了。我想到的是如果在肃南这片草原上能有效地作出兴牧的榜样，不仅在经济效果上会大大改变当地的面貌，而且在西部中国许多少数民族的发展和团结上将带来深刻的影响。我一向认为我国西部地区的民族团结最后还得依靠减少到消灭民族地区间的经济差距，而经济差距的缩小主要在于发展西部高原的牧业。我自己这几年在西北边区观察得到的印象总的说来，从草到畜，从原料到加工，一项项地分开来讲，各地方都有了切实可行的办法了，但是从原始性的放牧发展成为为加工工业提供畜类原料的饲养业，作为一个系统工程，还缺乏综合性的规划研究。这就是说，怎样把已经行之有效的各项畜牧业改良工作从饲料到加工工业直到成为成品看成是一条龙，一节节地加以衔接配套，提供一个可以给各牧业区开发作示范的模型，还有待我们去试验和实践。

我之所以看中肃南这块草原，觉得它具有良好的条件可以作为现代化牧业的试验场所，首先是上面提到的牧业基础，其次是它正处在河西走廊工农业重点建设的附近。而靠近现代化农场和工业中心都是促进牧业现代化的重要条件。

我这次是从武威绕道进入裕固族地区的。武威正是甘肃金昌开发小区的所在地。金昌亦称镍都，是我国产镍的一个重要基地。我在"一厂两制"这篇杂写里已讲过，这个开发小区这几年采取国营和地方结合扩散工业的方针，一批中小企业已经成长。中小企业的扩散已可以为各地方特产的原材料提供加工的机会，同时也就推进了当地原材料生产的发展。牧业现代化主要是在使畜产品成为加工工业的原料，发展纺织、皮革、食品工业才能把牧业带进现代化经济，但是少数民族地区发展工业最大的困难是缺乏资金、技术和经营人才。既然肃南靠近武威、酒泉等国营大企业的基地，那么就应近水楼台先得月。这些现存的条件摆着不利用是十分可惜的。

从客观上讲，振兴肃南牧业条件是具备的，当前所欠的"东风"是主观上对这种发展的可能性和重要性的认识。只要"争"到这股东风，肃南兴牧在不久的将来是可以成为事实的。

在离开肃南时，我不禁联想起了三年前我去访问过的甘肃另一片广阔草原，那就是甘南。关于甘南那次访问，《瞭望》的读者可能还记得我那篇《甘南行》。肃南和甘南是甘肃的"两南"，这并不是名称上的巧合，它们在发展西部民族事业上有着密切联系。它们都紧靠青藏高原的边缘，都是藏族和与藏族有长期历史关系，甚至已信仰了藏传佛教的其他民族（如裕固族）共同聚居的地方。这"两南"能不能看作是青藏高原的少数民族和中原地区各民族联系的两架桥梁？我在《甘南行》里曾提出过通过甘南这架桥梁可以把现代化科技知识送入藏族地区。这次肃南之行又启发我想到加上这架桥梁，把现代化的牧业送入藏族地区。因而我把这"两南"联系了起来，称这篇杂写为"两南兴牧"，并加上这一小段题解作结。

1989 年 12 月

海东行

依照年初的日程安排，1987年8月8日至17日，我如愿第二次去青海。在10天里，我走访了少数民族聚居的海东六县，获得了一些新的印象。上次去青海，在整理《临夏行》那篇考察报告时，便对少数民族地区经济发展有些想法，后来到海南黎族自治州考察，这些想法深化了。这次再来，种种想法明晰起来，也丰富多了。

沟通农牧地区的商品交流
叩开青藏高原繁荣的大门

地处青藏高原，有400万人口的青海省，是中国西部一块多民族的聚居区，这地区的东部在西北开发事业中居于重要地位。它的特点和甘肃临夏一样，都处在中国的大农区和大牧区的走廊里边，是两大地区农牧产品流通的贸易中心。发展大西北，发展西北民族地区的经济，必须走商品化道路，从封闭的自然经济过渡到商品化经济，这就需要一支沟通农牧业地区商品交流的队伍。我这次访问互助土族自治县，就看到一支沟通城乡经济的"倒蛋部队"，也就是那些往来互助和西宁之间的一支贩运鸡蛋的队伍，大约有800余人，沟通城乡经济要有一支贩运队伍，沟通农牧区经济的发展同样需要有一支贩运队伍，以促进牧区的发展。在临夏考察，我看到了回族同胞有这样的本领。这次发现土族、撒拉族人同样也适于做这个工作。这是历史赋予各民族的人才资源，这个人才资源不是短期造出来的，是历史遗留下来的财富，必须充分利用，把它发挥出来。

我还要谈到的是海东地区在青藏高原开发中的地位。这块地方人口集中，约180万人。在青海，这里就是农业最发达的地区了。同时，它又是历史上茶马贸易的中心。现在这里已成为农牧业两大地区的接合部。我们在此地吃饭，桌上有肉有菜，不就是农牧结合的一种象征吗？这地方的少数民族在商业流通上确有能量。循化的撒拉族贩运青藏高原上的羊，在这里宰杀后贩运到商业发达的农区去，不到两年光景（1982—1984）循化成了一个惹人注目的转运中心。在商品流通上，海东的循化和临夏同样对开发和繁荣青藏高原有很大的意义。看来，这条用商品流通的渠道打开青藏高原繁荣的大门的路子可能走对了。

对整个海东来说，我想应该发展多种经营。这地方农业潜力很大，牧业搞饲养也不错。同临夏相比，两个地区的相同处是工业都不发达，乡镇企业刚刚开始，规模都很小，农畜产品的加工业也不多，应以商促工。农业上海东比临夏强，而在商品流通方面则不如临夏。所以双方的协作，既有取长补短的一面，也有共同发展的一面。

我希望临夏、海东地区能成为一个供应青藏高原牧区所需要的日用品生产基地，以促进牧区经济的发展。只有用牧民们喜欢的、适销对路的日用品来促使他们进入流通领域，才能搞活牧区经济这盘棋。用这个办法来改变牧区经济结构的路子，是否走得通呢？我在摸索，提出来供大家讨论。我希望临夏、海东这两个地区都发展乡村工业，是因为这两个地区具有发展乡村工业的条件。除了具备流通渠道、劳务、商业贩运的能力外，其实也有发展乡镇企业的资金。

进入20世纪80年代以后，这里的农民也和全国农民一样，生活至少提高了两三倍，过去每年人均不到100元收入，现在达到了300元至400元。实际上已经有不少资金散在民间，要想法子集中起来办乡镇企业。临夏成立了河州穆斯林融资公司，这是一个向私人筹集资金、专为个体和集体工商业服务的资金融通组织，很适应伊斯兰教群众的宗教信仰和习惯。这种集资的形式就可以借鉴。

这两个地区技术力量还很薄弱，必须从东部地区引进。我在海东看到不少成功的例子，当然也有教训，要好好总结经验，研究一下如何向东部地区引进技术、人才，也可以从东部吸收一部分资金。有了资金、技术，加上本地的劳动力，在短时间里有可能把乡镇企业搞起来。将来牧区的自然经济有了变化，牧区的市场比较广大而又稳定。

办好海东、临夏经济协作区
开辟发展边疆民族经济的试验田

在循化,《青海日报》记者曾问我:"看来您是把临夏、海东经济协作区当作一块开发边疆民族经济的试验田,是否打算用《民族区域自治法》给这两个地区带来好处,或者说给它们争得一定的优惠权利?"这问题提得好。我这几年就是想研究怎样把民族地区的经济发展起来,或者叫做"边区开发"。我一直认为民族地区的发展,必须是民族本身的发展,不能离开民族的发展来讲发展民族地区的经济,否则会走上美国、加拿大等国的道路。这几年,我走了很多民族地区,到过包头,也去过海南岛,在一些地区出现了这样一种现象,看来整个民族地区可能发展、进步了,但这些地区中的少数民族的经济、文化却没有得到相应的发展。这些地区的资源被开发了,但是少数民族没有得到多大好处。这些现象一定要避免。应该是通过发展少数民族本身,发展民族地区经济,同时也不排除国家资源的开发,不排除用外边的劳力去开发,但是一定要把当地少数民族的经济、文化提高起来。

少数民族人口在青海占了近40%,在青海各项工作的开展必须考虑到这一地区民族的发展。每一个民族在中华民族大家庭中,都有它自己的优势。循化的撒拉族就很突出,虽然它的人口不多,但是它具有别的民族不具备的条件。他们有强健的身体,擅长在高原上作强劳动,又善于经商贩运,能上青藏高原做生意,搞劳务。将来在现代化高度发达的民族大家庭中,各民族不可能是封闭的,是要在共同繁荣的大家庭中,各自作出自己的贡献的。

为什么撒拉族具备特殊的优势?这要从历史上去研究。撒拉族的发展同藏族有亲姻关系,称藏族作"阿舅"。一个民族不能孤立、封闭、排外,民族越小,越要开放,否则人的素质就要降低。开放,搞活,同样也适用于民族经济的发展。开放对人的素质的提高,对民族的振兴是必要的。

中央在几年前制定《民族区域自治法》时就指出中国民族之间的差距,并制定了缩短差距的有关政策。这些基本政策,都在《民族区域自治法》中有所规定,有所反映。各民族无论大小,都要重视《民族区域自治法》的实施,有了法不付诸实施,还有什么用?在少数民族地区,要依法办事,用法律保护民族地区和各民族人民的发展进步。

现在,少数民族在全国范围内的地位越来越重要了。我们在临夏、海东搞协作区，就是想找出发展民族地区经济和促进少数民族繁荣的办法来。这是一个跨省区的试验田，有许多问题还需要进一步研究、探索、总结。同样，这个协作区的成立，作为具体落实《民族区域自治法》的试验田，也需要进一步探索，要由两省的同志共同研究。不过，有了这块试验田，就可以利用《自治法》来寻觅各自治区经济发展的途径。

看来海东的发展既走不了苏南模式，也不能走温州模式，黄淮农业区的模式值得学习。豫东的民权具有一条龙的经验：全民、集体、农民个体户三种所有制结合起来，以千家万户生产的农产品为基础，搞集体加工，国营企业最后搞成品。这种方式最容易学，而且见效较快。我在湟源曾提出，发展工业必须从千家万户着眼，不是为办工业而办工业，办工业就要考虑当地的各族群众，着眼于当地各族人民的利益，使他们富裕起来。办地方工业切忌仓促上马，不要贪大，看着好看，弄不好可能一下子背上包袱，使自己长期陷入被动。

临夏、海东协作区的优势是看得很清楚的，它是将来发展牧区经济的纽带，搞流通的桥梁。不要狭隘地看待协作区，仅仅看到两个地区之间的互通有无的作用，还要把它看成是一个联合体，为整个青藏高原的繁荣服务。当然，协作区内部的各民族人民可以各有不同的分工，有的民族可以偏重农业、矿业、提供原料，有的民族可以偏重加工制造业，有的民族可以偏重流通，发展商业和运输。但是大家要共同考虑的一个问题是将来怎样打开青藏高原的市场，用什么办法使广大的牧区发展起来。

这几年，在流通活动中，自然形成了许多贩运和贸易中心，这是好事，因为老百姓愿意这样搞，符合客观需要。现在，铁路和公路已经连接了海东几个县，交通更方便了，如何发挥这里一些城镇的作用，还要我们作实事求是的调查。

大西北在相当长的时间里还是以牧业为主的，牧业的现代化必然是最大的课题。改变牧业结构，第一步就是要发展商品经济，打破牧区的自然经济。这需要研究生活在青藏高原的主体民族——藏族的优势是什么？藏族可以在海拔4000米以上的高原上劳动生息千百年，站住脚跟，发展牧区，是其他民族无法比拟的优势。我们还要研究藏族生活的高原环境、气候、生态和他们的文化传统。发展藏族的文化，必须先把经济发展起来，只有经济水平提高起来了，新文化才进得去，钱才不至于白花。

根本出路在深化改革和进一步开放

我还听说，像青海这样的省份，开放就要冲击现有的大企业，因此又采取保护性措施。有同志问我，怎样解决这一矛盾？我认为，目前阶段，出现这种现象并不奇怪，因为像青海这样西部省份同东部省份相比，有很大的"落差"，"落差"大，竞争不过，只有保护原有的设备和原有的产业结构。西宁的毛纺业就采取了这种保护措施。我们首先要承认事实，不能不照顾本地区的利益，全行业2000万元的产值数目很大，不保护一下就会出问题，但要保持2000万元的产值，就得在毛纺企业改革上打算盘。现在实行的保护措施是在原料上打主意，就是控制较低的羊毛收购价格来降低产品成本。我想，既然人家可以用抬高羊毛价格把羊毛截走，而且能在高价原料的条件下取得利润，就是由于他们经营水平高。那么，西宁的毛纺业就应当赶紧改革技术和经营，去和外地竞争。改革才能开放，开放才能改革，这个道理在这里表现得很清楚。看来出路只能改变企业的技术和经营，当然一下子做到这点不容易，要逐步调整，在保证羊毛供应的情况下，逐步改革。我们可以先搞几个毛纺厂，作个试验，或者对外联营，或者承包。从外边引进技术、机器，甚至资金。当地的毛纺业改革成功了，羊毛价格也就可以开放。羊毛价格调整了又可以促进青海的牧业，形成良性循环。当前，必须抓紧把毛纺工业经营质量提高。东部的丝绸业这几年变化很大，每年都在革新，其中有的办法可以借鉴。

我看青海的国营企业要赶上国内先进水平，抓企业经营的改革不是一下子就能见效的，可以逐步展开，找出适合本地区可行的路子。但想依靠行政手段保持老水平，事实上恐怕维持不下去。黄金问题也是一样。这里的采金业要走现代化道路，现在还是老的采金方法，甚至是马步芳时代的老办法，采金人的生命都没有保障。今后要走现代化的经营道路，换言之，就是要按经济规律办事，使国家、集体和个人都受益。

青海是一个宏大而有魅力的地方，越观察越有意思，越有劲头。由于时间短促，许多都是一隅之见，偶有所得，用一句话概括我的观感：引人入胜，学而后知不足。我愿同青海的同志一道继续探索，争取再上青海高原来。

以上这些想法，曾与青海的一些新闻记者交谈过，并由索文清同志整理出来，这对最后成文是有帮助的。

1987年12月

赤峰篇

内蒙古自治区地形宛如展翼飞翔的大雕，赤峰市地处其腹后部，所辖区域旧称昭乌达盟，包括3区、7旗、2县，面积8.4万多平方公里。距蒙古边境180公里，在内蒙古自治区里赤峰市是人口较密和经济较为发达的地区。现在人口375.9万，占自治区总人口的19%，人口密度自治区是每平方公里16人，赤峰是45人。赤峰市1983年工农业总产值17.45亿元，居全区第二位，仅次于包头市；工业总产值8.29亿元，占工农业总产值的47.3%，居全区第三位，在包头、呼和浩特两市之后；农副业总产值5.5亿元，占工农业总产值的31.5%，居全区第二位，仅次于哲里木盟；而林牧总产值3.6亿元，占工农业总产值的20.6%，居全区首位。

我们挑选赤峰市为研究内蒙古开发问题的入门口，是因为在它的境内，具备农区、半农半牧区、牧区三种不同的社会经济类型，而且在民族结构上则和内蒙古总体一致，系蒙古族和汉族等多民族杂居。汉族居多数（占总人口的86.1%，1982年）。从地理分布上看，西拉木伦河以南基本上是农区，汉族人口占绝大多数，约占90%以上。但喀喇沁旗与宁城县的蒙族人口略多，喀旗蒙族达24.7%，蒙城占9.6%。这地区的蒙族现已务农，并通用汉语，部分蒙族生活上已习惯用汉语。据说这种情况是在解放时土改之后才显得普遍。在西拉木伦河和老哈河之间的翁牛特旗是半农半牧区。蒙族多务牧，汉族多务农，他们一般聚族而居，插花杂处，蒙汉间往来密切，并已通婚。蒙族一般通汉语，但在蒙族间都用蒙语通话。西拉木伦河以北，除林西县外，基本上是牧区，蒙族在当地人口比例中百分比较高，巴林右族41.4%，阿鲁科尔沁旗30.6%，巴林左旗略低为14.3%，但林西县汉族占绝对多数，高达98.4%，而且主要务农。据说是近百年汉人移民占地开垦的结果。

我们这次为了制定今后边区开发的研究计划而进行的初步考察，从1984

年8月15日起到9月2日止共19天。参观访问了赤峰郊区的农区,翁牛特旗的半农半牧区,和基本上是牧区的巴林右旗南部,不同类型的考察点共34个,行程1000公里。在这样短的时间里能对这些不同社会经济类型的地区以及他们之间的关系取得初步的概念,主要是由于自治区和赤峰市的党政领导及各地干部的细密安排和热情支持。根据我们亲身的见闻和当地各级领导提供的资料,现将一些认识和体会,简述如后。

一

赤峰,蒙语乌兰哈达,地处长城之北的塞外。对一般没有到过这一地区的人来说,不免因塞外两字,往往带来荒凉之感,想象中不免是一片草原,平野无垠,人烟稀少,生活简陋。事实上,不仅是今天,更不用说不久的将来,甚至远古时代,这西辽河平原曾是我国的富饶园地,只是在历史上的一段时期中由于生态平衡被破坏,局部出现过荒凉的景象。我们要正确认识这个地区的面貌,决不能脱离历史的兴衰起伏。

我们在赤峰所上的第一课就是这地区的历史。在赤峰的文物展览馆里,我们看到了在这地区出土的公元前16世纪的铜器,属于考古学者所说的夏家店下层文化。这说明在夏商时期这里已出现青铜文明,和中原的青铜文明几乎是同时并存,甚至有人认为为时更早。我们又看到夏家店下层文化的石器,有铲、锄等农耕工具,而且石锄厚重,刃端多崩落的疤痕,正是适应当地地表碎石块较多的松土工具。这些事实纠正了我们过去认为长城之外的农业是近世才传入的错误看法。根据随后看到有关地区的考古学论文,可以肯定早在中原的夏商时期,西辽河上游西拉木伦河(汉语黄河)一带曾经有过在技术上并不低于黄河流域的农业文明。当时的居民不仅懂得用石器耕种,而且发明了含锡的青铜冶炼技术。他们还聚居形成村落,具有农业社区的特点。据一些考古学者的意见,这些居民应与中原的夏商有联系,这联系可能不仅是文化的传播,还可能有种族的联系,即殷人的一部分。

在夏家店下层文化的地层之上还有一种和下层文化不相衔接的上层文化,这两层文化的交替正当我国的春秋时代。这是说,上层文化也就是后起的文化。曾于春秋年代在这个地区取代了早先的下层文化。上层文化之区别于下层文化恰恰在于陶器的退化,和金属武器的突出增多,并发现了前期没有的马的遗骸和青铜马具。结合中原文字的记载,使人觉得有理由认为后来进入这地区是东胡民族，在经济上带来了牧业。

对于考古学我不是内行，上面所引的这些见解在学术上是否已经能确立，我无法判断。但是使我深受启发的是，我自己过去总是以为牧业落后，农业进步，牧业在发展上早于农业，而实际上这两种生产活动都是从采集经济中发展出来的，一是在动物范围内驯养了牲畜，一是在植物范围内培植了粮食作物，在同步并进的过程中，由于各地条件不同而发生农牧的区别。

如果再进一层看，农牧这两种生产活动，在早期的社会里存在着既依存又矛盾的关系。从满足人的生活需要来说，农业和牧业都不能单独形成完全自给自足的经济，农民需要肉食和畜力，牧民需要粮食和日用品。但是农牧在靠天经营的水平上对土地利用存在矛盾。靠天养畜的游牧时期，人跟着牲畜移动，不能定居，需要大片草场以便放牧。而农业却需要长期在固定的田间劳动，即使在刀耕火种阶段，要等几年以后，地力耗尽后才移动，所以一般也一定要定居一个时期。在一片土地上，就不能同时经营牧业。因此，靠天种地的粗放农业对牧场草地来说是一种破坏力量。而且凡是丢荒之地，在干旱地区植被破坏后，很快就会沙化，农耕所及，草场荒废。加上农业社区人口增殖，一定要扩大耕田面积，即使在较高的轮作和施肥的农业水平上，也会和牧民争夺土地。所以在这种技术条件下，农区和牧区既互相依存，需要互通有无，而又互相排斥，难于长期和平共存。这种关系在传统生产技术没有突破以前，决定了过去我国边区农牧接触界线上长期发生的你去我来，我来你去的拉锯局面。上面所说赤峰地区考古学的考证，只是这地区历史上早期由农而牧之变化的第一回合。

如果赤峰地区在殷商时代确曾存在过和中原水平不相上下的农业文明，这种文明在春秋时代就被由北而南的牧业文明所代替了。在历史的记载上，我们又看到战国时代燕国的秦开挡住了东胡的南下，把他们赶回北方，"辟地千里"。这时代所建的"燕秦长城"正穿过赤峰而向东延伸。它的遗迹还可以在赤峰市区附近的红山和水地后山上看得到。可见赤峰南部正处在燕秦长城和至今尚存的元明所修长城之间，胡汉交叉之地，也正是农牧交替之区。秦开以后，这个地区历经突厥、契丹、女真、蒙、满等不同的北方民族先后占有，农牧之间的来回往复，当可想见。

如果容许我冒失地总括秦汉以后直到清代这个地区的总形势，也许可以说，骑马的牧民总是于武力上处于优势和主动地位。他们尽管可以一时受到中原武力的回击，如早期的秦开，以后的刘彻（汉武帝）等，挥鞭塞外，但是以农业为主的居民，总是处于守势，对飘忽不定的骑马民族，主要只有采取筑城防御的战略。但每一次防线被突破，就必然有大批牧民进入塞内，其中固然有许多人满足于得到了一些粮食衣帛，回去继续他们的游牧生活，但是如果要在农业区站住脚跟，建立统治地位，就无法在农业区继续原来那种游牧生活，只有弃牧为农。正如我们这次所看到的赤峰南部蒙古族的情况，在几十年里基本上放弃了放牧生活而成了农民。当前华北的居民中一定有很多人可以从家谱上追溯到经过这种转变的"根"。

还可以注意的是，汉代以后以长城为界，出现了南北两个大统一的局面，北是匈奴的游牧区，南是中原的农业区。游牧区的东端包括西辽河平原，现在的赤峰市就在这个统一体的边缘。其后在这地区或这地区附近兴起了势力扩及华北的鲜卑、契丹等以牧区为基础包括广大塞内农区在内的政权，我对北魏和辽金的社会史实知识不足，不能作出概括的描述，但可以看出，当时这些北方政权，军事上尽管依靠牧民的武力，经济上华北农业区一直是他们的基础，而且在统一的政权下，农牧区之间的依存关系一定受到保护和发展。契丹所建的辽国上京在今巴林左旗的林东镇，中京在宁城县的大明，均在今赤峰市境内，而其西京则在大同，南京在今北京城附近，表现出了农牧并重之势。同时也可以推知当年这地区的繁荣景象。原林东和大明的大塔保留至今，雄伟屹立，本色犹存。因此我们不能想象今赤峰地区在历史上曾经是单纯的牧区。

至少我们可以指出，公元后1500年的历史中，还难以找到赤峰地区曾经是一片沙砾、荒无人烟的记录。相反的，远在唐代，这里就有"平地松林"之称。宋代文人欧阳修（1007—1072）的《春使契丹道中五言长韵》中有"山深闻唤鹿，林黑自生风"的描写。到辽代，翁牛特旗据称是"平地松林八百里"，至今这地方还有三四百年的油松大树。不说远的，就在解放前夕，在这地区和敌伪斗争的同志亲口向我说，他至今还记得当时清晨在这片草原上驰马出行时，露湿两腿及腰部，当时草长有一米多高。这样的草原至今有一部分还保持着"风吹草低见牛羊"的优良水平。换一句话说，那时这地区的生态平衡还没有严重地被破坏。

二

在这个地区人口由北向南的移动逆转为由南向北的移动，可能是在清代开始的。满族是女真之后，兴起在东北，入关统一中国之前，先并吞了蒙古的牧区，并和蒙古族建立了联盟，实行对蒙古族的和亲政策。今赤峰地区康熙、乾隆两代就有七八个公主下嫁给昭乌达盟的蒙古贵族，其中三个是在巴林右旗。我们参观了至今还作为文物重点保护的巴林右旗大板镇的庙宇，据传说，就是当时下嫁公主时，陪嫁的七十二行匠人所建。这些人的后代现在已作为蒙古族繁衍在这一地带。和亲政策的内容显然包括了文化流传和人口移动。这种移动不仅促进了当时牧区的社会发展，而且一直受到群众的欢迎，作为美好的传说，留传至今。又据说，当时的蒙古族王公为了自己的享受和蒙民的粮食供应，曾主动招收关内的汉人来归，给予土地，让他们开荒耕种。但是在清代初年，依法汉人是不准出关的，所以由南向北的流动总属少数。

  17世纪末18世纪初，出现了新形势。一是中原经过几十年的安定和引进了新的粮食品种，人口大增，二是北方的帝俄已侵入西伯利亚，到达我国边境。一方面人口压力使华北的一部分贫苦农民为了寻求出路，大批出关；另一方面康熙、乾隆看到边区增加人口的重要性，不得不开放边禁，采取"借地养民"和"移民实边"的政策，这样大批汉人在政治力量支持下移向东北。其中一部分进入了当时蒙古族的游牧地区，首当其冲的是今赤峰地区。

  我们还没有掌握近百年来这地区人口流动的具体数据，但在这次访问中注意到在西拉木伦河以北，以牧业为主的地区，有一个务农汉族占90%以上的林西县。询问之下，才知道清末已开始有汉人入境，民国初期军阀割据，移入的汉人更多，据说当时在热河称霸的军阀，强占牧场，分封部下，招募农民，高利盘剥，硬是把林西这片牧场开垦成农田。这只是一种强力移民的方式。更多的恐怕是通过早到的移民的同乡和亲戚，一个牵一个，一家拉一家地进入这在农民眼中看来是一片大可开垦的"荒地"。而实际上这都是改牧为农的过程，而这个过程是在无计划、无领导、落后的农业技术水平上进行。其中固然有开垦成功的耕地，但直到1952年，平均每亩粮食产量才开始超过50公斤，以前一般只有几十公斤，实质上是一种广种薄收的对土地的掠夺。人们占有了一块草地，挖草开垦，靠天种地，几年后地力耗尽，就丢荒另开。这片被丢的土地不久就沙化，最严重的寸草不生，成为流沙，或称移动沙丘，进一步侵蚀草场，形成难于抗拒的破坏力量。

  人口增加，不仅当地所需粮食增加，必须扩大开垦，而且建筑房屋，生火取暖，起炊造饭，这一切都需要木材和燃料。只砍不植，日久天长，使原来森林茂密的西拉木伦河流域到了近几十年已成了一片树木稀少的平旷大地。树木日稀，水土流失，加速了沙化。以牧区来说，由于牧场缩小，单位面积载畜数相应增加，超过了自然恢复饲草的限度，引起草原退化。这一系列破坏生态平衡的因素，形成了恶性循环，引起了一般所说的"农牧矛盾"，在民族杂居地区又表现为民族矛盾。

解放后的 30 多年，尽管在植树造林和草原建设方面做了大量工作，但是从林草的植被状况看，沙化的程度还是十分严重的。以赤峰地区中部的翁牛特旗来说，基本是"五沙、四山、一分田"。已经沙化的一半土地中，流动、半流动沙丘占全镇总面积的 41%。水土流失的面积占总面积的一半，全旗土壤有机质含量平均仅为 0.5%。因此，可以说赤峰地区生态平衡至今还没有恢复。而且这几十年里在一定程度上还加速了生态环境的破坏。据当地同志的总结，这种情况主要是由"四滥"造成的，即滥砍、滥牧、滥垦、滥采。

滥砍，解放以来林木砍伐量远远大于林木生长量。30 年中有两次大的破坏：一次是修建红山水库，1960 年水库大坝合龙时，使用大量木材，砍伐达四个月，附近地区几乎都剃了光头，至今这一带森林植被没得到恢复。第二次是十年动乱期间，仅翁牛特旗就被砍伐了 700 多万棵树木。

滥牧，多年来，牧业的最大弊端是过度放牧，靠天养畜，不注意草场建设，造成草畜矛盾，牧草减少，牲畜羸弱，大量死亡。原因之一，是领导部门误以牲畜存栏头数增加来衡量牧业是否发展的结果。解放初期，翁牛特旗牲畜仅 15.6 万头（只），而现在已有 80 万头（只），折合 170 万羊单位。载畜量过重，草场和牲畜质量都大大下降，形成夏秋抓膘不足，羸弱牲口不易过冬，到春天大量死亡，每年都在 5% 上下，灾害年份高达 10%。如 1984 年干旱，死亡率达 10.8%。

滥垦，开地垦荒，广种薄收，靠天吃饭，为害最烈。翁牛特旗粮食单产一般仅为百余斤。解放初期该旗耕地面积 150 万亩。现在实际已达 240 万亩，30 年开荒面积达 90 万亩。人们所说"越穷越垦，越垦越穷"的恶性循环，还在发展。

滥采，主要是由于农村燃料供给不足。翁牛特旗 7.3 万户中缺烧柴 5 个月以上的就有 2.9 万户，估计全旗缺柴 7500 万公斤，先是砍树，树完割灌木，进而刨树根、挖草根，使草原沙化。草原上生长着许多贵重土产和药材，1983 年夏季兴起一阵大挖黄芩之风，由历年挖 5 万公斤增到 200 万公斤，破坏了大片草原。

经此"四滥"破坏所及，林草俱尽，农牧双衰。总结这段长期没有扭转的恶性循环，人们往往总是归咎到流入的人口过多所引起的农牧矛盾。所以一听说我们要研究人口流动问题，犹如惊弓之鸟。从这段历史遭受中，他们的感情是完全可以理解和同情的。

人本来是自然界生态环境中的一个主要因素。但这一个因素是主观能动的因素，它可以成为消极因素，也可以成为积极因素。这地区的游牧经济原是当地居民早年创造的一种生态体系，人们帮助牲畜找草吃，保护他们不受其他动物的袭击，引导它避开寒冷的气候，使牲畜得到繁殖，然后人又靠牲畜提供生活资料。农业原本也是一种生态系统。有人说在东亚这片大陆上中国人能从土地上耕作了5000年，而地力不竭，明显地掌握了自然界的生态平衡。所以人成为生态环境中的积极因素是常态。

但是当靠天放牧和粗放农业碰在一起，问题就发生了。农民开垦土地，把原来的牧场变为耕地，人口多了，耕地面积扩大，更缩小了牧场。粗放农业不能经久地在一块土地上耕种，必须不断更新耕地，也就要不断丢荒，被丢荒的土地不久就沙化，沙丘会因风移动，吞没草地，又是对牧场的一种重大威胁。这样的农业在这个过程中确是破坏牧业的消极因素。它之成为消极因素也由于被破坏的牧业是靠天放牧的低级牧业。这种牧业是让牲畜在草地上自己去找自然生长的草吃，并不是人种了饲料去喂牲畜。如果我们把"农"理解为人工种植，那么靠天牧业中包括不了"农"的成分，因而同农对立了起来。如果牧业提高一步，人用自己种植的草和其他精饲料去喂牲畜，种草和种精饲料的活动应当可以包括在"农业"之中，农牧不仅不对立，而是结合在一起，可以说农业为牧业服务了。我对牧业固然没有专业的研究，但在访问英国和澳大利亚时确实看到过这种比我们靠天放牧高一级的饲育牧业。看来，只有提高牧业发展生产力才能根本扭转农牧矛盾的恶性循环，恢复这个地区已经破坏了的生态环境。要发展生产力，关键还是人这个能动因素。因为只有通过人的智力，才能实现这个转变。在这一层次上，我们一定会看到成为积极因素的人受到人口稀少、经济落后地区的欢迎，正如早日公主下嫁，七十二行技工进入内蒙古一样。我想，争取这一天早日到来，也正是我们所提出的开发边区的主题。

三

我对草原和牧业很不熟悉。过去只来过内蒙古自治区四次，两次到呼伦贝尔，50年代和60年代各一次；两次到呼和浩特，都是短访，不是调查研究。

1954年我在《话说呼伦贝尔草原》里说过,当时我看到的草原上的草,长得矮矮的,够不上"风吹草低",不如用"浅草没蹄"来形容似乎更恰当些。我还提到老乡们认为草矮好养羊的话。1961年又去呼伦贝尔,所见的没有多大改变,只听说草场在退化,牛羊喜吃的草越来越少了。1983年访问呼市,到草原去转了一下,那是个为旅游开辟的参观点,草长得和50年代所见的差不多。矮草是不是好,暂且不论。但这四次都没有看见沙化了的草场,更不明白沙丘怎样移动的。关于这些情况还是我这次到赤峰地区得到的新见识。沙化有害于牧业,即便是外行人也会一看就明白。现在翁牛特旗这个西拉木伦河和老哈河所形成的三角地带,沙化面积已超过草场的40%。赤峰市的其他地方情况可能更为严重。如果今后内蒙古自治区的发展方向是以林牧为主,那么也很清楚,治沙应当是着重的要着了。这一点多年来有远见卓识的人是早已明白的。

我在上面说,解放以来的30年,从草场的情况来说,不能不承认赤峰地区生态环境中的恶性循环还没有根本扭转。尽管如此,我们却不能说没有注意治沙工作。当我们的车子刚出赤峰市区,同行的朋友就指着路前的一个小丘说,在这上面有块石碑刻着朱老总和董老的题诗,纪念当年治沙的成绩。解放初期,沙化的威胁已经达到赤峰市区的北郊。经过种草种树,挡住了风沙,经过这30年,这里已成为一片郁郁葱葱的密林了。这说明在这个地区,沙化和反沙化的两种势力长期以来一直在较量。人这个因素,扮演着相反的两个角色:一方面是自发的破坏,另一方面是理智的建设。上面所说的情况只表明到现在为止,后者还没有压倒前者。要把生态环境扭转过来,看来还得作一番努力。

我们在这次考察中看到了这方面一系列的科研成绩。可以肯定,经过长期地坚持工作,确已为扭转生态的恶性循环找到了因地制宜的有效办法。现在的问题已不是在这地区能不能恢复生态平衡,而是怎样把各个环节上找到的治理方案成龙配套,付之实施,推广到全境。

我们访问的第一站是参观赤峰市郊区太平地乡的农田防护林。这是赤峰市林业科学研究所在1966年开始的一项科研课题。这个乡1959年有4个村,54户人家,当时是一片沙化土地。经过山、水、田、林、路、机、电的统一规划和综合治理,1965年成功地营造了大面积的农田防护林,造林7500亩,形成400多条林带。把整片土地划成370多个网眼,每个网眼有200亩农田,共保护了6.6万亩农田。林带是由几层树木构成,定期分行栽植,分期成材,老树砍伐，新树接班。如果把这些树木按双行排列，有 500 公里之长。在林带保护下，改善了农田的小气候，风速降低 37%—75%，温度提高 7%，土壤含水提高 35%，这就控制住了沙化。粮食产量逐年增加，1965 年单产 109 公斤，防护林发挥作用的 1975 年单产达到 225 公斤，1983 年又提高到 300 公斤。他们津津乐道的是 1982 年 5 月里赤峰市遭到十一级暴风，全市灾情严重，唯独太平地林网内 98.5% 的农田平安无事。最近几年，第一批种的树已经成材，每年可采伐 500 立方米，出售收入超过 100 万元，而且建立了一个胶合板工厂，把残余木片胶合成木板，制造家具，只是林业一项就吸收了劳动力 1400 多人，每人每年收入 600 元。太平地乡以林护农，林农并茂，而且开始发展乡镇工业，走出了一条沙治民富的道路。我屈指一算大约是 20 年。到一户老乡家里访问时，看到这个家里正使用电磨机碾玉米。小型机械已进入农家了。

四

在太平地乡看到的是治沙的成就。怎样治理沙化的过程我们还是没有感性知识。当天又到离太平地乡北大约 85 公里的乌兰敖都，参观治沙基地。在路上我开始看到沙丘，很远就反射着强烈的光线，像是在绿草和蓝天中划出了一条条白色界线。车驶近时，但见高低起伏，一片白沙，寸草不生。有一处我看见有几个人躺在沙上沉沉熟睡。一问，原来草地上蚊蝇扰人，不易休息，而在沙丘上因已成为不长生命的空白点，则完全可以安卧了。沙丘凭借风力还会移动。大风把沙刮起，大量地吹向一方，在不太长的时间里，一个沙丘可以移动好几米，而且在移动过程中越长越大，越大越狂，积年累月，良田沃野甚至房舍道路都可以被它吞没。其力之大，难以挡避。

怎样治沙呢？沙化出于植被破坏，水土流失，治沙之道也就只有重盖植被，防风固沙。困难是怎样能在沙丘上长植物。科学工作者和当地生长者捉摸沙生植物的规律，找到适宜在这地区生长的包括沙打旺、沙蒿、沙柳、锦鸡儿在内的各种草本、木本植物。这些植物只要在发芽期得到一定雨量，就能把根深深插入沙里，吸取水分，继续生存。这样也就把沙固定了。风吹来，不至于把沙刮走。沙固定后就可种灌木。灌木是较厚的植被，改变土质，造成可以种植乔木的条件。这个公式称作草灌乔，和过去习惯的乔灌草公式刚刚颠倒过来，反弹琵琶。

乌兰敖都的治沙站，是 1974 年开始的，由中国科学院林业土壤研究所与赤峰市、翁牛特旗合作的科研项目，主攻方向是流动沙丘的治理。他们采取林业、土壤、气象、植物、微生物等多学科综合治理，通过工程措施与生物措施，在1.2万亩流沙治理试验区内，用草灌乔结合、针阔叶相结合、封育恢复和人工措施并举的方法，建立了沙生植物园，形成了固沙林、饲料林、公路林、草场防护林综合配置，治沙面积3.3万亩，覆盖率已达40%左右。10年内把原来一片沙丘，变成绿荫如盖的林园，给我们初识沙丘的人以极大的鼓舞。参观时，我们还吃到了在原来的沙丘上建成的葡萄园的果实。味道虽则还比较酸，但是这一成果为牧区栽培葡萄开辟了道路。沙丘出葡萄应当是值得赞扬的"奇闻"。

在总的沙化面积中，像乌兰敖都那样的沙丘是少数，更多的是正在退化中的草场。场上草长得又小又稀，如果继续放牧，让牲畜把少量的草连根啃掉，加上畜群的践踏，就会很快退化到沙丘的状态。治理的办法就是把它围封起来，防止牲畜闯入；或把草场分成块，分别围住，轮流放牧，使草有生长的间歇时间。这种围封的草地，蒙语称草库伦。这是保育牧场的有效办法。我们这次在翁牛特旗旅行中几乎一路都看到围封的铁丝网。

封育的办法是恢复草场的有效办法，但是所需时间较长。要提高草场利用的效率，还可以加上人工措施，建设基本草牧场。其中最简单的是不破坏原有草根而在地面上开沟播种苜蓿等有根瘤菌的豆科作物。这些植物不仅是优良牧草，而且可以改良土壤，使草场较快地兴旺起来。

为了逆转已经恶化的生态系统，恢复和巩固新的生态平衡，人不断地在和沙化作斗争，使我们在这里看到了科学的威力。

五

牧业的基础在草，有了草养活了牲畜，才谈得到改良品种；有了好品种，要抓膘育肥就需要精饲料；用了精饲料，牧业就进一步由靠天放牧向人工饲育转化了。这也就是我在上面说过的发展牧业的道路。在这几个发展牧业的环节上，科研工作者已在赤峰地区找到了有效的改良办法，这是十分可喜而应当记下来的事情。

巴彦他拉处在西拉木伦河以西大草原的西端，再向北是巴林左旗的林东镇，即早年辽国的上京。"巴彦他拉"系蒙语富饶的草甸之意。据当地同志介绍，解放初这里还是柳树成片、野鸡成群的好地方。现在柳树没了，野鸡飞了，一片黄沙。草场退化严重的原因如前所述，而这里更直接的原因是开荒造成的。1966到1976年，植粮地增加了3倍，达7万多亩。1970到1975年，部队开荒3万亩，后来全部丢荒，日益沙化。其结果是1966年以前的10年，牲畜增加了4倍；后10年，反而减少了1万头（只）。

1976年春，苏木草原站开始治理这块沙化地，主攻方向是半干旱沙化草场的改良建设。他们建设了水、草、林、机四配套的3万亩基本草场，种树50万株，形成40个网眼的林网，控制2.4万亩草场，种植了优质牧草2800亩，青贮100亩，树木、牧草长势很好。我初次看见长到我胸前肩旁的青草。草势长得这样好，据说是由于他们还采取了引洪淤灌的措施。这块地靠近一条河，每年春水涨，他们就开好沟渠，按网眼轮流把水引进漫灌地面。这种水里含着上游冲下来的沙和有机物，漫灌地面留下厚厚的一层土，相当肥沃，因而改变了沙化的土质。治理前亩产牧草只有30公斤，经过治理提高到150多公斤。过去这个苏木每年买草需10万元，现在单以支援别处牧草就可收入10万元以上。他们又围封了近5万亩沙化土地，现在已可以轮流放牧。

以巴彦他拉为例，我们看到过去因开垦而破坏的草场，可以成为牧草生产的基地。如果再加上围封治理，已经退化的草场在10年里是可以转变为优质牧场的。这个经验在边区重振牧业中具有重大意义。这个以牧为主的巴林右旗，各类沙丘面积估计有400万亩，占全旗面积的26%，而且现有沙土面积比1964年增加了近一倍，沙化每年平均以11万亩的速度发展。要扭转这个严重形势，每年得添加5个和巴彦他拉这样的乡，才能在10年内把巴林右旗真正地转变为富饶的草甸。事在人为，已经有了榜样，这个目标是可以做得到的。当然在方法上还得因地制宜，但是林网和围封的基本方法是到处适用的。

发展牧业，首先在草场建设。草场的恶性循环主要表现在草畜矛盾。传统的牧业不讲经济核算，不计经济效果，接羔和出栏没有计划，造成死亡率高和畜群老化。这种习惯至今没有彻底改变，以致现有牛群里尚有13岁的高龄犍牛还在饲养。据估计，1982年巴林右旗尚有7000多头6岁以上的犍牛没有适时出栏，3岁以上的羯羊达2.5万只。这些老牲畜拉长了畜群生产周期，使有限的草场在冬春受到过重的压力，反过来增加了畜群的死亡率。同样一片草场，定量的草料，如果多养适龄母畜，繁殖率就能上升，再加上及时提高出栏率，加快畜群周转，使用草料喂给能多出肉乳毛皮的适龄牲畜吃，牧业效益就能大大增加。

我们过去有一段时期，以牲畜存栏头数来作为牧业指标，头数增长认为是牧业的发展。片面强调牲畜存栏头数势必导致降低出栏率。赤峰情况就是这样。在草场沙化的发展并没有扭转的30年中，牲畜总头数由1949年的100万头发展到1983年的676万头，单位牧场载畜量增加了近6倍。在表面的繁荣中包含着阴暗的一面，那就是由于草地超载，畜群不够结实，难于抵御自然灾情。1983至1984年春就出现高死亡的现象。所以当务之急，不仅要从草场建设上稳定和提高草料的供应，而且需实行科学畜牧，就是分析畜群结构，加速周转，提高草场效益，解决畜草矛盾。农业要提倡科学种田，牧业同样要提倡科学养畜。

六

从提高经济效益的观点出发，一项根本措施就是改良畜种。用同量牧草养育一条牛，因品利不同，所得到的畜产品，价值可以有很大的差别。比如原来的本地品种一只绵羊只产羊毛1至1.5公斤，自从敖汉细毛羊的改良品种试验成功后，一只绵羊平均可剪羊毛3公斤。这几年羊毛总产量提高了11%，1983年总产量达1000多万公斤，创历史最高水平。

我们参观了海金山牧场，当时他们正准备接待自治区派来的人员验收定名为草原红牛的改良品种。我们遇到该场最早引进英国短角牛的负责同志，听他讲述了引进和试验的经过。还是在20世纪50年代初期，东北某农科所处理英国短角牛，昭乌达盟分得了18头。这18头原种和当地蒙古牛配种，获得成功，肉乳兼用，产量都超过母种，而且适宜于在这个地区生长。

接着进行了人工授精。冷冻精液使得草原红牛的繁殖得以大面积推广，现在全市已有12万多头，海金山准备验收的牛群就有2000头。我们见到了负责这项改良品种工作的一位土专家，他是中专毕业生，学过一些有关牧业的基本知识，从实践中摸索，坚持了30年，最后见到良种的评定。科学事业，贵在坚持。这位土专家没有用文字写出什么论文，但是他的论文就写在畜群日益增长的草原红牛身上。

我们在短角牛场停留时间不长，但得到很大启发。这是一个以牧为主、繁育短角牛的种畜场，也就是培育草原红牛的种畜。这里沙化面积达40%，他们坚持围封淤灌，造林治沙，根治了流沙。在改良并合理利用天然草场的同时，注意了野牧草驯化、优良草种繁殖和人工草场的建设。几年来，先后引进150多个牧草品种进行对比试验，同时驯化当地野生优良牧草12个品种，选出适合本场栽培的优良牧草品种，1980年开始繁育牧草良种，其中有制作青贮较理想的品种。有适合晒制干草的品种。与此同时，建成了人工饲草饲料基地，以农促牧，不但自产羊草、优良牧草、青贮饲料，还生产多汁饲料和精饲料，粮料自给有余。场内建立了乳粉厂、酒厂、木工厂、面粉加工厂和饲料加工厂。饲料加工将从草粉加工向颗粒饲料和配舍饲料深度发展，现工业产值达40多万元。

20年来，前10年该场赔了118万元，而后10年盈利达140万元。在这里我不想强调品种的改良，治沙的效果，而想从农牧业结合，促进牧业发展，走上发展工业的道路去看，这里不是提供了从靠天养畜向建设养畜转变的具体启示么？

我们接着访问了接受联合国援助的翁牛特旗示范牧场。建这个场的目的是为在集体经济基础上建立一个草场、饲料、牲畜集体化生产的试点，成为北方干旱半干旱地区，一个现代化的生产、科研、教学相结合的示范中心。联合国提供了全套机械设备。我国提供了五万亩饲草饲料地，修建所需的建筑，包括青贮设备、机械仓库、人员办公住宿用房。为了引水入场，还修筑了一个水渠体系。从1981年开始建设，1984年已完成了第一期计划。尽管这个牧场是否有推广的条件还成问题，但在这里至少可以看到现代牧场的一些梗概。他们初步摸索到了草原畜牧业如何向现代化畜牧业过渡的途径，其中重要的一条就是饲养业一定要和种植业并举，放牧和半舍饲相结合。简单地说就是靠天放牧和人工饲育的结合。如果能利用现有条件，总结和分析这个示范中心所遇到的种种具体问题，正给我们理解在牧业现代化道路上必须通过实践来克服的一系列困难。其中重要的一条是如何走出具有中国特点的道路来。从这个角度来说，这个示范牧场是一个有价值的试验。

七

我们从巴林右旗沿西线折回翁牛特旗。翁牛特旗从整体说来是个半农半牧区。它正处在以牧为主的巴林右旗之南，以农为主的赤峰郊区之北，夹在北牧南农的中间，也可以说赤峰市农牧两区的交接地带。在这个旗里我们曾沿东线参观了上述几个治沙和改良畜种的典型，但并没有接触到半农半牧的特点。在回程上才访问了有半农半牧代表性的巴汉他拉苏木。巴汉他拉是"小草甸"的意思。这个苏木，一共有1100户，分成四个嘎查（蒙语"村"的意思）。

我们听到黑塔子嘎查的情形之后，认为这里具体而微地集中表现了赤峰这地区的一般经历并有力地指出了退农回牧的前途。让我在这里简单把这个嘎查的情况介绍一下。

黑塔子嘎查是1947年解放的，当时共有64户人家，347人，其中蒙古族49户，230人，蒙古族以牧为主，全嘎查共有大小牲畜1235头（只），耕地只有436亩，主要属于汉人所有。当时商品经济不发达，牧业和农业都处于自给状态。上等好耕牛市价一般不超过百元。务农的汉人技术上同样很落后，称作"漫撒子"的粗放农业，种的主要是糜子和谷子，产量很低。务农的家里也养少数牲畜。务牧的在村子边头也撒些谷子。当时黑塔子不像现今我们所见到的那样荒凉，草甸子平均每亩青干草在250公斤以上。草甸子上长着碱草、野苜蓿、德日苏等草，牧草称得上很丰美，而且还有麻黄、黄岑等名贵药材。

解放后这30多年来几乎每年有30口汉人流入草原。1966年已有242户，1029人。牲畜增至3104头（只），耕地增至3871亩。1983年又有增加，达到345户，1705人，其中蒙古族88户，448人，还不到总数的1/4。嘎查土地总面积4万亩中，草牧场3万多亩，牲畜5390头（只），比解放时增加近3倍半。耕地4千多亩，比解放时增加近9倍。土地总面积是增加不了的，耕地增加则草牧场缩小，牲畜头数增加则每头牲畜草料供应相应降低，这样就引起严重的草畜矛盾，降低了牧业效益。

党的十一届三中全会前多年强调"以粮为纲"，大量种植粮食作物，亩产量不到50公斤。1972年劳动日值下降到5分钱。所以从1963年起，一直到1980年，连续吃返销粮，到后来连返销粮也买不起，只能靠国家救济过日子。这种情况到三中全会后实行大包干的责任制才得到扭转。特别是这几年种植了向日葵，全嘎查1983年交售商品油料15.5万公斤，加上牛羊肉8000多公斤，人均收入达到240元，群众的生活才逐渐好转，解决了温饱问题。

黑塔子嘎查的经历告诉我们，这个地区的所谓半农半牧，并不是农牧结合，而是农牧并存。从民族上看是蒙牧汉农，杂居共处。这个草甸子原来是优良的牧场。六七十年前开始有务农的汉人移入，但是到解放时该地人口汉蒙还是三七开，所以保持了以牧为主的经济。30多年来发生了变化，成了半农半牧。这变化在经济上说是走了下坡路。移入的汉人越多，农田越多，日子越难过。这是该地居民每个人的切身教训，也是引起民族矛盾的经济基础。我们要加强民族团结，就是要切切实实地改变这种经济状态，而只有走上农牧结合、民族共同繁荣的道路才能扭转这局面。

我们倾听了黑塔子的干部们根据他们实践的经验所提出发展这地区的方案，真是为我们上了一堂富有启发的课程。如果总结这堂课的主题，可以说是"退农还牧"四字，看来这也是整个半农半牧区应走的道路。如黑塔子嘎查那样的地方，首先要解决的是土地的沙化问题。治沙的办法正如我上面所说过的，是现成的。黑塔子嘎查准备用3年到5年的时间，采取"引洪淤灌"的方法开沟挖渠，引进附近少郎河的永淤灌2.5万亩盐碱地；同时对现有的草牧场实行封育，轮流放牧；并着手营造防护林，使这里草料在两年里每亩增产50公斤，这是走巴彦他拉所走过的路子。

他们还计划"卖羊买牛"，在几年里使这个嘎查建成一个奶牛基地，做到每头母牛有"一亩青贮、一亩草料"，种植青贮作物是一种为牧业服务的农业，这才真的做到了农牧结合，这种结合不仅是以农促牧，而且通过"过腹回田"，牲畜又为农田提供了有机肥料，以牧促农，彻底地改变农牧矛盾的恶性循环成为农牧结合的良性循环。这是走上牧业现代化的路子。

"卖羊买牛"是牧业专业化。过去传统的牧业是自给的牧业，一家牧民要在牲畜身上取得日用所需的种种原料，所以必须是肉奶皮毛样样俱全的综合供应。从自给经济提高到商品经济，那就要根据商品的需要而选择品种，一头既能长膘，又能出奶的牛是不多的。黑塔子嘎查想把现在喂羊的草料转过来喂牛，把现有的羊全部处理掉，换成几百头奶牛，然后用精饲料饲育奶牛，并且计划开办奶粉厂走上工业化的路子。这是一种先进的设想。以农促牧，以牧促工，整个经济就搞活了，也就提高了。他们估计完成"卖羊买牛"的计划后人均收入可以达到450元，比现在翻一番。路是人走出来的。但是采取这种措施的具体条件是否具备，那是还应具体研究的。

八

从巴汉他拉更往南行，就进入了翁牛特旗的农业区。这里有一条足以利用来引洪灌溉农田的少郎河。可以得到灌溉之利的土地称作平川地，但只占可耕地的小部分，大部分是丘陵地带的坡地，只适宜种植旱地作物。在一定程度上这里可以代表赤峰市中、南部农业区的一般情况。我们从半农半牧的巴汉他拉出来，就去访问乌丹镇附近的山嘴子乡农业科技村驿马吐大队。这个大队现在是赤峰市商品粮基地之一。自从大搞农田基本建设、推广普及农业科学技术，这个大队的粮食产量从1978年就开始大幅度上升，从该年的135万公斤，已经提高到1982年的217.5万公斤，4年里产量每年递增25万公斤。1982年实行了"双包"生产责任制，1983年试办农业科技村，效果非常显著，粮食总产达到268.5万公斤。1983年向国家售粮27.5万公斤，成为名副其实的商品粮基地。

我们在访问该村之前，脑里就存在着一个科学成果怎样推广的问题。上面我们已经介绍了赤峰市在治沙、造林、改良草场和牲畜品种等方面所取得的科研成绩，但是这些都是局限于较小范围里的成绩，还没有大面积地推广来改变赤峰市经济的整个面貌。在我们看来，当前的问题是怎样把这些已经找到的发展手段大力地运用起来发挥效力，关键是怎样使这些已经行之有效的科学知识能传递到广大群众手上，变成千家万户的生产力。这里包括两个问题：一是怎样形成一个扩散知识的社会组织，二是怎样建立起一个扩散知识的队伍。听到驿马吐大队的初步介绍后，觉得这个科技村的实验可能对上述问题提供一些答案。这次访问并没有辜负我们的期望。

这个科技村为科技知识的传播建立起一个五层结构的塔形梯队组织，最高层是负责全村科学普及推广工作的科学技术委员会；其次是受过农民业余技术学校培训的有文化知识的农民技术员；第四层是示范户，是些能在群众中起模范带头作用的农户，其中选出若干重点示范户作为第三层；基层称科技户，包括所有愿意接受科技知识的农户。凡是一时还不愿接受科技指导的为一般农户，是这个组织的预备队。

全大队5个自然村有630户。1983年落实了420个科技户，占全大队总户数的67%，其中示范户有70户，占总户数的11%，1个示范户指导6个科技户；其中再选择14户为重点示范户，占示范户的20%。全村共有农民技术员十几人，他们都是具有初高中文化程度，经过农民业余技术学校里的培训，工作热情高，干劲大，接受事物快，在科学种田方面有一定实践经验的农民。经过考试合格，发给证书。他们是青壮年科技骨干，通过他们抓对示范户的指导咨询工作。负责全村科技普及推广工作的科技委员会是全部工作的领导小组，有成员7人，其中村干部5人，农民技术员、科技示范户代表各1人。通过这个塔形梯队，达到了上通下达，抓骨干、带一片的信息流动运转的系统。

自从包产到户后，改变了过去出工听哨子、操作听指挥的劳动方式，各家各户都得自己决定田地上种什么作物，串换哪些种子，购买哪些农药、化肥等等农业经营上的问题。解决得好，收成就高，解决得不好，产量就低。农民开始要求自己掌握农业科技知识。当然农民对现代科技知识不是一下子就容易接受的，认识有先后迟早。有些自以为能靠老技术种田的人，并不急于采用不熟悉的新办法，一直到他们在实践中发现自己田地上的产量赶不上科技户时，才改变主意。

接受科技知识需要一定文化条件。驿马吐这个村子，据说已普及了小学，但只有少数达到初中程度。实践中他们感到文盲和小学程度的农民，必须通过具体的直观示范才能跟着做。这是在愿意接受指导的农民中，还得通过多层媒介才能跟上的原因。在科技知识传递的塔形梯队中，能起带头作用的范围还不到10户，文化水平是局限性的主要因素。所以这个科技村的领导小组已经下决心要采取措施普及初中，为进一步推广科学种田创造条件。

科技知识能得到推广是因为它在实践中确能提高生产力。驿马吐有许多生动的例子。其中之一是烧锅地科技示范户许桂东，1983年，他承包25.4亩土地，单产平均475公斤，水地单产575公斤，平均每人1000多公斤，人均收入达565元，比过去多了好几倍。他在种好自己承包地的同时，带领11个科技户，帮助他们安排种植计划，购买农药、化肥，搞好种子处理，组织引洪防虫等，使他们都获得了好收成，人均持有粮达1850公斤，比上年增加400公斤，人均收入400元，比上年增加80元，这个小组比其他农户每人多得粮食300公斤。

重点示范户、示范户、科技户的层层带动，促进了生产，在田间管理上，只要科技示范户一动手，其他户也一齐动手。比如过去追肥正赶上天旱，示范户根据技术员指导推迟四五天，全大队都跟着示范户一样行动，推迟了追肥时间，获得良好效果。

有了这个能带动群众的塔形梯队组织，是否能产生良好效果，还得依赖带头的技术员。这种合格的技术员和示范户在一般农村里，需要从无到有、从少到多地自行培训。驿马吐大队在赤峰市和翁牛特旗有关部门的帮助下，从1980年开始就举办了农民技术学校，1983年扩大培训范围，开门办学，凡是有一定文化水平并能坚持学习的农民都可以参加。一年来一共开办5次，每次都结合当时农事的实际需要授课，如玉米、谷子、高粱三大作物的高产栽培，春季播种、夏季田间管理、秋季选种的知识。每次21天，一共参加690人次。这样培养出了一批掌握基本农业科学技术的骨干。他们不仅自己能种好田，帮助科技户种好田，而且其中还有一些人承包了六项有关新品种、肥料、高产栽培、新农药、生长刺激素等科研试验项目，积累了年度数据，提出试验报告，1984年作出了示范应用，扩大了科研效益。

驿马吐科技村在智力扩散、科技传播上取得了很宝贵的实践经验。现在的问题是怎样能把这个成功的经验推广到更大的范围，不仅包括农区、也应当包括牧区在内，推广这个多层塔形梯队组织，首先是需要有科技知识的人。从驿马吐的经验看，每 6 家科技户需要一个示范户，5 家示范户需要一家重点户，这些基层科技人员用两三年时间可以从一般农民中培训出来。驿马吐这样的 600 多户 3000 多人的大队，至少要两个中专程度、一个大专程度的技术指导员，全市 75 万户，376 万人就需要中专以上指导员 2500 人，大专以上指导员 1250 人。而现在全市农牧系统大中专程度的科技干部约 2200 人，显然在数量上相差很大。所以从点上的成就要推广成面上的事业，还需要在短期间培养出大批大中专程度的基层工作人员。这些人员不可能从外地调用，只有在本市培训，那就需要立刻着手在本市开办大专程度的专业学校。

我们在上面所叙述的还只是大队一级的基层机构。这个梯队并不是自足的，它还必须接上更高的层次，至少还要有市、旗（县）两级的科技指导机构。如果与农牧研究机构配套，所需的人才为数就更多了。我们在这次访问中，所得到的有关材料还不够作出初步的智力规划，只能提出这个问题。但是为了实现赤峰市农牧的现代化，这个规划是不能缺少的。

九

"有工则富，无商不活"，这句话在赤峰市是同样适用的。赤峰市 1983 年工农业产值 17.45 亿元，其中农牧业 9.16 亿元，工业 8.29 亿元。农牧和工业在产值上相差不大。但是这里的工业主要是集中在赤峰市区和若干国营厂矿，在广大农牧地区基本上没有现代工业。农牧副业 1983 年产值约 2.7 亿元，只占农牧产值的 30%，所以农牧区人均收入还不到 300 元。

我们所访问的那些牧区和农区，确是很少见到工厂，甚至较大的作坊也不多。除在太平地听到过，由于 20 年来种的树已经陆续成材，有一部分木材可以加工制造胶合板，在黑塔子谈过打算发展奶牛开办奶粉厂外，各地很少谈到农牧产品的加工和兴办其他工业的话。这使我们产生一种印象，赤峰的农牧地区似乎还没有达到发展工业的阶段。但是我们又同时常听到关于赤峰地下资源的谈话，而且知道在赤峰市东南角的元宝山已经建立起大型的火力发电厂。我们在返京的夜车上，还看到沿铁路线的山坡上灯光闪烁，说是来自采金的矿区。这些又告诉我们赤峰实际上已具备工业大发展的若干条件。

从潜力上说，赤峰市确是极为雄厚的。在地质上，它处于华北地区与大兴安岭的褶皱地带，是各种矿藏较多的地区。北部背靠大小山脉，峰峦起伏，由东向西连绵延伸，形成了境内长达300公里的各种金属和非金属矿带。目前又发现有色和稀有金属30多种，还有石灰石、大理石、萤石等非金属矿大小几十处。南部以煤炭、黄金为主，元宝山的发电厂就是利用附近开采的煤作燃料的，现在它的发电颇为可观，主要用来支援辽宁的工业。如果充分利用当地提供的电力来发展采掘工业，前途是极有希望的。

正在访问期间，我们接触到建设集通铁路的计划。集通铁路是拟议中从集宁经多伦和赤峰北部到通辽市的铁路。主要是为了使西煤得以东运，同时也给包括赤峰在内的内蒙古东部开发提供重要动脉。可以预测，这将使赤峰经济发生重大的变化。

如果这条铁路能够建设，我们想到的是怎样使这条铁路成为导致广大赤峰的农牧民实现现代化的动力，而不是一条单纯用来为采掘的物资外运的工具。这就有赖于在铁路建成之时，赤峰市农牧区的经济是否能全面地发展起来，更具体些说，能否从自给经济转变成商品经济，因为只有进入了商品经济，才能充分地利用像铁路一样的运输工具为本地经济服务。

赤峰市内农牧区的商品经济原来是很不发达的，还停留在定期的集市水平，市镇为数很少而且规模也很小。我们访问过巴林右旗的大板和翁牛特旗的乌丹这两个相当于内地的县镇，以及居于北面进入赤峰市区要道上的桥头镇。

大板镇现有1.6万多人口，解放时只有2000多人，因为清代下嫁到昭盟的几个公主都居住在这个镇附近，又在镇上建造了几座庙宇，也就形成了集市，每年农历六月有一个月的庙会，成为昭盟北部的重要商业中心。蒙族地区的庙会相当于内地的集市。在赶集的那个时间，买卖双方从四面八方聚集在这个地方进行交易。集期过后，各自分散。牧区庙会的特点是集期间隔较长，往时一般一年一次。而每次庙会可以拖长相当多的日子，有的长至一个月。据说那时牧民以游牧为主，并不定居，生活基本自给，日常生活中依赖于外地供给的粮食、茶叶、盐、布帛等都是耐久的物品，可以贮存，跟着畜群流动。牧民一年就赶几匹马、几头牛、几只羊到庙会上来，换取一年所需的这些东西。实际情况当然比所说的复杂些，但这也表达了基本生活形式。在赶庙会时，平时分散放牧的牧民聚会到一起，在热闹的场合下赛马比赛，歌舞娱乐，盛极一时。会期届满，人又星散。所以在大板一样的所谓镇上，平时只有几家杂货铺和饭馆。庙里当时却有七八十个喇嘛。

这次我们到大板，若和上面所说的早日情况相比，已大有发展，有百货商店、招待所和两所有相当规模的中学。但是如果和内地的县镇相比，也就显得冷清多了。

作为翁牛特旗政治中心的乌丹镇和大板镇相比，确是高出一筹。人口约4000户，1.7万人。市容很有规划，穿市而过的是绿化了的现代街道，两旁有高层建筑的百货商店、电影院和一些行政机关。它是赤峰市南北两部分的交通枢纽，所以商品流通和运输等方面较其他地点为优越。据说在1948年解放时，人口已有1.4万人，工农业产值据估计只有50万元。在"文革"时期，虽说有一些社办企业，但时兴时衰，曲线发展，动荡不定。经济上翻身是在党的十一届三中全会之后。1978年以来，5年中社办企业由17个增加到27个，从业人员由560人增加到1785人，固定资产从55万元增长到161万元；工业总产值由65万元增加到113万元；在边区，可以说是已经开始走上发展乡镇工业的道路。人均收入也从1977年的115元增加到210元。镇上已有电视机255台，自行车1.024万辆，成年人80%都戴上了手表，人民生活确实有了显著改变。

如果分析一下乌丹镇的企业，还是以建筑业为主，配上一些建材、加工、商业、饮食和修理、劳务等初级服务业，还没有提高到制造业的阶段，全镇总产值729万元中，工农业的比例是15：85，差距还是很大的。

乌丹镇南面的桥头镇，相当于内地的乡镇，1978年被列为翁牛特旗的商品粮基地，粮食已比70年代初翻了一番，商品率达到35%，人均收入从1978年前的几十元增加到了256元。生活上的改变和乌丹镇相似。

从上面几个镇的情况看来，单纯依靠农业，尽管粮食产量有了大幅度的增产，人均收入还是不容易超过300元，到2000年达到小康水平还是有困难的。农牧地区要较快地走上富裕的道路，看来还必须发展乡镇工业。事实上，目前赤峰市已有一定的条件，那就是走上面我们所指出的：牧业从靠天放牧改变为人工饲育，改变粗放的农业为饲料基地，为牧业服务，提供饲草和饲料。一旦畜牧业有了大发展，走上专业化的道路，牲畜浑身是宝，就可以成为工业原料，发展肉类、奶类加工的食品工业和毛绒加工的纺织工业，以及畜皮加工的制革工业。总之，加一道工就增加一项收入，以牧业为基础发展起来的轻工业是不胜枚举的。

我们对赤峰市的远景是十分乐观的。如果能贯彻林牧为主的方针，首先改变生态环境，农牧结合，发展饲料种植，加速牧业改造，在林牧的基础上建立多种多样的小型轻工业，使千家万户都能得到收益，走上工业化的道路，同时，由于铁路交通的发达，矿产的采掘，以丰富的自然资源和能源为基础，建立起21世纪的新赤峰。这个前景不是太远，主要在于能及时解决当前所缺乏的智力和财力两项关键性的问题。关于这些方面，也正是我们今后开发边区的研究应当注意的课题。

1984年9月

包头篇

1984年我开始在内蒙古进行社会调查。内蒙古幅员辽阔，概括地讲是东林、西铁、南农、北牧，一个地区有一个地区的情况。农、林、牧、矿各有特点，要了解内蒙古只能分区、分段进行。那年我还去了赤峰。通过赤峰地区的初步考察，注意了解内蒙古地区农牧之间的关系。在当前传统农牧业经营方式和生产技术条件下，发生了农牧矛盾，破坏了自然生态的平衡，即广种薄收的农业破坏了草场，使草原沙化，牧业衰退。为了克服这一矛盾，只有变生态环境的恶性循环为良性循环。群众在这方面创造了各种各样的办法。

我们和当地领导一起，观察和总结了群众的经验。这些经验说明，只有提高农牧业生产技术水平，使农业为牧业服务，发展舍饲与放牧相结合的牧业，这个地区才能恢复自然生态平衡。同时，农牧业生产的发展一定要有为农牧业服务的工业的支持，如饲料工业及各地农牧产品的加工工业，而且这些轻工业也要有机械工业为后盾。就全局看是农、牧、林业和工业的系统结合。

如何发展自治区的工业是我们当前要研究的问题。"西铁"主要是指包头钢铁基地，所以1984年我到内蒙古自治区就提出到包头考察的想法，并请包钢经济研究所的同志带个信，着手做准备。后来又派了两位同志当先行官到包头向各企业和有关单位请教，做了进一步的准备。我自己于1985年6月1日来到包头，除参加"边区开发"科学研究工作会议外，还参观访问了中央、自治区、市所属一些厂矿和研究单位，与干部、科技人员和工人进行了座谈讨论，学习到很多新东西，也提出了一些问题，明确了一些看法，为今后开展研究工作做准备，也可以说是做了"破题"的工作。总之，我们想在包头研究边区开发中真正抓出一些问题来，然后针对问题，选出典型对象，"解剖麻雀"，并在一个或若干企业中进行细致的调查工作，用材料来证实或否定提出的看法。这样才能得到反映实际的基本观点。

如果把包头的情况与赤峰地区的情况相比较，赤峰是自然生态平衡失调，要恢复它的平衡，种草种树是前提，然后发展为牧业服务的农业，才能使农牧林优势得到充分发挥。包头则产生了工业企业中人文生态环境失调的问题，要调整这一生态环境，需要把大型骨干企业的能量扩散出去，成为发展边区工业的发动机，在一个区域内扩散工业的同时建设城市，发展小城镇，使之形成一个由大小企业构成的群落，一个有生长活力的社区。

一

包头，是内蒙古人民在全国各族人民的支援下，经过30多年的努力，在草原集市的基础上建立起的一个具有较大城市规模的工业基地。包头的中年人都参与了创业，而且都为此作出过贡献，所以现在一谈起这段历史都那么亲切和生动。他们告诉我们，包头，过去是个富饶美丽、人烟稀少的草原，蒙语就是"有鹿的地方"。这里到解放前还不过是一个人口不到7万的"水旱码头"。所谓水旱码头，是指它地处黄河要津，是有名的西北皮毛集散地，多年来形成了内蒙古皮毛牲畜和药材汇集内运和内地输入商品的转运中心。据说当时每到黄河开冻，各式各样的船只就不断地汇集此地，7月中旬达到高潮，码头上停驻的船只有三四百条，长达好几公里。包头城内大街小巷过往的马车有500多辆。集市上车水马龙，盛极一时。但是，城内除了一些小的手工作坊外，根本谈不到工业。

包头巨大的变化开始于1953年初。那年，中央决定利用白云鄂博矿产资源，在包头建设一个大型钢铁联合企业，作为我国第一个五年计划重点建设项目之一。随后中央还决定把第一个五年计划的另外三个项目定在包头。我那时正在做民族工作，听到中央把这些重点企业放在包头，当时就体会到这是一件意义深远的措施。看来，中央为的是要使民族地区走上现代化的道路。

我深信，如果民族地区不实现现代化，少数民族的前途是不堪设想的。长期的封建统治和民族歧视已造成了各民族事实上的不平等。在社会主义条件下，要实现民族平等，不但要从政治上、法律上给予各少数民族平等的权利，而且要在物质基础上提高起来，使这些权利得以实现。因此就要大力发展各民族的经济、文化。现在这个道理已被大家承认了。没有生产力的发展，什么事都办不好。发展少数民族地区的生产力，首先要发挥他们传统的优势，并且要引进工业以加快他们优势的发挥。中国的现代化是离不开少数民族地区的工业化的。

内蒙古地区在继续贯彻以林牧为主、多种经营的方针的同时，还必须发展现代化工业。但是，边区没有工业的传统，甚至手工业作坊都很不发达。在自然经济状态下，怎么样发展工业，智力、资金和有技术的工人从哪里来？不解决这些问题，是谈不上边区的工业化和现代化的。

客观条件决定了边区的工业发展要有外助，必须充分利用从外面引进的智力、财力和劳力来发展边区的工业。在这一点上，边区与沿海地区是不同的。沿海地区已有相当的工业基础，100多年来已培养出了一支相当强大的技术队伍。

沿海地区工业的蓬勃发展是令人鼓舞的。但同时，这也使我想到了沿海地区和边区必将出现更大差距，边区将如何对待这一挑战呢？我多年做民族工作，对少数民族有深厚的感情，因此特别重视这个问题，决定把我的研究工作的重点从江苏转移到边区，为开发边区出一份力量。

中央领导早就看到了这个问题，20世纪50年代周总理曾动员知识分子支边。内蒙古是最早建立民族自治区的地方，希望在一定的时间里建设成一个能起模范作用的民族自治地区。当时大批知识分子响应中央号召，来到内蒙古工作。1984年我到呼和浩特市，看到那里有文、理、工、农、林、医、师范等高等院校，各种教育设置成龙配套，在全国的新兴城市中是少有的。

当然，光引进智力是不够的，还要引进工业。边区的优势在于资源丰富。我国大部分工业资源都在西部，这是中国自然地理的特点。从民族方面看，汉族人数最多，善于耕作。5000年来，汉族在东亚的这一块土地上精耕细作养育了亿万人口，而地力迄今尚未衰竭，这是伟大的业绩。但是与此同时，他们把从事其他生产活动的民族，不是吸收了进去，就是排挤在外围，居住在不宜于耕种的地方，形成了当前民族分布的形势。这种格局是在农业时代形成的。现在已进入工业时代，工业化将改变这种情况。在社会主义制度下，在工业化的过程中，要实现民族的共同繁荣，就得使开发的资源成为共同发展的基础。

依靠边区本身的力量发展工业是有困难的。建国初期中央决定把部分重点企业放在边区，利用其资源优势发展工业，技术、资金、劳力则从外地调去支援，这不是偶然的，而是适应中国特点的道路。看来今后还要这样做下去。我们现在所提的"三力支边"，实际上是继承开国以来开发边区的精神。

包头是一个很突出的例子，它是国家有意识在内蒙古这个民族地区建设的一个工业化的发动机。包钢、一机厂、二机厂的建设，都是在这一精神指导下进行的。当时的口号是:"全市支援包钢,包钢带动全市"。换句话说,就是全地区支援重点项目,重点项目要带动全地区经济建设的发展。这个方针是很全面的。

现在的问题是,中央的这个精神是否得到贯彻?原来要求的目标是否实现了?先让我们看看30年来这里所经历的曲折道路。包钢是从苏联引进的技术,开始建设时有许多苏联工程技术人员参加规划和设计。但是建设不久,中苏关系发生变化,合同被撕毁了,我们蒙受了巨大的损失。最后我们靠自己的力量还是顶住了。进入60年代后又遇到了"十年动乱",技术进步无从谈起,甚至近来世界新技术革命的浪潮,也未能影响我们边区的这些大企业。这些大企业的技术和设备基本上还停留在50年代的水平上,30年来未获得多大提高。

尽管如此,包头的那些国营大企业在广大职工的努力下,生产并没有停顿过,不论任务完成得怎样,成绩是必须肯定的。但是如果再看一看,这些大企业是否带动了本地区的工业发展,问题就比较复杂了。我们对这个问题还刚刚开始注意,不可能有较全面的看法。据我初步的印象,这些大企业在一开始就没有充分意识到自己有带动地方发展工业的任务。不仅如此,在设计时采取的"先生产、后生活"的方针,对企业中职工的生活也没有全面考虑。企业和所在地方的社会关系也并未得到应有的重视,以致职工生活设施一直跟不上企业的运行,至今仍处于被动地位。尤其是一上来就走上了企业自己办社会的路子,使这些企业和当地社会处于隔离的状态,自身搞"大而全",形成一个封闭性的社区。这就严重地限制了这些企业向外的辐射力,限制了它们带动地方工业发展的作用。

二

企业不光有机器,还有人。人是生产力的主要要素,而人是要生活的。在时间紧迫的情况下,短期内固然可以采取"先生产、后生活"的做法,但"后"到什么时候,就值得研究了。我早年就听说,包钢建成不久就发现青年男职工在边区找不到老婆,于是不得不在附近建设了一个棉纺厂。后来又发现男女职工结婚后要生孩子,不得不办起幼儿园。随着孩子长大,又办起小学,办起中学。大约在70年代新的一代青年的就业问题就出现了。包钢不但要"包钢"还要"包人",一步步地形成了一个封闭式的企业。随着人口的增殖,需要企业自己去"消化"。在这种情况下,就出现了"顶替"的办法,把有技术的父母顶下来，替上未受严格训练的小青年。这种办法是对企业原有技术力量的消耗。这些大型企业，除了没有火葬场和监狱，样样都有：有公安处，有经济警察等，仅包钢一家，教育经费就达400万元。企业办社会的问题在全国带有普遍性，但在边区更为突出，包钢的困难自然要比首钢多。

去年我去香港看了一下，那里只有1000平方公里的面积，人口达500多万。人多地少，只有发展高层建筑。一个居民社区有近百幢高层楼房，近10万人住在一起，楼房下层有全套的生活设施，人们居住在里面，到外边去工作，生活和工作互相配合得比较好。这样的人文生态环境是比较协调的。边区则不然，大企业职工衣食住行一直很紧张，吃菜、住房、儿童教育等，经常出问题。厂长要当"家长"，劳碌终日，影响企业经营。这种企业与市政脱节的状况，明显地影响了企业劳动生产率的提高。企业利润很少，甚至长期亏本，以这种状态进入市场有什么竞争力！

在这里我们看到了封闭性企业本身产生的人文生态失调。包钢建成近30年，职工已进入第二代，甚至第三代。由于封闭，职工子女的婚姻与就业问题，都得由包钢本身解决，不断内婚和顶替的结果，很多车间已结成为亲属网络。青年人称老工人不叫师傅，而叫伯伯、阿姨。在车间管理上出现了新的复杂性，也影响了劳动生产率。人口在继续增长，近亲繁殖，封闭社区的活力不断消耗，这样形成了这类边区企业人文生态的第一个恶性循环。

人文生态的第二个恶性循环更为严重，这表现在地区之间。边区的大企业是作出了贡献的，但没有能带动整个地区的经济发展。现在就全国来讲东西差距拉大了，引起了边区的智力外流。1984年我在呼和浩特讲话时曾强调落实知识分子政策，以确保边区的智力资源。这一年来自治区在这方面确实做了很多工作，但是还不能说知识分子外流的趋势已经扭转，主要原因是由于东西差距拉大后产生的影响。

江浙一带乡镇企业急需人才和技术，而大学毕业生一直分配不到集体企业和县级以下的单位。所以知识分子成了财神。登报招贤等种种办法都出现了。我在江苏省扬中县听说，他们在《光明日报》上登了一条招聘技术人才的广告。这条广告只登了一天，他们就收到了1000多封回信。我让他们分析一下信的来源，结果大多数来自边区。这说明沿海地区乡镇工业的兴起，对人才产生了一股很大的吸引力。另一方面目前有一大批知识分子还冻结在边区，其中很多是50岁上下的老支边人员。一边有需求，一边人想走，配合起来，就出现了"一江春水向东流"的局面。这对于边区开发的影响十分严重，有如水土流失那样出现了人才流失的问题。唯一挽救的办法是发挥边区知识分子的作用,扩散他们的力量,把他们吸住,继续为边区服务。在这种新形势下,封闭的、大而全的企业看来是维持不了的,对内对外都难以为继。可是,随着有计划的商品经济的发展,大企业不可能继续再搞封闭的模式了。现在回头再看50年代"包钢带动全市"这个口号,寓意就更深刻了。

三

怎样扭转这人文生态的恶性循环呢?

第一,思想上要解决点问题。企业的领导人一定要认识,不从"大而全"和封闭模式中解放出来,不开放,就不能生存,不能发展。要开放就要有人接应,包头市能否接受和吸收大企业的扩散?这里还有一个群众的思想问题。目前,人们的观念还停留在前商品经济的阶段,需要改变。

我在包头坐车到旧城所在地东河区跑了一趟,看到有不少成衣铺,挂出的牌子上都标明是浙江人开的。后来一问才知道在包头除了成衣铺之外,还有修鞋、家具、理发等,各种各样的服务行业都是沿海各省的人来开办的。这对沿海地区来说是一种劳务输出。这批人在边区劳动很辛苦,但一年可赚几千元寄回去。

但这却是一个触目惊心的现象:当前的边区,一方面是知识分子外流,另一方面却是手艺人滚滚而来。这说明本地居民自己,一方面缺乏现代化工业技术,另一方面又不愿办第三产业。这样下去不但人才外流,而且资金也会外流。是否可以下命令冻结,一面不许走,另一面防止进来呢?那就更不行了。如果这样做,边区将会成死水一潭,根本谈不上开发了。应当欢迎这些为当地居民服务的手艺人进来,设法使他们赚的钱留下来,投资扩大再生产。也就是说,得对他们采取开放政策,让他们落户。同时边区居民为什么不可以自己学一学,开些铺子呢?外地手艺人的涌进已经有5年了,当地居民就是没有人去搞。我想,究其思想根源,就是自给经济培养出来的轻商和贱役的陈旧观念在作祟。

这种观念一下子改变也不容易,可是必须想办法改变。比如说,办缝纫学校,请老师教,甚至给文凭,说是"成衣学校"的毕业生,地位高了,有了面子,就会逐步把青年引进第三产业里面去,要欢迎外面来人输入技术,外助自立,边区人民要从自给经济的观念中解放出来。

第二，体制得进行改革。目前，包头的"三张皮"正在进行结合，即中央、自治区、地方三级的协作，过去各管各的状态开始改变。这样做了，三级企业通力合作，发展地方工业，就可使已经聚集在包头的人才发挥出应有的作用，不再外流了。发挥科技人员作用的方式可以各种各样：让他们出去帮助人家解决技术问题，改造旧设备，筹办新厂，发展乡镇工业等。技术人员有了前途和事业，干劲就会起来的。这样边区对他们就有了吸引力，他们也就不愿离开边区了。留人得靠吸引力，不能靠行政命令。

相对而言，当前包头还拥有相当雄厚的智力资源，只要采取一些措施是可以使之发挥更大作用的。我在北京曾到首钢参观过沙发厂、成衣厂、饼干厂，这些小厂吸收了首钢2万多职工，解决了首钢剩余劳动力的问题，也解决了待业青年问题，并以小厂养了大厂，把首钢搞活了。农村体制改革推行了家庭承包责任制，打破了大锅饭，转移了大批剩余劳动力，出现了小城镇。大企业同样也有一个剩余劳动力和技术能力转移的问题。技术和劳动力留在内部发挥不出作用，还会造成人文生态失调，一旦转移出来英雄就有了用武之地。

另外要找拳头产品，包头耐火器材厂就是一个例子。瓷砖是他们的拳头产品，是从唐山传过来的。厂里曾有40多个技术骨干是从唐山来的。他们始终与唐山保持联系。传入这么一个拳头产品，便使这个厂活了起来。这说明外地的智力支援对开发边区是何等重要。包头大企业的技术力量并不小，要设法把这股力量释放出来。

目前包头正在进行城市体制改革，把"三张皮"结合起来，互相配套，重点放在地方企业的发展上。这个方向是对头的。但是包头还要看到自己的任务：要把工业扩散到外围乡镇中去。作为一个城市，有150万人口是够大的了。苏州市人口60万，无锡市不到100万，而这两个市的工业产值都已超过100亿元。包头没有必要搞得人烟稠密。人多了市政费用太大，最好是在城市外围搞一个乡镇网络，一个大小企业的群落。

我还是主张在边区也要发展小城镇，这样能使基层人民生活较快地提高起来。但小城镇不会从天上掉下来，苏南的乡镇发展得快是因为有上海作为依托。相对而言，南京附近的县就比较落后。这是因为南京的大企业和军工企业，长期以来和这里一样是封闭的，智力资源扩散不出去。1984年以来，南京市把大企业和军工企业从"高墙深院"中引了出来，与小厂进行联合，收到了很好的效果。

同一个道理，平地起家搞工业是很困难的，苏北就是这样。苏南的一位县委书记调到苏北去当县委书记,用同样的办法搞乡镇工业就搞得不如苏南,甚至搞不起来。为什么?就因为上海的技术没有辐射到那里。过去无锡人到上海当技工,其中不少是钣金工。十年动乱,他们回到家乡,就把无锡的小型机器工业办了起来。苏北的盐城地区也有大批人到上海去做工,据说上海 1/10 的人口来自盐城地区,但他们过去多数是干苦力活。同时,因为生活贫困,多数又是举家搬迁,没有留根,所以很少人回家乡传技术。现在盐城正朝着一个中等城市的规模发展,打算成为工业向乡镇扩散的"二传手"。包头市也是这样,要把包钢这个工业发动机的作用扩散出去,应以包头为"二传手",把整个地区经济带动起来。因此内蒙古也要发展小城镇。我看还要补上这一课,不能直接学苏南,先要把大企业中的智力和技术扩散出去,发挥中等城市的作用。

第三,工业结构要起点变化。包头的工业建设是从重工业开始的,因为这里有资源,从重工业开始是很自然的。但是如果停留在重工业的片面发展上,地区经济是起不来的。边区从内地吸引了大批重工业技术力量,有了这一批技术力量就应当设法培养轻工业。重工业投资多,收入少,轻工业搞起来快,回收力强,而且还可以搞小型的,投资可以量力而行。重工业小了不行,要有一定规模。轻工业则可大可小,甚至以小为宜。纺织厂就是如此。我在日本看到一种家庭小工厂,夫妇二人管十几台织机,24 小时不停,劳动生产率高过大厂。可见,包头要以重带轻,以轻养重,光有重工业是不行的。地区经济发展了,就业问题解决了,市政收入也增多了,就有力量改善对市民的服务。只有在这种情况下,企业办社会的封闭状态才能逐步扭转过来,使人文生态形成良性循环。封闭的重工业是不能常葆青春的。

第四,要充分利用超距离辐射。类似包头这样地区的工业发展,一方面可以依靠大企业的扩散,另一方面要对外开放,从先进地区尽可能地引进智力、财力和劳力。在我们这个时代,技术的传递已经不是靠口口相传和当面指点的方式了,而是可以通过各种信息系统把新技术传进来。前面已经讲过,目前我国东西两部分的差距正在拉开,产生一种人文生态的恶性循环。边区人才和资金外流是个大问题。从资金外流来看,江浙手艺人赚走的还是少数,大量流出的是购买外地日用品引起的边区和沿海贸易逆差。要改变这种逆差,一方面要调整边区出产的原材料价格,一方面是发展轻工业和原料加工业,制造日用品。边区起点低,发展轻工业还需要外地支持,要善于利用外力,自己站起来。提倡外助自立,不能靠出卖原料过日子。大量从外面引进智力、财力和劳力，为当地增加生产能力，有什么可怕呢？我看应该欢迎。30年来，大概有600万人从内地移入内蒙古，一部分被称为盲流，过去曾采取"挡"的政策。现在情况变了，不能再这样做了，因为内地的农村富起来了，还要发展。听说，内地去东北的一些移民，现在已经开始回归家乡了。我想，将来会有一天，请人家进来都不容易了。可见，人口移动并不可怕，问题在于如何使流进的人发挥作用，为提高本地的经济出力。

第五，要大力发展第三产业。包头早年就是"水旱码头"，为什么现在第三产业还没有发展起来呢？思想没有转过来是原因之一，大企业封闭也是原因之一，主要原因恐怕是当地工业没有发展。第三产业不是一下子就发展得起来的，它是随着第一和第二产业发展而发展的。从现在起我们就应当注意培养第三产业的人才，提倡和鼓励人们经营第三产业。

第六，国家在对边区的政策上要采取一些特殊措施，也就是采取保而不护的优惠政策。这里说的是要保住边区发展的条件，而不是保护落后，不是护短。补贴的办法是保护落后的办法。为什么不向边区投资，去发展产业呢？现在的基本情况是边区廉价输出原料，中央从受惠的企业中收了钱，再补贴到边区；我认为这是对边区"输血"，而不是"造血"。"造血"的方法是让发达地区向边区投资，发展边区的产业。过去相当长一段时间里边区依赖中央，伸手要钱。要了钱来不是"造血"搞生产，而主要是用来维持边区的行政开支。对于这一点，我期期以为不可。世界上没有一个民族能在贴补中站起来！

我认为对边区不应采取贴补政策，但是又必须看到边区发展一定要依靠外力支援，所以应采取优惠政策。优惠不同于贴补，因为这是扶植而不是救济。利税政策应当研究，边区的税率应动用民族区域自治法，由中央与边区协商决定优惠办法，并且给企业生产的原料定出留成比例，利用留下来的部分去发展当地的生产事业，层层把企业搞起来。

现行的原料价格政策也要认真研究。我国的工业资源主要集中在边区和少数民族地区。这些地区输出的原材料价格影响着他们的资金收入和积累。要照顾这些地区的发展，价格需要适当调整。另外，现在边区企业的设备还多是50年代配置的，已经相当陈旧，按目前的折旧率，需要15—20年才能更新，速度太慢了。大企业的"老牛破车"，无法使其发挥发动机的作用，无力带动地区工业的发展。我们的政策要有利于边区大企业设备和技术的及时更新，使大企业始终保持先进的根基。

还应当提出，现在内蒙古和北京的地区工资类别是相同的，而内蒙古的日用品价格一般高于北京。在民族地区支边的人们生活水平至少不应低于原地区的水平，否则人才外流是挡不住的。

在这种形势下，我们除了采取一切必要措施，保住边区现有的智力资源和加速发展边区经济外，还应大力提倡爱国主义，鼓励支援边区，恢复50年代的精神，而且要防止再走弯路。我们要坚定不移地把改革进行下去，使大中企业真正活起来。这样，建设在边区的重点企业才能真正发挥发动机的作用，带动地方工业的发展，成为现代化农、林、牧业发展的好后盾。

四

留下的问题是：边区大企业怎样扩散它们的技术力量，带动全区的工业发展？我带了这个问题观察包头的情况，看到了许多值得注意的具体事例。

上面已提到，不论包钢还是包头的其他国营大企业，过去基本上都是封闭性的"大而全"的单位，封闭性的企业的一个特点就是企业办社会，职工和他们家属的生活，包括孩子的就学和就业问题在内，企业全都得管，最后不得不采取"顶替"的办法来安置职工家属，但是包头这些大企业近10年来每年待业的职工子女有上千人，只靠"顶替"解决不了问题。

另一个解决职工子女待业问题的办法是办所谓的大集体。我起初听到这个名词实在不明白，一问才知道，他们先把待业的职工子女集中在厂里训练，然后把他们分散到各车间去帮师傅们操作劳动，实际上是当了工人。但是由于没有招工指标，他们只能是"计划外用工"，工资和福利待遇都低于正式工人。

人口在继续增长，"大集体"也不能无限扩大，于是又出现了"二集体"。"二集体"是把待业的职工子女组织起来，成立各式各样的加工厂，承包大企业的活，或成立各种劳动服务公司为大企业打杂。"二集体"和"大集体"的不同之处是，这些公司是按"全民所有、集体承包、独立核算、自负盈亏"的原则建立的。现在这些"二集体"的工人每年还在增多，不得不一个个再分出去，成了"三集体"。

从"大集体"到"三集体"都是封闭性企业用来解决本单位由于人口增殖而发生青年就业问题的办法。由于这些青年都是职工子女，所以大企业和这些"集体"也是由亲属关系联系起来的。懂得中国传统社会结构的人一看就明白，这个企业实质上成了一个大家庭。主干企业像是家长，"二集体"像是长大了的子女，分房自炊。分房自炊的集体实际并不脱离主干企业，和没有分家的子女并无两样。

主干企业采取了"派、请、培、帮"的办法来照顾他们分出去的"集体"企业。"派"就是由主干企业选派有经验的技术骨干去担任"集体"企业的各级领导,而且明确规定这些领导干部是向主干企业负责,主干企业随时可以撤换他们。"请"就是聘请退休的老技工、老干部当"集体"企业的顾问和老师,进行传、帮、带。"培"是选择"集体"里的青年职工到厂内或厂外去深造。"帮"就是主干企业在资金、材料、设备等方面无偿贷予集体企业使用,并且协助后者开发新产品,推广销路。总之,是大家庭里家长对待分房自炊的儿女们的一套传统做法。他们之所以做得那样自然,那是由于这种所谓大集体、二集体的设置实质上是按传统家属模式行事的。

如果我们在包钢看到的有些集体可以称之为大家庭里的分房自炊的模式,那么我们在内蒙古第一机械厂看到的却是儿女分家自立的模式了。一机厂开始也走过分房自炊的道路。但是,现在他们遵循中国亲属制度的轨道,又向前走了一步:在生产和经济上能够自立时,就让它们独立。独立是指不再作为主干企业的一部分,成了名副其实的集体所有了。

我是初次在工厂企业里进行社会调查,没有料到一开始就见到这样的经营方式。这不由得使我想起具有日本特点的"Z"型经营模式了。看来现代工业引入东方国家,确实一下子离不开当地民族特点。

从包头见到有限的事实中,作出具有概括性的理论为时过早。但是在包头所见到的绝不是一种偶然现象,用亲属原则来经营我们的企业,甚至其他社会机构,恐怕在全国具有一定的普遍性,近亲繁殖的现象显然不限于边区一隅。这是一个值得深入研究的课题。

且不论上述这种近亲繁殖的企业扩散的方式是否利少弊多,我们可以想象,只靠这种方式是很难贯彻"包钢带动全市"方针的。利用亲属关系来进行扩散,实质上是企业封闭的结果,不能认为是一种开放的模式。大型企业真正的扩散是不能走亲属渠道的。不过我们毕竟在包头见到一些开放性扩散的苗头,虽然还没有成为一种趋势。

包头地方国营拖拉机厂生产的小四轮拖拉机,就是在包头国营大企业一机厂的帮助下投产的。一机厂为拖拉机厂提供技术资料,做好某些生产准备,还派了技术人员协助解决技术难题,在投产过程中又为小厂培养了技术人员。这样才使"小四轮"在内蒙古转动起来,并成了一种畅销产品。又如包头内燃机配件厂接受国营大企业的外协任务,培养了一批技术力量。在这基础上用两年时间从美国引进了内燃机活塞的先进技术，成功地搞出了一代新产品。

包头的内蒙古第一机械厂还采取"走出去"的办法，主动与地方企业联系，对地方企业的设备状况、生产能力、技术力量、质量水平进行调查分析，把适合于地方企业制造的零部件委托它们制造。同时还把一些地方企业的人员请到自己工厂里来，召开专门会议，把准备扩散的零部件提供给他们选择。在地方企业承担制造零部件时，一机厂还提供锻料、铸件毛坯等。以大企业为中心，采取产品扩散的形式可使各级企业成龙配套，协调发展，在技术上、人才上、产品上以及经营管理上，国营大企业对地方企业进行有系统的、有计划的能量扩散是边区发展工业大有前途的一条道路。

最后，包头的大企业究竟具不具有扩散或辐射的能力呢？我们见到大企业里人浮于事的现象，曾问过一些厂长和经理：如果允许他们精兵简政，在维持目前生产任务的条件下，有没有多余的人力可以转移？他们回答说，只要现有人力的一半甚至1/3就够用了，况且这还没有把机器设备的更新估计在内。如果这个估计是实事求是的，那么城市经济体制改革后，城市企业和农村一样会发生劳动力的转移问题。由此看来，智力和人力的扩散是边区大企业本身的需要。其中部分有技术的人员，可以转移到地方或乡镇企业中去，一部分非技术人员则可以转移到方兴未艾的第三产业。这正是边区企业逐步走上开放的有效途径。

我在包头访问只是为今后关于边区开放的调查研究做一些破题的工作。着眼点在于提出问题，而不是在分析和解决问题。我是按所见到的和想到的作如实叙述，仅供读者参考。

1985 年 6 月 15 日

话说呼伦贝尔森林

有人描述内蒙古自治区的经济结构大体上是"东林、西铁、南农、北牧"八个字。东林，指的是北部呼伦贝尔盟大兴安岭的森林。我想去见识见识林区经济，于去年8月访问了呼伦贝尔盟（简称"呼盟"）。

"呼盟"过去与现在的人

呼盟幅员辽阔，有25万平方公里（比江、浙两省合在一起还要大），东靠黑龙江，西北隔江和苏联相望，西南是蒙古人民共和国。以纵贯南北的大兴安岭为主轴，全盟可分三部：中部是山岭林区，西部是草原牧区，东部是河谷农区，已发现的煤矿在西部。

西部草原有呼伦和贝尔两个湖泊，相联为盟名。两湖地区水土丰美。经考古学证实早在1万年前已有人类生息其地，称这时的人为扎赉诺尔人。然而曾在这草原上居住过，而且在这里发育成长的民族却是不少的。许多虽都成了历史的陈迹，如东胡、匈奴、鲜卑、室韦等，但其后人和当前国内各民族联系尚待考证。我这次曾到大兴安岭里的阿里河镇附近去游览嘎仙洞。洞巨而深，可容千人。洞口有一碑记载北魏在华北建国后，遣使到此祭祀其先祖。我以前不知道，这个以雕塑和书法碑刻著名于史的拓跋王朝，原来是兴安岭森林里猎民的后人。触景生思：看来我国历史上南下建国的北方民族中，可能有不少是走过鲜卑老路的。他们从森林里狩猎开始，下山到草原上放牧，壮大后驱骑南下，入驻农区，然后在中原的文化大熔炉里化成其他民族的一部分。

在两湖地区兴起的民族至今还有人居住在这里的只有蒙古这个民族。成吉思汗就是在这片草原上团结了许多部落，从而形成蒙古族。但是据历史记载，现在居住在呼盟的蒙古族则是在18世纪30年代迁入的。当时清朝政府为了防御帝俄继续入侵，调兵驻扎在呼盟草原，又移民实边，引进了蒙古牧民。调入的士兵中除蒙古族外还有鄂温克、达斡尔等族，总数约7千人，加上后来进入的家属和牧民大约3万多人，他们的后裔在这片草原上繁衍生息，形成了今天呼盟民族分布的基本格局。

兴安岭林区早年就有以狩猎为主的居民，上述鲜卑族的先人就是一证。17世纪初期，帝俄开始侵入黑龙江北岸的广大地区，原在该地区居住的达斡尔、鄂温克、鄂伦春等族人被迫越江南迁，一部分进入了兴安岭林区。现在还在林区居住的是鄂伦春族，人数已不多了。

目前呼盟人口中占多数的还是汉族。清朝末年东北地区对汉人开禁之后，闯关东的移民数量很大，但很少进入呼盟这个偏僻的山区和草原。1903年东清铁路修通，才使大量移民迁入成为可能。铁路西头有俄国人移入，近十几年来这些俄国人几乎全部遣返。铁路东头不断有汉人移入，主要居住在沿线的城镇里。我们没有掌握人口逐年增长的数字，只了解到1949年呼盟解放时总人口约31万。原有3万多人经过1947年的自然增长可达10万人。那么可推算出，在铁路修通后到解放前夕这段时间大概移入了20万人。可是，据1984年的统计，呼盟人口已达239万，如果其中原有人口的自然增长以60万人估计的话，那么在解放后的35年里约移入了180万人之多。

由盟外移入的汉人至今仍然只有很少一部分从事牧业。20世纪50年代我初次访问呼盟曾在海拉尔草原上了解到一些情况。那时给我留下的印象是，这里从事牧业的几乎都是蒙古族和鄂温克族。当时还是游牧性质，畜群按节气在草场间流动，人跟着牲畜逐水草而居，几乎都住在可以移动的蒙古包里。过去草场都有一定的归属，由部落所有，汉人是插不进去的。至今呼盟西部牧区里的汉人仍然集中在市镇和矿区。所以在西部草原上汉族是少数。以新巴尔虎左右两旗为例，蒙古族人口分别占74%和68%。

大批移民进入呼盟的一个原因是林区开发和矿业发展。1945年冬在呼盟开始建立国家林业机关，其间机构的名称改变过多次，现称林业管理局，所属各局、场、厂、站、队形成一个行政系统，称林业系统。这个系统的职工和家属初期约4万人，1984年已增至55万人，占当时全盟人口的23.8%。1958年后呼盟煤炭工业有较大发展。1984年这个系统的职工和家属估计已有5万人。

呼盟的农业原来是不发达的。早期的居民中只有达斡尔族经营一些农业。多在嫩江河谷一带，当前大部分耕地是解放后外地移民开垦的。60年代内地农村凋敝，大量农民移入呼盟东部各地。这些移民都是个体自发流动的，被人称为盲流，实际人数很难统计。一直到 80 年代才逐渐减少，1984 年呼盟农业人口约 80 万。

严重隐患与青山长在

大兴安岭是我国东北重要的林业宝地，仅就呼盟范围而言，林区就有 1200 万公顷，占全盟土地面积的 48%，占全国森林面积的 1/10。1984 年估计林木总蓄积量 8.8 亿立方米，占全国总量的 9.5%。到 1986 年止累计提供木材 1 亿立方米，现在每年可提供 360 万立方米。至于森林里可开发的其他资源就无法估计了。从宏观上看，其经济价值更值得重视。我认为，这片大森林是我国整个东北部生态系统中的主要环节。我们进入山区就注意到公路两侧山坡暴露的土层很薄，大多不到 1/3 米，土层下面就是碎石。这样薄的土层如果没有林木覆盖，很容易被雨水冲蚀成为现在西北所常见的光秃秃的山头。我们现在就靠这片林海保护住了大兴安岭的土层，吸住流水，为东北的河流提供水源，灌溉我国最富饶的东北粮仓。怎样利用和保持大兴安岭这个大森林，是关系国民经济全局的大事。在这里我们有必要回溯一下痛心的历史，以便从中吸取教训。

20 世纪初清朝在帝俄强迫下同意修筑从呼盟的满洲里起穿过我国东北境内到海参崴的东清铁路。应该说修建铁路当时对发展经济是有利的，但是这条铁路毕竟是为帝俄掠夺我国东北资源服务的。首先遭到破坏的是沿线的林木。筑路时要就地取材，大肆砍伐。当时俄国人的住宅也是大量用木材构筑的，甚至墙壁都是用完整的巨大木材垒成的。这种房屋现在在满洲里等城市里还能看到。帝俄利用这条铁路将木材不断地输出，以致沿线原有的森林几乎完全砍光。我们现在坐在火车里已完全看不到、也想不到这里曾经是丰美的林区。30 年代到 40 年代，日本侵略军占领及伪满统治时期，森林被肆无忌惮地进行了大规模的掠夺性采伐。这两次大破坏估计损失木材达 1.5 亿立方米，几及占全部蓄积量的 1/6。

1946 年起呼盟的林业才开始由国家管理。1953 年林业管理系统改由林业部领导，并规定了"采伐与更新并举"的方针。从此，掠夺性的采伐得到扭转，并且开始进行了有计划的采育。这里首先修建起林区铁路，以便利木材的运输和人员的交通，然后组织林业工人进入林区作业。同时，林区成立了队和站，建立起工作人员的工作和生活据点。随着铁路的延伸，这里不断建立起新的林场，采伐也逐步深入。我们这次访问就是坐正规的火车直到额尔古纳左旗的满归镇——呼盟林区铁路最北的一站，已接近边界。也就是说呼盟林区南北的运输主轴现在已经修成，木材就是通过这条铁路不断从森林运到外地。据说，为了开辟新林区，铁路线还计划继续延伸。其实到1984年止，沿铁路线已有124个林场，296个小工队，星罗棋布于呼盟的林区里。

周恩来总理生前曾提出要做到"青山长在，持续利用"，林业资源的开发必须有长期打算，有伐有育。如果只伐不育，青山变成荒山，林业资源就遭破坏。呼盟森林在解放前的两次大破坏就是只伐不育造成的。再说，呼盟地处高寒山区，树木长势缓慢。俗话说："十年树木，百年树人"，在这里树木如树人，一棵树要长100年才能成材，所以更需要做到采伐数量和树木生长周期相配合，即使有伐有育，也必须控制在和总蓄积量的一定比例之下。

呼盟林业资源在国家实行管理之后是否能做到不再受到破坏呢？单就国家林业系统的采伐和培育的比例来看，呼盟林业并没有真正做到"采伐与更新并举"的方针。据介绍，1976年到1984年8年里采伐量超过生长量达80%。有大片已采伐过的林场没有进行次生材的培育。

国家伐多于育的数目是可以查得到的。无法计算的是非计划内的采伐。100万的林区居民，生活上所需要的木材，实际上都是就地砍伐的。最大一项消耗是日常需要的燃料。高寒山区室内取暖的时期又长，家家户户门前成堆的烧柴都是用成材的树木劈成的。我们这些外地来访问的人看了真是心痛。平时木材的消耗还有可说，盲流大量进入林区的时期里，为了建屋和偷运，损失的木材更无法估计。而这样被砍伐光的林区根本谈不到培育新林。呼盟大兴安岭的森林正在不断破坏和消蚀之中。看来这已是难于否认的事实。对于我国东北宏观经济中的这个严重隐患，不能不引起足够的警惕啊！

行政上的双重结构与多种经营

我们这次访问特别注意了林业管理体制问题。

林区在有计划采伐之前原本没有基层地方行政设置。现有的行政管理制度和设置是在林业开发的过程中逐步建立起来的。进入林区伐木和运输的工人由林业系统的基层单位——队和站负责管理，同时由于森林里荒无人烟，职工的生活必须由林业系统自身经营。因此林业系统不得不担负起经营、管理职工和家属的各种社会需要的职能。从孩子出生到老人死亡所需的教育、就业、婚嫁、退休、疾病、娱乐以至丧葬等一切社会职能都得由林管局统筹。换一句话说，林业系统既包了林，又包了人。由企业性质开始，终于成了一个"大家庭"，而且"大家庭"的成员越来越多。50 年代招来的职工，到 80 年代，都已子孙满堂了。林业系统也跟着扩张，除建立起队、站、厂、场、局上下各级的组织外，还有种种专门机构。1984 年牙克石林业管理局所属单位共 44 个，其中 17 个局（公司）、7 个厂（局），所属林场 124 个，小工队 296 个。另外还有 20 个事业单位，包括林业研究所，各级学校（233 所）、医院（24 所）、防疫站、森林警察（1000 多人）、公安部队（1000 多人）、物资局、文工团、日报社、宾馆等。这个庞大的系统到 1984 年已有职工 13 万人，加上他们的家属和不在编的工人据估计有 50 多万。50 年代总共不过 4 万人，30 多年里增加了 8 倍。这个"大家庭"是个基本上"不求人"的自给自足、独立封闭的社会单位。真可谓企业办社会的典型。

林业系统是我国实行计划经济时期里建成的国营企业。这个企业全部由国家投资，按国家规定下达的计划采伐木材，所采木材全部由国家调拨，属一类物资，价格由国家规定，没有计划外的合法销售渠道。同时，它又是一种专业企业，只有为国家提供木材的任务，不兼行其他"分外"的生产。它的收入除按规定的价格向国家支取木材售价外，所得利润还要按成上交，亏空由国家补贴。国家规定的木材价格一般偏低，影响林业管理机关的收入。但支出方面却由于企业办社会，人口越多支出也越大。在这样的体制下，林业管理机关不得不紧缩育林投资和加速木材的采伐。这不能不认为是采伐率超过育林率的根本原因。但是林业系统供养这一大群嗷嗷待哺的人，不多砍些木材又怎能维持这支庞大队伍的生活呢？

企业办社会加重了企业的负担，其他国营企业也有这种情况。但是，林业还有其特殊情况，依法说林管局能管的只有林业系统里的人。但住在林区的却还有林管局管不到的其他居民，他们是在林业开发过程中移入林区的各业人员和他们的家属，为数往往超过林业系统的人员。林业局是无法包下这整个社会的。呼盟全部人口中林业系统只占 1/5，在林区里比例虽高一些，但还是占少数。林业系统之外的人是由盟旗这个地方行政系统管理的。因此在林区里存在两套并行的行政系统。这两个系统却又不能都完全划地而治，因为两个系统的人多混杂和交叉居住，甚至一家人分属两个系统。这种状况引起行政上的复杂性是可以想象得到的。

我曾向双方领导谈起这件事，他们都说现在双方很讲交情，问题不大，就是说，大家是靠人情而不是靠制度来解决问题的。人情碰着实际利益时就不易生效了。据说地方上曾提出愿供煤给林业系统作居民的燃料，把省下来的木材作价给地方派用处。这本是合理的建议，用木材当柴烧实在可惜，但是至今没有成议。今后地方和林业两个系统都要发展多种经营，在林区资源的分配上双系行政之间的矛盾也就更难免了。

在林区开发之初，由林业系统代行地方行政的职能是难免的。在一个时期里出现行政上的双重结构也是可理解的。这应当看成是过渡阶段，企业办社会原本是不可取的体制。企业的利润用来维持社会福利，削弱了自身的积累和活力。何况企业不能包社会全体，企业所包的和包不下的两部分居民之间的矛盾滋长起来必然会损害企业的正常进行。现在由于企业系统之外的居民得不到木材和燃料，已经引起严重的偷伐和滥伐，前几年所谓"盲流"问题一时闹得很紧张。

目前林业系统急于要解决的问题是自身收支平衡，以保证伐育并重。现在已经实行的办法是改变单一经济为多种经营。林业系统技术力量是相当雄厚的，只要政策开放，允许他们利用科技知识进行多种经营，满地的财宝都会加倍增值。

但是，如果不解决行政上的双重结构，在开发林区资源的过程中难免互相牵掣，互相扯皮。行政上的统一领导问题迟早会提出来的。两者怎样合而为一呢？一个办法是由林业系统统一林区的管理，不但管现在林业系统的人，也管在林区住的居民，就是政企合一。据说黑龙江伊春的林管局就是这样办的。地方行政领导由林管局的领导兼任，林区的地方行政费用由林区自给。据说伊春林管局在地方行政上，每年要花费8000多万元，影响了企业本身的发展。再说，这种体制事实上是把林区划成行政特区，直属林业系统，对省一级的经济发展也是不利的。看来并不是一个可取的方案。

另一个可行的办法是林业企业化，行政归地方去管理。理论上讲是个较好的办法，但是结合林区开发的特点这个办法也有它的困难。我们曾就林区的学校能否由地方统一管理的问题和双方一起研究过。林方愿意继续承担一定数额的教育经费，作为对地方的补贴，但对于保证教学质量却不放心；地方则顾虑自己无力负担学校的发展。双方的这些顾虑一是出于两个系统的人员来源不同，文化不齐，对教育的要求不一致。林业系统里有大量技术人员和工人，而一般居民则是各地来的农民。更重要的是地方在经济上不如林方。林方想卸的包袱地方没有接过来的实力。所以要实行政企分开，还得从提高林区的经济着手。在现有的水平上是难于做到的。

改善林区经济状况，最根本的一条办法是开放多种经营，发展多种多样的小企业，个体、集体、全民一齐上。以小企业来保护大企业，使森林资源能持续利用，青山长在。从呼盟的实际出发，看来目前必须由林方采取主动，在技术上，资金上协助当地居民兴办各种小企业，而且要开放林区资源，在规定的范围和条件下，使全体居民，包括林业职工的家属，都能投入到利用林区资源的生产事业里去。这样才能人尽其力，物尽其用。林区这块宝地可以比较快地使居民富裕起来。地方的财政雄厚了，林管局才有条件从办社会里脱身出来，专心一致去发展林业。

鄂伦春人的前途

最后我还应当提到的是原来在大兴安岭里居住的鄂伦春人。他们是我国人数最少的民族之一，1978年共3200人，现在为4000人，有一半居住在呼盟的兴安岭林区。1951年成立了鄂伦春自治旗，当时全旗只有778人，其中4人不是鄂伦春族。1986年该旗的鄂伦春人增加到1672人，超过一倍，但是该旗的总人口已达29万人。相对来说，鄂伦春人只占全旗人口的0.6%。这里林区铁路已经修通，镇集已经形成。鄂伦春人的生活也起了很大的变化。

鄂伦春人什么时候进入兴安岭林区，我们还不清楚，至少其中有一部分是17世纪帝俄侵占黑龙江北岸时渡江而来的，现在隔江还有他们同族的人。这个民族原本是森林里的居民，衣食住行都取自于森林资源。森林里多野生动植物，他们以狩猎和采集得到食物，以白桦的枝杆和树皮搭成尖顶的小棚称"仙人柱"，用兽皮作衣穿。他们饲养驯鹿，供驱使和运输。多少世纪以来他们就过着这种自给自足的生活。森林以外的世界的变化，打破了他们封闭的安定生活。最早就因为外地的人看中了他们猎得的毛皮，清朝政府强迫他们进贡貂皮。帝俄的哥萨克、亡命的商人冒险进入林区欺骗和掠夺毛皮，最后实行武力侵略，占领我们的国土。森林里的猎民为了提供贡品和商品引进了火枪，林区的生态平衡开始被破坏。但森林尚无恙，他们的生活来源还有保证。主要的也是根本的变化开始于这片广阔的自然森林变成了供应外地的林业资源。树木砍了，他们的生活也就不能不变了。因此发生了鄂伦春这样以林为生的民族怎样生存和发展的问题。

我们访问了林区的鄂伦春族自治旗。自治旗所在地阿里河完全是个新建的小镇。我们见到的是一排排崭新的住宅、学校、商店、医院、银行、电影院。"桦皮做房地当炕"的日子已经看不见了。在额尔古纳旗的奥鲁古雅猎民乡的一个小型博物馆里,我们初次看到"仙人柱"和"四不像"。"四不像"就是驯鹿,博物馆里陈列着一具装饰得很美的标本。在远处的密林里是否还有过着传统生活的鄂伦春人呢?我们不知道。眼前见到的这个小镇和林区其他的小镇基本是一个样子。如果说有区别的话,这里更整齐更中看些。据记载,国家对这个自治旗从1951年至1978年的建设投资累计达1.1亿元。

按照民族政策,这里十分注意培养鄂伦春族的干部。据说现在已吸收为国家干部和职工的,就是在国家编制里的人数约占全部呼盟鄂伦春人口的1/3。学生从小学起就有补助金,不是干部和职工的成年人可以领取护林费。鄂伦春族同胞的基本生活是有保证的。但是据介绍,四个猎乡共200户中却有120家贫困户,也就是说这些人生活还没有超过年收入120元和粮食400斤的贫困线。这个情形不能不引起我思考了许多问题,其中最严肃的问题是,一个民族假如脱离了生产,会不会成为无根之木、无源之水呢?

我一向认为,一个民族,不论大小,要发展和繁荣起来,必须有个坚实的经济基础。一个民族要在发展中保持其民族特点,那就必须利用其民族特具的优势来发展其经济。不然的话,这个民族难免要衰亡或失去其原有特点而名存实亡。如果用这样的认识来看现在鄂伦春族的情况,我不能不为他们的前途担心。在社会主义制度下,一个几千人的民族,国家是供养得起的。但是怎样使鄂伦春人作为一个民族发展和繁荣起来还要多加思考。

在森林里以狩猎为生的时代,对鄂伦春人来说是一去不复返了。但世世代代生活在森林中所养成的特点,也就是其他民族不具备的优势,如果能加以发扬和提高,促使经济实力增强,鄂伦春族的前途就是光明的。我看他们的优势就在熟悉怎样利用森林资源的这点上。在正确的林业政策下,森林是能持续存在的。鄂伦春民族的用武之地应当是常在的,需要提高的是利用森林资源的手段,从原始狩猎到科学利用。

我们知道,解放后国家就帮助鄂伦春族建立养鹿场,自治旗曾有3个养鹿场。鹿全身是宝,即以鹿茸一项就可以使家家户户富起来。养鹿原是鄂伦春人的传统特长,如加以扶助,养鹿业应当、而且可以发展起来。但出于我意料之外的是,自治旗的几个养鹿场据说已经关闭了,有些领导同志说驯鹿由于长期近亲繁殖,已经退化。总之,我认为鄂伦春人应集中力量奠定本民族的经济基础,我们的政策也应从这方面去多考虑。当前这里的产业结构对这个民族的发展是不利的。近一半的人家还没有富起来，就足以说明这点。

最后我愿意再一次强调，大兴安岭林业的发展，必须考虑到林区经济的全面开发，而在开发林区资源的过程中决不应忘记了原来居住在森林里的鄂伦春民族。我们不仅要保证青山长在，还应保证各民族的共同繁荣。

1988 年 4 月

阿拉善之行

我很感谢阿拉善盟的党政领导同志和工作同志，特别是内蒙古自治区政协的乌力更副主席陪我到这儿来，很愉快地住了几天，也碰到了这里多年没有的大雨，心情很愉快。我们这次来的目的，是想了解阿拉善的情况，最初我是从乌力更同志的话里边听说的，叫我到骆驼之乡看看。我们一起工作了5年，从赤峰到包头，又到了呼伦贝尔。从东到西，从南到北，农林牧铁我都看了一下，先后4年，最后我们一起到阿拉善来看看骆驼。这几天学到了不少东西。原来阿拉善并不是个很荒凉的地方，它资源丰富，已经开始现代化的建设了。我们看到了腰坝一个人造的绿洲。用电把地下水提起来进行灌溉，没有电是不可能的，有了电，打了水，就可以种庄稼，经营饲料基地，可以发展牧业。我们也看到了吉兰太盐湖，是个人口比较密集的工业区，开始了现代化的化工建设，势头很好，走上了路子。尽管工农牧业发达的点还很少，而且刚刚开始，但集点成片，今后一定能建设成一个比较繁荣的地区，我感到高兴。

前几天我们在兰州开了一次会，想在西北搞一个大的课题，即准备建立一个黄河上游多民族经济开发区，这个开发区包括1000公里黄河，1000万人口，包括两省一区（青海、甘肃、宁夏），实际上应该把内蒙纳进去，成为两省两区的协作。此事已经酝酿两年了。过去各省、区都各自为政，我管我的一省，你管你的一区。我们的行政区划是历史上遗留下来的，主要从财政观点来规划的。例如清朝，建立一个省，总是要一个好地方，搭配一个坏地方，江苏的苏南要搭配个苏北，苏北很穷，而和苏南相接的钱塘江流域却划给浙江，又搭配上荒凉的西部山区。实际上苏南、浙北是一个经济区，为了财政上的平衡分成两个省。总之，行政区划不是以地区经济为基础的，这种行政区划已不符合当前发展的需要了，甚至成了一个限制发展的东西。甘、宁争一个水坝，所谓大小之争，已争了20年，因之现在应当从整体发展出发进行各省区之间的协作。

去年我访问了甘肃临夏和青海的海东两地，这两地在历史上本来是一个地区，一个经济区，叫作河州。河州原是一个农区和牧区互相交易的地方，是茶马贸易的中心。牧民要吃奶茶，茶在西藏是没有的，都要农区运去。农区需要马来耕地，要马来打仗，而马主要的产地是西北草原。农区和牧区之间的产品就在这里交易。我们后来搞了"以粮为纲"，这种贸易就断了。三中全会后，才重新放开，这里的商业马上就发达起来了。

这个地区还是回族的聚居区，回族是经商起家的。我建议青海的海东和甘肃的临夏，搞一个经济协作区，经过领导批准，协作区于去年这个时候成立的，这是第一步。西北两个省的主要领导人在临夏开了个会，会上一致认为，同一个经济区域里的开发工作必须大家一起来想办法进行协作，中央也支持这个观点。

今年在开人大、政协会时，甘、青两省和宁夏自治区的领导同志一起到民主同盟中央开了一个座谈会，在会上决定大家来搞一个黄河上游多民族经济开发区，民盟组织了一次专题调查。前几天在兰州开了一个研讨会。

这块是个穷地方，可是水利和矿产资源很丰富，在这1000公里黄河上游从龙羊峡一直到青铜峡已经过测定，有些已经设计了的，可以搞15个水坝，也就是15个发电站。在中央的支持下，我们想办法一个一个地把它完成，以此作为开发大西北的基本能源。另外，还有很多的矿藏，青海的盐，甘肃各种各样的金属矿，宁夏的煤，就可以用电转化为多种产品，在此基础上发展加工业，不要把原材料全部都送出去，而要就地加工，再加工。农牧业上，黄河水可以灌几百万亩。你们靠电抽地下水，开发了腰坝，就是很好的例子。但地下水干涸了怎么办？所以必须要工业跟上去，你来原料我制造，工业不容易有限制，农牧业限制很大，今年靠一点雨可以多养一些羊，明年雨不来就吃不了饲料了。需要把自然的局限打开，就要抓工业，搞原料加工，原料自己没有可以从外边引来，这样，这里的经济就稳了。这是一个设想，有待实现。

为什么这样想？为什么要西北有一个大的、更大的发展？那是因为这10多年来我们东部、沿海发展了工业，特别是乡镇工业，沿海的乡镇工业的产值已超过了农业，与国营工业差不多可以并驾齐驱，相等了。可是乡镇企业发展这么快，原料跟不上，这几年开始抢原料，原料十分紧张，价钱高，但它还可以赚钱，主要是管理得好。沿海地区发生了一个问题，原料怎么办？这里有，没开发，运不出去，再这样下去他们就要遇到更大的困难了。有人提出了个新的战略方针，就是从外国把原料搞进来，产品卖到外国去，叫大出大进，使我国沿海的工业不致被原料来源限制住，三来一补是我们广东珠江三角洲搞出来的一套经验，广东珠江三角洲的乡镇企业与我们江苏不同，江苏主要是用自己的原料制造产品。比如说绸，是用自己出产的丝织成的，卖到国外去换外汇。广州不搞这个，它搞来料加工，你拿材料来我加工，成品由你去出卖，这就是"三来一补"。用这个经验来扩大我们沿海的经济发展战略，这是今年年初提出来的。

这个战略目前很需要，也很重要。长期来看，最多走到韩国、台湾、香港、新加坡这四个小龙今天的地位。可是我们比它们强，应该超过它们，因为我们背后有个巨大的资源在西北，而它们没有。台湾都是靠"三来一补"，它自身没有资源，都是向外商买了原料来加工，最后再到外国去销售。它们这几个小龙很厉害。我到美国去看，人家家里的用具，吃的、喝的、听的，都基本上是台湾的、韩国的、新加坡的、香港的，当然最厉害的是日本，日本把美国都掏空了。美国不搞这一套，不搞这些小东西，主要靠资本输出和金融来控制。

我们分析四小龙的经验，看到了我们正逢到世界经济的又一次大调整。有机会可以用廉价劳动力去接受一些劳动密集型工业转移到我们中国来。

工业品的成本里工资很重要，越是经济发展了，生活水平高了，工人要的钱就多了。比如，江苏苏南的农民现在已有不愿意养蚕的了，因为种桑树养蚕太费劳动力。所以，农村里部分地方的养蚕副业就转移到了苏北，因苏北劳动力便宜。就是这个差额使大量的劳动密集型企业要向劳动力价值低的地方走，不是你要不要，这是经济规律。我们沿海地区有廉价劳动力，可是原料没有，怎么办？就要利用这个规律，采取"三来一补"的战略，这样，我们的工业发展就稳住了。目前香港的工业已在向广州扩散，台湾的工业也会向大陆转移。可是，我们工资马上也要涨，沿海工业发展起来，就形成一个西部与沿海地区的经济差距。为此，西北必须要趁这个机会发展工业，不能再等了。

我在甘肃跑了四年了，看到这地方大工业是有底子的，乡镇企业还刚刚开始。在定西有一个专员是苏南人，他到江苏去取经，带回来三个乡下的小姑娘，搞刺绣。她们一到定西，教会了几个村子的人绣花，这几个村都富起来了。甘南有个皮革厂到南京请了几个师傅，以前一张皮硬得要命，像你们的蒙古皮靴重得很，南京师傅教了他们把皮分割几层，皮变得软了，鞋也好了。这几个人教会了甘南工人，就回南京了，每年来指导一次，他们把新的办法技术传授了甘南藏族，这个厂子就发展起来了。

我说要用西部的资源、材料去帮助沿海地区；沿海地区要用技术力量、设备来支持西部。要请技术能人，不一定要请大工程师，要请老师傅、小姑娘都行。不要都想搞大的，厂子建起来了，收入也大了。光搞大的，官可以富，民还是贫。临夏有一家请五六个江苏木工，家里老婆管饭，女儿管账，他自己出去联系销售，这个家没几年就变样了。

只搞大工业，老百姓是富不起来的。内蒙古的包头是个例子，我们做什么事都要先想到让老百姓富起来。比如腰坝，就是好榜样。每家有一块地，一块地就有20亩，我看了都眼红，我们江苏哪里有呀？如果工业净搞大工业，搞单打一，这个地方就不会富，盐场搞了很久了，几百年了，可老百姓很苦，穷人不少。必须要大小配合。我们需要搞大的，但光有大的没有小的，结果地方资源是出去了，从中央拨回来的钱只够养活政府里的工作人员，至多建立几个漂亮的大楼，老百姓分不到多少。这就是我们西北地区的毛病。过去我们在大西北投资很大，三线工业总共投了有3700亿元，但在这个地方还是脱不了贫困。所以需要一个大改革，要开放。我上个月到了宝鸡，宝鸡是重工业城市，他们就积极地搞军转民，大帮小，利用集中在大企业里的科技力量去发展乡镇企业。不要以为西北技术力量少，宝鸡技术力量从比例上说高于上海，职工中工程师一级的人员占到15%以上，但这个力量过去没有充分利用。最近这几年开放了。这一批技术力量发挥了作用，工资也高了，整个地区也富了。

总之，要看准一条，最后考验成功不成功，要看你这个地区发展起来了没有？人均收入是不是提高了，如腰坝人均709元，赶上了我们苏南。你们人均收入不低，但你们是吃资源优势，还没有很好地利用资源。你们不能满足于地广人稀，自然资源充足，这是低层次的富裕，还要发展加工工业。不要怕人多，如果每个人都增长经济价值，这里会更富。我还没见过这样一个地广人稀的地方，连甘肃也不是这个样子。昨天坐车一路在草原上见到了一些骆驼和羊，但一个人也没看见，这也说明这里发展前途很大，要更快地发展起来。现在条件好了，改革开放带来了发展的机会，但要自己想办法，像过去那样按红头文件办事，要怎么办就怎么办不行了，要自己用头脑，拿主意了。

对民族自治地方，国家已经有了很多政策，主要包含在《民族区域自治法》里，但现在大家还不会用它，没有知道这里边给民族地区的经济、文化发展带来多少好处。前几天会上同志们就讲，政策里面也有含金量。《民族区域自治法》给了这么多发展的机会，下放了许多权力，就看你会用不会用。一个民族自治地方的行政工作人员中要有多少少数民族这一条大体上是普遍做到了，可是发展经济上的优惠条件却并不明白，也不懂怎样去落实。去年乌兰夫同志说："我们这么多年争取了一个《民族区域自治法》，可是你们不用，不会用呀。"民族地区多少林木和其他原材料以最低的价钱卖给了国家，而用高价去买进工业品。这些地区怎么能富呢？大工厂、大企业建立起来了，但老百姓没得到好处。《民族区域自治法》里是规定了开发少数民族地区的资源要给当地自治机关留成用来发展地方经济。法律上规定留下原材料，马上可以用来发展当地的工业。这个法定了好多年了，先是区域自治条例，后来是纲要，一步一步升级，到现在《民族区域自治法》已公布了几年了，可是呢，这个含金量大家看不出来。所以，你们要好好研究《民族区域自治法》，最近我听说你们几个自治区打算每年开个会，交流经验，我很赞成。

去年我去呼伦贝尔盟，满洲里靠近苏联，他们要到我们这边来买蔬菜等。可是对外贸易的上级机关却不准他们去做这项生意。我说你为什么不去告他违背《民族区域自治法》，他们说不敢，实际上是可以拿出《民族区域自治法》去争的。这是绿灯，让你走，结果人家一挡，你就不敢走了。据说苏联、蒙古那里很需要土豆和蔬菜，我们这里很多，他们主动到内蒙来要了，我们为什么不可以和他们搞贸易呢？如果你哪个部不允许我搞，我可以依法告到国务院或全国人大，人大应当过问，任何部门都不能违法。所以你们要研究自治法里有多少"含金量"。这里面有许多有利于自治区经济发展的条件和权力，当你们认识到它的作用后你们就知道怎么行动了。

你们要大胆地依法办事，把《民族区域自治法》赋予你们的权力充分使用出来。思想要开放，少数民族地区要开放，不开放不行。不要怕人进来，但有一条，你要来，要对我们有好处，帮助我们发展生产力，而不是来白吃饭。特别是要请有技术的人进来，不一定非要有文凭的，有些老师傅，有专业技术的人正是你最需要的人才。我们江苏的乡镇企业都是上海的一些老技术工人帮助当地搞起来的，使江苏的经济发展名列全国第一。现在更有条件了。东部的发展已越来越趋于饱和，有许多技术要向西部转移。我认为你们应该千方百计地去找那些有专长的人才，出大价钱，把他们请来，帮助你们发展生产，实际上有的厂子有两三个人就行。只要他们来工作就可以，不一定让他们迁移户口（刘晓旺插话，我们阿左旗有一个雕刻厂，就是请河南的三位老师傅帮助办起来的，现在有50多人），这很好。你们这里不是还有3000多待业青年吗？如能像这个雕刻厂一样，多请一些区外有专业技术的老师傅来开办一些能使千家万户都能受益的中小企业。问题不就解决了吗？这里需要我们各级领导首先应该转变观念,要发现和聘请那些有专业技能的人来。而不一定非强调要有什么文凭的人。当然,像你们阿盟要发展碱化工需要科技人员这是另一个层次的事。现在你们更需要发展基础工业,要有一批中低级的专业技术人员来帮助你们发展成为一个区域性的经济实体。

我看首先是领导思想要开放,要国营企业、集体企业、个人企业一起上,特别要鼓励发展乡镇企业。现在形势发展很快,我们有些跟不上,弄不好就会影响群众的积极性。要打破旧框框不断地促进生产力的发展,这就叫改革。要充分发动群众,把发展生产力作为检验我们工作的标准。甘肃全省正在开展发展生产力标准的讨论,划清是非的界限,这个问题很重要,我们不从思想上搞清这个问题,就不能促进经济社会的发展。

近8年来我一直对江苏进行观察。江苏各级干部基本上换了一茬。在那里,不懂经济不懂管理,不能促进生产力发展的,根本不能当什么长的,有不少乡长、村长都是农民企业家。

当然,少数民族地区也不能发展得太快,因为商品经济的观念差。在内蒙古,到别家的蒙古包里吃东西,还是不掏钱的。这里人好客的背后有个道理。由于地域辽阔,荒无人烟,过客进入任何一个蒙古包都可以有吃有喝。这是因为你自己今后也要出去,也可能会遇到像他这样的情况,也希望能得到别人的帮助和接待。这样养成了风俗习惯,所以一下子让蒙族牧民去经商摆摊,还不适应,要慢慢来。你让他变得比汉族还快不大可能。因此,在民族地区发展经济不是一个简单的事情。

在经济发展过程中一些民族的民族意识会增强。这是由于与其他民族的经济发展差距造成的。这个差距使他在心理上感到有一种压力,于是就形成民族意识,特别是生活在海南岛的少数民族,由于他们和农场住得很近,而生活差距太明显,这种民族意识反映得更突出。相比而言,在阿拉善盟这里蒙族同志的民族意识反映不是太强烈的。但是,你们要注意不要把汉族与蒙族之间的发展差距搞得太大了(乌力更插话,阿盟情况还不错,额济纳旗年人均收入800多元。北部牧区牧民年人均收入500多元。腰坝农牧结合地区年人均收入700多元。所以总体情况看,蒙汉族经济发展状况基本相同。前年我沿这里的中蒙边疆走了20多个苏木,看他们的发展情况,因为过去乌兰夫同志曾经提倡他们与蒙古人民共和国搞竞赛,到底这些年情况怎么样,需要了解一下,发现他们与其他牧区的发展还有差距。这里有许多历史原因,需要我们引起注意。后来,我给自治区党委作了汇报,近几年有不少的变化)。阿盟地广人稀,有很多的资源,随着商品经济的发展,牧区还有很大发展潜力。在赤峰有个明显的农牧矛盾的问题。而阿盟发展了饲草料基地,农牧矛盾解决得就比较好。农业为牧业服务,解决了农牧矛盾问题,内蒙的民族矛盾就不突出了。但从今后阿盟的发展前景来看这个问题,还是应该引起注意的,将来引黄河水发展农业,发展工业,肯定会进来不少汉人。怎么解决好与当地农牧民的关系,要提前考虑到,把它解决好。因为我们是民族地区,这个问题事关当地经济社会发展的大计,要认真对待(乌力更插话,阿盟与昭盟不同,那里地少人多,蒙汉杂居,农牧交错矛盾比较突出,而阿盟从一开始农牧结合这个问题解决得就比较好。费老在这里强调注意这个问题,是希望阿盟能沿着这个正确的路子走下去。那样的话阿盟的民族问题、农牧业发展问题、经济发展问题会越来越融洽)。

同时,在阿盟要实现牧业现代化和蒙族的现代化,不能满足于搞土特产贸易,单纯卖驼绒、羊绒,说得不好一点,那是一种殖民地经济。因此我认为应该有你们自己的小规模的系列加工工业,将来把驼毛在多层次、多种类的企业里进行深加工,创造较大的经济社会效益。

这里有一点,就是你们始终不要忘记在实现牧业现代化的过程中要实现蒙古族的现代化。你们不能安于穿袍子、吃羊肉。要搞现代化的牧区,要对得起祖先,要把这里的蒙族建立在现代化牧业的经济基础之上,要有自己的特点。我认为阿盟的蒙族牧民可以把养骆驼、山羊作为自己经济发展的特点和优势(乌力更插话,像鄂伦春什么事情都由国家包起来,而自己没有个自强的精神和自身经济发展的特点是不行的)。

阿盟是骆驼之乡,你们应该加强对骆驼的科研工作,把骆驼的品种改良好,在骆驼身上多做文章。并在发展牧业的基础上发展加工业。同时要紧紧抓住盐煤等资源的开发利用,这就会形成你们地区民族经济的特点。如临夏的回族善于经商作生意,我在那里提出一个"以商带工"。让他们放手去干,任何民族都要找到自身生产的经济基础,而且这个经济基础要现代化,不能满足于传统的办法。

为了发展养驼业,我建议你们可以到养驼好的蒙古人民共和国去考察一下,搞好品种改良,把养驼发展起来。你们应该和蒙古进行经常的交流,学习人家先进的东西。要把这个作为你们蒙族发展的经济基础,拿出办法来搞良种,增加生产加工,有了各种加工,这就靠得住了,不能满足于做官。少数民族做官不容易,做官责任大呀。

我最后再总的说一下，一是今后要进行深入的系统调查，由北大和内蒙的研究机关合作进行。希望当地党政能支持，给他们条件，把这几个点深入调查下去，不能走马看花。二是重视提高骆驼的素质，引进良种，加强同蒙古人民共和国的联系。最好派人出去，看一看，尽早组织些人去考察一下，把骆驼搞得胖胖的，壮壮的。三是昨天和晋盟长一同去看了驼绒厂，提出了如何去改进，打入国际市场，我们民盟中央社会服务部可以帮助和苏南的针织厂联系进行技术协助，甚至进一步搞联营。总之，要找出一条路子，发展骆驼事业，使牧区的千家万户得到好处。碱厂做得很好，希望你们发展起来胜利完成。四是水的问题。把它包括在黄河上游多民族开发区的计划里，把内蒙、阿盟包括进去成为二省二区的协作计划。

1988年7月18日在阿拉善盟干部座谈会上的讲话

包头行

我在1985年曾参观过包钢（现名为包头钢铁稀土公司），并在《瞭望》发表了一篇《包头篇》（见前）。

包钢是20世纪50年代在苏联援助下在内蒙古自治区包头市建立的一个现代工业的大企业。真可说是平地起家。包头原来是一个7万多人的黄河上游农牧集散地的水旱码头。在过去近40年里，由于以包钢为首的一些国营大中企业的勃兴，现在已发展成为一个拥有178万人口的边区新兴城市。包钢这类大中企业的建成，在启动和推进我国边区现代工业化的事业上所起的作用是不应低估的，而且还将在今后边区开发中发挥骨干作用。

最近中共十三届七中全会提出要特别注意搞活大中企业和全国一盘棋缩短东西差距，我不禁想起1990年10月再次访问包头时见到的包钢情况，不妨围绕着这个主题讲一点体会。

包钢搞活——"堤内损失堤外补"

这次重访包钢令人兴奋的是见到它在这5年里变化很大。企业发展在同行中可说已名列前茅。1985年钢、铁产量是双155万吨，1990年已达双250万吨，增加60%。上交利税可达4亿元，做到了扭亏为盈。

包钢是怎样搞活的呢？简单地说是增加计划外的产量，填补计划内的亏损并略有余利。靠这点余利，维修了设备，提高了职工收入，还回了部分福利欠账。职工年平均收入，1983年是990元，现在已经达2400元，新建了一批职工宿舍，12000职工已迁入新居。职工感到满意，包钢有了起色。

按计划经济的体制，像包钢这样的国营企业有责任按国家计划完成定额产品任务。与此同时国家按计划向它提供设备和调拨原材料，并按规定价格收购产品。但在实际运行中，调拨的原材料数量和规格常和实际需要不相协调，出现缺口时要企业自己想办法补足，以致产品的成本有时会高于国家的定价，出现亏损。包钢直到现在，计划内的产品，少数除外，绝大部分是赔本的，一年总共要赔一亿元以上。

包钢扭亏为盈是靠了这几年增加计划外的产品。这些产品不是计划定价，可以投入市场以议价出售。议价一般高于成本，有利可图。以盈补亏，尚有余利。但是计划外产品的原材料哪里来呢？包钢为了取得计划外的原材料，这几年和附近固阳县的各乡采取各种形式合办小煤窑和矿点。现在已有10多处。利用这些自筹的原材料制成的商品，通过市场取得利润。这可说是一条计划经济和市场调节相结合的办法，也是计划外补贴计划内的办法。而从企业整体来说还是扭亏为盈的办法。

不管怎么说，包钢计划内的产品至今大部分还是赔本的。因此，单纯经营赔本产品，企业就难以维持，只得依靠国家补贴过日子。当然，最好的办法是使计划内的产品成本不高于调拨的定价。这样就牵涉到整个计划经济的改革，实际困难很多，短期内不易实现。包钢这种以计划外补贴计划内的办法，一方面维持了企业的正常生产，也保住了计划内产品的完成，同时还争取了改善计划经济所需的时间和资金，有利于企业的改造。

包钢采取的这个办法使它和包头市乡镇企业的结合迈出了新的步子。过去包钢和许多大中型企业一样，走的是"小而全，不求人"的路子，它和包头市是两张贴不紧的皮。这次访问我看到这种情况有了改变。我参观了一个设在包钢附近农村的小型轧钢厂，它利用包钢提供的下脚料和废品拉成钢锭。包钢还派人指导技术和设计，并且投入部分资金。听说包钢正在和包头经济技术开发公司合作，在南郊筹建一个炼钢厂。看来，包钢已经破墙而出和厂外世界挂钩了。

包钢拥有比较先进和强大的技术优势。它从1989年开始对地方企业进行设计和咨询服务，仅工程项目总额就达900多万元。同时还为内蒙古地区24个单位解决50项生产难题，并以原料和技术协助地方企业的兴建和发展。比如，帮助包头万宝稀土金属厂的技术改造已取得效果。又如，包钢规定优先采购当地生产的零配件和辅助材料，以支持和推动乡镇企业的发展。

仍然背着沉重的人口包袱

上述这些横向联系对于包钢这样的大企业来说固然只是些小钱小事。但是这条路子如果认真地和有计划地扩大和推进，对搞活大企业可以起很大的作用。

我在1985年发表的《包头篇》里特别提到这些大企业人文生态失调的现象。说的是像包钢这样的一些大企业，大多背着一个沉重的"人口包袱"。它们要养活越来越多的人，不仅增加了企业的开支和产品的成本，而且影响生产效率，要搞活大中企业必须妥善解除这个包袱。

现行国营企业的职工人数原是有编制定额的。但实际上存在的"铁饭碗"制度，职工总是有进无出，越积越多，企业内部人浮于事，一个人的活几个人做。企业不仅要给大家工资和奖金，而且还要承担他们以及他们家属的生活福利，要造宿舍、建医院、开学校、办食堂等。这些设施都得企业包办，所以在包钢有句话流传："包钢、包钢，不仅包钢，还要包人。"对企业来说，包人可要一笔不小的开支。更使人头痛的是所包的人，由于自然繁衍，不断在增加。职工要结婚，结了婚要生孩子，孩子要受教育，成了人要就业。一代又一代，人丁兴旺，企业可就成了一个不断增长和膨胀的小社会。对这种小社会的管理就成了企业摆脱不了的"业务"，结果就形成了所谓"企业办社会"的局面，办不好还会影响职工情绪，引起社会问题，牵连到他们的生产积极性。

这个包袱在边区的大中企业里特别沉重，因为他们几乎都是平地起家的，职工绝大部分是外地支援到内地的。50年代进包钢的职工和他们的家属，开始不到1万人，现在仅职工就11万人了，加上他们的家属和其他靠包钢养活的人，算在一起估计有27万人。这些就是自成一个小社会的"包钢人"。这40多年来，包钢的经济实力并没有增长多少，而所背的人的包袱却增长了20倍。它的处境自可想见！

其他诸如住所、医疗、教育、治安等问题且不说，只是待业青年问题就足够使包钢的领导伤透脑筋。包钢初建时的职工几乎都是年轻小伙子，到80年代已经到了或快要到退休年龄。他们的子女大多已经成年，有的已经有了第三代。60年代起包钢就开始发生待业青年的问题，每年大概有2000到2500名青年需要安排就业。

包钢和边区其他的大中企业一样，或多或少是个小而全、不求人、与企业外部缺乏联系的半封闭的小社会。在这里生长出来的新的一代劳动力基本上只能自身消化。这就为难了。包钢在编制的限制下，千方百计地替新生力量找出路，大体上采取了下列几个办法：一是加快职工队伍的新陈代谢，请老工人提早退休，让他们的子女顶替。二是扩大编外工人，如合同工、临时工等。三是开办名义上和母厂分开的附属的小企业，一般称之为集体工厂。

破墙而出才能走上康庄大道

包钢在 60 年代为解决待业青年问题，就办起了"大集体管理处"。后来由于安排职工子女的任务越来越重，这个处就改为"劳动服务公司"。1983 年又建立起"包钢综合企业公司"，将 49 个小型附属企业管了起来。公司所属的小厂名义上都是自负盈亏的，实际上是些"没断奶的孩子"，处处靠大厂照顾过日子。现在这些小厂已安排了 4 万多人，几乎相当于包钢正式工人的一半。这两年来由于治理整顿，"消化不良"，目前包钢职工家属中已积压着 15000 名待业青年，其中女性居多。这些待业青年分布在大约 8000 个职工家庭，对职工的影响和压力相当严重，已成了企业本身的大问题。综合企业公司的领导向我介绍情况时，一再强调这个问题必须及时解决，但是怎样解决还是一筹莫展。

听到这里，我想起了甘肃的几个大中企业如白银的铝厂、金川的镍厂。它们在前几年分别办起了开发小区，安排了当地的待业青年。这个问题可以说完全解决了。所谓开发小区就是在大厂附近开辟了一个工业区，并搞好基础设施，和地方各乡镇联合办起了近百个独立经营的集体工厂。大厂负责设计和提供技术，把大厂多余的劳动力输送到小区，成了小厂的骨干。我曾在《瞭望》发表了一篇《一厂两制》的文章，介绍过甘肃这些开发小区的情况。甘肃的开发小区与包钢的综合公司有所相同，也有所不同。相同的都是国营大企业办集体性质的小企业，不同的是甘肃小区是大企业开门出去和乡镇企业结合联办，而包钢的综合公司则是关门在包钢围墙里自办。其实包钢的围墙在与附近乡镇合办煤窑和矿点时就已经打开了缺口。可惜他们没有意识到和乡镇企业结合也是解决待业青年问题的一条好办法。他们依然沿着"劳务公司"的传统来办小厂，没有把大门敞开，把新的一代放出去开辟新天地。

当然，如上所说，包钢近年和地方已发生了横向联系。不过，还刚刚开始，不仅规模小，而且路子也窄，多限于为大厂服务的项目。甘肃小区里的小厂经营的项目却是多种多样的，不限于为大厂制造配件或原料加工。凡是当地有发展前途的项目都可以进入小区。这样就大大调动了地方的积极性和主动性，路子也越走越宽了。

这条打开大中企业的围墙，扩散大中企业的能量，与地方结合办集体企业，发展多种多样产品的路子，据我所知，并不是甘肃的独创。我这几年在西安和宝鸡就看到不少军工企业甚至和外商结合，制造摩托车、电冰箱等产品进入市场流通。记得还在好几年前，我参观首钢时，看到过他们办的家具厂和饼干厂，还听说他们在北京办了个高级旅馆。当时我就想，如果沿着这条路子发展下去，不是就会出现多行业的企业集团了嘛？这不就是国外产业发展的大趋势嘛？经过这几年的考察，我觉得我们值得在这条路子上多做些研究，说不定这一条以国营企业为中心和集体企业相结合的路子还是很有前途的康庄大道哩。

发掘和依托"隐蔽的上海"，边区经济就有了奔头

大中企业的扩散并和乡镇企业结合，不仅有助于搞活大中企业本身，而且对于边区的经济发展意义更大。中国的大西北原是个以粗放的农牧业为基础的多民族欠发达地区。在这种基础上，自身是很难发生现代工业的。现在这些地区的大中企业都是靠国家的力量办起来的。资金、技术、经营都是外来的，甚至一般工人也大部分是外地支援的。比如，"包钢人"至今说话还带东北口音，因为包钢的主要骨干力量来自东北鞍钢。

这种历史条件，加上国营企业的体制，边区这类大中企业当然不易和当地的社会经济结成一体，只能成为贴不拢的两张皮。这种分隔对企业、对地方都是不利的。对企业来说，引起上面所提到的人文生态失调，对地方来说，依托不上先进的企业来发展当地的工业。

包头虽是个新兴城市，但经济繁荣的地区只限于市内的几个工业区，即几个大中企业所在的地区。包头市属的乡县最近两三年才有了些乡镇企业，而工业产值在经济结构中所占的比例还没有超过工农业总产值的一半，基本上还是以粗放的农牧经济为主。包头市的工业区远远看去像是一片汪洋大海里突出的孤岛，或是广阔沙漠里的绿洲。这说明过去40年国家投入边区的工业化种子，还是孤立在若干点上，而没有蔓生扩散成片。这些孤岛式的大中企业在边区的经济发展上所起的作用并不大。

我们的国家为开发内地和边区经济所投入的资金是不少的。就包头一市来说，国家累计投资就是100多亿元。整个西北地区国家投入的资金，有人估计达3700亿元。但是，效果却不很显著，边区还是那么落后，原因就在于所建立起来的大中企业被困在孤岛上，发挥不出推动地方经济的作用。

　　说到这里，我想起了这几年在甘肃贫困地区的考察。我曾去过定西这个有名的贫困重点区。每次去到那里，我总是劝他们兴办乡镇企业。地方干部确实十分努力地去办，但由于缺乏资金，又缺技术，办乡镇企业确实很吃力。计划中的一个亚麻厂，筹备了4年还没有建成。前年我去白银市访问，原来属于定西地区的会宁县现在划归给白银市。上面提到的白银铝厂这几年在这里成立了一个开发小区，又承包了推动市区各县乡镇企业的任务。听说，原来比定西还落后的会宁在白银公司的协助下，这两年办起了乡镇企业。我在河西走廊的路上，经过永登县看到沿路新建了不少小工厂，就是附近大中企业扩散的结果。

　　我记得在宝鸡市考察时曾经在一次讲话里说过：这里有一个"隐蔽的上海"，现在大部分还埋藏在山沟里，如果能发掘出来，关中广大农村就能变成西北的"苏南"。我的意思就是指望他们去依托这一带国家投下了大量资金和聚集了众多科技人才的"三线工程"。这是一个潜伏着的巨大工业能量，还没有得到充分发挥、还没有发生推动地方经济起飞的启动作用。苏南的乡镇企业发展得较早，就是因为有上海可以依靠。乡镇企业缺乏城市工业的依托是不容易平地起家的。现在西北新兴城市里的大中企业就是广大边区可以依托的"隐蔽的上海"。隔断这些企业和地方结合的那堵墙一旦拆掉，这股潜伏在墙内的力量一旦在广阔天地里有了用武之地，边区的发展就有了奔头。

　　这次包钢之行对我有很多启发，怎样缩小东西差距一直是我心头的课题。现在看到边区的大中企业本身自己也感到不能继续走"小而全、不求人"的路子，而且实际上由于亏损所迫不得不破墙而出，寻求缓解之道。有些地方已尝到了"一厂两制"、"城乡一体化"的甜头。许多地方也认识到大中企业藏着他们亟需的先进技术和经营人才。企业和地方走到一块儿了。这是两厢情愿，双方有利的好事啊！

　　中央提出搞活大中企业和全国一盘棋先进帮落后正是及时的东风，希望乘风破浪，让边区开发进入一个新的时期。

1991年1月16日

三访赤峰

1984年8月,我曾到内蒙古赤峰市(原名昭乌达盟)调查过一次。今年7月我第三次访问赤峰,其间相隔11年,事前我了解到在这段时间里,赤峰的经济有显著的发展。单以工农业总产值说,1994年已达96.5亿元,比1983年增加了5倍多,而且工业产值已超过农牧产值,达到6∶4的水平。因此,我很想亲自去看看这个边区的发展情况。

这次访问虽因年老力衰,跑的地方比上次少了,但还是得到不少新的知识。下面就四个方面提出一些体会:一是恢复生态,二是农牧结合,三是乡镇企业,四是发展前景。

一

第一个是生态问题,我在第一次去赤峰访问时已经注意到,当时这个地区生态破坏的情况很严重。我生平初次亲眼看到一片片生命已被消灭的流沙。我记得在车上望见有人躺在沙丘上睡觉,觉得很奇怪,一问才知道,在沙丘上连蚊子都没有,是个不受任何打扰的好地方。当然没有生命的地方是养不活人的。

后来苏赫同志告诉我赤峰附近发现了红山文化遗留的文物,那是五六千年前的东西。这样远古的时代,赤峰这片土地上已有农耕而且已有村落。接着他带我去参观文物展览馆,我见到了纪元前16世纪的铜器,大概相当于中原夏商时代,这里的居民已经有了中原水平相当的文化。如果这个西辽河上游地区自古就是一片荒凉的沙漠,我想是不可能有那样发达的红山文化的。从考古学上的实据来看,大约在春秋时代,这个地区曾经发生过社会文化的很大变动。很可能从那时起,北方的民族引进了牧业。可是从有文字的记录中还可以看到在1000多年前的唐宋时代赤峰还是松林茂盛的风景区。契丹民族在我国北方建立的辽王朝（907—1125），其政治中心上京和中京的故址都在现在的赤峰地区。当时这个地区不可能是个沙化严重的区域。看来这地区生态破坏是其后1000年中的事，甚至是在20世纪后期的几十年中发生的。

新中国成立以来，制止边区生态破坏，一直是国家的重要政策，尤其是在改革开放之后，种草种树成了当时切中要害的急迫措施。

赤峰市是治沙的先驱。早在20世纪60年代中叶就成立了专业的研究所，开始切实地探索治沙的措施。经过了大约有10多年，到80年代初我来赤峰访问时，就看到了初具规模的太平地林网建设。这对我印象极深。1959年时生活在一片沙化土地上的4个村54户人家，在1965年已成功地营造了大面积的农田防护林，把整片土地划成了70多个网眼，每个网眼有200亩农田。这个林带对林网内的农田起了防护作用。1982年赤峰遭到11级暴风，全市灾情严重，而太平地却太平无事，赢得了附近人民对林网的信誉，从此不断扩大，今年我再次去访问太平地时，车子在林网里穿行，远远望去，看不到底，像是进入绿色海洋。前两年又从远处打了深井，用水泥渠道引水进网，扩大了几万亩农田。同行的同志还跟着向导到网边的沙区去观看正在兴建的新网眼。这是说林网的建设正在不断扩大中。这使我感到十分欣慰，因为我上次访问后曾说过，赤峰已找到了治沙的路子，但是路子必须延伸出去才能成为大道。现在林网建设在太平地推开了。但是我希望这个经验还应当推广到更大的范围里去，不仅在赤峰各地推广，在国内推广，还要推广到国外去。听说联合国已经注意到太平地的成效，我非常高兴。

据联合国环境规划署最近说，中国北方土地的荒漠化每年高达21万平方公里。可见我国沙化面积还是在增长中，这条危害的沙龙还没有制服。我曾到内蒙古的阿拉善盟，在沙丘中坐车颠簸得坐不稳，两手紧握住拉手，身子还是在跳迪斯科舞。从沙丘顶上四望，看不到一棵树。治沙的工作还只能说刚开始，想起太平地的这一点经验，更觉得十分宝贵。

治沙应当看成件大事。我几次来赤峰，印象也越来越深。这是一项人类在地球上求生存的搏斗。回顾人类的文明史，人类制服自然的力量固然在近百年来有了飞跃的发展，但不能否认，就在这近百年来人对自然生态的破坏也是越来越严重了，甚至有人提出警告，如果还不即刻恢复生态的良性循环，这个地球已经不断在发出"养不活人类这样生存下去"的警告了。这是为什么近年来联合国已经把环境问题列入21世纪的重要课题的原因。

当然赤峰在治沙和恢复生态平衡方面除太平地外还有很多好的经验。每个年代都抓住成功的典型在推广。在60年代开始的太平地的速生农用防护林之前，有50年代已开始的当铺地乡的农田保持林。其后，有70年代城子乡的丘陵山区农田保持林、80年代敖汉旗的大面积植树种草、巴彦他拉半干旱沙化草场的改良建设。到90年代，在喀喇沁旗农区、翁牛特旗半农半牧区、巴林右旗牧区又创造了不同类型地区多元化的经验。如结合三北防护林的大面积生态治理工程中注意到经济效益问题，在山区推广生态经济沟，搞的是两松戴帽，两杏缠腰，瓜果梨桃遍山坡的立体生态建设。在牧区的小草库伦建设中，正在试点五荒（山、沙、沟、水、地）资源拍卖，提倡和动员一切集体和个人的力量，甚至动员外国投资者都来投入生态治理和经济林的建设。他们的做法既注意生态效益，也重视经济效益。

11年前的巴彦他拉苏木草原站提供了半干旱沙化草场改良建设的经验，他们建设了水、草、林、机四配套的基本草场，种树林网化，种植优质牧草和青贮，同时还采取了草原围封的措施，今天这些经验正在不断推广。

这次我没有机会再去一一访问这些地区，但在考察期间，看到了《赤峰日报》关于巴彦他拉苏木连续7年牧业大丰收的报道，他们大小畜总数、总增率、出栏率、牲畜改良率、小畜总数和山羊总数均为全市第一。其基本经验还在于重视了畜牧基础建设，生态条件的根本改善和坚持科技兴牧，使畜牧业走上了稳步发展的道路。

在乌丹和大板时，我去看了在城镇附近的生态治理防护林建设工程。这是以机关干部和职工大会战方式，义务劳动完成的。他们利用春秋两季完成整地挖坑，第二年春天栽树，有松、杨树、山杏，还带上沙打旺，其规模和效益都是前所未有的。

我在此受到鼓舞的正是干部和群众积极进取的精神。在边区和少数民族地区较为艰苦和困难的条件下，他们在与自然作斗争中始终保持着积极性，不断创造新经验，并推广取得成效。现在赤峰每年治理土地面积达200万亩，其中造林100万亩，水土流失和退化的面积每年也是200万亩，已经达到了损益相抵的好成绩。按现在的形势发展下去，治理的速度将占上风。所以我说11年来的发展，真正值得称道的是这种变被动为主动的进取精神。我希望赤峰的同志们再接再厉，开拓推广这种制服沙龙作恶的道路。这点成绩来之不易，是多少人30年辛勤劳动的成果，值得珍惜，但远远不够，还要向前再提高，再前进。

二

我在初访赤峰后所写的《赤峰篇》里把地区的民族问题联系上了农牧业的矛盾,因为赤峰过去的一段历史使我看到这地区的民族矛盾的根子是在农牧矛盾。而农牧矛盾的根子是在争夺土地资源。当农业和牧业都处在初级阶段时,两者要利用同一块土地时会发生相互排斥的矛盾,不是你来我去,就是你去我来。这个往复循环在这地区的历史上可能已发生过多少次。

牧业的初级阶段是指逐水草而居的放牧形式,就是牲畜依靠天然草地来饲育,牲畜自己在天然草地上找它的饲料。一块草地上的草吃完了就去另一块草地找草吃,就是所谓"逐水草而居"。牲畜跟饲料走动,人跟牲畜转移,形成了不能定居的流动放牧的生活。

农业的初级阶段就是粗放经营,放火烧林,利用原有地力广种薄收。一块土地的地力消耗尽时,换一块地再重复这种方式,即一般所谓刀耕火种。土地的肥力竭尽,地就抛荒,抛荒的土地就是最易沙化的土地。所以凡是这粗放耕植过的土地常留下一片沙化地,寸草不生,原来长草可以放牧的草地就这样被破坏了。因之这种开荒的农业是破坏牧场的力量,所经过的地带成了排除牧业的荒沙。赤峰在民国年代军阀混战中,成了生态的牺牲品。不少现在还没有恢复的沙化地带就是这样造成的。

解放后,这种破坏行为是停止了,但有限的并已在退化中的牧场,由于政策上鼓励增加牲畜数量,很快出现超载的情况。超载就是一块草场上的草不能负担过多牲畜的给养。超载的结果是草场退化,牲畜死亡。这种情况发生后,为了使草场能够有所恢复,只能设法限制牲畜在退化了的草场上放牧。所以一般都采取把部分草场围起来的办法,限制牲畜进入,就是所谓"草库伦"。这是我在 11 年前看到的普遍情形。

这种草库伦其实是一种不得已的消极措施,等待草场自然恢复它的供草量,时间上是漫长的,基本上靠天长草,草长大了再放牧。这是并没有改变牧畜靠自然生长的草作为饲料来养活的传统方式。

为什么人不种植饲料来喂育牲畜呢?这是个根本的改革。我在 60 年前在英国学习时,在他们的农村里看到用小块土地种植萝卜,划地分界让所畜的羊在指定的范围里去啃食萝卜。羊群、饲畜、所植萝卜和土地都有一定的比例,预先做好计划。按计划供应牲畜饲料,牲畜也按计划育肥,一直到供应市场,屠宰后供市民消费。我从这个例子里才明白牧业可以从放牧发展为舍饲，从初级牧业向现代化牧场发展。

在中国我还没有看到过上述英国的那种企业化的牧场。但是在我的家乡，江苏太湖流域，却通行在农民家里把羊关闭在羊圈里由各家的孩子们去割草来喂育的方式，每家喂育的羊不过二三头。但由于各家都养，牲畜的总数也不少。这是一种我称之为庭院舍饲的方式。比放牧的方式是提高了一步。

我在初访赤峰时，还去参观过由联合国支持的韩丁兴办的示范牧场。在这个示范牧场里我看到有大片种植玉米的土地。这片土地上长的玉米就是用来喂牛的精饲料。这个示范牧场为附近牧民所养的牲畜催肥。牧民在牧场上草长得好的时候放牧，秋季之后草场的草不够养活牲畜时，送到示范牧场里去催肥，就是用玉米地里所长的精饲料喂育、催肥之后卖走。我把这个事实上相当复杂的过程，浓缩作放牧和舍饲接力的方式。这启发我想到农牧是可以通过这个方式结合起来的。

后来我到甘肃临夏去访问看到在我们传统的办法里也有这种接力方式，只是地域间的接力。在青藏高原上放牧的牲畜到秋季不断赶到平原上来，在临夏一带的农村里，把牛卖给农民，各家农民分别买几条牛在自己家里用玉米秸秆喂育，到牲口催肥后，在年终宰了在市上出卖。

这种放牧和舍饲的结合，其实就是农牧结合。符合中国的传统，而且可以在草场日益退化过程中，减少牲畜的数量对草地的压力，即减轻超载的负担，同时使牧区附近的农民田上的秸秆得到最好利用，增加农民的收入。这种接力方式是值得推广的。

三

这次访问赤峰北部的大板镇时，看到当地正在推广的"小草库伦"。这和上面所说用来保护草地的草库伦不同。用来保护草地免得牲畜在已经退化的草地上再去吃草是一种消极性的措施，大板所见的"小草库伦"是另外一种新创造，实质上是牧区的庭院经济。每户圈出一定数量的土地，成为一个"草库伦"。这户牧民就定居在建筑在这个"草库伦"里的土房里，包括这户的住所和他畜养牲口的牛栏和羊圈，而且还有为冬天接羔用的暖房，用薄膜盖顶的可以加温的羊圈。在房屋和圈栏的四周，有一片大约有十多亩的农田，用来种玉米。我们去访问时牛羊都不在栏圈里，据说放到公共草场去吃草了。"小草库伦"里的玉米长得很旺盛，主人告诉我这些玉米就要用来为牛羊过冬时作饲料的。我当时就想到这不就是联合国资助的示范牧场缩小了的具体的基本"模型"么？夏秋公共草场上有草时牲口放出去，公共草场的草不够了，就回到"小草库伦"里靠精饲料喂养。我参观的时间有限，没有详细了解这种放牧和舍饲结合的具体办法，但是原则上是一致的。如果一旦公共牧场退化到不能供应这许多"小草库伦"里的牲畜自由放牧时，势必加重牧民在自己圈定的土地上想法增加饲料的供应，不是会一步步走上英国式的萝卜喂养的企业性质的经营了么？

"小草库伦"是几年前才开始的一种牧民的新创造。就巴林右旗总结的经验看，小草库伦的主要作用表现在：一是适应家庭经营机制。每处投资3000元左右，国家投入500元，用于水利配套，其余由个人投工和自筹。投资少、见效快，"国家投得起，群众建得起"，管理也方便，最重要的是牧民把它当成是自己的东西。二是有防灾抗灾作用。一处小草库伦就是一处"旱涝保收田"，一处可靠的防灾基地，使畜牧业生产增加了稳定性。三是小草库伦不仅能保证牧民的温饱，而且容易增加积蓄和促进再投资的积极性，加快脱贫致富。四是它改进生态的作用。一处小草库伦就是一个小生态圈，一片小绿洲，对改变局部地区生态环境有着十分积极的意义。如一处按15亩计算，可产饲草料1万公斤左右，可节约天然打草场100亩。五是小草库伦实行水、草、林、机、料五配套，是集约经营的开始，促进了畜牧业和种植业的有机结合，协调发展。牧区种植业的发展，促进了畜牧业经营方式的变革。在抓好畜牧业的基础上，相应地抓青贮、加工、调制、饲喂等一系列配套措施。当地老百姓称之为"引种入牧"，即把种植业引进畜牧业。相应地在农业地区引进牧业称作"引牧入农"。

如果说11年前农牧结合还是一种设想，今天这里已作为一项致富工程在实施。市里规定农牧结合户要达到羊20只、牛5头、猪10口，家禽200—300只，牧业收入要占到总收入的50%。翁牛特旗在推行此项工程时，根据本旗的实际，提出了东部大种，西部大养的发展战略，利用各地的资源优势，引种入牧，引牧入农，不搞单一经济而搞多种经营。实现东种西养，做到在牧区繁殖，农区育肥，实实在在走着农牧结合的路子。1994年翁牛特旗农牧结合户达11600户，占全旗农牧户的40%左右。农牧结合户的人均收入比过去增加一二百元是没有问题的。

1984年我曾访问过该旗半农半牧地区的黑塔子嘎查，总结当地群众改变农牧并存的状况，走农牧结合的道路的经验，提出"退耕还牧"的设想。以后我一直很关心他们的发展情况，北大研究所的师生曾做过追踪调查，这次随我一起去的同志又去了解情况。他们看到近几年黑塔子的做法，一是利用贷款打了两眼机井，解决了耕种问题，使全村口粮得以自给；二是借用政府项目贷款把沙化的 3000 亩荒坡围封种草，若干年后可用以发展牧业；三是开办多种经营，利用低地开辟了一个鱼塘，每年可以收益 40 万元，这样稳定了这个嘎查的经济。从这个例子来看"退农还牧"的路子，在资金筹集、劳动力利用等方面困难是不少的，而且处处要依赖政府支持，短期间更难见成效。如果和上述的"小草库伦"相比，优劣是显然的。当然像黑塔子一类地方能否推广"小草库伦"还是要进一步加以研究。

在去翁旗乌丹的路上，我们参观了远大肉牛产业开发公司，他们现代化屠宰加工厂经过 8 个月的施工，即将验收投产。这是国家扶贫办所属的中国远大发展总公司下属的扶贫企业。他们总结多年的经验，把扶贫款集中使用，投资大的项目，这个项目是以肉牛屠宰加工为龙头，通过屠宰加工厂、饲料加工厂、育肥牛场、皮革加工厂等系列化项目建设，促进当地农牧结合，带动五六个旗县的千家万户农牧民，连片发展，以期根据国家"八七"扶贫攻坚计划实现富民富县的目的。我深望这个目标能够实现。

回过头来看，赤峰市坚持不懈地开展以水利为中心的农田草原基本建设，防沙治沙，绿化造林和小流域综合治理，不断改善生态环境，发展农村庭院经济和牧区小草库伦，搞好放牧与舍饲的接力，牧区繁殖和农区育肥的接力，再有远大公司现代化畜产品加工企业的配合，加速牧业现代化进程是很有希望的。

四

赤峰怎样发展乡镇企业对我还是一个新的课题。我记得上次访问太平地时曾一再提出如何利用林网的木材进行加工，发展小型工业的问题。这次访问中很兴奋地看到太平地木材加工的企业已经办得很有成绩。他们不仅出售建筑业需要的各种初步加工的木材，而且有专门制造三合板的工厂和用三合板再加工的家具工厂，并且把伐木时和木材加工时得来的废料磨成木屑，加工压成薄板，作为家具的原料。总之，在林网上已做出了不少乡镇企业的文章。这是十分可喜的。

但是太平地的居民还没有想到田里的玉米,除了粮食之外还有秸秆一项,如果和牧业结合就大有文章可做。当我问他们玉米的秸秆如何处理时,他们的回答是"都烧了,当肥料"。我就接了一句,"你们把它变成了牛再烧,不是滋味可以更好么?"后来我在巴林右旗看到了"小草库伦",恨不得回去要太平地的农民一起来看看。大板是以牧业为底子引种了农业,他们称之为"引农入牧"。太平地不妨以农业为底子引进牧业,"引牧入农"。在赤峰这个农牧交叉的地区,正是个引农入牧,引牧入农的好地方。

在我们访问赤峰前几天,内蒙古自治区正在召开发展乡镇企业工作会议。他们把乡镇企业提到发展内蒙古经济的重要地位。我听了当然心里十分高兴,因为我在11年前来访问时,在边区似乎还谈不上乡镇企业。90年代我听说赤峰开始重视乡镇企业了,这是个好消息。这次来访自然要看看乡镇企业。但是由于时间太紧,只能选择重点进行初步了解,留着这个课题给今后去深入研究。

我初步的印象是赤峰的乡镇企业起步较晚,真正起步是在90年代这五六年中。由于起步晚,没有赶上国家大力扶持乡镇企业这班车。尤其这几年国家财政紧缩期间,发展较晚的地区,在资金上受到的制约就显得更大。所以大家感觉到国家在政策上一刀切,对边区不够优惠,我很能体会各级干部的心情。我们可以把边区的实际困难多作反映,争取能得到一些比较宽松的条件,但是我个人估计从这方面去打算是有难度的,不如思想上从依赖国家扶持,转到自力更生上来比较实际些。

不论怎么说,赤峰在发展乡镇企业上是有成绩的,在自治区内一直占有前列的地位,而且这几年发展也比较快。经过这次访问我得知赤峰全市1994年乡镇企业总产值已达到85.4亿元,比1985年增长17.7倍,总产值超过10亿元的旗县区有4个,总产值超亿的乡镇有22个、村8个。在产业结构方面,制造、建筑业和交通运输业三大主导产业总产值占全市乡镇企业总产值的86.7%。

乡镇企业近年来的增长速度高于市国民生产总值增长速度约10个百分点。乡镇企业的入库税金约占地方财政收入的15%左右,乡镇企业就业人数占全市农牧区劳力比例达到了30%。农牧民人均从乡镇企业得到的收入近300元(农民人均收入1018元,牧区1092元)。元宝山区、松山区、红山区、宁城县和喀喇沁旗都创造了很多好的经验。我这次访问过的翁牛特旗和巴林右旗也有很大的变化。

从已看到的情况来说，赤峰的乡镇企业向市场经济方向转变的苗头已经出现。和过去相比较，纯属原材料粗加工的企业已逐渐向一般消费市场制造商品的方向转变。引起我特别注意的是赤峰郊区和元宝山矿区正在发展的小型制造业已经以市场为导向，改变了乡镇企业发展初期的"三就地"形式。"三就地"就是利用当地原料，由当地劳动力来制造供应当地农民消费的商品的形式。也许这种初级形式在开始发展乡镇企业的阶段是不可避免的。自从发展社会主义市场经济方针的提出和普及，乡镇企业很快扩大市场取得发展。

元宝山在全市是乡镇企业发展得最快的地区之一，产业结构已经明显地从依赖当地自然资源的阶段上升到原料深加工和依靠科技发展新产品的多元产业结构。它利用煤矿和热电厂所集中的城市人口的消费需求，发展了一系列食品、运输、医药等服务行业，而且利用这些大企业里的科技人员，发展了高科技的企业。在比较短的时期里，出现了好几个亿元村，和超出依赖当地原料的轻纺、医药、化工、电器等产业门类。使像我这样一别10年重游旧地的人，有一种新旧面貌突变的感觉。又使我感觉到起步晚固然是会吃亏，但同时可以是件好事，因为起步早的地方走过的弯路可以不再重复了。元宝山从矿区里分出来的新建区还不到10年，而现在已是个边区少见的具有相当现代化面貌的小城镇了。居民的住宅和社会服务设施甚至可以说超过了苏南的老发展区的小城镇。

我曾特地走访宁城老窖酒厂。它原本是50年代建成的老企业，但是到了80年代走上了开拓市场的路子，很快地打开了国内外市场，依靠它产品的质量和效益，在全国轻工业系统中列入了先进行列。据酒厂的老板告诉我，他出的酒90%是销到外地去的，远到台湾和香港。他的拿手好戏是"创名牌"，就是充分利用信息世界的现代传媒把名牌亮出去。他说在广告上花1块钱可以在销售上收回10块钱。这种重视市场的意识，我在其他西部地区的乡镇企业家中见到的还不多。

在这里我不得不回想到在太平地参观纤维板厂时看到他们储存的成品几乎塞满那个相当大的仓库，当我问及产品的销路时，我得到"还好"的答案。两种经营意识，决定两者的发展能力。大家可以明白，不用市场作导向的企业是不会有广阔的前途的。但是要具有宁城老窖的"创名牌"的思想也许还要有相当长的时间。

我最近几年着重调查中部农业地区的经济发展情况，从中得到一种启发。在发展乡镇企业之前必须先使千家万户的老百姓身边有钱。储存在老百姓口袋里的钱是发展乡镇企业最有效的资金来源。在我听取赤峰关于发展乡镇企业的讨论中，感觉到当前还有不少人把国家的投资不足看成是边区乡镇企业一个重要的制约因素。我是主张国家应当对边区作出特殊优惠政策的人，但同时觉得边区要发展乡镇企业更重要的是和中部地区一样，要千方百计使千家万户富裕起来，使老百姓身边有余钱。这是发展乡镇企业最可靠的资金。

怎样使老百姓口袋里有余钱呢？我在中部地区看到的办法就是切切实实发展庭院经济。各个地方总是有老百姓熟悉的传统副业和熟悉的简易手工业。从这个基础上帮助他们发展以家庭为单位的副业，养鸡、养鸭、编织、刺绣，会什么，做什么。只有一条，不使家里的劳动力浪费掉，一点一滴都要变成生产力，变成商品，变成钱。从一家开始，推到一村，更扩大到一个地域。即所谓一村一品，一地一个拳头产品，形成某种商品的生产基地。这个办法简单易行，富得最快。一个地方找到可以推广普及的家庭副业，在充实庭院经济的基础上，联村成片，建立适当的服务体系，在产前、产中、产后为各家各户进行所需的服务，特别是打通市场，实行农副工贸一条龙的结合，在一两年里每人平均增加三四百元收入是不难做到的。我不必在这里多介绍这种在中部各省正在实行的以庭院经济为基础的"富民工程"，因为在赤峰巴林右旗的大板我们所看到的"小草库伦"就是这种性质的尝试。如果在大板的"小草库伦"里再引进一些家家户户熟悉的家庭副业，加上集体的服务和有组织的流通，就成了现在中部地区正在推行的"富民工程"。我们不妨想一想，如果太平地林网里的玉米秸秆能变成牛羊精饲料，由各家各户去舍饲，一年能增加多少收入？这笔钱用来开办乡镇企业，不是比到北京去"跑部前进"可靠得多么？

五

最后，我想对今后发展赤峰市经济的战略作一些初步探讨，因为这个问题也是我在这次访问期间才提出的，还很不成熟。在这里讲一讲，可以让大家注意到这个比较大的问题，多作思考和讨论。

具体说，我是在大板时去看新修成的集通铁路时想到了赤峰在自治区全局中的地位。我还记得初访赤峰那年，大家正在议论从集宁到通辽的集通铁路。我当时就认为这是一条沟通自治区内部的经济大动脉。作为一个自治区，从包头或呼和浩特要来赤峰现在除了已通空航之外，必须绕道北京。这是不很方便的。东西之间有一条直达的铁路线可说是必要的。今年我来赤峰，听说这条集通铁路已经在过去的10年中修成了，对我来说是一件等待已久的消息，所以我特地安排个机会亲自在正式通车之前去看一看这条铁路。

内蒙古自治区的地域，东西横跨我国北部边区，东接黑龙江省，西接新疆自治区。这个地形必然发生区内地形复杂经济多元的状态，区内交通成了一个大问题。过去用东林、西铁、南农、北牧，来描述内蒙古经济的多元状态是很生动和符合实际的。因此在今后的经济发展中必须应用经济区域这个概念，同时要强调不同区域间的流通以达到互补协作，所以首先要解决交通问题。

据说乌兰夫同志生前促成了草原列车的实现，尽管要绕道北京，东西两端之间（除了阿拉善）已有了铁路的通道。这是件大事。现在集通路已经建成，通车后，东西两端在区内已经有铁路联接了，这又是一大推进。

如果单独从赤峰这个范围看，集通铁路是从东到西横穿赤峰的北部，它在赤峰的中心站，就是巴林右旗的大板镇，从大板镇再向东到哲里木盟的首府通辽市，在通辽市就和草原列车接上了。这条路并不通过赤峰市（原昭乌达盟的首府）。大板镇和赤峰市之间还有一段大约190公里的路程，现在只通公路，没有铁路。如果在大板和赤峰市之间修一条不长的铁路，集通路也可以在赤峰市和草原列车接轨，南下通到北京和天津。从大板到赤峰市这一段交通正是使赤峰全市区的经济联成一体的关键性的空白。现在以公路来填补是远远不够的。

我在大板时已听到修筑大板到赤峰铁路的呼声，因而进一步考虑赤峰市在自治区全区经济中所处的地位。

作为一个经济区域来对待一个地区的发展的话，必须及时作出相应的规划。一个经济区域，按我的看法，必须具备一定的条件。经济区域内要有它基本上一致的或互补的经济基础。在这基础上必须有相互联系的交通设施，可以说是区域的流通系统，靠这个系统使这区域的经济基础联成一个经济体系，进行互相流通。经济基础是由从事生产和消费的单位形成的，当前是广大群众的家庭（在农村里是农户，在牧区是牧户）。这许多家庭可说是这个经济区域的细胞。细胞之间通过经济分工合作、交流和服务而聚合成不同的社区集体，在行政系统里即村和嘎查等。若干社区集体中涌现出常说的第三产业如贸易、金融、餐饮、修理等服务性行业，即成为经济较发达的各个层次的中心，一般称作市镇。一个经济中心拥有它所服务的许多细胞，这些就是它的腹地。经济区域是有不同层次的，越发达的经济中心，它的层次也越是往上升级，它包括的地域也跟着扩大，拥有的腹地也越大，包括的基本经济细胞也越多。

从这些构成经济区域的条件来看具体的赤峰市，要进一步发展，交通设施是首先要加以推进的重要条件。通过比较先进的交通设施才能把已经在自然经济里形成的经济细胞，即农户和牧户，联成具有适当服务体系的社区集体，更把它联系成更高层次的市镇，在这些市镇中发展工商业和第三产业，更形成一个地区更高一级的经济中心，相当于现在的拥有几十万人口的中等城市。当经济发展再进一步时，可以预期在自治区的范围内会出现一个拥有百万人口的大城市，成为自治区的经济中心。

赤峰市今后在这个经济区域的格局中取得什么地位，要看今后能达到什么样的经济水平。以我个人初步猜测，在自治区的东部地区可能形成一个一定层次上的经济区域。至于这个经济区域的范围多大和它的中心在哪里，现在尚难预测，但是现在的赤峰市，如果上述的铁道系统能够实现，可能是这个经济区域中心的优先选择。

还有一个问题应当及时考虑的是内蒙古自治区作为一个经济区域来看，还需要找到一个为它服务的出口海岸，就是一个向外吞吐的港口。从赤峰市打算，能越靠近这个港口越有利。究竟怎样选择这个港口则必须从国内的总格局来研究。在目前我只能提出这些问题，以供研究和及早考虑，还不能作出具体的建议。

我是一直关心边区，特别是少数民族地区经济发展的。这次来赤峰访问，一方面得到了很多新的知识，知道了以前不知道的事实，更重要的，受到深刻的教育，就是发现了许多我还无法作答的问题，推动我进一步研究和思考。我个人不容否认的是已经接近衰老了，能继续从事调查研究的机会越来越少了。但是我感到高兴的是已有年轻的接班人可以继续在我提出的问题上更深入地进行研究下去。我们一定会更加努力地工作，为边区的经济发达作出进一步的贡献。

1995 年 7 月 25 日

黑龙江行

早就听说位于黑龙江牡丹江上游的镜泊湖是避暑的好去处，但是一直没有机会去。去年应省里朋友的盛情邀请，决定到那里躲避几天京城的炽热，静心读几本书。趁这次北上的机会还访问了辽宁铁岭市，了结一笔欠账。一路上有机会与当地同志共同探讨一些问题，从中学到了不少新东西。

避暑回来，按照我的走一趟写一篇的老习惯，把这一趟暑期的黑龙江之行的一些思考拖到冬季才写下来。

一

众所周知，黑龙江省是我国位置最北，纬度最高的省份。北部和东部隔黑龙江、乌苏里江与俄罗斯相望；西部与内蒙古自治区毗邻；南部与吉林省接壤。

从现状看，全省人口3672万人，土地面积45.4万平方公里，大体是"五山一水一草三分田"，人均占耕地3.7亩，列全国首位。这里是世界著名的三大黑土带之一，土质肥沃，盛产大豆、小麦、玉米、水稻、土豆等粮食作物和亚麻、甜菜、烤烟等经济作物。黑龙江拥有全国最大的林区，地下还埋着丰富的矿产。大庆的石油，鸡西、鹤岗、双鸭山等地的煤早已闻名遐迩。

从历史上看，黑龙江省历来也是我国一个非常重要的地区。在我国民族大家庭里曾经干出过一番大事业，建立过强大政权的民族，有不少是出自东北。公元前1000多年前，满族的祖先肃慎人已经和西周王朝建立了密切的关系。隋朝肃慎人更名靺鞨。到唐朝大荣作统一靺鞨各部，建立了渤海国。渤海国存在了229年，在东北历史上占有重要的地位。全盛时期的疆土东至日本海，南接新罗（今为朝鲜），西邻契丹，北抵黑水，西南与唐毗邻。渤海是臣属于唐朝的一个地方政权，与中原地区经济文化联系极为密切。

五代时，契丹族兴起。终于灭渤海国建立了辽代。其时，靺鞨人改称女真。到 12 世纪初女真灭辽，征服北宋，建立了大金。之后，北方的蒙古族兴起，统治了整个东北地区，在灭金和南宋后，出现了统一的元王朝。17 世纪中叶，满族强大起来，清朝统治者入主北京，确立了中央政权。这些都是大家熟悉的历史。我个人也有幸在几年前亲自到过契丹人早期居住地大兴安岭的嘎仙洞。北魏建国之后曾派专使到这发祥地来祭洞拜祖，刻石立碑。这次又有机会参观了"渤海上京遗址博物馆"，看到了大量的渤海国的出土文物。

一个民族能够发展壮大起来，没有一定的经济文化基础是不行的。我们从赤峰发掘出来的"红山文化"就可以看到，大约在公元前 3000 年时，这里的居民已经具有较高的经济文化水平，相当于中原同时的殷商的铜器时代。到 15 世纪初，明朝政府开辟了 6 条从辽东通往东北各地的交通干线，据史书记载，万历年间，辽东的"马市"已有四五处，几乎日日开市，每次入市少则数十人，多时可达数千人。明朝输往东北各地的货物中，主要是耕牛和铁制工具，这表明那时东北地区的农业生产已有了很大发展。后来，这片资源丰富的东北地区，由于民族间频繁战争，生态环境被破坏，经济和文化衰落了。特别是近 200 年来，遭受帝国主义列强的侵入，最早是俄罗斯帝国。它步步东进，不仅霸占了西伯利亚的中国领土，还进一步企图吞并我国的东北大地，建筑了从满洲里到海参崴的中东铁路，沿路的广大森林几乎破坏殆尽。日俄战争后，日本帝国主义先控制了辽河流域，继之扶植伪满傀儡政权，占领了这块宝地。

这两个帝国主义入侵我国东北地区主要的目的是在掠夺资源，包括森林、煤铁矿产和大豆、高粱等农产品。它们尽管曾经长期占领这个地区，但撤走时并没有留下任何重要的工业。可以说，东北地区的现代工业建设实际上是解放后才开始的。

东北各地现代工业建设的初期不能不归功于前苏联在我国第一个五年计划时所援助的项目。但是这些大中型国营企业是按照苏联的计划经济模式建立的。改革开放以后，这些企业在体制上已经不能适应社会主义市场经济的要求，在一定时期内不可避免地成为东北各地较重的包袱。但是只要我们坚决落实改革开放的各项政策，困难是一定可以克服的。我在牡丹江市就看到了很好的例子。这个市利用一厂多制、多种经营、外引内联、引资嫁接、资产重组等多种办法，使 2/3 的国有企业有了出路。1994 年与 1993 年相比，国有大中型企业完成的产值、销售收入、实现利税分别增长 8.9%、38.3% 和 21.5%。

该市以生产轮胎为主的桦林橡胶厂，其前身始建于 1938 年，是 1950 年由沈阳迁到牡丹江的老厂。1990 年利税仅 6250 万元，还背了 2 亿元欠款的包袱。1991 年初，省市政府对该厂实行投入产出总承包的政策。他们抓住机遇，以"主动建设永远不倒的市场"为中心，转变观念，加强管理，开拓市场，提高产品质量，经济效益连续大幅度提高，当年就创利税超亿元。1994 年生产轮胎 190 万套，实现产值 11.7 亿元，销售收入 10.4 亿元，利税 1.97 亿元。去年 1—7 月份已生产轮胎 120 万套，实现产值 7.1 亿元，销售收入 6.8 亿元，利税 1.36 亿元，出口创汇 1200 万美元。从 1993 年开始，以这个厂为核心组建了"桦林集团"，目前合资、控股、参股的公司已达 35 个，形成了以轮胎工业为主导，多业并举，科工贸一体，跨国、跨地区、跨行业、跨所有制的大型企业集团。目前，全厂继续深化改革，努力探索自我减轻负担、自卸包袱的新途径，积极开辟第二战场，大力发展第三产业，建立了"桦林民营科技园区"，以保证改革、发展与稳定协调推进。

还有一家 1971 年建起的电视机厂，建厂 20 多年来一直处于微利或亏损状态，到 1992 年各种债务达 7000 多万元，资不抵债。这年年底这个厂与深圳康佳集团合资，组建了"牡丹江康佳实业有限公司"，1993 年初投产，当年生产彩电 7.6 万台，销售收入 1.35 亿元，利税 2503 万元。1994 年生产 19.9 万台，销售收入 2.52 亿元，利税 3226 万元，彻底摆脱了困境。最近，康佳集团又同该市电冰箱厂签订了合资合同，并继续探索新的合作领域。

目前，国有大中型企业虽然还面临着种种困难，但是我相信，只要思路对头，政策、措施得当，通过"化整为零"、充分搞活，最终还会"集零为（集）团"，继续成为我国现代经济的巨大动力的。

二

1983 年，我曾到哈尔滨参加一个关于医学社会学的讨论会。与这个讨论会不搭界的另一个课题也引起了我的兴趣，那就是当时人们称为"盲流"的人口流动问题。

据了解，1949 年黑龙江省人口有 1014 万人，到 1979 年达到 3169 万人，30 年增长了 2.13 倍。这 3000 多万人口中，大约 1/3 是建国前原有的居民，1/3 是建国后出生的人口，另外 1/3 则是外来的移民。这些大量的外来人口当中有一部分是有组织的来黑龙江参加工农业建设的。例如"一五"时期，国家曾一次派驻几千名复转军人在完达山南北建立大型国营农场。到1957年全省这样的农场已达70多个。以后又有大批的知识青年来到"北大荒"开发边疆。随着松嫩平原、三江平原农业新垦区的建立和大小兴安岭林业的开发，加之20世纪60年代初大庆油田的发展，黑龙江省外来人口大大增加了。除了这部分有组织的移民之外，还有大量从关内迁徙来的农民，可以说这是历史上"闯关东"的延续。我曾听说，60年代时关内有整村的农民集体迁移到东北的事例，改革开放后，农村劳动力得到解放，农民可以外出从事各种生产活动。从而引发了80年代初开始的农村劳动力的大流动。我又听说黑龙江有关方面花费了大量的人力物力，将"盲流"遣送回原籍，但今天送走一批，明天又来一批，效果并不大。这里边实际是反映出我国自70年代中期以来，人口压力越来越大的问题。我国农村经过十年浩劫，生产效率大为降低，另一方面人口却不断增长，农村中大量的剩余劳动力被迫出来另找出路。东北地广人稀，土地肥沃，又有"闯关东"的历史，自然就成了移民的热点。由于当时人们对人口大量迁移还没有足够的思想准备，如何因势利导，妥善安置缺少办法。一味采取简单的收容、遣返并不是一条好的出路。

虽然从40年代末到70年代末这30年间，黑龙江人口增加了2倍多，过去北大荒人烟稀少的状况有了一些改变。但是这里大片的土地资源远未被充分开发，我们完全可以有组织、有计划地引导、吸收内地的移民去开发那些处女地。这样做不仅仅是为了解决"盲流"带来的压力，而且应该看到这是一项加速开发黑龙江，增强经济实力，为今后参与发展东北亚国际竞争准备实力，是项具有长远意义的措施。但我的这些想法，没有获得当时地方领导的共识。

这次在黑龙江我听到主人介绍，他们正在努力要把一个农业大省建设成农业强省、富省，在战略上首先要打破过去的封闭模式，建立多元投入机制来开发荒地。黑龙江省后备土地资源占全国的1/10，有待开垦的宜农荒地2460万亩。他们把国土资源的开发和利用作为战略突破口，制定一系列优惠政策，努力吸引农民、工矿企业、省外和国外资金来共同开发。据说这一项措施已经取得了可喜的初步成效。例如绥化市两年来已有3850户农民到三江平原垦荒70万亩；哈尔滨史丹克公司投资4700万元买了1000亩荒地筹建10万头养猪场；近年来韩国、日本、泰国及我国港台客商，还有广东、江苏等十几个省市都看中了黑龙江的土地资源，纷纷前来洽谈投资开发。最近深圳好威实业发展公司与黑龙江一些公司共同投资3亿元，对虎林县的38万亩荒地进行综合开发。北大荒长年沉睡的千万亩黑土地日渐苏醒。

三

1991年,我到吉林省延边朝鲜族自治州访问,这时的国际形势发生了巨大变化,东北亚将成为21世纪经济发展的热点越来越清楚地摆在了人们面前,这将是一场经济实力的竞争。在珲春的时候,我乘车经过夹在俄罗斯和朝鲜两国之间一条狭窄的小路,到达边防哨所访问。这里离日本海仅有15公里,边防战士说,晴天能见度好的时候,在瞭望塔上,可以看到茫茫的日本海。而图们江就从瞭望塔下流向大海,那里就是东北地区的一个重要的入海口。我国人民在图们江通航有着久远的历史。清末民初,当地居民一直可以通过图们江出海捕鱼、通商,清政府还在珲春设立商埠,设海关总管。后来,在与俄国订立的北京条约的划定边界中保留了我国从图们江的出口权。只是到了1938年,由于日俄冲突,日军强行封锁了图们江口,从此中国人民被迫中断了沿图们江出海航行达半个多世纪。在我那次访问珲春时,高兴地听说我国已经开始恢复行使图们江的出海权,我们的船从珲春通过图们江进入了日本海,这对今后开发图们江口地区具有重要的意义。

这次访问牡丹江我了解到,该市与俄罗斯接壤的边境线有200多公里;市区距边境线仅130公里,距俄罗斯远东重要基地海参崴340公里、距扎鲁比偌港500公里。辖区内有绥芬河、东宁两个国家一级口岸,与虎林、密山和吉林的珲春等地构成东北北部口岸群,牡丹江市是这些沿边口岸群依托的中心城市,在21世纪我们参加东北亚竞争的时候,这里正是这场竞争的桥头堡。为此,我们对东北地区的社会经济发展,要有一个战略性的全盘考虑,及早做好准备。除了要行使中国在条约上有规定的图们江出海权之外,还应该根据牡丹江市的特殊地理位置和自身条件,积极扶持,把它发展成一个与海参崴实力相当的工商业城市。并应加强中俄间的友好合作,充分利用海参崴已有的港口来促进我国三江平原的发展。

如果我们把眼光再扩大一些,从区域经济的观点来看,黑龙江省资源丰富,有强大的工业基础,交通通讯发达,腹地广阔。省会哈尔滨是全省的政治、经济、文化、科技中心,是东北部最大的城市。哈尔滨在20世纪二三十年代就是一个著名的国际商埠,曾有16个国家在这里设领事馆,28个国籍的侨民在这里从事贸易、金融活动。解放后"一五"时期奠定了该市现代化工业的基础。经过几十年的建设,特别是改革开放以来,综合经济实力显著增强，成为东北北部重要的工业和商品粮生产基地以及最大的商品集散地，这就构成了它在东北北部的经济核心地位。

我在哈尔滨听说，全市正在积极准备条件，争取把哈尔滨市建设成为一个"内陆港"，为东北北部营造一个具备进出港口功能的内陆城市。这一点和我对形成一个经济区域必须有村镇腹地、流通网络、中心城市和对外出口的想法是一致的。在哈尔滨建立内陆港，不仅能加快实现把哈尔滨建成东北亚重要的国际经贸城的战略发展目标，而且能够大大促进东北北部经济区的形成，从而提高我国北部边境地区的综合经济实力，为我国在21世纪参与国际上共同开发东北亚时，能占有与我国国际地位相称的一席之地做好准备。

四

解放以来，国家在黑龙江投入了很大的力量，建立起了雄厚的现代化工业基础，但是由于历史的原因，并没有在全省形成强大的经济综合实力。黑龙江省还是一个农业大省。当前摆在黑龙江省广大群众和干部面前的任务，就是怎样尽快地从一个传统的农业地区走出一条工业化的路子，简单地说就是怎样从农业里长出工业来呢？这也是我一生在努力研究、探索的课题。

近几年我花了不少时间到河北、河南、湖北、湖南、安徽等地区去考察。在这些传统的农业地区，我看到了许多迅速富裕起来的乡村。在湖北孝感有靠养鹦鹉、养甲鱼发财的村子；在河北沧州有靠玉米深加工，发动家家户户养鸡养猪富裕起来的后董景村。最后在河南我又看到漯河市的南街村，从建砖瓦厂烧砖起步，积累资金，然后利用本地区产粮优势，大搞粮食深加工，建起了几十条方便面和锅巴生产线。经过10年的努力，这个村围绕农副产品加工办起了汽车运输队、等级面粉厂、纸箱厂、彩印厂等配套企业。1994年全村产值超过8亿元。村委书记风趣地说，他们是"靠玩泥蛋起家，玩面蛋发家"的。

从上面的这些例子里我们可以看到，在中部传统的农业地区，已经出现了许多摆脱贫困，奔向小康，逐步走上工业化的乡村。他们从一家一户的庭院经济起步，扩大到一村一品、一品多村，联片发展，形成基地，开辟市场，在发展中组织起为产前、产中、产后服务的公司，出现了"农户+基地+公司"的局面。他们用自己的智慧和力量，把农村里所有的劳动力通过老百姓熟悉的手工业、副业生产，充分地转化成生产力，使家家户户增加收入。当农民富裕了，口袋里有了钱以后，他们就进一步办起乡镇企业，逐步扩大，形成实力强大的企业。可以说他们已经在农业和工业之间广阔的领域里，找到了一条加速发展的道路。

黑龙江省提出要用15年左右的时间，建成农业强省，这里很重要的一个方面，就是要尽快使广大的农民富裕起来，黑龙江是有其独特的优势的。这里土地辽阔，农业资源和矿产资源都很丰富。1991年我访问吉林时曾经提出一个想法，东北的广大农村历来有"猫冬"的习惯。有半年的农闲时间，如果我们能够想办法解决这半年闲，那么一户农民每年增加几百元收入是不困难的。这次还高兴地听到，近年黑龙江大力推广塑料大棚和其他技术，已经有不少农村在冬天也能生产蔬菜，取得很好的经济效益。我想如果再加把劲，引导家家户户的农民在手工业和副业生产上，多闯出几条路子，那么用不了几年，黑龙江的农民就会走上富裕之路。

我这次在阿城料甸满族乡西华村访问农民石万山家时，女主人告诉我，现在全村老乡都能吃上大米、白面，肚子是吃饱了，就是没钱花。我问她为什么不多养几头牛？她说饲料不够，玉米秸秆都烧火用掉了。因为没有钱买煤，水费、电费、化肥、农药涨价太厉害了。我们作为人民的公仆和掌握科学技术的知识分子，应该有义务和责任帮助农民减轻负担，把科技知识送到农民兄弟手里，为他们服务。

黑龙江省已经制定了把农业大省建设成为农业强省的规划，方向明确了，路子也有了，现在就要我们埋下头来，扎扎实实地苦干，让老百姓尽快富裕起来，在人人有余款，家家有积蓄的基础上，让农民从农业里走出来。向发展工业的方向前进，使黑龙江不仅是农业的强省，而且是个以现代化工业建立起来的实力充沛的强省。

1995 年 11 月